프로페셔널 PCB 설계를 위한
PADS Professional

PADS Pro Library
PADS Pro Designer
PADS Pro Layout

프로페셔널 PCB 설계를 위한
PADS Professional

초판 1쇄 인쇄 2021년 6월 20일
초판 1쇄 발행 2021년 6월 25일

저 자	김성훈
감 수	ED&C 편집부
발행인	유미정
발행처	도서출판 청담북스
주 소	(우)10909 경기도 파주시 하우3길 100-15(야당동)
전 화	(031) 943-0424
팩 스	(031) 600-0424
등 록	제406-2009-000086호
정 가	40,000원
I S B N	979-11-91218-11-4 93560

※이 책은 저작권법에 따라 보호를 받는 저작물이므로 무단 전재나 복제를 금지하며,
　이 책 내용의 전부 또는 일부를 이용하려면 반드시 저작권자나 발행인의 서면동의를 받아야 합니다.

※잘못된 책은 구입하신 서점에서 교환하여 드립니다.

머리말

최근 들어 여러가지 상황으로 인해 지인과의 만남, 식사, 대화 등의 기본적인 일상 생활이 불가능해지면서 비대면 문화가 자리잡게 되었습니다. 예상치 못한 바이러스의 위험으로부터 안전한 생활을 유지하기 위해서는 서로 단절의 거리가 필요하게 되었습니다. 이렇게 안전 거리를 두어 생활하는 것은 우리의 문제이기도 하지만 지금까지 우리가 편리하게 사용해 왔던 전자제품에도 당연하게 적용되는 문제입니다.

인간의 안전한 생활을 위해 의학적으로 바이러스 위험문제를 해결해야 하는 것처럼 안전한 전자제품을 설계하기 위해서는 수많은 문제점들을 해결해야 합니다. 예로 전자파, 자기장, 열, 제품수명등의 문제가 있을 것입니다.

전자제품에서 발생하는 발열 문제를 보겠습니다. 전기가 흐르면 그로 인해 발생되는 열로 인해 제품 수명이 단축되거나, 화재의 원인이 될 수 있습니다. 전자제품 설계 시 이런 위험을 해결할 수 있는 방법중의 하나는 절연입니다. 사람과 사람의 거리두기처럼 전자제품의 내부에도 거리두기가 필요합니다. 각 회로부품들과 그에 연결되는 배선 들에는 충분한 거리, 즉 절연간격이 필요합니다.

이런 절연문제는 사람의 설계로는 한계가 있습니다. 안전하고 성능 있는 설계자동화(Automation)을 구현할 수 있는 PCB설계프로그램이 있어야 합니다. PADS Professional은 자동차 안전설계 규격인 ISO26262의 인증을 받았습니다. ISO 26262란 부품과 프로세스가 기능적으로 얼마나 안전한지 보장해주는 국제 표준규격입니다. PADS Professional을 사용하면 안전규격에 충족되게 설계할 수 있습니다. 또한 PADS Professional은 강력한 라우팅 기능을 제공합니다. 손쉬운 배선 튜닝기능 및 스케치 라우팅을 통해 빠르고 정확한 설계가 가능합니다. 이외에도 3D 및 판넬 어레이 기능이 제공되어 타팀과의 협업과 제조 시 비용절감이 가능합니다.

이 책은 PADS Professional를 사용하는 프로페셔널 PCB디자이너가 학교에서 많이 배출되어 각 회사와 연구소에서 전문인력으로 성장하기를 바라면서 작성한 책입니다.

책이 출판 가능하게 도움을 주신 ㈜이디앤씨 조주경사장님께 감사드립니다.

차 례

1장 PADS Professional 개요

01	PADS Professional 소개	10
02	PADS Classic과 PADS Professional의 차이점	12
03	PADS Professional 기능	13
04	PADS Professional 특징	15
05	PADS Professional 구성	16
06	PADS Professional 설계 과정	16
	A. 라이브러리 등록	18
	B. 회로도 작성	18
	C. PCB작성	20
	D. Panel/Drawing 작성	22

2장 PADS Professional Library Tools

01	Central Library의 소개	24
02	Partition 작성	31
03	HOLE 작성	35
04	PAD 작성	43
05	PADSTACK 작성	50
06	CELL 작성	63
07	Symbol작성	91
08	PDB 작성	110
09	Template 작성	122
10	PADS Pro Databook 작성	129
11	추가 기능	140

3장 PADS Professional Designer

01	PADS Professional Designer의 소개	144
02	PADS Professional Designer의 설계과정	145
03	PADS Professional Designer의 시작	150
04	PADS Professional Designer의 기본 Operation	162
05	PADS Professional Designer의 Project 작성	173
06	PADS Professional Designer의 환경 설정	186
07	PADS Professional Designer의 회로도 부품 배치	195
08	PADS Professional Designer의 회로도 배선	220
09	PADS Professional Designer의 회로도 편집	255
10	PADS Professional Designer의 회로도 검증	272
11	PADS Professional Designer의 Packager와 ECO	283
12	PADS Professional Designer의 회로도 출력	299
13	PADS Professional Designer의 추가 기능	307
	A. Block Design	307
	B. Reused	311
	C. Variant	312
	D. Import	315
	E. Export	316

4장 PADS Professional Layout

01	PADS Professional Layout의 소개	318
02	PADS Professional Layout의 설계 과정	319
03	PADS Professional Layout의 시작과 기본 Operation	323
04	PADS Professional Layout의 Display Control 사용	350
05	PADS Professional Layout의 설정	361
06	PADS Professional Layout의 Board Outline과 Draw 작성	382
07	PADS Professional Layout의 Constraint 설정	415
08	PADS Professional Layout의 부품 배치	441
09	PADS Professional Layout의 Interactive 배선	481
10	PADS Professional Layout의 Sketch Router와 반자동 배선	503

11	PADS Professional Layout의 배선 Tuning	512
12	PADS Professional Layout의 Test Point 작성	550
13	PADS Professional Layout의 Planes 작성	555
14	PADS Professional Layout의 Silkscreen 작성	567
15	PADS Professional Layout의 Layout 검증	574
16	PADS Professional Layout의 Dimension과 Documentation	589
17	PADS Professional Layout의 출력	598
18	PADS Professional Layout의 추가 기능	607
	A. Job Wizard	607
	B. Dock/Undock	607
	C. Import	608
	D. Gerber Import/Compare	608
	E. Export	609
	F. Change Layer	609
	G. Circuit Copy (Reused Design)	610
	H. Copy Bitmap to Clipboard	613
	I. Edit Selected Cell	613
	J. Flatten Cell	614
	K. Padstack Processor	615
	L. Move Pins	615
	M. Place Layer Stackup	616
	N. Radial Placement	616
	O. Spread Part	618
	P. Snap to Grid	618
	Q. ECO - Forward Annotate & Back Annotate	619
	R. Update Cell & Padstack	619
	S. Replace Cell	619
	T. Analysis	620
	U. Analysis - Output	623
	V. Output	624
	W. Variant	629

5장 PADS FabLink

01	PCB의 Panel Array기능	632
02	PADS Fablink Panel Template	634
03	PADS Fablink 기능	635

6장 PADS Drawing Editor

01	PCB의 도면 출력기능	660
02	PADS Drawing Template	661
03	PADS Drawing Editor 기능	663

7장 PADS Professional 추가 기능

01	Land Pattern Creator	682
02	PartQuest	690
03	PADS Pro 3D	704
04	Schematic View / PCB View	710
05	PCB Viewer	711
06	Design Archive	713
07	Translator & Feature	722
08	Migration	723
	A. PADS Classic	723
	B. Xpedition	727
09	AMS	729
10	HyperLynx SI	737
11	HyperLynx Thermal	740

8장 PADS Professional Option 기능

01 PADS Professional — 744
- A. Advanced 3D — 744
- B. FPGA-PCB — 745
- C. RF Design — 749
- D. High-Speed Routing — 754
- E. Rigid Flex — 756
- F. Design Review — 761

02 Analysis — 762
- A. HyperLynx DRC PE — 762
- B. HyperLynx DC Drop — 765
- C. HyperLynx DDR — 768
- D. PADS Florherm XT — 770

PADS Professional 개요

01 PADS Professional 소개
02 PADS Classic과 PADS Professional의 차이점
03 PADS Professional 기능
04 PADS Professional 특징
05 PADS Professional 구성
06 PADS Professional 설계 과정

01 PADS Professional 소개

전자 제품 개발을 하는 회사를 기준으로 보면 설계 프로그램은 2가지로 나누어 볼 수 있습니다. 우리가 전자 제품을 볼 때 외부에서는 전자 제품을 컨트롤하는 버튼, 터치 스크린과 디스플레이 전원 연결 등의 외형이 있지만 내부를 들여다보면 전자적인 성능을 위한 PCB에 부품들이 실장 되어 있고, PCB와 부품을 외형으로 감싼 플라스틱이나 기타 소재의 기구 부품들이 있습니다. 크게 보면 이 PCB를 부품들이 실장되기 전에 설계하는 프로그램을 ECAD(Electrical CAD)라고 할 수 있고 기구 외형을 디자인하는 프로그램은 MCAD(Mechanical CAD)라고 할 수 있습니다.

PCB는 Printed Circuit Board의 약자로 칩이나 일반 저항, 컨덴서 같은 전자 동작을 위한 부품들이 배치되어서 전원이 인가되면 제품이 기동 되는 연결을 한 장의 선로들로 만들어진 연결을 위해 필요한 배선 배치 보드입니다. PCB는 전자 제품의 소형화를 위한 핵심 전자 부품으로 부품의 크기와 PCB의 크기에 따라 전자 제품의 소형화와, 스마트폰의 예처럼 다양한 기능을 얼마나 제품에 포함할 수 있는 지의 기준이 됩니다. PCB는 부품의 전자적인 연결을 위한 도구이지만 제작 기술은 전자 기술이 아닙니다. PCB를 만들기 위한 기본 데이터는 필름을 이용한 광학 기술이며 재료를 가지고 만드는 것은 화학적인 에칭(부식)과 납 솔더링과 코팅 등의 화학적인 작용으로 제작이 됩니다.

현대의 제품은 많은 자동화 기술로 대량 생산이 가능하게 되었습니다. 3차 산업 혁명인 공장의 자동화로 많은 제품을 대량 생산이 가능해지면서 산업의 성장이 예전과는 비교가 안되게 빨라졌습니다. 전자 업계도 PCB 내부에 들어가는 IC(integrated Circuit)들은 점차 많은 수동 소자들이 없어지게 되면서 제품의 디지털화가 진행되었고, IC가 작아지면서 PCB도 점차 작아지면서 전자 제품의 소형화가 이루어졌습니다. 전자 제품의 소형화와 집적화는 소비자들에게는 환영할 일이지만 칩과 PCB를 설계해야 하는 디자이너들에게는 반길 일이 아닙니다. 설계해야 하는 면적은 적어지는데 성능을 위한 부분은 많아지고, 제한된 시간 내에 설계를 끝마치기가 점점 어려워지고 있습니다. 그렇다면 PCB 설계도 자동화되면 어떨까요? 많은 PCB 설계 프로그램이 배선 자동화와 배선 자동화를 위한 기능을 많이 update하고 있습니다. 바둑의 경우 이미 AI가 사람의 수를 앞당겨 연산하지만 아직까지는 자동화 프로그램의 PCB 디자인이 사람이 PCB 디자인보다 속도는 빠르지만 성능에는 부족합니다. 향후 AI PCB 프로그램이 출시되면 아마 제품 출시 시간은 지금보다 더 빨라지겠지만 현대의 PCB 프로그램은 사람의 설계를 단축시켜주는 용도입니다. 그런 면에서 PCB 설계 프로그램이 많은 부분들이 자동화되어 있고, 환경을 갖추면 기존의 설계 시간보다 훨씬 단축할 수 있습니다.

PADS Professional은 Siemens社의 PCB 설계 프로그램입니다. 기존의 PCB 설계 Tool인 PADS와 Xpedition의 사이에 위치하고 있는 제품으로 기존 PADS의 사양 때문에 아쉬웠던 성능과 기능을 대부분 해소할 수 있는 Xpedition Technology를 사용하는 PCB 설계 프로그램입니다. 현재 대한민국의 PCB 설계 시장에서 Siemens社를 기준으로 짚어 보면 대기업과 중소기업에서 사용하는 PCB 설계 프로그램으로 나누어 볼 수 있습니다. 대기업에서는 오랫동안 생산성을 높이는 PCB 설계 프로그램들을 사용해 왔으며, Board Station과 Xpedition으로 대표되는 PCB 설계 프로그램입니다. 이런 PCB 설계 프로그램은 연간 많은 제품을 경쟁 회사 대비 빠른 출시할 수 있게 도움을 줄 수 있는 많은 성능과 기능을 제공합니다. 또 중소기업에서는 대기업만큼 많은 설계 인력을 둘 수 없기 때문에 통합된 성능과 기능을 갖추고는 있지만, 가격적인 면을 고려하여 보다 자유도와 가성비가 뛰어난 PADS 제품을 PCB 설계 프로그램으로 사용하고 있습니다. Board Station과 Xpedition보다 자유도와 가성비가 뛰어난 PADS 제품이지만 설계를 진행하기 위해서 필요한 하드웨어(컴퓨터)와 OS가 점점 발전하는 데에 비해서 PADS 제품을 개발한 Technology는 아무래도 오래 전의 Language를 사용하기 때문에 OS에서의 호환성과 64bit 미지원이라는 현실적으로 퍼포먼스와 관련된 아쉬움이 사용자들에게 있어 왔습니다. 이에 Siemens社에서는 Xpedition을 대안으로 삼고 있지만, 현실적으로 가격적인 부담이 중소기업에서는 되며, PADS의 개발 환경으로는 update가 제한 적일 수 박에 없기 때문에 무언가 대안으로 제시할 필요성이 대두되어 Xpedition Technology를 사용하는 PADS 프로그램이라는 컨셉으로 PADS Professional을 출시했습니다. PADS Professional은 Xpedition Technology를 그대로 사용하기 때문에 많은 부분들이 통합되고 정형화되어 있습니다. 기존 PADS가 ECO mode를 통한 PCB 설계의 자유도와 간소화가 매우 뛰어난 컨셉이었다면 PADS Professional은 순서대로 PCB 설계를 진행하기 때문에 설계 순서에 따른 휴먼 에러를 많은 진행과정에서 잡아 낼 수 있습니다. 기존의 PADS 설계에서 많은 부분들을 순차적으로 데이터를 입력해야 다음 과정으로 진행할 수 있으며, 처음엔 설계의 자유도가 적어서 접근이 불편할 수는 있겠지만, 입력한 데이터들만 정확하면 설계 자체의 자동화(Automation)은 매우 뛰어난 PCB 설계 프로그램으로 더 많은 시간을 절약할 수 있는 Technology를 제공합니다. 또한 기존 PADS 디자인과 라이브러리를 변환할 수 있게 제공함으로 써 자연스럽게 PADS 제품을 사용하던 설계자들도 PADS Professional을 사용할 수 있게 도움을 주고 있으며, 가격적인 면에서 보다 상위 프로그램인 Xpedition도 변환 프로그램을 제공하고 있습니다.

PADS Professional은 라이브러리와 회로도, PCB와 Panel Array까지 PCB 디자인의 모든 부분을 커버합니다. 그리고 Siemens社의 여러 회로와 PCB의 해석프로그램을 연동해서 사용할 수 있고, 추가로 여러 Option제품을 사용할 수 있습니다.

PADS Professional은 2021년 4월 현재 VX.2.8 버전까지 나와 있으며 이 책도 VX.2.8 버전을 기준입니다. https://trials.sw.siemens.com/padspro에서는 30일동안 클라우드를 체험해 볼 수가 있습니다.

책을 보시면서 문의 사항과 제품의 평가판을 사용하시기를 원하시면 홈페이지 http://pads. co.kr에 PADS Pro 게시판에 문의를 해주시면 됩니다. 책과 프로그램에서는 PADS Professional을 줄여서 PADS Pro라고 지칭합니다. 여기서도 혼용해서 사용합니다.

02 PADS Classic과 PADS Professional의 차이점

PADS 제품과 PADS Professional, 그리고 Xpedition의 차이와 용도를 살펴보면 다음과 같습니다.

PADS Classic(PADS Standard와 PADS Standard Plus)제품은 소규모나 혼자 PCB 설계를 하는 회사에 적합합니다. 많은 설계 항목들이 간소화되어 있고 빠른 시작이 가능합니다. 또한 ECO Mode를 통한 회로도가 없는 제품의 경우에도 설계가 가능하여 빠른 수정이 가능합니다.

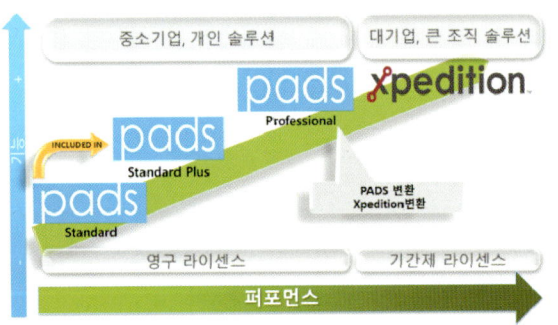

이에 비해 PADS Professional과 Xpedition은 라이브러리가 전사 통합되어 있는 큰 설계 조직과 대기업에 적합합니다. 설계만으로 끝나는 게 아니라 BOM과 생산, ERP, PLM 등과 연계되어 있어야 하고 많은 제품들이 동시에 개발이 이루어져 통일되어야만 개발 일정이 순차적으로 돌아가야 하는 거에 초점이 맞춰져 있는 설계 프로그램입니다. 실제로 Xpedition은 PCB 설계 프로그램의 PLM시스템인 Siemens社의 EDM과 통합되어서 운용됩니다. EDM은 크게 부품 관리와 PCB 디자인 관리로 되어 있는데 PCB와 내부의 부품들이 PLM과 연동되어서 부품 관리와 디자인 파일 관리를 수행하게 됩니다. EDM과의 연동은 Xpedition에만 국한되어서 PADS Professional도 사용은 불가능합니다.

PADS Classic(PADS Standard와 PADS Standard Plus) 제품의 특징은 하나의 제품 라이선스에 단계별로 모든 설계과정의 프로그램이 포함하는 라이선스입니다. 이런 라이선스를 Suite 라이선스라고 합니다. 예를 들어 Xpedition 라이선스는 라이브러리, 회로도, PCB등의 라이선스가 각각 나누어져 있고 구입도 별도로 해야 합니다.

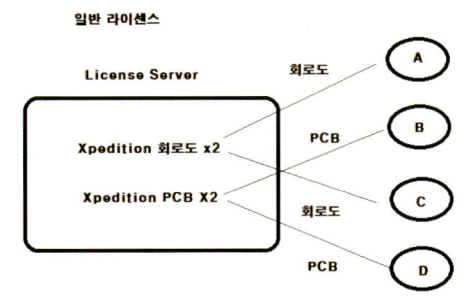

하지만 PADS Classic 제품은 하나의 라이선스로 라이브러리, 회로도와 PCB를 모두 설계하는 것이 가능합니다. 단 네트워크 제품일 경우에는 PCB를 가져가던 회로도를 가져가던 프로그램을 실행할 때, 1 라이선스 카피를 소모하기 때문에 예를 들어 PCB만 실행해도 1라이선스 카피를 모두 가져 가는 것입니다. 물론 PCB 1라이선스 카피를 가져간 장비에서는 회로도 라이선스도 실행 가능합니다. PADS Professional도 Suite 라이선스로 되어 있습니다. 단, 단독 실행버전은 상관없습니다.

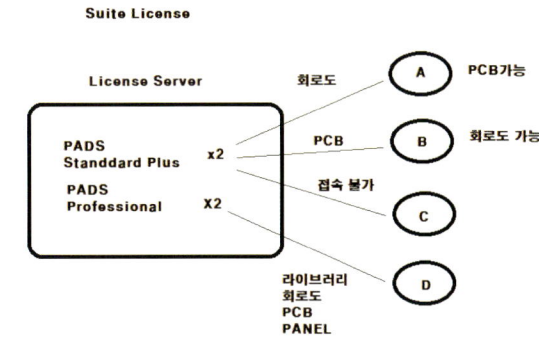

03 PADS Professional 기능

PADS Professional의 기능은 크게 5가지로 나누어져 있습니다. 라이브러리, 회로도, PCB, Panel/Drawing 4개와, 5번째로 해석/검증으로 나누어 볼 수 있습니다.

라이브러리는 Central Library를 작성하고 편집하는 기능입니다. 회로도와 PCB를 디자인하려면 라이브러리가 준비되어 있어야 합니다. 중간에 없었던 부품을 작성하는 것도 가능하지만 PADS Professional은 먼저 PCB에 들어갈 모든 부품 등록이 끝난 상태에서 회로도를 시작하는 것이 유리합니다.

Central Library는 회로도와 PCB, Panel과 Drawing에 해당하는 모든 부품들 즉 PAD, PADSTACK, CELL, Symbol, Part들과 Template들이 모두 포함됩니다. 개발하는 모든 부품과 Template가 검증된 라이브러리가 있다면 PCB 설계 업무에서 부품에 관해서는 불량률이 없다고 생각해도 되는 것이기 때문에 정확한 부품 등록이 중요합니다.

회로도는 말 그대로 PCB에 존재하는 부품들의 연결 구조를 파악하기 위한 도면입니다. 어떠한 회로 도면이든지 PCB의 성능과 구조를 파악하기 위해 쉽게 그려야 하며 통일된 구조로 가져가는 것이 중요합니다. PADS Professional의 회로도에 배치하는 Part는 회로도 부품의 형상으로 배치되지만 PCB Cell 정보를 가지고 있기 때문에 배치 과정에서 PCB Cell 형상을 보면서 배치가 가능합니다. 부품 배치 후에는 부품의 Pin을 Net로 연결하게 되며, 이 Net들은 PCB에서 Unrouted 정보로 넘어 가게 됩니다.

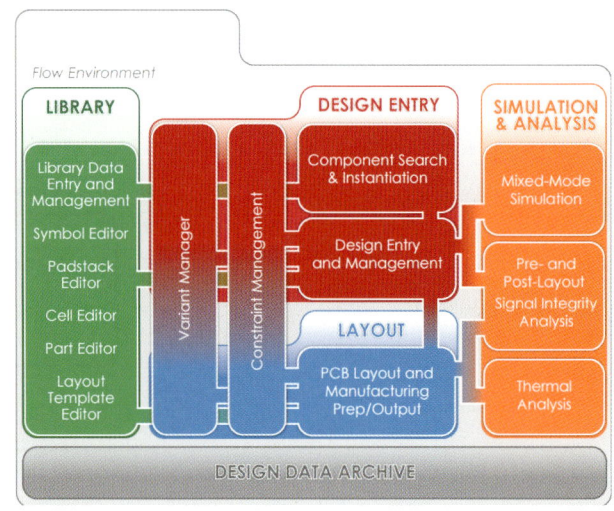

PCB 설계는 PCB 동작을 위해 부품 실장이 될 위치에 부품의 Cell(Footprint)를 배치하고 나중에 부품이 실장 되면 동작을 위해 회로도에서 넘어온 Unrouted 정보를 trace와 Plane 등으로 연결하는 작업입니다. 모든 작업이 끝나게 되면 제조를 위한 데이터를 만들어야 합니다. 이 데이터들은 Gerber나 ODB++ 등으로 출력하게 됩니다.

Panel/Drawing은 내용은 다르지만 형태는 비슷합니다. PCB는 1개만 생산하지 않고 큰 원판에 여러 개를 배치해서 수량에 맞게 생산합니다. 보통은 PCB 제작하는 곳에서 CAM 프로그램으로 진행하지만 PADS Professional은 자체적으로 Panel 작업을 진행하기 위해 Fablink라는 프로그램을 사용합니다. 일반적으로 기구 쪽의 Nesting 프로그램처럼 제한된 면적에 PCB를 효율적으로 배치하여 제조 데이터를 만들 수 있습니다. Drawing은 PCB의 모양을 치수와 같이 입력한 도면을 만드는 프로그램입니다.

해석/검증의 일부 기능은 포함되어 있지만, 모든 기능을 사용하려면 별도의 라이선스가 필요합니다. 회로를 분석할 수 있는 AMS는 Spice해석 프로그램이며 회로도를 작성한 데이터를 가지고 바로 진행 가능합니다. 그리고 회로도 설계 중에 특정한 Net의 전송선로 해석도 HyperLynx LineSim으로 가능합니다. PCB해석은 전송선로 해석인 SI(Signal integrity)와 전원 해석인 PI(Power Integrity)와 Board 레벨 열 해석인 Thermal이 가능합니다.

04 PADS Professional 특징

PADS Professional의 특징은 통합되고 안정적인 설계환경, 빠르면서도 훌륭한 성능, 기존 사양을 뛰어넘는 첨단 기술 등으로 대표될 수 있습니다.

PCB 설계에서 통합이란 중요한 의미를 가집니다. 라이브러리라고 하는 부품 형상과 BOM(Bill Of Material) 정보들이 유기적으로 회로도와 PCB 데이터에 연결되어야 하는 통합이 있고, 회로도와 PCB 데이터가 1:1로 연결되어 있는 통합이 있습니다. 라이브러리는 PCB 설계에서 특히 중요한데 하나의 부품 단자의 크기와 단자 사이의 간격이 조금이라도 오차가 생기면 부품의 동작 여부에 이상이 생기고, 다시 PCB 전체의 동작, 제품의 불량과 수명에 관련이 있기 때문입니다. 반대로 라이브러리가 정확하게 되어 있다면 부품에 따른 성능이나 에러는 아주 특수한 경우만 빼고는 없다고 봐도 됩니다. 그리고 회로도 디자이너와 PCB 디자이너가 다를 지라도 회로도와 PCB 데이터는 서로 통합되어 있어야 합니다. 따로 데이터를 관리하면 어떠한 부분들이 잘못되었을 때 확인하고 찾아내는데 어려울 뿐만 아니라 설계 데이터 추적 자체가 어렵게 됩니다. 이런 라이브러리와 디자인 데이터가 통합되어 있을 때 안정적으로 운영할 수 있는 설계 환경이 갖춰져 있지 않은 Tool이라면 불필요한 데이터 연결을 위한 시간 낭비를 하게 되며 안정적인 백업 데이터 운용도 어렵습니다. PADS Professional은 모든 데이터가 통합되어 있으면서도 안정적인 디자인이 가능합니다.

속도에 있어서도 64bit OS를 지원하기 때문에 하드웨어와 OS의 성능을 충분히 이끌어 낼 수 있습니다. 34bit OS까지만 지원하는 프로그램은 RAM을 이식하는 최대 크기가 4G입니다. 즉 32bit PC는 2의 32승, 64bit PC는 2의 64승 데이터를 다룰 수 있어 64비트 운영체제의 데이터 처리량이 더 뛰어납니다. 그런데 사실 우리는 십여 년 전 이상 된 장비가 아니라면 OS는 64bit를 사용해 왔습니다. 단지 우리가 사용하는 프로그램이 64bit를 지원하지 않는 경우에 RAM을 8G/16G/32G/64G 장착하더라도 실제로는 4G정도만 활용되는 문제가 있습니다. 그래서 다양한 성능을 가지면서 집적도가 높은 PCB를 설계할 프로그램은 64bit OS를 지원해야 합니다.

Xpedition Technology는 많은 기능을 가진 디지털 회로의 PCB 설계에 적합하기 때문에 빠르면서도 훌륭한 성능을 이끌어 낼 수 있습니다. PCB는 다양한 사업 분야에 따라 각각의 Technology가 반영되는 특수한 부품입니다. 일반 가전 제품이나 스마트폰, 자동차와 항공 등의 산업에 따라 다양한 재질과 기술들이 집약되어 있습니다. 이중 MCAD와의 협업, Flexible의 PCB나 자동차, 광학, RF등의 다양한 기술력들이 반영되어야 하고, 새로운 Technology에 맞추어서 설계 프로그램도 최신 기술에 맞는 디자인 방법을 제안해야 합니다. PADS Professional은 최신 기술에 대응하는 옵션부품, Floor Planning Group 배치, 스케치 배선, 3D 등을 기본 기능으로 제공하고 있으면서 와이어 본딩 패키지, Flex, 임베디드 부품, RF 등을 option으로 선택 가능합니다. 또, Gerber data 등의 import나 추가 제조 데이터 생산과 Panel 작업과 도면 Drawing 작업을 위한 Fablink 기능을 기본으로 포함하여 디자이너가 모든 설계 순서에 따라 필요한 부분을 모두 대응할 수 있는 설계 프로그램입니다.

05 PADS Professional 구성

앞에 단계 별로 언급한 것처럼 PCB는 해석/검증을 빼고 설계만을 봤을 때 작업 순으로 라이브러리, 회로도, PCB, Panel/Drawing으로 나누어져 있습니다.

PADS Professional은 각 작업에서 사용하는 프로그램들을 별도로 실행하여 작업을 진행하며 각 프로그램의 단계 별로 부품이 배치되는 그림은 다음과 같습니다.

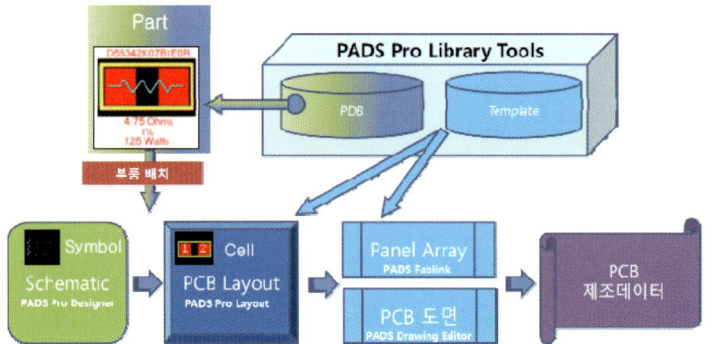

각 프로그램은 Windows의 시작메뉴에서 실행합니다.

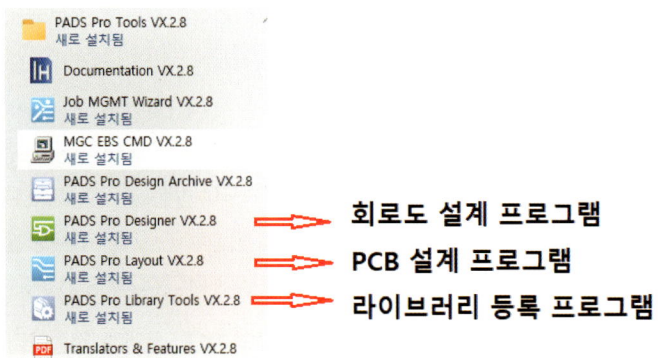

06 PADS Professional 설계 과정

PCB의 설계 과정은 크게 Library 등록, Schematic 설계, PCB Layout 설계 3단계로 진행이 됩니다. PADS Professional은 각 단계 별로 각각 프로그램을 실행하여 순서대로 디자인하게 됩니다.

추가적으로 회로도와 PCB를 작성하고 나서는 검증(Verification) 단계를 진행하며, 생산을 위한 Manufacturing 데이터를 작성하게 되면 설계가 완성되는 것입니다.

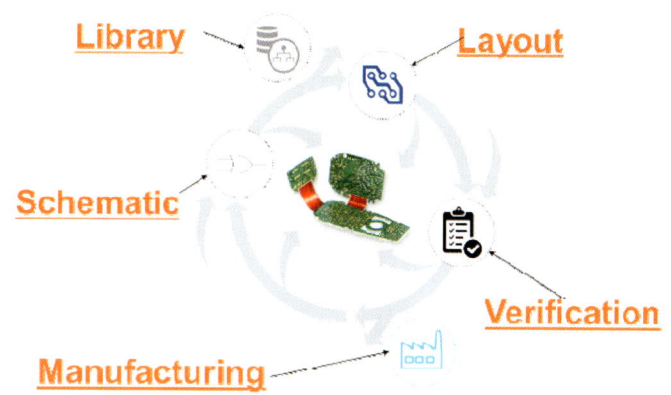

먼저 Library 등록은 현재 디자인에 필요한 모든 회로도와 PCB 형상으로 등록을 한 다음 Parts Database로 등록을 해야 합니다. 라이브러리는 디자인할 현재 회로도/PCB뿐만 아니라 모든 제품의 부품을 미리 등록하여 중앙화 하는 것이 유리합니다. 즉 디자인마다의 라이브러리가 존재하는 것이 아니라 모든 회로도와 PCB에 사용할 중앙 라이브러리가 하나만 존재하며 모든 회로도와 PCB 디자이너는 공통적으로 구축된 ECAD 라이브러리를 사용하며 한 단계 더 나아가면 BOM 출력을 위한 Database(DxDataBook)까지 구축하게 됩니다. 물론 ECAD 라이브러리에 BOM 출력을 위한 속성을 모두 입력할 수도 있지만 외부 Database(DxDataBook)에 연결하면 효율적으로 회사의 BOM 출력을 ECAD와 연동하여 사용할 수 있는 이점이 있습니다.

Library가 준비되면 Schematic Project를 작성하여 회로도를 구성합니다. 작성된 library의 회로도 부품을 배치한 다음 연결된 부품의 Pin에서 Pin까지 Wire로 작성을 합니다.

회로도를 완성하면 다음 단계로 PCB를 작성해야 되는데 PCB를 작성하기 전에 Package라는 작업을 진행해야 합니다. Package는 회로도의 Ref. Designator와 Pin Number를 자동 입력해주는 과정이며 Package가 이상 없이 진행되면 PCB 데이터를 작성할 수 있습니다.

PCB 데이터는 회로도에서 작성된 내용을 기반으로 PCB Template를 지정하여 작성됩니다. 정해진 PCB Outline에 고정되어야 할 부품과 일반 부품들 배치한 후에, 배선을 진행하고 동박 입력을 진행합니다. 이후 제조를 위한 데이터 작성을 진행하면 설계가 완성됩니다.

A. 라이브러리 등록

PADS Professional은 회로도 Symbol 부품과 PCB Cell 부품이 Mapping되어 있는 Part가 기준으로 되는 통합된 Library를 구축해야 합니다. 이 라이브러리를 Central Library라고 하며 이 Central Library를 작성하고 편집하는 프로그램을 "PADS Pro Library Tools"이라고 합니다. Central Library는 관련 라이브러리 Object 그룹을 위한 하나의 위치라고 볼 수 있습니다. Library Manager Catalog파일은 모든 라이브러리 오브젝트 간의 위치 및 상호 관계를 추적하고 관리할 수 있습니다.

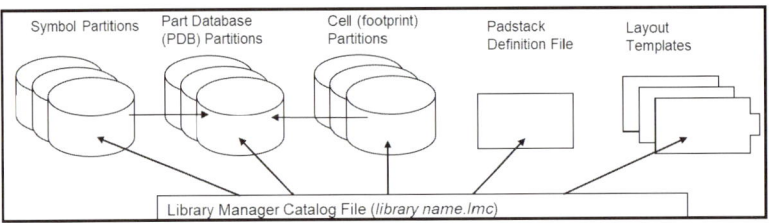

Library Manager Catalog 파일, 즉. lmc 파일은 전체적인 라이브러리의 구조를 지정하고 있으며, 실제 부품은 Part Database를 기준으로 작성하게 됩니다.

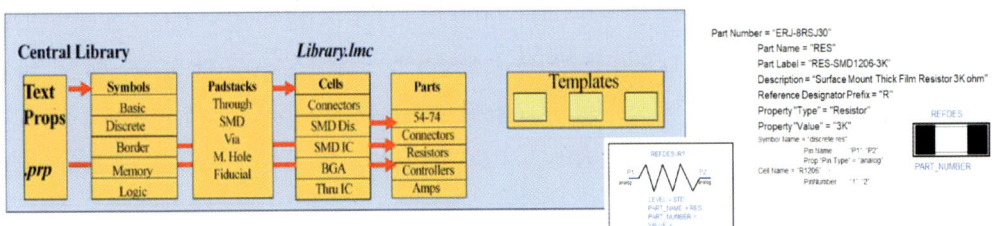

B. 회로도 작성

라이브러리가 준비 되면 회로도 설계를 진행할 수 있습니다. 회로도 작성은 PADS Pro Designer라는 프로그램에서 진행합니다. PADS Pro Designer에서 처음 하는 작업은 프로젝트 작성입니다. 회로도 프로젝트 작성을 할 때, 작성한 Central Library를 지정합니다.

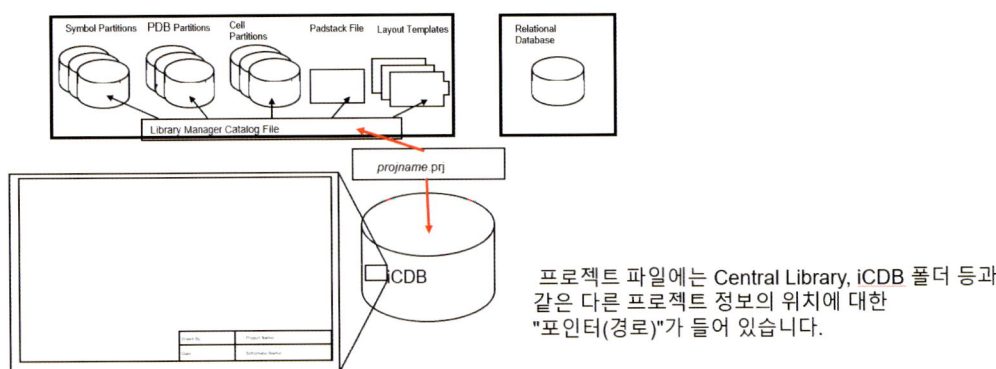

프로젝트 파일에는 Central Library, iCDB 폴더 등과 같은 다른 프로젝트 정보의 위치에 대한 "포인터(경로)"가 들어 있습니다.

이후 회로도에서 부품 배치 명령어를 실행하면 작성한 Central Library의 부품들이 확인되어 배치작업을 진행할 수 있습니다. 혹은 DxDatabook으로 외부 데이터 베이스로 구축된 부품을 배치하는 것도 가능합니다.

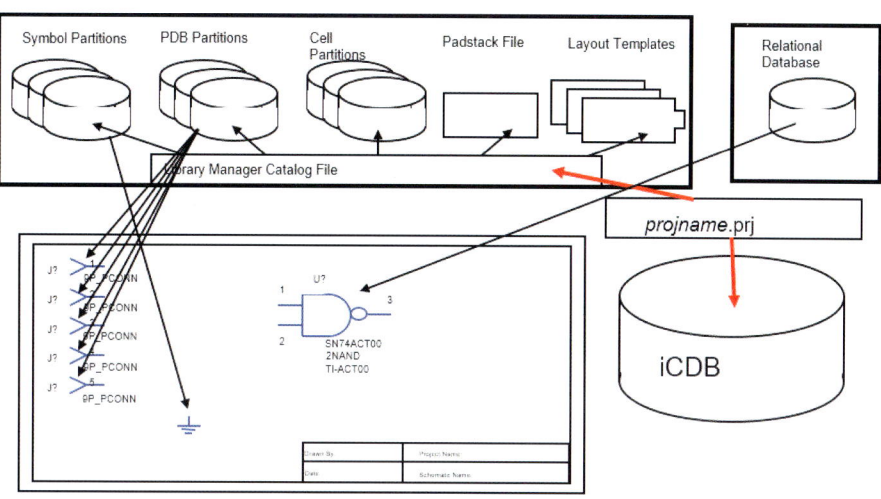

Designer에서 처음하는 작업은 프로젝트 작성입니다. 회로도 프로젝트 작성을 할 때, 작성한 Central Library를 지정합니다. 배치한 부품들을 회로도에서 Net(wire)로 연결하고 회로도로 연결하면 PCB 배선 작업을 할 수 있는 데이터로 만들 수 있습니다.

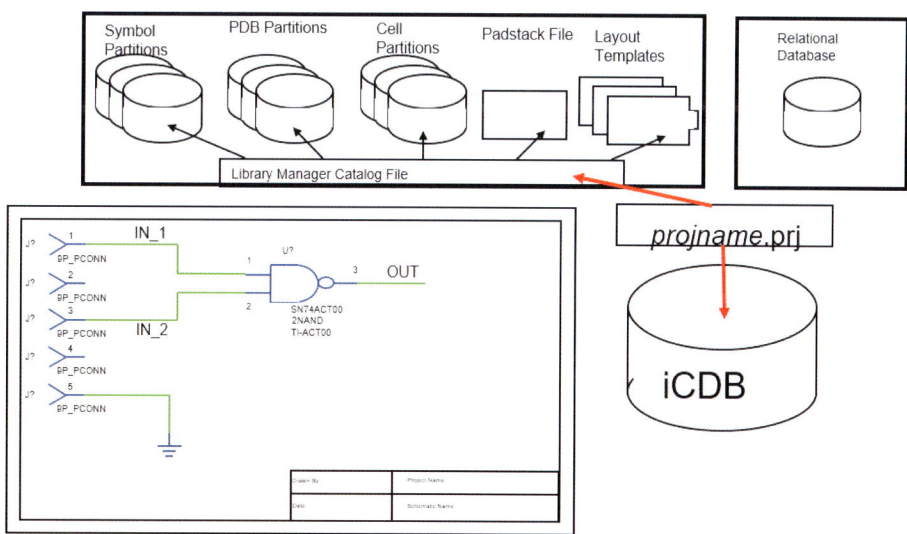

회로도 명령어 중에 Package라는 명령어를 진행하면 부품이 PCB에서 사용할 수 있는 준비가 되며, PADS Professional Layout 명령어로 PCB 편집 프로그램인 PADS Pro Layout을 실행할 수 있습니다.

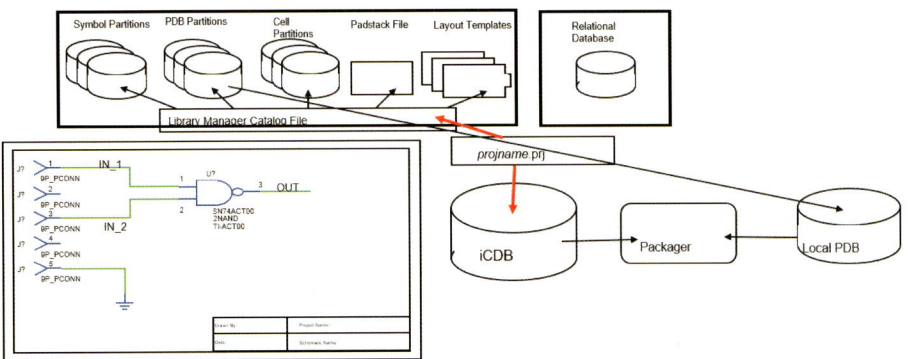

PADS Pro Layout을 처음 작성할 때는 Central Library에 있는 Template를 지정합니다.

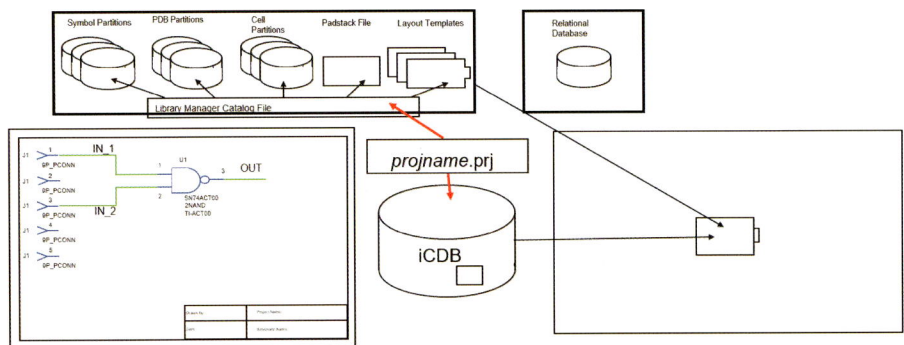

C. PCB작성

PCB 설계는 PADS Pro Layout에서 진행합니다. 회로도에서 Error없이 Package까지 진행했다면 PADS Pro Layout 부분에 회로도에서 배치하고 배선한 데이터들이 표시됩니다.

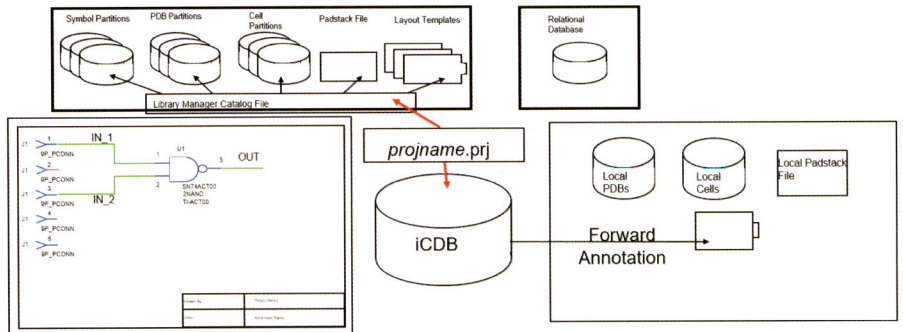

Constraints Manager를 이용하여 Design Rule을 설정합니다.

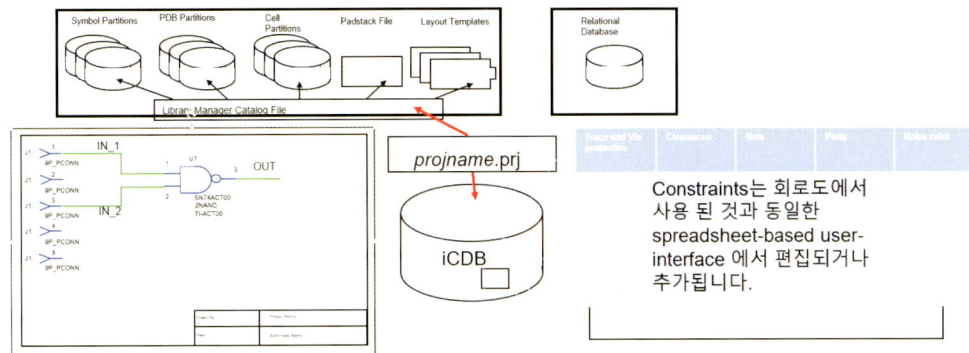

Rule설정이 끝난 후에 작성한 Board Outline내에 부품을 배치합니다.

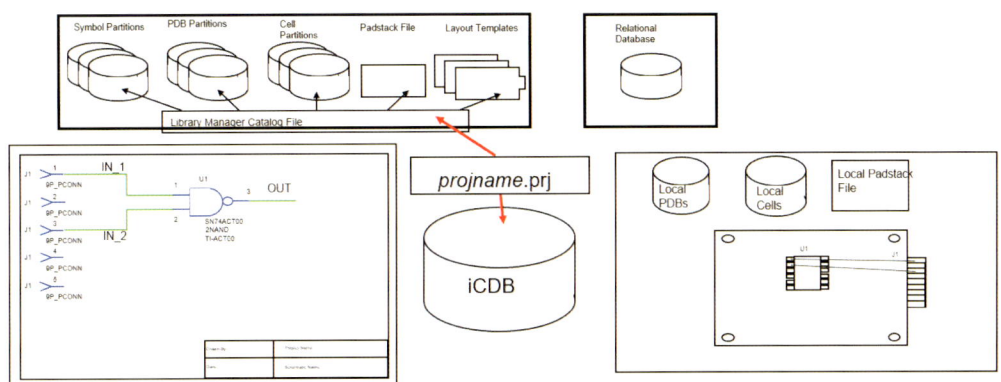

이후 배선과 동박 입력으로 나중에 부품 실장이 되었을 때 동작이 가능한 PCB를 설계하는 것입니다.

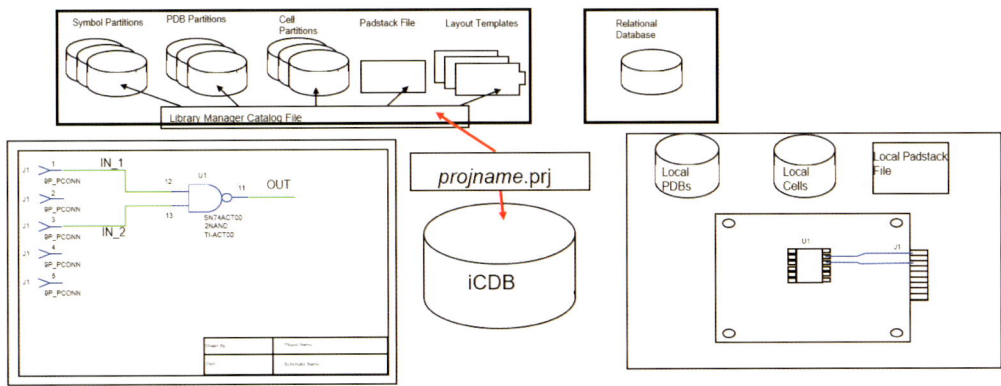

완성된 PCB 설계 데이터로 제조 데이터를 만들어 낼 수 있습니다. 제조 데이터란 Gerber 포맷의 필름 데이터와 홀의 좌표 데이터인 Drill 데이터입니다. 추가로 부품 실장을 위한 BOM 데이터도 출력합니다. (좌표가 필요 없는 BOM 데이터는 회로도에서 출력도 하기도 합니다.)

D. Panel/Drawing 작성

완성된 PCB 설계 데이터가 있다면 2가지 추가 데이터를 만들 수 있습니다. 첫 번째는 기구 Nesting 프로그램처럼 완성된 PCB를 연 배열하는 것입니다. 이렇게 연 배열하는 프로그램을 PADS Fablink라고 합니다.

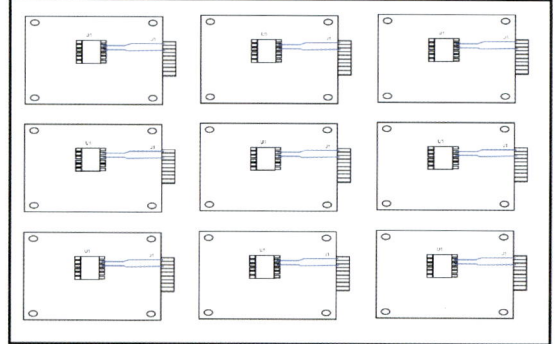

두 번째로, PCB 형상을 사이즈가 있는 도면 데이터로 만들 수 있습니다. 이 프로그램은 PADS Drawing Editor입니다

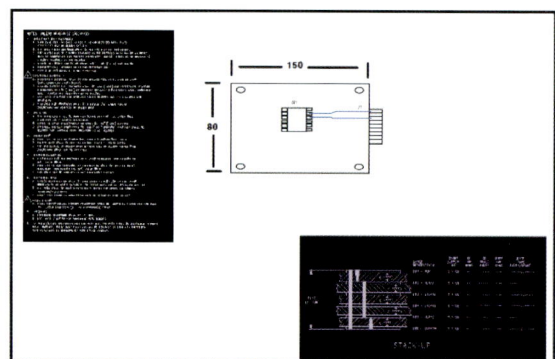

PADS Professional Library Tools

01 Central Library의 소개
02 Partition 작성
03 HOLE 작성
04 PAD 작성
05 PADSTACK 작성
06 CELL 작성
07 Symbol작성
08 PDB 작성
09 Template 작성
10 PADS Pro Databook 작성
11 추가 기능

01 Central Library의 소개

Central Library는 앞장에서 소개된 것처럼 회로도와 PCB에서 부품으로 표현되는 Object들이 체계적으로 정리되어서 모든 Project가 접근하는 정보가 공유된 라이브러리입니다. PCB 파일이 만들어지면 PCB 내부의 라이브러리는 Central Library에서 PCB 파일 내부로 카피 됩니다. 이 PCB 내부의 라이브러리를 Local Library라고 합니다. PADS Professional의 라이브러리 부분은 크게 Part, Cell, Symbol로 나누어서 작성됩니다. Part는 가장 상위의 단위로 고유한 Part Number를 기준으로 작성됩니다. Part에는 어떤 회로도 Symbol과 PCB Cell을 사용할지를 지정하며, 지정된 회로도 Symbol과 PCB Cell의 각자의 Logical Pin과 Physical Pin을 Mapping하며 속성 정보도 추가합니다.

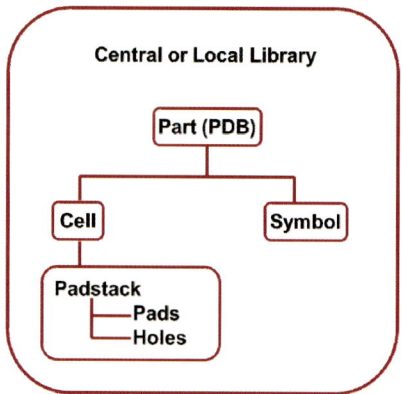

Symbol은 회로도에서 보일 부품 기호이며, Cell은 PCB에서 보이는 Footprint입니다. Cell 내부에는 단자와 PCB에서 사용할 Via에 쓰이는 Padstack이 존재하며 Padstack 내부에는 각 Layer 별로의 Pads와 Through Pin이나 Via에 필요한 Holes이 존재합니다. 이런 Object를 에러 없이 작성해야 나중에 Project 별로 부품에 문제가 없는 데이터를 만들어 낼 수가 있습니다.

이 Central Library를 만들고 부품을 작성하는 프로그램이 PADS Professional Library Tools 입니다. PADS Professional의 회로도와 PCB 설계 프로그램은 설계 Project와 PCB를 불러올 때 라이선스가 Check되지만 PADS Pro Library Tool은 프로그램이 시작될 때 라이선스를 Check합니다.

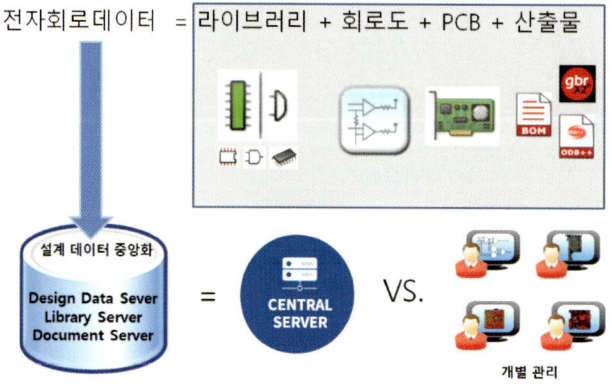

PCB를 설계하는 데이터는 개별 관리와 중앙 관리로 나누어져 있습니다. PCB 설계 프로그램에서 관리가 필요한 데이터는 전자 회로 데이터라고 할 수 있고, 이 데이터들을 나누자면 라이브러리, 회로도, PCB, 산출물(출력물) 정도로 나눌 수 있습니다.

이중에서 라이브러리를 중앙화 해야 되는 필요성은 다음과 같습니다.

- 표준 부품화로 디자인의 성능이 표준화됩니다.
- 전체 부품의 숫자가 줄어듭니다.
- 누구나 같은 부품을 사용해야 합니다.
- 동일한 부품을 따로 중복 사용하면 안 됩니다.
- 동일한 부품은 검증이 완료된 부품이어야 합니다.
- 동일한 부품을 사용해야 디자인에서 추적이 가능해집니다.
- 단종 부품은 사용하지 않는 관리가 필요합니다.
- 최소한 부품이 잘못된 사고는 없어질 수 있습니다.
- 신규 부품 등록 프로세스가 필요해집니다.
- 부품 등록자가 필요합니다.
- 검색을 위해 부품의 이름 규칙이 있어야 합니다.
- 회로도 부품은 가능한 최소한의 수로 작성합니다.
- PCB 부품은 동일 사이즈면 같은 부품으로 작성합니다.

PADS Professional에서 Central Library를 중앙화 하면 다음과 같은 운용이 가능합니다. 물론 개인별로 관리하면 Central Library가 전체 개발 모델의 부품을 관리하는 것이 아니라, 각 모델 별로의 Central Library가 존재하게 되는 것입니다.

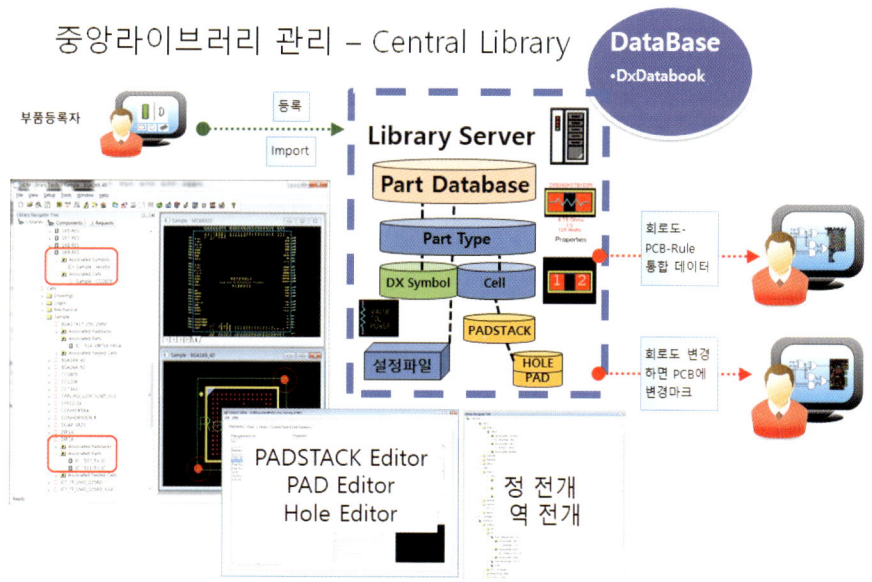

PADS Pro Library Tool은 전체 라이브러리에 대한 편집을 할 수 있으며 할 수 있는 작업은 다음과 같습니다.

- 데이터 구성을 위한 Partition 기준의 부품 라이브러리 작성
- Symbols, Cells, Parts의 작성 또는 수정
- Symbols, Cells, Parts의 가져오기 및 내보내기
- Layout Templates 만들기

각 작업은 PADS Pro Library Tool을 실행한 다음, 특정 Central Library를 불러온 다음 Toolbar 에서 실행할 수 있습니다.

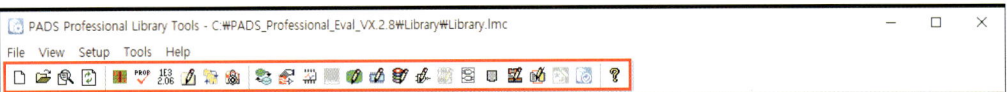

PADS Pro Library Tool에서 편집이 가능한 항목은 다음과 같습니다.

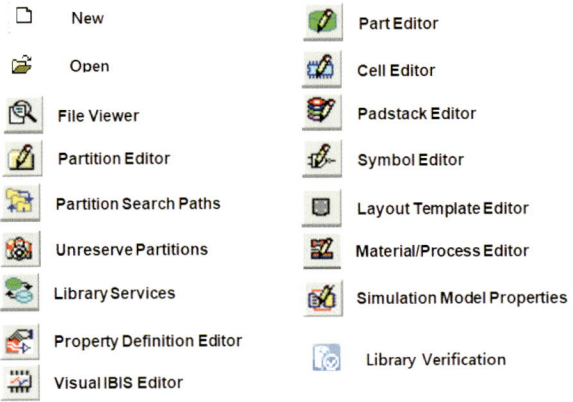

각각의 Editor를 선택하면 각 Object의 리스트가 나타나고 편집이 가능합니다.

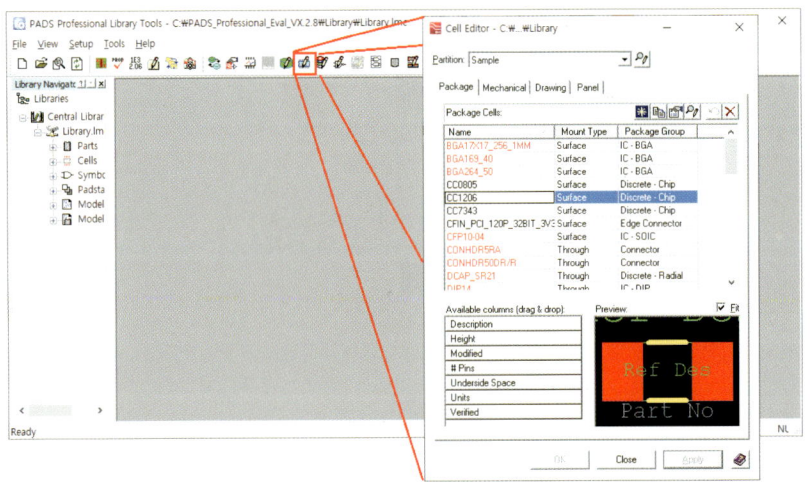

2장 PADS Professional Library Tools

실습 Central Library 실습 데이터 다운로드와 설정

1. http://pads.co.kr/ 에는 PADS Professional의 실습데이터가 준비되어 있습니다.
   각 단계별로 파일이 있으며 파일이름은 MGTraining.zip입니다.
   Central Library 실습데이터를 다운 받은 다음 C드라이브에 압축을 풀어줍니다. 압축 파일을 풀어주면 다음과 같은 폴더들이 보입니다.

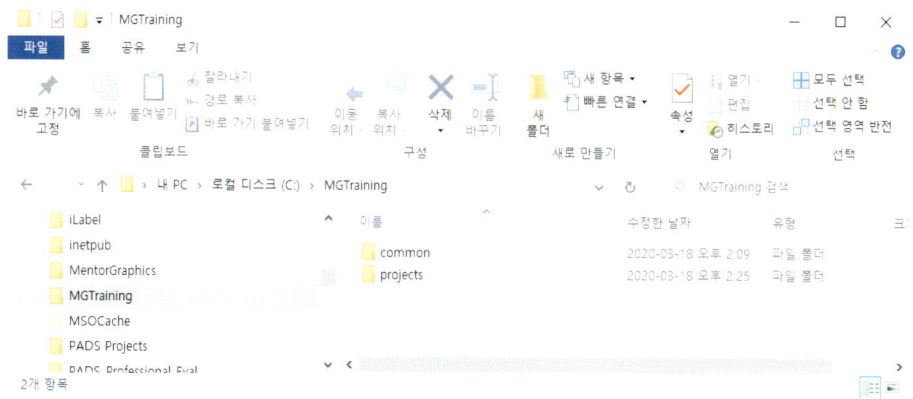

2. common은 Central Library와 실습 때 사용할 Drafting 형상 등의 폴더가 있습니다. Project 폴더는 비어 있는 폴더로 향후에 회로도와 PCB 데이터들을 작성하는 프로젝트들이 위치하게 될 폴더입니다.

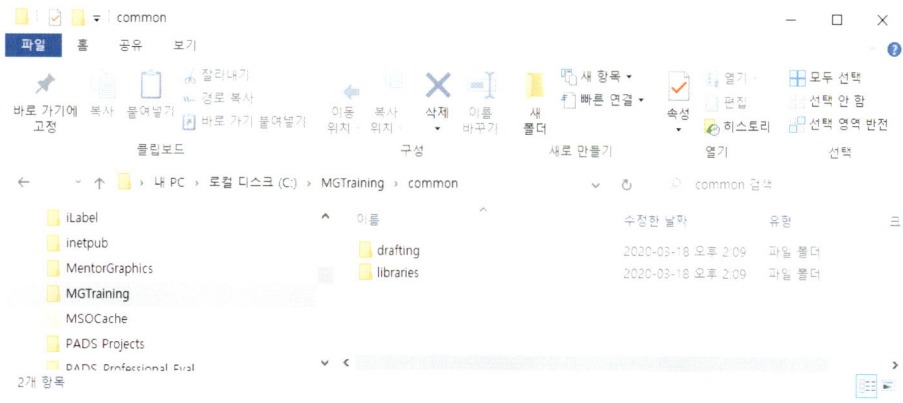

실습 01   Central Library 작성과 불러오기

1 C:\MGTraining\common\libraries 다음에 새로운 Central Library를 만들어 보겠습니다. Central Library는 폴더를 지정해야 하므로 폴더를 미리 만들어 놓겠습니다.
C:\MGTraining\common\libraries 에 새로운 폴더를 작성합니다.(마우스 오른쪽 버튼 - 새로 만들기 - 폴더)

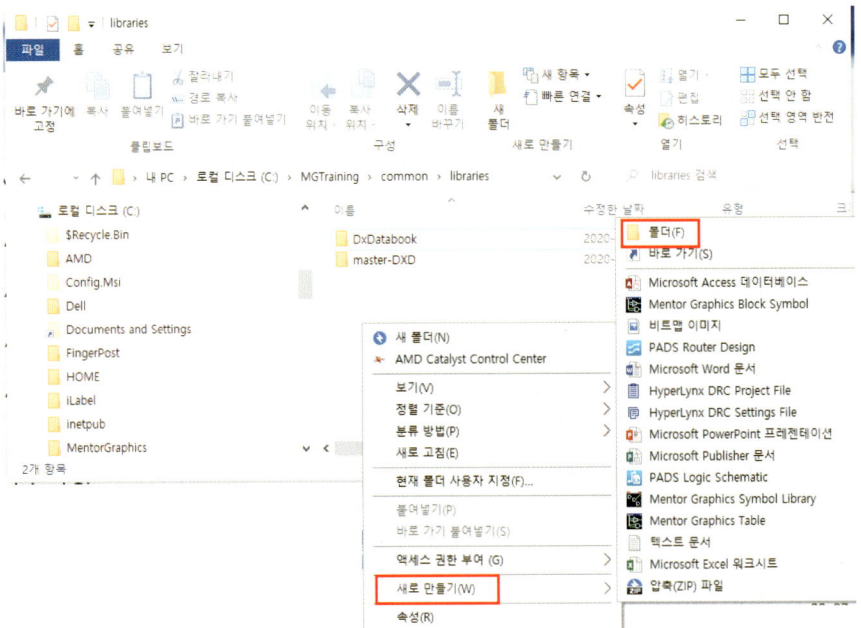

2 폴더 이름을 NewCL로 작성합니다.

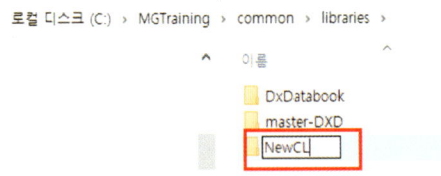

2장 PADS Professional Library Tools

3. PADS Pro Library Tools를 실행하여 Central Library를 작성합니다. PADS Pro Library Tools은 PADS Professional을 설치하면 시작메뉴에 보이게 됩니다. Windows의 시작메뉴 - PADS Pro Tools VX.2.8 - PADS Pro Library Tools VX.2.8로 실행합니다.
프로그램이 다음과 같이 실행됩니다.

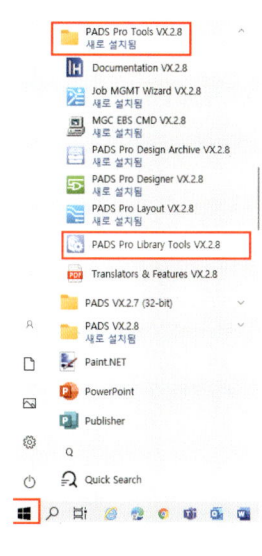

4. 신규 작성은 [File] - [New]나  아이콘을 눌러 작성합니다.
미리 작성해 놓은 폴더, C:₩MGTraining₩common₩libraries₩NewCL 로 이동합니다.

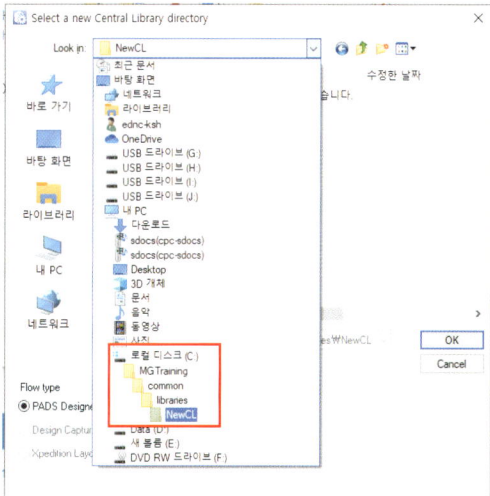

5. OK를 누르면 비어 있던 폴더에 Central Library 관련 파일이 작성됩니다.

NewCL.lmc라는 라이브러리 매니저 카탈로그 파일과 폴더들이 작성됩니다.

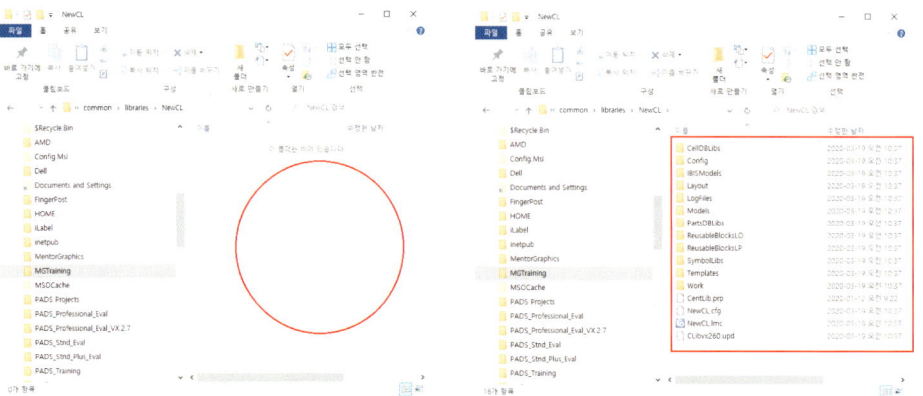

6 PADS Library Tools에서도 새로 작성된 Central Library가 보이게 됩니다.

Note 회사만의 중앙라이브러리를 새로 작성하려고 하시는 분들은 이렇게 비어 있는 Central Library를 작성하시고 모든 부품 데이터들을 새로 작성해주시면 됩니다.

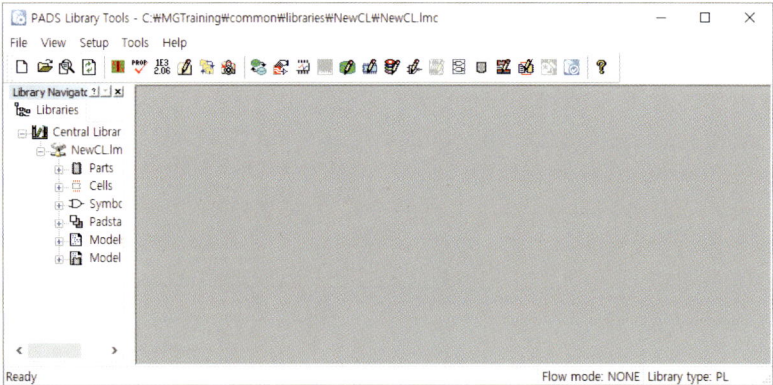

7 실습은 다운 받은 데이터 중에 C:\MGTraining\common\libraries\master-DXD의 Central Library로 진행합니다. [File] - [Open]이나 📂을 눌러 C:\MGTraining\common\libraries\master-DXD\master-DXD.lmc를 불러옵니다.

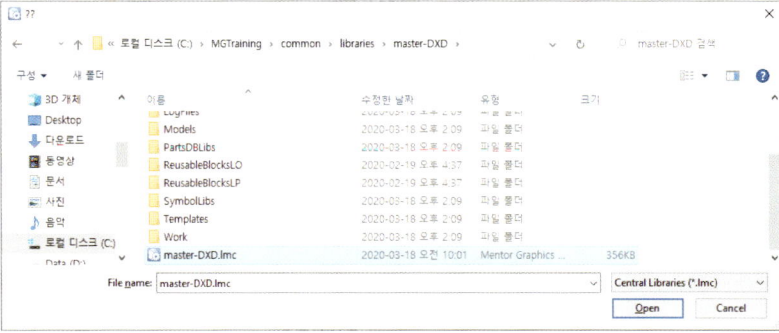

8 실습을 진행할 Central Library가 Open되었습니다.

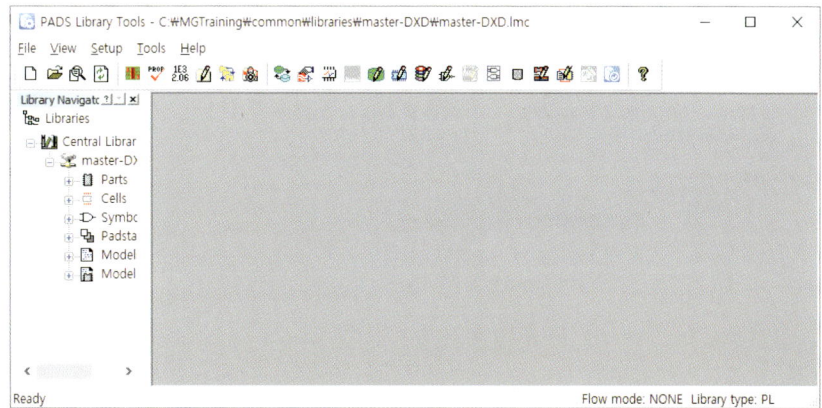

02 Partition 작성

Central Library는 각각의 Object를 구분해서 나눌 수 있는 Partition구조로 되어 있습니다. 이 Partition은 🖉 아이콘으로 Partition Editor를 실행하여 작성과 편집합니다.

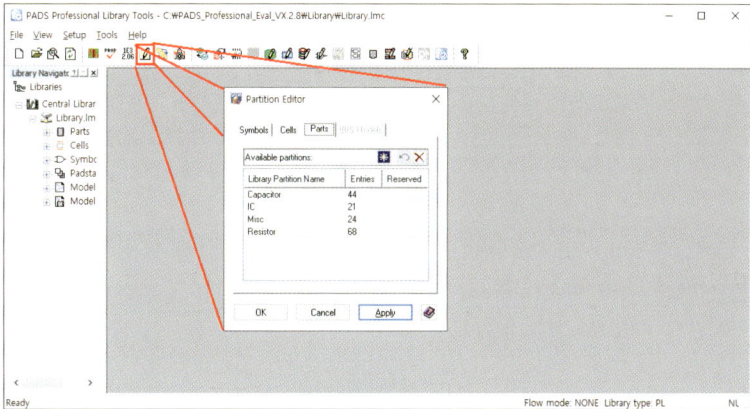

혹은 [Setup] - [Partition Editor]로도 실행 가능합니다.

혹은 다음의 Library Navigator에서 각각의 Parts, Cells, Symbols를 선택 후 마우스 오른쪽 버튼으로 신규 작성과 편집이 가능합니다.

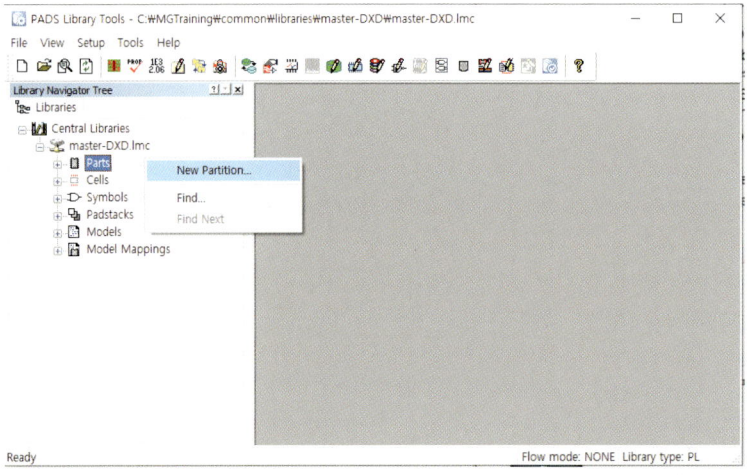

Partition은 Part, Cell, Symbol들에 각각 나누어서 작성하며 일반적으로 부품의 구분을 나누어서 등록할 때 사용합니다.

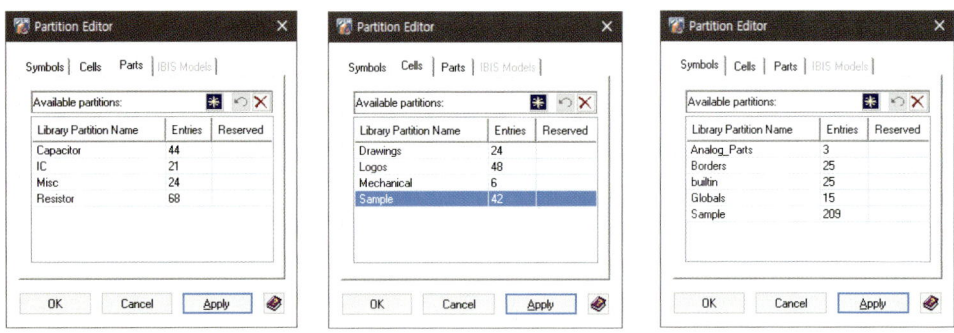

각각의 Parts, Cells, Symbols의 Partition은 별도로 이름을 아무렇게나 줄 수 있지만 검색과 통일성을 위해 이름을 부품 별로 맞추어 주는 것이 좋습니다.

또는 다른 목적으로 사용될 수 있습니다. Central Library는 전체 회사의 부품을 정리한 데이터인데 부서별로 사용하는 부품이 다를 수도 있으며 선행 개발에 사용되는 부품과 실제 양산 모델에 사용하는 부품이 다를 수도 있습니다. 이러한 목적은 부품이 중복되는 경우 하고는 다르게 특수 목적에서 관리되어야 합니다. 이런 특수 목적에서 사용되는 것이 Partition Search Path입니다.

Partition Search Path는 아이콘이나 [Setup] - [Partition Search Path]로 지정합니다.

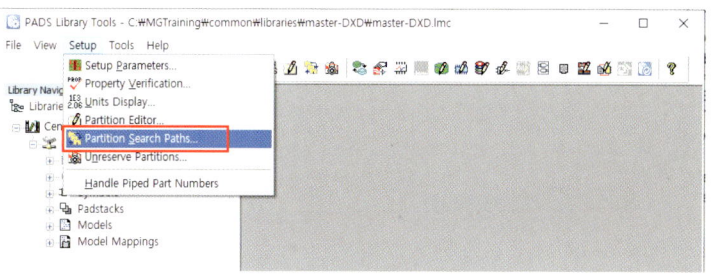

Partition Search Path는 회로도에서 부품 검색 시에 원하는 Partition만 골라서 선택할 수 있는 Set를 만드는 것이며 여러 개를 만들어서 회로도를 작성할 때, 혹은 중간에 설정을 변경할 수 있습니다.

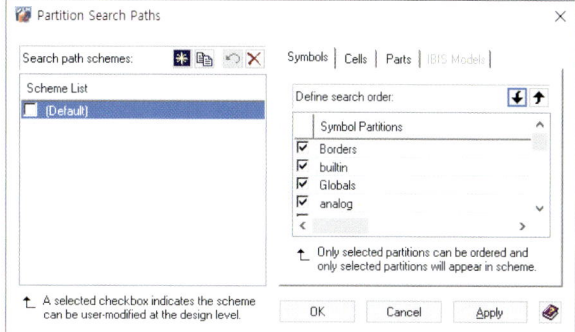

위의 메뉴에 보면 PADS Professional에서 공통적으로 User 설정을 작성하거나 복사, 삭제가 가능한 부분이 있는데 이 설정을 Schemes 라고 합니다.

교재의 모든 과정에서 계속 나오게 되며 메뉴는 다음과 같이 사용합니다.

Partition Search Path는 나중에 회로도 프로젝트를 작성하면 다시 설정에서 보이게 됩니다.

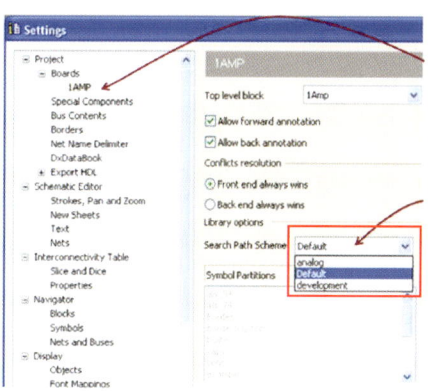

Central Library를 중앙화 해서 사용하면 여러 명의 등록자가 부품 등록이 가능합니다. 여러 명이 등록을 진행하더라도 중복되는 부품은 동시에 편집이 불가능 한데, 여러 사람이 사용 중에 부품이 Lock되는 경우가 있습니다. 혹은 사용 중에 장비가 갑자기 정전이 된다 거나 할 때도 Lock이 걸리는데, 이 상태를 Reserve라고 볼 수 있습니다. 이런 Reserve 상태의 Partition은 접근하려고 하면 Reserve가 되어 있다고 하고, 해제해달라고 하는 메시지가 나옵니다.

이것을 해제하는 명령어가 UnReserve Partition입니다. 명령어를 실행하거나 [Setup] - [UnReserve Partition]을 실행합니다.

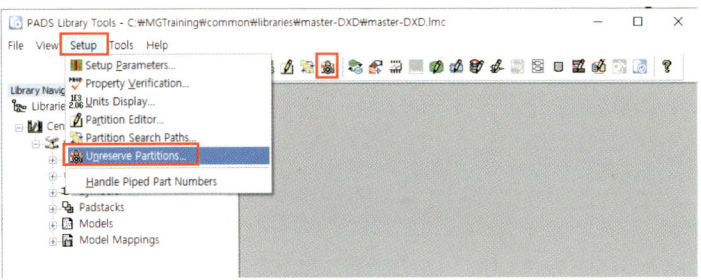

이런 이유들로 Reserve된 Partition이 나타나게 됩니다. Reserve된 Partition을 선택하고 Apply를 누르면 정상적으로 Partition에 접속 가능합니다.

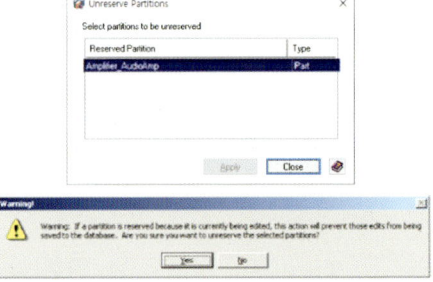

실습 02   불러온 Central Library에 Partition작성하기

실습 01에서 불러온 master-DXD의 Central Library를 불러온 상태에서 Partition을 작성합니다.

1. [Setup] - [Partition Editor]를 실행합니다.
2. Symbols, Cells, Parts각각 Temp란 이름으로 Partition을 작성합니다. 를 선택하고 이름을 Temp로 지정합니다.

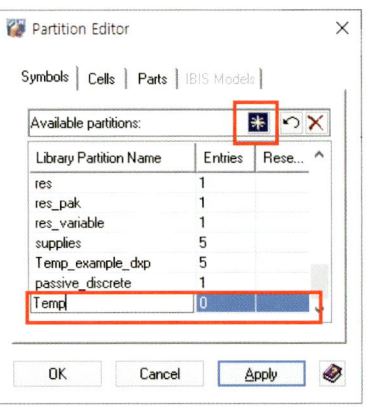

3 Cells와 Parts에도 Temp Partition을 작성합니다.

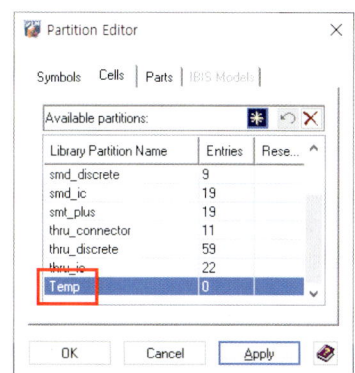
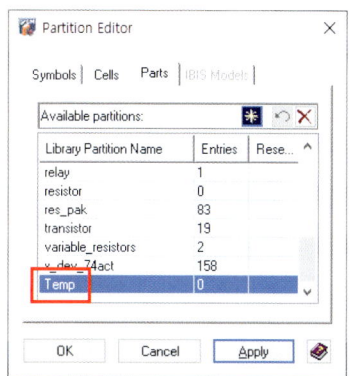

03 HOLE 작성

PADS Professional에서 회로도와 PCB 부품은 다음의 구조로 정의됩니다.

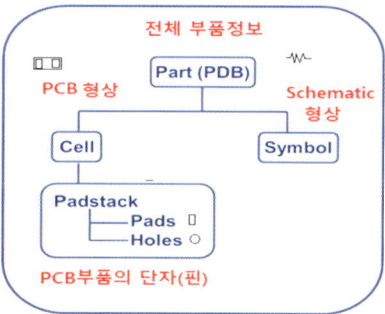

부품을 등록할 때는 어떠한 순서대로 해도 상관이 없습니다. 하지만 구조상으로 볼 때, Pad나 Hole을 먼저 등록하면 중복된 Object가 있을 때는 기존의 등록된 것을 가져다 사용하면 되기 때문에 Pad와 Hole을 먼저 등록하고, 다음 Padstack에서 등록한 Pad와 Hole을 지정합니다. 그리고 Cell을 등록할 때도, Pin배치부터 먼저 하기 때문에 Padstack 등록이 되어 있어야 합니다.

PADS Library Tools에서는 각각의 Object를 등록하기 위한 Editor가 준비되어 있습니다.

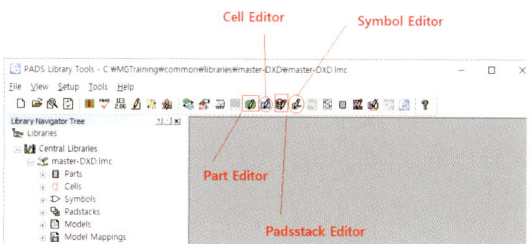

Padstack이란 PAD들이 특정 Layer 별로 쌓여 있는 형태입니다. 먼저 Through-Hole 타입의 Padstack은 다음처럼 PCB Layer를 Hole로 관통하는 구조로 되어 있습니다.

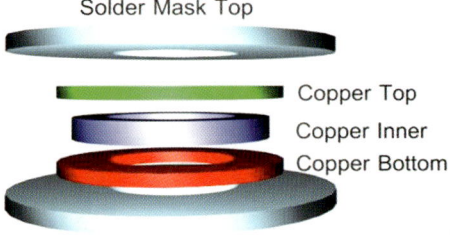

Trace가 배선될 Layer의 Pad 안에 Hole이 구성되어 있고, Hole의 내부에 도금이 되어 있으면 Plating으로 도체가 연결이 됩니다. 납이 올라올 Solder 영역을 Top과 Bottom에 구성하면 하나의 Padstck이 작성됩니다.

Through-Hole은 부품의 Lead를 Hole에 삽입하여 고정합니다. SMD(Surface mounting device)는 Lead가 없이 Pad(cooper)부분이 부품과 연결되어야 합니다. 그래서 추가적으로 Paste Mask가 필요 하고 Hole은 구성하지 않습니다.

PADS Professional의 SMD 부품은 위처럼 Top과 Bottom도 같이 구성합니다.

Hole과 Pad, Padstack은 모두 Padstack Editor에서 작성합니다. Padstack Editor를 실행하면 다음처럼 Hole과 Pad, Padstack과 Custom Pads & Drill Symbols에 관한 탭으로 나누어져 있습니다.

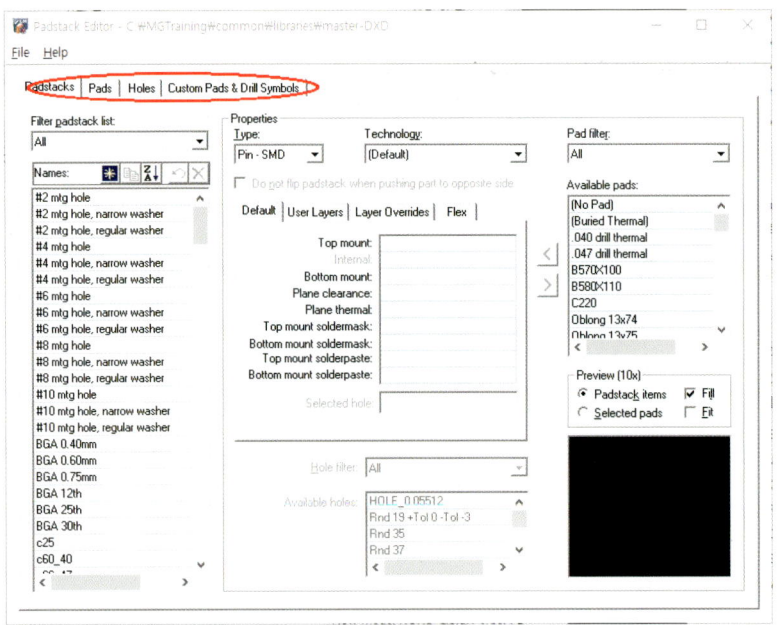

Hole의 전체적인 기능은 다음과 같습니다.

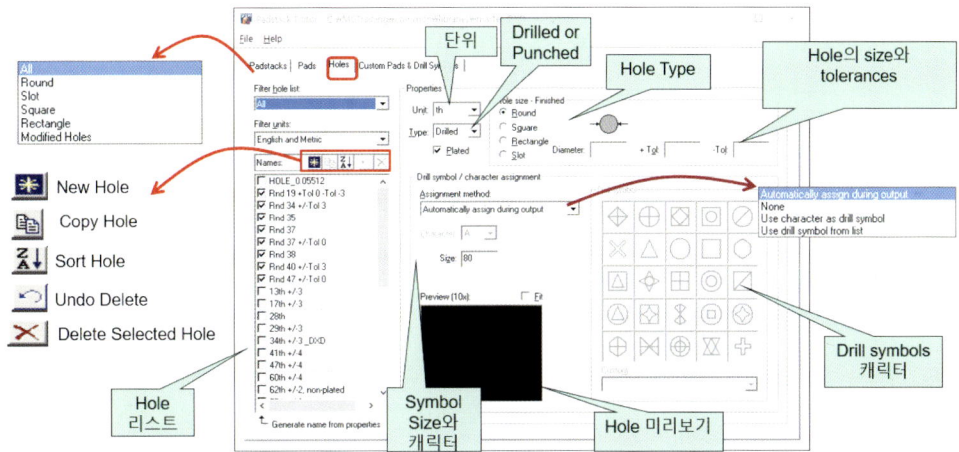

맨 처음으로 Hole에 관해서 확인하면 다음처럼 3가지로 나누어서 볼 수 있습니다.

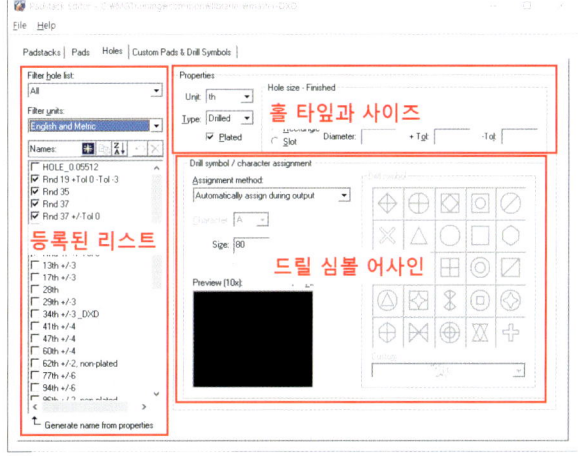

Hole List에서는 등록된 Hole의 형상을 종류별로 필터링 할 수 있습니다. 전체나 원하는 형상 별로 필터링 하면 필터링 한 형상만의 리스트가 나타나게 됩니다. Modified Holes는 입력은 되었으나 Save를 하지 않은 상태의 Hole만을 보여주며 노란색으로 색이 보이게 됩니다.

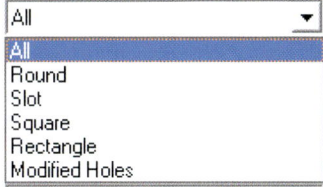

Filter Unit은 전체나 등록된 Unit 별로의 리스트가 나타납니다. 특이한 점은 단위가 환산되는 것이 아니라 단위 별로 각각 등록합니다. 즉 English로 등록한 Hole과 Metric으로 등록한 Hole이 같은 사이즈라도 단위 별로 각각 존재할 수 있습니다.

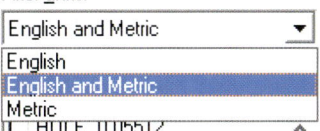

다음과 같이 새로운 Hole 작성/복사 등이 가능합니다. Generate name from properties를 Check하면 입력한 Size별로 Hole의 이름을 자동으로 작성해주는 기능입니다. Hole의 사이즈와 +와 -의 Tolerance 를 입력할 수 있습니다.

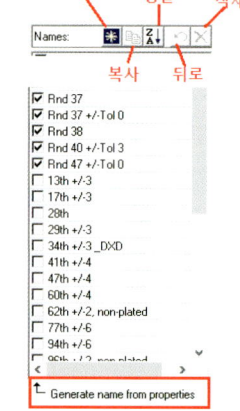

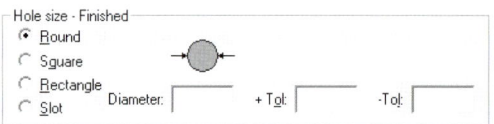

Generate name from properties를 Check를 해제하면 입력한 Size 대신 사용자가 입력한 이름으로 작성 가능합니다. 혹은 자동으로 이름이 입력된 칸에 이름을 수정하면 Generate name from properties의 Check가 자동으로 풀리게 됩니다.

Generate name from properties로 입력되는 이름의 구성은 다음과 같습니다.

Hole Shape	Generated Hole Name
Round	Rnd <dia> +Tol-<tol> -Tol<tol> <Punched> <Non-Plated>
Square	Sq <dia> +Tol-<tol> -Tol<tol> <Punched> <Non-Plated>
Slot	Slot <w>X<h> +Tol-<tol> -Tol<tol> <Punched> <Non-Plated>
Rectangle	Rect <w>X<h> +Tol-<tol> -Tol<tol> <Punched> <Non-Plated>

다음처럼 4가지 종류의 Hole 작성이 가능합니다. Round와 Slot은 Drill로, Square와 Rectangle는는 Punched로 자동으로 Type이 변경됩니다.

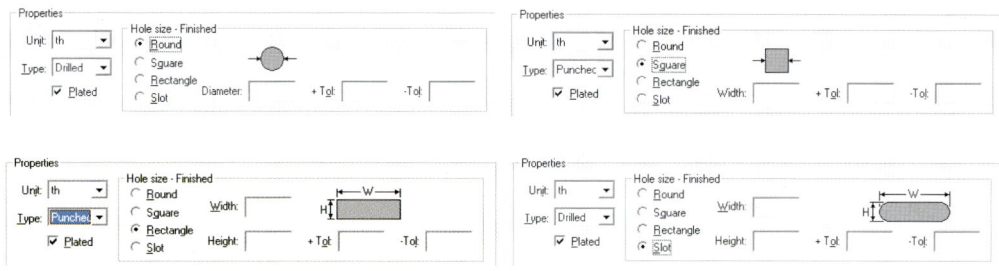

Hole의 단위는 4가지 중에서 선택 가능합니다.

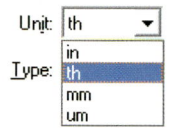

Inch와 th는 인치 단위입니다. th는 1/1000 인치(Thousandth of an inch)를 뜻합니다. mm와 um는 미터 단위입니다. um는 0.001 밀리미터입니다.

Hole의 Type은 4가지 종류로 구성되며, 각 타입에 대한 설명은 아래와 같습니다.

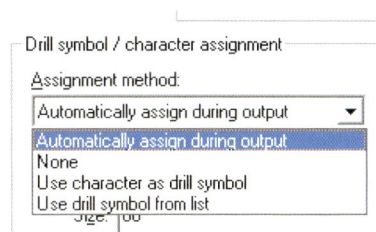

- Drilled: 원형 및 슬롯 모양의 Hole에 대한 기본 Hole Type.
- Laser: 비아 구조를 위해 특정 형태의 Multi-laminate Process가 필요한 High Density Interconnect(HDI) 설계에 일반적으로 사용되는 Hole Type.
- Photo: 추가 레이어에 Photo Exposure을 사용하는 Hole Type.
- Punched: 정사각형 및 직사각형 모양의 구멍에 대한 기본 Hole Type.

이렇게 작성한 Hole들은 나중에 PCB에서 배치되는 부품의 Hole이나 Via의 Hole에 배치되게 됩니다. Hole은 나중에 Drill의 사이즈와 좌표를 출력해서 작업을 진행합니다. 그런데 사이즈만으로는 구분하기가 쉽지 않아서 특정 사이즈가 기호로 표현되어 있는 Drill Symbol도 같이 출력합니다.

보통의 Drill Symbol은 Drill을 출력할 때 자동으로 Symbol이 선택되지만 PADS Pro에서는 다양하게 정의가 가능합니다.

- Automatically assign during output: Drill Drawing을 생성할 때 Drill 심볼 또는 문자를 Hole에 할당하고 (NC Drill 데이터 출력) 심볼 또는 문자 크기를 정의하는 크기 필드를 활성화합니다. 자동 Drill Symbol 및 문자 할당 순서는 다음과 같습니다.
  ❶ 지정되지 않은 표준 Drill Symbol.
  ❷ Custom Hole Symbol.
  ❸ 문자 (A ~ Z, 모두 대문자, a ~ z, 모두 소문자)

- None: Hole에 문자 또는 Drill Symbol를 할당할 수 없습니다.
- Use character as drill Symbol: "Character"의 dropdown 목록 및 크기 필드를 활성화하여 대문자 또는 소문자 (A-Z 및 a-z)를 할당한 다음 Drill Symbol 텍스트 크기를 입력할 수 있습니다.
- Use drill Symbol from list: Drill Symbol Palette를 활성화하여 Drill Symbol를 선택하고 Hole에 할당할 수 있습니다.

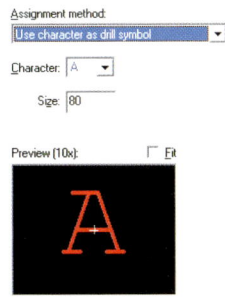 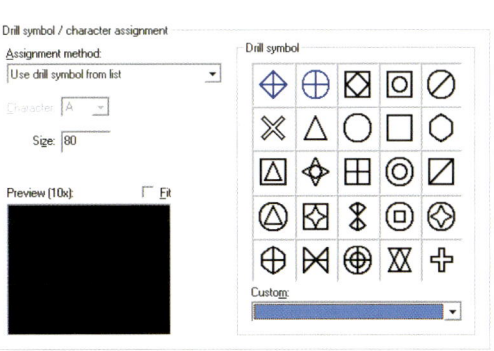

실습 03   Hole 작성하기

1 PADS Library Tools에서 C:₩MGTraining₩common₩libraries₩master-DXD₩master-DXD.lmc를 불러옵니다.

2 Hole을 작성하기 위해 Padstack Editor 를 선택하고 Holes 탭을 선택합니다.

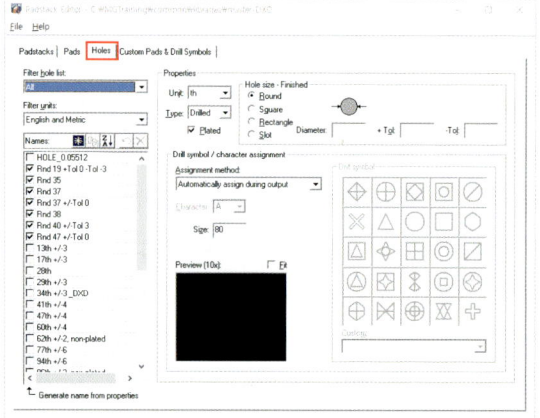

3 신규 작성을 위해 를 클릭하면 다음과 같은 새로운 행이 추가됩니다.

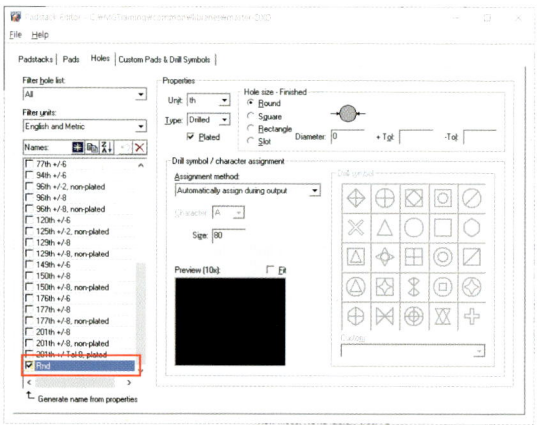

4️⃣ Hole Size 부분에 다음과 같이 입력합니다. Hole의 이름은 입력된 사이즈가 이름이 자동으로 작성되게 Generate name from properties를 Check합니다.

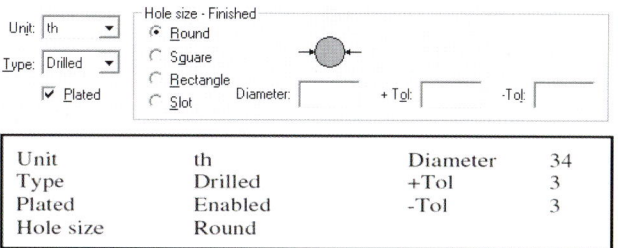

Unit	th	Diameter	34
Type	Drilled	+Tol	3
Plated	Enabled	-Tol	3
Hole size	Round		

5️⃣ 입력되면 다음과 같이 됩니다.

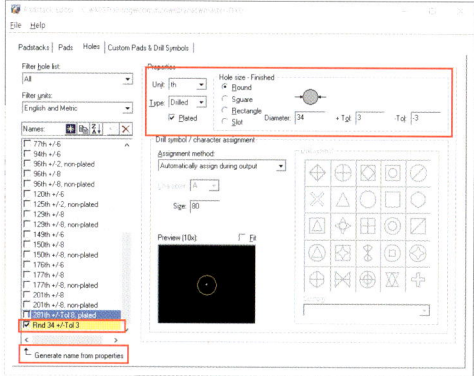

6️⃣ 입력해야 하는 값이 입력이 안된 경우에는 값이 비어 있다고 다른 항목으로 넘어가지 않습니다.
다음과 같은 메시지가 나왔다면 필수 값이 입력이 안된 것입니다.

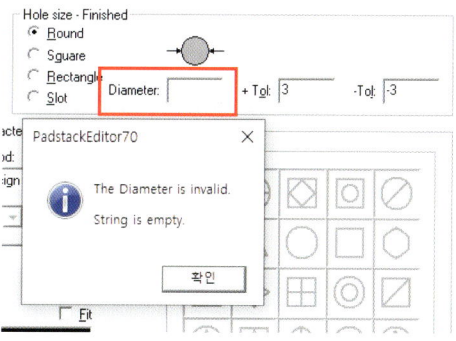

7️⃣ Filter에서 Modified Holes를 누르면 노란색으로 되어 있는 부분만 보이게 됩니다. 이것은 [File] - [Save]를 하기 전에 편집중이라는 상태를 나타냅니다.

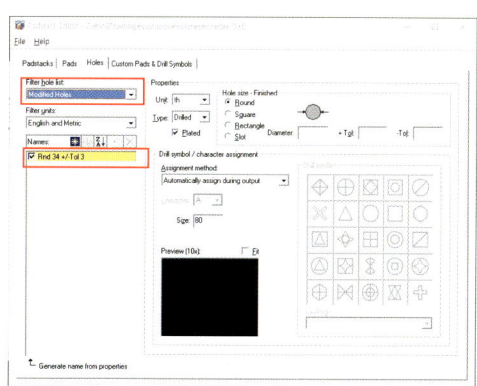

8 Save를 하면 Modified 항목에도 없어지고 백색으로 변경되며 필터링을 다시 하면 없어지게 됩니다.

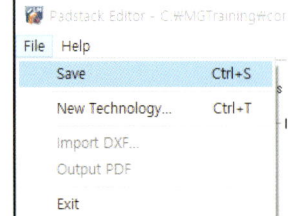

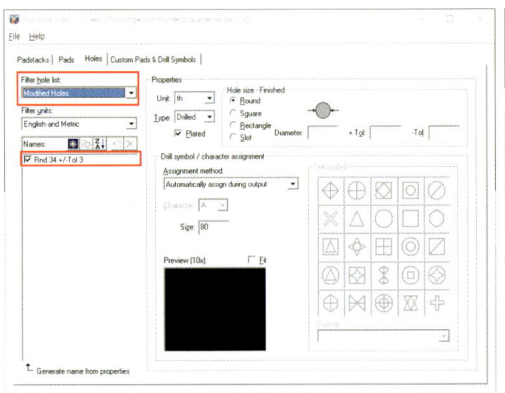

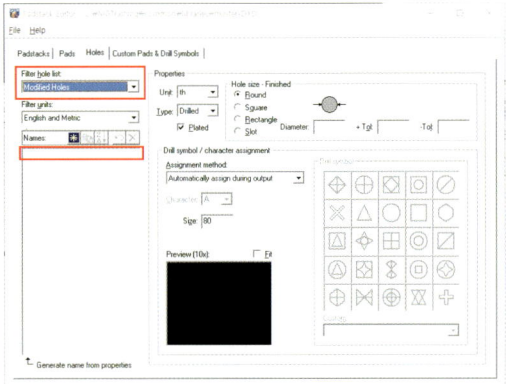

9 다시 필터 부분을 Round로 변경하고 작성한 34를 선택합니다.

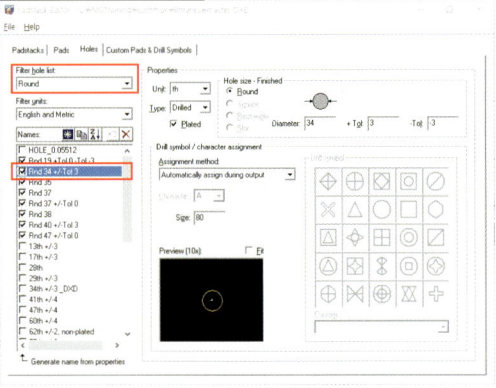

10 Drill Symbol/Character assignment에서 Use drill Symbol from list를 선택합니다. 파란색으로 보이는 것은 이미 사용중인 Symbol입니다.

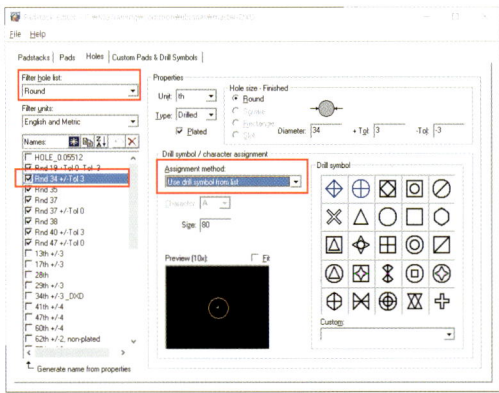

2장 PADS Professional Library Tools

11 검은색 Symbol 중에 ◈ 를 선택합니다.

Size는 50으로 입력하고 [File] - [Save] 합니다.

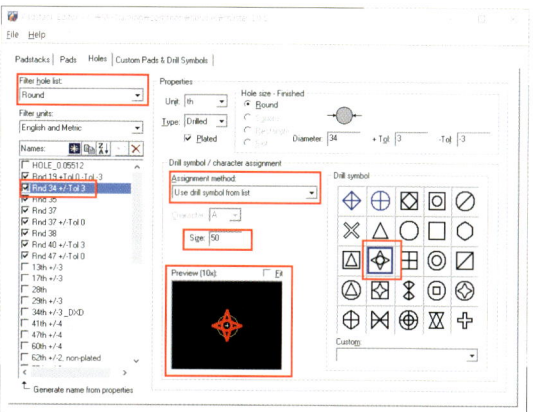

12 사용중인 Symbol을 확인하려면 마우스를 파란 색으로 이동하면 🖱 마크가 나타납니다. 마우스 오른쪽 버튼을 클릭하라는 뜻이며 클릭하면 다음과 같은 창이 나타납니다.

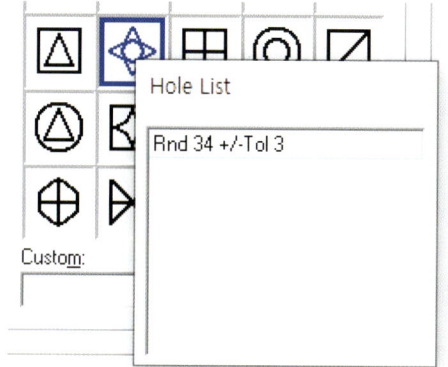

04 PAD 작성

PCB 부품의 Pin이나 Via의 특정 도체 층에서는 Trace로 배선이 시작될 수 있는 영역이 있어야 합니다. Solder Mask나 Paste Mask도 특정한 목적을 위해 정해진 형상 내에서 작성하는 것을 PAD (혹은 Land)라고 합니다. 이 PAD들로 특정한 목적을 위해서 정해진 Layer에 원하는 Size로 구성하는 데이터가 Padstack입니다.

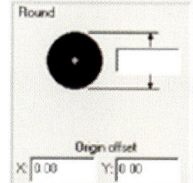 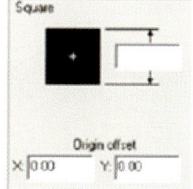 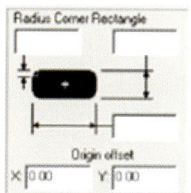 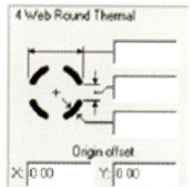 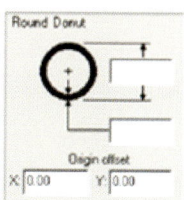

PAD 등록 화면의 메뉴들은 다음과 같습니다.

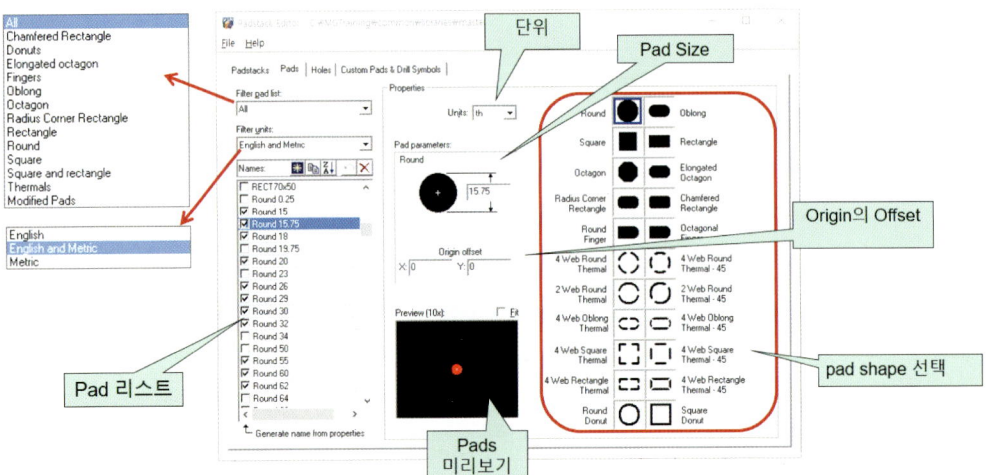

Hole과 마찬가지로 단위 별로 따로 등록을 해야 하며 PAD 형상을 그리는 것이 아니라 형상 별로 사이즈를 입력하면 자동으로 입력되는 형태입니다.

PAD에서는 특정한 Layer를 지정하지는 않으며, 나중에 Layer를 지정할 때 필요한 모든 사이즈를 각각 등록합니다. Circle이나 Square 같은 경우는 각도에 상관없으나 Rectangle 같은 경우에는 입력에 따라 나중의 Padstack 배치에 0도, 90도 등의 각도가 달라지게 됩니다. PAD는 나중에 Padstack에서 지정할 PAD들을 SMD과 Thru의 용도에 맞게 각각 만들어야 합니다. 어떠한 PAD는 일반 LAND 목적으로 사용하지만 어떠한 Size는 AntiPAD로 사용되기도 하고 어떤 PAD는 SMD의 Paste Mask로 쓰이지만 어떤 PAD는 SMD의 Solder Mask로 쓰이기도 합니다.

PAD의 탭을 확인하면 다음처럼 3가지로 나누어서 볼 수 있습니다.

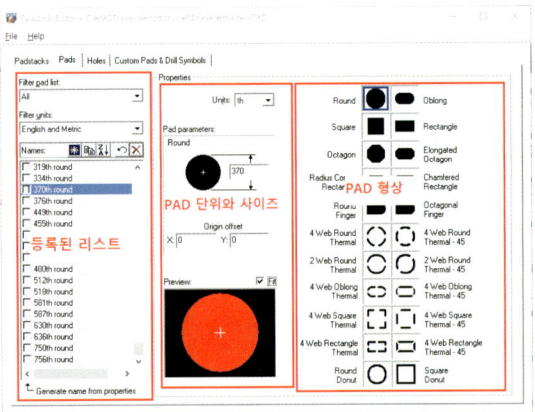

Pad List에서는 Hole과 마찬가지로 Pad 형상을 종류 별로 필터링 할 수 있습니다. 전체나 원하는 형상 별로 필터링 하면 필터링 한 형상만의 리스트가 나타나게 됩니다. Modified Pads는 입력은 되었으나 Save를 하지 않은 상태의 PAD만을 보여주며 노란색으로 표시됩니다.

Filter Unit은 Hole과 마찬가지로 전체나 등록된 Unit 별로의 리스트가 나타납니다. Hole과 같이 English로 등록한 Pad와 Metric으로 등록한 Pad가 같은 사이즈라도 단위 별로 각각 존재 할 수 있습니다.

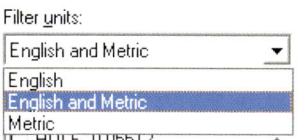

다음과 같이 새로운 Pad 작성/복사 등이 가능합니다.

다음 Generate name from properties를 Check하면 Pad의 입력한 Size 별로 이름을 자동으로 작성해주는 기능입니다. Pad의 사이즈가 입력될 수 있습니다.

Generate name from properties의 Check를 해제하면 위의 입력한 Size 대신 사용자가 입력한 이름으로 작성 가능합니다. 혹은 자동으로 이름이 입력된 칸에 이름을 수정하면 Generate name from properties의 Check가 자동으로 풀리게 됩니다.

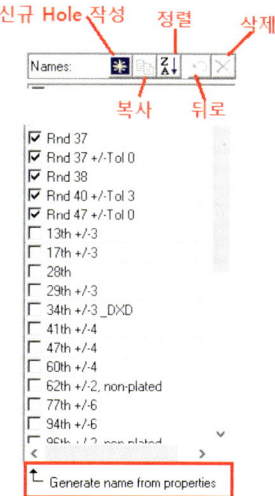

Generate name from properties로 입력되는 Pad 이름의 구성은 다음과 같습니다.

Pad Shape	Generated Pad Name
Round	Round <dia> Off-<x>X<y>
Oblong	Oblong <w>X<h> Off-<x>X<y>
Square	Square <wh> Off-<x>X<y>
Rectangle	Rectangle <w>X<h> Off-<x>X<y>
Octagon	Octagon <wh> Off-<x>X<y>
Elongated Octagon	Octagon Elong <w>X<h> Off-<x>X<y>
Radius Corner Rectangle	Radius Rect <w>X<h> Radius Off <x>X<y>
Chamfered Rectangle	Chamfer Rect <w>X<h> Chamfer C Off-<x>X<y>
Round Finger	Finger Rnd <w>X<h> Off-<x>X<y>
Octagonal finger	Finger Oct <w>X<h> Off-<x>X<y>
4 Web Round Thermal	Thermal Rnd 4+ <dia> Width-<web width> WebClear-<clearance> Off-<x>X<y>
4 Web Round Thermal -45	Thermal Rnd 4X <dia> Width-<web width> WebClear-<clearance> Off-<x>X<y>
2 Web Round Thermal	Thermal Rnd 2- <dia> Width-<web width> WebClear-<clearance> Off-<x>X<y>
2 Web Round Thermal - 45	Thermal Rnd 2/ <dia> Width-<web width> WebClear-<clearance> Off-<x>X<y>
4 Web Oblong Thermal	Thermal Oblong 4+ <w>X<h> WebClear-<clearance> Off-<x>X<y>
4 Web Oblong Thermal -45	Thermal Oblong 4X <w>X<h> WebClear-<clearance> Off-<x>X<y>
4 Web Square Thermal	Thermal Sq 4+ <wh> WebClear-<clearance> Off-<x>X<y>
4 Web Square Thermal - 45	Thermal Sq 4X <wh> WebClear-<clearance> Off-<x>X<y>
4 Web Rectangle Thermal	Thermal Rect 4+ <w>X<h> WebClear-<clearance> Off-<x>X<y>
4 Web Rectangle Thermal -45	Thermal Rect 4X <w>X<h> WebClear-<clearance> Off-<x>X<y>
Round Donut	Donut Rnd <dia> WebClear-<clearance> Off-<x>X<y>
Square Donut	Donut Sq <wh> WebClear-<clearance> Off-<x>X<y>

Pad 입력은 형상을 선택하면 선택한 형상에 맞게 입력할 수 있는 파라미터가 변경되게 되며 원점을 Origin Offset 값을 입력하여 변경 가능합니다. 입력한 형상의 사이즈는 Preview 화면에서 미리 보기가 가능합니다.

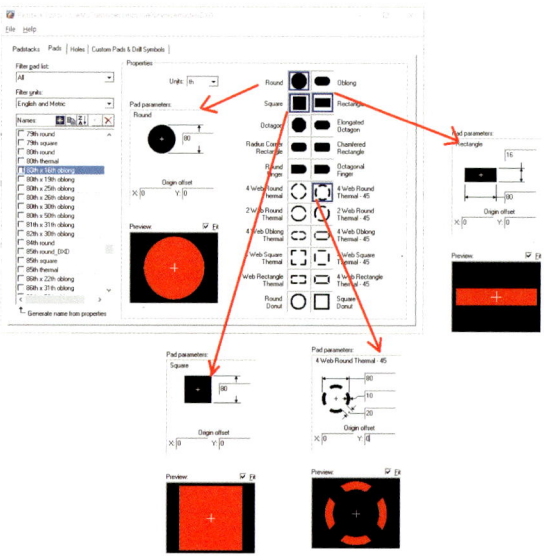

실습 04   Pad 작성하기

1 계속 PADS Library Tools에서 C:₩MGTraining₩common₩libraries₩master-DXD₩master-DXD.lmc에서 진행합니다. Pads 탭에서 다음과 같은 Pad들을 작성합니다. 나중에 작성할 Padstack을 구성하고 구성될 Padstack이 Cell에 배치되면 각 layer에서 보일 Pad입니다.

Thrugh PAD(th)	용도	SMD PAD(mm)	용도
Round 65	Thrugh metal	Rectengle 0.6x2.2	SMD Metal/SMD Paste
Round 71	Thrugh Solder	Rectengle 0.76x2.36	SMD Solder
Squres 65	1번 pin Thrugh metal		
Squres 71	1번 pin Thrugh Solder		
Round 85	Thrugh clearnace(antipad)		
Therm Rnd Width 10 WebClear 10	Thrugh Termal		

2 Padstack Editor에서 Pads의 탭으로 이동합니다.

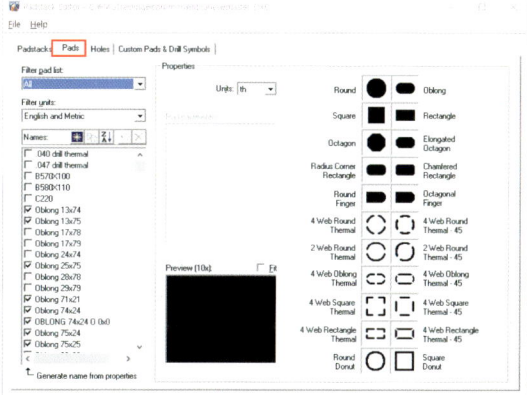

3 Pad Name List에서 New 를 선택하여 새로운 Pad를 작성합니다. 작성하면 새로운 칸이 생기게 되고 Default로 Round가 선택되게 됩니다. 단위는 th이고 Round의 Size는 65를 입력합니다.

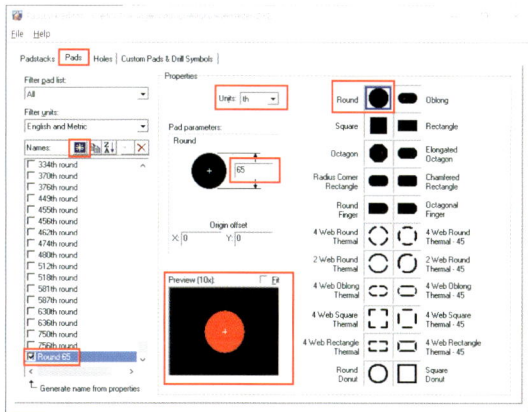

4 동일한 순서로 New 로 Round의 71을 작성합니다.

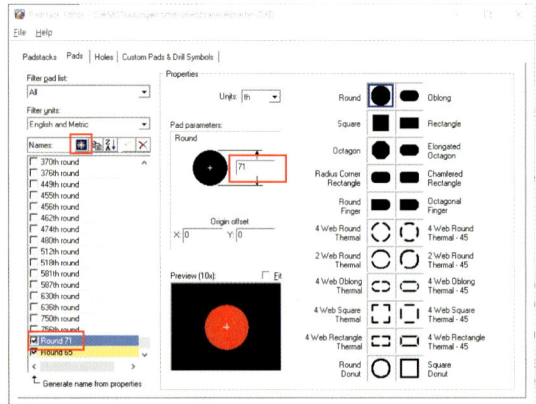

5 New 로 Square를 선택하고 th의 65와 71을 작성합니다.

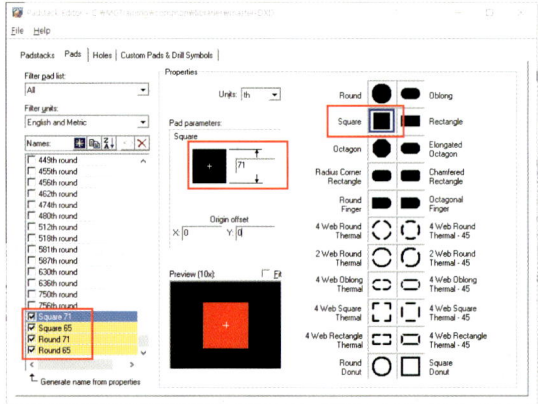

6 Clearance Pad작성을 위해 Round 85을 작성하려고 하는데, 동일한 값이 있으면 _1로 작성됩니다. 85_1은 필요 없으니 를 선택해 삭제합니다.

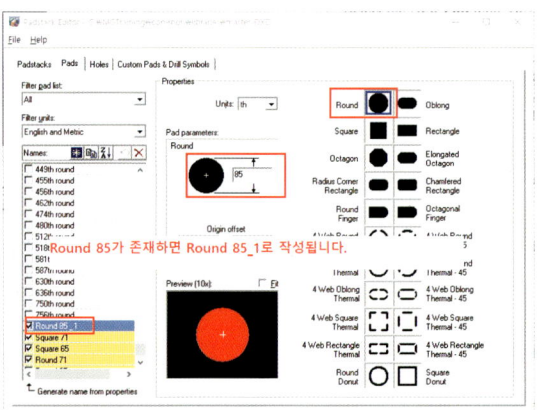

7 Thermal Pad작성을 위해 New ✳로 4 Web Round Thermal -45로 선택하고 Size는 85, clearance는 10, tie-leg width도 10으로 작성합니다.

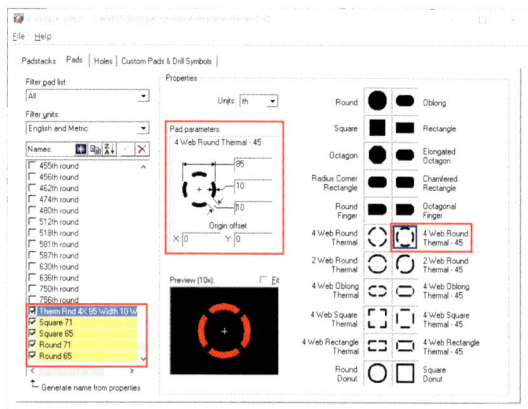

8 Through Pad부분이 작성되었습니다.

Hole과 마찬가지로 저장되지 않은 상태에서는 새로 작성한 Object는 노란색으로 표시되며, Filter Pads List에서 편집중인 Pad만 볼 수 있으며 [File] - [Save]을 하면 하얀색으로 변경됩니다. [File] - [Save]를 눌러 저장합니다.

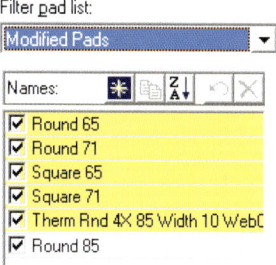

9 다음은 SMD에 사용될 Rectangle Pad들을 작성합니다.

New ✳를 누른 다음 단위를 mm로 변경하고 Rectangle을 지정합니다.

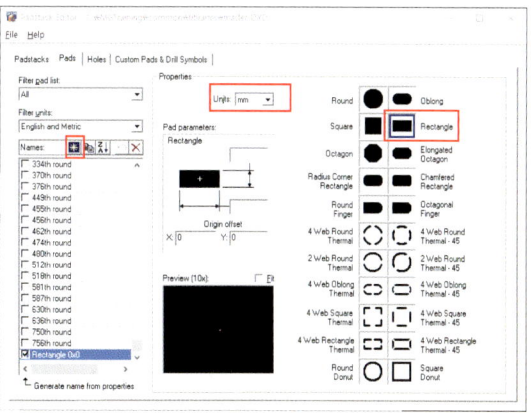

10 세로가 2.2, 가로(wide)를 0.6으로 입력하여 세워진 형태로 작성합니다. 가로와 세로의 값이 변경되면 앞으로 부품을 작성할 때 각도가 변경되게 됩니다. 항상 세워진 형태가 0도인지 90도인지를 기준으로 잡아 작성합니다. 실습에서는 세워진 형태가 0도로 되게 작성합니다.

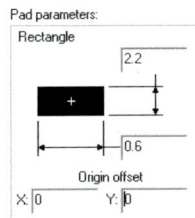

11 New 를 누른 다음 Rectangle에 0.76에 2.36을 하나 더 작성합니다. [File] - [Save]를 눌러 저장합니다.

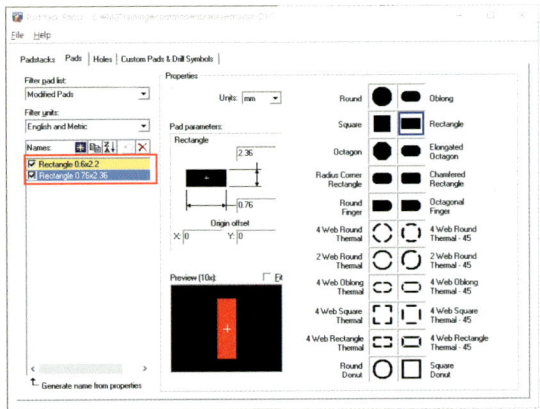

05 PADSTACK 작성

Hole과 Pad를 작성했으면 Padstack을 만들 수 있습니다. Padstack은 Hole과 Pad처럼 형상을 등록하는 것이 아니라 등록된 Hole과 Pad들을 지정해서 작성합니다. Padstack의 등록 화면은 다음과 같이 다음에 등록된 리스트가 보이고, 오른쪽에 등록 화면이 있습니다.

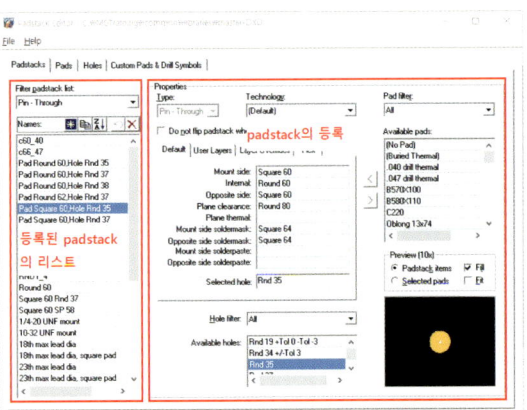

전체에 대한 설명은 다음과 같습니다.

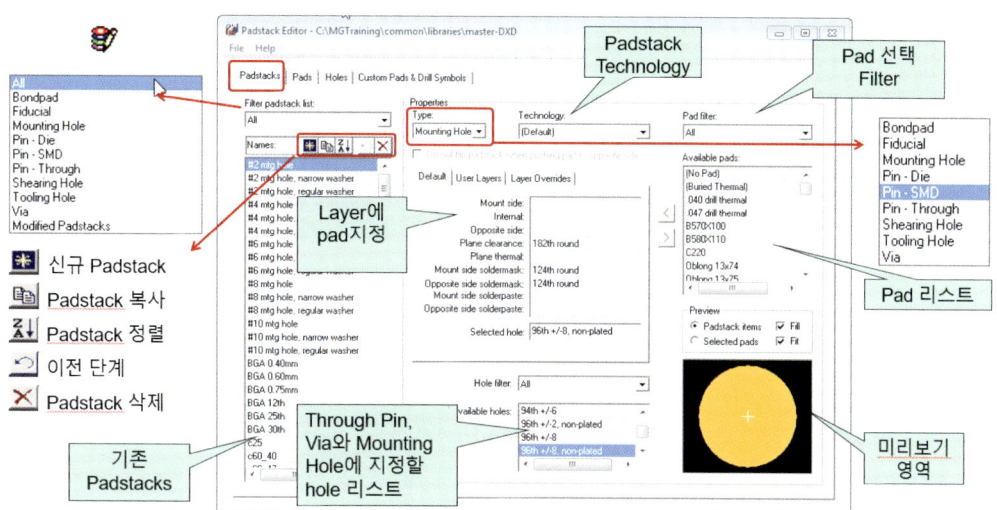

Padstack의 리스트에는 등록할 수 있는 Padstack의 종류를 확인할 수 있습니다.

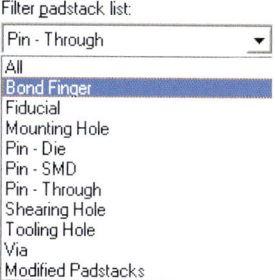

일반적인 부품의 Padstack들은 SMD와 Through Pin과 Via를 등록할 수 있습니다. 그 외에 Padstack들은 특수 목적에 사용됩니다.

Padstack Type	의미	사용되는 Software
Bond Finger	bond wire 용 receiving pad (일반적으로 wire의 끝점). bond wire는 die pin을 다른 die 또는 일반 pin과 연결합니다.	• PADS Library Tools • Layout tools
Fiducial	PCB 설계, 조립 및 제조 과정에서 정렬 대상으로 사용되는 board의 external layers에 있는 pad로 인식 마크입니다. (hole 할당 또는 signal 없음).	• PADS Library Tools • Layout tools • Manufacturing tools
Mounting Hole	PCB를 장착하거나 mechanical component를 PCB에 부착하는 데 사용되는 signal과 관련된 옵션 pad가 있는 plated혹은 non-plated hole Note: signal Name은 설계 데이터베이스에 추가할 때 mounting hole property를 지정입니다. mounting hole에 pin number를 지정할 수 있지만 pin number는 표시되지 않습니다. Tip: reference designator와 pin number (예: mounting hole은 회로도의 부품)를 포함하려면 mounting hole을 일반 Cell로 작성하십시오.	• PADS Library Tools • Layout tools

Pin-Die	silicon 기판(substrate) 상단의 연결점 (일반적으로 wire의 시작점). Pin-Die padstack이 Die Wizard dialog box (Cell Editor tool)에 나타납니다.	• PADS Library Tools • Layout tools
Pin-SMD	hole이 없는 외부 board surface layer의 pin을 위한 pad입니다. 회로도 또는 netlist는 SMD pin의 signal name을 결정합니다.	• PADS Library Tools • Layout tools
Pin-Through	회로 보드 전체를 가로 지르는 plated hole 및 Pad. 전기적인 연결(pin이 hole에 삽입되고 pad에 납땜 된 경우)을 위해 pin과 wire를 부착하려면 plated hole을 사용합니다. schematic design 또는 netlist는 through pin의 signal name을 결정합니다. Note: padstack origin은 hole의 중앙입니다.	• PADS Library Tools • Layout tools
Via	multi-layer board의 두 개 이상의 layer를 연결하는 pad가 있는 plated hole (내부 layer에서 선택 사항). Via에는 component lead 또는 reinforcing material 이 포함되어 있지 않습니다. Notes: layout design에 via를 배치할 때 지정할 signal name. 그렇지 않으면 소프트웨어는 net connection을 사용하여 board element들의 이름을 정의합니다. Via padstack은 round, square, oblong, rectangular hole을 지원합니다. 실리콘 기판에 packaging technology을 지원하려면 routing을 개선하기 위해 rectangular via를 사용하십시오. rectangular via는 rectangular via padstack을 사용하는 AutoActive의 모든 기존 single via object placement 사용 사례를 지원합니다.	

Padstack Technology는 Padstack의 대안 정보를 의미합니다.

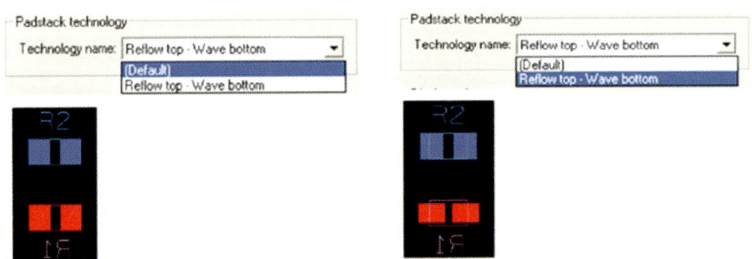

특정 Padstack이 있을 때에 특정한 제조적인 상황에서 따로 Padstack을 만들지 않고 Size만 바꾸고 싶은 경우가 있습니다. 그럴 때 Technology를 등록하여 사용하고, PCB에서 Technology를 변경하면 지정된 Size로 변경됩니다.

Technology의 등록은 Padstack Editor에서 [File] - [New Technology]에서 합니다.

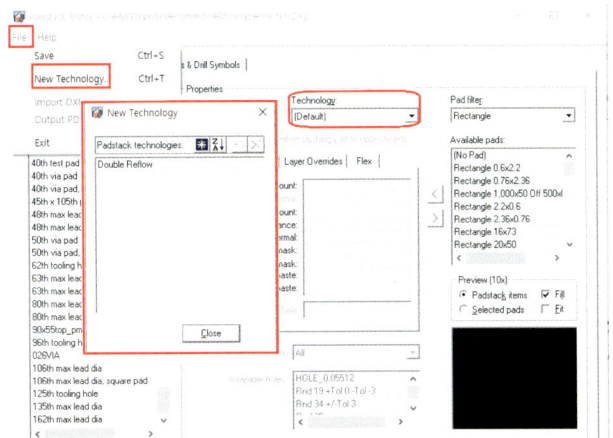

등록은 Technology를 변경하고 원하는 Pad Size를 지정하면 됩니다.

Padstack의 등록은 Type이 정의된 상태로 Default 탭에서 다음의 Layer와 Hole을 지정하는 것으로 등록합니다.

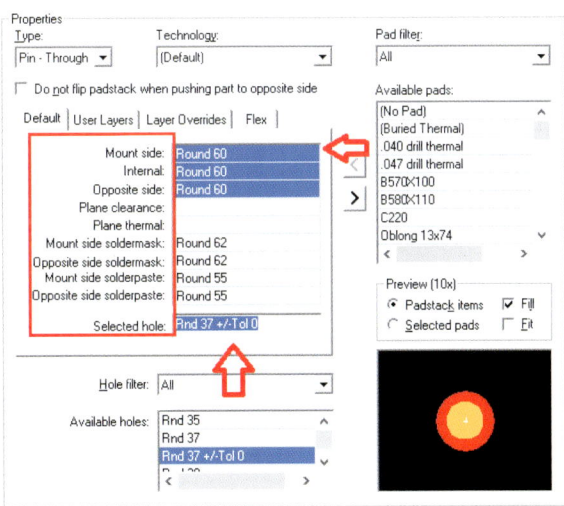

Pin-Through의 경우에는 Top에 부품을 실장하고 반대편 즉, Bottom으로 사용하지 않는 경우가 있습니다. 그럴 때는 다음의 Option을 Check하면 됩니다.

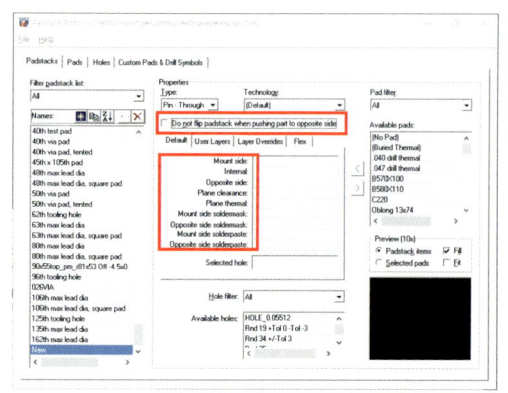 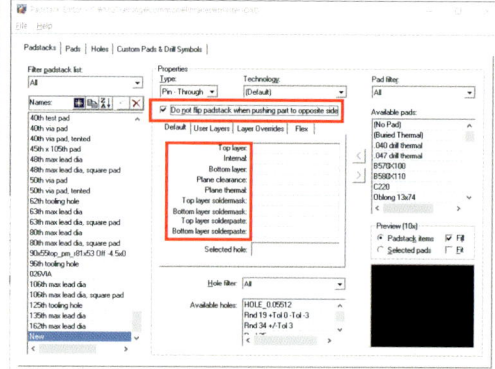

Check하면 Layer가 Top/Bottom으로 지정되게 됩니다.

Hole이 필요한 경우가 있습니다. 대표적인 경우가 Through와 Via등입니다.

Hole이 필요한 경우의 Layer에 정의를 해야 하는 경우는 다음과 같습니다.

Padstack Types with Holes					
Padstack Layers	Mounting Hole	Pin-Through	Shearing Hole	Tooling Hole	Via
Pad	N/A	N/A	N/A	N/A	N/A
Top Mount/Mount Side	Optional	Required	N/A	N/A	Required
Internal	Optional	Required	N/A	N/A	Required
Bottom Mount/ Opposite Side	Optional	Required	N/A	N/A	Required
Plane Clearance	Optional	Optional	N/A	N/A	Optional
Plane Thermal	Optional	Optional	N/A	N/A	Optional
Top Mount Soldermask	Optional	Optional	N/A	N/A	Optional
Bottom Mount Soldermask	Optional	Optional	N/A	N/A	Optional
Soldermask	N/A	N/A	N/A	N/A	N/A
Overprint	N/A	N/A	N/A	N/A	N/A
Top Mount Solderpaste	Optional	Optional	N/A	N/A	Optional
Bottom Mount Solderpaste	Opt.	Opt.	N/A	N/A	Optional
Selected Hole	Required	Required	Required	Required	Required
Top mount cover layer	Required	Required	Required	Required	Required
Bottom mount cover layer	Required	Required	Required	Required	Required
Stiffener(보강 판)	Required	Required	Required	Required	Required

반대로 Hole이 필요 없는 경우의 Layer에 정의를 해야 하는 경우는 다음과 같습니다.

Padstack Layers	Padstack Types Without Holes			
	Bond Finger	Fiducial	Pin-Die	Pin-SMD
Pad	Required	N/A	Required	N/A
Top Mount/Mount Side	N/A	Required	N/A	Required
Internal	N/A	N/A	N/A	N/A
Bottom Mount/ Opposite Side	N/A	Required	N/A	Required
Plane Clearance	Optional	N/A	N/A	Optional
Plane Thermal	Optional	N/A	N/A	Optional
Top Mount Soldermask	N/A	Optional	N/A	Optional
Bottom Mount Soldermask	N/A	Optional	N/A	Optional
Soldermask	Optional	N/A	N/A	N/A
Overprint	Optional	N/A	N/A	N/A
Top Mount Solderpaste	N/A	Optional	N/A	Optional
Bottom Mount Solderpaste	N/A	Optional	N/A	Optional
Selected Hole	N/A	N/A	N/A	N/A
Top mount cover layer	N/A	Required	N/A	Required
Bottom mount cover layer	N/A	Required	N/A	Required
Stiffener	N/A	Required	N/A	Required

필요에 따라서 다음의 User Layer와 Layer Overrides를 사용할 수가 있으며 Flex Option을 사용 가능한 경우에는 Flex 탭도 사용 가능합니다.

User Layer란 부품에서 System Layer말고 추가되는 Layer를 뜻합니다. 작성은 PADS Library Tools의 [Setup] - [Setup Parameter]에서 하고 User Layer 탭에서 지정합니다.

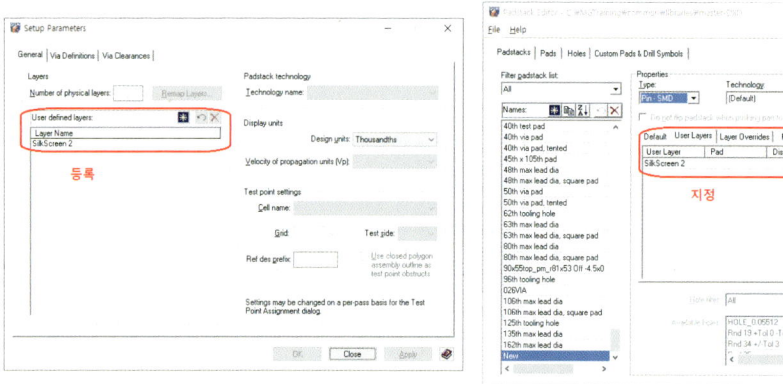

Layer Overrides는 내층의 PAD 지정과 관련됩니다.

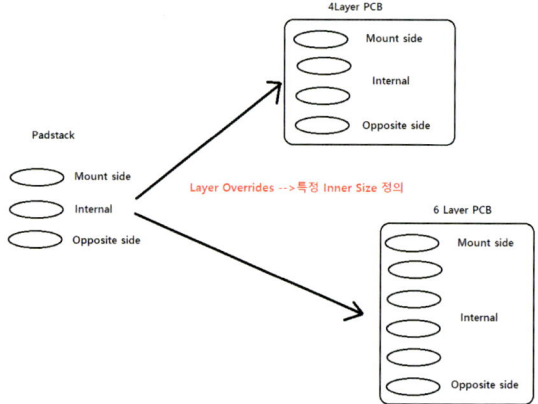

내층의 PAD는 원래 Internal 하나에 지정하게 되어 있습니다. Internal 하나에 지정되면 4층 PCB의 2층과 3층, 6층의 2층~5층까지 동일한 Size로 지정됩니다.

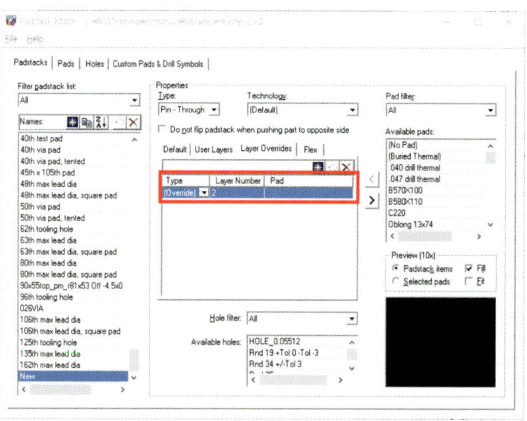

혹은 다음처럼 NC Pad를 지정할 수도 있습니다. NC를 지정하면 특정 Inner Layer에 Pad를 작성하고 싶지 않을 때 사용합니다.

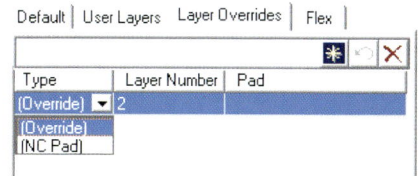

Available Pads의 No Pad는 일반 Layer에도 적용 가능합니다.

Flex는 Rigid-Flex PCB 간의 필요한 Layer를 추가적으로 정의할 수 있습니다.

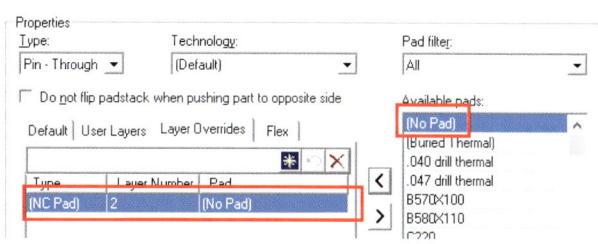

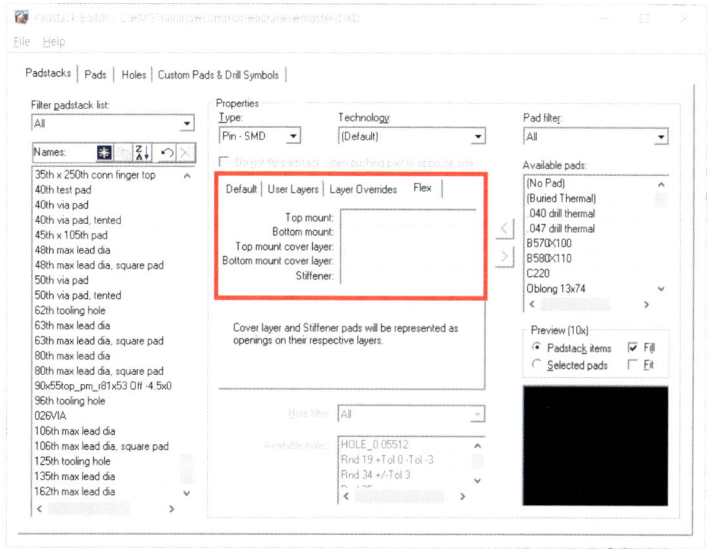

Pad가 일정한 대칭을 가지고 있는 모양은 값만 입력하면 되지만 불특정 한 패턴을 가지고 있는 경우엔 Pad를 도형으로 그려야 합니다. 도형으로 그리는 Pad를 Custom Pad라고 하며 Custom Pads & Drill Symbols 탭에서 작성 가능합니다. Drawing과 편집은 이후 Cell 작성에서 언급할 예정입니다.

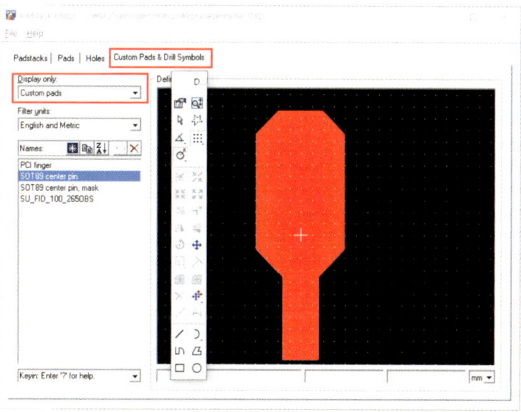

실습 05 Padstack 작성하기

계속 PADS Library Tools에서 C:\MGTraining\common\libraries\master-DXD\master-DXD.lmc에서 진행합니다. 저 SMD의 Padstack을 작성합니다.

1 Padstack List에서 ![icon]를 눌러 새 작성을 합니다. New라는 이름을 SOIC라고 변경합니다.

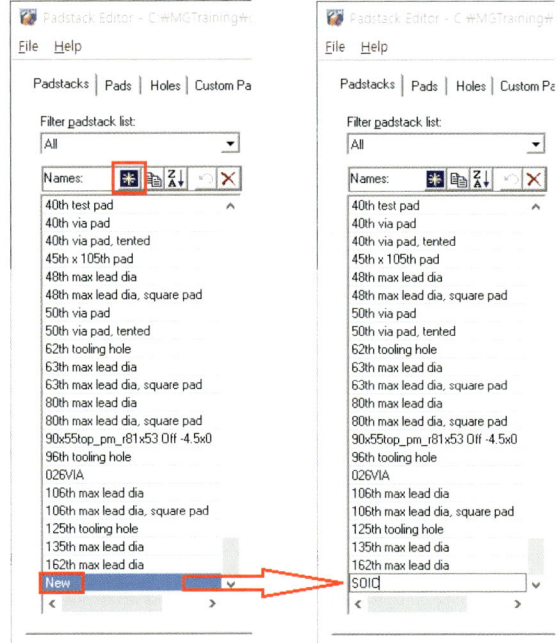

2 Type은 Pin-SMD로 지정하고 Pad filter를 Rectangle로 지정합니다.

3 Top과 Bottom Mount를 Ctrl 키를 눌러 선택한 다음, Rectangle 0.6x2.2를 선택합니다.

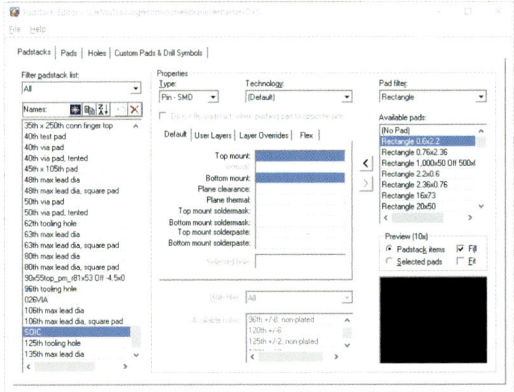

58

4 <|를 눌러 Layer 지정합니다.

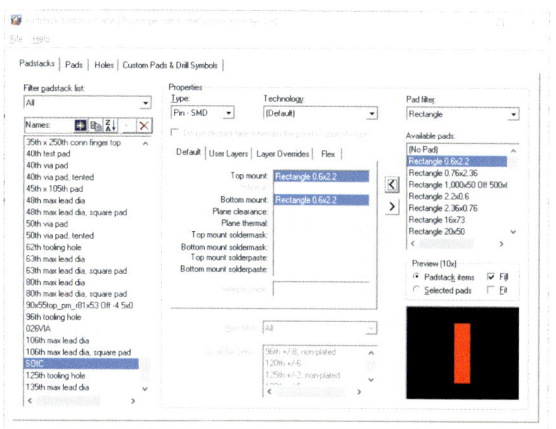

> **Note** SMD 부품의 경우에는 보통의 PADS Layout Classic같은 일반적인 프로그램이라면, Top/Bottom의 Size가 같은 경우에 Top Mount에 하나만 지정합니다. 하지만 PADS Professional의 경우 다른 방식이기 때문에 SMD 부품을 Top/Bottom 양쪽에 지정해야 합니다. 다음처럼 양쪽 Layer에 등록을 하고, 부품이 Top에 배치되면 Bottom은 없어지며, 부품이 Bottom에 배치되면 Top이 없어지는 방식입니다.

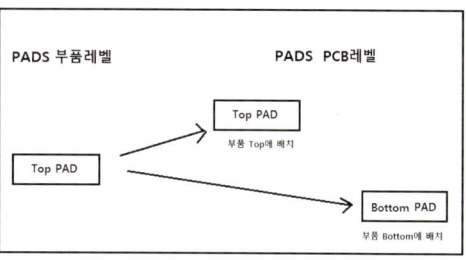

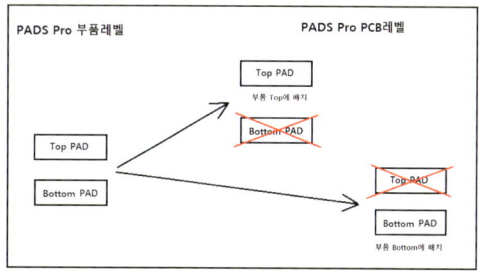

5 Solder Paste의 경우에도 Top/Bottom 의 양쪽에 Rectangle 0.6x2.2를 지정하여 선택합니다.

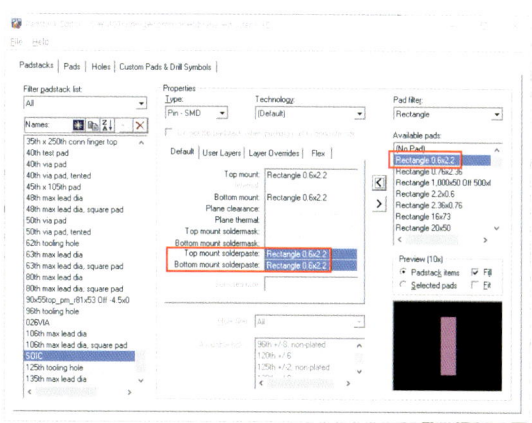

6 Solder Mask의 경우에는 Rectangle 0.76x36의 Pad를 선택하여 지정합니다.

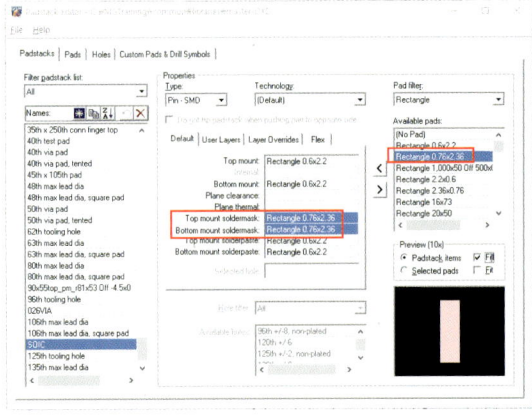

7 여기서 특수한 목적으로 Pad가 없는 Layer를 만들고 싶은 경우가 있습니다. 예를 들어 Top에 배치할 때 Solder가 없는 공간, 즉 납이 안 올라가는 Pad를 만들고 싶은 경우엔 Top Mount Soldermask에 Rectangle 0.76x36대신(No PAD)를 지정하면 됩니다.

원래 Size인 Rectangle 0.76x36의 Pad를 지정하고 [File] - [Save]합니다.

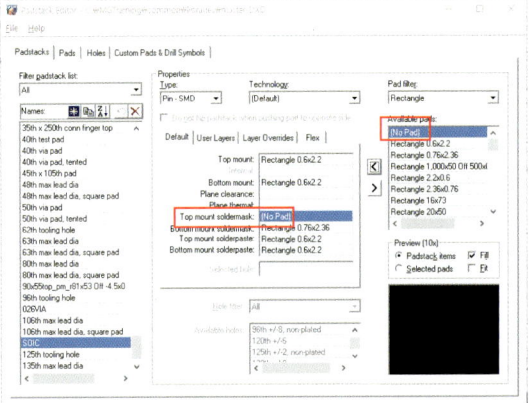

8 Through 부품에 사용할 Padstack을 작성합니다. New를 눌러 새로 작성하고 34/65round 로 이름을 작성하고 Type을 Pin - Through로 설정합니다.

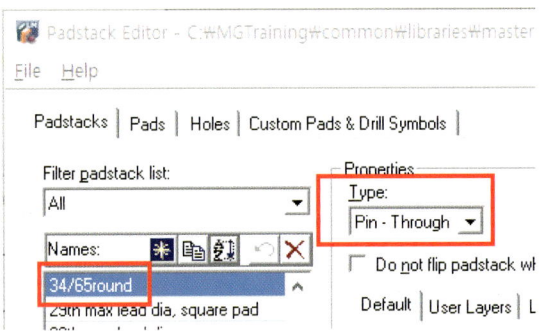

9. 홀이 35, Pad가 65 사이즈인 Padstack을 작성하는 것입니다.
Mount side, Internal, Opposite side로 Round 65를 지정합니다.

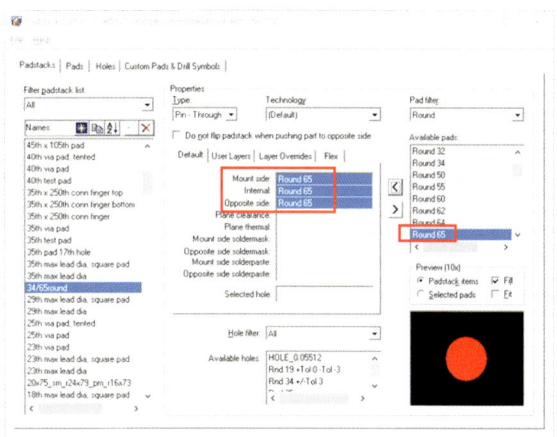

10. Solder Paste는 지정을 하지 않습니다. Solder Mask의 경우에는 Round 71을 지정합니다.

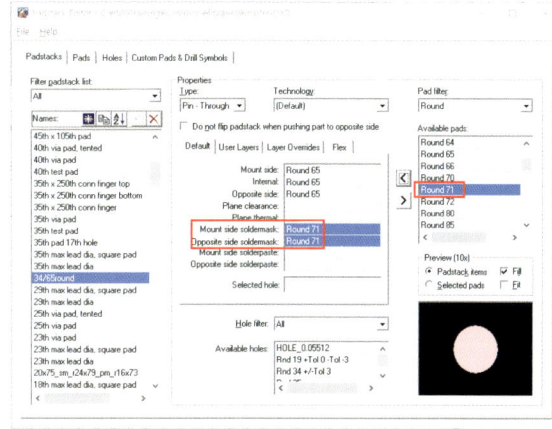

11. Plane Clearance는 특정 Pad에서 다른 Net들이 발생하는 Anti-pad입니다. Round 85를 지정합니다.

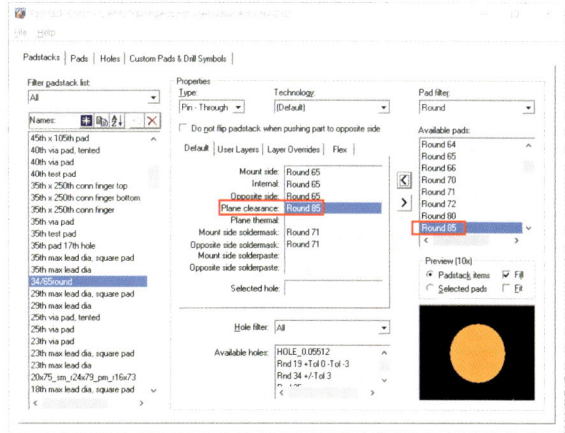

⑫ Plane Thermal은 특정 Pad에서 같은 Net이 발생되는 Thermal 형상입니다. Pad Filter에서 Thermal을 지정한 다음 Therm Rnd 4X 85 Width 10 Webclear 10을 지정합니다.

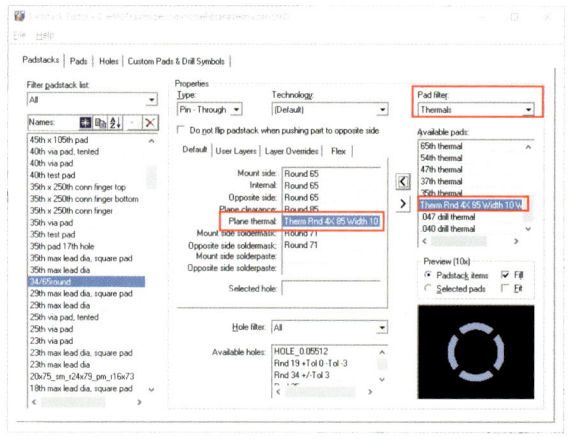

⑬ Through이기 때문에 Hole이 필요합니다. 다음의 Hole에서 Rnd 34+/- Tol 3을 선택하고 File에 Save를 합니다.

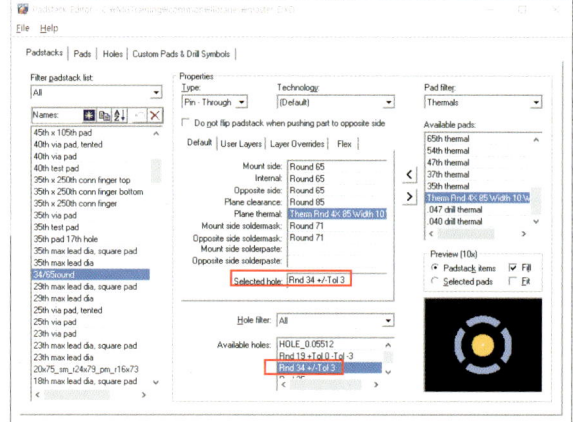

⑭ 1 Pin은 Round가 아닌 Square로 지정할 Padstack을 작성합니다. 기존의 저장된 34/65round를 선택하여 를 누르면 34/65round_1로 복사가 됩니다.

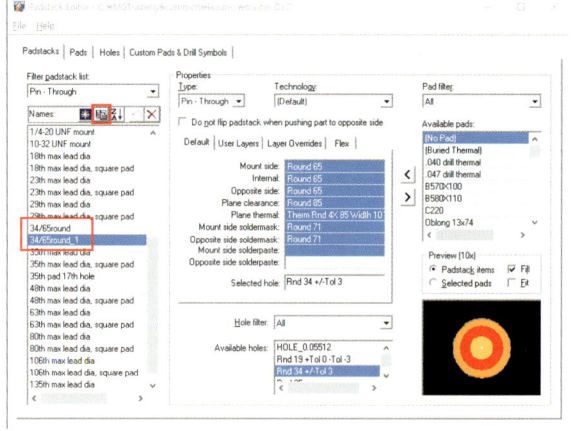

⑮ 4/65round_1를 34/65square로 이름을 변경한 뒤에, 다음처럼 Square의 Pad를 도체층과 Soldermask층의 Layer에 지정합니다.

⑯ Padstack작성 실습이 완료되었습니다. [File] - [Save]합니다.

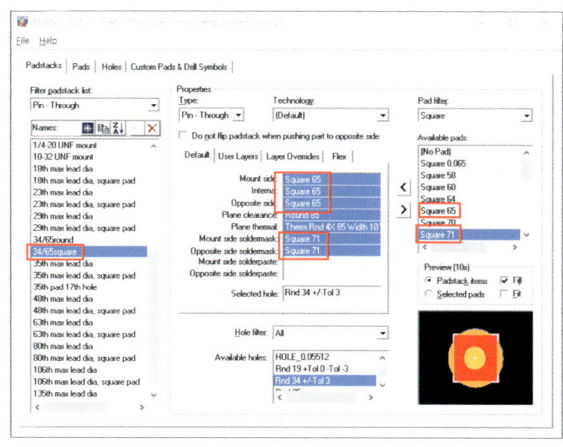

06 CELL 작성

Cell이란 PCB 부품이 실장될 위치에 존재하는 부품의 형상을 의미합니다. 다음 Cell의 위치에 부품이 실장 되면 작성된 Padstack이 실제 부품과 연결되어서 부품이 PCB에서 동작하게 할 수 있습니다.

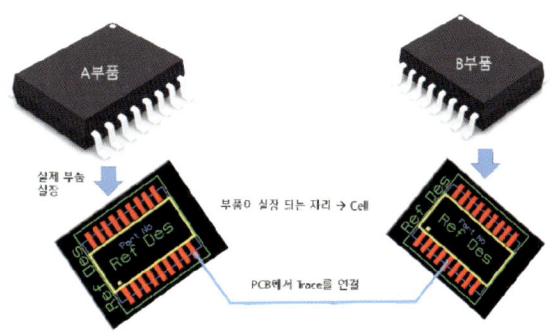

위의 그림처럼 부품이 실장 되는 사이즈(Padstack)와 간격과 위치(Cell 내부의 Padstack)가 정확하면 PCB 불량률을 낮출 수 있습니다. 부품은 회로에서 여러 번 자주 사용되므로 부품 라이브러리에서 정확하게 등록을 해야 합니다.

Cell은 일반적인 Package 부품만을 의미하지 않고, Package Cell, Mechanical Cell, Drawing Cell, Panel Cell의 4가지 종류로 등록 가능합니다.

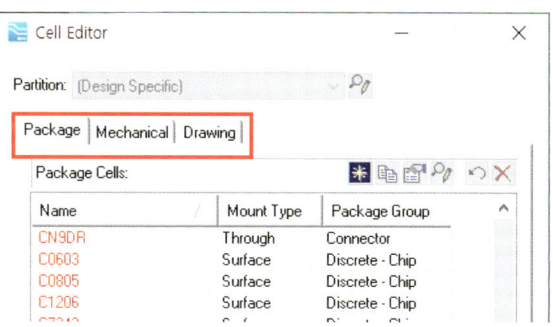

Package Cell은 다음의 회로 부품을 의미합니다.

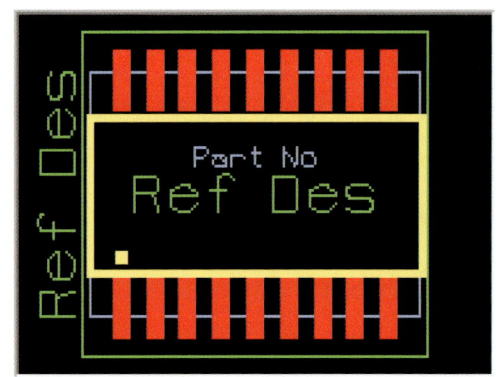

Mechanical Cell은 Package Cell 이외의 기구적인 부품을 의미합니다. Heatsink나 볼트, 너트나 아일렛 등을 의미합니다.

Drawing Cell은 도면이나 그림 등을 의미합니다.

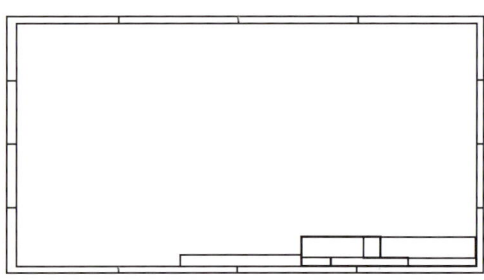

그리고 Panel Cell이 존재합니다. Panel Cell은 Panel Editor에서 부품으로 입력할 Object를 만들어서 사용 가능합니다.

이런 모든 Cell의 편집은 Cell Editor에서 진행합니다. PADS Library Tools에서 [Tools] - [Cell Editor]나 Toolbar에서 ￼를 선택합니다.

혹은 Library Navigator Tree에서 Cell을 선택한 다음 Edit를 선택해도 됩니다.

Cell의 편집 순서는 위에 두 가지에 따라서 다음과 같습니다.

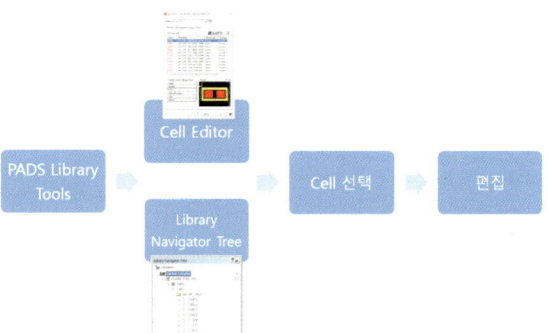

Cell을 처음 작성할 때의 순서는 다음과 같습니다.

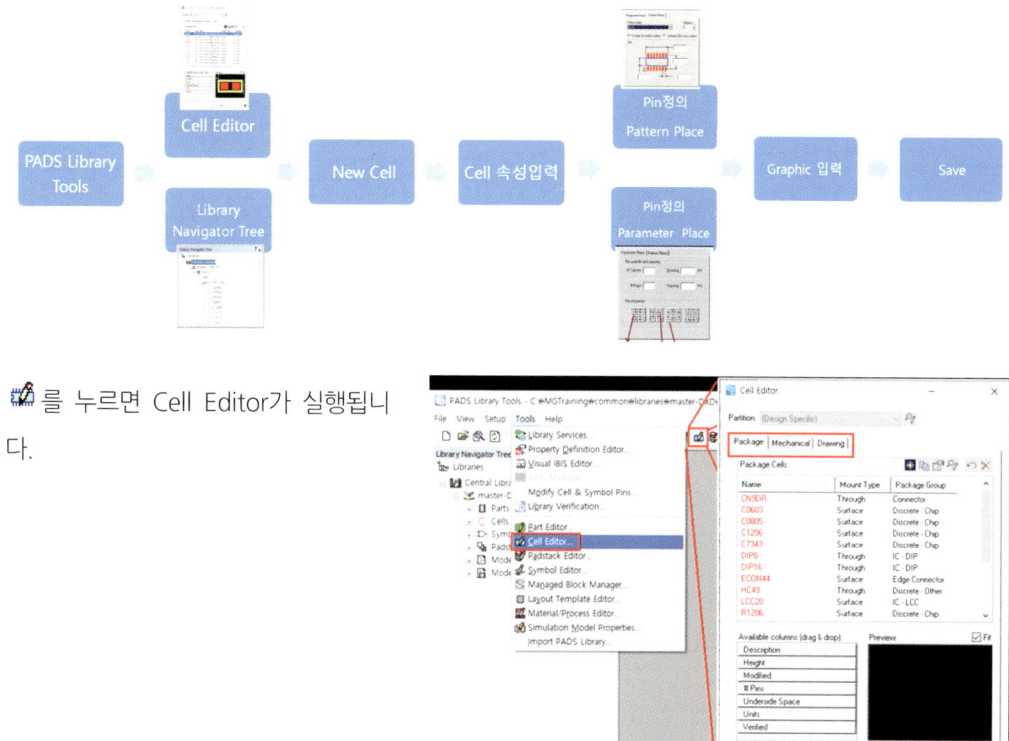

를 누르면 Cell Editor가 실행됩니다.

Cell Editor의 설명은 다음과 같습니다.

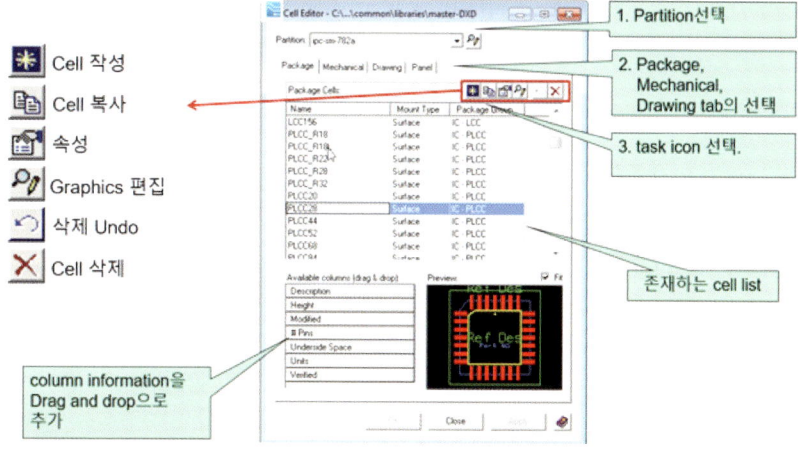

Column은 Cell의 정보를 의미합니다. Cell의 기본적인 정보에 가능한 부분을 추가하고 싶으면 다음처럼 Drag하면 됩니다.

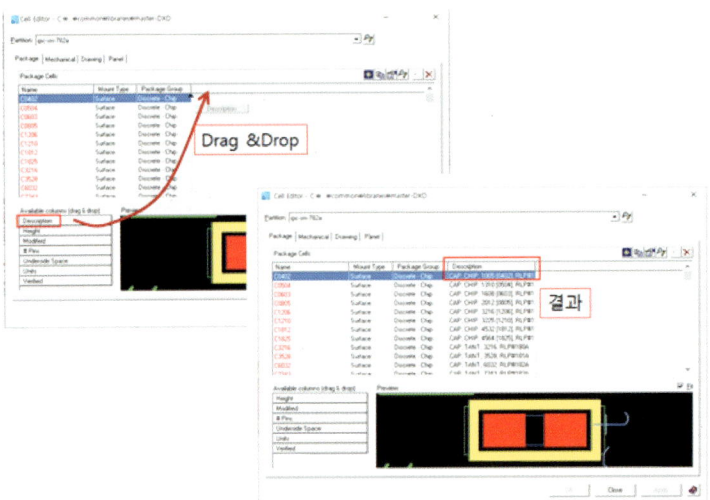

이러한 속성들은 편집은 속성 아이콘을 눌러 편집 가능합니다.

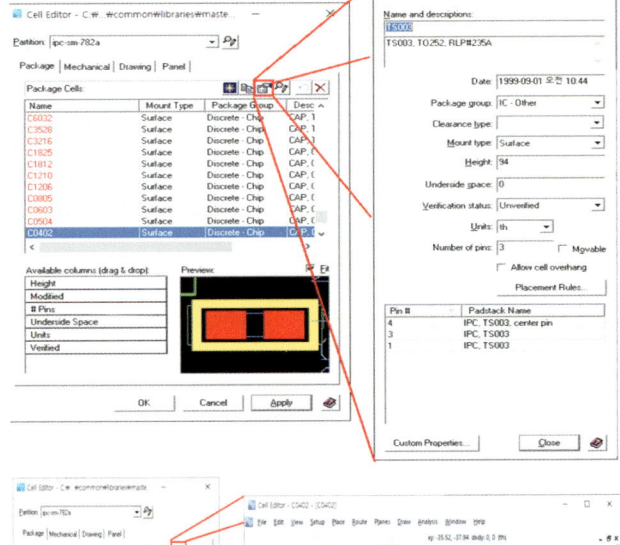

Cell Editor는 두 가지 항목으로 나누어져 있습니다. 처음으로 Cell의 리스트가 나와 있는 Editor가 있고, 두번째는 Cell을 실질적으로 편집할 수 있는 Graphic Editor가 나타나게 되며 Graphic Editor가 실행되면 Cell Editor의 List 항목이 사라지게 됩니다. Graphic Editor을 Close하면 다시 Cell Editor가 나타나게 됩니다.

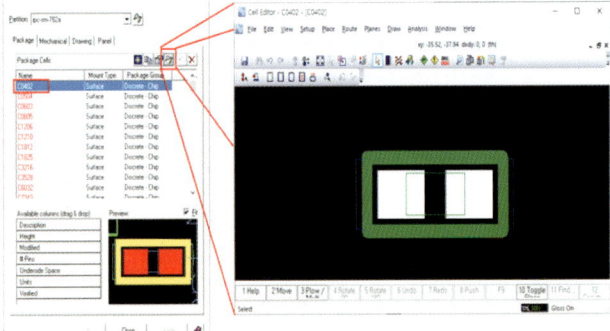

Cell Editor의 그래픽 환경은 일반 PCB Editor와 동일한 환경입니다. 단 부품의 Pin과 그래픽 입력이 PCB Editor와 차이가 납니다.

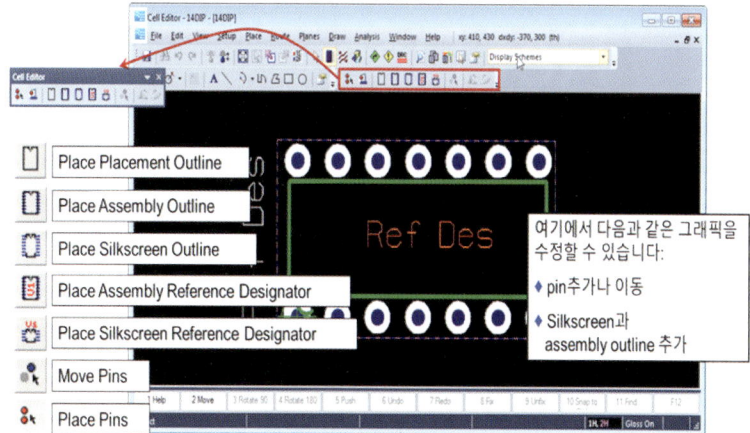

Cell Editor에서 처음에 할 작업은 Padstack으로 작성된 Pin의 배치입니다. 신규 작성으로 Cell Editor가 실행되면 자동으로 Pin 배치 명령어가 실행되며, 다른 작업을 먼저 하고 싶으면 Pin 배치를 취소하고 다른 작업을 먼저 한 다음 나중에 Place Pin을 눌러 배치 가능합니다.

Pin을 먼저 배치하는 이유는 부품 실장 시에 가장 중요한 부분이 Pin의 Size와 Pin 사이의 Pitch이기 때문이고 Cell을 작성할 때 입력한 Pin 수 대로 나타나게 됩니다.

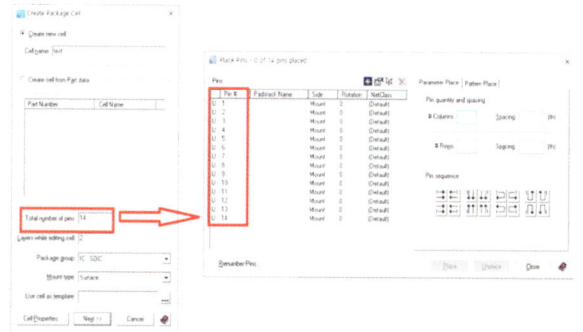

Cell Editor의 초기 화면은 다음처럼 비어 있는 상태로 나타나게 됩니다.

Text가 깨지는 것은 ABC 순서대로 Font가 배치되어서 그렇고 보통의 Arial로 폰트로 변경하면 다음처럼 됩니다.

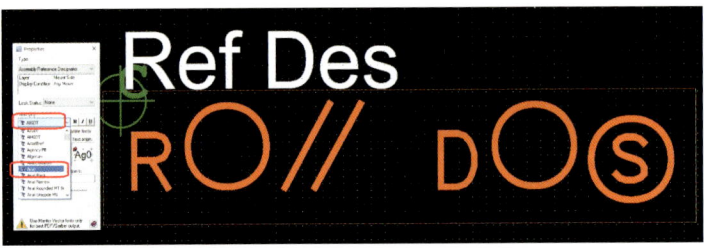

Cell Editor는 PCB Editor와 부품 배치만 빼고 거의 동일한 작업이 가능합니다. (Trace와 Plane도 입력가능) 이후에 PCB Editor에서 언급할 부분은 제외하고 부품 배치에 필요한 Pin 배치와 Drawing 부분을 언급하도록 하겠습니다.

Place Pin에서는 각 Pin에 입력할 Padstack을 지정하고 배치 Side, 각도를 지정합니다.

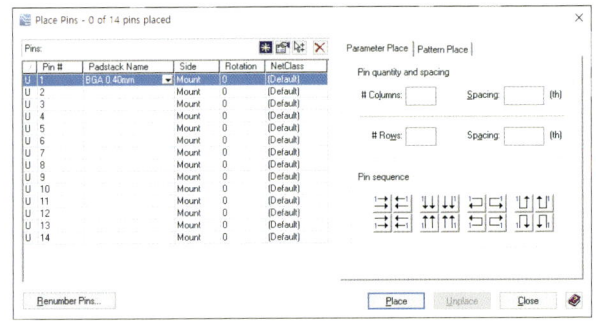

하나씩 지정해도 되고 전체를 지정하려면 Shift Key를 누르고 있는 상태로 유지하면서 한꺼번에 선택이 가능합니다.

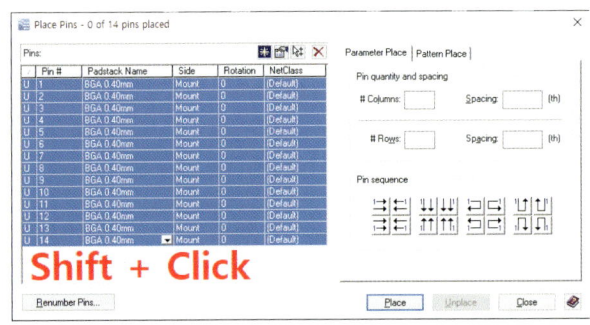

Cell Properties에서 지정한 Pin 수 대로 작성되지만 필요 할 때는 ※를 눌러 새 Pin 작성도 가능합니다.

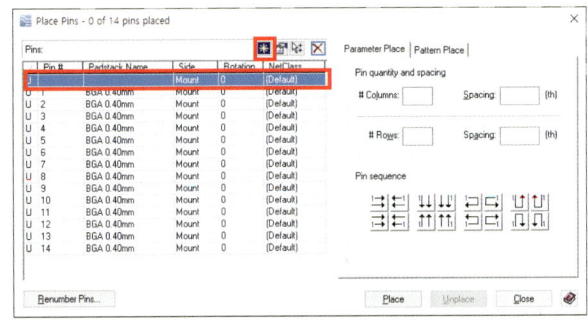

먼저 Parameter Place는 Pin의 Pattern으로 입력을 합니다.

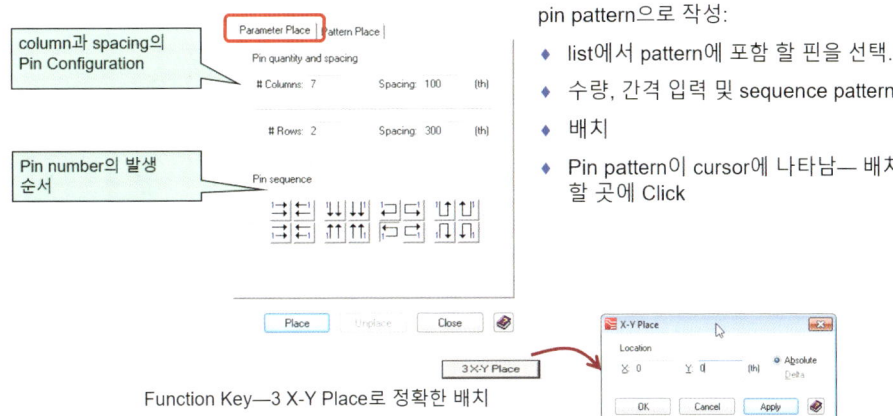

pin pattern으로 작성:

- list에서 pattern에 포함 할 핀을 선택.
- 수량, 간격 입력 및 sequence pattern
- 배치
- Pin pattern이 cursor에 나타남— 배치 할 곳에 Click

Function Key—3 X-Y Place로 정확한 배치

Parameter Place는 Pin의 Patter Column 과 Row의 숫자와 간격을 지정한 후에 지정된 핀의 발생 순서에 따라 마우스 커서에 나타납니다. Drag 상태로 배치하거나 원하는 좌표 값으로 배치 가능합니다.

Pattern Place는 데이터 시트의 Size로 정의된 부분을 다음처럼 부품의 패키지 정보를 그대로 입력하여 Padstack을 입력하게 됩니다.

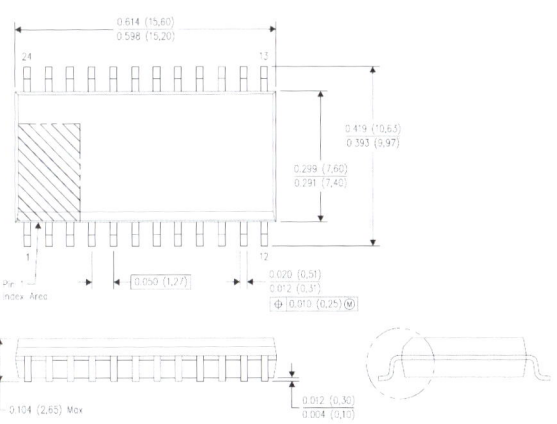

Pin 배치 후에는 부품에 필요한 데이터를 Layer 별로 입력하게 됩니다.

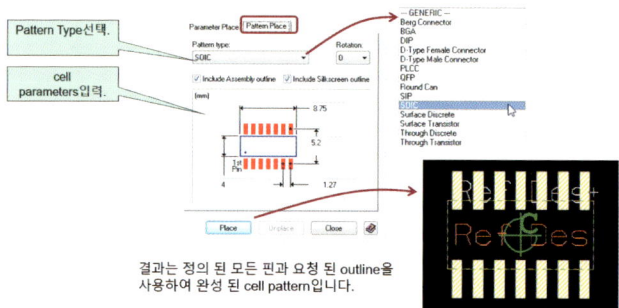

입력할 데이터는 부품의 조립도면인 Assembly Outline, 배치 DRC를 위한 Placement Outline, Silkscreen인 Silkscreen Outline입니다. 그리고 Ref Designator가 PCB에 발생될 위치도 입력합니다.

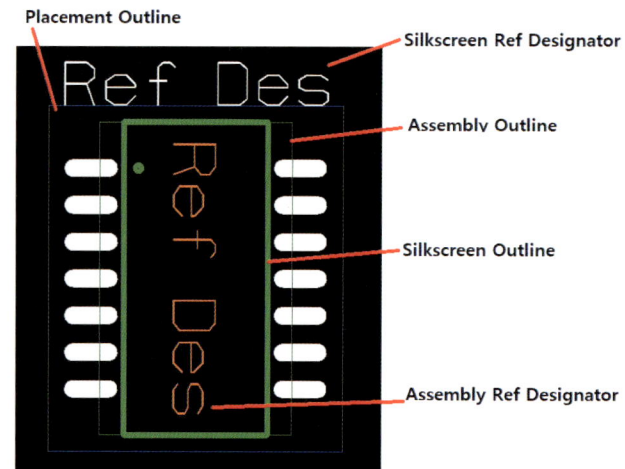

입력하는 Drawing은 PCB에서 입력하는 메뉴와 동일하며 먼저 설명합니다.

부품의 Graphic 추가

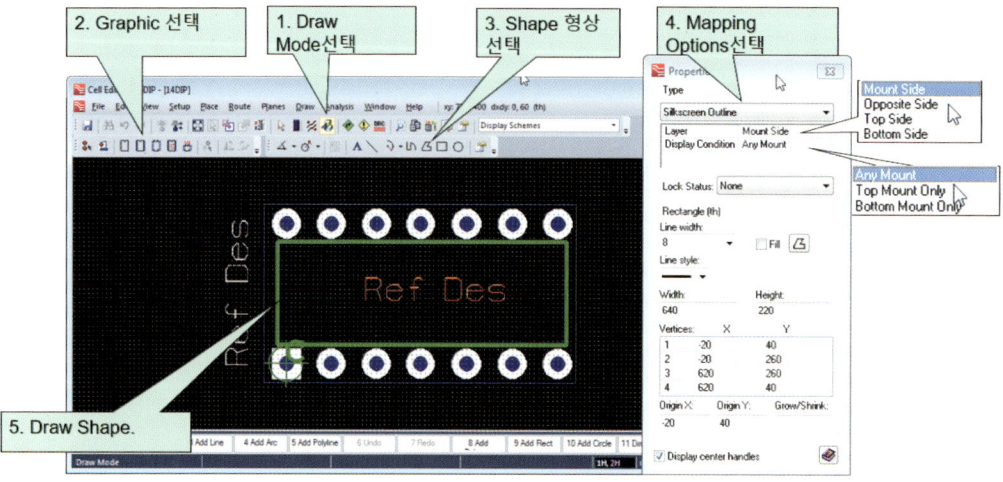

PCB나 Cell Editor에서 보면 Drawing은 입력 Toolbar와 편집 Toolbar가 있습니다. 각각 [View] - [Toolbar] - [Draw Create]와 [Draw Edit]에서 꺼낼 수 있습니다.

Draw Create에서 속성창을  누르면 입력할 수 있는 Layer나 Object를 지정할 수 있습니다.

혹은 Pull Down 메뉴의 [Draw]에서도 입력 가능합니다.

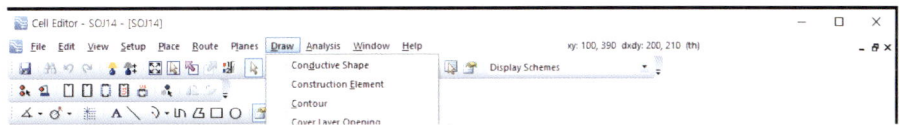

또한 Draw Mode에서 F1~F12의 Action Key를 사용할 수 있습니다.

먼저 Line 입력은 ／ 입니다. 입력 명령어를 누른 다음 속성 창에서 Property에서 지정되어 있는 값대로 두 점을 입력 가능합니다. 완료한 후에는 Properties Dialog Box에 표시된 Property가 선택된 상태로 유지됩니다. (필요한 경우 편집할 준비가 됨)

두 점을 선택할 때 다음의 Width와 Length, Line Style, Angle & Origin 입력이 가능하고 Vertices에서 직접 입력도 가능합니다. 입력 후에는 Enter 키로 다음으로 넘어가서 순차적으로 입력합니다.

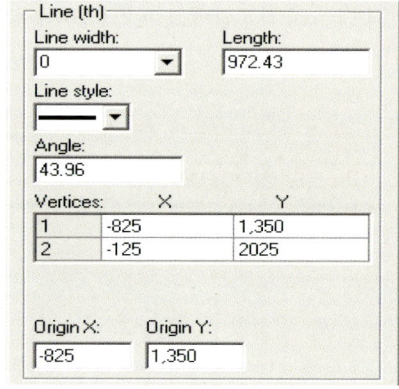

다음 Arc 입력은 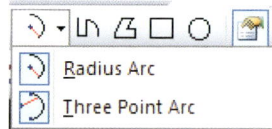 로 입력합니다. Arc는 입력하는 방식에 따라 다음을 지정하여 Radius Mode와 Three Point Mode로 입력 가능합니다.

Radius는 다음처럼 반경으로 지정된 값으로 Arc를 작성합니다.

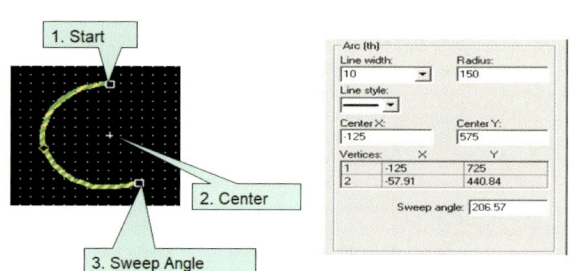

Three Point는 반경 값이 아니라 3개의 포인트를 지정하여 Arc를 작성합니다.

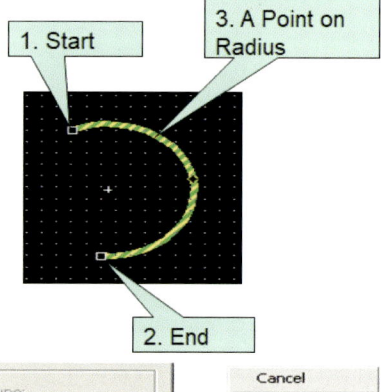

Polyline은 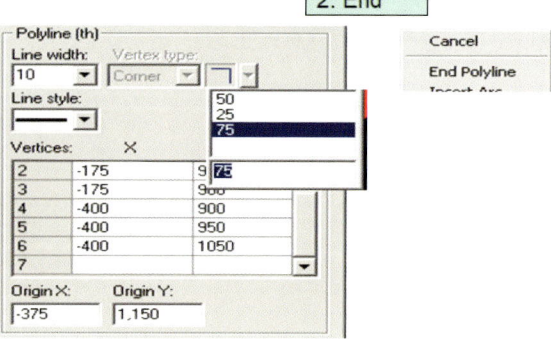 Line의 구성점을 연속적으로 입력하는 Object입니다. Vertex Point를 입력하거나, 연속점을 클릭한 후에 RMB Popup Menu를 사용하여 종료합니다.

연속점을 지정할 때 Vertex Type에 따라 형상 변경이 가능합니다.

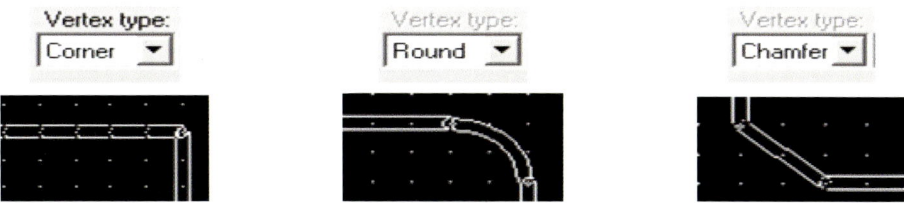

Polygon 은 Ployline과 같이 연속점의 형상입니다. 하지만 Ployline과 달리 Close되어야 합니다. Vertex Point를 입력하거나, 연속점을 클릭한 후에 RMB Popup Menu를 사용하여 종료합니다.

Ployline에는 없는 Fill과 Grow/Shrink를 사용 가능하며 RMB Popup Command인 "Insert Arc"는 Polylines and Polygon에 Arc를 추가합니다. Closed Element가 Fill 되면 Line Width는 "0"으로 설정됩니다.

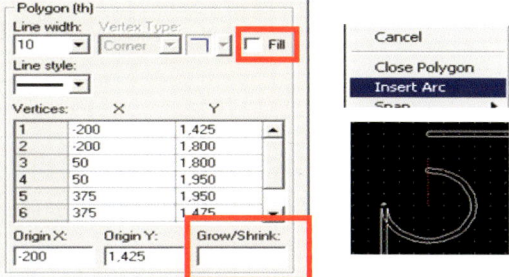

Rectangle은 두 포인트를 입력하거나 속성 창에 입력 합니다. Fill 다음의 메뉴를 눌러 Polygon으로 변경 가능합니다. Closed Element가 Fill되면 Line Width는 "0"으로 설정됩니다.

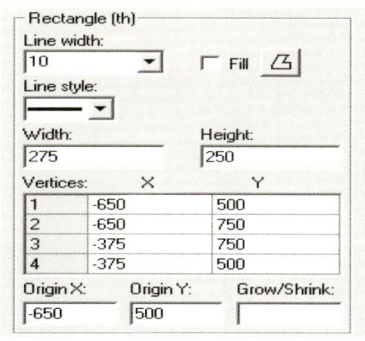

Circle 은 속성에 데이터를 입력하거나 가운데를 클릭한 다음 원을 작성합니다. Closed Element가 Fill 되면 Line Width는 "0"으로 설정됩니다.

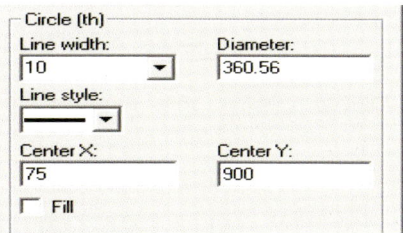

Text A 는 Layer와 Size, Width 등을 설정해서 입력 가능합니다.

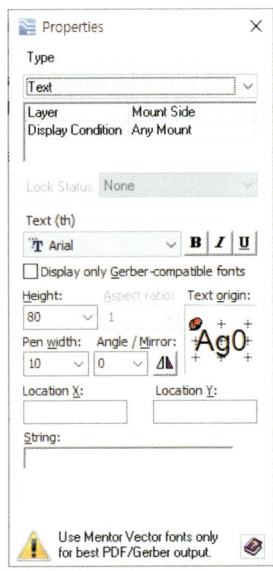

입력 중에 원하는 각도와 반경이 있으면 에서 Angle을 지정하거나 반경을 지정해서 사용 가능합니다. Drawing 입력은 Editor Control의 Other grids의 Drawing에서 지정된 Grid 대로 입력합니다. Draw Grid를 키거나 끄려면 Draw Object snap Grid 를 사용합니다.

다른 방식으로 Grid를 끄고 입력하려면 Edit Toolbar의 Grid 항목을 선택할 수 있습니다.

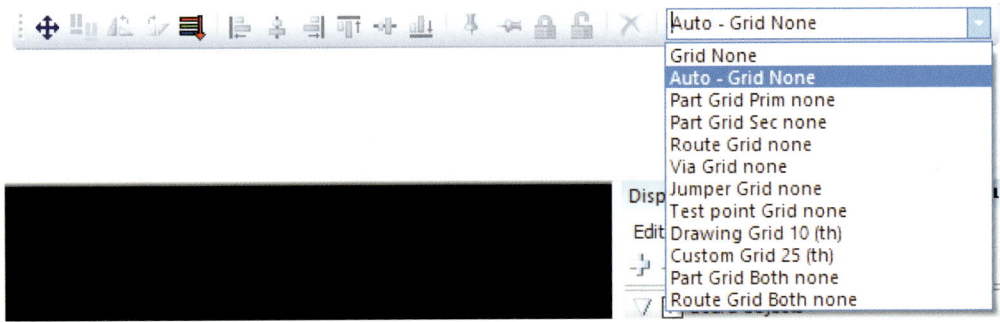

이 Grid가 No인 상태에서 입력한 Drawing을 Grid에 맞추고 싶은 경우가 있습니다. 이런 경우에 Object를 선택하고 Snap to Draw Grid 를 실행하면 현재 Draw Grid에 자동으로 맞추어 줍니다.

입력된 Drawing은 다양한 편집이 가능합니다. 선택되는 형상의 조건이 맞아야 다음의 명령어들이 가능해집니다.

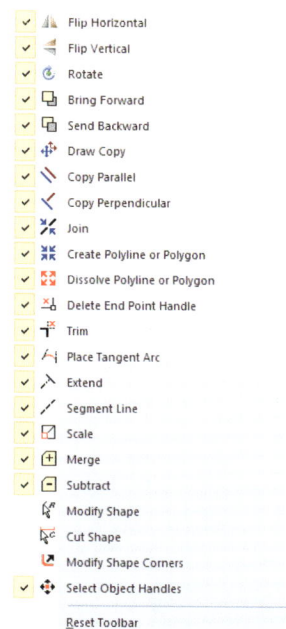

편집 전에 선택을 위해서 Selection을 하기 위한 Select By Area Toolbar와 Selection List를 사용 가능합니다. 먼저 기본적으로 선택은 사각형으로 가능합니다. 그런데 Select By Area Toolbar를 사용하면 다양한 선택이 가능합니다.

Select By Area Toolbar를 활성화하면 Display Control에서 Selection Area가 자동으로 켜지게 됩니다. 필요 시에 다시 끌 수 있습니다.

평소에는 선택만 되고 영역은 나타나지 않지만 Selection Area가 켜지면 이동이나 Drag가 가능하며 다른 영역을 Drag하면 기존 Selection Area는 없어지게 됩니다.

이 Selection Area의 형태는 Select By Area Toolbar에서 선택 가능합니다.

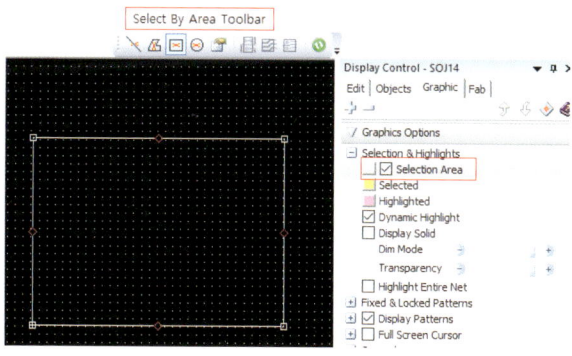

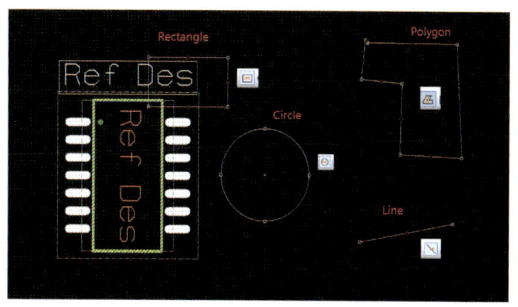

형상 다음의 는 Trace들의 선택을 Object의 포함 여부나 분리하여 선택 가능하며 PCB 에서 사용 가능하며 는 선택을 Reset합니다.

이렇게 선택된 내용을 보고 싶은 경우 RMB - [Selection] - [Selection List]에서 확인 가능하며 편집 등도 가능합니다.

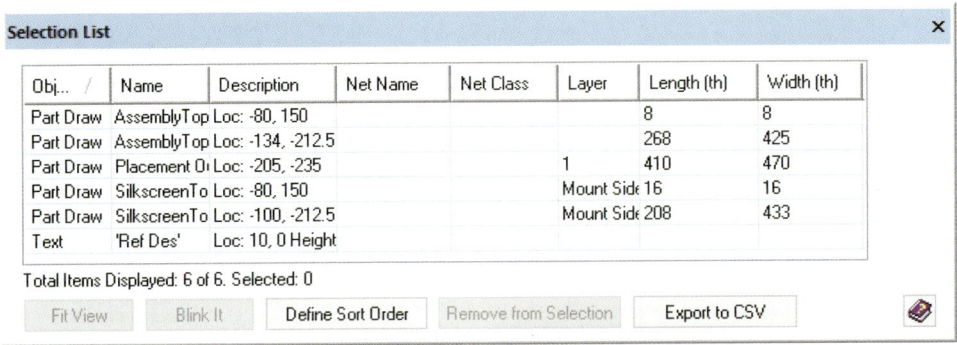

Flip은 수직 이나 수평 으로 Mirror할 수 있습니다.

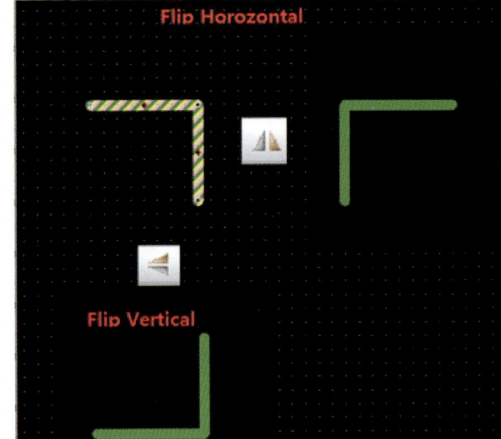

Rotate 는 반시계 방향으로 90회전합니다.

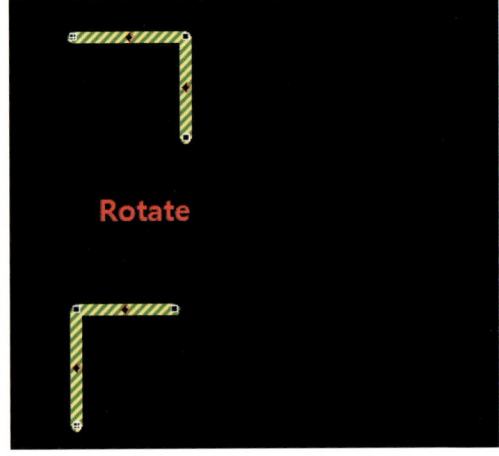

Bring Forward/Send backward 는 겹치는 부분의 Display를 앞뒤로 이동할 수 있습니다. Object는 Plane Area만 가능합니다.

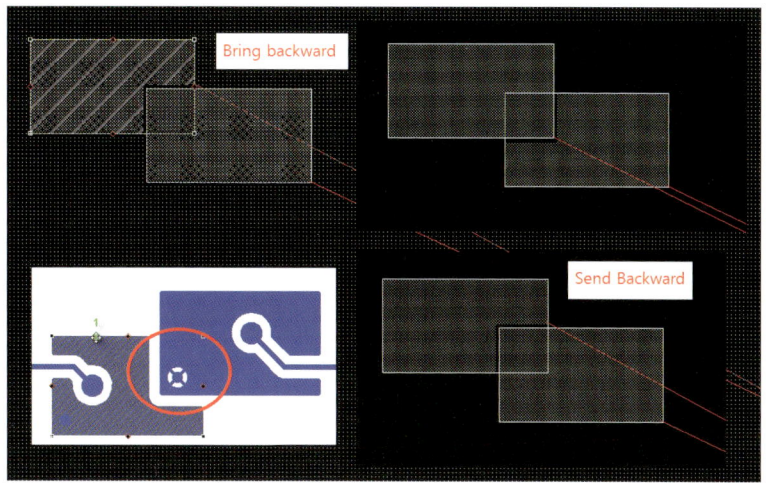

는 복사 명령어입니다. 전체를 복사, 수평하게 복사, 수직으로 복사를 할 수 있습니다.

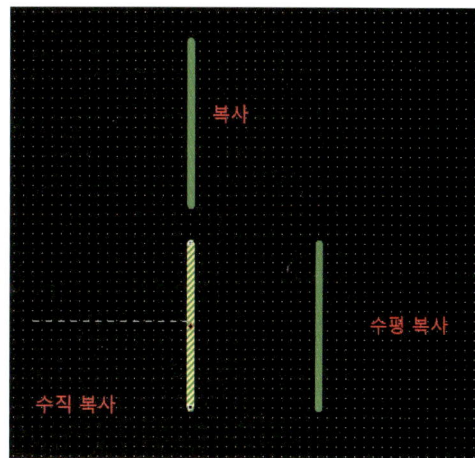

Join 은 두 Line이 Polyline으로 Join됩니다. Common Endpoint가 없으면 Closed End 사이에 선분이 그려지고 세 개의 Segment가 Combine되어 Polyline이 됩니다.

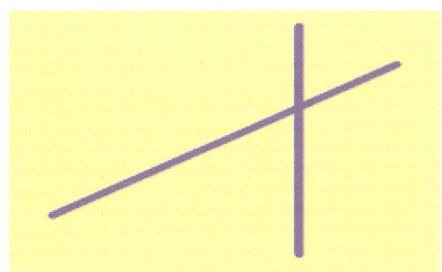 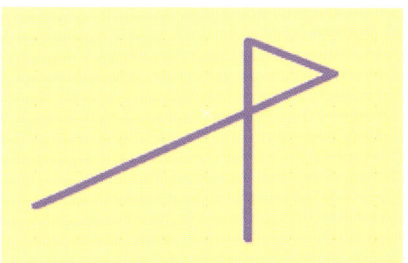

Join은 Line을 합치는 것이고 Polyline과 Polygon을 서로 변경할 수 있는 명령어는 ※과 ※입니다.

Create Polyline or Polygon ※은 Common End Point가 있는 Multiple Element를 선택하면 Element들은 Polyline으로 변경됩니다. Element가 Closed Area라면 Polygon으로 변경됩니다.

Dissolve Polyline or Polygon은 Polygon 혹은 Polyline을 선택하여 Element들이 Line이나 Arc등으로 분할됩니다.

Trim ⊤ 은 Trim 할 두 개의 Line 선택하여 짧은 쪽의 Line이 잘라져서 Trim되며 Line은 별도의 분리된 Segment로 남습니다.

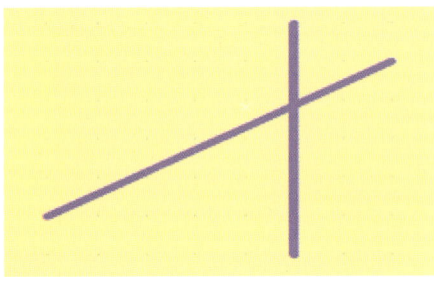

Extend ⤴ 는 선택한 Line의 확장으로 원하는 끝까지 연장하며 Object나 Point를 선택하여 확장합니다.

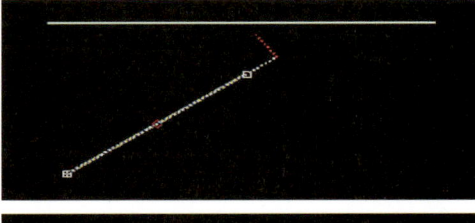

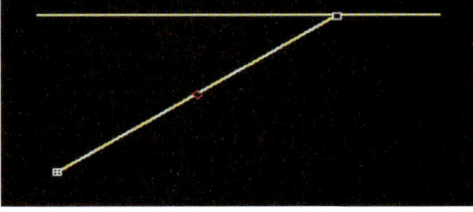

Merge ⊞ 는 합병을 원하는 첫 번째 Element 선택하고 합쳐질 Shape 선택합니다.

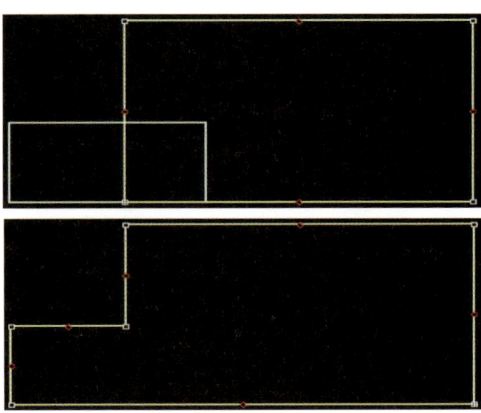

Subtract ⊟ 는 Subtract를 원하는 첫 번째 Element 선택하고 잘라질 Shape 선택합니다.

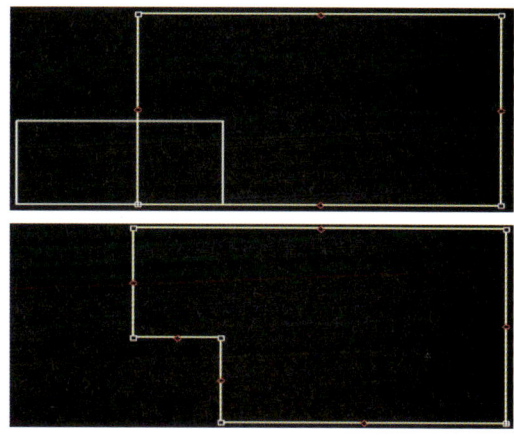

Split Shape ⌐ 는 첫 번째 형상을 선택하고 Split Shape를 선택한 다음 두 번째 형상을 선택하는 방법과 모든 형상을 한꺼번에 선택한 후에 Split Shape를 선택하여 형상을 분리합니다.

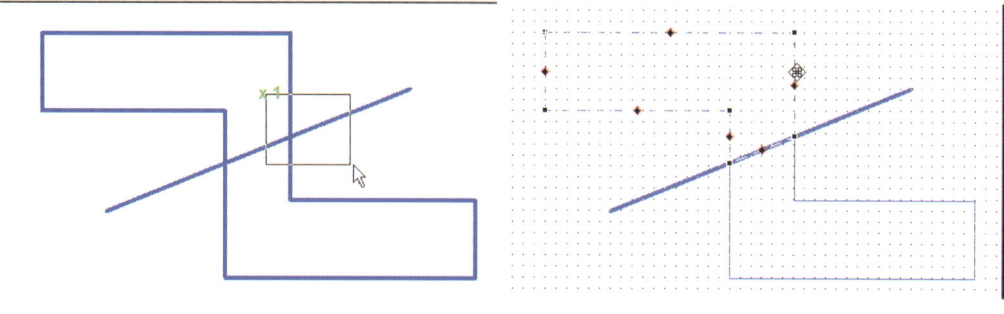

Place Tangent Arc ⌒ 는 두 개의 불 평형한 라인 사이의 Arc를 맞추어 입력할 수 있는 방법입니다.

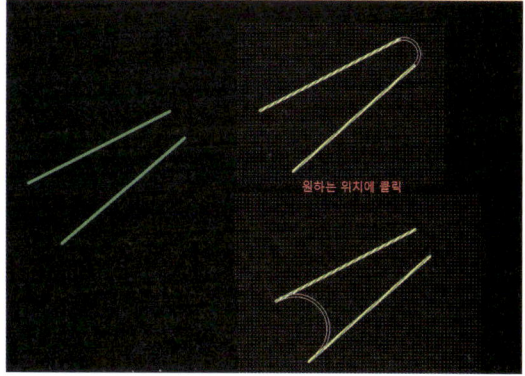

Segment Line ⟋ 은 Line을 원해는 개수대로 나누어 주는 기능입니다. 다음에 화살표로 나눌 개수를 지정할 수 있습니다.

Scale [아이콘] 은 원하는 형상을 확대/축소하는 기능입니다. 다음에 화살표로 확대/축소 배율을 입력 가능합니다.

Draw Object를 선택하면 가운데는 빨간색, 모서리에는 백색이 표시가 됩니다.

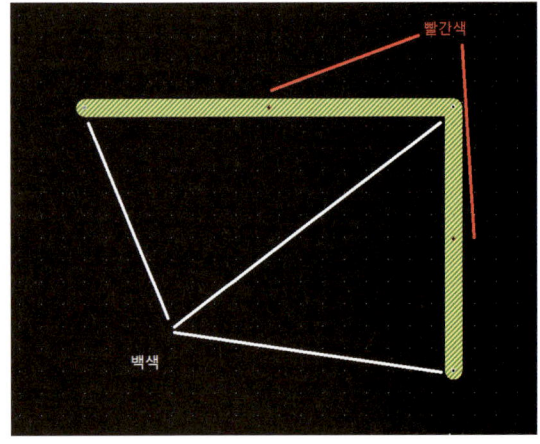

빨간색은 각도가 지정된 상태의 부분 이동입니다. 수직이면 수직으로 이동하고, 수평이면 수평으로 이동합니다. 백색은 각도 지정 없이 원하는 곳으로 이동 가능합니다.

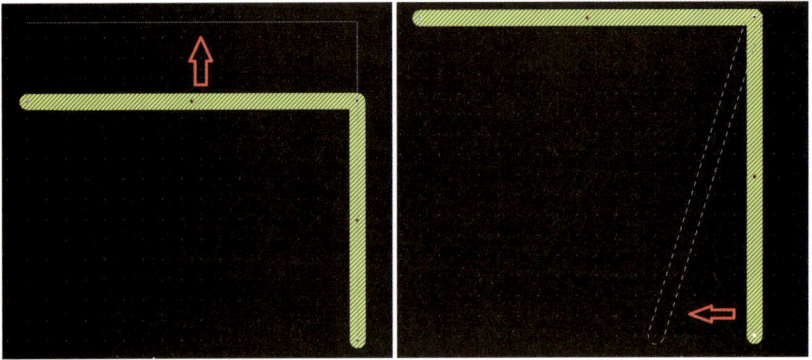

그 외의 곳을 선택하면 Draw 전체를 이동할 수 있습니다.

빨간색 중간 포인트를 Ctrl을 누르면서 Drag하면 Segment를 두 개로 나누면서 두 개의 빨간 포인트의 구성점을 만들 수 있습니다.

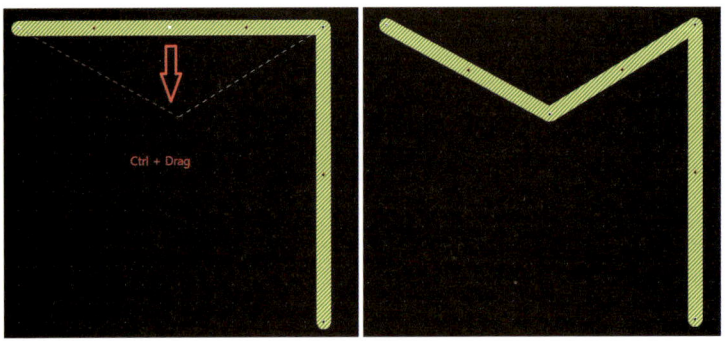

원하는 흰색 포인트를 지우고 싶으면 포인트를 선택하고(Solid표시가 됩니다.) Delete End Point Handle ' '을 누르면 됩니다.

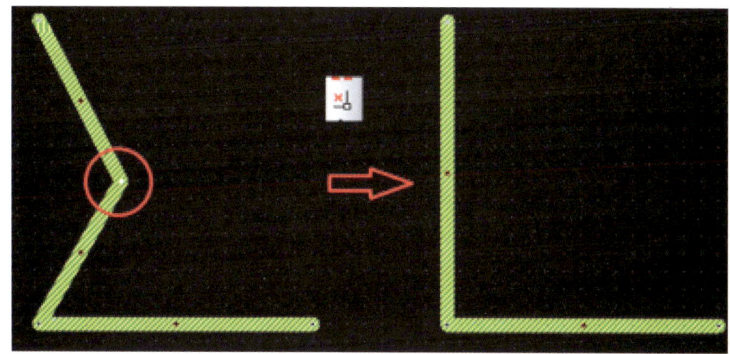

Draw 전체를 선택할 때, Ctrl을 누르면서 더블 클릭을 하면 동일한 위치에 복사됩니다. 이 복사된 형상이 잘 선택이 어렵다면 탭(Tap) 키를 순차적으로 누르면 순차적으로 선택됩니다.

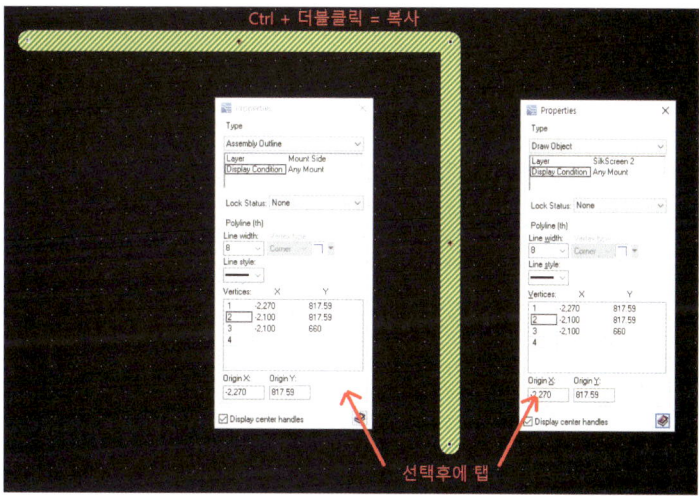

하얀색 포인트를 한꺼번에 선택하여 이동하려면 Select Object Handle 과 Ctrl을 사용합니다.

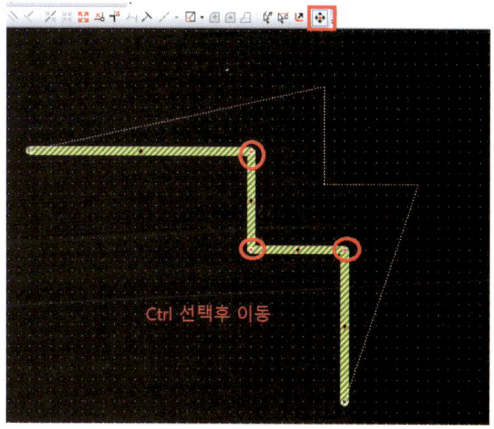

Segment 편집을 원하면 Modify Shape 기능을 이용합니다. 명령어를 클릭하고 Draw Shape를 지정해도 되고, Shape를 지정하고 명령어를 지정해도 됩니다. 형상을 Corner, Round, Chamfer로 변경 가능합니다.

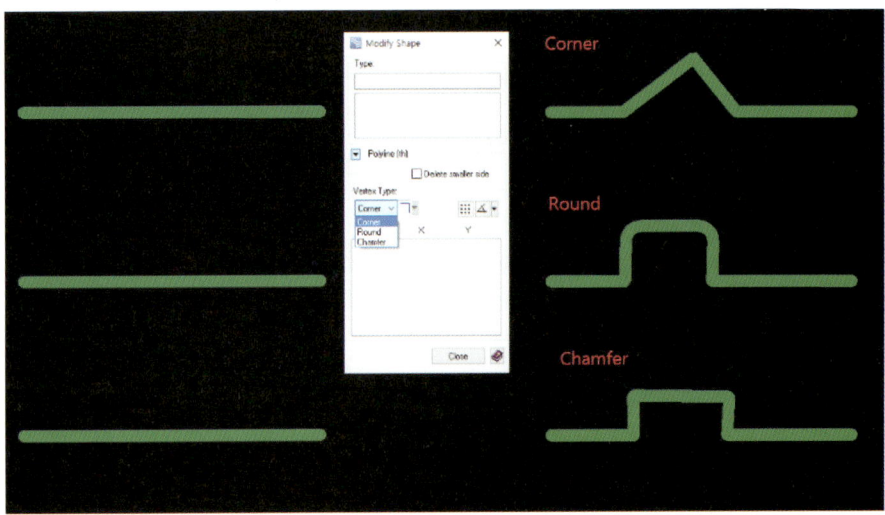

특정 형상을 자유롭게 Cut을 원하면 Cut Shape을 사용합니다.

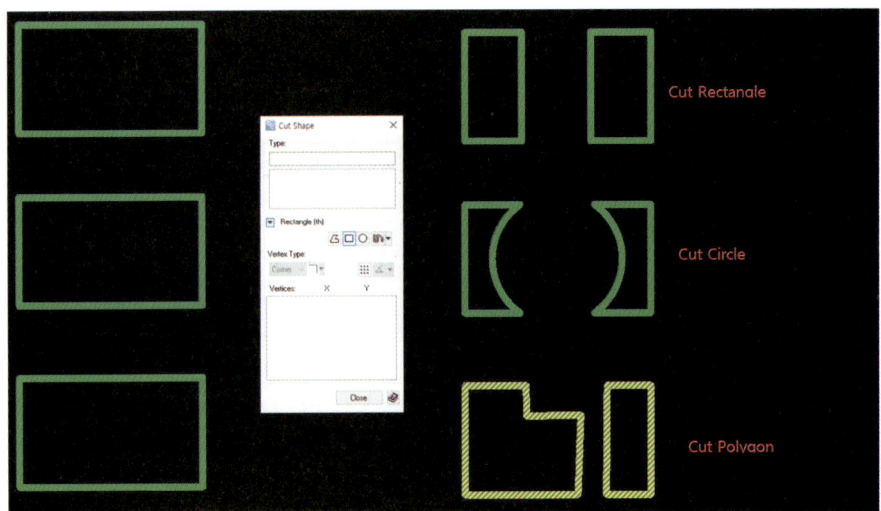

Polygon의 경우에는 Corner에 백색 포인트를 클릭하면 Modify Shape와 유사한 Corner 편집이 가능합니다. Corner에서 Round, Chamfer로 변경이 가능합니다.

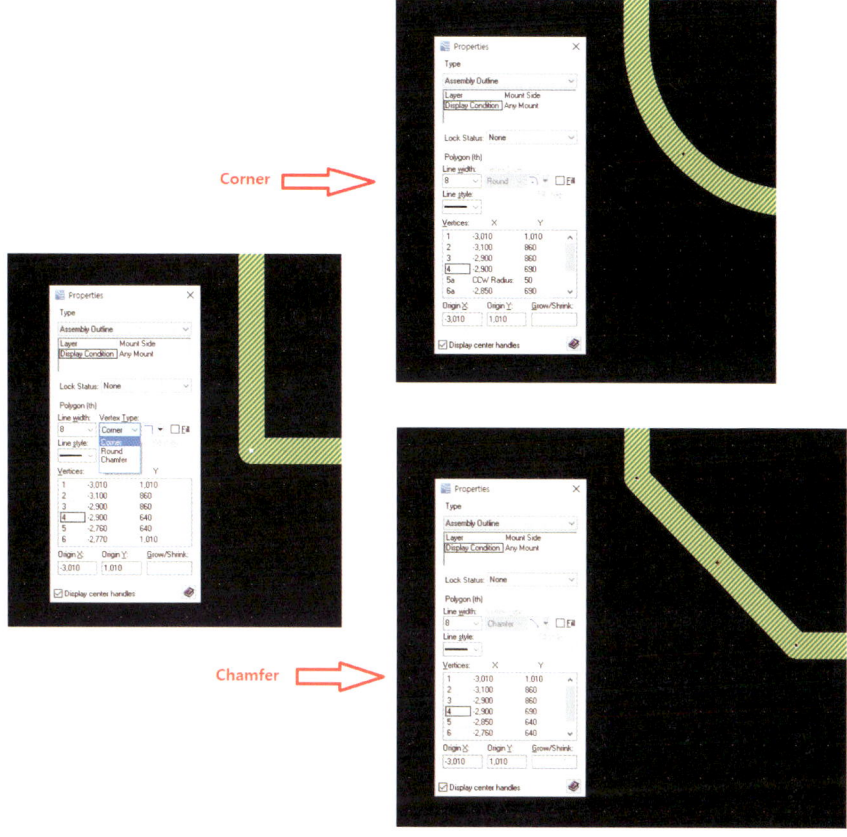

Corner의 하얀색 포인트를 Drag해서 Round로 변경하려면 Modify Shape Corners 를 사용합니다.

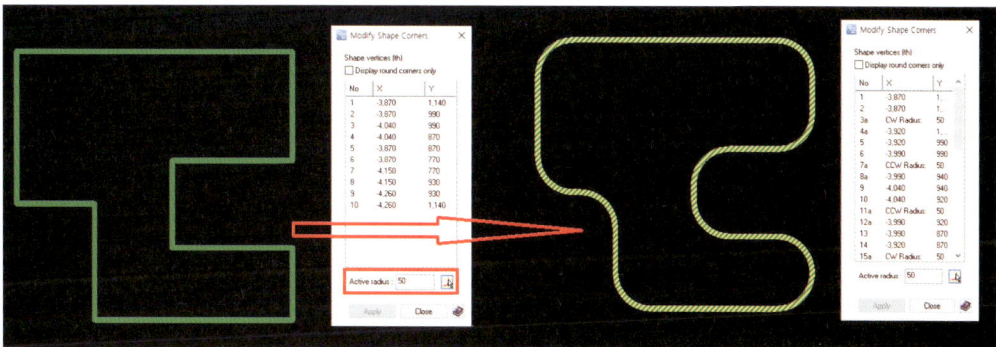

실습 06　Cell 작성하기

PADS Library Tools에서 C:\MGTraining\common\libraries\master-DXD\master-DXD.lmc 에서 진행합니다. SMD와 Through-Hole의 2개의 Cell을 작성해 보겠습니다.

1. 먼저 SMD의 Cell을 Temp란 Partition에서 작성합니다.

1️⃣ PADS Library Tools에서 Cell Editor 를 클릭합니다. Cell Editor에서 Partition을 Temp로 지정하고 Package 탭에서 New 를 선택합니다.

2️⃣ Create new cell에서 14SO란 이름으로 다음처럼 입력합니다.

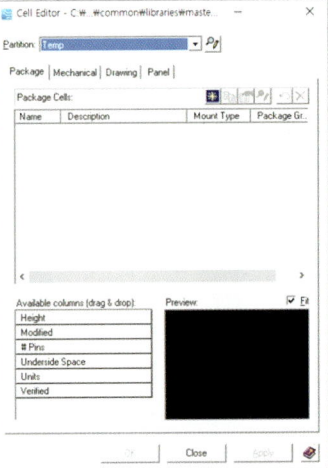

Create new cell	Enabled
Cell name	14SO
Total number of pins	14
Layers while editing cell	2
Package Group	IC - SOIC

3️⃣ Cell Properties를 눌러 다음과 같이 입력한 후에, Close를 하고 Next를 누르면 Cell Editor가 실행됩니다.

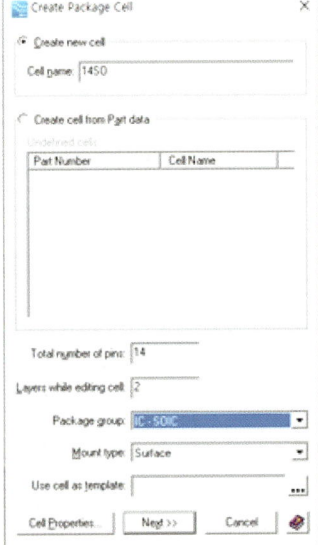

Units	mm
Description	14 pin SOIC device
Height	1.75

2장 PADS Professional Library Tools

4 Cell Editor가 실행되면 처음에 Place Pin 항목이 나타납니다.

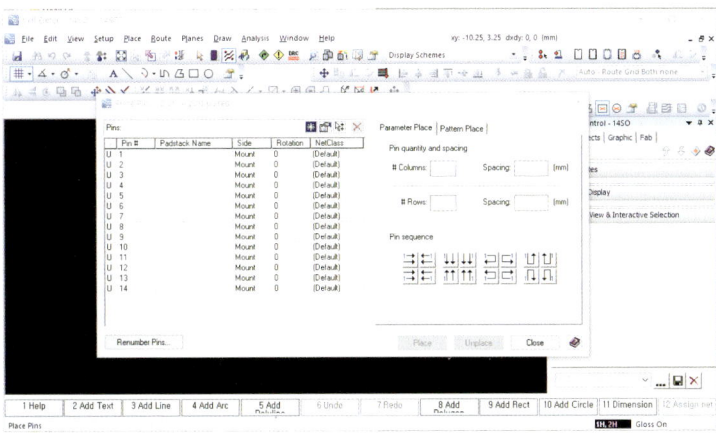
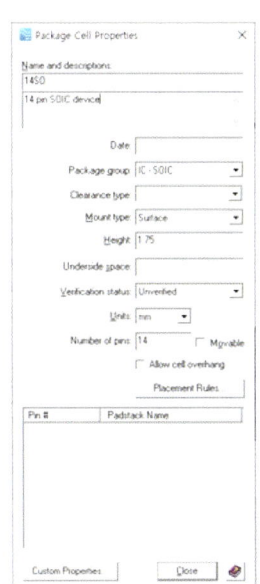

5 Padstack을 Shift를 누르고 1부터 14까지 전체 선택합니다.
Shift를 떼지 않은 상태에서 SOIC를 선택합니다.
SMD의 부품은 Pattern Place로 입력합니다. Pattern Place
에서 다음과 같이 입력합니다.

Pattern type	SOIC
Body length	8.75
Body width	4
Pin-to-pin spacing	1.27
Row-to-row spacing	5.2

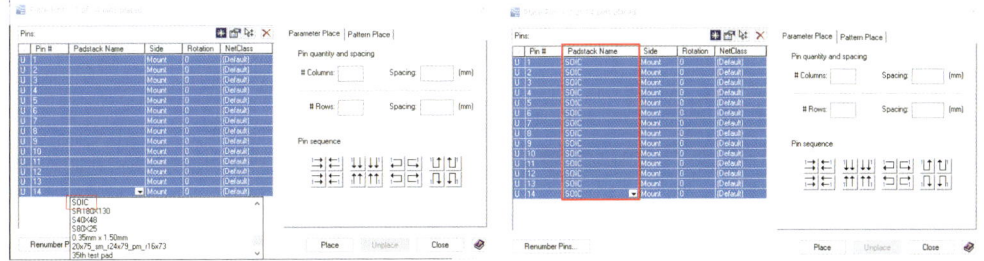

6 Place를 누르면 마우스에 SOIC의 핀이 입력된 상태로 나타납니다.

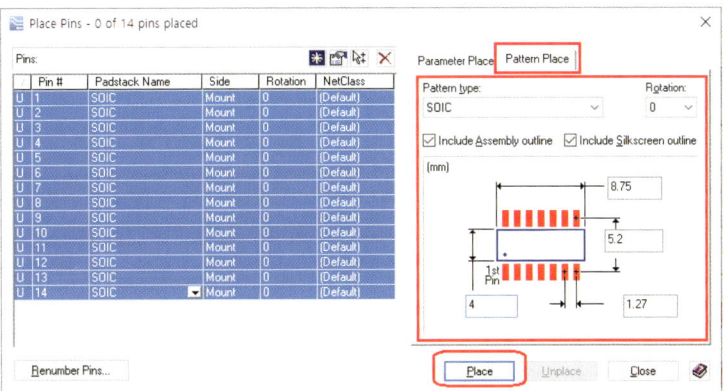

85

7 Ref Des가 Silkscreen과 Assembly Layer에 배치되어 있습니다.

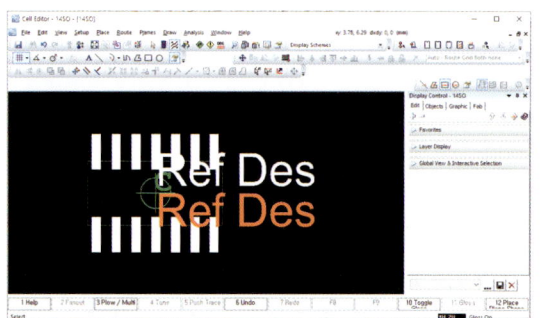
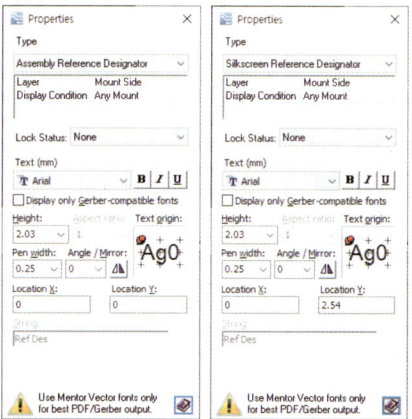

8 다음처럼 위치를 조정하고 Height를 1.5정도로 맞추고 Save 후에 Close합니다.

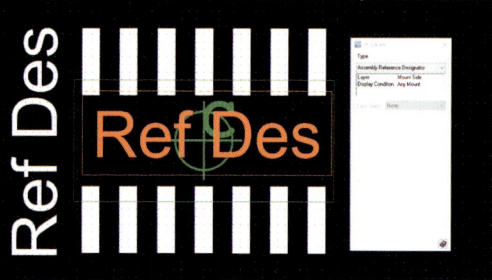

9 Cell Editor 항목에서 등록된 부품 미리 보기가 가능합니다.

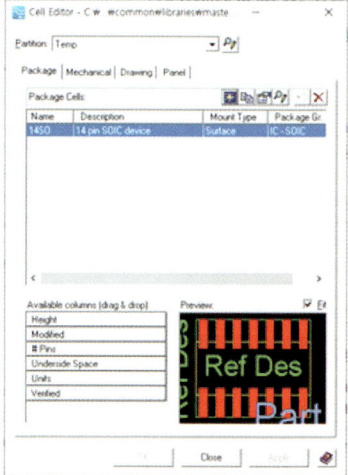

2장 PADS Professional Library Tools

2. 이번엔 Through-Hole Padstack으로 이루어진 부품을 등록합니다.

1 New Cell ✳을 눌러 신규 부품을 다음처럼 작성합니다.

       Cell name   14DIP
       Total number of pins   14
       Layers while editing cell 2
       Package Group   IC - DIP

2 Cell Properties에서 다음과 같이 입력 후에 Next를 눌러 입력합니다.

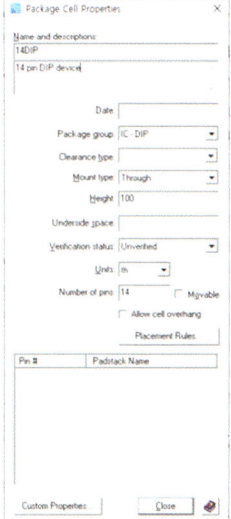

       Units   th
       Description   14 pin DIP device
       Height   100

3 Cell Editor가 실행되면 처음에 Place Pin항목이 나타납니다.

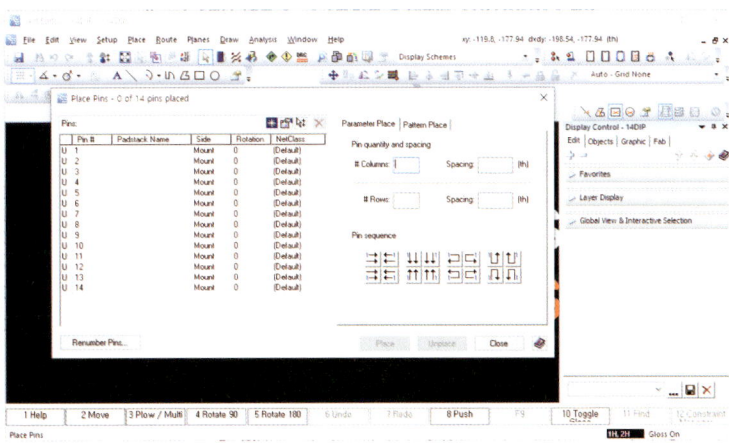

4 Padstack을 Shift를 누르고 1부터 14까지 전체 선택합니다. Shift를 떼지 않은 상태에서 34/65round를 선택합니다.

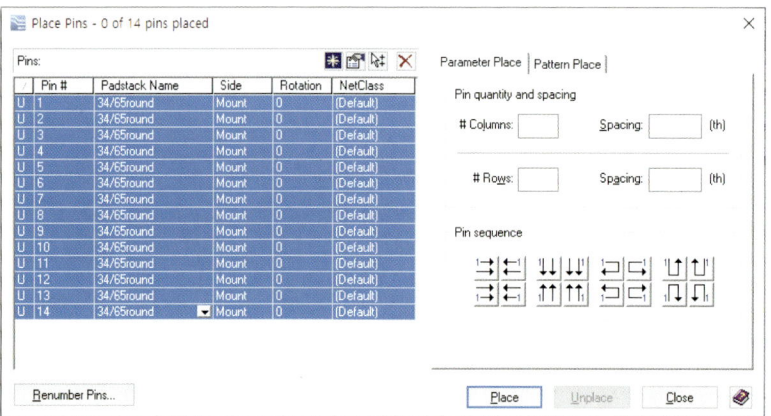

5 1번 Pin은 34/65square로 지정합니다.

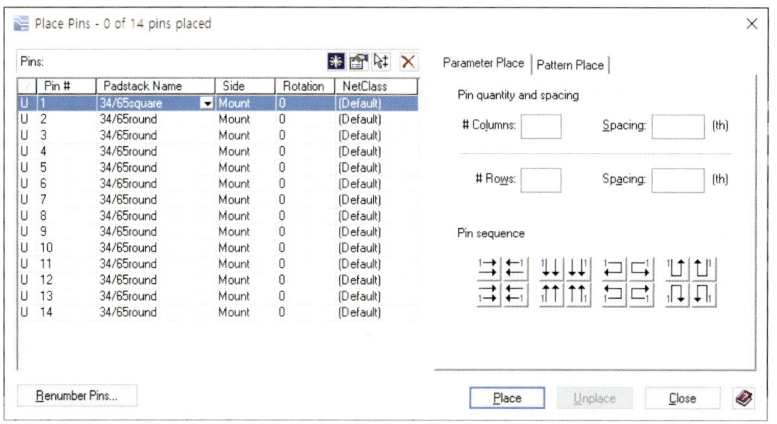

6 Dip부품은 Parameter Place로 다음처럼 지정합니다.

Columns   7
Spacing   100
Rows   2
Spacing   300
Pin Sequence =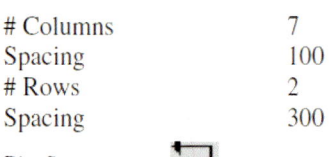

7 Parameter Place에서는 Place를 누르면 바로 배치되는 것이 아니라 Mouse에 Drag 상태입니다.

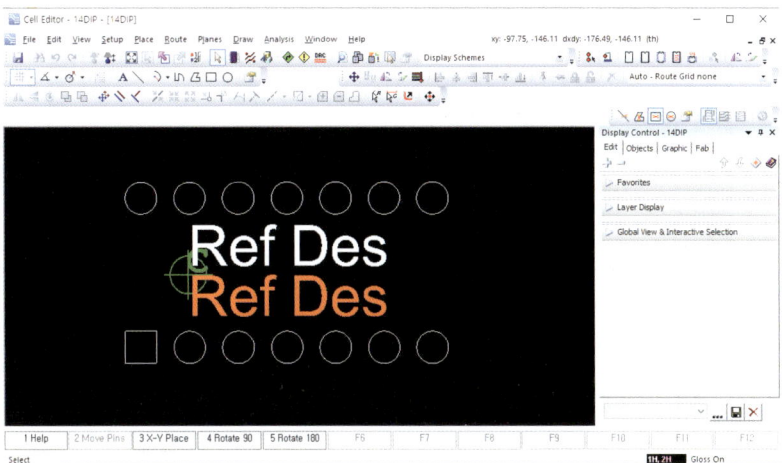

8 원하는 좌표에 입력을 원하면 F3 X-Y Place ‖ 3 X-Y Place ‖를 누르면 좌표 입력메뉴가 나타납니다.

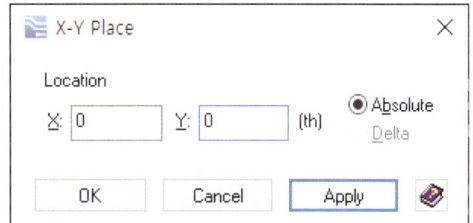

9 0과 0을 입력하면 다음처럼 배치가 됩니다.

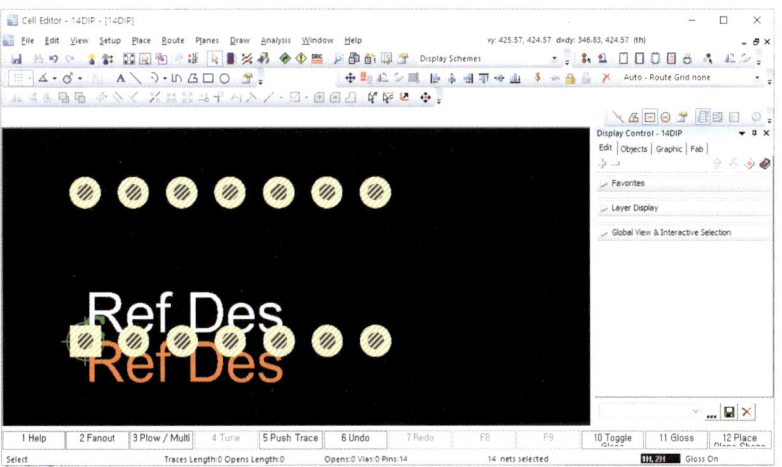

10. Cell Editor Toolbar에서 [아이콘] 3가지의 Draw를 입력하겠습니다.
   Assembly Outline [아이콘]은 사각형 형상으로 핀의 안쪽으로 Width를 5로 입력합니다.

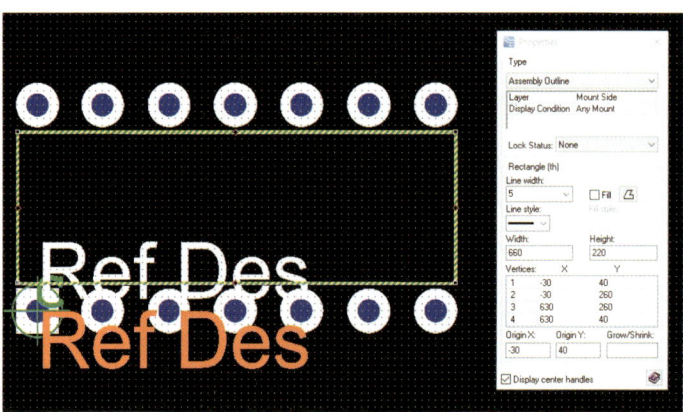

11. Silkscreen Outline [아이콘]과 Placement Outline [아이콘]은 사각형 형상으로 핀의 외각으로 Width는 0으로 입력합니다.

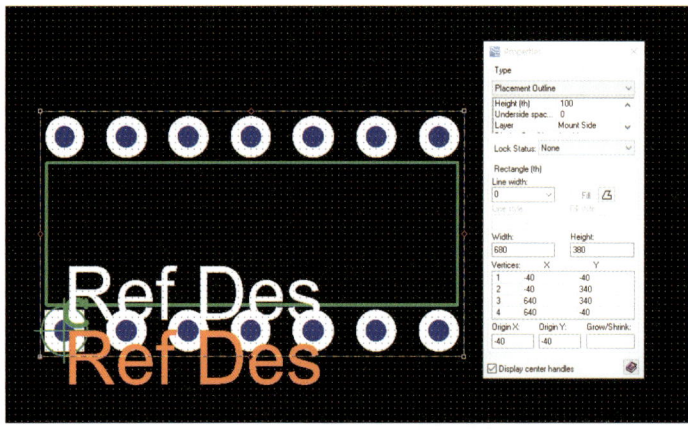

12. Ref Des를 다음처럼 정리합니다.
    [File] - [Save]로 저장하고 Close합니다.

07 Symbol작성

Symbol은 PADS Pro Designer 회로도에 사용된 전기 기능의 그래픽 표현 문서화에 사용되는 그래픽이며 연결되는 지점에 핀 속성을 할당할 수 있는 레이블 및 속성들로 이루어져 있습니다.

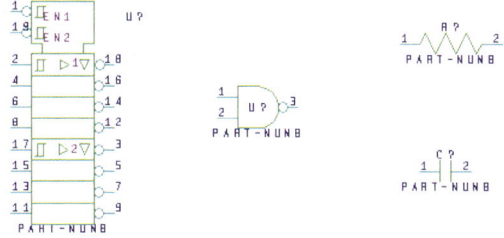

Central Library는 Central Library의 SymbolLibs 하위 폴더에 있는 Symbol Partition에 Symbol을 저장하며 각 Partition은 폴더입니다. 각 Partition 폴더에는 sym이라는 하위 폴더가 있으며 각각의 파일로 저장됩니다.

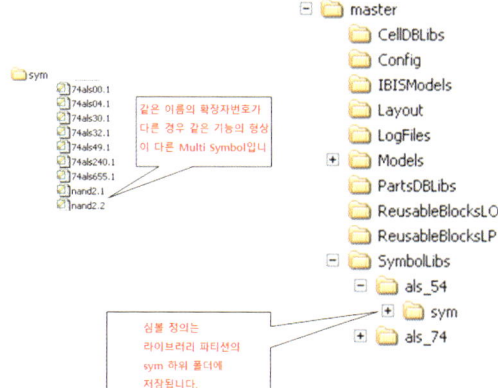

Symbol Editor의 구성은 다음과 같습니다.

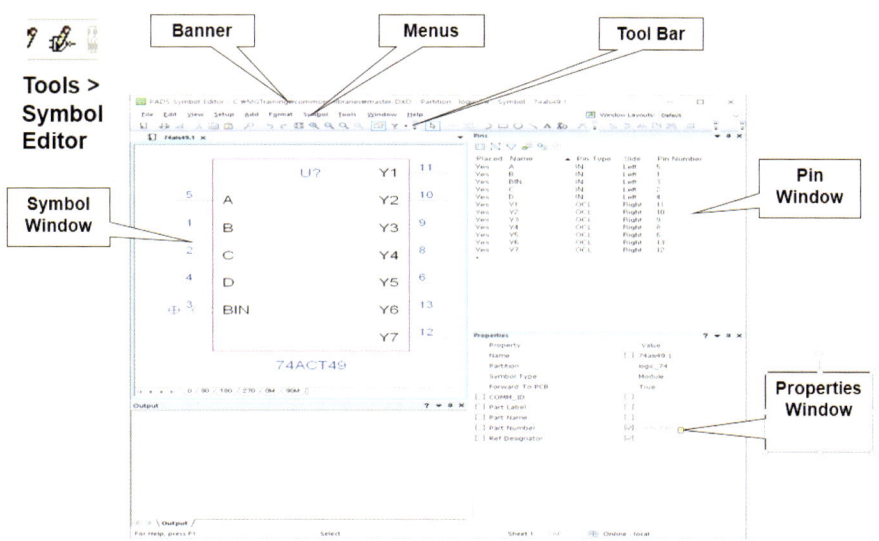

모든 메뉴가 PADS Pro Designer와 같으며 Symbol에 관련된 메뉴만 Symbol Editor에서 사용 가능하며 Pins Window도 Symbol Editor에서만 사용 가능합니다.

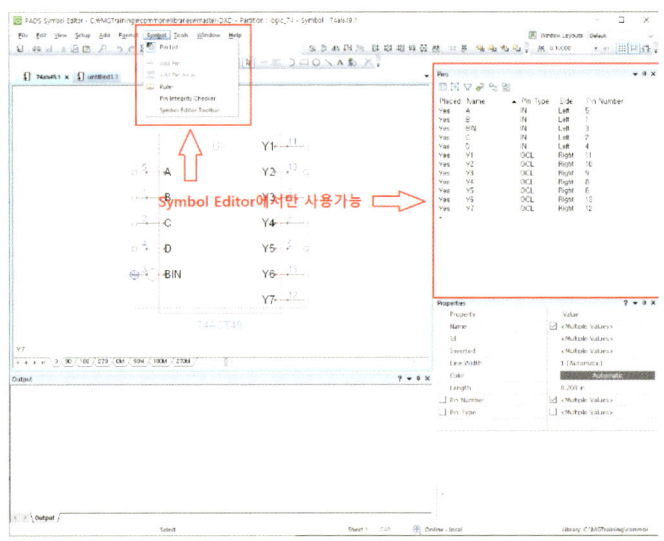

Symbol 화면은 여러 개 다른 Symbol을 탭으로 열 수 있으며, 아래 부분은 회로도에서 회전되어 각도가 지정될 때 화면을 설정 가능합니다.

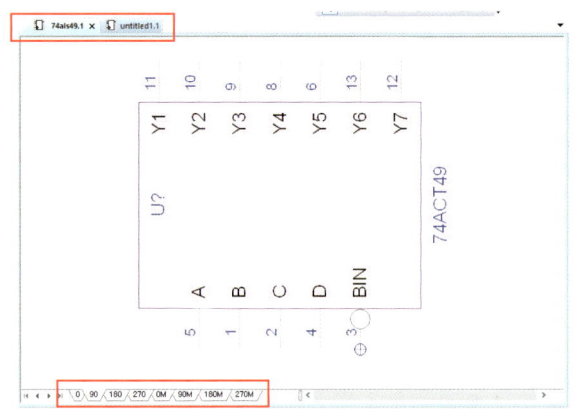

Pins 화면은 입력된 Symbol의 Pin을 관리하며 Cross Proving되며 편집과 Import/Export 가능합니다.

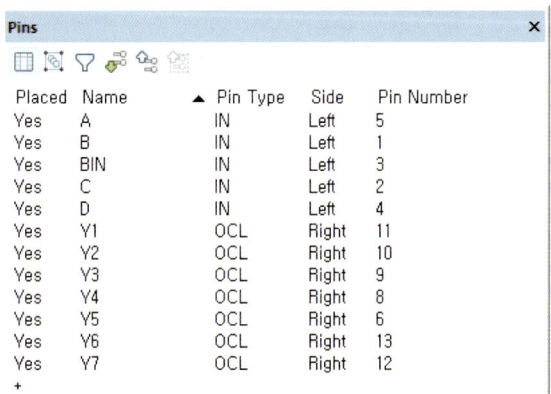

Properties는 Symbol의 속성을 입력합니다. 실제 값도 입력 가능하지만 보통 속성들의 정의와 위치 지정을 합니다.

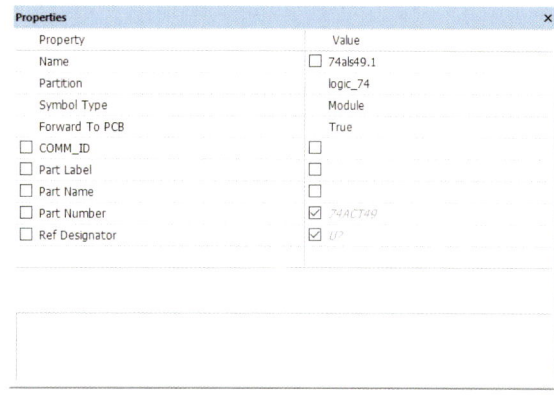

보통 Symbol 작성 순서는 5가지 정도로 나뉘게 됩니다. 꼭 순서대로 작성할 필요는 없지만 보통은 다음 단계로 작성을 합니다.

- 1 단계: 심볼을 시작하고 파티션 설정
- 2 단계: 핀 추가
- 3 단계: 그래픽 추가
- 4 단계: 속성 추가
- 5 단계: 저장

먼저 1 단계는 Library Manger의 Symbol의 특정한 Partition에서 New Symbol을 선택하고 이름을 입력하여 생성하는 과정입니다.

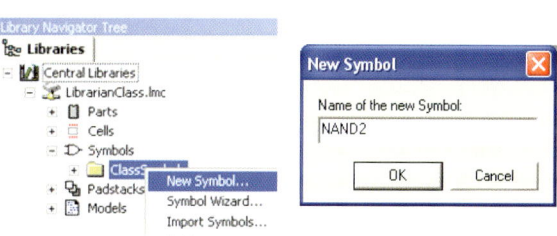

혹은 Symbol Editor 를 먼저 선택하고 [File] - [New] - [Symbol]로 작성하는 방법입니다.

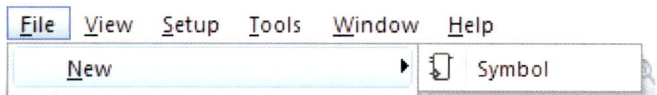

[File] - [Save]를 하면 다음처럼 Partition과 이름을 지정할 수 있으며 Property Window에서 이름을 지정도 가능합니다.

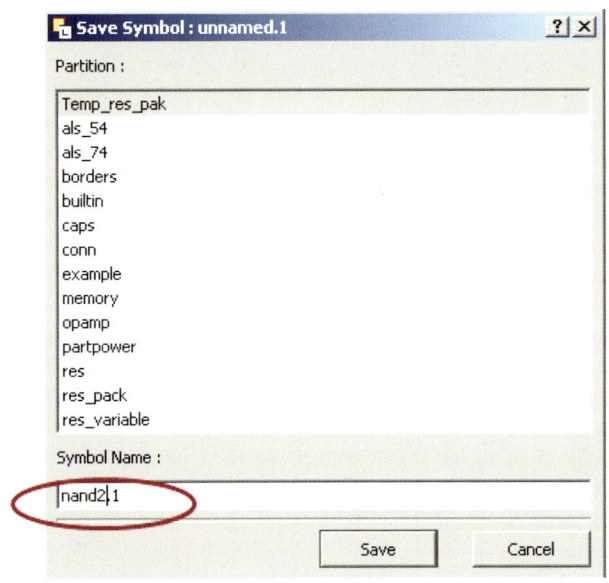

Symbol은 4가지 Type으로 지정할 수 있습니다. 지정은 Property Window에서 Symbol Type을 지정합니다. 일반적인 부품은 Module입니다.

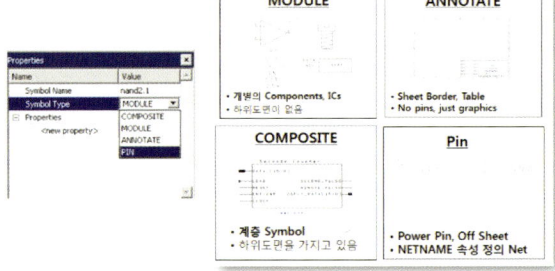

다음 2 단계는 Net가 연결될 핀 추가 단계입니다. Symbol 메뉴의 Add Pin이나 으로 Pin을 입력합니다. 입력하면 커서에 Pin이 Drag되며 입력하면 Pins Window에 입력된 Pin이 나타납니다.

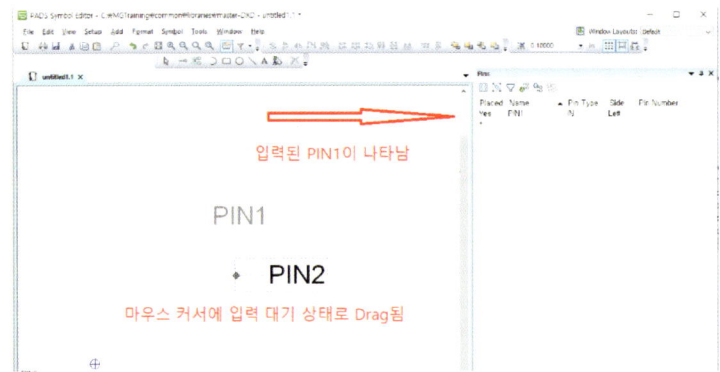

다음 3 단계는 그래픽 추가 단계입니다.

그래픽은 Add 메뉴나 Toolbar에서 그래픽을 입력할 수 있습니다.

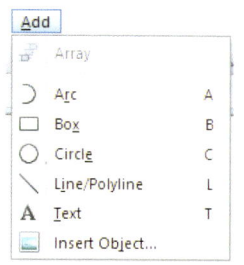

먼저 Line/Polyline에서 Line을 클릭 후에 마우스를 선택 - 선택으로 입력합니다. 이전 버전은 선택 후에 버튼을 누른 상태로 움직여 다른 포인트에서 마무리했지만 VX.2.8 부터는 일반적인 입력으로 개선되었고 예전 방식도 유지합니다.

Polyline을 작성하고 예전 방식대로 클릭으로 누른 상태에서 띠지 말고 다음 원하는 포인트에 RMB나 Space Bar로 작성합니다.

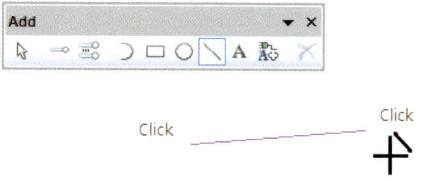

Polygon을 작성하려면 클릭으로 원하는 포인트를 클릭하고 나서 RMB로 Complete합니다.

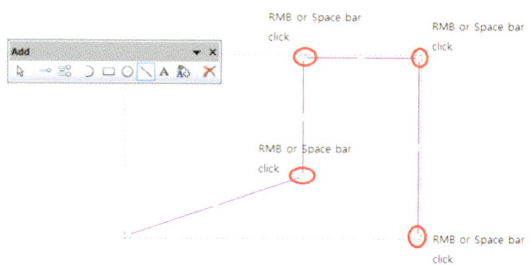

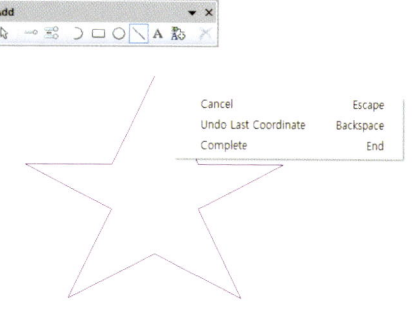

Circle이나 Rectangle은 클릭 후 다음 포인트에서 클릭으로 마무리합니다.

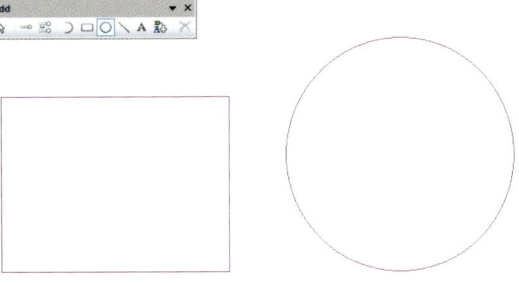

Arc는 Polygon처럼 두 번째 클릭을 하고 세번째 Arc의 원을 그립니다.

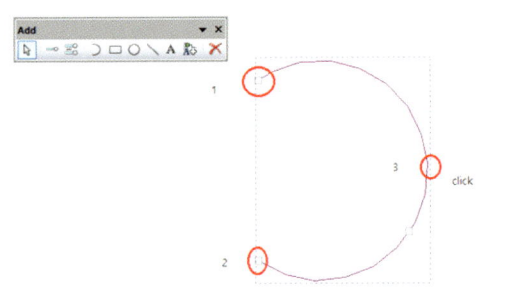

각 도형은 Properties Window에서 Width나, Hatch, Color 등을 별도로 설정 가능합니다.

도형을 Size나 Scale을 변경하려면 그렸던 형상을 선택하면 다음처럼 실선으로 쌓이게 되고 Drag해서 편집이 가능합니다.

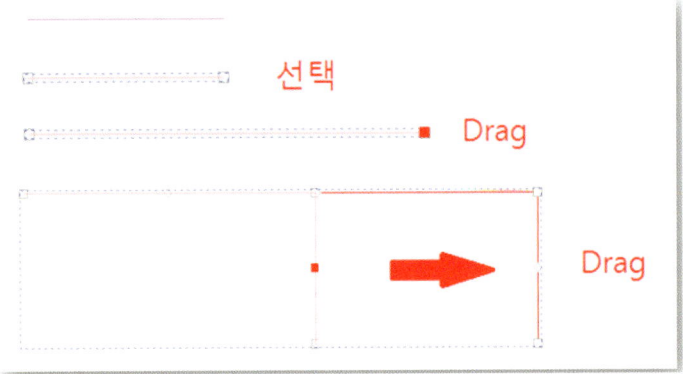

선택된 상태에서 상단의 추처럼 생긴 것을 움직이면 회전 가능합니다.

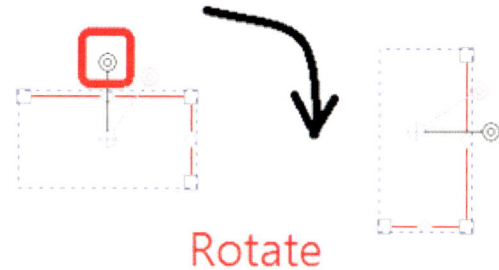

예전 방식으로 Polyline은 시작점과 끝점이 같으면 Polygon으로도 작성 가능합니다.

다시 Polygon을 Polyline으로 변경하려면 RMB - [Dissolve Polyline]을 선택합니다.

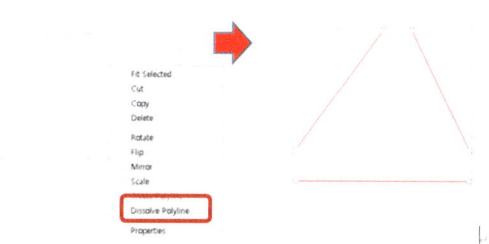

Dissolve Polyline을 다시 Polyline으로 변경하려면 2개이상의 연결된 라인을 선택하신 다음 RMB - [Create Polyline]을 선택합니다.

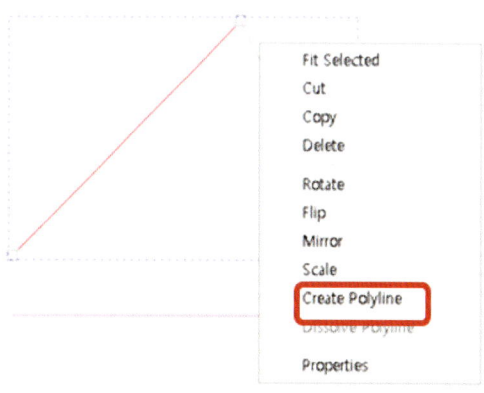

혹은 Transform Toolbar에서도 편집이 가능합니다.

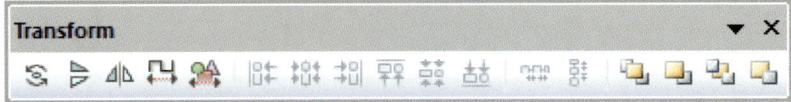

혹은 Pull Down메뉴 중 [Format]에서도 가능합니다.

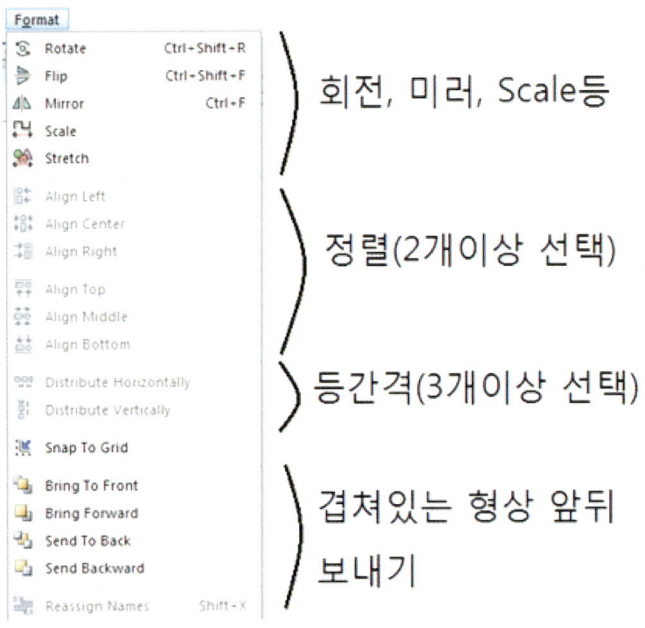

다음 4 단계는 속성 추가 단계입니다.

아무것도 선택하지 않았을 때에 Properties 창을 보면 현재 Symbol의 속성 추가와 편집이 가능합니다.

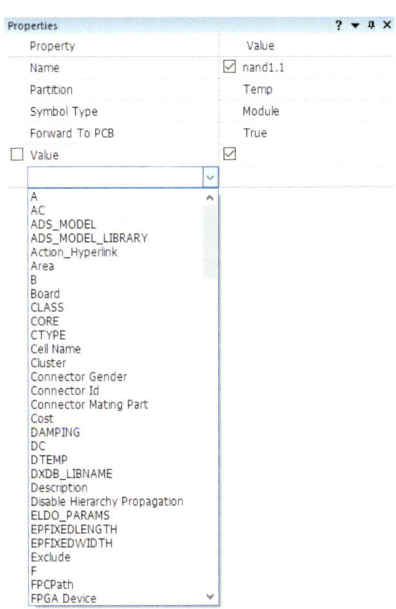

단 User 속성을 추가하려면 PADS Library Tools에서 Property Definition Editor에서 가능합니다.

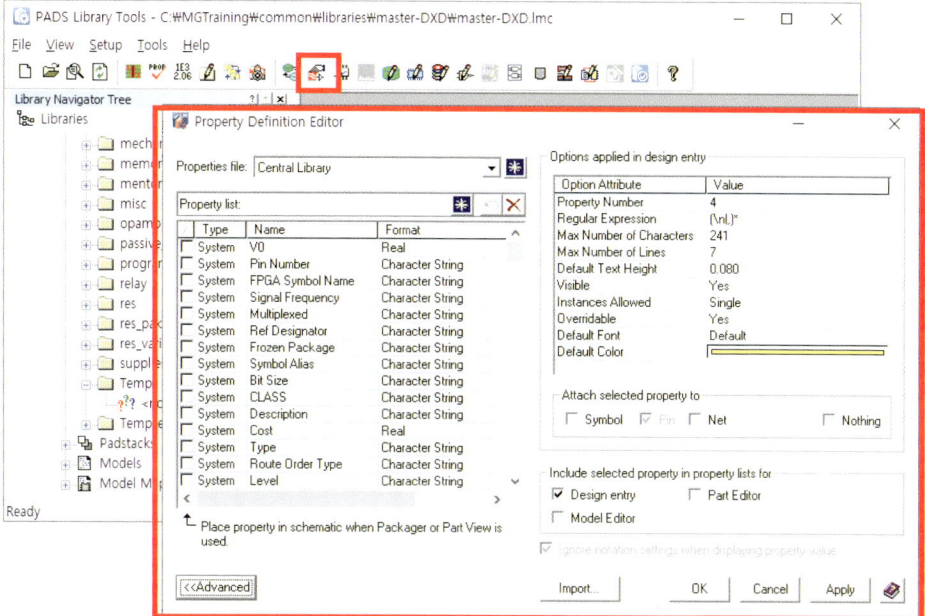

마지막으로 5 단계는 저장입니다. [File] - [Save]나 다음의 아이콘을 클릭합니다. 다른 이름으로 저장을 원하면 [Save As…]를 클릭합니다.

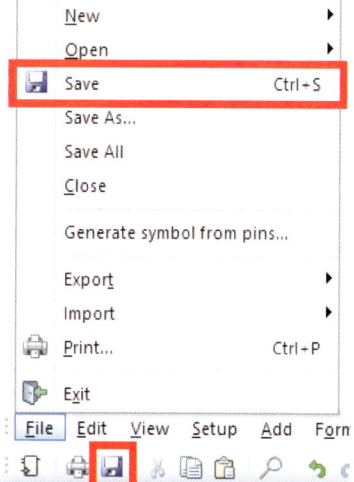

실습 07   Symbol 작성과 User 속성 정의

계속 PADS Library Tools의 C:₩MGTraining₩common₩libraries₩master-DXD₩master-DXD. lmc에서 진행합니다.

① Temp의 파티션에서 Resistor를 등록합니다.

② Symbol의 Temp 파티션에서 RMB를 누르면 다음과 같은 메뉴가 나타납니다.

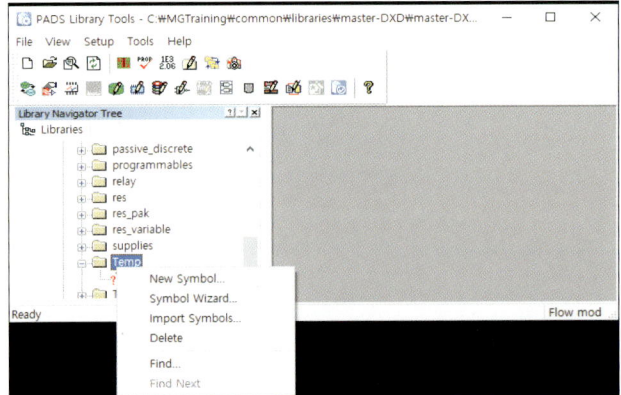

혹은 아이콘이나 [Tools] - [Symbol Editor]를 누르면 비어 있는 상태로 Symbol Editor가 실행됩니다.

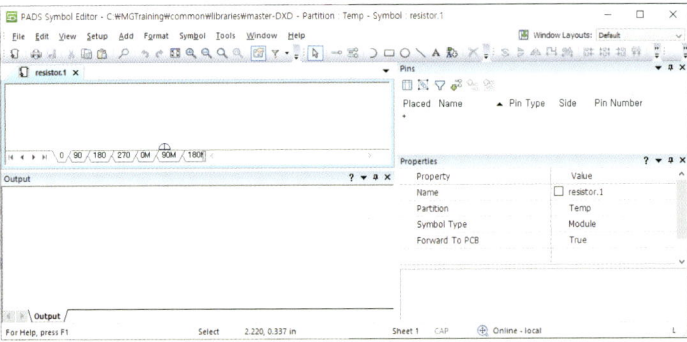

③ Symbol Type은 Module로 설정하고, [File] - [Save]나 로 Resistor.1으로 Temp 파티션에 저장합니다.

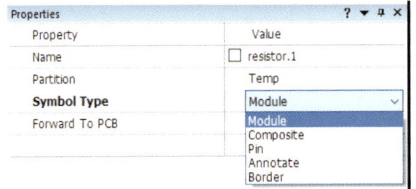
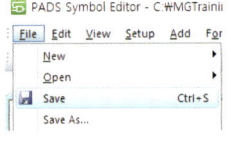

4 Pin을 2개 추가합니다. 이나 Symbol에 Add Pin으로 입력 가능합니다.

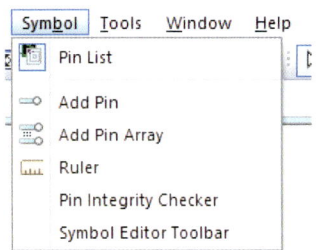

5 원점을 기준으로 다음처럼 2개 배치합니다.
Pin의 이름을 PIN1은 A로, PIN2는 B로 변경합니다.

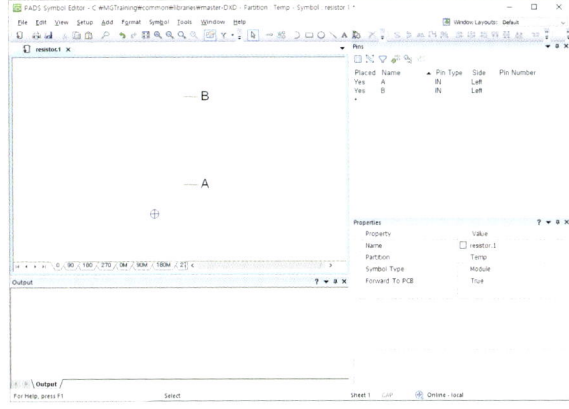

6 세워져 있는 Pin으로 작성하기 위해 Pin의 각도를 A는 Bottom으로 B는 Top으로 변경한 다음 Pin 번호를 1과 2로 입력합니다.

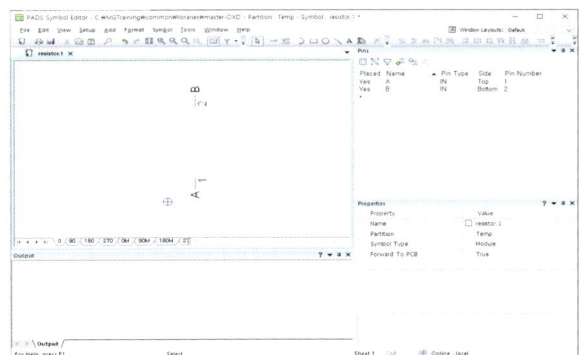

7 A에서 B까지로 Line으로 저항 형상을 작성합니다.

8️⃣ 다음과 같이 Properties를 지정합니다.

Name	Value	Visibility
Part Number	PARTNUMB	Value
Part Name	RES	Invisible
Part Label		Invisible
Ref Designator	R?	Value
Value	0	Value

9️⃣ 입력하면 다음처럼 됩니다.

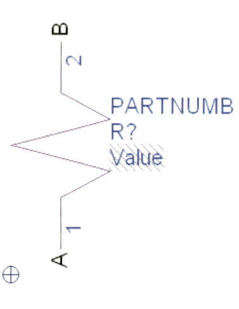 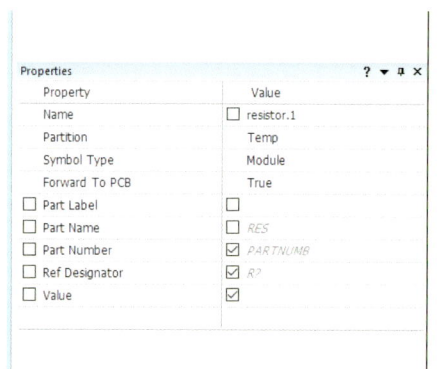

🔟 [File] - [Save]나 💾 로 저장합니다.

1️⃣1️⃣ 다음은 14Pin의 IC를 Temp에 작성하겠습니다. [File] - [New] - [Symbol]로 새로 작성합니다.

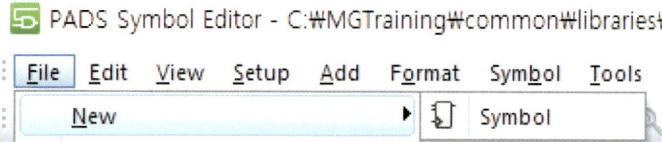

1️⃣2️⃣ Pin을 한꺼번에 가져오기 위해 Add Pin Array로 Pin을 한꺼번에 입력합니다.

⓭ Place를 눌러 1번이 원점에 위치하게 하면 다음처럼 Pin Number도 입력합니다.

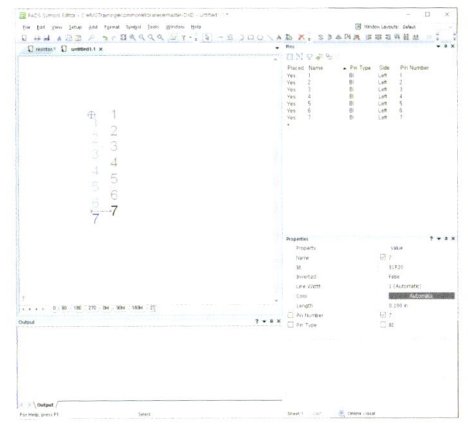

⓮ Pins에서 Pin전체를 선택하고 RMB로 Export Pin으로 출력합니다.

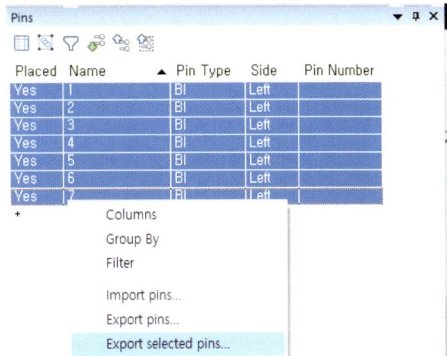

⓯ C:₩MGTraining₩common₩libraries₩master-DXD에 SymbolPins.csv로 저장합니다.

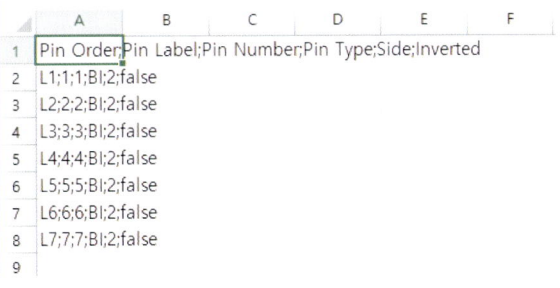

⓰ SymbolPins.csv를 열어보면 엑셀 버전이나 환경에 따라 다음처럼 보일수도 있습니다.

17 A를 선택하고 데이터에 텍스트 나누기로 세미콜론으로 분리합니다.

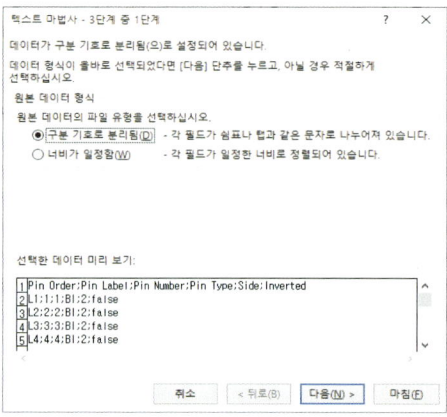 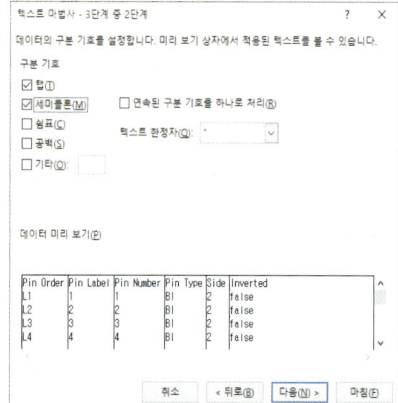

18 Pin Order와 Pin Label, Pin Number를 다음처럼 바꾸어 줍니다.

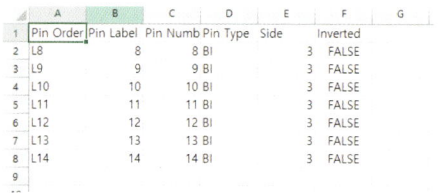

19 Pins에서 import Pins에서 저장한 csv를 지정합니다.

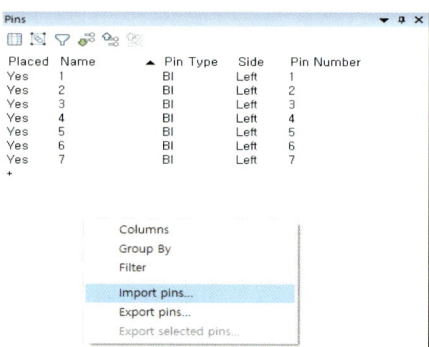

20 가져오면 배치 전의 상태인 Place가 No인 상태로 입력됩니다.

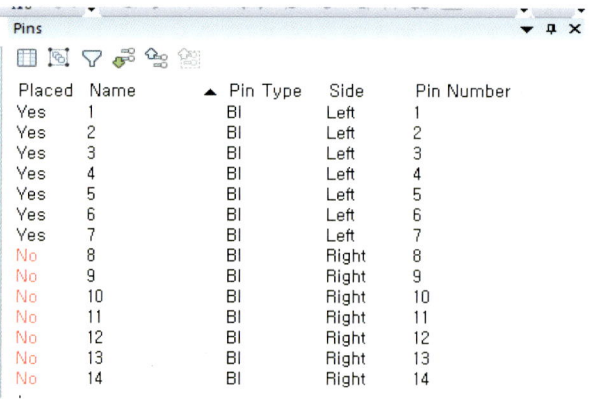

㉑ 선택하여 화면으로 Drag하여 다음처럼 배치합니다. 배치하면 Place는 Yes로 변경됩니다.

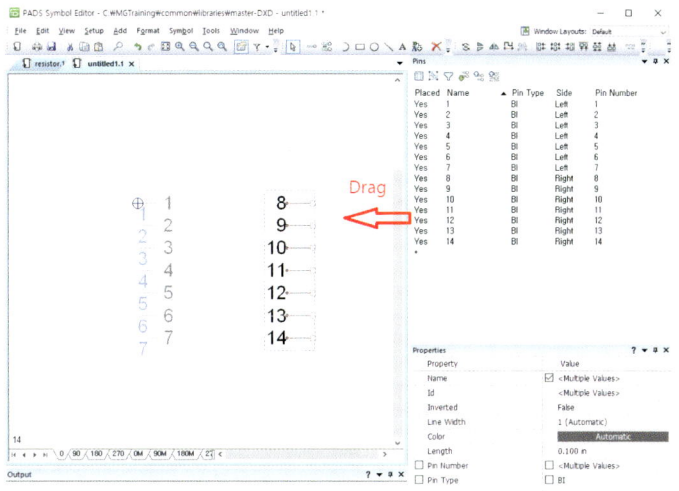

㉒ IC의 본체 형상을  Rectangle로 작성합니다.

㉓ 속성을 입력하고, 위치를 설정한 다음 14P_IC.1로 저장합니다.

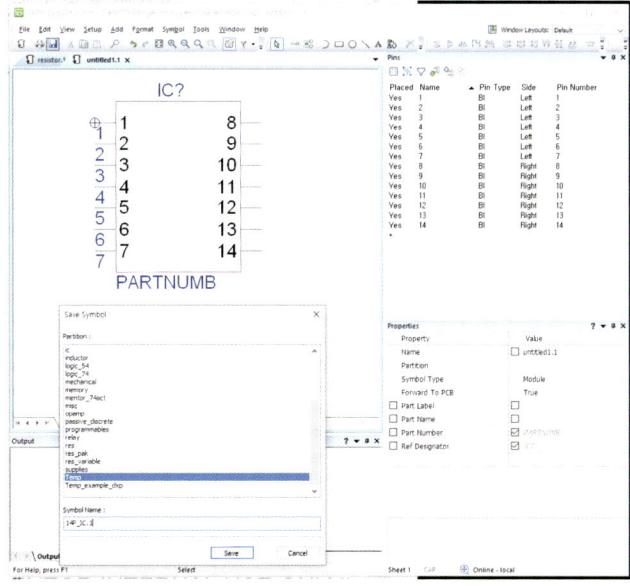

24 Wizard를 이용하여 100Pin의 Symbol을 작성해 보겠습니다. Wizard를 작성하려면 PADS Library Tools의 Temp의 파티션에서 RMB를 눌러 Symbol Wizard를 선택합니다.

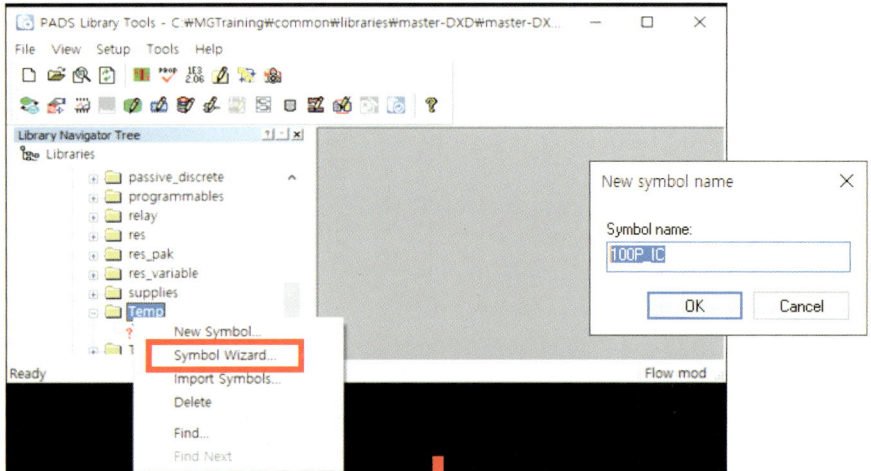

25 Module과 Do not fracture Symbol을 지정하고 다음을 선택합니다.

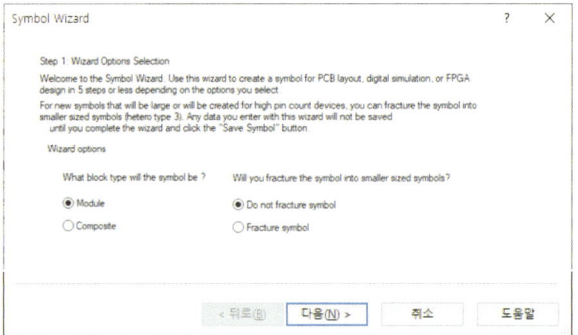

26 다음을 선택합니다.

27 Pin Num Display를 Visible로 지정하고 다음을 선택합니다.

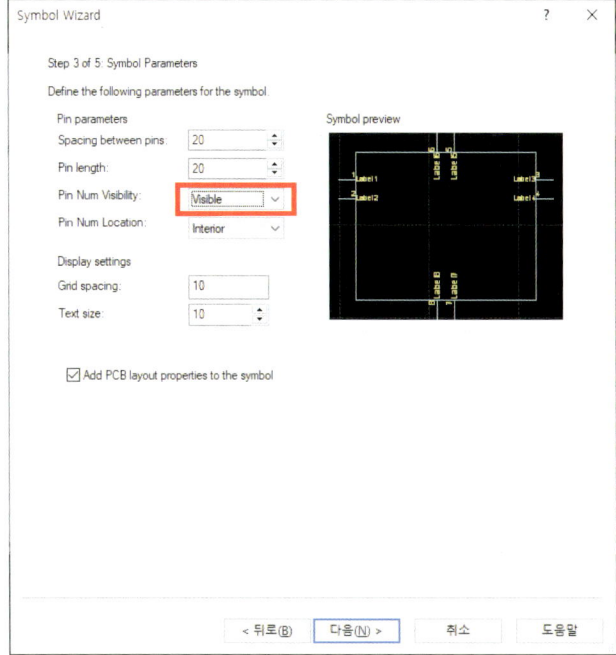

28 다음 심볼 속성에서 Part Number와 Ref Designator의 Visible을 Value로 설정하고 Part Name과 Part Label을 100P로 설정합니다.

㉙ Pin Setting에서 ꧁A Add Pin Symbol을 선택하고 Add Pin을 눌러 다음처럼 두 번 입력합니다.

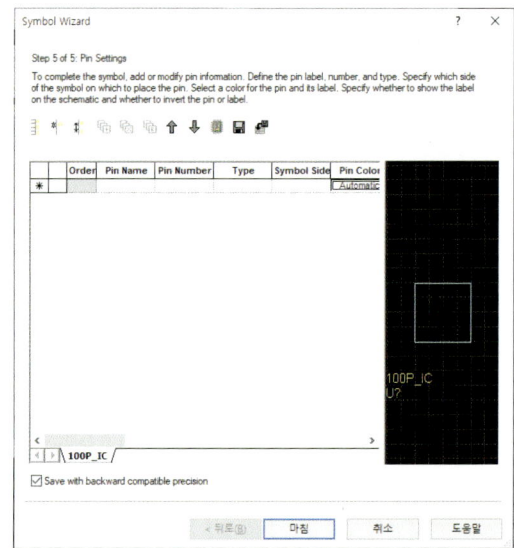

㉚ Close를 누르고 화면을 보면 BUS 형태로 양쪽에 50Pin이 입력됩니다.

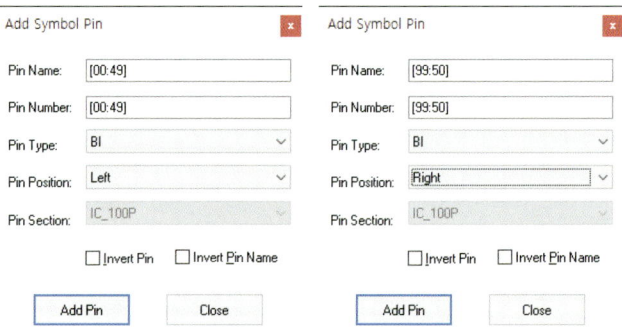

㉛ ➕의 다음으로 마우스를 이동하면 마우스 커서가 ➡으로 변경됩니다. 그 상태에서 선택을 하면 ▶표시가 되면서 전체 줄이 선택됩니다. 그 상태에서, RMB를 누르면 다음처럼 메뉴가 나타나게 됩니다.

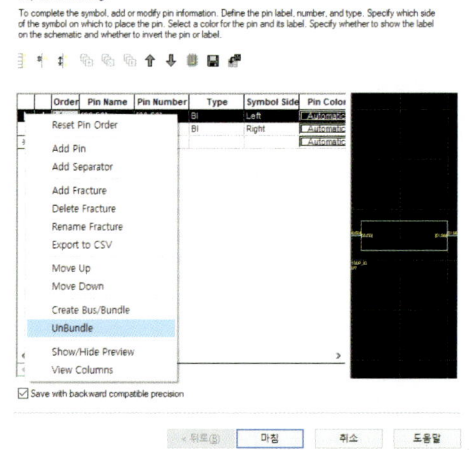

32 Unbundle을 선택하면 50Pin의 묶음이 풀려서 실제 50Pin의 형상이 됩니다.

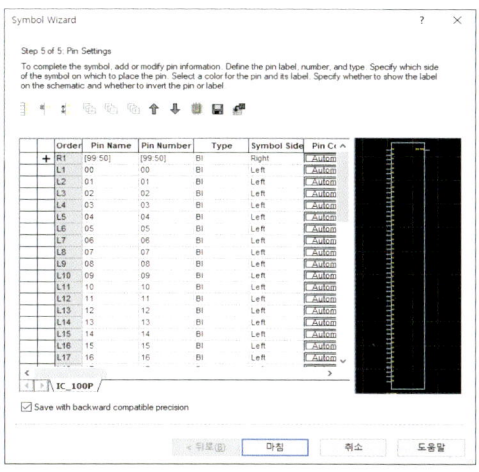

33 Order R1도 동일한 방식으로 Unbundle을 하면 IC의 좌우에 50Pin이 배치되어 총 100Pin이 배치됩니다.

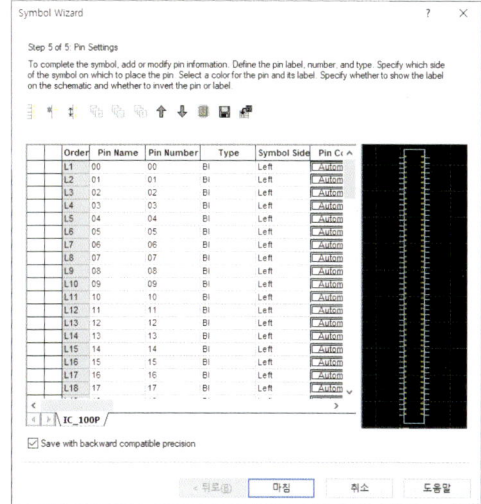

34 마침을 누르면 심볼이 등록되고 편집 상태로 오픈 됩니다.

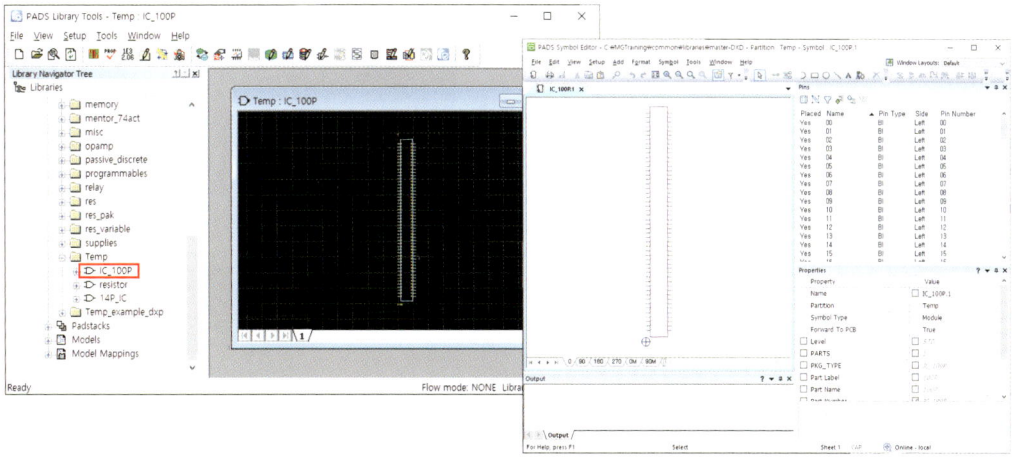

109

35 Ref Designator와 원점의 위치, Part Number의 위치와 사이즈를 조정합니다. 원점의 위치는 1번 Pin이고 사이즈는 0.300 in로 조정합니다.

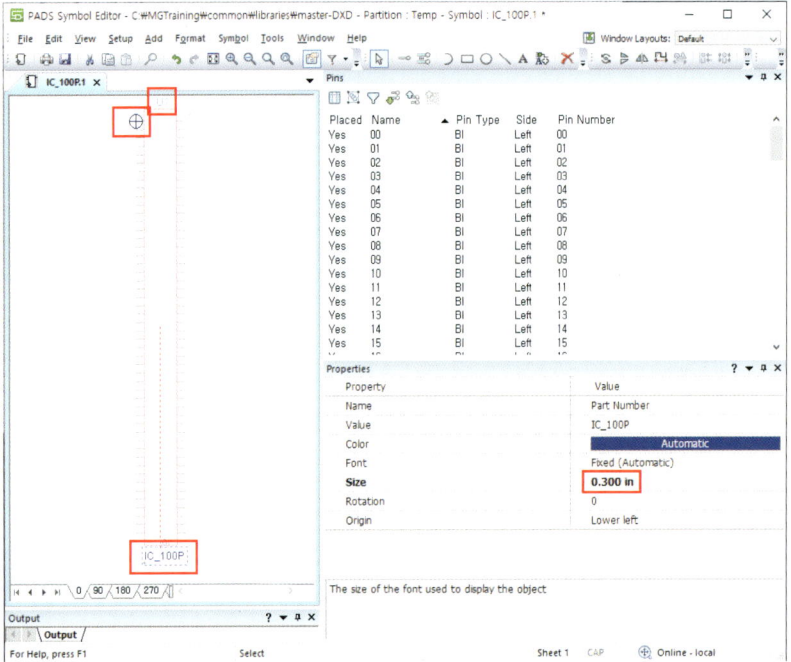

08 PDB 작성

PDB(Part Database)는 Central Library의 Part Database (PDB) Partition들에 저장됩니다. Part 속성들은(capacitance, resistance, cost, 등등) PDB 정의, 사용되는 Cell Name, Symbol Name과 Description, Reference Designator Prefix 설정과 Pin Mapping 정보들입니다.

Part들은 Part Number를 기준으로 PDB에 저장됩니다. Part Number는 Forward Annotation시에 Packager Tool이 실행될 때 PDB에 기준 되는 속성이며, 각 Part Number는 전체 Central Library에 중복되면 안 되고, 별도로 Part Name과 Part Label등의 이름으로 구분도 가능합니다.

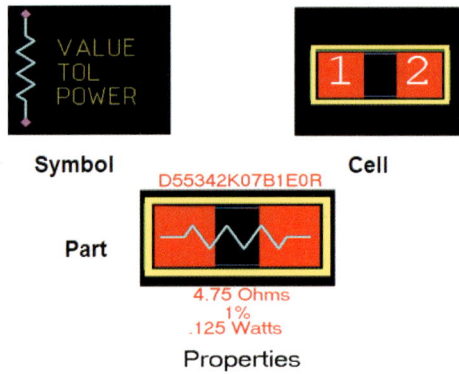

PDB는 [아이콘] Part Editor에서 작성하고 편집합니다. Central Library 혹은 Local Library에서 Part Editor를 사용하여 부품의 추가, 삭제, 편집하며 Imported/Exported 가능합니다. Part들은 Partition 들로 Grouping가능하며 Part Number로 구분됩니다.

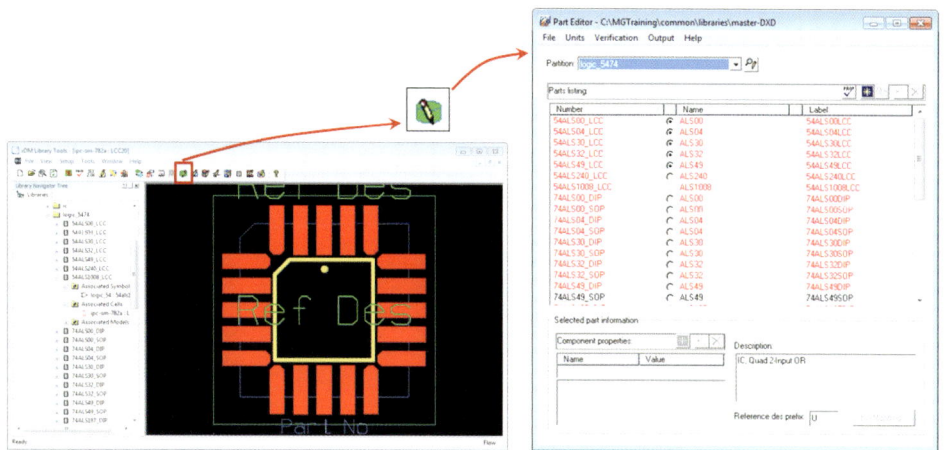

PDB 작성은 Part Editor에서 진행합니다. 다음의 3가지 중요한 속성에 대해 설명합니다.

Part Number는 PDB의 가장 중요한 기준으로 반드시 필요 하며 다른 부품과 중복없이 고유해야 합니다. Part Name은 공통 Part Name으로 반드시 필요해야 하며 다른 부품과 중복 가능합니다. Part Label은 내부적으로 사용하거나 혹은 별칭으로 사용하며 반드시 작성할 필요 없고 다른 부품 과 중복 가능합니다.

PDB 작성은 보통 다음의 순서대로 등록이 됩니다.

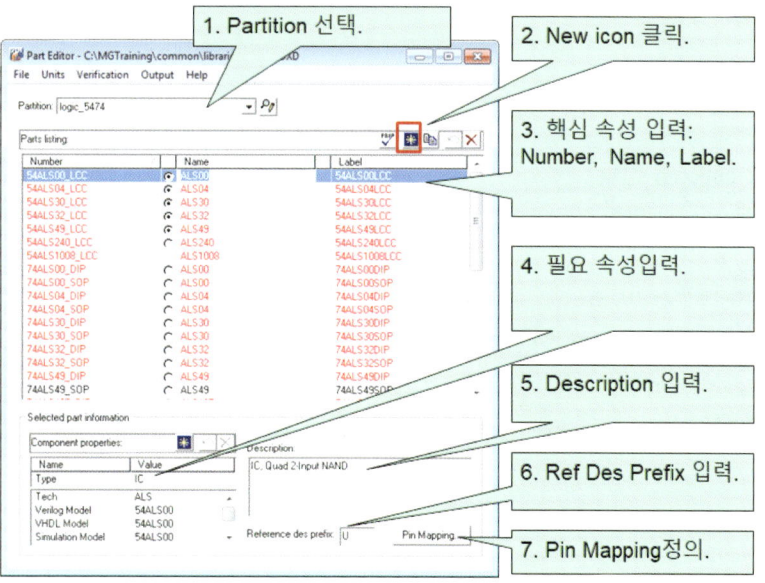

다음 상단의 아이콘들의 설명은 다음과 같습니다.

Part Number는 부품을 기준하는 속성이고 그래픽 정보는 회로도 Symbol과 PCB Cell을 지정하는 것으로 구성합니다. 회로도 Symbol과 PCB Cell을 지정하고 각자의 Pin을 연결하기 위해서 Pin Mapping이 필요합니다.

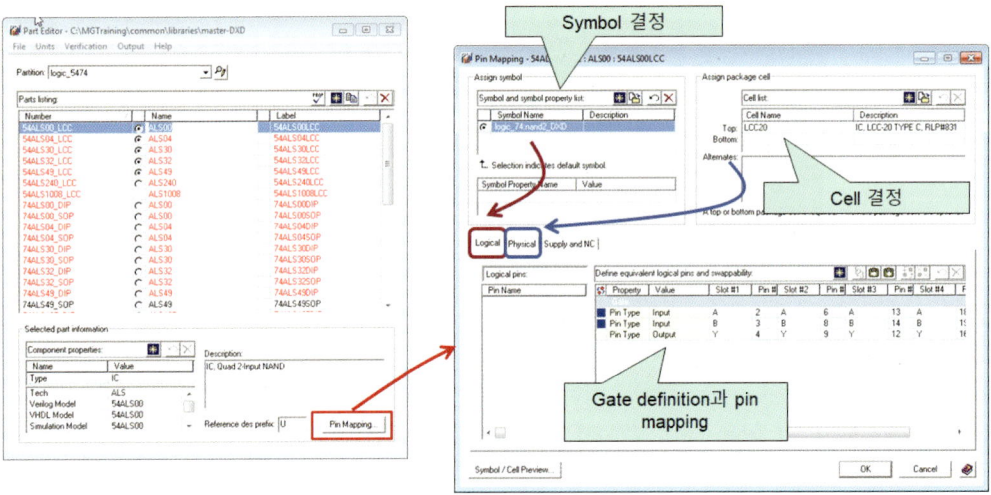

Pin Mapping에서 Symbol 선택은 다음처럼 지정하고 Cell 탭에선 Cell 지정도 가능합니다.

다음 상단의 아이콘들의 설명은 다음과 같습니다.

1. Import icon클릭.
2. Partition 선택.
3. Symbol 선택.
4. 필요 option들 선택.
5. slot들의 숫자 입력.

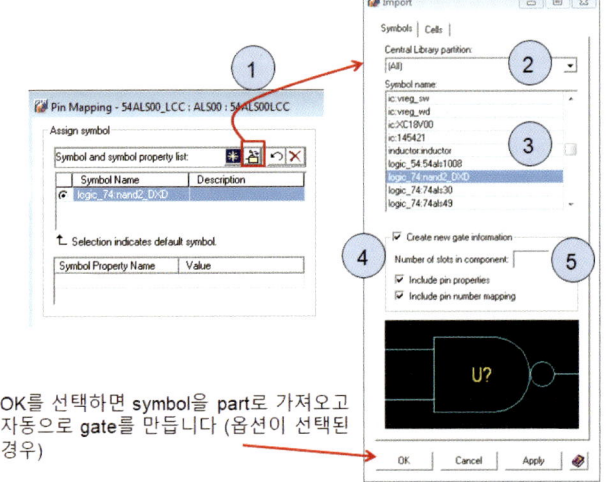

OK를 선택하면 symbol을 part로 가져오고 자동으로 gate를 만듭니다 (옵션이 선택된 경우)

Logical Tab은 Symbol Import를 사용하여 Gate들을 자동으로 만들 수 있고, ※ 으로 Gate들을 수동으로 생성할 수 있습니다. 동일한 Gate의 여러 Slot끼리는 Swap이 가능하고 Pin에서 다음과 같이 동일한 형상끼리 Pin Line 선택하여 Swap 아이콘 을 클릭하면 Swap 가능하다고 정의됩니다.

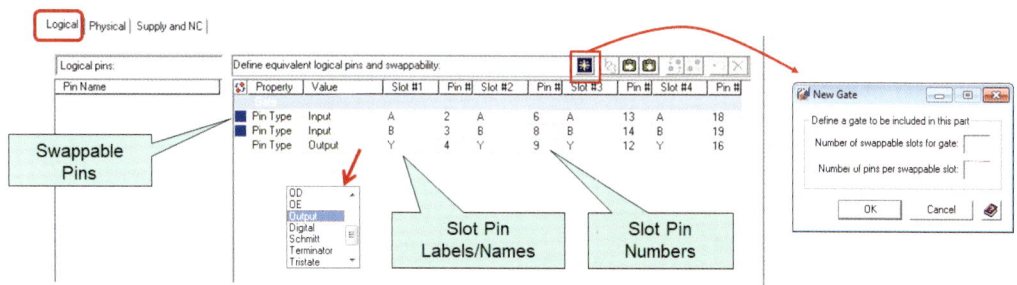

Part에는 여러 Symbol을 지정할 수 있습니다. 여러 Symbol이 동일한 Logic의 다른 그래픽 버전을 나타내는 경우, 이들은 동일한 Gate로 Mapping되며, 여러 Symbol이 동일한 Part 내의 다른 Gate Pin을 나타내는 경우, 이들은 분리된 Gate(Fractured or Split ICs)로 Mapping 됩니다.

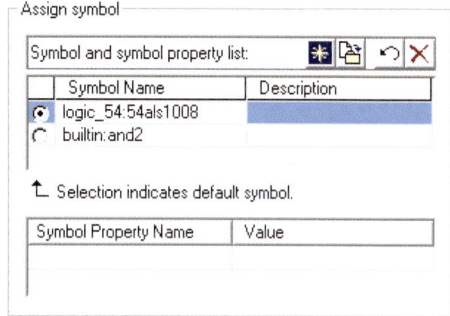

Symbol을 지정하는 화면에 Cell입력 탭이 있는 것처럼 Cell Import도 Symbol과 동일한 GUI가 나타나며 Cell 탭으로 선택이 됩니다. 즉, Symbol/Cell 어느 Import를 선택해도 동일한 화면이 나오게 되며 처음에 탭 선택만 달라집니다.

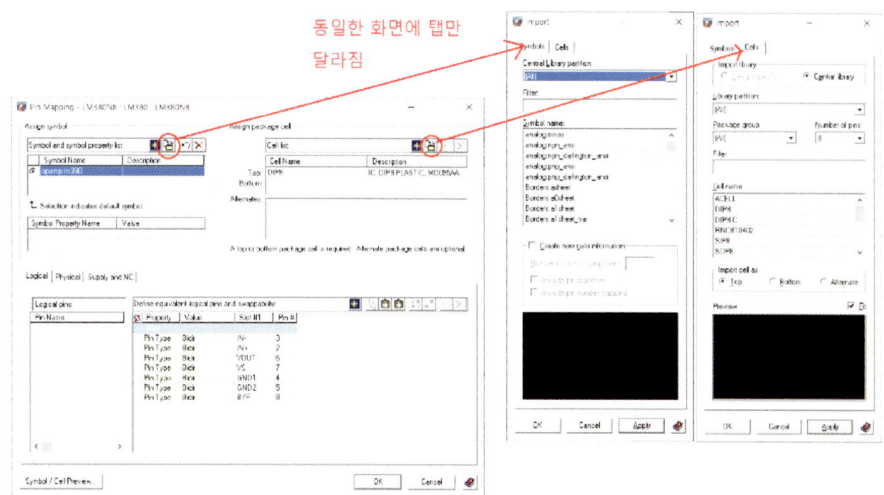

Cell의 입력 순서는 다음과 같습니다.

1. Import icon 클릭.
2. Partition 선택.
3. Package Group 선택.
4. Pin 수 입력.
5. Cell 선택.
6. Top, Bottom, or Alternate 선택.

New
Import
Undo Delete
Delete

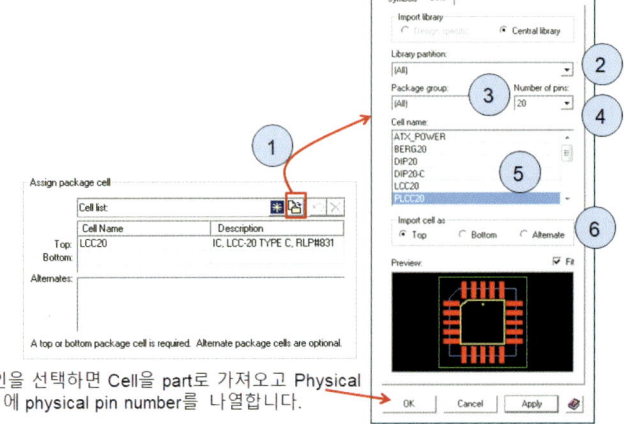

확인을 선택하면 Cell을 part로 가져오고 Physical tab 에 physical pin number를 나열합니다.

- 하나 이상의 Cell을 정의해야 합니다. Top Cell만 정의된 경우 Part가 Board의 반대면으로 배치되면 Mirror 됩니다.
- Top 및 Bottom Cell이 정의된 경우 Part가 Board의 반대면으로 배치되면 Cell Definition이 변경됩니다.
- Alternate Cell은 Layout에서 배치 중에 선택하거나 배치 후 대체로 사용할 수 있습니다.
- Part의 모든 Cell은 동일한 수의 Physical Pin과 동일한 Physical Pin Number이어야 합니다.

Symbol과 마찬가지로 다음과 같은 Rule을 사용하여 Part에 Multiple Cell을 지정할 수 있습니다.

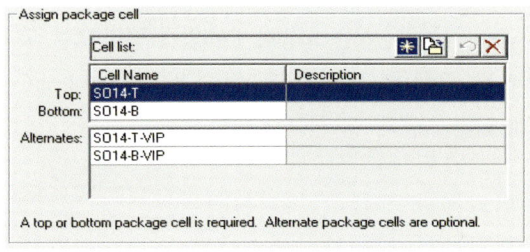

Logical Tab은 Symbol의 Pin을 매핑하고, Physical Tab은 Cell의 Pin을 매핑합니다. Physical Pin Number는 Slot에 할당하고, Physical Pin Number가 할당되면 Physical Pin 목록에서 제거됩니다. Physical Pin Number를 Slot에 할당하려면 Slot Field에 Pin Numbers를 입력하거나 Order에서 Pin Number를 순서대로 선택하고, Slot Field를 선택하여 Physical Pin Number를 배치한 다음, Paste Down 또는 Paste Across 아이콘을 클릭합니다.

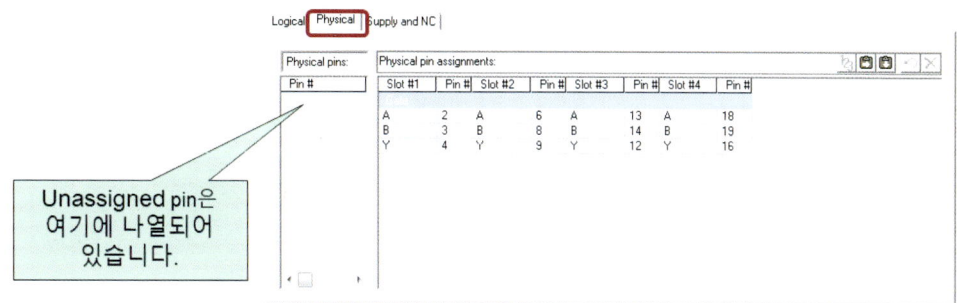

Supply and NC Tab에서는 전원 설정을 합니다. 전원 설정을 하게 되면 연결과 배선을 하지 않아도 되며 Physical Pin Number가 할당되면, Physical Pins List에서 제거됩니다.

Pin Mapping Definition은 저장되지만, 모든 Logical Pin Name과 Physical Pin Number가 할당될 때 까지는 사용되지 않습니다.

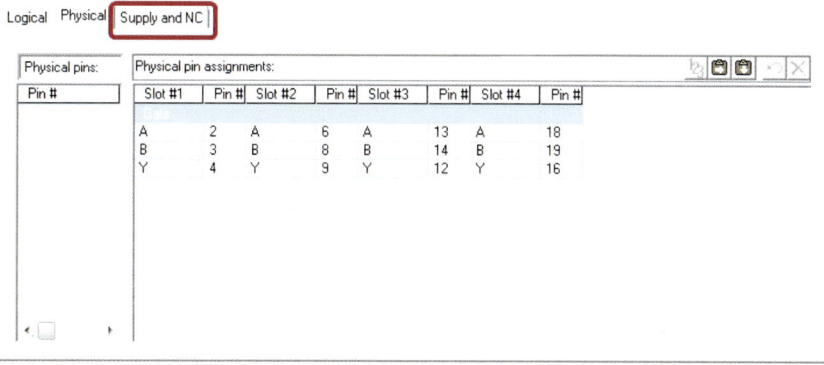

실습 08 PDB 작성

PADS Library Tools에서 C:₩MGTraining₩common₩libraries₩master-DXD₩master-DXD.lmc에서 진행합니다.

1 Part Editor 를 선택하면 Part Editor가 실행됩니다. 실행되면 파티션에서 작성했던 Temp로 이동합니다.

신규로 작성하기 위해 New 를 선택하고, 다음처럼 입력합니다.

Number	SN74ALS00AN
Name	54/74xxx00
Label	74ALS00A

2 부품의 속성을 입력하기 위해 Select Part information에서 입력합니다.
부품의 속성은 Type으로 IC로 입력하고, 속성을 신규로 작성하기 위해 New 를 누른 다음 Tech란 속성을 찾아 ALS라고 입력합니다. 이후에

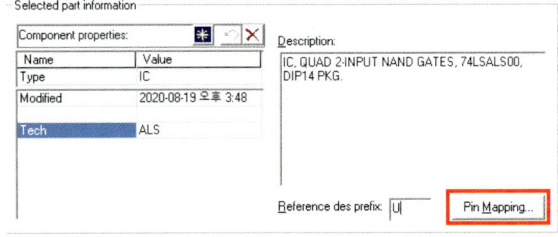

다음의 Description에 다음과 같이 입력합니다.
IC, QUAD 2-INPUT NAND GATES, 74LSALS00, DIP14 PKG.
다음에 Reference des prefix는 U로 입력하여 회로도에 배치되는 부품의 Ref Designator의 앞 문자를 설정합니다.

3 회로 Symbol과 PCB Cell을 매핑하기 위해 Pin Mapping을 선택합니다.

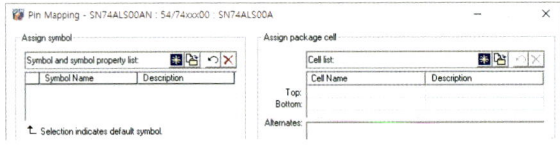

4 Assign Symbol에서 Import 를 선택하여 다음의 Import에서 Logic_74파티션의 nand2_ DXD를 선택하고 Create new gate information을 Check한 다음 Number of slot in component를 4로 하고, Include Pin properties를 선택한 다음 OK를 누르면 다음처럼 Part의 Logical 탭에 새로운 Slot이 작성됩니다.

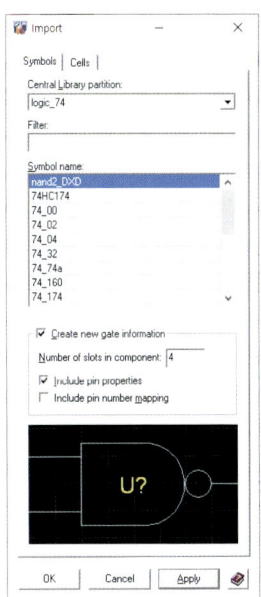

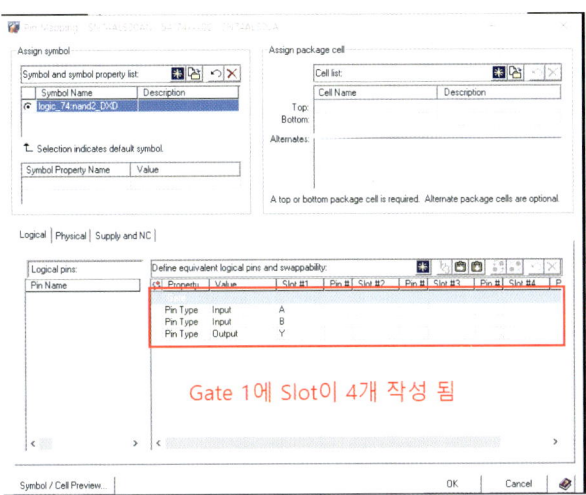

5 다음 Assign package Cell의 Import 를 선택하여 Top 부분에 Temp 파티션의 14DIP Cell을 지정합니다.

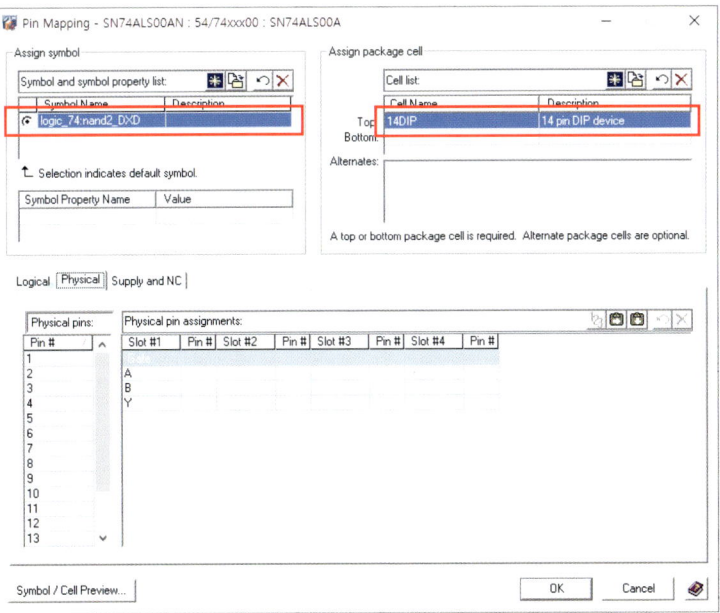

6 Gate는 1인데 Slot이 4개인 경우이니 Logical 탭에서 ABY를 각 Slot에 할당합니다. ABY를 여러 개 할당하려면 Paste Down 이란 기능을 써야 하는데 ABC가 Slot에 있으면 안됩니다. ABY를 선택하여 Delete 를 누르면 다음으로 할당 안된 상태로 되어집니다.

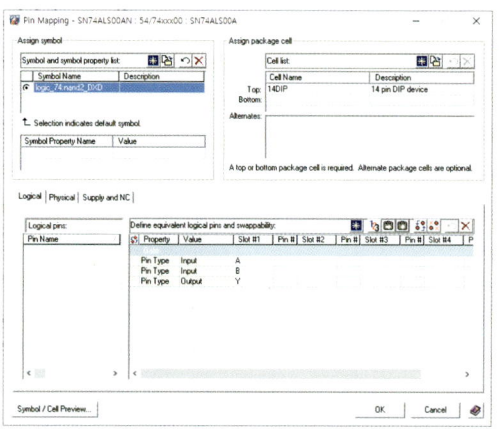
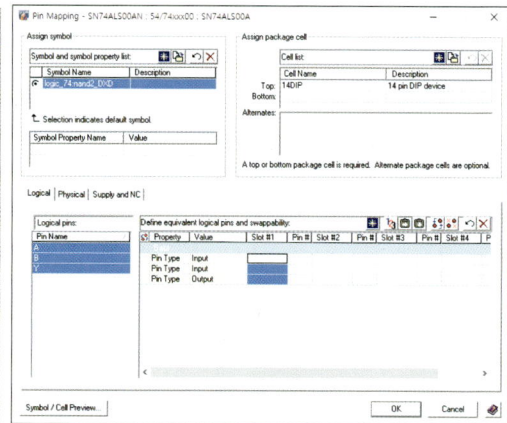

7 ABY를 선택하고 각 Slot의 3pin을 선택한 다음 Paste Down 으로 4번 입력합니다.

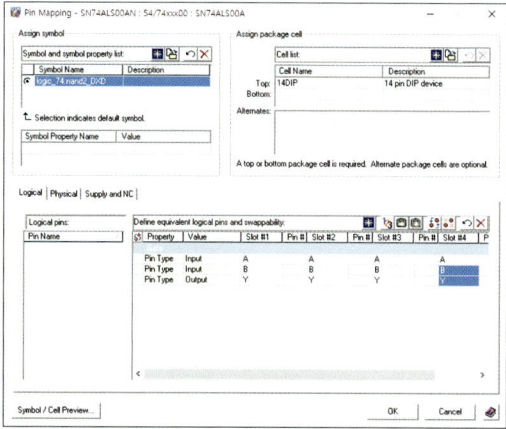

8 다음 Physical 탭으로 이동하면 각 Slot이 입력되어 있는 것을 확인할 수 있습니다.

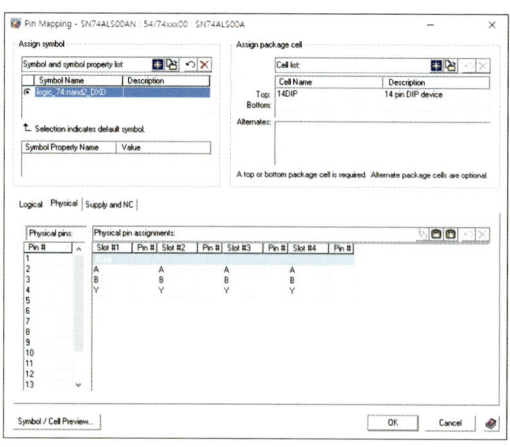

9 각 핀을 3개씩 선택한 다음 해당하는 Pin을 선택하여 Paste Down 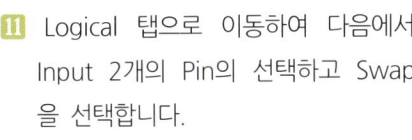으로 다음처럼 입력합니다.

	Slot #1	Slot #2	Slot #3	Slot #4
A	1	4	9	12
B	2	5	10	13
Y	3	6	8	11

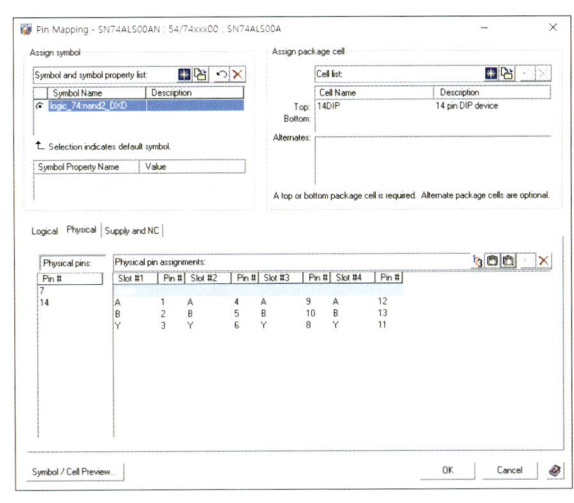

10 전원과 그라운드 Pin을 설정하기 위해 Supply and NC로 이동합니다. 7번을 선택하고 다음에 Pin #을 선택한 다음 Paste Across를 선택하고, Supply Name에 GND라고 입력합니다. 이후 다음쪽에 14번 Pin은 VCC로 입력합니다.

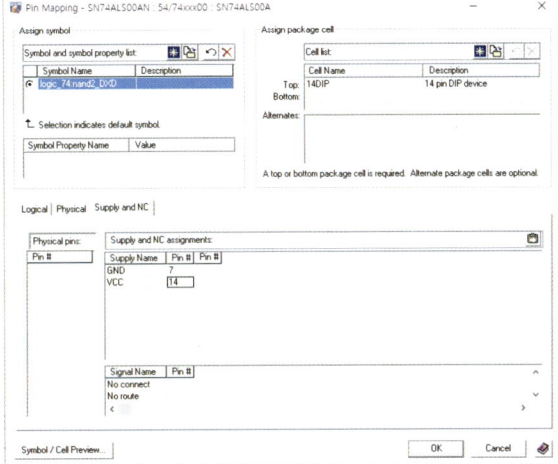

11 Logical 탭으로 이동하여 다음에서 Input 2개의 Pin을 선택하고 Swap을 선택합니다.
OK를 선택하여 완료하고, File의 Save까지 해주어야 저장됩니다.

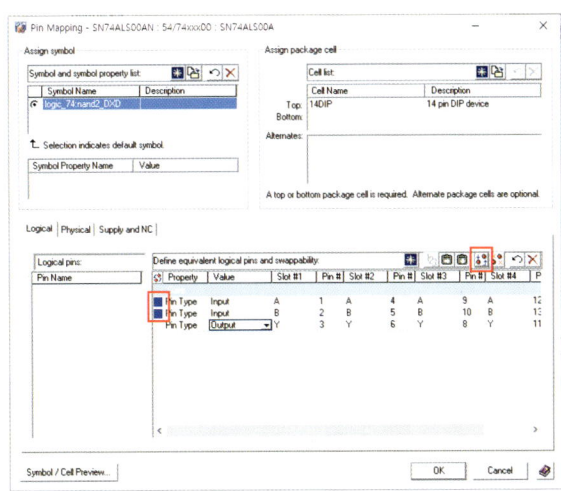

12 다음은 동일한 10 Pin의 Cell로 Part를 2개 작성해 보겠습니다. 마찬가지로 Temp 파티션에서 New를 선택하고 다음과 같이 입력합니다.

- Part Number: RES-220-5-trn-1
- Part Name: Resistor Network
- Part Label: ResNet-220-5%-10SIP

Type은 Resistor이고 Power Dissipation은 .25 Value는 20이고 Description은 22 Ohm Resister Network - 10 Pin SIP이며 Reference des prefix는 RN입니다.

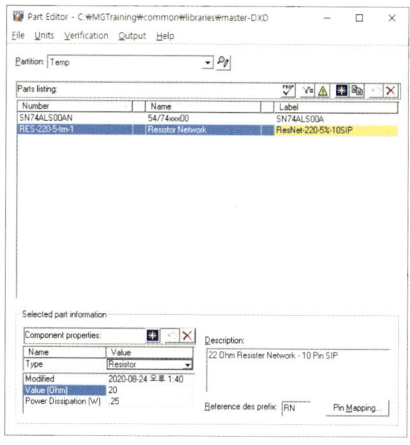

13 Pin Mapping을 선택하고 회로도 Symbol은 res_pak의 rn_10_pack을 지정하고 Create New Gate information의 Number of Slot in component에 1이라고 입력하고 다음 모두 Check합니다.
Cell은 All 파티션의 Number of Pins를 10으로 설정하면 나오는 SIP10으로 Top에 설정합니다.

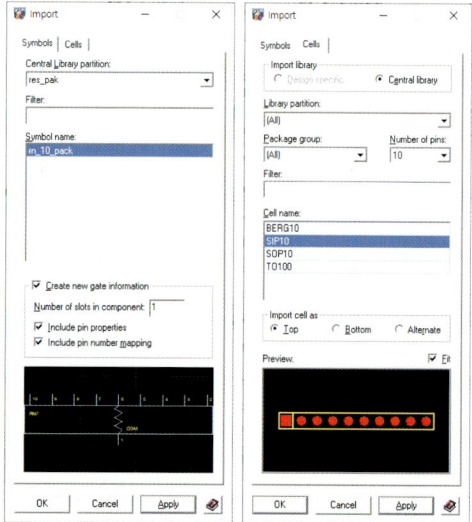

14 Gate information에 Pin properties와 Pin Number Mapping이 Check되면 회로 부품과 PCB 부품의 Pin 번호가 같을 때는 별도의 매핑이 필요 없이 자동으로 매핑 됩니다.

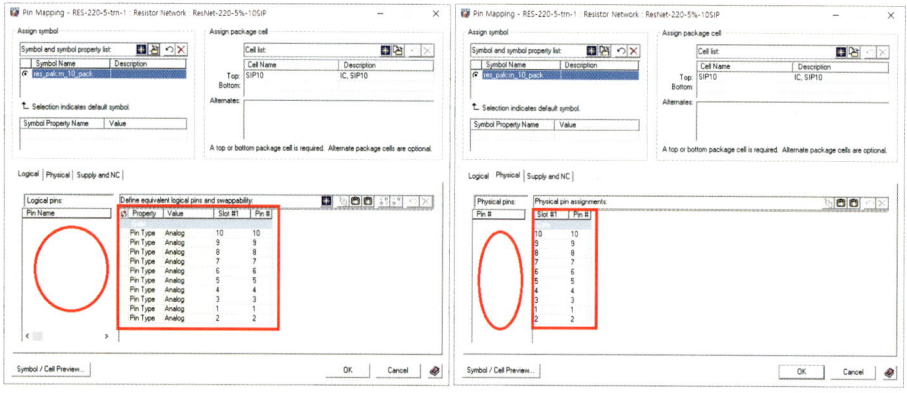

15 다음은 회로도 부품이 10pin이 아니라 2pin인 부품을 공통 핀으로 매핑해 보겠습니다.

RES-220-5-trn-1부품을 선택하고 복사를 한 다음 Part Number를 RES-220-5-trn-2로 변경합니다. 변경하면 없었던 ⦿ 와 ⦾ 가 Part Name과 Part Label에 나타납니다. 중복은 허용하지만 둘 중에 하나를 시리즈에서 대표 부품으로 지정 가능합니다.

RES-220-5-trn-2를 선택하고 Pin Mapping을 선택합니다.

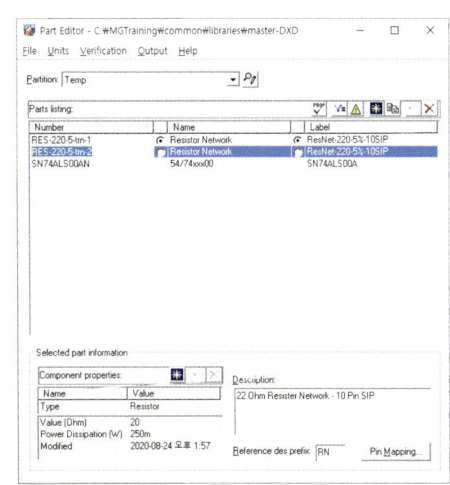

16 Logical에서 [   ] 부분을 선택하고 [X]를 눌러 Mapping을 삭제하고, 다시 Assign symbol에서 [X]를 눌러 삭제합니다.

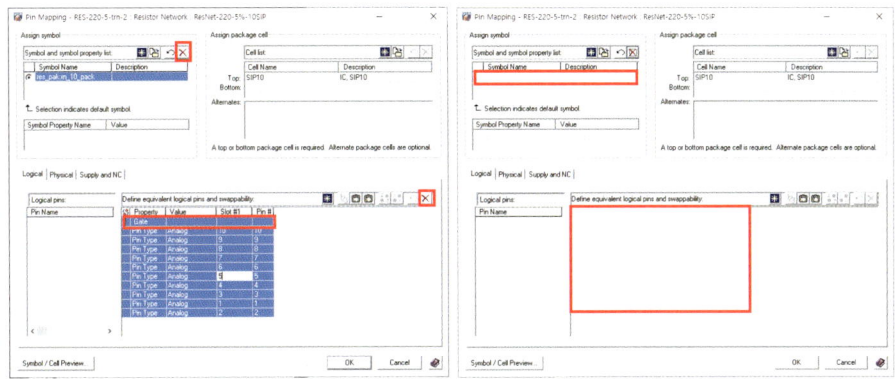

17 Assign Symbol에서 이번엔 10Pin 대신 작성했던 Temp에 resistor를 지정하고 수동으로 지정하기 위해 gate information을 해제합니다.

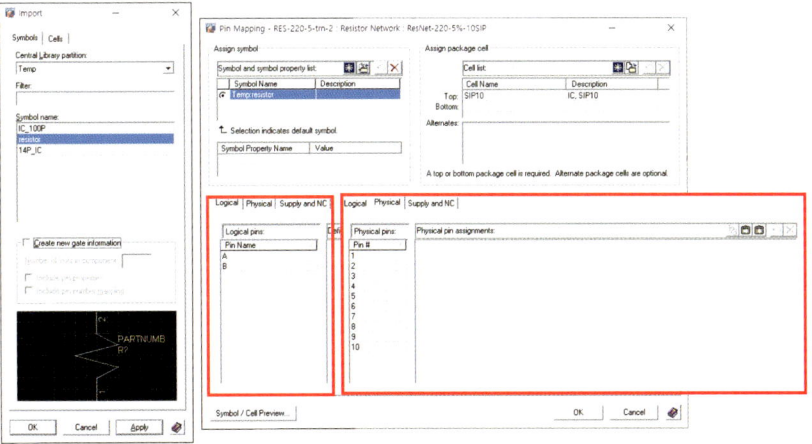

⑱ Logical에서 ✱를 눌러 다음처럼 입력합니다.

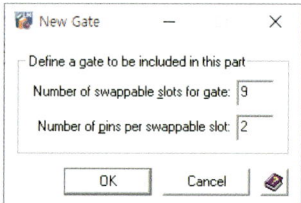

⑲ Logical의 A와 B를 선택하고 각 Slot에 Paste Down 📋으로 입력합니다.

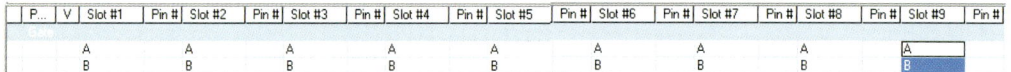

Physical엔 1을 선택하고 각 Slot에 공통으로 Paste Across로 📋 다음처럼 입력합니다.

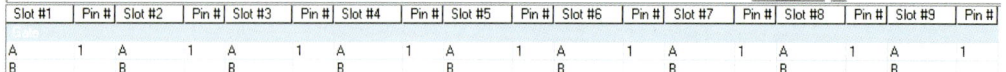

나머지 B에는 2부터 순차대로 Paste Across로 📋 다음처럼 입력하거나 키보드의 숫자를 입력합니다.

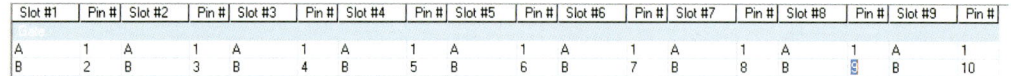

⑳ [File] - [Save]로 저장합니다.

09 Template 작성

Layout Template는 Layout Database의 Startup File들의 Set이고 Layer Setting과, 기타 구성 설정으로 구성됩니다.

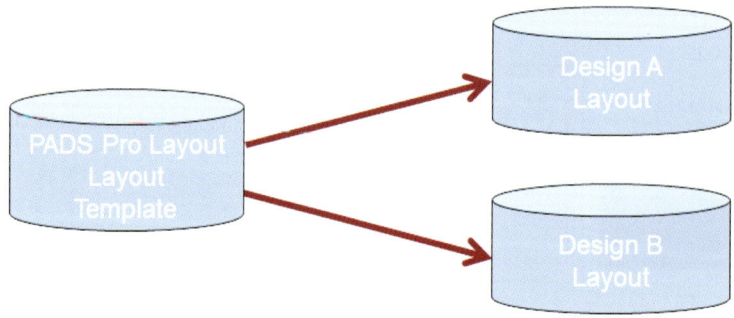

2장 PADS Professional Library Tools

Layout Template들은 디자인을 작성할 때 지정하고 기존에 존재하는 Project나 기본 제공하는 두 개의 Template 중 하나를 복사하여 작성합니다.

Layout Templates는 Layout Template Editor 에서 작성하고 편집합니다.

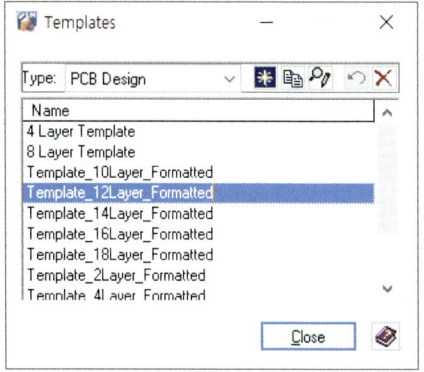

여기서 Source Template 선택하고 Copy Template 아이콘을 클릭한 다음 New Template 이름을 변경해서 작성합니다.

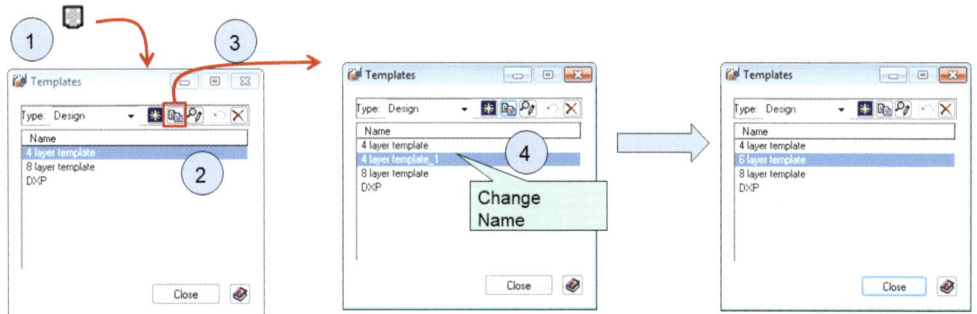

이후 Edit Template 아이콘을 클릭하여 PADS Pro Layout, [Setup] - [Parameters] 선택하여 General Tab에서, Layer 수 입력 뒤에 Remap Layers 버튼을 클릭합니다.

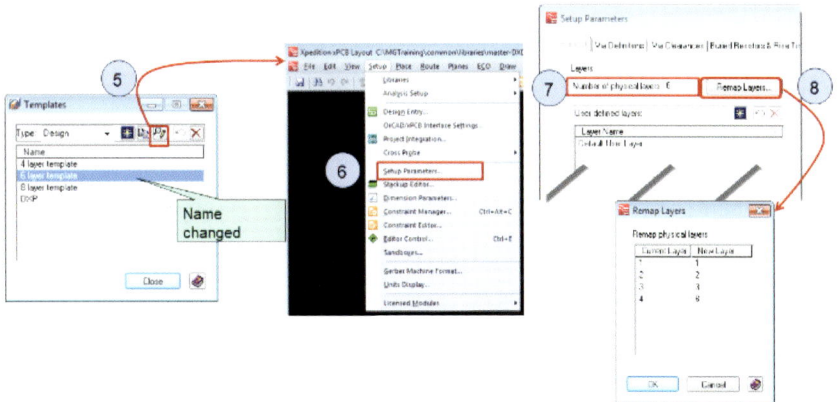

123

만약 기존 Project에서 Layout Template 작성하려면 New Template ![] 클릭하여 Browse to를 눌러 기존 Project의 .pcb 파일을 선택하여 New Template Name을 입력합니다.

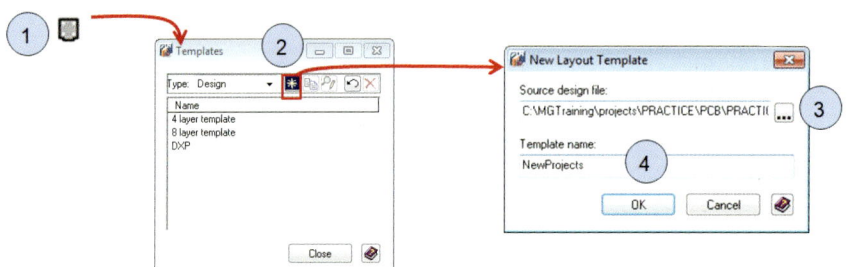

Layout Template에서 이루어진 모든 설정은 Package Design에서 변경할 수 있으며 Layout Template 은 PCB Design을 시작하는 데만 일방적으로만 사용되며, 디자인에서 템플릿으로 돌아갈 수는 없습니다. 이후의 디자인 변경은 작성된 Template에 영향을 주지 않으며 Template을 이후에 변경해도 해당 Template으로 시작된 Design 또는 Design에는 영향을 미치지 않습니다.

Template Customization이 가능한 부분은 다음 메뉴입니다.

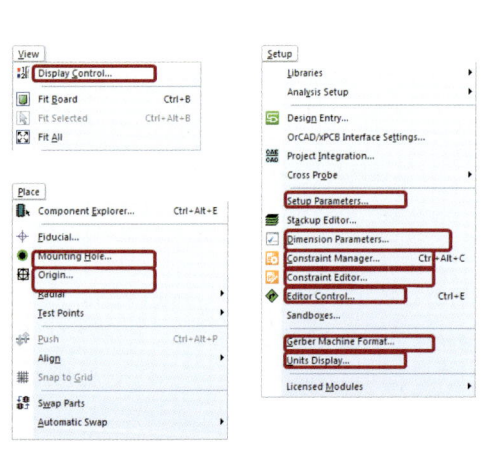
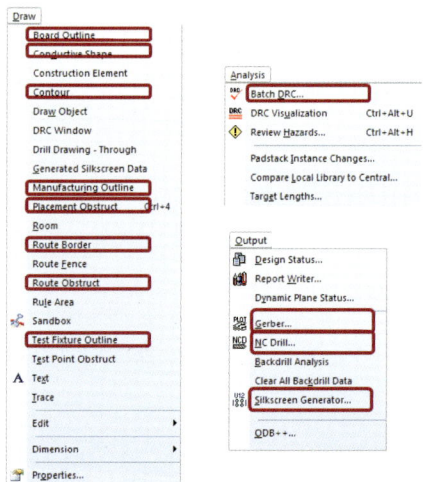

Template는 회로도에 없는 Cell(Drawing Formats, Logos, Hardware, Mounting Holes)과 Via Padstack 을 Layout Template local Library에 추가할 수 있 습니다.

그런 다음 해당 지역 요소를 Template을 사용하는 모든 Design에서 사용할 수 있습니다.

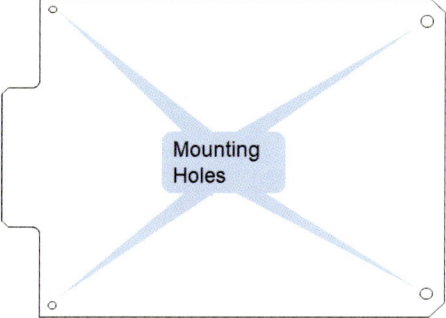

Template Editor에서, [Setup] - [Libraries] - [Library Services] 선택하면 Templates Local Library에 Parts, Cells과 Padstack를 추가할 수 있습니다.

Template는 Central Library에 연결되어 있어야 하고, Library Manager에서 작업하는 동안 Central Library들 간에 Import와 Export합니다.

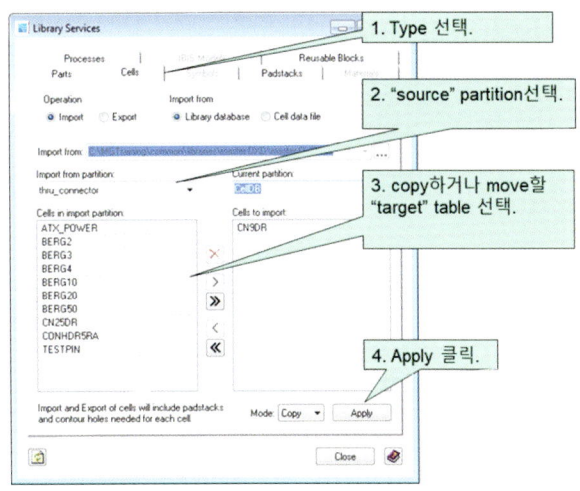

실습 09 Layout Template작성

PADS Library Tools에서 C:\MGTraining\common\libraries\master-DXD\master-DXD.lmc 에서 진행합니다.

1 Layout Template Editor 를 실행하여 4 Layer Template를 선택한 다음 복사하고 6 Layer Template로 이름을 변경합니다.

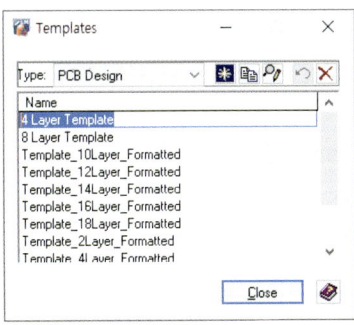 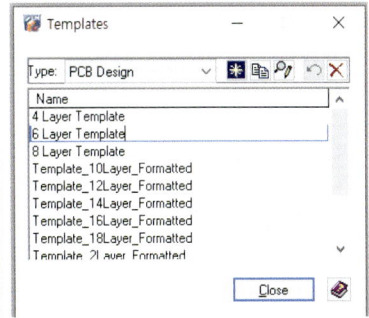

2 6 Layer Template를 선택하고 Edit Template 를 선택하면 PADS Pro Layout이 실행됩니다. 여기서 프로그램 관련 보안 내용이 나오면 OK를 눌러 주시기 바랍니다.

3 [Setup] - [Stackup Editor]를 선택하면 4층 설정입니다.

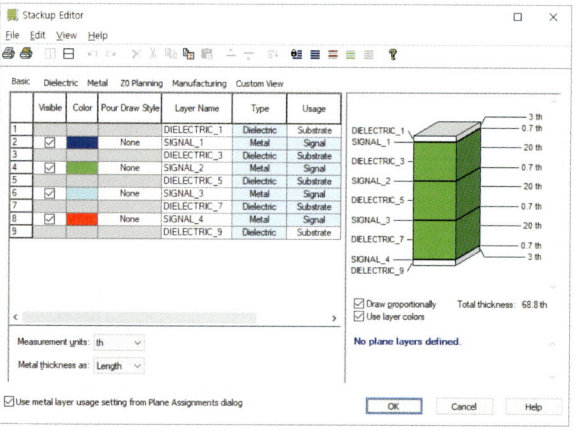

4 4층을 6층으로 바꿔야 하니 Signal과 Dielectric을 2개씩 작성합니다. 5번을 선택하고 RMB - [Insert Below]로 [Substrate]를 선택하고 다시 RMB - [Insert Below]로 [Signal]을 선택합니다.

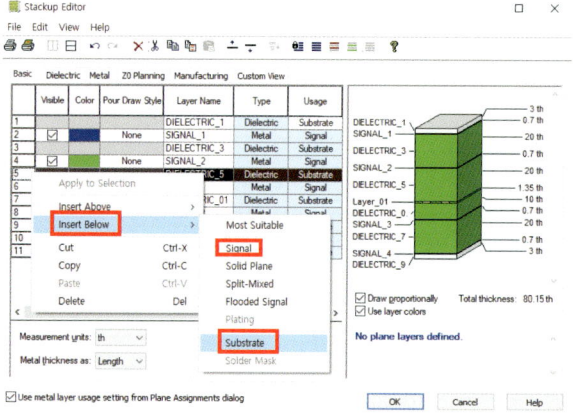

5 추가되면 다음처럼 층이 늘어납니다. 5번을 선택하고 RMB - [Insert Above]로 [Substrate]를 선택하고 다시 RMB - [Insert Above]로 [Signal]을 선택합니다.

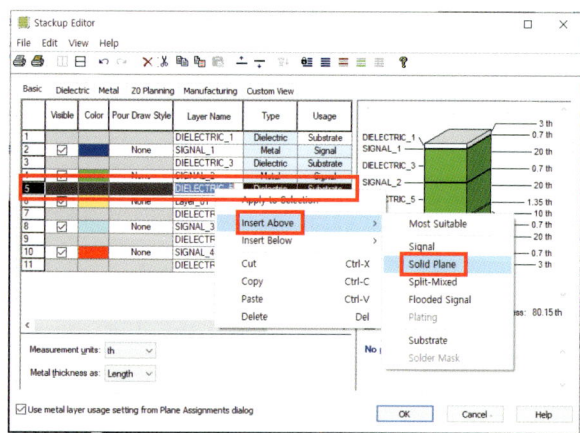

2장 PADS Professional Library Tools

6 선택한 곳이 추가되어 총 6층이 만들어졌습니다.

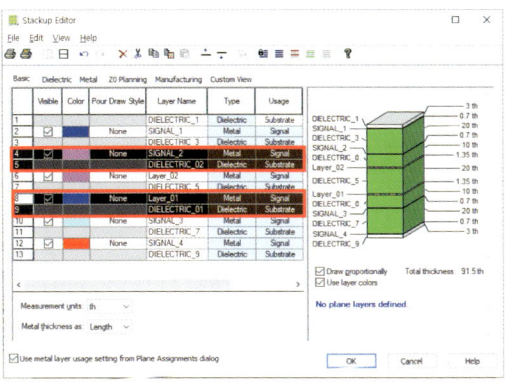

7 다음과 같이 이름을 정리하고 [File] - [Apply & Close]를 선택합니다.

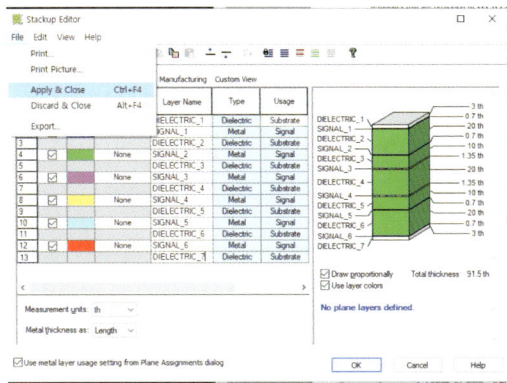

8 [Setup] - [Libraries] - [Library Services]를 선택합니다.

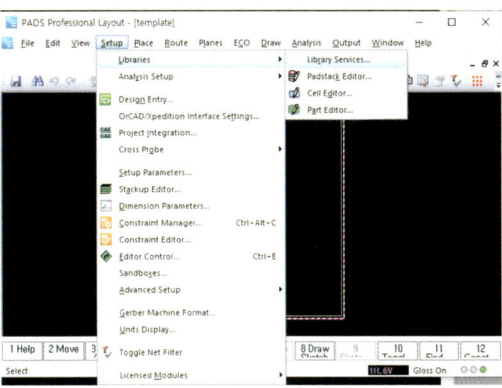

9 Forward Annotation 안내 문구가 나옵니다. OK를 선택합니다.

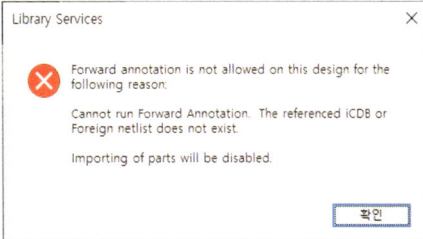

127

10 Cells 탭에서 Operation은 Import를 선택, Import from은 Library Database를 선택한다음 파티션을 mic를 선택한다음 다음과 같은 Cell들을 선택해서 입력하고 Apply를 선택합니다.

    #4NUT
    #4SCREW
    #4WASHER
    B SIZE SHEET
    Mentor_logo
    TESTPAD35
    TESTPAD35THRU
    TESTPAD40

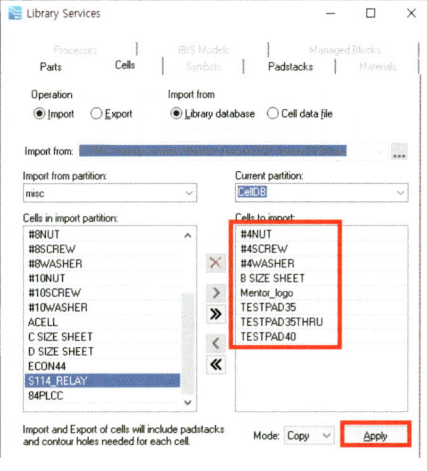

11 Copy가 된 Cell은 파란색으로 표시됩니다.

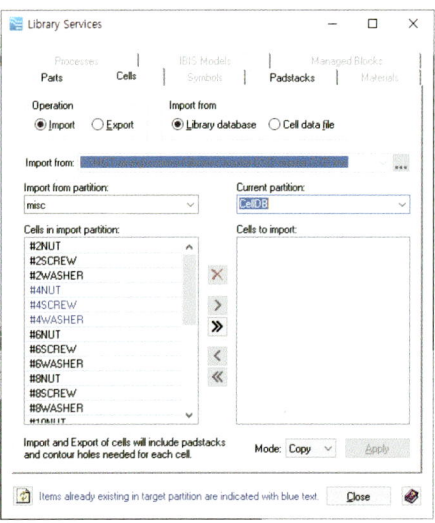

12 Padstack 탭으로 이동하여 다음과 같은 Via들을 복사한 후에 Close를 클릭합니다.

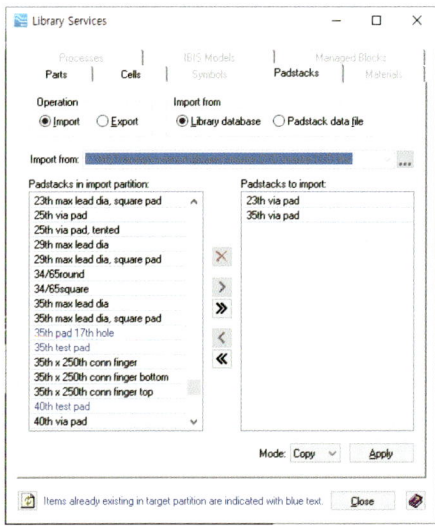

⑬ 6층 Template를 Save 후 종료하고 Template도 Close합니다.

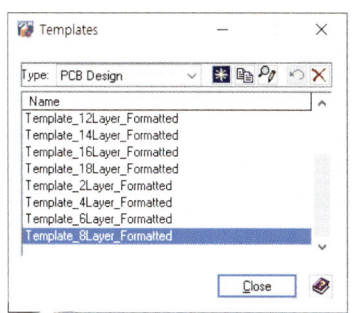
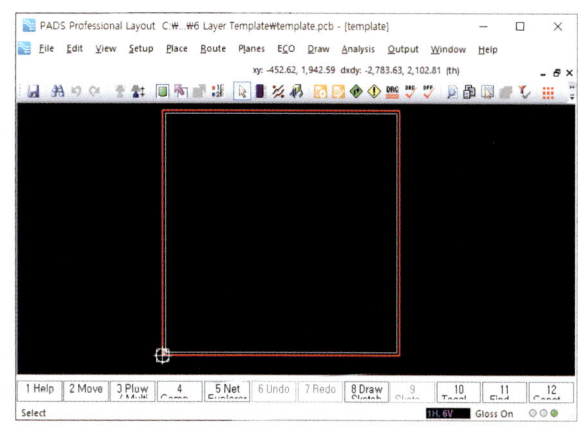

10 PADS Pro Databook 작성

PADS Pro Databook을 사용하려면 Database 프로그램이 필요합니다. Database 프로그램은 유료인 Oracle이나 Microsoft의 Access가 있고 SQL 중에 무료인 PostgreSQL 등이 있습니다. 이중에 Access는 Offce Pro 이상이어야만 사용 가능합니다.

Access만으로도 쉽게 DB를 작성 가능하나, 입력은 Excel이 편하기 때문에 원본 DB는 Excel로 작업하고, Access로 Import된 구성으로도 사용 가능합니다.

Central Library는 전자 부품을 사내에서 정형화된 부품들을 정리하여 중앙화해서 사용합니다. 회로도나 PCB에 배치해서 BOM 출력물로 실장 정보를 만들게 됩니다. 그런데 BOM은 제작에 필요한 전체의 정보이므로 실장 정보 외에도 설계에 필요한 정보나 생산에 필요한 정보를 담게 됩니다.

회사만에 필요한 User Property를 작성해야 하기 때문에 [Tools] - [Property Definition Editor]에서 작성하고 시스템 Property와 User Property는 Central Library의 Part DB의 Properties에서 지정합니다.

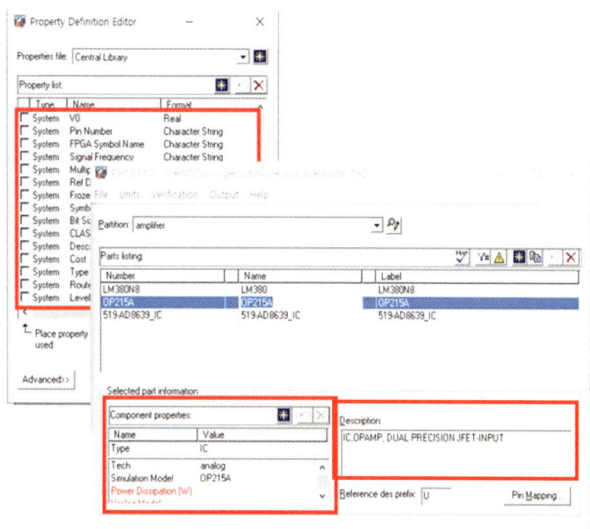

완성된 회로도나 PCB에서 회사에 맞는 BOM을 출력하려면 각 부품에서 속성의 양식에 맞게 속성과 Value를 입력해야 합니다. 하지만 라이브러리 Data에 속성 정보까지 라이브러리 하나 하나에 입력하기엔 공수와 정확도 면에서 많은 시간이 필요하며, 차후관리에도 많은 노력을 기울여야 합니다.

PADS Databook은 이런 속성 정보를 Library에 입력하는 것이 아니라, Library는 실제 운용에 필요한 것과 형상만 입력하고, 속성 정보는 별도의 DB 프로그램(Microsoft Access)에 구축하여 Library를 배치할 때 동시에 배치되게 하는 기능입니다.

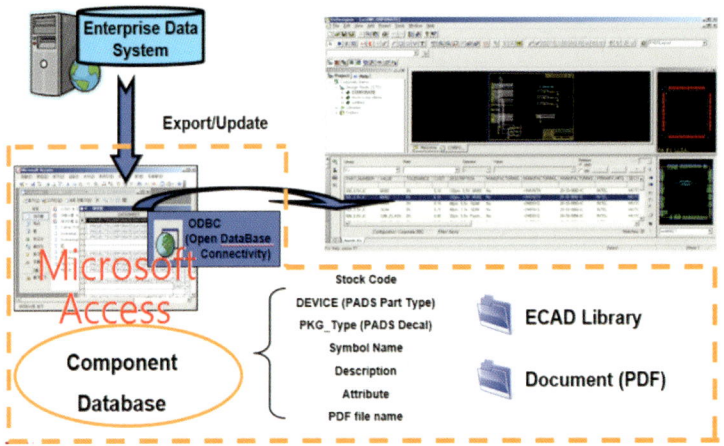

> **Note** 회로도에서 보면 Central Library에서만 배치하는 방법이 CL View이고 PADS Databook은 Search에서 배치하게 됩니다.

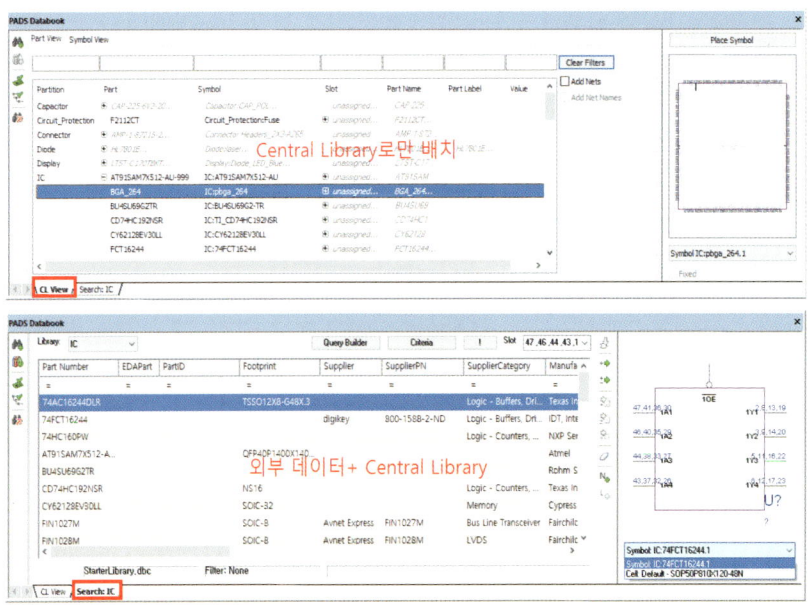

실습 10   DxDatabook작성

1. Databook작성

1 C:₩MGTraining₩common₩libraries₩master-DXD에 비어 있는 Excel 파일과 Access 파일을 작성합니다. 이름은 둘 다 master-DXD입니다.

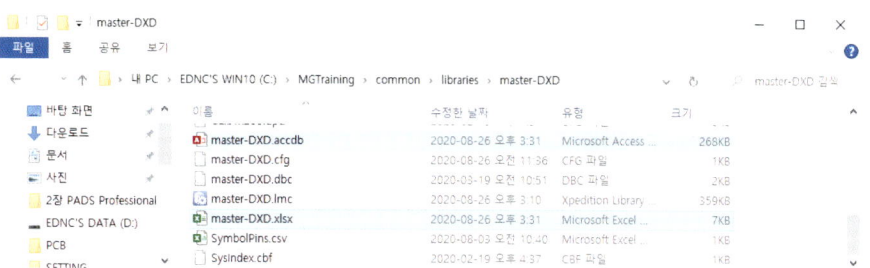

2 데이터 시트는 C:₩MGTraining₩common₩libraries₩DxDatabook₩data_sheets₩들을 활용합니다. Excel에서 DB작성을 합니다. 먼저 Sheet1을 CAP으로 변경합니다.

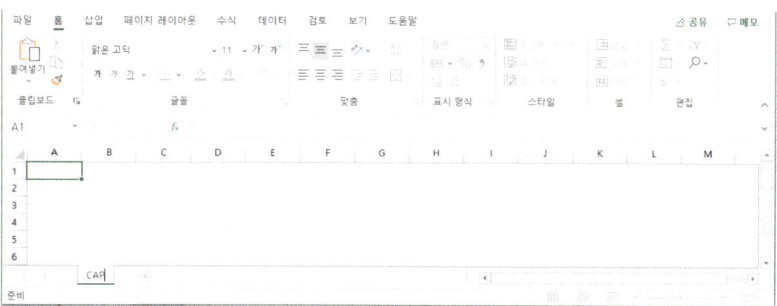

3 Sheet가 부품의 첫 번째 카테고리가 됩니다. 이후 다음을 각 부품 별로 등록합니다.

4 CAP에 PCB로 넘어 갈 때의 속성을 작성합니다. 맨 처음 칸은 속성의 이름이 들어갈 칸입니다. Part Number를 입력합니다.

다음에는 BOM에 출력할 속성들을 정의합니다.

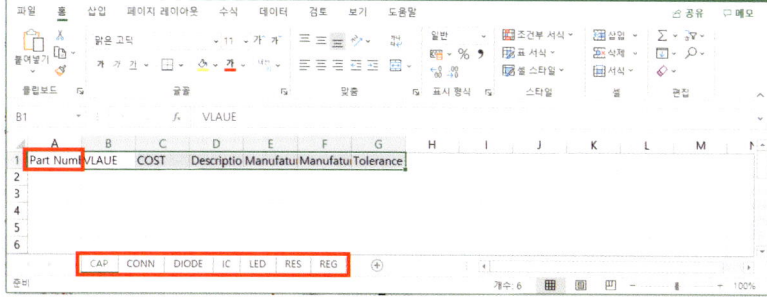

5 회사/부서에서 필요한 속성을 PADS Library Tools의 Property Definition Editor 에 있는 속성을 확인하면서 입력합니다. 만약 없는 속성이라면 등록 후에 사용합니다.

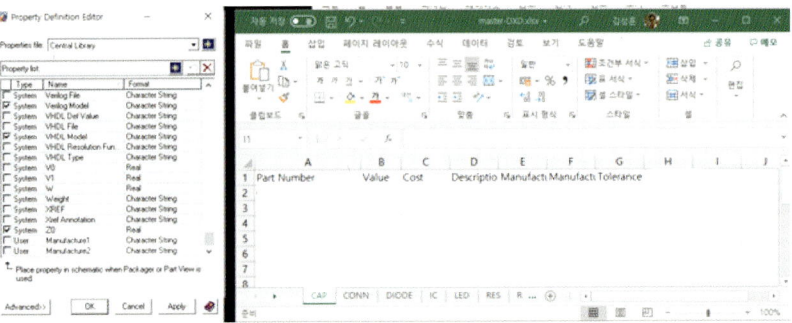

6 마지막엔 DATASHEET라고 입력합니다.

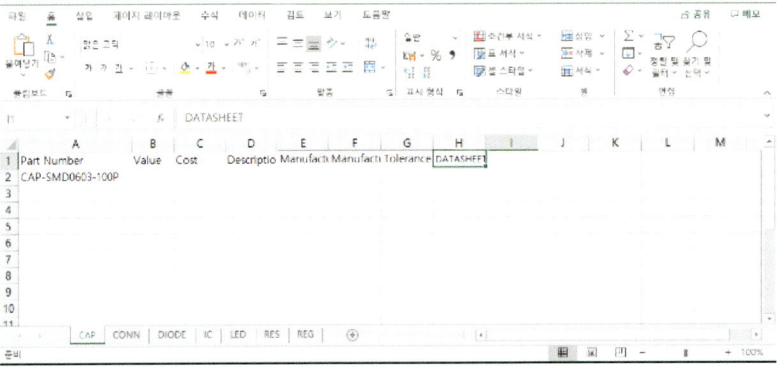

7 첫 칸 밑으로는 부품을 한 줄로 속성을 입력하면 됩니다. 이렇게 입력하면 하나의 부품으로써 배치 가능합니다. 먼저 PADS Library Tools의 Part Number를 참고해서 입력합니다

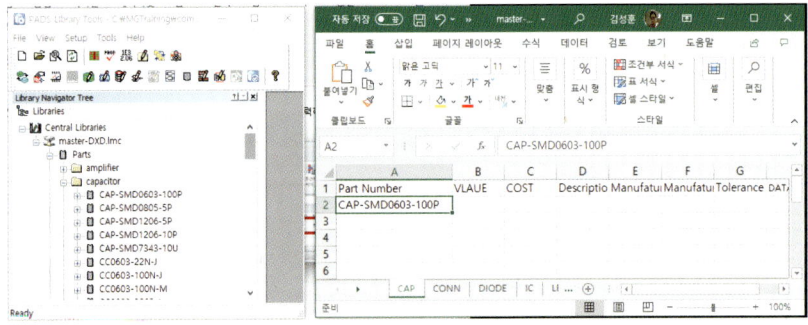

8 BOM에 출력할 속성들을 입력합니다.

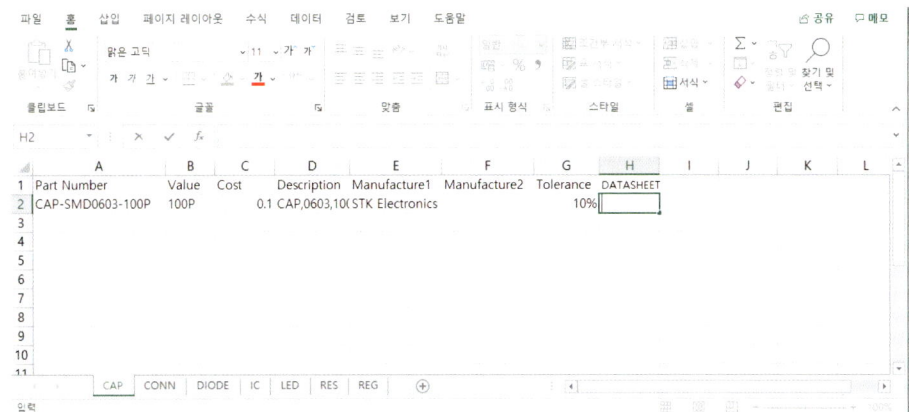

9 DATASHEET에는 C:\MGTraining\common\libraries\DxDatabook\data_sheets\SN74LS49.pdf를 지정합니다.

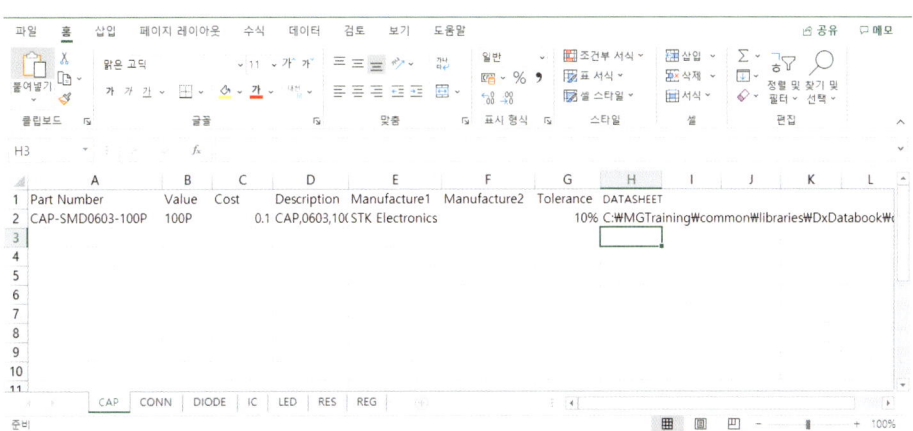

10 나머지 부품들도 작성하고 저장 후에, 종료하고 Excel이 작성이 완료되면 Access를 실행합니다.

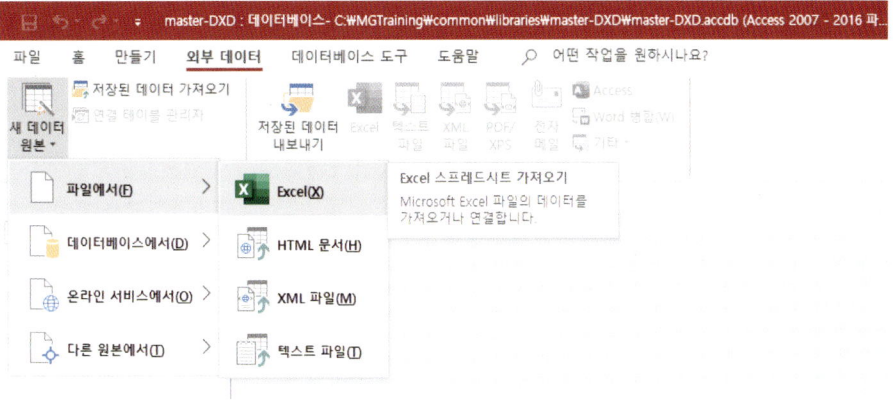

11 [외부데이터] - [새 데이터원본] - [파일에서] - [Excel]을 선택하여 작성한 master-DXD.xlsx를 지정합니다. 원본데이터 가져오기 말고 연결테이블로 지정하면 엑셀 내용이 바로 Access 내용으로 되어 편집을 Excel로 하게 됩니다. 확인을 누르고 CAP을 선택하여 다음을 선택합니다.

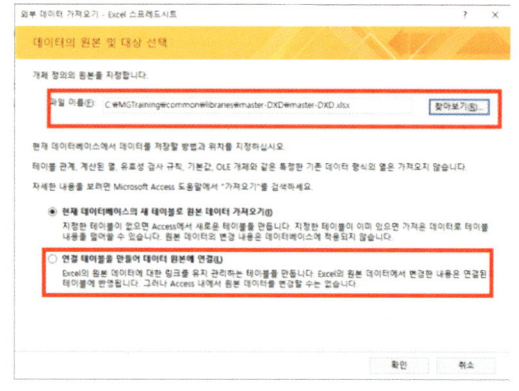

12 첫 행에 열 머리글이 있음을 선택하고 다음을 선택합니다.

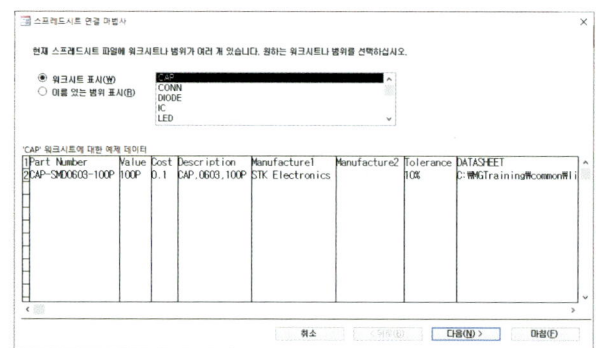

13 마침을 눌러 종료하고 다른 부품들도 동일하게 가져옵니다. 모든 Sheet를 연결하면 다음과 같이 연결한 값을 확인할 수 있습니다.

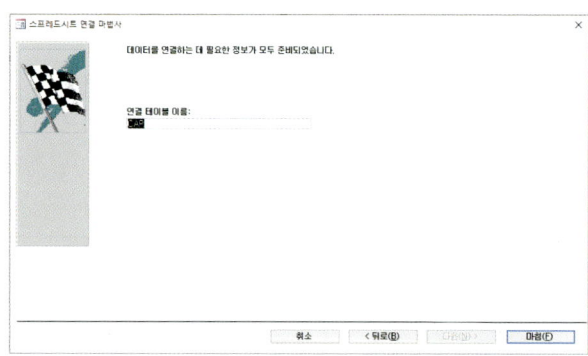

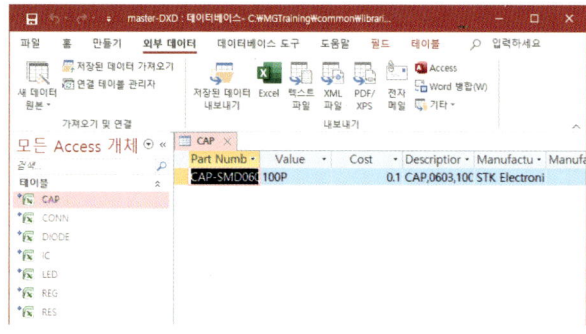

2. ODBC 설정

1 작성한 DB를 PADS Pro Designer 같은 윈도우 프로그램으로 연결하기 위해서는 ODBC(Open DataBase Connectivity) 설정이 필요합니다. 제어판의 관리 도구에서 데이터 원본(ODBC)를 선택하면 됩니다.

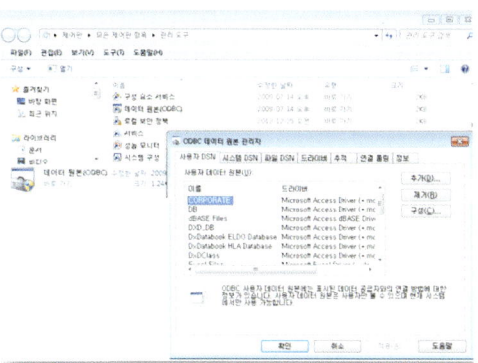

2 드라이버가 호환 안 된다면 OS에 따라 32용은 C:\WINDOWS\System32\odbcad32.exe를 바로 실행하고, 64용은 C:\WINDOWS\SysWOW64\odbcad32.exe를 바로 실행하면 됩니다. 혹은 실행에서 ODBC로 검색하면 32용과 64용이 따로 검색됩니다.

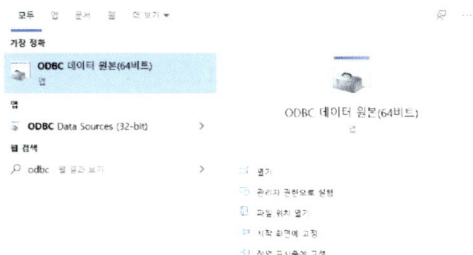

3 PADS Pro Designer는 64용 프로그램이기 때문에 64용 드라이버를 실행합니다.
사용자 DSN에서 추가합니다.

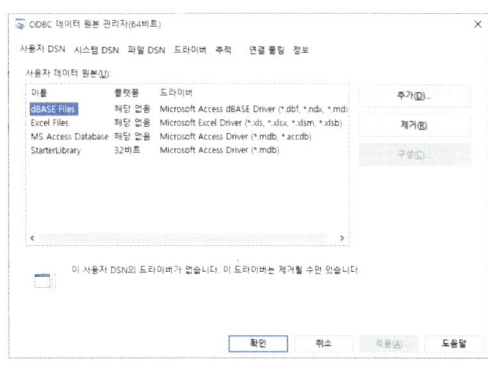

4 Microsoft Access Driver를 선택해야 합니다. 장비에 따라 없을 수도 있습니다.

135

5️⃣ Microsoft Access Database Engine 2016 64비트를 설치합니다.

Access Database Engine은 설치된 Microsoft Office와 동일한 64 비트로 설치해야 합니다.

https://www.microsoft.com/en-us/download/details.aspx?id=54920

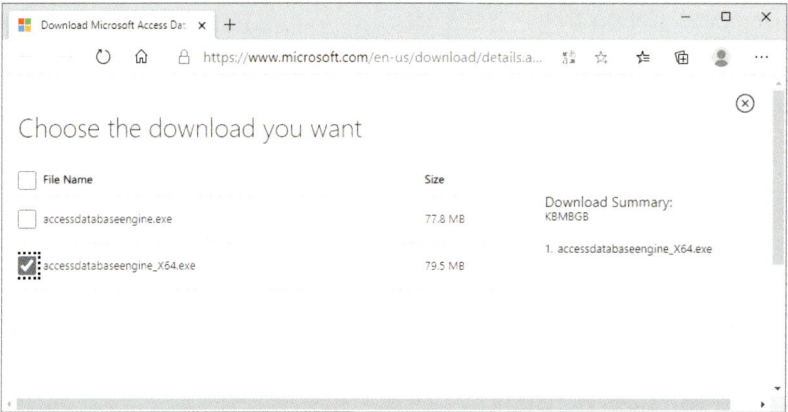

6️⃣ 설치 이후엔 Microsoft Access Driver가 보이게 됩니다.

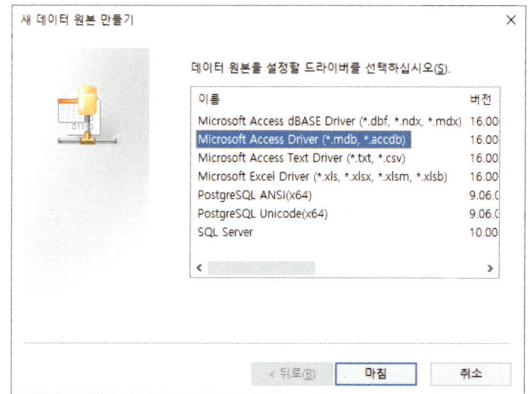

7️⃣ Database는 C:\MGTraining\common\libraries\master-DXD\master-DXD.accdb로 지정하고 이름은 master-DXD로 입력합니다.

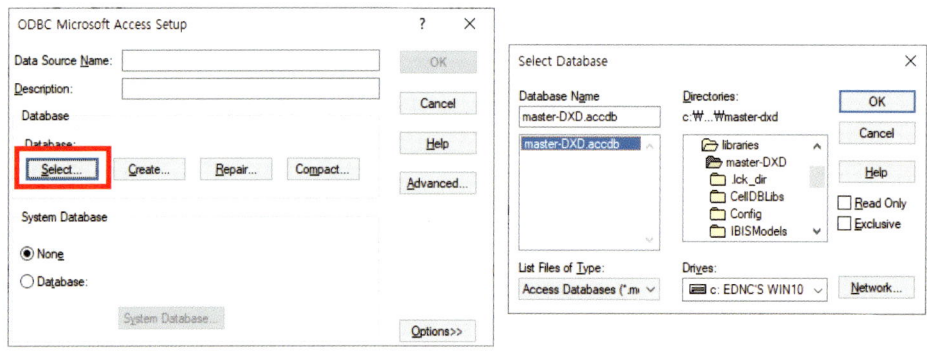

8 OK를 눌러 종료하고 ODBC에서 확인합니다.

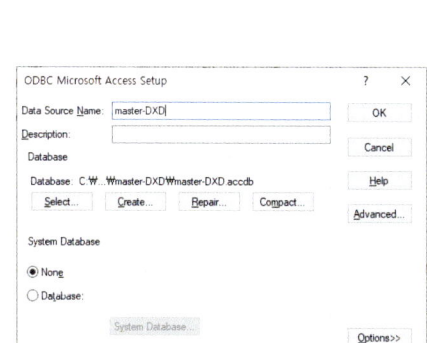
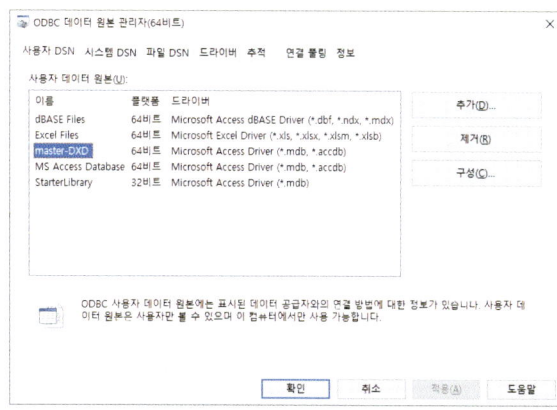

9 다음은 Databook을 설정합니다. PADS Library Tools에서 다음을 선택하고 [Edit Databook Configuration]을 선택합니다.

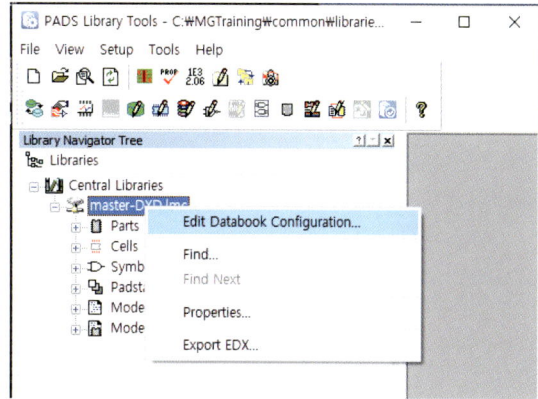

10 [Add Library] - [Library Name]은 CAP 입니다.

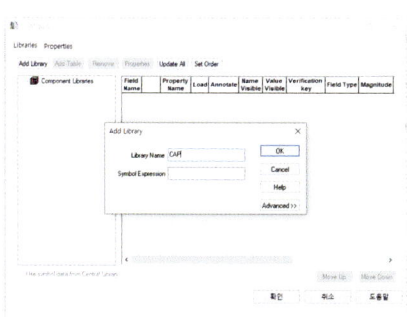
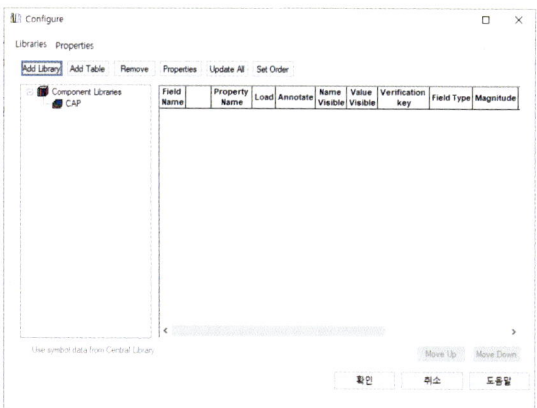

⑪ Add Table창 DSN에서 New를 선택합니다.

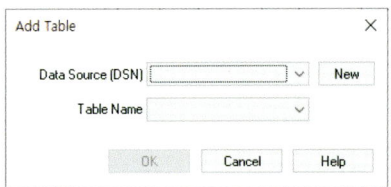

⑫ Add를 선택 후 ODBC에서 지정했던 master-DXD를 선택합니다.

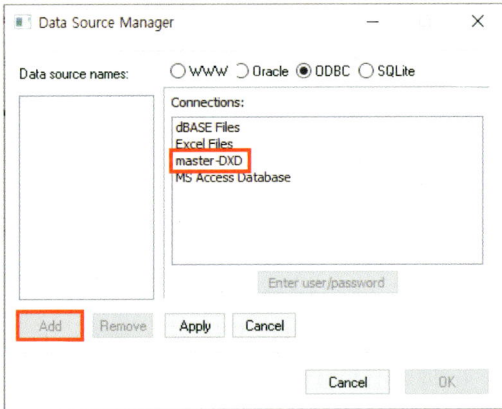

⑬ Apply를 누르면 다음 목록에 들어옵니다. OK를 누릅니다.

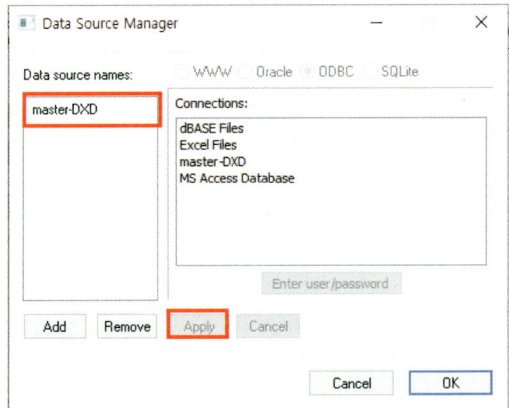

⑭ master-DXD의 Table을 선택할 수 있습니다.

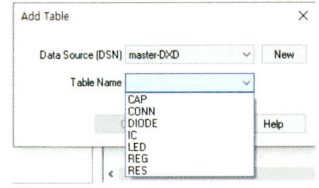

⑮ CAP을 선택하고 OK를 선택하면 다음처럼 속성이 나타납니다. 만약에 안 나타나면 Update All 를 선택하면 나타납니다.

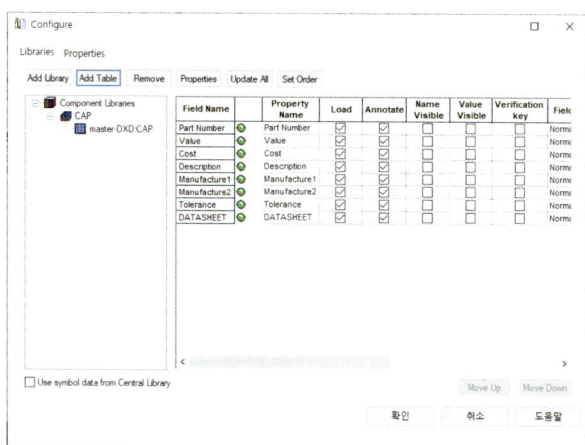

⑯ DATASHEET의 ◉를 눌러 🗒로 변경해 Type을 Document로 변경한 다음 쪽 다음 Use Symbol data from Central Library를 Check합니다.

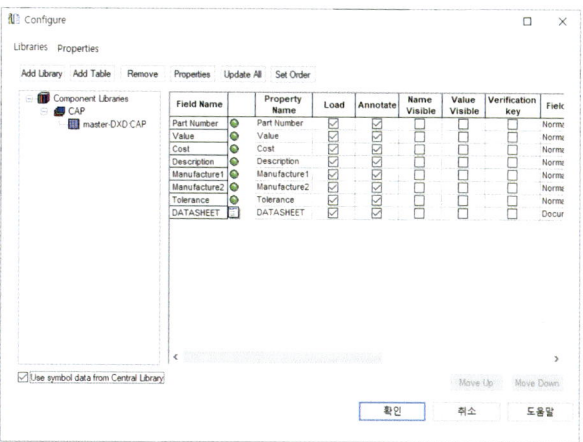

⑰ 나머지 Library와 Table도 동일하게 작성한 뒤에 확인을 누르면 동일한 폴더인 C:\MGTraining\common\libraries\master-DXD에 master-DXD.dbc로 설정이 저장됩니다. 나중에 PADS Pro Designer에서 [Setup] - [Settings]의 Databook Configuration 파일에서 지정합니다. 자세한 내용은 회로도에서 언급합니다.

11 추가 기능

PADS Library Tools의 추가 기능으로는 다음과 같은 것들이 있습니다.

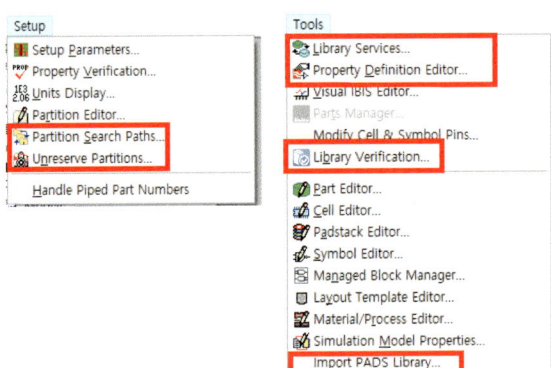

Partition Search Paths는 특정 회로도에서 전체 Central Library중 일부 Partition만 검색하게 할 수 있습니다.

Search path를 만들어서 원하는 회로도에서 지정 가능합니다.

UnReserve Partition 은 특정하게 원하지 않은 상황으로 Lock이 되었거나 사용중인 Partition이 있으면 해제할 수 있습니다.

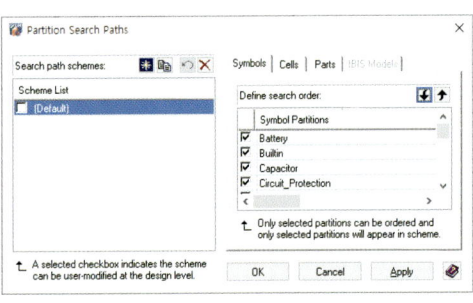

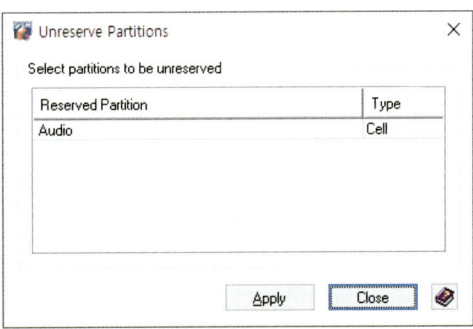

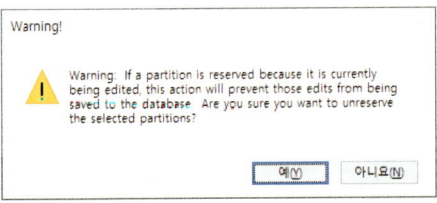

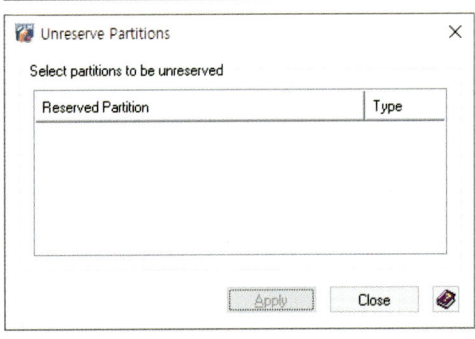

Library Service 는 Template에서 작성했던 것처럼 Library – Library와 Library- PCB간에 부품 이동/복사를 할 수 있습니다.

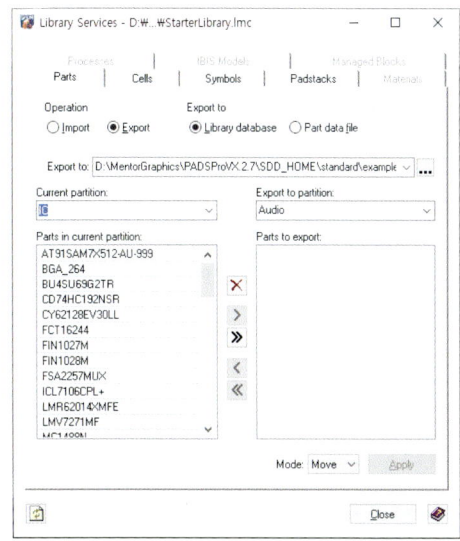

Property Definition Editor 는 Databook 작성에서 진행했듯이 속정 정의를 하는 것입니다.

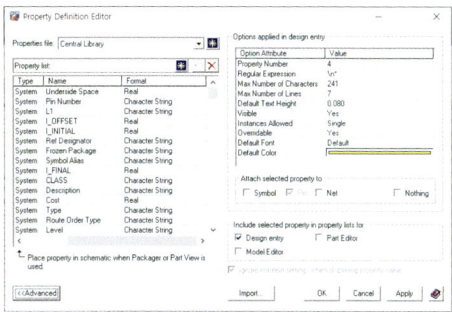

Library Verification 은 부품이 정상적으로 작성이 되었는지를 판단하는 Tool입니다.

Import PADS Library는 PADS Classic의 라이브러리를 PADS Pro용 Central Library로 Migration 해주는 Tool입니다.

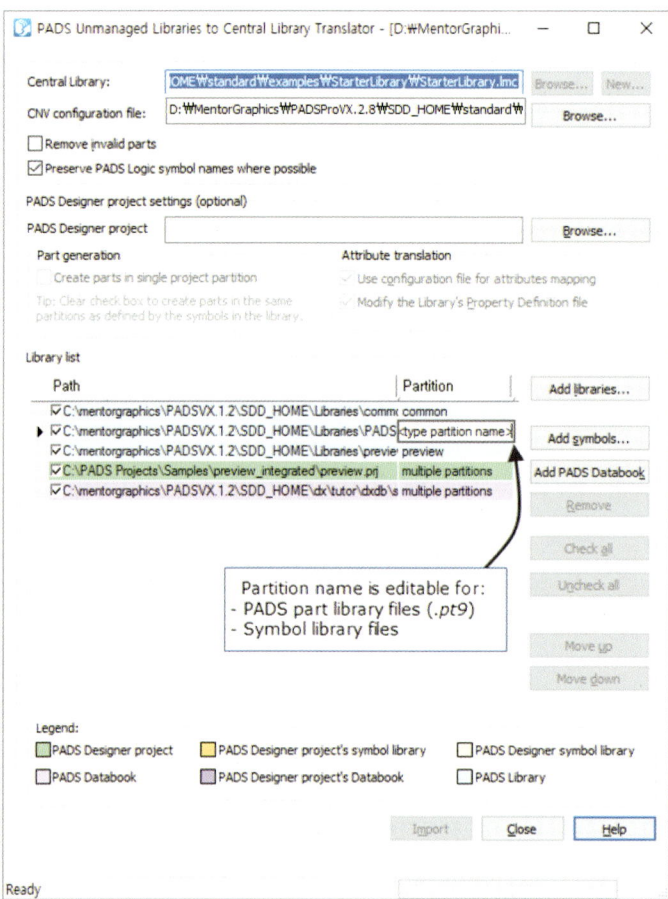

PADS Professional Designer

01 PADS Professional Designer의 소개
02 PADS Professional Designer의 설계과정
03 PADS Professional Designer의 시작
04 PADS Professional Designer의 기본 Operation
05 PADS Professional Designer의 Project 작성
06 PADS Professional Designer의 환경설정
07 PADS Professional Designer의 회로도 부품 배치
08 PADS Professional Designer의 회로도 배선
09 PADS Professional Designer의 회로도 편집
10 PADS Professional Designer의 회로도 검증
11 PADS Professional Designer의 Packager와 ECO
12 PADS Professional Designer의 회로도 출력
13 PADS Professional Designer의 추가 기능

01 PADS Professional Designer의 소개

PADS Professional Designer는 Siemens社의 PADS Professional 내의 회로도 작성 Software입니다. Siemens社의 PCB 설계 프로그램에 공통적으로 사용되는 회로 설계 프로그램이며 많은 국내외 기업에서 공용 회로도 Software로 채택되어 수 많은 전자 회로 제품의 회로도 작성 Tool로 사용되고 있습니다. 회로도 작성은 여러 가지 목적으로 작성될 수 있습니다. PCB를 작성하기 위한 Netlist를 출력하기 위한 목적, 회로도 도면을 보관하고 출력을 해서 문서화하기 위한 목적, 회로도에서 BOM을 출력하기 위한 목적, 시뮬레이션을 하기 위한 목적 등이 이에 해당됩니다. PADS Professional Designer는 앞에서 기술한 여러 가지 목적에 다양하게 사용하는 것이 가능한 Software입니다.

PADS Professional Designer의 특징을 살펴보면 먼저 다양성 입니다. 회로도를 작성하는 엔지니어들은 제품에 따라서 다양한 기법으로 회로를 구성할 수 있습니다. 제품 종류에 따라 수십 장의 회로도를 그려야 하기도 하고, 같은 부분을 반복하여 그려야 하는 경우, IC의 부품을 경우에 따라 나누어서 그려야 하기도 합니다. 엔지니어 각 개인의 취향에 따라 BUS를 많이 사용하기도 하고, Link로 연결되는 Module로 구성되는 여러 장에 나누어서 그리기도 하며, 모든 회로도를 한 장에 그릴 수도 있습니다.

다음 특징은 자동화 입니다. PADS Professional Designer는 많은 자동화 기능을 통해서 복잡한 회로도를 빠르고 쉽게 작성할 수 있습니다. 수십 장의 Sheet를 그려야 하는 복잡한 회로도는 Block으로 처리하여 상/하위 개념으로 회로도를 구성하여, 반복되는 부분은 하나의 Block만 그린 다음 카피해서 사용할 수 있습니다. 같은 Net로 연결되는 Link는 클릭하여 자동으로 이동되어 연결 부분을 확인하고 여러 묶음으로 된 부분들은 한꺼번에 Net를 작성하거나 쉽게 BUS를 그려서 작성할 수 있습니다.

PADS Professional Designer의 다음 특징은 확장성 입니다. BOM에 출력될 속성은 PADS Professional Databook으로 외부 Database와 ODBC로 연결되어 작성된 외부 Data가 PADS Professional Designer의 내부 속성으로 회로도의 부품 배치가 될 수 있게 됩니다. 외부 Database가 회로도에 부품의 속성으로 배치가 된 이후에 외부 Database가 변경되는 부분들도 PADS Databook의 검증 기능으로 차이를 비교하고 반영할 수 있습니다.

PADS Professional Designer의 다음 특징은 통합성 입니다. PADS Professional Designer의 Symbol과 PADS Professional Layout의 Cell이 Part Database로 통합되어 Central Library로 통합 작성됩니다.

이전 장에서 Central Library에서 Part Database까지 작성했다면 PADS Professional Designer의 단계에서는 PCB 부품을 확인하면서 회로도 작성을 하고 부품의 문제없이 PCB 데이터까지 넘어갈 수 있습니다. 그리고 디자인 데이터는 회로도와 PCB가 내부적으로 개발된 iCDB Database로 통합되어 서로 감지하고 확인되어 통합적으로 디자인 데이터를 관리합니다.

02 PADS Professional Designer의 설계과정

PADS Professional Designer는 회로도 작성 Tool입니다. 아래 그림이 회로도 작성부터 PCB의 제조까지 작업의 순서를 나열한 것입니다. 회로도의 작업은 프로젝트를 작성하는 것에서부터 Package로 PCB 부품과 Net의 정보를 준비하여 PCB 데이터로 전송하는 작업으로 마무리가 됩니다.

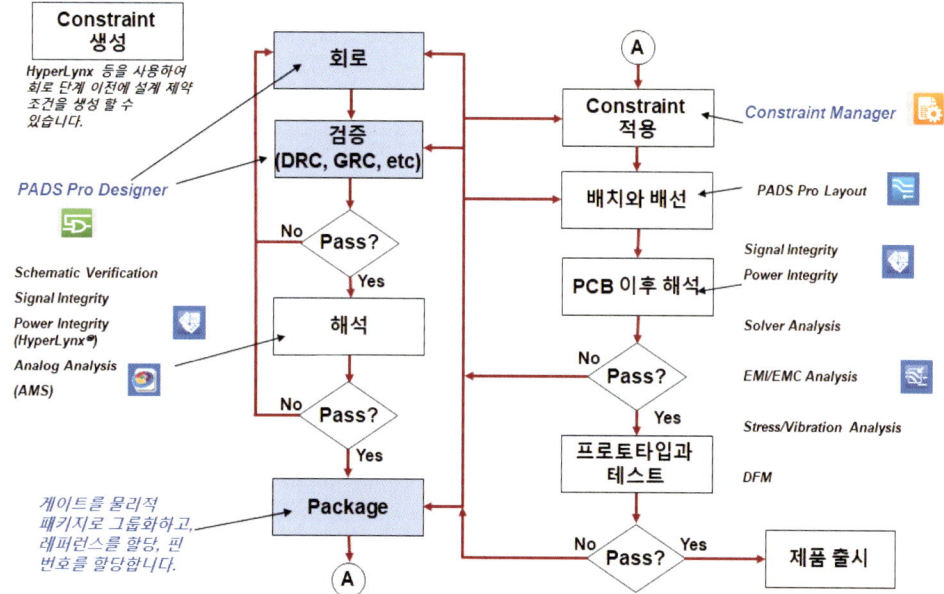

PADS Professional Designer에서는 일반 회로도처럼 부품을 배치할 때 Reference가 부여되지 않습니다. 회로도의 Package 과정에서 자동으로 회로도와 PCB에 동시에 부여되는 방식입니다.

해석과 검증은 회로도에서는 SPICE해석 Tool인 AMS 등과 전송선로 회로도를 작성하고 해석할 수 있는 HyperLynx LineSim으로 회로도 Data를 바로 반영해서 해석을 진행합니다. 다음의 PCB에서는 PCB Data를 HyperLynx BoardSim으로 전송선로의 신호해석(SI)와 전원관련 해석(PI)을 진행하고, EMC Rule 검증 Tool인 HyperLynx DRC로 검증하며, 제조하기 전의 문제를 DFM Tool인 Valor NP로 검증을 진행할 수 있습니다.

High-Speed나 PCB를 위한 Design Rule을 회로도 단계에서 입력하고 싶으면, PADS Professional Designer의 Constraint Manager로 미리 제약 조건을 설정할 수 있습니다.

이런 회로도와 PCB의 각 라이브러리와 디자인의 데이터의 프로세스는 다음과 같습니다.

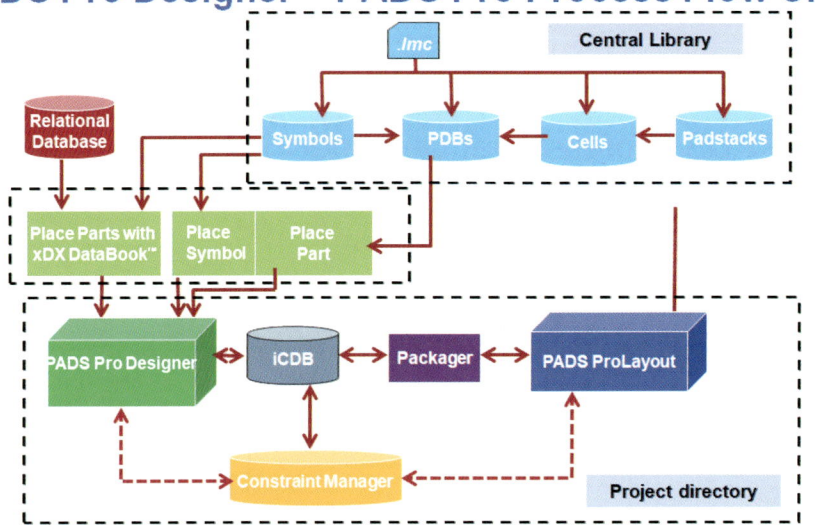

Central Library에 Part Type에 Symbol과 Decal을 지정하여 회로도의 부품 배치는 Part 기준으로 배치가 되게 됩니다. 또한 PADS Databook을 사용하여 BOM에 출력할 속성을 외부 Database와 같이 배치할 수도 있습니다.

PADS Professional Designer와 PADS Professional Layout은 하나의 통합되어 있는 Set의 Data로 묶여져서 진행할 수 있고, 회로도와 PCB가 자동으로 연결되어 변경 사항을 자동으로 감지할 수 있습니다.

Design Rule을 CES(Constraint Editor System)라는 Spread Sheet 형태의 별도의 Tool에서 입력 가능하며, 입력 시에 여러 개의 값이 있으면 한꺼번에 붙여 넣기가 가능합니다.

PADS의 Netlist Flow나 Integrated Flow로된 Library들이 있다면 설치되어 있는 Central Library Migrator를 이용하여 PADS Professional의 Central Library로 변환한 이후에 사용 가능합니다.

위의 iCDB는 디자인 데이터를 자동 저장하는 기능을 가지고 있는 컴퓨터의 상주 프로세스입니다. 쉽게 설명 드리자면 스마트폰의 어플리케이션처럼 항상 마지막 상태가 실시간으로 유지하게 저장되는 데이터 저장 방식이라고 생각하면 됩니다. 서버가 자신의 컴퓨터의 iCDB이고 PADS Professional Designer가 클라이언트가 되어 서버에 자동으로 저장되는 것입니다. 이것은 iCDB를 단독으로 사용할 때 그렇고, 동시 설계 버전의 디자인은 서버 디자인의 iCDB에 각각의 여러 PADS Professional Designer가 접속해서 작업도 가능합니다.

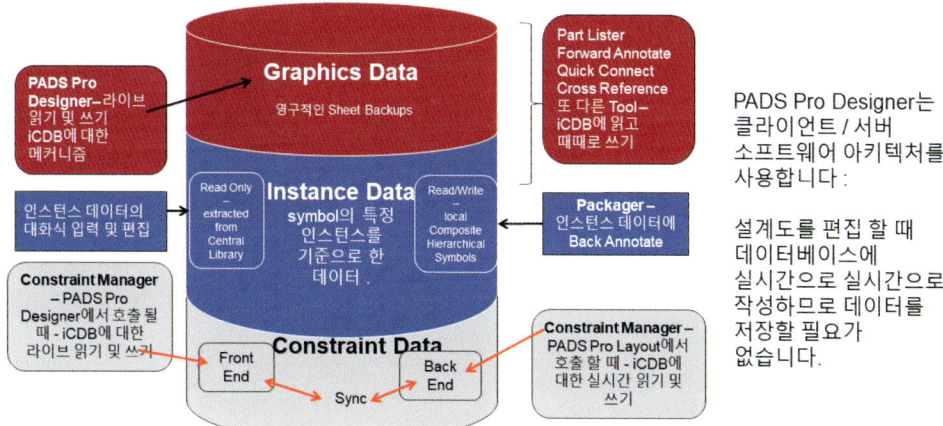

그래픽은 말그대로 도형 데이터입니다. 그리고 인스턴스는 실제로 사용되는 부품들의 레퍼런스 데이터를 의미하고 Constraint는 제약 조건 즉, Design Rule을 의미합니다. 이런 데이터들이 상주하면서 감지하고 있기 때문에 변경 내용을 실시간으로 알려주는 것이 가능합니다.

이런 순서에서 사용되는 각각의 프로그램이 있습니다. 아래 그림이 라이브러리와 디자인의 프로세스이고 각각의 순서에서 사용되는 프로그램은 다음에 있습니다.

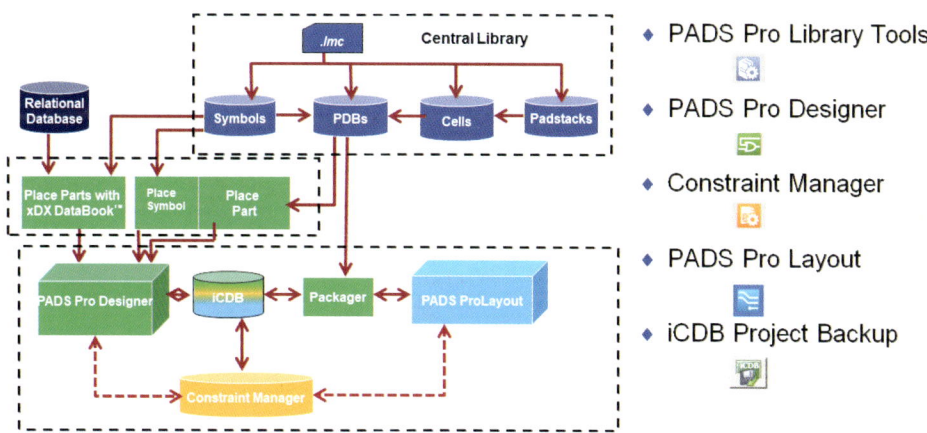

각각의 프로그램의 설명은 다음과 같습니다.

먼저 이전 장에서 사용했던 PADS Professional Library Tool 입니다. Central Library의 편집 환경이고 네비게이터는 라이브러리 내용과 라이브러리 요소 간의 관계를 보여줍니다. Symbol, Part, Cell, Padstack, Layout Template를 편집 가능합니다.

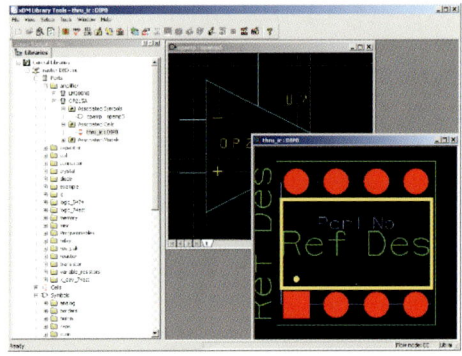

다음은 PADS Professional Designer 입니다. 프로젝트 관리의 콕핏 역할을 하며 회로도 작성, 계층 관리, 디자인 검증, 문서와 출력 작업을 진행합니다.

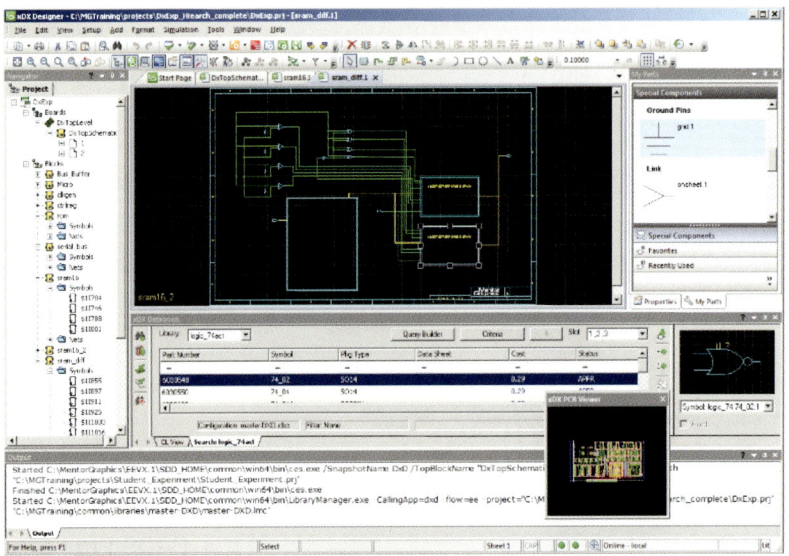

Constraint Manager 는 회로도와 PCB의 어디에서나 실행 가능하며 통합된 GUI로 실행되며 동일한 데이터에 저장됩니다. 디자인 Constraint 정의하며 포괄적인 제약 조건 편집 기능을 갖춘 독립형 Tool입니다. Constraint Editor 는 Constraint Manager와 동일한 데이터에 접근하지만 독립된 Tool이 아니라 디자인의 내부에서 제공됩니다.

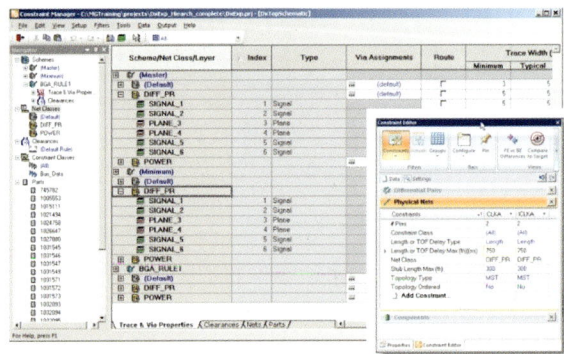

PADS Professional Layout 은 PCB 작성 프로그램으로 배치, 룰 기준으로 한 배선, Planes 정의, Physical 검증 (DRC), 생산데이터 출력의 역할을 합니다.

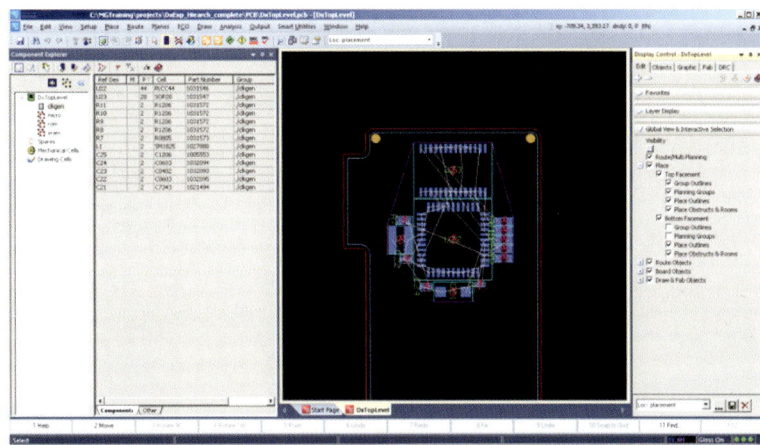

iCDB Project Backup 은 PADS Professional Designer에서도 실행합니다. 프로젝트 데이터의 자동 또는 수동 백업을 설정하고 복원합니다. 백업은 프로젝트 디렉토리에 저장되며 설계도 또는 레이아웃을 편집하는 동안 백업 가능합니다. 복원은 Close된 프로젝트 데이터에만 가능합니다. 백업 범위는 회로도 데이터와 제약 조건, PCB 레이아웃입니다.

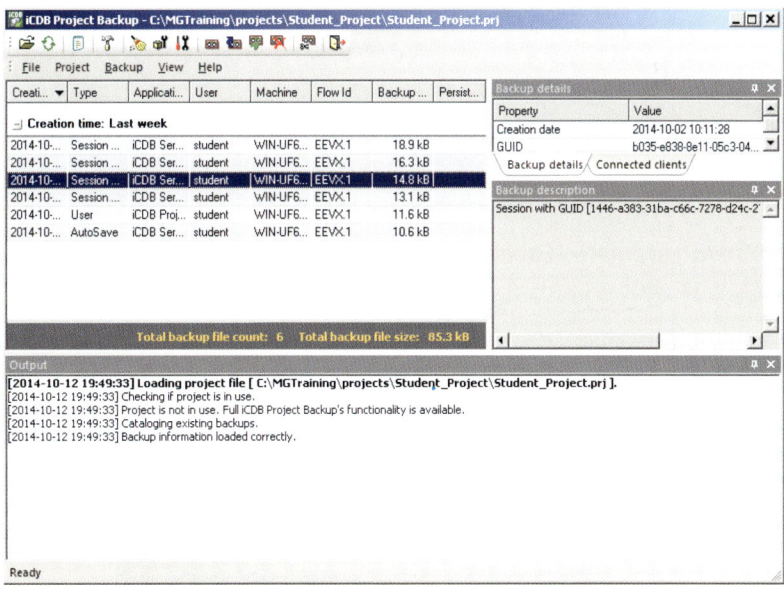

03 PADS Professional Designer의 시작

PADS Pro Designer를 시작하는 방법에는 3가지가 있습니다. 첫번째는 Window 시작 메뉴나 다음의 직접 위치에서 실행합니다. C:₩ProgramData₩Microsoft₩Windows₩StartMenu₩Programs₩PADS Pro Tools VX.2.8₩Design Entry₩ PADS Pro Designer VX.2.8를 클릭합니다.

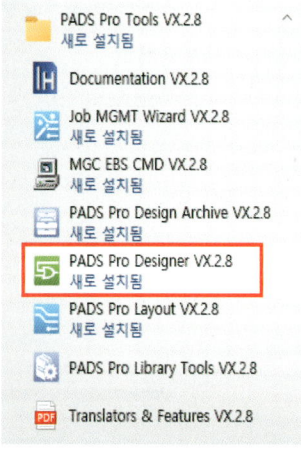

두번째는 윈도우 탐색기에서 프로젝트 폴더 내의 *.prj 파일 더블 클릭합니다.

세번째는 PADS Pro Layout에서 Other Tool로 실행 가능합니다.

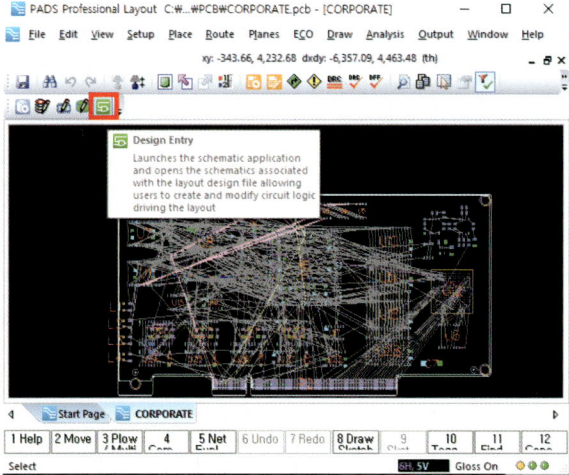

PADS Pro Designer는 Navigator에서 다음의 오브젝트들을 사용하여 디자인 데이터를 구조화하고 정의합니다.

- Project: 디자인과 관련된 모든 것을 포함하는 폴더 구조
- Board: 단일 PCB에 대한 모든 것을 포함하는 프로젝트의 일부
- Schematic: 한 개의 레벨의 디자인 계층 구조, 1 장에서 여러 장의 시트로 구성
- Sheet: 회로도의 일부로 기호, 네트 및 속성 포함

Boards 섹션에서는 디자인 구조와 계층 구조를 정의하고 보여주며, 블록 섹션에는 현재 프로젝트에서 사용할 수 있는 모든 Schematic Block 목록이 표시됩니다.

블록은 계층 내에서의 위치나 사용되는 보드 (사용되고 있는 경우)와 관련하여 특정 관계형 정보를 제공하지 않고 리스트만 제공하며 실제 회로도에 배치될 때 구조가 정의됩니다.

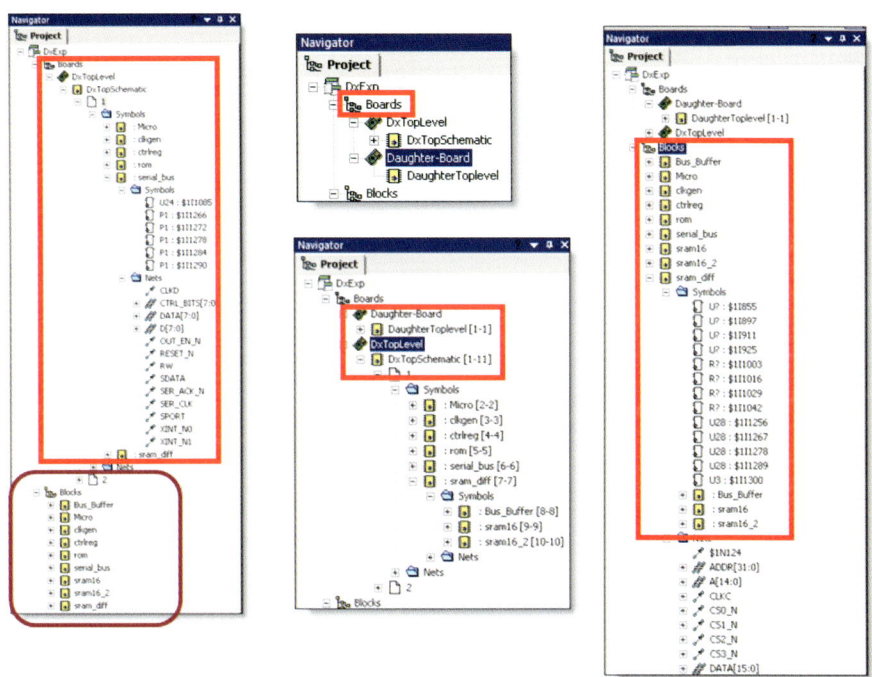

Navigator에서 Board란 프로젝트에 정의된 모든 PCB 보드입니다. 대부분의 프로젝트는 하나의 PCB (Board)가 있고, 모든 보드에는 자체 Top 레벨의 회로도가 있습니다. 블록은 보드 중 하나 또는 여러 보드에서 사용할 수 있습니다. 모든 Board는 사용 가능한 경우 최상위 회로도와 그 다음의 전체 계층 구조를 나열합니다. 모든 회로도에는 여러 시트가 포함될 수 있습니다. 보드가 만들어 지면 Dtatabook의 Symbol View의 가장 상단에 인스턴스화 된 계층 구조 블록과 시트 번호 범위를 보여주고, Schematic Window에서 해당 Design Object를 탐색할 수 있습니다.

Board 컨셉의 목적은 보드 간의 경계를 넘어 기능을 시뮬레이션 하려는 경우에 유용한 멀티 보드 시스템 환경을 제공하는 것이며, PADS Pro Designer Utility들은 선택한 보드에서만 작동합니다. 시스템 환경을 만들려면 결합할 보드에 대한 심볼을 작성하고 이 심볼을 연결하는 Top Level Schematic을 작성해야 합니다. Navigator에서 Block 세션은 현재 프로젝트에서 사용 가능한 모든 회로도 블록 목록이 표시됩니다.

Flat Design(평면 디자인)에는 블록이 없거나, 블록의 경우 PCB의 일부가 아닙니다. 모든 블록은 여러 시트를 가질 수 있는 도식을 나타냅니다. Block Schematic 은 다른 블록에 (예: 다른 계층의 계층 구조) 표시된 모든 정보를 사용하여 Schematic Window에서 해당 Design Object를 탐색할 수 있습니다. 프로젝트 다음 블록은 도면의 구조를 정의하고, 실제 회로도는 Schematic입니다. Schematic은 전자 디자인의 그래픽 표현의 관점에서 부품과 부품들의 연결과 Property는 Design 의 상세한 정보를 나타냅니다. 구조적으로는 Flat이나 Hierarchical 구조를 가질 수 있습니다. 실제 회로도는 Schematic 다음의 Sheet로 구성되며 Schematic이 하나이면 Flat이고 Schematic이 여럿 이면 Hierarchical 구조입니다.

하나의 Schematic으로 PADS Pro Layout과 통합 디자인을 가질 수 있으며 Simulation Netlists, Design 문서, Verification Tools, Electrical Rules Checks, Graphical Rule Checks, PADS DataBook Verification 작업을 진행할 수 있습니다.

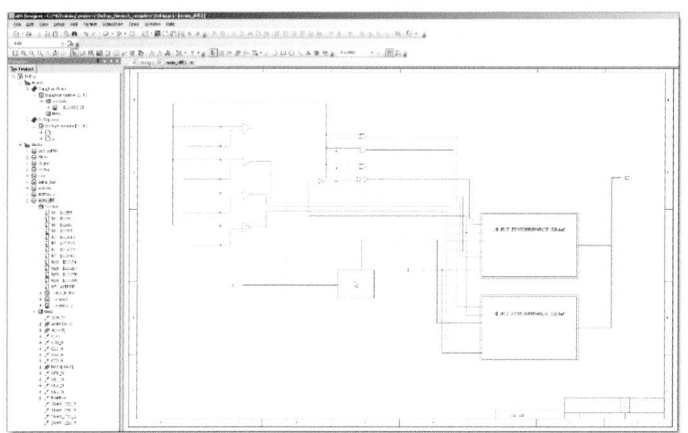

각 Sheet는 부품과 Net로 연결되며 회로도 부품은 Symbol로 표현됩니다. Symbol은 Schematic의 그래픽 부품이며 Physical 부품이나 계층 Block, Sheet Border, Power Pin으로 나누어져서 사용됩니다.

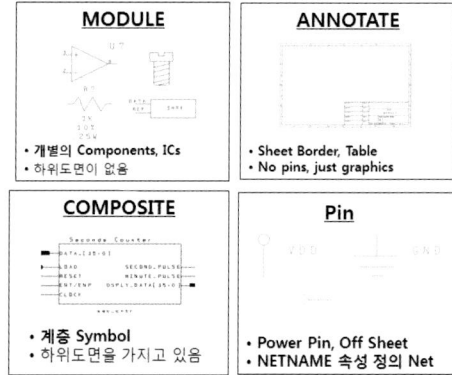

Special Component로 Rippers, No Connect Symbols, Links 등이 있으며 Symbols 작성은 이전의 PADS Pro Library Tool의 Symbol Editor에서 작성됩니다.

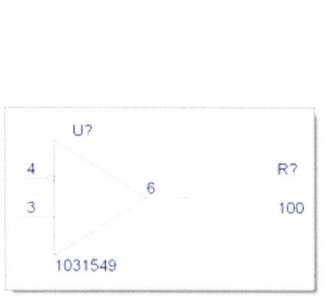 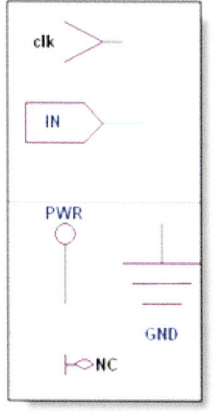 

Symbol은 작성하는 방식이 2가지입니다. 일반적인 Symbol 작성, 편집 등은 Symbol Editor에서 하게 되며 IC 등의 많은 Pin 수를 가지는 Symbol은 Symbol Wizard에서 작성할 수 있습니다.

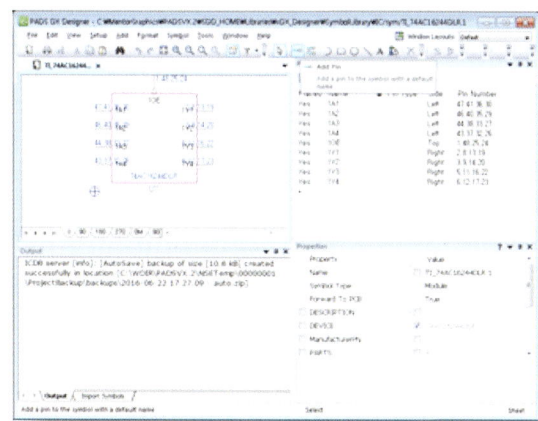 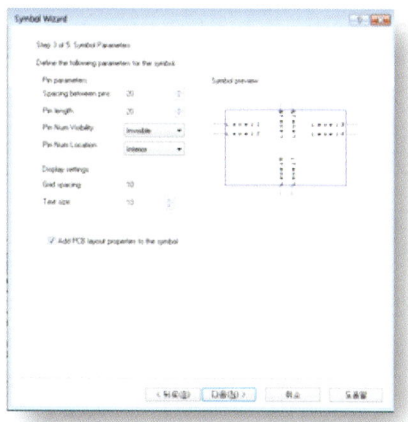

PADS Pro Designer에서는 모든 것이 Object로 되어 있으며 Object는 회로도의 Sheet, Symbol, Net, Pin 등의 구성원을 Object라고 합니다. 각 Object는 종류 별로 다른 Property를 가지고 있습니다. 부품은 REFDES, Value, DEVICE 등의 Property가 있고, Pin은 Pin Name, Pin Number, Pin Type 등으로 각자 속성이 부여되게 됩니다. 일부 Object Property는 Object 자체가 될 수도 있으며 Properties Dialog Box에서 확인/편집합니다. Properties Dialog를 열려면 Object를 더블 클릭 하거나 RMB - [Properties]를 선택하거나, [Menu] - [View] - [Properties]나 [Toolbar] - [Properties]에서 확인 가능합니다.

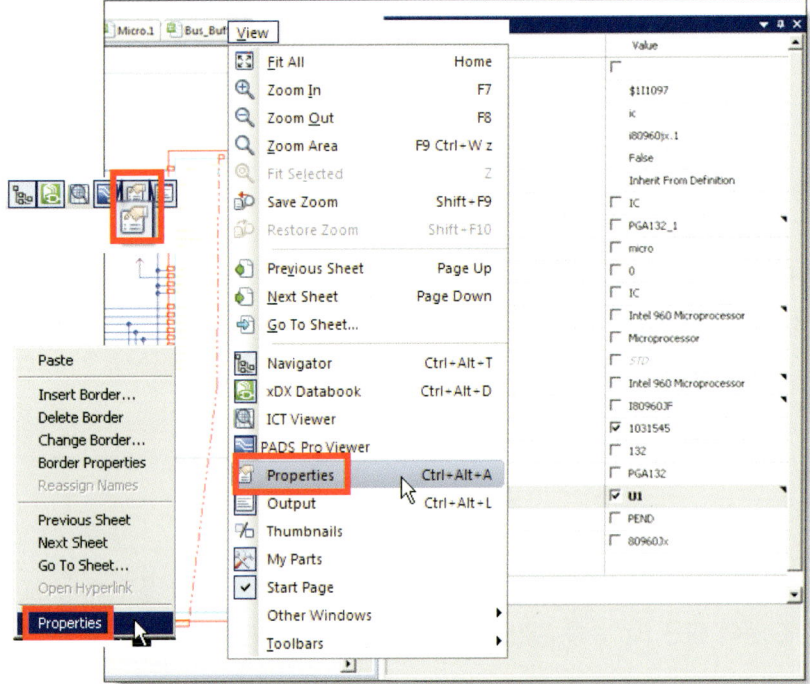

Object와 Property의 종류는 다음과 같습니다.

Object	Properties
Schematic	Name, Drawing Size, Height, Width, Orientation [Landscape, Portrait]
Symbol	Name, Type, Forward to PCB, other user-added properties
Net	ID, Net Name, Color, Line Style, Line Width, Diff Pair, Name Inverted, other user-added properties
Component (a packaged symbol)	ID, Partition, Symbol Name, Name Inverted, Name, other user-added properties
Pin	Name, Number, Length, Inverted, Type, Color, other user-added properties
Property	Value, Size, Font, Color, Align/Origin, other user-added properties
Net Name	Size, Font, Color, Origin
Annotation Text	Text (String), Size, Font, Color, Origin,
Graphic	Color, Line Style, Line Width

Properties Dialog Box로 수행할 수 있는 5가지 작업은 다음과 같습니다.

❶ Object에 현재 입력된 속성 목록을 봅니다.
❷ 속성 이름, 속성 값 또는 둘 다에 대한 Visibility를 제어합니다.
❸ Object에 새로운 속성을 추가합니다.
❹ Property에 Value를 수정합니다.
❺ Object에서 속성을 삭제합니다.

3장 PADS Professional Designer

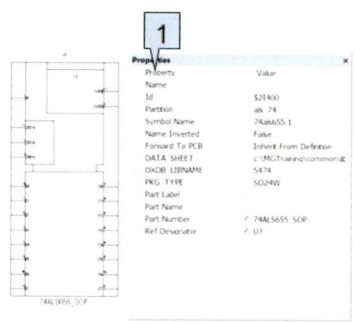

1. 속성을 보려면 : 오브젝트를 두 번 눌러 특성 대화 상자를 시작

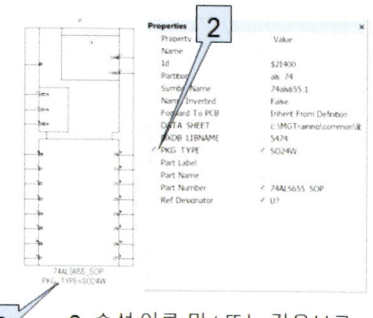

2. 속성 이름 및 / 또는 값을보고 숨기려면 확인란을 선택 / 선택 취소

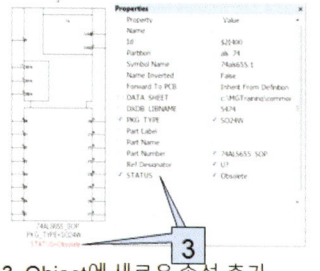

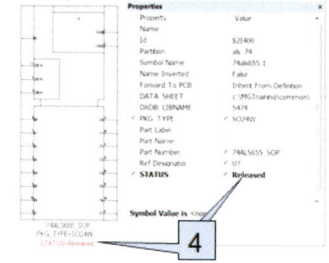

3. Object에 새로운 속성 추가
   A. 사용 가능한 속성 목록을 보려면 속성 열 아래의 빈 입력란을 클릭하십시오.
   B. 원하는 property 선택
   C. Value 입력

4. Property에 Value 수정:
   A. 변경할 속성의 값 필드를 클릭하십시오.
   B. 새로운 value값 입력
   심볼에 내장 된 속성의 일부 값은 편집 할 수 없습니다.

5. Object에서 속성 삭제:
   A. 제거 할 속성을 마우스 오른쪽 버튼으로 클릭합니다.
   B. 팝업 메뉴에서 속성 삭제를 선택

PADS Professional Designer의 Help는 프로그램에서 찾는 법이 있고 인터넷에서 찾는 방법이 있습니다. 프로그램내 에서 Help 메뉴가 있으며 아이콘을 클릭하면 Tool Tip이 나오고 길게 기다리면 Tool Tip Video가 나오게 됩니다.

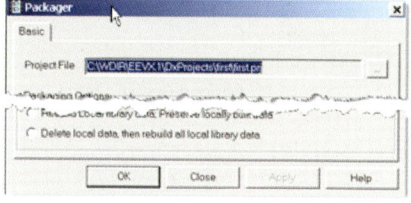

툴 팁 정보에는 두 가지 레벨이 있습니다:
- 도구 설명 텍스트는 커서가 툴바 아이콘에 ~ 1 초 동안있을 때 표시됩니다.

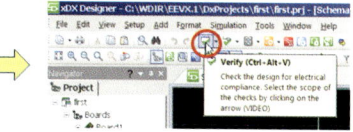

- 커서가 툴바 아이콘에 ~ 3 초 동안 놓인 후 툴팁 비디오 ("VIDEO"로 표시)가 표시됩니다.

메뉴에 Info Hub를 누르면 Help와 Manual을 확인할 수 있습니다.

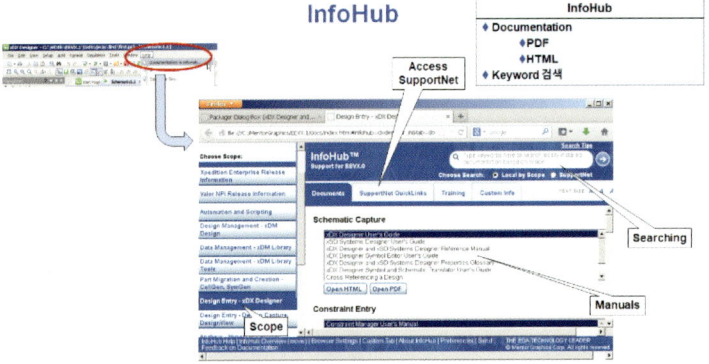

Support Center와 User Communities는 Siemens 홈페이지에서 확인 가능합니다.

Support Center

- Documentation
- 해결 방법 검색
- Download software
- service request 오픈
- DR에 대한 내용 확인
- Licensing
  (확인과 download license file)

Support Center : https://support.sw.siemens.com/ko-KR/

시작 페이지의 Support Information에도 Help와 Manual을 확인할 수 있습니다.

- PADS Pro Designer를 시작하기위한 다양한 옵션의 포괄적 인 모음
- 오프라인 및 온라인 도움말에 액세스하기위한 옵션 요약
- SupportNet에 대한 PADS Pro Designer 응용 프로그램 노트 링크

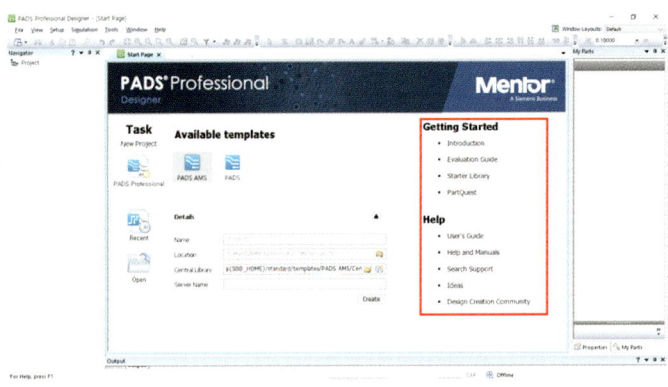

실습   실습 데이터 확인

1. http://pads.co.kr/ 에는 3장에서 진행할 회로도 실습 데이터가 준비되어 있습니다.

2. 파일 이름은 라이브러리 실습과 같은 MGTraining.zip입니다. 라이브러리의 실습 데이터가 있다면 백업 하시고 회로도 용의 실습 파일을 새로 복사해서 압축을 해제합니다. 실습 데이터를 다운 받은 다음 C 드라이브에 압축을 풀어줍니다. 압축을 해제하면 다음과 같은 폴더들이 보이게 됩니다. 라이브러리 용의 실습 데이터하고는 폴더와 파일들이 다릅니다.

3. common에는 회로도에서 사용할 Central Library와 Drafting 형상 등의 폴더가 있습니다.

4. Project 폴더는 미리 확인해볼 회로도와 새로 작성할 프로젝트가 위치하게 될 폴더입니다.

실습 01   회로도 시작과 확인

1 PADS Pro Designer를 실행합니다. 시작 메뉴나 윈도우 탐색기에서 실행합니다.

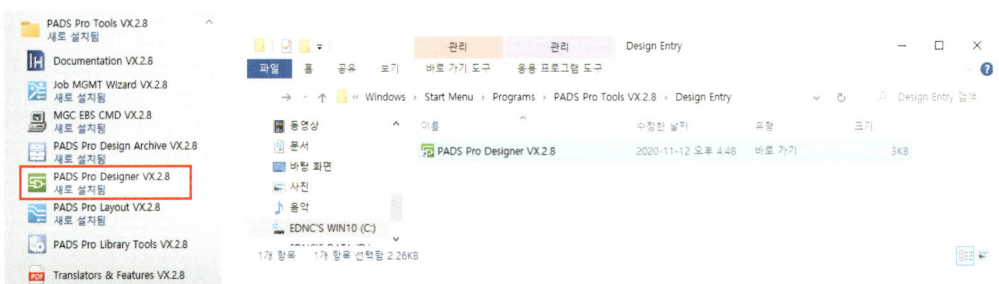

2 프로그램이 실행됩니다. 주의할 점은 프로그램 실행에서 라이선스를 Check하지 않습니다. 이후에 회로도 프로젝트를 불러올 때 라이선스가 체크되게 됩니다.

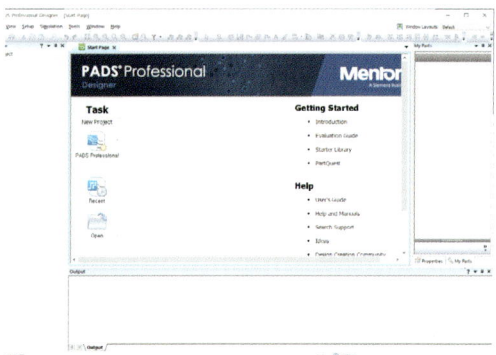

3 [File] - [Open] - [Project]에서 C:₩MGTraining₩projects₩PRACTICE₩PRACTICE.prj를 선택합니다.

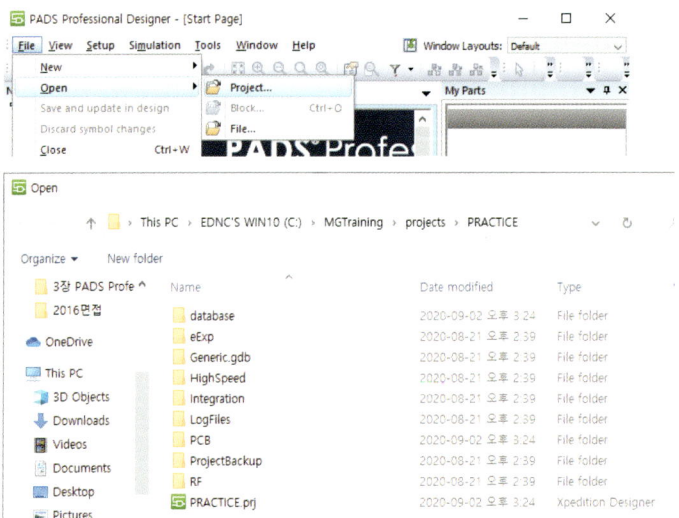

4. 라이선스 선택 화면이 나오게 됩니다. 라이선스를 선택하면 프로젝트가 열리게 됩니다.

5. Read only로 열리는 경우가 있습니다. 원래 [File] - [Open Reference]가 읽기 전용으로 Open하는 모드입니다.

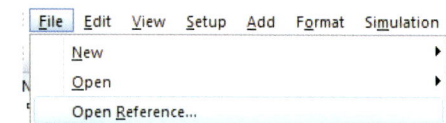

하지만 Open Reference가 아니라 Open으로 열었을 때 읽기 전용으로 열리면 권한이 쓰기 권한이 없거나 아래 경우처럼 회로도-PCB 데이터가 Integration이 안되어 있는 경우입니다. Integration이 안되어 있는 경우에 PCB를 실행하여 Integration을 완료한 후에 다시 열면 읽기 전용의 메시지가 사라집니다.

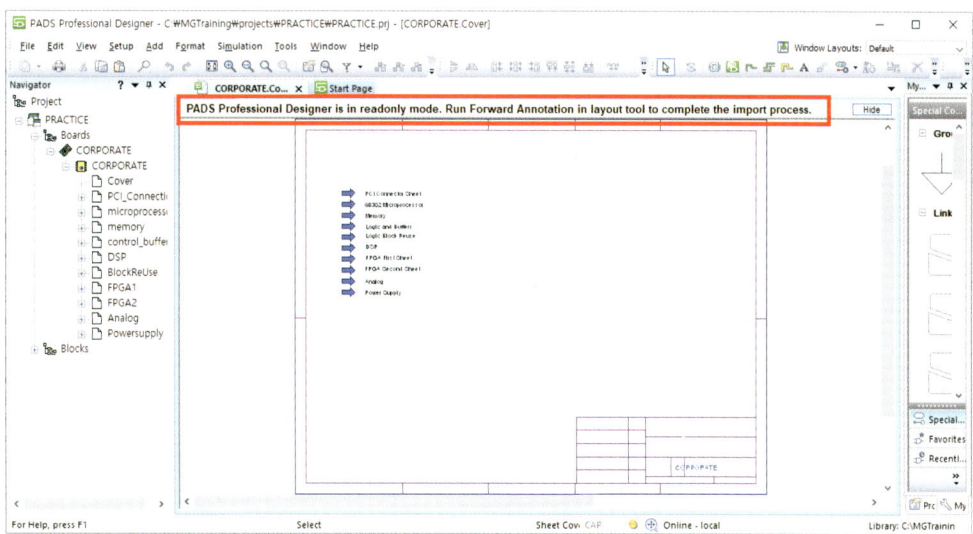

6 시작 메뉴에서 PADS Pro Layout VX.2.8을 실행하여 [File] - [Open]으로 C:₩MGTraining₩projects₩PRACTICE₩PCB₩PRACTICE.pcb를 선택하면 PCB를 불러오고 Forward Annotation이 필요하다고 메시지가 나오면 Yes를 선택합니다.

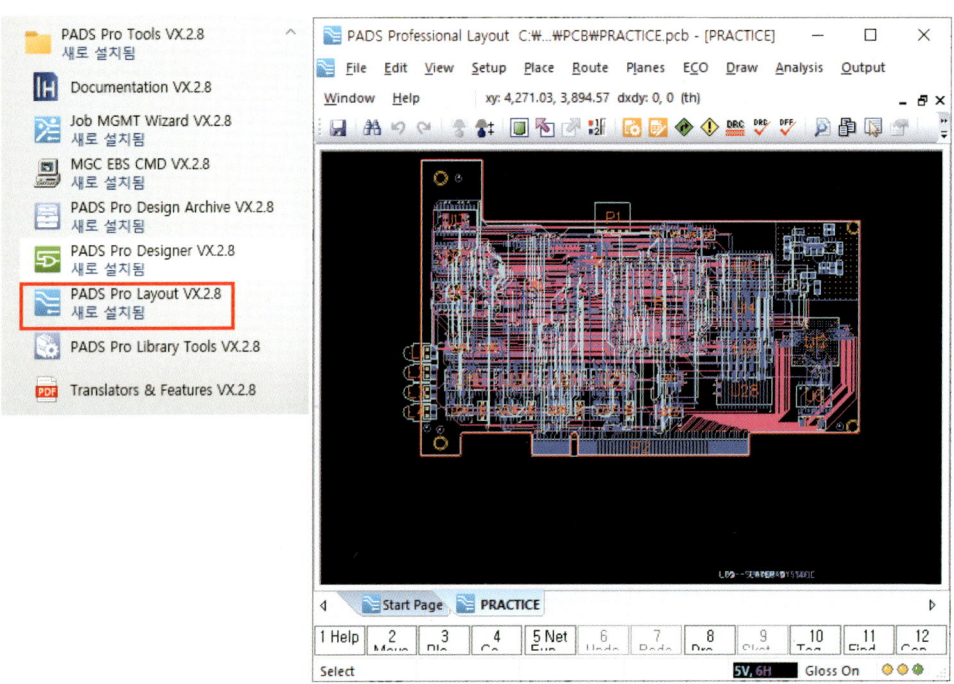

7 Project Integration이 실행되고 부품에 Error가 있어 모두 초록색으로는 변경되지 않지만 회로도의 읽기 전용 모드는 사라지게 됩니다.

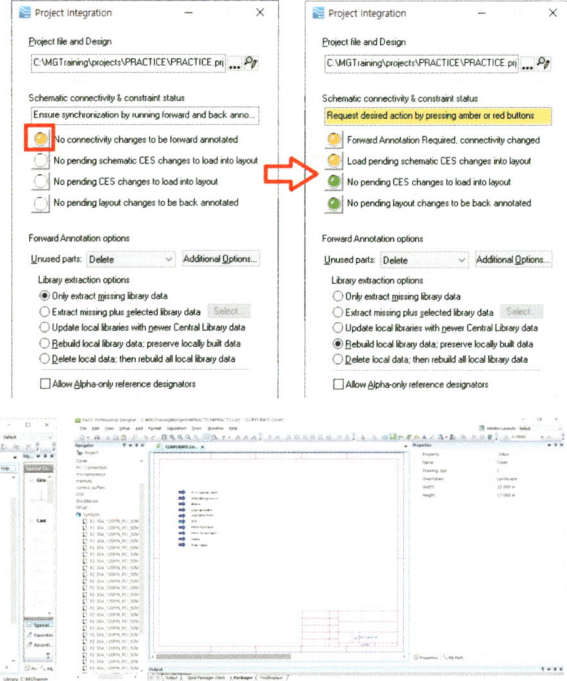

8 회로도가 열리면 Tooltip을 확인합니다.

Toolbar에 Multi-net Connection 을 클릭하지 말고 다가가면 다음 명령어를 보여줍니다.

조금 기다리면 사용법이 간단한 비디오로 재생됩니다.
InfoHub를 확인하기 위해 Start Page로 이동합니다.

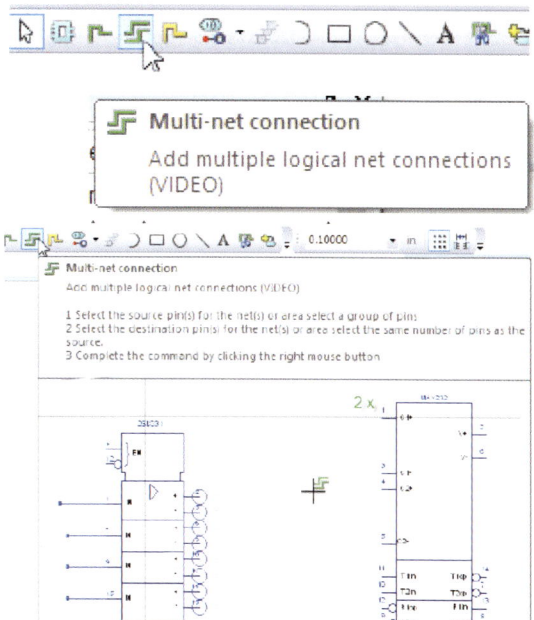

9 화면의 다음에 Help and Manuals를 클릭합니다.
Help를 검색하고 Manual을 확인합니다.

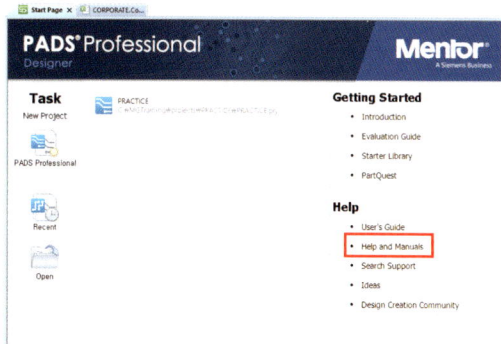

Help and Manuals 다음의 3가지는 인터넷 연결로 Siemens의 https://support.sw.siemens.com/와 https://communities.mentor.com/와 https://communities.mentor.com/community/pcb/xpedition/design_creation로 연결됩니다.

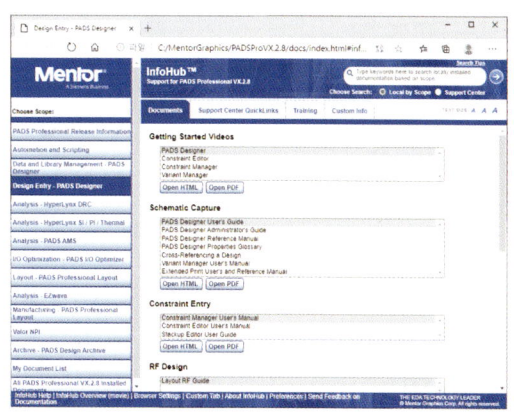

04 PADS Professional Designer의 기본 Operation

PADS Professional Designer에서는 작업에 필요한 여러 Window들을 가지고 있습니다. 각 Window들은 View Menu에서 On/Off가 가능하며 Drag로 원하는 위치에 놓는 것이 가능합니다.

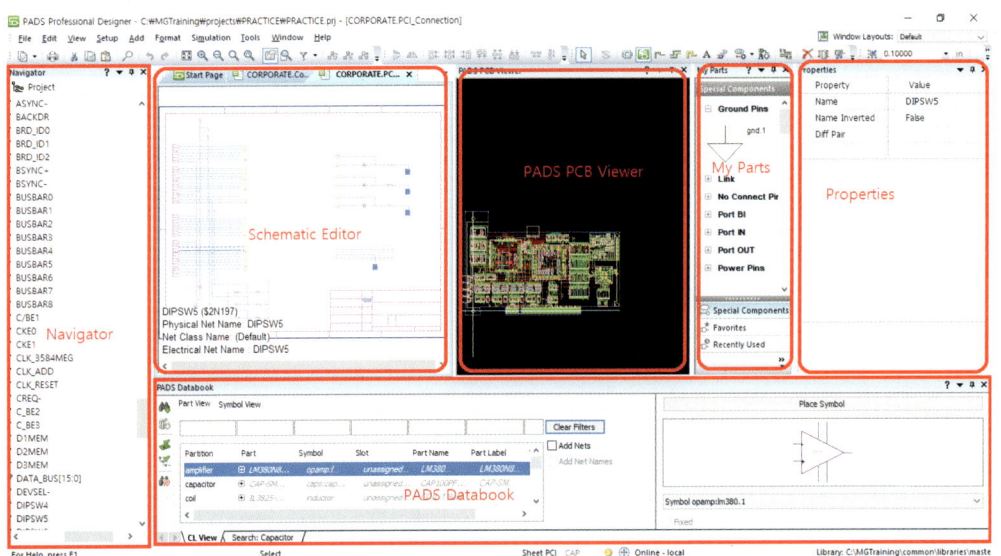

상단에 각 메뉴를 누르면 Pull-Down 방식으로 해당하는 메뉴들이 나타납니다. 다음은 File을 눌렀을 때 나타나는 메뉴입니다.

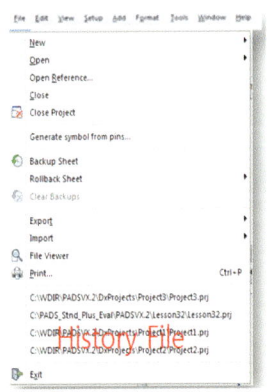
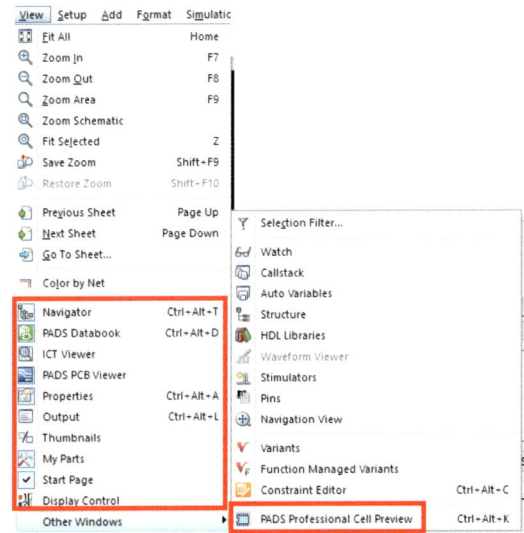

- File: Project/Schematic/Sheet 작성, Open, Backup, Import 등의 메뉴입니다.
- Edit: Undo & Redo, Copy & Paste, Find, Delete, Push 등의 메뉴입니다.
- View: Zoom, Window 등의 메뉴입니다.
- Setup: PADS Pro Designer의 설정을 할 수 있는 메뉴입니다
- Add: Block, Net, Bus 등과 도형을 입력할 수 있는 메뉴입니다.
- Format: 입력한 Object들을 편집할 수 있는 메뉴입니다.
- Tools: Update, PADS Netlist 출력, PartList 출력 등의 Tool이 있는 메뉴입니다.
- Window: Schematic Window를 추가로 띄우거나 정렬 등을 할 수 있는 메뉴입니다.
- Help: 도움말과 단축키 등을 확인할 수 있는 메뉴입니다.

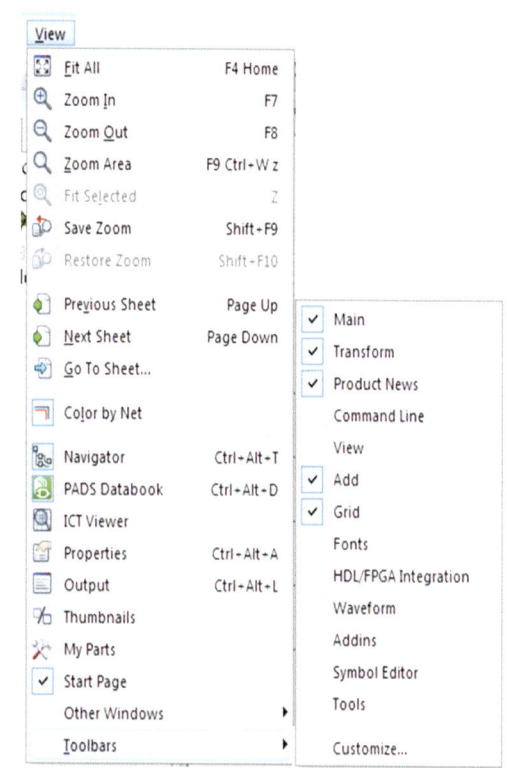

Icon(Toolbar) Menu는 Menu에 있는 기능을 Icon으로 사용할 수 있습니다. 각 Icon은 [View] - [Toolbar]에서 On/Off가 가능합니다.

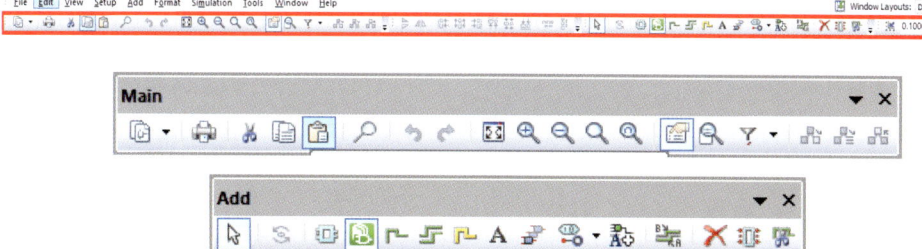

각 Icon(Toolbar)는 기본적으로 Menu 다음 위치하고 있고, 각 Toolbar는 Drag로 원하는 위치로 변경 가능합니다.

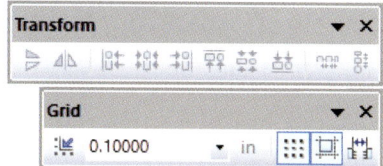

Menu와 Icon 이외에도 Typing으로 명령을 사용할 수 있습니다. [View] - [Toolbars] - [Command Line]을 누르게 되면 다음과 같은 명령어 입력 창이 나타납니다.

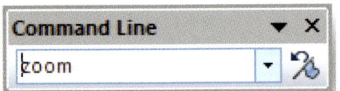 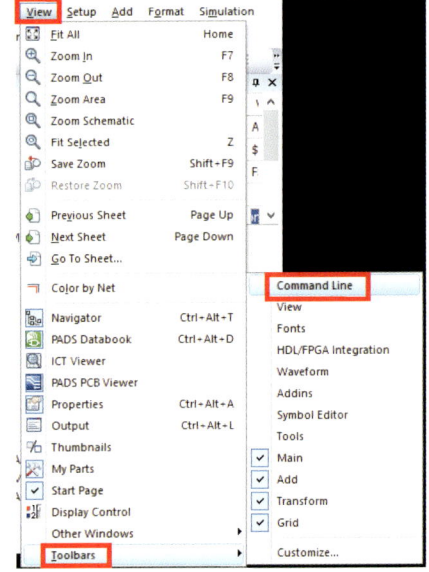

예를 들어 Zoom이라는 명령어를 주면 바로 마우스에 Zoom이 표시가 되어 확대/축소가 가능합니다. (혹은 z로 시작하는 명령어를 찾기 원한다면 z를 Typing 하고 엔터를 누르면 선택할 수 있는 명령어 창이 나타나게 됩니다.)

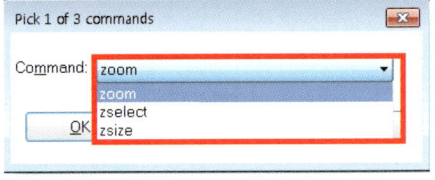

PADS Pro Designer 에서의 화면 이동은 View 메뉴나 Main Toolbar 에 있는 Icon으로 가능합니다.

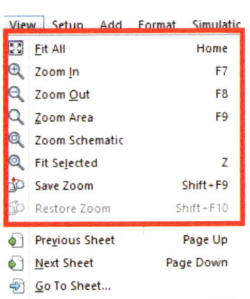

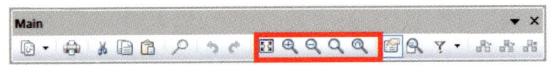

F7과 F8처럼 단축키도 사용이 가능하고, 마우스를 가지고도 화면 이동이 가능합니다.

먼저 화면의 상하좌우 이동은 이동할 곳으로 마우스를 댄 다음 마우스 가운데 버튼을 클릭하면 이동한 방향으로 화면이 움직이게 됩니다.

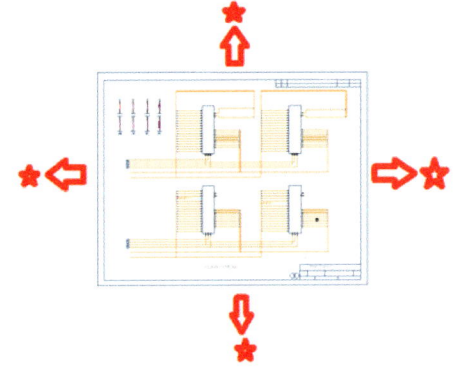

PADS Classic와 동일한 환경으로 Zoom을 사용하려면 [Setup] - [Setting] - Schematic Editor - Stroke, pan and zoom에서 PADS Pan and Zoom을 선택하면 됩니다.

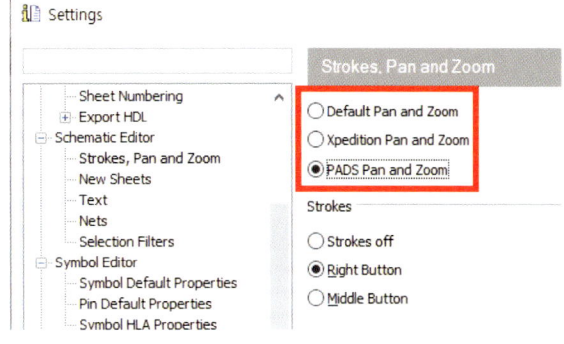

그리고, 가운데 버튼을 누른 상태에서 Drag를 하여 위로 올리면 다음처럼 Zoom in이 되고 아래로 내리면 Zoom out 됩니다.

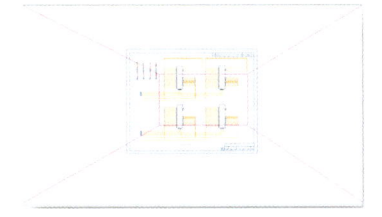

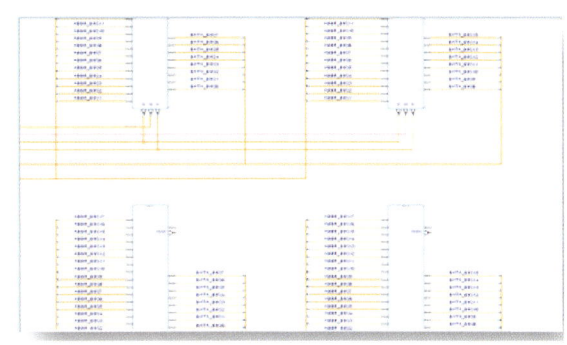

PADS Pro Designer에서는 마우스를 Drag하는 명령어인 Stroke도 Help에서 확인이 가능합니다.

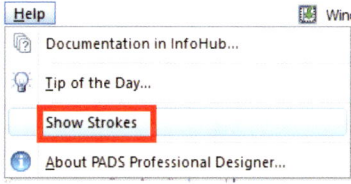

PADS Pro Designer 상의 다음에 Stroke의 그림이 나타납니다. 기본적으로는 마우스 오른쪽 버튼을 Drag하면 명령어가 실행됩니다.

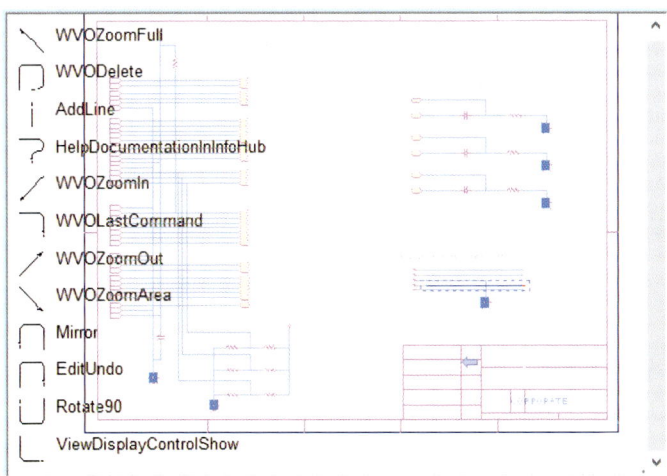

마우스 버튼을 변경하려면 [Setup] - [Setting]의 Stroke, Pan and Zoom에서 Stroke를 변경하면 됩니다.

PADS Pro Designer의 Object는 회로도의 각 구성원이고 각 Object만 따로 선택해서 편집이 가능합니다. 각 Object를 원하는 것만 선택하려면 Filter를 사용해서 선택이 가능합니다.

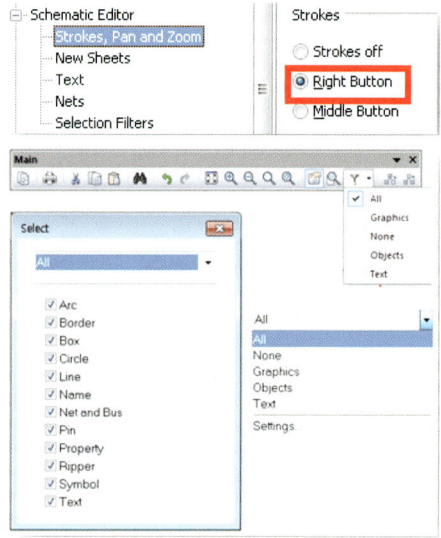

- Arc: 그림으로 그리는 Arc형상을 의미합니다.
- Border: 회로도의 외각의 틀을 의미합니다.
- Box: 그림으로 그리는 사각형을 의미합니다.
- Line: 그림으로 그리는 선을 의미합니다.
- Name: Object들의 이름을 의미합니다. 예를 들어 Net의 Name은 PCB로 전송되는 Net의 이름입니다.
- Net and Bus: 부품을 Pin을 연결하는 것이 Net, Net의 묶음이 Bus입니다. 회로도에서는 다른 Object이지만 PCB에서는 모두 Net입니다.
- Pin: Symbol에서 Net를 연결할 수 있는 Terminal입니다.
- Property: 각 Object의 속성입니다. REFDES는 부품의 기호이지만 Name은 아니고 Property 입니다.
- Ripper: Net와 Bus가 연결되는 부분을 의미합니다.
- Symbol: 회로도에서 부품을 의미합니다.
- Text: 전기적 속성이 없는 일반 Text를 의미합니다.

PADS Pro Designer에서는 각각의 Object를 선택한 상태에서 Property 창에 나오는 내용이 각 Object에 따라서 다르게 나오게 됩니다.

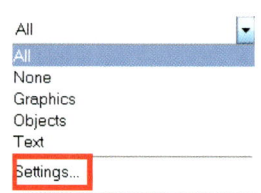

Settings를 선택하면 Graphics, Objects, Text에 대한 설정 및 추가가 가능합니다.

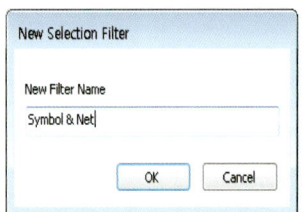
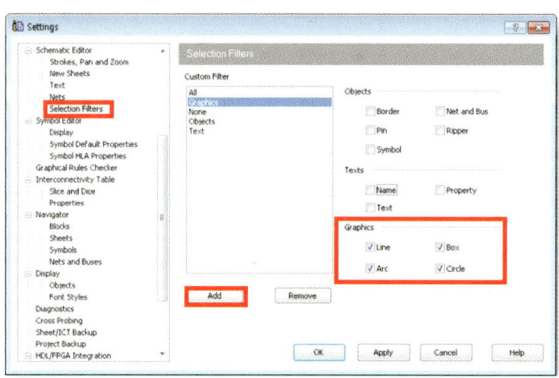

실습 02   PADS Professional Designer의 기본 Operation

1️⃣ PADS Pro Designer를 실행하고 [File] - [Open] - [Project]에서 C:₩MGTraining₩projects₩PRACTICE₩PRACTICE.prj를 선택합니다.

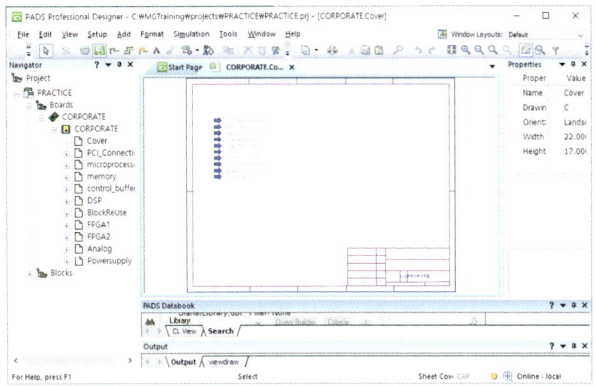

2️⃣ View에서 Toolbar와 Window 등을 Check해서 메뉴 확인을 합니다.

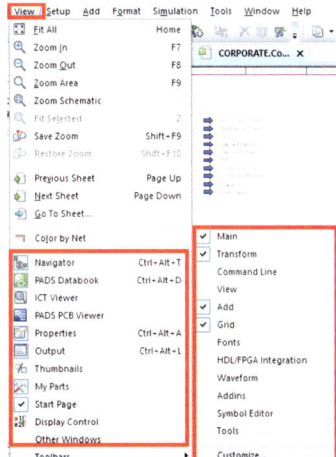

3️⃣ Display Control를 선택합니다. Border의 Border Outline과 Navigator의 Show Nets를 끄고 화면에 Border와 Navigator의 Net가 안보이게 되는 것을 확인하고 다시 킵니다.

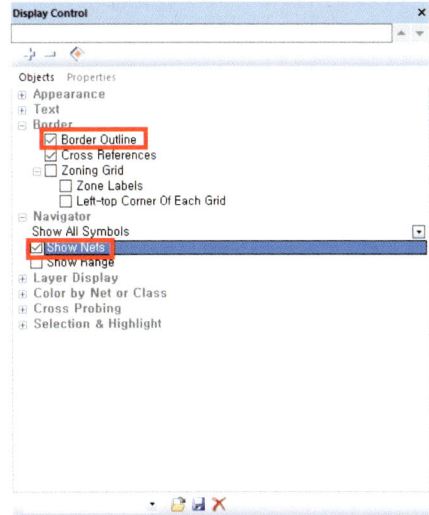

4 투명도 조절을 위해 검색창에 Dim이라고 타이핑하여 Dim 항목을 찾아줍니다. +에서 -로 조절하여 투명 정도를 조절합니다.

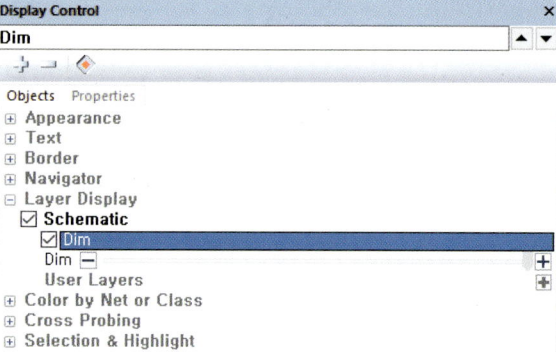

5 다음 검색인 ▼를 누르면 두 번째로 선택된 Object의 투명도 설정이 검색되게 됩니다.

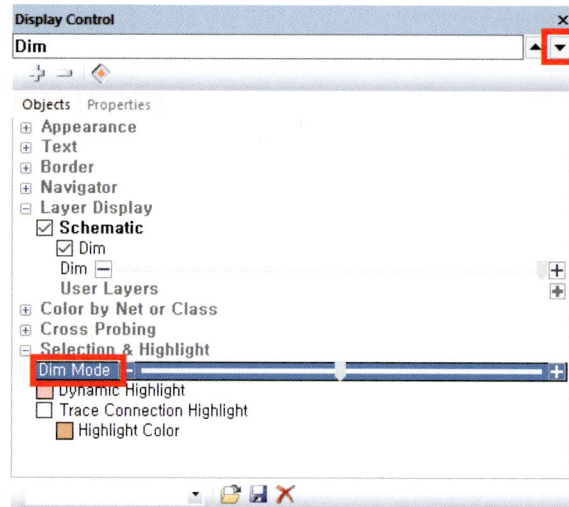

6 Display Control을 닫고 My Parts와 Properties Window를 분리하거나 합칩니다.

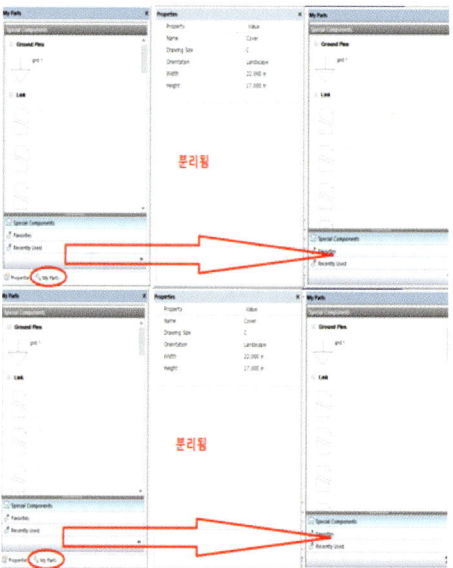

7 PADS Databook에서 Part View의 capacitor의 Partition에서 CAP-SMD0603-100P를 선택하고 Symbol 형상을 선택한 다음 선택 메뉴에서 Cell을 선택하여 PCB Cell 형상을 확인합니다.

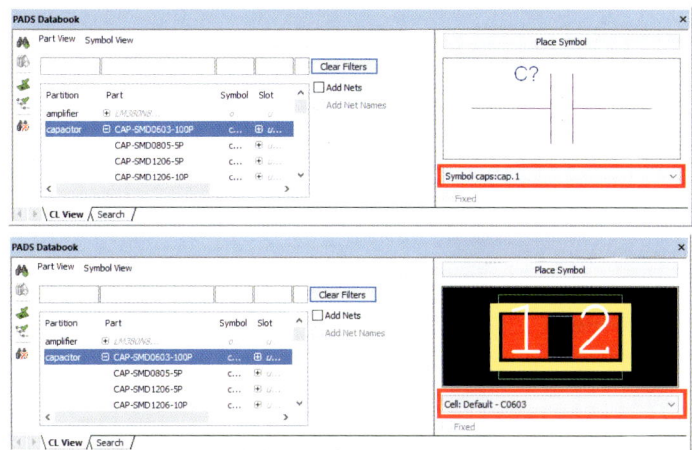

8 [Help] - [Show Stroke]를 키고 zoom 등의 명령어를 마우스 오른쪽 버튼으로 Drag합니다.

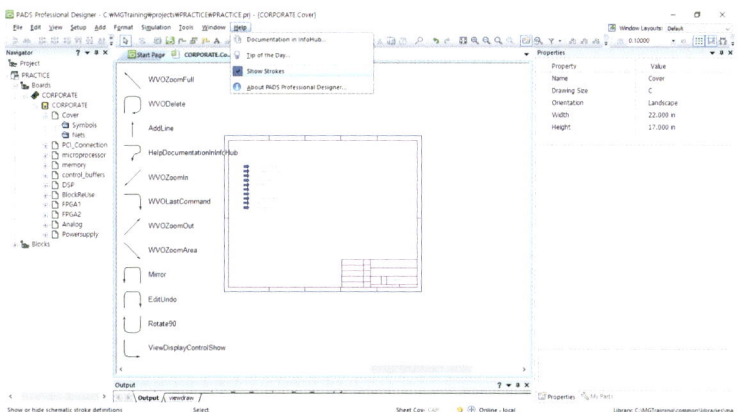

9 Windows의 Schematic Taps을 해제하고 차이를 확인합니다.

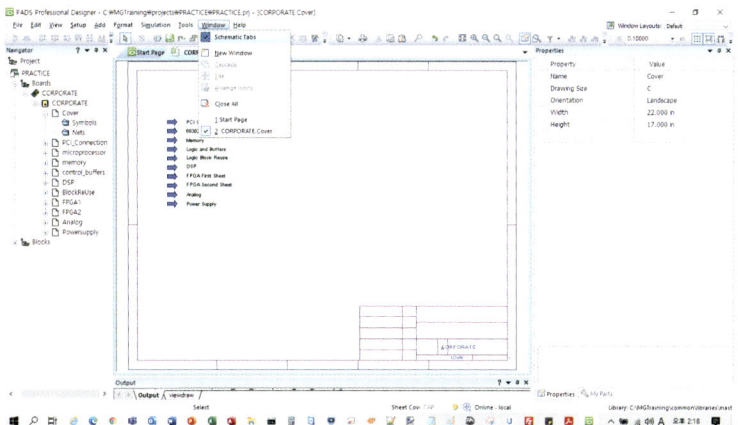

169

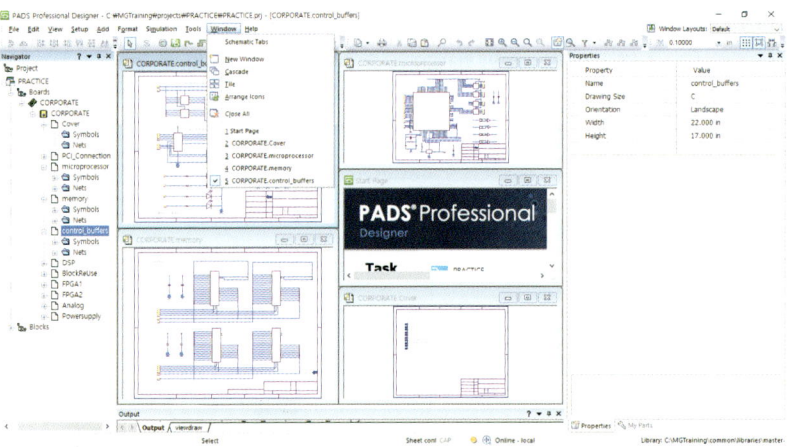

10 Navigator에서 Memory Sheet를 클릭한 다음, 열리면 [File] - [Backup Sheet]에서 Output의 Comment를 클릭하고 Original이라고 입력합니다.

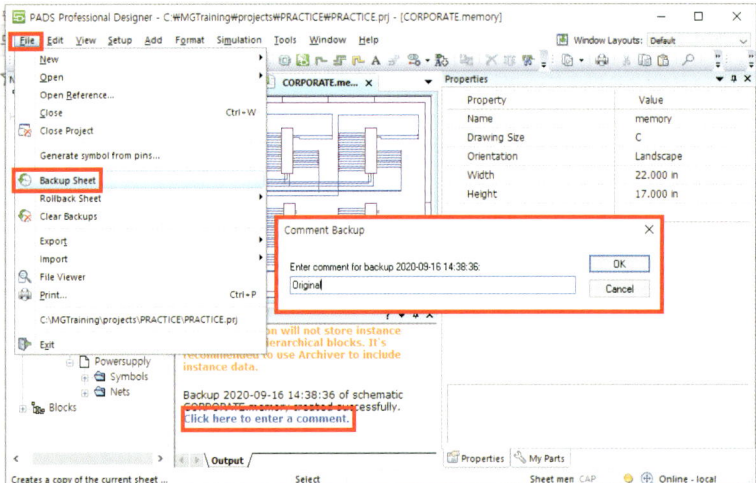

11 DSP로 이동하여 Rollback Sheet 항목을 보면 백업된 것이 없습니다.

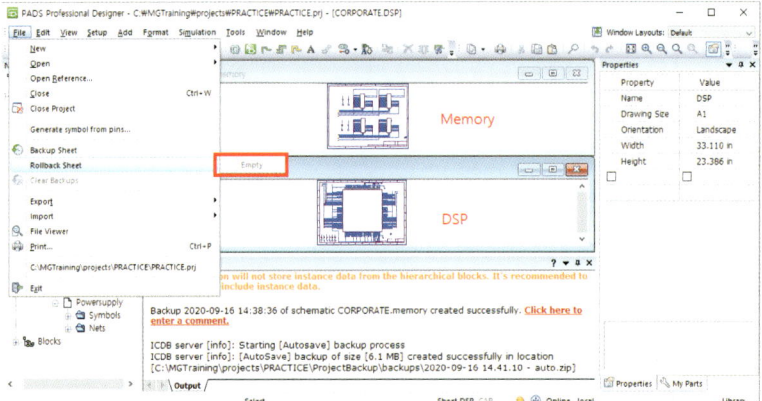

⑫ Memory에서 백업된 것은 Memory Sheet일때만 보이게 되어서 회로가 DSP일때는 보이지 않습니다. Backup Sheet는 각자의 Sheet만에 백업과 롤백이 되는 것을 확인합니다.
Memory에서 부품 선택을 합니다.
다음의 C27과 C14를 Drag해서 선택합니다.

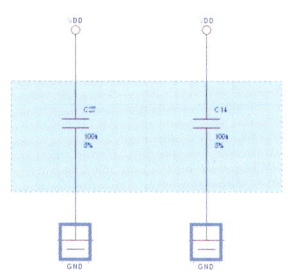 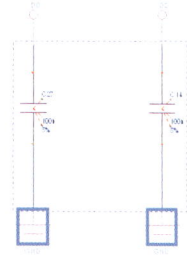

⑬ Drag가 부품 일부가 선택되면 선택이 안되는 경우가 있습니다. 그때 [Setup] - [Setting]에 Advanced의 Select by overlap을 선택하면 일부만 선택이 되도 부품이 선택됩니다.

⑭ 선택된 상태에서 Ctrl를 누르고 있는 상태에서 부품의 C10과 C11을 차례로 선택합니다.

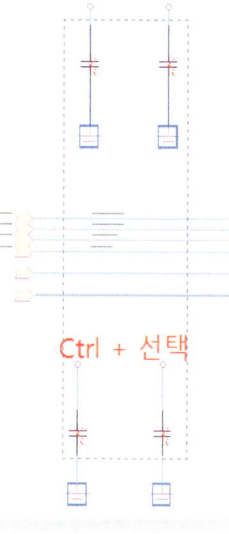

⑮ 부품을 이동합니다. C27을 선택하고 마우스 버튼을 누른 상태에서 Drag합니다. 혹은 그 상태에서 상하좌우 화살표 키를 선택할 수도 있습니다. 다른 방법으로 선택하고 Ctrl+E를 눌러 이동 가능합니다.

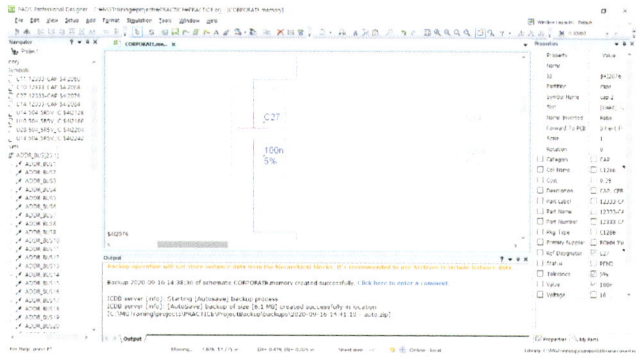

16 C27을 복사합니다. Ctrl+C와 Ctrl+V로 복사 가능하며, Ctrl 키를 누른 상태로 부품을 Drag하면 복사됩니다. 또 [Edit] - [Copy]와 [Edit] - [Paste]로 가능합니다.

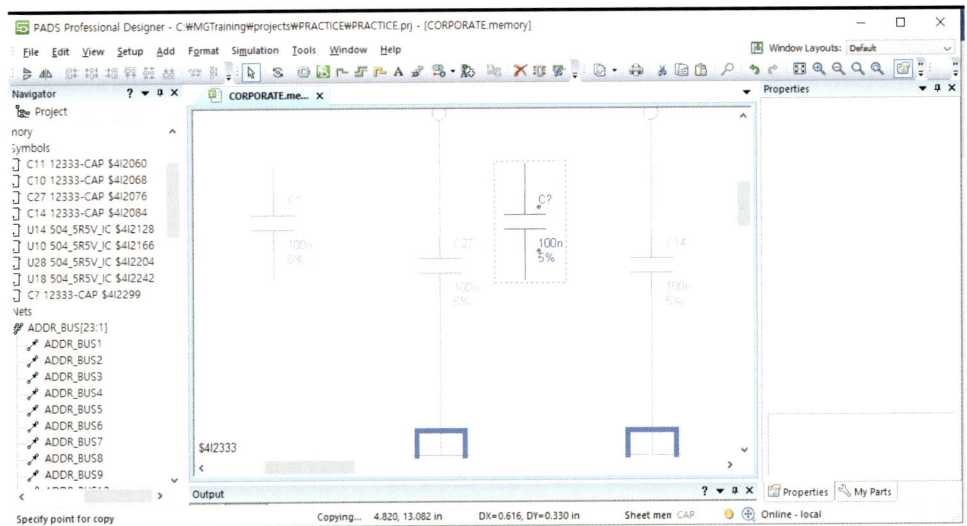

17 복사한 부품을 Rotate 나 Flip과 Mirror 로 회전해보고, Undo 와 Redo 로 이전 단계, 앞 단계로 이동합니다. Object를 선택해보기 위해 Selection Filter 를 열어 선택을 하고 복사한 부품을 Array 로 멀티 복사를 합니다.

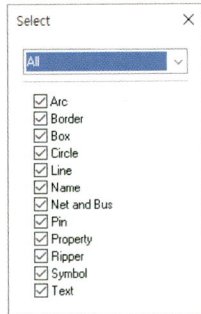

18 복사한 부품들을 모두 지우고 Close합니다.

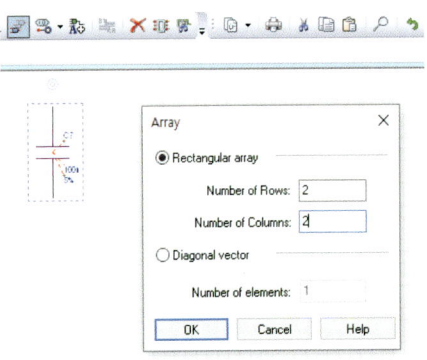
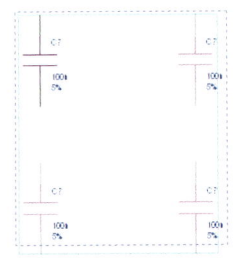

05 PADS Professional Designer의 Project 작성

PADS Professional Designer에서는 회로도의 파일 구성이 한 파일이 아니라 한 폴더 구조로 되어 있는 형태로 작성되고 이 폴더 구조를 Project라고 하며, Project를 작성해야 회로도 작업을 시작할 수 있습니다.

Project는 PADS Pro Designer가 실행된 뒤에, [File] - [New] - [Project]로 작성이 가능합니다.

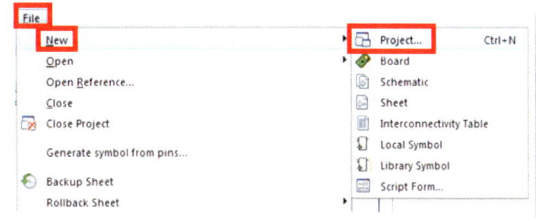

다음과 같은 Project 작성 Window에서 위치와 Project 이름, Central Library를 지정합니다.

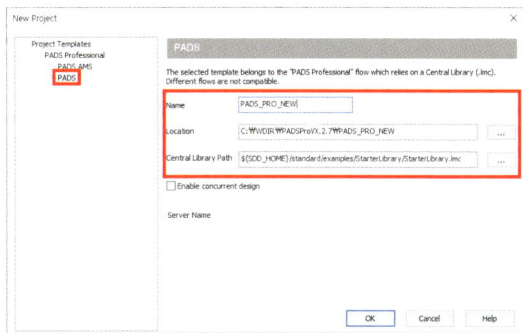

Name은 prj 파일의 이름이며 Location에 같은 이름으로 폴더가 작성되며 Project 단위로 모든 회로도를 작성해야 합니다. Name 부분에 이름을 결정하게 되면 Location에는 자동으로 폴더 이름이 결정되며 Start Page에서도 동일하게 작성 가능합니다.

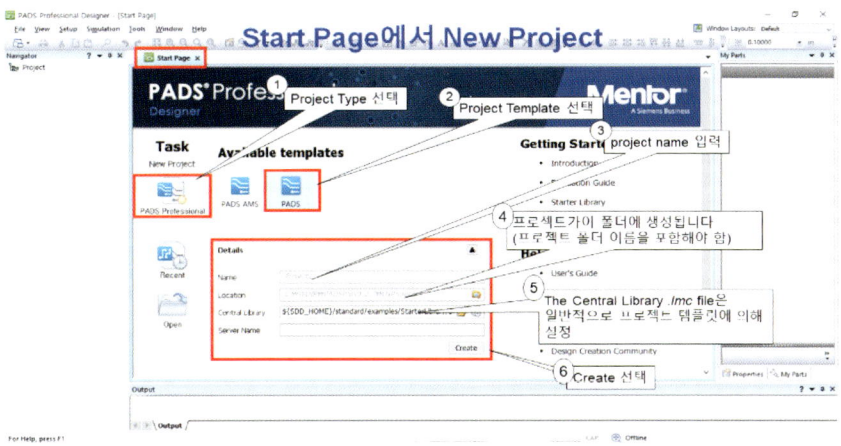

일반적으로 프로젝트의 상위 폴더까지는 Location을 지정하고 Name을 타이핑하면 Name이 Location의 하위 폴더로 만들어지게 됩니다.

Project가 작성이 되면 다음 그림처럼 폴더 구조로 작성이 되게 됩니다.

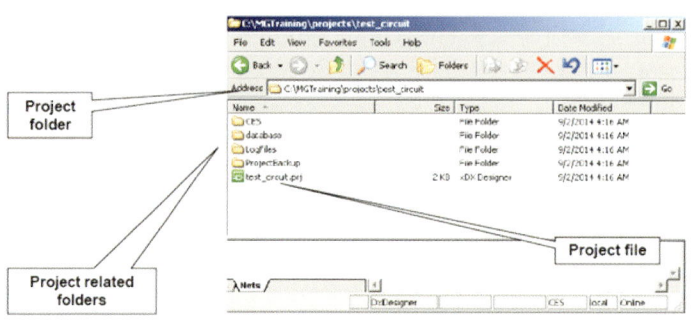

초기에는 위와 같은 폴더 구조로 되어 있으나 추가 작업을 진행하면 폴더의 내용들이 추가됩니다.

Project Folder

Project가 작성이 되면 PADS Pro Designer에서는 다음처럼 상단과 Navigator에 Project의 이름이 나타나게 되어 있습니다.

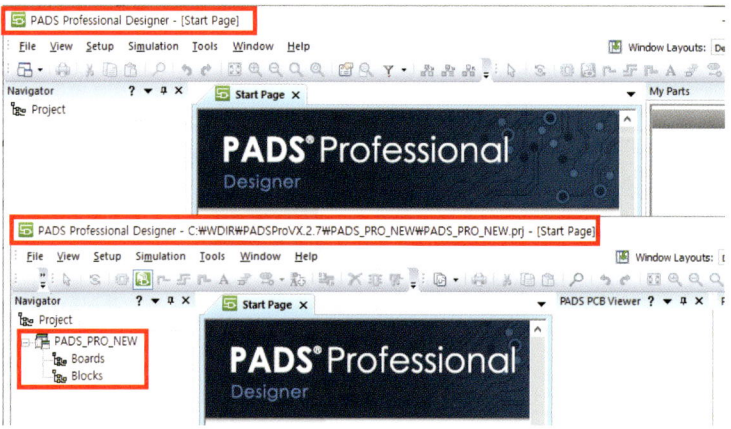

PADS Pro Designer에서는 Close Project와 Close가 있습니다. [File] -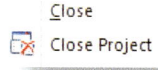
[Close Project]는 Project만 Close가 되면서 PADS Pro Designer는 초기 상
태가 되며, Close는 PADS Pro Designer 프로그램이 종료가 됩니다.

상단의 X는 PADS Pro Designer 프로그램 종료입니다.

작성된 prj 파일에는 다음 정보들이 들어가게
되며 회로도의 Graphic 정보는 없습니다.

- Library Search Order
- 사용할 PCB Layout Tool
- PADS Pro DxDesigner 설정 Files
- Top Level Schematic (Block)
- 이외의 Configuration Files

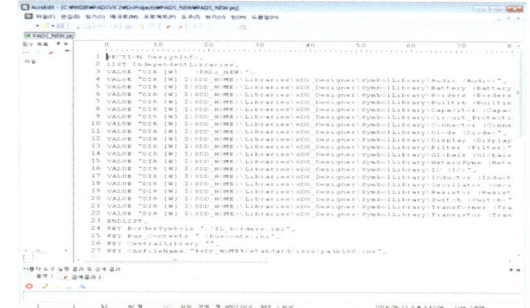

회로도 Graphic 정보는 Project들의 내부 폴더에 Database 형태로 저장되게 됩니다.

Project는 가장 상위의 개념이고 회로도를 작성하기 위해서는 Board - Schematic - Sheet 순으로
작성을 해야 회로도를 작성할 수 있습니다.

Board - Schematic - Sheet는 [File]
- [New] 메뉴에서 각각 작성이 가능하
며 Schematic만 만들어도 Board와
Sheet가 자동으로 만들어집니다.

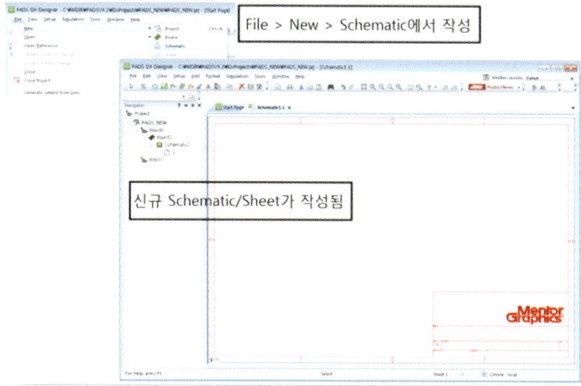

Board - Schematic - Sheet의 의미
는 다음과 같습니다.

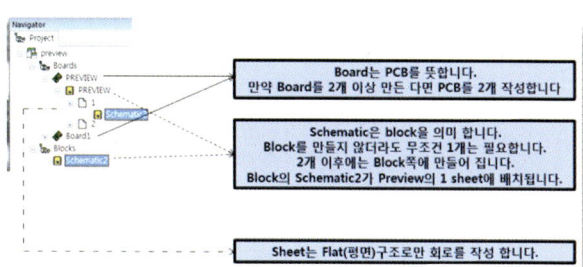

각각의 Board - Schematic - Sheet들은 Navigator에서 삭제와 Copy, Rename 등이 가능합니다.

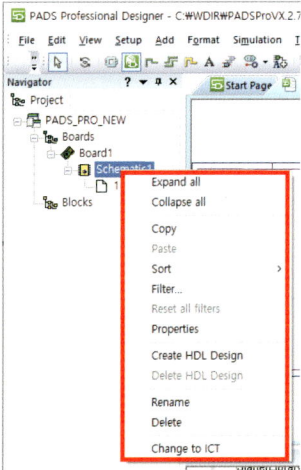

Board - Schematic - Sheet 등이 작성되면 Navigator에서 더블클릭을 해야 해당하는 회로도가 Open되게 됩니다.

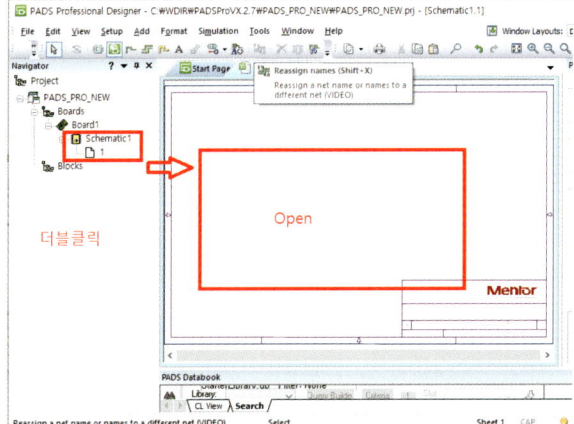

작성이 된 Project는 [File] - [Open] Project로 .prj 파일을 지정하여 불러올 수도 있고, 윈도우 탐색기에서도 .prj 파일을 더블 클릭하면 Project를 불러온 상태로 실행되게 됩니다. 또 초기 화면에서 최근에 작업한 파일을 지정할 수도 있습니다.

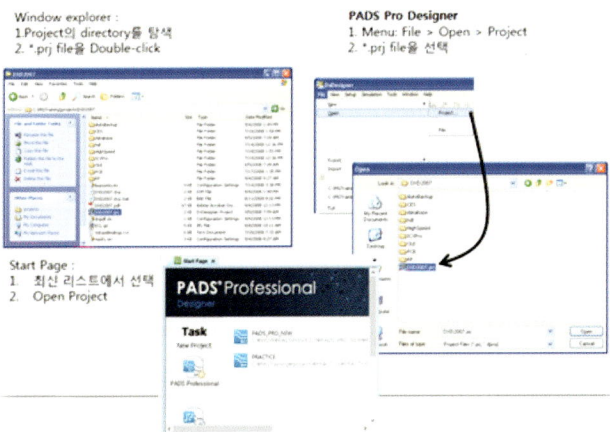

불러온 뒤에 위처럼 회로도 Navigator에서 선택을 해야 회로도가 Open되게 됩니다.

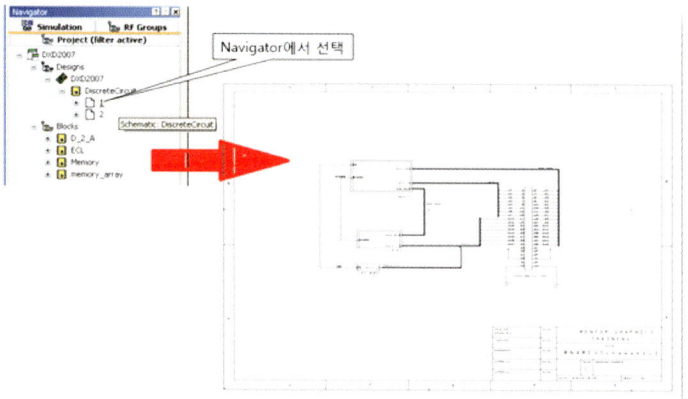

현재 Project가 Open된 상태에서 다른 Project를 불러오면 기존의 Project는 Close 됩니다.

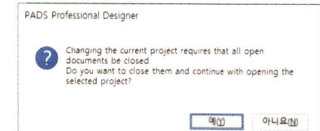

Project를 2개 이상 Open하고 싶다면 PADS Pro Designer를 하나 더 실행하여 불러올 수 있습니다. 현재 Project가 열려 있는 상태에서

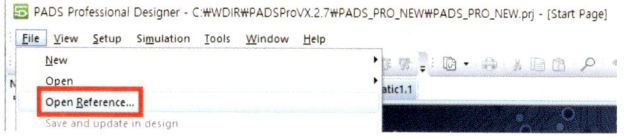

특정 파일을 참고용(Read Only: 회로도가 열려 있어도 가능)으로 Open하고 싶은 경우에는 [File] - [Open Reference]를 실행하여 .prj을 지정하면 PADS Pro Designer가 추가로 실행됩니다.

불러온 뒤에 위처럼 회로도 Navigator에서 선택을 해야 회로도가 Open되게 됩니다.

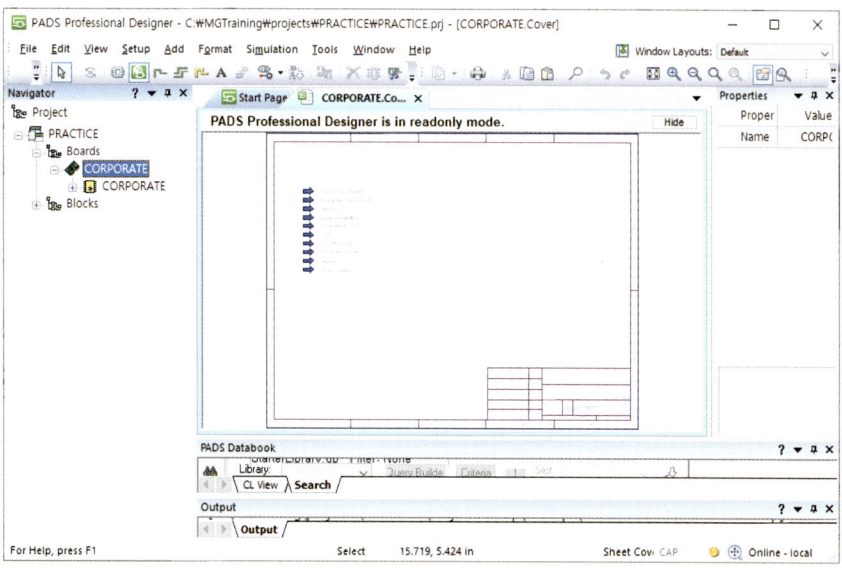

Project 복사는 2가지 방법으로 가능합니다.

- ◆ Option 1:
  Windows Explorer 사용
  (참고 : 복사하기 전에 모든 PADS Pro 관련 응용 프로그램을 닫아야합니다.)
- ◆ 같은 이름의 프로젝트 폴더를 다른 위치로 복사 (backup copy)
- ◆ 이름이 변경된 프로젝트 폴더 복사 (revision/versioning)
- ◆ 모든 프로젝트 관련 정보는 동일하게 유지되며 프로젝트 파일 변경 경로 만 유지됩니다.

- ◆ Option2:
  Job Management Wizard 사용
- ◆ 프로젝트 및 프로젝트 위치의 이름을 바꿀 수 있는 옵션

신규 Project의 Default 설정은 Project를 생성할 때 지정하는 Template로 지정됩니다.

Template는 자동화된 초기 설정 작업으로 공통 설정 정보를 다른 프로젝트의 Template으로 저장합니다. (예: 새 프로젝트에 대한 특정 기본값을 정의)

새 프로젝트를 만들 때 템플릿을 선택하며 새 프로젝트는 다음 창에 사용 가능한 Template을 나열합니다. Template에 정의된 일반 설정은 다음과 같습니다.

- Central Library의 경로
- Special Components 파일 (speccomp.ini)의 경로
- Bus Content 정의 파일의 경로
- Border Symbol 및 사용 (Borders.ini 파일 경로)
- Schematic grid, units, Sheet Size
- Sheet color, scheme, font Settings

현재 자신의 Project의 설정을 신규 작성을 할 때 Default로 설정하고 싶다면, 현재의 Project의 .prj파일을 다음의 경로에 카피합니다.

C:\MentorGraphics\PADSProVX.2.7\SDD_HOME\standard\templates\dxdesigner\PADSPro

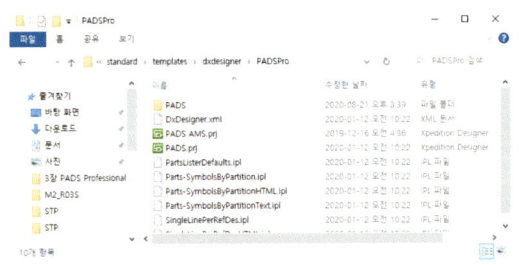

카피하면 Template에 카피한 이름으로 나타나게 됩니다.

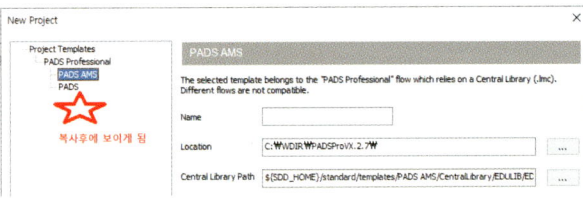

PADS Pro Designer는 자동 저장 방식을
사용하고 있습니다. 자동 저장되는 시점은
언제나 Project가 Close되는 시점입니다.
저장하는 Save 메뉴는 없으며, Save 대신
특정 시점을 Backup하고 Rollback할 수
있습니다.

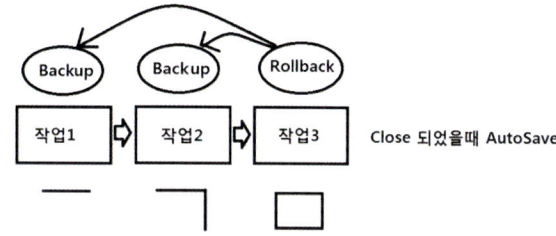

Backup은 Project 내부에 Backup된 시간으로 저장되어 나타나게 되며 Comment를 부여할 수도 있습니다.

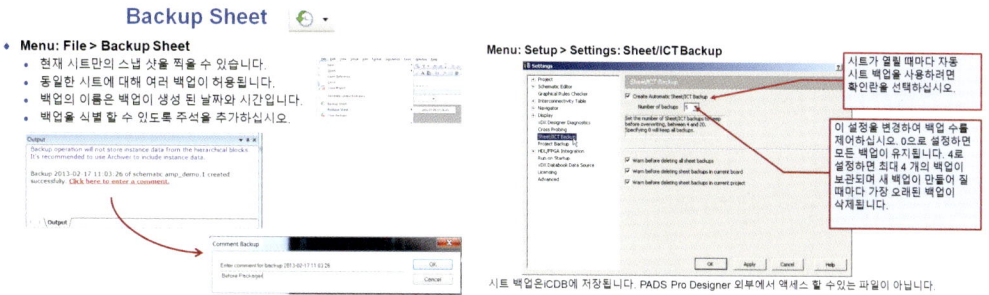

백업 이후에 원래 시점으로 돌리려고 하면 [File] - [Rollback Sheet]에서 사용 가능한 목록에서 버전을 선택합니다.

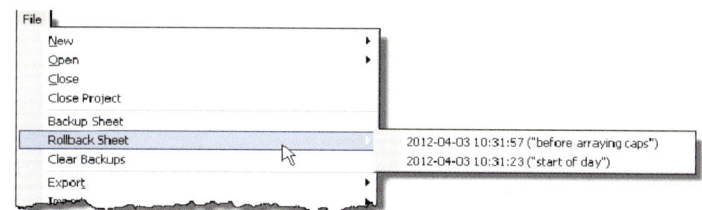

복원한 백업 이후에 작성된 백업은 롤백을 위해 목록에서 더 이상 사용할 수 없습니다. [File] - [Clear Backups]은 현재 시트의 모든 백업을 삭제하고 취소할 수 없습니다. 디자인을 저장하기 전에 수행해야 합니다.

자동으로 Backup되는 시간을 조절할 수도
있습니다. [Setup] - [Setting]에 Project
Backup에서 백업될 시간과 숫자를 지정합
니다. Project가 처음 불러올 때, Close될
때에나 특정 원하는 것에 따라 자동 백업
을 설정합니다.

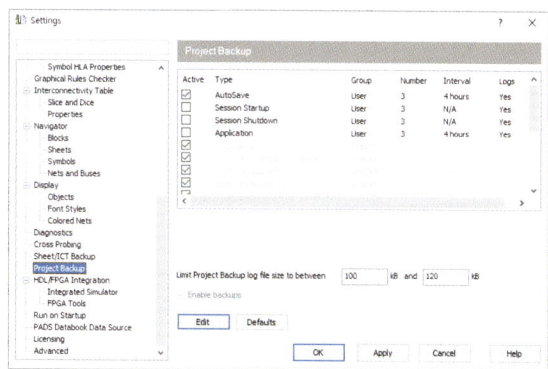

PADS Pro Designer가 시트 백업 뿐 아니라 전체 프로젝트를 백업하는 것이 중요합니다. 프로젝트 백업은 프로젝트 폴더의 별도 하위 폴더에 저장되며 백업 폴더의 이름은 ProjectBackup입니다. 프로젝트 백업 파일은 zip 파일이며 생성된 날짜와 시간, 자동 백업인지 또는 사용자 생성 백업인지에 따라 이름이 지정됩니다. 자동 백업 생성 옵션은 프로젝트 백업 카테고리의 [Setup] - [Settings] 대화 상자에서 사용할 수 있습니다. 이것이 설정되면, PADS Pro Designer는 기본적으로 4시간마다 또는 사용자가 지정한 시간 간격으로 백업을 생성합니다.

이 자동 백업과 백업된 프로젝트 복구를 위한 별도의 iCDB Project Backup의 Utility를 사용합니다. PADS Pro Designer에서 실행 가능합니다.

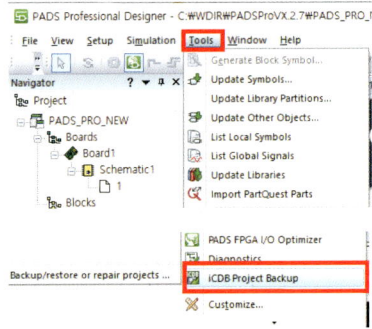

실행되면 먼저 현재 열려 있는 프로젝트를 지정합니다. Utility에서 백업을 진행 가능하며, 수동/자동 백업된 리스트에서 복구를 현재 프로젝트나 다른 이름의 프로젝트로 복구 가능합니다. (복구는 해당 Project가 Close되어야 합니다.)

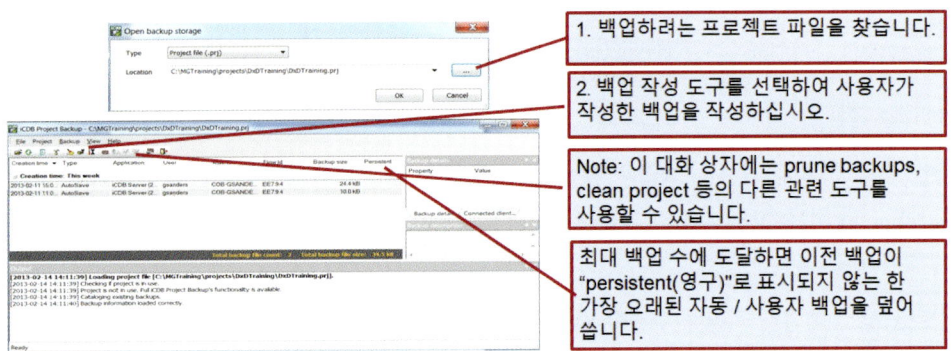

iCDB Project 백업은 전체 프로젝트 폴더를 백업하지 않으며 "raw" 프로젝트 데이터만 백업합니다. 이유는 작은 백업, 프로젝트를 이전 상태로 완전히 복원하는 데 필요한 데이터만 사용되기 때문입니다.

- iCDB Database
- PRJ와 설정 Files
- PCB Database 또한 raw data

전체 프로젝트 백업을 얻으려면 "Zip" 같은 프로젝트 디렉토리를 압축해야 합니다.

주의: 모든 MGC 관련 Tool를 닫거나 프로젝트를 언로드 해야 합니다.

파일이 여전히 사용 중이면 백업이 완전히 복원되지 않을 수 있습니다.

Archiver는 raw data에서 전체 프로젝트 폴더 백업 및 추가 파일/폴더까지 구성하여 가능한 백업 실행중인 MGC 응용 프로그램의 파일 잠금 메커니즘을 처리합니다. 이중 안전 장치로 Archive를 사용하면 Save As명령어를 대신해서 Project 전체를 다른 파일로 저장할 수 있습니다.

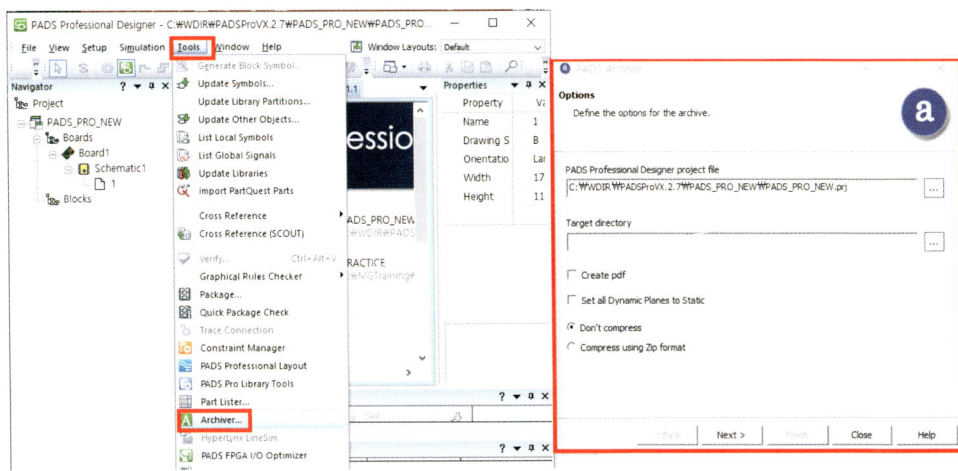

추가적인 파일도 같이 압축 파일 형태로 작성하는 것이 가능하며 출력한 파일의 이름에 시간 정보가 들어갑니다.

백업을 추가적으로 정리하면 다음과 같습니다.

Backup type	Backup 위치	Backup 범위	Advantages	Disadvantages
Sheet backup	iCDB 이내	현재 시트 만	빠른 복원 가능	현재 시트 만
Project backup	프로젝트 내에서	전체 프로젝트 iCDB 및 PCB	자동 + 사용자 백업 및 복원	안전하지 않고 프로젝트 내에 저장
전체 프로젝트 폴더의 ZIP 백업	외부 프로젝트, 네트워크 선호	전체 project	완전한 데이터 세트. 1:1 사본.	zip이 생성되는 동안 열려있는 파일의 가능성

실습 03 PADS Professional Designer의 Project작성

1 작성할 Data는 5개 Sheet의 회로도 입니다. 이 회로도를 작성하기 위해 새로운 Project 먼저 작성합니다. PADS Pro Designer를 실행하고 [File] - [New] - [Project]를 선택합니다.

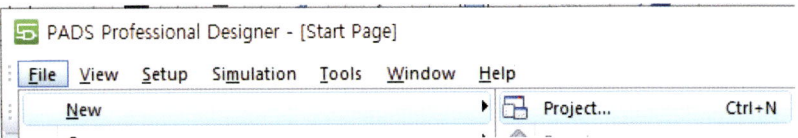

2️⃣ Project Template는 PADS를 선택합니다.

Central Library Path는 [...]을 눌러 C:\MGTraining\common\libraries\master-DXD\master-DXD.lmc를 지정하고, Location은 [...]을 눌러 C:\MGTraining\projects까지 지정합니다.

Name은 PADS_PRO_TRAINING 으로 지정합니다.

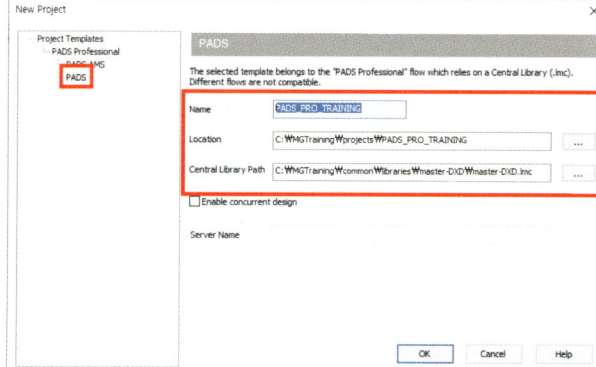

Project가 작성되면 [File] - [New] - [Schematic]으로 회로도와 Sheet까지 작성합니다.

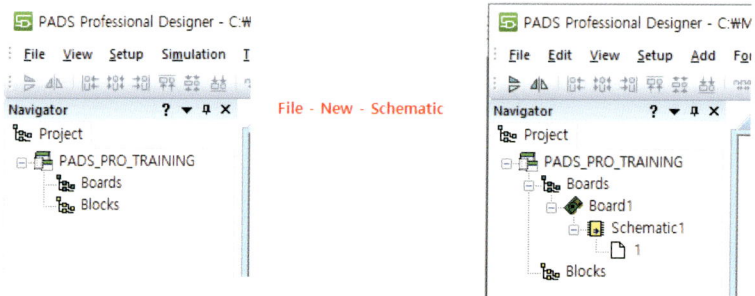

3️⃣ 노란색의 Schematic1을 PADS_Pro로 변경합니다. 마우스 오른쪽 버튼으로 선택하고 Rename 으로 변경하고, 1번 Sheet도 Main으로 변경합니다.

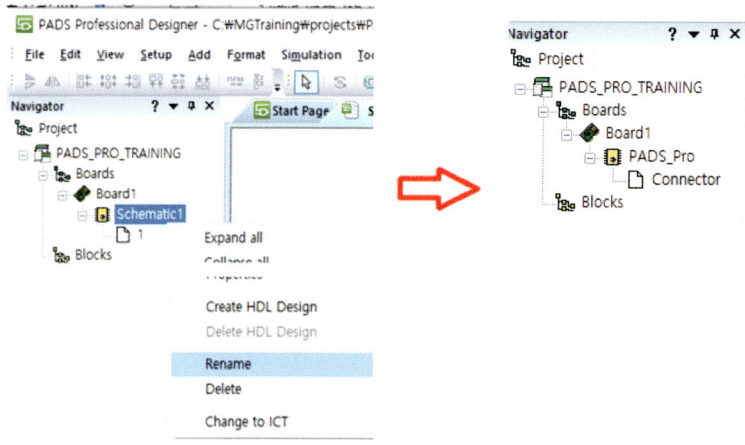

4 화면 다음 다음 TITLE이 변경되지 않았습니다. [Tools] - [Update Other Object]에서 Update Border를 선택합니다.

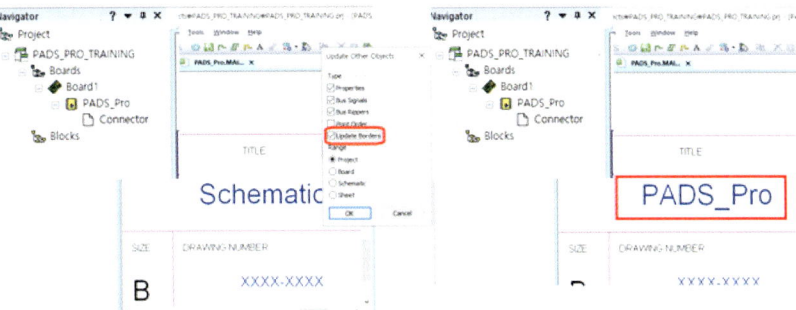

5 PageDown 키를 누르거나 마우스 오른쪽 버튼을 눌러 Next Sheet를 선택합니다

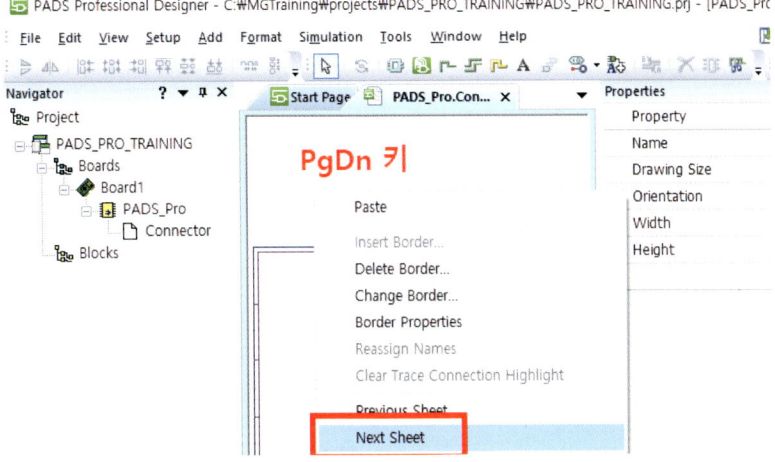

6 2번 Sheet가 작성됩니다.

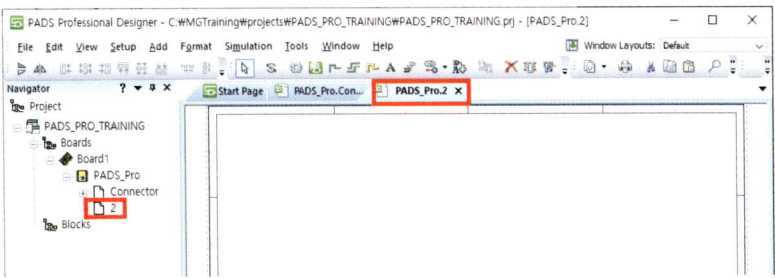

7 2번 Sheet의 이름은 ecl입니다.

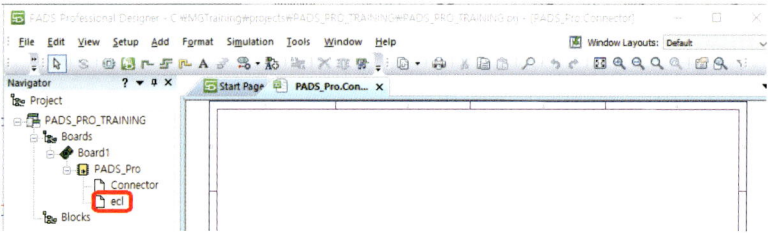

8 3번 Sheet도 작성하고 De-Cap으로 이름을 변경합니다.

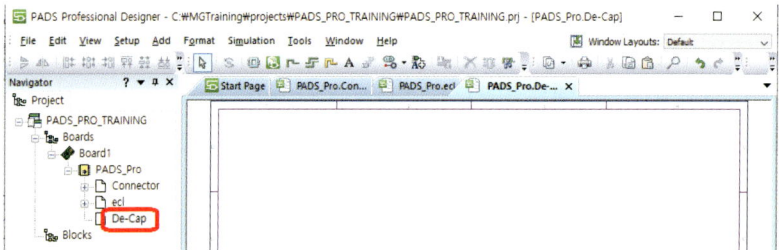

9 Connector, ecl, De-Cap은 Sheet의 사이즈 변경은 하지 않고 기본 사이즈인 B로 사용합니다. 비어 있는 곳을 아무 곳이나 선택하면 Properties 창에서 Sheet전체에 대한 속성이 나타나게 됩니다.

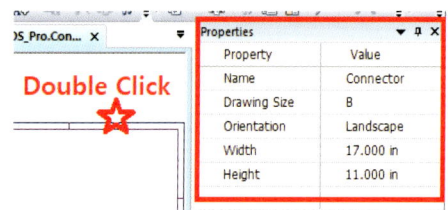

10 앞의 3장은 B 사이즈로 작성하고 추가로 2장 더 Sheet를 작성해야 합니다. 총 5장의 회로도입니다. 2장의 Sheet를 작성하여 총 5 Sheet로 만들고 4번째는 D_2_A이고 5번째는 Memory 입니다.

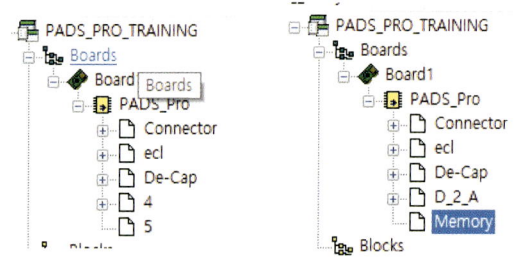

11 D_2_A와 Memory Sheet는 사이즈를 A1 사이즈로 변경해야 합니다.

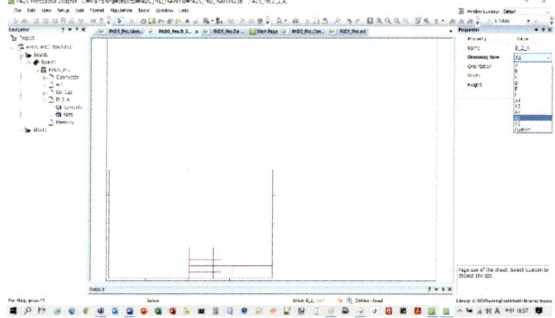

⑫ 변경 후에는 Sheet에서 Change Border로 A1을 선택합니다.

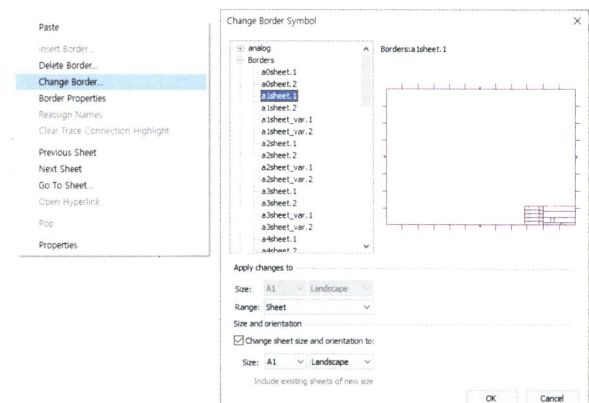

⑬ 혹은 Delete Border를 한 후에 다시 Insert Border를 해도 됩니다.

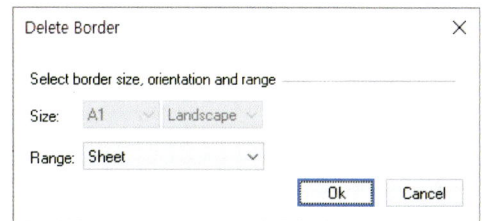

⑭ 다음의 5 Sheet를 작성합니다.

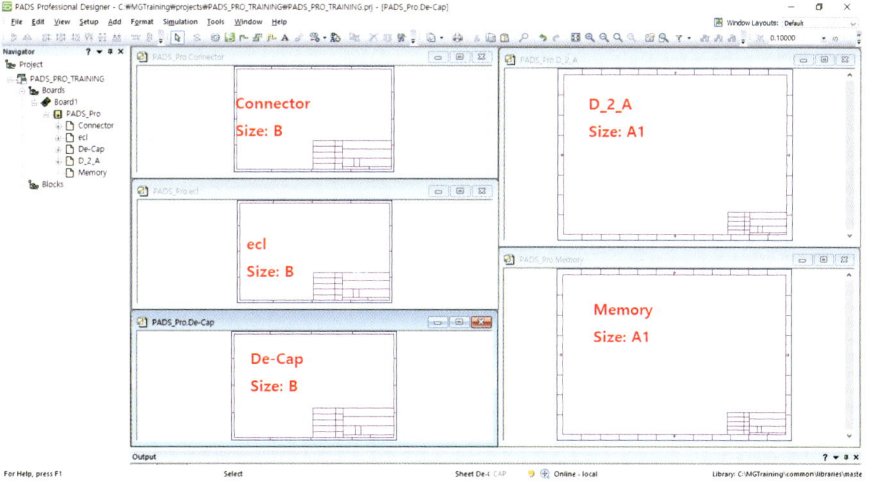

06 PADS Professional Designer의 환경 설정

PADS Pro Designer의 환경은 많은 인원 수의 팀이 동일한 환경 내에서 작업을 하게 되어 있습니다. 이 환경은 각 장비의 환경 변수의 값에 따라 위치가 결정되게 되고 특별한 Custom 설정을 하지 않았다면 다음의 값이 기본 설정입니다.

시작 - 검색 - 시스템 환경 변수 편집

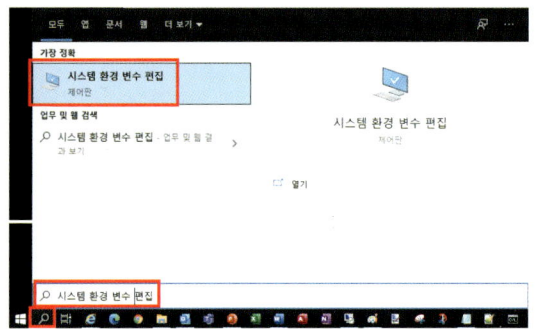

이 WDIR에 위치한 DxDesigner.xml이 [Tool] - [Setup] - [Settings]에서 수정한 내용들이 저장되는 파일입니다.

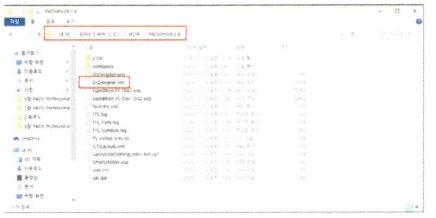

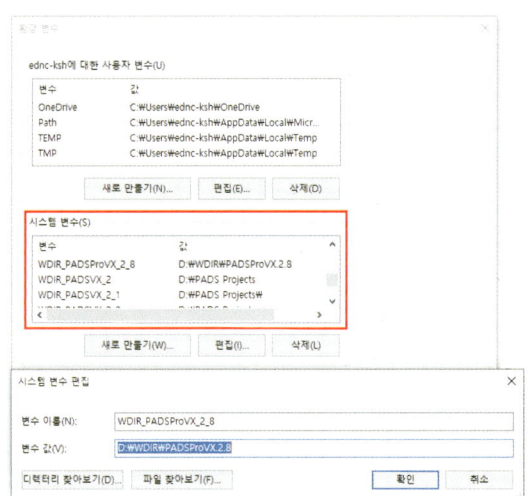

이 다음에 설정 파일, 속성 정의 파일, Border 설정 파일, Special Component 설정 파일 등이 설치 시에 위치하게 됩니다. Custom을 해서 기본 설정으로 하고 싶으면 이 파일들을 수정하여 각 장비에 카피하게 하면 됩니다.

위에서 언급한 것처럼 Template의 다음 위치에 .prj 파일을 넣어 놓게 되면 화면 초기에 Template로 나타나게 됩니다.

3가지 설정들이 Default로 적용되게 되는 그림은
다음과 같습니다.

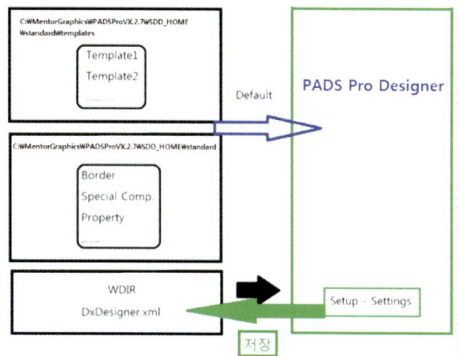

Default 설정을 위의 경로에서 가져와서 설정하는 내용은 WDIR의 경로에 저장되게 됩니다.

설정은 [Setup] - [Settings]으로 Project의 환경 설정을 할 수 있습니다.

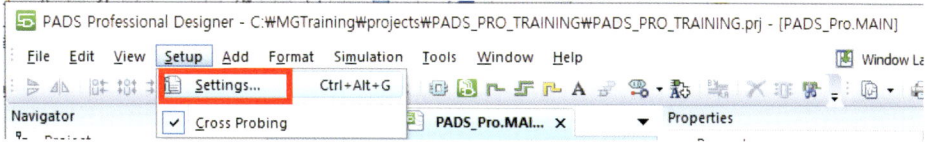

Project는 설정 파일이나 Symbol의 위치들을 설정합니다.

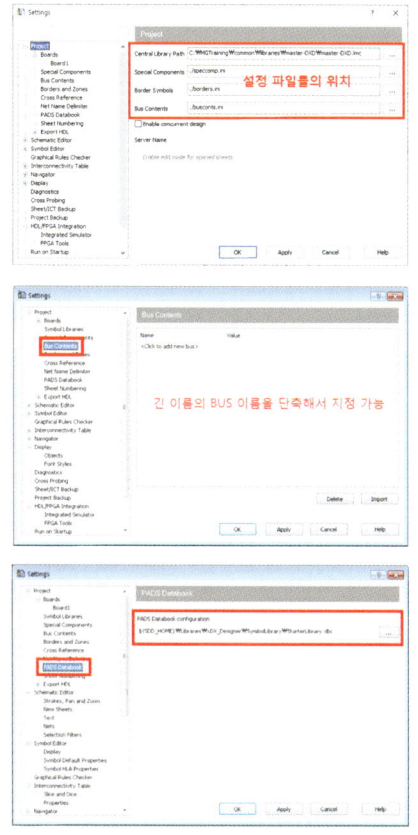
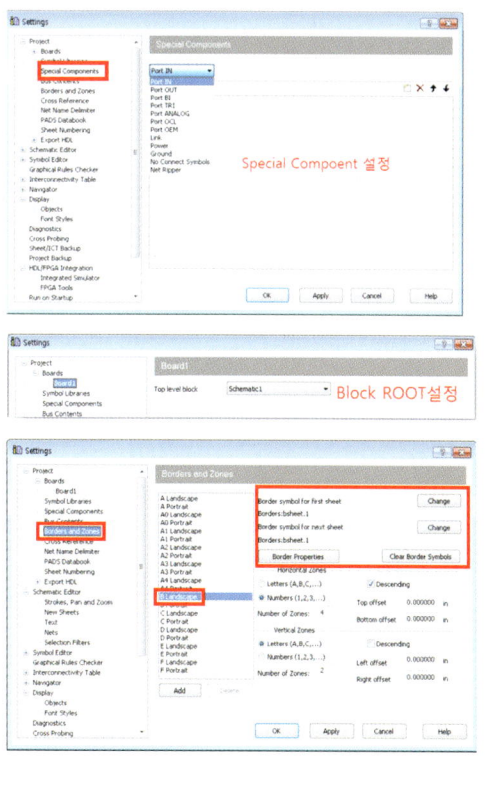

Schematic Editor는 단위나 Grid, Zoom 등을 설정합니다.

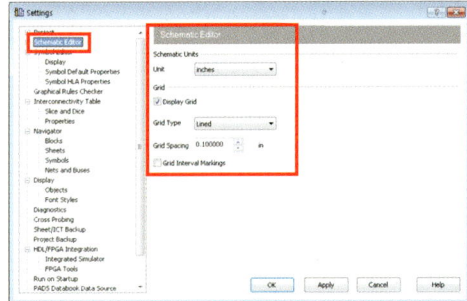

Symbol Editor는 Symbol File을 Edit하는 Symbol Editor의 설정입니다.

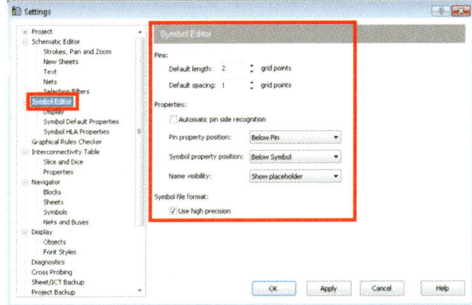

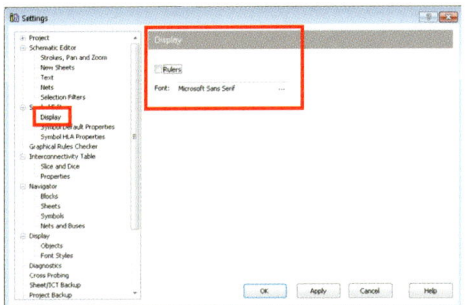
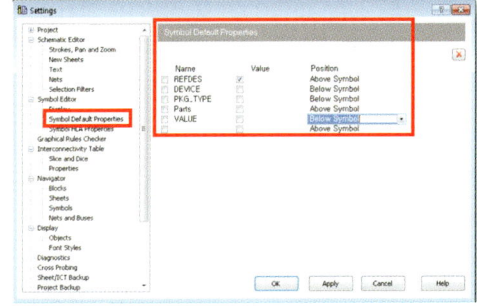

Graphic Rule Checker는 겹치는 Object나 Grid에 벗어난 Graphic적인 Check 설정입니다.

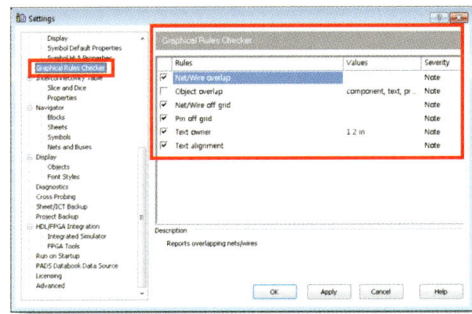

Navigator는 Navigator View에 관한 설정입니다.

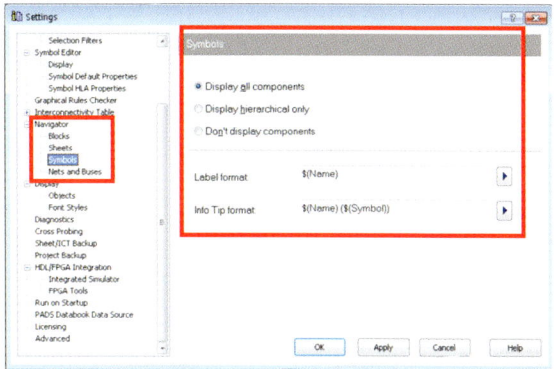

Display 설정은 Display On/Off나 Color, Font의 설정입니다.

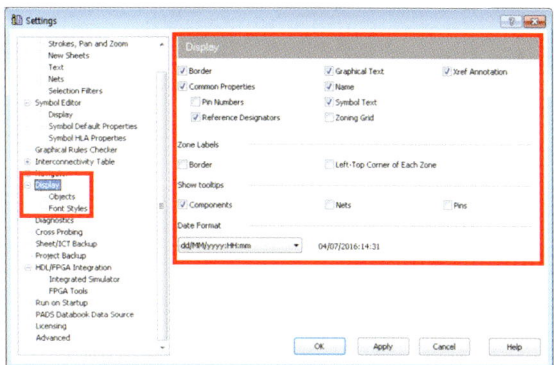

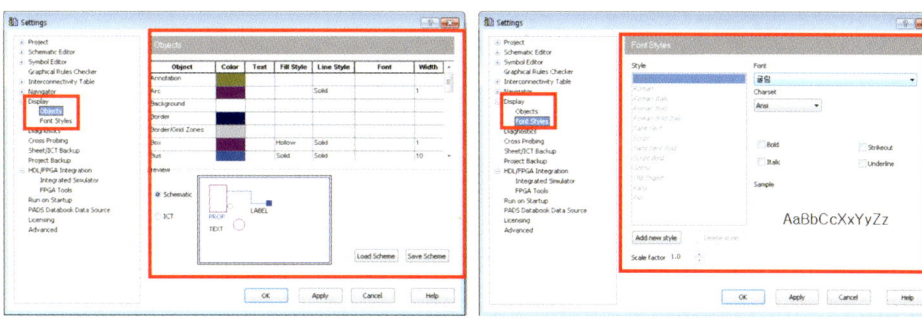

Diagnostics 설정은 내부적으로 잘못된 Data를 진단하고 수정하는 설정을 Tool이 종료될 때 실행하겠다는 설정입니다.

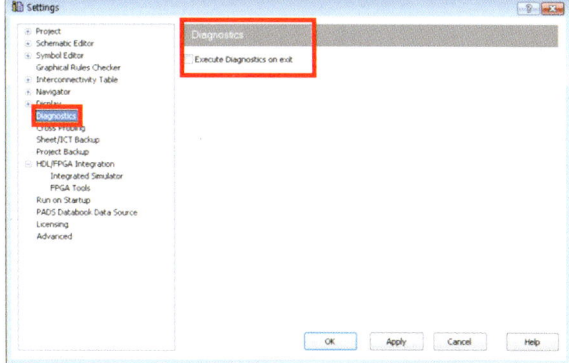

Cross Probing 설정은 PADS Layout과의 Cross Probing에 관련된 설정입니다.

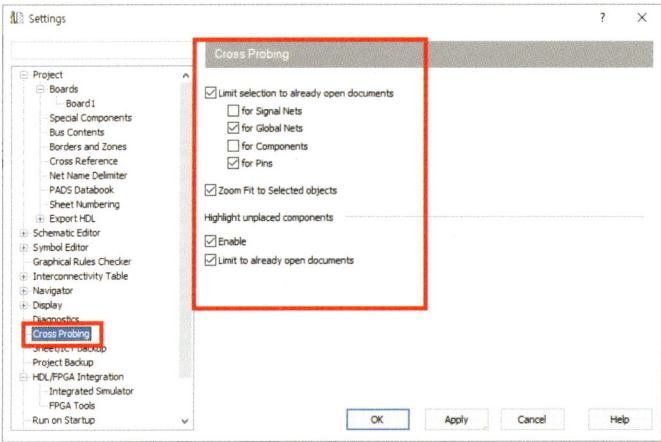

Project Backup 설정은 자동 백업 등의 설정입니다.

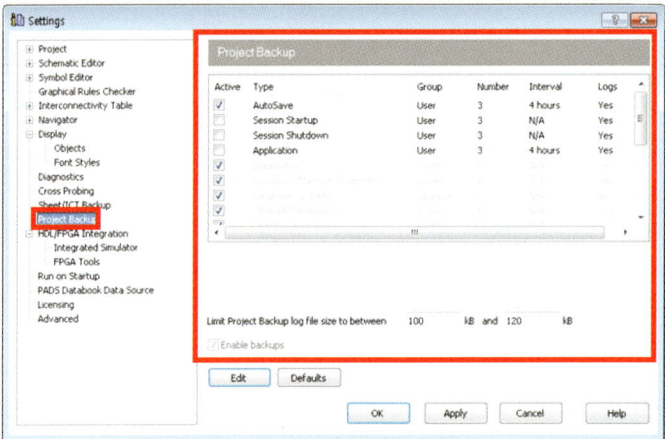

Advanced 설정은 선택 반경이나 카피 시에 속성지정, Dot의 사이즈나 커서의 설정입니다.

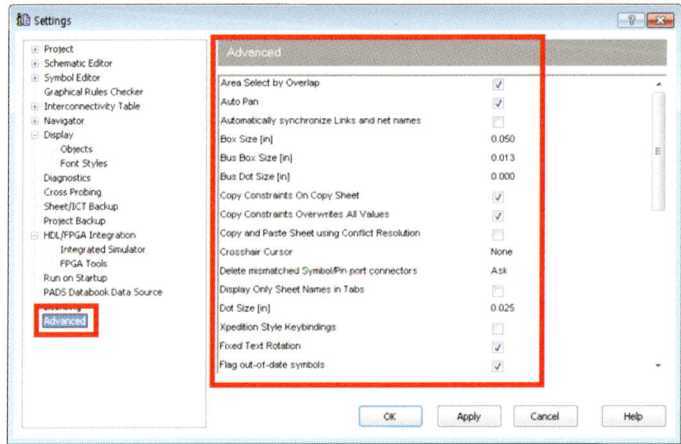

실습 04   PADS Professional Designer의 Option설정

C:₩MGTraining₩projects₩PADS_PRO_TRAINING₩PADS_PRO_TRAINING.prj를 Open합니다.

1 [Setup] - [Setting]에서 몇 가지 설정이 필요합니다. [View] - [My Parts]에 보면 Special Component의 설정이 필요합니다.
현재 모양으로는 사용할 수가 없습니다.

2 [Setup] - [Setting] - Project - Special Component에서 보면 Builtin과 Globals라는 파티션에서 Special Component를 지정하고 있고 이름이 맞지 않아 기존 부품이 깨져서 보이게 됩니다.

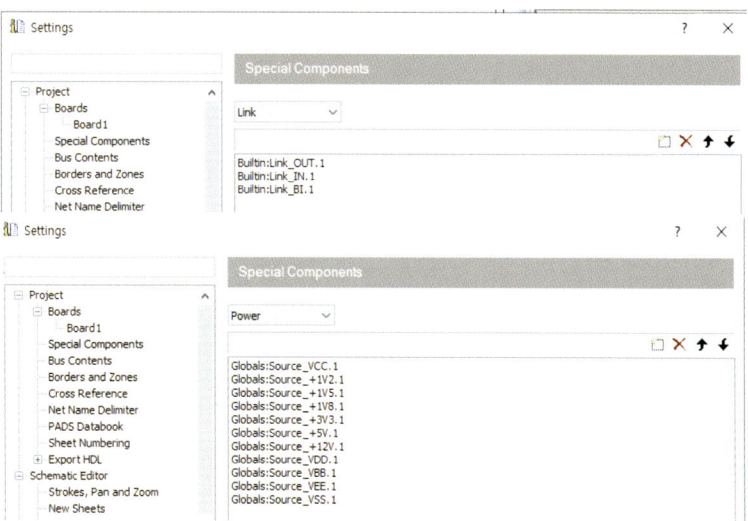

3. ✕를 눌러 기존 부품을 삭제하고 ⬚를 눌러 맞는 부품들을 지정합니다.
먼저 Port IN은 다음처럼 지정합니다.

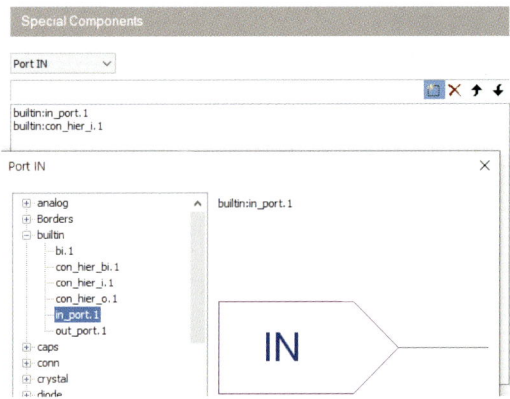

Port OUT은 다음처럼 지정합니다.

Port BI는 다음처럼 지정합니다.

LINK는 다음처럼 지정합니다.

POWER는 다음처럼 지정합니다.

Ground는 다음처럼 지정합니다.

NC와 Ripper는 다음처럼 설정합니다.

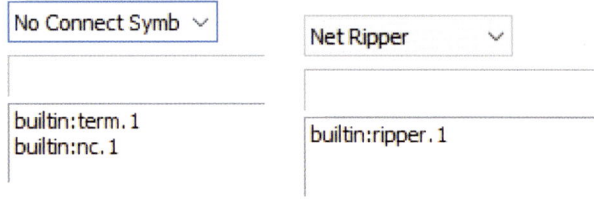

설정이 끝나고 My Parts의 Special Component에는 다음처럼 정상으로 보입니다.

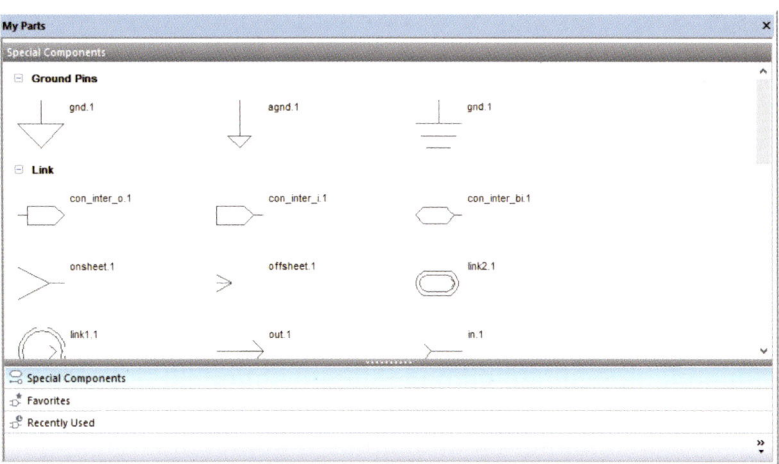

4 화면 이동을 원하는 Style로 변경합니다. [Setup] - [Setting] - [Schematic Editor] - [Stroke, Pan and Zoom]을 PADS로 변경한 뒤에 마우스 가운데 버튼을 누른 상태에서 위, 아래로 변경하여 Zoom in와 Zoom out을 확인합니다.

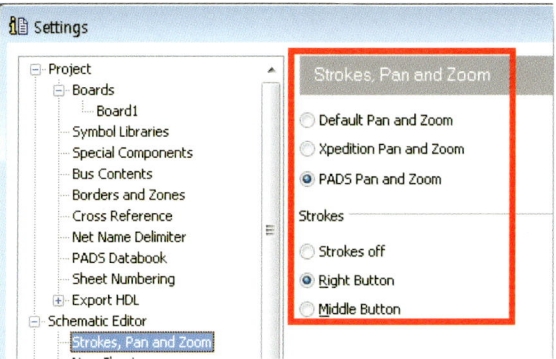

5 [Setup] - [Setting] - Navigator - Symbol에서 Navigator 창에 표시될 Symbol 형식을 설정합니다.

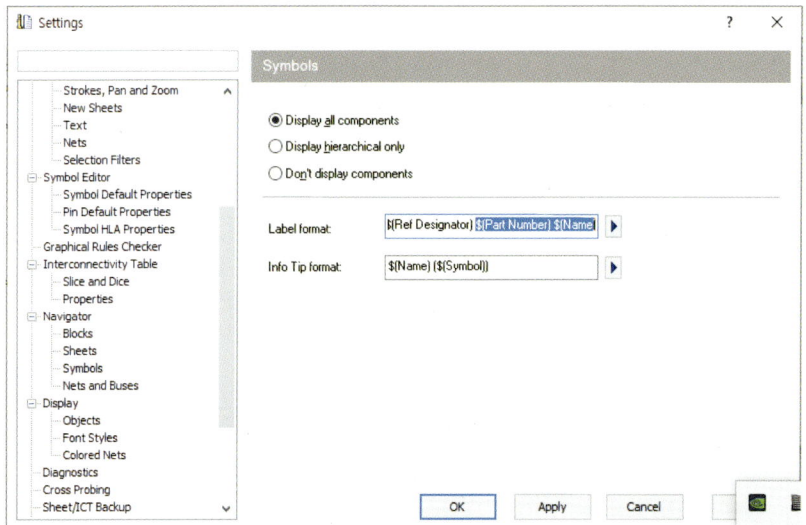

6 추가적으로 Advanced에서 설정 몇 개를 선택합니다.

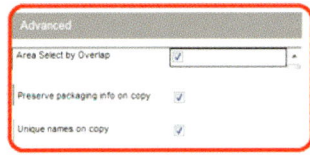

일부만 선택되도 전체 선택
Ref Designator를 포함해서 Copy
Net name을 Copy할때 설정한 Name제외

07 PADS Professional Designer의 회로도 부품 배치

회로도 작성을 위해 먼저 PADS Pro Designer에서 도형 작성을 확인합니다. 도형을 그리려면 Add 메뉴에서 입력합니다. 라이브러리의 Symbol 내용과 동일합니다.

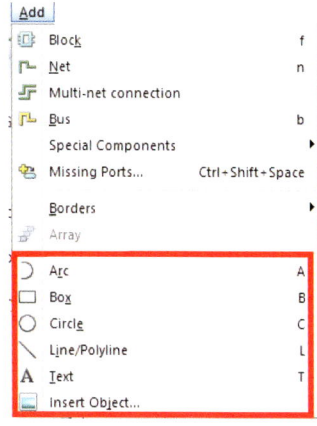

먼저 Line/Polyline에서 Line은 클릭 후에 마우스를 선택- 선택으로 입력합니다. 이전 버전은 선택후에 버튼을 누른 상태에서 움직여 다른 포인트에서 마무리했지만 VX.2.8부터는 일반적인 입력으로 개선되었습니다. 예전 방식도 사용 가능합니다.

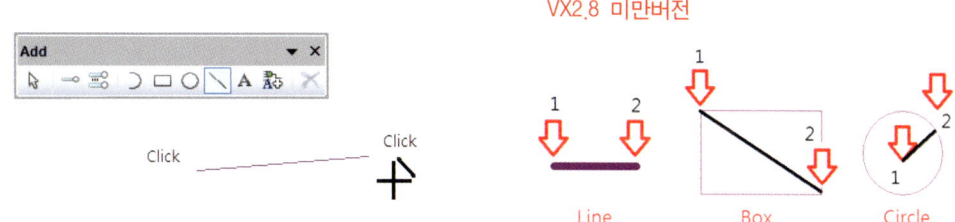

Circle이나 Rectangle은 클릭 후 다음 포인트에서 클릭으로 마무리합니다.

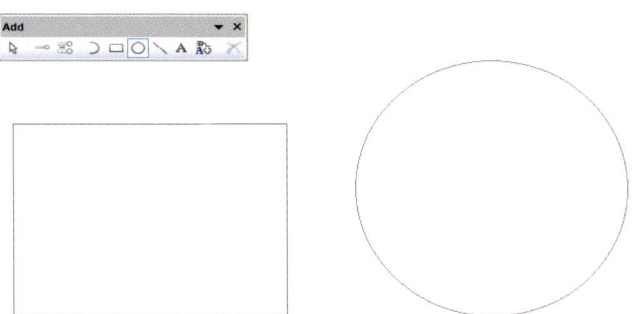

Arc는 Polygon처럼 두 번째 클릭을 하고 세번째 Arc의 원을 그립니다.

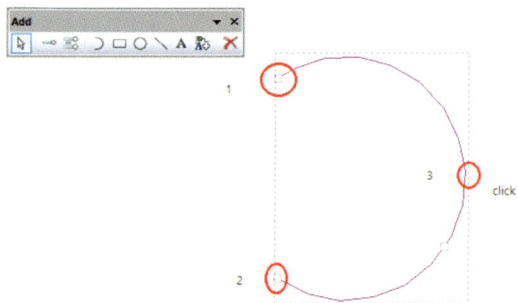

VX2.8 미만버전의 Arc같은 경우에는 Line과 같이 입력한 상태에서 Space Bar를 눌러 Arc 부분을 결정합니다.

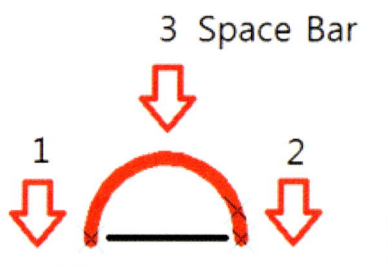

Polyline을 작성하고 예전 방식대로 클릭으로 누른 상태에서 띠지 말고 다음 원하는 포인트에 RMB나 Space Bar로 작성합니다.

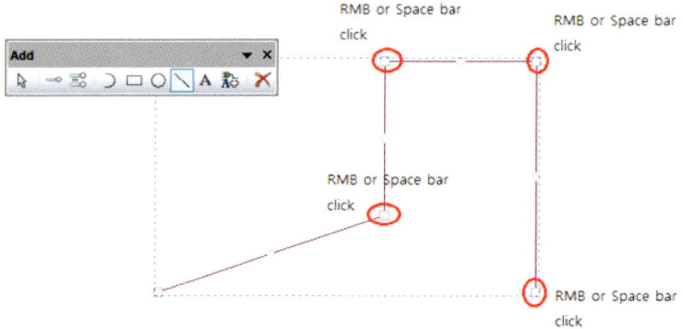

Polygon을 작성하려면 클릭으로 원하는 포인트를 클릭하고 나서 RMB로 Complete합니다.

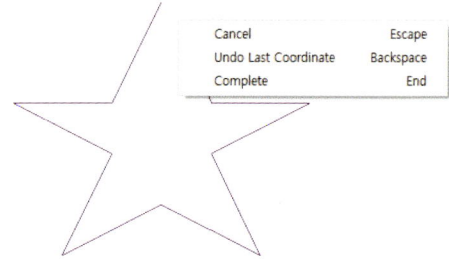

196

VX2.8 미만버전의 구성점이 2개 이상의 Line도 Arc처럼 Space Bar를 클릭하여 작성할 수 있습니다.

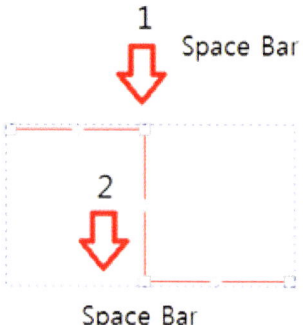

각 도형은 Properties Window에서 Width나, Hatch, Color 등을 별도로 설정 가능합니다.

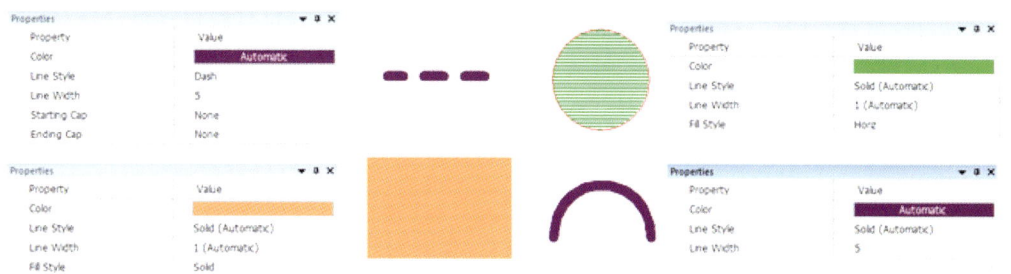

도형의 Size나 Scale을 변경하려면 그렸던 형상을 선택하면 다음처럼 실선으로 쌓이게 되고 Drag해서 편집이 가능합니다.

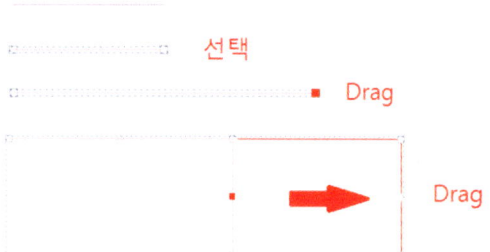

선택된 상태에서 상단의 추처럼 생긴 것을 움직이면 회전이 가능합니다.

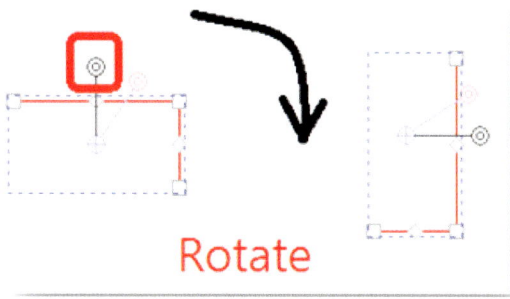

예전 방식으로 Polyline은 시작점과 끝점이 같으면
Polygon으로도 작성 가능합니다.

다시 Polygon을 Polyline으로 변경하려면 RMB - [Dissolve Polyline]을 하면 됩니다.

Dissolve Polyline을 다시 Polyline으로 변경하려면 2개이상의 연결된 라인을 선택한 다음 RMB - [Create Polyline]을 선택합니다.

또는 Transform Toolbar에서도 편집이 가능합니다.

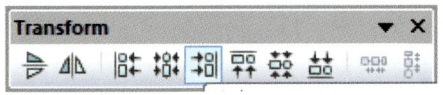

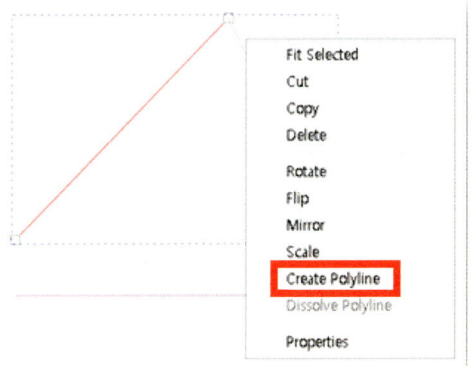

또는 Pull Down메뉴 중 [Format]에서도 가능합니다.

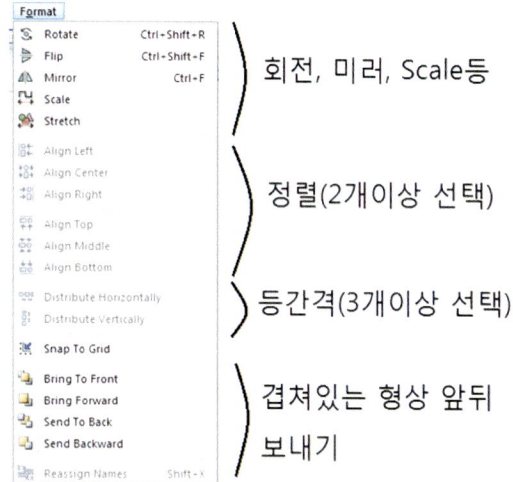

회로도 작성의 처음은 부품배치를 하는 것입니다. PADS Pro Designer에서는 3가지 방식에 따라 부품 배치가 달라지게 됩니다.

PADS Pro	Part로 배치	Part = Symbol + PCB Decal
	Symbol만을 배치	Symbol은 그래픽정보만으로 배치
	PADS Databook으로 배치	Database는 Part + BOM+ Datasheet Link

모든 부품 배치는 [View] - [PADS Databook] 메뉴에서 할 수 있습니다.

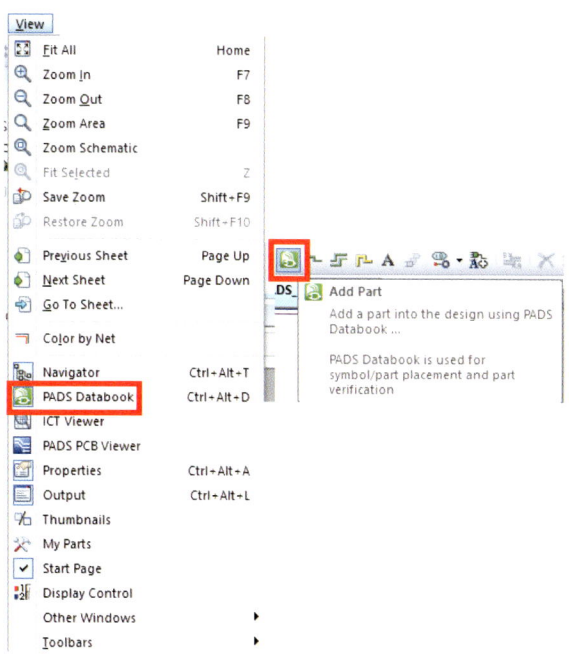

PADS Pro는 다음과 같이 Part, Symbol, PADS Databook을 사용 가능합니다

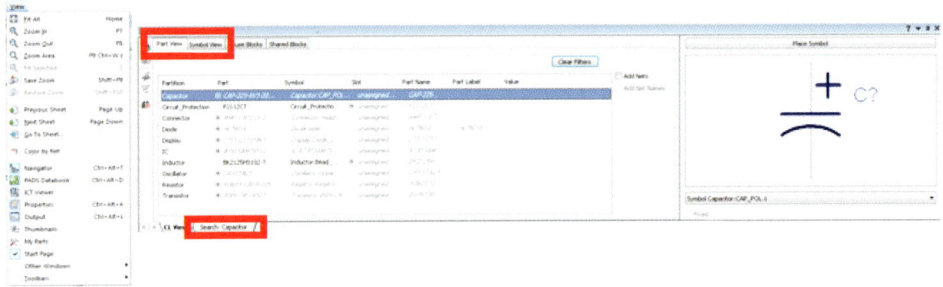

CL View의 Part View는 Central Library에서 지정한 Part를 기준으로 부품을 지정해서 사용합니다.

Central Library에서 Part Partition을 가져오며 Part의 하나 이상의 Symbol에 사용할 수 있습니다.

Multiple Slots은 특정 슬롯/핀 번호를 선택할 수 있습니다.

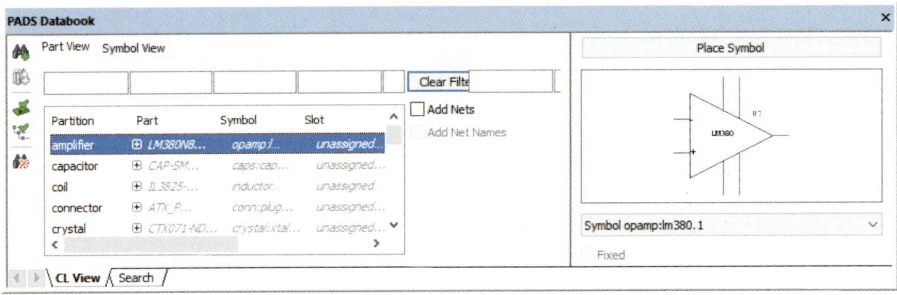

이미 PCB 부품이 지정되어 있기 때문에 Cell의 형상 확인이 가능합니다.

Part View는 다음의 항목을 지정해서 검색 가능합니다. 74*SOP, *ALS*, ?4ALS* 등의 Wild cards Characters 사용이 가능합니다

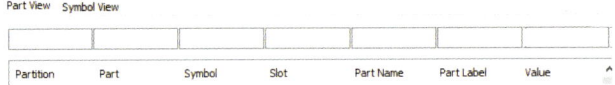

형상을 Drag하면 한번 배치이고, Place Symbol을 누르면 연속 배치가 가능합니다

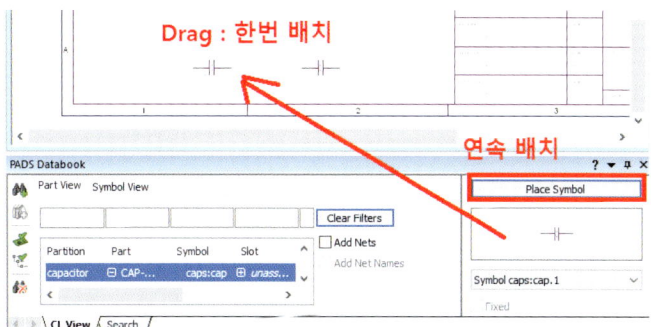

항목 중에 Slot이란 부분이 있습니다. Slot은 Gate 정보를 예기하는 것으로 Central Library에서 Logical의 Pin이기도 합니다. 이 부분을 UnAssigned으로 하면 Pin Number가 입력되지 않습니다. 하지만 나중에 Package 과정에서 자동으로 입력됩니다.

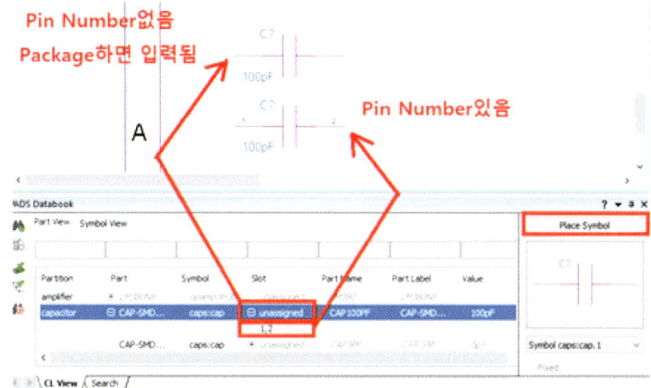

Part에 Pin을 포함해서 작성했는데 안 보인다면 [Setup] - [Setting] - Display의 Pin Number를 체크해야 합니다.

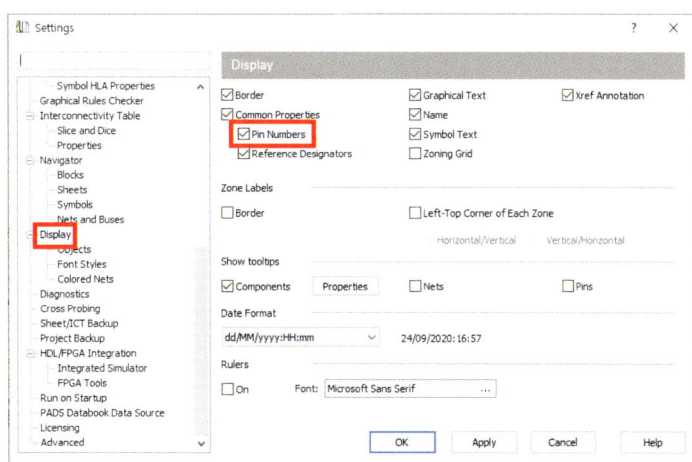

Slot의 Gate 정보로 작성된 부품 중에 여러 Slot으로 만들어진 부품들이 있습니다.

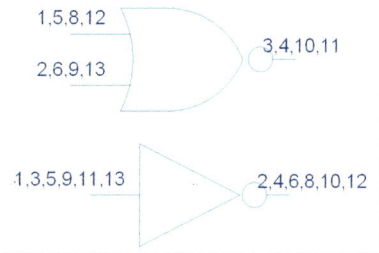

이 부품들은 IC의 내부를 따로 따로 Gate의 Function으로 표현한 Symbol입니다. 이 부품들을 Slot의 처음을 선택하고 순차적으로 배치하면 다음처럼 Pin의 순서대로 배치가 됩니다.

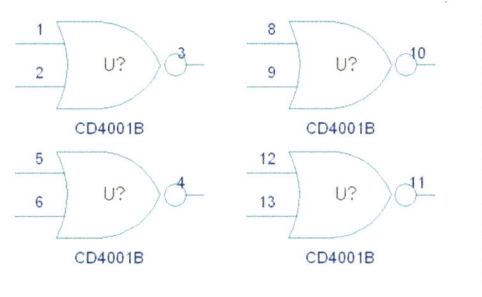

하나의 IC를 회로도의 위치에 따라 나누어서 그릴 때 용이하게 사용될 수 있으며, 나중에 부품의 번호는 U1처럼 같은 번호로 부여되게 되며, PCB 부품도 한 부품으로 나타나게 됩니다. 다음에 Add Net를 선택하면 부품 배치 시에 Net도 같이 배치가 되며, 추가로 Add Net

Name은 추가되는 Net에 Net Name까지 배치되게 됩니다. 이때 추가되는 Name은 각 부품의 Pin Name입니다.

Symbol의 기능은 동일한데 모양만 다른 부품들을 사용하고 싶다면, Symbol의 이름이 표시된 부분을 선택하면 됩니다. Rotate될 때 Text까지 Rotate되는 다른 Symbol을 사용하고 싶은 경우에는 별도로 Symbol에서 설정합니다.

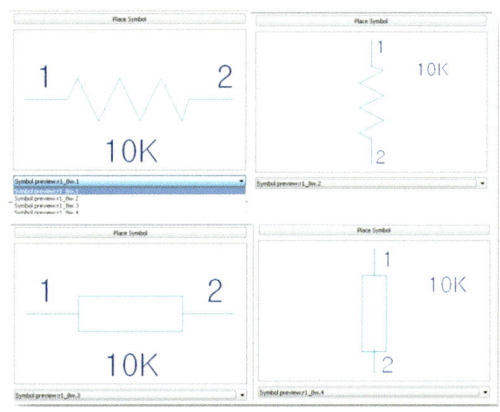

Part가 Central Library의 Part를 기준으로 배치한다면 CL View의 Symbol 탭은 Symbol 정보만으로 부품 배치를 합니다. 물론 PCB 부품 정보가 없기 때문에 Part가 정해지지 않은 부품으로 먼저 회로도 작성을 한 뒤에 나중에 PCB 부품이 확정되고, Part를 정하게 되면 나중에 Replace Symbol/Part에서 Part로 변경해야 PCB로 넘길 수 있습니다. Symbol에 Pin 정보가 있어서 Pin은 표현됩니다.

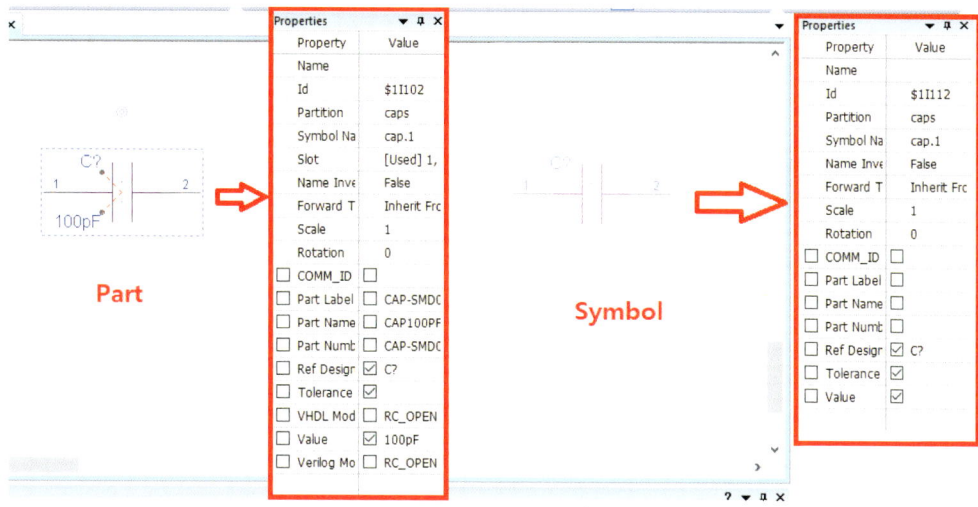

앞의 Symbol이나 Part는 PADS Pro Designer의 내부 Data을 이용해서 배치를 합니다. 그래서 각 부품들의 속성을 회로도에 표현하고 싶으면 Symbol이나 Part에 직접 입력을 해야 합니다. 하지만 많은 부품의 속성을 각 Symbol에 표현하려면 각 Symbol마다 작업을 해야 하고, 예를 들어 동일한 모양이지만 10K와 100K의 Symbol을 따로 작성해야 합니다. 따로 작성하지 않고 Symbol은 하나인 상태에서 자유롭게 부품의 Value를 바꾸는 것도 가능 하지만 그렇게 되면 통합라이브러리 환경을 운용하는 취지에 맞지 않습니다.

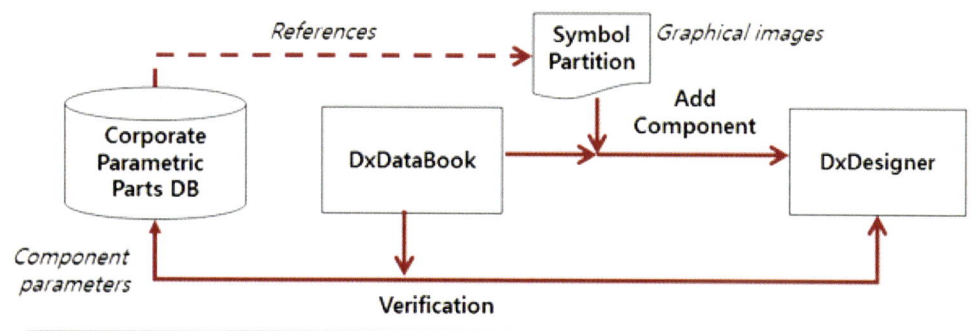

그래서 외부 Database(Microsoft Access)에 부품의 Library 정의 부분과 BOM에 출력할 Property를 정의부분을 한꺼번에 DB로 작성하여 PADS Pro Designer에서 직접 불러올 수 있는 기능을 PADS Databook이라고 합니다. Starter Library에서 기본적으로 설치되어 시작하는 Template에

지정되어 있어 고유한 회사만의 DB 구축 전에도 기본적인 부품들은 사용 가능합니다. 고유한 회사만의 DB를 사용하려면 각 회사만의 사용하는 부품 종류와 이름 규칙을 정하여 DB와 Symbol을 작성하여 통합 라이브러리 환경을 구축할 수 있습니다.

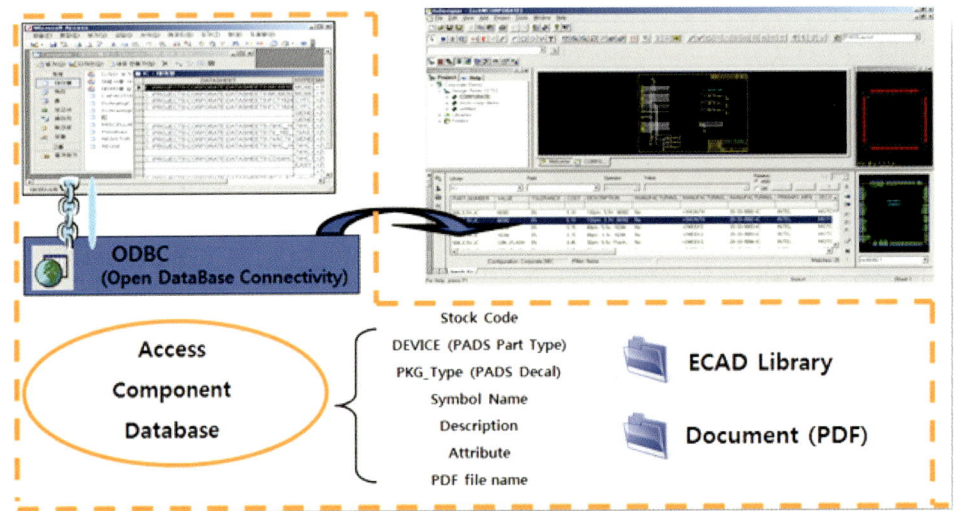

PADS Databook에서는 크게 두 가지 기능을 포함하고 있습니다.

● 원본 DB의 각 필드 값(속성값)의 중복 검색

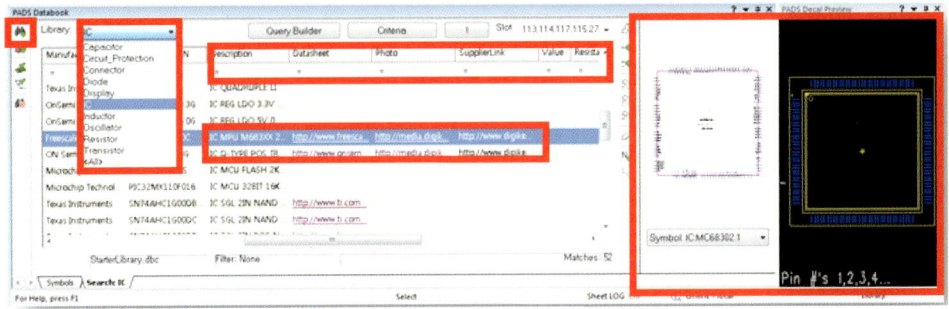

예를 들어 Resistors에서 50K 보다 큰 값이면서 허용 오차 1%의 또는 더 높은 값이면 다음처럼 검색할 수 있습니다

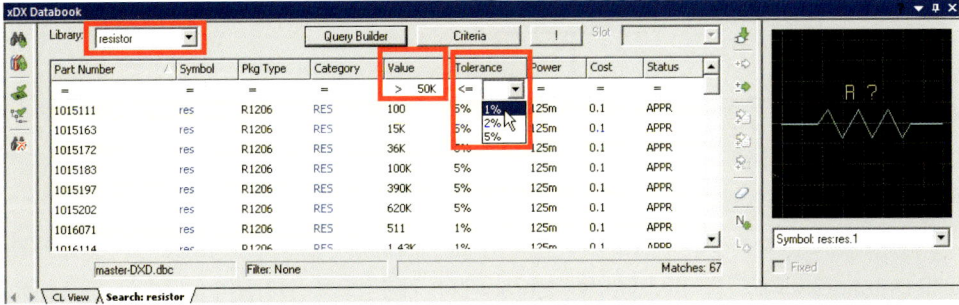

Component를 검색하고 선택 후에 다음 방법 중 하나를 사용 하 여 Schematic에 추가할 수 있습니다.

- specific
  - 행을 선택 하 고 Drag해서 schematic 에 component을 놓습니다.
  - 행을 선택 하 고 **Add New Component with all Properties** 선택
- general
  - 행을 선택하지 말고 **Add New Component with only Common Properties** 선택하십시오.
  - 행을 선택하지 않고 component를 schematic으로 끌어다 놓습니다.

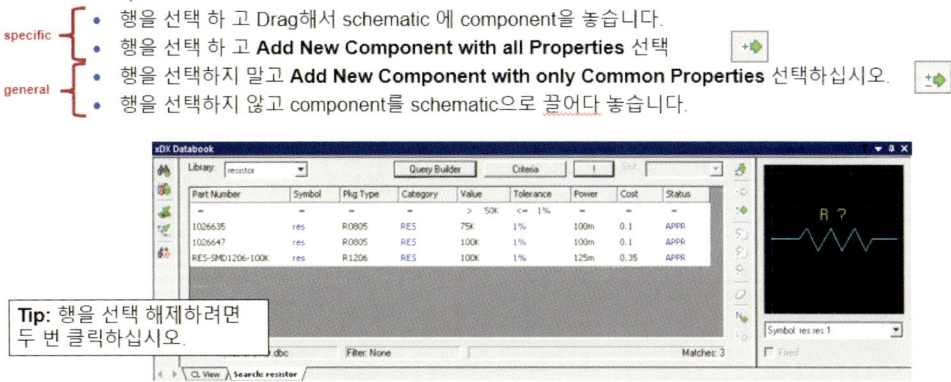

Note: Common Properties — 필터링 된 모은 속성의 component (xDX Databook에서 blue text로 보여 집니다.)

또 Databook Search 탭을 통해 다음처럼 부품을 빠르게 교체할 수 있습니다.

1. schematic에서 부품 선택 (5% Tolerance and C0603 Pkg Type)
   Note: 여러 부품을 선택할 수 있지만 동일한 부품 번호가 있어야합니다
2. Search tab에서 **Load Selected Component** 선택.
3. 새 부품에 적용 할 수 없는 조건을 제거하십시오.
   (조건은 제거 랄 때 RMB popup 사용)
4. 필요한 경우 새 부품의 추가 조건을 선택하십시오.
5. 선택 하 고 새 부품을 배치.
   Use:
   - **Annotate Component with All Properties**
   - <드물게 사용됨> **Annotate Component with Common Properties**

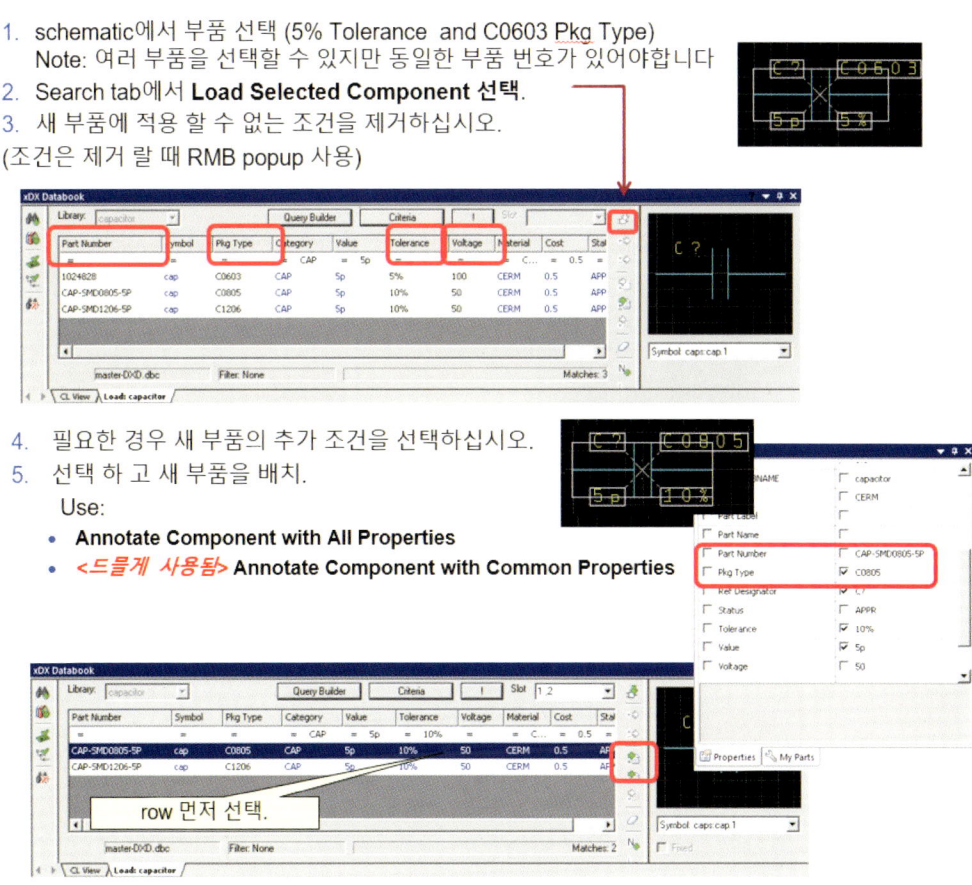

◐ 원본 DB와 회로도의 비교 기능

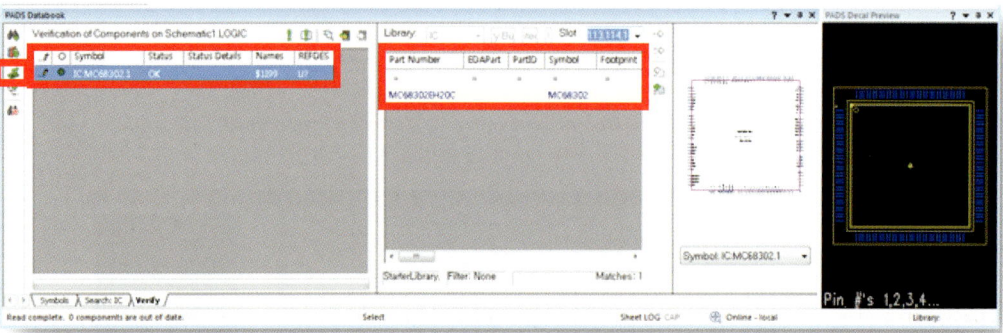

PADS Databook 에서는 다음과 같은 기능을 가지고 있습니다.

- 일반 Symbol이나 Part와는 달리 검색 창을 Library별로 여러 개 띠워서 검색이 가능합니다.
- DB의 속성을 여러 조건으로 검색하는 것이 가능합니다.
- 여러 조건으로 검색, 검증하여 대안이나 대체 부품 선정에 유리합니다.
- Part처럼 PCB 부품을 확인하면서 배치 가능합니다.
- Part처럼 Gate번호를 지정하여 배치 가능합니다.
- 부품의 Hyperlink로 특정 Datasheet등을 Open하거나, 특정 URL로 이동 가능합니다.
- 회로도에서 부품을 선택하고 해당하는 부품의 DB를 Load 할 수 있습니다.
- 회로도 부품과 DB의 속성을 비교하는 것이 가능합니다.
- 회로도 부품과 DB의 속성을 비교한 뒤에 DB기준으로 적용하는 것이 가능합니다.
- 부품 배치 후에 해당 부품을 선택하고 도형 그리기에서 사용했던 Rotate나 Flip. Mirror등을 사용 가능합니다.

부품을 배치할 때나 Move시에 활용 가능한 기능은 다음과 같습니다.

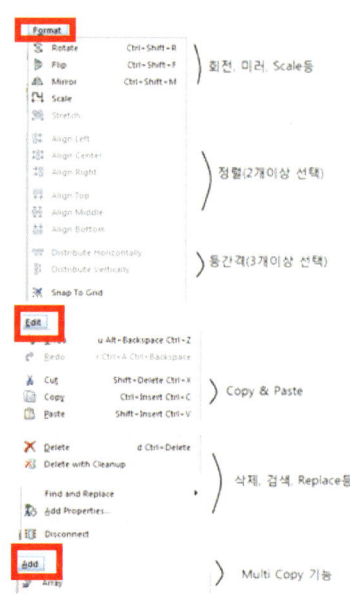

부품을 선택 후에 RMB - [Transform] 할
수 있습니다.

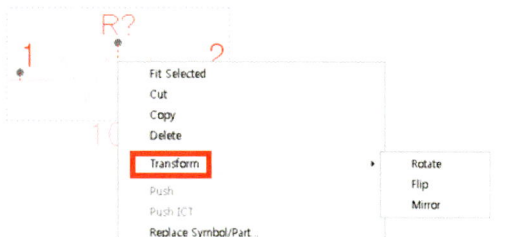

부품의 정렬을 위해 오피스처럼 Alignment Marker
를 사용할 수 있습니다.

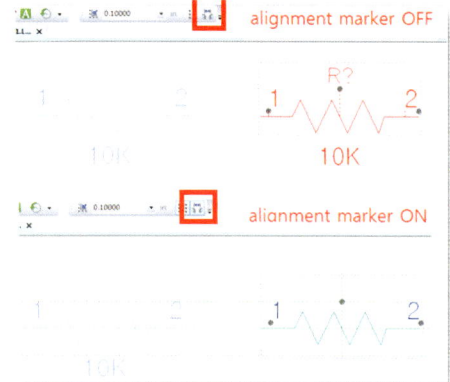

부품의 배치를 위해 Grid On/Off할 수 있습니다.

부품의 속석을 추가하는 방법은 다음과 같습니다.

- 부품의 속성추가 첫 번째 방법 RMB - [Properties]
- 부품의 속성추가 두 번째 방법 RMB - [Add Properties]

부품의 속성은 Properties 창에서 가능하며 수행할 수 있는 작업은 다음과 같습니다.

- 개체에 현재 할당된 속성 보기
- 속성 값 편집
- 부품에 새 특성 추가
- 속성 삭제
- 속성 이름 및/또는 값의 가시성 제어 (확인란의 체크 표시는 속성 이름 또는 값이 회로도에 표시됨을 의미)

속성 창을 열려면 다음의 방법으로 열수 있습니다.

- Object 더블 클릭
- RMB - [Properties]
- Menu - [View] - [Properties]
- Toolbar - [Properties]

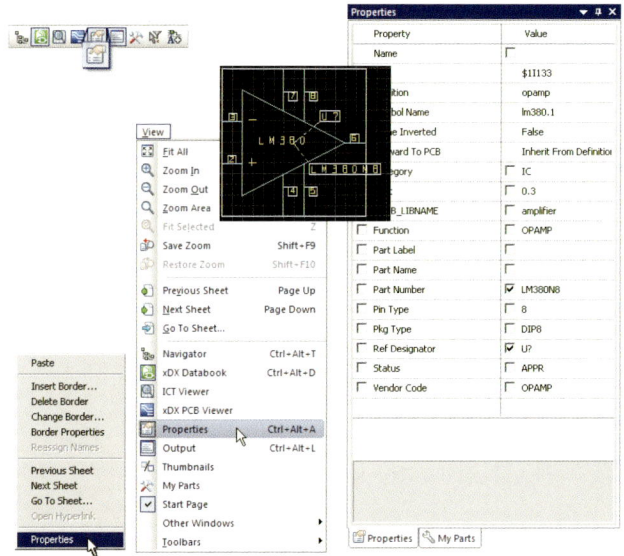

속성을 추가하려면 다음처럼 가능합니다.

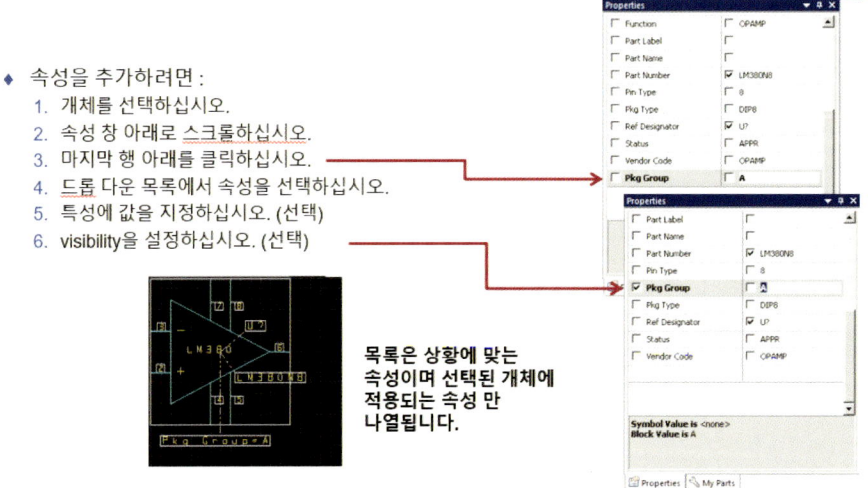

◆ 속성을 추가하려면 :
1. 개체를 선택하십시오.
2. 속성 창 아래로 스크롤하십시오.
3. 마지막 행 아래를 클릭하십시오.
4. 드롭 다운 목록에서 속성을 선택하십시오.
5. 특성에 값을 지정하십시오. (선택)
6. visibility을 설정하십시오. (선택)

목록은 상황에 맞는 속성이며 선택된 개체에 적용되는 속성 만 나열됩니다.

속성은 한꺼번에 여러 부품을 지정해서 한 번에 편집이 가능합니다.

- ◆ 여러 개의 공통 객체가 선택되면 공통 특성을 추가 / 수정할 수 있습니다(for example: display of Part Number value)

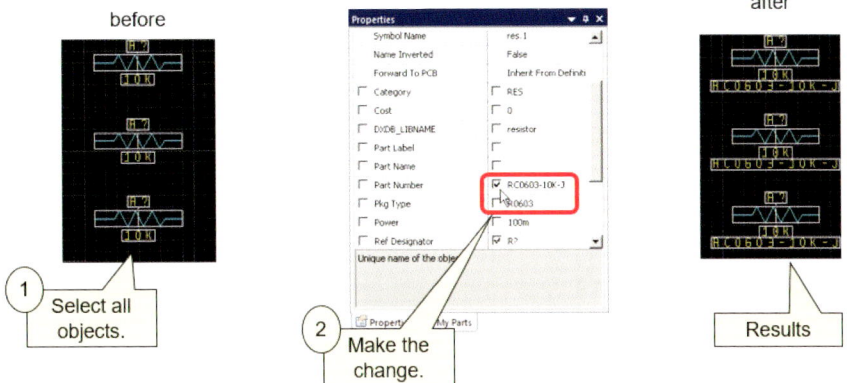

기능 설명을 지정하기 위해 부품의 이름을 지정할 수 있지만 꼭, 필요한 속성은 아닙니다.

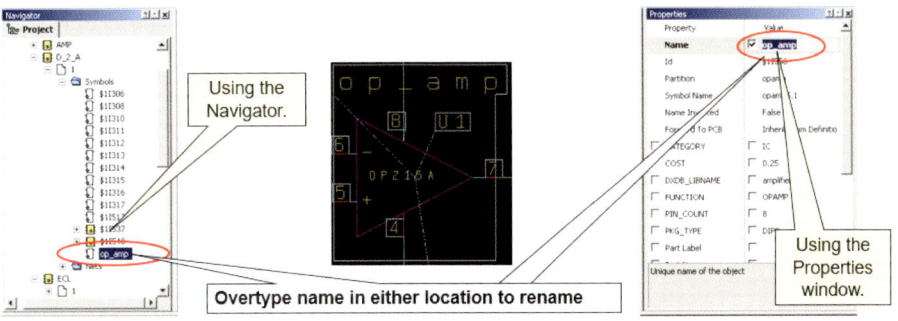

실습 05 PADS Professional Designer의 회로도 작성–부품배치

5장의 Sheet에서 부품 배치를 진행합니다. 부품은 CL View의 Part를 배치합니다.

1. Part에 744450를 검색하여 Slot이 있는 부품으로 배치하고, 필요시 Cell 형상도 확인합니다.

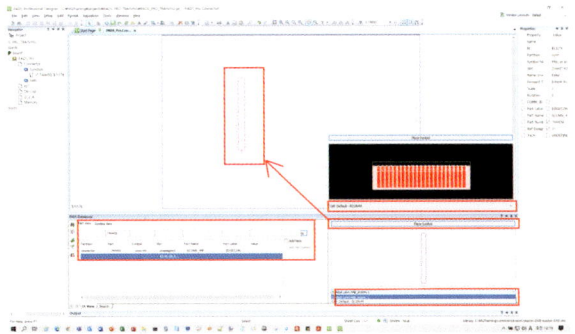

209

2 ecl의 Sheet에는 다음 부품들을 배치합니다.

3040550	2개
74ALS240_SOP	2개
1040302	2개
3040642	1개
CTX071-ND	1개
1007816	3개
RES-SMD1206-3K	2개
6030550	2개

3 3040550을 다음에 11,10과 13,12를 다음에 배치합니다. Place Symbol로 11,10을 두 번 배치합니다.

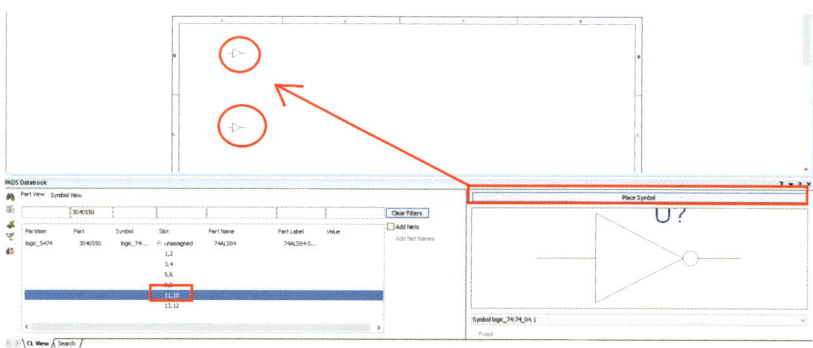

4 74ALS240_SOP를 다음에 2개 배치합니다. Symbol은 2개이지만 PCB는 1개의 부품입니다.

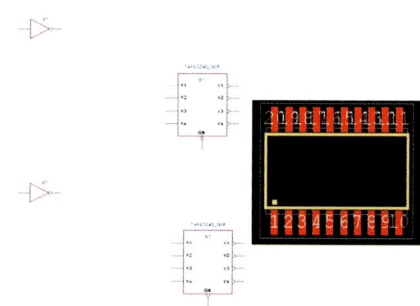

5 1040302를 2개 배치합니다.

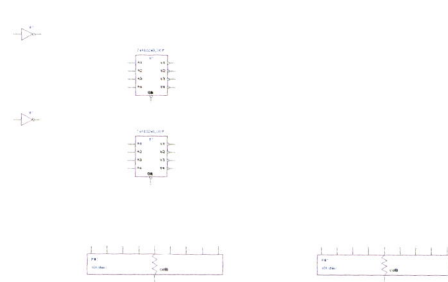

6 3040642를 1개 배치합니다.

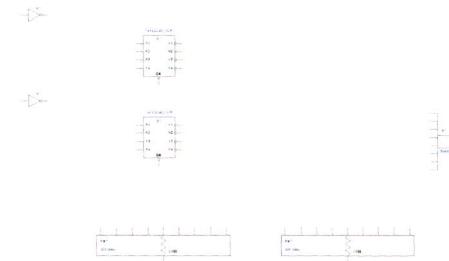

7 중간에 CTX071-ND을 배치합니다.

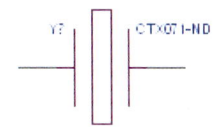

8 1007816를 두개 배치합니다.

9 1007816를 한 개 더 배치하여 회전합니다.

10 CTX071-ND의 양쪽에 6030550를 13, 12를 다음에 11, 10을 다음에 배치합니다.

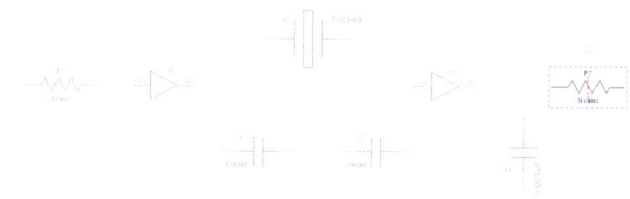

11 양쪽에 RES-SMD1206-3K를 각각 배치합니다.

12 3번 Sheet에는 다음의 부품을 배치합니다.

745781	9개
1021507	2개
1025040	14개

13 745781은 9Pin의 커넥터입니다. 1Pin의 Symbol로 만들어졌습니다.

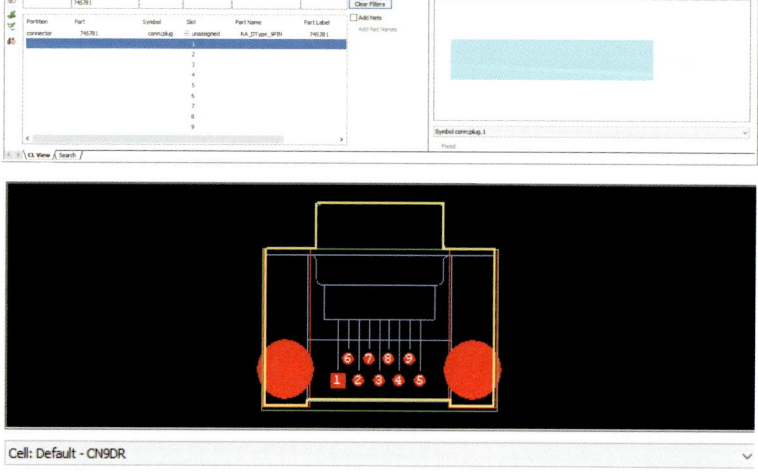

다음처럼 Pin을 맞추어서 배치합니다. Pin의 색을 알아보기 어렵다면 색을 변경합니다.

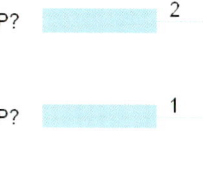

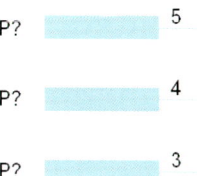

14. Pin을 맞추어서 배치합니다.

15. 1021507를 2개 배치합니다. 회전은 Rotate 나 상단의 추를 움직입니다.

16 1025040를 12개 배치해야 합니다. 1개를 배치한 후에, 선택 후 Array 를 합니다. Diagonal vector에 12를 누른 다음 Ok를 눌러 배치합니다. 공간이 부족하면 축소하여 배치합니다.

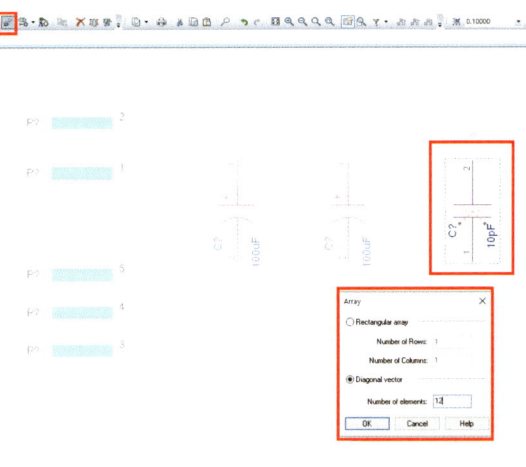

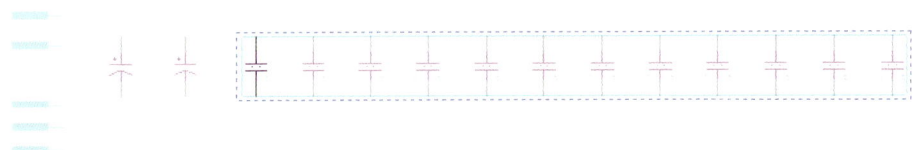

17 1025040을 2개 배치합니다.

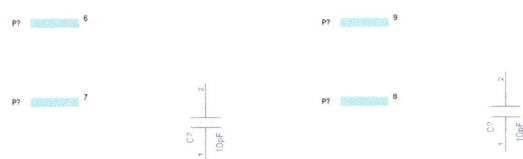

De-Cap의 Sheet의 부품이 전체 배치된 모습입니다.

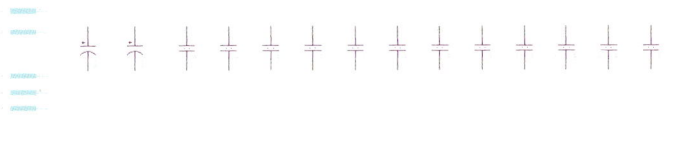

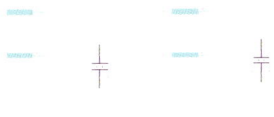
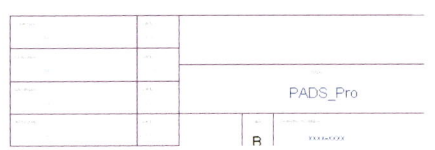

⑱ 4번째 Sheet인 D_2_A입니다. 4장과 5장은 Sheet Size가 A1으로 1~3장보다 큽니다.

4번 Sheet에는 다음의 부품을 배치합니다.

3040546	4개
3020610	4개
3040747	1개
1040281	1개
1030800	5개
3040671	1개
OP215A	2개
1015134	2개
1015183	4개

먼저 3040546를 다음처럼 핀 번호를 맞추어 4개 배치합니다.

⑲ 3020610를 핀 번호를 맞추어 4개 배치합니다.

⑳ 3040747를 배치합니다.

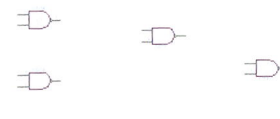

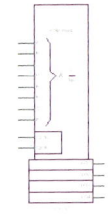

㉑ 3040747의 다음에 1040281과 1030800를 배치한 뒤에 1040281은 Mirror 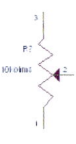를 하고 1030800은 Rotate 합니다.

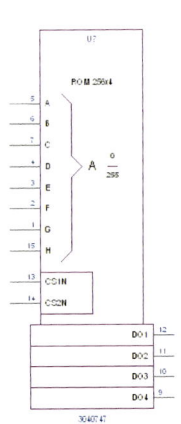

㉒ 3040671를 배치합니다.

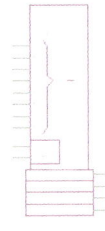
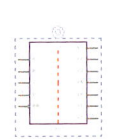

23 회로도 다음에 OP215A를 다음처럼 1개 배치합니다. 위쪽의 OP215A의 다음 위에 1015134를 배치합니다.

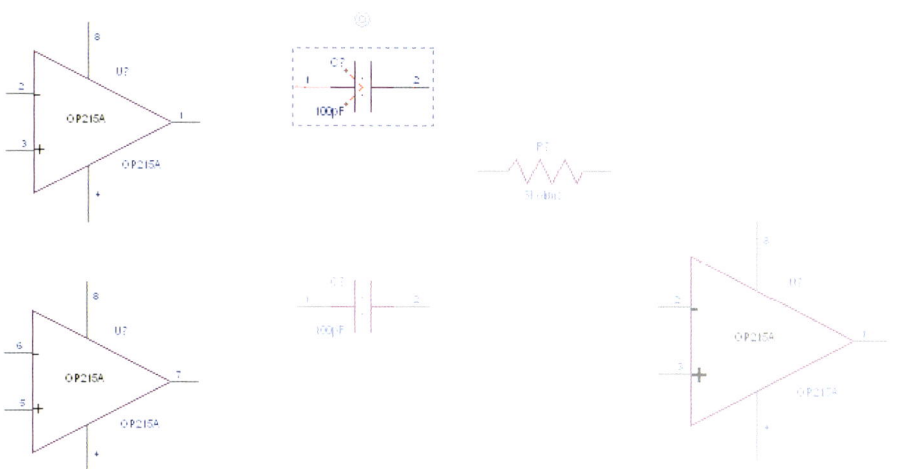

24 위쪽의 OP215A의 다음에 1030800를 다음처럼 2개 배치합니다.

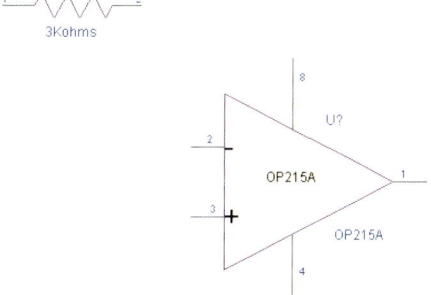

25 1015183를 다음처럼 2개 배치합니다.

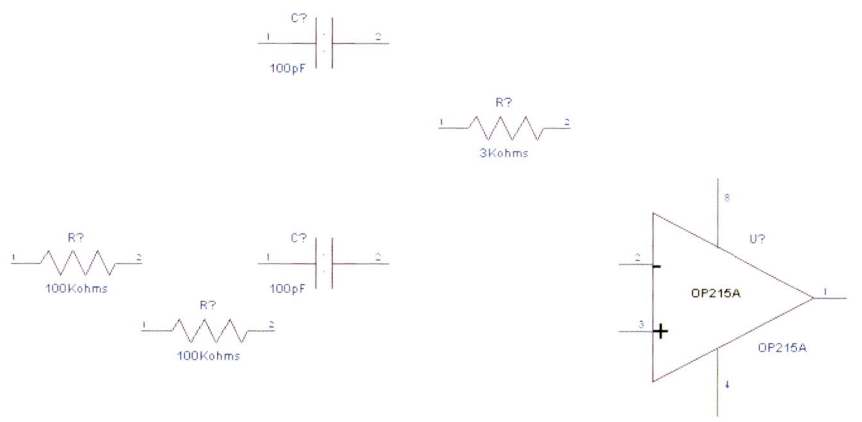

26 위쪽에 배치했던 수동 소자들은 OP215A의 다음에 복사합니다.

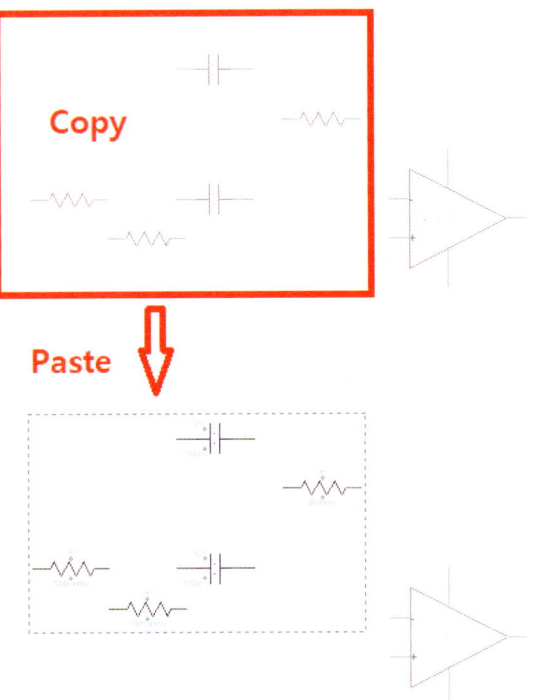

27 전체적으로 보면 다음과 같이 배치합니다.

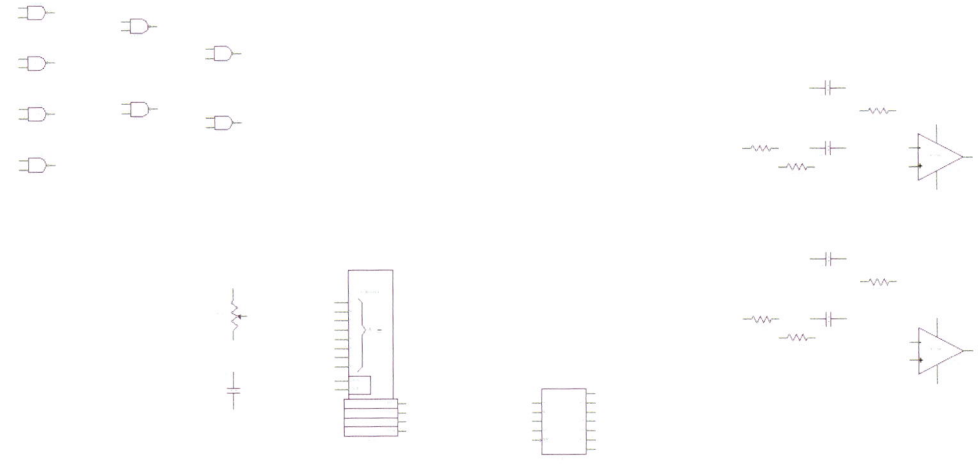

28 5번째 Sheet인 Memory입니다. 5번 Sheet에는 다음의 부품을 배치합니다.

3040714	4개
3040645	4개

29 3040714를 4개 배치합니다.

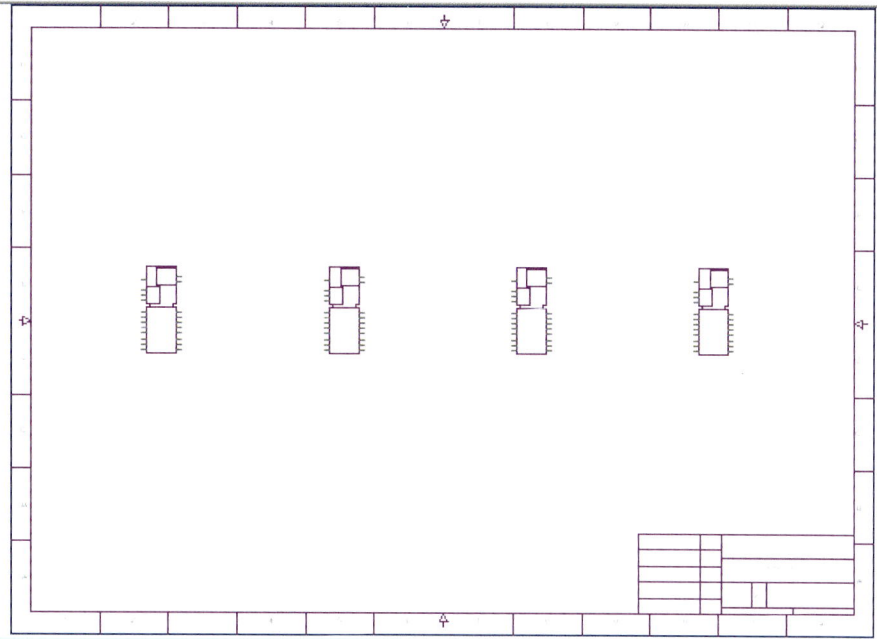

30 마지막으로 3040645를 번호에 맞게 배치하여 부품 배치를 완료합니다.

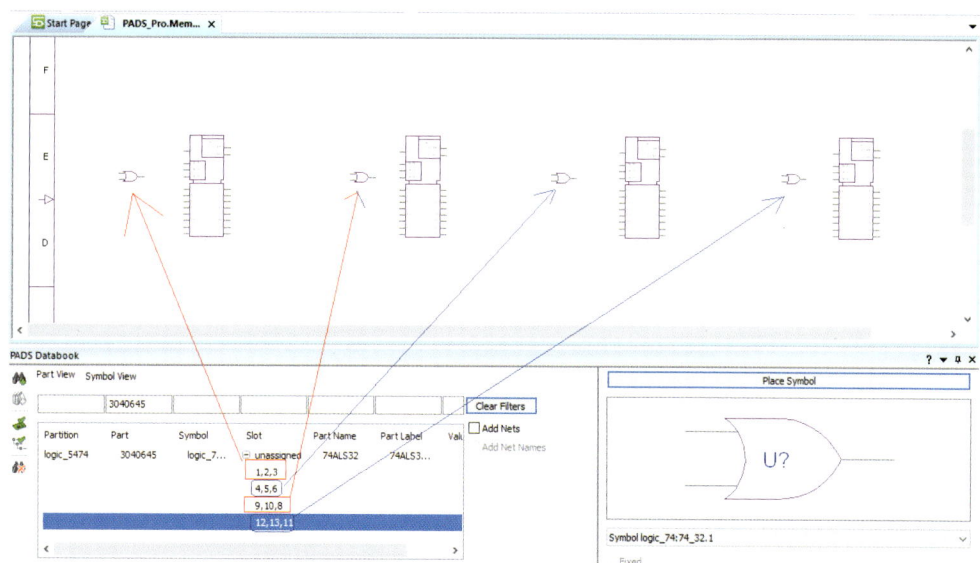

08 PADS Professional Designer의 회로도 배선

부품을 배치 실습 종료 이후에는 Net 배선을 진행합니다. Net는 3가지 방법으로 작성이 가능합니다.

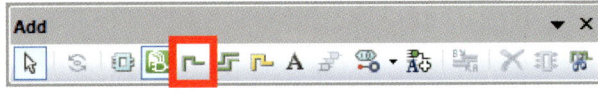

첫번째는 Add Net를 선택하고 부품의 각 Pin을 선택한 다음 마우스 버튼을 누른 상태에서 Drag하여 시작한 후 연결할 Pin에서 해제합니다. 선택하면 마우스에 해당 명령어의 아이콘이 나타나게 됩니다.

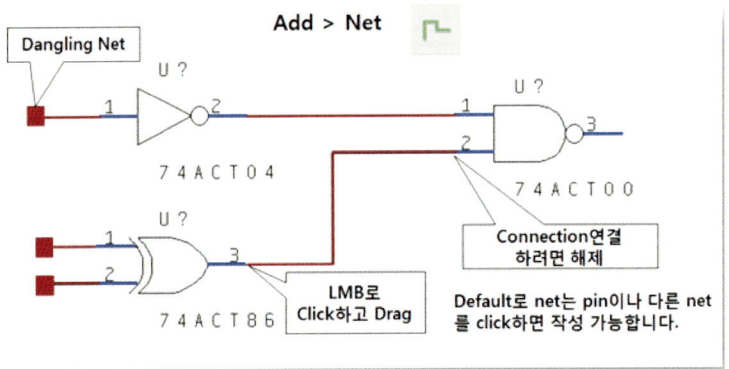

Net를 연결할 때 90도로 경로를 지정할 때는 LMB를 누른 상태에서 RMB로 클릭하면 되지만 양 손가락의 선택이 불편하기 때문에 RMB 대신 키보드의 Space Bar를 누르면 가능합니다.

Routing Mode 선택은 [Setup] - [Settings] 혹은 Toolbar - Route Mode입니다.

Straight, Orthogonal, Avoidance의
세 가지 Routing Mode가 있습니다.

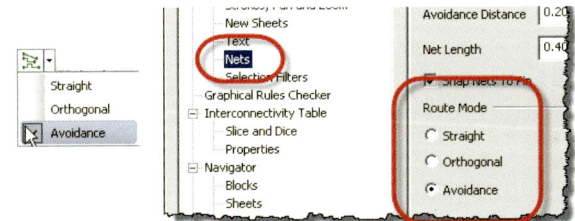

- Avoidance Mode (Default Mode)
  모든 Vertices은 90도 각도입니다. Net은 Symbol의 Body를 회피합니다.

- Orthogonal Mode
  모든 Vertices은 90도 각도입니다. Net은 Symbol의 Body에 그려질 수 있습니다.

- Straight Mode
  Any Angle Wiring이고 Net은 Symbol의 Body에 그려질 수 있습니다.

두번째는 Fast Draw Connections입니다. Pin 또는 Net 끝 부분을 RMB 클릭하여 Net를 그리고, 마우스 버튼을 누르지 않습니다. 꼭지점을 만들려면 RMB 또는 스페이스 바를 클릭하여 완료할 대상 핀을 LMB하거나 위해 Dangling Net를 만들기 위해 클릭합니다. PADS Pro Designer는 명령을 실행하는 동안에만 FastDraw 모드를 유지합니다.

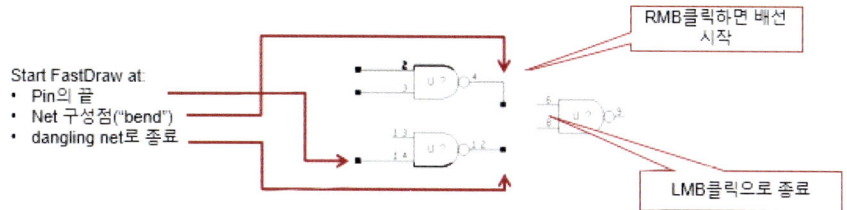

RMB로 선택할 때 선택 반경은 [Setup] - [Settings] - [Advanced]의 Selection distance에서 조정 가능합니다.

Note 사이즈가 클수록 선택이 잘되며 배선 이외에도 모든 선택의 반경이 됩니다.

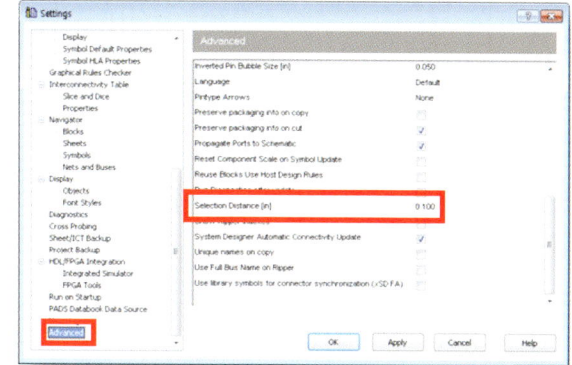

세 번째는 부품 이동에 의한 Connection입니다. 핀이 Grid Point를 공유할 때 유효한 연결이 됩니다. 넷이 생성되도록 Component 중 하나를 이동해야 합니다.

그렇지 않으면 시트에 선택 가능한 Net Object가 만들어 지지 않고 Cross Probe가 Sheet에서 Net를 선택하지 못하게 됩니다.

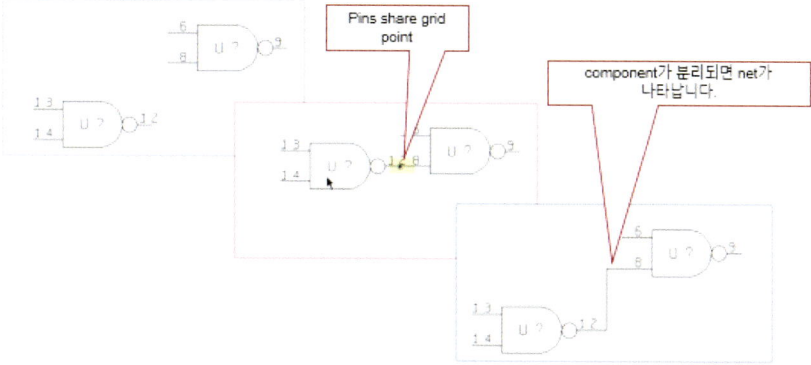

이 때 부품의 Pin의 Grid가 다르면 연결되지 않습니다. Symbol을 작성할 때 항상 같은 Grid의 Pin 길이와 간격을 같게 설정해야 합니다. 만약 Move에서 부품이 연결되지 않으면 Symbol을 같은 Grid로 설정한 후에 update해서 사용해야 하고, 그전에는 앞의 배선 기능을 이용하여 연결을 해야 합니다.

3가지 방법 모두 다음처럼 Net가 연결이 끝나는 시점에는 연결 포인트에 별표시가 나타나게 됩니다.

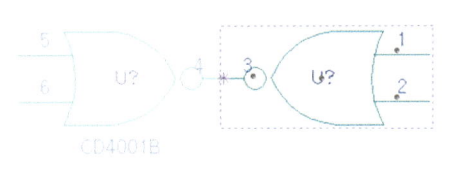

네트를 그리면 모든 네트는 $1N35처럼 시스템 네트 이름을 자동으로 가져옵니다.

$1의 의미는 Schematic의 Sheet 1을 의미하고, N의 의미는 Net (wire or bus)를 의미합니다.

35는 순서입니다. PADS Pro Designer는 회로도 시트에서 첫 번째, 두 번째 등으로 순서적으로 네트를 추적합니다.

이런 자동으로 부여되는 Net의 Net Name에 특정 이름을 할당할 수 있고, 자동으로 부여되는 UID를 무시하고 Net Name이 우선하게 됩니다.

Net Name을 Net에 할당하는 이유는 다음과 같습니다.

- ❶ 같은 회로도 내에서 한 시트에서 다른 시트로 가는 Net는 연결을 정의하기 위해 동일한 Net 이름을 가져야 합니다.
- ❷ 버스에는 User-Defined Name 이 있어야 합니다.
- ❸ 버스에 연결하는 Net은 User-Defined Name이 있어야 합니다.
- ❹ 블록에 연결하는 Net은 User-Defined Name을 가져야 합니다.
- ❺ PCB 또는 Constraint Manager 내에서 식별되거나 발견될 필요가 있는 중요한 Net에는 User-Defined Name이 있어야합니다.

Net Name을 입력하는 방식에는 Navigator와 Properties, 그리고 Add Properties에서 가능합니다.

Navigator에서는 다음처럼 입력합니다.

Using Navigator:

1. Net 선택
2. **RMB: Rename** 선택
3. new name 입력
4. 새로운 이름을 저장하려면 Return 키를 누르거나 다른 넷을 클릭

♦ Notice : net는 목록에서 알파벳순입니다.

Properties에서는 다음처럼 입력합니다.

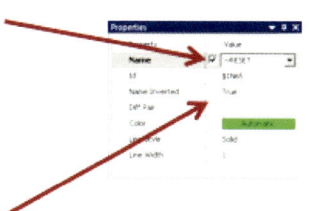

Add Properties에서는 다음처럼 연속으로 입력 가능합니다.

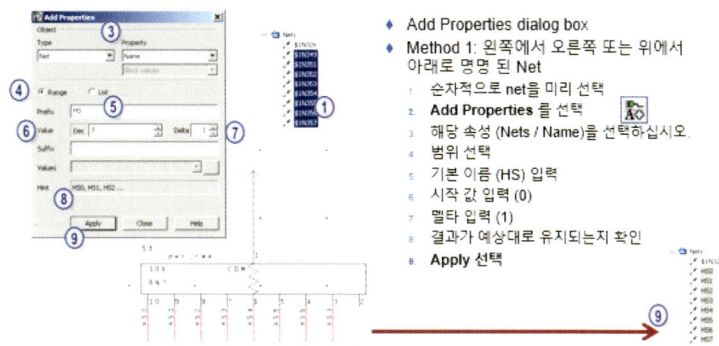

혹은 일정한 패턴이 아닌 Net는 ,로 구분하여 입력합니다.

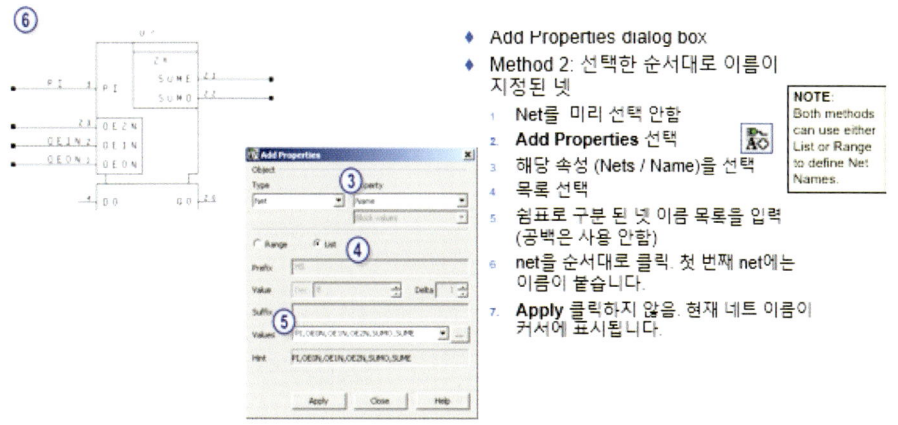

여러 Net들도 Move를 이용하여 한꺼번에 배선 가능합니다.

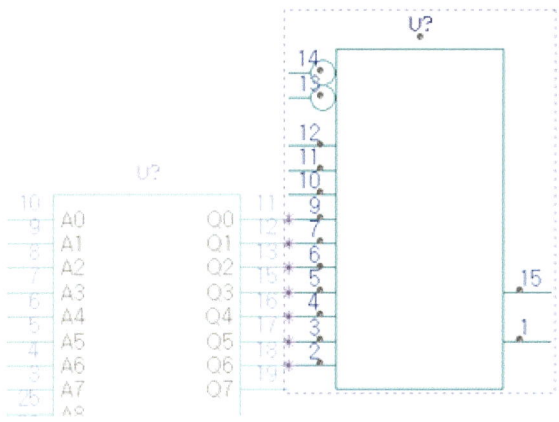

하지만 각도가 다른 배선은 Move를 사용 못합니다. Multi-net Connections을 사용하면 여러 개의 시작 핀을 선택한 다음 여러 개의 끝 핀을 선택하여 여러 개의 네트 연결을 만들 수 있습니다.

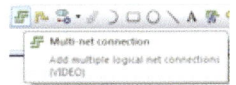

- symbol 연결하는 노력을 최소화
- net가 라우팅 되는 방법을 제어하는 기능
- 정렬 된 핀 선택에서 라우팅 시작
- 두 세트의 핀을 선택하여 구동되는 Multi pin-to-pin 연결 :
  - 그룹 또는 개별 핀에 의한 핀 선택
  - the selection box 에 표시된 핀 순서
  - 다른 색상의 +/- 모드가 있는 선택 영역 (소스 및 대상)

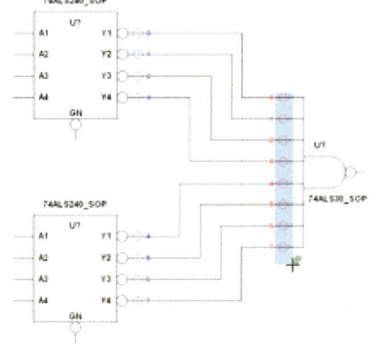

다음 같은 상황의 부품들을 한꺼번에 경로를 그리면서 배선이 가능합니다.

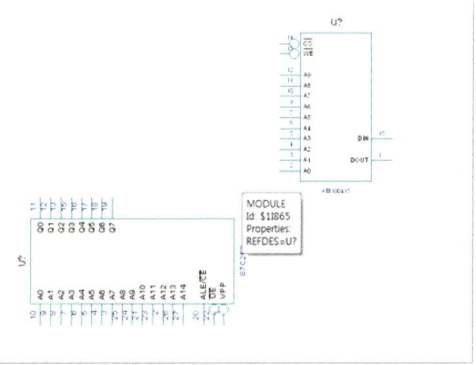

Multi-net Connection을 실행하고 원하는
Pin을 하나씩 선택합니다. 처음 배선할 Pin
이 파란색 원으로 선택이 되며 끝나는 배선
이 빨간색으로 사각형으로 선택됩니다.

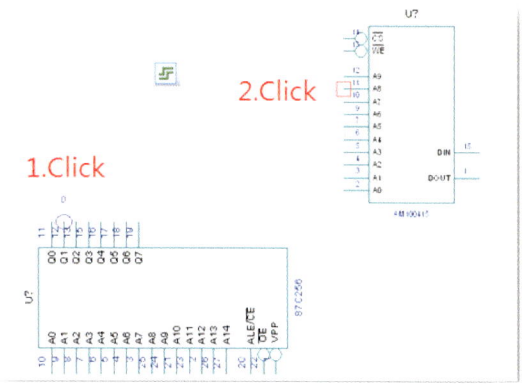

Ctrl 키를 이용하면 원하는 배선이 시작할 곳을 파란색으로 선택하고, Shift를 누르면 배선이 연결될 곳을 빨간색으로 선택합니다. 클릭하는 순서에 따라 배선의 번호가 0부터 매겨집니다

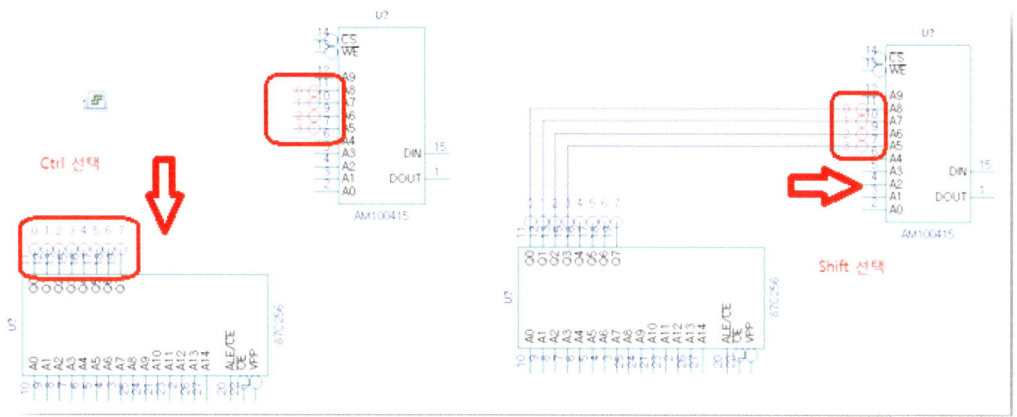

Drag로도 선택이 가능합니다. Multi-net Connection을 실행하고 처음에 배선을 시작할 Pin을 Drag합니다.

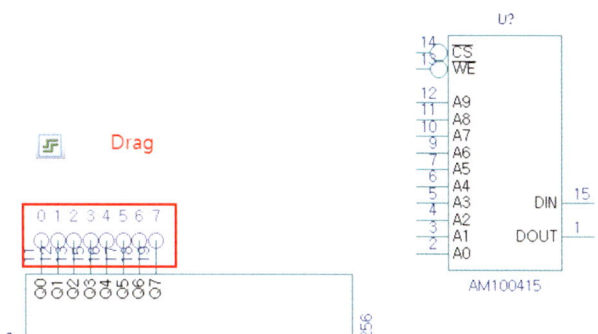

배선을 마무리할 Pin에서도 Drag를 합니다.

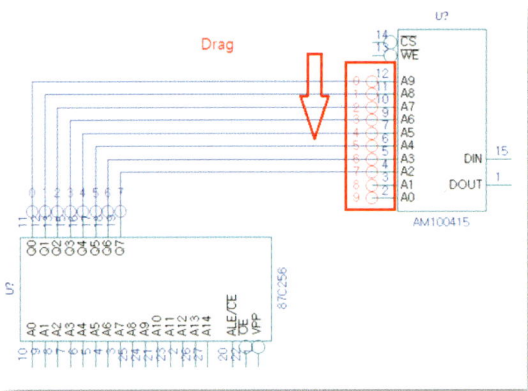

마무리할 때 Drag하는 방향에 따라 순서대로 배선됩니다. Drag를 다음부터 하면 다음처럼 배선됩니다.

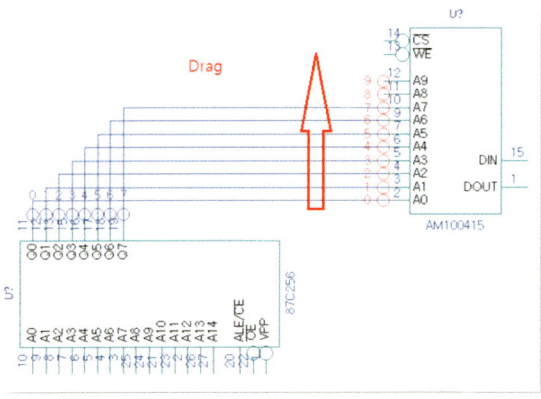

중간에 배선을 추가하거나 빼고 싶은 Pin이 있다면 시작하는 파란색의 동그란 곳은 Ctrl이고, 연결되는 빨간색의 동그란 곳은 Shift로 선택을 할 수 있습니다.

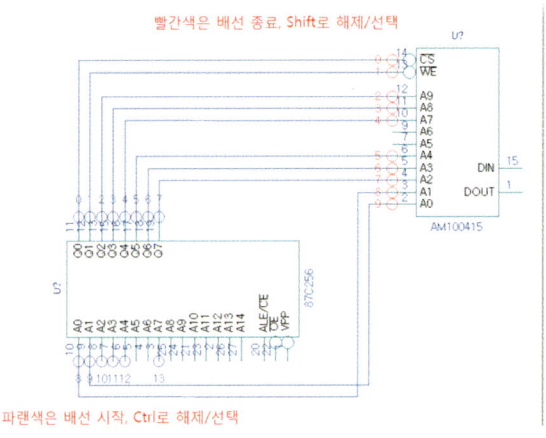

BUS는 여러 묶음으로 되어 있는 배선들을 하나의 경로로 표현하기 위해서 사용됩니다. 여러 Net들이 회로도에서 사용되면 회로도가 복잡해 보이기 때문에 여러 Net들이 순차적으로 되어 있는 경우에 묶어서 BUS로 작성할 수 있습니다. 이 BUS들은 회로에서는 Net와 구별되는 Object로 되어 있으나 PCB에서는 BUS는 존재하지 않습니다.

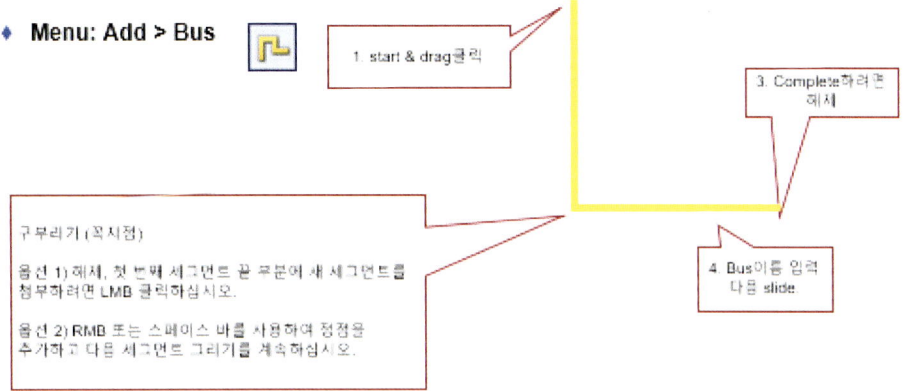

BUS를 사용하려면 BUS 이름과 BUS에 연결된 Net 이름들이 필요 합니다. Net는 반드시 한 쌍 이상으로 두 개가 이름으로 연결이 되어 있어야 합니다.

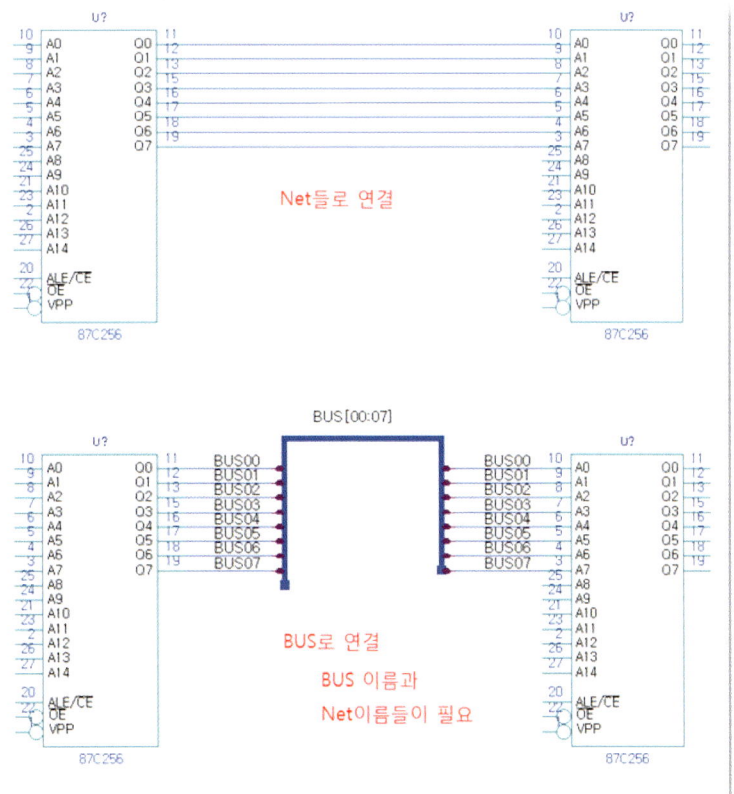

한 쌍 이상이 안되고 하나만 있으면 그 Net는 Single Net로 PCB Net 출력시에 출력되지 않습니다.

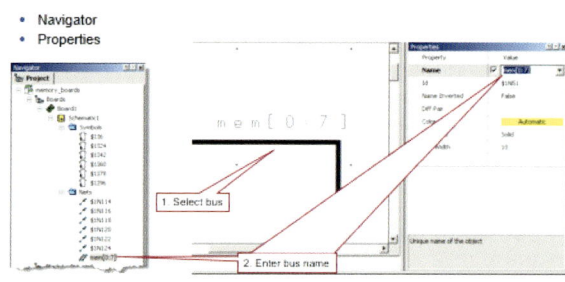

Bus의 이름들도 Net 이름을 작성하는 방법과 동일하게 Navigator에서나, Properties에서 작성이 가능합니다.

그리고 입력 이후에는 Net와 마찬가지로 이름만 선택하여 프롬프트 상태가 되면 이름 편집이 가능합니다.

BUS끼리도 반드시 연결될 필요는 없습니다. BUS도 Dangling Net처럼 연결이 끊어졌더라도 BUS 이름만 같다면 연결됩니다.

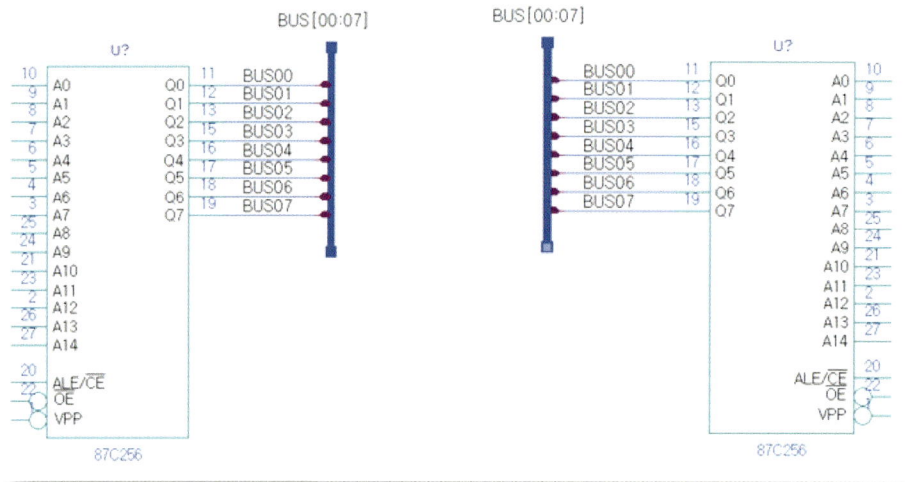

BUS를 작성하는 순서는 보통 다음과 같습니다.

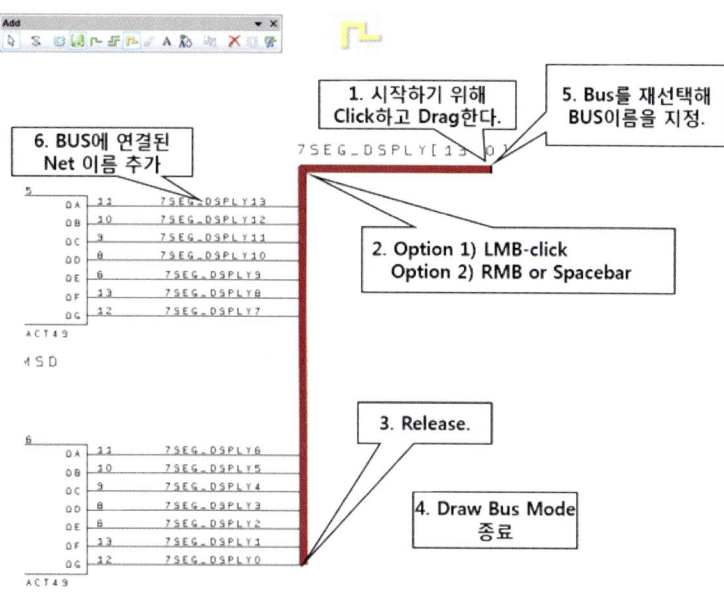

BUS 연결을 위해서 반드시 이름이 순차적일 필요는 없습니다. 순차적이지 않더라도 BUS 작성이 가능하며, 이름만 정확히 맞추어 주면 됩니다.

버스 이름의 구문은 다음과 같습니다.

- **Syntax:**

    name[first_label:last_label]
         or
    name[first_label:last_label:interval]
         or
    name[first_label:last_label:interval]suffix
         or
    label1, label2, label3, ... labeln

- **예:**

    ```
    ADDR[17:0]              18-bit bus (ADDR17, ADDR16, ... ADDR0)
    DATA[15:0:2]            8-bit bus (DATA15, DATA13, DATA11, ... DATA1)
    DATA[14:0:2]            8-bit bus (DATA14, DATA12, DATA10, ... DATA0)
    CONTROL[3:0], CLOCK     5-bit bus (CONTROL3, CONTROL2,...CLOCK)
    DATA[0:3]HS             4-bit bus (DATA0HS, DATA1HS,....DATA3HS)
    ADD[0:3]_D[0:7]         32-bit bus (ADD0_D0, ADD0_D1,...ADD3_D7)
    ```

BUS의 이름이 너무 길다면 회로도에서 복잡하게 이름이 나타납니다. 이 복잡한 이름을 단축해서 특정한 하나의 이름으로 줄 수 있는 기능이 BUS Contents입니다. [Setup] - [Settings]에서, Project - Bus Contents 선택하여 설정할 수 있습니다.

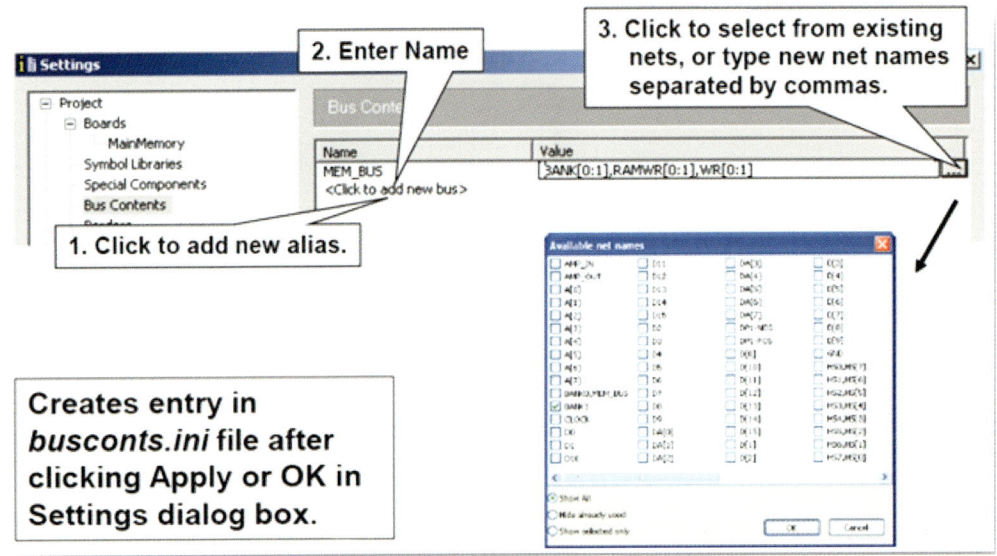

BUS는 이름이 같은 상태에서는 연장이 되고, 이름을 나누어서 주는 경우에는 Sub BUS로서 작성됩니다.

Extend Bus

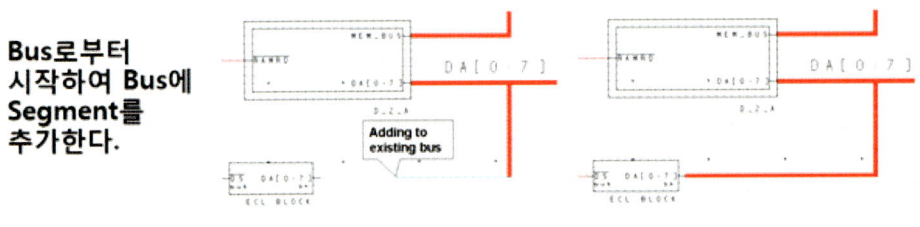

Sub Bus

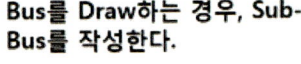

Bus를 Draw하는 경우, Sub-Bus를 작성한다.

Sub-Bus는 Bus에 연결되는 각도에 의해 구별된다.

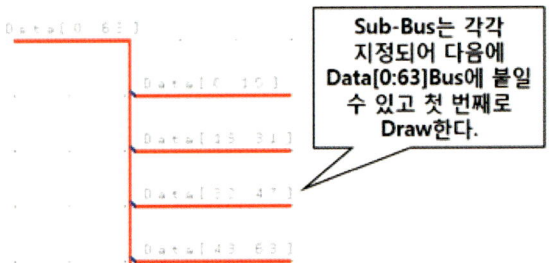

BUS에 연결되는 Net들은 하나씩 연결하려면 다음처럼 연결할 수 있습니다.

먼저 부품에서 BUS로 연결한 후에 아이콘을 누르면 다음처럼 BUS 이름 중에 선택이 가능합니다.

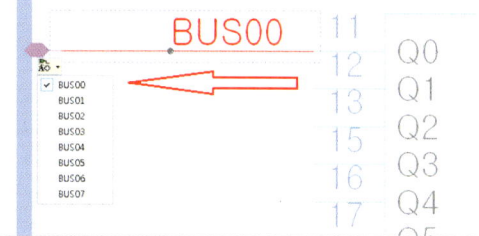

혹은 반대로 BUS로부터 Net를 작성하면 위와 동일합니다.

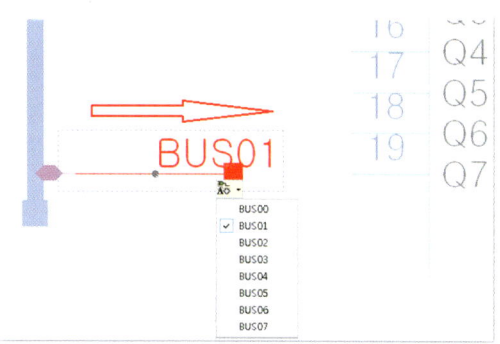

한꺼번에 BUS에서 마치 Multi-net처럼 한꺼번에 Rip Net으로 배선 가능합니다.

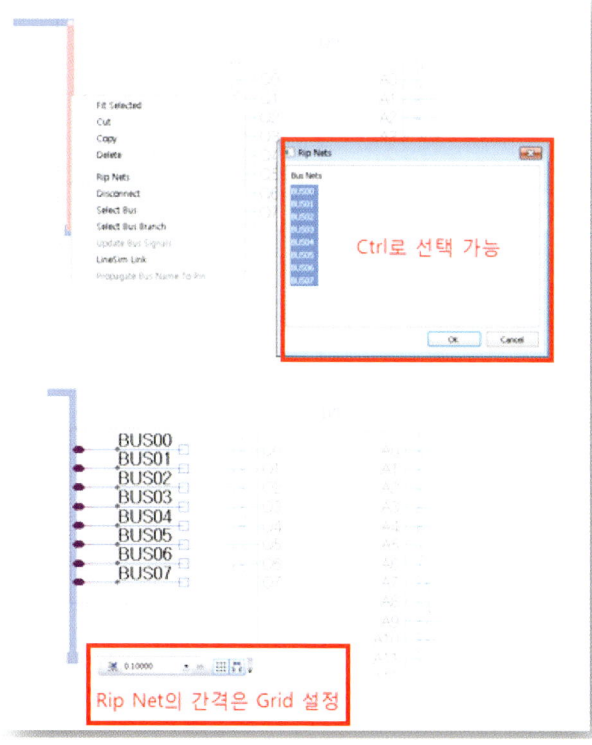

Rip Net을 배선중이라면 Ctrl + Shift + 마우스 휠로 간격을 조정 가능합니다.

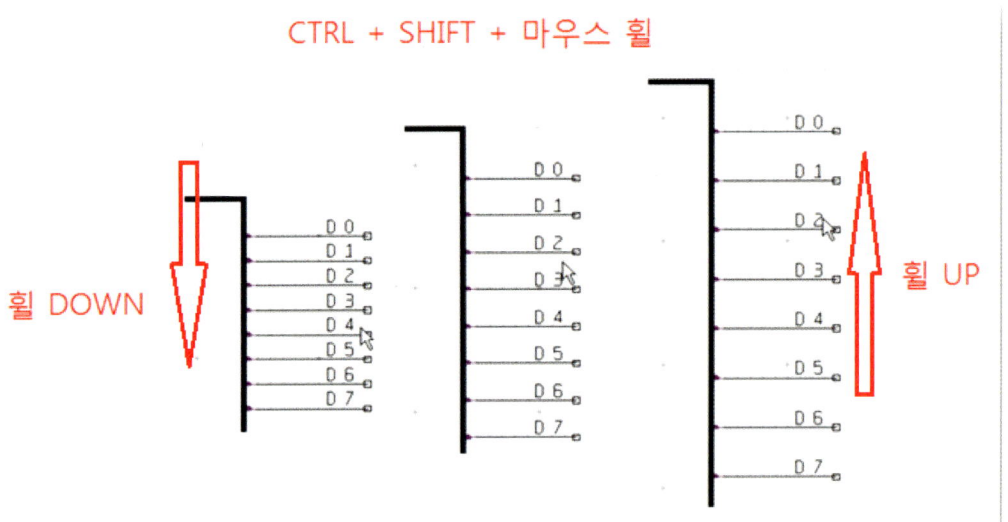

부품을 Move해서 Net를 발생하는 방법처럼 BUS 이름이 부여된 상태에서 부품을 BUS에 연결하면 자동으로 연결이 됩니다.

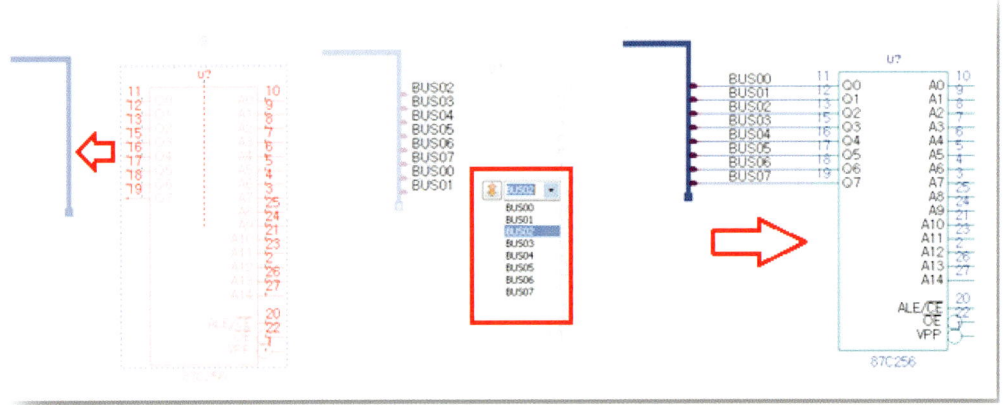

연결될 때 오른쪽처럼 지정하여 시작할 이름이나 순서를 지정 가능합니다.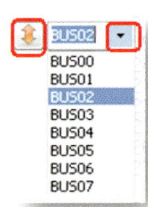

기존 버스 세그먼트의 길이를 줄이려면 Cut Net 를 사용하여 Drag하면 Bus나 Net가 잘라집니다.

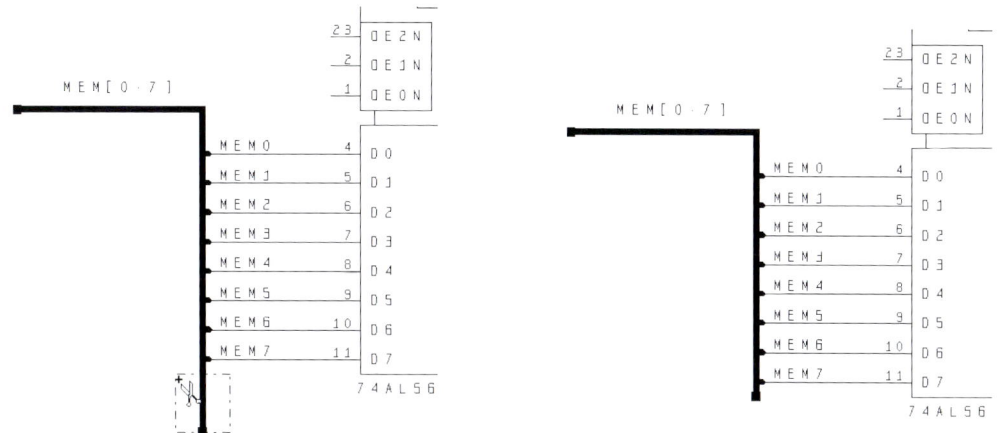

배선 완료 전후에 전원, 링크 등은 일반 부품이 아니며 PCB에 부품으로 출력되는 것이 아니라 특정 Net로 연결됩니다. 회로도에서 모든 전원이나 GND 등을 모두 연결하게 되면 매우 복잡하게 보이기 때문에 하나의 Pin으로 연결되는 Symbol로 연결합니다. 그리고 해당하는 Symbol에는 특정 이름을 부여해서 PCB 쪽의 전원이나 GND Net로 출력되게 작성합니다.

전원, 링크 등을 Special Component라고 하며 특수한 목적을 위해 사용되며 Part Number가 없는 Component입니다.

- **Ports**: hierarchical design에서 연결.
  - IN
  - OUT
  - BI
  - Others include: TRI, ANALOG, OCL, OEM
- **Links**: net가 design의 다른 곳으로 계속 됨 sheet끼리의 연결
  - On Sheet
  - Off Sheet
- **Power/ Ground**: net가 power or a ground 에 연결되어 있음을 나타냅니다.
- **NC Symbol**: 연결되지 않은 핀의 DRC 오류를 억제
- **Net Ripper**: 버스에서 ripped된 Net를 의미 합니다.

Special Component의 Power/Ground는 Global Signal으로 디자인 전체에서 그 이름으로 인식되는 Net입니다. (물리적으로 연결될 필요는 없습니다)

Power Supply Net 사용 (i.e. VCC, GND, etc…)하고 Global Signal 이름 속성은 연결된 네트에 이름으로 연결됩니다.

Global Signal 탭은 Speccomp.ini 파일 내에 정의되며 다른 Special Component 와 동일하게 추가됩니다.

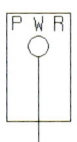
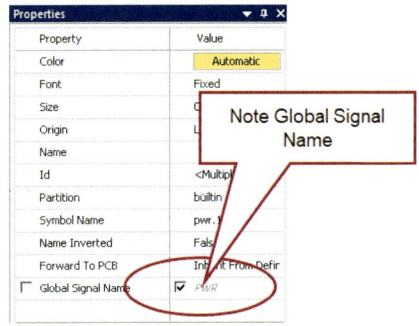

Project의 Special Component의 추가는 설정에서 했던 Setting에서 진행합니다.

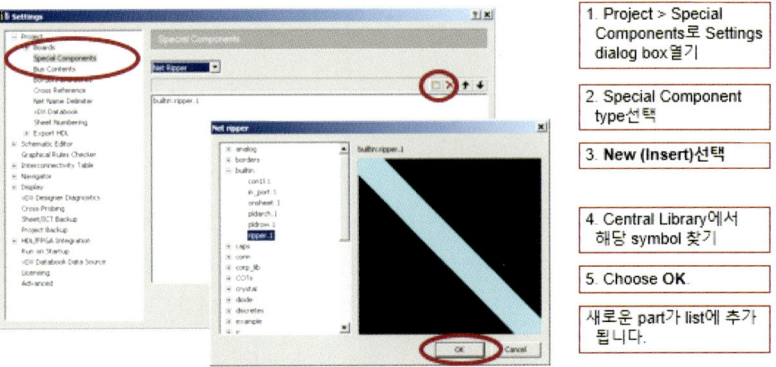

Special Components의 배치는 MyParts에서 배치합니다.

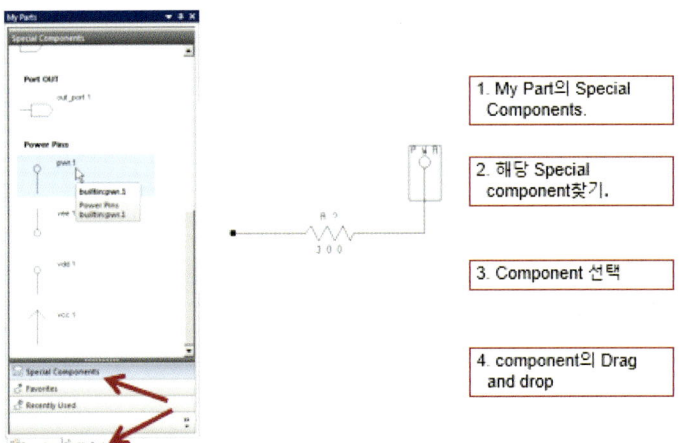

My Parts는 3가지 기능을 지원합니다.

❶ Special Component를 확인 배치
❷ 부품의 즐겨 찾기 기능
❸ 부품의 최근에 사용한 부품

Special Component 중에 Ground Pins와 Power Pins로 전원 심볼을 배치할 수 있습니다. 배치하는 방법은 해당하는 부품을 선택하여 Drag하면 됩니다.

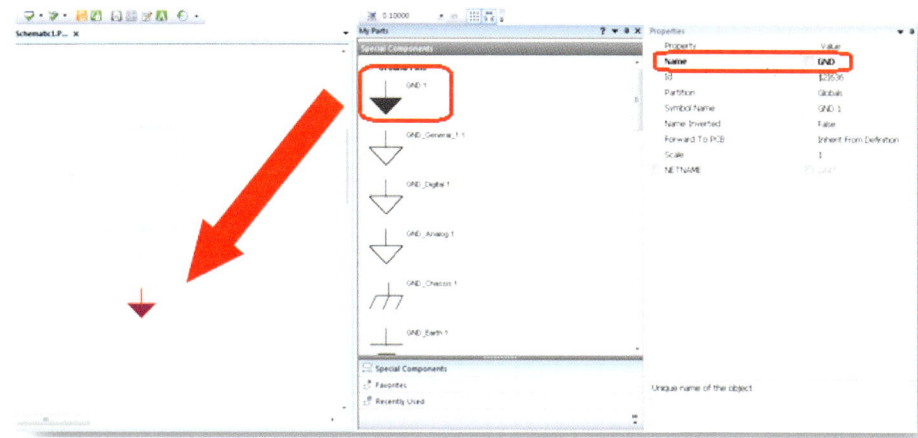

혹은 Toolbar를 사용할 수도 있습니다.

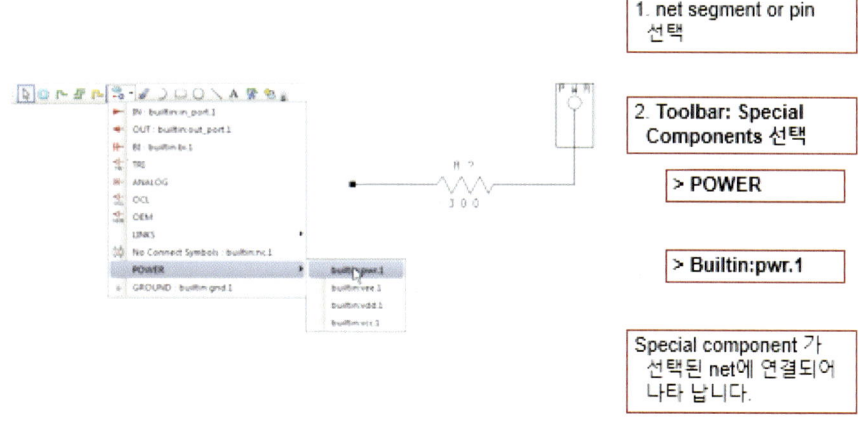

배치한 이후에는 일반 심볼처럼 배선 기능은 동일합니다.

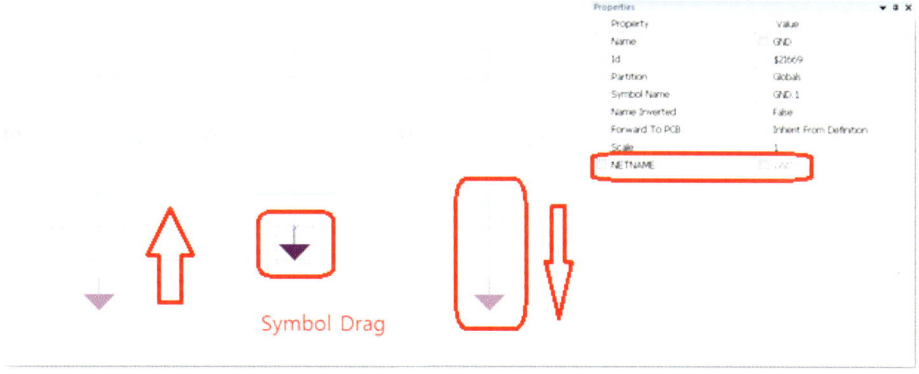

배선 이후에 NetNAME을 변경하면 회로상의 Symbol의 이름과 연결된 Net이름도 자동으로 변경됩니다.

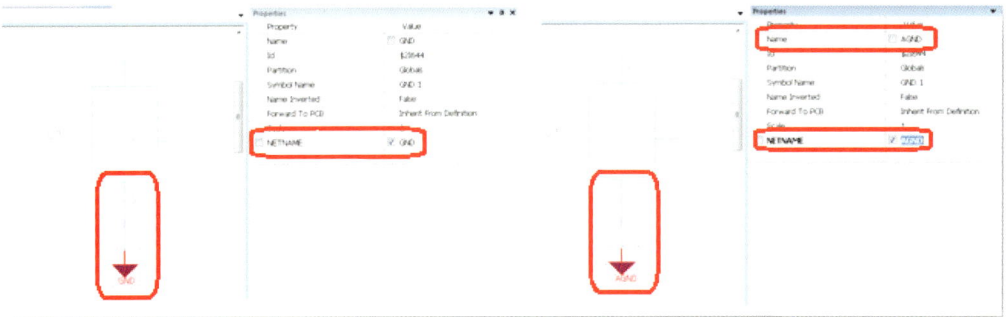

Special Components의 변경도 가능합니다. RMB - [Change]로 Special Component Symbol를 변경합니다.

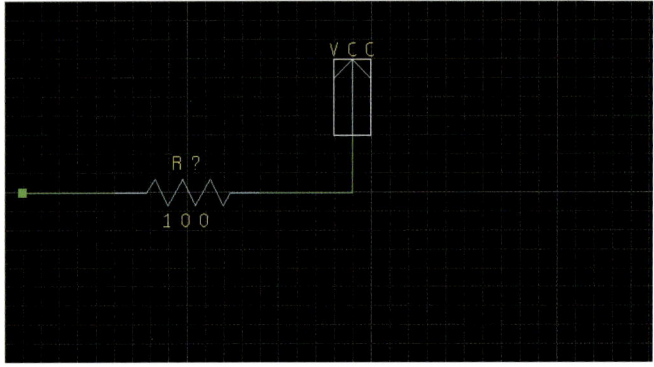

My Parts에서 Recently used를 선택하면 최근에 배치한 부품들이 나타나서 바로 배치가 가능합니다.

또한 My Parts에서 Favorite를 선택하고 Symbol이나 DB의 배치할 부품을 Drag하면 즐겨 찾기 부품으로 활용 가능합니다.

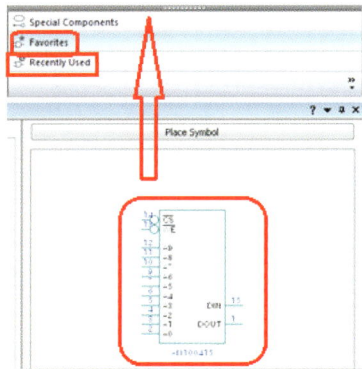

My Parts에 보면 Link라고 하는 부품이 있습니다. 이 Link는 앞에서 설명한 Dangling Net처럼 떨어져 있는 2개 이상의 Net들을 연결하기 위해서 사용됩니다. Link는 평면 구조의 Sheet의 연결을 위해 사용하고, Port는 블록 구조의 연결을 위해 사용합니다.

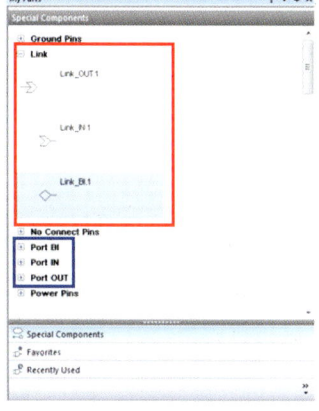

Link는 Net가 다른 페이지에서 계속되거나 다른 페이지에서 지속됨을 나타내는 그래픽 표시입니다. Connectivity에 반드시 필요하지 않으며 회로도의 페이지 간 연결은 네트 이름을 기준으로 설정됩니다. Dangling Net나 Link 어느 것을 사용해도 2개 이상의 연결이 있으면 같은 Net로 인식되며 같은 Sheet에서나 다른 Sheet에서에 있어도 이름만으로 연결이 가능합니다.

다음의 어떤 방법을 사용해도 같은 Net로 연결됩니다.

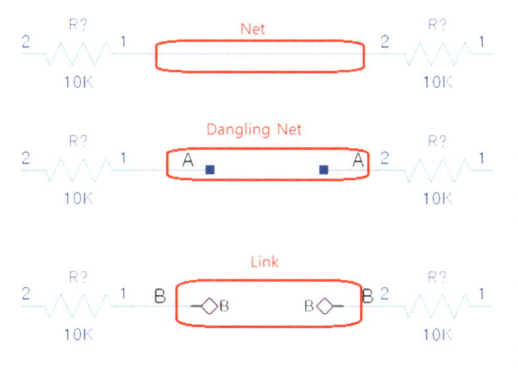

다만 Link에는 Dangling Net에 없는 Jump기능을 사용하여 연결되는 곳으로 이동 가능합니다.

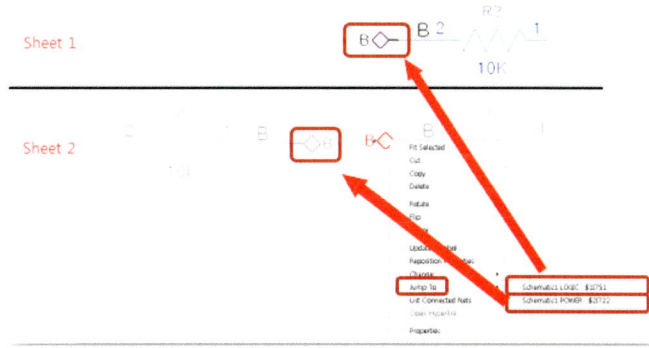

237

일반 Dangling Net에는 검색으로 Net를 찾아야 하는 반면에 Link는 RMB을 사용하고 팝업 메뉴에서 " Jump "를 선택하여 주어진 네트에 대해 두 개 이상의 링크가 있는 경우 점프할 시트를 선택합니다. 혹은 Alt 키를 누른 상태에서 각 객체를 다음 클릭하여 디자인에서 링크 된 모든 객체를 순차적으로 이동합니다.

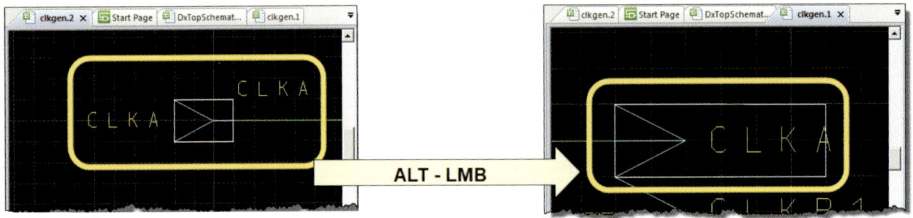

Link를 사용하여 연결을 할 때는 이전 버전에는 주의 사항이 있었습니다.

Link의 이름을 부여하고 Link Move로 연결하려는 Pin에 연결을 하면 이상 없이 Net이름이 발생됩니다.

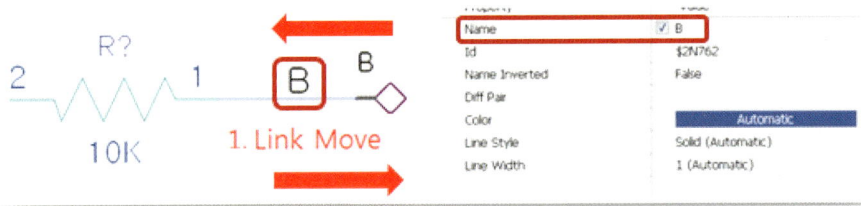

Link의 이름을 부여하고 Add Net로 배선을 시작하면 Link의 이름이 Net의 이름으로 부여됩니다. (Pin에 연결은 다시 연결)

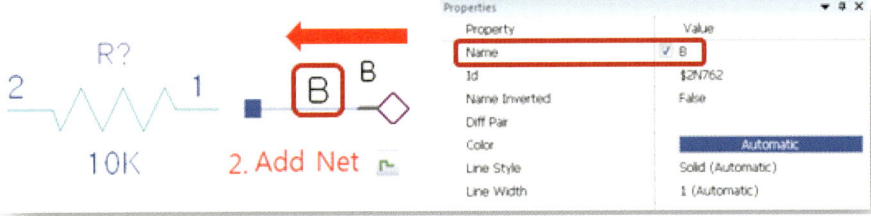

하지만 Link의 이름을 부여하고 Add Net로 연결하려는 Pin에 바로 연결을 하면 연결된 Net의 이름이 Link의 이름으로 부여되지 않는 경우가 있었습니다.

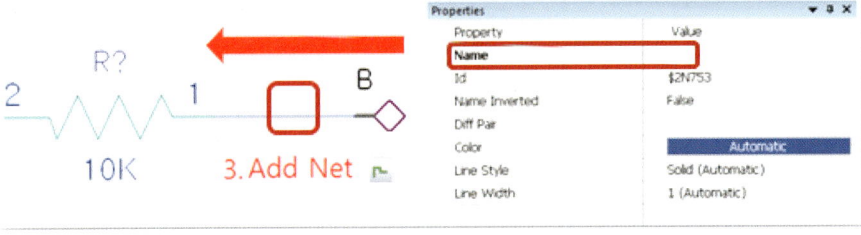

연결된 Net의 이름이 Link의 이름으로 부여되지 않으면 이 Net는 연결되는 Net가 없어서 Single Net로 되어 PCB로 Net를 보낼 때 사라지게 되는 경우가 있었습니다.

해당 사항을 방지하기 위해서는 Link에 Name보다 전원에서 사용되는 NetNAME을 Link의 이름과 같게 해주게 사용하면 같은 이름이 작성됩니다.

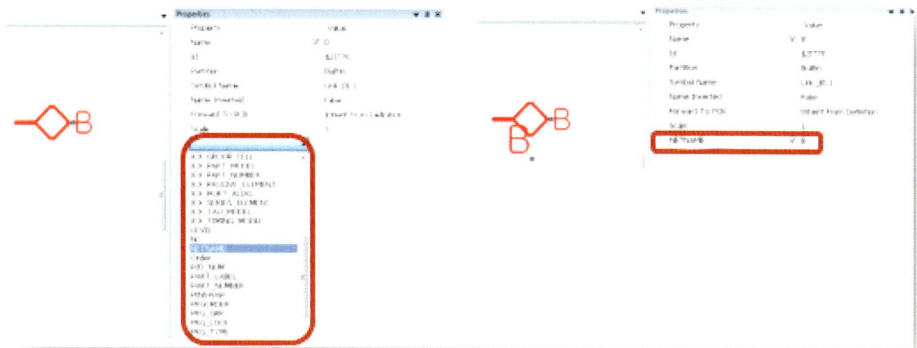

NETNAME을 Name과 동일하게 주면 배선을 연결할 Pin에 연결해도 연결되는 Net의 이름이 작성이 되어 Single Net가 발생하지 않게 됩니다.

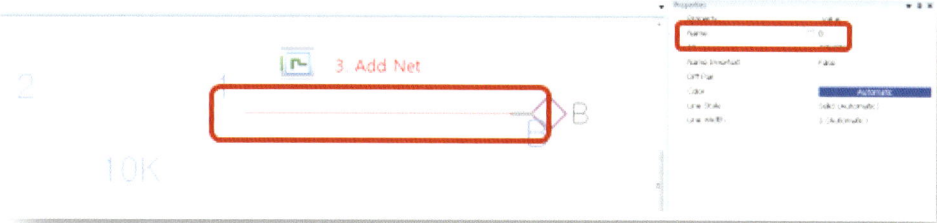

자동으로 Net의 이름을 Link에 부여하려면 [Setup] - [Setting]에 다음처럼 설정합니다.

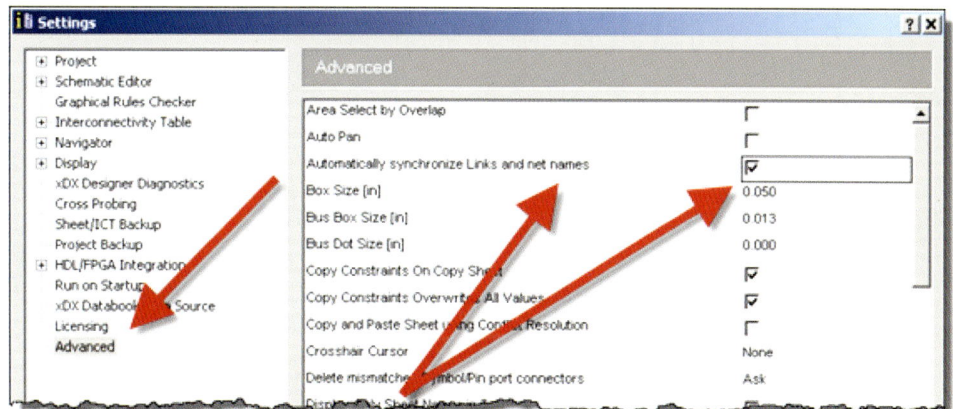

실습 06　PADS Professional Designer의 회로도 작성-배선

배치 실습은 진행했던 C:\MGTraining\projects\PADS_PRO_TRAINING\PADS_PRO_TRAINING.prj에서 배선을 진행합니다. 전체적으로 보면 다음과 같은 5개의 Sheet를 배선합니다.

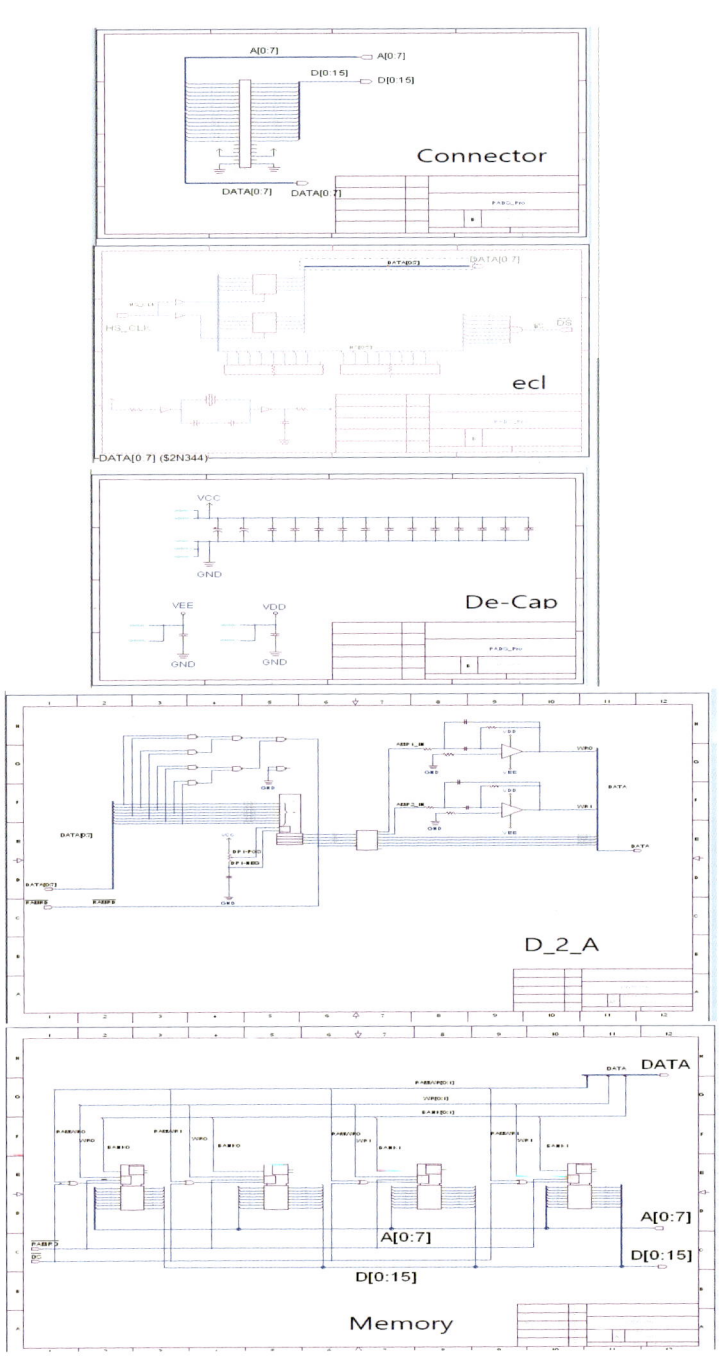

1 먼저 Connector Sheet부터 배선합니다.

배치했던 744450 주변에 BUS ⌐를 2개 그리고, BUS를 1개 부품의 핀 위치에 작성합니다.

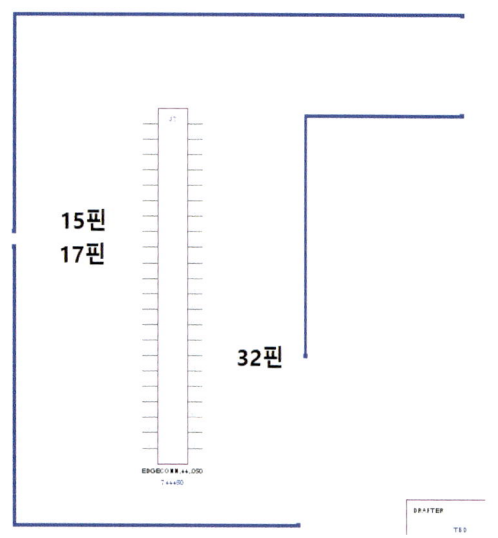

15핀
17핀

32핀

각 BUS의 끝에 My Parts의 Link를 배치하고 링크의 이름을 입력합니다.

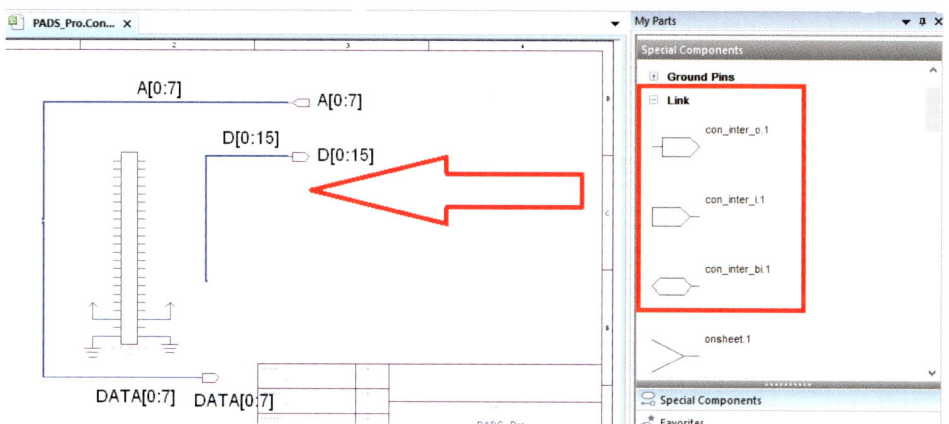

2 각 BUS의 배선을 해보겠습니다. A[0:7]은 하나씩 배선 해보겠습니다. ⌐으로 Pin에서 BUS까지 하나씩 배선하거나 반대로 BUS에서부터 Pin으로 배선합니다. 배선하면 순차적으로 배선됩니다.

> **Note** 생성되는 Net 이름은 🔲를 눌러 변경 할 수 있습니다.

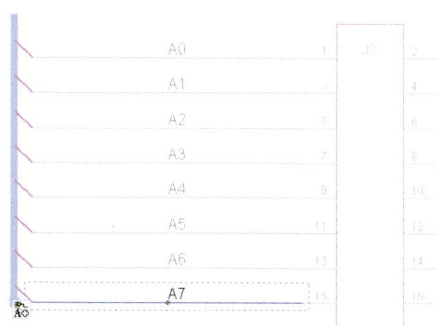

3 DATA[0:7]은 BUS에서 일괄적으로 한 번에 배선해보겠습니다. BUS를 선택하고 RMB - [Rip Nets]하면 한꺼번에 Net가 BUS에서 시작됩니다. Pin에서 끝내면 됩니다.
Drag 상태에서 간격을 조절하고 싶으면 Ctrl+Shft+마우스휠로 조정 가능합니다.

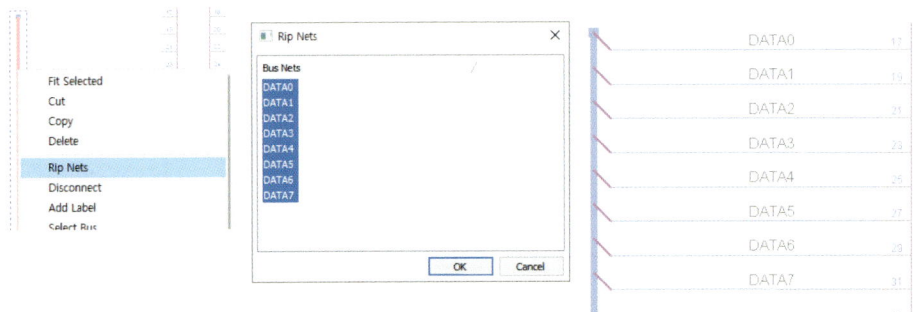

4 BUS를 움직여서 Pin에 붙인 후에, 떼면 연결이 됩니다.
반대로 부품을 움직여서 BUS로 이동해도 동일합니다.

이름만 움직이고 싶을 때는 필터에서 [아이콘] Name만 선택하여 이동 가능합니다.

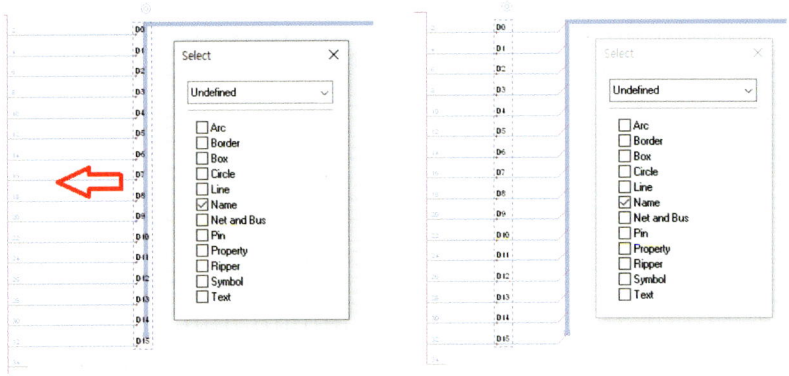

5 My Parts에서 39번과 40번엔 VCC, 43번과 44번엔 GND로 다음처럼 연결합니다.

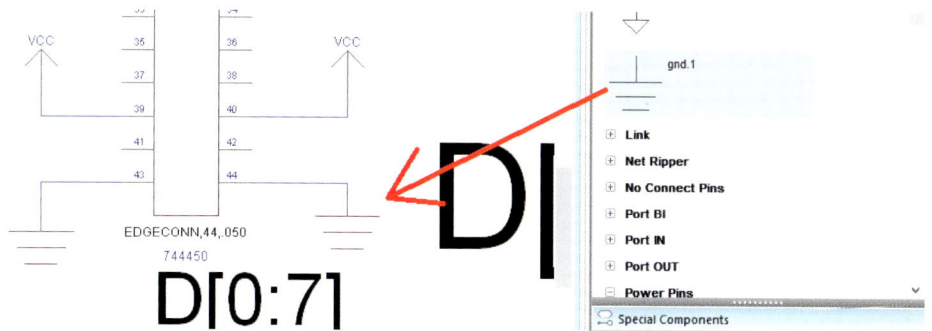

Connector Sheet가 다음처럼 완성되었습니다.

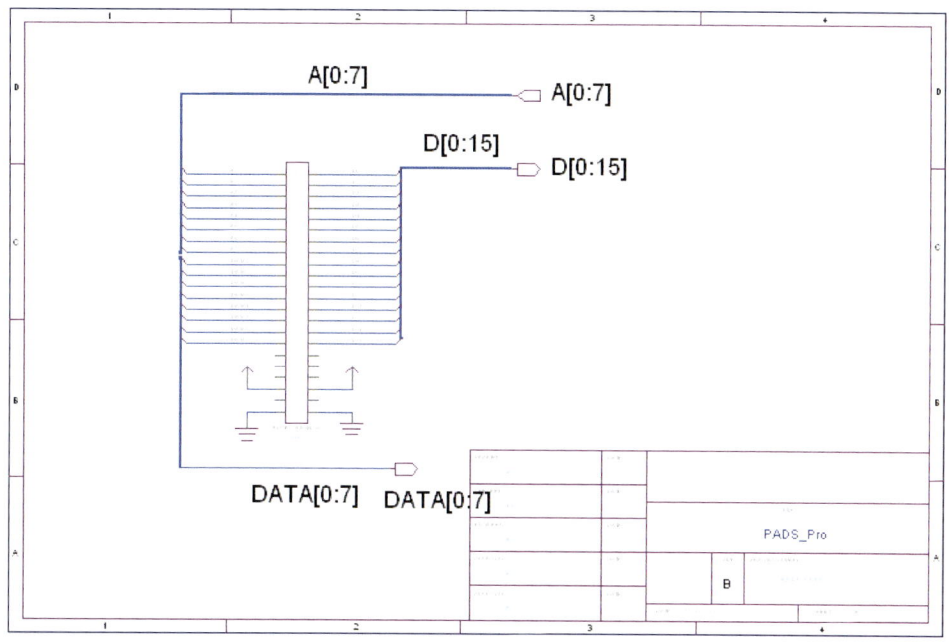

6 다음은 ecl Sheet를 배선합니다. 이번에도 BUS를 2개 그린 다음 DATA[0:7]과 HS[0:7]로 버스이름을 입력합니다.

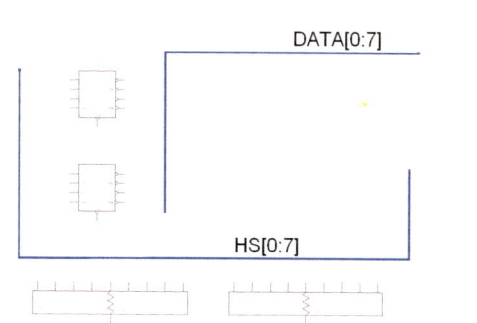

7 버스에 Net를 Connector Sheet에서 연결했던 방법으로 다음처럼 연결합니다.

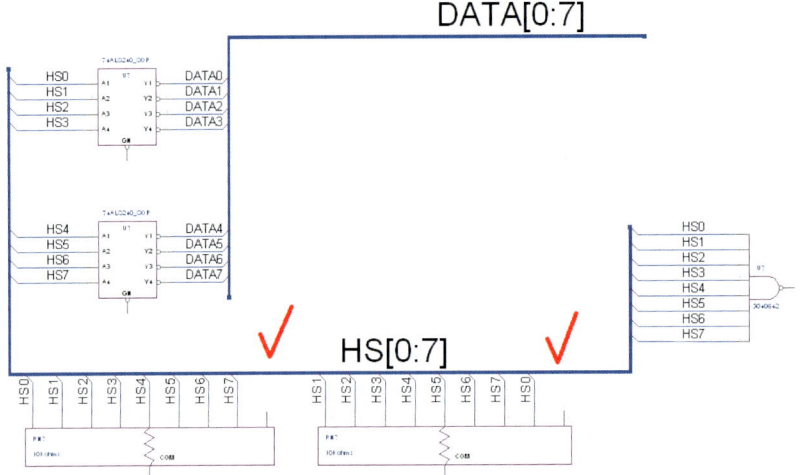

8 나머지는 ┌─ 로 일반 다음처럼 배선을 하고, Net의 이름 HS_CLK과 $\overline{DS}$ 로 부여합니다. $\overline{DS}$ 처럼 입력을 원하면 ~DS로 입력하면 됩니다.

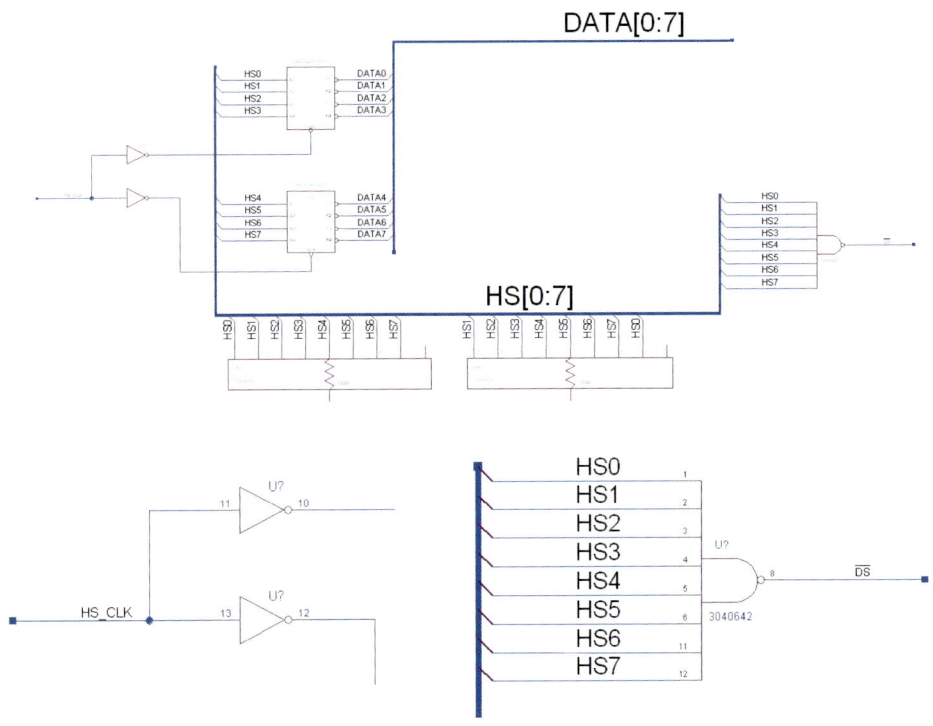

9 Link를 3개 입력합니다.

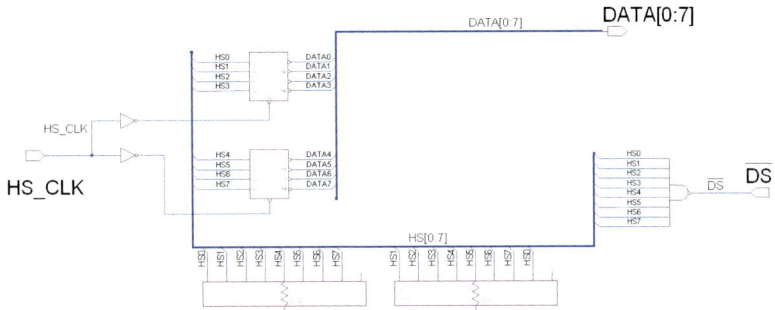

10 아래와 같이 배선하고 왼쪽의 Net를 X1, 다음의 Net를 X2라고 이름을 입력합니다.

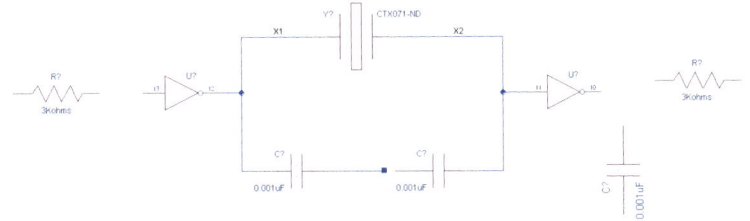

11 나머지 부분들도 배선을 진행합니다.

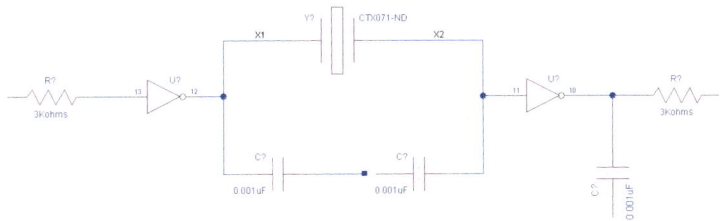

12 VCC와 GND를 배선하고, Link를 HS_CLK으로 입력합니다.
ecl의 Sheet가 완성되었습니다.

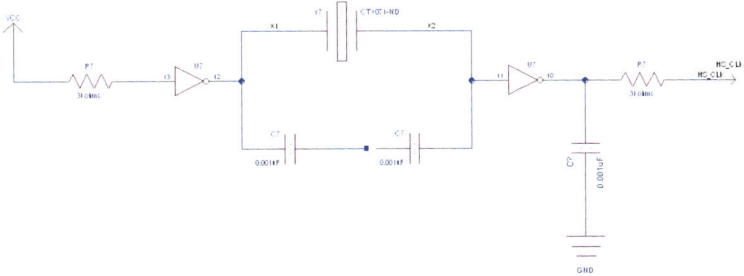

⓭ De-cap Sheet를 배선하기 위해 상단의 Cap를 아래와 같이 배선합니다.

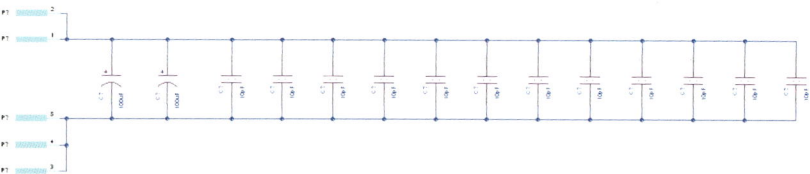

⓮ VCC와 GND를 My Parts에서 배치합니다.

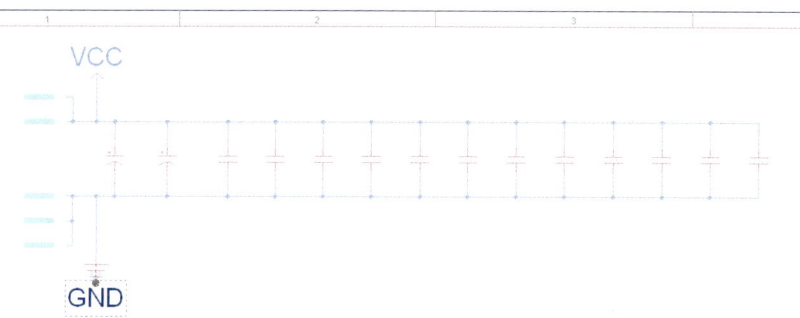

⓯ 배선을 한 다음 MyParts에서 VEE와 GND, VDD와 GND를 각각 배치합니다.

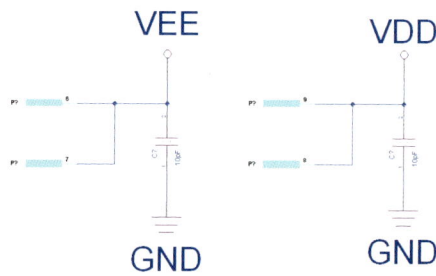

다음처럼 De-cap Sheet를 완성했습니다.

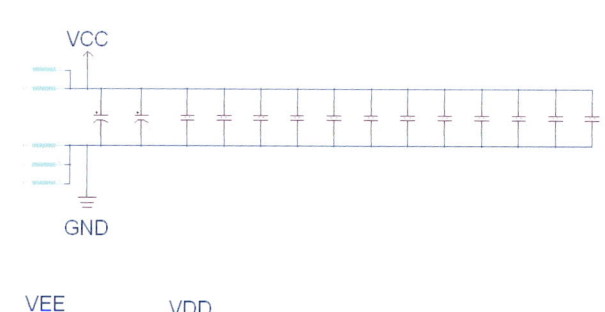

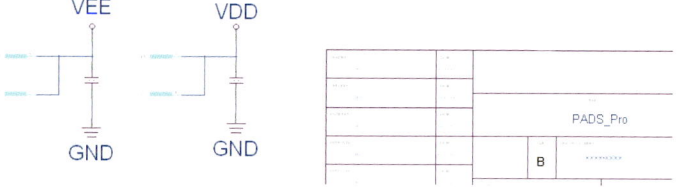

3장 PADS Professional Designer

16 다음은 D_2_A Sheet를 배선합니다.

먼저 다음처럼 BUS 를 작성합니다. 다음에 DATA[0:7]이고, 다음은 DATA라는 이름을 작성합니다.

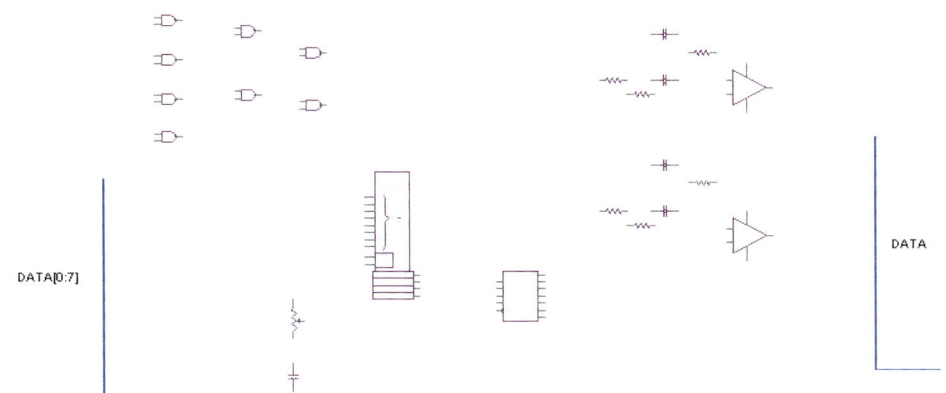

17 여기서 다음의 DATA는 일반적인 BUS 이름이 아니기 때문에 BUS Contents 설정을 해야 합니다. [Setup] - [Setting] - Project - Boards - Bus Contents에서 다음처럼 설정합니다.

- DATA: BANK1,BANK0,WR1,WR0,RAMWR1,RAMWR0

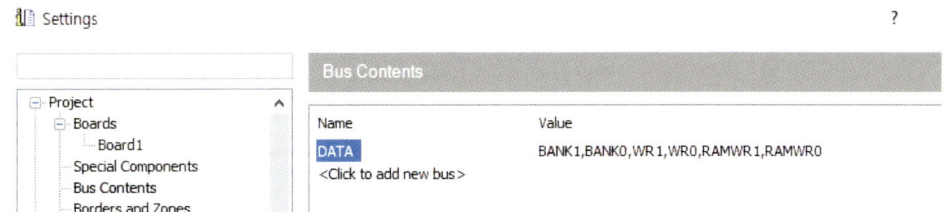

18 BUS를 3040747과 다음처럼 연결합니다.

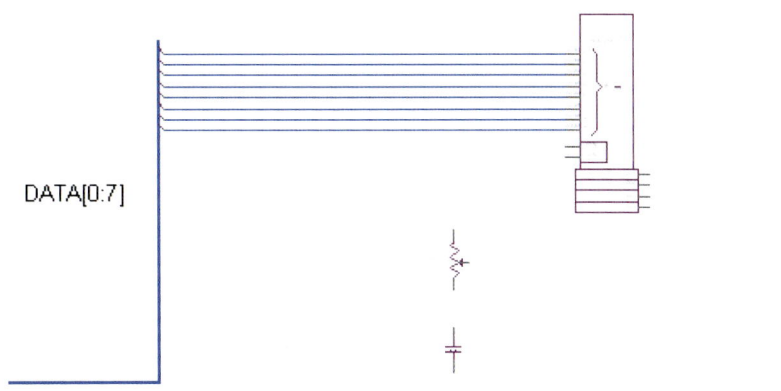

19 DATA BUS는 맨 위를 아래와 같이 연결하고, Bus Contents에서 설정한 이름으로 지정합니다.

20 위처럼 안 나온다면 Bus Contents 설정을 확인하거나 BUS 이름을 DATA로 설정했는지 확인합니다. 나머지도 다음처럼 배선하고 BUS에 Link를 배치합니다.

21 상단의 3040546과 3020610들을 다음처럼 연결합니다.

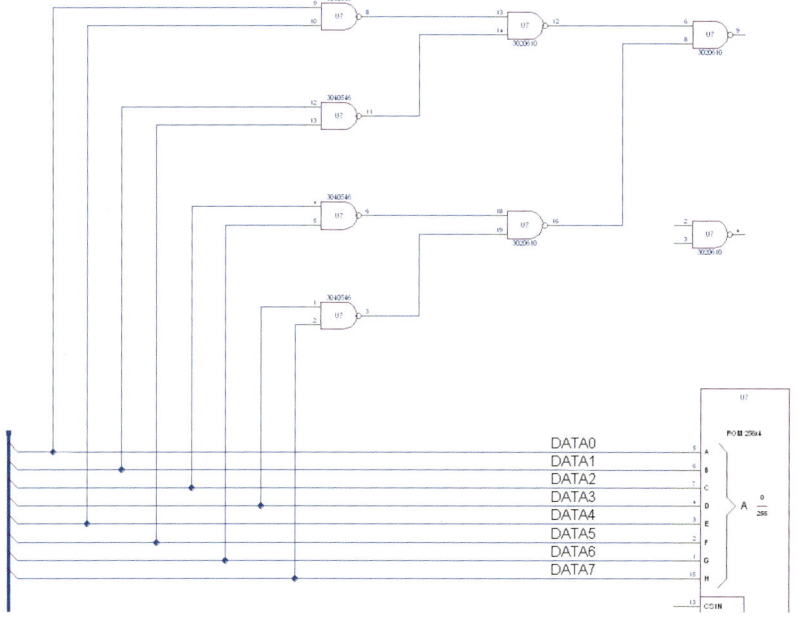

22 나머지 부분을 배선, Net 이름을 부여하고 Power와 GND, Link를 배치합니다.

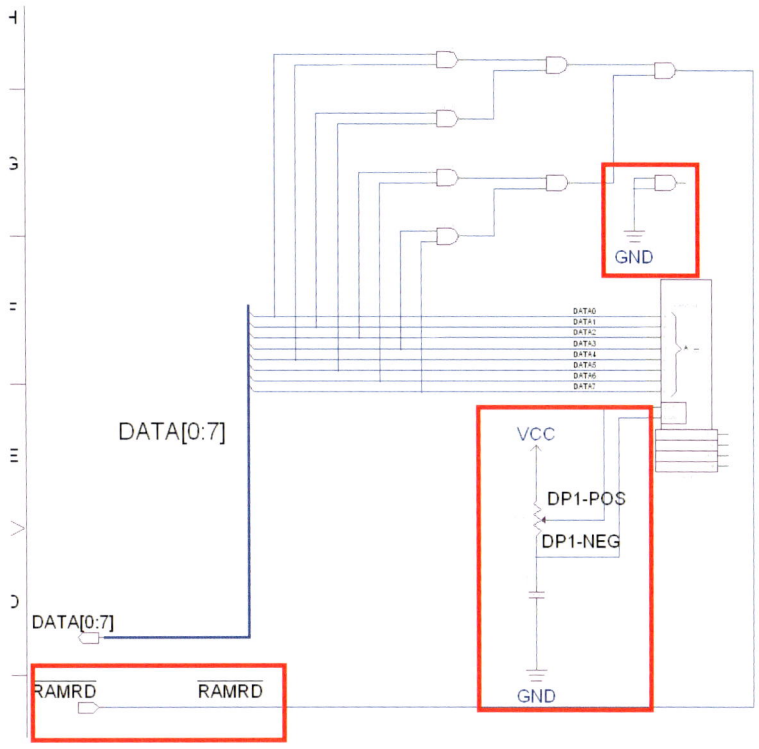

23 중간 3040747과 3040671를 다음처럼 연결하고 Add Properties에서 다음처럼 이름을 부여합니다.

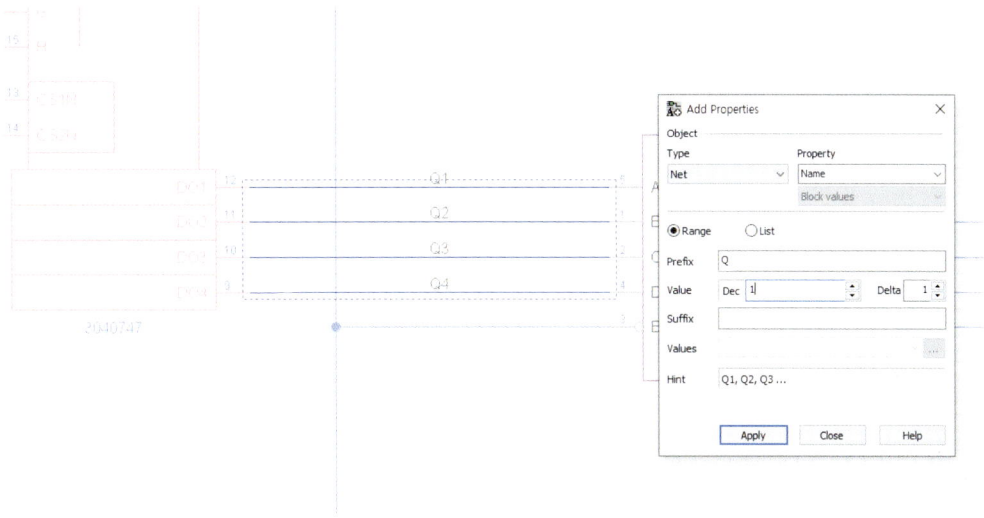

24 다음 위를 배선하고 이름을 부여한 후에 Power와 GND를 배치합니다.

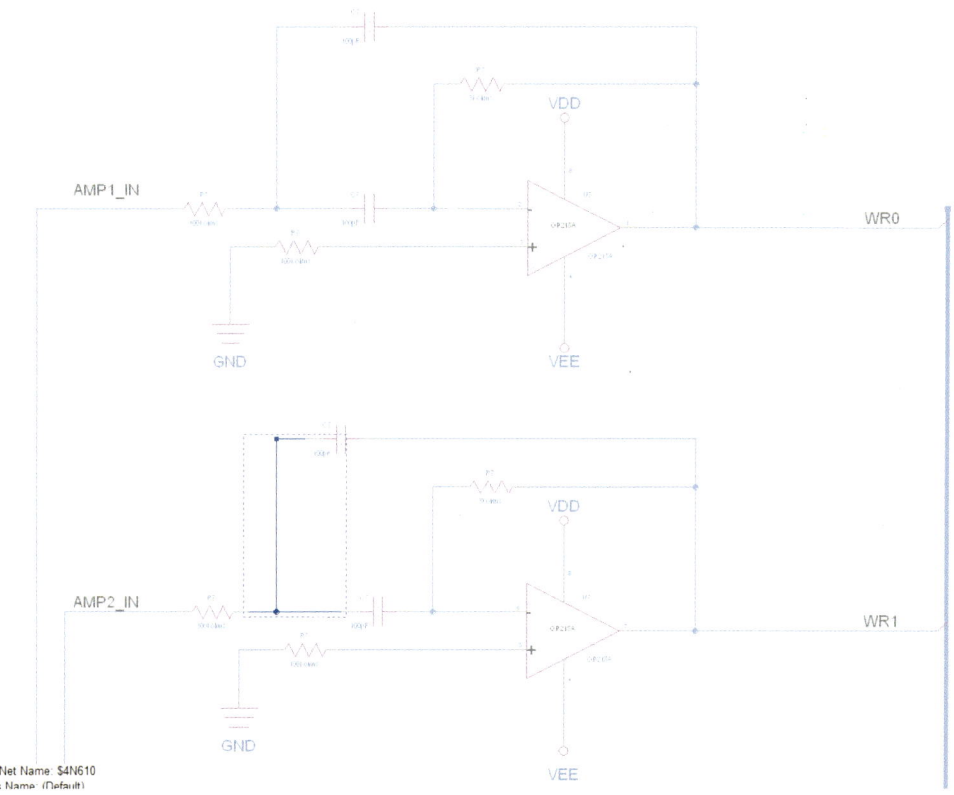

25 D_2_A Sheet가 완성되었습니다.

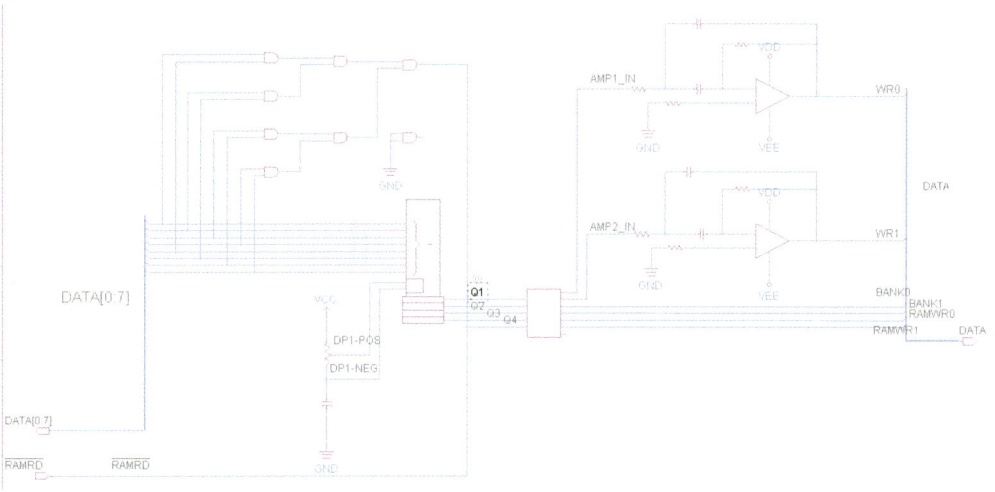

26 Memory Sheet를 배선합니다.

다음 상단에 수직으로 3개의 BUS를 작성한 뒤에 각각 다음처럼 이름을 부여합니다.

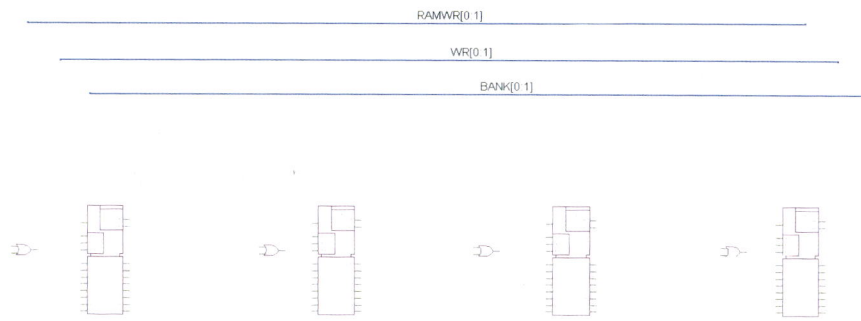

27 다음 2개의 부품들을 배선한 뒤에 BUS에서 부여된 이름을 부여합니다.

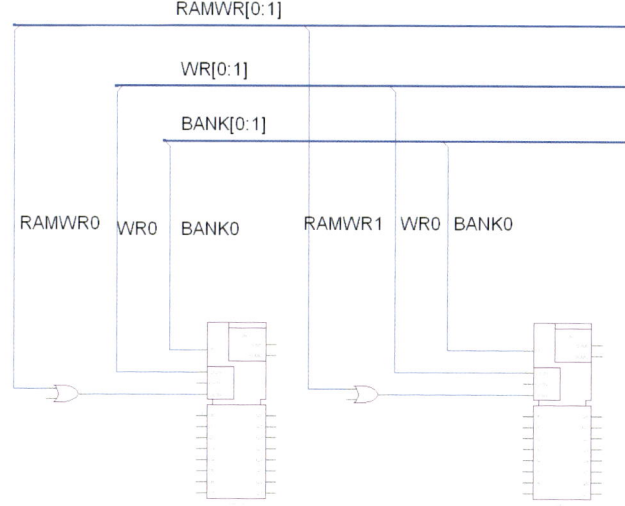

28 상단에 다음과 같은 BUS와 Link를 작성합니다.

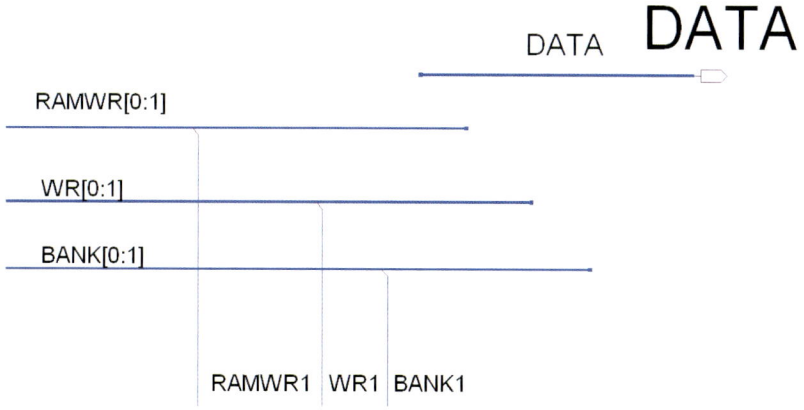

㉙ DATA에 RAMWR[0:1], WR[0:1], BANK[0:1]를 Sub BUS로 연결합니다. BUS ⌐로 연결을 하면 일반 BUS는 그냥 연결이 되지만 이름이 부여된 Sub BUS는 ◤모양으로 연결이 됩니다. 물론 이름은 DATA처럼 Bus Contents나 숫자로 맞추어야 합니다. (MAIN[1:100]이라면 Sub[1:50]과 Sub[51:100])

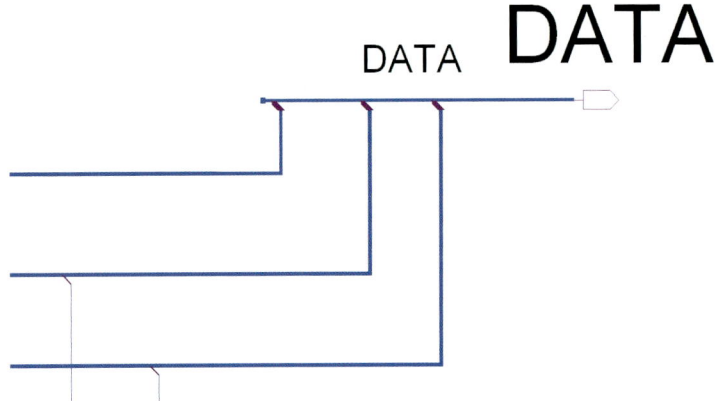

㉚ 3040714의 다음에 연결되는 BUS를 작성하고 A[0:7]로 이름을 부여 한 후 Link를 작성합니다.

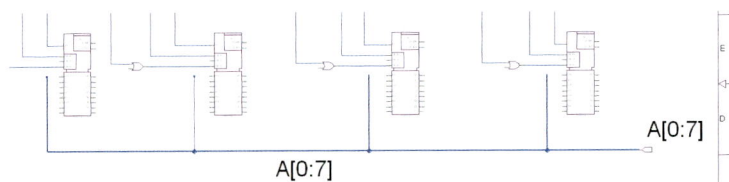

㉛ 3040714의 다음에 BUS를 연결하고 모두 A[0:7]로 연결합니다. BUS를 선택하고 RMB - [Rip Nets]를 하거나 BUS를 Drag하여 붙였다가 떼면 연결됩니다.

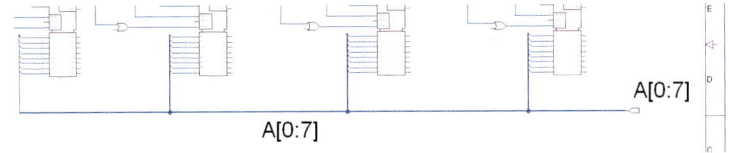

㉜ 3040714의 다음과 같이 연결되는 BUS를 작성하고 D[0:15]로 이름을 부여하고 Link를 작성합니다.

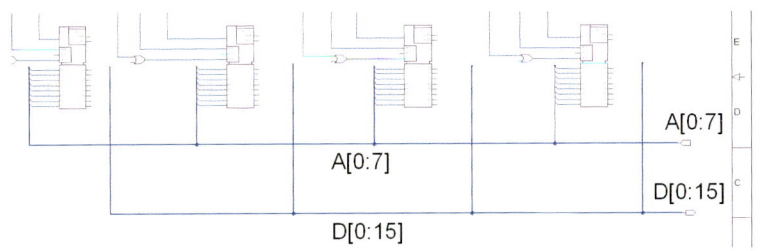

33 첫 번째 3040714에는 D0부터 D7로 연결하고, 두 번째 3040714에는 D8부터 D15로 연결합니다.

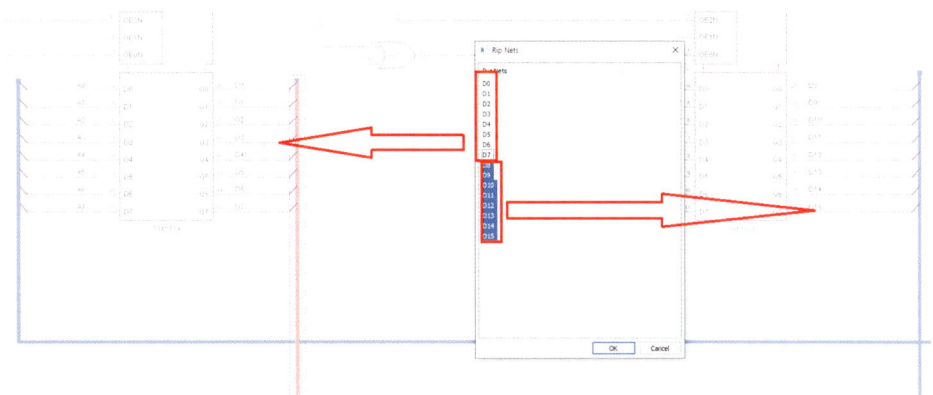

34 남아있는 2개의 3040714도 D0부터 D7로 연결하고 D8부터 D15로 연결하면 다음과 같이 연결됩니다.

35 Link를 배치하고 이름을 부여합니다. ~RAMRD, ~DS로 입력하면 됩니다.

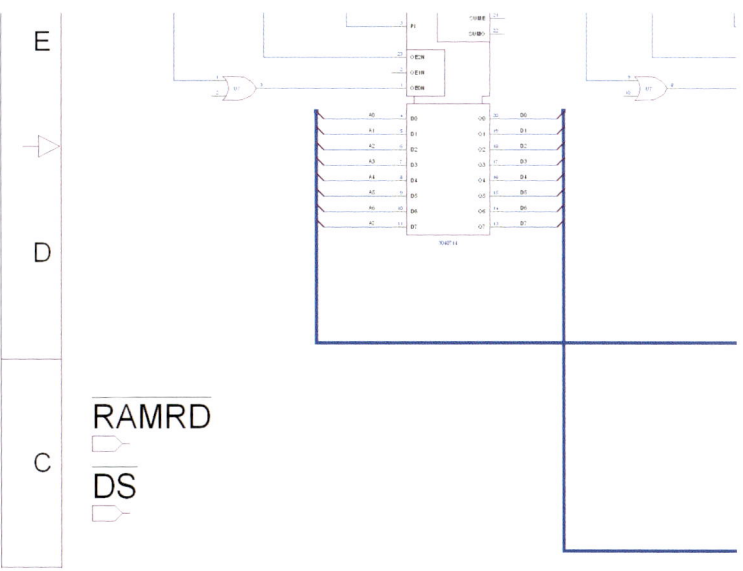

36 RAMRD를 3040714의 OE1N에 각각 4개 연결합니다.

37 DS를 3040645의 2번 Pin에 연결합니다.

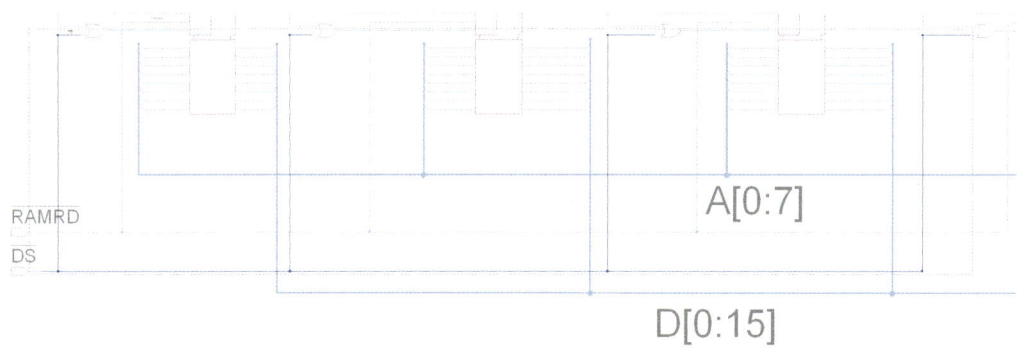

38 5번째 마지막 Memory의 Sheet를 끝으로 모든 회로도를 완성하여 3장 실습6이 완료되었습니다.

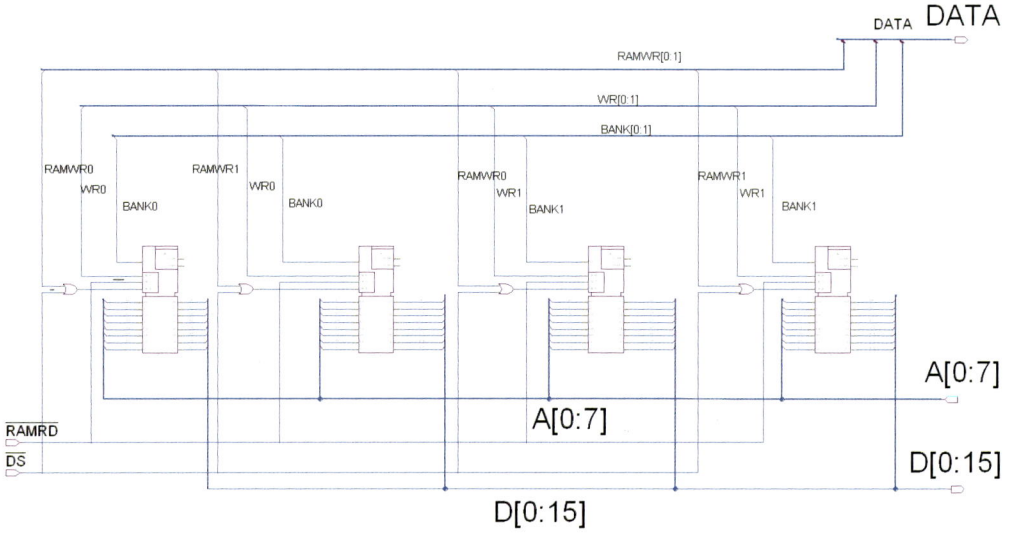

09 PADS Professional Designer의 회로도 편집

회로도 작성 이후에 편집을 위한 기능들을 소개합니다. 먼저 기존의 부품이나 Net를 지우려면 삭제하려는 Object를 선택한 다음, 키보드의 Delete 키를 이용하거나 를 선택하여 삭제합니다.

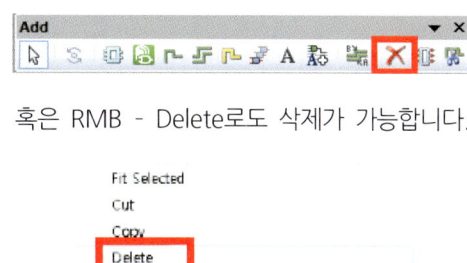

혹은 RMB - Delete로도 삭제가 가능합니다.

그런데 해당하는 부품과 Net를 삭제하려는 것이 아니라 다른 곳에 활용을 해야 하는 상황이라면 Delete 대신 Disconnect로 Pin에 연결되는 곳을 끊어 버린 다음 이동 가능합니다.

Disconnect를 하면 선택된 Object의 모든 Pin이 좌표는 유지된 상태에서 끊어지며, 부품 뿐만 아니라 Net를 선택하거나 부품과 Net를 한꺼번에 선택해도 가능합니다.

위의 Disconnect는 특정 부품과 Net를 삭제하지 않고, 다른 곳에 활용하려는 상황입니다. Net의 경우에는 잘못 연결하여 옆의 Pin으로 연결해야 하는 상황이 종종 발생합니다.

그래서 Disconnect 후에 Net를 움직여서 다른 곳에 연결하는 작업을 Reassign이라는 명령어로 한 번에 진행할 수 있습니다.

Disconnect하려는 Pin으로 마우스를 이동합니다.

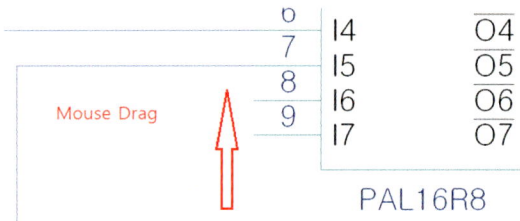

Pin의 근처에서 Ctrl + R을 누르면 Disconnect + Move 상태로 변경됩니다.

다른 Pin으로 연결합니다.

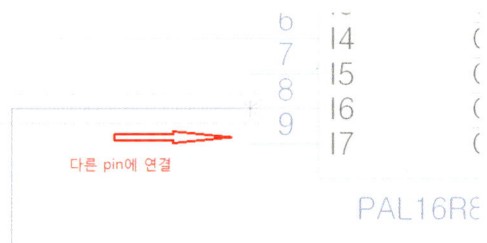

Net 이름이 부여된 상태에서 이름에 관련된 자동 편집 기능들을 사용할 수 있습니다. Net가 하나라도 선택된 상태에서 Add의 Reassign Names를 선택합니다.

선택하면 화면에서는 변경할 수 있는 Net들의 Name이 화살표로써 선택이 되고, 원하는 위치에 Net Name을 Drag로 지정이 가능하게 됩니다.

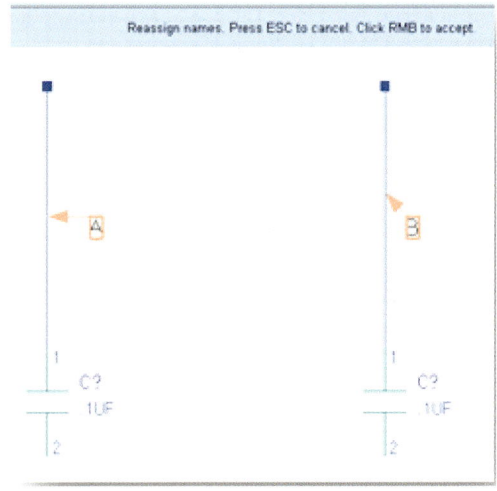

A를 먼저 이동하고 B를 A위치로 이동하는 것이 가능합니다.

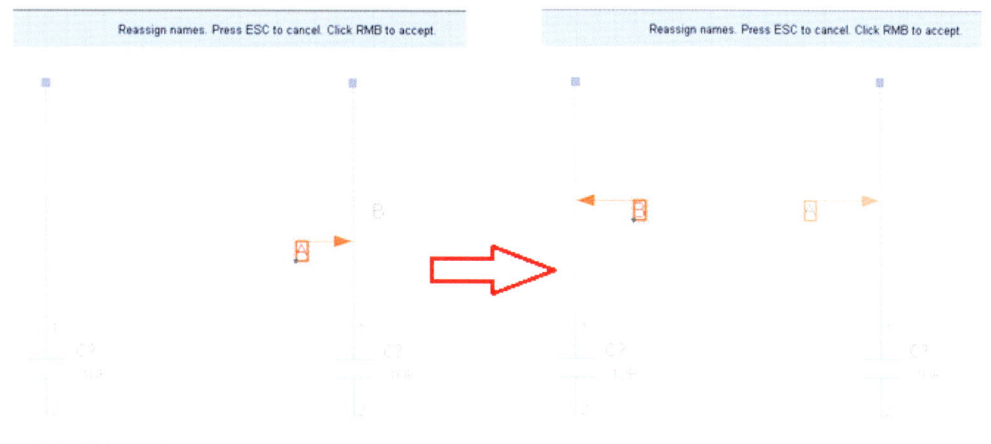

특정 Object를 Array란 명령어로 Multi Copy가 가능합니다. 부품, Net, BUS 등과 여러 조합으로 되어 있는 상태에서 X, Y 방향이나 한 방향으로 선택합니다. 방법은 Copy하려는 Object를 선택하고 다음을 선택하여 Drag하면 됩니다. (실습의 Array를 참고하시기 바랍니다.)

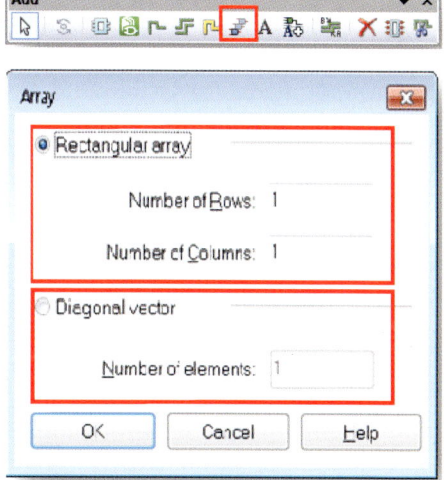

특정 Object를 검색하는 명령어를 3개로 나누어 볼 수 있습니다. [Edit] - [Find and Replace]에 있습니다.

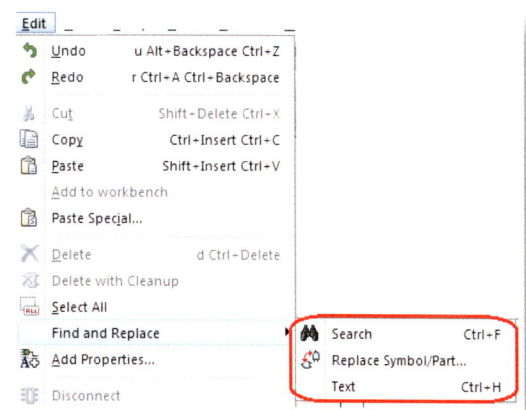

이 중에 [Search]는 Main에도 있습니다. Search는 별도의 창에서 검색이 가능하며, Design내부의 검색과 라이브러리의 검색으로 확인할 수 있습니다.

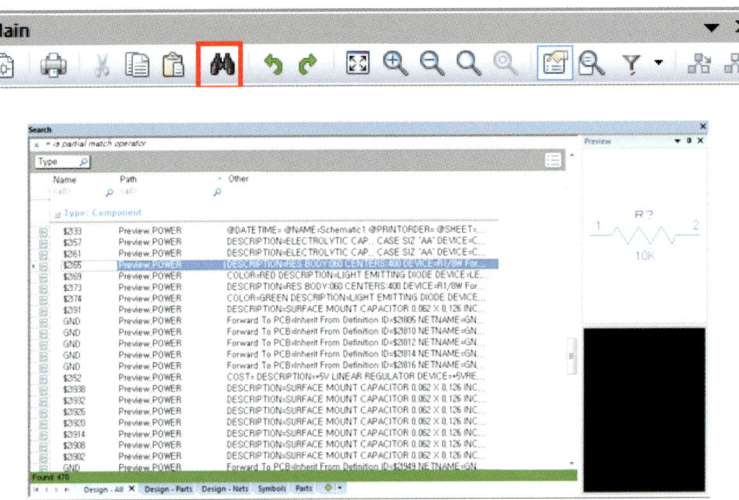

Design은 All, Parts, Nets로 나누어서 볼 수 있습니다.

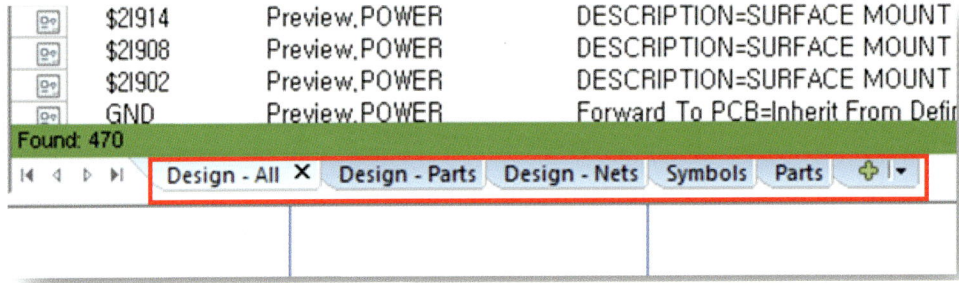

각 항목에 따라 검색할 수 있는 항목들이 변경되게 됩니다.

예를 들어 Design-All은 BUS, Component, Net, Pin으로 항목을 나누어 검색이 가능합니다.

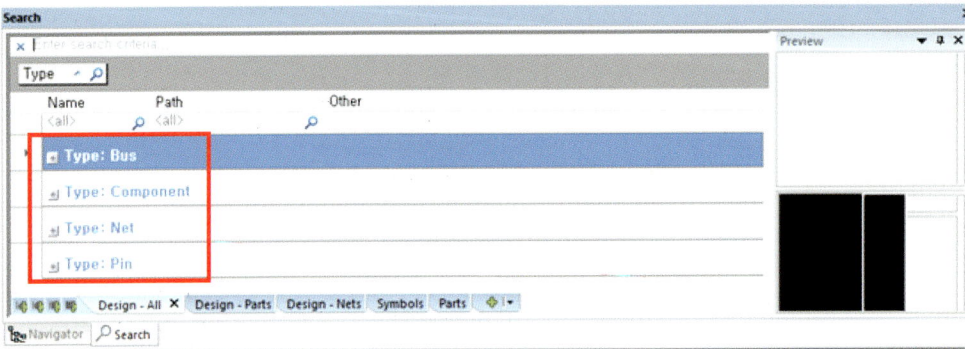

Type에서 원하는 것만 지정 가능하며 Component를 지정하면 Design-Part와 같습니다.

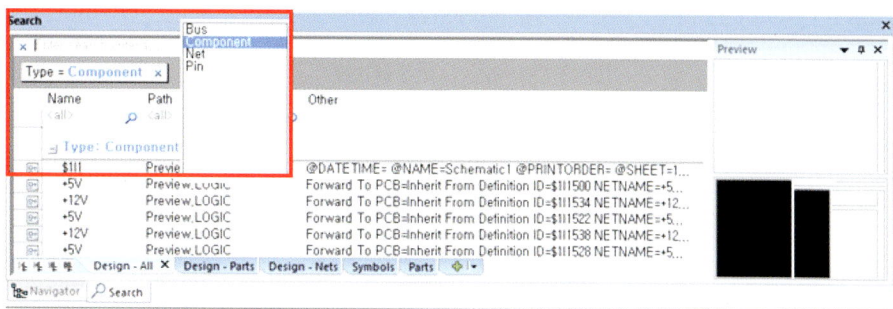

검색은 해당하는 항목에서 Type를 하게 되면 해당 항목을 찾아주고 선택하면 해당 항목을 찾아갈 수 있습니다.

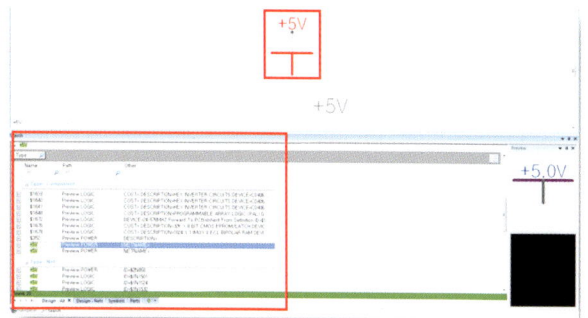

라이브러리는 Symbol과 Parts로 검색할 수 있습니다.

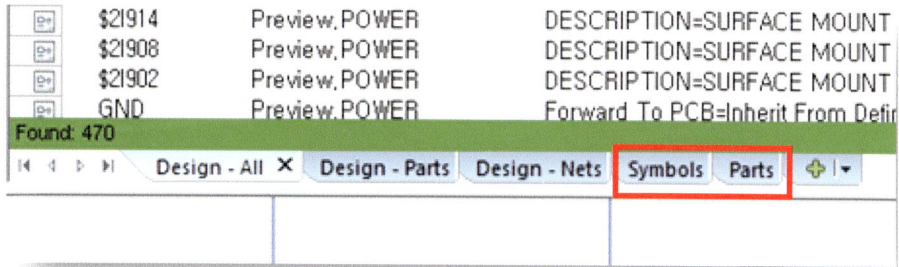

Symbol과 Parts의 라이브러리는 각 Partition 별로 검색이 가능합니다.

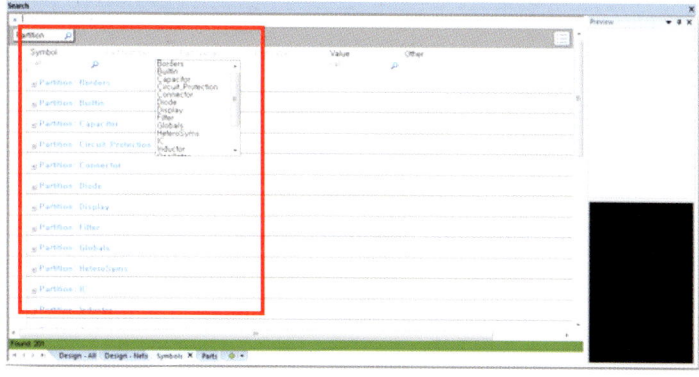

만약 부품을 현재 부품이 아니라 다른 부품으로 대체하고 싶은 경우에는 부품을 삭제하거나, Disconnect 후에 다른 부품을 배치하면 됩니다. 하지만 현재 부품 위치 그대로 사용하고 싶으면 부품을 선택하고 RMB - [Replace Symbol/Parts]로 진행합니다.

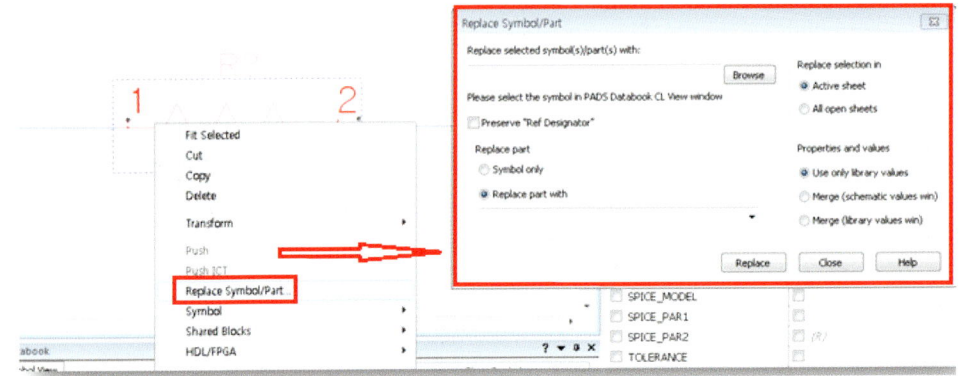

부품을 선택하고 Replace Symbol/Parts에서 Browse를 누르면 PADS Databook에서 Symbol을 선택할 수 있습니다.

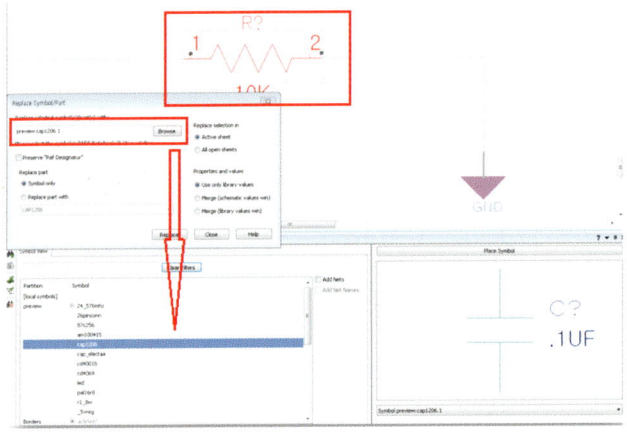

저항심볼이 선택된 상태에서 캐패시터 심볼로 변경하면 다음처럼 변경됩니다.

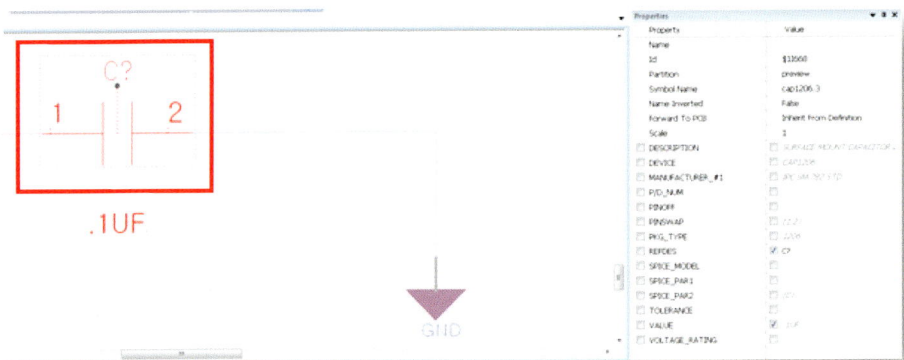

여기서 Parts는 Replace Symbol/Parts를 진행하면 다음
처럼 해당되는 Symbol에 관련이 있는 Parts들이 리스트
에 나타나게 됩니다.

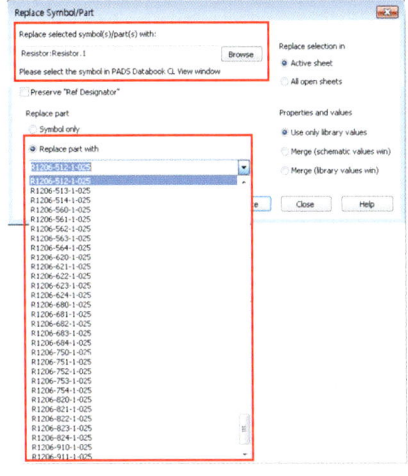

Replace Symbol/Part은 Central Library에서 변경이고 Databook도 변경 가능합니다.

Replace Components with xDX Databook (Sheet)

PADS Databook과 같은 component (Resistor를 다른 Resistor 로 대체)를 기본적으로 심볼의
속성을 변경하는 과정

1. 하나 이상의 component선택 (Part Number 같아야 함)
2. Click **RMB: Load in PADS Databook**
3. xDX Databook에서 조건을 제거하고 원하는 Component 항목을
   선택하십시오.
4. Click **RMB: Annotate Unique** or **PADS DB** icon
   replacement symbol 이 배치 된 방향과 동일한 방향인지 확인하십시오
5. 선택한 모든 symbols 는
   선택한 것으로 업데이트 됨
   속성 및 적용 가능한 경우,
   symbols 이 교체됩니다
   (극성이 없는 콘덴서에서 일반
   콘덴서로 교체 됨)

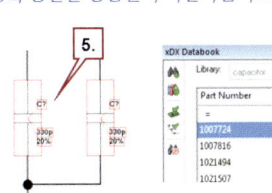
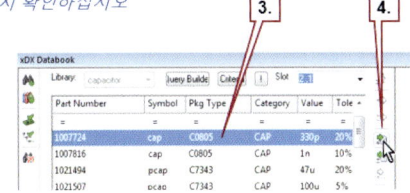

Use Case: Replace Components with xDX Databook (Board)

특정 component (Part Number)를 전체 설계에서 다른 구성 요소로 대체하는 방법

1. 찾기를 사용하여 컴포넌트의 모든 인스턴스를
   선택합니다. 다음 설정을 사용합니다.:
   – Within: Board: <Boardname>
   – Look in: Components
   – Look for: Properties only (Current Values)
   – Click: Find All
     All symbols are selected, close the Find dialog
2. PADS Databook에서 원하는 Component 항목을
   선택하십시오.
3. "*Annotate Properties to selected Components*"
   PADS DB icon에서 선택
4. 전체 보드에서 선택된 모든 symbol에 대한 속성이
   업데이트됩니다.

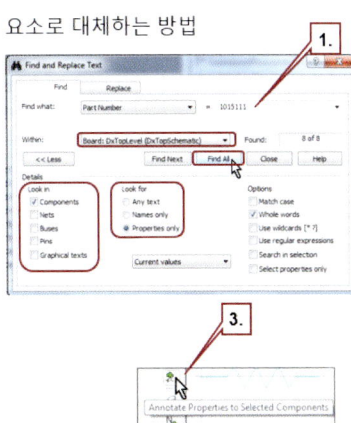

Replace Symbol/Parts는 부품 자체를 변경하는 것이고 부품의 속성 값을 찾거나 한 번에 변경하려면 Find and replace Text를 사용합니다.

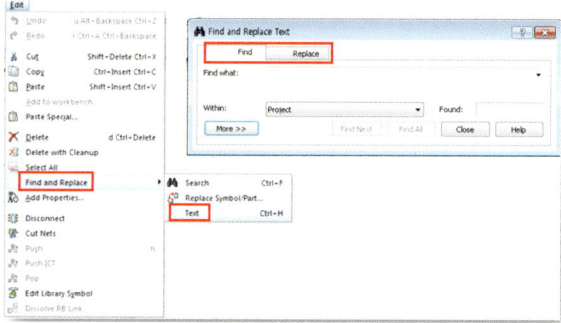

More를 눌러 자세한 조건과 항목을 지정할 수 있습니다.

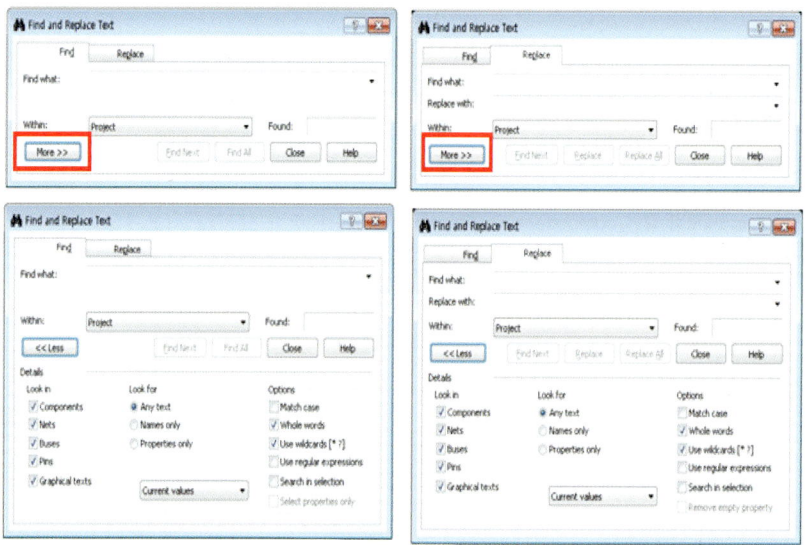

Look in은 Object를 지정하는 것이고 Look for는 전체, Name, 속성을 구분하는 것입니다.

Find/Replace Text - Example for Find

1. 텍스트 문자열을 입력하십시오.
2. 범위를 선택하십시오. (이내에)
3. 검색을 제한하십시오. (세부)
   A. 객체 유형을 찾습니다.
   B. Look for
      - 모든 종류의 텍스트 (그래픽 / 이름 / 속성)
      - Names only
      - Properties only..
      - 속성의 경우 Find What 필드에서 속성을 선택해야 합니다.

   C. Options:
      - Allow wildcards, regular expressions, etc.
4. Use **Find Next** or **Find All**
   - **Find Next** 연속적으로 발견 된 각 객체를 그래픽으로 선택합니다.
   - **Find All** 모든 일치 항목을 출력 창에 씁니다.

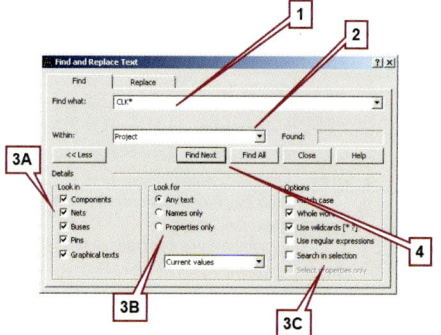

다음 결과가 나타납니다.

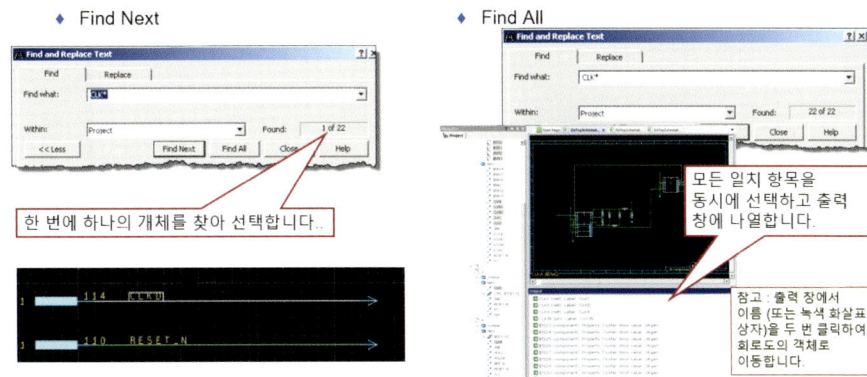

바꾸기와 모두 바꾸기 기능입니다.

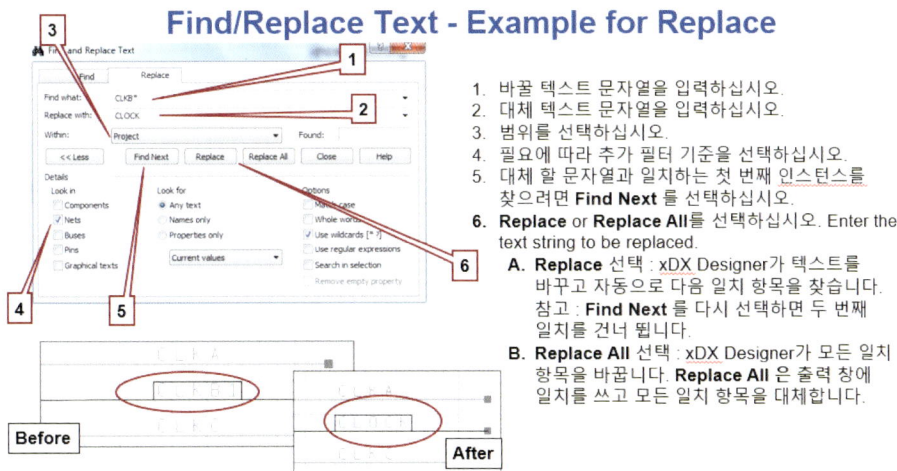

특정 Net와 BUS는 끊어진 부분을 선택하여 Drag하면 늘어나거나 줄어드는 편집을 할 수 있습니다.

별도로 줄이고 싶은 Net는 Cut Net 후 Drag하여 영역을 작성합니다.

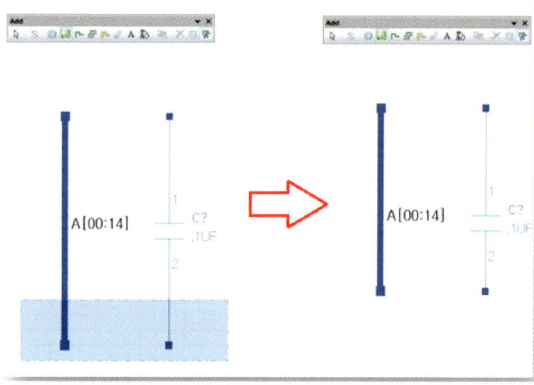

부품과 Net에 대해서 일괄적으로 속성이나 이름을 부여하는 것이 가능합니다.

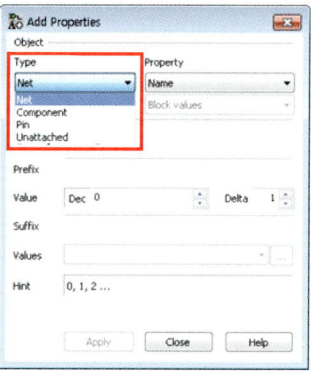

REFDES 같은 속성을 특정 부품에 일괄적으로 부여하는 것이 가능합니다.

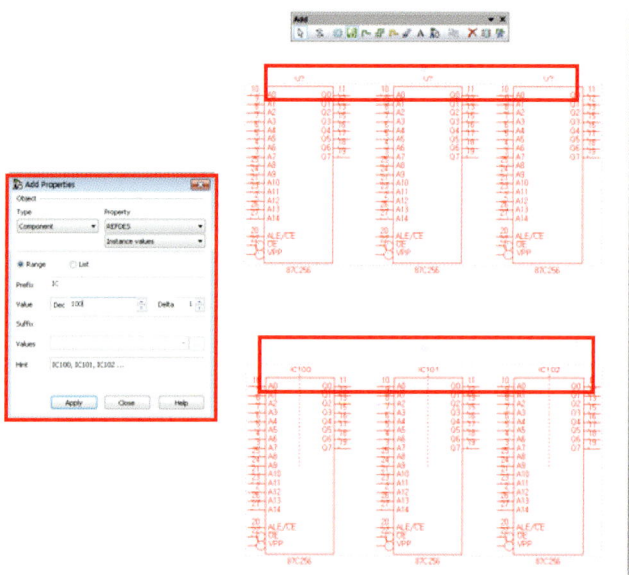

Net에도 일괄적으로 Net Name들을 입력하는 것이 가능합니다.

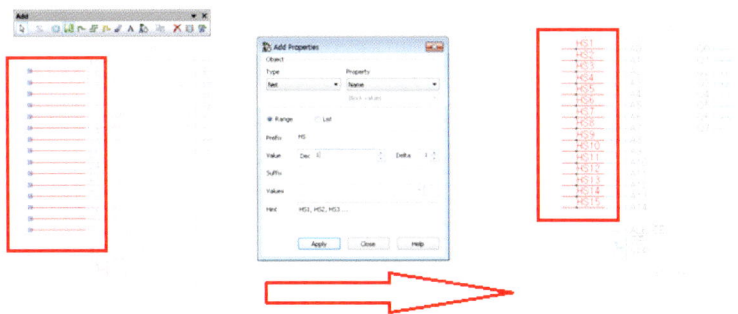

부품이나 도형을 상하좌우로 정렬하는 것이 가능합니다. Transform의 Align에서 지정한 대로 정렬이 됩니다.

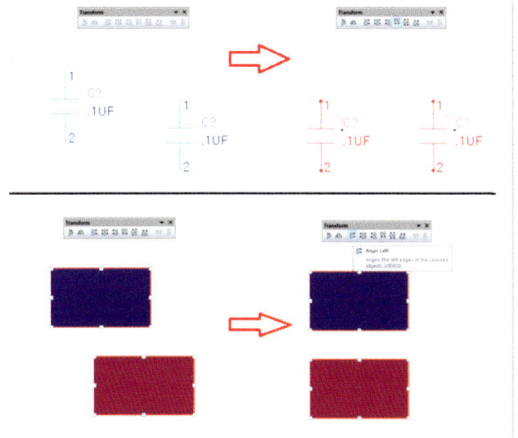

Distribute는 간격을 정렬하는 것이기 때문에 3개 이상의 Object를 선택해야 지정할 수 있습니다.

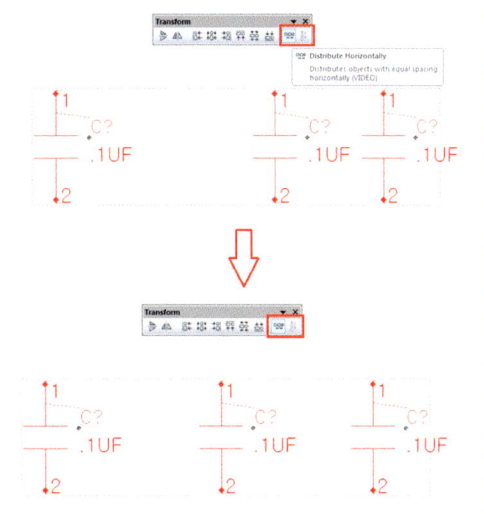

단축키 이외에 추가적인 명령어들은 Command Line에서도 입력가능합니다.

Command Line Features

- **Command Recall** (명령 호출) : 최대 15 개의 이전 명령을 호출 할 수 있습니다.
    - Up/Down arrow keys.
        - Single step through list
    - Page Up, or Page Down keys.
        - 마지막 또는 처음 입력 한 명령으로 이동합니다.
    - Command line pick list.
        - 디자인 세션에서 입력 한 모든 명령을 통해 검색

Command Line pick list option

- **Command Completion.**
    - 불완전한 명령이 입력되면, xDX Designer는 가능한 옵션을 제안 할 것입니다
      (i.e. Type "gr" (Enter))
    - 인수가 필요한 경우이를 지정할 수 있는 대화 상자가 호출됩니다.
      (i.e. Type "chglabel" (Enter))

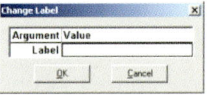

Command Line Example: Changing Slot(s)

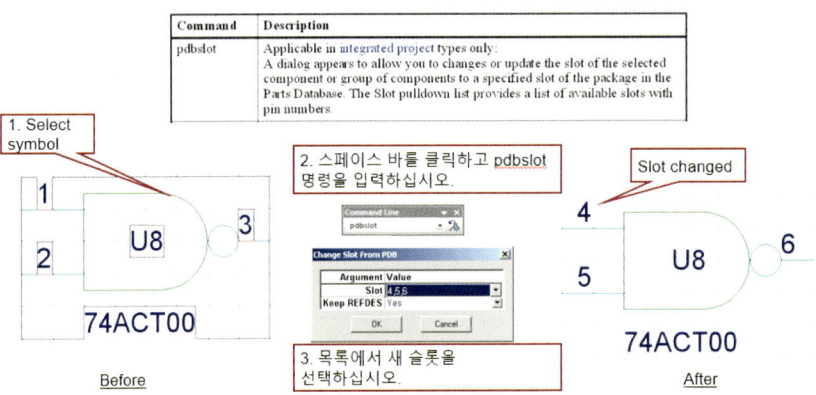

텍스트만을 설정하면 속성에서 원점 설정이 가능합니다.

Changing Text Origin Manually

- 모든 텍스트 객체 (주석 텍스트 객체, 속성)는 원점 설정을 갖습니다.
- 중간 왼쪽과 중간 오른쪽의 원점 설정은 수평 핀 주변에 텍스트를 센터링하는 데 유용합니다.
- 명령 줄 명령을 사용하려면 텍스트 (예 : o3)를 스페이스 바를 선택하십시오. 명령에 숫자 0이 아닌 문자 o가 필요합니다.

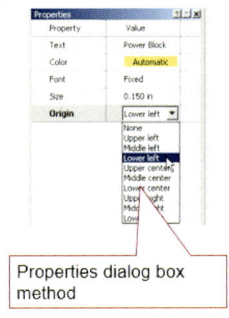
Properties dialog box method

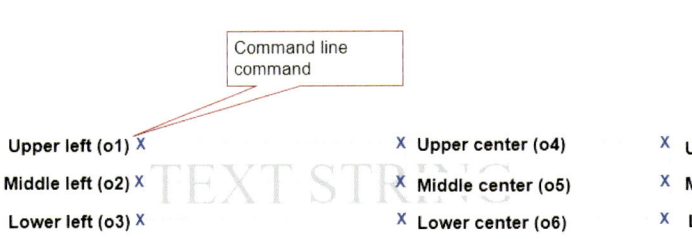

실습 07   PADS Professional Designer의 회로도 편집

C:\MGTraining\projects\Student_Project_flat\Student_Project.prj를 PADS Pro Designer에서 Open합니다.

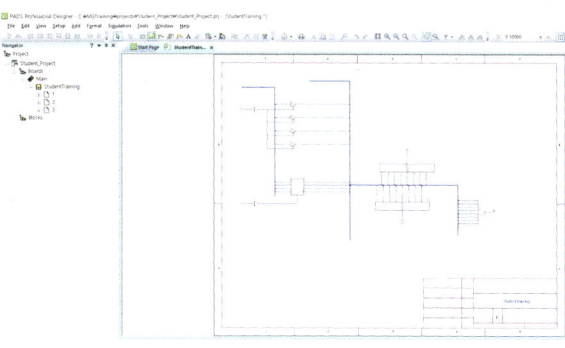

1. 3번 Sheet의 다음 부분에 부품을 추가합니다.

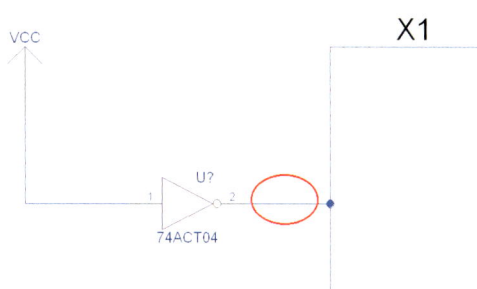

2. 위의 부분에 PADS Databook의 Central Library에서 RES-SMD.8.5-3K의 부품을 배치합니다. 이 Net는 X1라는 Net가 연결되어 있습니다. 이름이 있는 Net 사이에 부품이 배치가 되면 어느 쪽에 기존의 Net를 배치할 수 있는 화살표가 나타나게 됩니다.

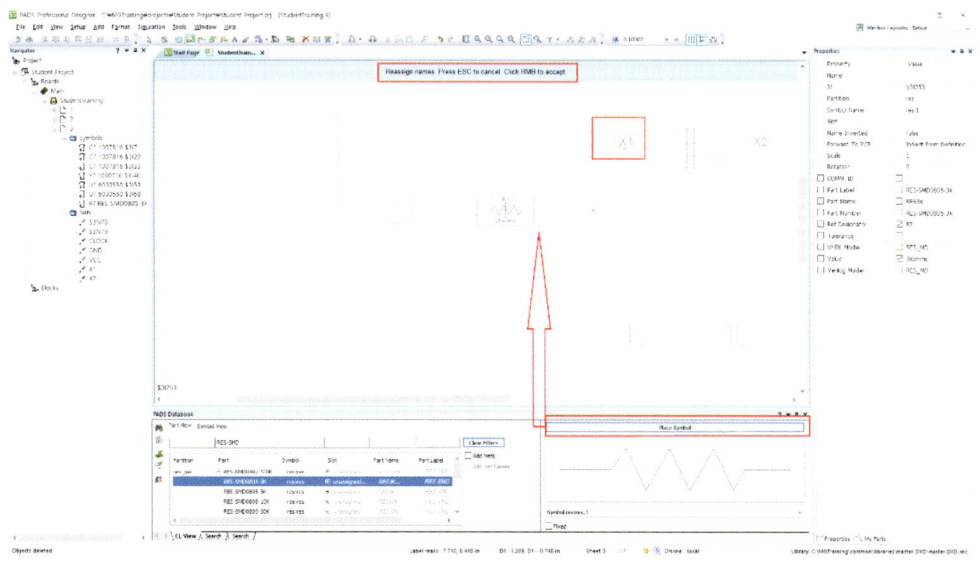

3 이름은 마우스로 원하는 곳에 배치할 수 있고, 선택이 완료되면 마우스 오른쪽 버튼을 누르면 종료됩니다. 원래 위치에 놓습니다.

4 다음에 보면 CLOCK이라는 Net가 있습니다. 마찬가지로 RES-SMD0805-3K를 배치한 다음에 CLOCK Net를 선택하면 Reassign Names 가 활성화됩니다. (이름이 부여된 Net 선택) 움직여서 Net가 이동하는 것을 확인한 후에 원래 위치에 놓습니다.

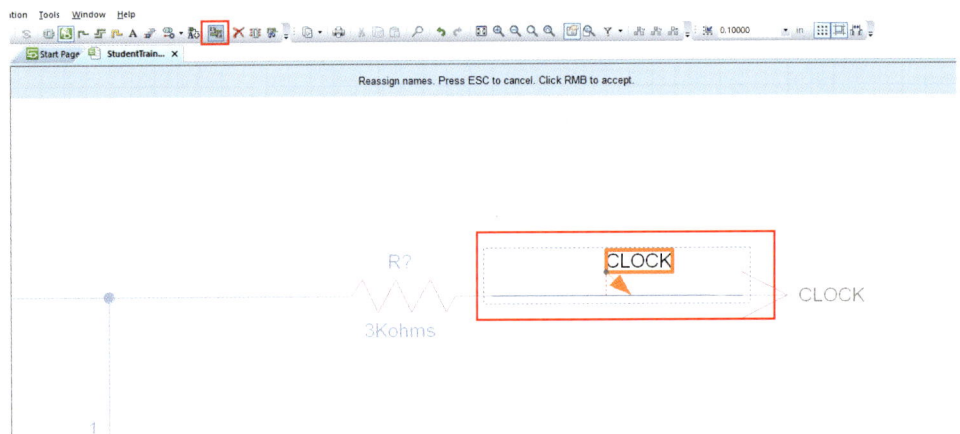

5 전원을 변경하겠습니다. 2번 Sheet에 PWR 심볼을 선택하고 RMB - [Change] - [builtin.vee.1] 로 변경합니다.

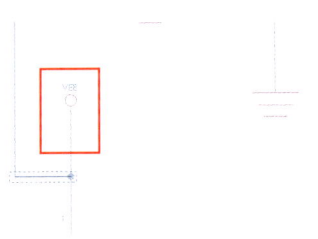
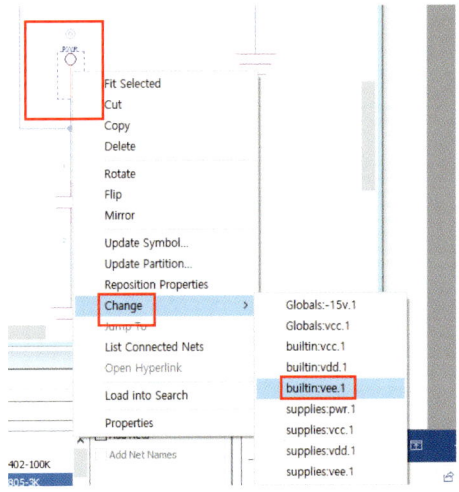

6 Central Library에서 배치했던 RES-SMD0805-3K를 Symbol은 유지된 상태에서 DB의 부품 R1206-302-1-025로 속성만 가져옵니다. DB의 Resistor에서 Value를 3K로 검색하여 부품을 찾습니다.

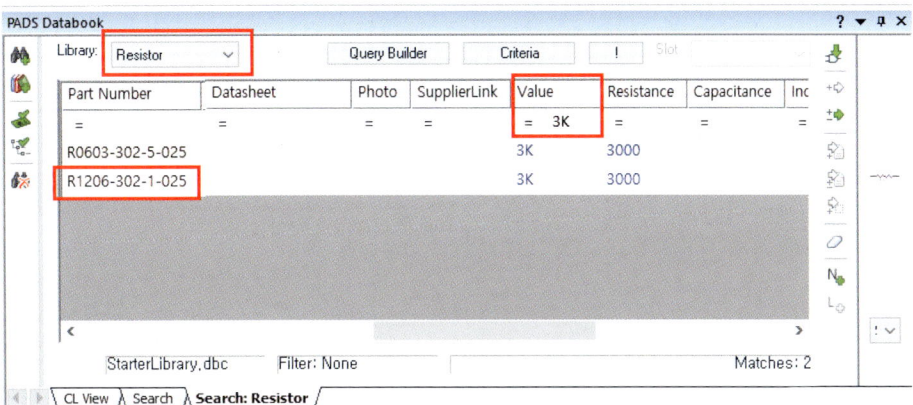

7 다음 [Edit] - [Find and Replace] - [Text]를 선택합니다.

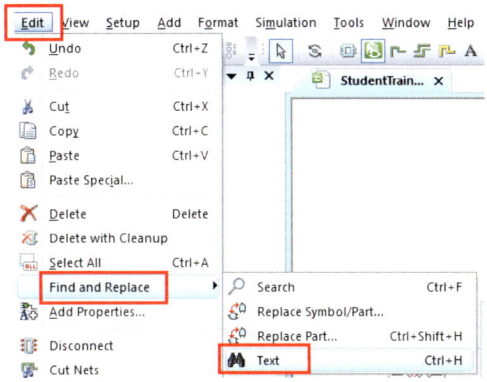

8 다음 선택으로 부품을 검색합니다.
   3번 Sheet에서 두개의 부품이 검색되고, 선택됩니다.

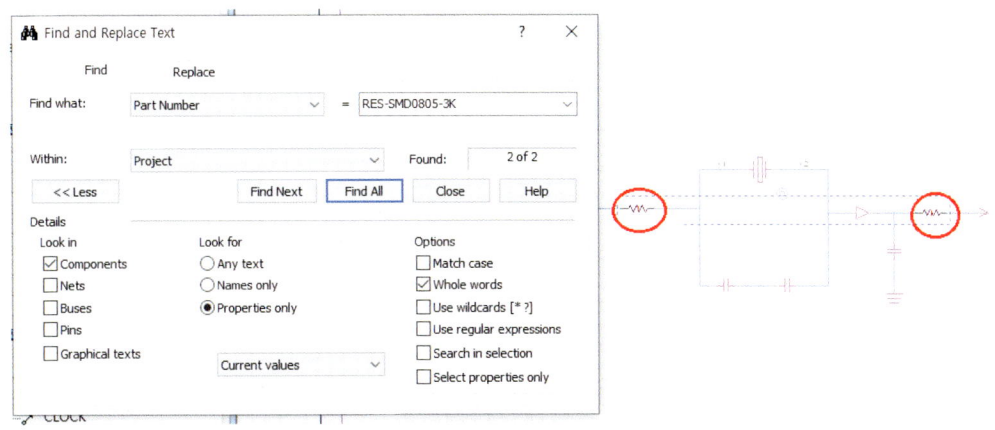

9 이 상태에서 Databook의 DB에서 검색된 R1206-302-1-025를 선택하고 Annotate Properties to Selected Components를 선택하면 DB의 값이 입력됩니다.

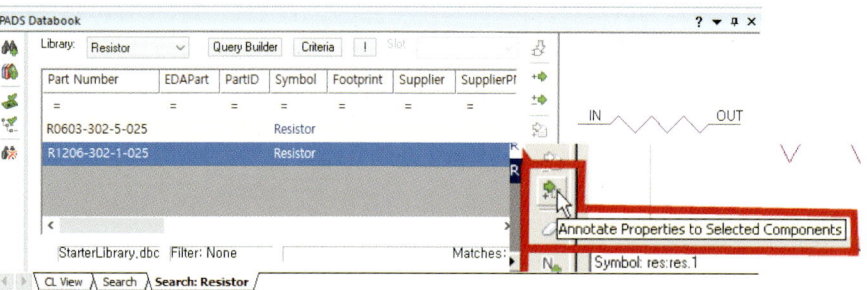

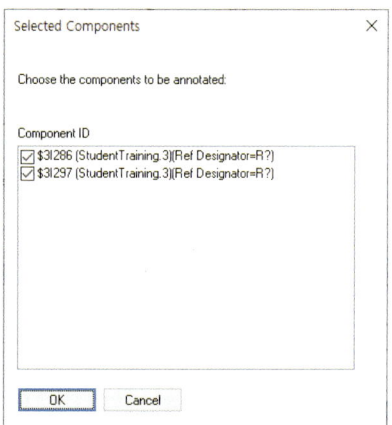

10 다음은 부품을 다른 부품으로 변경합니다. 3번 Sheet에서 Crystal인 1030716를 선택한 다음 Replace Symbol/Part을 선택합니다. (Edit에서도 동일합니다.)

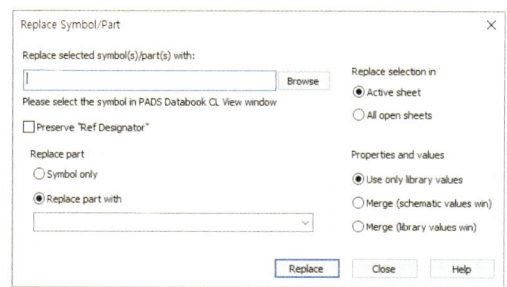

11 Browse를 선택하면 PADS Databook이 실행됩니다. 여기서 CL View의 crystal 파티션에서 변경할 부품을 선택하거나 Replace Part with에서 부품을 CTX071-ND로 선택합니다.

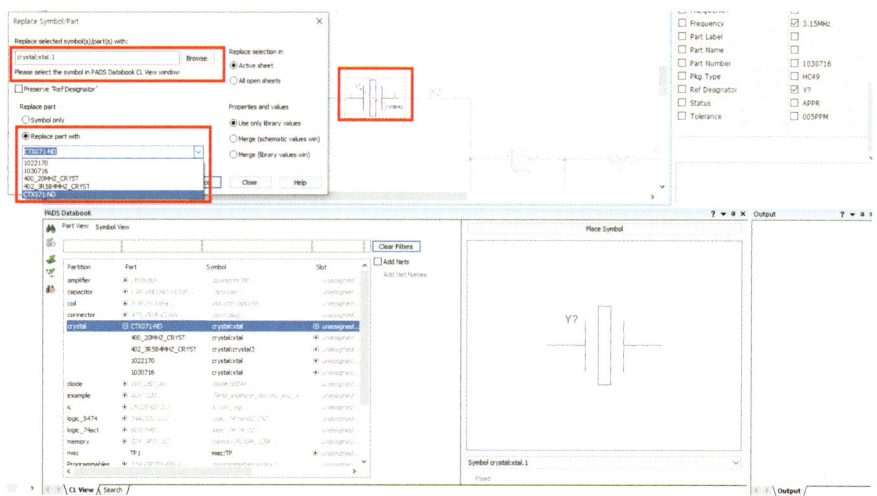

103716인 부품에서 CTX071-ND로 Part를 변경하게 되는 것이며, 때에 따라 Ref. Designator를 유지할 수 있고, 회로도의 값이나 라이브러리의 값이 충돌하는 경우 회로도 값을 우선하여 Merge하거나, 라이브러리 값을 우선하여 Merge 할 수 있습니다.

12 다음은 Net의 이름 등을 변경하는 방법입니다.
[Edit] - [Find/Replace]에서 CLOCK을 HS_CLK로 변경합니다.

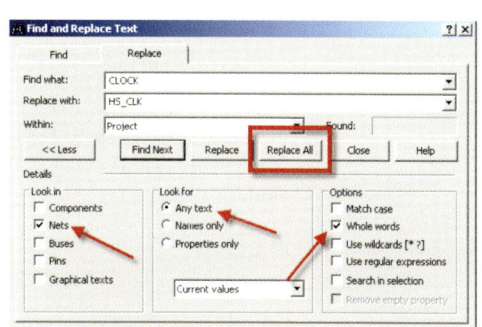

13 Gate 배치를 한 이후에 변경하는 방법입니다.
3번 Sheet에 다음과 같은 부품은 배치할 때 Gate를 선택할 수 있습니다.

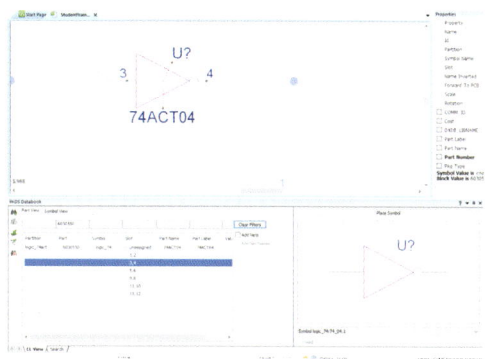

14 이후에 변경은 [View] - [Toolbar] - [Command Line]에서 가능합니다.

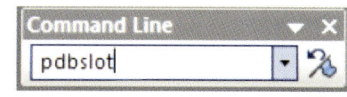

부품을 선택하고 pdbslot하여 변경 가능합니다.

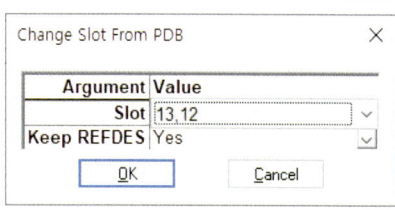

15 Net 변경을 하겠습니다. 1번 Sheet의 다음에는 다음처럼 Net 가 HS_CLK와 AUX_CLK) 있습니다.
Slot을 변경하면 변경됩니다.

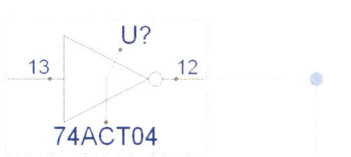

16 Net 중에 하나만 선택하고 다른 Net에 연결을 하면 Net 이름을 선택할 수 있습니다. HS_CLK를 선택하고 실습을 종료합니다.

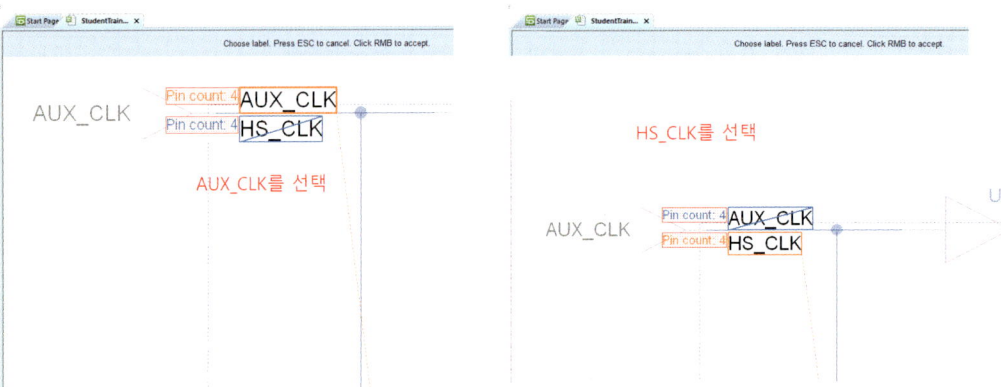

10 PADS Professional Designer의 회로도 검증

회로도를 작성하다 보면 Data가 정상적인지를 진단할 필요가 있습니다. 현재 Data가 별 이상 없는지를 확인하는 명령어가 Diagnostics입니다. 특별히 지정해야 되는 것은 없고 [Tools] - [Diagnostics]를 실행하면 되고 결과는 Output에 나타나게 됩니다. 문제가 있으면 맨 아래 Click here to fix all errors를 누르면 자동으로 수정됩니다.

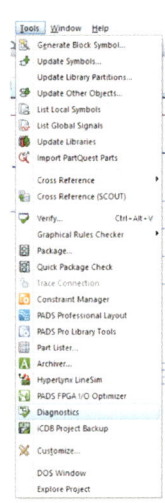

◆ Checks for:
- Invalid nets
- Sheet order data
- Sheet internal identifiers
- Component graphical data
- Net connections
- Rippers
- Reuse blocks
- Empty blocks
- Top level name consistency
- Duplicate internal pin IDs
- Bus signal connection
- Component names
- Connectivity

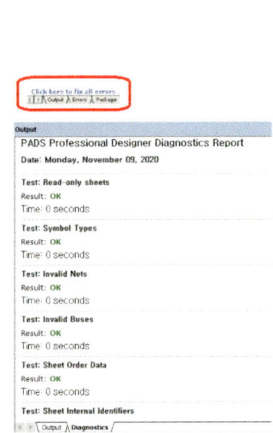

검증 기능으로는 원본 DB와 회로도 사용 부품의 비교 기능이 있습니다.

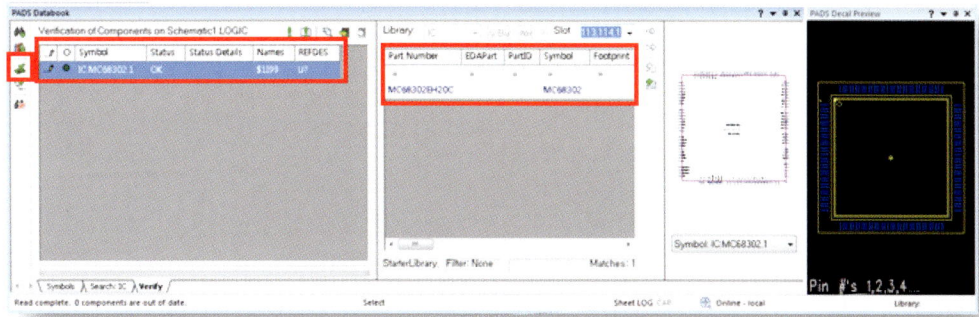

사용 부품이 DB와 다른 경우는 부품의 속성을 임의로 변경했거나, DB의 값이 편집 혹은 삭제되었을 경우입니다. 위의 경우가 아니더라도 단종이나 기타의 경우로 부품 DB의 정보는 항상 같을 수 없기 때문에, 회로를 작성하고 나서, 마지막에는 원본과 DB가 맞는지를 검증해야 합니다. (DB를 사용하는 경우에만 해당)

검증은 2가지로 나눌 수가 있습니다.

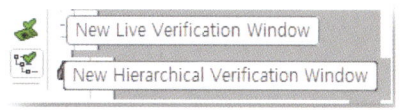

Live는 현재 Sheet에 대해서만 진행하고 Hierarchical은 전체 Sheet를 검증합니다.

검증하는 방식은 회로도에 배치되어 있는 부품과 DB의 부품의 속성을 1:1로 비교하여 보여줍니다.

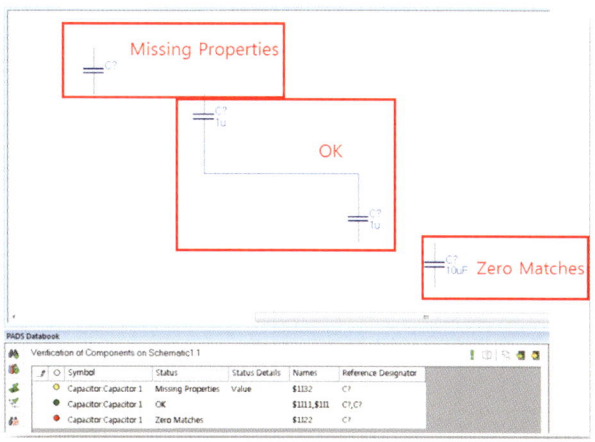

노란색은 DB에는 Value 값이 있는데 회로엔 없는 경우입니다.

초록색은 DB와 회로의 속성이 완전히 일치하는 경우입니다.

빨간색은 DB와 회로의 속성값이 다른 경우입니다.

만약에 노란색이나 빨간색이 검출되는 경우에는 DB의 값으로 Update를 해주어야 합니다.

Update는 Live와 Hierarchical의 순서가 약간 상이 합니다. 먼저 Live를 보면 노란색 검출된 부품을 선택하면 다음에 해당하는 DB의 부품이 나타납니다.

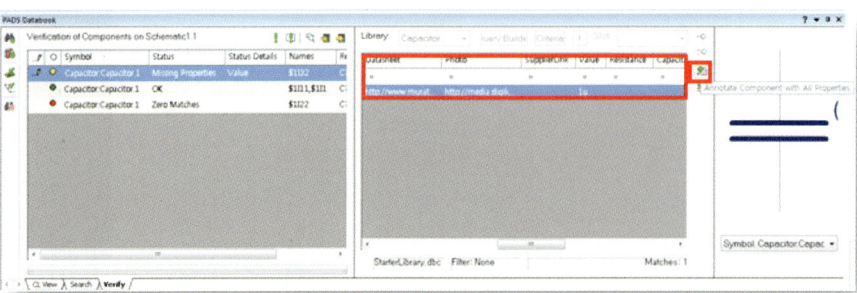

검색된 부품을 선택하고 다음에 Annotate Component All Properties를 하면 회로에 누락된 부분이 반영되고 초록색으로 변경되게 됩니다.

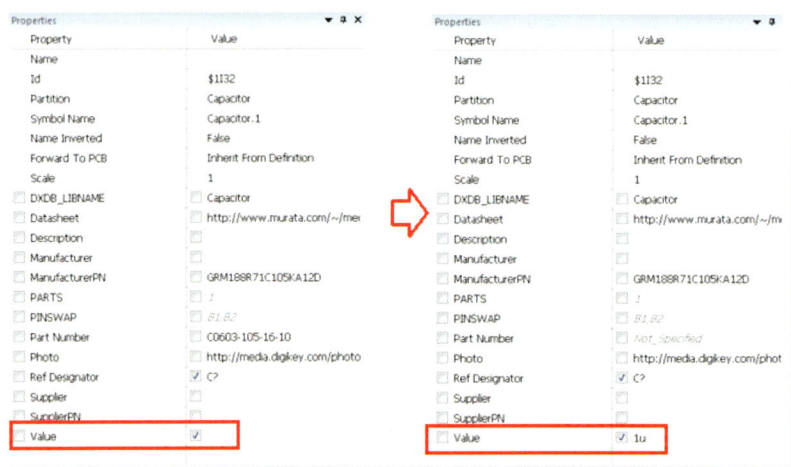

노란색은 위처럼 누락된 속성이 입력되는 것이고, 빨간색은 다른 부분이 어떤 부분인지 빨간색으로 먼저 보여주게 됩니다.

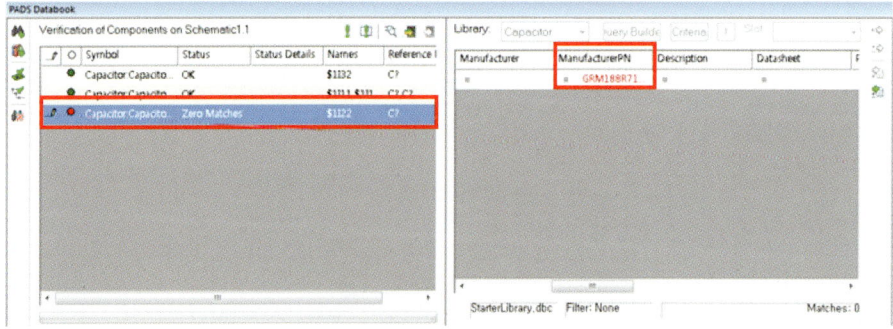

빨간색으로 보이는 다른 부분에서 RMB - [Remove Condition] 을 누르면 빨간색만 다른 부품들이 올라오게 됩니다.

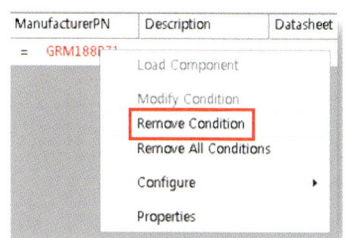

이 부품들 중에 사용하고 싶은 부품을 선택하여 노란색처럼 Annotate Component All Properties를 하면 회로에 누락된 부분이 반영되고 초록색으로 변경되게 됩니다.

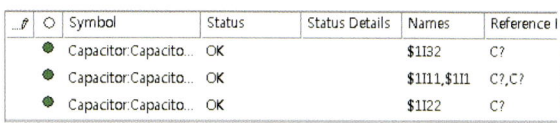

Live로 현재 Sheet를 부품 하나씩 Update하지 않고, 전체 Sheet를 Update하고 싶으면 Hierarchical을 사용합니다.

기본적으로 사용하는 방법은 Live와 동일하지만 Annotate의 처리 방법이 달라집니다.

Hierarchical에서는 다음처럼 화면이 나오고 느낌표를 클릭하면 전체 Sheet를 확인하여 DB와 1:1로 비교하여 표현해 줍니다.

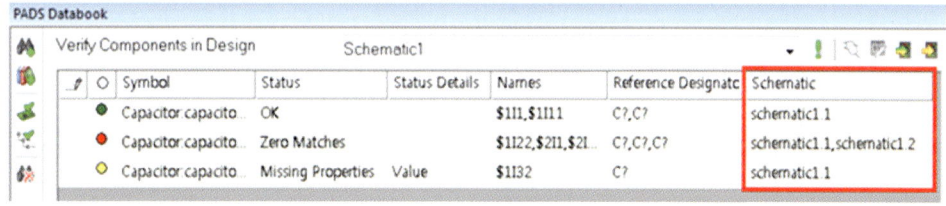

하나씩 부품을 선택하여 해당하는 부품을 찾는 방법은 Live와 동일하지만 Hierarchical에서는 부품을 찾았을 때에 Annotate Component All Properties대신에 Add Part to Pending List라고 해서 적용하는 대기리스트에 반영됩니다.

대기에는 다음처럼 이란 표시가 나옵니다.

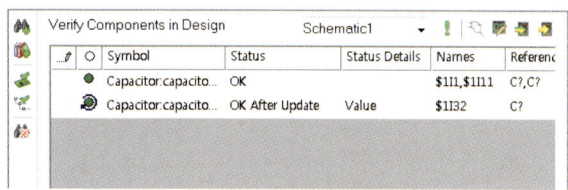

모든 부품을 찾아 Pending 상태로 만들었다면 회로에 Update는 메뉴의 (Update Design)을 누르면 대기 상태의 모든 부품이 일괄 Update되게 됩니다.

앞의 두가지의 검증을 살펴보면 앞의 Diagnostics는 Data가 잘못된 것이 없는지를 확인하는 것이고, Databook Verification은 부품의 속성과 원본 DB를 비교하는 기능입니다.

Design이 Rule에 맞추어 작성이 되었는지, PCB로 Data를 출력할 때 문제가 없는지를 확인하려면 [Tools] - [Verify]를 실행하거나 Tools Toolbar에서 실행합니다.

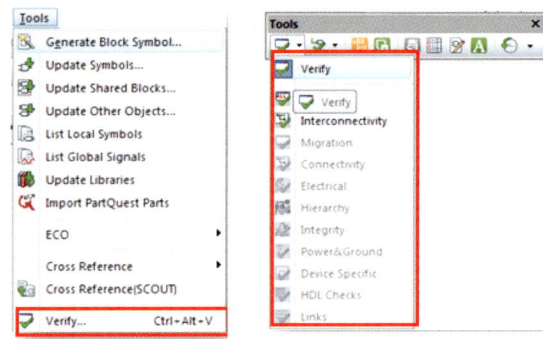

Verify가 실행되면 해당하는 Rule을 선택하여 확인을 누르면 해당 Design에서 위반된 사항을 검출하여 Output의 DRC에 리스트를 보여줍니다.

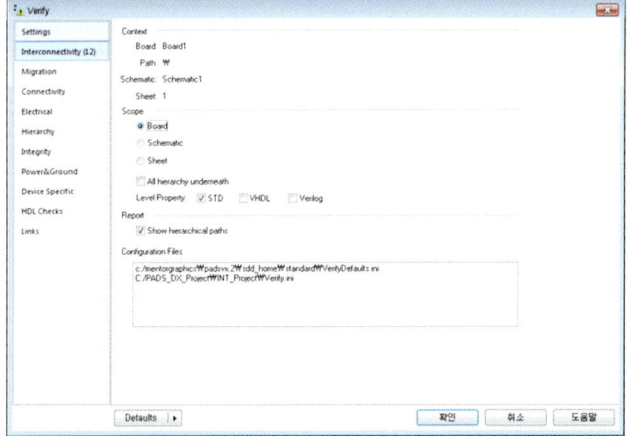

Verify의 종류는 다음과 같습니다. 속성의 이름에 금지문자나 최대길이를 Migration에서 Check합니다. 여기서 Severity는 해당 사항이 Error인지 Warning/Note인지를 설정이 가능합니다.

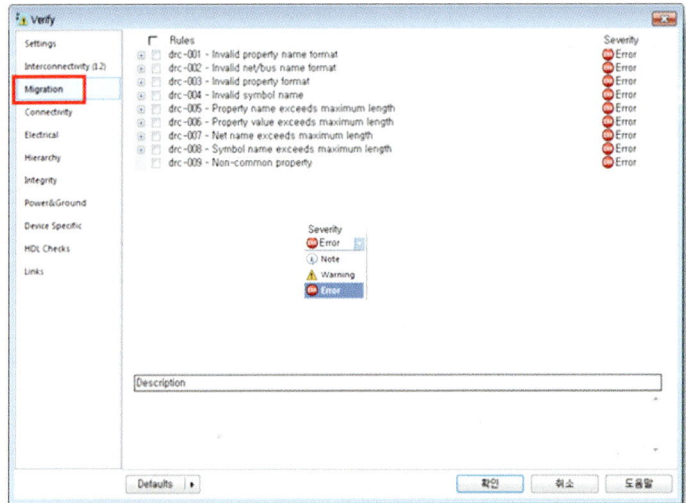

Connectivity는 주로 Single Pin Net나, Dangling Net, 두 핀 부품의 Short 등 연결에 관한 Rule 입니다. Electrical은 회로적인 내용을 다루고 있습니다. 해당하는 것을 Check하려면 부품의 Pin 쪽에 저런 속성들이 모두 할당되어 있어야 합니다.

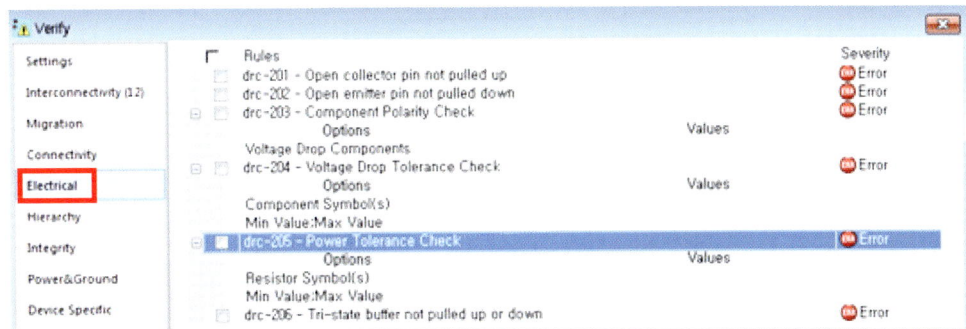

Hierarchy는 Block 설계에 연결 등을 Check합니다.

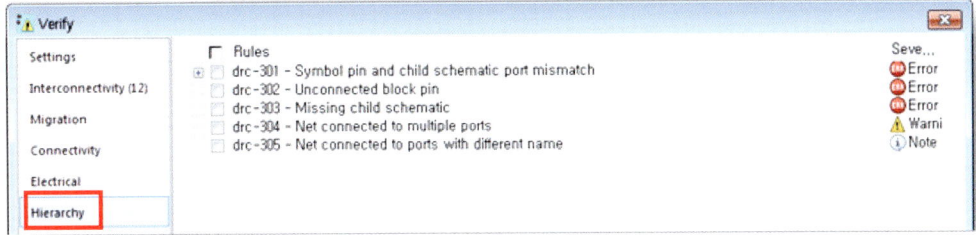

Power&Ground에서는 전원에 관련된 Net들을 Check를 하거나 Net 연결을 Check합니다.

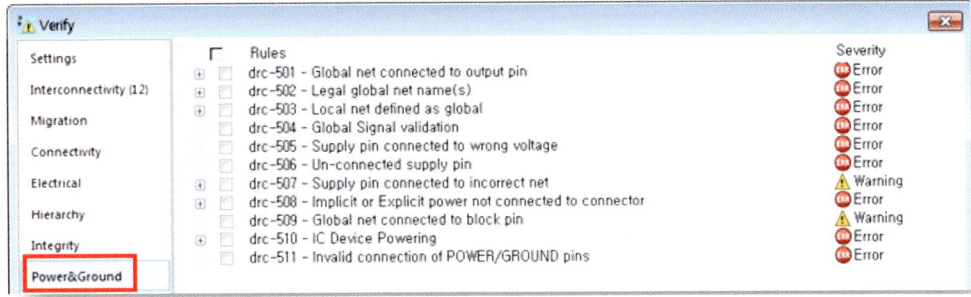

Link는 사용된 Link가 잘못 연결되어 있는 부분을 Check합니다.

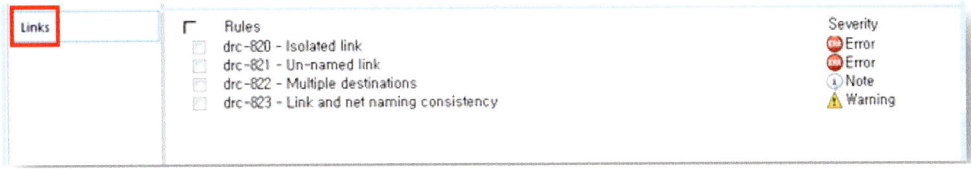

Device Specific과 HDL에서는 특정 부품의 연결 상태나 HDL로 작성된 부품들의 검증을 할 수 있습니다.

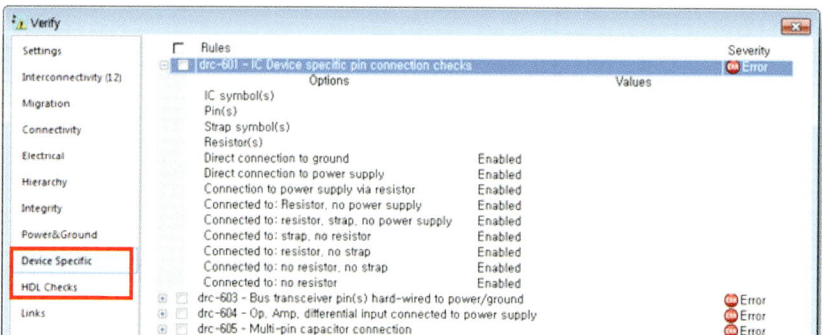

Verify가 전자적인 규칙이라면 GRC로는 그래픽 적인 Check가 가능합니다. 특정한 Object들이 겹치거나 owner의 설정한 반경 안에 있는지를 설정하여 Check할 수 있습니다. Tools Toolbar에서 실행할 수 있습니다.

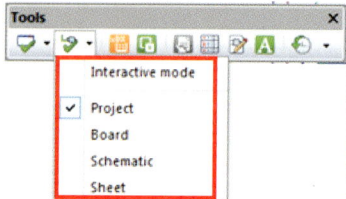

Interactive Mode로 설정하면 Object를 움직일 때 실시간으로 적용됩니다.

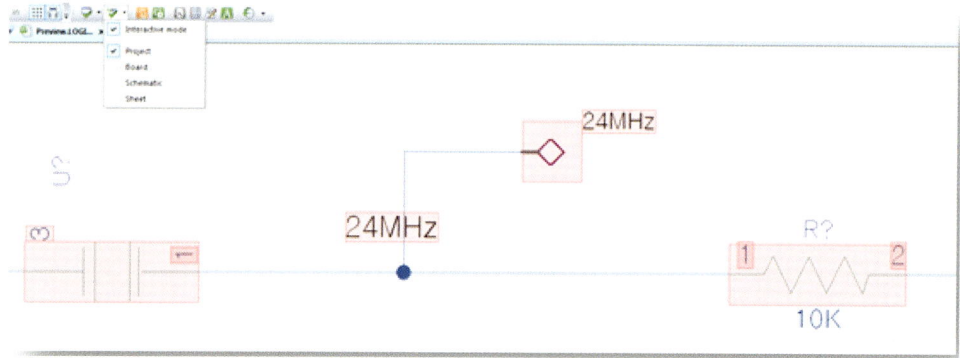

겹치는 Object와 반경 설정은 [Setup] - [Setting] - Graphical Rule Checker에서 설정합니다.

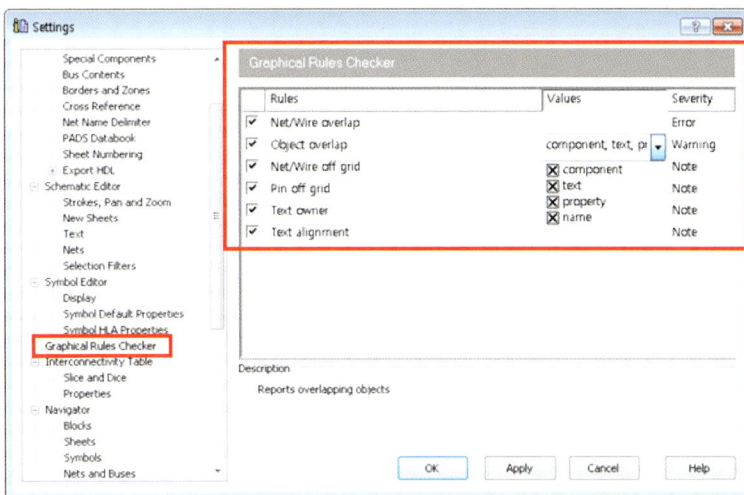

Net overlap	겹치는 Net를 Report 합니다.	Note, Warning, Error
Object overlap	겹치는 객체를 Report 합니다.	Note, Warning, Error
Net off grid	그리드에 맞지 않는 Net를 Report 합니다.	Note, Warning, Error
Pin off grid	그리드에서 배치된 핀을 Report 합니다.	Note, Warning, Error
Text owner	값 설정에 따라 부모 개체에서 너무 멀리 떨어져 있는 텍스트를 Report 합니다. 값 열을 두 번 클릭하고 기본값을 편집하여 기본값을 변경할 수 있습니다.	Note, Warning, Error
Text alignment	서로 정렬되지 않은 텍스트 또는 속성을 Report 합니다.	Note, Warning, Error

실습 08 PADS Professional Designer의 회로도 검증

작성한 C:₩MGTraining₩projects₩PADS_PRO_TRAINING₩PADS_PRO_TRAINING.prj로 검증합니다.

1. 프로젝트를 연 다음 [Tools] - [Diagnostics]를 이용하여 작성한 Project에 문제가 있는지를 검증합니다.

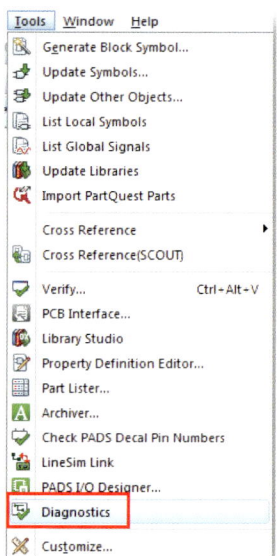

2. Output에서 Test Pass여부를 확인합니다.

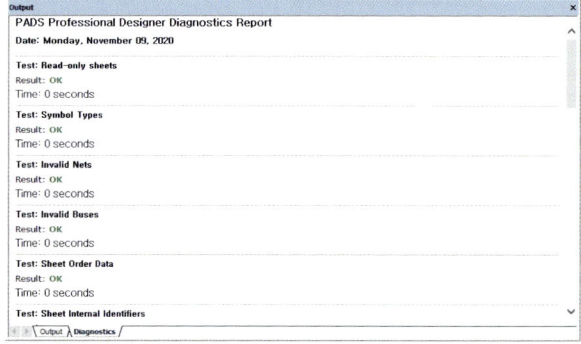

3. 다음은 Design Rule Check를 실행합니다. [Tools] - [Verify]를 실행한 다음 다음과 같이 설정합니다.
Interconnectivity는 기본으로 12개가 선택이 됩니다. 해제를 원하면 ⚠ 와 🔴 를 클릭하여 ⓧ 로 만들면 Check를 하지않게 설정 가능합니다.

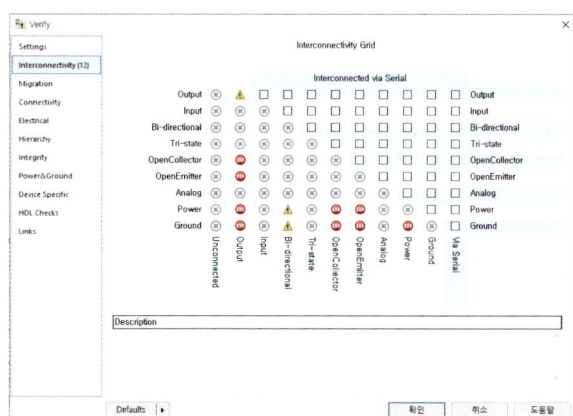

4 Migration은 drc-003부터 drc-008까지 Check합니다.

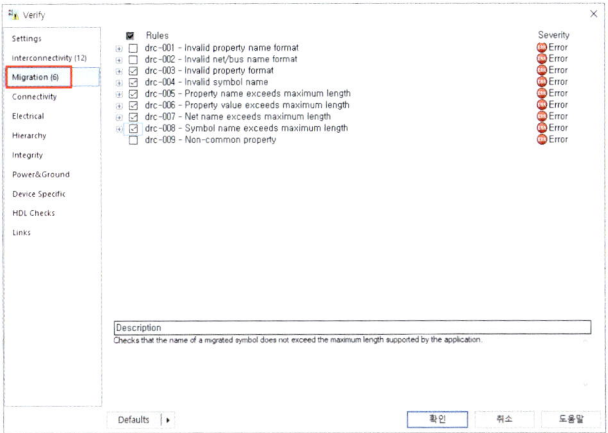

5 Connectivity는 drc-108, drc-110, drc-123을 Check합니다.

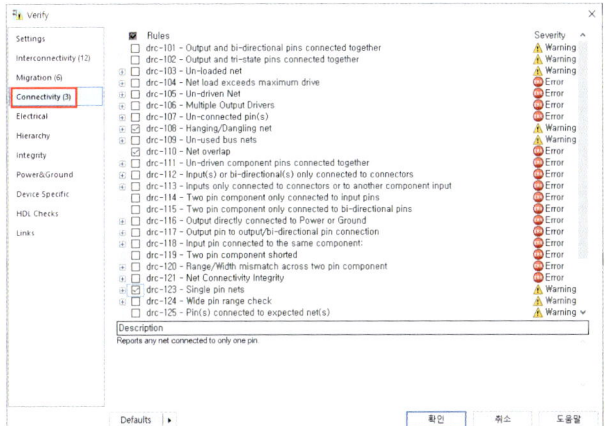

6 Integrity에서는 drc-408, drc-409를 Check합니다.

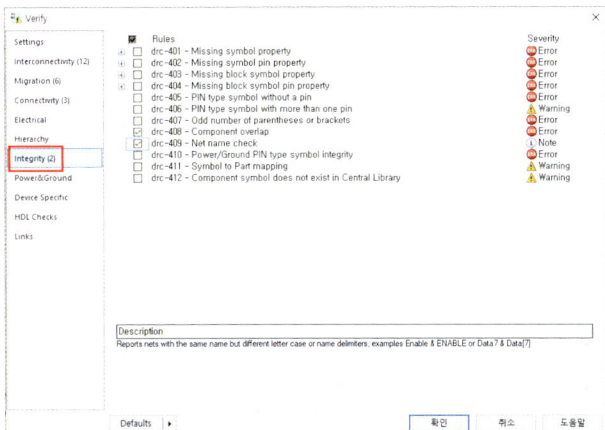

7 Power&Ground에서는 drc-507에 Power Net는 VCC VDD VEE, Ground Net는 GND로 설정하고 Check합니다.

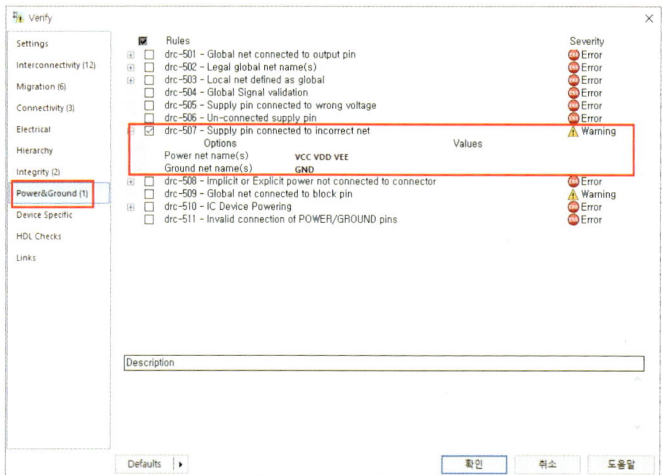

8 Link는 모든 항목을 Check합니다.

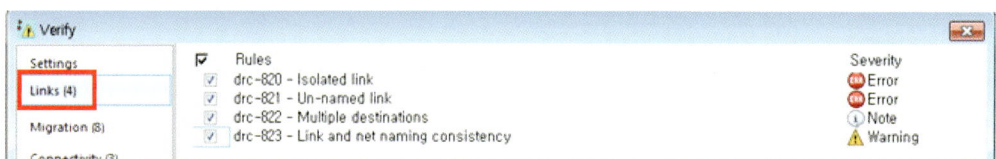

9 Check 이후에는 Output에서 결과를 보고 Error 내용이 있으면 확인하면서 수정합니다.

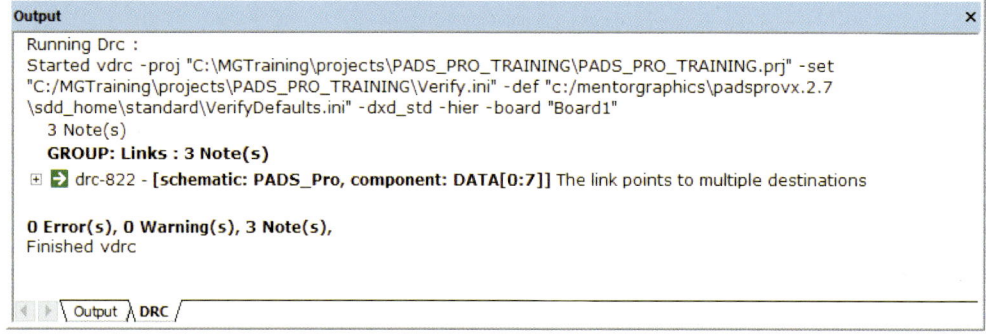

PADS Professional Designer의 Packager와 ECO

회로도를 완성하면 PCB로 데이터를 넘겨서 PCB 설계를 진행합니다. PCB로 데이터를 넘기기 전에 회로도와 PCB에 동시에 Ref Designator를 발생시키고, Gate로 된 Ref Designator도 정리해야 합니다. 이 작업을 Packager로 진행할 수 있습니다.

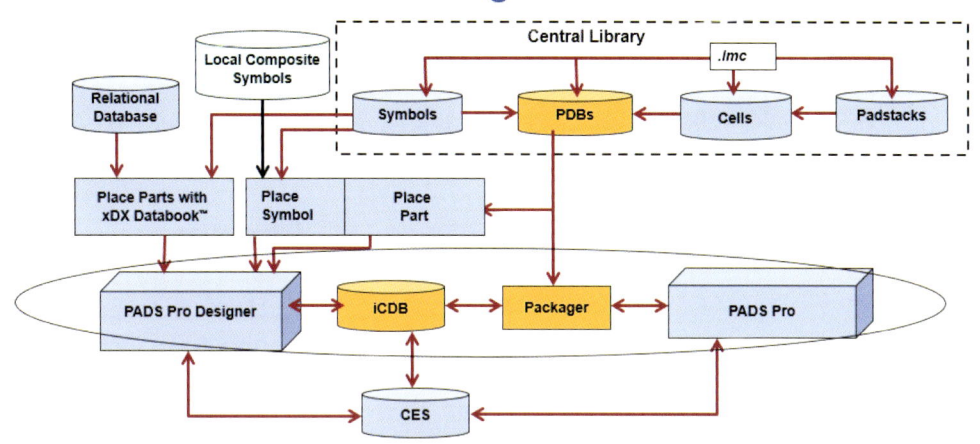

Packager는 두 가지 작업을 수행합니다.

첫 번째는 Packaging Information의 프로세스를 자동화합니다. 추가로 Component Properties ("Frozen Package" and "Pkg Group")을 통해 제어합니다. 완성된 Packaging은 Part Numbers, Pin Numbers, Ref des, Other Properties, Implied Power and Ground (필요시)로 구성됩니다.

두 번째는 PADS Pro를 위한 "Flattened Netlist" 생성합니다.

만약에 블록이 있으면 Hierarchy Blocks & Schematics에 대한 핀/포트 관계의 일관성 검사를 합니다. 블록에서 Hierarchical Blocks vs. Top Level Net Name에서 서로 다른 넷 이름에 대해 단일 "Flat Netname"을 확인합니다.

인스턴스화 된 여러 Hierarchy Blocks의 내부 이름에 대해 고유한 "Flat Netname"을 작성합니다. 예를 들어 내부 Net "clk"은 첫 번째 배치된 블록에서 Flat Net 이름 "clk"가 되고 두 번째 배치된 블록에서 "clk_1"이 보존되어 유니크 함을 위해 접미사가 붙습니다.

Packager는 Default Mode일 때 다음의 과정으로 진행됩니다.

- ❶ iCDB를 읽습니다.
- ❷ "Flattened Netlist"를 생성합니다.
- ❸ 모든 패키지 관리자 출력이 저장되는 Integration이라는 프로젝트 폴더에 하위 폴더를 만듭니다.

❹ Integration 폴더에 LocalPartsDB.pdb라는 로컬 PDB 파일을 만듭니다.
❺ Central Library Parts DataBase Partitions (PDBs)필요한 PDB 항목을 검색하고 이를 로컬 파트 데이터베이스 (Local Part DataBase) 파일에 기록합니다
❻ Packaging Error에 대해 Frozen Property가 있는지 확인합니다.
❼ Packaging Information에 각 Part를 검사합니다.
packaging Information가 누락된 경우 packager는 Local PDB에서 포장 정보를 추가합니다.
packaging Information가 있는 경우 Local PDB에 대한 유효성을 검사합니다.
❽ Writes Packaging Information와 Flattened Netlist를 iCDB에 다시 씁니다.
❾ 모든 Packager 오류 및 경고는 PartPKG.log 파일과 PADS Pro Designer 출력 창에 기록됩니다.
❿ Integration 폴더에 다음과 같은 추가 출력 파일을 만듭니다. UnusedPins.txt, Unused Gates.txt, AugmentedPins.txt

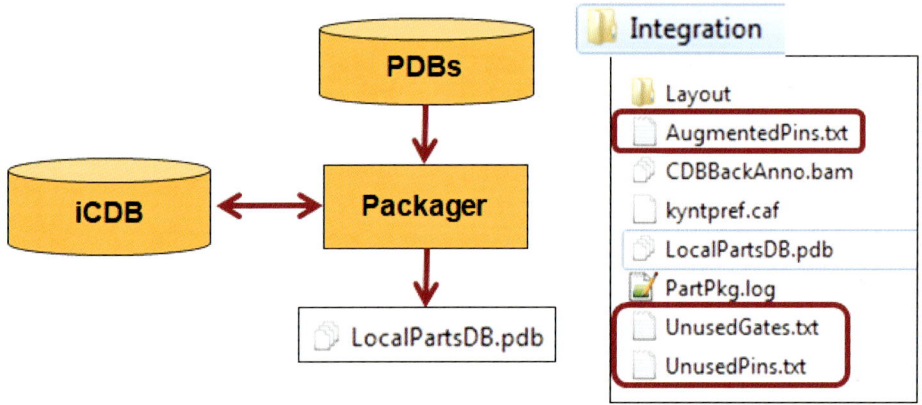

Packager 전에 확인을 하고 싶으면 Quick Package Check를 활용 가능합니다. Quick Package Check는 Pre-Package 단계로서 블록 계층 관련 Packager 오류를 Component 관련 Packager 오류와 분리하는 데 도움이 됩니다. Quick Package Check는 계층 구조의 일관성을 확인하기 위해 Pin vs Net 불일치를 찾을 수 있어서 Packaging하기 전에 이러한 오류를 수정 가능합니다. 문제가 해결되지 않으면 Packager는 오류를 표시하고 Packaging을 중단합니다. PADS Pro Designer는 Integrated Common Database (iCDB)에 기록할 때마다 계층의 이러한 오류를 자동으로 확인합니다.

Quick Package Check가 실행되면 PADS Pro Designer Tool이 마지막으로 검사 한 오류를 출력 창에 표시합니다.

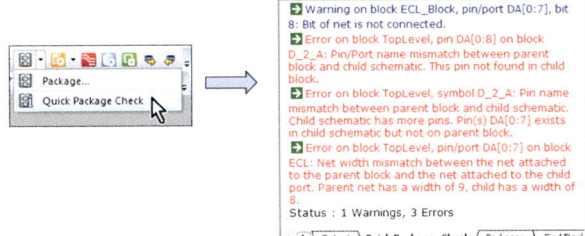

Packager는 자동 프로세스이지만 특정 목적을 위해 회로도에서 속성을 입력하여 Packager의 진행에 수동으로 설정할 수 있습니다. 다음 속성 목록은 기존의 Ref Designators의 할당 또는 수정을 제어하기 위해 실행중인 Packager 이전에 추가될 수 있습니다.

❶ "Pkg Group": Multi-slot Components에만 적용됩니다. 어떤 Symbol이 동일한 Physical Package로 그룹화되는지 제어합니다. "Pkg Group" 동일한 값을 갖는 모든 기호는 동일한 Ref Designator를 갖습니다.

❷ "Frozen Package": 이미 Packaged된 Components에만 적용 가능합니다. (Ref Designator와 Pin Numbers 할당을 수동이나 Packager의해 입력). 새로운 Packager 실행에 이러한 Symbol에 대한 Package가 변경되지 않도록 주의해야 합니다. PADS Pro에서 Pin/Gate Swap을 주의해야 합니다. (속성 값에 따라 다름)

❸ "RefDes Start, RefDes Page Incr, RefDes Suffix, RefDes Prefix, RefDes Incr": 계층 Hierarchy Block에 적용 가능합니다. 블록의 Schematic/Sheet에 대한 Ref Designator 제어합니다.

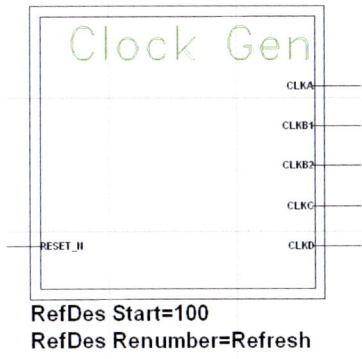

하지만 위의 과정을 하나씩 진행하는 것은 아니며 Tools 메뉴에서 Packager를 실행하는 것으로 위의 과정이 이루어지는 것입니다. Packager는 [Tools] - [Packager]와 Tools의 Toolbar에 있습니다.

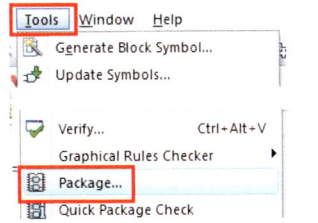 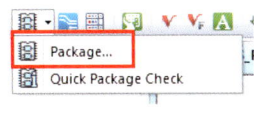

Packager 출력은 PADS Pro Designer의 출력 창과 Partpkg.log 파일에 모두 기록되며, 출력 메시지에는 Packager 오류 및 경고 메시지는 물론 다른 Packager 정보도 포함됩니다.

Operation은 다음 4가지를 사용 가능합니다.

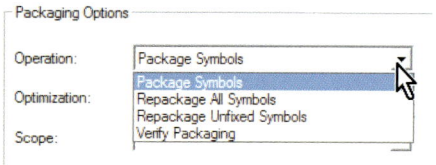
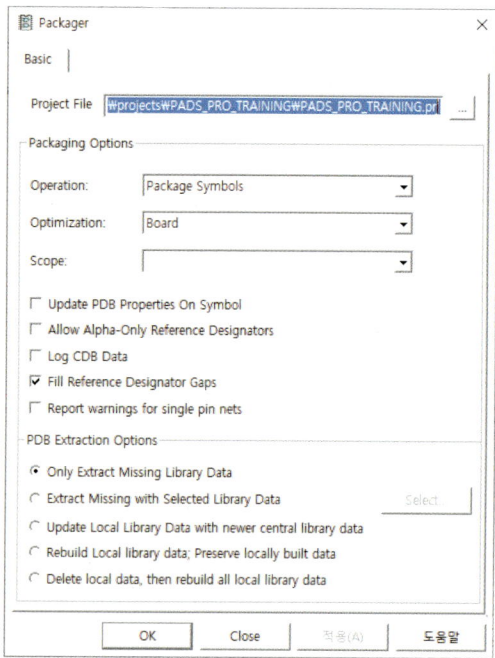

- Package Symbols

모든 부품에는 모든 Pin의 Pin Number를 할당하고 모든 Ref Designator가 패키지로 제공됩니다.

전체 Device는 반드시 Package 되며 모든 Slot에는 Reference Designators가 부여되고 모든 Pin의 Pin Number를 할당합니다. (Packager는 부품에 수동으로 입력한 Reference Designators를 변경하지 않습니다)

- Repackage All Symbols

모든 "Frozen Package" 속성을 제거하고, 이전에 Package 된 부품을 포함하여 모든 부품을 다시 Package합니다.

- Repackage Unfixed Symbols

Fix, LRef 또는 FRef의 "Frozen Package"의 Property 값을 가지는 부품을 제외한 모든 부품을 Package합니다. 부품을 수정하더라도 아직 완전히 Package되지 않은 경우에도 Packager는 다시 Package합니다. (1핀 Symbol로 만들어진 커넥터를 사용할 때 특히 중요합니다)

- Verify Packaging

Package가 올바르게 되는지 확인하기 위해 디자인을 확인합니다. Partpkg.log 파일에 오류를 기록하지만 Package 정보를 추가하거나 변경하지 않습니다.

Frozen Package Property는 Frozen Package = F로 운용할 수 있습니다.

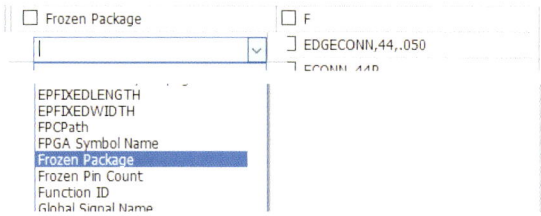

Packager의 "Package Symbols"및 "Repackage Unfixed Symbols" 옵션은 부품이 이미 완전히 Package 되어있는한 기존 Reference Designator 또는 Pin Number를 변경할 수 없습니다. Package 전에 Package가 지정된 경우, Package Symbol 속성이 제거됩니다. 부품이 완전히 포장되지 않은 경우 F 값을 가진 "Frozen Package" 속성을 추가해도 해당 부품이 다시 포장되지 않도록 방지됩니다(즉, 핀 번호가 변경될 수 있음). "Repackage All Symbols" 옵션은 이 속성을 제거하고 Packager가 부품의 핀 번호를 변경할 수 있는 옵션을 허용합니다. 회로도에 대한 할당은 PADS Pro Layout의 슬롯 및 핀 할당을 수정하여 중앙 라이브러리의 부품 정의에서 허용되는 경우라도 PC 보드에서 스와핑을 허용하지 않습니다. Frozen Package = F를 패키지 파트의 한 게이트에 추가하면 Packager는 Frozen = F를 해당 파트의 다른 게이트에 추가합니다. 또한 Packager는 부품의 모든 예비 부품에 게이트를 지정하지 않습니다.

Frozen Package = LRef (LocalRef) — 패키지 내에서만 로컬 스와핑을 허용하는 PADS Pro Layout의 파트를 잠급니다.

Frozen Package = FRef (FixRef) — 스와핑에서 PADS Pro Layout의 파트를 수정합니다.

Optimization은 앞에서 설명한대로 Repackage 옵션 중 하나를 선택하면 이 옵션이 비활성화됩니다.

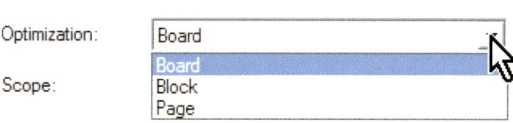

- Board: 회로도 내의 Symbol 위치에 관계없이 Symbol을 Package에 결합할 수 있습니다. 이 옵션이 기본값입니다.
- Block: 이 옵션은 동일한 Block 내의 Symbol만 Package에 결합할 수 있게 합니다.
- Page: 이 옵션을 사용하면 동일한 페이지의 Symbol 만 Package로 결합할 수 있습니다.

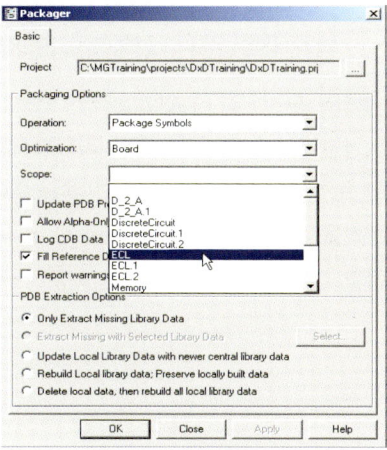

Scope는 드롭 다운 목록에서 디자인을 구성하는 블록과 각 블록을 구성하는 시트가 표시됩니다.

범위 필드를 비워 두면 전체 디자인에서 Packager가 작동합니다.

블록을 선택하면 Packager는 범위를 해당 블록의 모든 시트로 좁혀집니다.

블록 중 하나에서 특정 시트를 선택하면 Packager는 작업 범위를 해당 시트로 좁혀줍니다.

Packaging Options은 다음과 같습니다.

- **Update Parts Database Properties on Symbol**
회로도의 부품 데이터베이스에서 부품 특성을 Annotate 로 처리합니다.
규칙: PADS Pro DataBook의 데이터베이스를 사용하는 경우에만 이 옵션을 선택합니다.

- **Allow Alpha-only Reference Designators**
Packager가 기존의 알파벳 전용 Reference Designators를 다른 캐릭터로 대체하지 못하도록 합니다.

- **Log CDB Data**
Packaging 프로세스에 대한 자세한 정보를 Packager 결과 탭과 로그 파일에 기록합니다. Packager 메시지 이해와 문제 해결에 도움이 필요한 경우 위해서는 이 옵션을 활성화해야 합니다.

- **Fill Reference Designator Gaps**
Reference Designator가 Unpackaged Parts가 설계에 추가될 때 비어 있는 수를 식별합니다.
예: U100, U102 및 U103이 존재한다면, 선택하면 다음 새 부품은 U101이 되고 선택하지 않으면 다음 새 부품이 U104가됩니다.

- **Report warnings for single Pin Nets**
이 옵션을 선택하면 Packager에는 이 조건에 대한 경고가 PartPkg.log 파일과 Packager 결과 탭에 포함됩니다. 선택하지 않으면 (기본값)이 조건에 대한 경고가 표시되지 않습니다.

회로도 디자인을 Package하면 Packager는 디자인에 사용된 모든 중앙 라이브러리 파트의 로컬 복사본을 다운로드합니다. 이때 추출 동작을 제어하려면 Extraction Options을 사용할 수 있습니다.

- Only Extract Missing Library Data

  디폴트 설정으로 로컬 부품 데이터베이스에 아직 존재하지 않는 부품 만 추출합니다. 최신 버전의 로컬 부품을 확인하지 않습니다.

- Extract Missing with Selected Library Data

  로컬 PDB 라이브러리의 날짜/시간 스탬프를 Central Library 날짜/시간 스탬프와 비교하고 변경된 부품 목록을 제공합니다.
  로컬 라이브러리에서 업데이트 할 부분과 변경하지 않을 부분을 선택할 수 있습니다

- Update Local Library Data with Newer Central Library Data

  로컬 부품 데이터베이스에 아직 존재하지 않는 부품만 추출합니다. 기존 로컬 파트가 중앙 라이브러리에 있는 경우 새 버전으로 덮어씁니다.

- Rebuild Local Library data; PReserve Locally built data

  로컬 데이터를 삭제하고 다시 추출합니다.

  예외: 로컬 복사본 (예: IODesigner의 FPGA Pin File)으로 직접 데이터를 가져온 경우 해당 데이터가 보존됩니다.

- Delete Local data, then rebuild all Local Library data

  모든 로컬 데이터를 삭제하고 다시 추출합니다. 또한 전원과 Ground를 Package에서 다음처럼 묵시적으로 지정됩니다.

Implied Power and Ground

- Implied Power and Ground
  - Central Library part definition 에서 부품에 지정된 Power nets
  - Power nets 의 Schematic 없음
  - Power nets 은 Packager 설계도에서 지정됩니다.
  - Part power net 할당은 회로도의 전원 이름 바꾸기 속성에 의해 무시 될 수 있습니다
  - Packager는 한 게이트의 Supply Rename을 같은 부분의 다른 게이트로 전달합니다.
  -

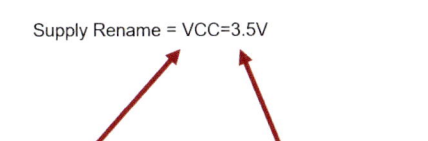

Supply Rename = VCC=3.5V

Part Signal Name   Override Signal Name

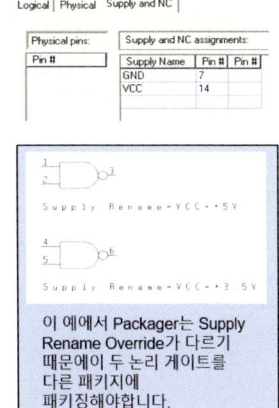

이 예에서 Packager는 Supply Rename Override가 다르기 때문에이 두 논리 게이트를 다른 패키지에 패키징해야합니다.

반대로 일반적인 회로도처럼 명시적으로 표현할 수도 있습니다.

Explicit Power and Ground

- ♦ 많은 회사에서는 설계도에 명시적인 Power and Ground pin을 표시 해야합니다.
  - Central Library part definitions에서 설정할 수 있습니다.
  - 일반적으로 사용되는 두 가지 방법이 있습니다.

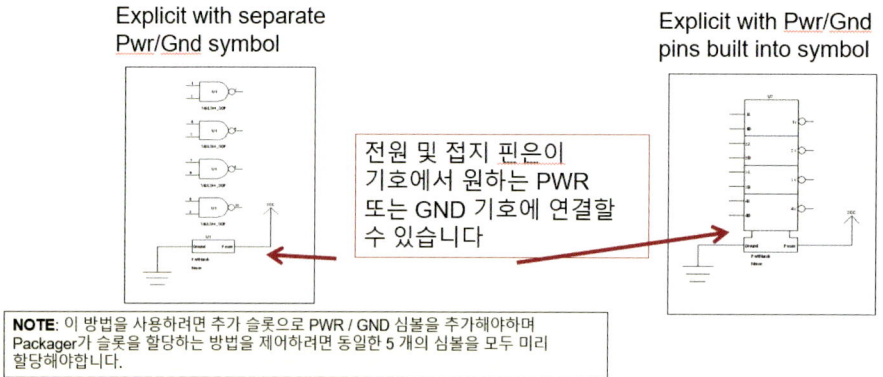

Packager가 실행된 후 미사용 게이트 보고서를 볼 수 있습니다. [File] - [File Viewer] 선택 UnusedGates.log를 확인합니다. 이미 배치된 구성 요소의 슬롯을 (수동으로) 채워서 부품을 보다 효율적으로 사용하고 사용하지 않는 게이트를 찾아 입력을 Ground에 연결할 수 있습니다.

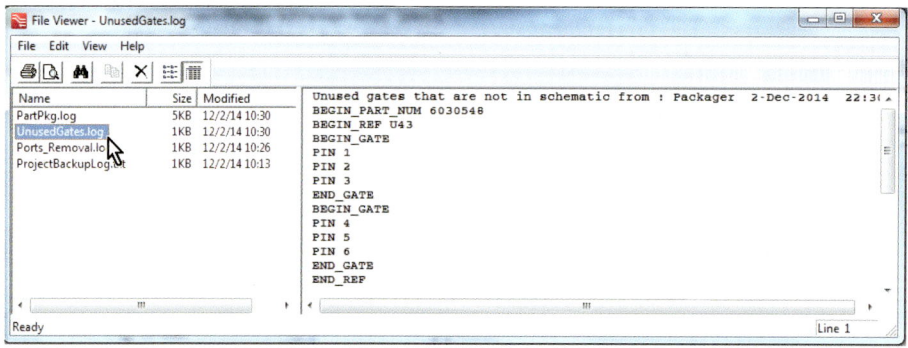

Symbol에 추가된 속성 값은 Symbol Editor에서만 편집할 수 있습니다. 이를 Symbol Level Value 라고 합니다.

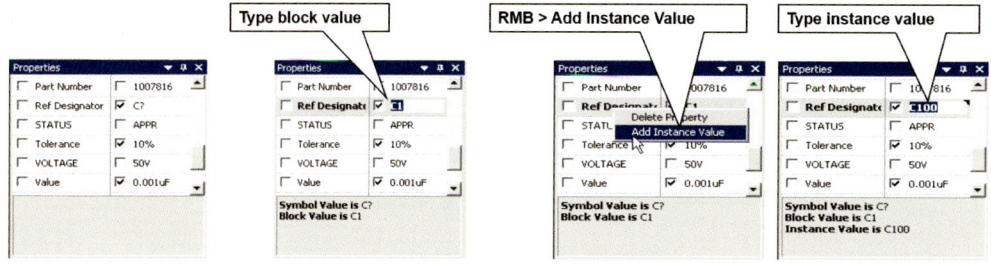

회로도에 표시되는 Symbol 속성 값은 새 값을 입력하여 무시할 수 있고 이를 Block(Schematic) Values이라고 합니다. Block일 때는 개별 Instance 속성 값을 재정의 할 수 있습니다.

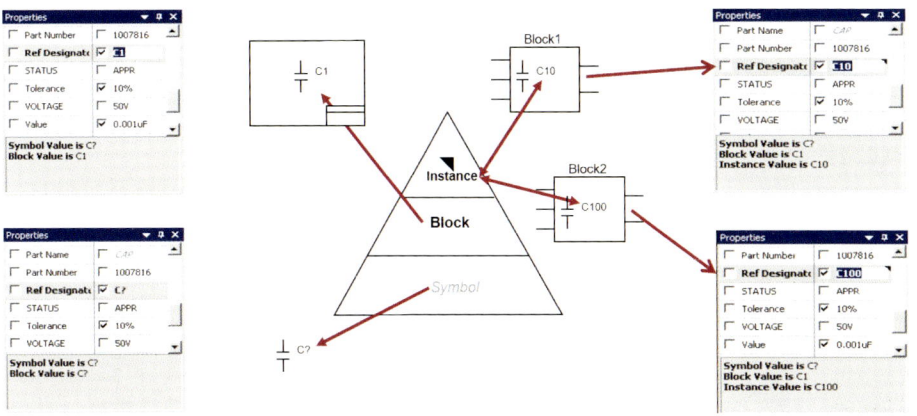

PCB로 데이터를 보내기 전에 확인 가능한 Netlist를 확인 가능합니다. 시각적으로 보드 연결성을 디버그 할 수 있는 기능으로 Power Supplies와 같은 다른 연결을 확인할 수 있습니다.

메뉴: [File] - [Export] - [Quick Connection View]

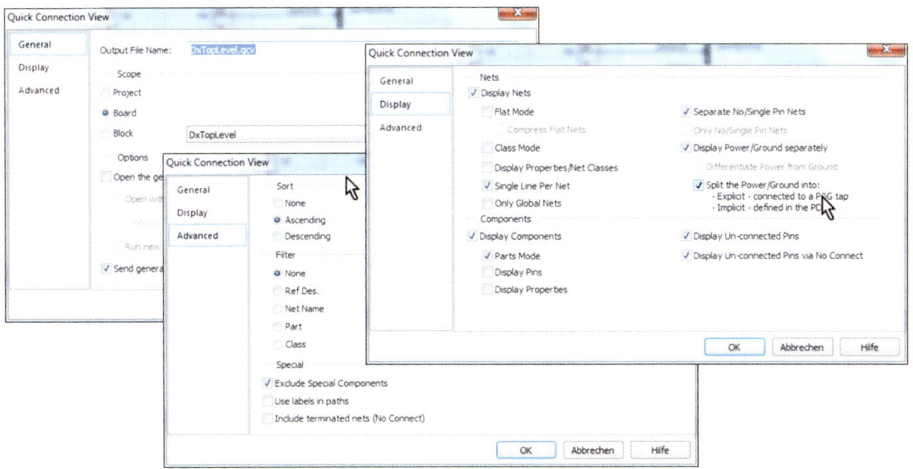

출력은 Filename.qcv 파일과 출력 창의 새 탭에 기록되며 출력 창에 있는 항목 회로도에 대한 Cross Reference가 가능합니다. (Whole Net, Individual Pin, Component, Unconnected Pin)

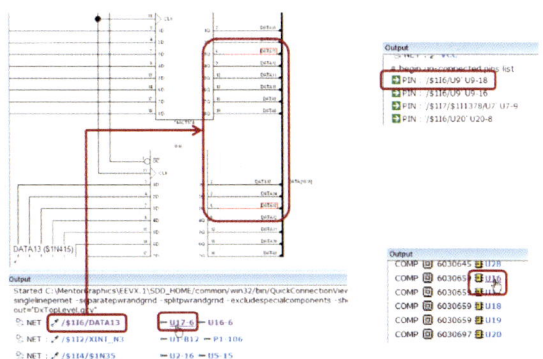

PADS Pro Designer에서 PADS Pro Layout으로 디자인을 넘기는 것을 Forward Annotation이라고 합니다. 회로도에서는 다음의 순서로 진행됩니다.

❶ 회로도에서 [Tools] - [PADS Pro Layout] (Project에서 처음)을 클릭합니다.
❷ Central Library에서 레이아웃 템플릿을 선택하라는 메시지를 표시합니다.
❸ PADS Pro Layout을 위한 프로젝트 폴더의 PCB 하위 폴더가 작성됩니다.
❹ 레이아웃 템플릿을 프로젝트의 PCB 폴더에 복사됩니다.

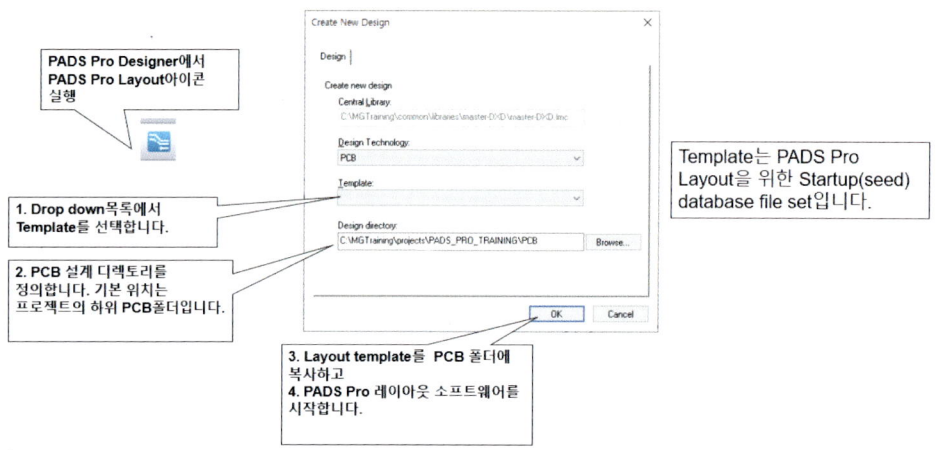

이후 PADS Pro Layout에서는 다음 순서로 진행됩니다.

❶ 전달 내용이 아직 완료되지 않았으므로 Back Annotation이 비활성화되었다는 메시지를 표시합니다 (처음에만)

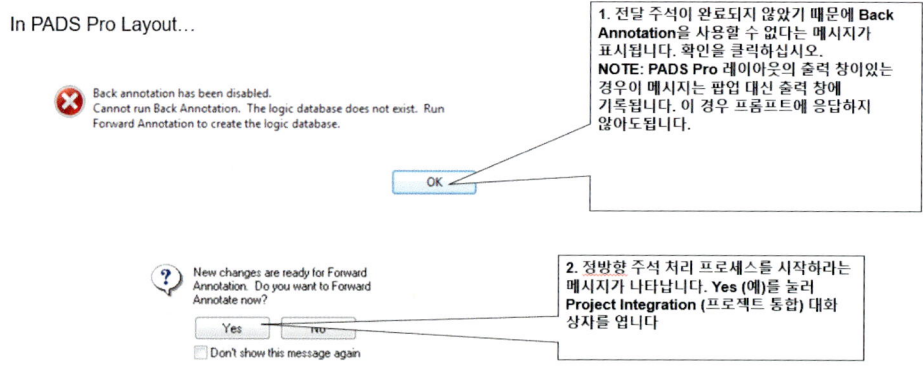

❷ Forward Annotation을 시작하라는 메시지를 표시하고 Project Integration 대화 상자가 Open됩니다. 시작하려면 노란색 Forward Annotation 버튼을 클릭합니다.
❸ iCDB 회로도 정보를 PCB 데이터베이스로 읽습니다.
❹ Package가 성공적으로 Package되었는지 확인하기 위해 내부적으로 Packager가 실행됩니다. (Packager는 로컬 Part, Cell 및 Padstack 라이브러리를 만듭니다).

❺ 데이터베이스를 로드하여 보드에 배치할 부품 목록이 작성됩니다.
❻ Netload를 실행하여 Netname으로 Pin - Pin 연결을 생성합니다 (Flat Net 목록을 PADS Pro로 읽음).
❼ Package 메시지와 전달 메시지를 포함하여 ForwardAnno.txt 파일을 출력합니다.

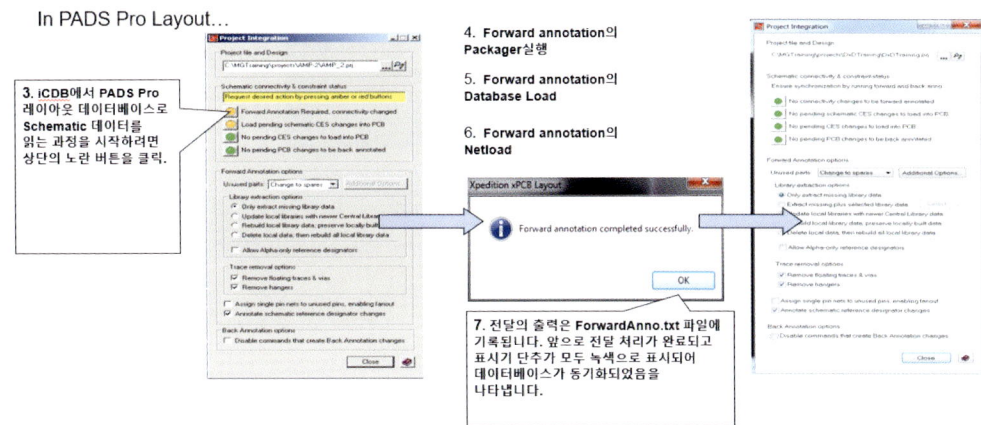

만약에 PCB에서 변경이 발생하면 변경 사항을 PADS Pro Designer에 다시 반영해야 하고, 변경 사항을 다시 반영해야 합니다. PADS Pro Designer에서 표시등이 노란색 일 때 변경 사항이 보류 중입니다.

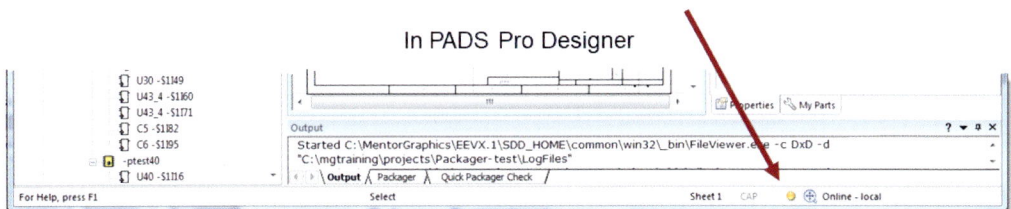

PADS Pro Layout에서 [ECO] - [Back Annotate] 또는 [Setup] - [Project Integration]을 선택하여 반영합니다. 변경 사항은 iCDB가 업데이트되는 즉시 PADS Pro Designer에 반영됩니다.

PADS Pro Layout에서 Back Annotation은 Swapped Gates/Swapped Pins/Reference Designator Changes의 경우에 필요합니다.

PADS Pro Designer를 열 필요 없이 PADS Pro Layout에서 PADS Pro Designer의 스냅 샷을 보거나 Designer PADS PCB Viewer 창에서 Layout의 스냅 샷을 볼 수 있습니다.

업데이트 된 PADS PCB Viewer 스냅 샷은 PADS Pro Layout 또는 PADS Pro Designer에 다시 반영 때마다 생성되며 PADS PCB Viewer 창과 설계도 창 사이를 교차 조사하거나 Schematic View와 PADS Pro Layout 창 사이를 Cross Probe할 수 있습니다.

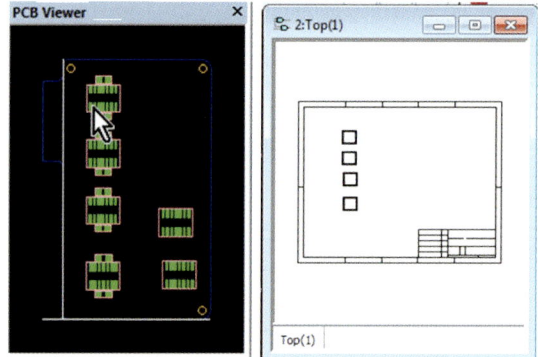

- RMB - [Reload]를 사용하여 뷰를 업데이트 할 수 있습니다. PADS PCB Viewer를 사용하면 PADS PCB Viewer 라이선스가 있는 경우 PADS Pro Layout 라이선스를 사용할 수 없으며 Schematic View를 사용하면 Schematic View 라이선스가 있는 경우 PADS Pro Designer 라이선스를 사용할 수 없습니다.

PADS PCB Viewer 및 Schematic View보기를 사용하려면 Forward 및 Backward 중에 PADS Pro Layout PDB에서 작성 되어야합니다. Project Integration에서 추가 옵션을 선택하고 확인란을 활성화합니다.

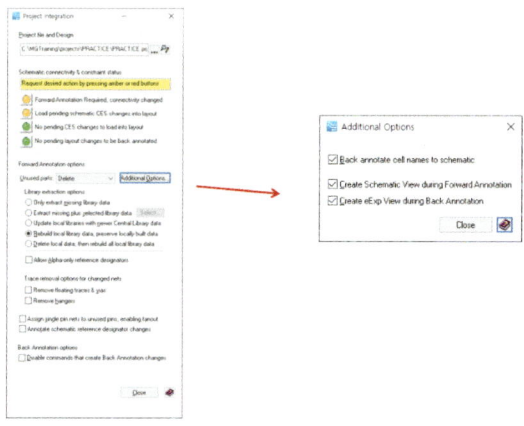

실습 09 PADS Professional Designer의 Packager와 ECO

C:\MGTraining\projects\PADS_PRO_TRAINING\PADS_PRO_TRAINING.prj를 Open합니다.

1 [Tools] - [Quick Package Check]를 선택하여 Output에 Error와 Warning을 확인합니다.

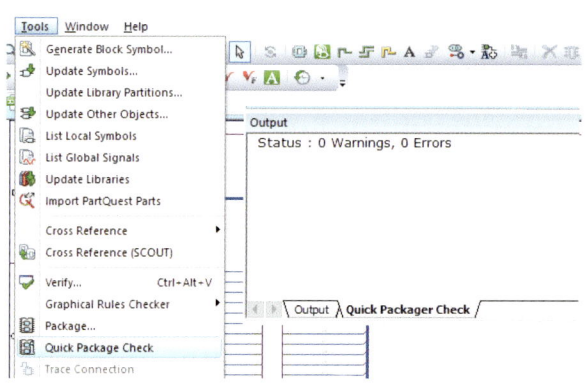

2 [Tools] - [Package]를 실행합니다.

Output에서 Error와 Warning을 확인합니다. 다음 문구로 PCB에 넘길 수 있는지 확인 가능합니다.(!THE iCDB IS UP-TO-DATE!)

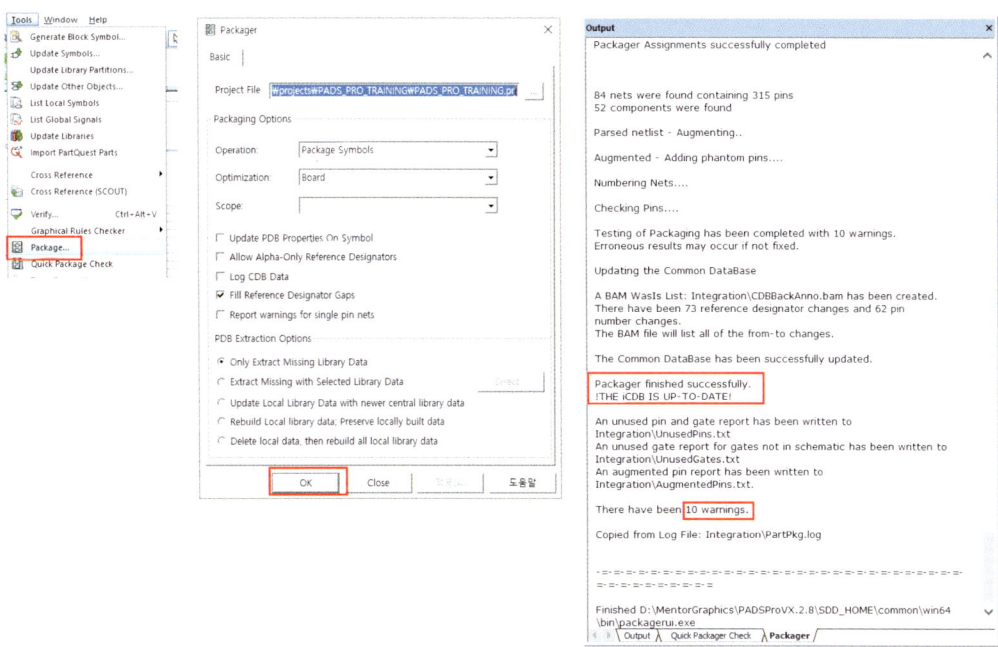

3 PCB로 넘기기 전에 [File] - [Export] - [Quick Connection View]를 확인합니다.

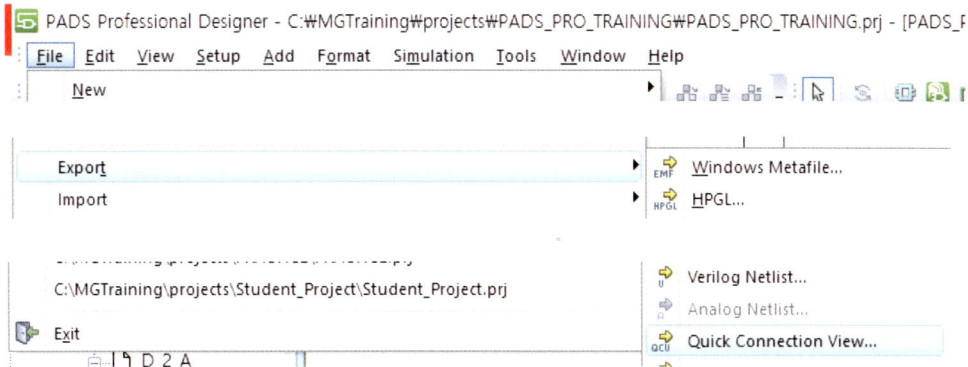

4 Display에서 전원만을 설정하고 확인으로 진행합니다.
전원의 연결 상태를 확인합니다.

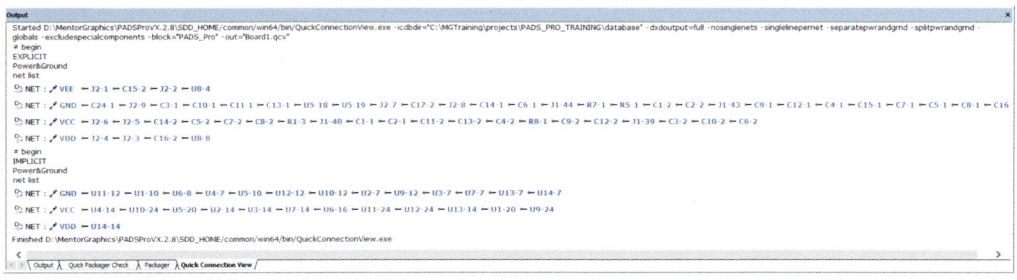

5 이후 PCB 데이터를 작성하기 위해 [Tools] - [PADS Professional Layout]을 선택합니다.

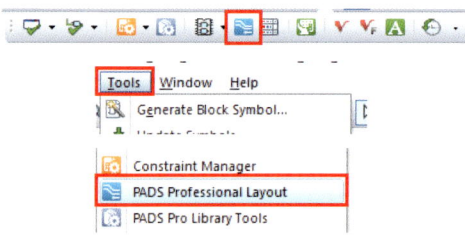

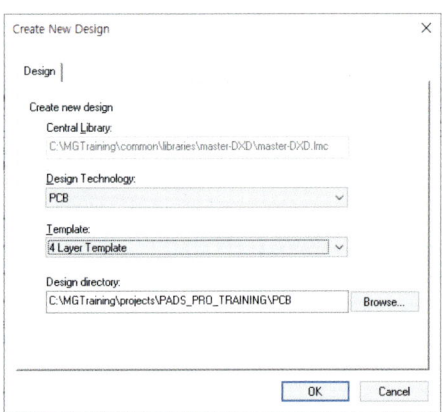

6 Design Technology는 PCB로 선택하고 Template는 4 Layer Template로 설정합니다.

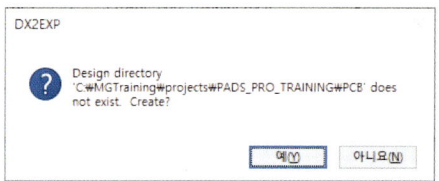

7 Design Directory는 Design Folder 아래 PCB 폴더로 지정되며 PCB 작성 이후엔 파일과 폴더가 늘어납니다.

PCB작성 이전

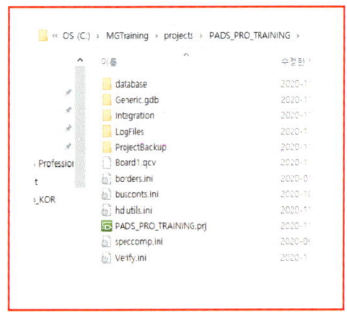

PCB 작성 이후

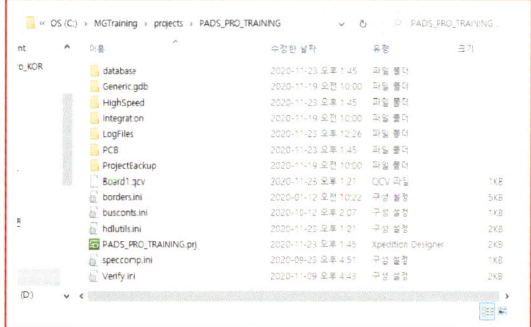

3장 PADS Professional Designer

8 PADS Pro Layout이 실행되며, Forward Annotation을 진행할지 메시지가 나옵니다.
Yes를 누르면 Project Integration이 실행됩니다.

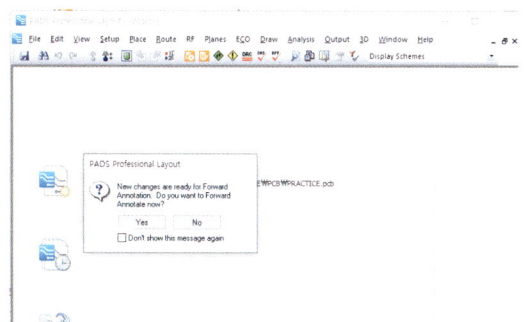
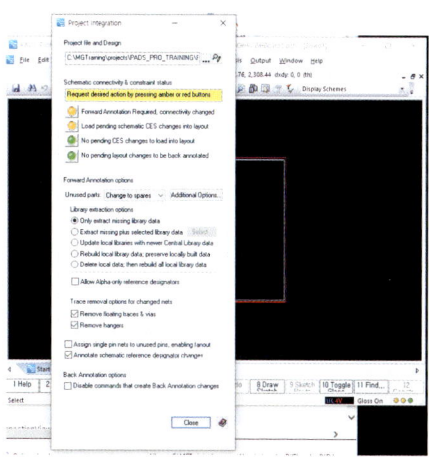

9 Additional Option을 누르면 Schematic View와 eExp View를 작성할 수 있습니다.

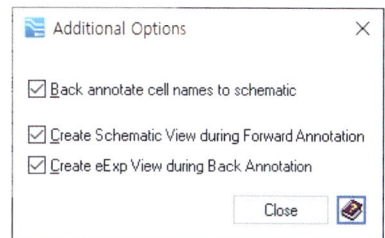

10 PCB로 반영을 위해 주황색 버튼을 누르면 진행됩니다. PADS Pro Layout 창 하단 첫 번째 버튼을 눌러도 동일하게 진행됩니다.

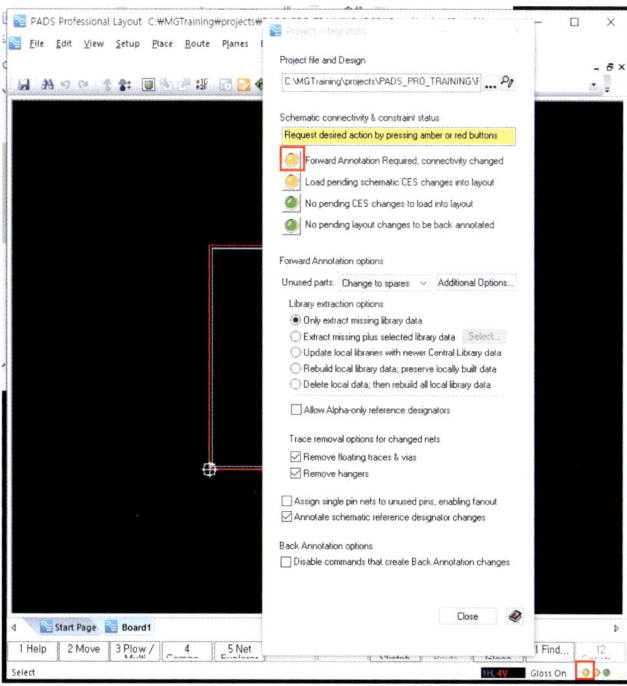

297

11 Database가 Load되고 Forward Annotation이 완성되었습니다. 확인을 누르면 모두 초록색으로 변경되면서 회로도와 PCB가 일치되는 것을 확인 가능합니다.

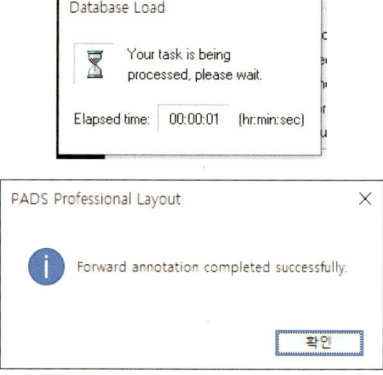

12 이후에 회로도나 PCB에서 변경이 일어나면 4가지 색이 변경되고 반영하면 초록색으로 반영됩니다.

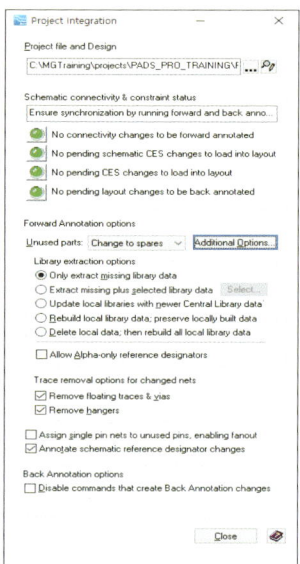

13 부품과 Net는 [Place] - [Component Explorer]나 [Route] - [Net Explorer]에서 확인 가능합니다.

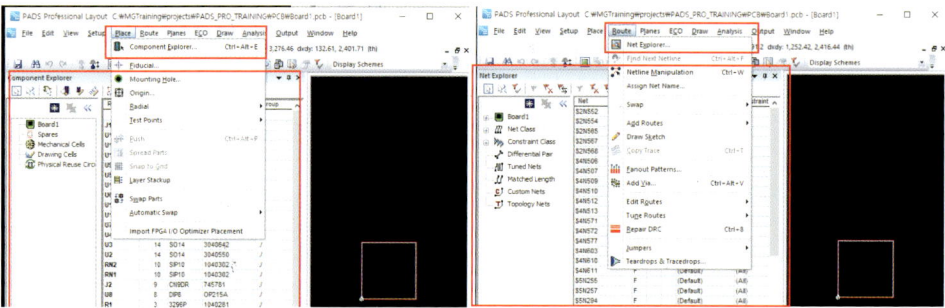

14 PADS Pro Layout에서 [Window] - [Add Schematic View]로 회로도 확인이 가능합니다. PCB 설계가 진행되면 회로도에서도 PCB View를 확인할 수 있습니다.

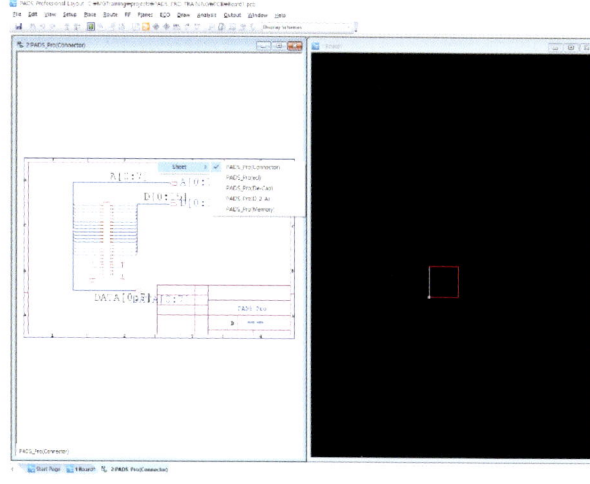

12 PADS Professional Designer의 회로도 출력

회로에서 출력이 가능한 데이터는 BOM(Bill Of material)과 PDF 등의 전자 데이터와 실제 프린터 출력물 입니다. 먼저 BOM은 [Tools] - [Partlister]에서 출력 가능합니다. General에서는 회로도의 어떤 부분 까지를 출력할지를 정하는 Scope와 출력파일 Open 여부가 가능합니다.

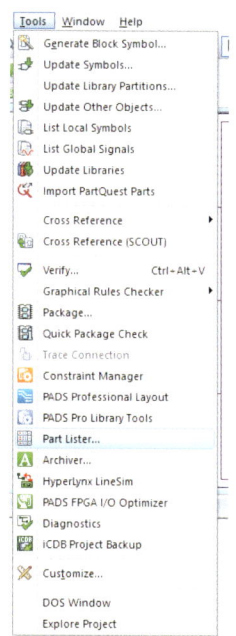
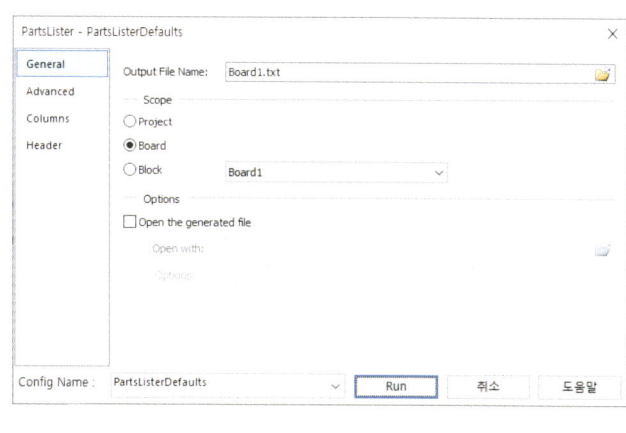

Columns에서는 열을 지정하고 보고서의 표시 방법을 지정하여 출력 보고서를 구성할 수 있습니다.

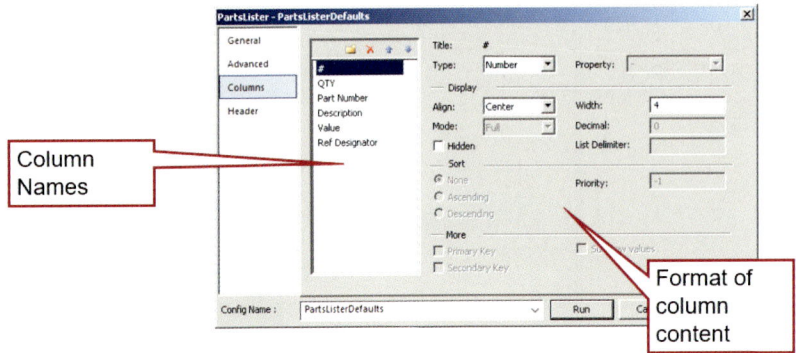

맨 처음 다음의 Config Name에서 원하는 기본 Format 중 선택이 가능합니다.

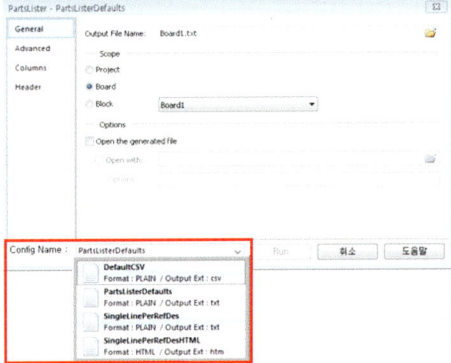

Advanced 탭에서는 텍스트 형식을 구성할 수 있습니다.

Excel이나 HTML로 하면 각 항목이 자동으로 출력되기 때문에 별도의 설정이 필요 없지만, 텍스트 포맷으로 설정하면 칸 설정, 구분자 설정 등의 항목이 있습니다.

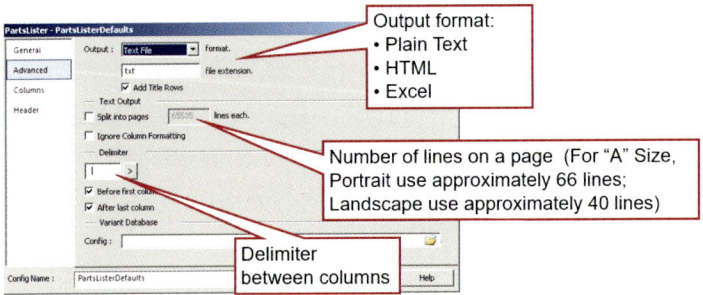

Header 탭을 사용하면 보고서 Header에 정보를 추가할 수 있습니다.

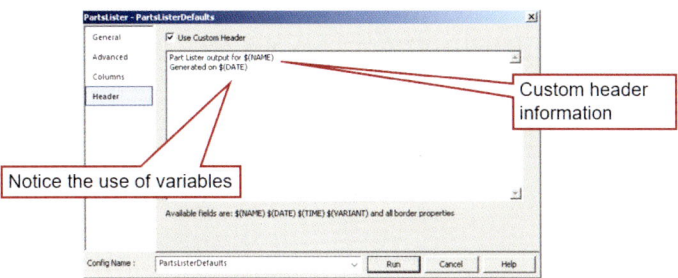

특정 부품을 Partlister에서 제외하고 싶은 경우 부품의 속성에서 PartList Exclude를 True로 놓으면 제외 가능합니다.

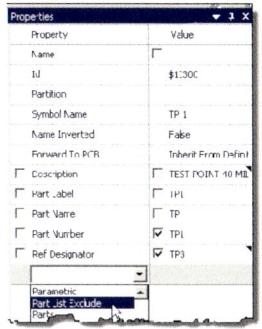

프린트나 PDF를 출력할 때는 Print Order를 지정할 수 있습니다. [Setup] - [Settings] - Project - Boards - Sheet Ordering에서 가능합니다.

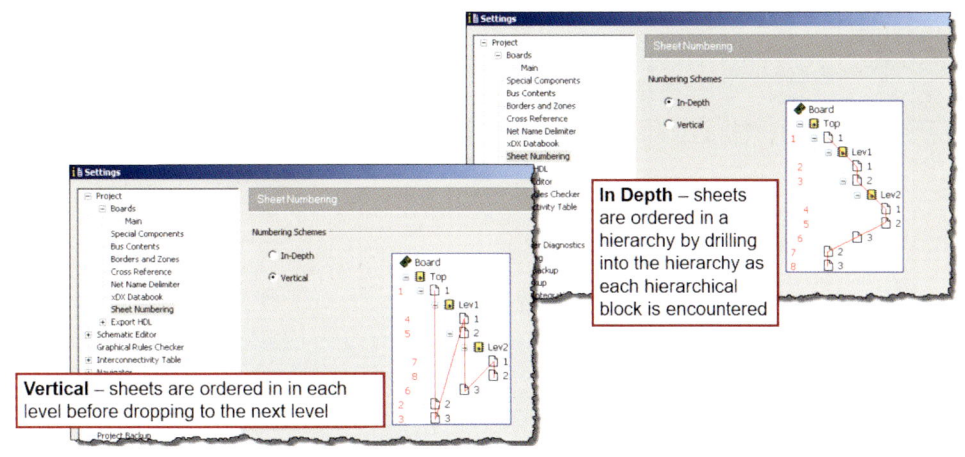

In Depth는 계층 구조 1 페이지에서 프로세스는 2 페이지의 첫 번째 계층 블록으로 밀어 넣은 다음 페이지 3과 4의 2 페이지에서 계층적 블록으로 밀어 넣습니다. 그런 다음 다른 계층적 블록이 발생하고 번호가 매겨진 1 페이지로 돌아가서 - 이 계층적 블록의 두 페이지 - 5 및 6 페이지로 됩니다.

그런 다음 다른 계층적 블록이 발생하여 번호가 매겨진 (7) 페이지 1로 돌아온 다음 8 페이지와 9 페이지의 7 페이지에 있는 계층적 블록이 됩니다. 마지막으로, 페이지 10의 최상위 레벨로 돌아가서 해당 레벨의 다음 페이지로 이동합니다.

Vertical은 1 페이지와 2 페이지는 계층 구조의 맨 위에 있는 두 페이지입니다. 다음 페이지 3, 4, 5 및 6은 계층 구조의 다음 단계에 있습니다. 그런 다음 페이지 7, 8, 9 및 10은 계층 구조의 다음 단계에 있습니다. 이것은 계층적 수준만을 기반으로 하는 페이지 번호 매김 체계입니다.

Page Order 설정을 하면 [Tools] - [Update Other Objects]로 업데이트 해야 합니다.

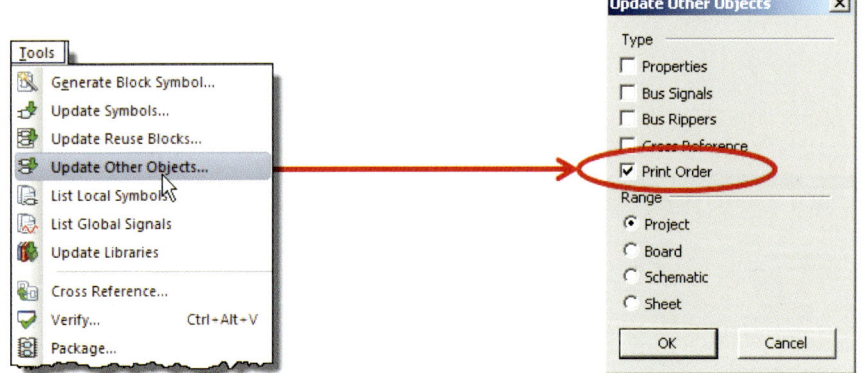

이 명령어는 Sheet Order 값으로 각 시트에 "@PRINTORDER"를 할당합니다. 이 속성은 PDF 출력 및 인쇄에서 인식되어 사용되고 Sheet Number로 표시하기 위해 Sheet Border Symbol에 미리 배치될 수 있습니다. 이 속성은 Sheet의 각 Instance에 Instance Value로 배치되며 @PRINTORDER 속성의 값은 [Setup] - [Settings] - Navigator - Sheet 대화 상자의 설정에 따라 Navigator에 표시될 수 있습니다.

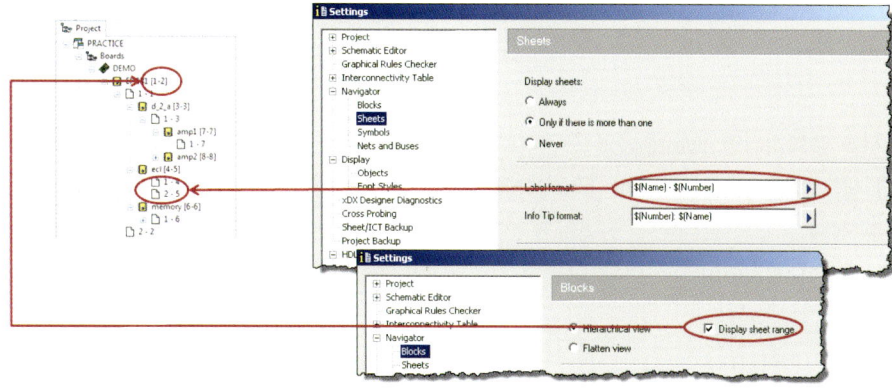

회로도의 Sheet와 Sheet의 연결은 Link 등으로 하게 되는데 이런 연결에서 상대편이 어디로 연결되어 있다는 표기를 할 수 있습니다. 예를 들어 2-3A면 2번 Sheet에 수평으로 3번째에 수직으로 A위치에 있는 것입니다. 이 번째에 수직으로 A위치는 전체 길이를 특정의 개수로 나누는 영역입니다.

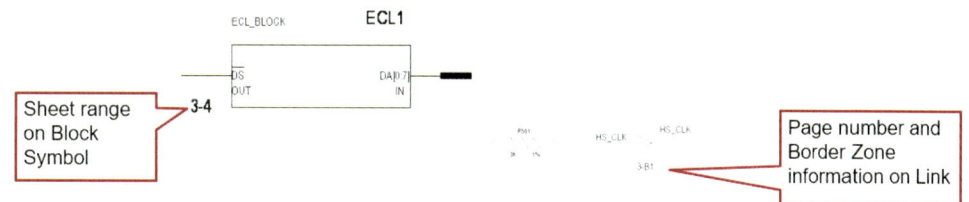

[Tools] - [Cross Reference]는 2가지 방법이 있습니다.

SCOUT는 이전 버전에서 사용하던 방식으로 설정이후에 입력이 되고, 일반 Cross Reference는 [Setup] - [Setting]에서 설정합니다.

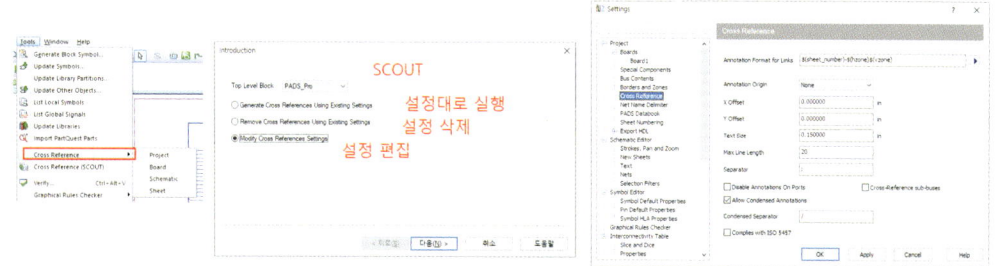

303

회로도를 PDF로 출력하려면 [File] - [Export] - [PDF]로 출력합니다.

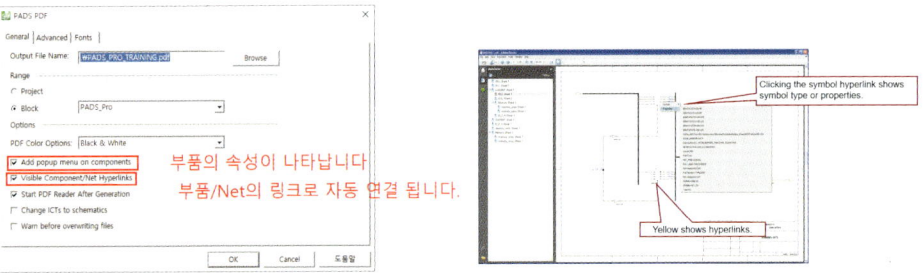

실제 문서를 출력하려면 Window의 프린터로 출력 가능합니다. [File] - [Print]이고 특정 Sheet를 제외하고 싶으면 선택하고 Exclude from Printout를 선택하면 제외 가능합니다. 원하는 프린트 설정을 하고 실제 연결된 프린트를 설정하고 OK를 누르면 실제 인쇄가 되며, XPS나 별도의 PDF 프린터 드라이버가 설치되어 있다면 파일로 작성되게 됩니다.

Properties를 누르면 해당 프린터 설정이 열리게 됩니다.

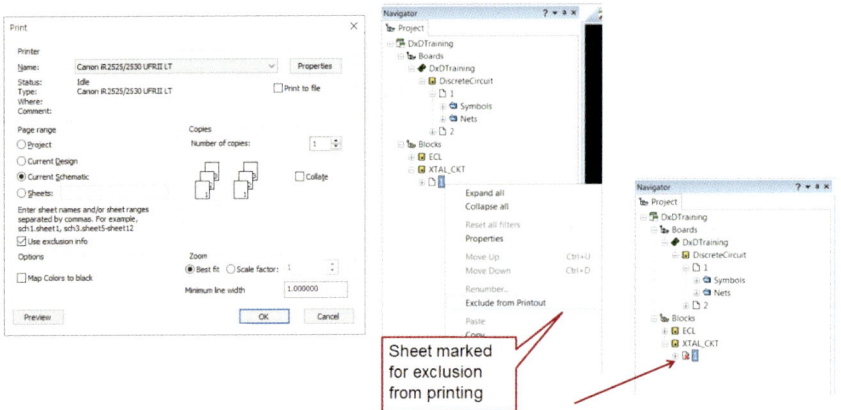

혹은 출력물 대신 회로도 전체를 시스템적으로 출력하는 기능도 있습니다. 앞의 Project Backup에서 언급했던 Archiver입니다.

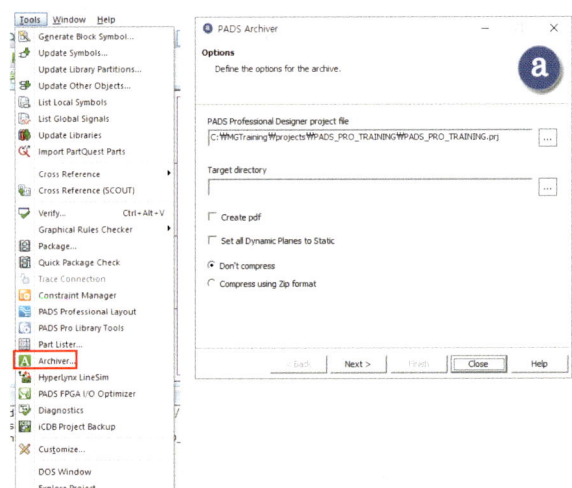

304

3장 PADS Professional Designer

실습 10 | PADS Professional Designer의 회로도 출력

C:\MGTraining\projects\PADS_PRO_TRAINING\PADS_PRO_TRAINING.prj에서 Partlist와 PDF를 출력합니다.

1 [Tools] - [Partlister]를 실행하여 Config PartNumbersXLS를 선택합니다.
다음처럼 출력됩니다.

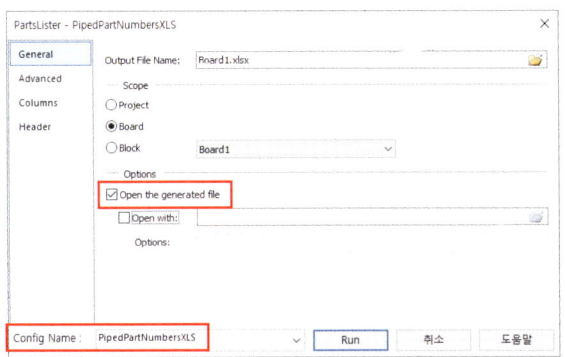
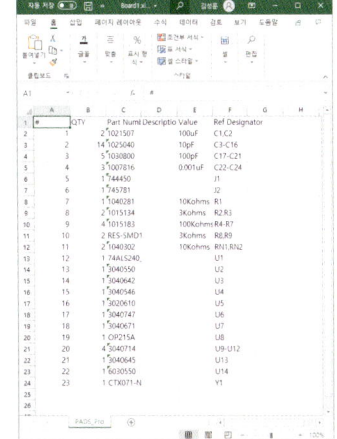

2 [File] - [Export] - [PDF]를 선택합니다.
다음처럼 출력됩니다.

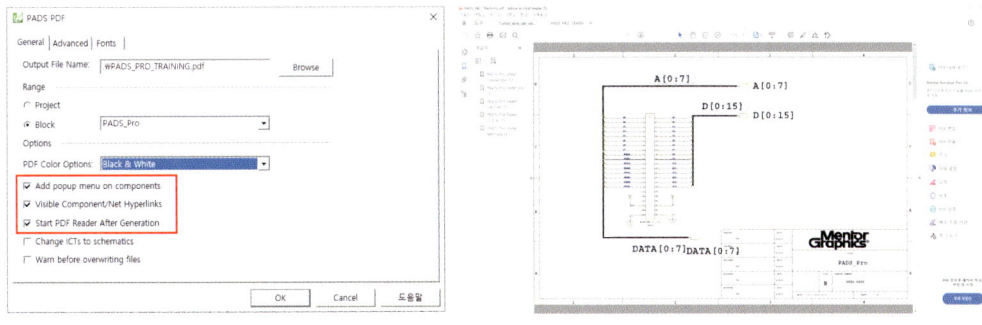

3 C:\MGTraining\projects에 Archive 폴더를 작성합니다.

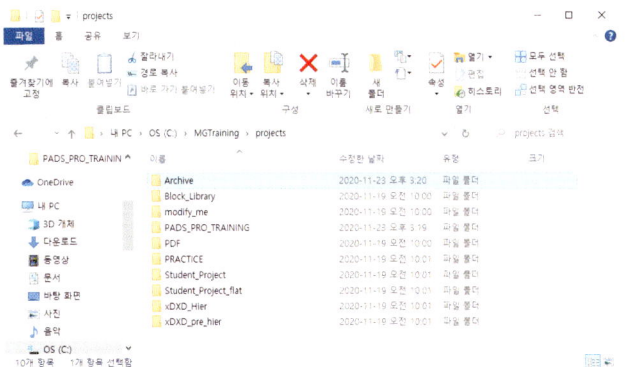

305

4 [Tools] - [Archiver]하여 C:₩MGTraining₩projects₩Archive로 출력합니다.

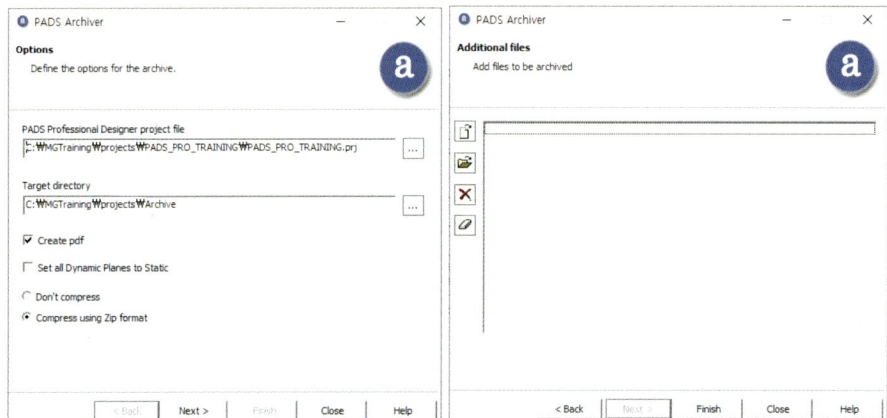

5 다음처럼 출력 됩니다.

13. PADS Professional Designer의 추가 기능

A. Block Design

PADS Pro Designer에서는 일부의 회로도를 다음처럼 Block으로 처리하여 사용할 수 있고, 이 Block Symbol을 Composite Symbol이라고 합니다.

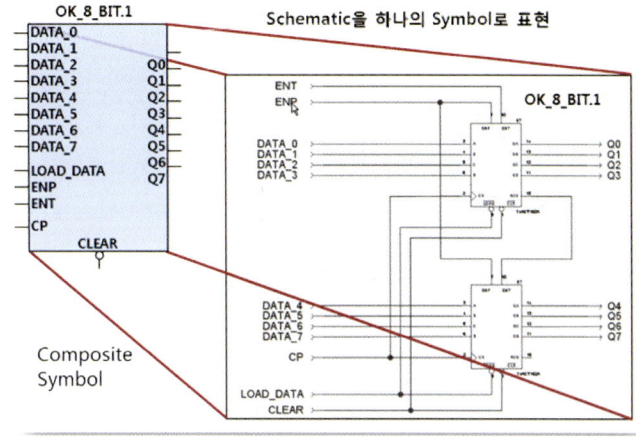

이 Composite Symbol을 사용한 디자인을 Hierarchical Design이라 하고 Composite Symbol 없이 수평 구조로 되어 있는 디자인을 Flat Design이라고 합니다.

이 2개의 디자인 차이는 다음처럼 프로젝트에서 Board를 기준으로 Schematic이 1개이면 Flat, 2개 이상이면 Hierarchical이라고 볼 수 있습니다.

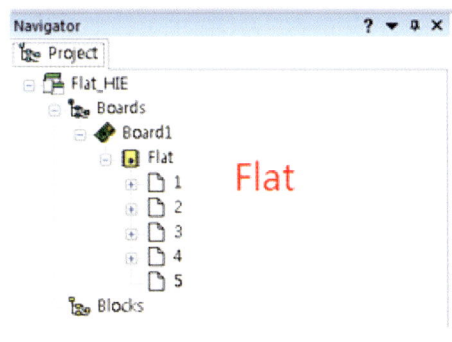
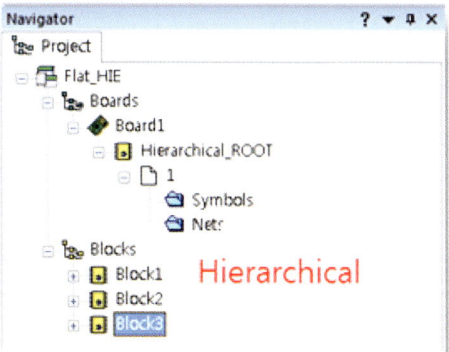

Hierarchical은 만드는 방법에 따라서 Bottom-Up 방식과 Top-Down 방식으로 나눌 수 있습니다.

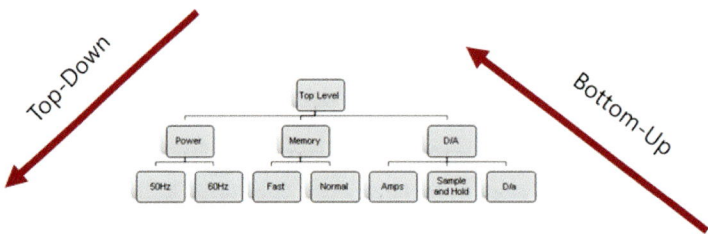

먼저 Bottom-Up 방식은 하위 레벨의 Schematic을 먼저 작성합니다. (Navigator에서 마우스를 Block에 놓고 Schematic작성)

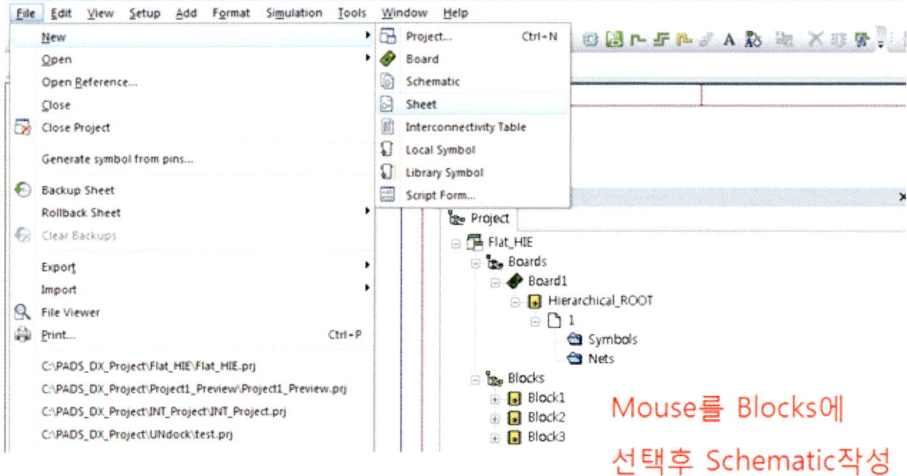

하위 레벨의 Schematic에서 상위 레벨로 Schematic으로 연결되는 것이 바로 Port입니다. 연결할 부분을 Port로 배치하고 Port의 이름을 부여하면 연결된 Net에도 이름이 부여되게 됩니다.

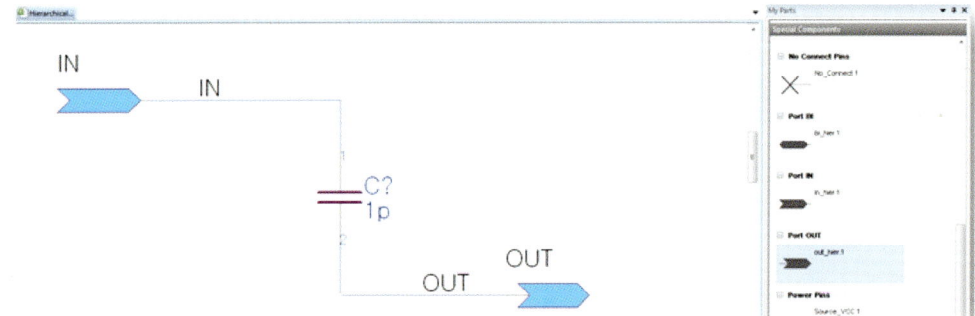

이후 작성한 하위 레벨의 Schematic에서 [Tools] - [Generate Symbol]을 작성하면 Local Symbol
에 배치할 수 있는 Composite Symbol이 준비됩니다.

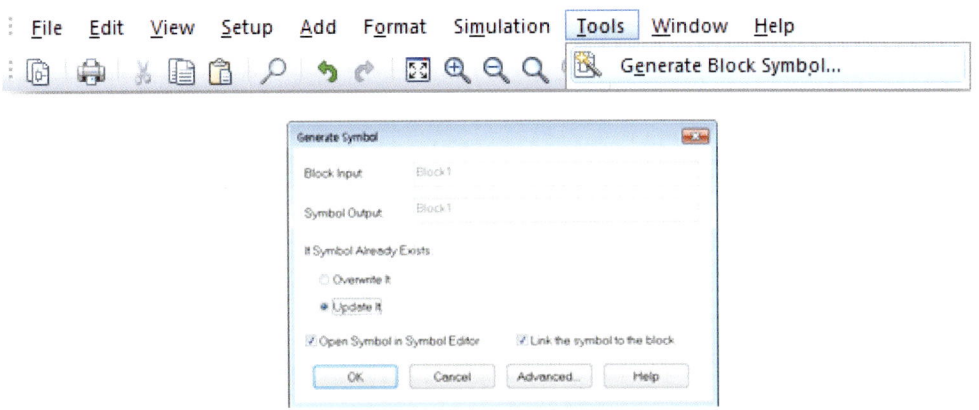

해당 Symbol을 Root Schematic에 배치합니다. 배치하면 Root Schematic에 노란색의 Block이 배치된 것으로 나타납니다.

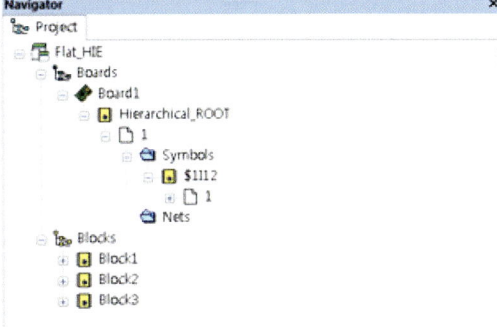

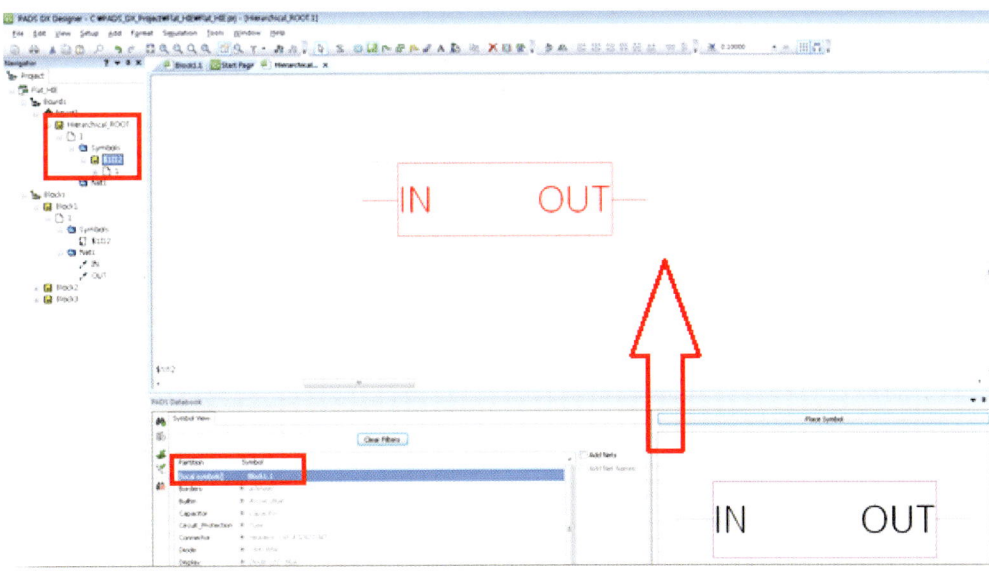

Block 간의 이동은 RMB의 [Push/Pop]이나 Main Toolbar에서 가능합니다.

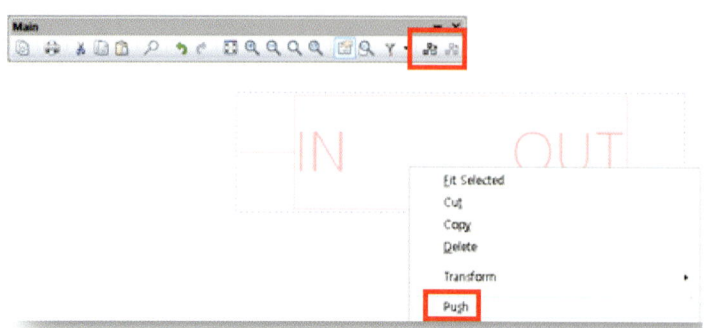

Top-Down 방식은 상위 Root 레벨부터 Block을 작성해 나가는 방식입니다. 비어 있는 Root Schematic에서 Add Toolbar의 Block을 작성합니다.

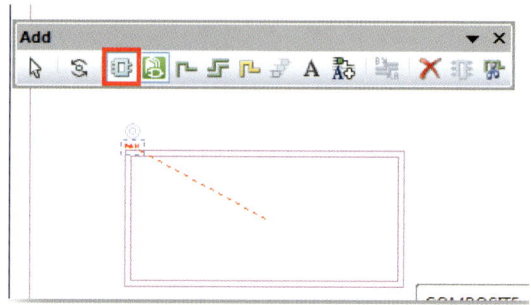

입력한 다음 Block의 이름을 부여하고 연결을 일반 Net로 배선한 뒤에 Net의 이름도 부여합니다.

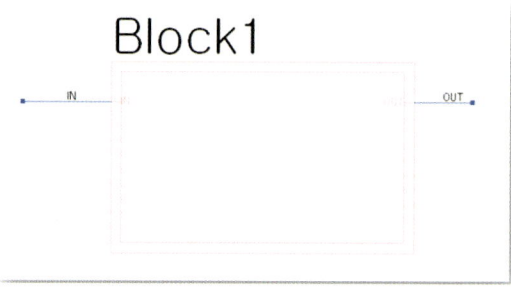

Push로 Block 내부로 들어가면 자동으로 Port가 작성되어 있고, 내부의 회로도를 작성하면 됩니다.

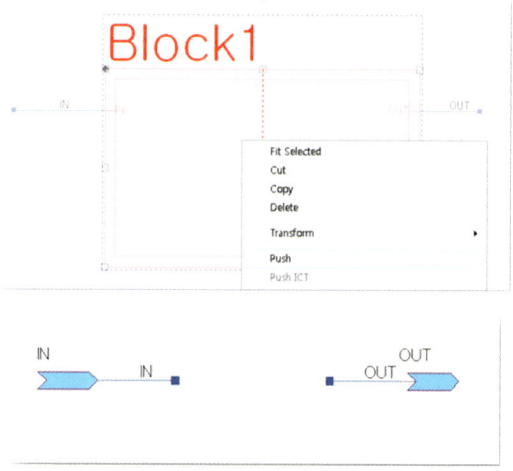

작성한 Block은 Navigator에서 자동으로 Block 쪽에 만들어지며, Root에 배치된 상태로 보이게 됩니다.

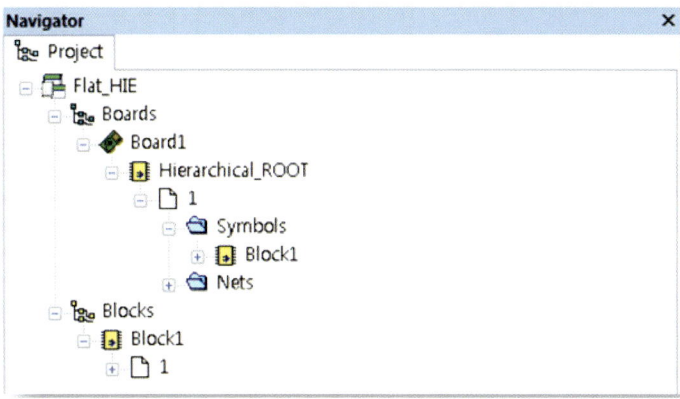

B. Reused

Block으로 회로도를 작성하면 하나의 Block만 처리를 하는 것이 아니라 기존 Block을 반복 배치하여 중복되는 설계를 회피하는 것이 가능합니다.

다음과 같은 Block이 있다면 다음의 Block1를 여러개 배치하는 것으로 회로도의 반복 작업을 회피할 수 있습니다.

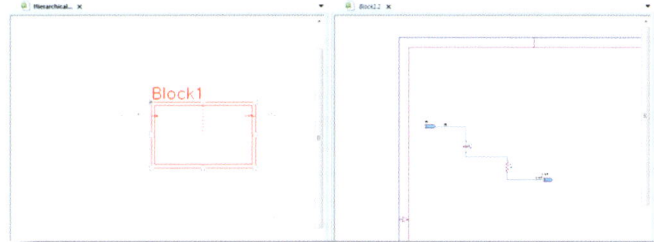

Symbol View에 위의 Block1을 반복되게 배치하면 반복 사용할 수 있습니다.

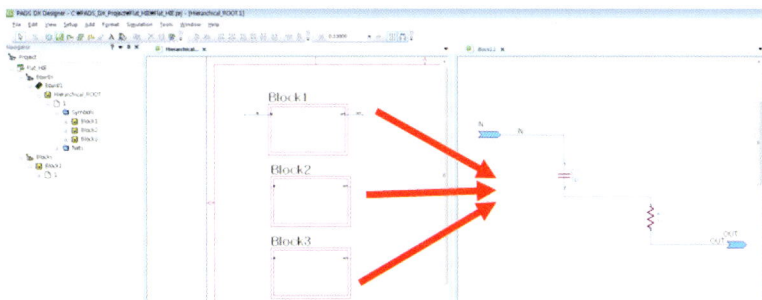

나중에 REFDES를 자동으로 발생 후 각각의 Block에서 Push를 하게 되면 C1, C2, C3와 R1, R2, R3로 각각 부여되게 됩니다. 하지만 Block 레벨로 회로도를 들어가게 되면 C1, R1으로만 보이게 되니, 꼭 Block을 선택하여 Push로 확인해야 합니다. 이 Block설계를 진행하고, 나중에 PADS Pro Layout의 Reused로 활용하는 것도 가능합니다.

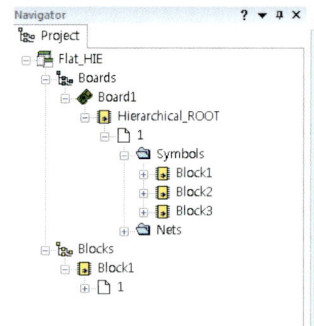

C. Variant

PADS Pro Designer에서는 부품의 Option 사항으로 선택 여부를 별도의 회로도를 그리지 않고 하나의 회로도에서 작성이 가능합니다. 이 Option 부품의 설정은 PartLister(BOM)에 Option 별로 출력이 가능하며, PADS Pro Layout으로 진행하게 되면, PADS Pro Layout의 Variant의 설정으로 넘기는 것도 가능합니다.

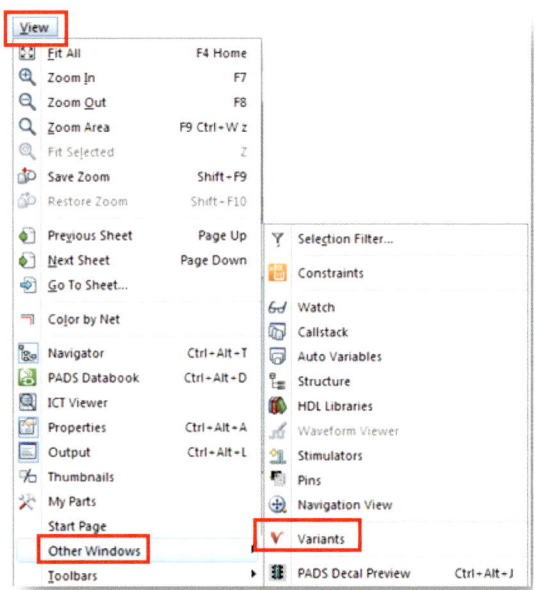

Varian 설정은 [View] - [Other Windows] - [Variant]에서 진행할 수 있습니다.

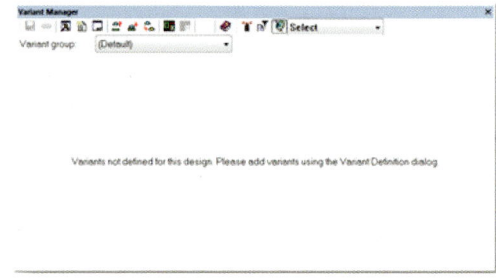

Variant 설정은 먼저 Variant Definition에서 정의를 해야 합니다.

를 눌러 Variant를 작성합니다.

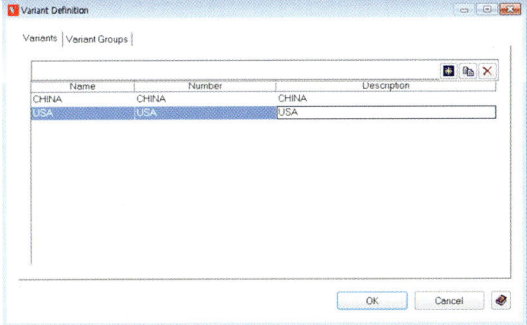

Setting에서는 Variant가 적용될 때 배치하지 않을 Keyword나 Report, 표시를 어떻게 할지, Databook을 설정하면 Databook 상태에서의 속성 설정(Replace에 사용) 등을 지정할 수 있습니다.

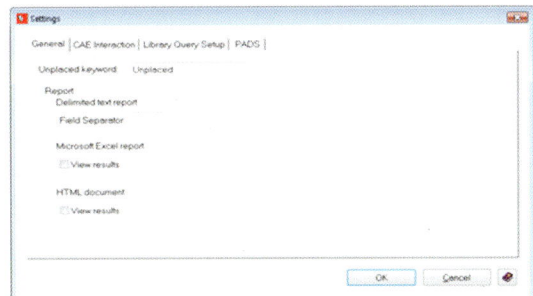

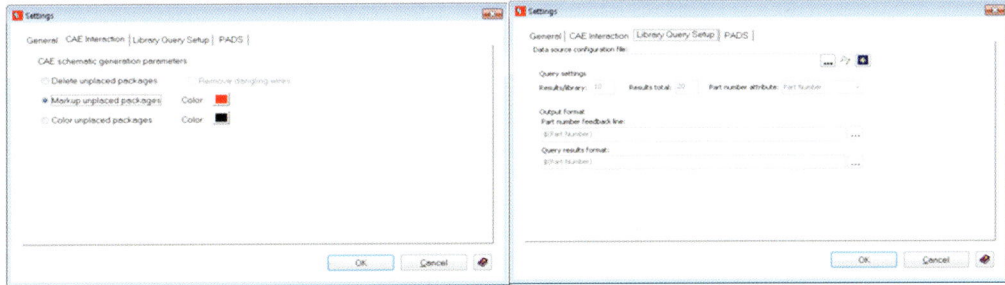

Variant를 작성하면 회로도의 모든 부품들의 리스트가 올라오게 됩니다.

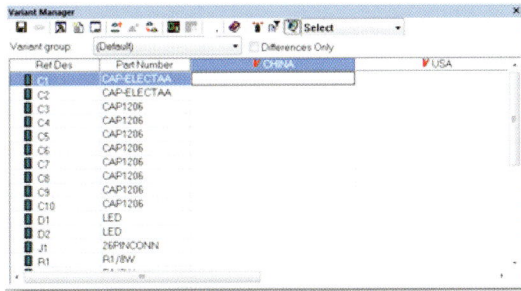

다음처럼 특정 Variant에서 사용하지 않을 부품을 선택한 후에 Unplaced로 설정합니다.

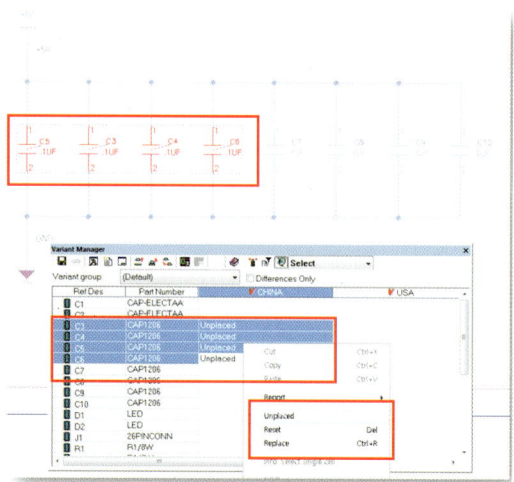

Unplaced로 한 부품을 회로도에서 사용 안 함으로 표현하고 싶으면 해당하는 Variant를 선택하고 Create Variant/Function Schematic을 선택합니다.

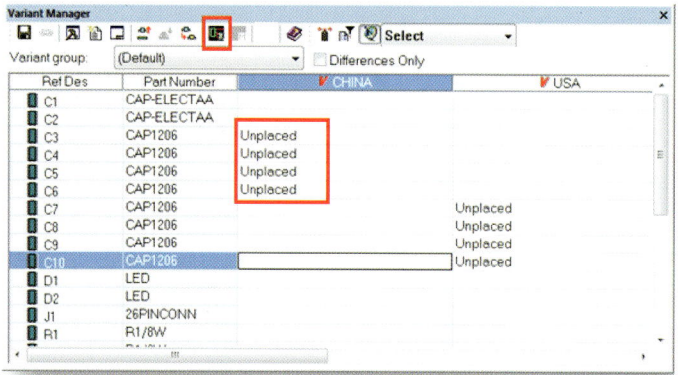

현재 회로도가 Read Only의 Variant Mode로 변경되게 됩니다.

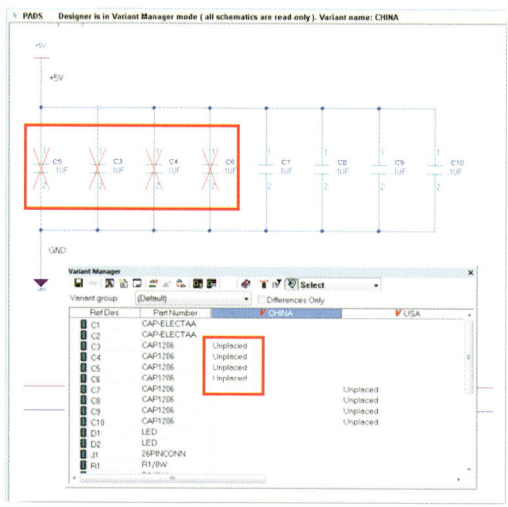

현재의 Variant가 적용된 상태로 BOM을 출력하려면 RMB - [Report] - [BOM Report]를 선택하면 됩니다.

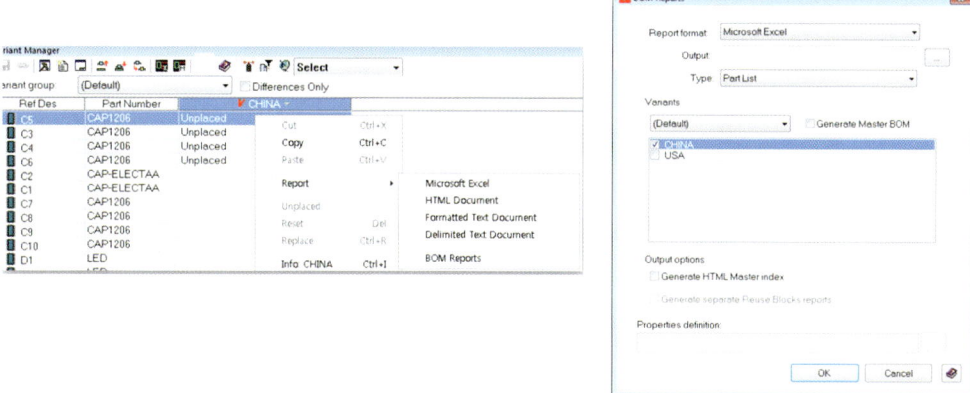

원래의 Master 회로도로 복귀를 하려면 Reset Schematic to Master 하면 됩니다.

만약에 Databook을 사용하면 Variant 별로 다른 대체 부품을 설정하는 것도 가능합니다.

D. Import

PADS Pro Designer에서 Import 가능한 파일은 다음과 같습니다.

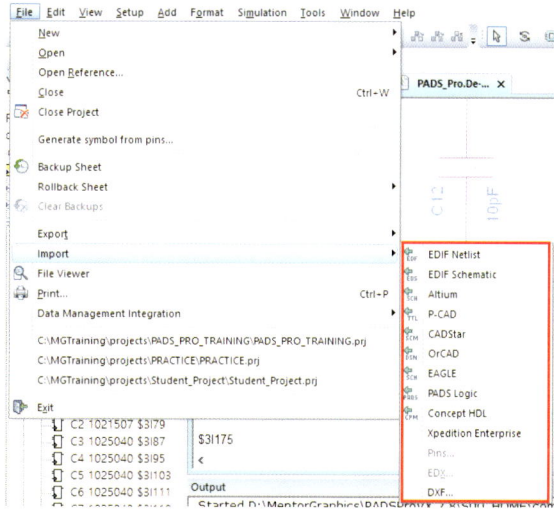

E. Export

PADS Pro Designer에서 Export 가능한 파일은 다음과 같습니다.

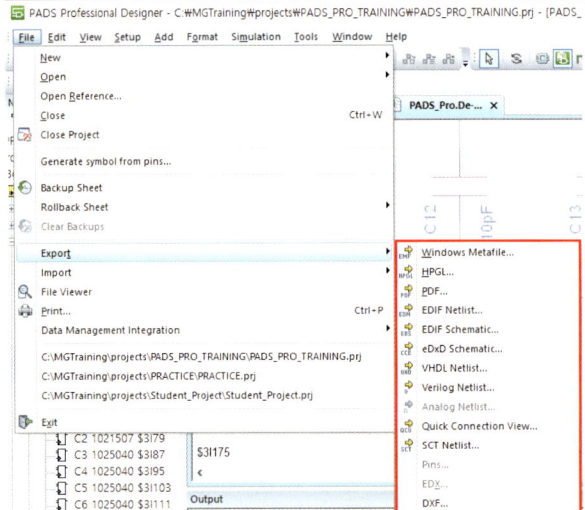

PADS Professional Layout

01 PADS Professional Layout의 소개
02 PADS Professional Layout의 설계 과정
03 PADS Professional Layout의 시작과 기본 Operation
04 PADS Professional Layout의 Display Control 사용
05 PADS Professional Layout의 설정
06 PADS Professional Layout의 Board Outline과 Draw작성
07 PADS Professional Layout의 Constraint 설정
08 PADS Professional Layout의 부품 배치
09 PADS Professional Layout의 Interactive 배선
10 PADS Professional Layout의 Sketch Router와 반자동 배선
11 PADS Professional Layout의 배선 Tuning
12 PADS Professional Layout의 Test Point 작성
13 PADS Professional Layout의 Planes 작성
14 PADS Professional Layout의 Silkscreen 작성
15 PADS Professional Layout의 Layout 검증
16 PADS Professional Layout의 Dimension과 Documentation
17 PADS Professional Layout의 출력
18 PADS Professional Layout의 추가 기능

01 PADS Professional Layout의 소개

앞의 PADS Professional의 개요에서 PCB 설계는 PCB 동작을 위해 부품 실장이 될 위치에 부품의 Cell(Footprint)를 배치하고 나중에 부품 실장이 완료되면 동작을 위해 회로도에서 넘어온 Unrouted 정보를 Trace와 Plane 등으로 연결하는 작업이라고 소개했습니다. 또 PCB를 만들기 위한 기본 데이터는 필름을 이용한 광학 기술이며 재료를 가지고 만드는 것은 화학적인 에칭(부식)과 납 솔더링과 코팅 등의 화학적인 작용으로 제작이 된다고 소개했습니다. 여기서 광학 기술이란 말의 의미는 사진의 필름처럼 실제로 필름이 필요했다는 것입니다. 그럼 컴퓨터가 없었거나, 그래픽을 구현할 수 없는 Text 기반의 컴퓨터에서는 PCB 디자인을 못했을까요? 그렇지 않습니다. 이전에는 사진을 찍어서 해당 필름으로 PCB를 만들었습니다. 그럼 사진을 찍을 데이터는 어떻게 만들었을까요? 예전엔 Board에 사용할 Land 사이즈에 맞는 스티커를 붙이고, Width가 각각 다른 테이프로 연결한 다음 사진을 찍었습니다. 검색 엔진에서 "PCB Artwork Tape" 라고 검색을 하시면 여러 자료들이 검색됩니다. 회로 도면을 종이로 그린 다음 회로 도면을 보면서 스티커와 테이프 등으로 연결하여 사진을 찍은 것입니다. 컴퓨터 등장 이후에는 회로도도 컴퓨터로 그리고, PCB도 Gerber 포맷의 등장으로 사진 대신에 파일로 출력할 수 있게 되었습니다.

현재의 마우스와 키보드가 사용되기 전에는 마우스 패드 대신 명령어가 나누어져 있는 곳에 아래처럼 생긴 Digitizer Puck으로 설계를 하던 시절도 있었습니다.

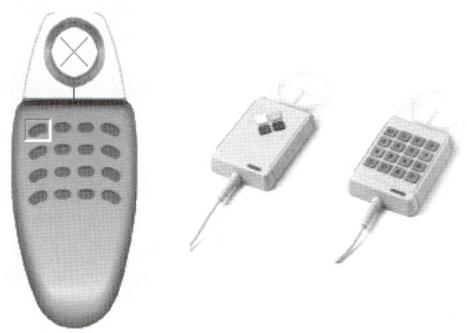

이후 유닉스와 솔라리스, 윈도우, 리눅스의 시대에서는 그래픽 프로그램을 마우스와 키보드로 디자인해서 Gerber 포맷으로 파일 출력만 하면 PCB를 소량부터 대량까지 생산할 수 있게 됐습니다. 이 과정에서 그리 최신 OS도 아닌 매킨토시용 PCB 설계 프로그램은 찾기 어려웠습니다. 그리고 Gerber는 테이프와 스티커의 정보와 별다를 것도 없는 그냥 그림 정보이기 때문에 대안으로 PCB 모든 정보를 담고 있는 ODB++ 파일이 앞으로는 Gerber를 대체할 수 있을 것 같습니다. PADS Professional Layout도 동일하게 부품을 배치하고 배선을 완성하여 Gerber 데이터나 ODB++ 데이터를 출력하는 프로그램입니다. 앞의 PADS Pro Designer에서 완성한 회로 디자인을 기반으로 기본적인 PCB 데이터를 작성한 다음 사용되는 프로그램입니다.

02 PADS Professional Layout의 설계 과정

PCB 데이터가 맨 처음 만들어지면 우리는 꼬인 실타래를 마주하는 기분이 듭니다. 분명 회로도는 우리가 작성한 것이며 어떤 연결 정보가 있는지 이해하고 있지만, PCB 데이터는 우리가 이해하는 정보가 뒤죽박죽 되어버린 모습입니다.

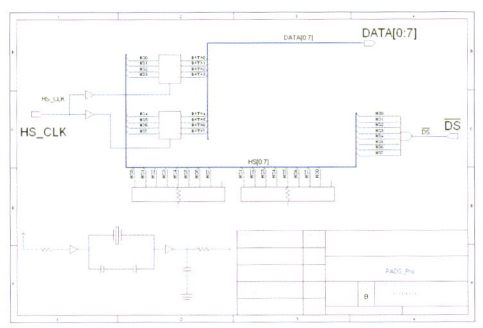 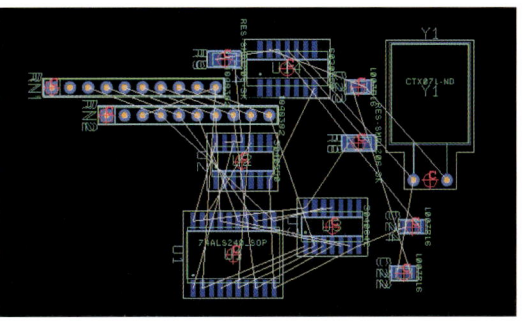

회로도에서 작성된 기본적인 PCB 데이터의 배선 배치가 안된 초기 모습은 다음과 같습니다.

PCB 디자인은 회로에서 넘어온 이런 부품과 비 배선 Net 데이터를 배치하고 그리는 작업입니다.

그렇다면 이 부품들과 연결될 배선은 어느 영역에서 놓아지게 될까요? PADS Pro Layout의 기본 Board는 56×56 inch의 기본 Size가 있습니다.

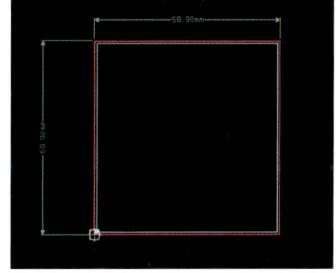

빨간색으로 표현된 것이 Board Outline입니다. 마치 안이 빈 것처럼 보이지만 설계를 위한 것입니다. 내부적으로는 채워진 형상입니다.

이 보드 영역을 전에 언급한 적이 있습니다. 바로 Library의 Template에서 미리 설정을 할 수 있었습니다. 미리 설정을 하지 않으면 PCB를 작성하고 나서 제품이 만들어질 Size로 작성을 해야 합니다.

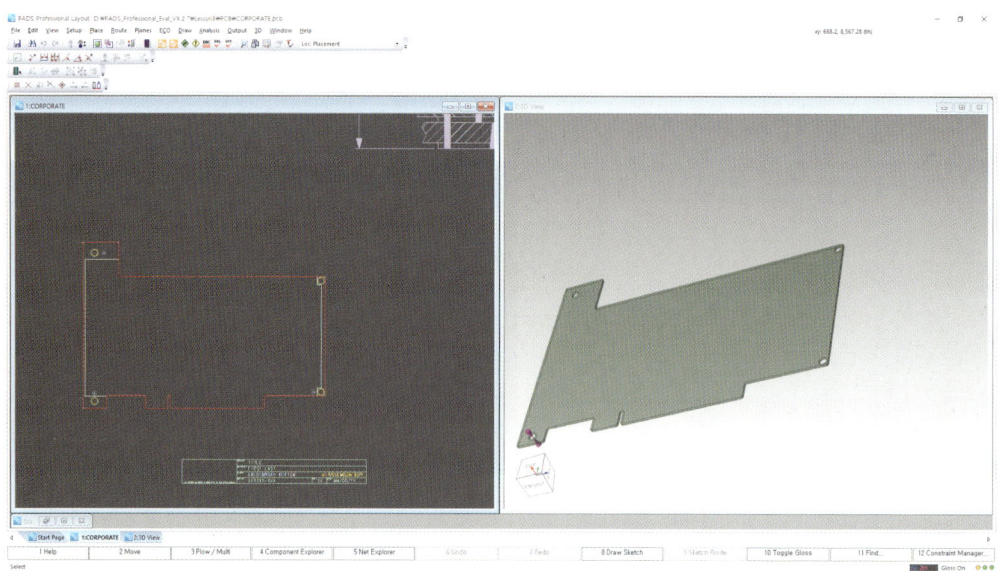

설계에 필요한 Outline은 1개가 아닙니다. Board Outline외에도 Route Outline과 배치와 배선의 금지영역, 제조와 Text를 위한 Outline 등을 필요에 따라 작성해야 합니다.

이후 부품을 배치하는데, 부품은 기본적으로 Board의 Top과 Bottom에 배치가 됩니다. (Embedded Passive라고 내층에 배치하는 부품도 있습니다.)

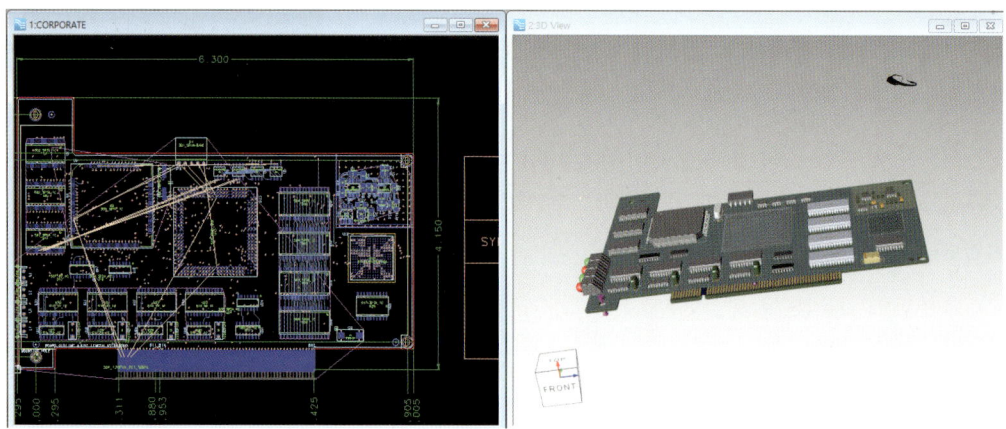

그리고 비 배선 Net 데이터를 Trace인 Line 데이터로 그려야 하는데 몇 층에 배선 될지는 현재로서는 알 수가 없습니다. 부품의 Land에서 배선이 시작되는데 Land가 관통형일 수도 있고 관통형이 아닐 수도 있습니다. 또한 동일한 층에서만 배선이 끝날 수도 있고, 다른 층과 연결하기 위해 Via를 사용할 수도 있는데, 이때, 몇 층에서 몇 층까지 연결할지 장애물은 없는지를 고려해야 하기 때문입니다.

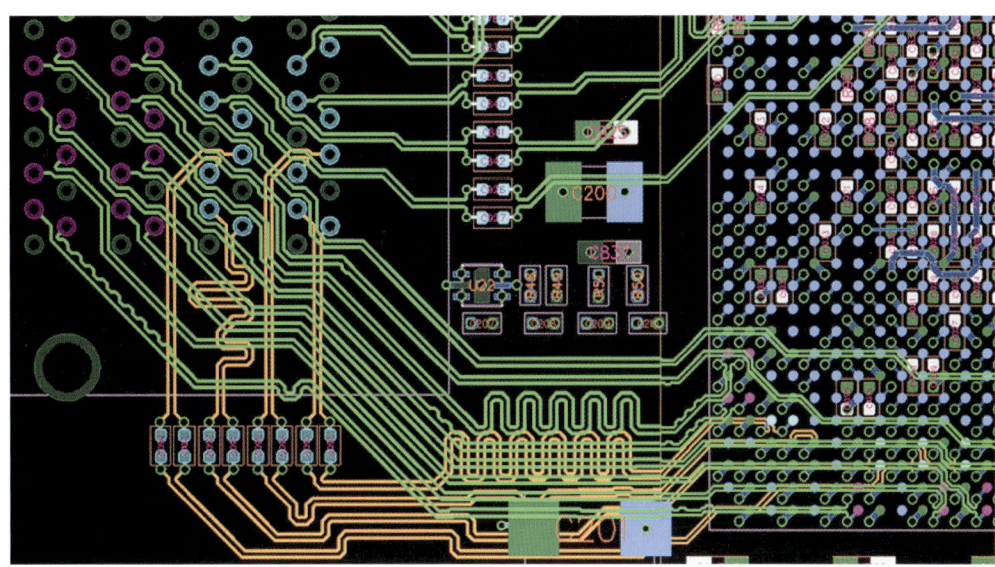

Trace로 연결을 다하게 되면 다음처럼 Line 데이터 이외에 면 데이터를 입력합니다. 면 데이터는 그라운드 접지나 Power의 신호 전달을 좋게 하기 위해서 필요합니다.

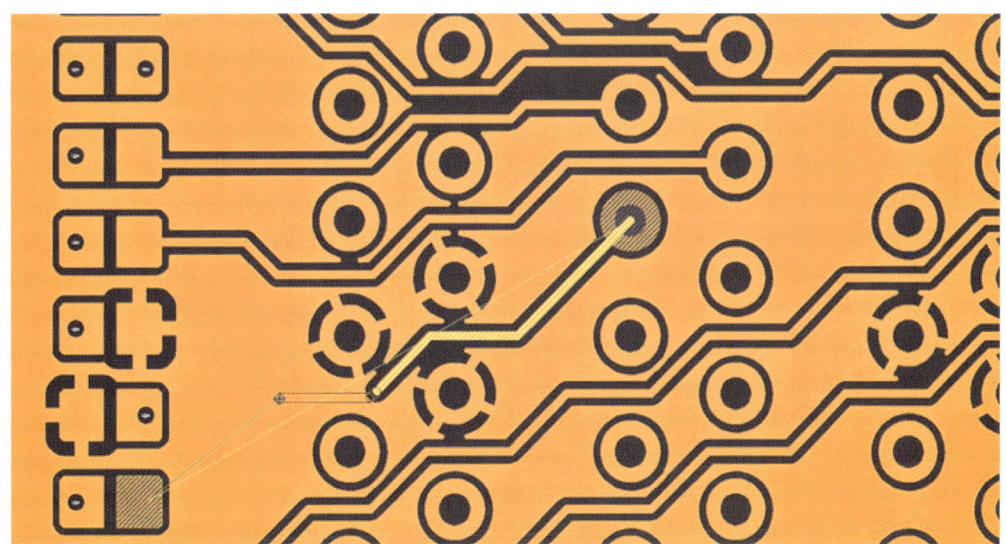

이 다음 Array의 과정이 있기는 하지만 회사마다 디자인 영역에 포함될 수도 있고 안될 수도 있어서 보통 디자인 완성을 동박 데이터 입력까지 판단합니다. 물론 이후에 디자인 검증 과정이 있지만, 디자인 과정이 아니기 때문입니다.

다음은 제조 데이터를 작성하면 됩니다. 예전엔 출력 설정만으로도 많은 시간을 소비했지만 다른 프로그램이나 PADS Pro Layout도 자동 설정으로 Run 버튼만 누르면 Gerber 데이터나 ODB++ 데이터가 작성됩니다.

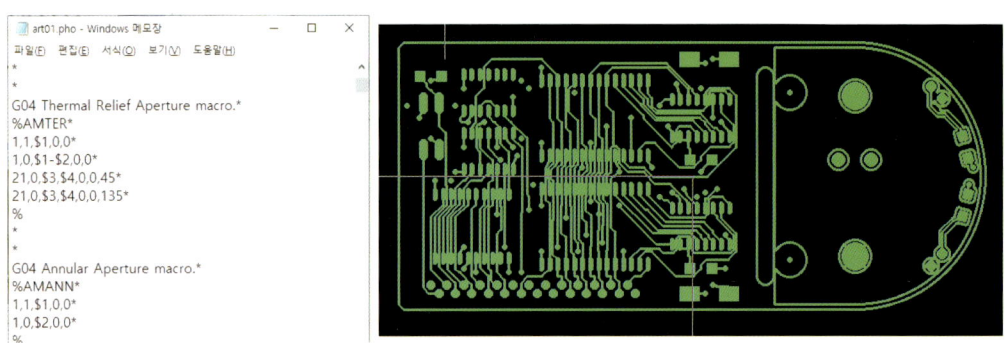

왼쪽은 출력한 Gerber 데이터입니다. 이 데이터를 Gerber 뷰어로 보면 오른쪽처럼 됩니다. 이런 형상의 데이터로 필름을 만들게 됩니다. PCB 디자인 작업은 이 Gerber 데이터나 ODB++ 데이터, 혹은 BOM을 작성하는 것이 최종 목표입니다.

PCB 프로그램에서 Gerber 데이터나 ODB++ 데이터를 작성하지만 생산을 위한 데이터를 바로 사용하지는 않습니다. 생산을 위해서는 디자인 영역에서 미처 확인하지 못하는 데이터나 수정 사항이 있기 마련입니다. 그런데 PCB 원본 디자인을 수정할 수 있는 것은 바로 수정해서 재출력을 하겠지만 전문적으로 이 생산 데이터를 다루는 분야가 있습니다. 보통 CAM 소프트웨어라고 하고 PCB 쪽에서는 이 Gerber 데이터나 ODB++ 데이터를 Import하여 Aperture나 데이터의 생산 마진에 따라 수정하는 작업이 주를 이루게 됩니다.

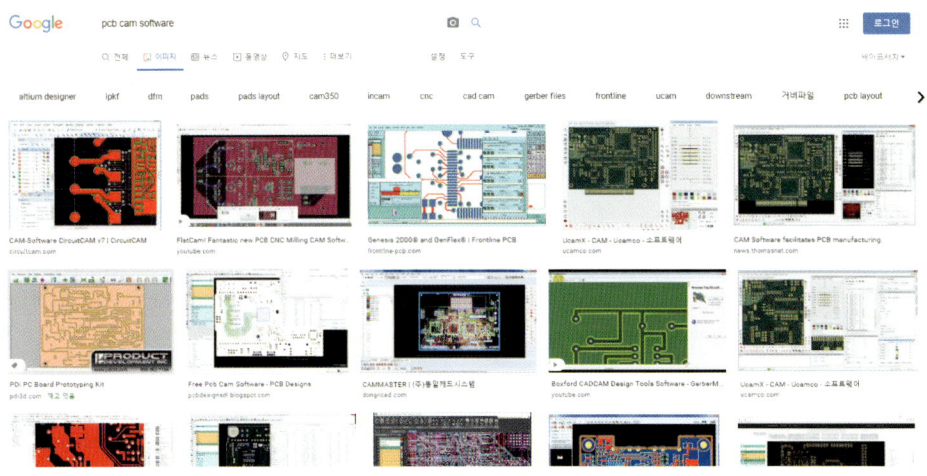

03 PADS Professional Layout의 시작과 기본 Operation

PADS Professional Layout(줄여서 PADS Pro Layout과 혼용해서 사용합니다.)의 시작은 Window의 시작프로그램에서나, 회로도 프로그램인 PADS Pro Designer에서 Project가 열려 있는 상태에서 Tools 메뉴를 통해 실행할 수 있습니다.

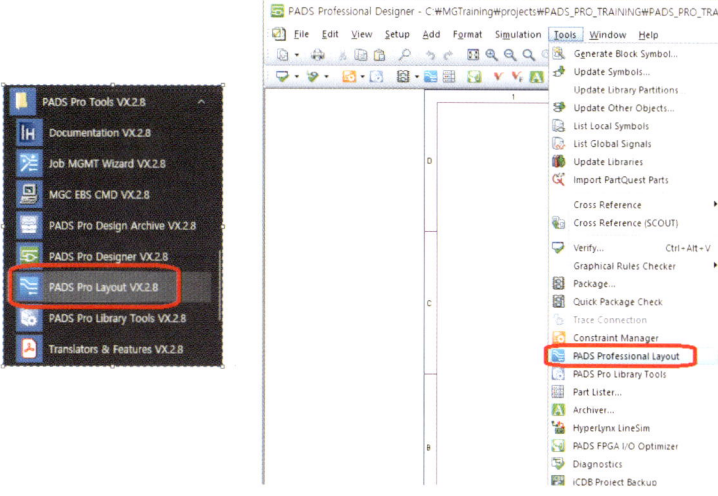

시작프로그램에서는 PCB 파일을 불러오기 전의 프로그램의 실행이고 회로도에서 실행은 Project와 연결되는 PCB를 Open한 상태로 불러오는 것입니다. 시작프로그램에서 실행되어서 PCB 파일을 불러오기 전후는 메뉴가 달라지게 됩니다.

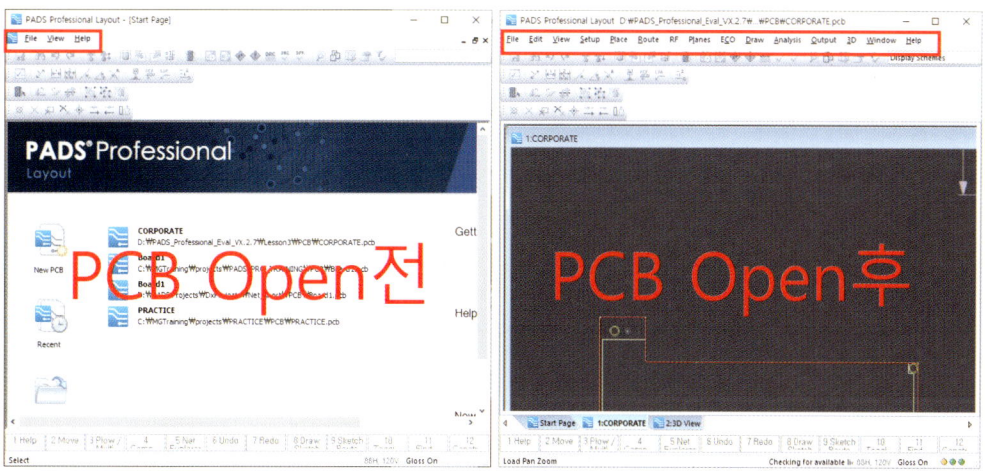

PAD Pro는 PADS Classic처럼 PCB Open 전에 New PCB를 만들 수는 있지만, 이 방식은 회로와 통합 방식이 아닙니다. PADS Pro Designer와 연동해서 PCB 파일을 만들어야 통합적인 기능을 사용할 수 있습니다.

오른쪽처럼 PCB가 Open이 되지 않은 상태에서의 [File] - [New]는 Project를 작성하게 되어 있지만 이것은 PADS Pro Designer의 prj 파일을 만들거나 불러오는 것이 아니라 PADS Pro Designer의 Netlist나 Keyin Netlist(확장자. Kyn)를 기반으로 하는 단독 PCB 파일을 작성하겠다는 것입니다.

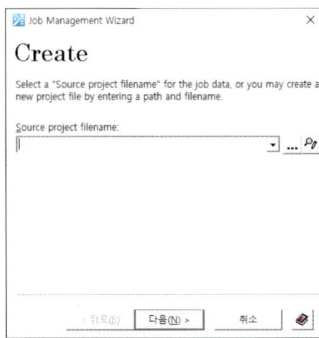

이것은 시작 메뉴의 Job Management Wizard의 Create와 동일합니다.

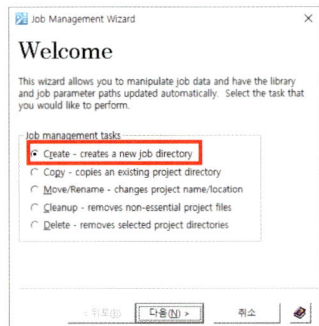

이 책에서는 PADS Pro Designer에서 넘긴 PCB 파일을 Open하여 사용합니다.

PADS Pro Layout의 기본 Operation은 메뉴들의 기본 사용법을 익히고 Window Tabbing, Tooltip과 Video처럼 상황에 맞는 메뉴 및 기능 사용할 수 있게 설명합니다. 그리고 화면의 이동이나 확대/축소와 Object 선택과 Highlight, 부품과 Net 찾기 등 디자인의 Review 과정에서 확인할 수 있는 내용 등입니다.

먼저 PCB Open의 화면은 아래와 같습니다.

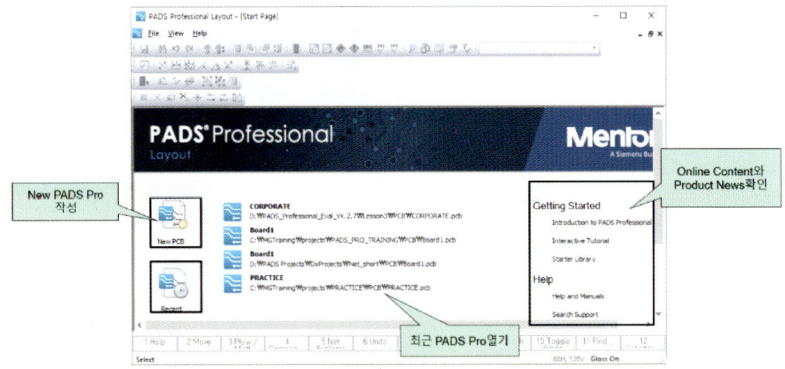

앞에서 언급한 것처럼 New PCB는 PADS Pro Designer와 통합 PCB를 만드는 것이 아니기 때문에 이번 책에서는 PADS Pro Designer에서 회로도를 작성하여 Package한 PCB 파일을 Open해서 사용합니다. PCB 파일을 Open하게 되면 디자인 화면과 다음과 같은 메뉴들이 나타나게 됩니다.

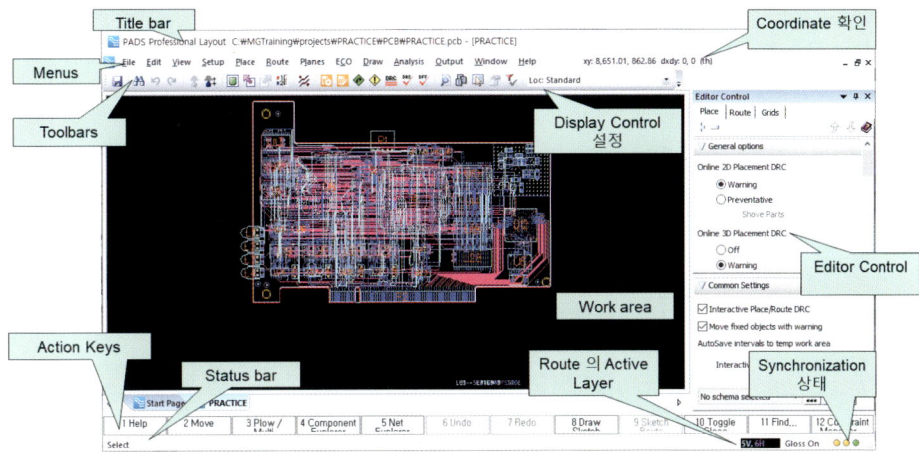

Title Bar에는 현재 열려 있는 PCB 파일의 경로와 파일 이름이 표시됩니다. 모든 윈도우가 꺼져 있어도 파일의 경로와 이름이 있다면 열려 있는 것입니다.

Menu와 Toolbar는 같은 목적의 명령어입니다. 디자인을 위한 배치와 배선과 Drawing을 위한 메뉴들이 나뉘어져 있고, 중복되는 명령어도 있습니다. 그리고 Keyboard의 F1~F12까지 명령어가 할당되어 있어 마우스와 동시에 사용할 수 있습니다. Status Bar는 현재 실행되고 있는 명령어를 보여주고, Coordinate는 현재 마우스의 좌표를 보여줍니다. 오른쪽 다음의 숫자는 Layer Pair된 Active Layer입니다. Synchronization은 회로도와 PCB, CES의 정보가 일치하는지를 실시간으로 알려줍니다. Editor Control은 배치, 배선과 Grid 설정을 할 수 있으며 Display Control에서 설정한 Set를 Display Control 설정에서 지정 가능합니다.

Pull Down 메뉴는 일반적으로 Windows의 프로그램의 Pull Down 메뉴처럼 구성되어 있습니다.

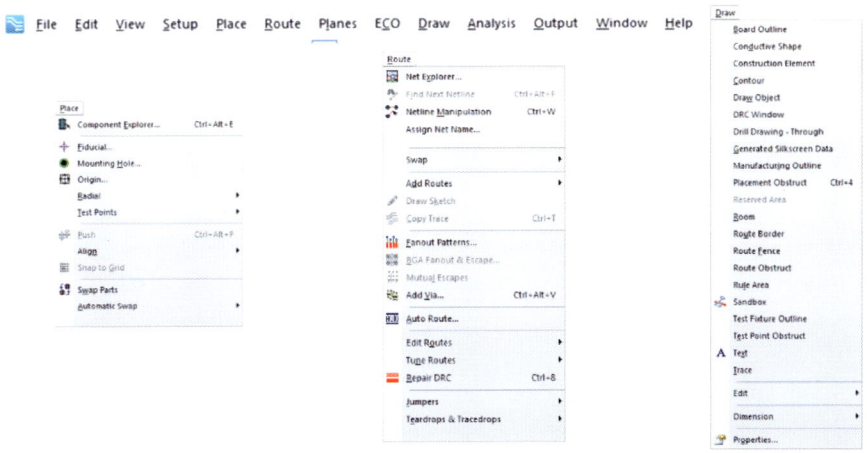

File은 Save, Open, Print, Import와 Export 등으로 구성되어 있고, Edit는 편집과 검색, 선택과 속성 등의 기능이 있습니다. View는 Display와 Highlight, Toolbar의 On/Off 등의 메뉴이고, Setup은 Editor Control과 회로도 실행, CES와 Project Integration 등이 있습니다. 그 다음 Place와 Route, Plane, Draw는 PCB에서 가장 많이 사용하는 배치, 배선, 동박 입력, Draw를 위한 메뉴입니다. ECO는 회로 변경에 관한 메뉴이고 Analysis는 해석, Output은 출력 메뉴입니다. Window는 Work Area의 보기에 관한 메뉴이고 Help는 도움말로 구성되어 있습니다.

Toolbar는 Icon 메뉴로 [View] - [Toolbar]에서 설정이 가능합니다.

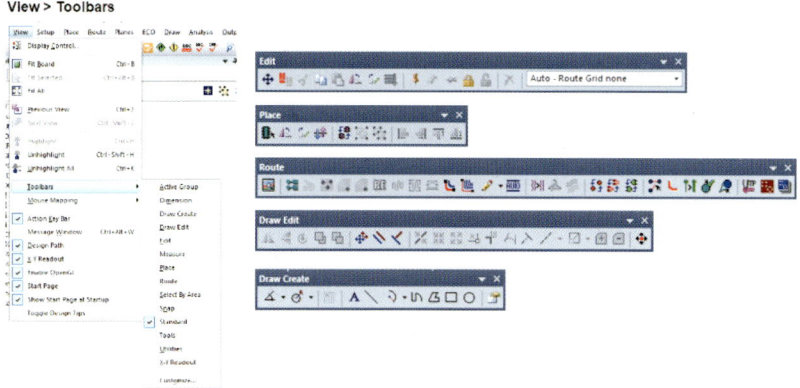

Active Group은 PCB의 Group 중에 Active된 Group을 보여주고, Dimension은 치수 입력입니다.

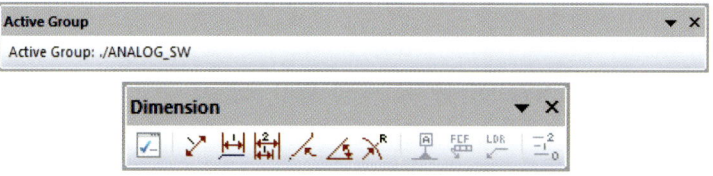

Draw Create는 도형 입력, Draw Edit는 입력한 도형 편집입니다.

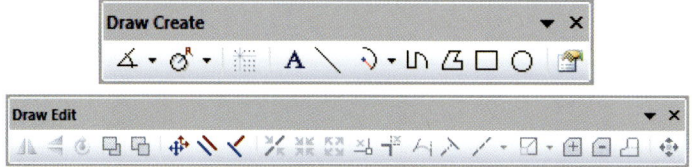

Edit는 Move와 Copy, 정렬 등의 Object 편집이고 Measure는 측정, Place는 부품 배치를 위한 Icon들입니다.

Route는 배선에 관련한 Icon입니다.

Select By Area는 선택영역에 관련한 Icon입니다.

Snap은 Object의 고정 포인트를 위한 Icon입니다.

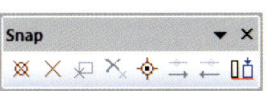

Standard는 표준 Icon으로 기본적인 기능을 모아 놓은 것입니다.

Tools와 라이브러리 프로그램이나 회로도를 실행하고, Utilities는 Viewer나 Print 등을 모아 놓은 것입니다.

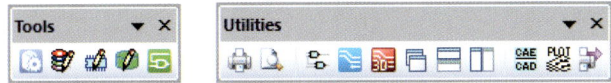

X-Y Readout은 커서의 좌표를 보여주는 별도의 창입니다.

이런 Toolbar들은 모든 Icon이 배열된 것이 아닙니다. Default로 되어 있는 Icon 이외에 추가로 Toolbar의 ▼을 누르면 모든 Icon을 보고 활성화시킬 수 있습니다.

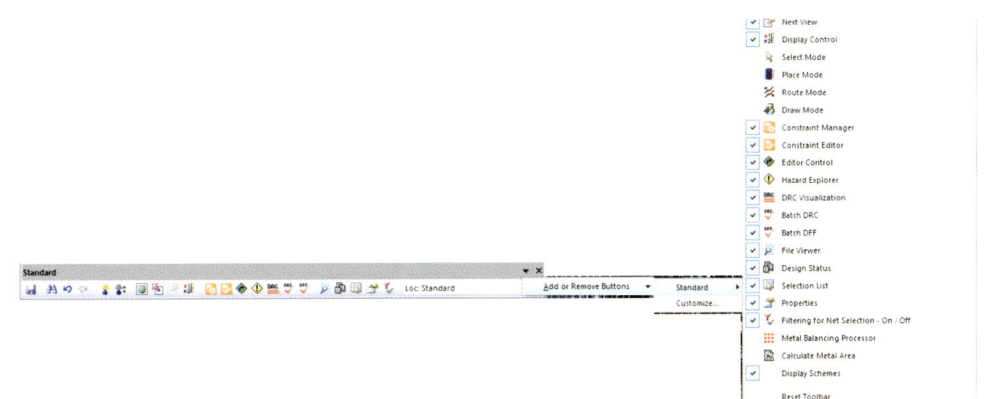

이중에 Standard에서 가장 많이 사용하는 Select Mode와 Place Mode, Route Mode, Draw Mode는 반드시 처음에 활성화해야 합니다.

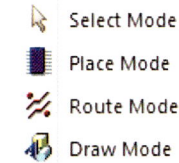

또한 Customize에서는 하나씩 아니라 한꺼번에 Toolbar를 Check할 수 있습니다.

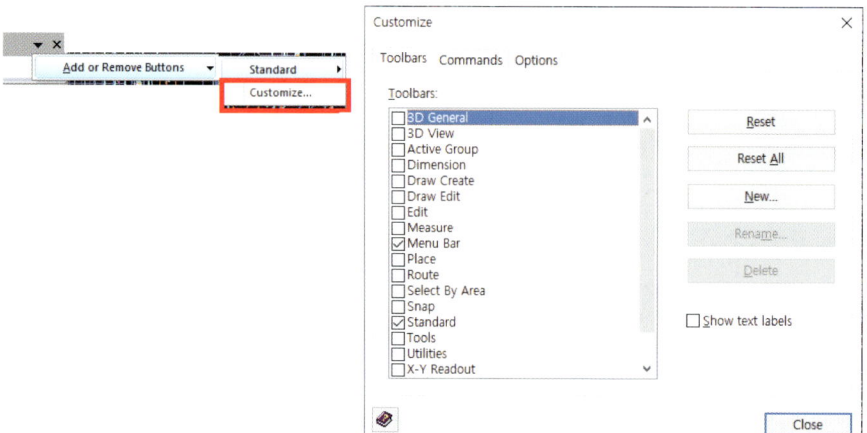

이런 Toolbar는 원하는 위치에 Dock이 가능합니다. Drag하여 상하좌우 원하는 위치에 고정합니다.

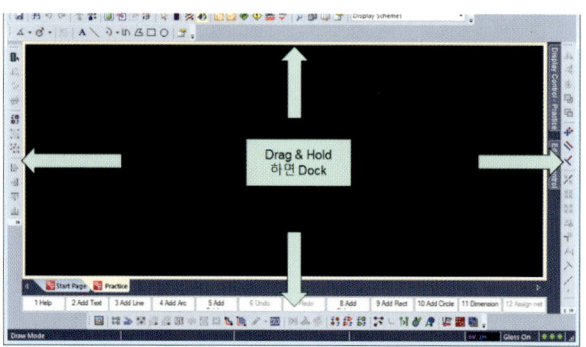

만약에 원할 때만 메뉴를 나타나게 하고 싶으면 고정상태를 로 놓으면 마우스를 갖다 대면 메뉴가 나타나고, 떼면 축소됩니다.

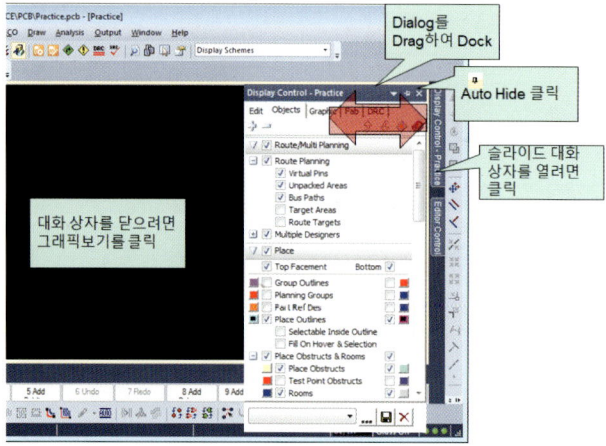

동일한 영역 내에서 Tab으로 메뉴들을 보고 싶으면 의 가운데로 놓으면 가능합니다.

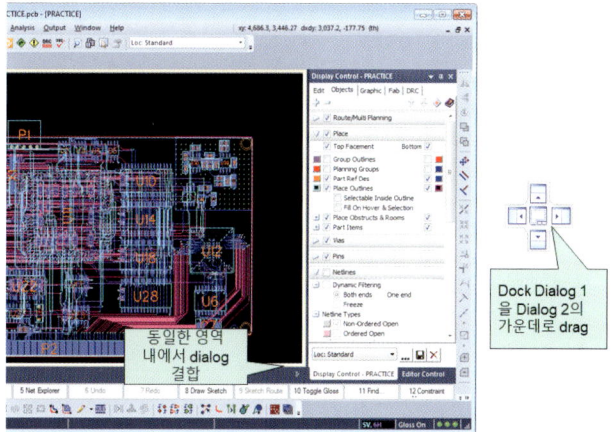

각 Icon은 Text가 없지만 마우스를 누르고 있으면 명령어 이름이 나오고, Video라고 되어 있는 Icon은 조금 더 기다리면 사용법 Animation이 나오게 됩니다.

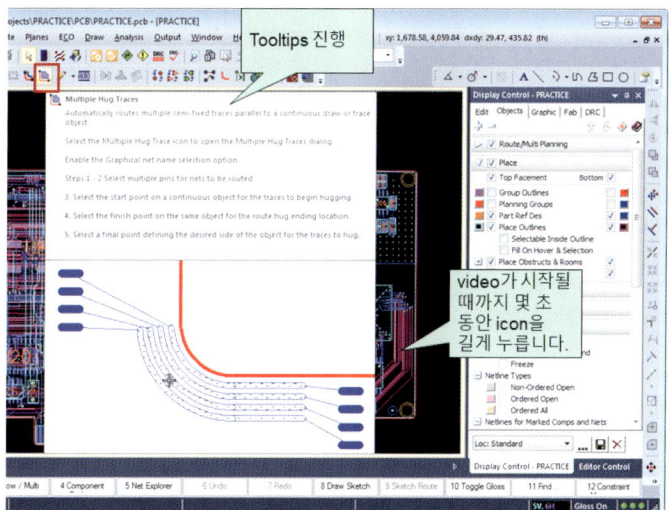

Work Area는 Toolbar의 다음 Icon을 이용하여 화면 이동이 가능합니다.
메뉴가 없으면 ▼로 꺼내야 합니다.

Board 크기
All 크기
이전 View
다음 View

그리고 Mouse로는 오른쪽처럼 Zoom과 Pan이 가능합니다. 추가로 마우스 휠로도 Zoom In/Out이 가능합니다.

- Zoom In
    MMB 클릭
- Zoom Out
    MMB Shift 클릭
- Zoom Area
    Shift-MMB로 drag
- Pan
    MMB로 drag

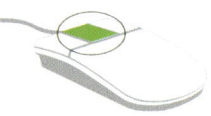

회로도에서 Stroke를 사용했던 것처럼 PCB에서도 Stroke가 가능합니다.

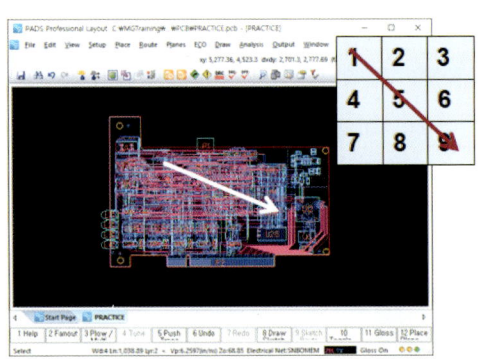
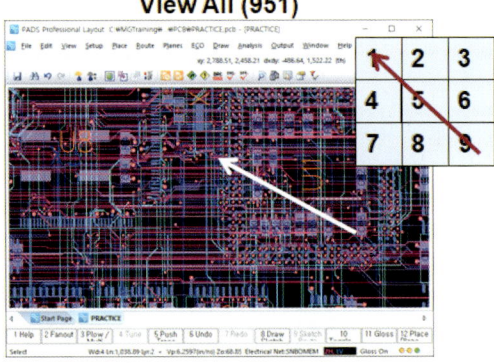

Stroke는 [View] - [Mouse Mapping]에서 변경 가능합니다.

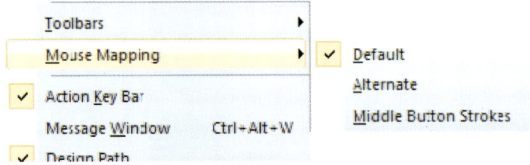

Standard에서 활성화해야 했던 Select Mode와 Place Mode, Route Mode, Draw Mode의 4개 Mode별 운용 방법은 다음과 같습니다.

- Select Mode: 모든 디자인 파일의 Object에 다음의 Place, Route, Draw의 모든 Mode의 선택과 작성이 가능합니다.
- Place Mode: 디자인에서 Components, Cells, Mounting Holes과 기타의 배치 가능한 부품들을 배치할 수 있는 Model입니다.
- Route Mode: 디자인에서 Netlines, Traces, Via와 기타의 배선 작업에 사용하는 Mode입니다.
- Draw Mode: 디자인에서 PADS Pro Related Text, Lines, Shape와 기타의 그래픽 작성을 하는 Mode입니다.

이중에 Select Mod는 특정 Mode를 지정하지 않아도 Place, Route와 Draw가 가능합니다.

상황에 맞는 마우스 오른쪽 버튼 (RMB) 및 액션 키 명령을 사용하여 가장 일반적으로 사용되는 기능에 빠르게 액세스 할 수 있습니다.

마우스를 Object 위에 위치하면 Object 기준으로 속성 및 기본 동작을 액세스 합니다. 예를 들어, 개체 위에 마우스를 올려 놓으면 기본 동작은 Move이지만 〈CTRL〉 키를 누르고 있으면 개체에 대한 복사 동작이 활성화됩니다.

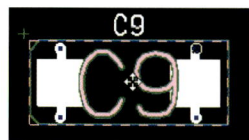
part에 마우스를 위치하면
기본 명령어는 : **Move Part**

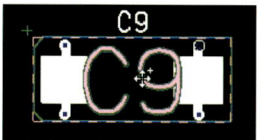
〈CTRL〉 key와 같이 part에
마우스를 위치하면 대안
명령어는 : **Copy Part**

일부 Select Mode에서는 기본 동작은 고유한 동작이므로 기본 동작이 가장 생산적인 기능입니다.

Component Pin에 마우스를 위치하면 명령어는 Plow이고 Via에 마우스를 위치하면 명령어는 Dynamove, 〈ALT〉 key로 마우스를 위치하면 Plow 명령어로 변경됩니다.

다음의 경우에는 특수 Object 처리를 위한 자동 상황 인식 기능 전환이 사용됩니다.

Traces와 Via들을 움직일 때 일반적인 Move 대신에 특수 객체 처리를 위해 자동으로 Dynamove가 사용되며 Traces/vias만이 선택되었을 때, 일반적인 Copy 대신에 특수 객체 처리를 위해 자동으로 Copy Trace가 사용됩니다.

Select Mode에서 마우스 오른쪽 메뉴는 어떤 Object가 선택이 되었는지에 따라 상황에 맞게 메뉴를 선택할 수 있습니다. 선택된 Object에 따라 RMB로 선택하여 작업에 신속하게 액세스할 수 있게 하고, RMB 동작은 일반적으로 Place, Route 와 Draw 개체 선택에 따라 그룹화됩니다.

Route와 Place 오브젝트가 모두 선택되면 액션을 선택할 수 있습니다.

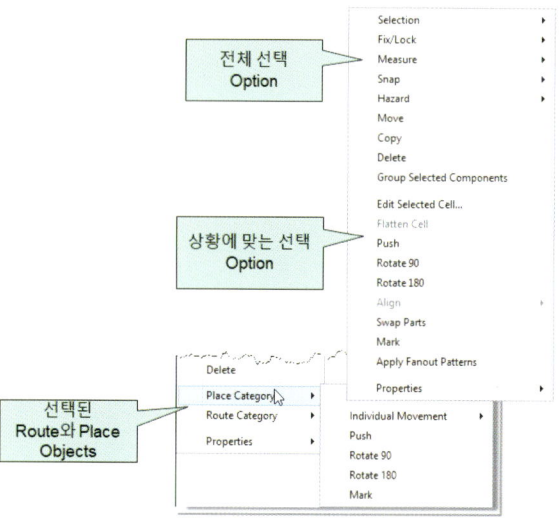

Trace를 선택하면, 선택된 Trace Layer와 Width를 RMB로 빠르게 변경할 수 있습니다. Layer 옵션은 자동 Via 배치를 포함하여 사용 가능한 Trace Layer를 나타냅니다. Width Option은 Trace의 현재 Width와 제한된 Minimum, Typical, Expansion Width 뿐만 아니라 설정을 통해 현재 입력 중인 Keyin Width 값들이 나열됩니다.

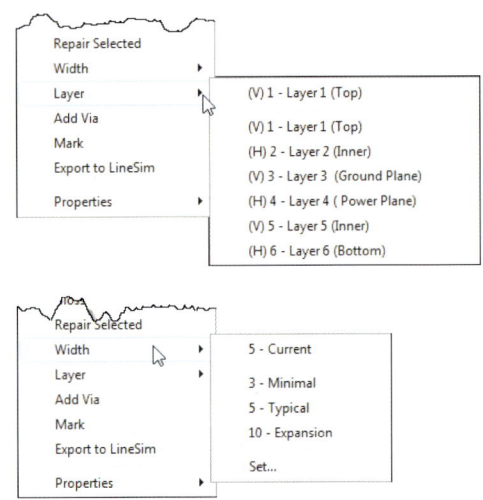

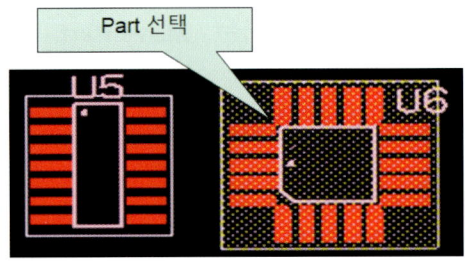

Select Mode로 Part를 하나 선택하라면 LMB로 부품 형상을 선택합니다. 선택을 해제하려면, LMB로 빈 공간을 선택합니다.

Shift 키 또는 Ctrl 키를 누른 상태에서 객체를 선택하면 둘 이상의 객체를 선택할 수 있습니다. Ctrl 키를 누르면 선택 세트에서 제거됩니다.

Display Control에서 아래와 같은 설정을 하면 부품 선택이 시각적으로 유리하게 됩니다.

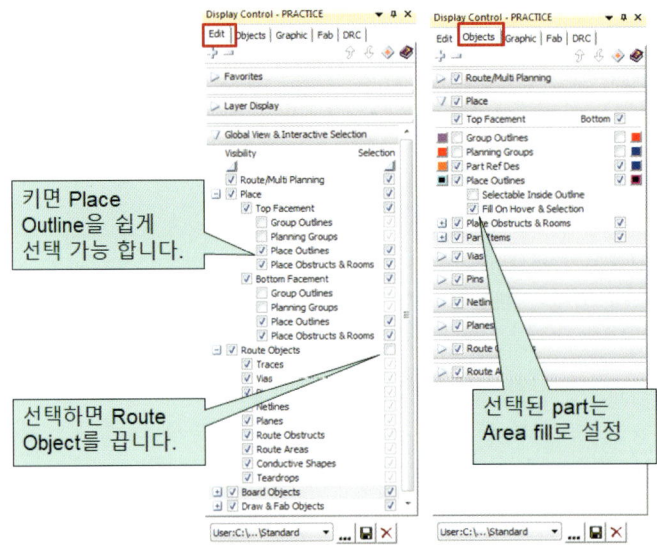

332

Select Mode로 Part를 여러 개 Drag해서 선택하려면 LMB로 누르면서 Drag하여 Box를 그리고 Part가 선택되면 LMB를 해제합니다. 선택을 해제하려면, LMB로 빈 공간을 선택합니다.

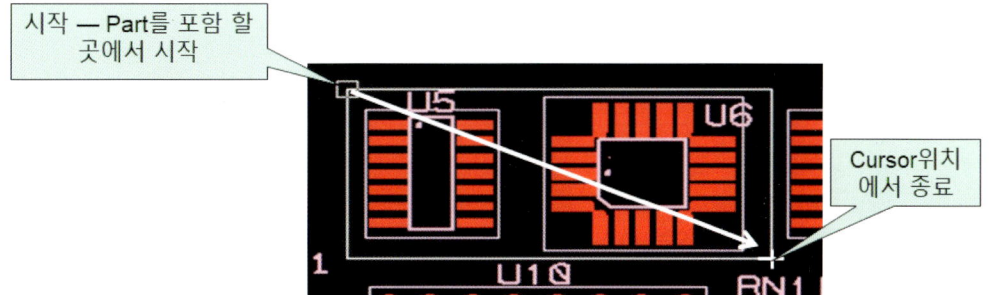

영역을 선택하는 동안 Shift 키를 누르면 영역별로 선택 세트에 추가할 수 있습니다. Ctrl 키를 누르지 않으면 즉시 이동 모드로 전환됩니다.

Select Mode로 Net를 선택하려면 Display Display Control - Edit tab - Global View & Interactive Selection - Route Objects에서 선택된 Route Object를 켜야 합니다.

- Single-Click은 Net에서 Net Segment가 선택됩니다.
- Double-Click은 Net에서 T-Junction과 Pin과 Pin 사이가 선택됩니다.
- Triple-Click은 Net에서 모든 Net가 선택됩니다.
- Net들의 Group을 선택하려면 Net들을 Drag해서 영역 선택합니다.

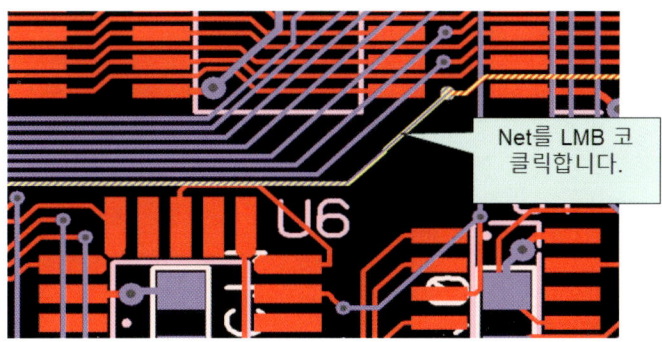

Select Mode로 Draw Object를 선택하려면 Display Control 설정에서 Global View & Interactive 선택과 Draw & Fab Object와 Display Control-Fab 탭을 활용합니다.

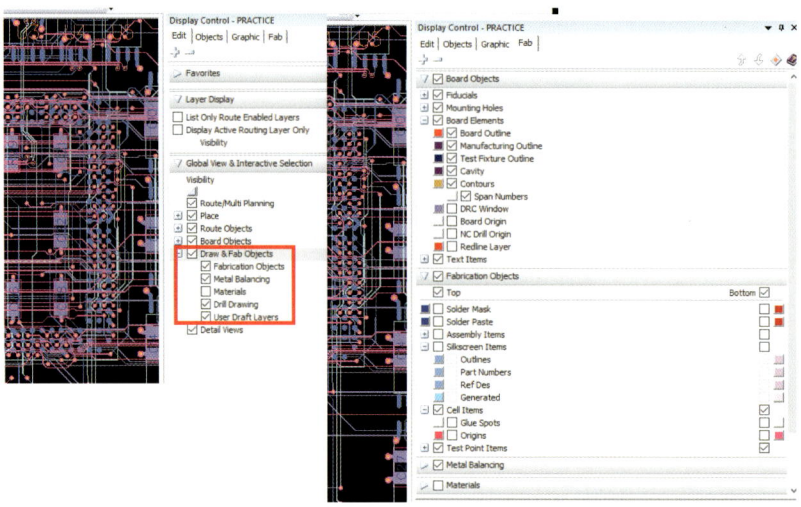

Draw Mode Object Types은 아래와 같습니다.

Draw Mode Object Types	
Board Outline	Conductive Shape
Construction Element	Contour
Draw Object	DRC Window
Drill Drawing - Through	Generated Silkscreen Data
Manufacturing Outline	Placement Obstruct
Room	Route Border
Route Fence	Route Obstruct
Rule Area	Sandbox
Text Fixture Outline	Test Point Obstruct
Text	Trace

아래처럼 LMB로 선택합니다.

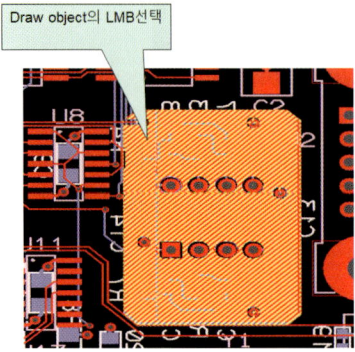

Object를 선택할 때 마우스 오른쪽 버튼의 Selection에는 선택을 수정하는 기능이 포함된 옵션이 있습니다.

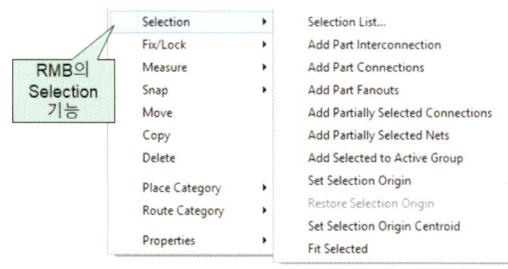

이중에 처음의 Selection List는 선택된 Object들을 Selection List Dialog를 사용하여 확인하거나 수정이 가능합니다.

[Edit] - [Selection List] 또는 Standard Toolbar Icon 혹은 RMB Menu Option으로 가능합니다.

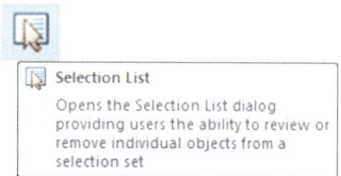

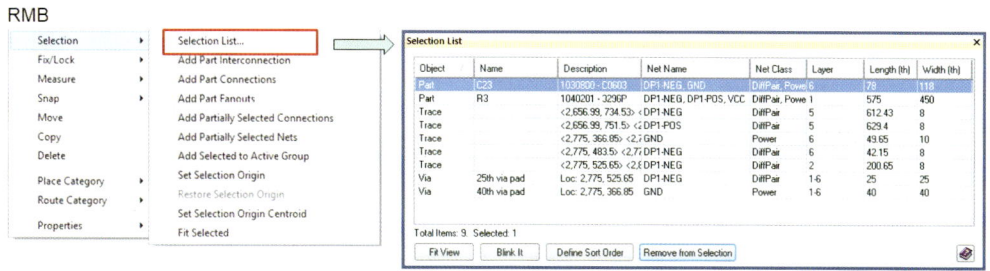

Select Area는 Drag할 때 나타나고 Object를 선택하면 사라지게 되어 있습니다. 이 기본 설정의 Area를 안 사라지게 하려면 Display Control의 Graphic 탭에서 Selection Area를 클릭하면 됩니다.

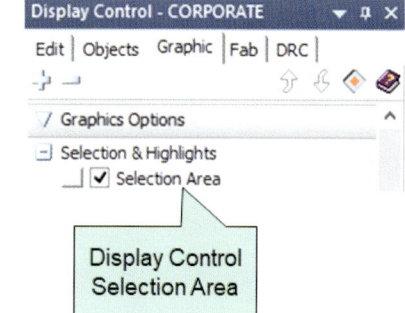

이 Select Area는 Toolbar의 Select by Area로 내부의 선택을 Line과 Segment Based Selection을 어떻게 할지 설정 가능합니다.

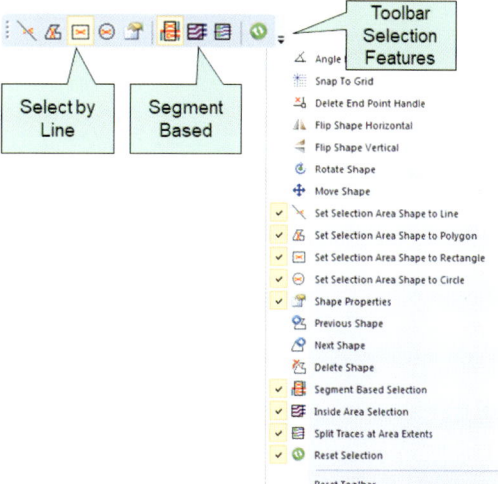

Standard Toolbar에는 Object들을 Highlight할 수 있는 Icon이 있습니다. 부품이나 Net를 아래처럼 Highlight와 Unhighlight합니다.

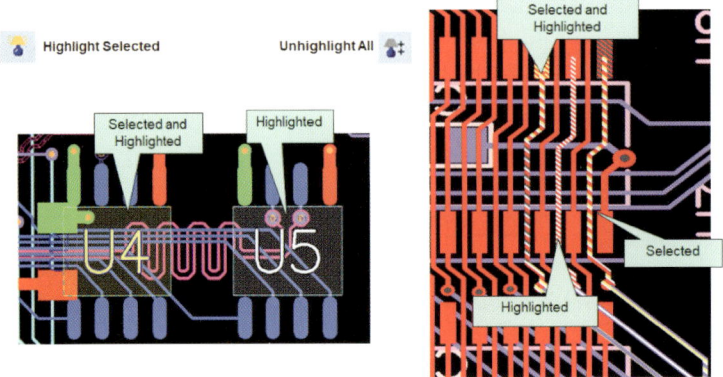

[Edit] - [Find]나 Standard Toolbar에 로 Object 검색이 가능합니다. Nets, Net Classes, Constraint Classes, Parts, and Reusable Block을 검색하고 인접한 Object의 연속 선택의 경우 Shift 키를 사용하며 인접하지 않은 Object의 연속 선택의 경우 Ctrl 키를 사용합니다.

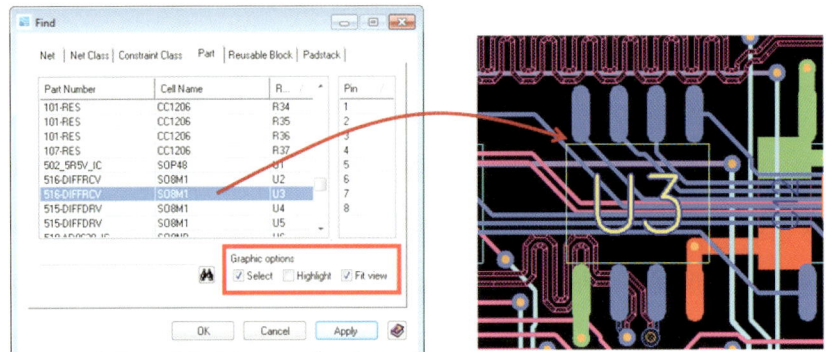

선택된 Object를 화면과 Cross Probing을 위한 Graphic Option을 사용 가능합니다. 각각이나 모두 Check하여 사용합니다.

[Edit] - [Measure]나 [View] - [Toolbar] - [Measure]는 PCB의 Object들의 측정을 위해서 사용합니다.

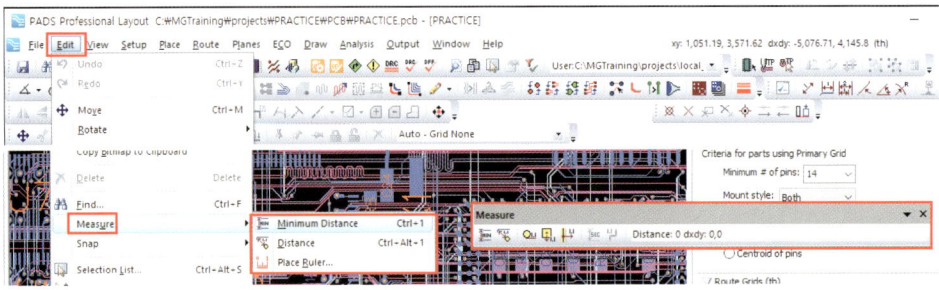

Minimum Distance는 최소 거리를 측정하고, Measure Distance는 원하는 거리를 측정합니다.

는 Edge Mode와 Center Mode, Centerline Mode입니다.

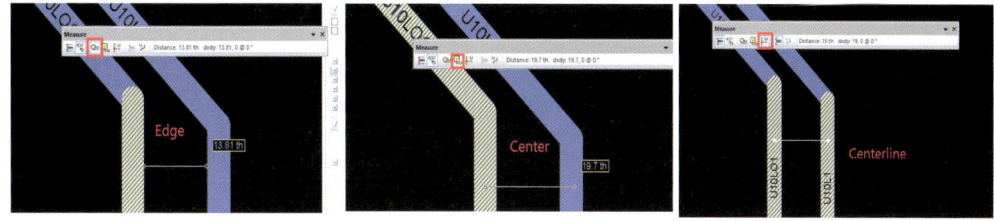

Edge Mode와 Centerline Mode는 Segment Mode를 선택 가능합니다.

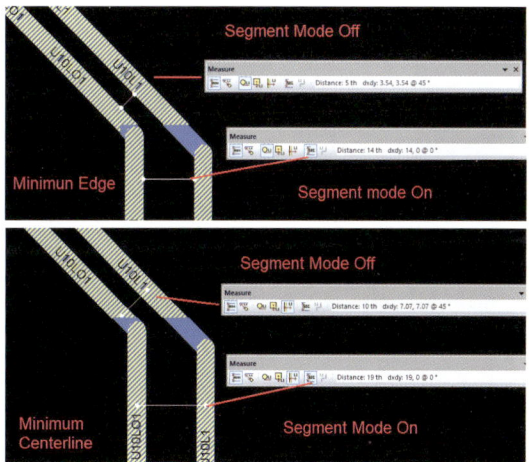

Distance의 Cumulate Mode는 Object를 연속해서 측정 가능합니다.

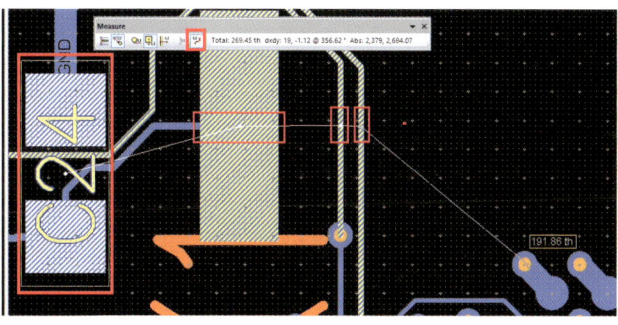

Measure는 측정 값을 보는 것입니다. 값을 문서로 작성하려면 [Edit] - [Measure] - [Place Ruler]라는 기능으로 사용 가능합니다. 나중에 언급할 Dimension은 치수 입력을 문서로 작성하는 기능입니다.

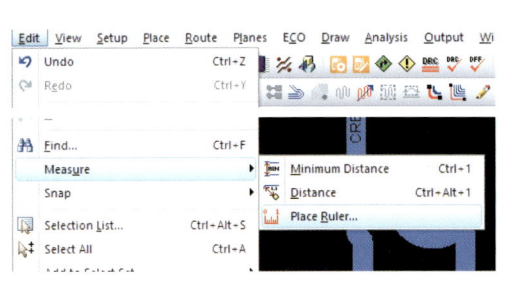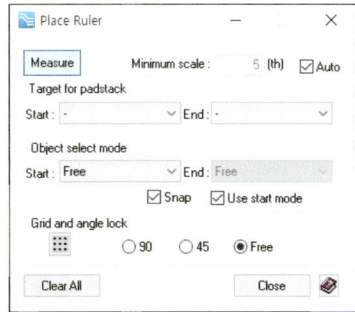

Ruler는 Padstack을 지정하거나 비워 놓고 Object Target을 지정해서 간격을 표시하고 Clear All 하면 전체 삭제됩니다. 혹은 Select Mode나 Draw Mode에서 각각 선택이 가능합니다.

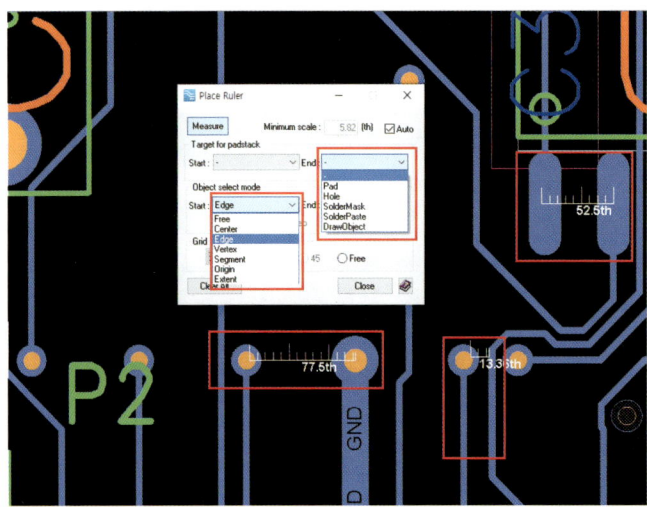

Standard Toolbar의 는 작업이 진행되는 log들을 확인 가능한 Text Viewer입니다.

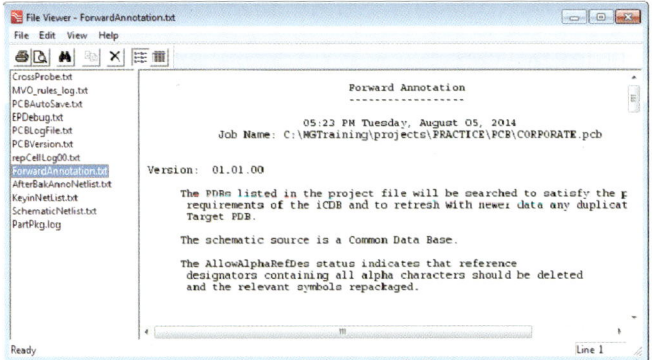

4장 PADS Professional Layout

[Help] - [Contents] - [PADS Professional Layout]에서 도움말을 확인 가능합니다.

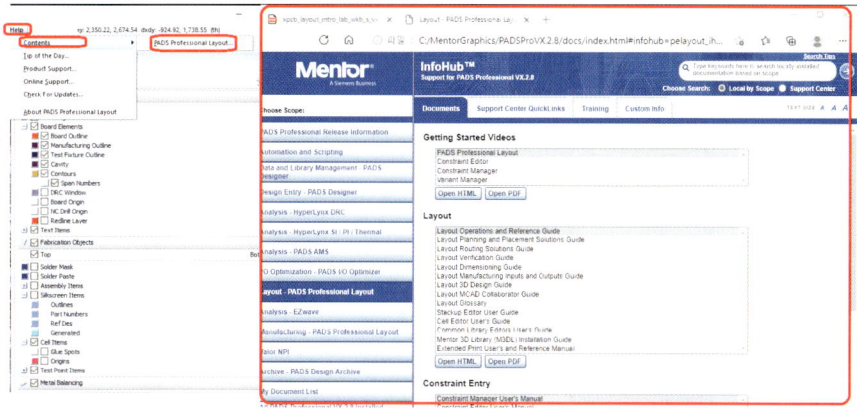

실습 01   실습 데이터 확인, PCB시작과 Operation

1 PADS Pro Layout을 실행합니다. 시작 메뉴나 윈도우 탐색기에서 실행합니다.

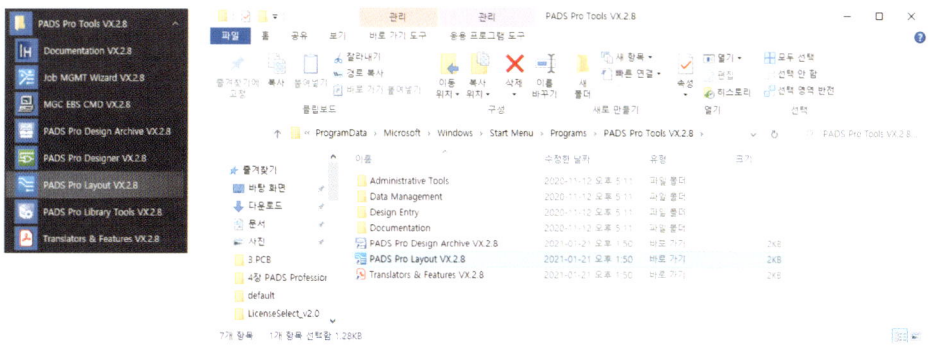

2 프로그램이 실행됩니다. PADS Pro Designer와 마찬가지로 프로그램 실행에서 라이선스를 Check하지 않습니다. 이후에 PCB를 불러올 때 라이선스가 체크되게 됩니다.

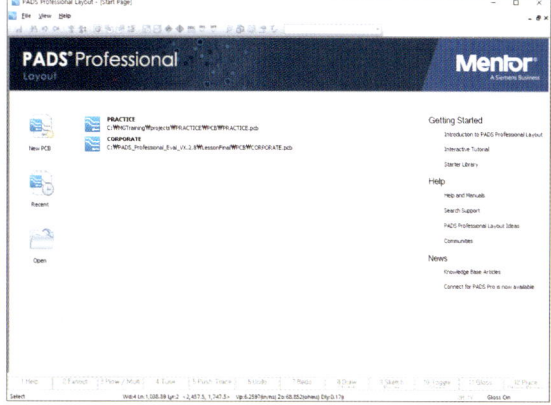

339

3 회로도에서 작성되어진 PCB를 설계하기 전 Interface를 알아보기 위해 Sample PCB를 Open 해 보겠습니다. [File] - [Open] - [Project]에서 C:₩MGTraining₩projects₩PRACTICE₩PCB₩PRACTICE.pcb를 Open합니다.

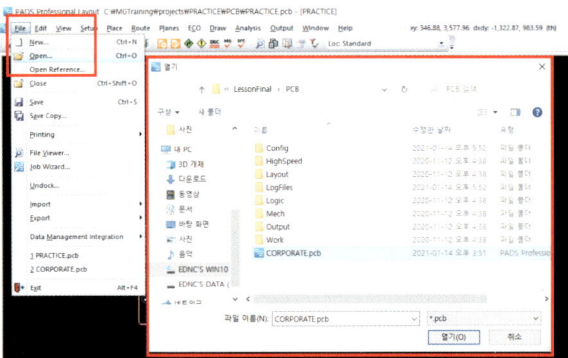

4 Open 전에 License 선택 화면이 나오게 됩니다. 라이선스를 선택하면 PCB가 열리게 됩니다. Forward Annotation이 필요하다고 메시지가 나오면 No를 선택합니다.

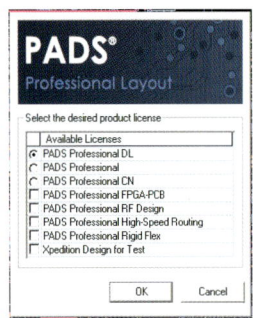 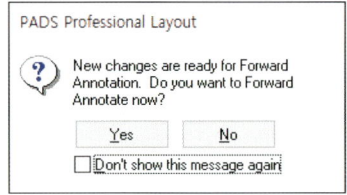

5 PCB가 Open되었습니다.

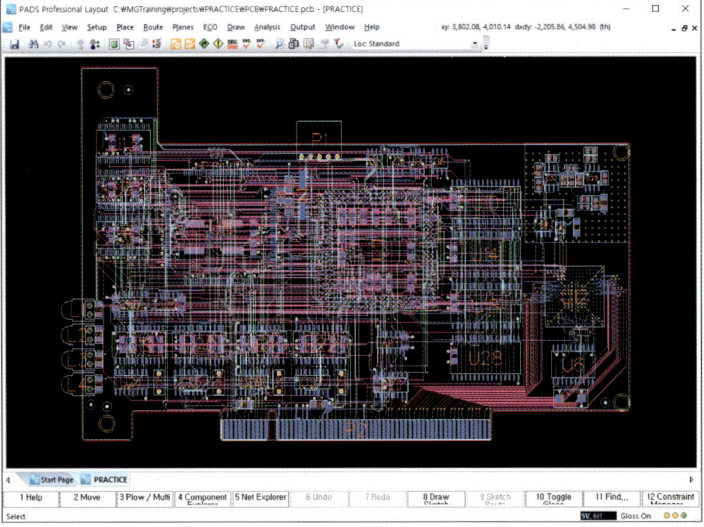

6 먼저 Toolbar의 Select Mode와 Place Mode, Route Mode, Draw Mode의 4개 Mode가 Default가 아닙니다. 를 눌러 4개 모두 Check합니다.

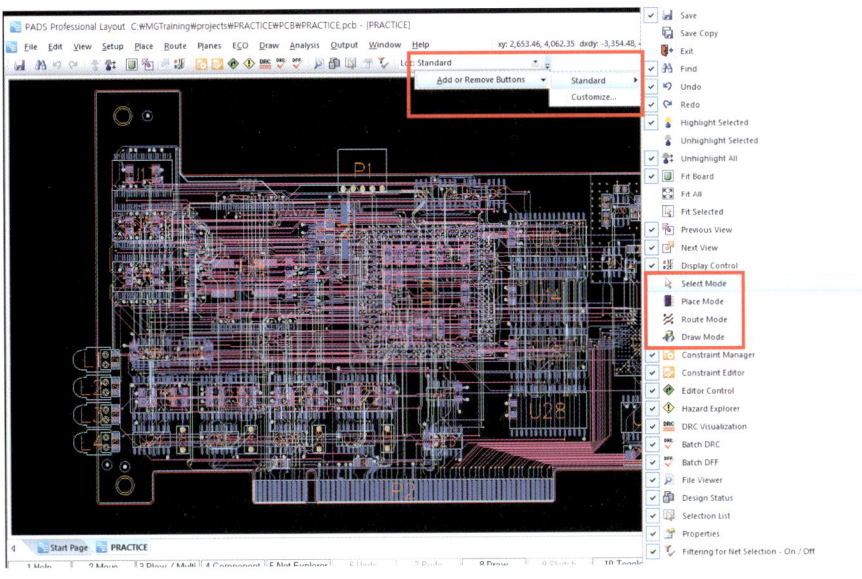

7 다음처럼 활성화됩니다.

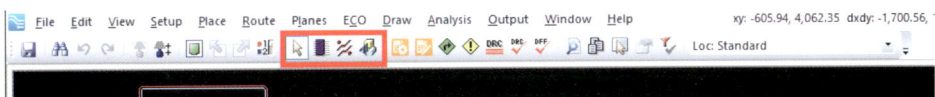

8 Toolbar들을 더 꺼내어 움직여 보겠습니다. [View] - [Toolbars] - [Roue]를 꺼내고 를 Drag하여 아래처럼 오른쪽에 수직으로 배치합니다.

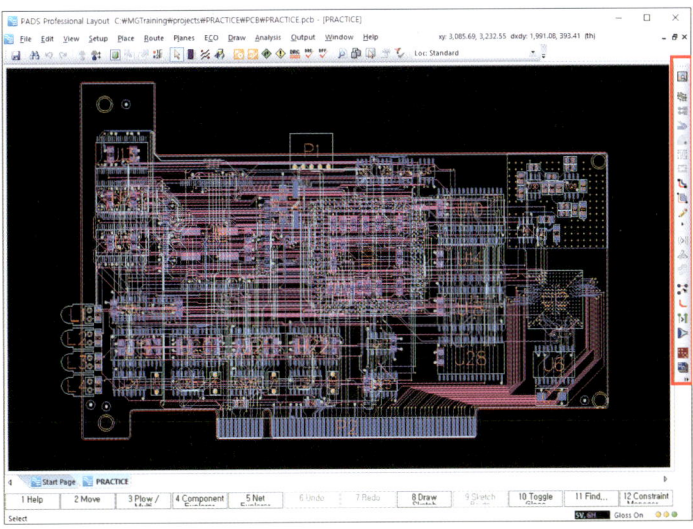

9 Place Toolbar도 마찬가지로 왼쪽에 배치합니다.

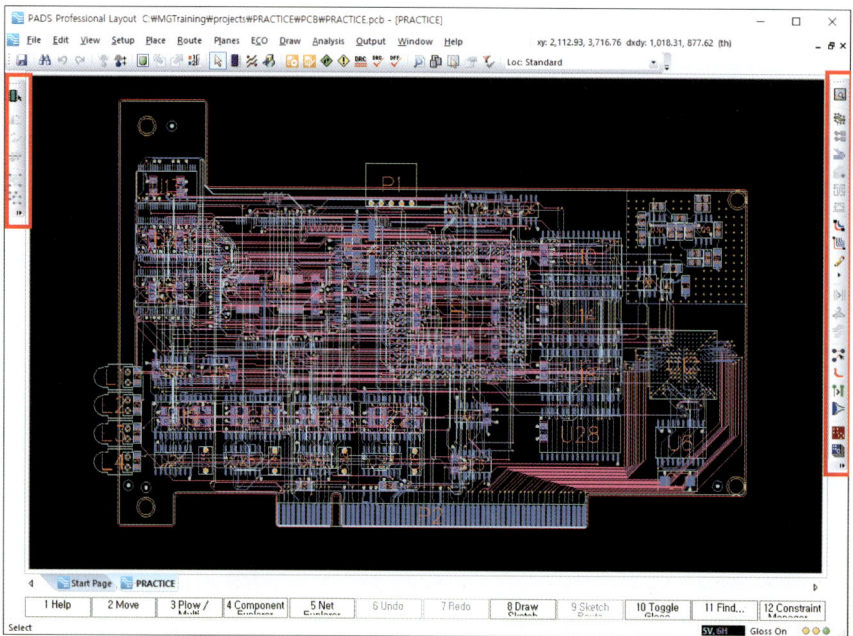

10 메뉴의 Animation 기능을 확인해보겠습니다. Route Toolbar의 [아이콘]에 마우스로 위치하면 처음에는 명령어가 나오고 좀더 기다리면 사용법 Animation이 재생됩니다.

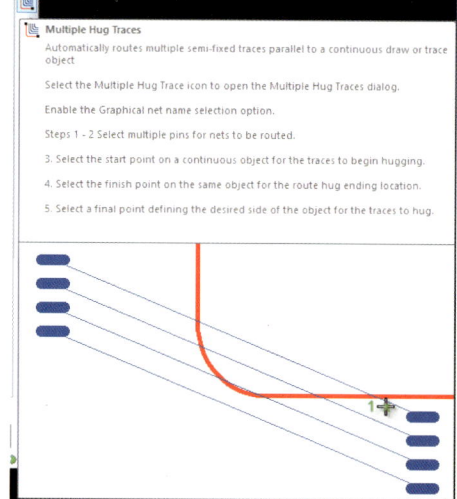

4장 PADS Professional Layout

11 설정 중에 가장 중요한 Display Control과 Editor Control을 오른쪽에 위치해 보겠습니다. Stroke Command로 ㄴ과 ㄱ을 그려 Display Control과 Editor Control이 나타납니다.

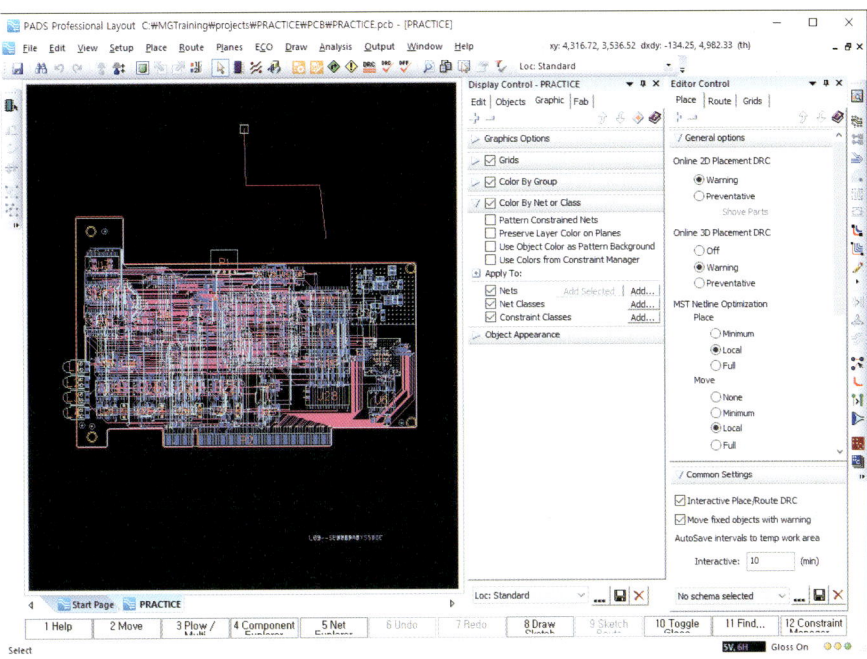

12 둘 중에 아무거나 Drag해서 의 가운데로 위치합니다. 위치하면 다음에 탭으로 두개를 선택 가능합니다. 이후에 Drag로 원하는 위치로 이동도 가능합니다.

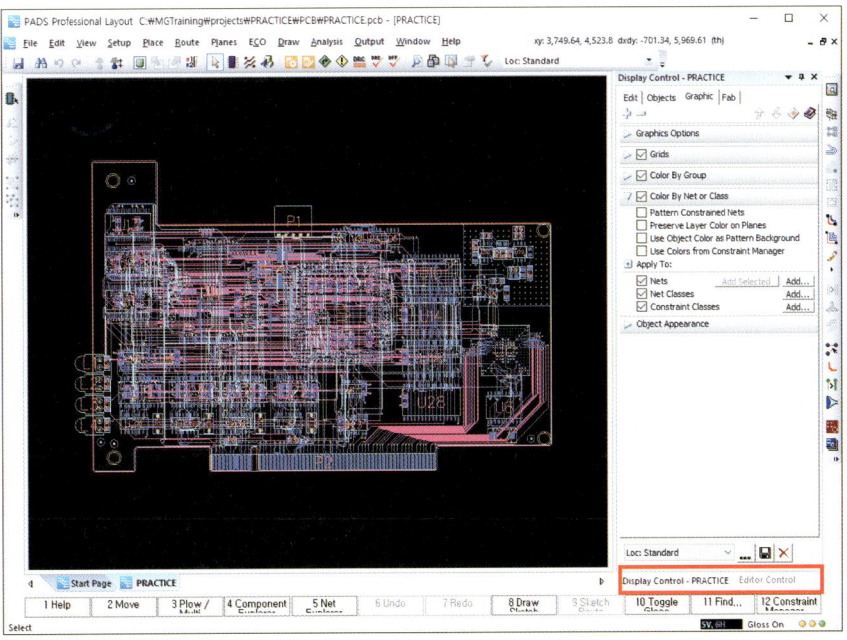

343

13 각 창 오른쪽 부분 위쪽의 📌을 누르면 Auto Hide가 가능합니다. 마우스를 가져다 대면 메뉴가 나타납니다.

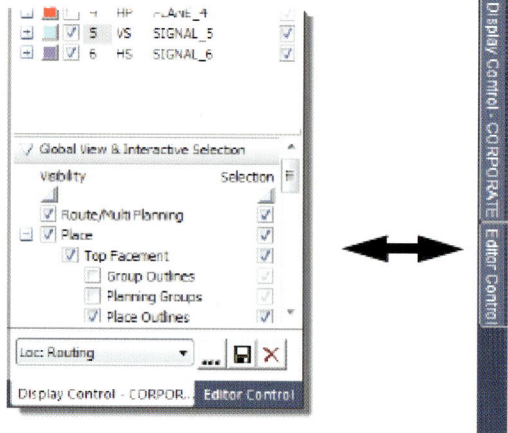

14 현재 상태를 저장하려면 오른쪽 아래에 💾를 눌러 저장합니다. 아래처럼 설정하고 아래 경로를 C:₩MGTraining₩projects₩local_config₩DisplayScheme₩ 폴더를 만들어서 저장합니다.

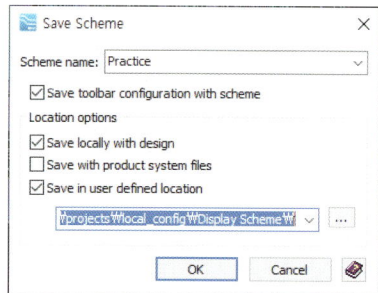

15 Select Mode로 PCB 오른쪽 아래에 있는 U6과 C7이 있는 곳으로 Zoom합니다.

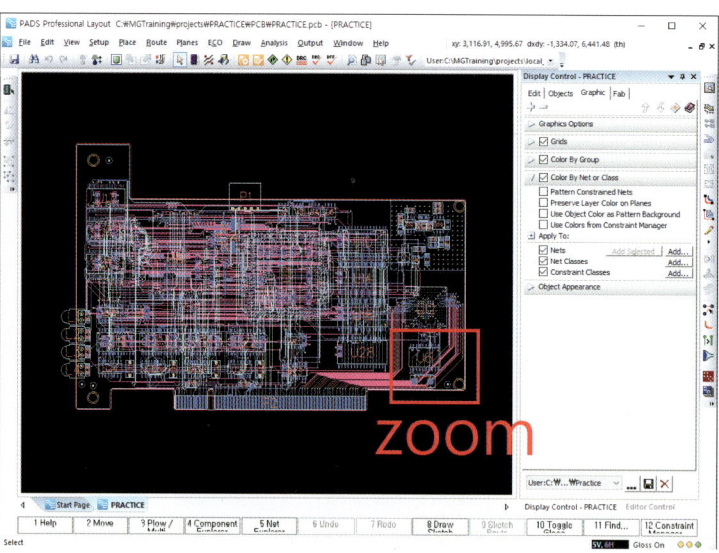

16 Select Mode로 C7을 선택합니다.

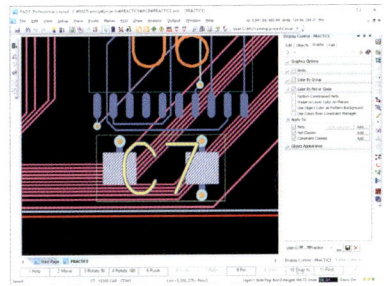

17 선택이 된 부품의 Object들이 안보이면 Display Control의 Edit - Global View & Interactive Selection의 Object를 보이게 하면 됩니다. 그리고 부품이 좀더 잘 보이게 하려면 Display Control의 - Object - Place의 아래 항목을 Check하면 선택된 부품이 Fill 상태로 보입니다.

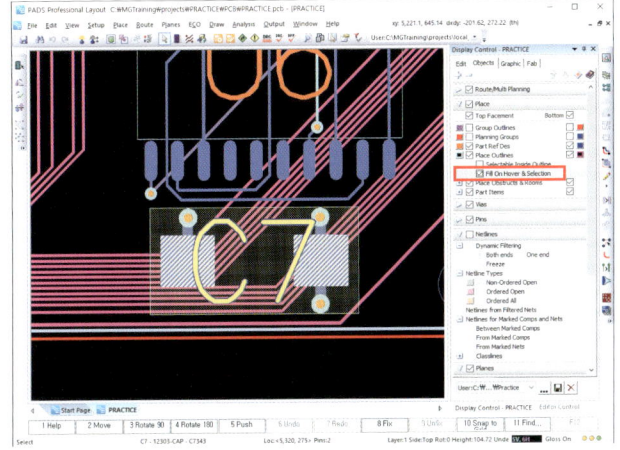

18 Part 속성을 확인하려면 RMB - [Properties] - [Part Properties]를 클릭합니다. 클릭 전에도 마우스 위치를 부품에 위치하면 아래에 정보가 나타납니다.

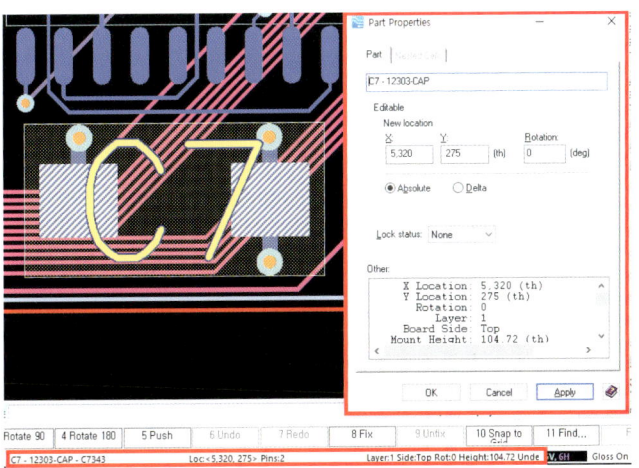

19 Part Properties를 Close하고 빈 곳을 클릭하거나 Esc 키를 누르면 부품 선택이 해제됩니다. 해제 후에 C7의 왼쪽 Pin으로 이동하면 다음처럼 Pin에 관한 정보가 창 아래에 나타납니다.

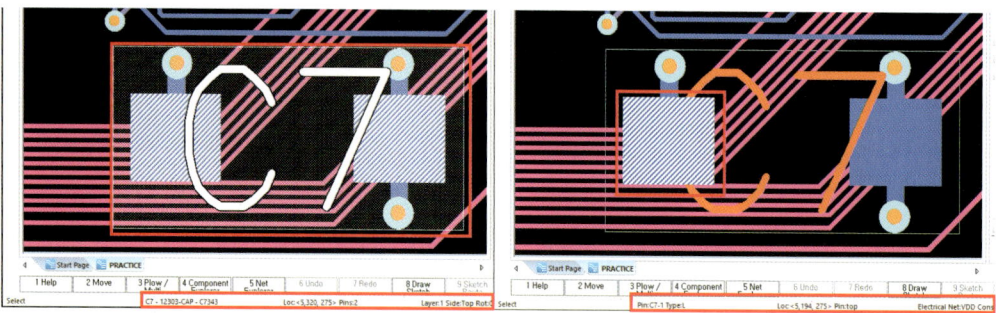

20 Pin에 연결된 Trace로 이동하면 Trace에 관한 정보가 다음에 나타납니다.

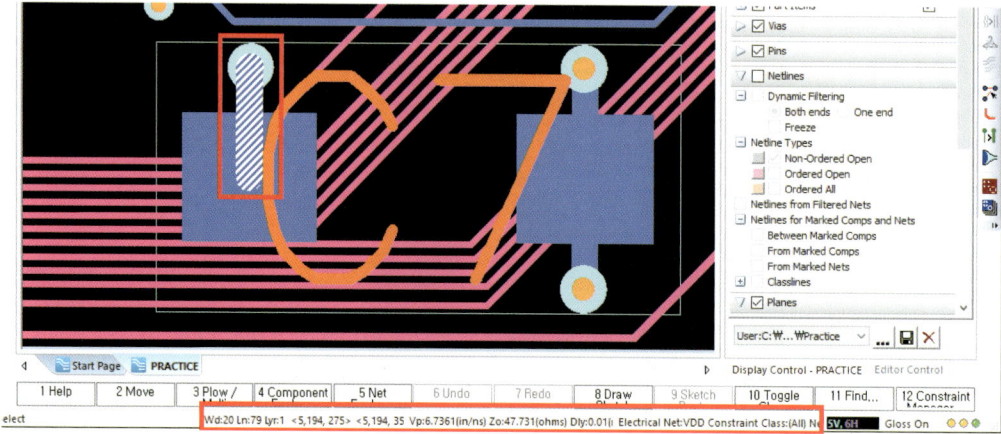

21 선택 후에 RMB - [Properties] - [Net Properties]를 확인합니다.

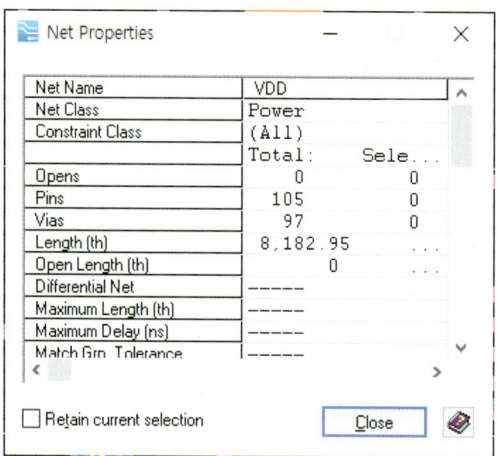

㉒ Close 후에 C7이라는 Text를 선택하고 Drag합니다. 기본 Default 명령어는 Move Part 입니다.

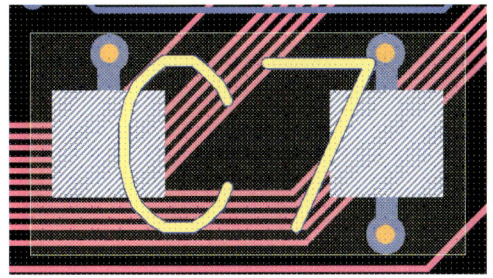 

㉓ 기본 동작은 마우스를 해제하지 않고 끄는 것으로 명령어가 실행됩니다. 클릭 후에 마우스에서 손을 떼고 이동하고 싶으면 RMB - [Move]로 가능합니다. (혹은 F2 키의 Move)
Esc로 Move와 Select를 해제하고 C7에 Pin을 움직여서 클릭하면 기본 Default 명령어는 Plow 즉 배선입니다. 배선을 취소하려면 Esc나 RMB - [Cancel]입니다. 다음에 Trace를 선택하게 되면 기본 명령어는 Move Trace가 되고, Via를 선택하면 Move Via가 됩니다. Via를 선택할 때 Alt키와 같이 선택하면 Move Via가 아니라 Plow 배선이 됩니다.

㉔ 다음은 Selection에 대해서 실습합니다. 화면을 전체 화면으로 Fit Board 를 선택합니다. [View] - [Toolbars] - [Select By Area]를 클릭하면 다음의 Toolbar가 나타납니다.

㉕ Toolbar에서 추가 명령어를 꺼내기 위해서 Add or Remove Buttons에서 아래처럼 Delete Shape 를 클릭합니다.

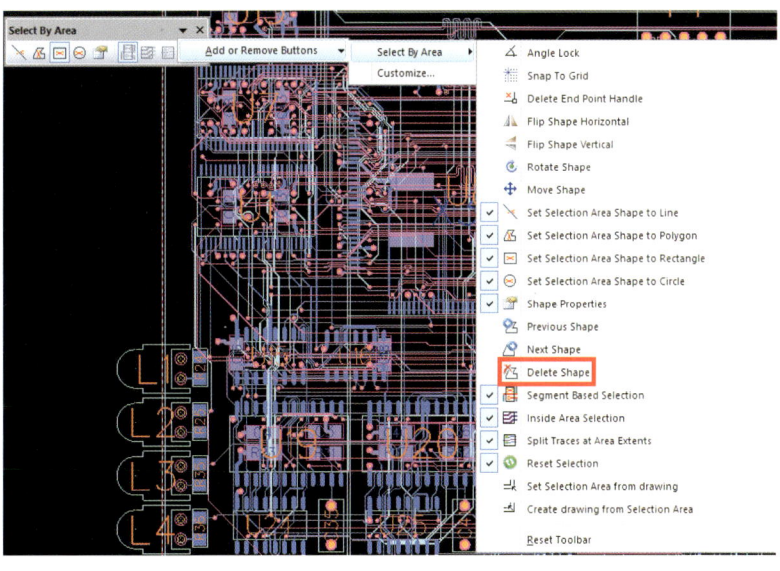

㉖ Select by Area Toolbar에서 Selection Area Shape to Rectangle을 선택합니다. PCB의 오른쪽 아래의 U6과 C7의 영역을 확대하여 Drag합니다.

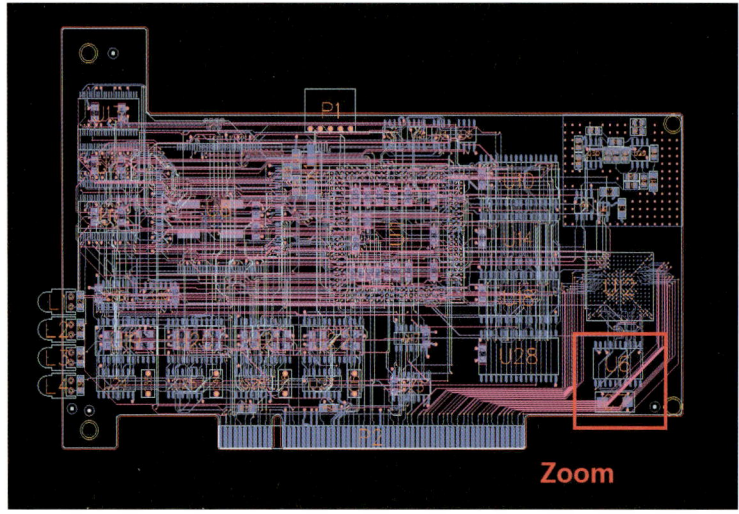

㉗ 아래쪽처럼 선택이 됩니다.

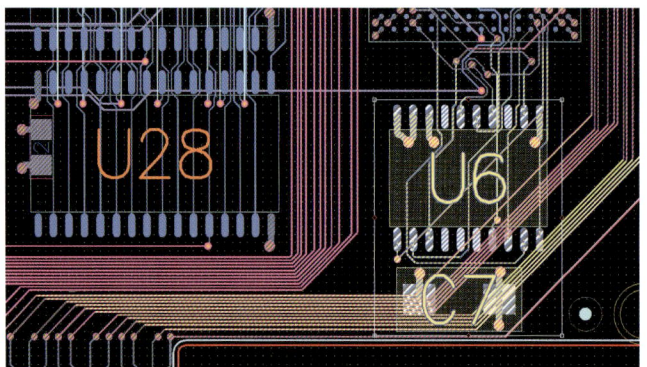

㉘ 이번엔 Alt 키와 함께 동일한 영역을 Drag하면 아래처럼 선택이 됩니다.

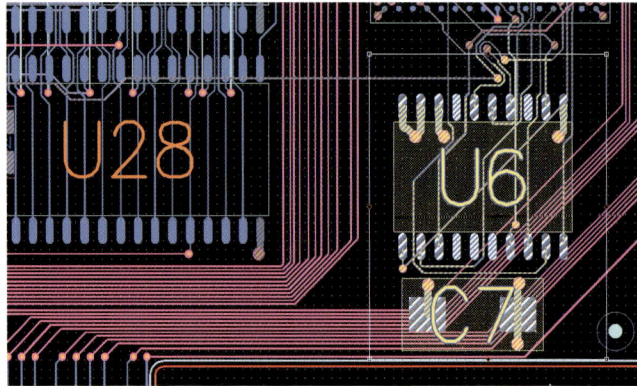

29 Delete Shape를 누르면 선택 전의 상태로 돌아가고, 선택 영역만 안보이게 하고 싶으면 Display Control의 Graphic의 Graphic Option의 Selection Area를 해제하면 됩니다.

30 다시 Selection Area를 선택하고 이번엔 Split Traces at Area Extents 로 Drag 하면 아래와 같이 선택이 됩니다.

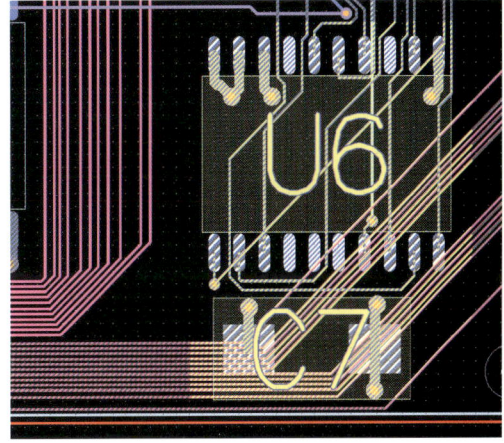

31 이 상태에서 RMB - [Selection List]로 선택된 Object 확인이 가능합니다.

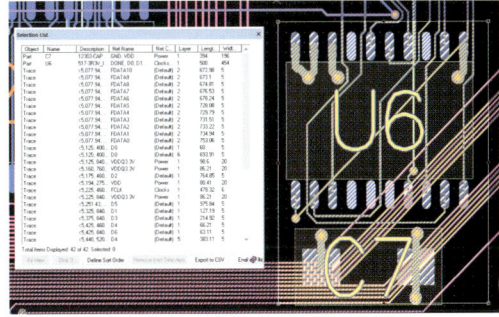

32 U6을 선택하고 Blink It을 선택하면 현재 상태에서 깜박거리게 됩니다. C7을 선택하고 Fit View를 누르면 이동하고 Remove from Selection하면 선택에서 삭제됩니다.

04 PADS Professional Layout의 Display Control 사용

PCB는 2D 디자인으로 Layer와 Object가 복잡하게 되어 있습니다. 이번 장에서는 Display Control 옵션을 검색하고 Display Control Dialog 사용자 정의를 하면서, Visibility와 Selection Option을 선택합니다. 그리고 Dim Mode를 사용하여 선택한 항목 및 Highlight 표시된 항목을 볼 수 있습니다.

Display Control은 [View] - [Display Control] 이나 Stroke Command로 L을 그리면 됩니다.

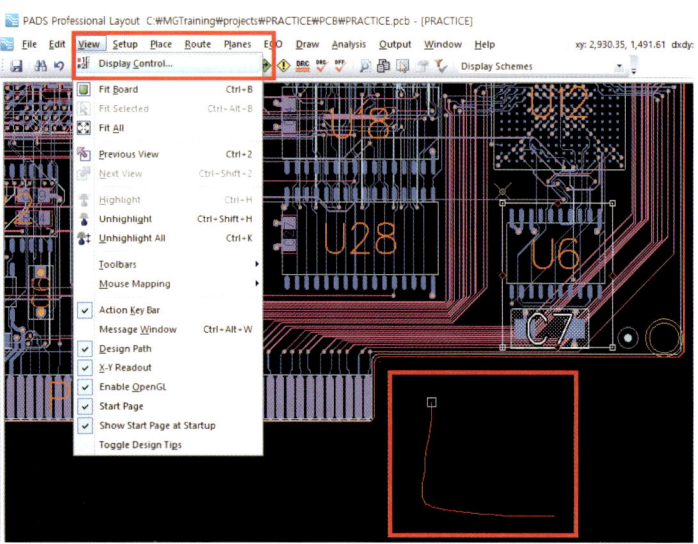

Layers, Parts, Nets, Pads, Hazards, Planes, Grids, Netline들과 Board Item들의 Display 설정을 할 수 있습니다. 명령어들은 Edit, Objects, Graphic, Fab, DRC Tab 등에 위치하고 Section들은 축소나 Reorder 될 수 있으며 Customization이 가능합니다.

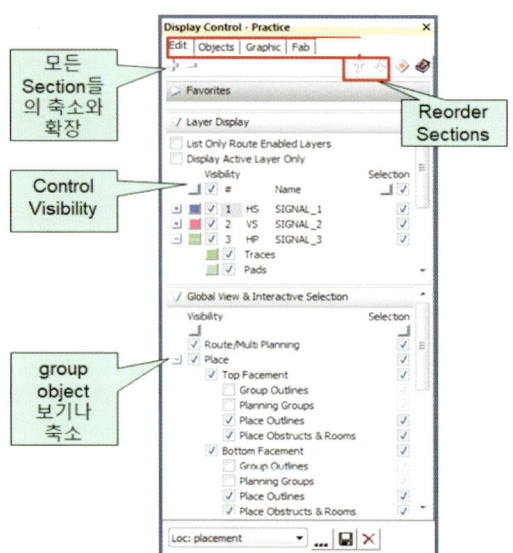

많은 항목이 있기 때문에 검색이 가능합니다. 아래의 위치에서 타이핑을 하면 Search Bar가 나타납니다. Search Bar에는 GUI 내에서 위 또는 아래로 검색할 수 있는 옵션과 Close Button 이 있습니다.

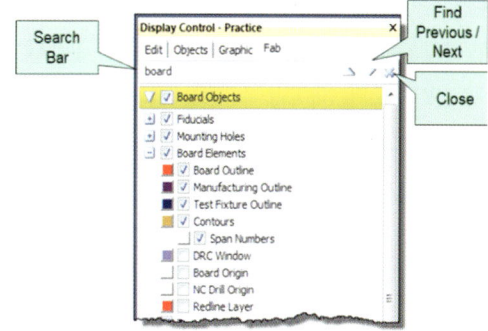

Edit 탭에는 다음 3가지의 내용들이 있습니다.

- Favorites: 자주 사용되는 옵션을 즐겨찾기에 추가하여 신속하게 개인화된 액세스 가능
- Layer Display: Plane Layers와 Display Active Layer Only Option에 빠르게 설정할 수 있는 filter와 각 Pads, Traces, Planes에 적용하는 필터
- Global View/Selection: 빠른 Control Display와 Category 설정

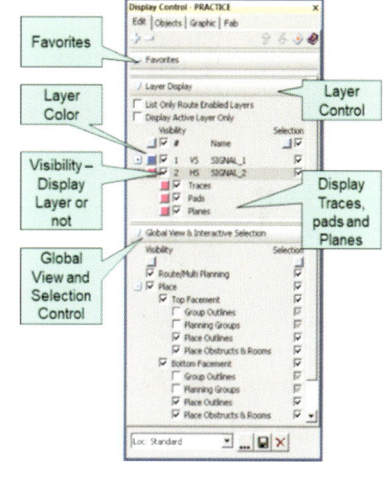

현재 화면 상에서 Layer가 Pair로 선택된 부분이 있습니다. 이 부분이 현재 Active Layer가 됩니다. 이 선택은 오른쪽 다음의 5H, 2V 정보와 같고, 화살표 위아래 키로 이동이 가능합니다.

혹은 숫자 키를 눌러도 해당하는 Layer로 변경이 가능합니다. 숫자는 현재 Layer 숫자 내에서만 작동합니다.

이 상단에 있는 Display Active Layer Only는 활성 배선층 이외에는 모든 것을 끄는 Display Option입니다. 이 Option은 Placement Graphics와 Routing Layer들의 배치된 Draw Object 포함입니다.

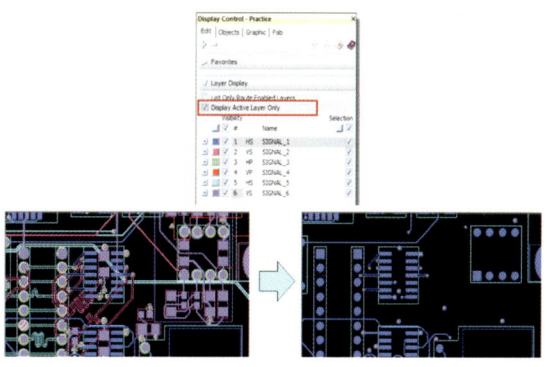

Global View and Interactive Selection은 Select Mode에서 Object 선택을 제공하는 주요 기능입니다. 하위 Option이 있는 그룹으로 구성된 Visibility와 Selection 모두에게 액세스하여 일반적인 객체를 빠르게 제어할 수 있습니다. Common Object의 축소 가능한 그룹이고 재사용 할 수 있는 Display Control Schemes으로 저장 가능합니다.

빠른 Visibility와 Selection의 설정 해제, 설정 및 저장에 대한 선택이 가능합니다.

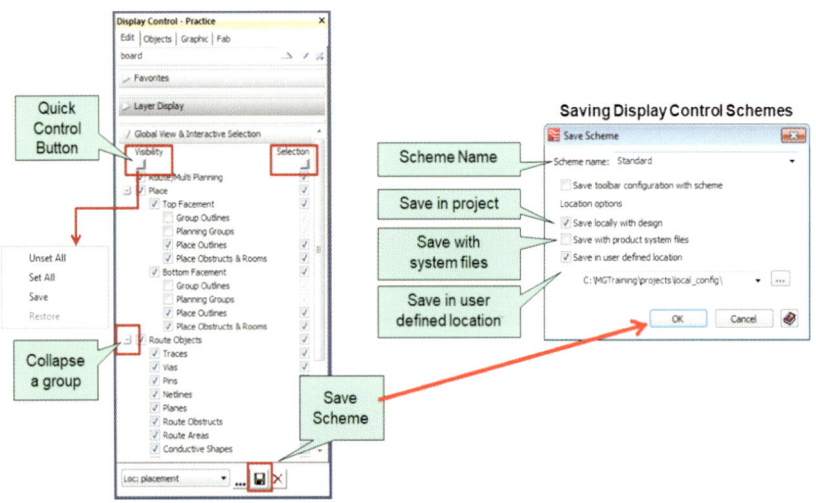

Global View and Selection을 사용하여 Select Mode 내에서 대화형 선택이 가능합니다. Interactive Selection은 RMB 클릭 또는 영역 선택으로 정의되고, Select Mode에만 적용됩니다. Place, Route and Draw Mode에는 시스템 정의 선택 항목이 있고, Plow와 같은 Action-Object Command는 명령 정의 선택 항목이 있습니다. 기본 선택 기능은 사용자가 선택한 항목을 무시합니다. 예를 들어 [Edit] - [Add to Select Set] - "command" 나 RMB - [Selection] - "command" 와 Double Click, Triple Click Net Selection 등입니다.

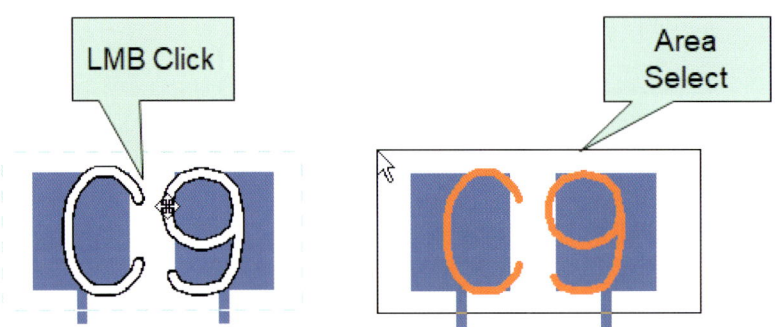

이런 Display Control을 매번 설정할 필요 없이 지정해 놓고 사용 가능하며 사용하지 않는 기능은 숨길 수도 있습니다. RMB - [Add to Favorites] 자주 사용하는 옵션을 즐겨찾기에 추가하고 RMB - [Hide Row]는 사용량에 따라 덜 사용하는 기능을 숨길 수 있습니다.

클릭 한 번으로 언제든지 Hidden Row 표시하거나 모든 섹션을 빠르게 축소하거나 확장할 수 있습니다.

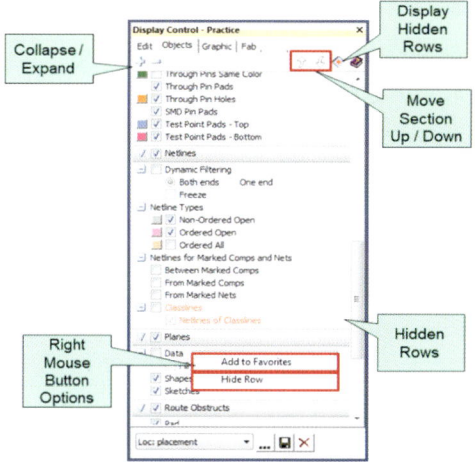

Object 탭에서는 아래처럼 PCB 각각의 Object의 Display 설정을 할 수 있습니다. 선택은 View On/Off이고 색깔 부분을 누르면 색생이나 Pattern을 지정할 수 있습니다.

Graphic 탭에서는 Selection Area을 표시하고 색상을 선택할 수 있는 기능과 Global View의 Dimming과 Transparency 조절이 가능합니다. Fixed, Semi Fixed와 Locked Pattern의 설정과 화면 커서를 통한 Control, 개인적이나 전체적인 Trace, Pad와 Plane Pattern 설정과 Grid를 상황에 맞게 설정합니다.

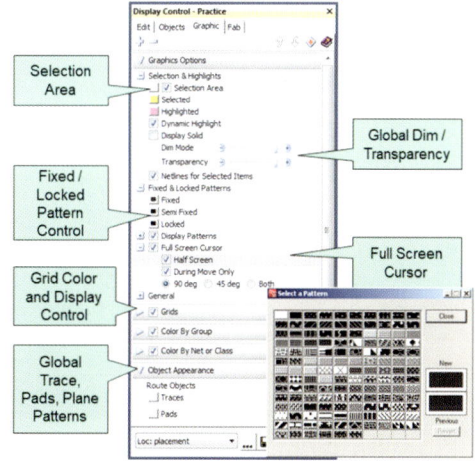

이외에도 Background Color 변경이나 Panning 감도, Trace들의 Net Name Display나 Dim Mode 설정이 가능합니다.

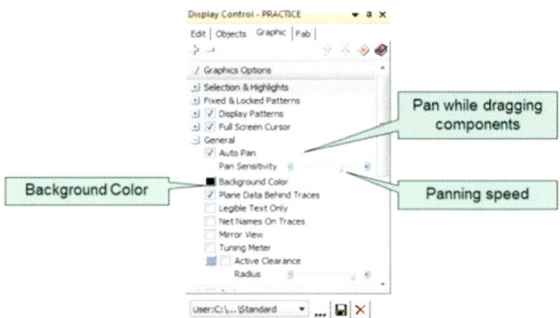

특정 Net의 색상을 변경하고 싶으면 Color By Net or Class에서 Add로 Net를 불러와서 색상을 지정 가능합니다.

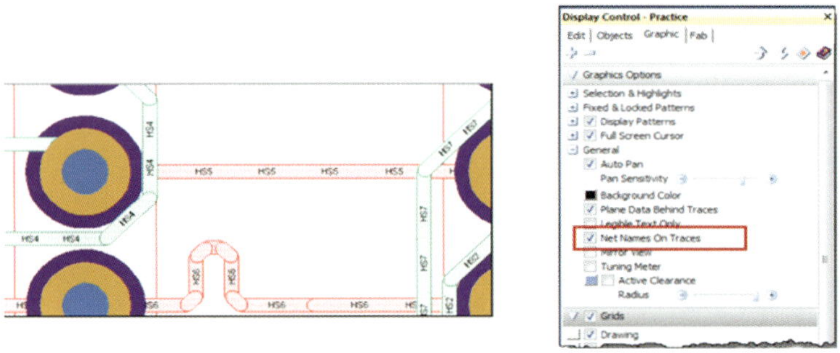

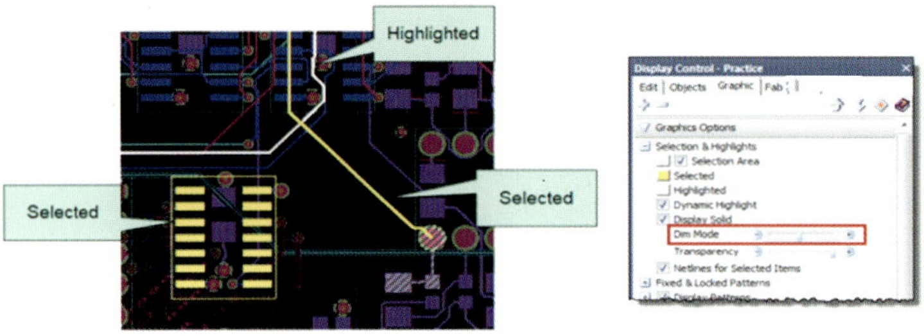

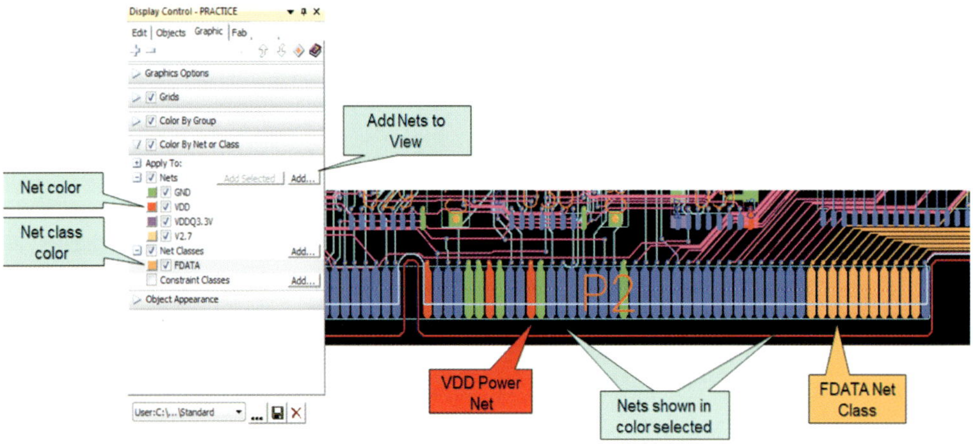

Fab 탭은 전자적인 Object가 아닌 제조 적인 Object를 의미합니다. Board Outline이나 특정 Net의 색상을 변경하고 싶으면 Color By Net or Class에서 Add로 Net를 불러와서 색상을 지정 가능합니다.

Display Control은 Main Toolbar에서 Set를 불러 수 있었습니다.

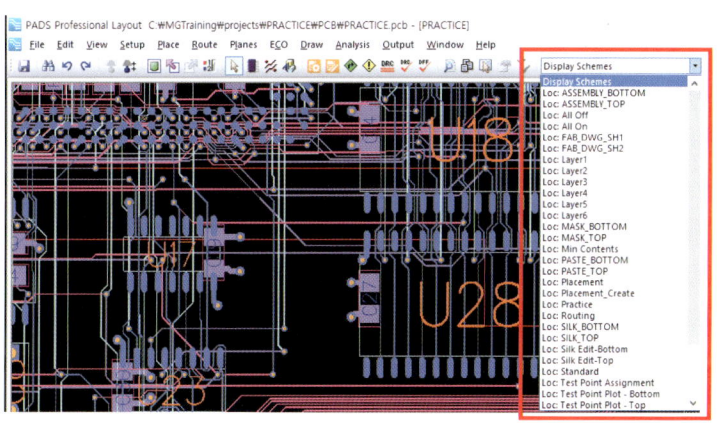

이 불러오는 설정을 Schemes이라고 하고 Display Control의 맨 아래에서 저장 가능하고 저장하면 위의 항목에 저장한 내용이 보이게 됩니다.

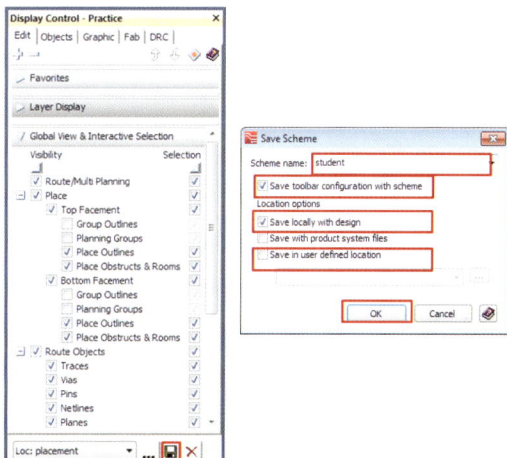

실습 02 Display Control

이전에 이어 C:\MGTraining\projects\PRACTICE\PCB\PRACTICE.pcb로 실습을 진행합니다.

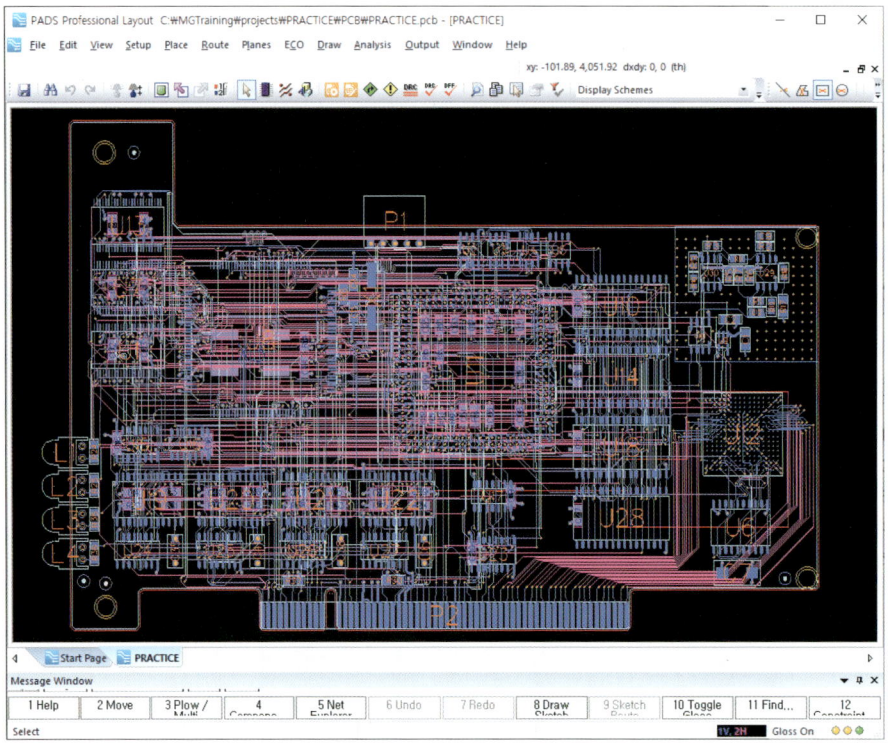

1 Display Control의 Net Name을 Trace에 보게 하기 위해 검색을 합니다. 항목의 검색은 ┼┘ 의 오른쪽에 마우스를 갖다 대고 Net Name을 타이핑하면 됩니다.

2 다음의]⌒ ∕으로 다음 찾기나 이전 찾기를 합니다. 찾다 보면 Graphic Tab에 "Net Names On Traces"가 노란색으로 찾아집니다.

3 Check를 해제하고 RMB로 [Add to Favorites]를 선택합니다.

다음 Color By Net을 검색하면 Color By Net or Class가 노란색으로 선택되고 확장해서 Net와 Net Class를 Apply To로 선택합니다.

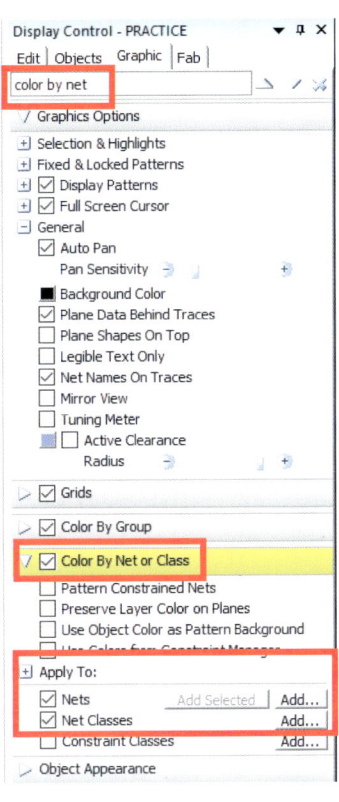

4 Nets와 Net Class를 Add해서 아래처럼 색상을 지정합니다.

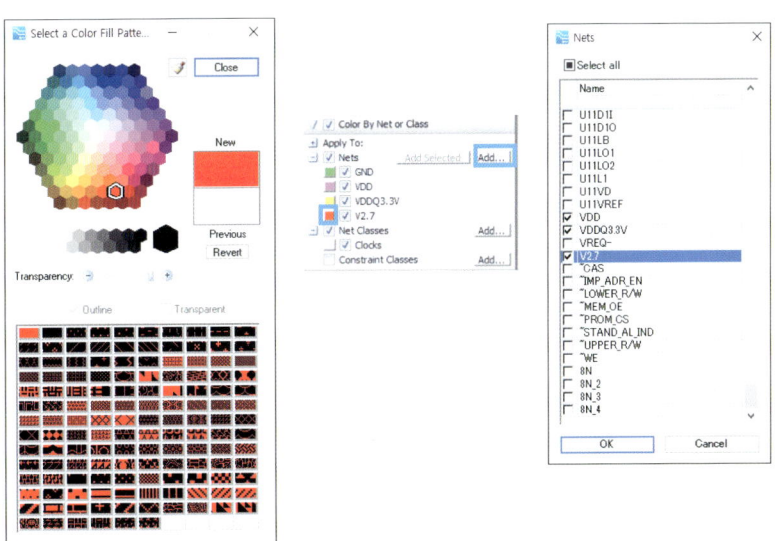

5 Color By Net or Class를 RMB - [Add to Favorites]로 지정하고 해제합니다.

6️⃣ Edit 탭의 Favorites에 보면 2개의 항목이 지정되어 있습니다. Check를 해보면서 화면을 확인합니다.

7️⃣ Display Control - Edit Tab에서 Layer Display와 Global View & Interactive Selection을 확장한 뒤에 Standard Toolbar에서 Select Mode 를 선택하고, Place Mode 를 선택합니다. 이후 Route Mode 와 Draw Mode 선택해 봅니다.

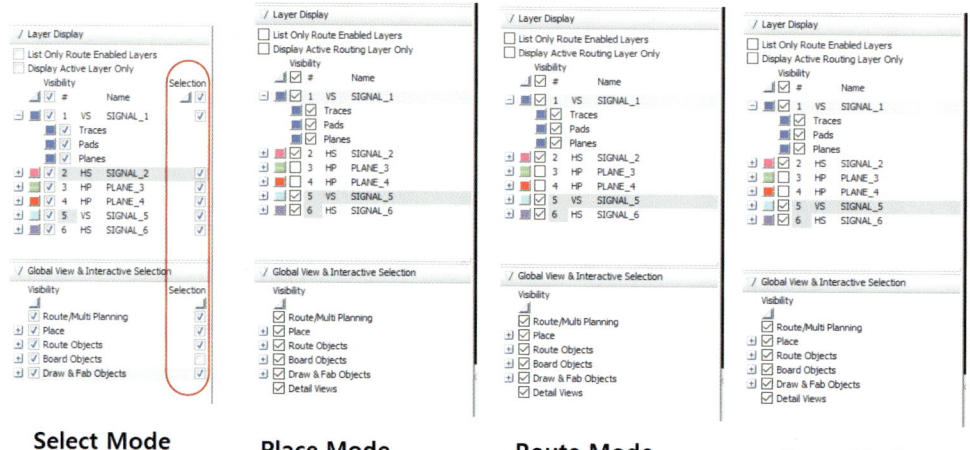

8️⃣ 다음으로 Edit Tab에서 Global View & Interactive Selection에서 Board Object를 확장하고 Check를 해제합니다. 안보이면 선택이 안되므로 Protect 효과도 있습니다. 다시 Check합니다.

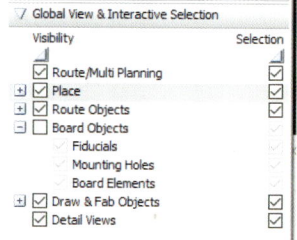

358

⑨ Place에서 Top Facement와 Bottom Facement에서 Place Outlines과 Place Obstructs & Rooms를 Check 해제합니다. Route Objects에서 Route Obstructs와 Route Areas를 Check 해제합니다.

⑩ Draw & Fab Object에서 Fabrication Objects와 Drill Drawing을 Check 해제합니다.

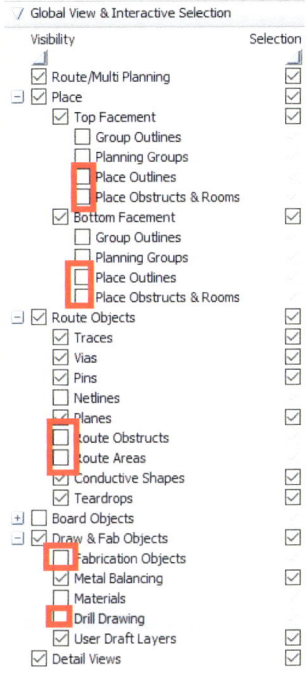

⑪ Route의 Trace의 Selection을 해제합니다. 해제 이후 Trace의 선택이 안되는 것을 확인하고, 다시 Check합니다.

⑫ Fit Board 를 선택한 뒤에 [Edit] - [Find] 에서 Net - CLK_RESET을 선택하고 Graphic Option은 Highlight를 선택합니다.

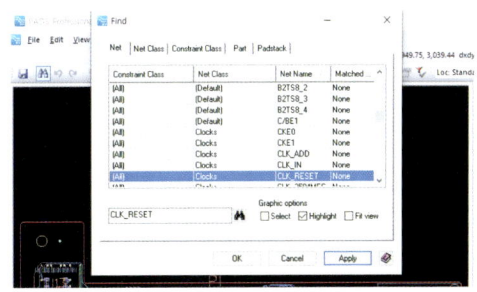

⑬ Trace의 시각화를 올리기 위해 Dimming을 설정합니다. Display Control - Graphic의 Graphics Options에 Selection & Highlights에 Dim Mode와 Transparency를 조정합니다.

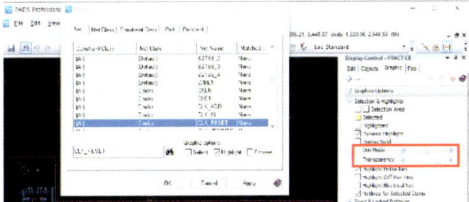

359

14 Highlight를 해제하려면 [View] - [Unhighlight]나 [Unhighlight All]을 하면 됩니다. 혹은 Standard Toolbar의 Icon을 사용할 수도 있습니다.

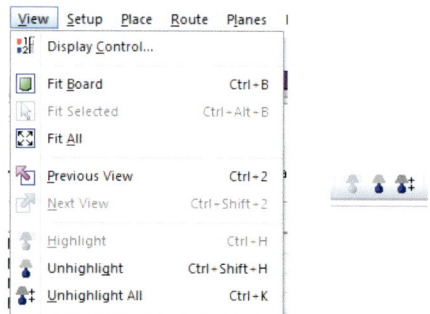

15 Dim Mode와 Transparency를 100%로 변경하고 RMB로 [Add to Favorites]를 선택합니다.
Edit Tab의 Layer Display에서 Display Active Layer Only를 선택합니다. 현재 Layer만 보이게 하는 Option입니다. 선택된 뒤에 Layer를 변경해보면서 확인합니다.

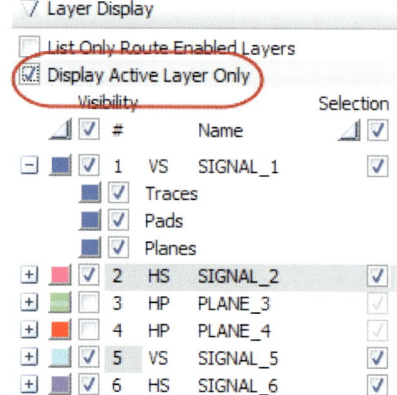

16 현재 Display를 저장합니다. Display Control의 가장 아래에 Save를 눌러 Save toolbar configuration with scheme과 Save in user defined location으로 C:\MGTraining\projects\local_config\Display Schemes에 Displsy_Contol이란 이름으로 저장합니다.

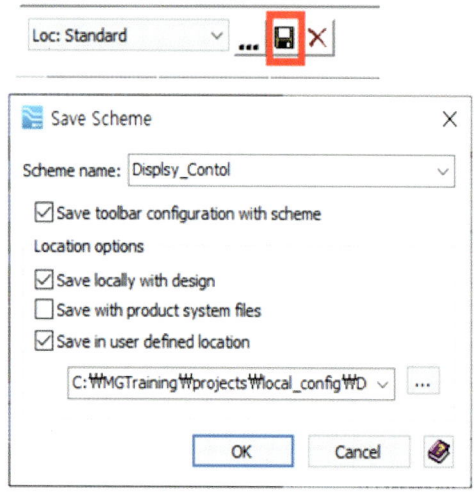

05 PADS Professional Layout의 설정

PADS Pro Designer의 회로도 완성 이후에 PCB를 작성했습니다. 다음의 그림처럼 Packager와 Project Integration으로 PCB 데이터가 완성되는 것을 확인했습니다.

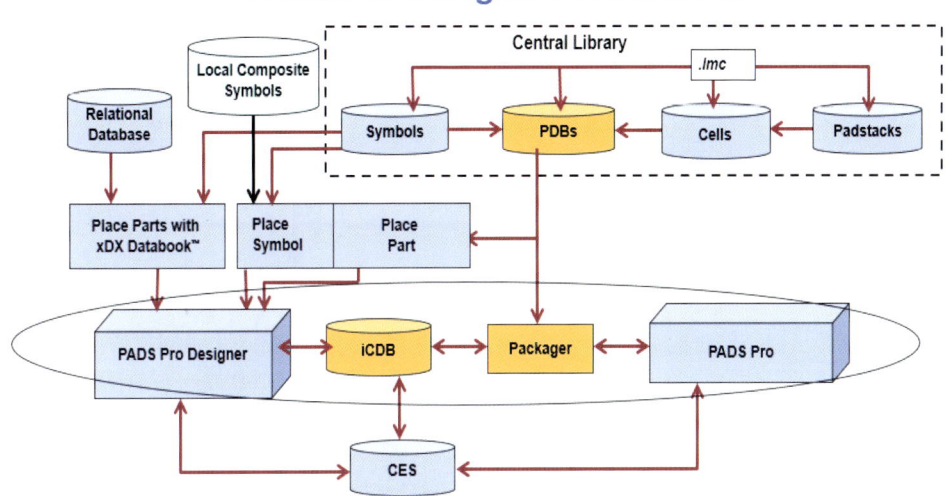

이장에서는 Project Integration의 좀더 자세한 내용과 Board 설계 전에 필요한 내용들을 확인합니다. 먼저 iCDB에 대해서 다시 한번 언급하면 양쪽 PADS Pro Designer와 PADS Pro Layout은 Integrated Common Database (iCDB)로 데이터를 Read/Write합니다. 이 iCDB에는 Connectivity와 Reference Designator, Part Number 등의 Packaging Information을 가지며 Net와 Component 속성을 포함하고 Front End와 Back End의 Constraint Manager Database도 가지고 있습니다.

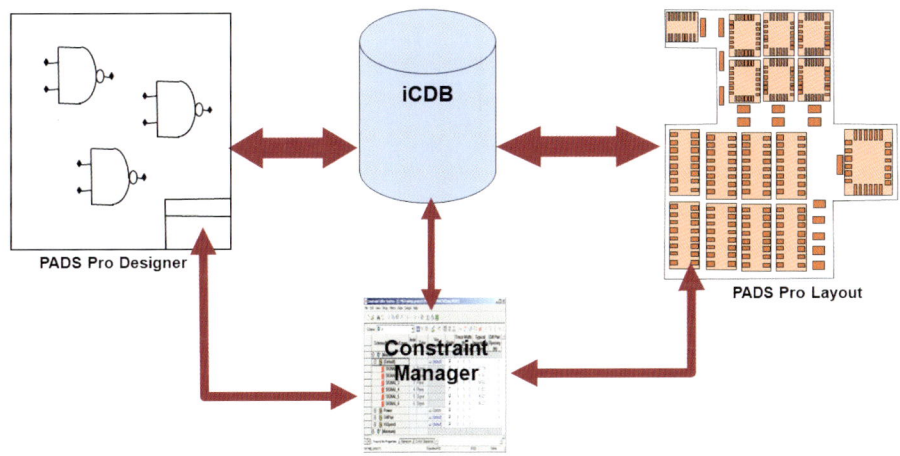

여기서 중요한 점은 다음 그림에서 확인되는 것처럼 부품은 ECO 시에 Central Library와의 관계가 우선적이기 때문에 반드시 Central Library가 필요하며, ECO 시에 부품 변경의 기능이 Project Integration입니다. 즉 ECO의 부품은 PCB 내의 Local Library 간에 회로 변경을 반영하는 것이며, 부품 변경이 있건 없건 무조건 Central Library가 필요한 것이고, 부품 업데이트는 Local Library를 Central Library에서부터 Update하는 것입니다.

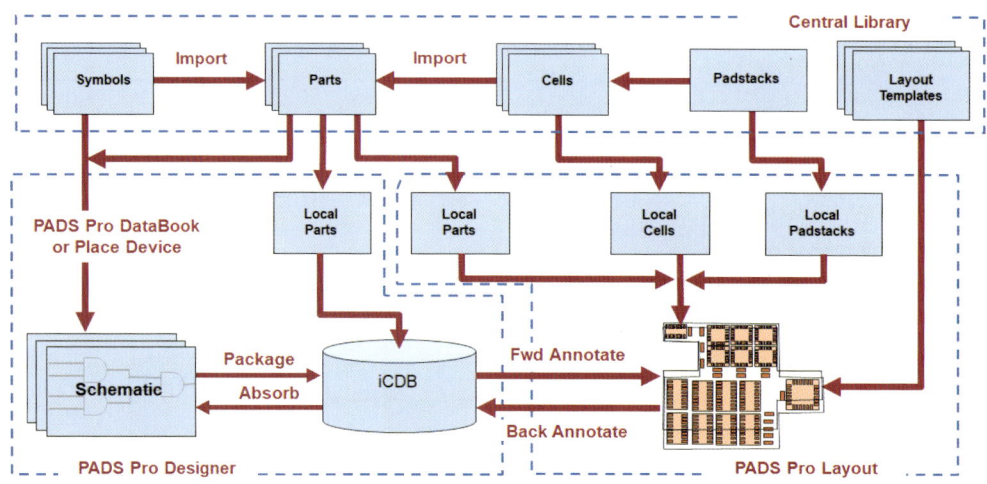

ECO 시에 PCB가 작성되면 다음처럼 PCB 폴더가 만들어지고, PCB 폴더에는 여러 가지 폴더가 작성되어집니다.

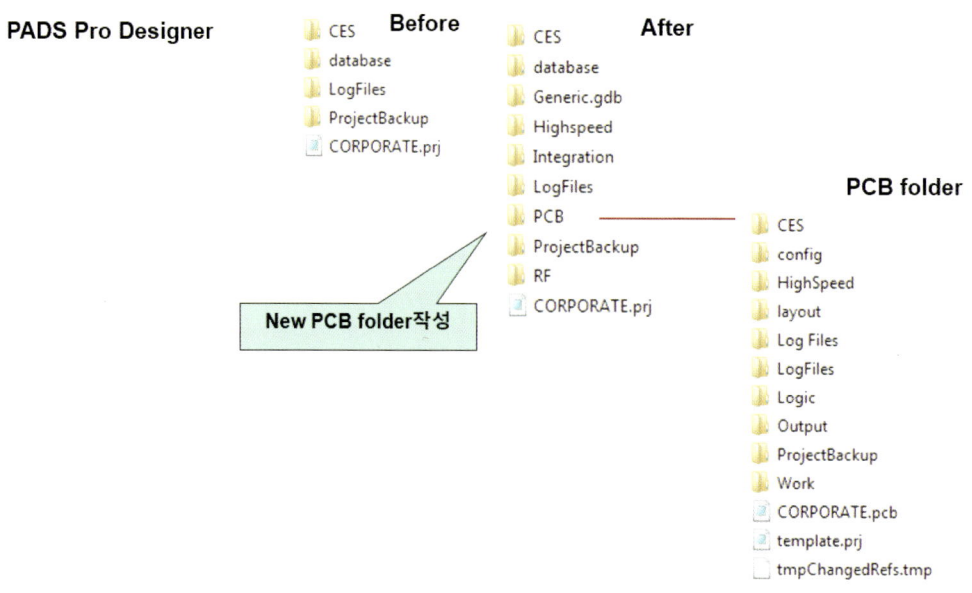

4장 PADS Professional Layout

PADS Designer에서 Packager 부품의 PCB로 넘길 준비를 하고 PCB가 작성되면 PCB 실행 이후에 Project Integration을 진행합니다.

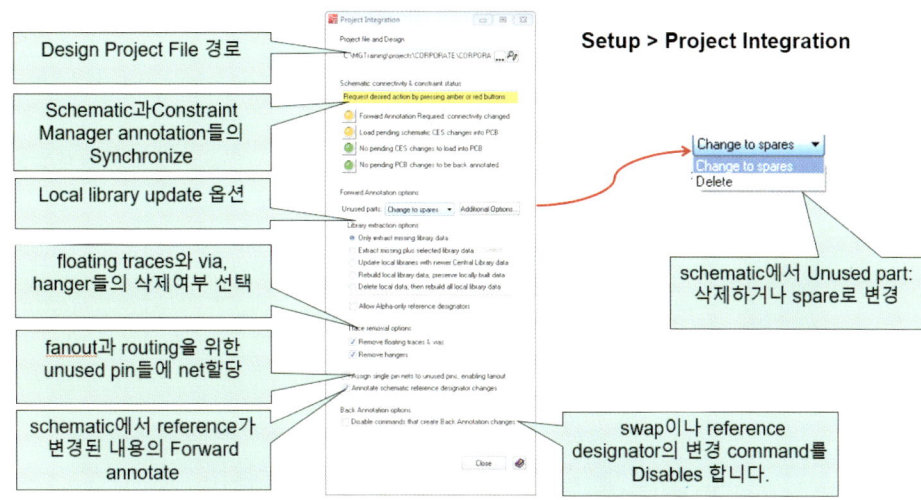

이 중에서 Library의 Update 여부의 Option은 다음과 같습니다.

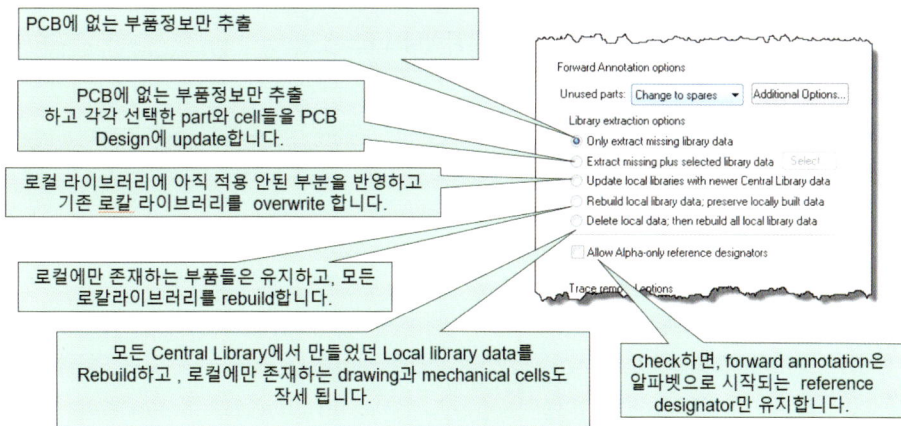

이 중에 Central Library Parts & Cells에서 각각 선택한 부품 적용은 다음처럼 선택이 가능합니다.

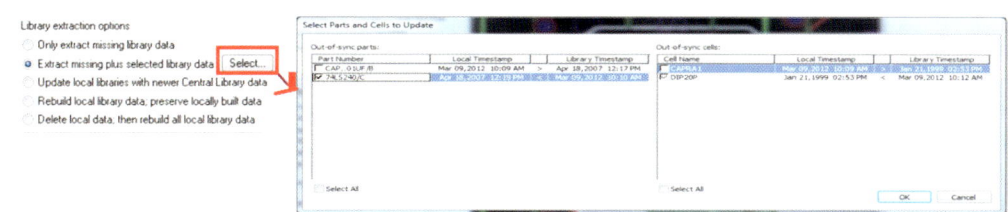

363

PADS Pro는 네트워크 라이센스일 경우에는 프로그램을 실행할 때마다 라이센스를 소모합니다. 그런데 PADS Pro의 라이센스를 소모하지 않으면서 현재 상태에서 회로도나 PCB를 보고 싶은 경우가 있습니다. 이 기능은 Additional Option에서 활성화 가능합니다.

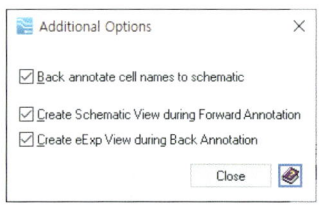

위의 내용을 Check하면 PCB의 Window 메뉴에서 볼수 있는 Schematic View와 회로도의 Window 메뉴에서 볼수 있는 eExp View(PCB View)가 작성됩니다.

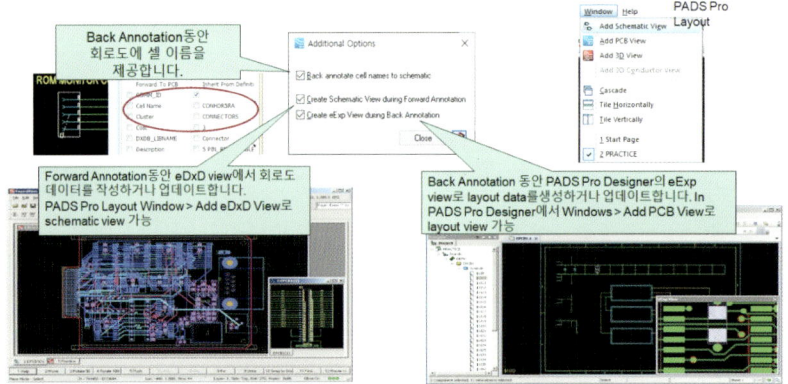

Project Integration에서 Synchronize를 위해 버튼을 사용합니다. 이 버튼은 오른쪽 아래에도 위치하며 오른쪽 하단은 위의 3개 메뉴만 있습니다. 이 색상이 주황색이면 회로 변경이나 CES가 변경이 있다는 뜻입니다. 주황색 버튼을 누르면 동작하며, 모두 초록색이면 회로, CES, PCB가 동일한 상태를 의미합니다.

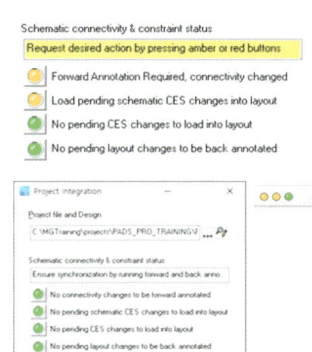

PCB가 작성되면 Design 전에 설정이 필요 합니다. PCB의 Physical Layer 설정, User Defined Layer 설정, Unit 설정, Via 정의와 Clearances 등입니다. Clearances는 배선 전에 따로 언급하도록 하겠습니다. 이 설정은 Edit Control이 아니라 [Setup]의 [Stackup Editor]와 [Setup Parameters]에서 설정합니다.

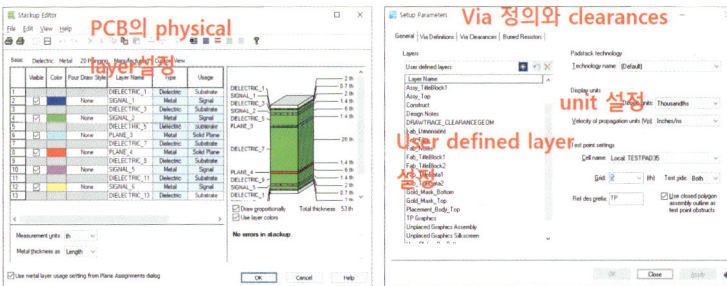

먼저 Physical Layer는 Stackup Editor에서 Layer를 추가, 삭제하는 방식으로 지정할 수 있습니다.

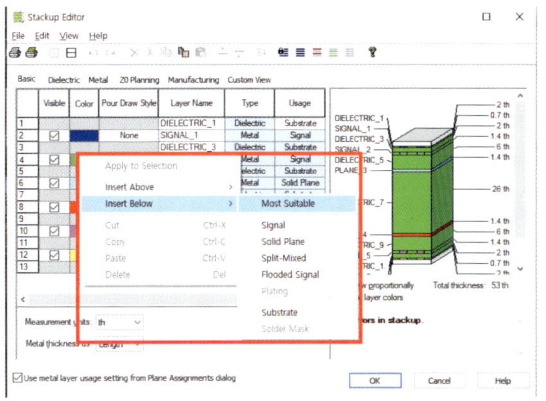

또한 유효한 Manufacturing Data를 입력하여 PADS Pro의 PCB Impedance를 계산할 수 있는 기능이 포함입니다.

User Layer는 Setup Parameters 창의 General Tab에서 New Icon 클릭하여 User Layer 이름을 작성합니다. 작성한 User Layer는 Display Control에 추가되며 DXF 등의 Data도 User Layer에 자동으로 추가됩니다.

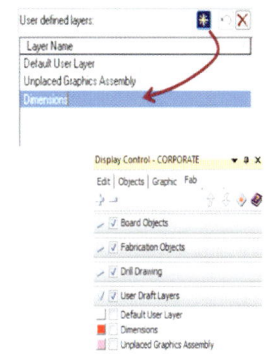

Via 정의와 Clearances는 Via들은 Trace들의 Layer 간의 연결을 하는 것이고 Via가 사용 중이면 Local Library에서 삭제할 수 없습니다. Via들의 정의는 CES에서 지정하며 Net Class에 의해 Overridden 될 수 있습니다. CES는 배선 전에 따로 언급하도록 하겠습니다.

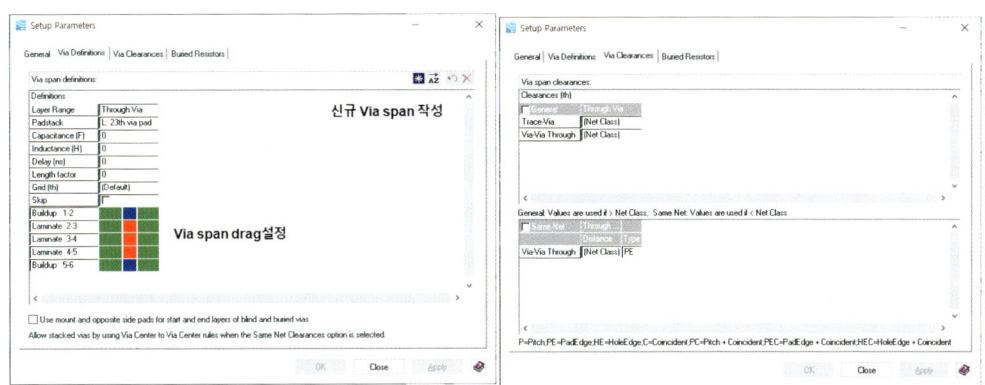

365

보통 PCB 작업의 후반에는 Plane 작업이 있습니다. 이것은 Trace의 연결 말고도 면적으로 연결이 필요한 Power나 GND의 연결을 위해 사용됩니다. PADS Pro는 이런 Plane 작업이 자동화되어 있기 때문에 Board 설정을 할때 가능합니다. Plane Layer 정의하는 것은 [Planes] - [Plane Assignments]에서 지정하고 특정 Layer에 특정 Net나 Net들을 지정하는 것입니다.

지정 후에 면적을 직접 작성하면 Plane Assignments에 입력한 형상의 Net 이름이 자동으로 올라오며 Use route Border as Plane Shape를 Check하면 입력없이 자동으로 입력한 것처럼 보이게 됩니다.

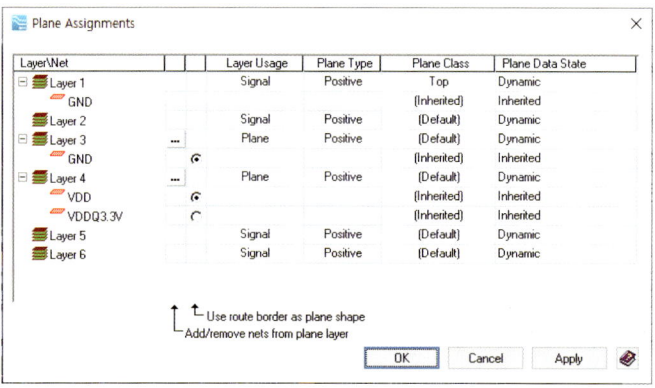

Plane Assignments에는 두개 이상의 Net가 할당된 Single Plane을 하나의 Layer에 입력 가능합니다. Negative나 Positive Graphic으로 생성할 수 있으며 Plane Net들을 지정해야 하거나 Signal Trace들로 배선을 해야 합니다.

Plane Graphic들은 Dynamic Planes Engine이나 Planes Processor (후에 언급)로 작성되며 Via나 Through Hole Pin을 통한 Plane Net의 연결은 Complete된 것으로 판단합니다.

다음은 PCB 디자인에서 배치, 배선과 도형 입력 작업을 할 때 Option들입니다. Editor Control에서 설정할 수 있습니다. [Setup] - [Editor Control] 이나 Stroke Command 로 실행됩니다.

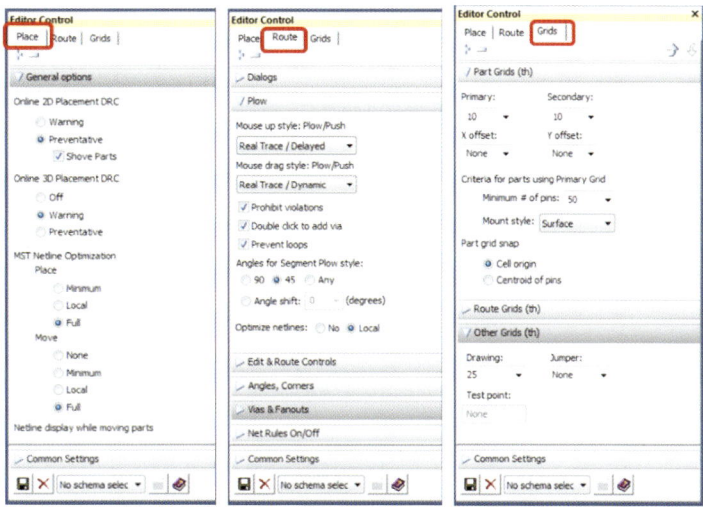

Editor Control의 Place 설정은 다음과 같습니다.

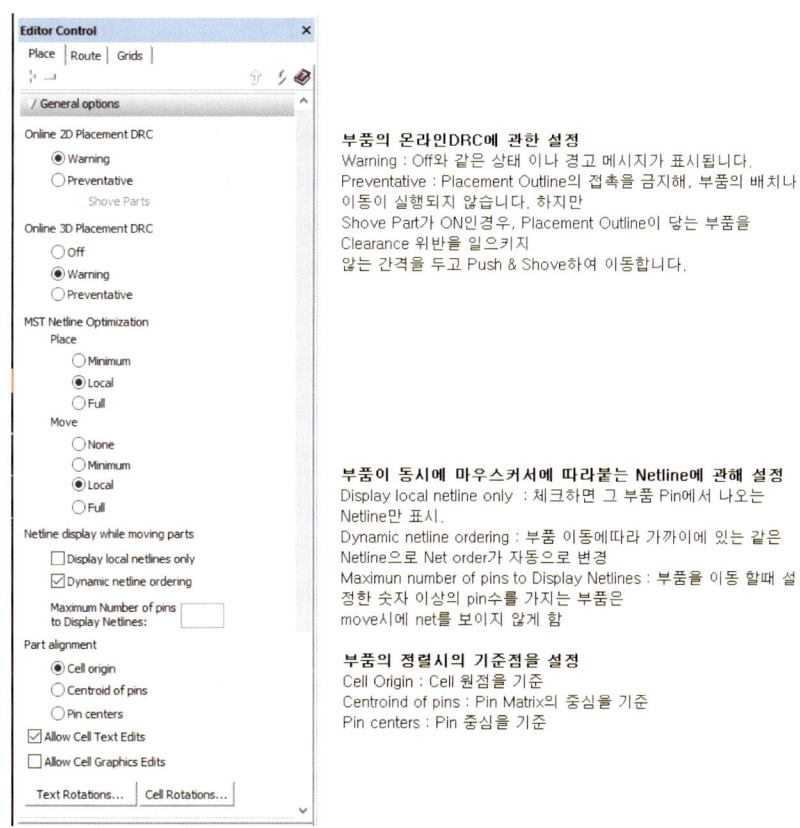

부품의 온라인DRC에 관한 설정
Warning : Off와 같은 상태 이나 경고 메시지가 표시됩니다.
Preventative : Placement Outline의 접촉을 금지해, 부품의 배치나 이동이 실행되지 않습니다. 하지만
Shove Part가 ON인경우, Placement Outline이 닿는 부품을 Clearance 위반을 일으키지
않는 간격을 두고 Push & Shove하여 이동합니다.

부품이 동시에 마우스커서에 따라붙는 Netline에 관해 설정
Display local netline only : 체크하면 그 부품 Pin에서 나오는 Netline만 표시.
Dynamic netline ordering : 부품 이동에따라 가까이에 있는 같은 Netline으로 Net order가 자동으로 변경
Maximun number of pins to Display Netlines : 부품을 이동 할때 설정한 숫자 이상의 pin수를 가지는 부품은
move시에 net를 보이지 않게 함

부품의 정렬시의 기준점을 설정
Cell Origin : Cell 원점을 기준
Centroid of pins : Pin Matrix의 중심을 기준
Pin centers : Pin 중심을 기준

Editor Control의 Jumper 설정은 다음과 같습니다.

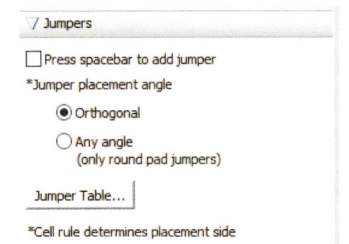

Jumper를 배치 할 때, Space Bar를 누르는 설정

Jumper의 배치각도를 Orthogonal only와 Any angle에서 선택

[Place] - [Text Rotation]은 다음과 같습니다.

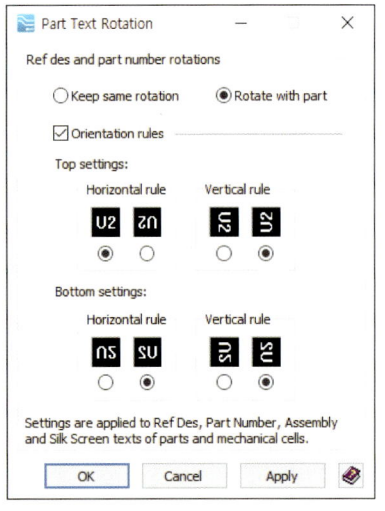

Cell형상에 대한 배치각도와 배치면에 대한 설정. 정의된 배치면과 각도는 Online DRC에서 사용

Any angle : 부품에 대한 각도 지정은 없고, 배치면만 지정
Any angle로 Side를 Both로 했을경우, 배치면, 배치각의 어느쪽도 제한 없음

0도, 90도, 180도, 270도의 항목에는 각각 배치면을 지정.
배치 하고 싶은 각도를 체크하여 배치면으로 배치각도를 지정.
체크하지 않은 배치면과 각도는, 사용이 금지.

여기서 설정된 내용에 위반하는 배치는, Parts 탭의 Online DRC 설정에 의해 결정
위반하는 부품이 있으면 Review Hazard로 확인

[Place] - [Cell Rotation]은 다음과 같습니다.

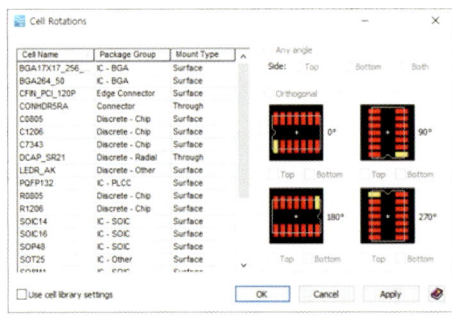

Cell형상에 대한 배치각도와 배치면에 대한 설정. 정의된 배치면과 각도는 Online DRC에서 사용

Any angle : 부품에 대한 각도 지정은 없고, 배치면만 지정
Any angle로 Side를 Both로 했을경우, 배치면, 배치각의 어느쪽도 제한 없음

0도, 90도, 180도, 270도의 항목에는 각각 배치면을 지정.
배치 하고 싶은 각도를 체크하여 배치면으로 배치각도를 지정.
체크하지 않은 배치면과 각도는, 사용이 금지.

여기서 설정된 내용에 위반하는 배치는, Parts 탭의 Online DRC 설정에 의해 결정
위반하는 부품이 있으면 Review Hazard로 확인

Jumper Table은 다음과 같습니다.

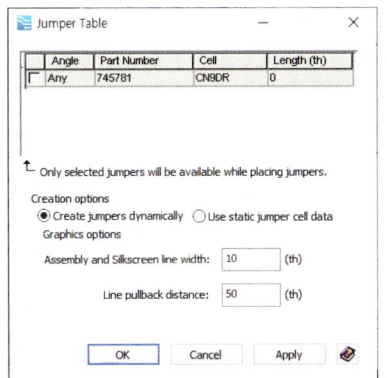

PDB(Part Database)에 Type이 jumper로 등록이 되어 있는 부품. 사용하려면 왼쪽에 Check

Jumper 배치 후에 부가되는 Jumper Silk에 대해 설정
Assembly and Silkscreen line width : 실크선의 굵기를 설정
Line pullback distance : Jumper Pad로부터 실크선 까지의 거리를 설정

Editor Control의 Route 설정에는 다음 항목들이 있습니다.

이중의 Dialogs는 아래 세부 항목들이 있습니다.

Layer Setting은 오른쪽과 같습니다.

Layer Pair와 배선할 Layer, Layer Bias설정

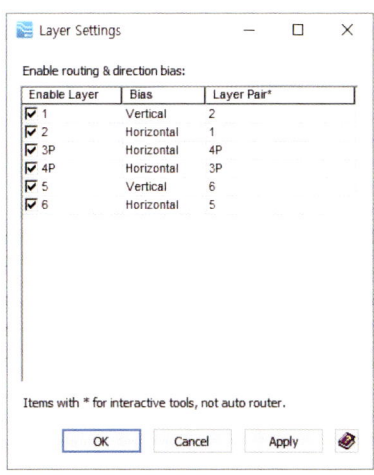

Tuning은 다음과 같습니다.

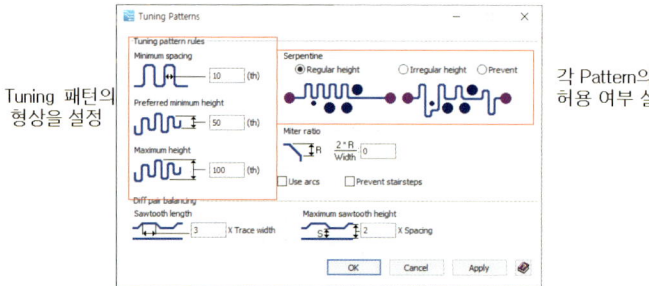

Diff Pairs은 다음과 같습니다.

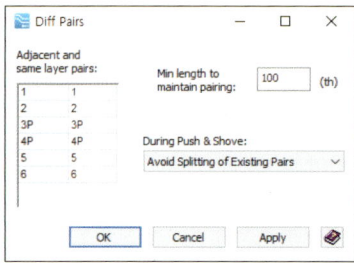

Pad Entry의 일반적인 PAD는 다음과 같고 Custom의 경우에는 Custom Pad와 관련된 사항을 설정합니다.

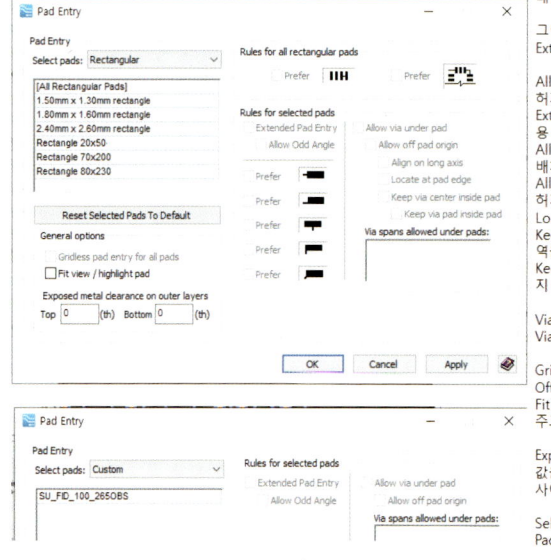

Expand Trace는 다음과 같습니다.

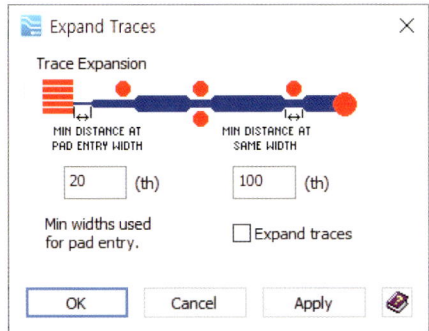

Min widths used for pad entry : SMD Pin에 들어가는 Trace의, Pad entry width의 최소 크기를 설정

Min distance at samw width : 장애물 등의 영향으로 Expand Width에서 Typical Width로 패턴이 변경되었을 경우에, 유지시키는 최소 크기를 설정

Expand Trace : Net Class에서 설정한 Expand Width 설정을 사용하는지 아닌지를 설정. 체크하면 설정한 배선폭을 사용

Editor Control의 Route의 Plow는 Trace 배선 관련 설정입니다.

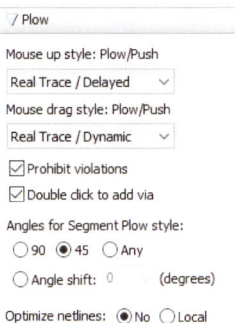

Interactive 배선은 4 가지 주요 디자인 배선 방법을 지원합니다 :
Real Trace Plow / Delayed - high quality 배선 경로를 제공하기 위해 push & shove가 지연되는 마우스 클릭 수를 최소화합니다.
Real Trace Plow / Dynamic - 또한 마우스 클릭 수를 최소화하지만 push & shove는 dynamic 하여 밀집된 영역에서 더 강력합니다.
Hockey Stick / On Click - trace의 가상의 hockey stick 이미지가 따라다니면서 마우스 클릭으로 물리적으로 배치됩니다.
Segment / On Click - 각 클릭으로 물리적으로 배치 된 Trace의 가상 세그먼트 이미지가 첨부되어 연결화고 Any Angle를 지원할 수 있는 대부분의 제어 기능을 제공합니다.

Prohibit violations : 위반을 금지(해제)합니다.
Double click to add via : Check하면 배선 시에 Couble click했을 때, Via를 발생합니다.

Angle for Segment Plow Style: 배선의 Corner를 90도/45도Any/각도지정

Editor Control의 Route의 Edit & Route Control 설정입니다.

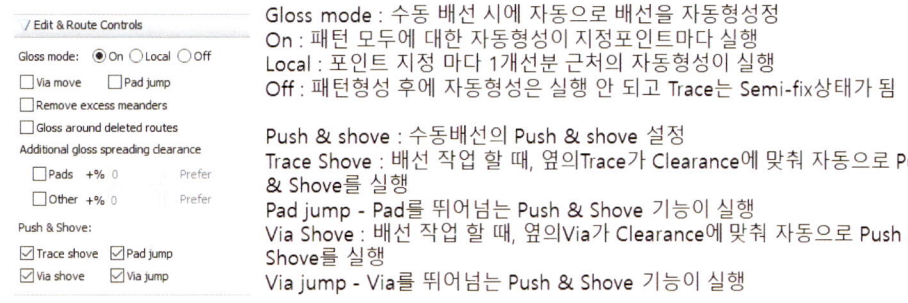

Gloss mode : 수동 배선 시에 자동으로 배선을 자동형성정
On : 패턴 모두에 대한 자동형성이 지정포인트마다 실행
Local : 포인트 지정 마다 1개선분 근처의 자동형성이 실행
Off : 패턴형성 후에 자동형성은 실행 안 되고 Trace는 Semi-fix상태가 됨

Push & shove : 수동배선의 Push & shove 설정
Trace Shove : 배선 작업 할 때, 옆의Trace가 Clearance에 맞춰 자동으로 Push & Shove를 실행
Pad jump - Pad를 뛰어넘는 Push & Shove 기능이 실행
Via Shove : 배선 작업 할 때, 옆의Via가 Clearance에 맞춰 자동으로 Push & Shove를 실행
Via jump - Via를 뛰어넘는 Push & Shove 기능이 실행

Editor Control의 Route의 Angle, Corners 설정입니다.

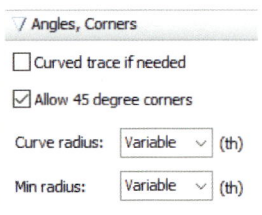

Curved Trace : Curve Trace기능을 사용할 때,
Corner의 Radius 설정(배선중의 **F11 Toggle Curve**로 변경)
지정하지 않는경우(**Variable**), 마우스커서를 사용해 임의 크기의 작성이 가능

Editor Control의 Route의 Vias & Fanouts 설정입니다.

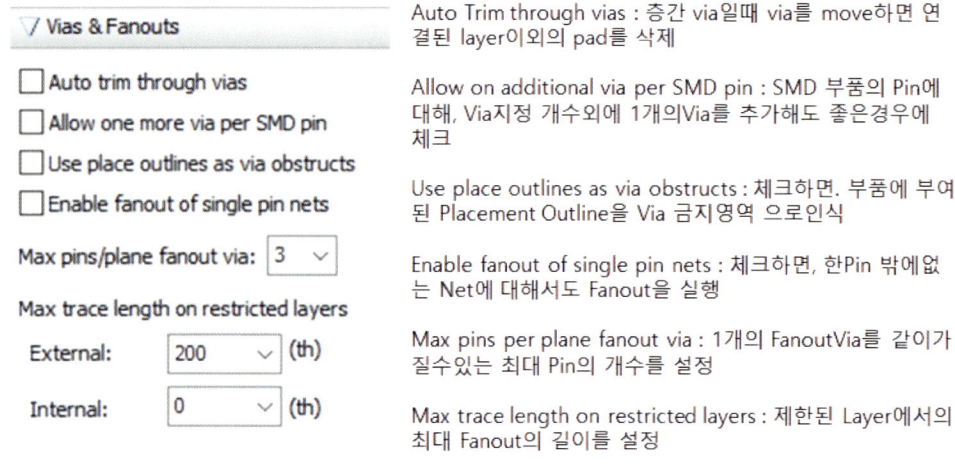

Auto Trim through vias : 중간 via일때 via를 move하면 연결된 layer이외의 pad를 삭제

Allow on additional via per SMD pin : SMD 부품의 Pin에 대해, Via지정 개수외에 1개의Via를 추가해도 좋은경우에 체크

Use place outlines as via obstructs : 체크하면. 부품에 부여된 Placement Outline을 Via 금지영역 으로인식

Enable fanout of single pin nets : 체크하면, 한Pin 밖에없는 Net에 대해서도 Fanout을 실행

Max pins per plane fanout via : 1개의 FanoutVia를 같이가 질수있는 최대 Pin의 개수를 설정

Max trace length on restricted layers : 제한된 Layer에서의 최대 Fanout의 길이를 설정

Editor Control의 Route의 Net Rules On/Off 설정입니다.

Turn on/off net rules : Net Rule로 설정된 조건을 수동 배선시에 적용시키는지 아닌지를 설정

Editor Control의 Route의 Grid는 각종 Grid에 대한 설정입니다.

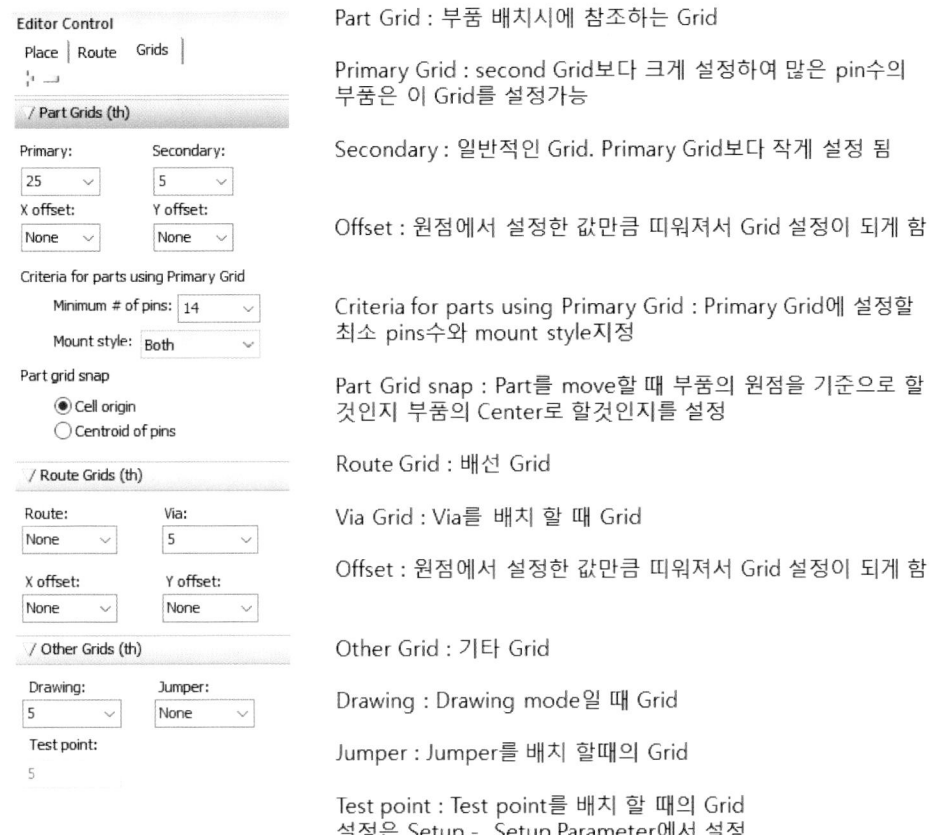

Part Grid : 부품 배치시에 참조하는 Grid

Primary Grid : second Grid보다 크게 설정하여 많은 pin수의 부품은 이 Grid를 설정가능

Secondary : 일반적인 Grid. Primary Grid보다 작게 설정 됨

Offset : 원점에서 설정한 값만큼 띠워져서 Grid 설정이 되게 함

Criteria for parts using Primary Grid : Primary Grid에 설정할 최소 pins수와 mount style지정

Part Grid snap : Part를 move할 때 부품의 원점을 기준으로 할 것인지 부품의 Center로 할것인지를 설정

Route Grid : 배선 Grid

Via Grid : Via를 배치 할 때 Grid

Offset : 원점에서 설정한 값만큼 띠워져서 Grid 설정이 되게 함

Other Grid : 기타 Grid

Drawing : Drawing mode일 때 Grid

Jumper : Jumper를 배치 할때의 Grid

Test point : Test point를 배치 할 때의 Grid
설정은 Setup - Setup Parameter에서 설정

Editor Control의 Common 설정은 다음과 같습니다.

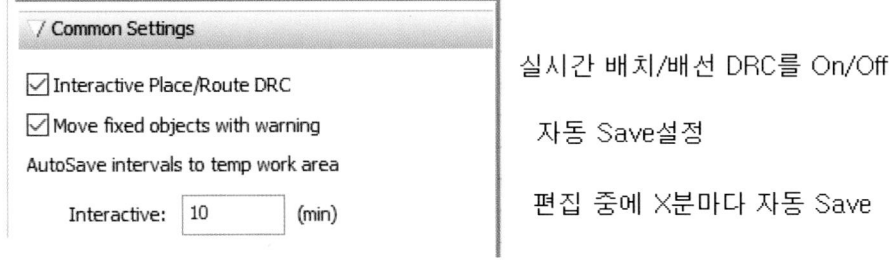

실시간 배치/배선 DRC를 On/Off

자동 Save설정

편집 중에 X분마다 자동 Save

자동 저장 시간이 되면 Autosave File이 작성되고, PADS Pro Layout이 종료되면 자동 저장 파일이 삭제됩니다. PADS Pro Layout 비정상 종료되면, Autosave File인 자동 저장 파일이 삭제되지 않습니다.

이후 파일이 열리면 자동 저장 파일의 존재가 감지되고 사용자에게 어떤 파일을 열어야 하는지에 대한 방법이 표시됩니다.

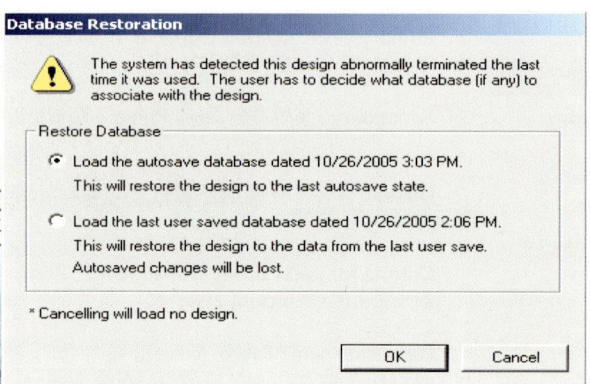

혹은 수동으로 백업하려면 [File] - [Save Copy]를 진행합니다. Schematic의 Project와 PCB가 복사되어 디자인 Backup이 됩니다.

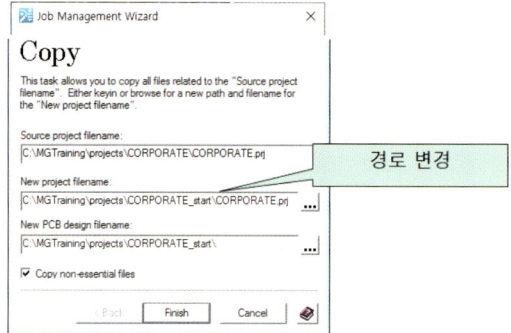

실습 03 PADS Professional Layout의 설정

PADS Pro Designer에서 작성한 회로도에서 넘긴 아래 PCB 파일을 Open합니다.
C:₩MGTraining₩projects₩PADS_PRO_TRAINING₩PCB₩Board1.pcb

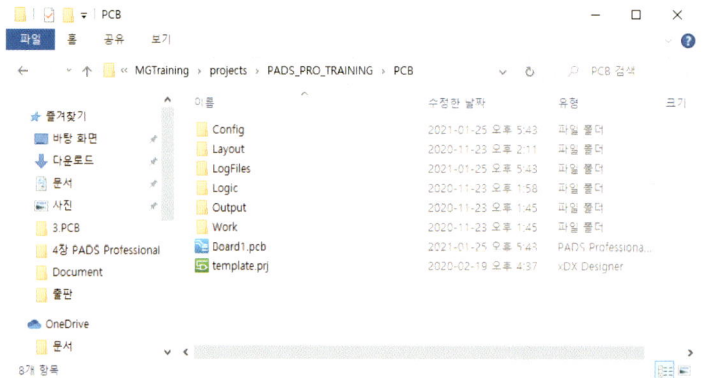

4장 PADS Professional Layout

회로도에서 실습으로 Project Integration이 완료되어 있습니다.

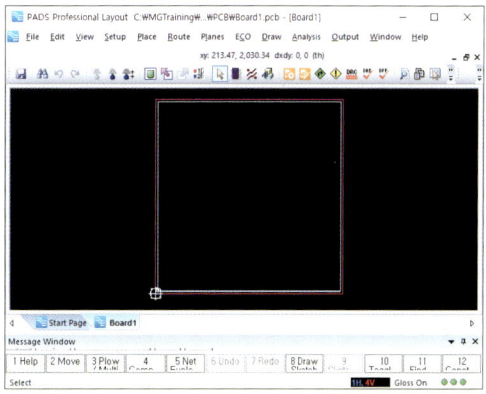

1. 현재 디자인은 4층인데 6층으로 변경을 하겠습니다. [Setup] - [Stackup Editor]를 선택합니다.

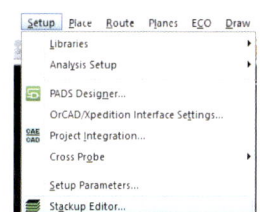

2. Basic, Dielectric의 오른쪽의 Metal을 선택합니다. 다른 탭에서 작업해도 상관은 없습니다.

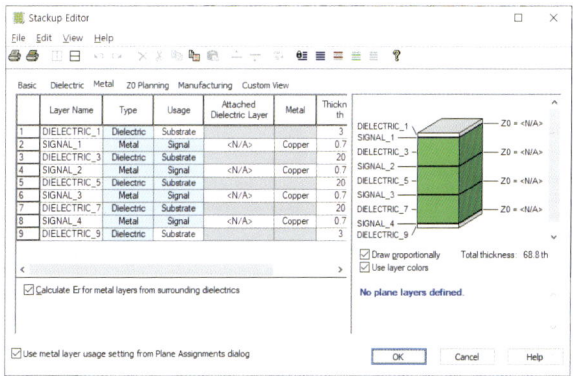

3. 내층을 2개 늘려야 합니다.
   SIGANAL_2에서 RMB로 [Insert Above]로 Signal1개를 위에 입력하고, SIGANAL_3에서 RMB로 [Insert Below]로 Signal1개를 아래에 입력합니다.

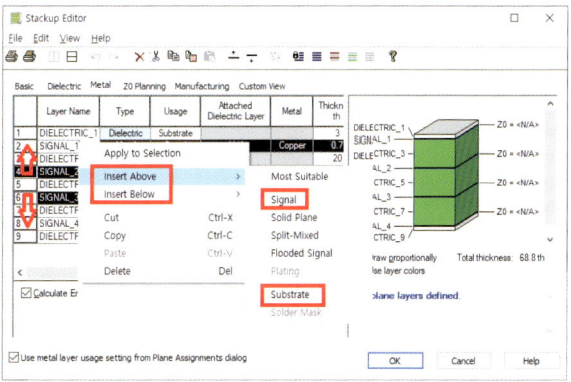

375

4 입력 후엔 6 Layer로 되었습니다.

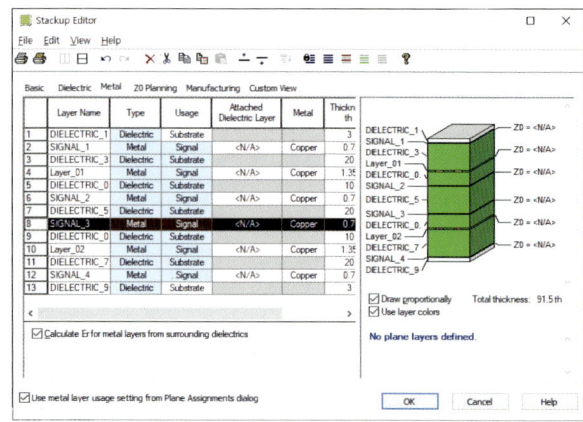

5 Layer 이름을 정리합니다.

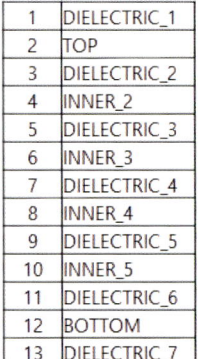

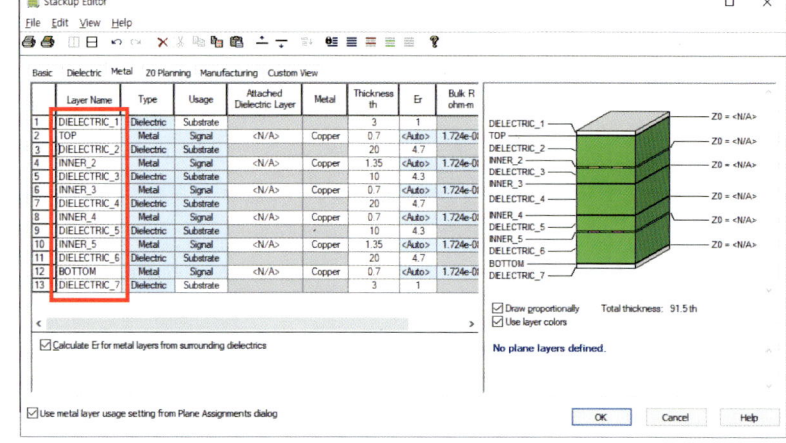

6 OK를 누르면 디자인 로딩이 한번 되고 Display Control에 6 Layer로 확인됩니다.

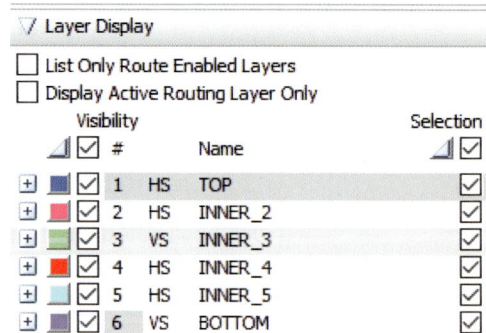

7 Via 설정 등을 변경합니다.

[Setup] - [Parameters]를 클릭합니다.

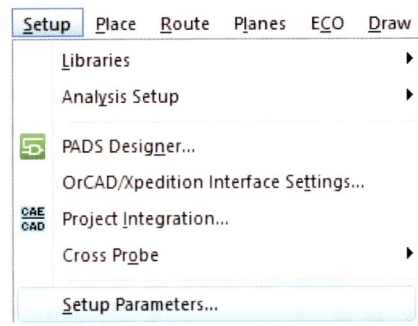

8 User defined layer에서 이후에 DXF Data를 입력하기 위한 Layer를 추가합니다.

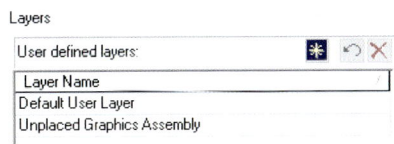

를 선택해 DXF_Board_origin, DXF_Board_outline, DXF_Mounting_Holes의 Layer를 추가합니다.

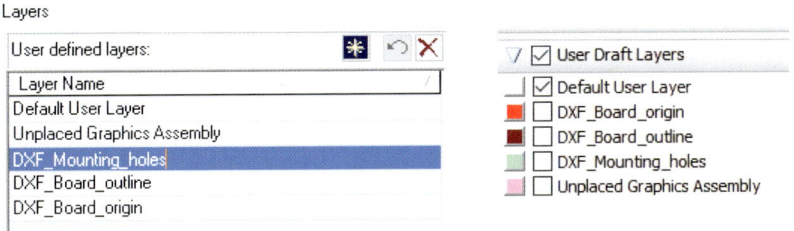

9 여기서 추가 안 해도 DXF Import할 때 임의의 이름을 주게 되면 User Layer로 입력이 됩니다. 단위는 Millimeter로 설정합니다.

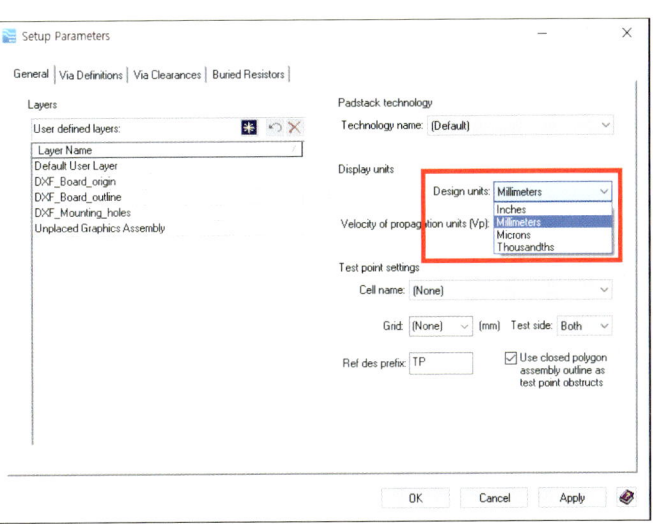

⑩ Via Definition으로 이동하여 Padstack을 23th via pad로 변경합니다.

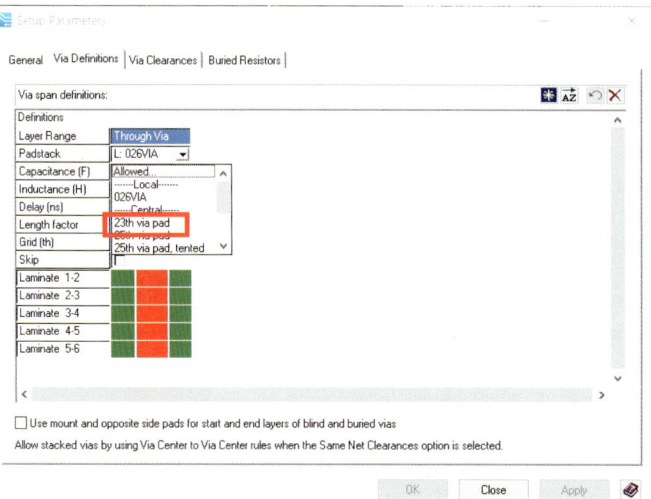

⑪ ❈를 눌러 Via를 하나 더 추가한 뒤에 25th via pad로 선택한 Layer 부분을 Drag하여 Via의 Layer 선택을 합니다. Drag로 특정 층만을 선택해 층간 Via로 사용할 수 있습니다.

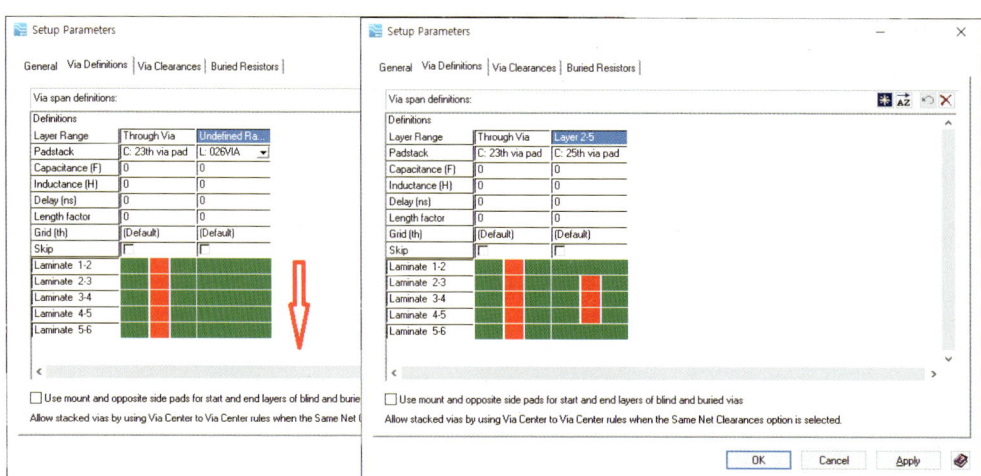

⑫ Test Point를 설정하기 위해 Central Library에서 작성된 부품을 Copy합니다. [Setup] - [Library Service]를 실행합니다.

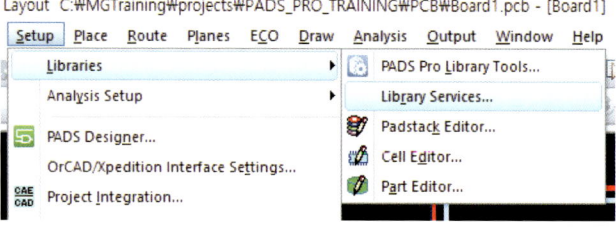

13 Cell 탭으로 이동합니다.

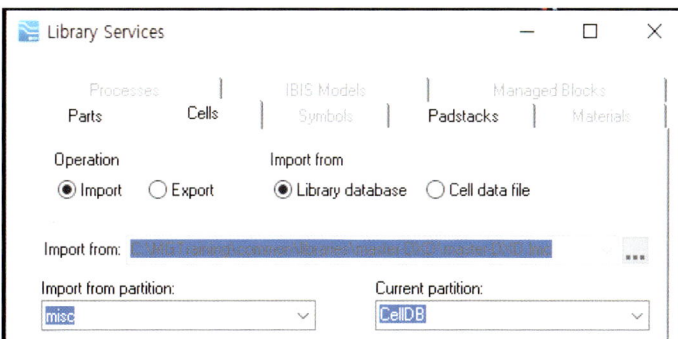

14 misc Partition을 선택 후에 List에서 TESTPAD35를 선택하여 오른쪽으로 이동후에 Apply를 클릭합니다.

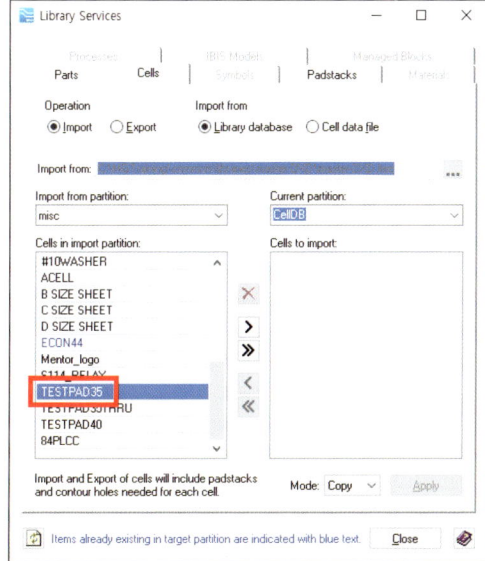
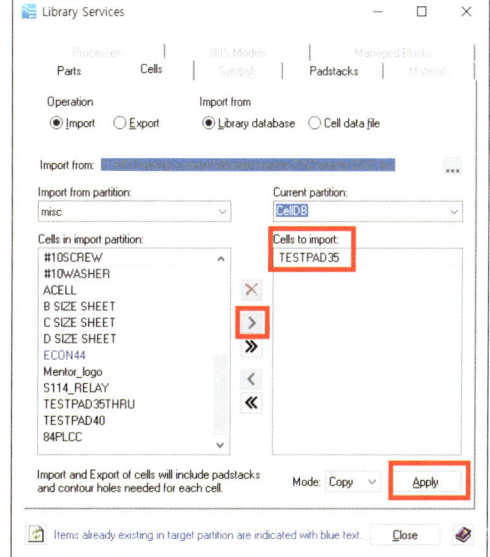

15 Copy를 하고 난 이후에 [Setup] - [Setup Parameters]에 가보면 이전에는 없던 부품이 List에 나타납니다. 오른쪽과 같이 설정합니다.

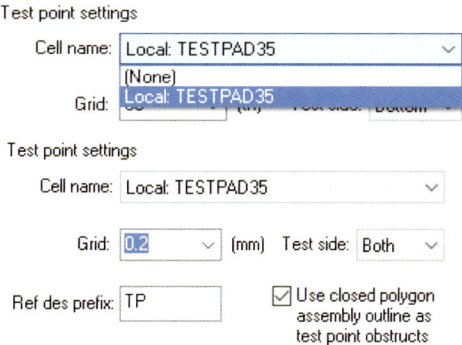

16 이후에 Layer Pair를 맞추기 위해 Editor Control의 Route - Dialog - Layer Settings를 클릭합니다. 4층에서 6층으로 변경이 되어서 없는 설정이 존재합니다. 오른쪽 그림처럼 설정합니다.

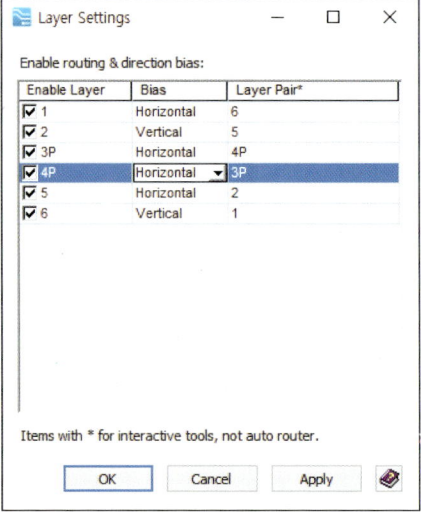

17 [Planes] - [Plane Assignments]를 선택합니다.

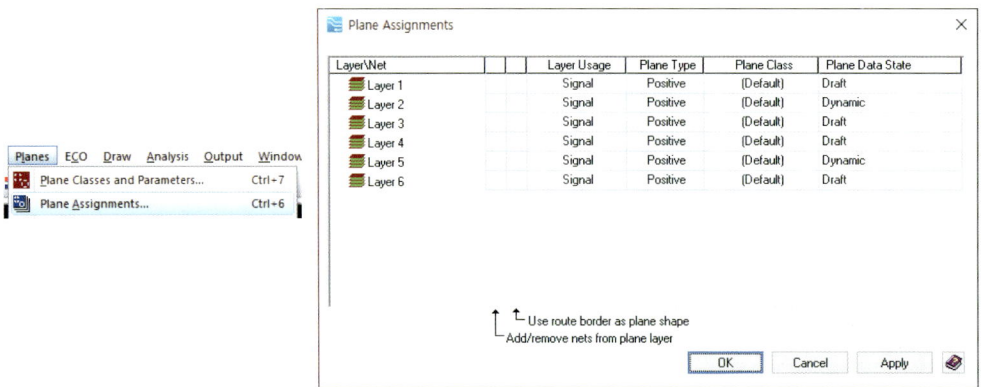

18 Layer 3과 Layer 4의 Layer Usage를 Signal에서 Plane으로 변경합니다.

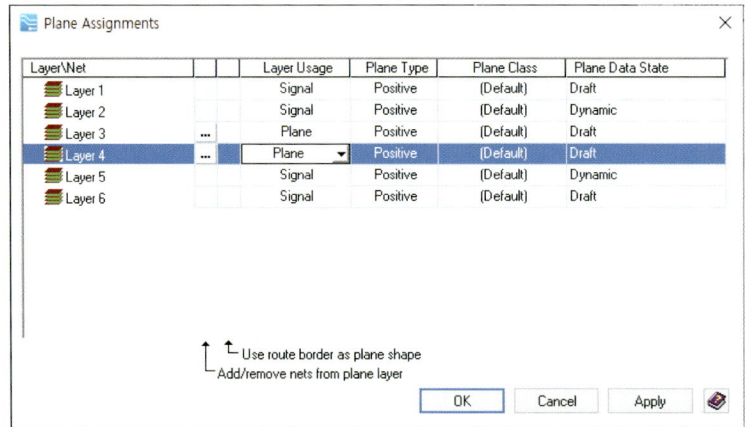

19 변경하면 ─에서 Net를 지정할 수 있습니다. Layer 3에 GND, Layer 4에 VCC, VDD, VEE를 지정합니다.

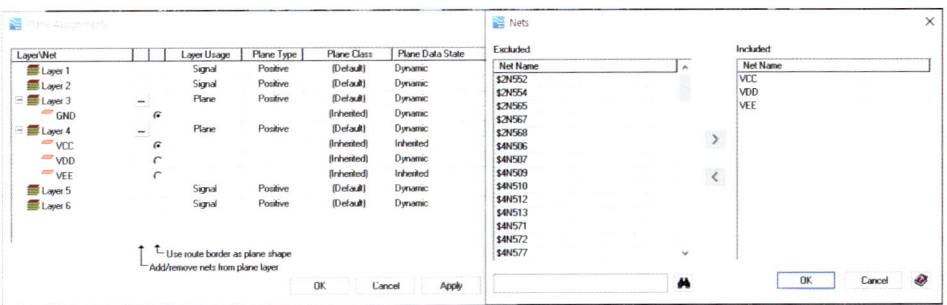

20 3층은 GND, 4층은 VCC로 데이터가 없어도 Plane을 인식하기 위해 ⓒ 버튼을 클릭하여 ⊙ 로 설정합니다. Plane Data State를 Dynamic으로 설정합니다. (Shift 키를 이용하면 한꺼번에 가능합니다.)

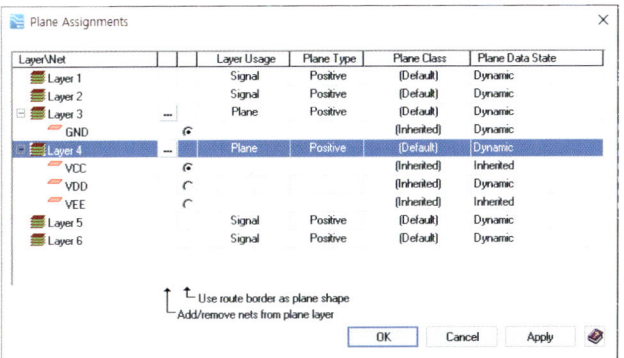

21 [File] - [Save Copy]를 이용해서 다른 이름으로 저장을 해보겠습니다.

New Project Filename에는 ─를 눌러 C:₩MGTraining₩ projects₩SaveCopy₩SaveCopy.prj를 지정하면 PCB 파일까지 지정됩니다. (C:₩MGTraining₩projects₩SaveCopy 폴더를 미리 작성합니다.)

22 마침을 누르면 다음처럼 Save Copy됩니다.

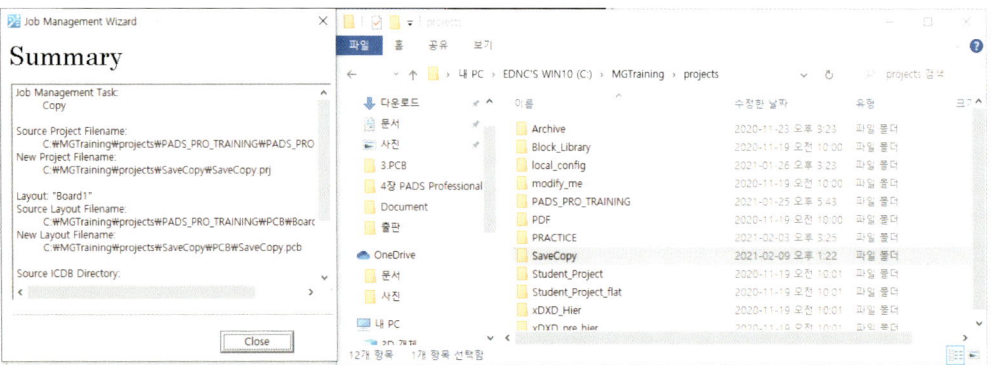

06 PADS Professional Layout의 Board Outline과 Draw 작성

PCB의 Board Outline 작성을 위해서는 Draw Mode에서 도형 작성을 하고 Draw Edit에서 편집을 합니다. 이 도형 편집은 이전의 Library에서 Cell 입력을 할 때 이미 학습한 내용입니다. 동일한 내용을 복습 차원에서 다시 한번 살펴보고, Board Outline 등을 작성하겠습니다.

부품 배치와 배선을 제외한 도형은 Draw Mode에서 입력하고 편집합니다. 물론 Select Mode에서도 선택해서 편집이 가능합니다. Draw Mode는 Graphical Element 작성과 편집, Text 추가와 편집, Dimension 추가와 편집을 할 수 있습니다.

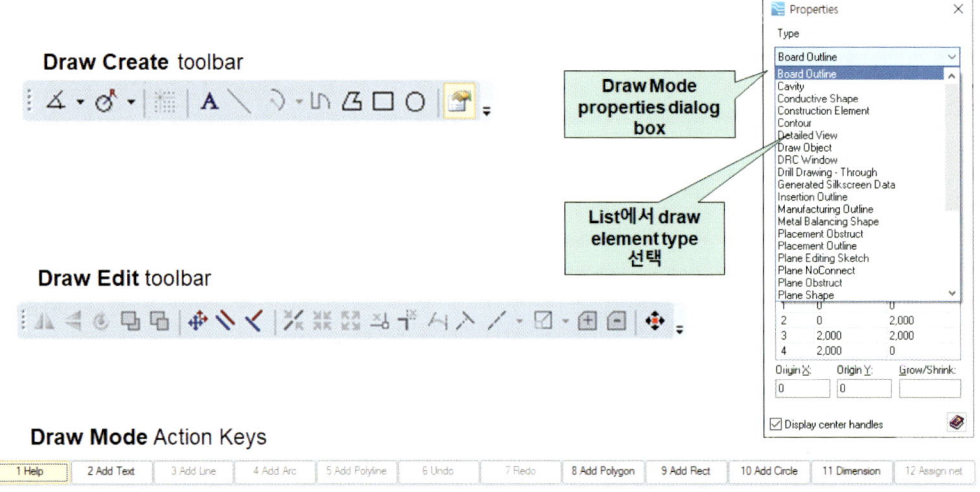

먼저 Line은 으로 입력하고 Icon을 두 번 클릭하여 명령 모드로 들어가서 두 끝점을 모두 클릭합니다.

요소를 완료한 후에는 Properties Dialog Box에 표시된 Property가 선택된 상태로 유지됩니다. (필요한 경우 편집할 준비가 됨)

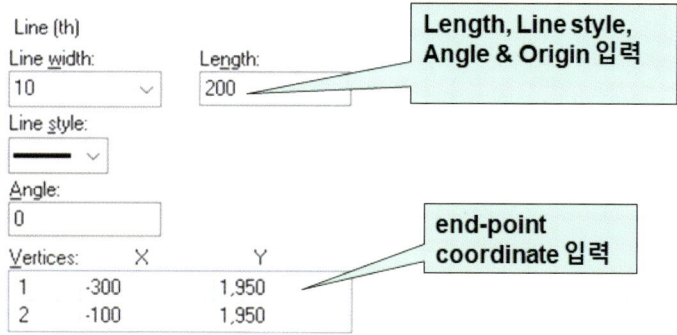

Arc는 로 입력합니다. Arc는 입력하는 방식에 따라 오른쪽을 지정하여 Radius Mode와 Three Point Mode로 입력 가능합니다.

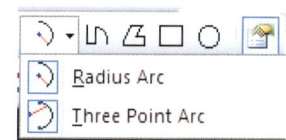

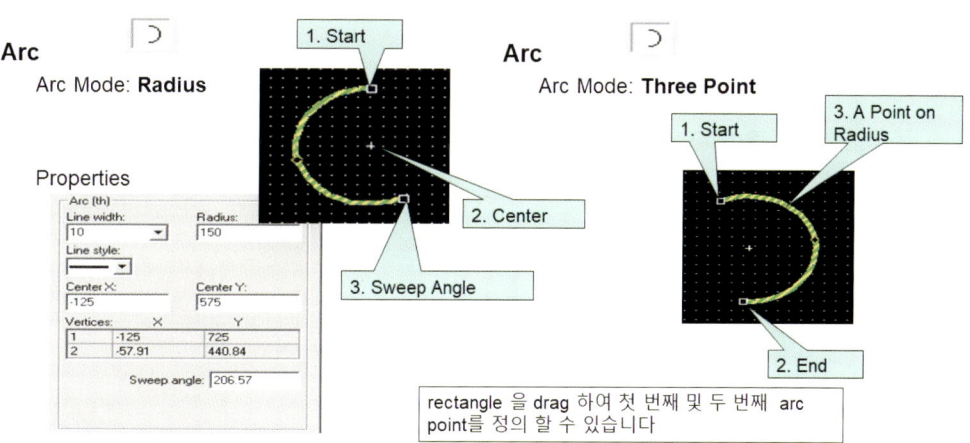

Polyline 은 Vertex Point를 입력하거나, 연속적으로 클릭합니다. RMB Popup Menu를 사용하여 종료합니다.

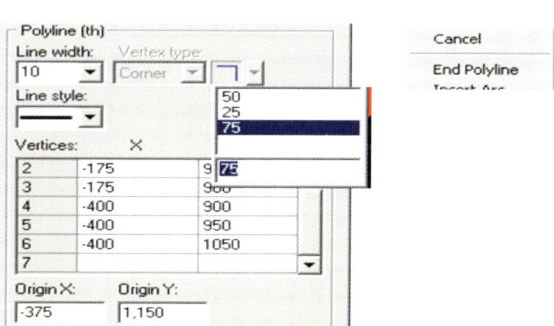

연속적으로 클릭할 때 Vertex Type에 따라 형상을 변경 가능합니다.

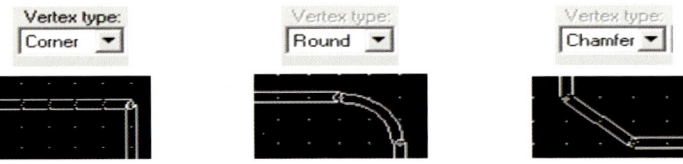

Polygon 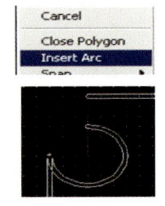 은 Ployline과 같이 연속적인 형상입니다. 하지만 Ployline과 달리 Close되어야 합니다.

Vertex Point를 입력하거나, 연속적으로 클릭한 후에 RMB Popup Menu를 사용하여 종료합니다.

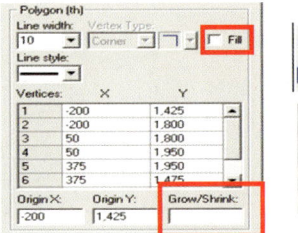

Rectangle은 □ 두 포인트를 입력하거나 속성 창에 입력합니다. Fill 오른쪽의 메뉴를 눌러 Polygon으로 변경 가능합니다. Closed Element가 Fill되면 Line Width는 "0"으로 설정됩니다.

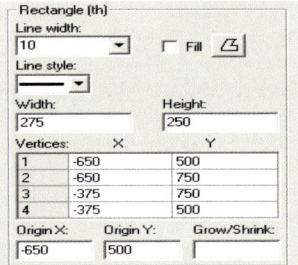

Circle ○ 은 속성에 데이터를 입력하거나 가운데를 클릭한 다음 원을 작성합니다. Closed Element가 Fill되면 Line Width는 "0"으로 설정됩니다.

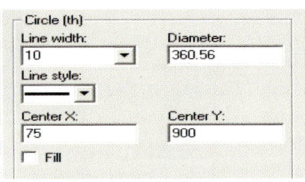

Text A 는 layer와 Size, Width 등을 설정해서 입력 가능합니다.

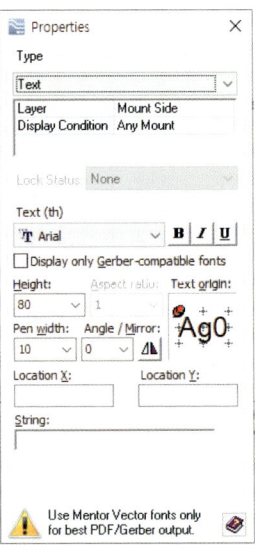

384

입력된 Drawing은 다양한 편집이 가능합니다. 선택되는 형상의 조건이 맞아야 아래의 명령어들이 가능해집니다.

Flip은 수직 이나 수평 으로 Mirror할 수 있습니다.

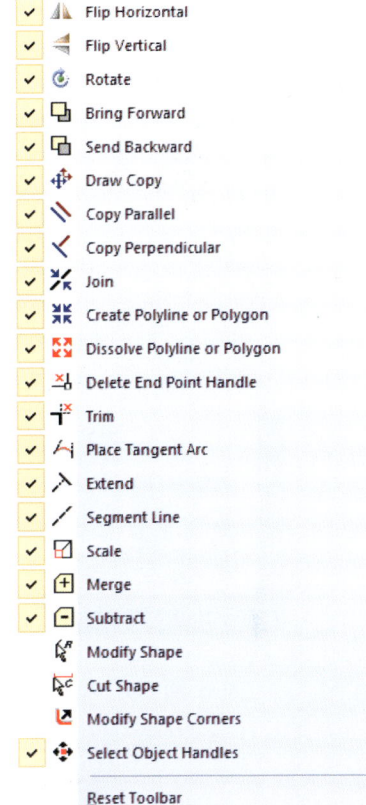

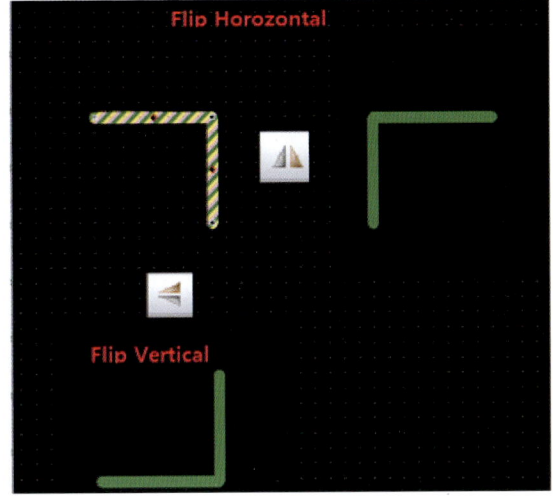

Rotate 는 반시계 방향으로 90회전합니다.

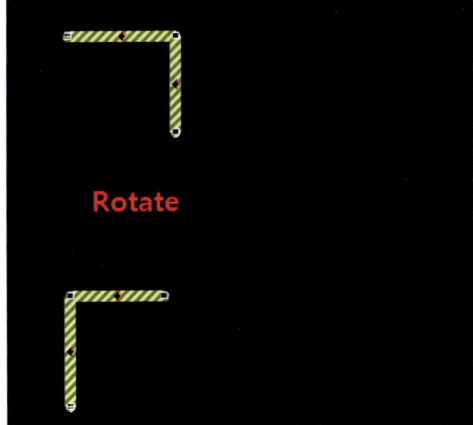

Bring Forward/Send backward 는 겹치는 부분의 Display를 앞뒤로 이동할 수 있습니다. Object는 Plane Area만 가능합니다.

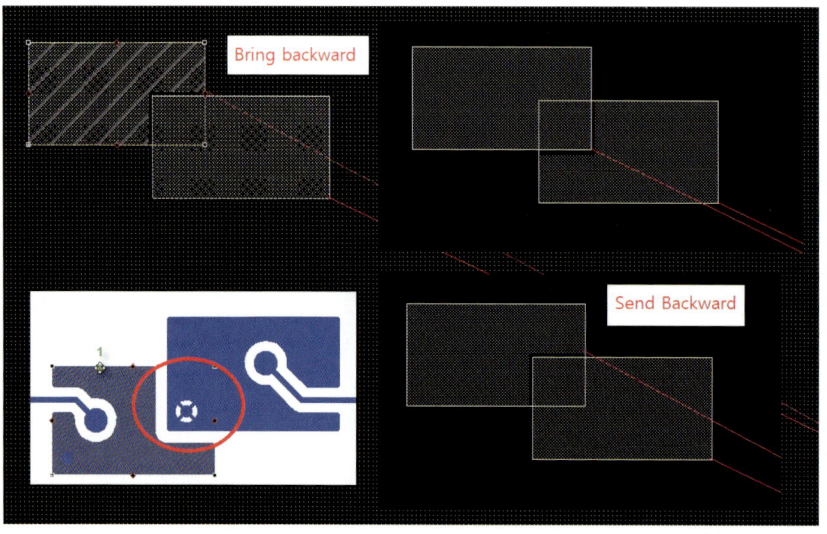

는 복사 명령어 입니다. 전체를 복사, 수평하게 복사, 수직으로 복사를 할 수 있습니다.

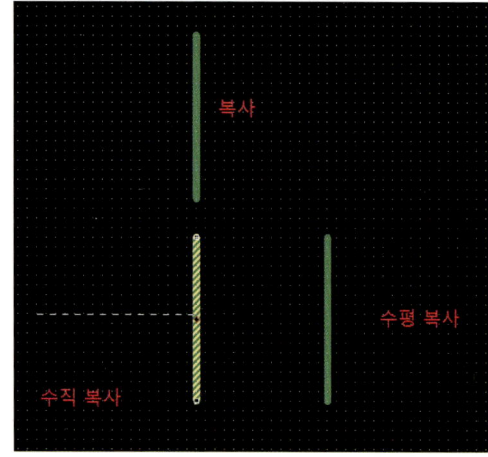

Join 은 Join할 두 Line이 Polyline으로 Join됩니다.

Common Endpoint가 없으면 Closed End 사이에 선분이 그려지고 세 개의 Segment가 Combine 되어 Polyline이 됩니다.

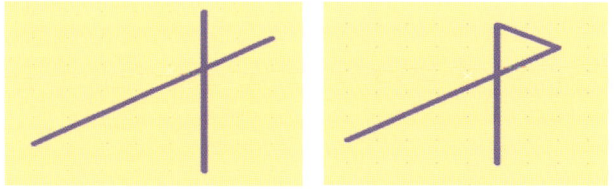

Join은 Line을 합치는 것이고 Polyline과 Polygon을 서로 변경할 수 있는 명령어는 ❖과 ❖입니다. Create Polyline or Polygon ❖은 Common End Point가 있는 Multiple Element을 선택하면 Element들이 Polyline으로 변경됩니다. Element가 Closed Area라면 Polygon으로 변경됩니다.

Dissolve Polyline or Polygon은 Polygon 혹은 Polyline을 선택하여 Element들이 Line이나 Arc 등으로 분할됩니다.

Trim ✝ 은 Trim할 두 개의 Line을 선택하여 짧은 쪽의 Line이 잘라져서 Trim되며 Line은 별도의 분리된 Segment로 남습니다.

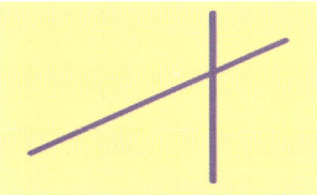 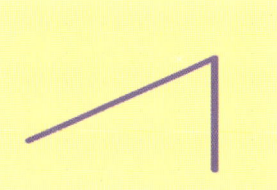

Extend ⋏ 는 선택한 Line의 확장으로 원하는 끝까지 연장하며 Object나 Point를 선택하여 확장합니다.

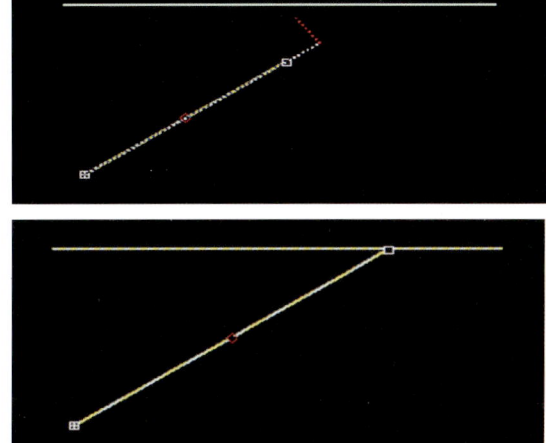

Merge ⊞ 합병을 원하는 첫 번째 Element 선택하고 합쳐질 Shape 선택 합니다.

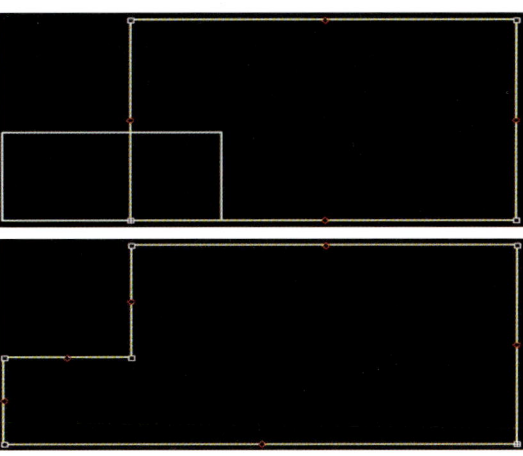

Subtract 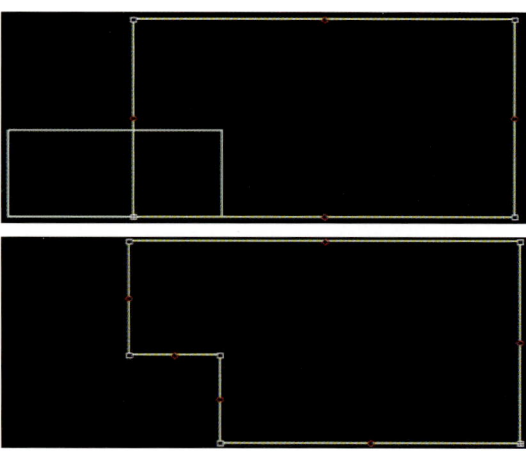 는 Subtract를 원하는 첫 번째 Element 선택하고 잘라질 Shape 선택합니다.

Split Shape 는 첫 번째 형상을 선택하고 Split Shape를 선택한 다음 두 번째 형상을 선택하는 방법과 모든 형상을 한꺼번에 선택한 후에 Split Shape를 선택하여 형상을 분리합니다.

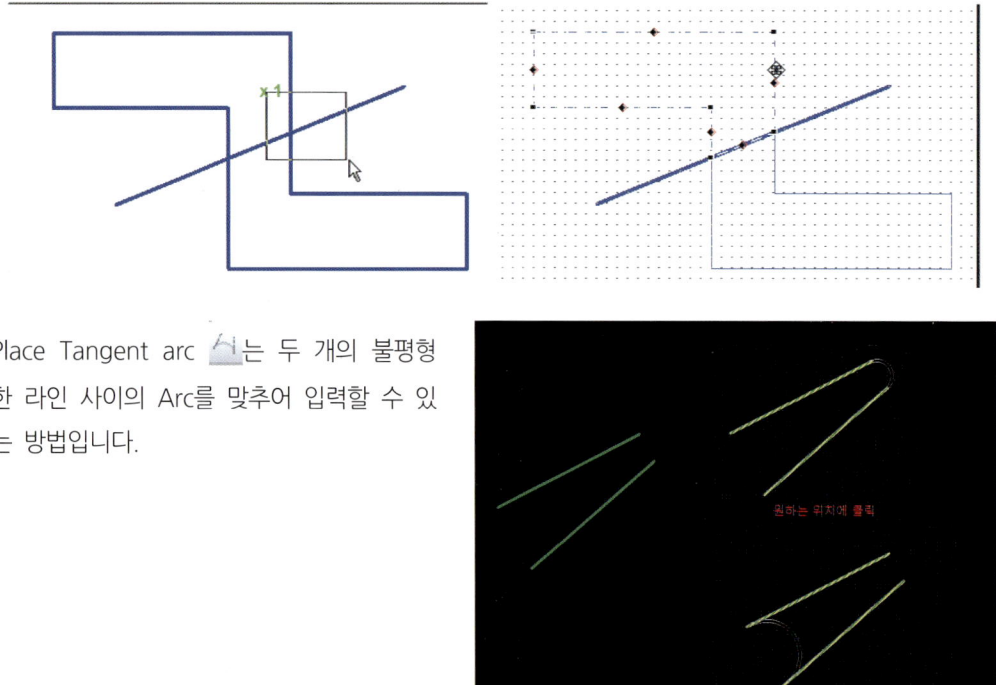

Place Tangent arc 는 두 개의 불평형한 라인 사이의 Arc를 맞추어 입력할 수 있는 방법입니다.

Segment Line 은 Line을 원하는 개수대로 나누어 주는 기능입니다. 오른쪽의 화살표로 나눌 개수를 지정할 수 있습니다. Scale 은 원하는 형상을 확대/축소하는 기능입니다. 오른쪽이 화살표로 확대/축소 배율을 입력 가능합니다.

Draw Object를 선택하면 가운데는 빨간색, 모서리에는 백색이 표시가 됩니다.

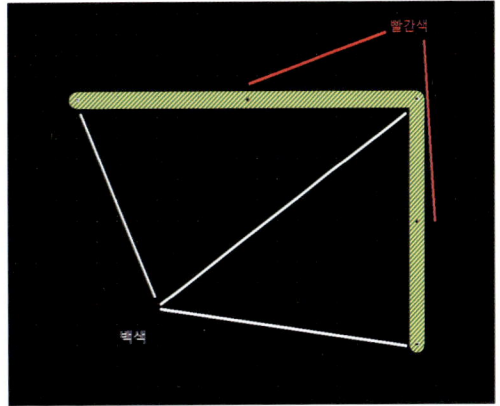

빨간색은 각도가 지정된 상태의 부분 이동입니다. 수직이면 수직으로 이동하고, 수평이면 수평으로 이동합니다. 백색은 각도 지정 없이 원하는 곳으로 이동 가능합니다.

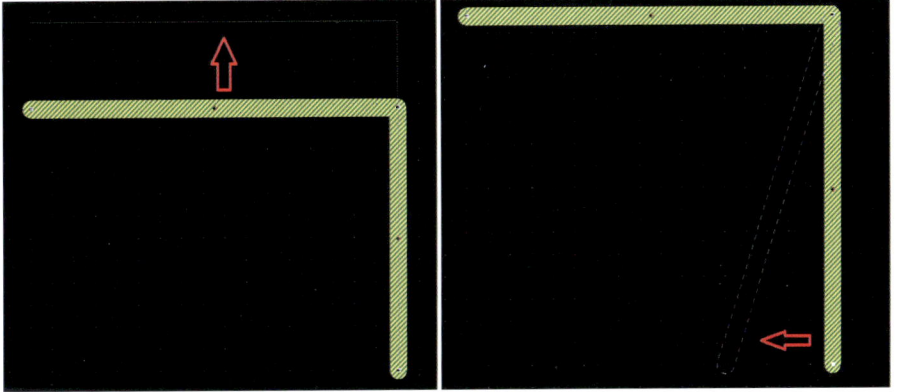

그 외의 곳을 선택하면 Draw 전체를 이동할 수 있습니다.

빨간색 중간 포인트는 Ctrl을 누르면서 Drag하면 Segment를 두 개로 나누면서 두 개의 빨간 포인트의 구성점을 만들 수 있습니다.

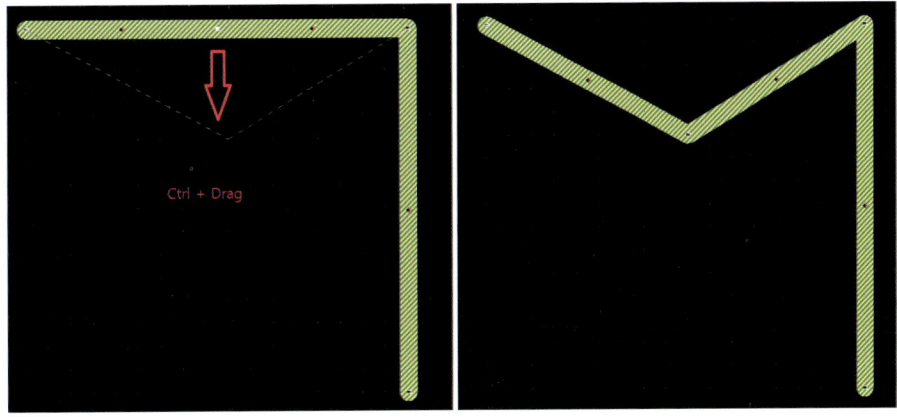

원하는 흰색 포인트를 지우고 싶으면 포인트를 선택하고(Solid 표시가 됩니다.) Delete End Point Handle 을 누르면 됩니다.

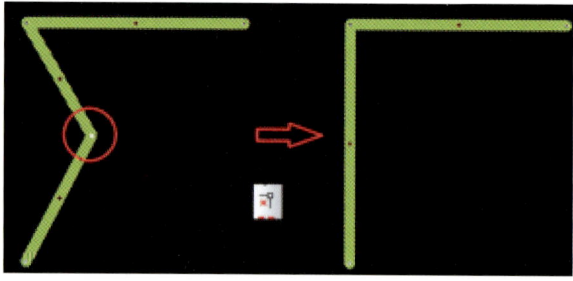

Draw 전체를 선택할 때, Ctrl을 누르면서 더블 클릭을 하면 동일한 위치에 복사됩니다. 이 복사된 형상이 잘 선택이 어렵다면 탭(Tap) 키를 누르면 순차적으로 선택됩니다.

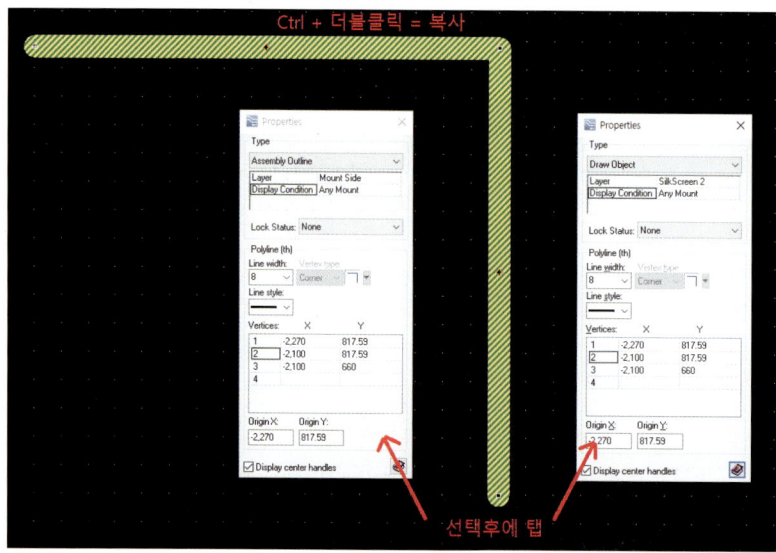

흰색 포인트를 한꺼번에 선택하여 이동하려면 Select Object Handle 과 Ctrl 을 사용합니다.

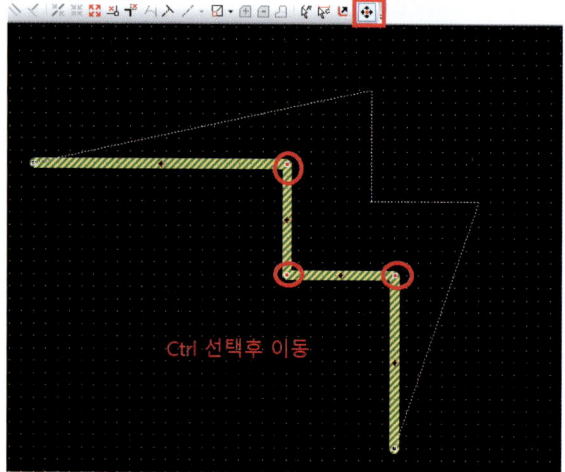

Segment 편집을 원하면 Modify Shape 기능을 이용합니다. 명령어를 클릭하고 Draw Shape를 지정해도 되고, Shape를 지정하고 명령어를 지정해도 됩니다. 형상을 Corner, Round, Chamfer로 변경 가능합니다.

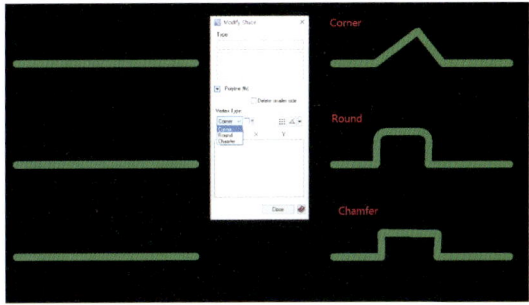

특정 형상을 자유롭게 Cut을 원하면 Cut Shape을 사용합니다.

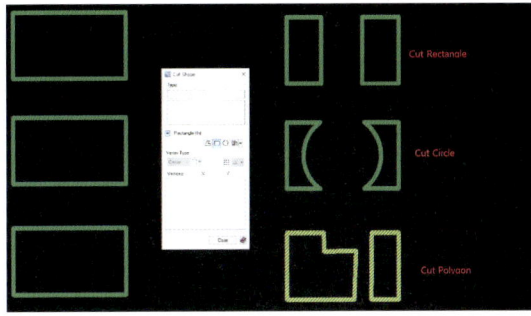

Polygon의 경우에는 Corner에 백색 포인트를 클릭하면 Modify Shape와 유사한 Corner 편집이 가능합니다. Corner에서 Round, Chamfer로 변경이 가능합니다.

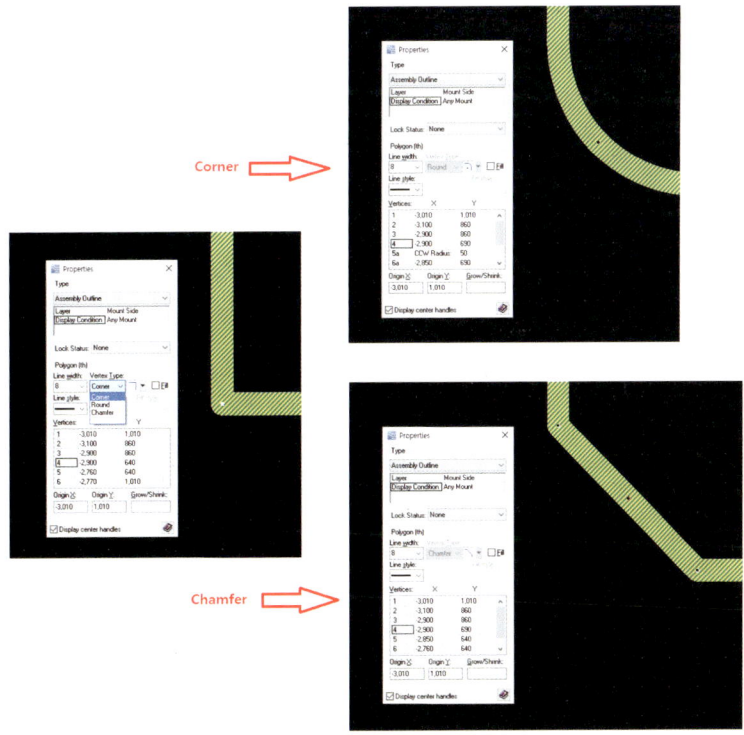

Corner의 흰색 포인트를 Drag해서 Round로 변경하려면 Modify Shape Corners 를 사용합니다.

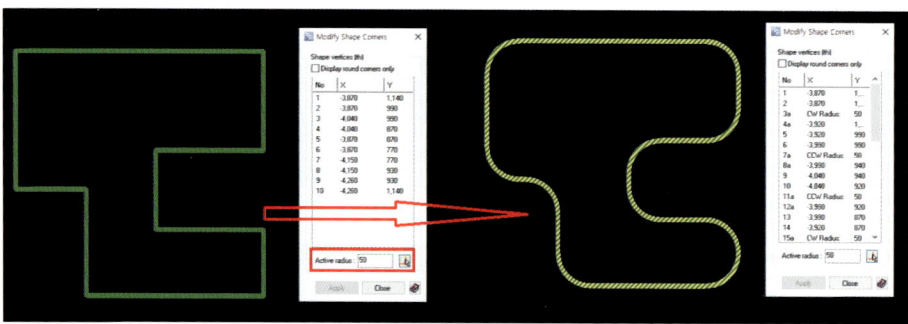

도형 입력과 편집을 Layer와 Object에 맞추어서 운용을 하는 것이 중요합니다.

도형 입력을 이용해서 PCB의 맨 처음에는 Board Outline을 작성합니다. Board Outline은 실제 PCB 범위를 표시하는데 사용되는 Closed Polygon입니다. 모든 PCB Database는 반드시 Single Board Outline이 있어야 하고 Board Outline은 삭제되지 않습니다. (재 입력하면 새로 입력된 Board Outline으로 교체됩니다.)

board Outline은 다음의 3가지 방법으로 작성합니다.

- PADS Pro Layout의 Drawing Tool 사용
- DXF Graphic의 Import
- IDF Graphic의 Import

PADS Pro Layout의 [Draw] - [Board Outline]으로 입력합니다.

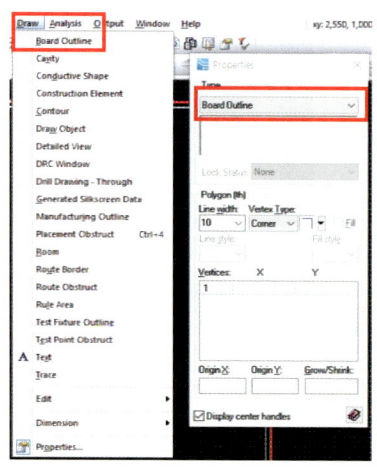

혹은 Draw Mode에서 Polygon 명령어와 Property 창에서 Board Outline을 선택해도 동일합니다.

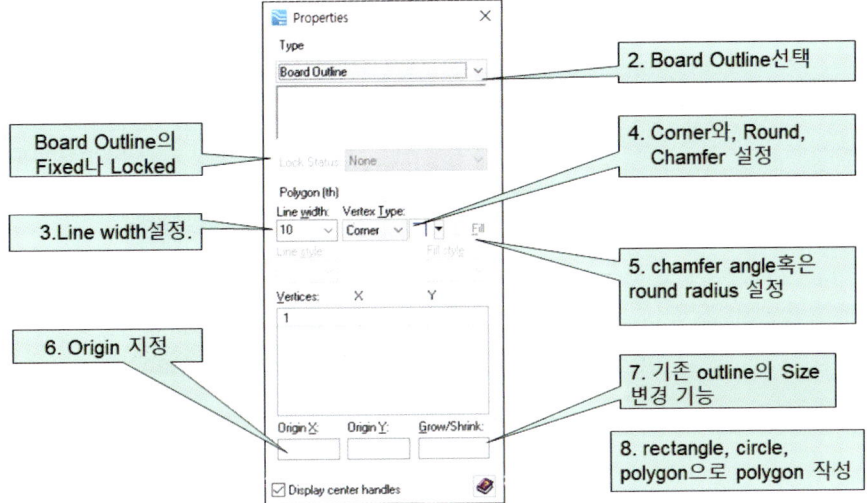

Board Outline에서 구성점의 편집은 Handle을 Move하는 것으로 실행됩니다. 사각형은 Endpoint이고 마름모는 Mid-point입니다. Mid-point는 아래처럼 움직이는 것이 가능합니다.

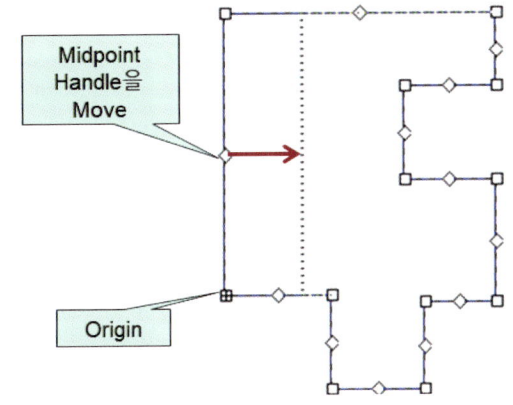

Endpoint의 선택은 일반 Move와 Draw Edit의  Handle을 선택했을 때가 다릅니다.

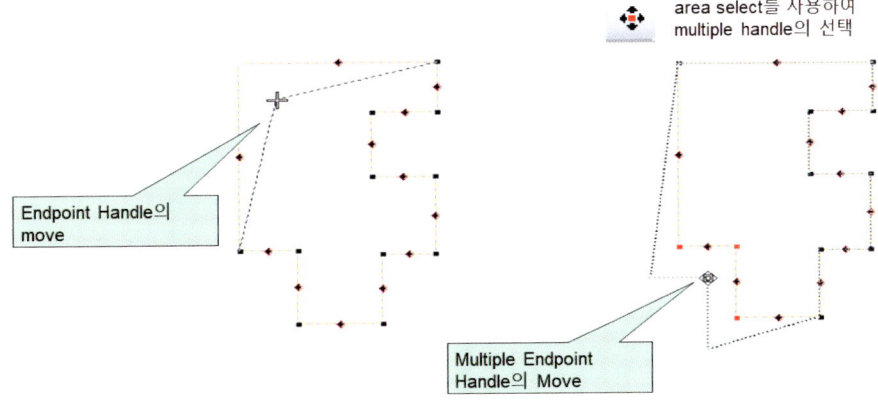

특정 Point를 지우고 싶으면 선택 후 Delete the End Point Handle ⬚ 을 선택합니다. Corner 를 선택하면 일반 선택은 하얀색으로 선택되고, Handle 선택은 빨간색으로 선택됩니다.

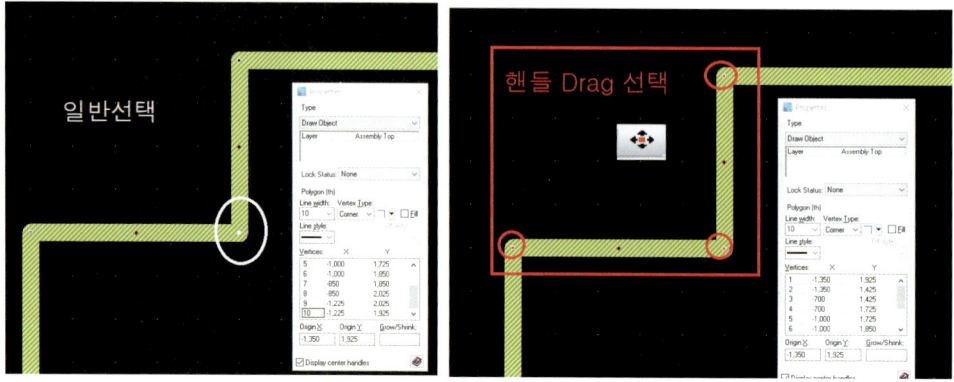

Midpoint Handle에서 Double-click을 하면 원래 Midpoint가 Endpoint가 되고 각 사이에 Midpoint 2개가 작성되고 다음처럼 이동이 가능합니다.

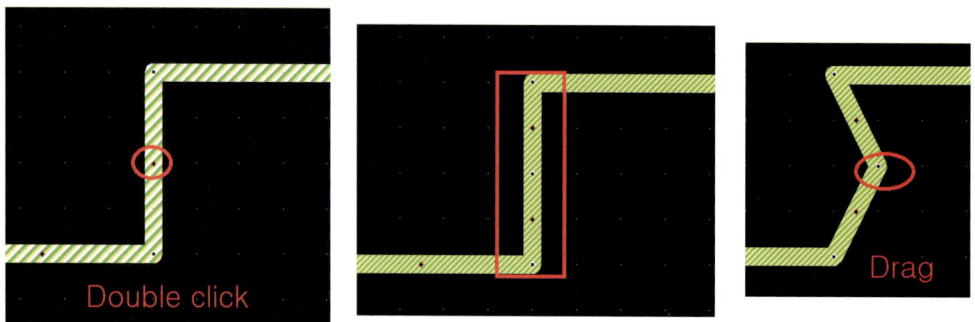

이 Endpoint는 선택후에 Properties에서 Round나 Chamfer로 변경이 가능합니다.

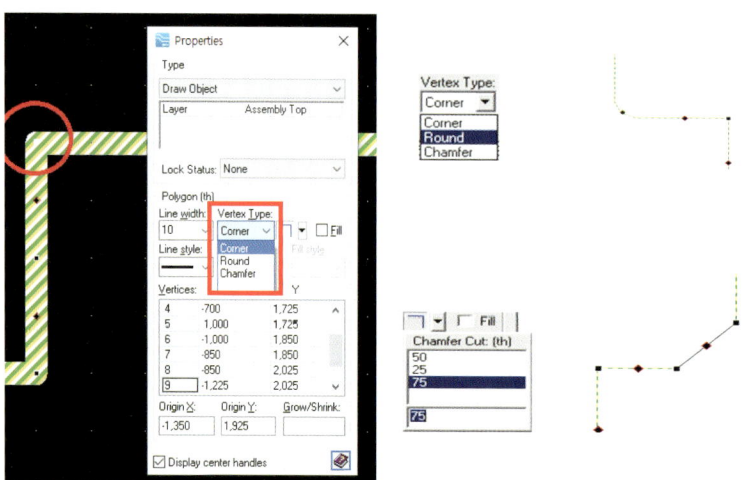

PADS Pro는 Board Outline 이외에 추가적으로 배선 영역이 필요합니다. 이것을 Route Border라고 하며 배선 영역입니다. 모든 Board는 Route Border가 있어야 하고 Route Border는 보통 Board Outline을 복사하여 Size를 편집하는 방식으로 작성합니다.

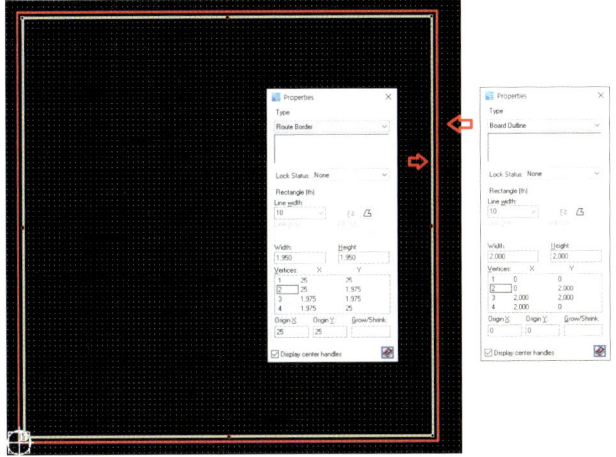

또한 필요한 데이터가 Manufacturing Outline입니다. Manufacturing Outline을 사용하여 데이터 (Text, Graphics과 Contours)들 Import 시에 Outline 안쪽에 제한을 둘수 있습니다. PCB Layout을 Panel이나 Drawing에 배치할 때 유용합니다. Manufacturing Outline이 존재하지 않는 경우 Panel 혹은 Drawing에서, PCB Design을 열면 자동으로 Board Outline이 Manufacturing Outline으로 복사됩니다.

Update된 Manufacturing Outline이 이전의 Manufacturing Outline을 Overwrite합니다. Manufacturing Outline은 Locked이나 Fixed 가능하며 수정이 끝나면 Outline Display를 끌 수도 있습니다.

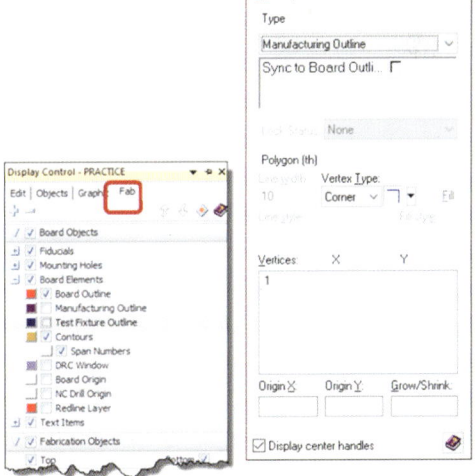

또한 필요한 데이터가 Test Fixture Outline입니다. 회로, 전자 부품 및 칩과 같은 전자 장비를 시험할 때, Test Fixture는 Test 중인 장치를 제 위치에 고정시키고 제어된 전자 Test 신호를 받아 Test하도록 하는 장치 또는 설정 장치입니다. Test Fixture Outline을 사용하여 Test Fixture의 Physical Border를 정의하고 Design은 하나의 Test Fixture Outline만 작성합니다.

Extended Print나 Neutral File 출력할 때만 Test Fixture Outline 정보가 출력되며 Test Fixture Outline은 Locked이나 Fixed 가능합니다. 수정이 끝나면 Outline Display를 끌 수도 있습니다.

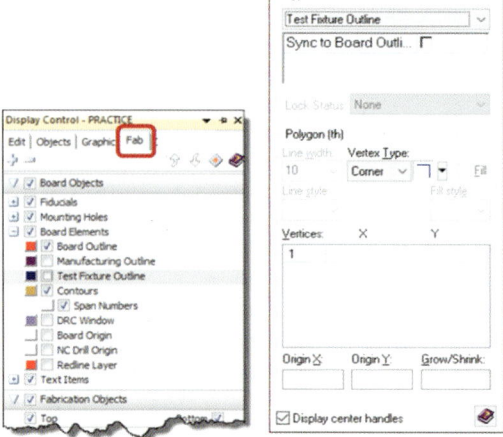

DXF(Drawing Interchange)는 AutoDesk, Inc.에서 만든 파일 형식으로, PADS Pro Layout과 많은 CAD 및 그래픽 응용 프로그램 간에 데이터를 교환하는 데 사용할 수 있습니다.

PADS Pro Layout에서는 [File] - [Import] - [DXF]로 실행합니다.

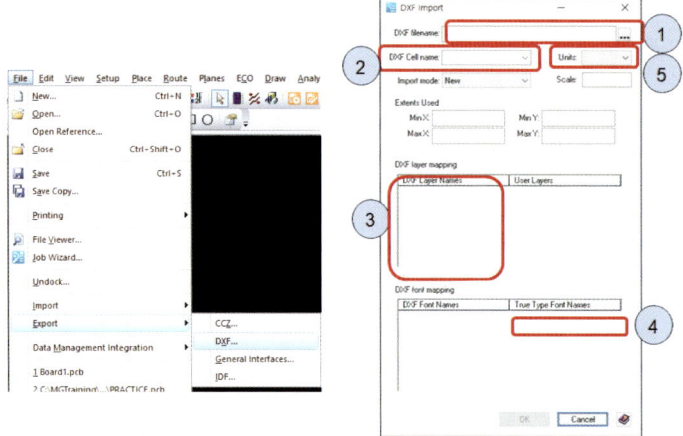

❶ DXF File의 위치를 지정합니다.
❷ 생성될 Drawing Cell Name을 입력하고, Cell의 Import Mode를 설정합니다.
❸ 가져올 DXF File Layer를 Check합니다. DXF Data는 User Defined Layer들만 Import 가능합니다.
❹ Font를 설정합니다.
❺ Unit 설정을 확인합니다.

DXF Graphic은 Drawing Cell로 Import 됩니다. DXF Cell Name은 "DXF"라는 Character로 시작되게 작성되며 Import 되는 Element는 다음과 같습니다.

- Line
- Arc
- Polygon
- Text
- Dimensions — converted to polylines
- Circles
- Ellipse — converted to Arcs

DXF 이외에 IDF로도 Import 가능합니다. IDF는 높이가 있는 3D 데이터이지만 2D 형상이 있기 때문에 Board가 지정된 .emn 파일로 선택합니다. IDF의 다른 파일은 .emp 파일로 부품들의 파일입니다.

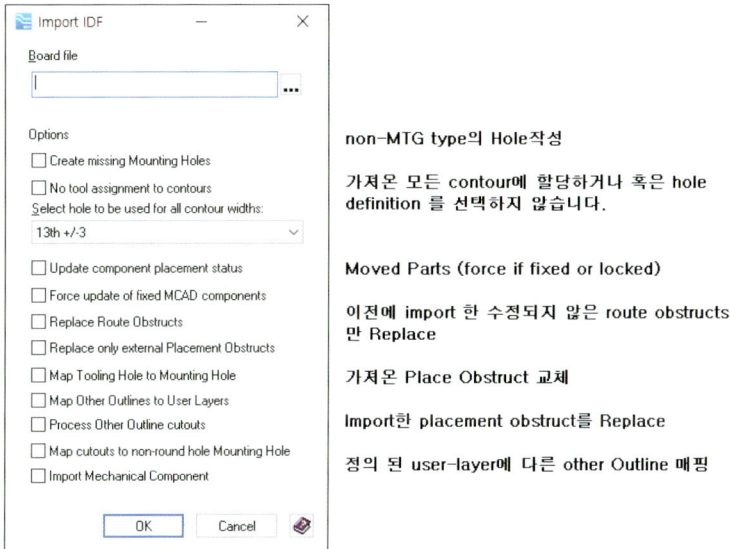

IDF 파일과 PADS Pro Layout 간의 Layer Mapping은 다음과 같습니다.

- IDF Name   PADS Pro Layout Name
- Component Placement*   Parts*
- Board outline   Board outline
- Board outline (cutout option)   Contours
- Drilled Holes   Mounting holes
- Route outline   Route border
- Route keepout   Route obstruct
- Via keepout   Via obstruct
- Place keepout   Placement obstructs
- Place region   Floorplan rooms

Board Outline이 작성되면 추가적으로 입력해야 할 Object들이 있습니다. [Place]나 [Draw]에서 입력합니다.

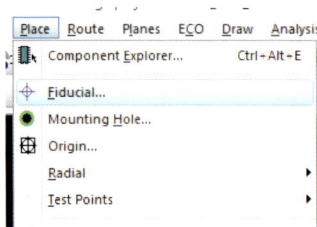
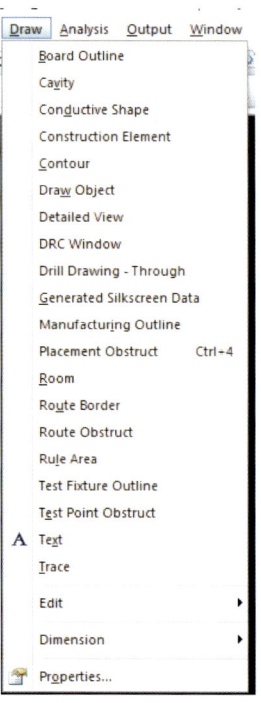

Mounting Holes	PCB를 기구물에 고정하기 위한 Hole. 나사로 고정합니다.
Fiducials	인식마크입니다. SMT 장비의 머신비전에서 기준 위치를 잡기 위해 사용합니다.
Board Origins	PCB의 원점입니다. 좌표의 기준이 됩니다.
Placement Obstructs	부품의 배치 금지영역입니다.
Route Obstructs	배선 금지영역입니다.
Cavity	PCB의 높이가 다른 영역입니다. 특수 목적으로 사용됩니다.
Contour	PCB의 Cutout 영역입니다.
Room	부품들의 지정된 Group이 배치되어야 하는 영역입니다.
Rule By Area	특정한 Rule이 지정되어 있는 영역입니다.

Mounting Hole을 배치하려면 [Place] - [Mounting Hole] 선택합니다. Padstack, Location 입력, Lock Status 설정하고, Net Name은 오직 Plated Mounting Hole에만 가능합니다.

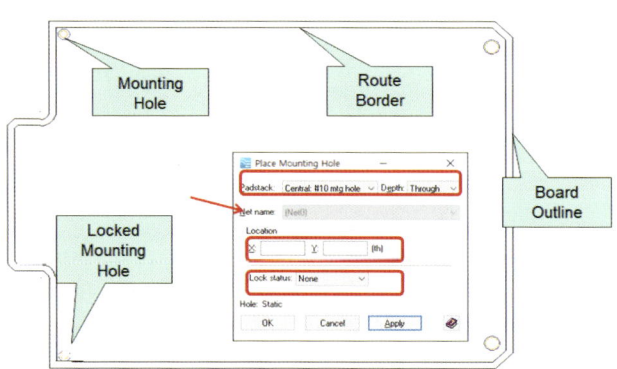

398

Fiducial은 [Place] - [Fiducial]에서 입력하고 Fiducial Padstack Type과 X, Y Co-ordinates, Lock Status를 정의합니다.

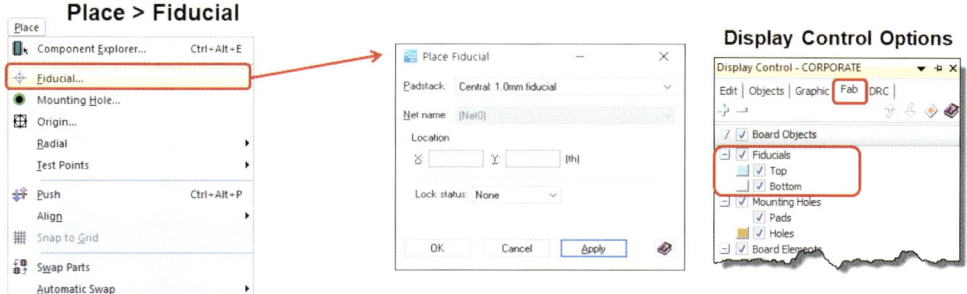

Board Origins의 Origin을 재배치 가능합니다. [Place] - [Origin] 선택하여 Board or Drill의 Type 선택하고 New Location을 입력한 뒤에 OK 합니다. NC Drill Origin을 사용하면 NC Drill Output 에 대해 별도의 x, y Origin Location을 설정할 수 있습니다. 주의할 점은 Apply를 클릭 후 OK를 클릭하면 Origin이 두번 이동합니다.

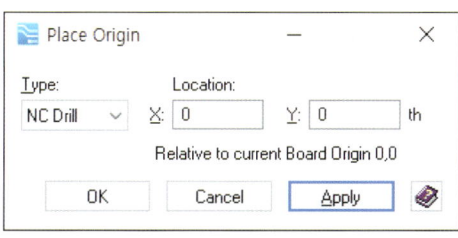 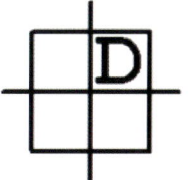 

Placement Obstructs는 금지할 영역을 작성합니다. [Draw] - [Placement Obstruct] 선택하여 Polygon, Circle, Rectangle 선택 후 입력합니다. Type, Layer(Top or Bottom), Height(영역에서 높이 제한을 설정)를 지정 가능합니다.

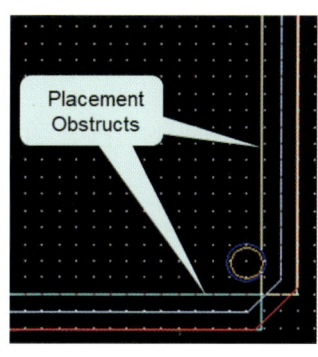 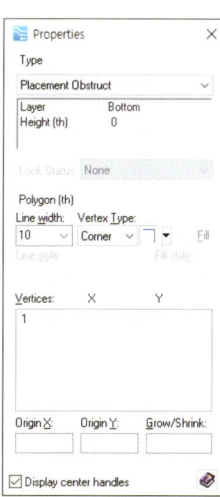

Route Obstruct은 Routing을 금지합니다. [Draw] - [Route Obstruct] 선택하여 입력합니다.

Polygon, Circle, Rectangle 선택하여 Type과 Layer (특정 레이어 또는 모든 레이어에 배치 가능)를 지정합니다.

Obstruct Type은 Traces, Vias, Traces & Vias, and Tuning Pattern 등을 지정합니다.

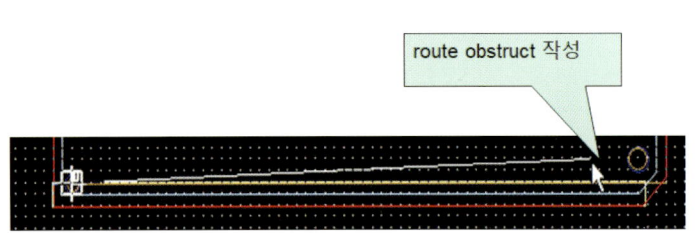
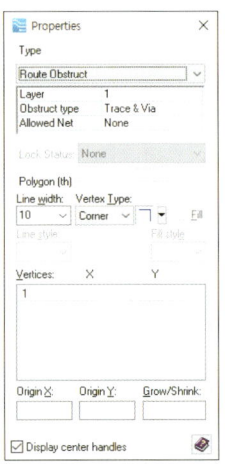

실습 04   PADS Professional Layout의 Board Outline과 Draw 작성

계속해서 C:\MGTraining\projects\PADS_PRO_TRAINING\PCB\ Board1.pcb 파일에서 진행합니다.

1 Board Outline을 수동으로 작성해 보겠습니다. [Draw] - [Board Outline]을 실행하면 Properties에서 Type이 Board Outline 상태로 나타납니다.

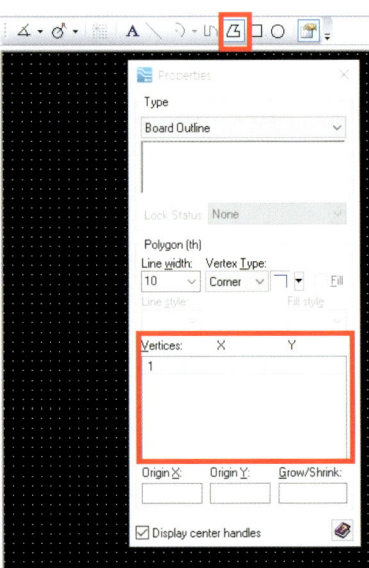

4장 PADS Professional Layout

② 이 상태에서 Draw Create의 도형 입력을 수동으로 하거나 좌표를 Vertices에서 아래처럼 입력합니다.

Vertex	X		Y	
1	-2.54	Enter	-2.54	Enter
2	80.01	Enter	-2.54	Enter
3	80.01	Enter	67.31	Enter
4	-2.54	Enter	67.31	Enter
5	-2.54	Enter	47.63	Enter
6	-10.16	Enter	47.63	Enter
7	-10.16	Enter	17.15	Enter
8	-2.54	Enter	17.15	RMB

③ Close Polygon을 하면 사각형에서 다음과 같이 변경됩니다.

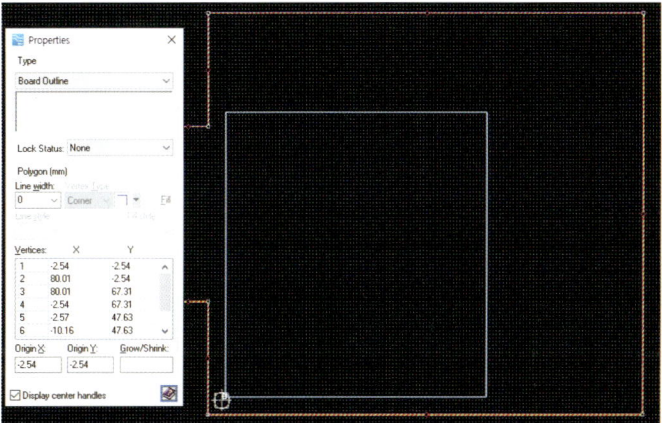

④ 입력 후에 Board Outline과 같이 움직여지는 Outline이 보입니다. 속성을 보면 Manufacturing Outline과 Test Fixture Outline이고 Sync to Board Outline이 Check되어 있습니다.

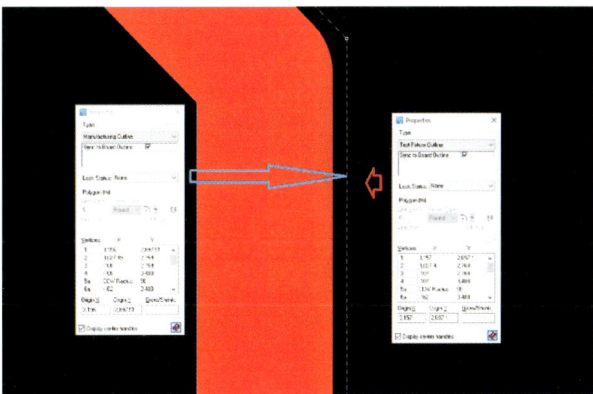

401

5 직사각형을 Round나 Chamfer로 오른쪽처럼 속성창에서 지정하여 변경이 가능합니다. Vertices에서 선택하거나 그림상에서 Endpoint를 선택하면 됩니다.

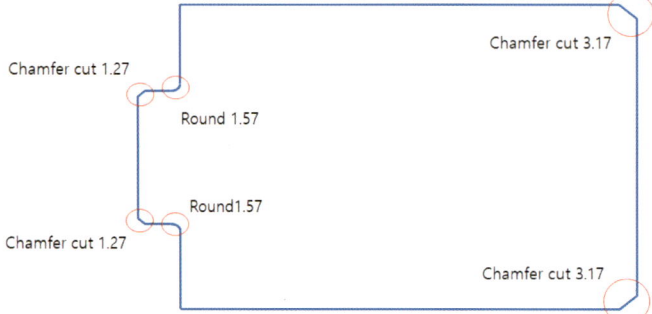
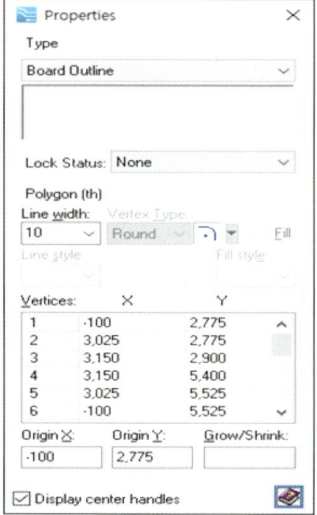

6 오른쪽 위의 Endpoint를 선택하면 Properties 창에서 선택됩니다. 선택되면 Vertex Type이 활성화되고 ⌐▼에서 값을 입력하고 Chamfer Cut으로 변경하면 됩니다.

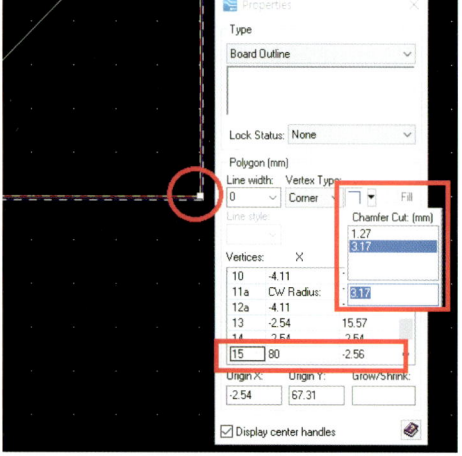

7 Chamfer Cut 125와 50을 진행하고 Round 62는 Vertex Type을 Round로 지정합니다. 이후에도 Radius 변경이 가능합니다.

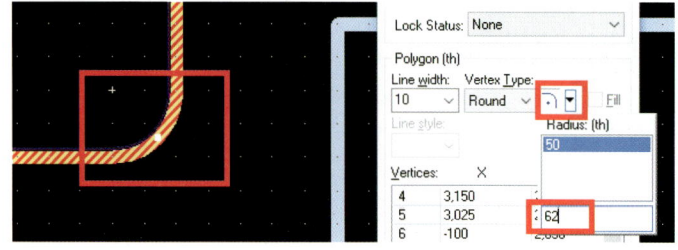

8 다시 4각형 Board Outline을 그려줍니다. 9 DXF로 형상을 Import합니다. 준비되어 있는 DXF를 이용하여 Board Outline을 입력합니다. DXF File은 압축을 푼 파일 중에서 C:₩MG Training₩common₩drafting₩outline.dxf를 사용합니다.

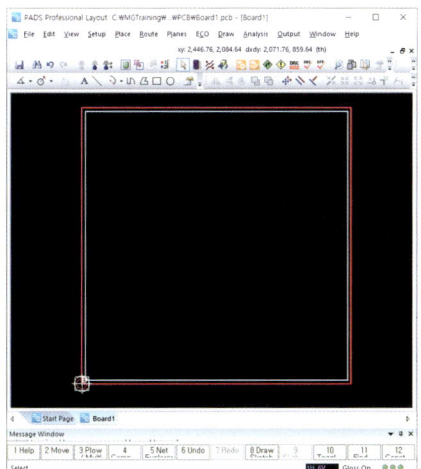

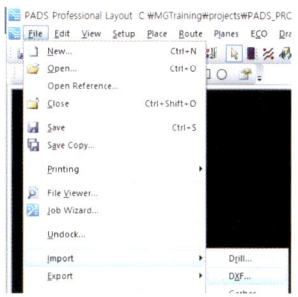

10 DXF를 지정하고 Cell Name은 DXF로 주고 오른쪽과 같이 지정합니다. 단위는 th로 작성되었기 때문에 th로 지정합니다. 입력이 되었지만 입력 Layer의 Display가 꺼져 있어서 형상이 보이지 않습니다. Display Control의 Fab에 User Draft Layer에 DXF 관련 Layer를 켜줍니다.

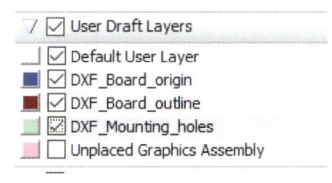

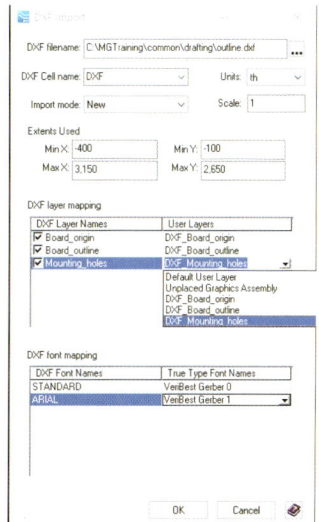

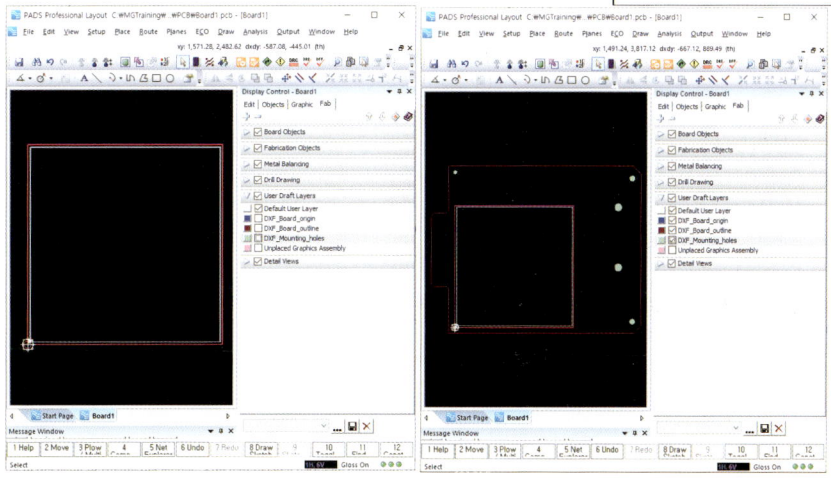

⑪ User Layer이기 때문에 Copy를 한 후에 Board Outline으로 Layer를 변경해야 합니다. 그 전에 Import된 DXF는 Cell로 Import된 것이라 Cell을 편집할 수 있어야 합니다. Editor Control - Place Tab에서 General options에서 아래에 Allow Cell Text Edits와 Allow Cell Graphics Edit를 Check해야 합니다.

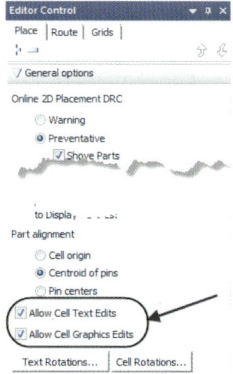

⑫ 이후 Board Outline 형상을 선택하고 RMB - [Properties]를 선택해 속성 창을 Open합니다. Draw Object이지만 변경이 불가능합니다.

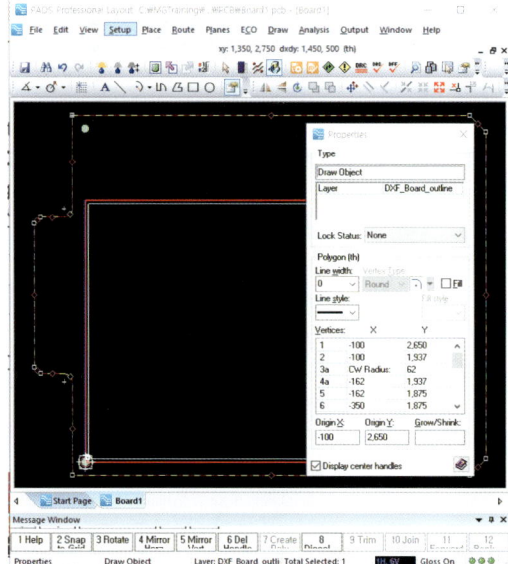

⑬ 복사 후에 Object를 변경하는 방법으로 작성합니다. Draw Copy 를 이용하거나 도형을 Ctrl+더블 클릭하면 같은 자리에 복사됩니다. (Select Mode나 Draw Mode)

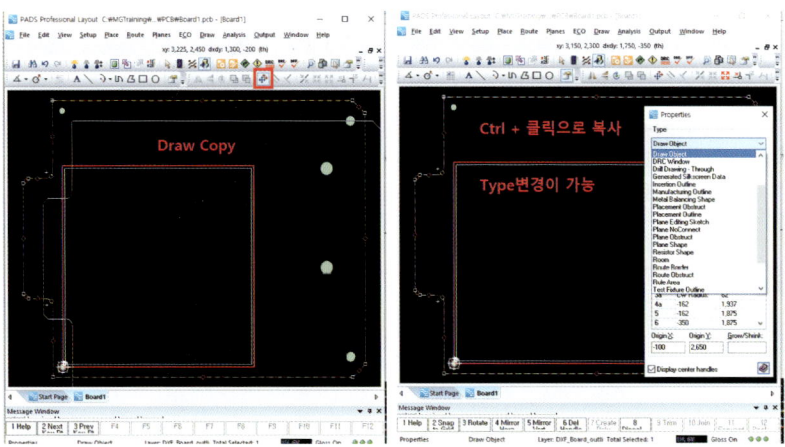

404

14 Draw Object에서 Board Outline으로 변경하면 기존의 사각형이 없어지고 Import한 형상으로 됩니다.

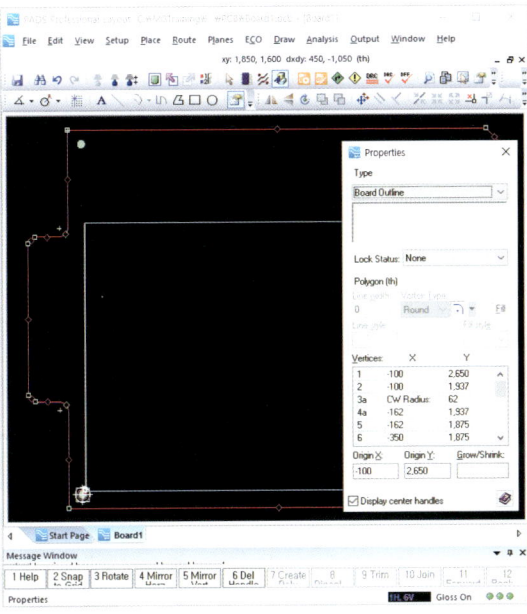

15 남아있는 사각형의 형상은 Route Border입니다. Route Border는 배선을 할 영역입니다. Board Outline이 존재하면 Copy해서 Glow/Shrink를 이용해서 작성할 수 있습니다. Board Outline을 선택하여 Draw Object를 복사합니다. Object가 겹쳐서 선택이 어려우면 선택된 상태로 Tab키를 누르면 다음 선택이 가능합니다.

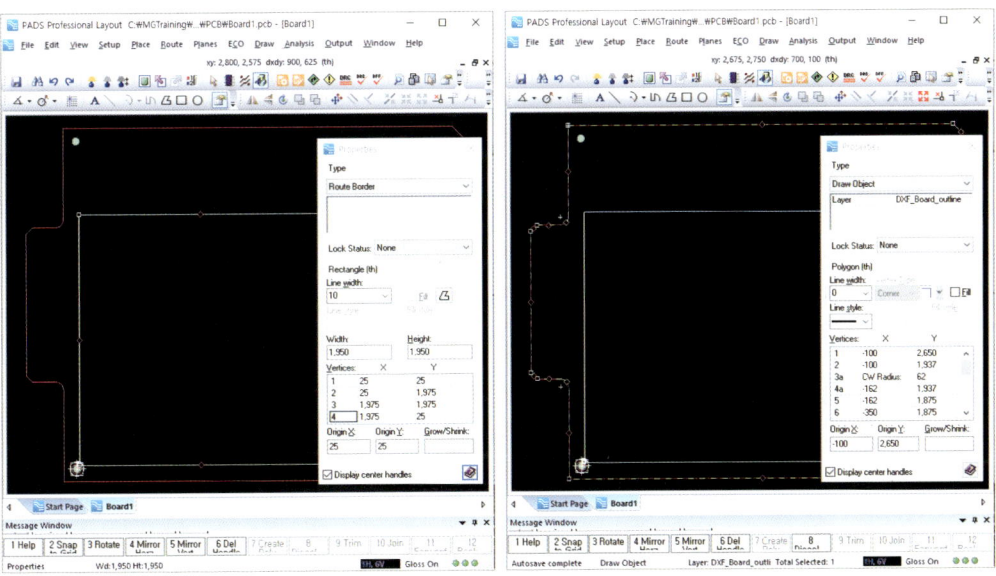

16 Route Border로 변경을 한 이후에 Glow/Shrink에 -0.5을 입력합니다. 복사된 Draw Object가 Router Border로 변경되고 -0.5만큼 작아집니다.

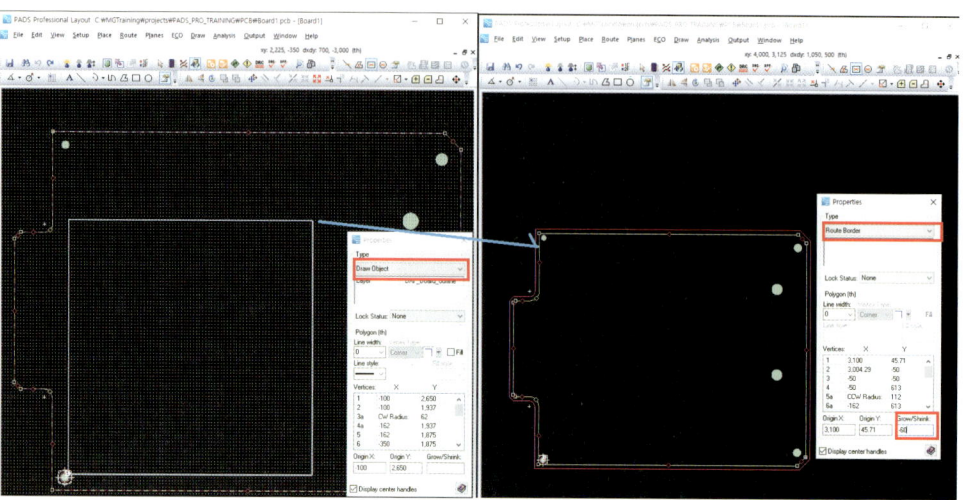

17 Copy가 되면 User Draft Layer 중에서 DXF_Board_origin, DXF_Board_outline은 Display를 꺼줍니다.

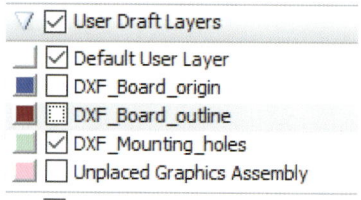

18 배치 금지 영역을 입력하기 위해서 [Draw] - [Placement Obstruct]를 입력합니다.

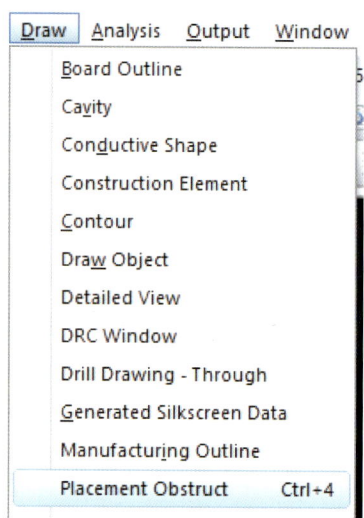

19 Properties 창이 나타납니다. Draw Create Toolbar의 Rectangle에서 Properties의 Type을 Placement Obstruct로 해도 같은 입력 상태가 됩니다.

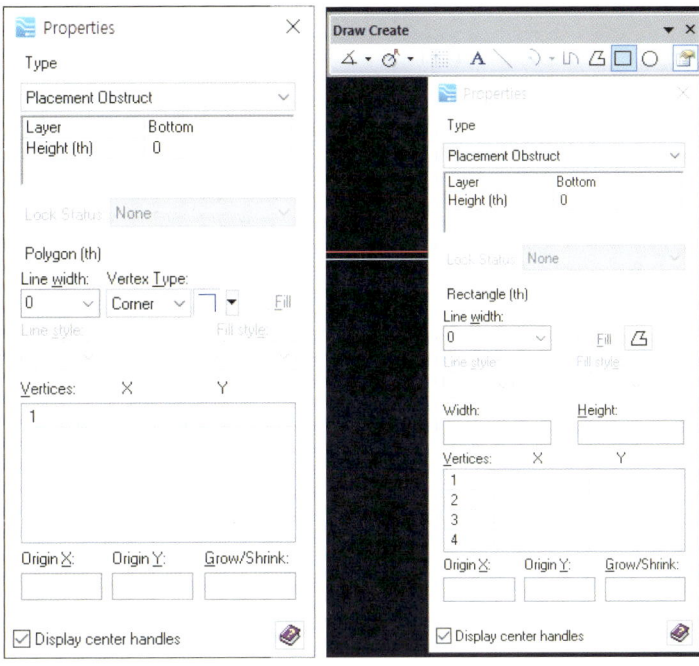

20 Layer를 Top으로 놓고 X에 -6.35를 치고 Enter, Y에 -2.54를 치고 Enter를 누릅니다.
다음과 같이 입력합니다.

2번째 Point에서 X=-6.35, Y=0

3번째 Point에서 X=82.55, Y=0

4번째 Point에서 X=82.55, Y=-2.54 입력후에 RMB - [Close Polygon]

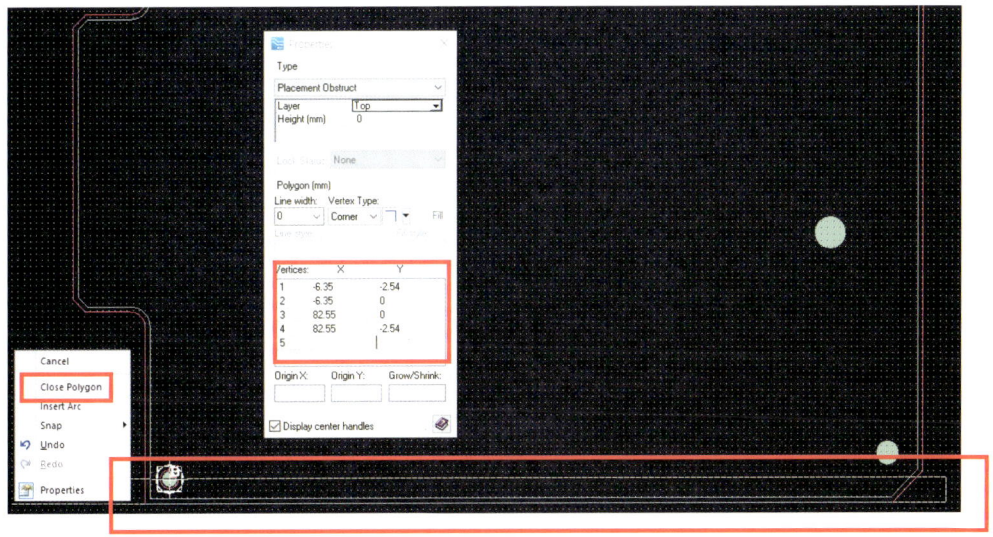

㉑ Draw Create Toolbar에서 Properties창을 Open한 다음 Type을 Placement Obstruct로 변경합니다.

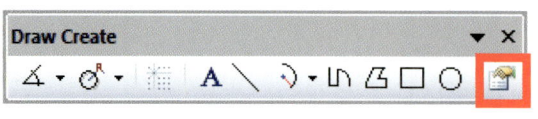

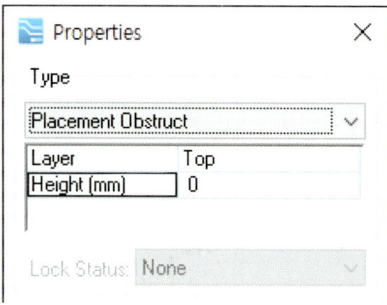

㉒ Draw Create Toolbar에서 Rectangle로 입력하기 위해 ▢를 선택합니다.

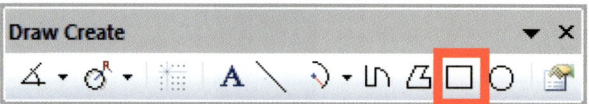

㉓ Properties창에서 입력해도 되지만 이번에는 Keyin Command를 이용해서 입력하겠습니다.

▢을 클릭한 상태에서 키보드로 x라고 치면 Keyin Command가 나타납니다. 이전 버전에는 Keyin Command를 Toolbar로 인식하여 별도로 꺼내야 했지만 특정 문자를 타이핑하면 PADS Layout의 Modeless Command같이 나타납니다.

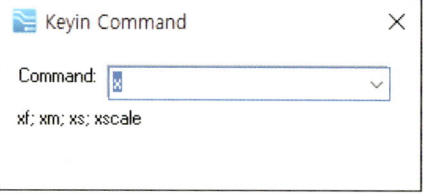

xy=-6.35,64.77라고 입력하고 Enter합니다.

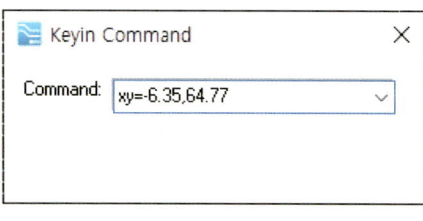

다시 xy=82.55,67.31를 입력하고 Enter합니다.

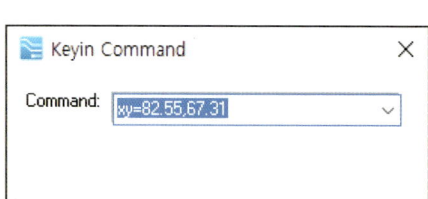

24 위쪽의 Placement Obstruct도 입력되어 2개가 되었습니다.

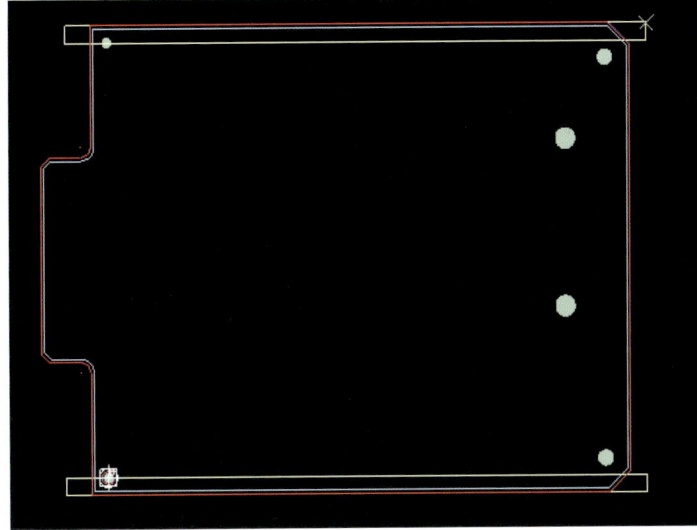

25 Placement Obstruct를 위에서 Top만 금지했기 때문에 2개를 Copy 후에 Bottom쪽에도 설정합니다. PADS Pro Layout에서는 Placement Obstruct 입력 방식이 높이를 입력하게 되어있기 때문에 양면을 한꺼번에 입력하지 못합니다. Copy하면 Draw Object로 Copy됩니다.

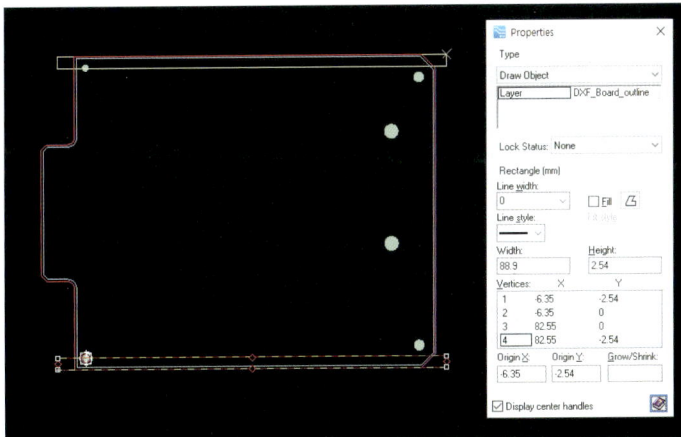

26 배치 금지 영역 입력 이후에는 배선 금지 영역인 Route Obstruct를 입력합니다. 다음 쪽에 입력한 Placement Obstruct를 Copy하여 Route Obstruct로 변경합니다. Copy하면 Draw Object로 Copy됩니다.

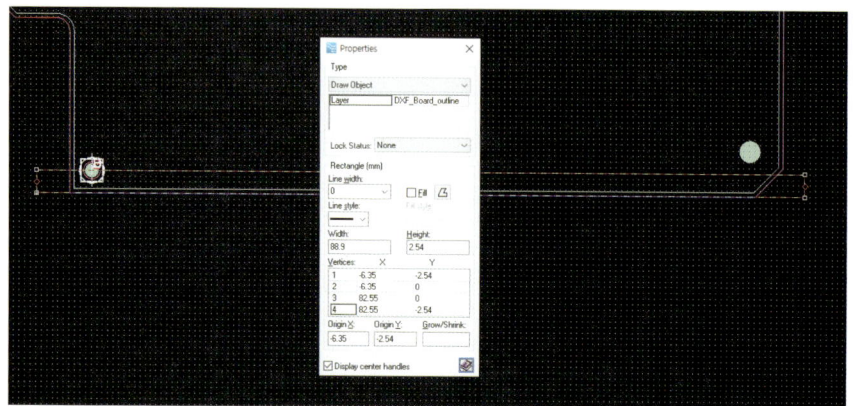

27 Copy된 Draw Object를 Route Obstruct로 변경한 다음, Layer는 All, Obstruct Type은 Trace & Via로 설정합니다.

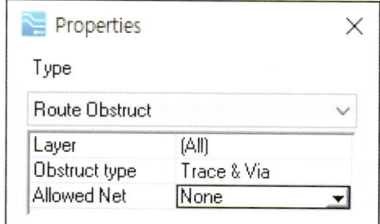

28 이후 편집을 위해 Placement Obstruct는 Display를 해제합니다.

29 Draw Edit에서 ✥를 선택하여 Object로 되어 있는 항목을 Handle로 변경합니다.

30 Route Obstruct의 왼쪽 구성점 두 개를 Ctrl 키를 누르고 있는 상태에서 선택하거나 Drag합니다. 선택하면 다음과 같이 빨간색으로 보이게 됩니다.

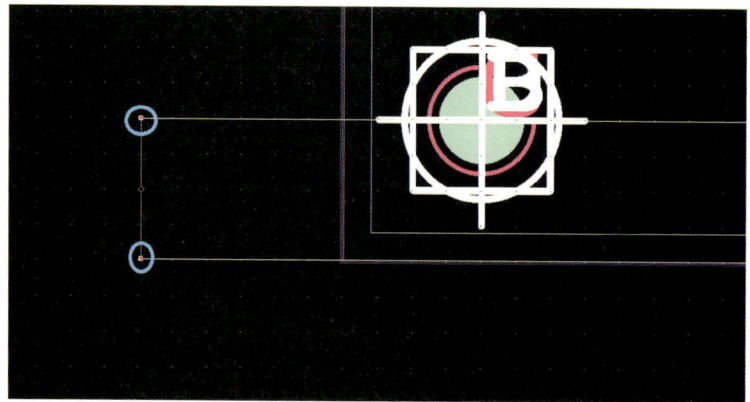

31 그 상태에서 오른쪽으로 이동하기 위해서 Keyin Command로 dx=1.27 이라고 입력합니다. (상대좌표)

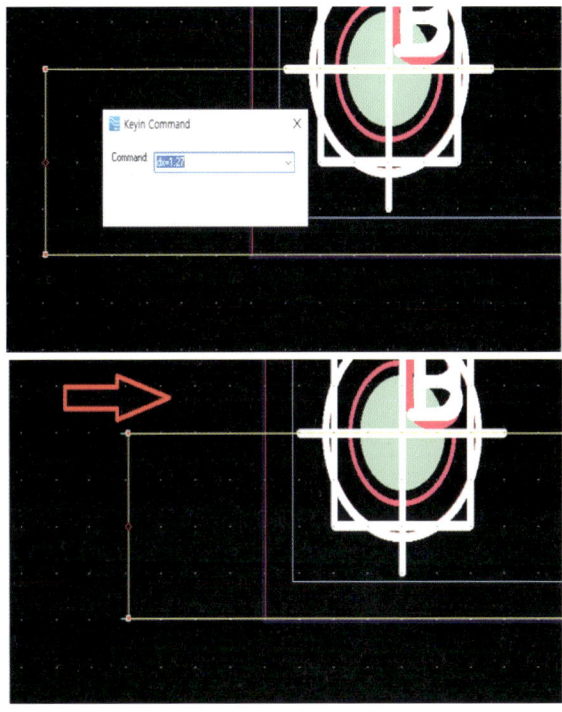

32 오른쪽 변은 dx=-1.27을 입력하면 다음과 같은 형상이 됩니다.

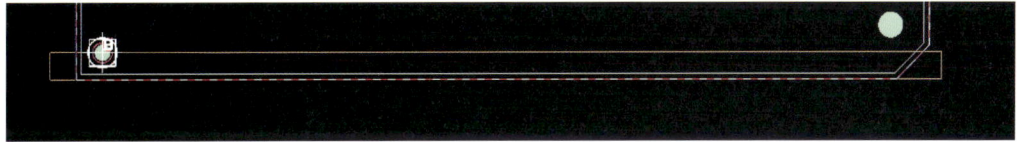

33 Route Obstruct도 같은 순서로 작업합니다. 완성 후, 다음과 같은 형상이 됩니다.

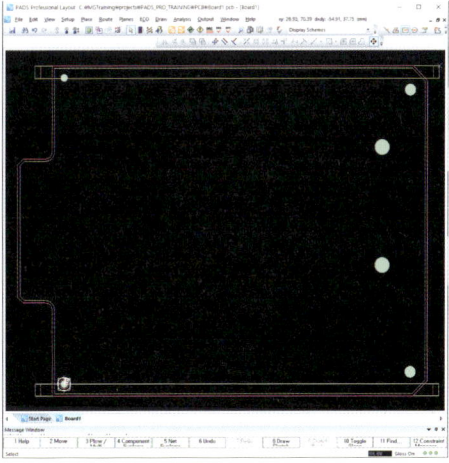

34 각 모서리 부분에 Mounting Hole을 입력하기 위해서 Central Library에서 작성된 부품을 Copy합니다. [Setup] - [Library] - [Library Service]에서 Padstack 탭으로 이동합니다.

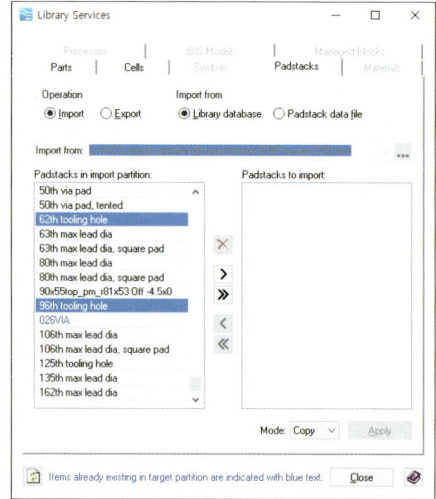

35 62th tooling hole과 96th tooling hole을 Copy 합니다.

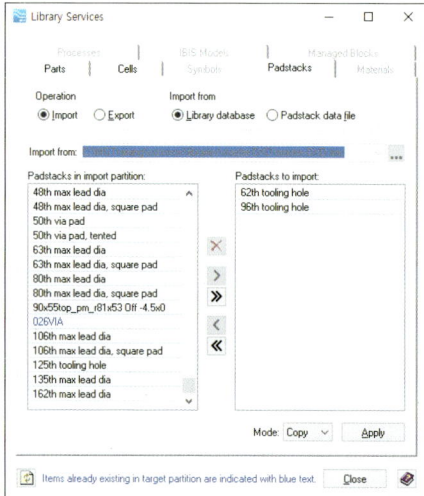

36 왼쪽에 DXF_Mounting_holes의 작은 Size에 62th tooling hole을 입력해야 합니다.
[Place] - [Mounting Hole]을 선택하여 62th tooling hole을 택하고 Lock Status를 Lock으로 선택합니다.

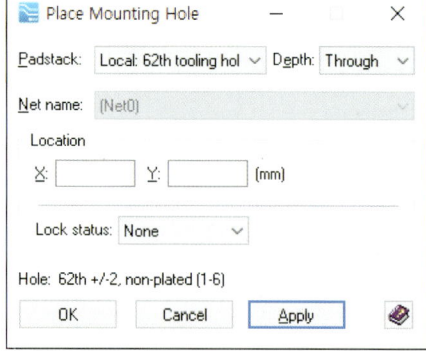

37 왼쪽 위와 아래쪽에 DXF_Mounting_holes의 위치에 입력합니다.
입력한 후에 선택을 한 후, [Edit] - [Fix & Lock]를 선택해 Lock을 선택합니다.

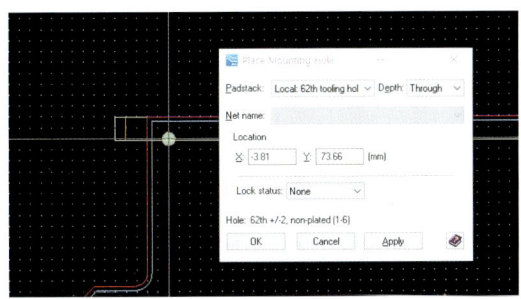 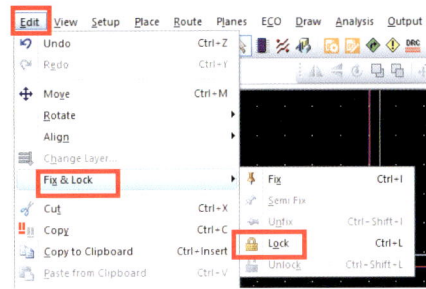

38 오른쪽에는 96th tooling hole을 입력합니다.
입력할 때 좌표와 Lock을 설정할 수도 있습니다.
X에 76.2, Y에 62.33을 입력하고 Lock status를 Locked으로 변경합니다.

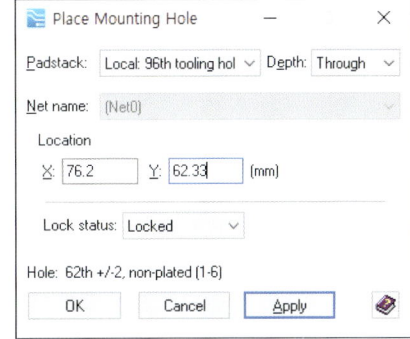

39 오른쪽 아래에는 X에 76.2, Y에 2.54를 입력합니다. 아래와 같이 4곳에 Mounting Hole을 입력한 상태가 됩니다.

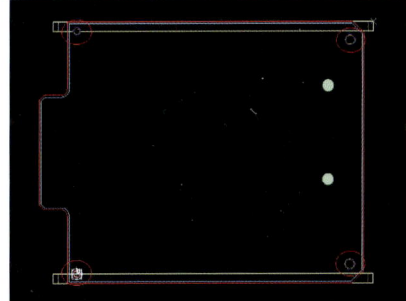

40 Board Cutout Data인 Contour를 입력합니다.
[Draw] - [Contour]나 Property 창에서 Contour를 선택합니다.

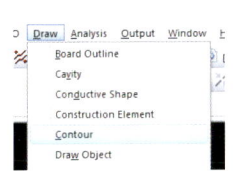 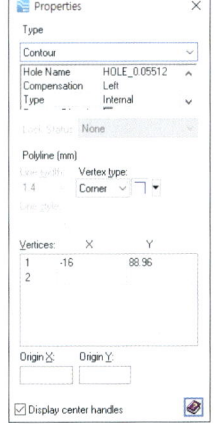

41 Contour는 Hole이 Width가 되는 Data이기 때문에 Width로 지정할 Hole을 지정합니다.
13th +/-3을 지정합니다.

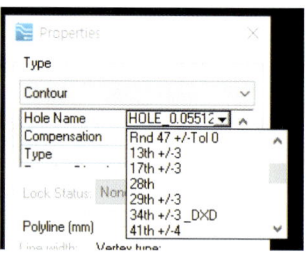

42 나머지는 다음과 같이 지정합니다.

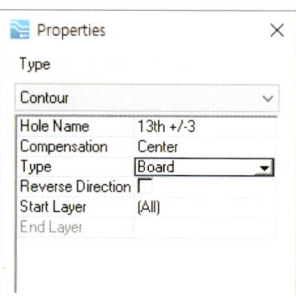

43 Draw Create에서 Rectangle □ 을 누른 후 Keyin에서 xy=-1.28,64.64를 입력하고 다시 xy=76.16,66를 입력하면 다음과 같이 입력됩니다.

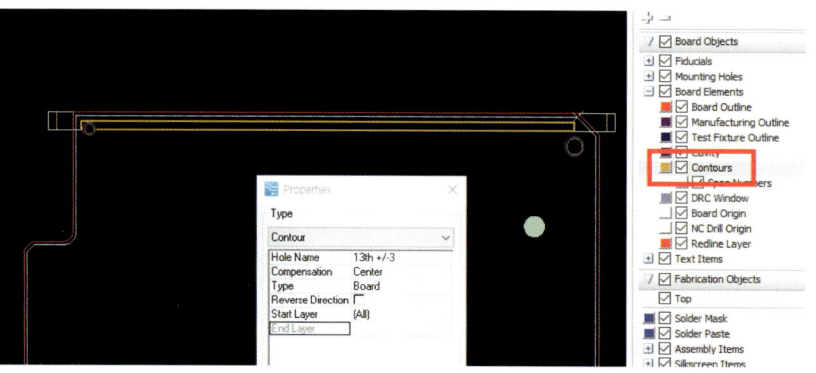

44 Rule Area를 작성합니다.
[Draw] - [Rule Area]나 Property에서 Rule Area를 선택하여 왼쪽 아래 부분에 Rectangle로 작성합니다. Rule은 나중에 CES와 배선 설정 후에 지정을 해야 합니다.

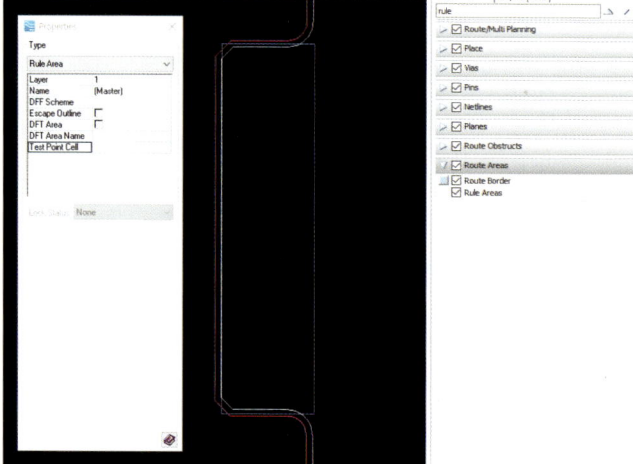

PADS Professional Layout의 Constraint 설정

PCB의 회로를 구성하는 부품과 배선은 설계의 많은 부분을 차지하고 있습니다. 이론 회로를 구성하는 것은 Designer의 몫이지만 모든 설계를 Designer마음 대로 진행할 수는 없습니다. 이유는 PCB의 동작에 필요한 여러가지 지켜야 할 제약사항이 있기 때문입니다. 대표적인 것이 간격입니다. 회로를 실물로 구현할 때는 회로 적인 부분에서 미처 찾아내지 못하는 것들이 있습니다. 그것이 EM(Electronic Magnetic)적인 것 일 수도 있고 정전기에 대한 것일 수도 있습니다. 이런 불확실한 요소 들로부터 회로를 안정하게 하기 위한 최소한의 내용이 절연이고, 절연은 회로들의 간격 설정이 기본이 됩니다. 그래서 부품이나 배선의 간격설정과 배선 폭 정의 등을 Rule이나 Constraint라고 합니다.

그래서 PADS Pro Designer와 PADS Pro Layout에서 Rule이나 Constraint를 설정하는 메뉴는 Constraint Manager라고 하고 이런 시스템은 Constraint Editor System이라고 합니다.

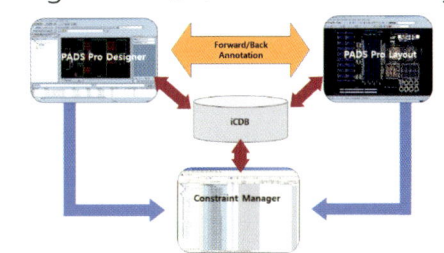

그래서 PADS Pro Designer와 PADS Pro Layout에서 Rule이나 Constraint Manager는 설계 제약 조건(Rule)을 정의하고 개선하기 위한 공통 환경이고 PADS Pro Designer와 PADS Pro Layout 어느 쪽에서 실행해도 같은 Data로 열리게 됩니다.

이를 설정하는 메뉴를 Constraint Manager라고 하고 이런 시스템을 Constraint Editor System이라고 합니다.

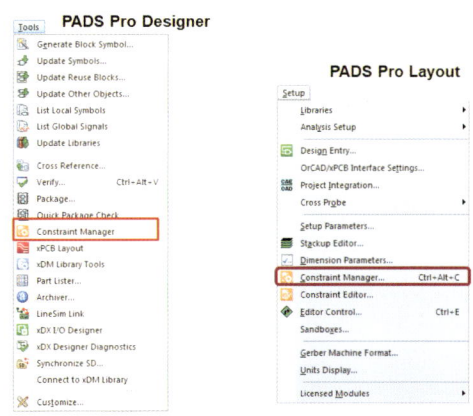

실행후에는 별도의 Window로 열리게 되며 동시에 작업도 가능합니다. 기본 화면의 Interface는 다음과 같습니다.

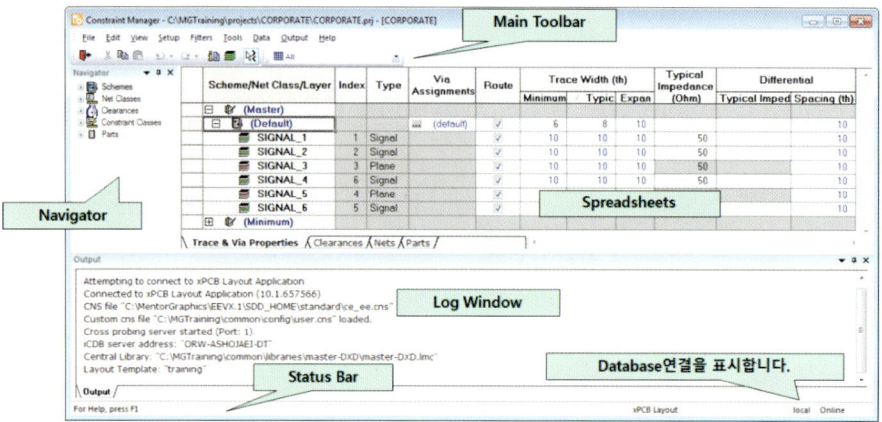

Constraint Manager에서도 [View] - [Toolbars]를 사용하여 선택하고 드래그 하여 Toolbar를 배치합니다.

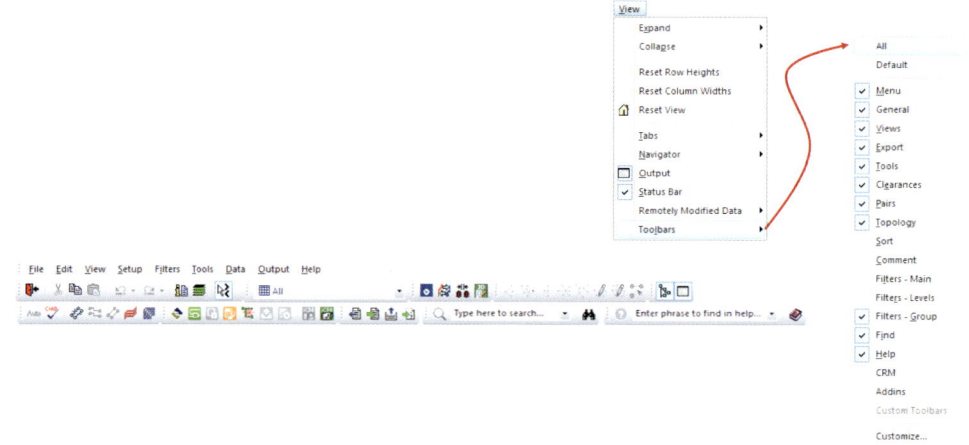

화면 왼쪽에는 PADS Pro Designer처럼 Navigator가 있습니다.

Constraint 계층구조로 표시됩니다. 최상위 레벨은 Schemes, Net Classes, Clearances, Constraint Classes입니다. 항목을 선택하면 해당 Spreadsheet가 활성화되고 RMB 클릭하여 명령을 사용할 수 있습니다.

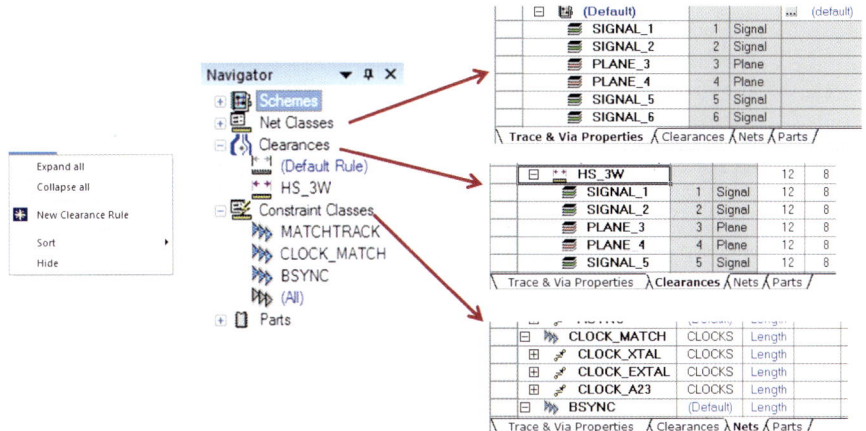

[View] - [Toolbars] - [Filters] - [Group]에는 Constraint들을 Subset으로 나누어 놓은 것입니다. 항목이 안보이다면 All로 놓으면 됩니다.

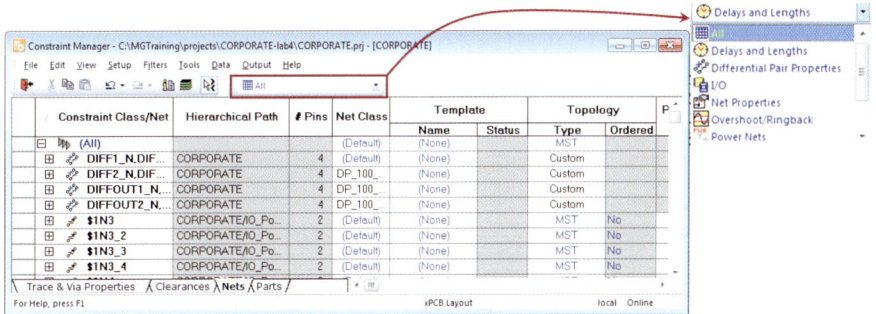

화면 다음 탭들은 Sheet 선택을 위한 탭입니다. [View] - [Tabs]를 사용하여 Sheet들을 선택합니다. 또는 탭에서 RMB를 눌러 탭 추가가 가능합니다.

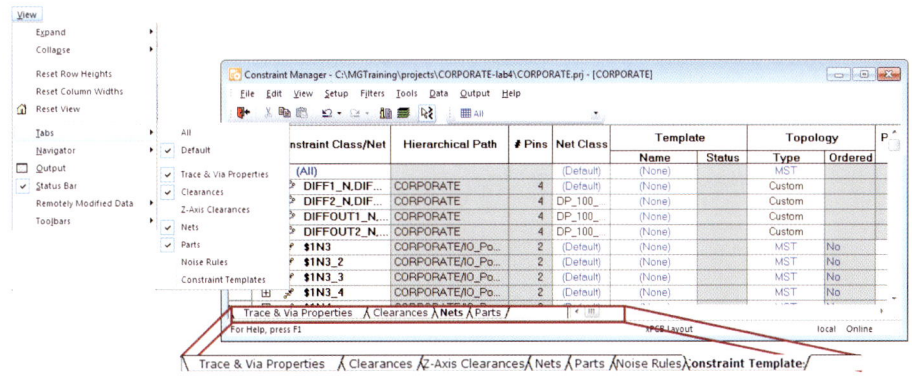

화면 구성은 효율적인 작업 공간을 위해 UI를 정의할 수 있습니다. 화면에서 원하는 위치로 창 이동하거나 창을 단일 탭 창으로 Docking하고 사용하지 않을 때 자동으로 창 축소 설정이 가능합니다.

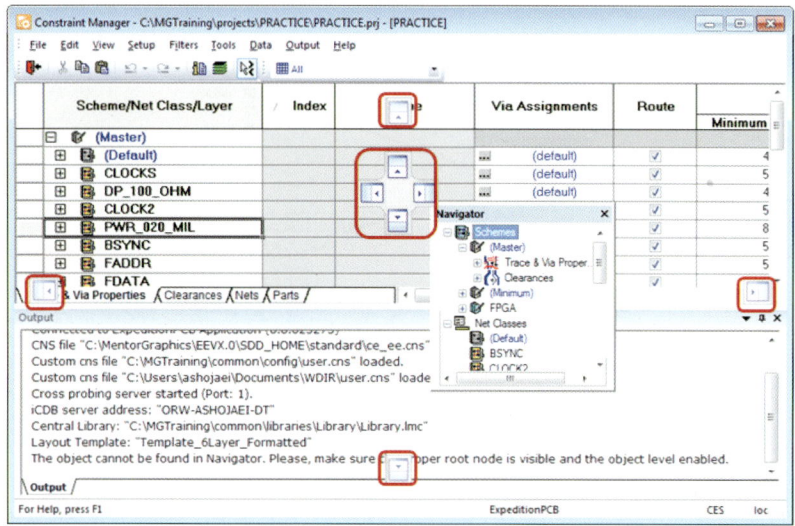

Constraint들의 설정들에 대한 구성도는 다음과 같습니다.

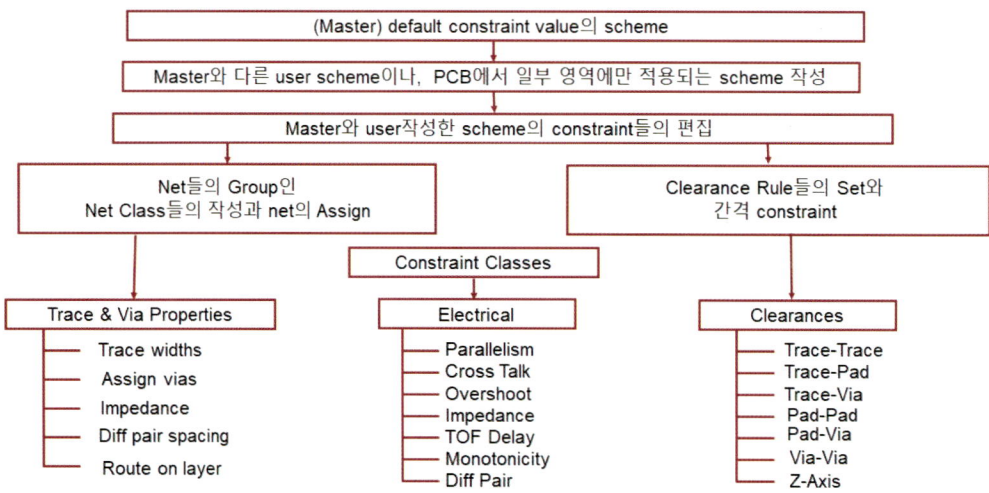

최상위 레벨인 Schemes, Net Classes, Clearances, Constraint Classes에서 Scheme이 Net Class를 통해 Trace & Via Properties에 적용되고, Clearance들로 적용되며, Constraint Classes를 통해 길이의 HSD나 Differential Pair 등으로 적용 가능합니다.

먼저 Scheme은 Trace & Via Properties와 Clearance가 설정할 수 있는 Set입니다. 작성은 Navigator에서 Scheme을 RMB - [New Scheme]으로 작성하거나, Master Scheme에서 RMB - Popup Menu에서 New 선택해서 작성합니다.

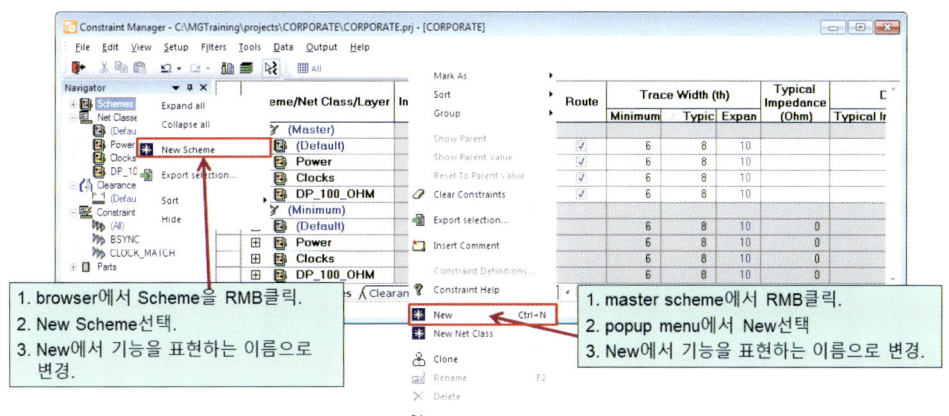

PADS Pro Layout에서 Rule Area 작성 시 Properties 창에서 미리 작성해 놓은 Scheme을 선택할 수 있습니다.

선택하면 이 영역은 작성한 Scheme의 영향으로 아래처럼 적용되어 전체 PCB의 Constraint보다 우선됩니다.

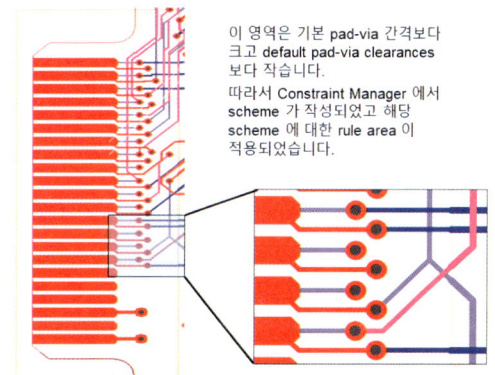

만약 Test라는 이름으로 작성한 Scheme에서 Trace & Via Properties와 Clearance의 항목을 따로 입력하면 Net Class에 Test의 Trace & Via Properties가 보이고, Clearance에도 Test의 Clearance 항목이 보이게 됩니다.

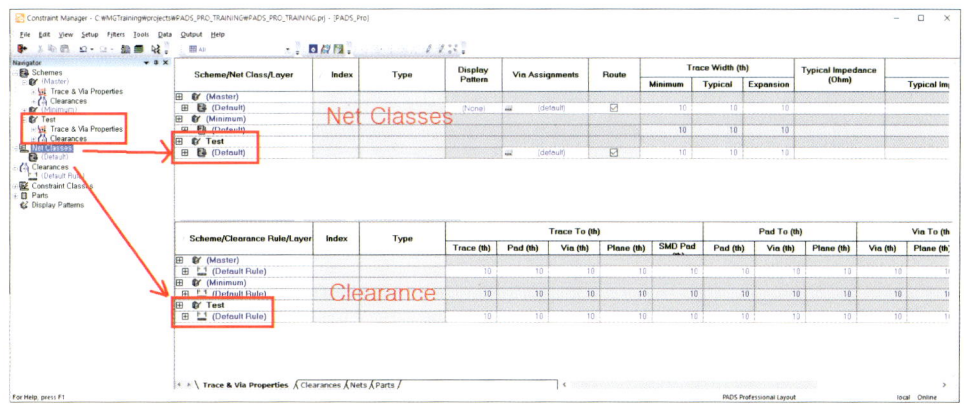

Trace & Via Properties는 Trace의 Width나 배선 여부 등을 Layer 별로 설정합니다.

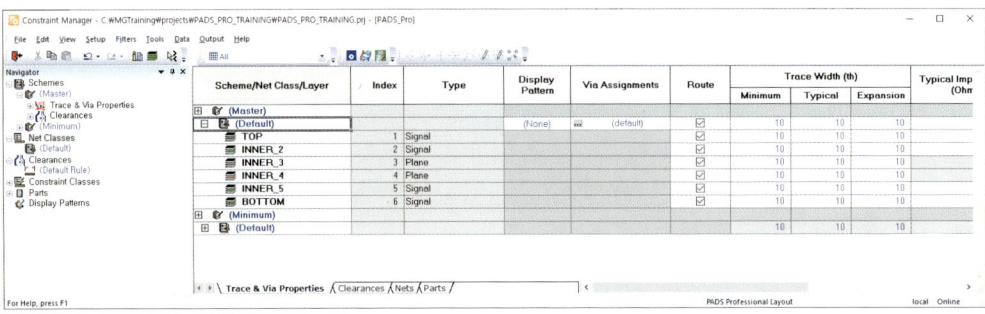

Clearance는 각 Object들의 간격 설정입니다.

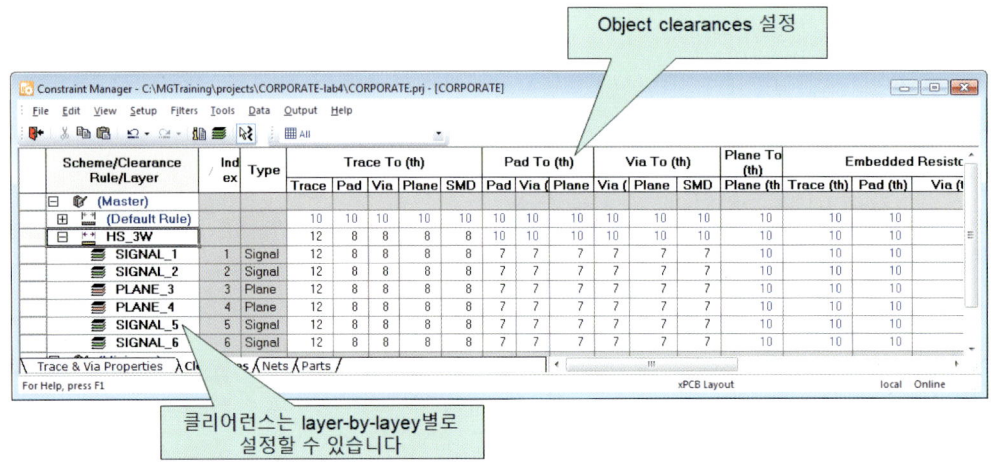

Net Classes는 Net들의 Group입니다. Default는 전체의 Trace & Via Properties를 지정하는 것이고 Designer가 Net들의 Group을 만들어서 Group의 Trace & Via Properties를 주면 Group의 구성원들인 Net들이 반영되는 것입니다. Net Class 작성은 Net Classes에서 RMB로 클릭하여 작성합니다.

Scheme를 RMB로 클릭하고 [New Net Class]를 선택할 수도 있습니다.

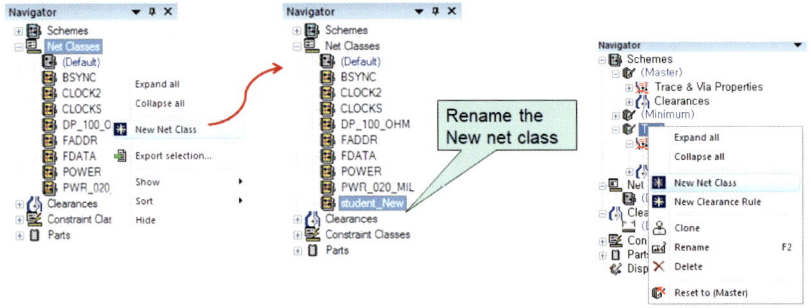

Net Class들이 작성되면 Scheme별로 따로 설정됩니다.

아래쪽의 student_new는 신규로 작성한 Net Class이지만 Scheme이 Master인지, FPGA인지에 따라 다르게 설정 가능합니다.

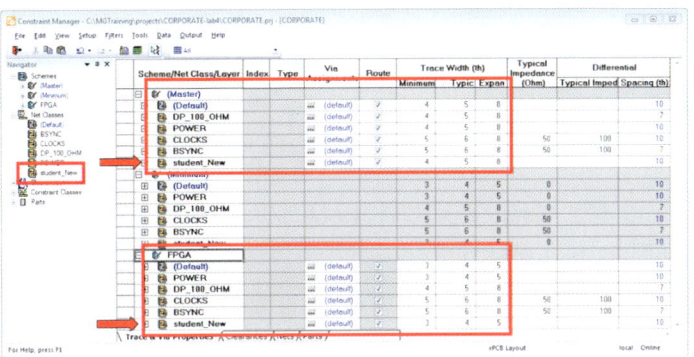

작성된 Net Class에는 Net들을 할당해야 합니다.

Net Class를 RMB하고 [Assign Nets]를 선택하면 별도의 Net를 지정할 수 있는 Window가 실행됩니다. 다음의 Source Net Class(모든 기본 Net는 Default)에서 원하는 Net를 선택하고 다음의 Target Net Class를 선택하여 > 로 Net를 Group화 합니다.

이후에 Class끼리도 이동이 가능합니다.

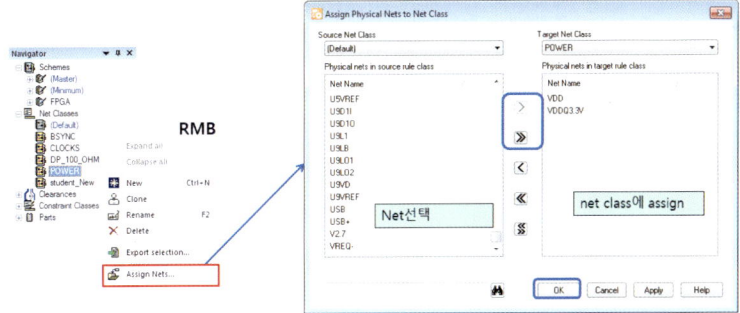

Net가 할당된 Net Class에서는 Trace & Via Properties Spreadsheet에서 Net Class에 대한 Trace and Via Property를 정의할 수 있습니다.

Trace & Via Properties 탭 설정에 대한 설명은 다음과 같습니다.

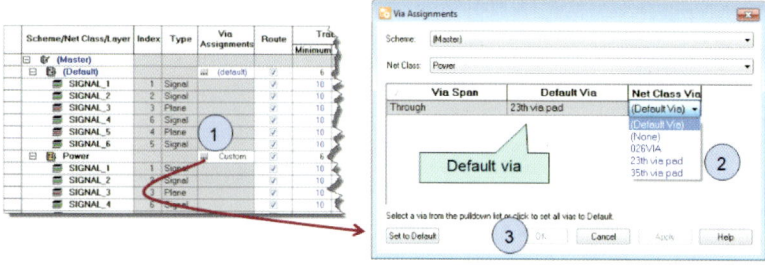

- Via Assignment: 특정 Via를 할당합니다. Default Via는 Setup Parameter에 설정합니다.
- Route: Layer의 Routing 여부 설정
- Trace Widths: 특정한 minimum, typical과 expansion Width의 지정
- Typical Impedance: Typical Width의 계산된 임피던스
- Diff Pair Spacing: differential pair의 두 Trace간의 간격 설정

Clearance는 PCB Object의 간격 설정입니다. Master를 편집하거나, 새로운 Clearance Rule을 작성할 수 있습니다.

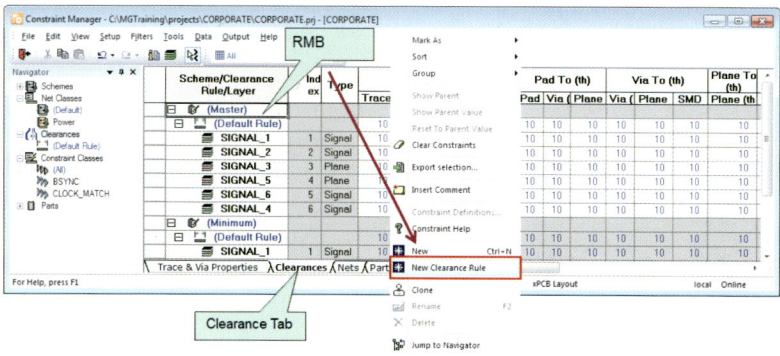

각 Clearances는 Layer 별로 설정 가능합니다. Clearance를 변경하고 나면 다른 영향이 있을 수 있다는 변경 메시지가 출력됩니다.

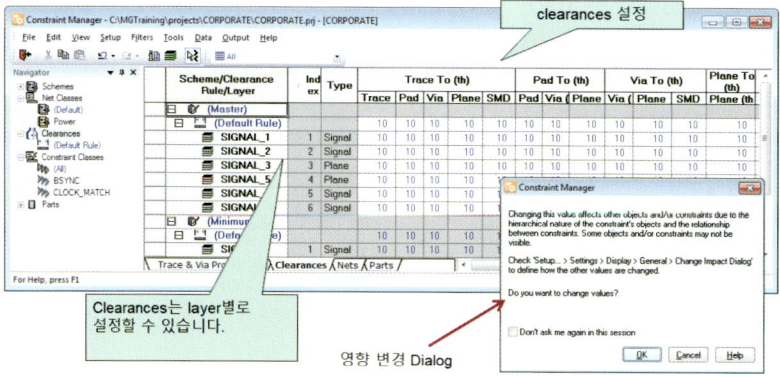

Navigator에서 Net Class를 선택하면 Trace & Via Properties의 Sheet가 선택되고, Clearance을 선택하면 Clearance Sheet가 선택됩니다.

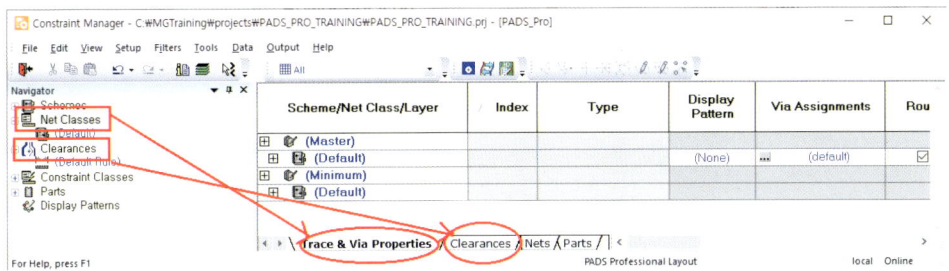

Scheme과 Net Class의 Trace & Via Properties와 Clearance의 Clearance에는 Minimum Scheme이 있습니다.

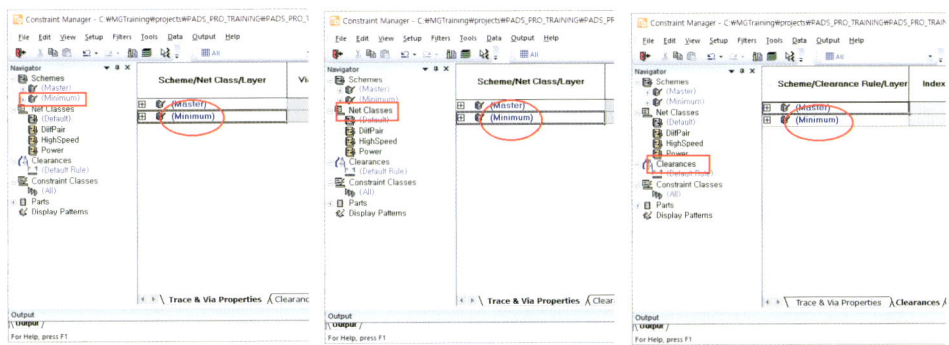

Minimum Scheme Constraint는 각 Scheme 내의 모든 Net Class에 대해 정의된 Clearance와 Width를 반영합니다. Constraint Manager가 이러한 값을 Dynamic하게 작성하기 때문에 Minimum Scheme의 값을 편집할 수 없습니다.

각 Rule Area은 서로 다른 Net Class Scheme를 가질 수 있고 각 Net Class Scheme는 전체 Clearance와 Width의 전체 Set를 가질 수 있기 때문에 일부 Rule이 Manufacturing에 허용되는 Minimum Rule 다음으로 설정되었는지 여부를 알기 어려울 수 있습니다.

Minimum Scheme의 값을 참조하여 설계의 Clearance Constraint가 작성된 Scheme내에서 Manufacturing의 최소 값을 위반하지 않는지 확인할 수 있습니다.

그리고 Navigator에서 Constraint Class를 선택하면 Net의 Spreadsheet가 선택이 됩니다.

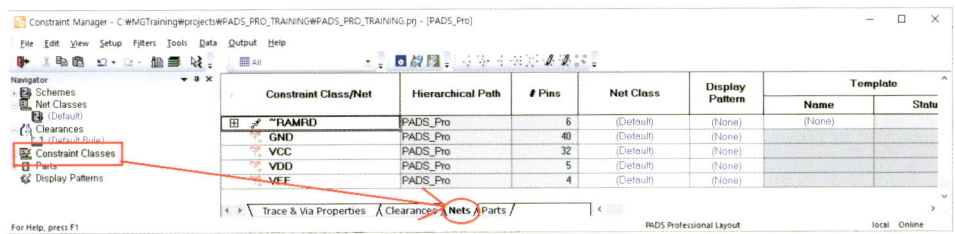

Constraint Class는 전체 Net을 Spreadsheet로 보여줍니다.

Net Class가 Net들의 Group으로 Trace & Via Properties를 지정했다면 Constraint Class는 전체 Net들의 Power Net 설정과 Topology, Max Via와 Test Point, Backdrill과 HSD(High Speed Design) 등의 설정이 가능합니다.

Navigator에서 다른 항목과 마찬가지로 RMB로 [New Constraint Class]가 가능합니다.

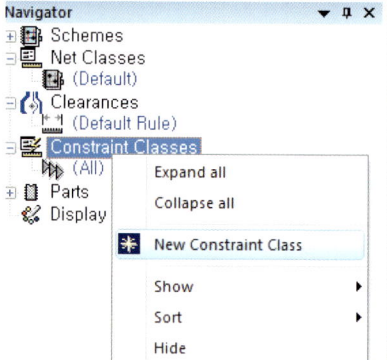

작성된 Constraint Class도 RMB하여 Net 할당이 가능합니다.

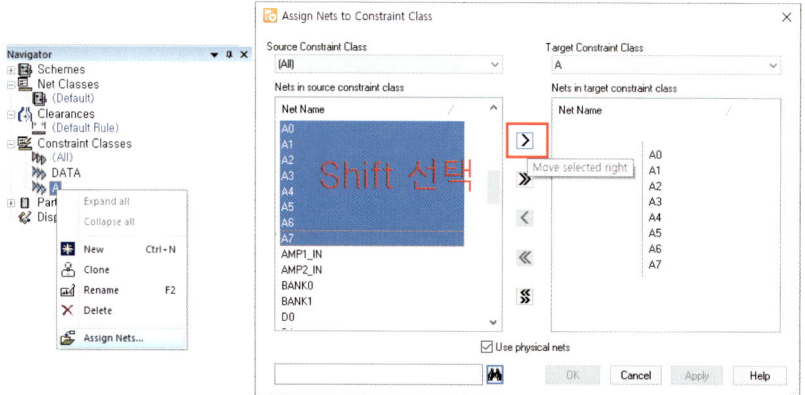

할당하면 오른쪽처럼 Group화 되어서 지정이 가능합니다.

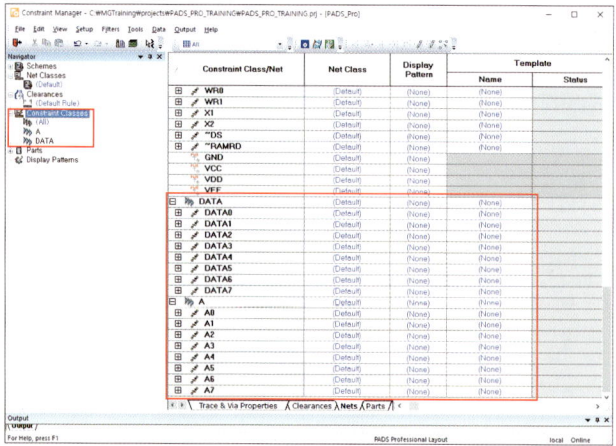

Net Class와 Constraint Class는 계층화가 가능합니다. 작성한 Class의 하부에 별도 Class들 작성도 가능합니다.

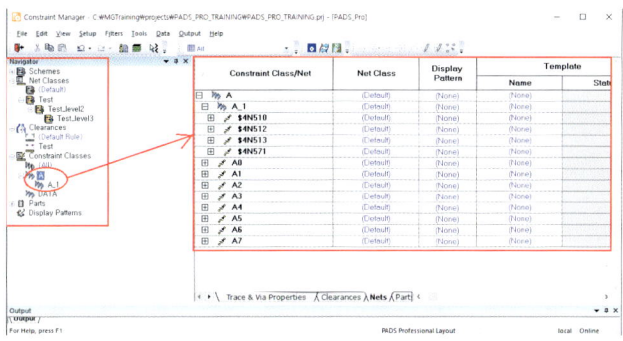

전체 Power Net은 Nets Tab에서 맨 다음에 의 아이콘으로 확인 가능합니다. 디자인에서 Power Net은 단순 이름으로 판단하지만 여기서 지정하는 Power Net은 해석의 Object로 사용됩니다.

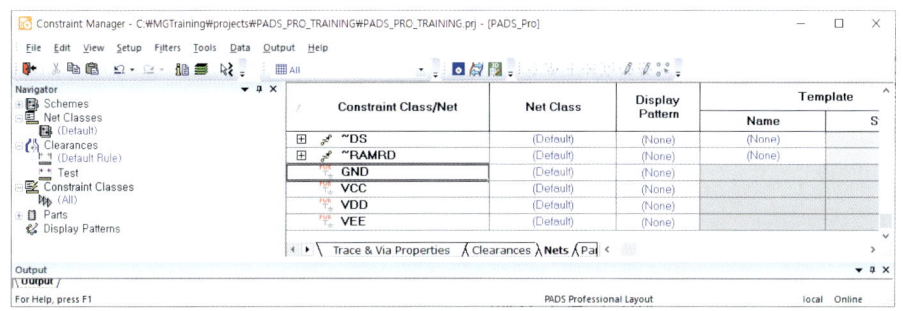

다음 이름으로 된 Net들은 자동으로 Power Net로 간주됩니다.

- 0.9V
- +5V
- -5V
- +12V
- -12V
- GND
- GROUND
- VCC
- VDD
- VEE
- VSS

이후 추가로 Power Net은 [Edit] - [Power Nets] - [Auto Create Power Nets에]서 이름으로 작성이 가능합니다.

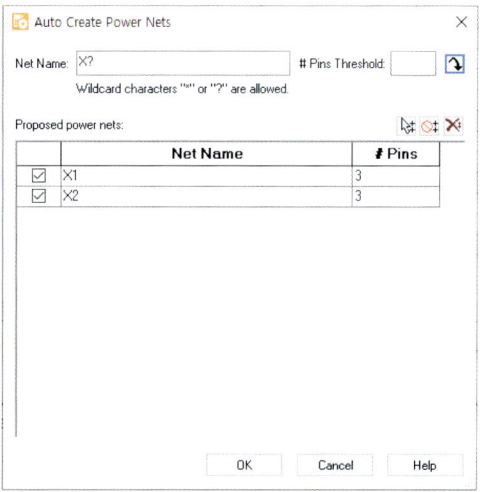

Net의 Spreadsheet에서도 RMB를 사용하여 Power Net 지정이나 해제가 가능합니다.

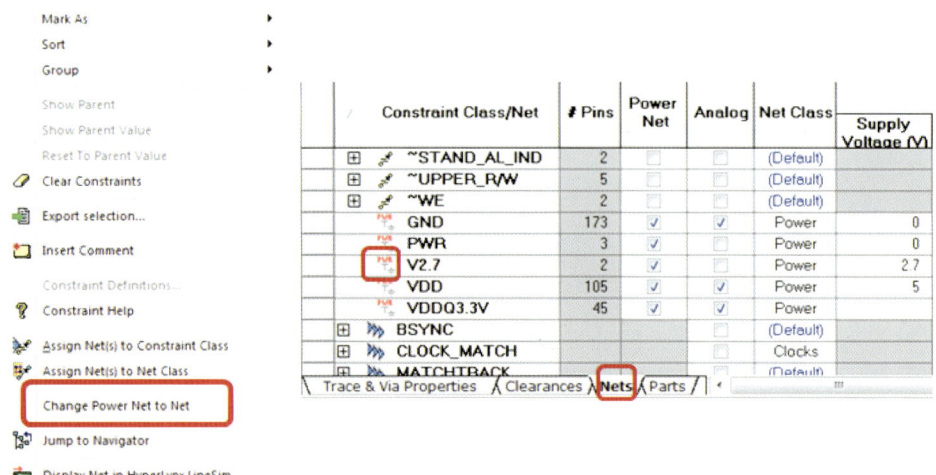

Constraint Class의 Net에서 지정할 수 있는 항목 중에 Topology는 배선의 형태를 말하는 것입니다. Nets Spreadsheet - Net Properties Group에서 배선의 모양을 설정할 수 있습니다.

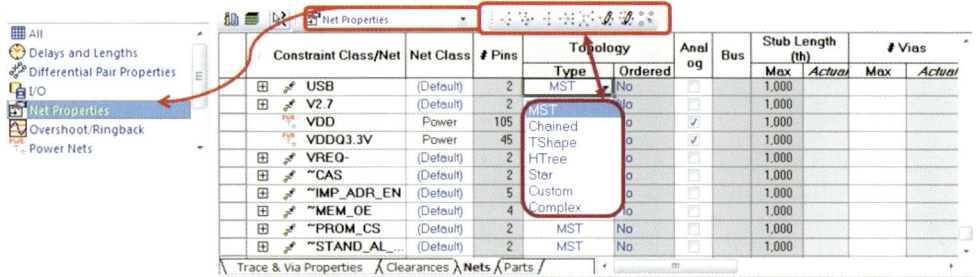

각 Type의 의미는 오른쪽과 같습니다. Pin의 속성이 설정되어 있어야만 적용됩니다.

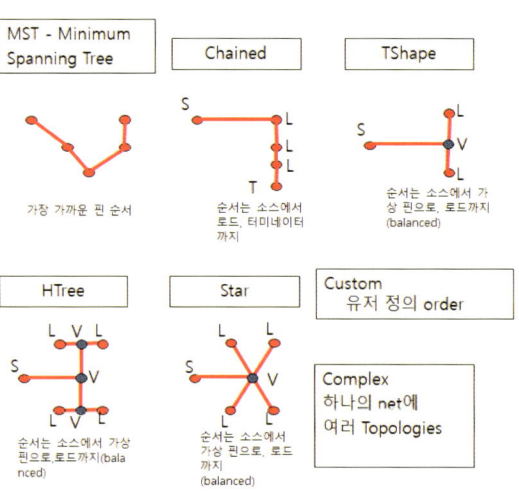

Custom Topology는 Netline Order Command를 사용하여 조합합니다.

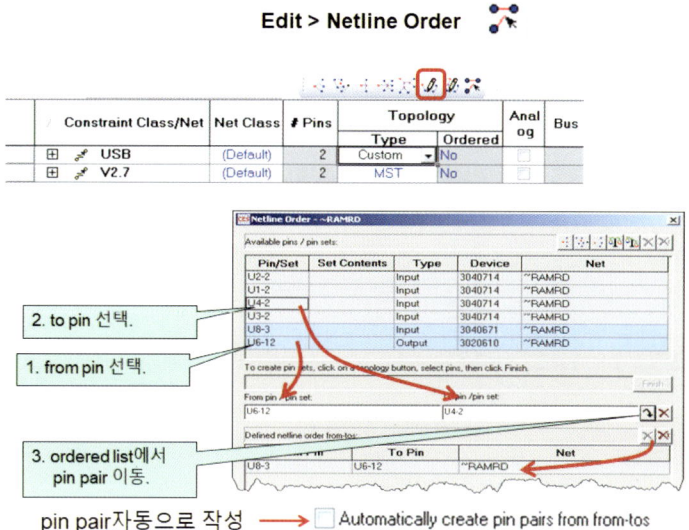

계속해서 Constraint Class의 Net의 Speradsheet의 Length or TOF Delay항목은 HSD(High Speed Design)의 설정 값입니다. 길이나 목표값으로 설정 할 수 있습니다. Length는 Physically하게 길이 설정이고 TOF는 Time of Flight의 약자로 Electrically하게 설정 한다는 것입니다.

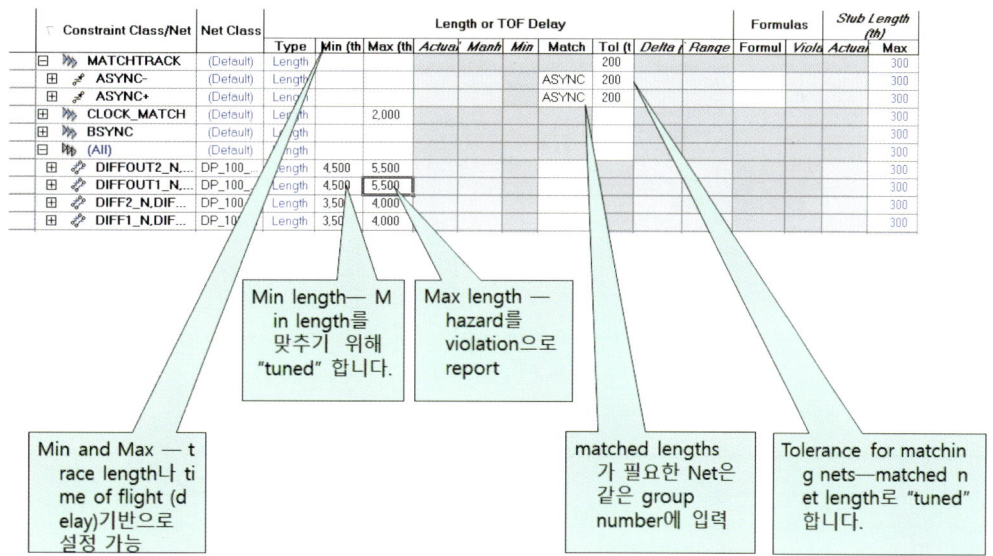

이 Length or TOF Delay항목은 설정이후에 PCB에서 배선을 하게 되면 길이를 맞추었는지 판단할 수 있습니다. 즉 Layout결과를 Constraint Manager에서 [Data] - [Actuals] - [Update All]하면, 실제 값이 다음처럼 표현됩니다. 이후에 Cross Probing 활성화하여 회로도 또는 레이아웃의 위반을 확인 가능합니다.

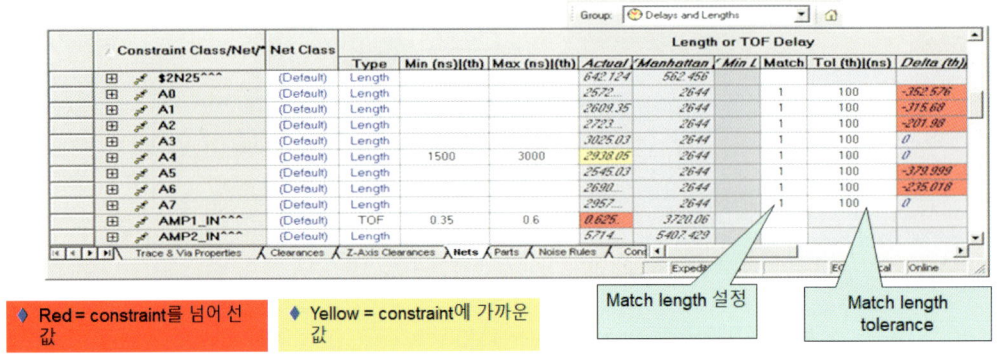

Constraint Class의 Net Speradsheet에서 Differential Pairs 설정도 가능합니다. Differential Pairs는 두 입력 신호의 전압차를 증폭하는 Net들입니다. 두개의 Net들을 하나의 Differential Pairs로 지정해야 합니다. 지정하면 두개의 Net를 폭과 길이를 유지하며 동시에 배선됩니다.

Nets Spreadsheet에서 설정하고 두 개의 네트를 선택한 다음 RMB 팝업 메뉴에서 [Create Differential Pair]로 작성합니다.

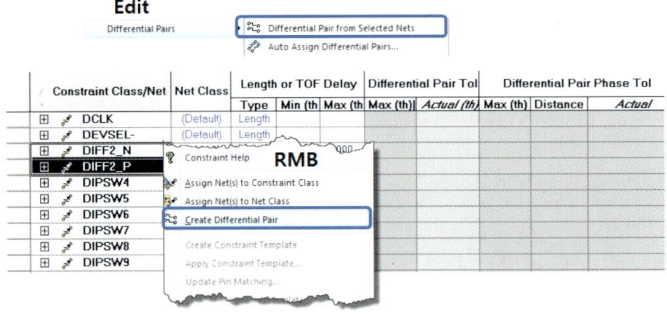

Constraint Class로 만들어 Net Assign으로 별도 관리할 수 있습니다.

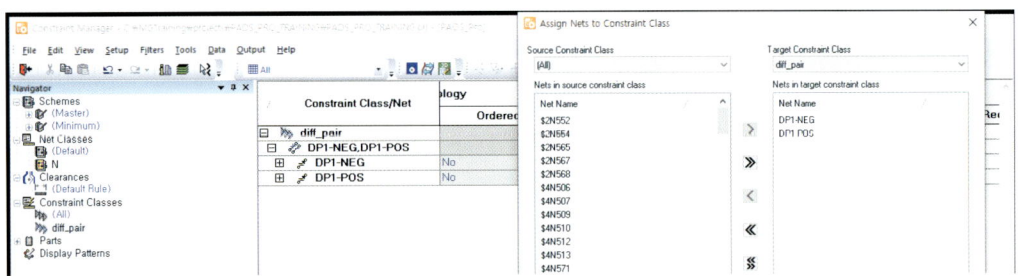

설계자가 PADS Pro Layout의 Tuning을 사용하는 경우 경로의 모든 지점에서 두 개의 Differential Pair Net의 Total Length/TOF를 정확하게 제어할 수 있는 Constraint가 2개 있습니다.

Differential Pair Phase Tol (Erance) Max(Imum)는 Length의 Maximum Length/TOF 차이를 정의합니다. Differential Pair Phase Tol (Erance) Distance Max(Imum)는 Violation으로 취급되지 않는 연속된 부분의 Maximum Length 를 정의합니다. Actual Column에는 위반이 표시됩니다.

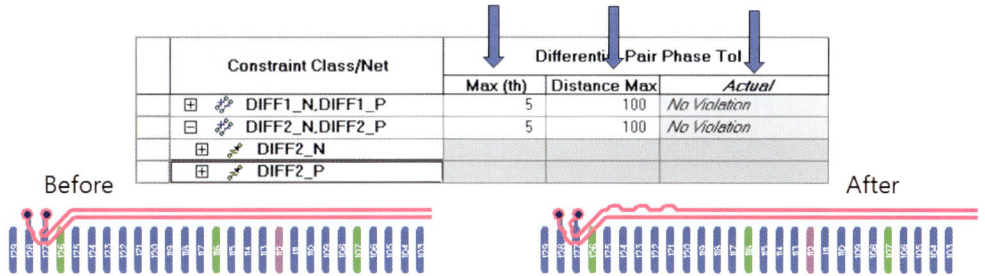

기타로 [Edit] - [Clearances] 항목에서 추가적으로 Clearances를 지정할 수 있습니다.

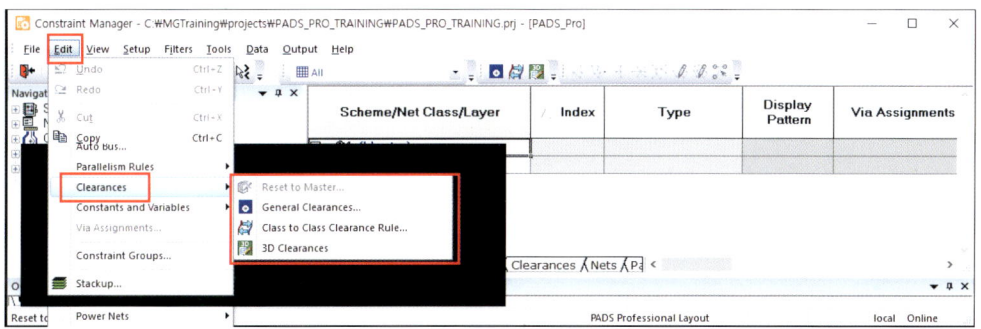

이중에서 General Clearance Rules은 Board에서 특정한 위반 Clearance를 지정하는데 사용되는 Physical Rule입니다. [Edit] - [Clearances] - [General Clearances] 나 [View] - [Toolbars] - [Clearances] 에서 확인 가능합니다.

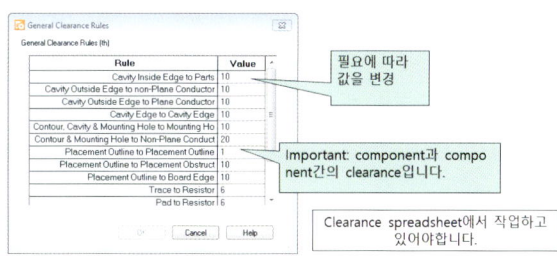

다음은 Class to Class Clearance 설정으로 Net Class끼리의 설정입니다.

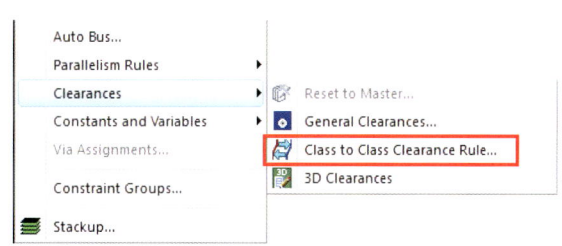

Scheme 선택하고 Net Class의 Source와 Target이 열과 행으로 나열되어 있는 상태에서 만나는 부분에 Clearance를 지정하는 것입니다.

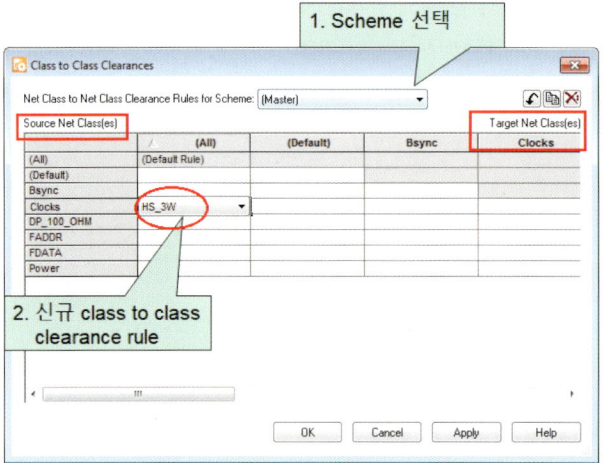

Constraint Manager가 실행되고 열려 있는 동안 PADS Pro Layout에 변경이 보류되며, PADS Pro Layout에서 Constraint을 업데이트하려면 아래 Project Integration과 같은 Indicator를 클릭해야 적용됩니다. 하지만 Constraint Manager의 종료 후에, 변경은 iCDB에 자동으로 작성되고 PADS Pro Layout에 즉시 사용 가능합니다.

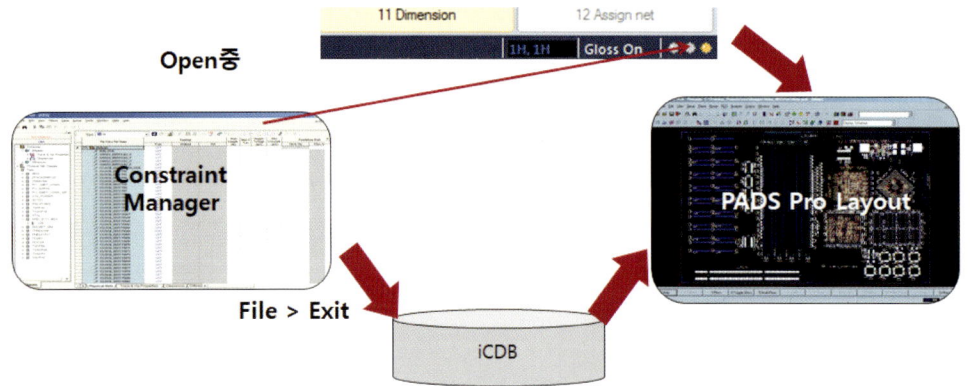

Constraint Manager는 별도의 Window GUI를 항상 실행해야 하기 때문에, 간단하게 Constraint를 설계 중에 빠르게 정의하고 싶은 경우에는 어울리지 않습니다. 이런 경우에는 Constraint Editor에서 진행합니다. Constraint Editor는 PAD Pro Layout에 Embedded된 Constraint Editor입니다. 빠른 선택 상황 중심의 Operation이 가능합니다. PADS Pro Layout에서 2가지 방법으로 Constraint Editor 실행이 가능합니다.

430

Toolbar에서 아래 표시한 Constraint Editor Icon을 클릭하거나 [Setup] - [Constraint Editor] 메뉴를 선택합니다.

Constraint Editor는 기본적으로 화면상에서 하나 또는 여러 개의 Object들을 선택하면 활성화됩니다.

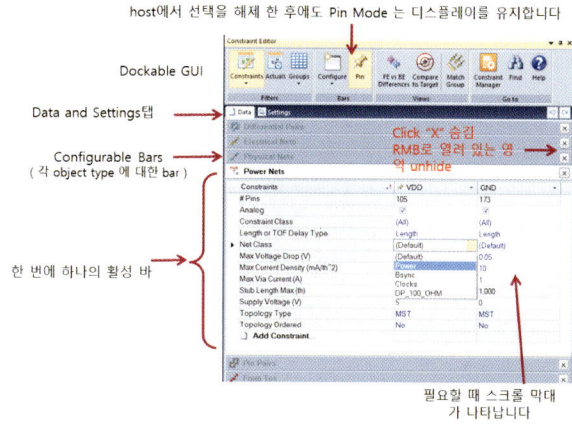

Filters 부분을 이용하여 표시할 속성 등을 필터링할 수 있습니다.

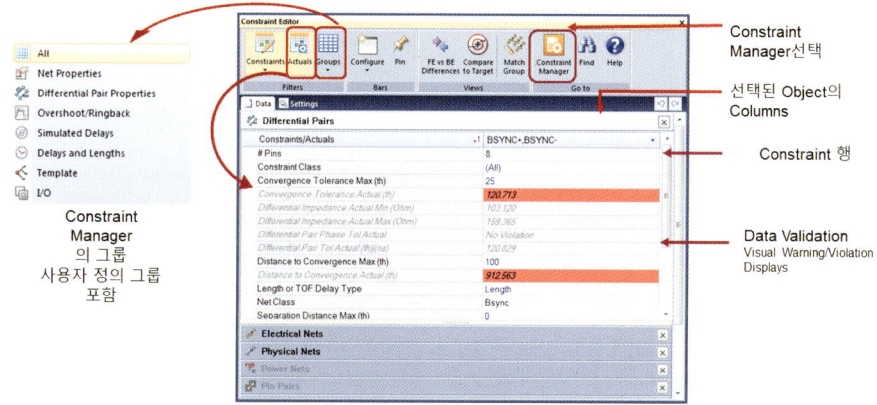

Constraint Editor의 작업은 다음과 같습니다.

- Constraint 보기, 편집, 추가
- 실제 Actual 값 보기
- Clearances 보기
- Width 보기
- Constraint를 Object의 Constraint와 비교
- Compare Constraint를 Single target Object의 Constraint 비교
- PADS Pro Layout에서 Differential Pair 작성

431

Constraint Editor는 PADS Pro Layout내부에서 확인하기 때문에 Rule과 실제 값 모두 확인 가능합니다. Trace를 선택하면 Clearances 탭에 간격이 보이게 됩니다.

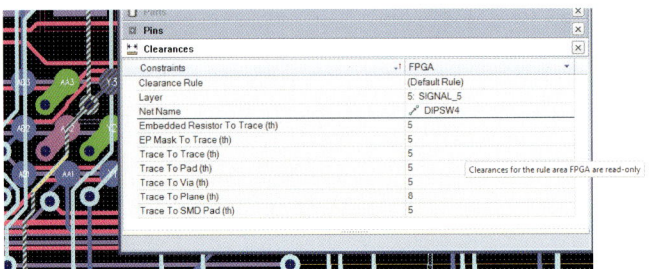

NOTE: Clearance는 view 전용이며 Constraint Editor에서 편집 할 수 없습니다

선택한 Trace의 Width를 확인하려면 [Configure] - [Physical Nets]를 선택하고 [Groups] - [Trace Widths]를 선택합니다.

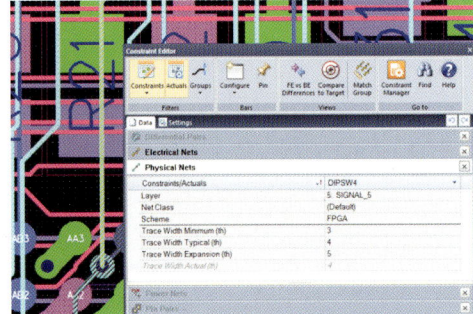

Match Group이란 조건에 해당하는 모든 Object를 찾아 표시하는 것입니다.

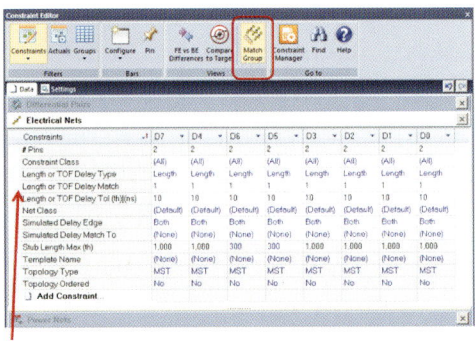

Match Constraint

Constraint Editor는 Constraint Manager와 방식이 다릅니다. 상황에 따라 특정 작업과 관련된 Object의 일부 데이터 만을 표시하기 때문에 Constraint Editor는 Constraint Manager를 대체할 수 없습니다.

Constraint Editor에서 데이터 편집 후 적용하려면 Constraint 을 PADS Pro Layout으로 Reload 해야 합니다.

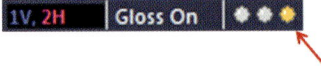

실습 05   PADS Professional Layout의 Constraint 설정

이전에 Board Outline을 작성한 C:\MG Training\projects\PADS_PRO_TRAINING \PCB\Board1.pcb에서 Design Constraint를 설정 하기 위해 Constraint Manager를 실행합니다.

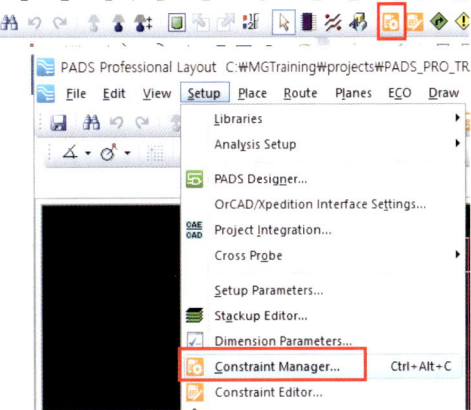

1. Constraint Manager는 PCB의 단위와 별도 로 설정하기 때문에 여기에서도 단위설정을 해야합니다. [Setup] - [Setting]에서 Display Unit으로 가서 Linear를 mm로 변경합니다.

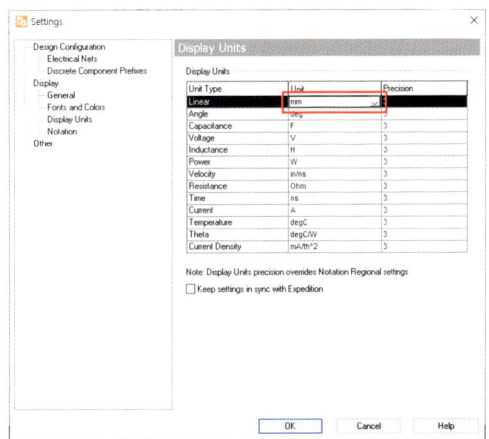

2. Clearance에 가서 0.254로 되어 있는 값을 0.2로 변경해 보겠습니다. Master - Default Rule - Trace To Trace의 값을 0.2로 변경합니다.

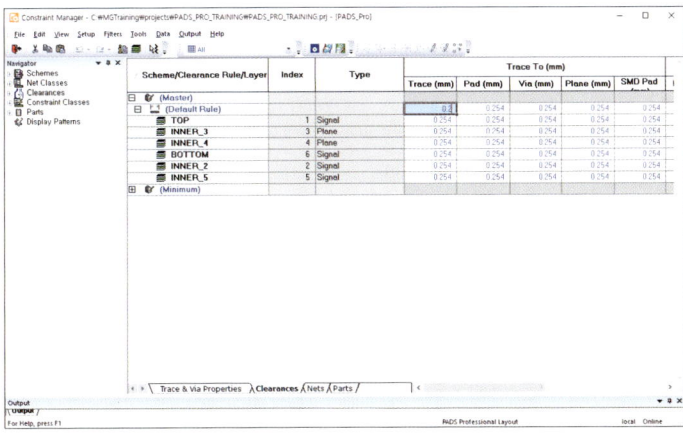

3 Default Rule에 넣어주면 각 Layer에 똑같이 입력됩니다.

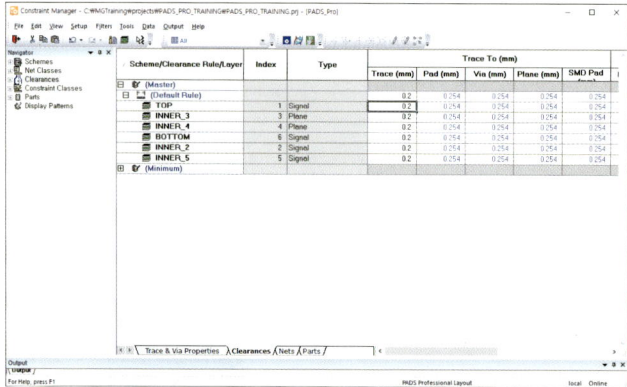

4 현재 변경한 Cell을 선택 후 Excel처럼 오른쪽으로 Drag합니다. (Copy & Paste도 가능합니다.)

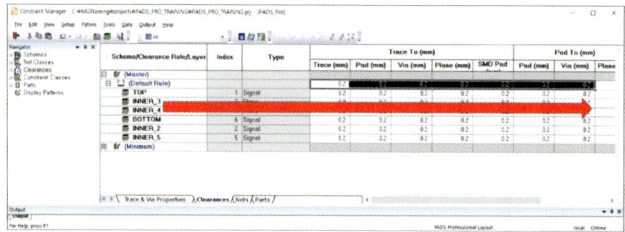

5 Via To Via만 0.15로 변경합니다.

6 Trace & Via 탭으로 이동합니다. Trace Width를 설정할 수가 있습니다.

7 Minimum 0.15, Typical 0.2, Expansion 0.3로 지정합니다.

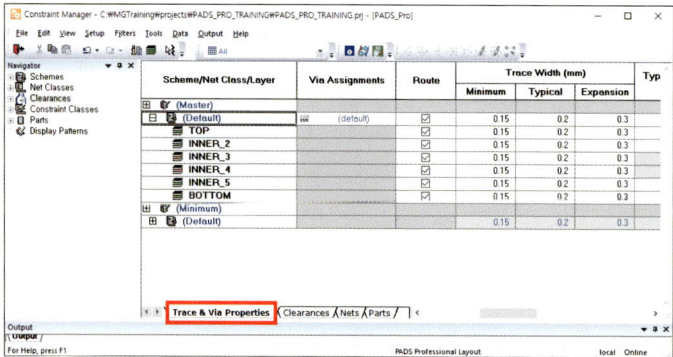

8 Net Class를 사용하면 특정한 Net를 Group으로 묶어서 설정 가능합니다. Net Class를 작성합니다. Net Class를 선택하고 [RMB] - [New Net Class]를 선택하면 계정이름명_New의 이름이 나타납니다.

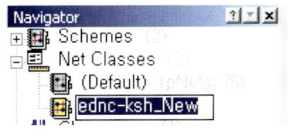

9 DIffPair, HiSpeed, Power의 3개의 Net Class를 작성합니다.

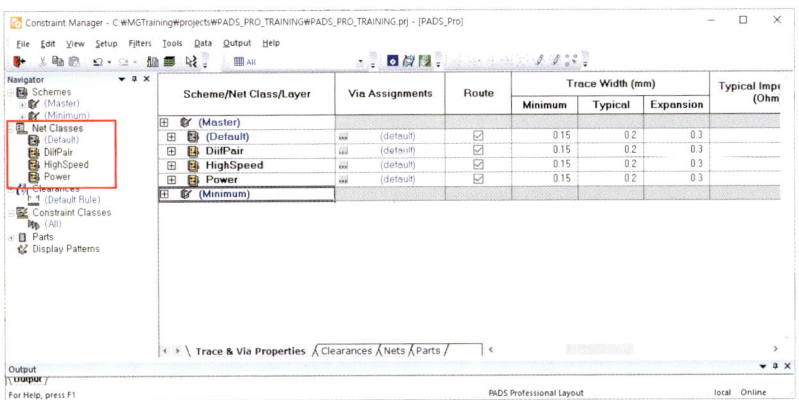

10 각 Net Class에 포함될 Net를 지정해야 합니다. [Edit] - [Assign Nets to Classes]를 선택합니다.

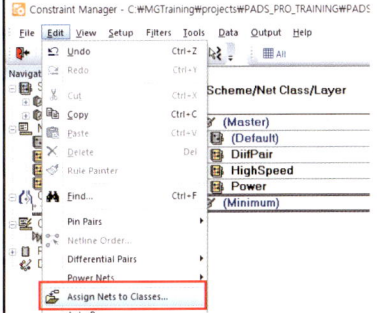

11 오른쪽에 Net Class 부분에 왼쪽의 Net를 Assign하면 됩니다. DiffPair에서는 DP1-POS와 DP1-NEG를 할당합니다.

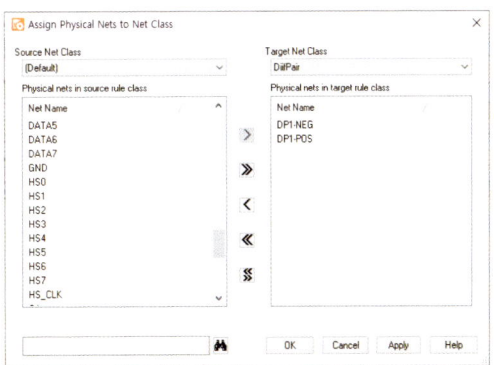

⑫ HiSpeed에서는 HS0~HS7을 할당합니다.

⑬ Power에서는 GND, VCC, VDD, VEE를 할당합니다.

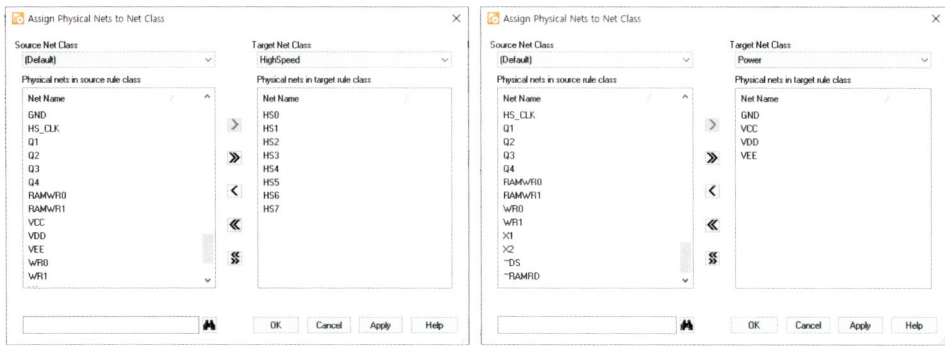

⑭ 각각의 Net Class에 Width를 아래와 같이 지정합니다.

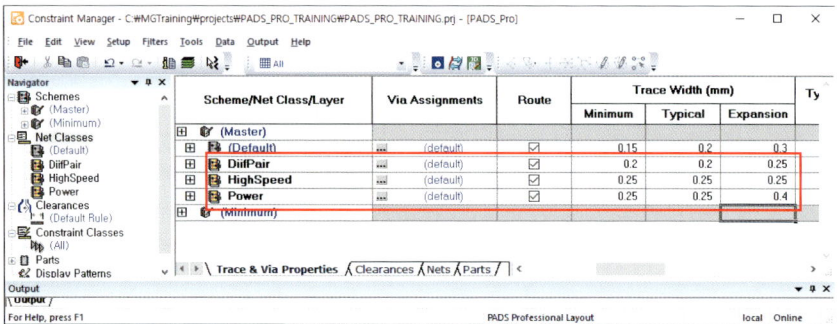

⑮ Net 탭으로 이동한 후에 DP1-POS와 DP1-NEG를 선택한 다음 RMB - [Create Diff Pair]를 선택합니다.

Note DiffPair는 Class로 지정이 된 것이고 실제 Differential Pair로 설정을 해야 합니다.

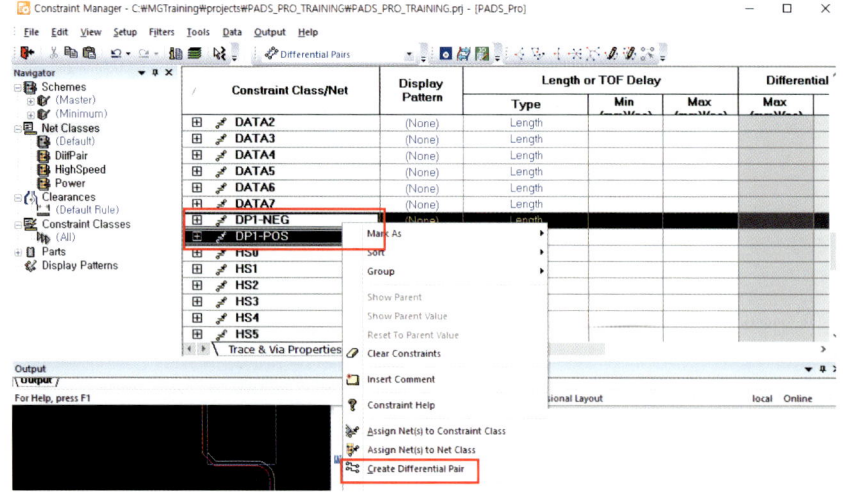

4장 PADS Professional Layout

16 표시가 Differential Pair로 변경된 것을 확인합니다.

⊞ DATA7	(None)	Length
⊟ DP1-NEG,DP1-POS	(None)	Length
⊞ DP1-NEG	(None)	Length
⊞ DP1-POS	(None)	Length
⊞ HS0	(None)	Length

17 Net Class로 된 HiSpeed를 Constraint Class로 작성합니다. Navigator에서 Constraint Class를 선택한 다음 RMB - [New Constraint Class]를 선택합니다.

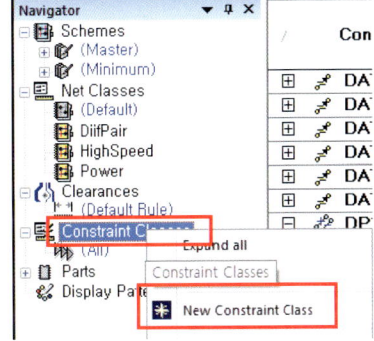

18 생성된 계정이름명_New를 HiSpeed로 Rename 합니다.

19 HiSpeed를 선택하고 RMB - [Assign Nets]를 선택합니다.

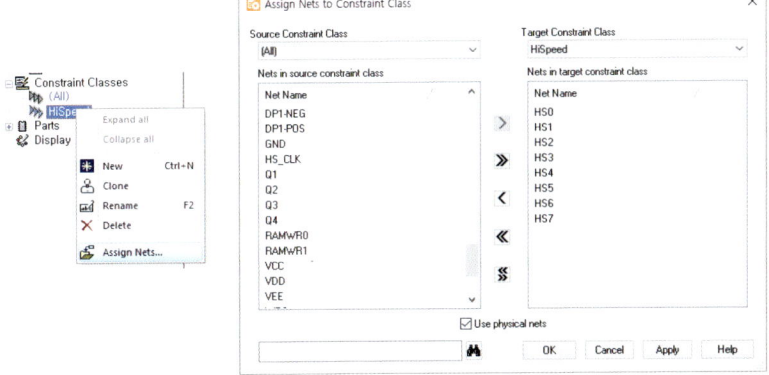

20 설정한 HiSpeed에 Trace Length를 맞추어서 배선하기 위해 Length 값을 입력합니다. HiSpeed에는 Minimum 42.8, Maximum 42.9로 입력합니다.

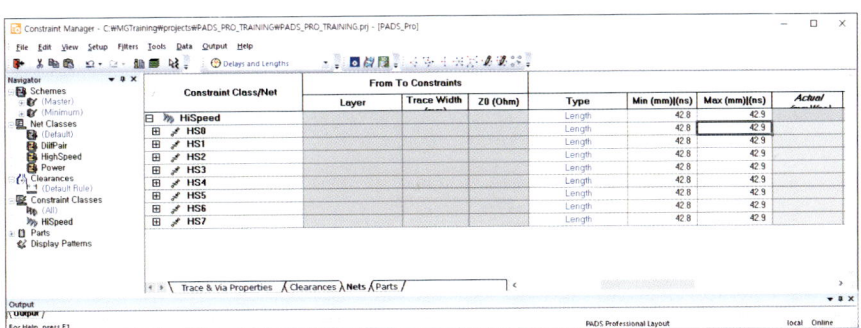

437

㉑ Navigator에서 Clearance를 선택하고 RMB - [New Clearance Rule] 이후에 Power_0.4라고 이름을 변경합니다.

㉒ Power의 Clearance를 0.4로 변경합니다.

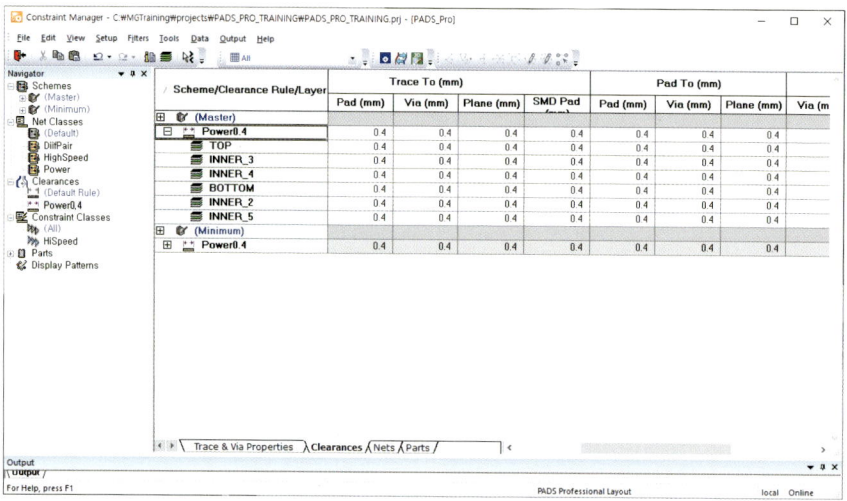

㉓ 작성한 Power Clearance Rule을 Net Class에 할당하기 위해서 [Edit] - [Clearance] - [Class to Class Clearance Rule]이나 를 선택합니다.

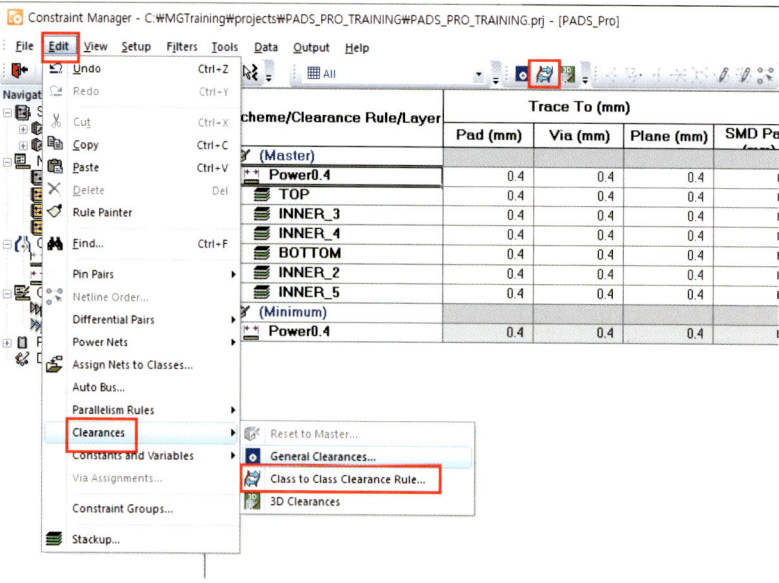

㉔ Class to Class Clearance Rule에서 왼쪽의 Net Class중 Power의 오른쪽 맨 끝의 Power에 설정한 Power_0.4 Clearance Rule을 지정하면 Power Net Class(GND, VCC, VDD, VEE)는 지정한 0.4로 설정이 됩니다.

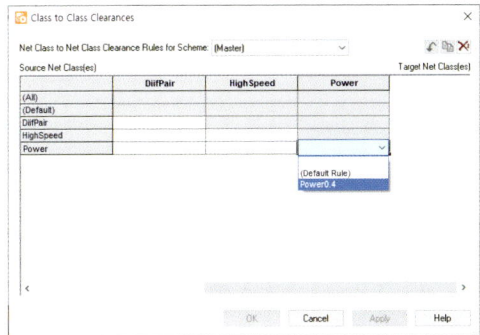

㉕ DiffPair와 HiSpeed에도 지정하면 DiffPair Class와 Power Class, HiSpeed Class와 Power Class사이가 지정한 Power_0.4 Clearance Rule로 설정이 됩니다.

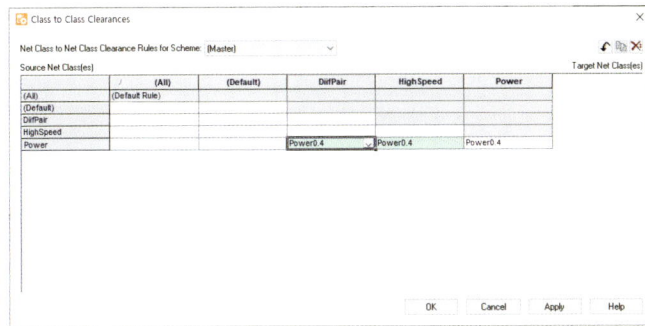

㉖ Rule Area에 지정할 Scheme을 작성합니다. [Scheme] - RMB - [New Scheme] 이후에 RA라고 이름을 변경합니다.

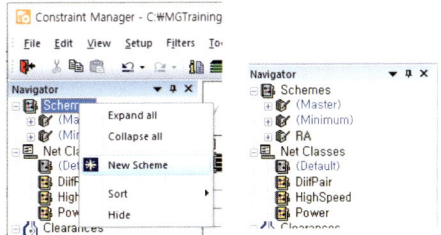

㉗ Default Width를 0.15로 변경합니다.

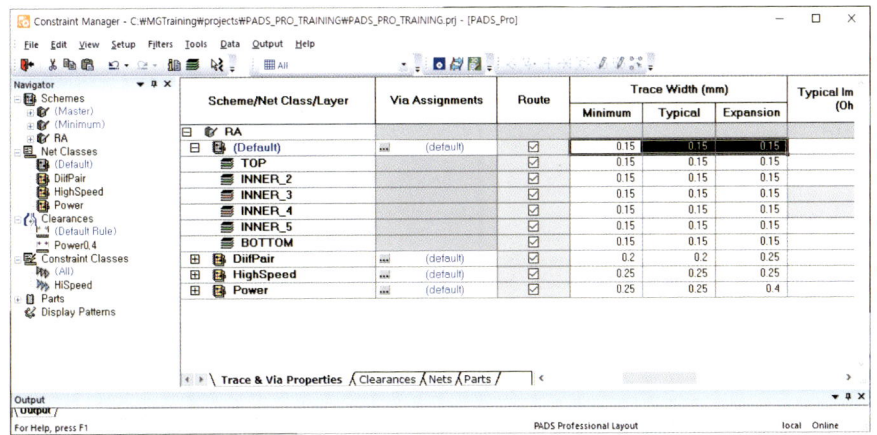

㉘ Clearance를 0.15로 변경합니다.

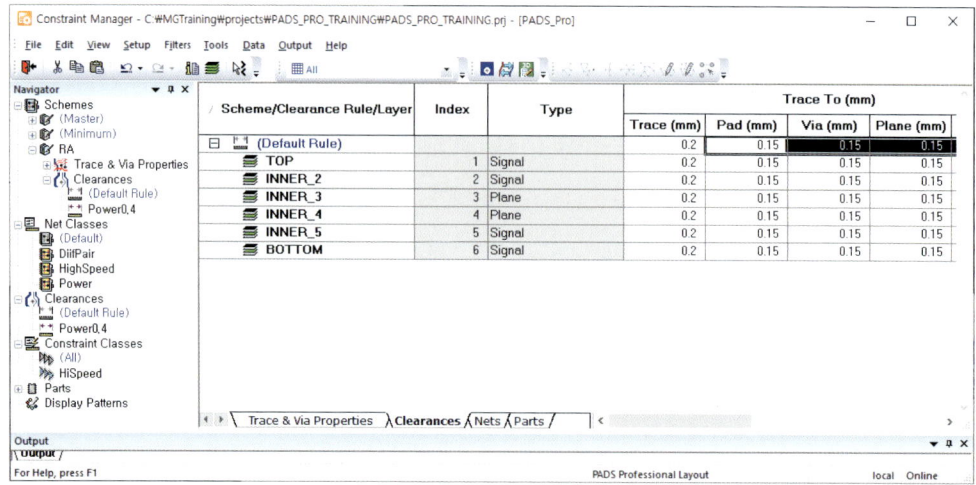

㉙ Constraint Manager를 편집 중일 때는 PADS Pro Layout의 우측 하단의 표시가 주황색입니다.

㉚ Constraint Manager를 종료합니다. PADS Pro Layout의 우측 하단의 표시들이 초록색으로 변경되면서 편집한 내용들이 자동으로 PADS Pro Layout에 반영됩니다.

㉛ 적용된 내용을 확인하기 위해 PADS Pro Layout에서 [Edit] - [Find]나 [View] - [Display Control] - [Graphic] - Color By Net or Class의 Apply To 부분에서 추가한 내용 적용 여부를 확인합니다.

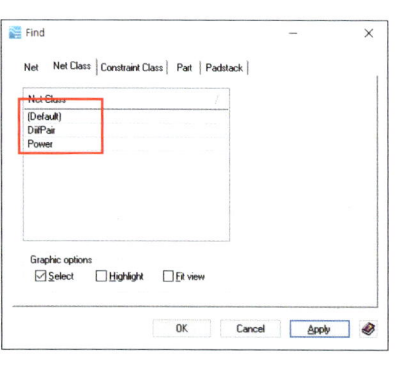
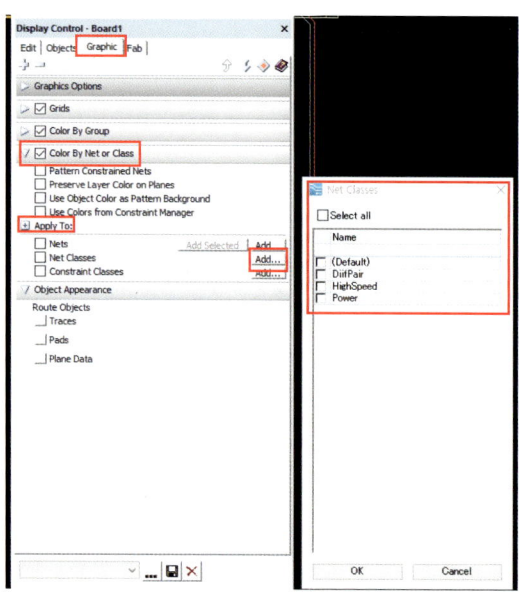

08 PADS Professional Layout의 부품 배치

전자 부품들은 회로 적인 기능을 각각 가지고 있습니다. 우리가 회로에서 동작을 위해 회로를 구성 했다면, PCB는 제한된 면적에 부품들을 적절하게 배치면과 각도를 고려해서 배치해야 합니다. 단순히 배치면과 각도만 고려한다면 비교적 쉬운 작업이지만 이후 작업인 배선까지 고려를 한다면 이야기는 달라집니다. 배선을 고려하지 않는 다면 이후 배선 작업은 매우 고통스러운 작업이 될 것이며, 배선을 고려한 배치는 배선작업에 아주 큰 도움이 됩니다.

아래 첫 번째 그림처럼 꼬여 있는 배치는 배선에 어려움을 줄 수 있습니다.

반면, 두 번째 그림처럼 회전해 놓는 다면 나중에 배선시에 빠른 배선처리가 가능합니다.

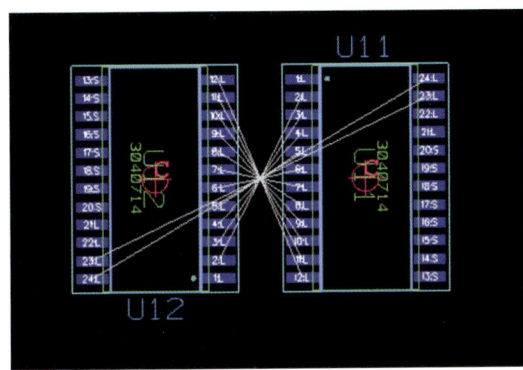
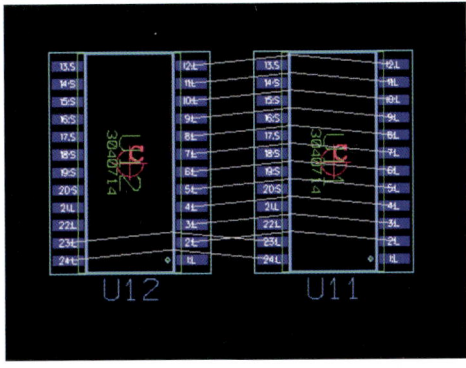

배치 설정은 Editor Control에서 하며, Grid와 DRC설정 등이 있습니다.

Grid 탭의 Primary Grid는 최소 핀 수 이상의 부품과 선택한 Mount Style에 사용되고, 다른 모든 부품은 Secondary Grid를 사용합니다.

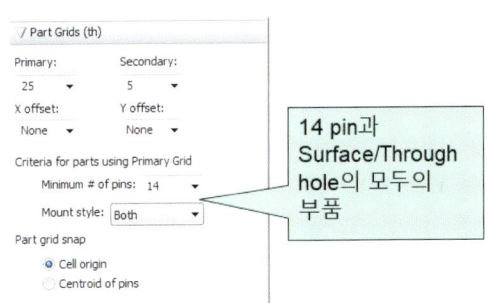

Place 탭에서는 DRC Errors 설정이 가능합니다.

- Warning: Metal 이외의 모든 충돌을 허용하고 Warning 를 표시합니다.
- Preventative: 부품 배치 또는 이동이 허용되지 않습니다.
- Shove Part: Online DRC 위반이 감지되면 가능한 경우 부품을 밀어서 공간을 확보합니다.

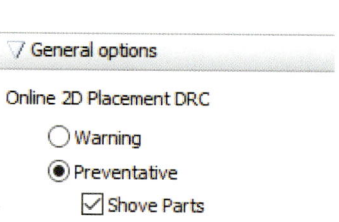

MST Netline Optimization은 부품을 배치하고 이동하는 동안 Net들이 움직이는 방식에 대한 설정입니다. Place와 Move 상태에 따라 다음처럼 설정합니다.

- Minimum: 기존 Net Line을 유지합니다. 선택한 부품에 연결된 Net Line만 조정합니다.
- Local: 선택한 부품에 연결된 Net Line만 조정합니다.
- Full: MST(Minimum Spanning Tree) Netline을 조정하여 연결된 모든 부품들과 선택한 부품에 대해 가능한 가장 짧은 경로를 만듭니다.

PADS Pro Layout은 부품을 PADS Layout처럼 PCB에 배열하지 않습니다. 배열한 것은 Place된 상태이고 PCB에 안보이는 것은 Unplace 상태입니다. 이런 부품 상태를 확인할 수 있는 것이 Component Explorer입니다.

[Place] - [Component Explorer]나 Place의 Toolbar의 로 실행합니다.

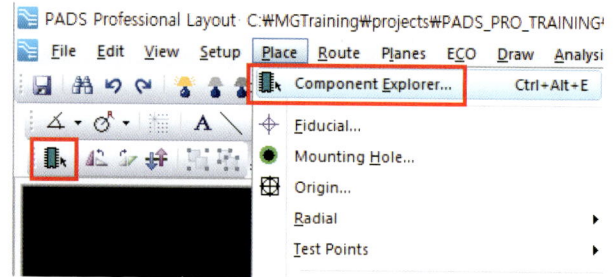

Component Explorer는 PADS Pro 내 모든 부품 배치 및 계획을 Drive 하는 User Interface입니다. Planning Group들을 배치할 수 있고, 각 Group의 배치면 및 회전을 정의하는 기능과 GUI와 Graphic 간의 Cross Probing이 가능합니다.

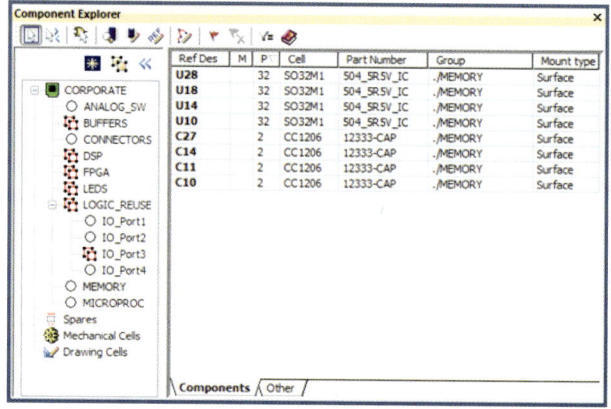

Navigator View List를 사용하면 그룹의 상태를 표시할 뿐만 아니라 계층 그룹을 작성 및 관리할 수 있습니다. List View Display는 Component별 광범위한 필터링을 포함하여 선택한 Group/Board 내의 모든 Component를 표시합니다. Group Status를 Icon으로 표시하며 Component와 Other List View Tabs으로 구분됩니다. Column Title Row에서 RMB를 선택하여 Column을 표시할 수 있습니다.

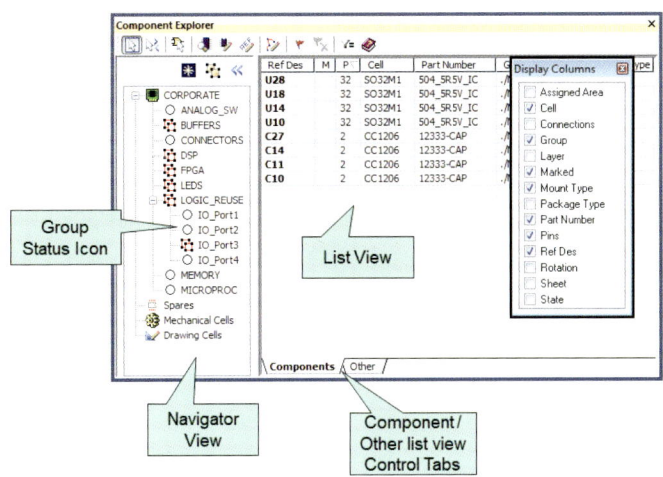

상단 메뉴의 의미는 다음과 같습니다.

- Fit Selected
- Toggle Cross Probe
- Place By Schematic
- Component Preview
- Placement Settings
- RefDes Prefix (mechanical)
- Connection Options
- Mark/Unmark (group)
- Unmark All
- Toggle Filter
- Help

부품이나 Group은 Mark가 가능합니다. 선택한 Component 또는 Group의 모든 Component Mark/Unmark하면 Marked된 Component는 "Marked"열에 *가 표시됩니다. 목적은 Routing 중에 임시로 Filtering하여 Net 표시를 쉽게 해주는 것이며 Marked된 Component 또는 표시된 Component 사이의 Netline만 표시하게 할 수 있습니다.

Mark된 Component만 Spreadsheet에 표시되도록 표시된 (*)별로 Column 내용을 필터링 하고 한 번의 클릭으로 모든 Component Unmark할 수 있습니다.

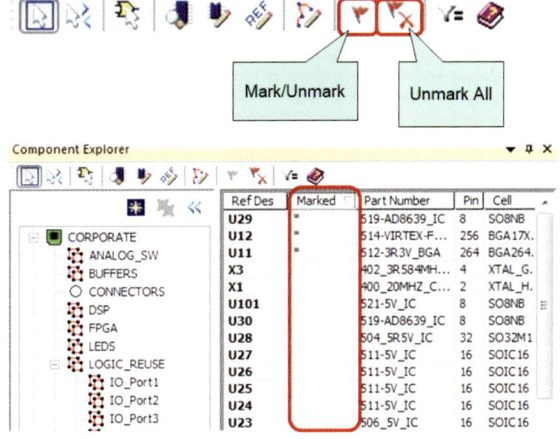

Group을 선택인지 부품 선택인지에 따라 RMB 내용이 달라지게 됩니다. 선택에 따라 추가 Netline Visibility Control에 사용되는 부품 및 Group을 Mark하는 기능을 지원합니다.

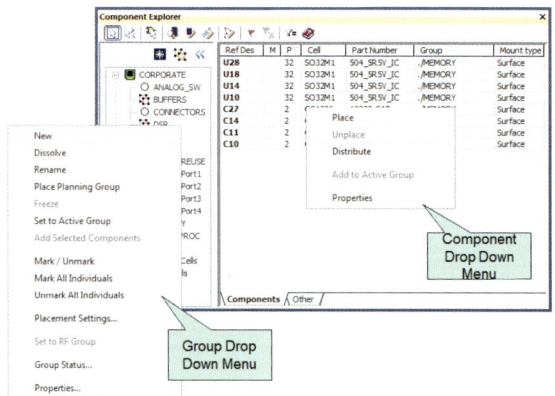

Component Explorer에서 부품들의 Group을 Cluster라고 합니다. Cluster는 부품의 Placement와 Planning에 대한 Top Down의 계층적 접근 방식으로 부품배치 및 연결 계획 중에 여러 개별 부품들을 그룹화하고 상징적으로 나타낼 수 있습니다. Schematic 환경이나 Symbol 환경에서 Attribute에 Group을 사용하면 PADS Pro Layout의 Component Explorer에 반영됩니다.

Design Process 초기에 Group을 정의하면 Group간 연결을 묶어서 할 수 있고, Group 내의 Component가 배치되면 Group의 Component 주변의 Physical Group Outline로 표시되어 Group 내의 Object를 전체적으로 조작할 수 있습니다.

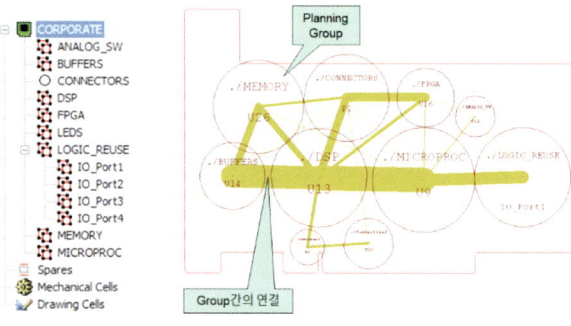

Hierarchical Grouping으로 배치 Planning을 한다면 Planning Group은 해당 부품들의 가상의 원 형태로 보이게 되고 각 Planning Group간의 연결은 Net의 양을 나타내는 Width로 쉽게 표현됩니다. Group은 계층적이므로 회로의 하향식 관리가 가능하며, Group 내용을 물리적으로 관리하기 위해 Fix, Lock and Frozen Option을 사용할 수 있습니다

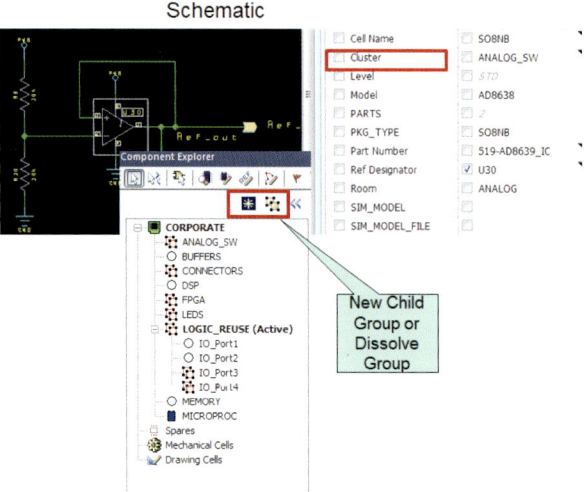

Group들 중에 활성화된 것을 Active Group이라고 합니다. 새로운 Active Group 유형을 그래픽으로 생성하여 객체를 쉽게 추가할 수 있습니다. Component Explorer 또는 Group Outline을 선택하고 RMB - [Set To Active Group]으로 설정 명령을 사용하여 Active Group을 정의할 수 있습니다. 현재 Active Group 은 Component Explorer 및 활성 Active Group Toolbar에서 식별되며 [Selection] - [Add Selected to Active Group]에 선택된 항목 추가 명령을 사용하여 선택한 개체를 Active Group에 추가 가능합니다.

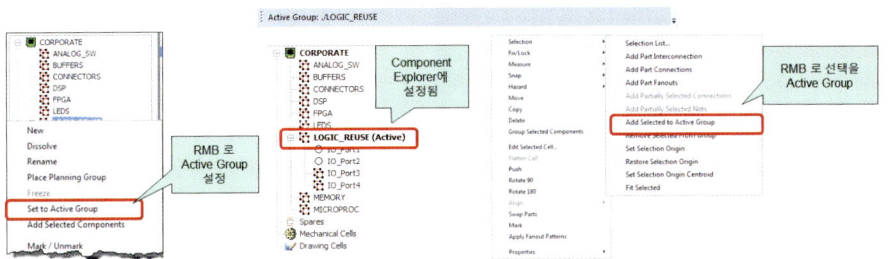

먼저 회로도에 정의된 Cluster는 Layout에서 Placement Group으로 구현될 수 있습니다. Cluster Schematic Property 은 Layout에 hierarchal Group Property으로 전달됩니다. 회로를 배치한 경우 그룹상태는 지속적으로 유지되며 그룹 내의 Object 주위에 Group Outline이 물리적으로 표시됩니다. Group 내의 Object가 조작될 때 Group Outline이 Dynamically하게 업데이트됩니다. 선택한 그룹 아웃 라인에서 Move, Rotate, Copy, Push and Fix/Lock등의 동작을 수행하며, 그룹 내의 모든 객체에서도 작동할 수 있습니다.

그룹은 Frozen 될 수 있으며 회로를 이동할 수는 있지만 그룹 내의 개별 개체는 이동할 수 없습니다. 각 부품에는 Part Ref Des의 Object가 있으며 항상 사이즈에 맞게 Part Outline 내에 있습니다. 이 Object는 Component의 개별적으로 부품을 선택하는 데 사용할 수 있습니다

Planning Group은 시스템 내에서 Part Group을 상징적으로 나타내는 Object입니다. 배치 초반에 Group 간 Connectivity을 계획하고 배치하는 데 사용할 수 있습니다. Component Reference Designator 및 ./ 또는 Sub-Group Name을 Drag 해서 Planning Group에서 직접 배치를 지원하여 그래픽 영역을 최대화할 수 있습니다.

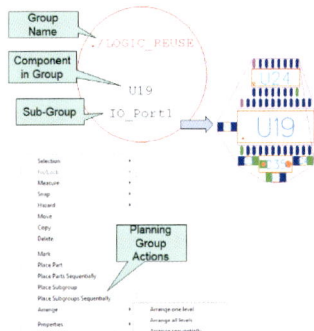

Planning Group은 Designer 에게 상대적 크기 조정 도구를 제공하는 Group 내 Component의 결합된 영역입니다. 정의된 Planning Group의 크기이며 RMB 작업을 사용하여 Planning Group 내의 부품 및 하위 그룹을 개별적으로 배치하며 빠르게 부품을 분산할 수 있도록 Planning Group 내의 부품을 커서에 자동 정렬할 수 있습니다.

회로에서 Group을 설정할 때 추가적으로 지정할 수 있는 기능이 Room입니다. Room은 부품들이 물리적으로 위치 해야하는 공간입니다. [Draw] - [Room]으로 입력하며 작성된 공간에 할당할 부품들을 회로나 PCB에서 지정 가능합니다. Room Schematic Property은 Assigned Area로 Layout에 항목이 있고 Component Explorer에서 필터링 할 수 있습니다.

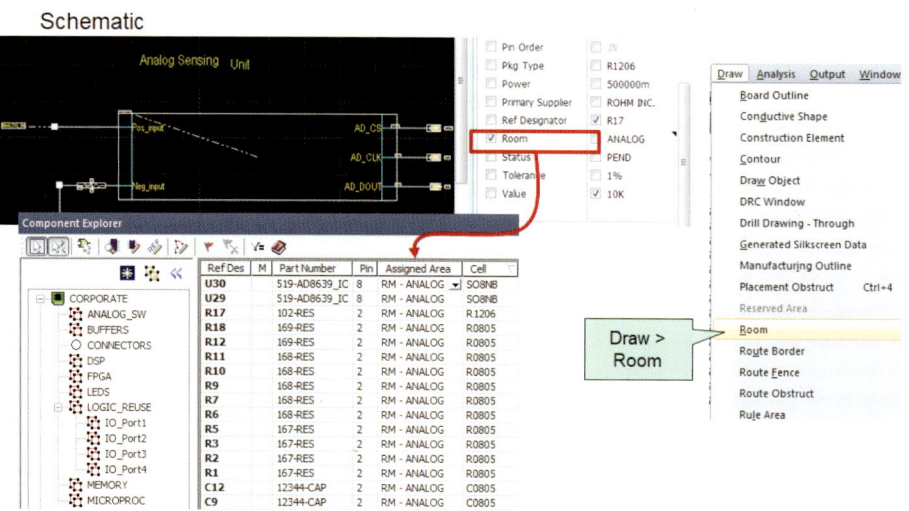

PADS Pro Layout에서 Group을 작성하는 방법은 다음과 같습니다. Component Explorer Navigator에서 RMB를 클릭하고 [New]로 작성하고 [Set to Active Group]을 선택합니다. 다음에 Ref Des Column에서 Component를 선택하고 RMB로 Add to Active Group을 선택하여 Group을 완료합니다. RMB - [Add Selected to Active Group]를 통해 Layout에서 직접 Component를 추가할 수도 있습니다.

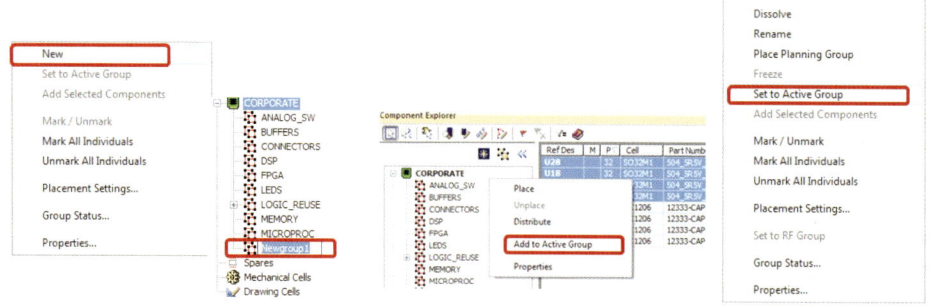

이 Add Selected To Active Group 및 선택한 Component Group화 명령을 사용하여 Group화된 것은 RMB - [Dissolve]로 Group을 해제할 수 있습니다.

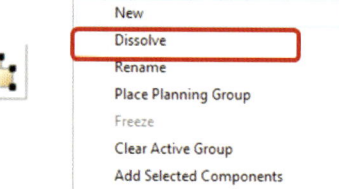

배치전에 해당 Group에 대한 설정이 가능합니다. RMB - [Placement Setting]으로 배치면과 각도 지정 등이 가능합니다.

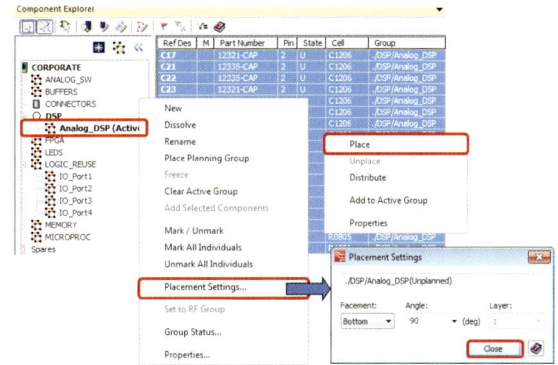

Group을 서로 Fix하고 Object를 한 번에 이동하고 싶으면 Frozen할 수 있습니다. Freeze와 UnFreeze 명령은 Group Outline 에만 적용되며 Group의 Object는 Lock된 Component로 표시되며 개별적으로 이동할 수 없게 됩니다.

Group Outline은 Group의 전체 Object를 이동시키는 기준이 되며 Frozen Group Outline 위로 마우스를 가져 가면 마우스 커서가 눈꽃 형태로 표시됩니다.

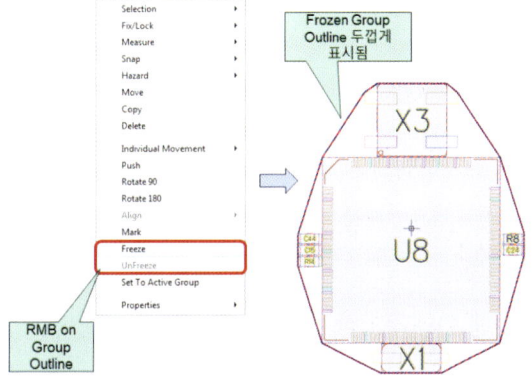

Group은 부품 이외의 Object도 추가 가능합니다. Group 내에서 Drawing과 Route의 Object를 정의할 수 있으며 Component Explorer's의 Other 탭을 사용하여 Object 목록을 볼 수 있습니다. Add Selected to Active Group한 다음 Active Group에 선택된 항목 추가 명령을 사용하여 Object를 추가할 수 있습니다. 모든 그룹에 추가할 수 있는 Object로는 Route Obstructs, Plane Shapes, Text, Stitching Via 등이 있습니다.

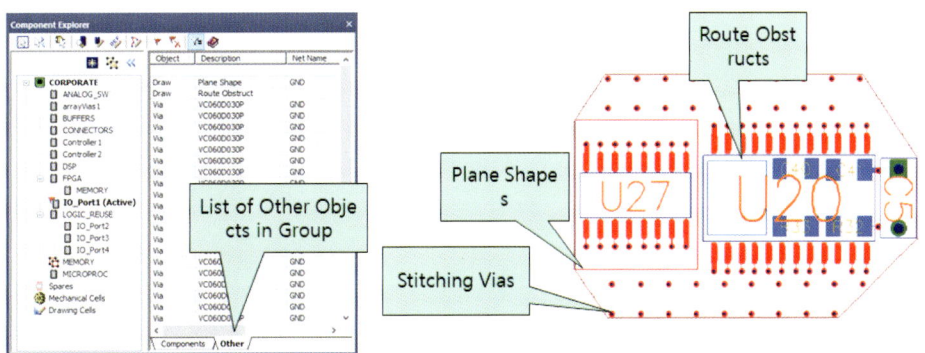

Group의 상위 다음 하위의 반복되는 부품들이 있다면 1개만 선택하여 여러번 복사가 가능합니다. 복사하면 Cursor에 Dynamically하게 첨부됩니다. 복사 명령은 Trace와 Vias만 선택된 경우를 제외하고 모든 유형의 선택에 대해 Temporary Clipboard 접근 방식을 사용합니다. 선택한 객체에서 Ctrl + Drag하여 복사 명령을 시작할 수 있습니다. (라우팅 Object 제외: Traces, Via, Pins)

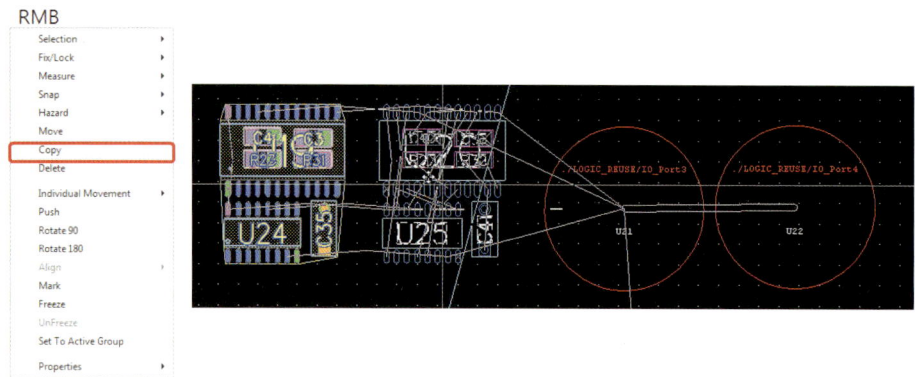

복사가 되면 붙여 넣기의 기본 Paste Mapping이 없는 경우 Clipboard에서 복사 또는 붙여 넣기 명령에서 Paste Map Dialog가 자동으로 오픈 되며, F2 Paste Map Action Key 또는 RMB 팝업 메뉴에서 Open Dialog Manually 기본 매핑을 재정의 할 수 있습니다.

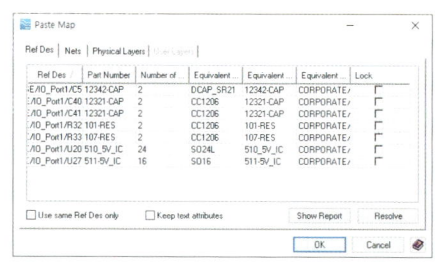

Group을 사용하지 않는 부품들은 Component Explorer에서 부품들의 List에서 선택 후 배치 가능합니다. 선택 후에 화면으로 Drag하거나 RMB – [Place] 이후 Drag로 원하는 위치에 배치 가능합니다.

배치가 되면 굵은 Text가 해제되어 배치된 부품이라는 것을 확인할 수 있습니다.

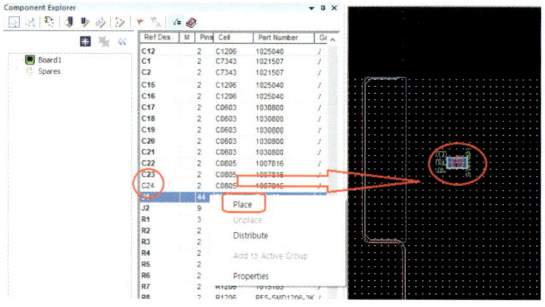

Ctrl이나 Shift를 이용하면 여러 부품을 동시에 선택 가능합니다.

선택 후에 RMB로 배치를 여러가지 진행 가능합니다.

Drag나 RMB - [Place Parts Sequentially]로 선택하면 하나씩 순차적으로 배치합니다. Auto Arrange Parts는 마치 Group처럼 한 번에 Drag됩니다.

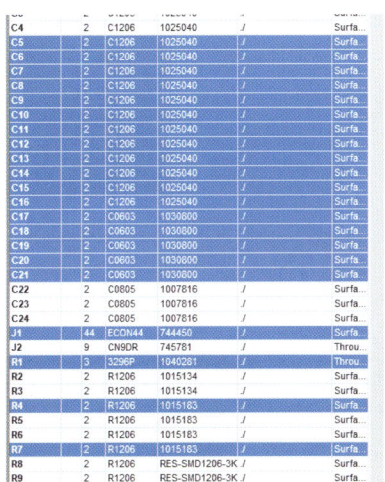 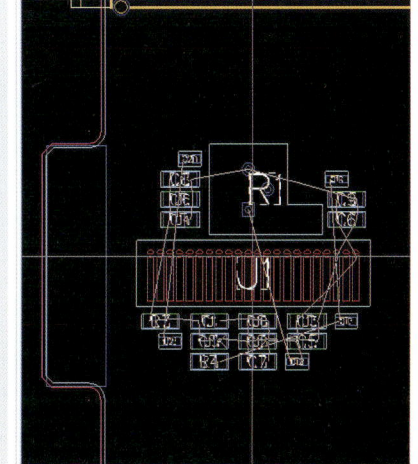

RMB - [Distribute]는 Board의 외각에 분산됩니다.

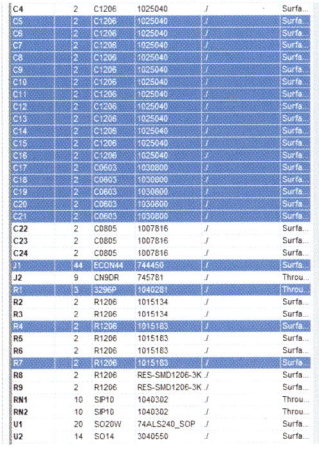 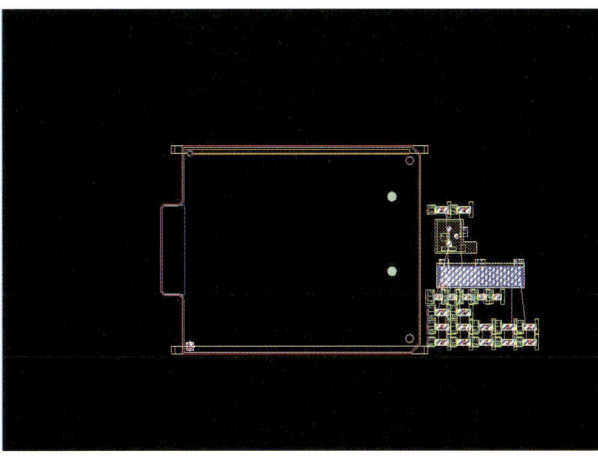

배치된 부품을 선택후에 Delete나 Component Explorer에서 Unplace를 하면 화면에서 사라지고 다시 Component Explorer에서 굵은 글씨로 표시됩니다.

부품 배치를 위해 Key-in 명령어가 가능합니다. 먼저 배치가 Unplace 상태의 부품을 배치를 위해 지정된 부품을 Cursor에 부착하려면 pr Ref-Des-List입니다. 예를 들어 pr U1이나 pr U*로 배치합니다. U*는 순차적으로 마우스 커서에 따라오게 됩니다.

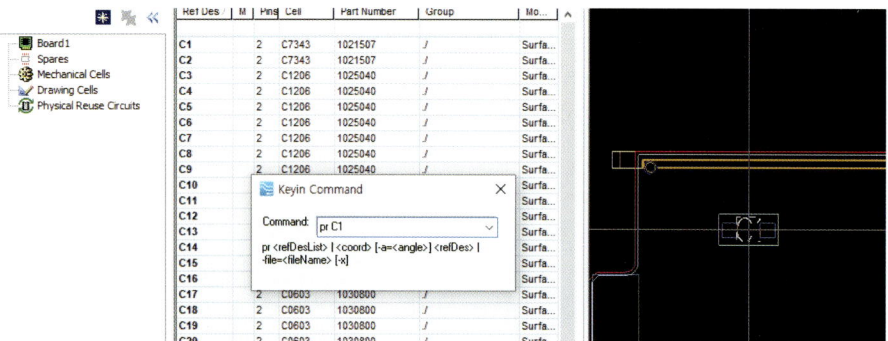

pr에서 추가적으로 좌표와 각도를 지정할 수 있습니다. pr Coord -angle=a Ref-Des로 사용합니다. 예를 들면 pr 500,1000 U11이나 pr 1225,790 -a=90 C1로 가능합니다.

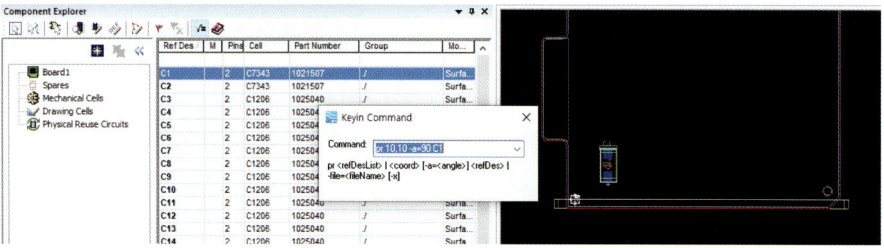

pr은 좌표화된 txt 파일을 출력하고 Import 가능합니다.

pr -file=[filename]이며 좌표 및 정보를 기반으로 부품을 ASCII 파일에 배치합니다.

예를 들어 pr -file=placement.txt입니다. -x를 주면 현재 배치를 기반으로 파일을 만듭니다. 예를 들어 pr-file= current.txt -x입니다. 배치 파일의 기본 위치는 PCB 폴더이고 포맷은 ref RefDes X, Y Rotate Side입니다.

배치되어 있는 부품을 이동하는 Key-in Command는 ms입니다. 선택한 부품을 특정 좌표로 이동합니다. ms dx=x, y이고 예를 들면 ms dx=0,100입니다. ms dx=-50은 x 방향만 이동이고 ms dx=,25는 y 방향만 이동입니다. 이 명령은 Draw Object에도 적용될 수 있습니다. 일반 이동은 Select Mode나 Place Mode에서 Part 선택하고 RMB - [Move] 이후 새로운 위치로 부품을 Drag 합니다. 혹은 선택 후 F2번을 눌러도 되고 [Edit] - [Move]도 동일합니다. Edit Toolbar의 Move Icon ✜ 도 동일합니다.

Select Mode와 Place Mode에서 부품선택은 기본 명령어가 이동이기 때문에 부품 선택 후 Drag해도 이동이 가능합니다. 부품을 선택한 후 키보드의 화살표 키를 사용하여 한번에 하나의 Grid Point를 이동할 수 있습니다. 부품이 이동되면 PADS Pro Layout은 "Move Mode"로 유지됩니다. 이동할 다른 부품을 선택하면 됩니다.

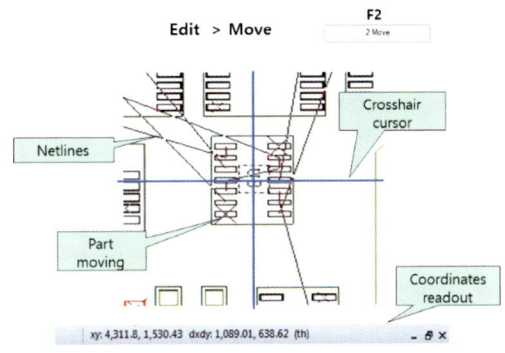

부품 선택이나 Move상태에서 부품 회전이 가능합니다. PCB에서 특수 목적 외에 부품은 일반적으로 90도로 배치합니다. [Edit] - [Rotate]나 F3번, F4번, 혹은 RMB - [Rotate 90], [Rotate 180]으로 부품을 회전합니다.

Edit Toolbar의 Rotate Icon 도 동일합니다. 이동할 부품을 커서에 부착하면 이 명령을 Dynamic Rotate에도 사용할 수 있습니다.

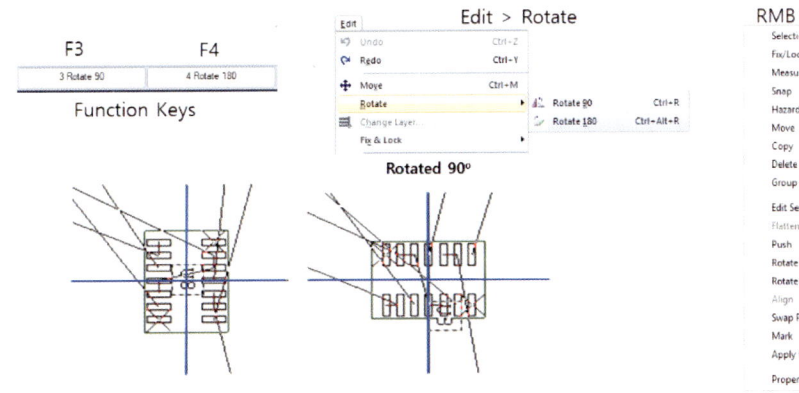

부품 선택이나 Move 상태에서 회전 말고도 배치면 변경이 가능합니다. Push라는 명령어로 부품 배치면을 Top면에서 Bottom면으로 변경 할 수 있습니다. 부품을 선택하고 [Place] - [Push] 명령어나 Push , F5를 선택합니다.

이동할 부품을 커서에 부착하면 이 명령을 Dynamic Push에도 사용할 수 있습니다.

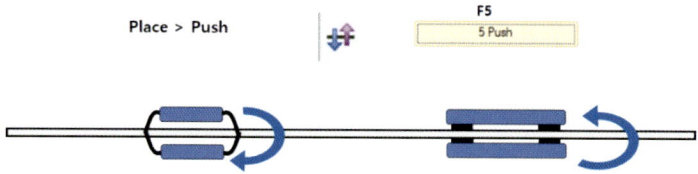

여러 개의 부품들은 배치될 때 열과 행을 맞추어야 배선이 깔끔하게 됩니다. 부품들을 정렬하여 배치하는 것이 일반적입니다.

Component를 Ctrl이나 Shift로 선택하거나(해제는 Ctrl만 가능) 특정 영역을 선택한 후에 [Place] - [Align]이나 Edit Toolbar의 Alignment Icon 을 선택하여 Component를 정렬합니다.

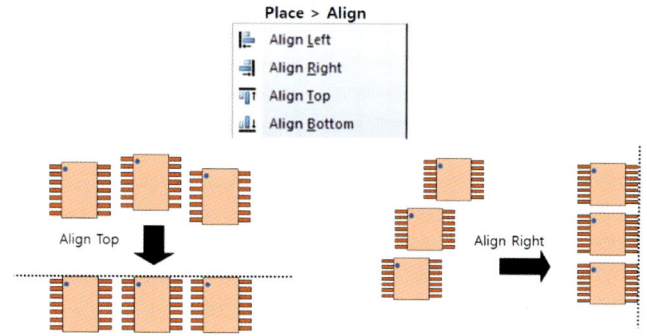

부품배치에서 Power Net을 특정 색상으로 표시하는 것은 Bypass Capacitors를 배치하여 찾는 데 도움이 됩니다.

Net by Color는 Power Pin의 Pad를 특정 색상으로 표시하여 부품배치를 쉽게 합니다. [Display Control] - Graphic Tab에서 Enable Color by Net에서 Enable Net와 Color를 선택하면 됩니다.

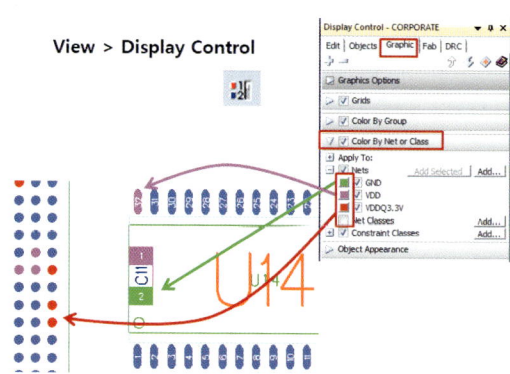

PCB의 부품들은 배치된 상태에서 배선이 됩니다. 그런데 부품을 변경한 뒤에 배선을 하면 배선 결과가 개선되는 경우가 있습니다. 이 때 사용할 수 있는 것이 Swap 기능입니다. Swap은 3가지 방법으로 가능합니다. 적용 가능한 Object는 부품, Gate, Pin, Net, Diff. Pair의 5가지입니다. 먼저 부품 Swap은 라우팅을 개선하기 위해 사용합니다. [Place] - [Swap Parts] 선택하고 첫 번째 부품을 선택합니다. 두 번째 부품을 선택한 다음에 Swap 확인을 클릭합니다.

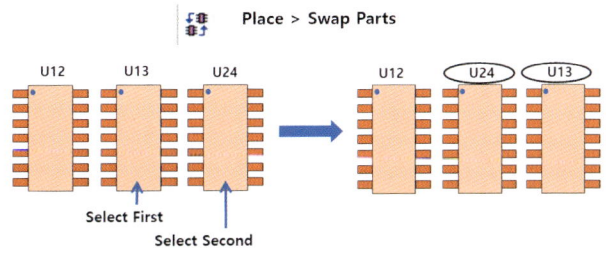

Gate, Pin, Net, Diff. Pair의 Swap은 배치 기능 보다는 배선의 기능입니다. [Route] - [Swap] - [Gates]에서 다음의 경우에 수동으로 Gate Swap을 하는 것을 의미합니다. 이름은 Gate Swap이지만 실제로는 Pin의 연결이 바뀌는 것이라 Pin을 선택해야 적용됩니다. 라이브러리의 Part에서 설정해야 합니다.

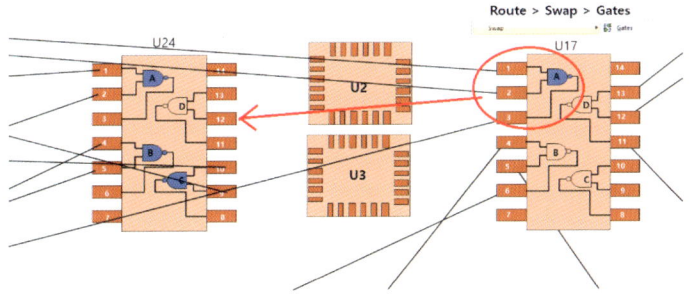

실제로 PCB에서 확인해보면 아래의 오른쪽의 배선을 중간 지점으로 Gate Swap을 하고 싶습니다.

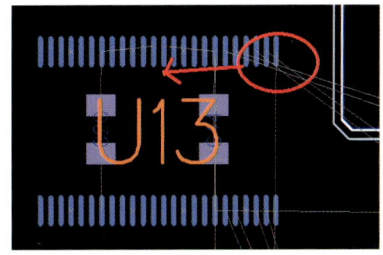

[Route] - [Swap] - [Gates]나 Route Toolbar의 아이콘을 선택하고 오른쪽의 Pin중에 하나를 선택하면 가능한 Pin들이 활성화됩니다.

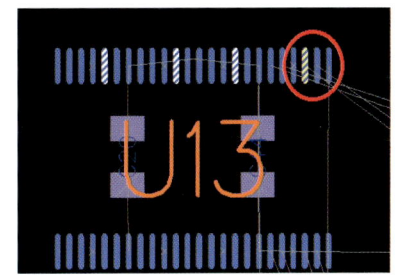

453

원하는 Pin을 선택하면 Swap될 Pin과 Net들이 하이라이트 됩니다. 전에 상태로 돌아가려면 RMB를 누르면 돌아 갑니다.

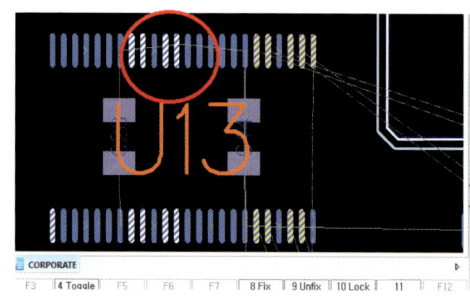

선택하면 다음의 Net들이 Gate Swap되어 왼쪽으로 이동됩니다.

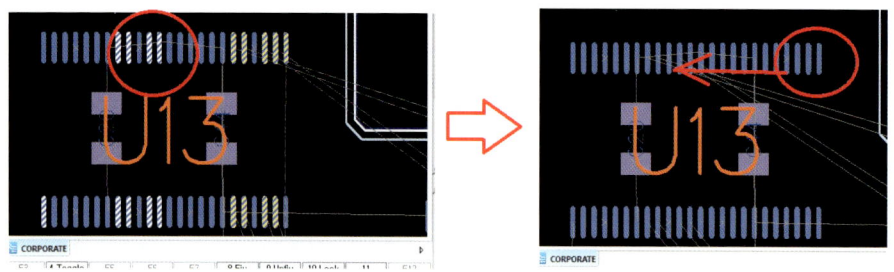

Gate와 마찬가지로 라이브러리에 설정이 되어 있으면 Pin Swap도 가능합니다. [Route] - [Swap] - [Pins]에서 Swap할 첫 번째 Pin 선택하고 Swap할 두 번째 Pin 선택한 다음 클릭합니다. Route Toolbar의 Icon 에서도 사용 가능합니다.

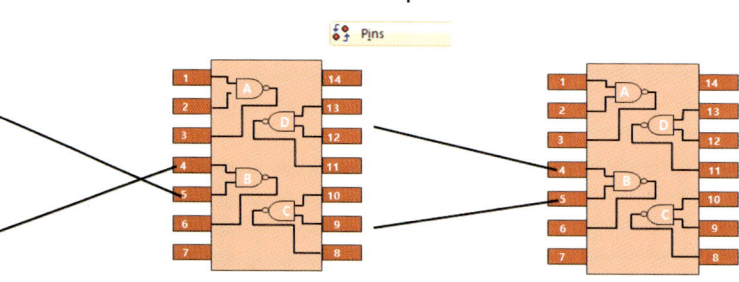

Swap Nets는 오른쪽의 경우에 Swap을 해주는 것입니다.

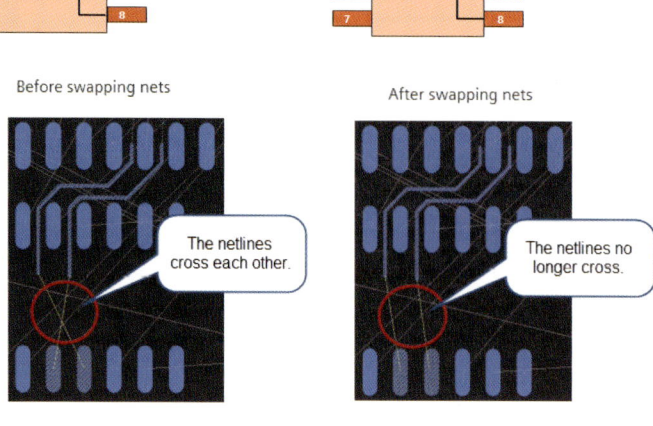

Diff. Pair의 Swap은 다른 두개의 Pair끼리의 Swap을 의미합니다.

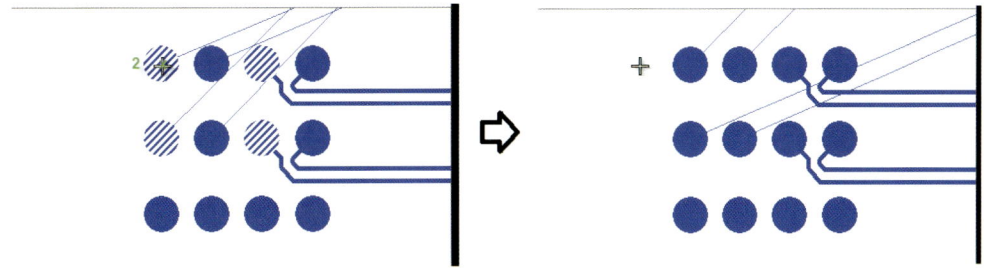

위와 같은 Swap 기능은 회로의 변경이 있을 수 있습니다. 회로 기능적인 변경은 없으나 Net연결이 변경되는 것이기 때문입니다. Pin Swaps, Gate Swap과 Reference Designator변경은 Schematic Source를 Back Annotate합니다. 모든 Back Annotation은 회로도가 아닌 iCDB를 업데이트하고, 회로도는 iCDB에서 업데이트됩니다. [ECO] - [Back Annotate]를 사용하여 변경 사항을 iCDB에 적용합니다.

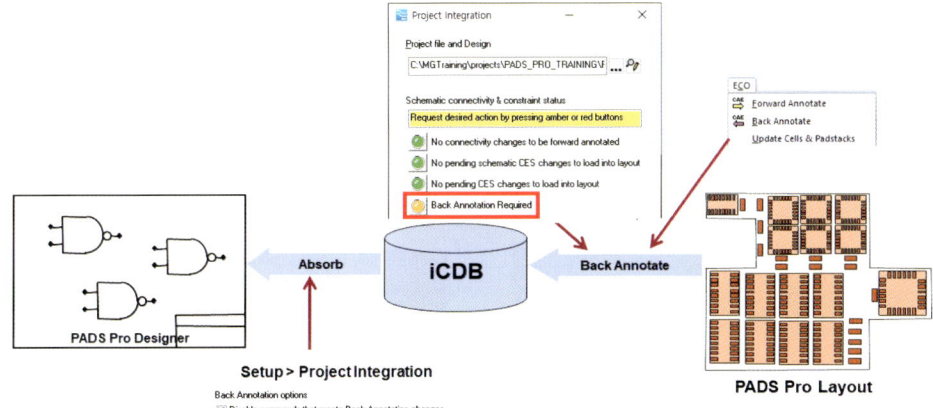

Project Integration에서 Forward/Back Annotation은 다음과 같습니다.

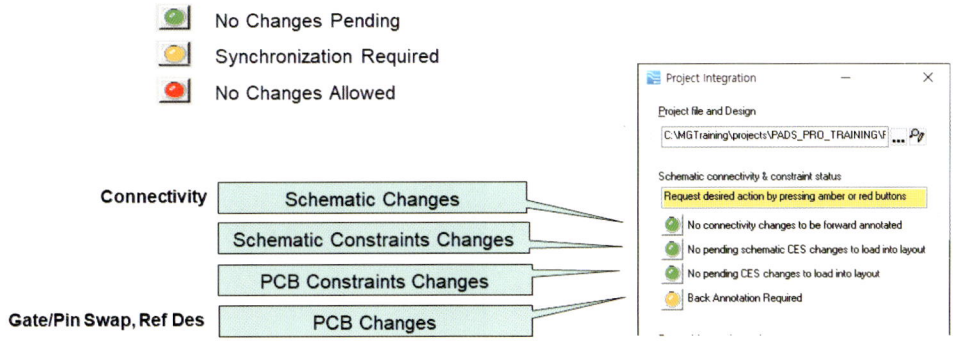

Schematic과 Constraint, PCB의 동기화는 화면 오른쪽 하단에서 확인 가능합니다.

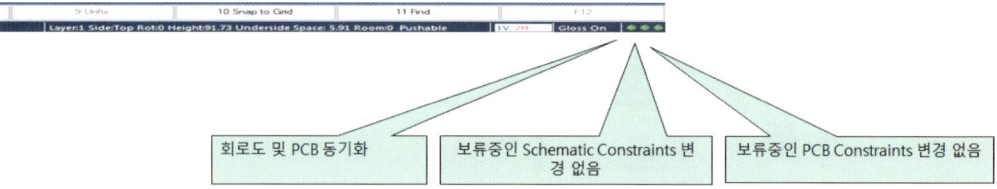

일반 회로부품이 아니지만 PCB에는 Screw, Nut, Bolt 같은 부품들도 배치할 수 있습니다. 라이브러리에서 Mechanical Cell로 등록한 부품들입니다.

Component Explorer Navigator에서 Mechanical Cell을 선택하여 배치합니다. Mechanical Cell은 Local Cell Library에 있어야 합니다. 필요한 경우 Library Services를 사용하여 Central Library에 복사합니다.

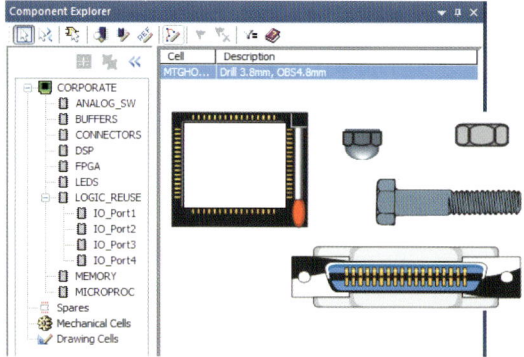

Trace가 연결된 상태의 부품은 이동하면 Trace가 각도를 유지하는 선에서 자동으로 움직입니다.

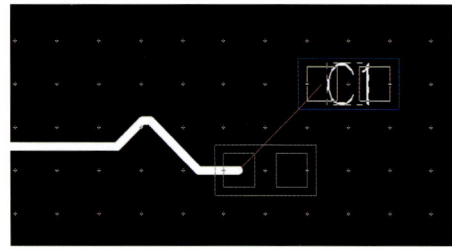 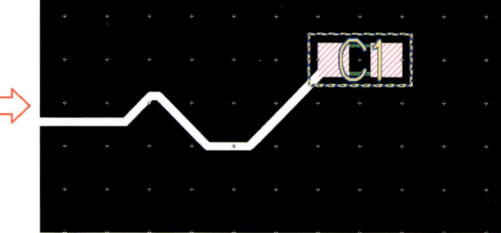

부품만 움직이려면 Move 상태에서 RMB - [Drop Interconnect]로 부품을 떼어내거나 Rip-up으로 Segment/Junction/전체 Trace 삭제가 가능합니다.

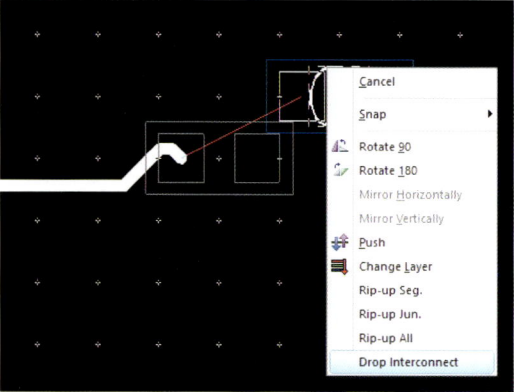

4장 PADS Professional Layout

실습 06 PADS Professional Layout의 부품 배치

실습은 회로도에서 부여한 Ref Des에 따라 배치와 배선이 변경될 수도 있습니다. 실습5에서 완성된 PCB인 C:₩MGTraining₩projects₩PADS_PRO_TRAINING₩PCB₩Board1으로 부품배치를 진행합니다. 먼저 회로도에서 Cluster설정으로 PCB에 가져오는 방법으로 진행합니다. 회로도와 PCB를 다음처럼 배치합니다.

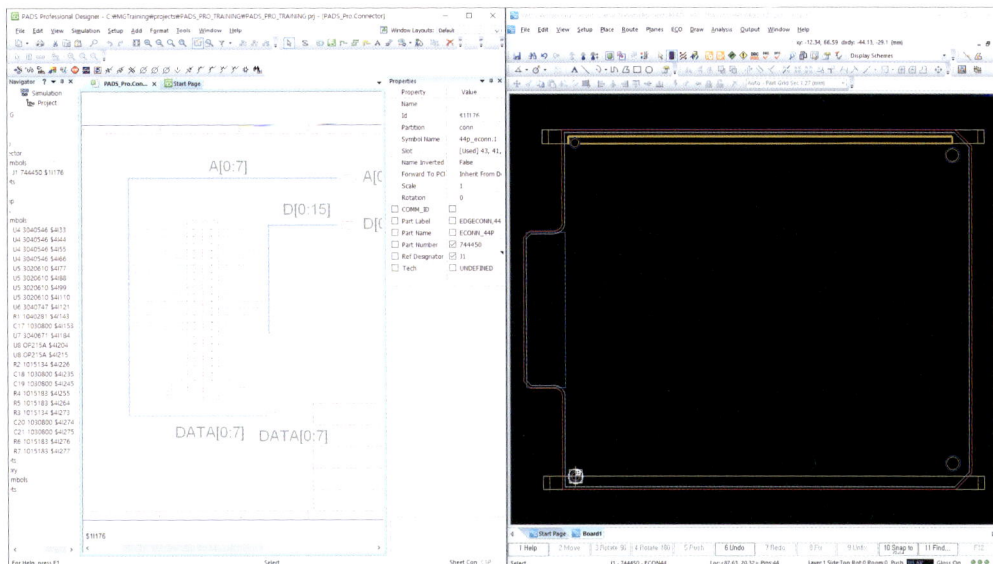

1 Connector의 Sheet에서 가운데 부품을 Cluster=CONN으로 속성을 정의합니다.

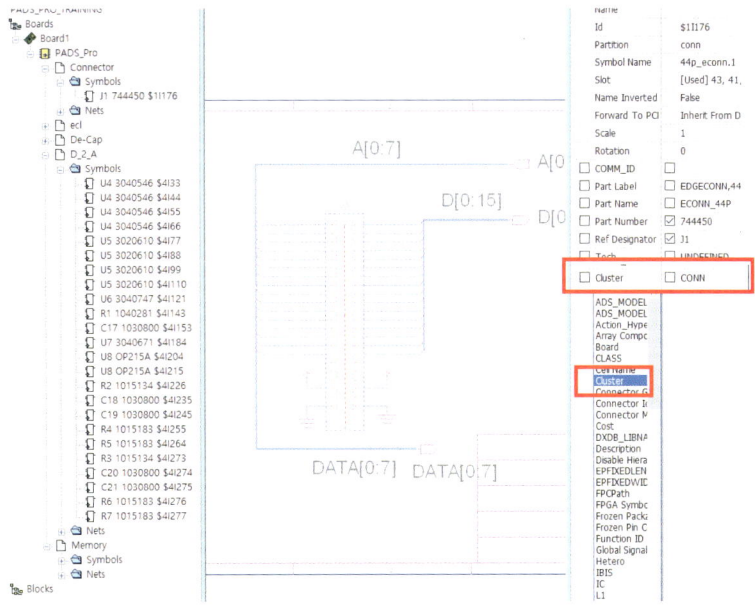

457

2 D_2-A의 Sheet에 중앙 왼쪽에 가변 저항 부품이 존재합니다.

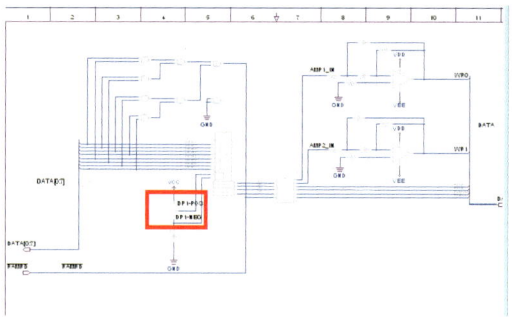

3 이 가변 저항에도 동일하게 Cluster=CONN으로 속성을 정의합니다.

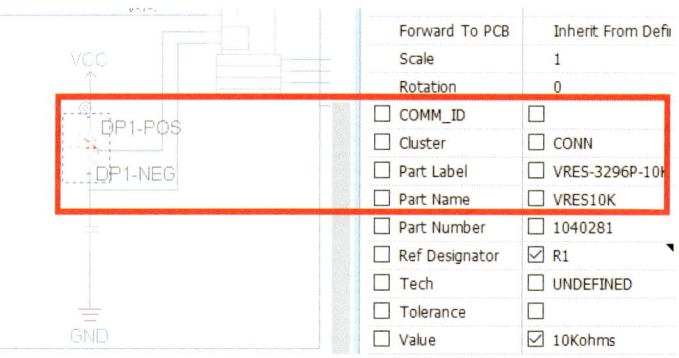

4 마지막으로 De-CAP의 Sheet의 Connector에도 Cluster=CONN으로 속성을 정의합니다.

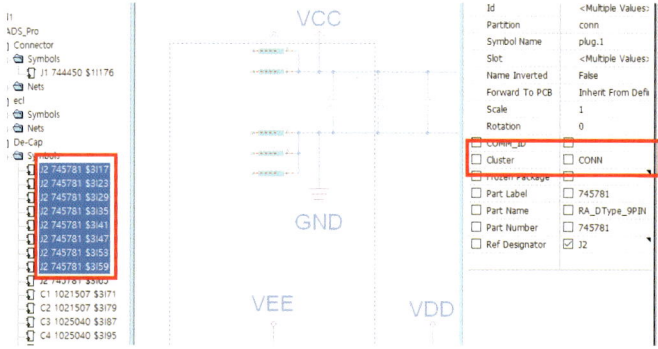

5 Cluster=CONN의 속성을 입력하면 PCB의 오른쪽 하단부에 주황색으로 변경됩니다. 주황색을 클릭하여 ECO를 진행합니다.

4장 PADS Professional Layout

6 진행후에는 Component Explorer에 Cluster가 입력되어 있습니다.

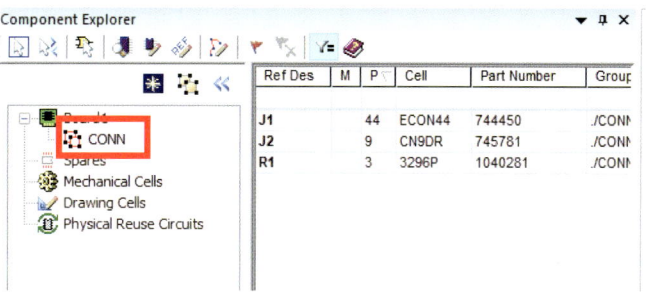

7 Component Explorer에서 Cluster를 작성하겠습니다. 를 클릭하면 Newgroup1이 작성됩니다. Newgroup1의 이름을 MEMORY로 변경합니다.

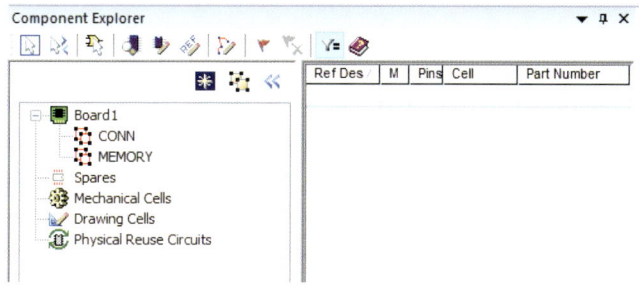

8 MEMORY의 구성원을 지정합니다. 3040714를 사용하는 부품들입니다. 부품을 선택하여 MEMORY로 Drag합니다.

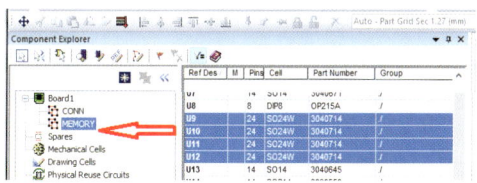 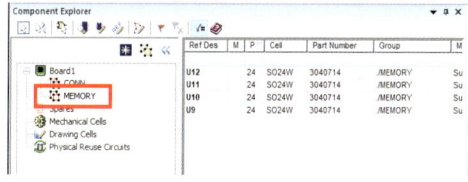

9 이번에는 IC Cluster를 작성합니다.

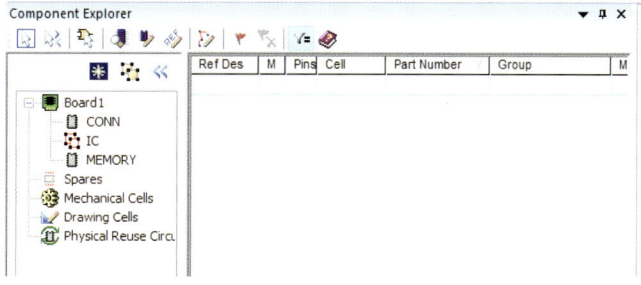

⑩ RMB - [Set to Active Group]으로 설정합니다. Active상태로 변경됩니다.

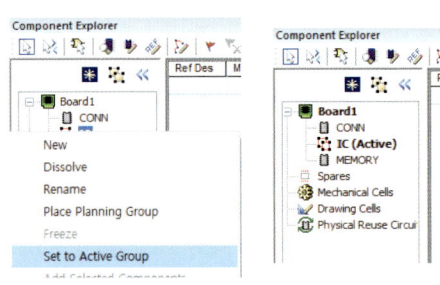

⑪ Ctrl을 이용해서 부품을 선택합니다. 3040546, 3020610, 3040645, 3040671을 선택한 다음 RMB - [Add to Active Group]을 선택합니다.

Active Group를 해제하려면 RMB - [Clear Active Group]입니다.

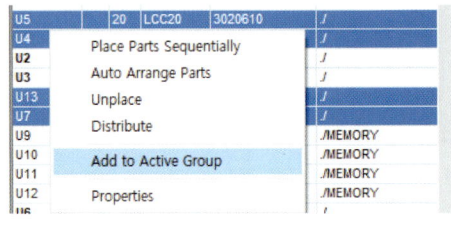

⑫ 변경 사항을 회로도에 반영하기 위해 [Setup] - [Project Integration]을 실행합니다.

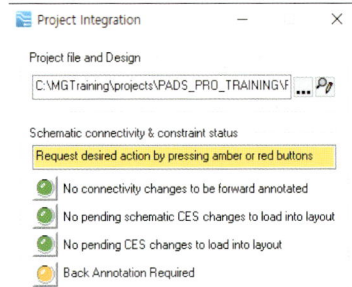

⑬ Back Annotation Required의 주황색 버튼을 누릅니다.

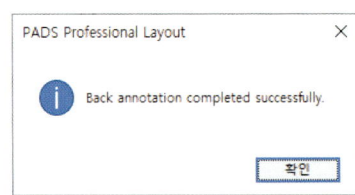

⑭ 회로도의 MEMORY의 Sheet에서 IC의 속성을 확인하면 Cluster 속성이 입력되어 있습니다.

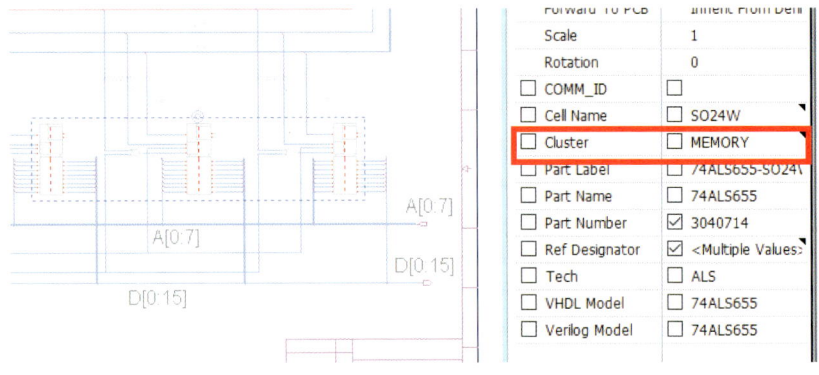

15 모든 부품은 Component Explorer에서 Drag로 부품 배치가 가능합니다. Component Explorer 에서 부품이 배치되면 Solid글자가 일반 글자로 변경되며 Unplaced에서 Placed 상태로 변경됩니다.

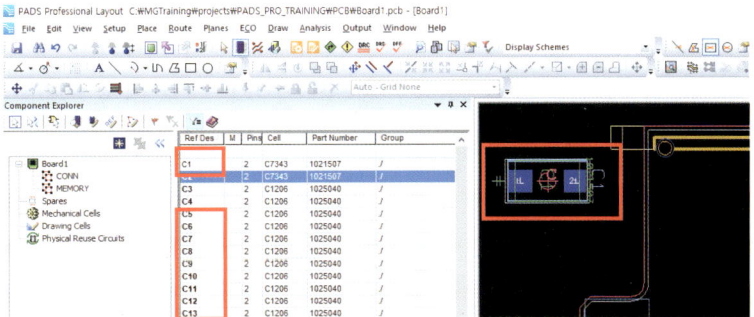

16 한꺼번에 Placed 상태로 변경 가능합니다. Key-In에서 pr -dist *로 입력하면 전체 부품을 Distribute로 배치하는 것입니다.

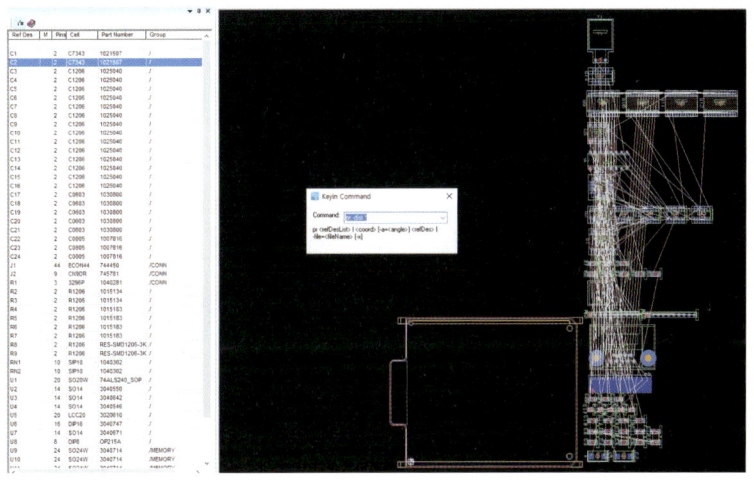

> **Note** Component Explorer에서 Ctrl + a로 모두 선택하고 RMB - [Distribute] 하면 동일한 결과로 배치되고 Distribute는 일부만 선택해도 가능합니다.

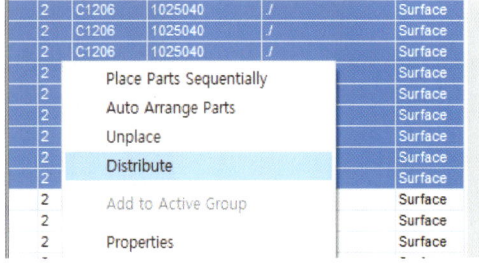

17 Distribute된 모든 부품을 선택 후 Del키를 눌러 전체를 Unplaced로 변경합니다.

18 Cluster 2개를 배치해보겠습니다. CONN을 선택하고 Hide List « 를 누르면 부품들은 숨기게 됩니다. CONN을 PCB의 좌측에 배치합니다. 배치하면 Cluster의 Icon이 원 ○ CONN 으로 변경됩니다. Cluster가 안보이면 Display Control에서 Object – Place – Group Outline과 Planning Group을 확인합니다.

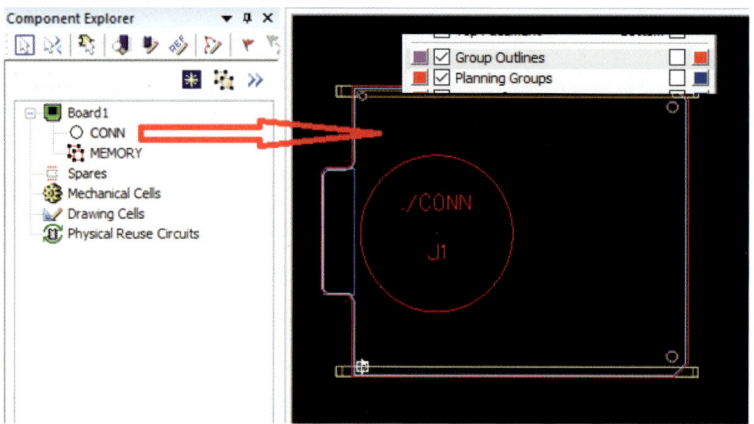

19 MEMORY를 오른쪽에 배치합니다. 가상의 Line이 생기게 됩니다.

Note Cluster의 크기와 가상의 Line은 의미가 있습니다. Cluster의 크기는 부품의 면적율의 크기이고 가상의 Line은 Net들의 연결 수의 크기입니다. 모든 부품을 Cluster 한다면 부품과 배선이 PCB에 면적상으로 설계가 가능할지를 보여주는 척도가 될 수 있습니다.

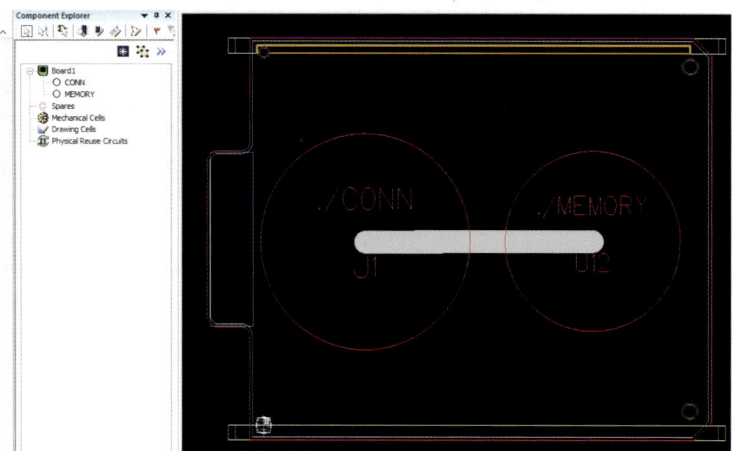

⑳ MEMORY를 선택하여 지우면 없어집니다. CONN의 구성원을 배치하겠습니다. Cluster 안에는 J1, J2, R1이라는 부품이 있습니다. 큰 의미는 없고 순서입니다. Cluster 내부에 보이는 J1을 선택하여 Drag하면 실제 부품이 나타납니다.

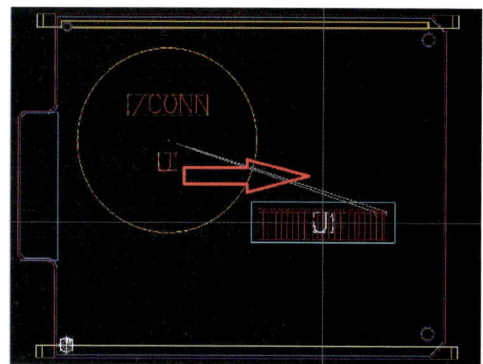

㉑ Cluster 선택하고 RMB에 [Place Part]도 동일하게 배치됩니다.

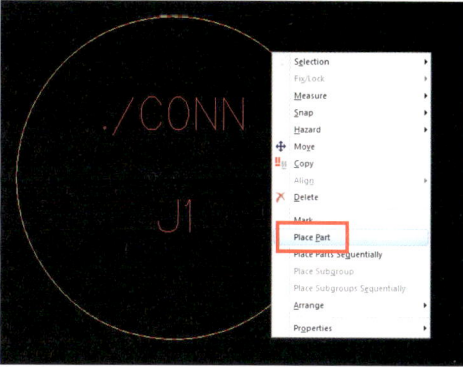

㉒ 아래 RMB에 [Place Part Sequentially]는 모든 부품의 구성원을 순차적으로 배치합니다.

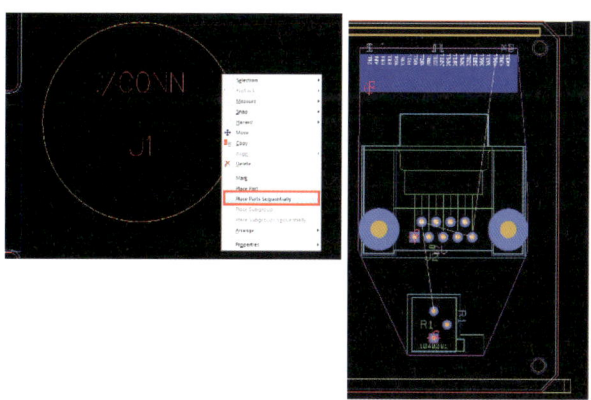

㉓ 이것은 Component Explorer에서 부품을 선택하여서도 가능합니다.

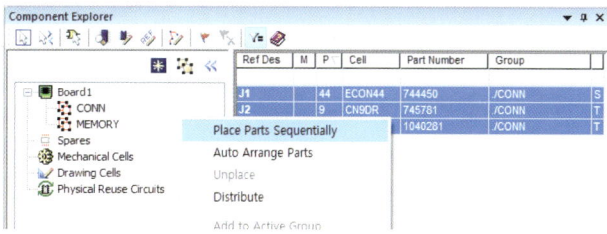

24. 먼저 PCB의 오른쪽에 CN9DR을 배치하겠습니다. J2입니다. Unplaced에서는 pr이지만 배치가 되었으므로 mr j2를 하면 마우스에 따라옵니다.

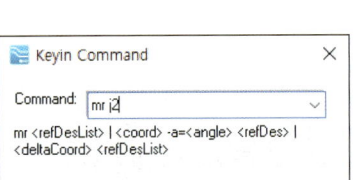
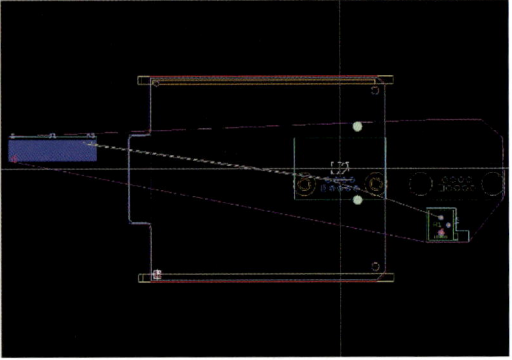

25. 오른쪽에 270도로 배치하기 위해서 Rotate90이나 F3키를 3번 누릅니다.

26. Board에 보면 Mounting Hole 위치가 각 4방향에 있었고 오른쪽에 2개가 수직으로 있었습니다. 이 자리가 부품의 Pin 위치입니다. 배치하려고 하면 아래처럼 Board Outline에 걸리게 됩니다.

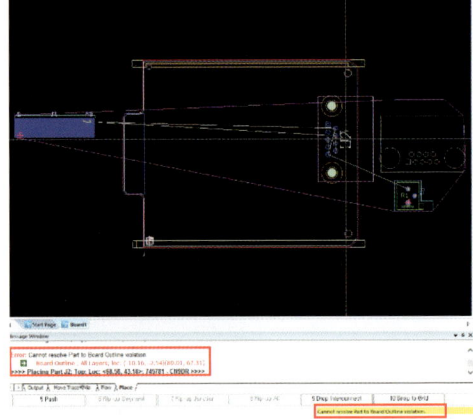

27. 부품을 배치하기 위해 부품 DRC를 Warning으로 변경해야 합니다. [Setup] - [Editor Control]이나 Stroke로 아래와 같은 형상을 그립니다.

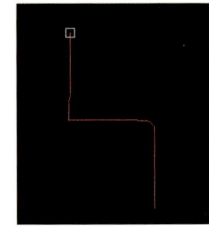

28. Place - General Options - Online 3D Placement DRC를 Warning으로 변경합니다.

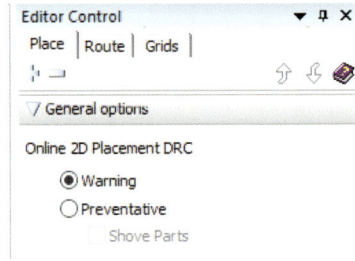

29 그 다음 Mounting Hole 위치에 맞게 입력하거나 Keyin에서 xy=68.58,43.18을 입력합니다.

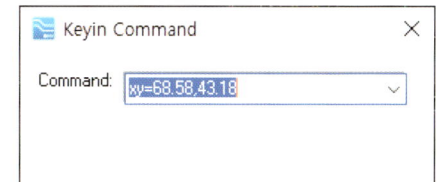

30 아래쪽과 같이 입력됩니다. 배치되는 순간에 Display에 따라 Plane이 채워지게 보입니다. 이것은 Plane 설정에 따라 3층과 4층에 보이는 데이터입니다.

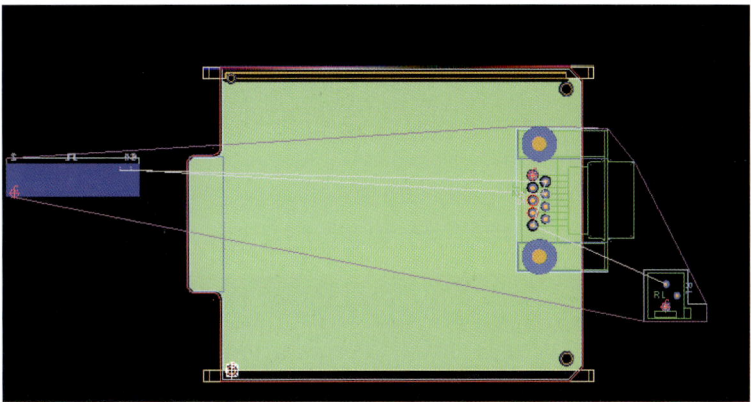

Note [Plane] - [Plane Assignmants]에서 설정한 Net가 Through Pin의 Net에 연결되는 것입니다.

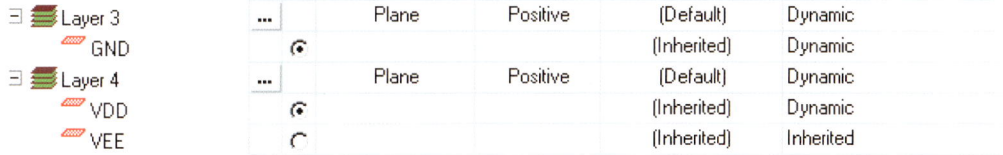

31 3층과 4층의 Display를 끄거나 Object - Plane - Data의 Fill/Hatch를 끄면 됩니다. 지금은 3층과 4층의 Display를 끄겠습니다.

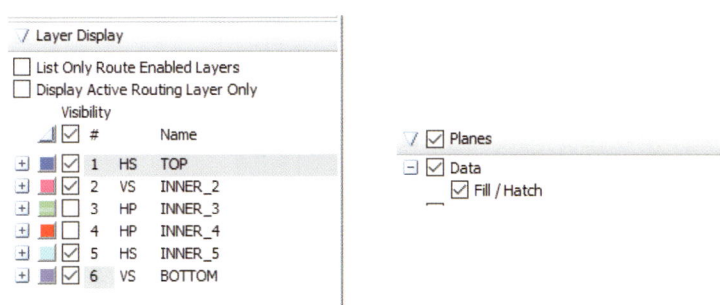

32 부품의 고정하기 위해 부품을 Double Click하거나 RMB - [Properties]를 선택합니다.

> **Note** Lock Status에서 Locked를 선택하면 부품이 고정되어 Move 하더라도 안 움직이게 됩니다.

33 오른쪽에 Connector는 040281으로 R1이 됩니다. R1을 일단 Board 내부에 배치합니다.

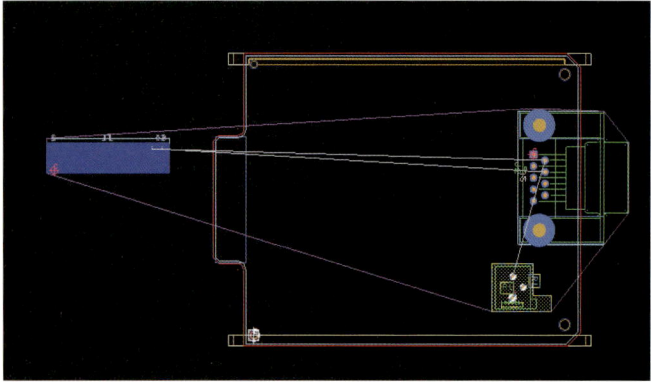

34 R1을 Double Click하거나 RMB - [Properties]를 선택합니다. X에 73.03, Y에 10.08를 입력하고 각도는 0도로 입력한 다음 Lock을 하면 다음과 같이 됩니다.

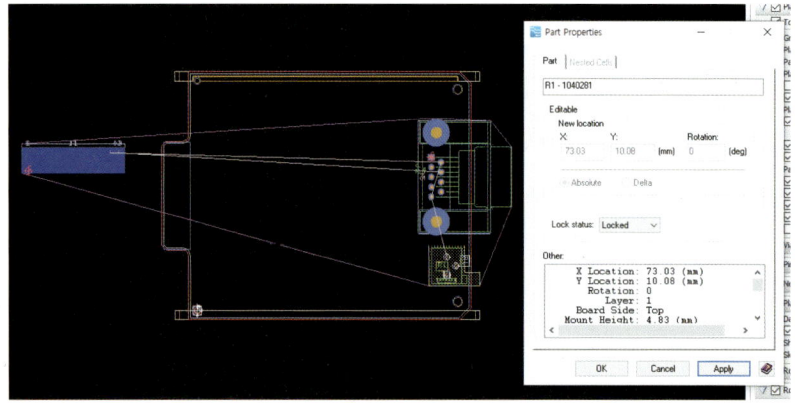

35 다음은 744450인 J1을 아래와 같은 Key-in으로 배치합니다. mr -10.16,45.72 -a=270 J1

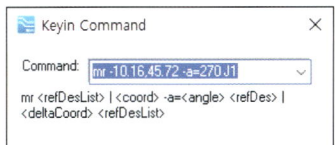

36 Lock을 하기 위해서 = J1을 선택하고 자물쇠모양의 아이콘 을 선택합니다. Lock 해제는 그 오른쪽 입니다.

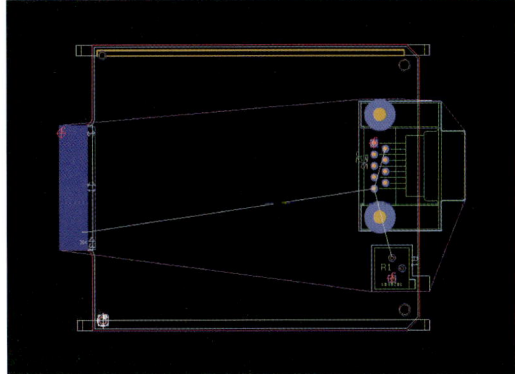

37 배치가 완료되면 Online 3D Placement DRC를 Preventative로 설정합니다.

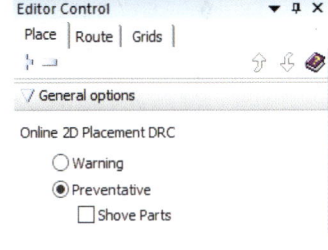

38 이번엔 배치가 안된 MEMORY들의 IC 4개를 pr을 통해서 배치해보겠습니다. pr은 사용할 때 Text 파일을 만들어서 작성 가능합니다. Text Editor로 다음과 같이 작성합니다.

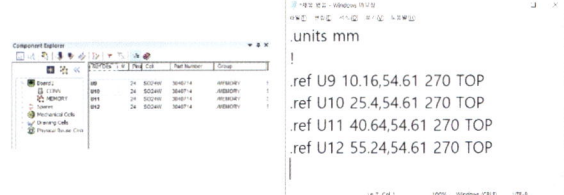

(부품이 잘못 올라오면 MEMORY 회로도나 Cluster의 3040714를 보고 Text의 Ref-Des를 수정합니다.)

39 작성하면 C:\MGTraining\common\placement.txt로 저장합니다.

⓴ keyin에서 pr -file=C:₩MGTraining₩common₩ placement.txt을 입력합니다.

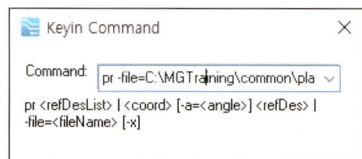

아래쪽처럼 입력됩니다.

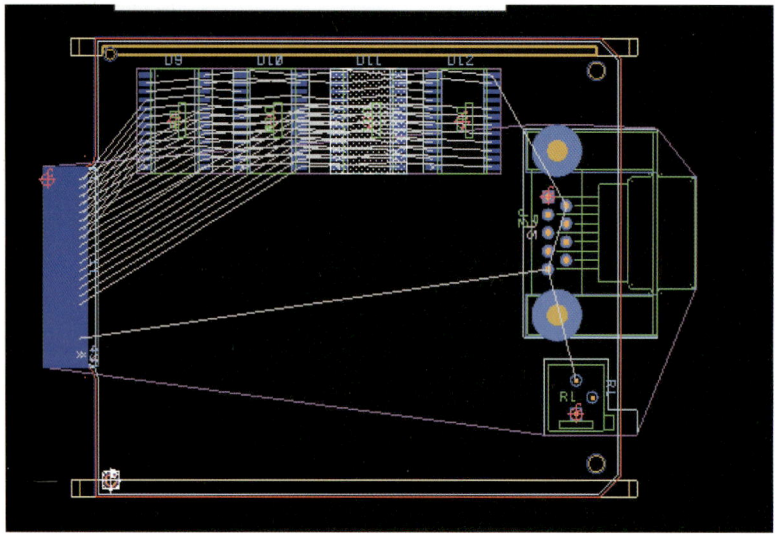

㊶ 오른쪽처럼 입력됩니다. 다음은 IC Cluster를 입력합니다. Drag하거나 RMB - [Place Planning Group]으로 그림과 같이 배치합니다.

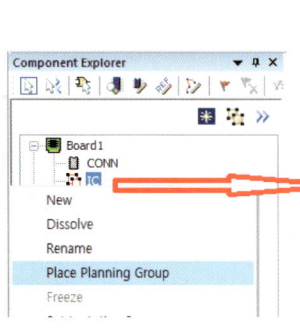
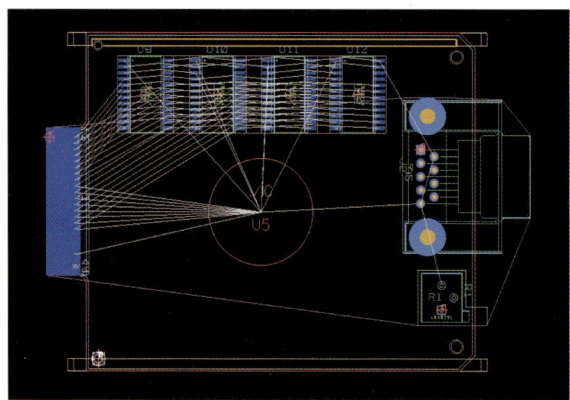

㊷ IC는 한 번에 부품들을 배치합니다. Cluster를 선택하고 RMB - [Arrange] - [Arrange all Levels]를 선택한 후 그림과 같이 배치합니다.

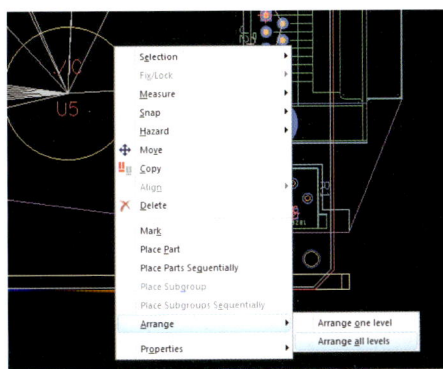 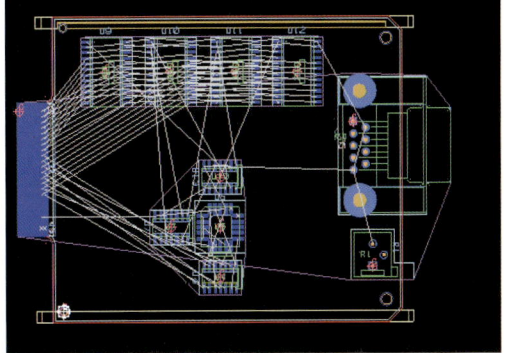

> **Note** Arrange All Levels위의 Arrange one Levels은 Cluster를 계층으로 만들었을때 사용 가능합니다. IC 아래 IC2와 IC3의 Cluster를 작성하면 아래처럼 됩니다. 삭제는 RMB - [Dissolve]입니다.

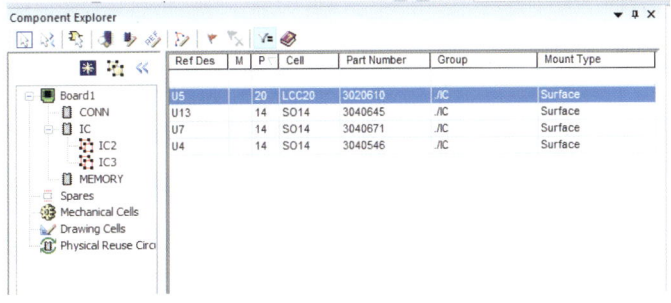

㊸ 배치한 부품은 pr이 아니라 mr로 배치합니다. key-in에서 mr xy=9.53,38.1 -a=270 U3입력을 합니다.

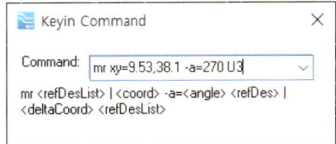

㊹ 나머지 부품도 아래와 같이 입력합니다. 배치가 완료되면 오른쪽과 같이 됩니다.

- U5 X=23.5, Y=38.1 270도
- U13 X=36.2, Y=38.1 270도
- U7 X=46.5, Y=38.1 270도

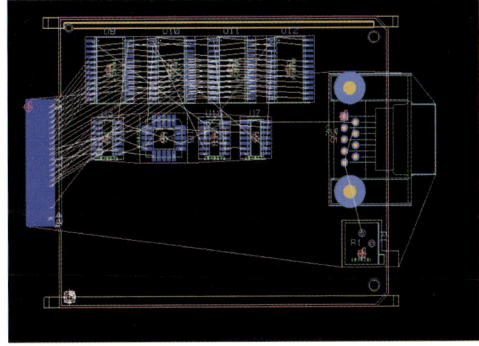

45 CTX071-ND인 Y1을 X=45.99, Y= 6.62에 270도로 배치합니다.

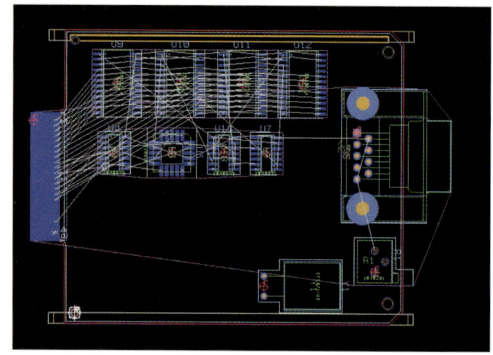

46 Y1이 아래쪽에 너무 붙어 있으므로 현재 위치에서 X=1, Y=1만큼 이동시켜 줍니다. mr dx=1,1 Y1입니다. dx는 상대 좌표입니다.

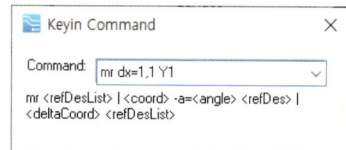

Note mr을 사용할 때 아래와 같은 예들로 사용 가능합니다.
   mr U1,U16,C*
   mr dx=0,100 I*

47 다음은 3040747을 아래와 같이 Board 안에 배치합니다.

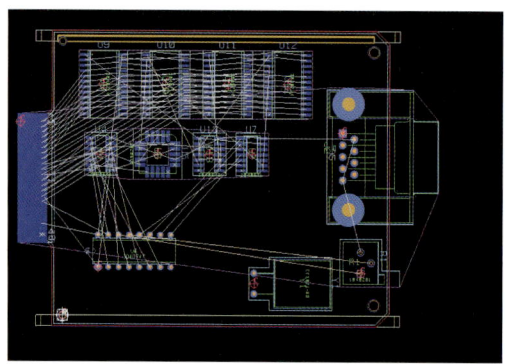

48 선택된 것을 좀더 확실히 확인하기 위해 Display Control - Object - Place에 Fill On Hover & Selection을 선택합니다. 선택하면 위의 화면에서 선택된 부품이 오른쪽과 같이 됩니다.

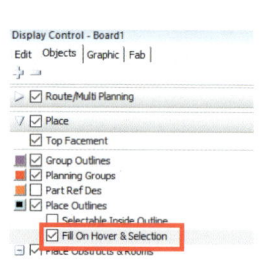 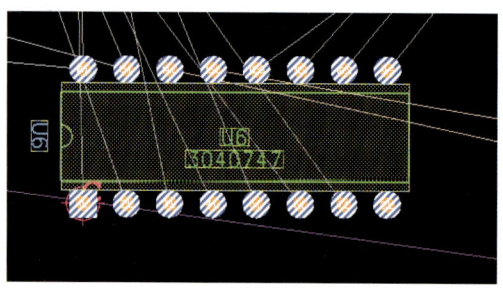

49 mr은 배치되어 있거나 Drag상태에서 입력하지만 선택되어 있는 상태에서는 ms를 이용합니다. Key-in에서 ms 0.27,19.95라고 입력합니다.

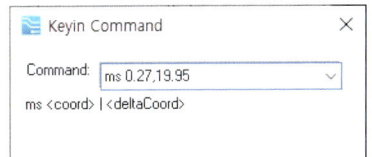

50 입력하면 그림과 같이 입력됩니다.

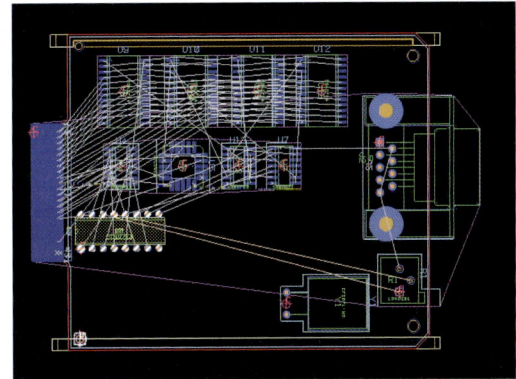

51 다시 key-in에서 ms dx=1,1이라고 입력하면 상대좌표로 이동하게 됩니다.

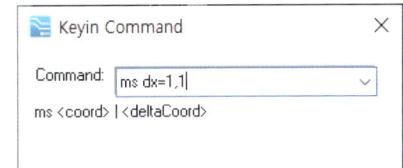

52 나머지 Top면의 부품들을 다음과 같이 배치합니다.

- OP215A 54.61, 22.86 0
- 74ALS240_SOP 10.8, 9.53 90
- 1040302 22.86, 26.67 270
- 1040302 30.48, 26.67 270
- 3040642 38.73, 22.86 90
- 3040550 38.73, 8.89 90

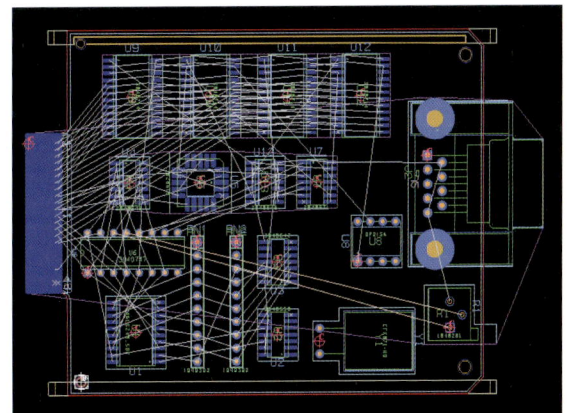

53 다음은 Component Explorer에서 Ref Des부분에 검색에서 R? 라고 검색합니다.

> **Note** R?는 R과 숫자 첫번째 자리수의 부품이고 R??은 RN1과 RN2같은 2자리수의 부품입니다. R*는 R로 시작하는 전체 부품입니다.

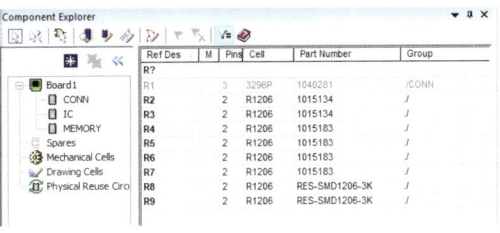

54 배치가 된 R1만 빼고 나머지 부품을 선택합니다. Ctrl과 Shift를 활용 가능합니다.

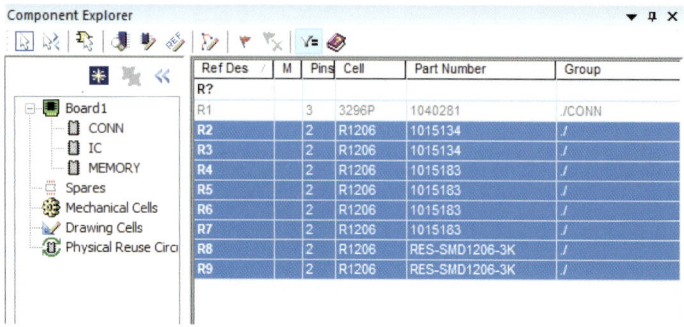

55 선택한 상태에서 RMB - [Place Parts Sequentially]로 Board 오른쪽에 순차적으로 배치합니다.

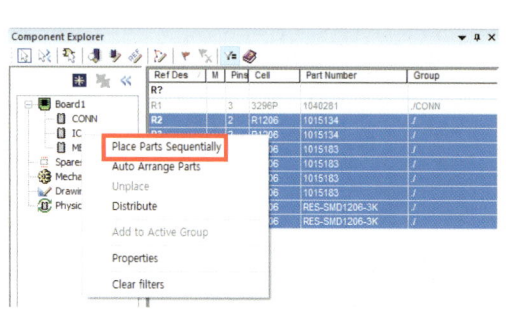 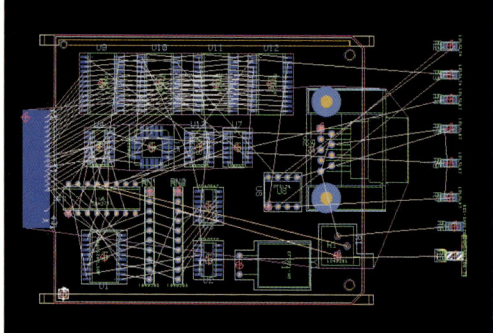

56 배치한 부품을 선택하고 Place Toolbar에서 Push 를 선택하면 Bottom으로 배치됩니다. RMB - [Push]도 동일합니다.

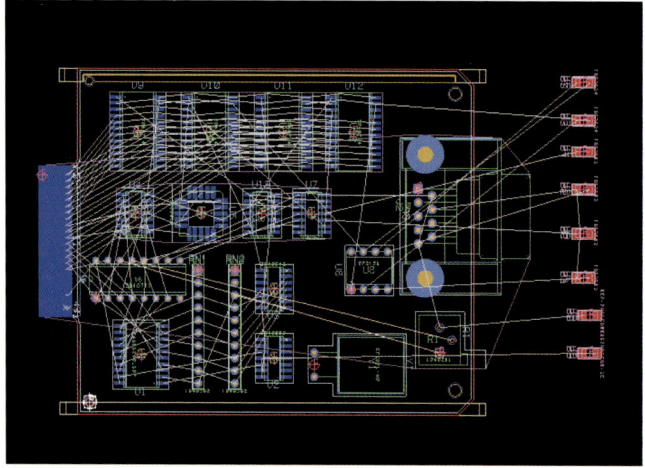

57 Cap을 C*로 검색하면 24개 부품이 검색됩니다.

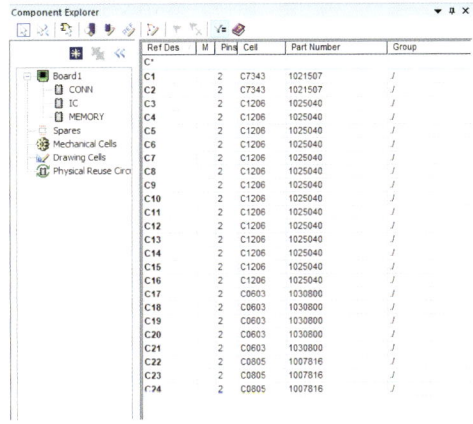

58 모든 부품을 선택하고 RMB - [Auto Arrange Parts]를 하면 부품이 한꺼번에 Drag됩니다.

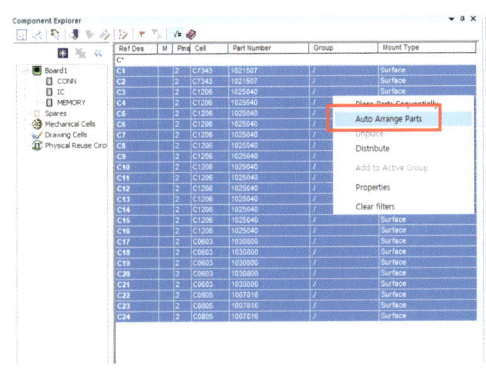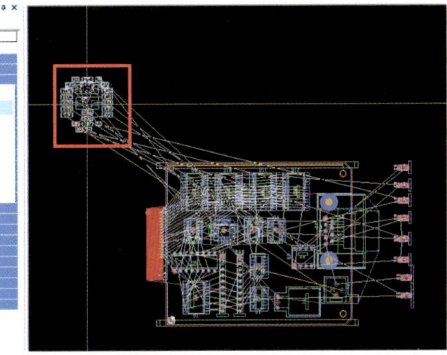

59 Drag 상태에서 RMB - [Push]하여 위쪽에 배치합니다.

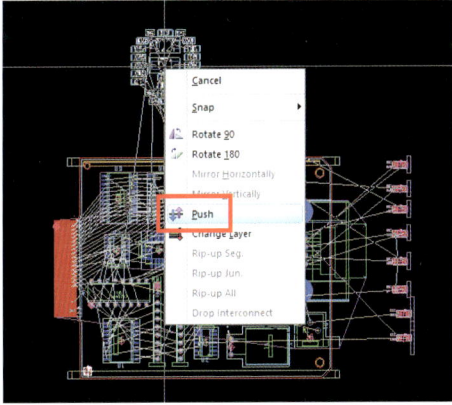

⑥⓪ IC마다 D-Cap을 하나씩 배치합니다. D-Cap용도로 보기 위해서 전원과 GND의 Net Color를 변경합니다. [View] - [Display Coontrol] - Graphic에서 Color by Net or Class - Apply To: 를 선택하고 Add에서 GND, VCC, VDD, VEE를 추가합니다.

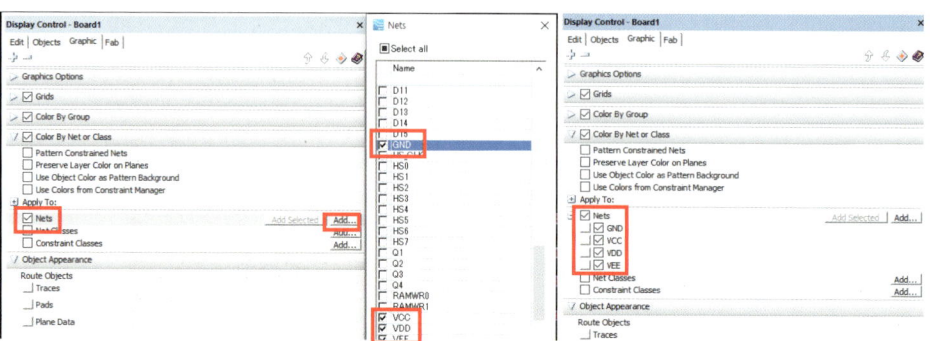

⑥① 왼쪽에 ▭를 클릭해 전원과 GND의 색상을 원하는 색으로 변경합니다.
예시) GND: 녹색 / VCC: 하늘색 / VDD: 주황색 / VEE:보라색

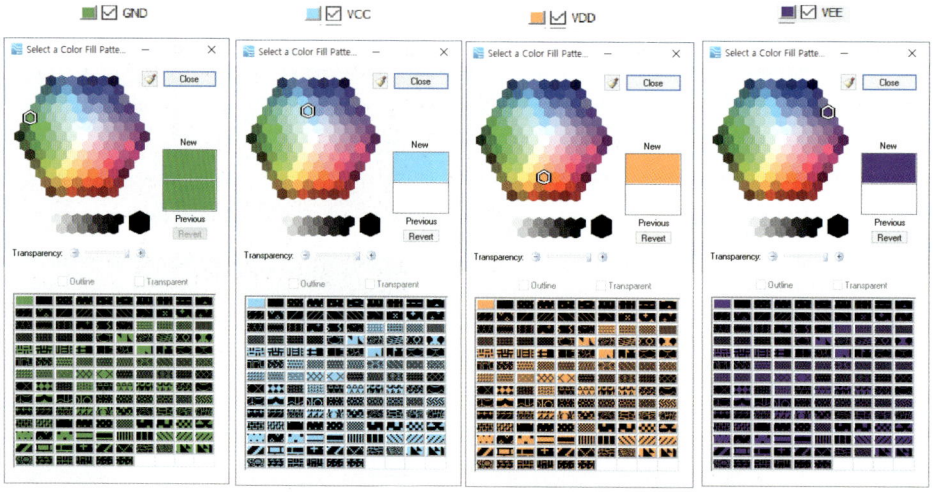

⑥② Net Color가 지정한 색상으로 Net와 Pin 이 변경됩니다.

Note 지정한 색상을 Object 별로 해제하고 싶으면 색상 지정한 바로 위의 Apply To: 항목의 체크를 해제합니다.

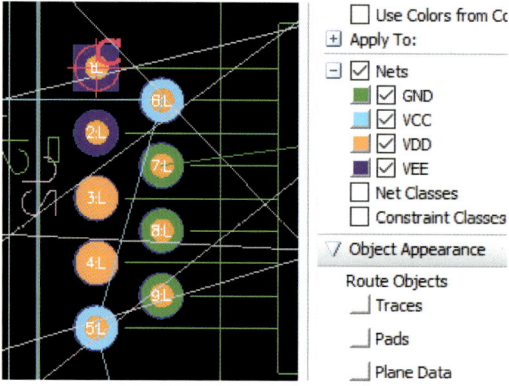

474

63 Solder와 Paste Mask 때문에 PAD 색상이 안보이면 Fab - Fabrication Objects에서 해제합니다.

64 전체로 Net를 안보이게 하기 위해 Object의 Netlines을 해제합니다.

65 CONN의 Cluster의 Group Outline이 보입니다. Object - Place - Group Outlines를 해제합니다.

66 Cap 중 1025040 부품중에 VCC와 GND로 연결된 부품을 IC의 Bottom에 오른쪽 이미지와 같이 배치합니다. Net Color를 보면서 VCC와 GND를 확인하면서 Grid를 0.5로 배치합니다.

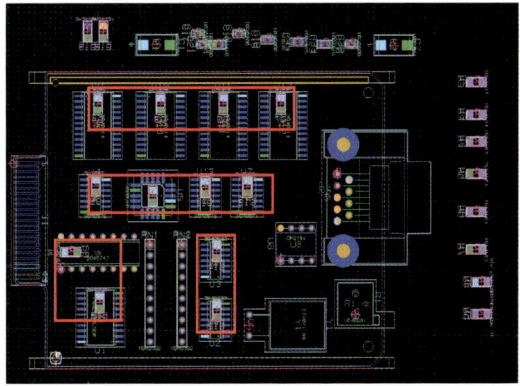

67 비슷한 위치에 있는 Cap들은

을 이용하여 정렬합니다.

68 부품의 Ref Des가 겹쳐서 보이는 경우 Assembly Items를 해제합니다.

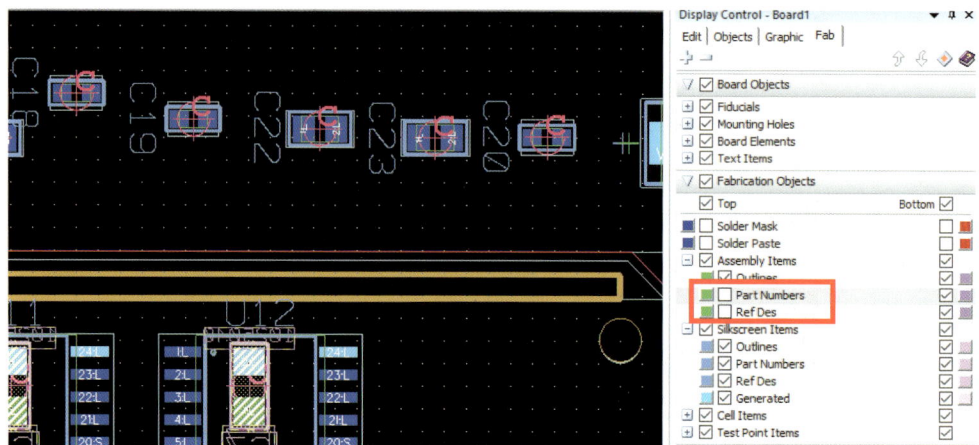

69 나머지 부품들은 D_2_A회로도의 OP215A주위에 회로도와 Cross Proving으로 배치해보겠습니다. 회로도를 Open합니다. [Setup] -[Cross Proving]이 선택되어 있는지 확인합니다.

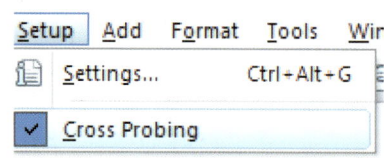

70 PCB쪽에서도 [Setup] - [Cross Probe] - [Connect]가 설정되어 있는지 확인합니다.

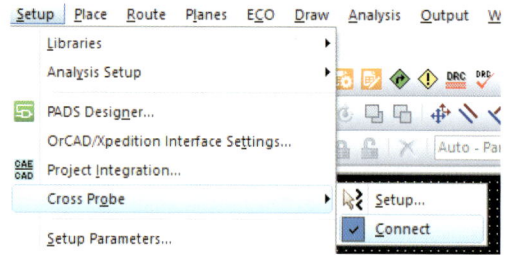

71 PADS Designer에서 D_2_A의 오른쪽에서 OPAMP를 선택해보면 회로도의 2개 Symbol이 하나의 PCB 부품입니다.

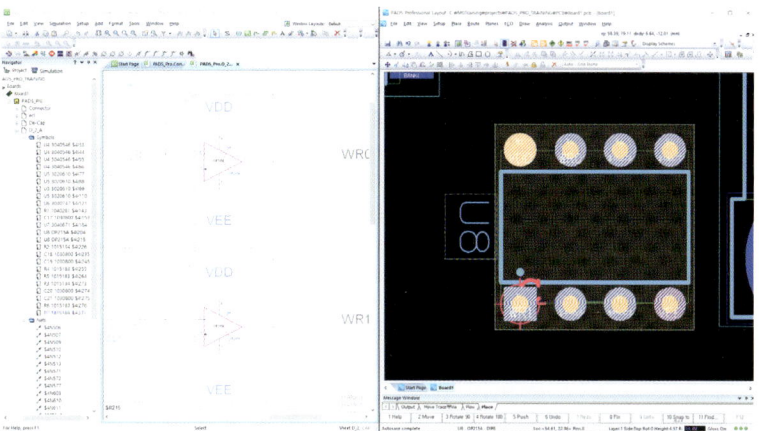

72 주변 저항과 CAP을 PCB의 OP215A 주위에 배치합니다. d_2_a에 amp가 2개 있기 때문에 Net를 보고 배치하면 오른쪽과 같이 됩니다.

73 EPCB1 Sheet의 왼쪽 아래에 Cap들이 보입니다. 이 Cap들을 OP215A의 내부에 아래처럼 배치합니다. IC의 아래 배치했던 1025040입니다.

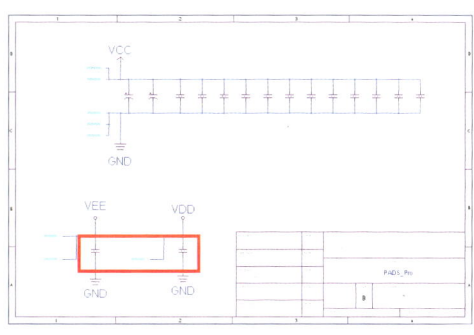
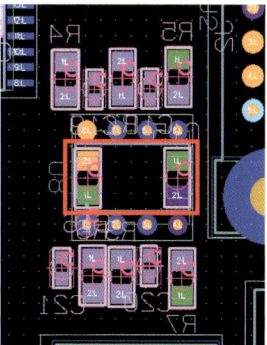

74 다음은 ecl 회로도의 왼쪽 부품들은 1030716 인 Y1 주위에 배치합니다.

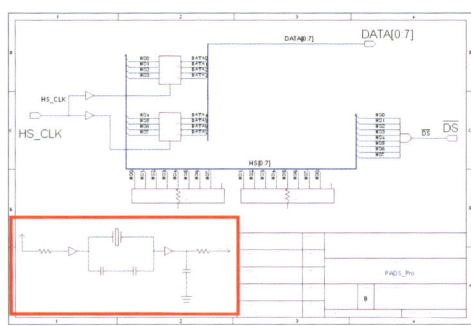

75 먼저 양쪽의 IC인 6030550을 배치해야 합니다.

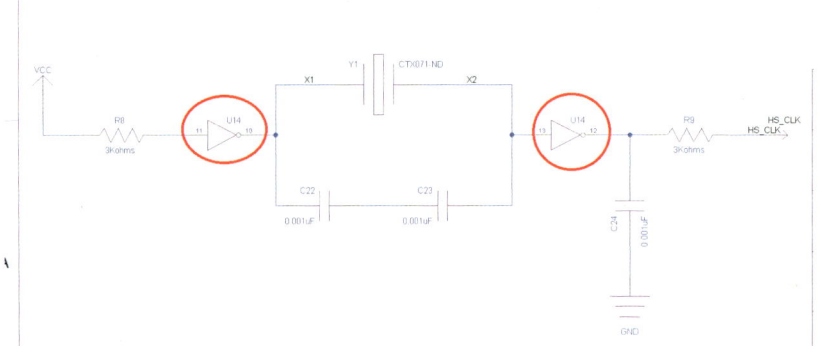

76 배치 전에 공간을 확보하기 위해 부품을 밀어내는 설정을 합니다. Editor Control의 General Option의 Online 2D Placement DRC 에서 Shove Parts를 선택합니다.

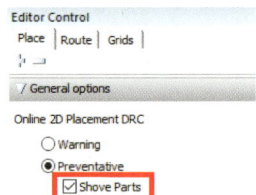

77 오른쪽의 위치에 배치합니다.

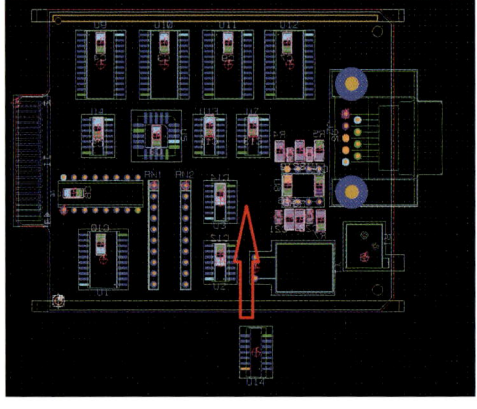

78 왼쪽의 부품에 걸쳐서 배치하면 부품을 밀어내면서 배치가 됩니다.

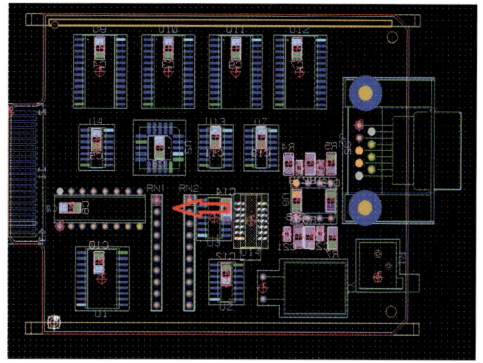

79 왼쪽의 부품 2개를 왼쪽으로 이동해보겠습니다. 부품을 더블 클릭하면 부품의 속성이 나타납니다. 30.38을 27.38로 변경한 후에 Apply를 누르면 왼쪽으로 이동합니다.

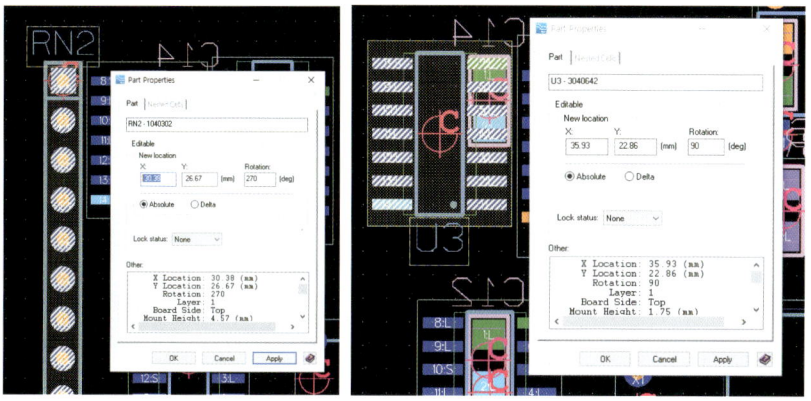

80 오른쪽의 IC도 35.93에서 33.93으로 이동합니다.

81 IC의 Bottom에 있던 Cap도 38.66에서 33.66으로 변경합니다.

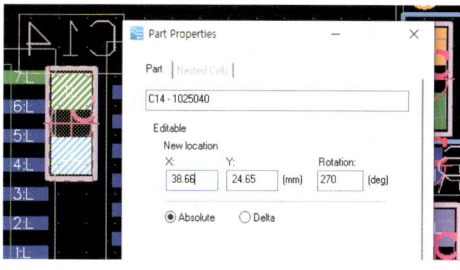

82 나머지 저항과 Cap 부품들도 배치합니다.

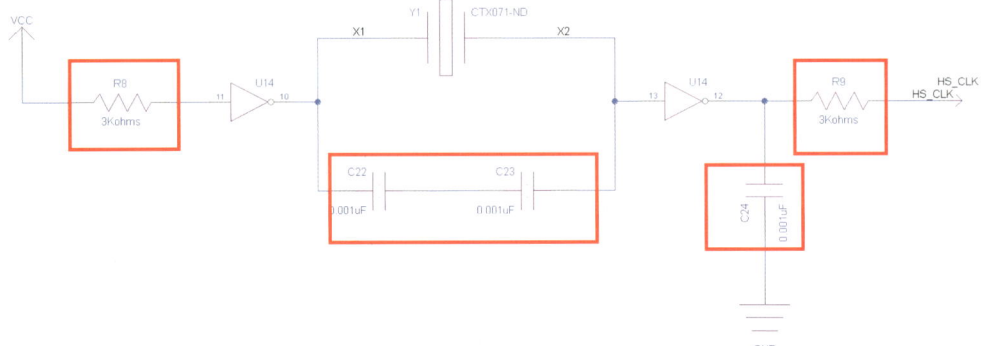

이동하면서 오른쪽 정도로 배치합니다.

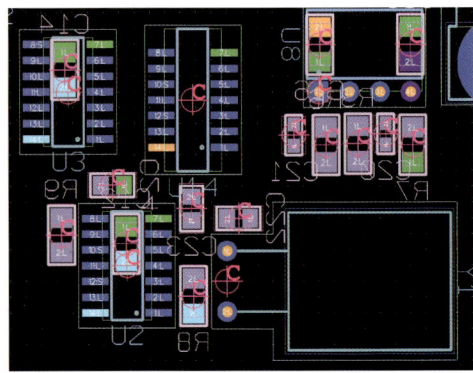

83 다음의 1040281에 Bottom에 VEE의 Cap을 하나 배치합니다.

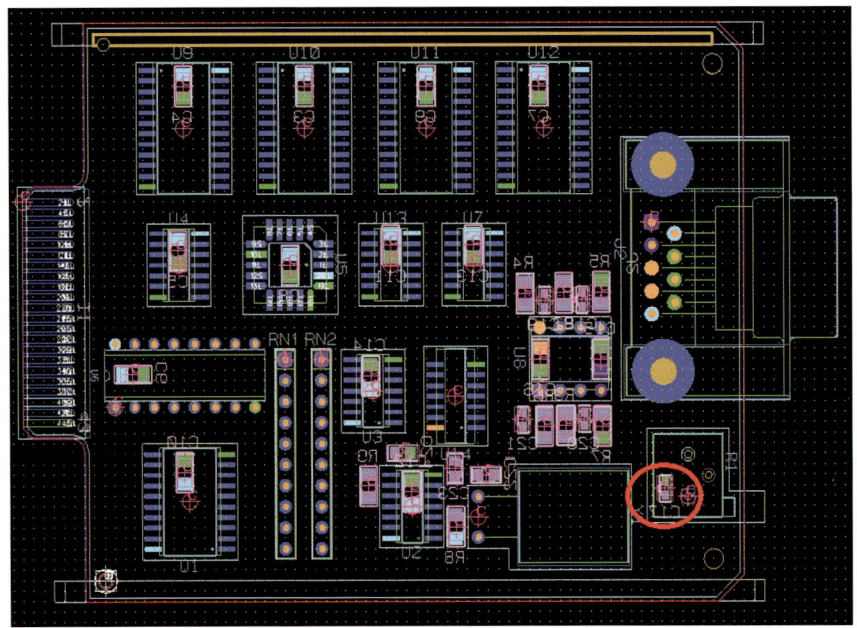

84 전체 부품 중에 남은 Cap은 다음처럼 Bottom에 배치합니다.

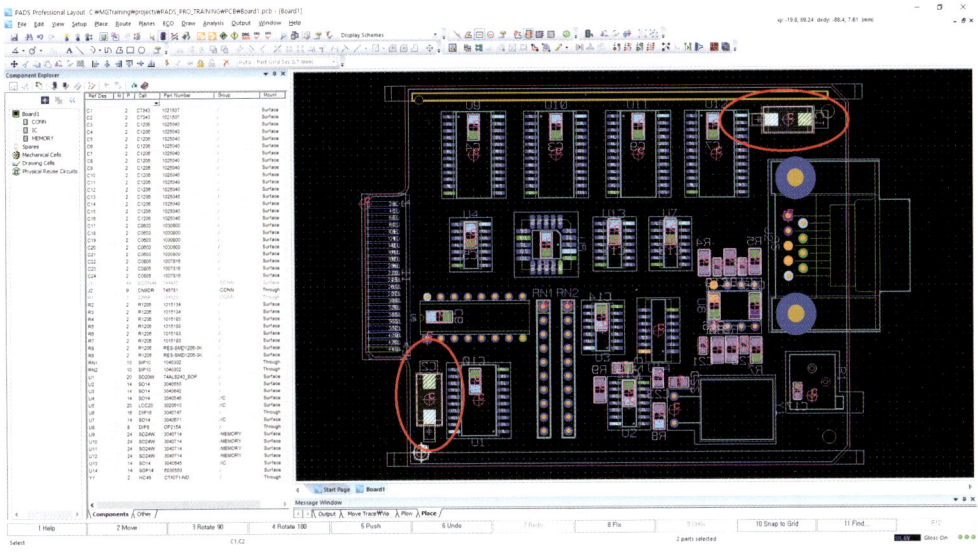

85 배치가 완료되었습니다. 저장합니다.

09 PADS Professional Layout의 Interactive 배선

부품배치를 Component Explorer에서 진행한 것처럼, 배선은 [Route] - [Net Explorer]에서 Net들의 List를 볼 수 있습니다. Net Explorer는 Spreadsheet Interface로 여러 가지 방법으로 Net을 구성하고 표시하며 Navigator List는 Constraint Manager에서 작성한 만든 모든 User Planning Groups 및 사전 정의된 Group을 나열합니다.

List View Display는 선택한 User or Constraint Grouping에 따라 All Net를 표시합니다. Component Explorer처럼 화면과 Cross Probing이 가능합니다.

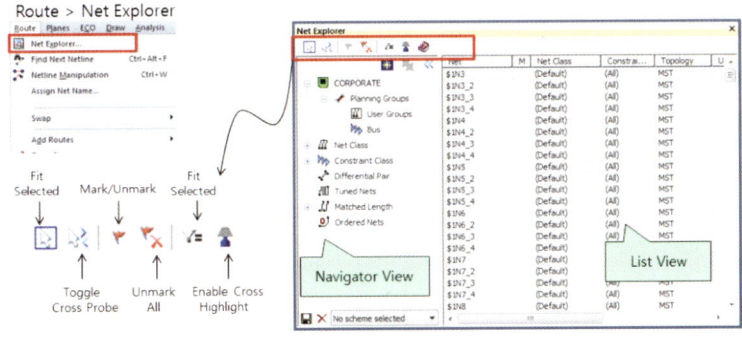

481

Net Explorer의 왼쪽에서 Netlines의 User Planning Groups을 만든 다음 Filter and Mark하여 해당 Group만 표시할 수 있습니다. Net Classes, Constraint Classes, Diff Pairs, Tuned/Matched Nets, and Ordered Nets들을 Net Explorer에서 내에서 Group으로 작성합니다.

아래에서 Net Explorer Schemes 저장하고, 저장된 Scheme들은 PCB/Config/*.nes의 위치에 있고 Delete Icon은 PCB/Config Folder에서 Scheme을 삭제합니다.

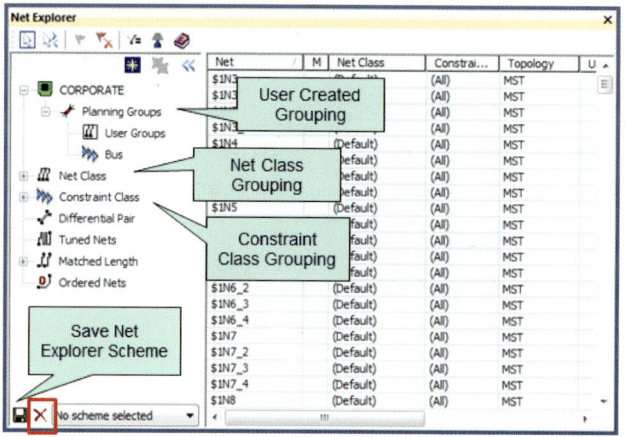

Planning Groups의 작성은 Net Explorer를 사용하여 경로를 지정하려는 Netline만 표시하는 목적입니다. Spreadsheet에서 Net를 선택하거나 Editor Window에서 Netline을 선택하여 User Planning Group을 작성합니다.

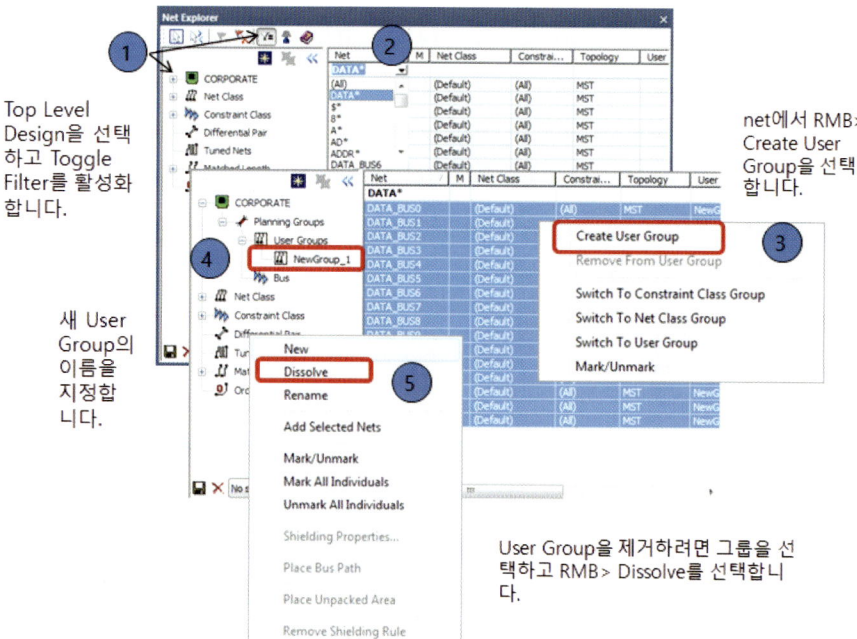

Net의 Marking은 Net Explorer의 특정 Net Group 또는 Component Explorer의 Mark된 Component의 Net Display를 제어하는데 사용할 수 있습니다. Component Explorer나 Net Explorer를 사용하여 Components나 Nets를 Mark하고 화면상 에서도 선택된 Net를, RMB - [Mark] 가능합니다. Net들을 필터링 하여 Mark하고 Marked Net는 Column M에 *로 표시됩니다.

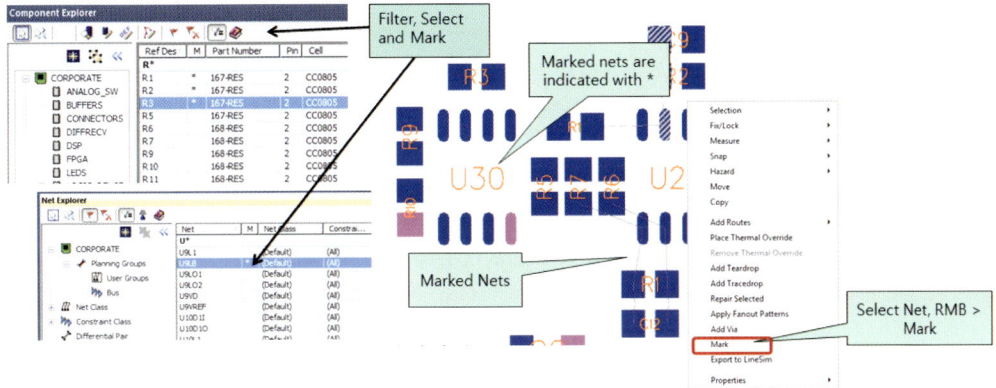

Net Explorer에서 Nets를 Marking 하는 것은 Display Control의 Netlines 설정과 함께 작동합니다. Visibility and Selection은 Display Control 대화 상자의 Global View 및 Interactive Selection 탭을 통해 다음처럼 제어됩니다.

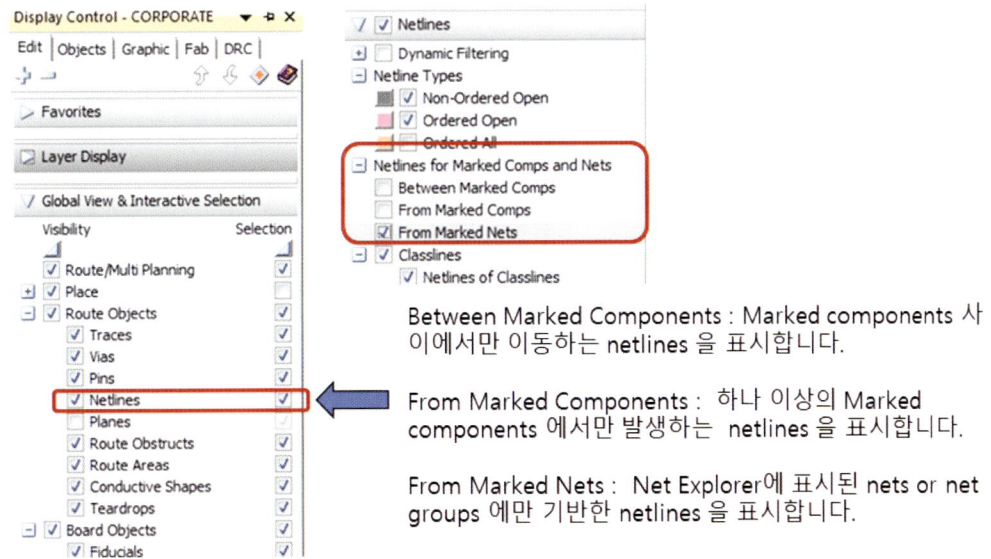

Between Marked Components : Marked components 사이에서만 이동하는 netlines 을 표시합니다.

From Marked Components : 하나 이상의 Marked components 에서만 발생하는 netlines 을 표시합니다.

From Marked Nets : Net Explorer에 표시된 nets or net groups 에만 기반한 netlines 을 표시합니다.

Dynamic Netline Filtering은 설계자가 PCB 설계의 섹션을 확대한 다음 그래픽보기 내에서 시작하거나 끝나는 넷 라인만 표시할 수 있습니다. 디자인 Zoom 영역을 기반으로 연결을 확인하는 데 매우 유용합니다. Check하면 Net들이 안보이게 처리하는 것이므로 배선이 완료한 것을 보려면 해제하고 판단해야 합니다.

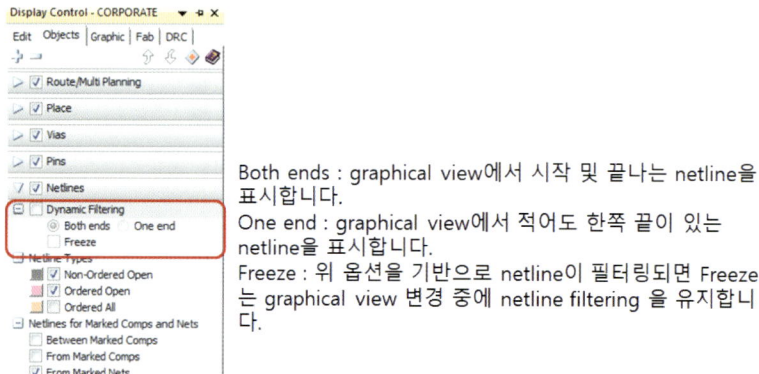

Allow Loops는 Pin에서 Pin까지 이미 배선 된 경로를 유지하면서 다른 경로를 추가하는 설정입니다.

배선은 앞의 부품 배치에서 확인한 것처럼 Netline이 꼬이면 배선 작업이 난이도가 상승하며 배선 작업 이후에 배치를 변경하면 배선도 재작업이 필요하기 때문에 어느 정도 배치가 완료된 상태에서 진행해야 합니다. Routing은 Netline을 Trace로 연결하는 방법이고, 배선 종류는 3가지입니다. Manual 혹은 Interactive Routing, Semi-automatic 혹은 Auto Active Routing, 그리고 Auto Router입니다. Auto Router는 아쉽지만 PADS Pro Layout에서는 지원을 하지 않습니다. 하지만 Semi-automatic 혹은 Auto Active Routing으로 자동 배선에 준하는 효과를 낼 수 있습니다. 이번 장은 먼저 Interactive 배선부터 언급합니다. 먼저 Routing Command들은 Pull Down메뉴중에 Route나 Route Toolbar들를 사용합니다. 그리고 Select Mode나 Route Mode에서는 Netline이나 Pin을 선택하여 Function Key로 배선을 할 수 있습니다.

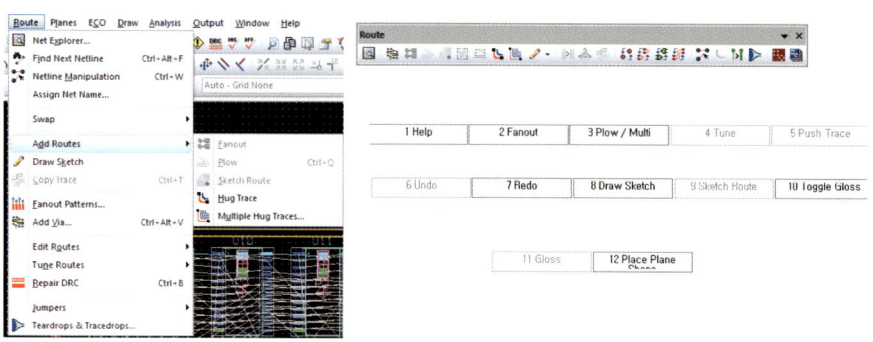

가장 기본적인 배선 명령어는 Plow 입니다. Select Mode나 Route Mode에서 F3인 Plow/ Multi로 선택하여 배선을 시작할 수 있습니다.

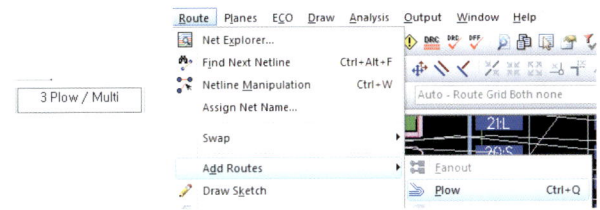

회로도나 PCB 툴에서 사용하는 용어 중 농사적인 의미를 갖고 있는 용어가 종종 있습니다. 그 중의 하나의 예가 Plow입니다. Board를 가상의 농사를 위한 밭으로, 고랑(trace)을 만드는 작업(배선)을 Route 또는 Plow라 합니다. 배선의 의미로 Route와 Plow가 혼용되어 사용되지만, Plow를 기본 용어로 사용하겠습니다.

Route Mode 뿐만 아니라 Select Mode에서도 특정 명령어가 Mapping되어 있어서 Plow를 선택하지 않고도 자동으로 배선 시작이 가능합니다.

Manual Routing은 Trace와 Via 등을 수동으로 Plow하는 것을 의미합니다. LMB로 클릭하면 Anchor Point가 배선 끝에 생기고, F2(Add Via)나 Double-Click (Editor Control에서 설정)하면 Anchor Point 위치에 Via가 추가됩니다. RMB를 클릭하면 Plow Command가 취소되며 RMB를 다시 누르거나 Escape key를 누르면 Plow Mode가 종료됩니다. 배선 중에, 이전의 Anchor Point로 돌아가려면 Undo (F6)입니다.

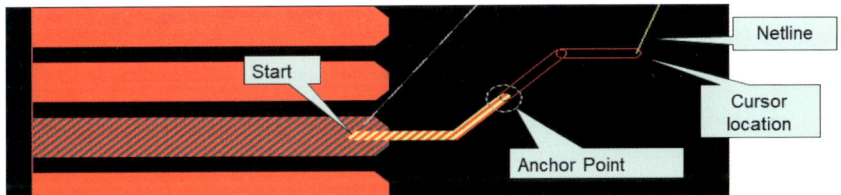

수동 배선 대신에 Interactive Plow를 사용할 수 있습니다. Part Pin, Trace, Via 등을 선택하여 배선을 시작하고, 배선 끝 쪽에는 Anchor Point가 표시됩니다. 만약 "anchor Point"가 Violation Area의 안이면, 자동으로 조정되며 Trace는 자동으로 새로운 "Anchor Point"로 배선됩니다. Interactive Plow는 가능하면 밀어내기 배선을 하고 Via도 자동으로 추가됩니다. Undo는 Route Plow 중 마지막 Anchor Point까지 제거되며 Route Plow후에는 마지막 배선까지 제거됩니다. Via는 Editor Control - Route Tab - Plow나 Vias & Fanouts에서 조절하며 Layer 선택은 Editor Control 설정에 따라 달라집니다.

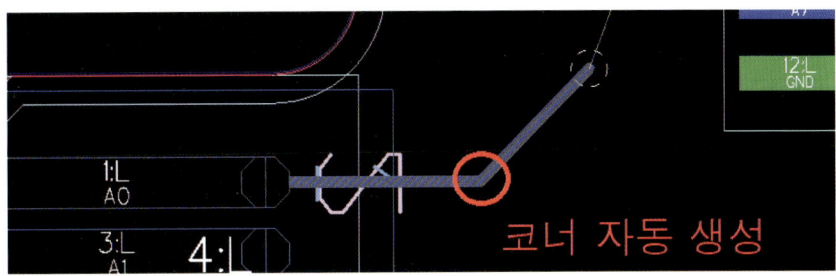

Plow의 수동 배선과 Interactive 배선 설정은 Editor Control - Route 탭 Plow에서 2가지 Type으로 설정 가능합니다.

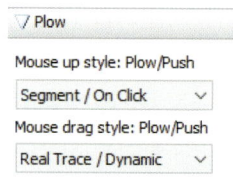

Mouse Up과 Mouse Drag의 차이는 마우스 클릭 스타일의 차이입니다. Mouse Up은 배선의 코너를 하나씩 클릭해 나가는 스타일로 Trace Segment를 위해 별도의 Anchor Point를 클릭하여 Trace를 추가하며 4가지 배선 방법을 지원합니다.

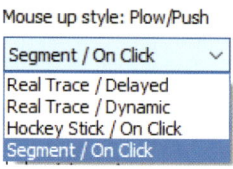

- Real Trace Plow/Delayed: 고급 자동 배선 경로를 자동으로 제공하기 위해 Push & Shove (밀어내기 배선)가 마우스 클릭 수를 최소화합니다. (배선 끝 부분에서도 클릭 없이 자동연결) 장애물이 있을때 안 되는 곳을 빨간색으로 Delay시키고 가능하면 배선됩니다. Delayed는 Push & Shove하여 위반이 없는 지점에 커서가 도달할 때까지 일시적인 위반으로 Trace을 허용한 다음에 시스템은 위반하지 않으면서 Trace를 밀어내기 위해 Single Push & Shove를 수행하여 더 많은 제어 및 고품질 결과를 제공하는 것입니다.

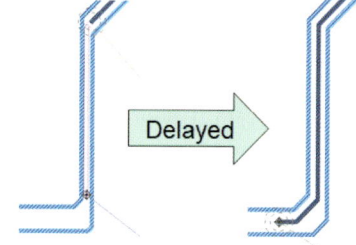

- Real Trace Plow/Dynamic: Delayed와 마찬가지로 마우스 클릭 수를 최소화하지만 Push & Shove는 Dynamic하게 밀어내면서 밀집된 영역에서 더 강력하게 배선됩니다.
Dynamic은 배선 된 Trace가 Clearance Rule 보다 더 가까워지면 Trace를 Push & Shove로 밀면서 배선되어 고밀도 지역에서 강력합니다.

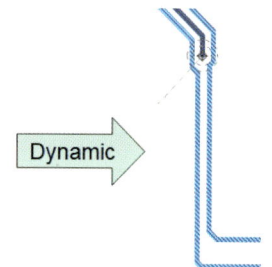

- Hockey Stick/On Click: Trace와 가상의 Hockey Stick(L Stick:45도 배선) 이미지가 따라다니면서 마우스 클릭 이후 물리적으로 배선됩니다. 이 Mode를 사용하면 Real Trace Mode보다 라우팅 패턴을 더 정확하게 제어할 수 있으며, 빠르게 라우팅할 수 있습니다.

Glossing을 활성화하면, Push and Shove 기능이 적용되어 배선이 가능한 공간으로 실시간으로 Stretch되며, Trace 및 Via가 간섭되는 배선의 경로에서 자동으로 벗어나 배선됩니다.

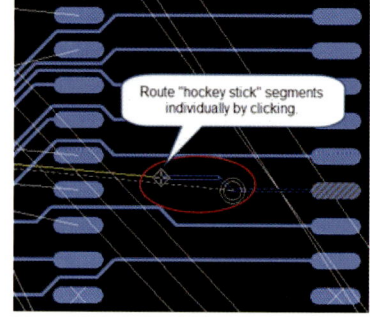

- Segment/On Click: 각 수동의 클릭으로 물리적으로 Trace에 가상 세그먼트의 이미지가 연결되고 Any Angle를 지원하는 배선 기능을 제공합니다. 각 세그먼트의 Anchor Point를 수동으로 정의하기 위해 클릭할 때 세그먼트 별로 Trace를 라우팅합니다. 이 모드를 사용하면 가장 정확한 수동 배선을 얻을 수 있습니다.

Glossing을 활성화하면, Push and Shove 기능이 적용되어 배선이 가능한 공간으로 실시간으로 Stretch되며, Trace 및 Via가 간섭되는 배선의 경로에서 자동으로 벗어나 배선됩니다.

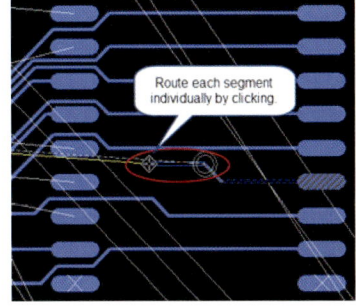

Mouse Drag의 방식은 처음 클릭 이후에 마우스에서 손가락을 떼지 않고 Drag하면서 배선을 연결하는 방식이고 배선되는 방식은 Mouse up과 동일합니다.

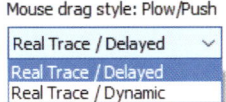

Angle 설정과 Corner의 Curve 설정은 Editor Control과 RMB에서 Any Angle Routing 및 Curved Trace Routing의 설정에 따르게 됩니다.

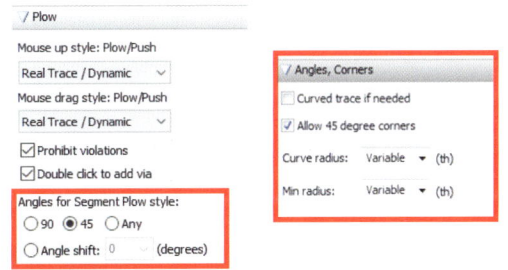

이중에 Segment Mode에서만 Any Angle이 가능합니다. Editor Control에서 지정한 각도로 배선됩니다.

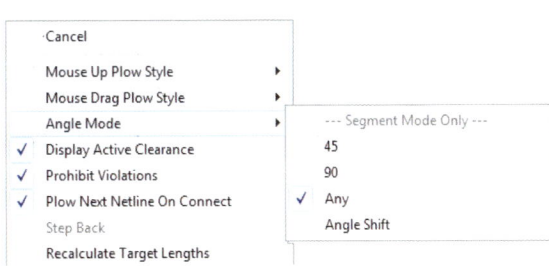

배선 스타일의 설정은 Editor Control에서 지정하고 배선 중에도 RMB 메뉴로 Interactive Routing 설정이 가능합니다. Plow 배선 중에 즉석에서 옵션 전환이 됩니다.

Editor Control의 설명은 5. PADS Professional Layout의 설정에 정의했습니다.

Plow 중에 RMB와 같이 Function 키를 같이 활용합니다. Plow 명령어 이후에 다음처럼 변경됩니다.

F2는 Via를 작성하여 Layer를 이동합니다. 배선이 시작된 Layer의 Pair로 이동하며, 특정 Layer로 이동하려면 화살표 위/아래키나 RMB를 이용합니다.

Via 설정은 CES와 [Setup]의 [Setup Parameter] - Via Definition에서 정의되어 있습니다. 정의되어 있는 Via로 변경하려면 RMB - [Through Via]에서 지정합니다.

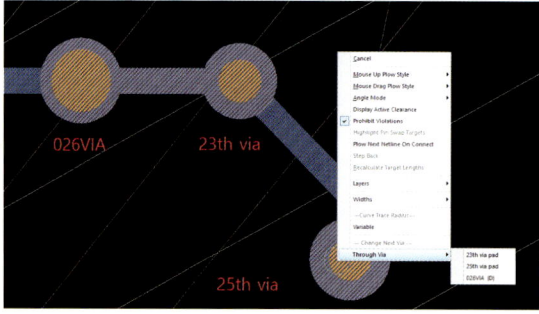

Via 종류를 지정한 후에 Layer의 지정은 RMB와 화살표 위/아래키를 이용합니다.

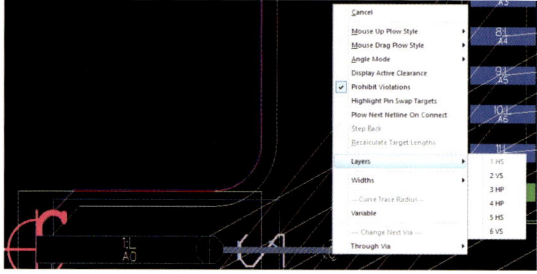

Width는 배선 폭을 의미합니다. 여기서 Width List에는 Rule로 설정된 Constrained Width가 포함됩니다. Add Width로 CES에 설정된 Minimum, Typical, Expansion Width 이외의 값으로 변경하면 Review Hazards Dialog Box에 위험이 보고됩니다. Key-in은 cw new width입니다.

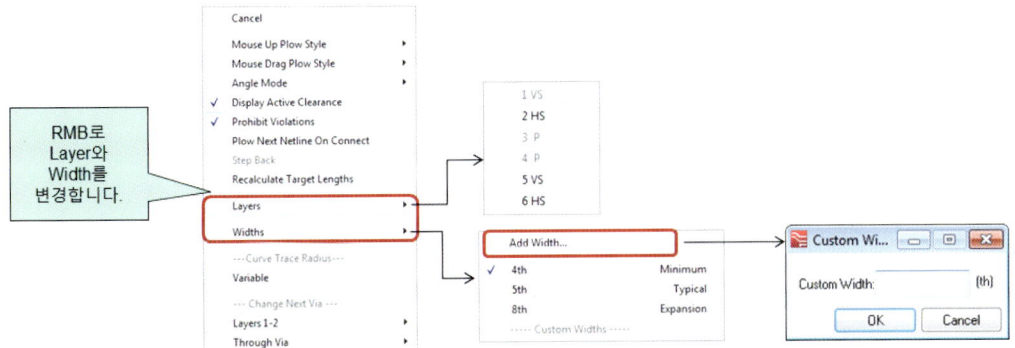

F3인 Toggle Flow는 Flow Style을 변경하는 것이고 F5는 자동으로 배선을 진행하여 끝나게 됩니다.

F8은 배선 중에 배선이 끝날 곳으로 이동하여 배선됩니다. 양쪽으로 번갈아가면서 중간에서 배선을 마무리하고 싶을때 사용합니다. F9는 단면 PCB에서 사용하는 jumper를 발생합니다. [Route] - [Jumper]에서도 입력 가능합니다.

F10 Toggle Gloss는 Gloss의 옵션을 변경하는 것입니다. 이처럼 Function 키의 Toggle은 명령어를 중단하지 않고 바로 Option을 변경이 가능합니다.

Hockey Stick이나 Segment Style로 설정된 경우 F11번 Toggle Curve가 활성화됩니다.

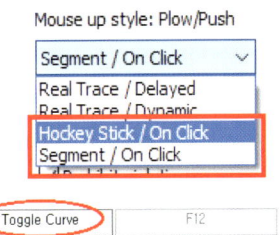

Toggle Curve는 Plow Routing중에 Manual Curved Trace Routing으로 Toggle 되는 것이고 Editor Control - Route 탭 - Angles, Corners 섹션에서 반경 및 최소값이나 Legal 반경 값의 곡선 Radius 설정이 가능합니다.

라우팅하는 동안 RMB 메뉴에 선택할 수 있는 유효한 반경이 표시됩니다. Curved Trace의 Trace는 이동할 수 없으며, Curved Trace를 움직여 곡선의 반경을 변경할 수 있습니다.

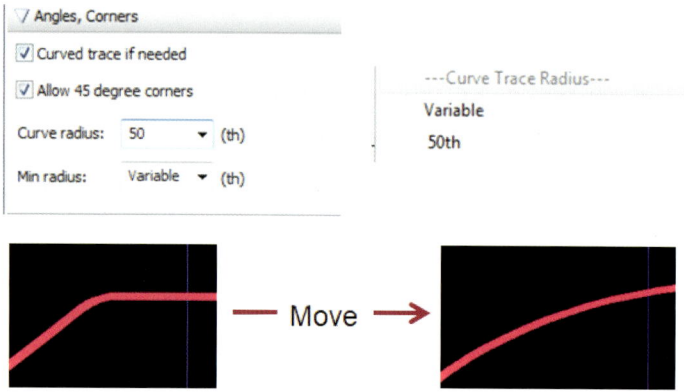

Interactive Routing 중 모서리를 둥글게 하려면 Editor Control - Route 탭 - Angles, Corners에서 Legal의 Curved Trace 반경 설정에 따라 진행됩니다. 라우팅하는 동안 Toggle Curve(F11)를 누르면 Curved Trace가 만들어지고 Curved Trace의 Radius은 RMB 팝업 메뉴를 사용하여 변경할 수 있습니다.

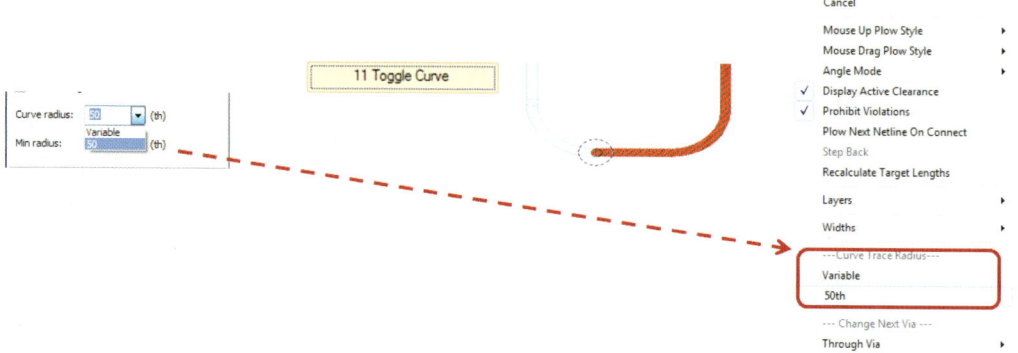

Plow의 배선은 3 Plow / Multi 로 있는 것처럼 Multi 배선이 가능합니다.

하나의 Net나 Pin은 배선 1개만 되고 여러 개를 선택하면 한꺼번에 배선이 가능합니다.

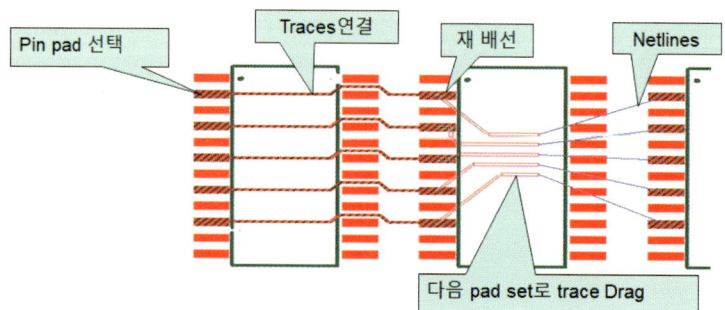

1개의 일반 배선에서 Anchor Point는 Via가 발생할 영역입니다. Multi-Plow에서는 Anchor Point가 보이지는 않지만 F2인 Add Via 2 Add Via 명령어 이후에는 Via의 형상이 나타납니다.

Multi-Plow는 여러 개의 배선을 한꺼번에 배선하는 것이기 때문에 Via의 형상을 여러 모양으로 지정하는 것이 가능합니다. Via의 변경은 Function 키로 제어됩니다. Toggle Via인 F9를 사용하여 변경할 수 있고 비아를 배치 후에는 다른 Layer로 변경할 수 있습니다.

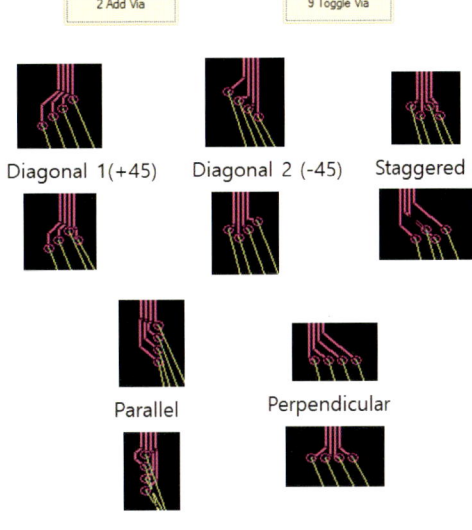

Multi-Plow는 배선할 때 F6과 F7로 간격 설정이 가능합니다.

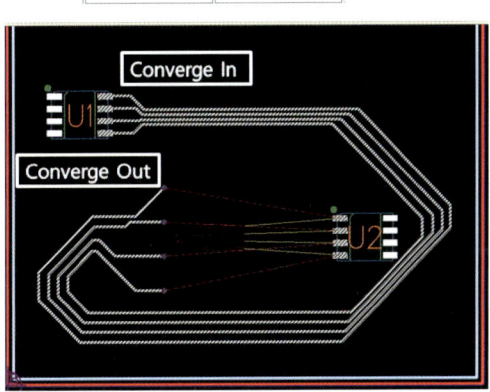

배선을 진행한 Trace와 Via들은 선택해서 이동이 가능합니다.

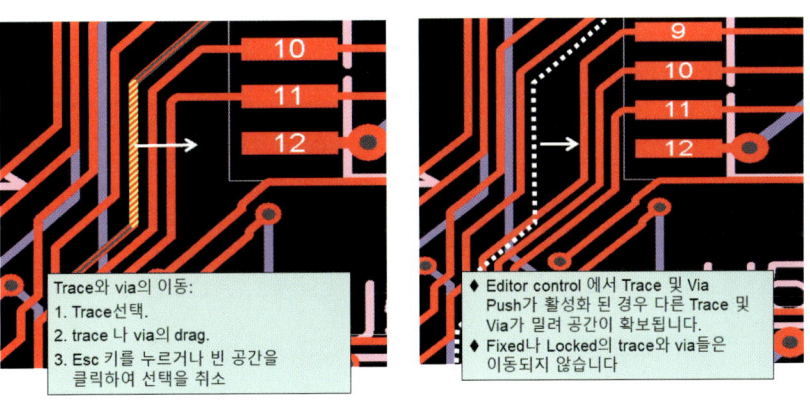

특정 Trace와 Via는 위치를 고정해야 하는 경우가 있습니다. Trace의 고정은 부품과 마찬가지로 Fix와 Lock을 사용합니다.

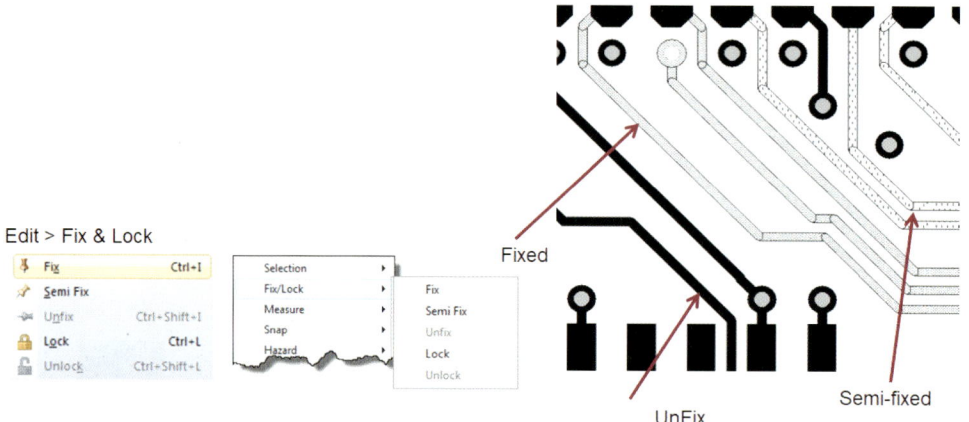

Fix와 Lock은 동일한 기능이며, 고정의 단계로 사용 가능합니다. Semi-Fix는 이동이 가능하지만 다른 Trace가 Push가 안되는 상태입니다. Fix를 하고 Lock이 가능하지만 Lock이면 Fix의 설정이 안되고 상태에 따라 아래처럼 Pattern이 변경됩니다.

Fix후에도 추가로 Lock 가능
Lock하면 Fix비활성화

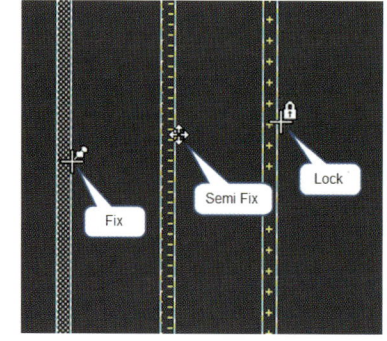

배선을 진행한 Trace들은 배선 이후에 변경이 필요한 경우가 있습니다. Trace들의 변경은 [Route] - [Edit Route]에서나 Trace 선택 후 RMB에서 가능합니다.

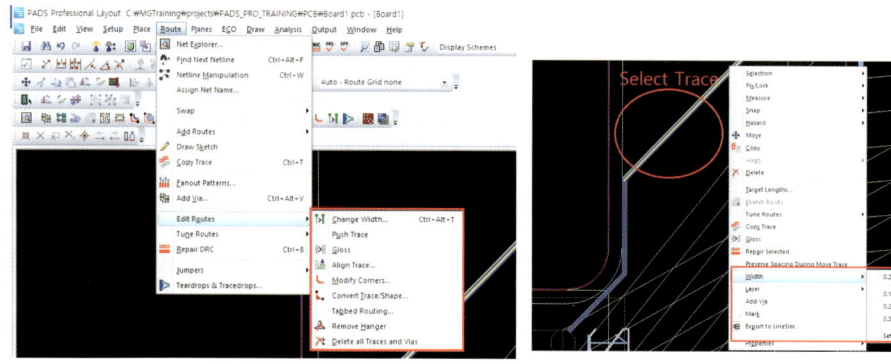

Change Width는 배선한 Trace의 Width를 변경합니다. [Route] - [Edit Route]나 RMB - [Widths]로 변경합니다.

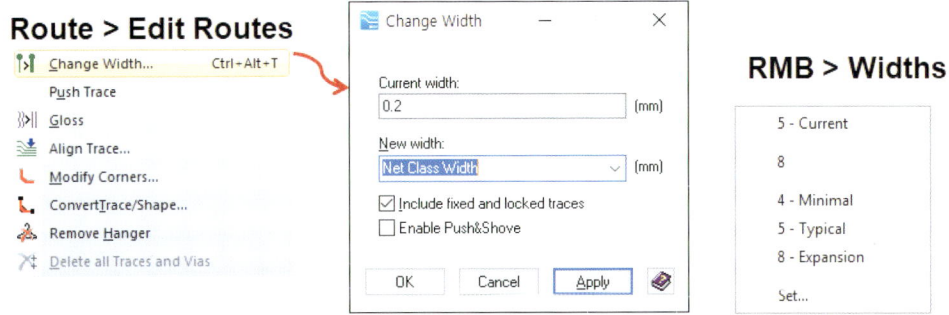

Width 변경은 선택한 Trace의 Segment에만 적용 됩니다. Single, Double, Triple 클릭과 Ctrl 키를 이용하여 선택합니다.

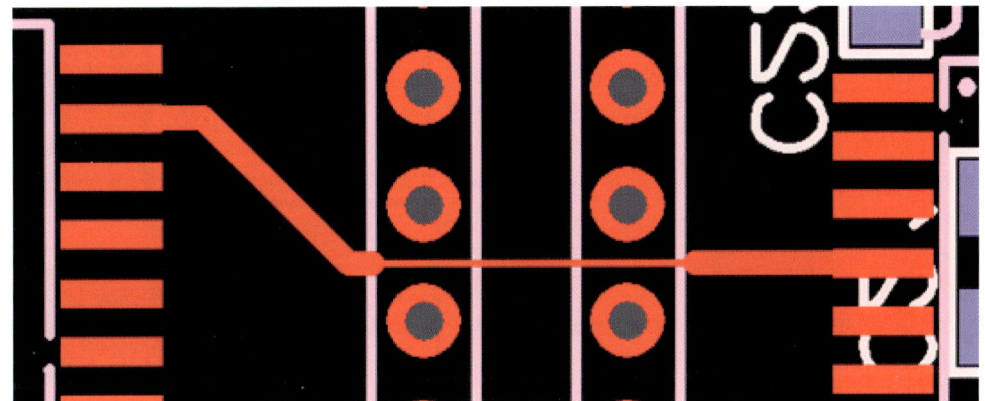

Pushing Traces는 특정 Trace의 Layer를 이동하는 것입니다. Trace 또는 Trace Segment를 선택하고 Active Layer를 "Push to" 할 Layer로 설정합니다. Push Trace (F5) 명령을 실행하면 Via는 필요에 따라 추가 또는 제거됩니다.

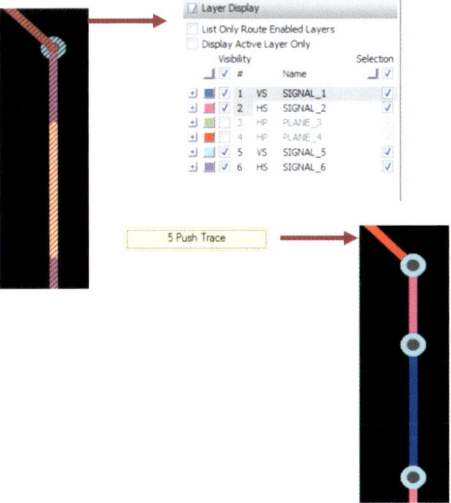

혹은 RMB에서 Layer를 지정하면 Push Trace 명령어를 주지 않아도 이동합니다.

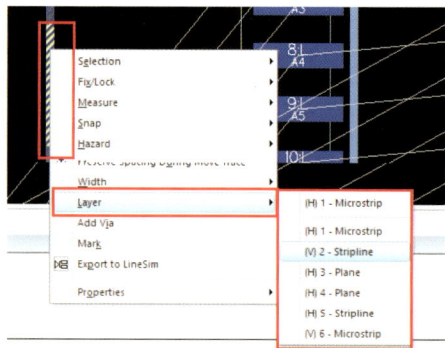

Route의 Add Via 나 Trace의 선택후에 RMB - [Add Via]는 배선 중에 Via를 발생하는 것이 아니라 배선 이후에 원하는 위치에 Via를 배치하는 것입니다. 원하는 Via와 Layer, Net Name 각도를 지정한 다음 입력합니다. RMB - [Add Via]는 interactive일때만 활성화됩니다. Command는 AV dx = x, y 5 5형식입니다.

Via 입력 중에 RMB를 다시 누르면 Snap과 MVO (Multi Via Object)로 변형해서 입력 가능합니다.

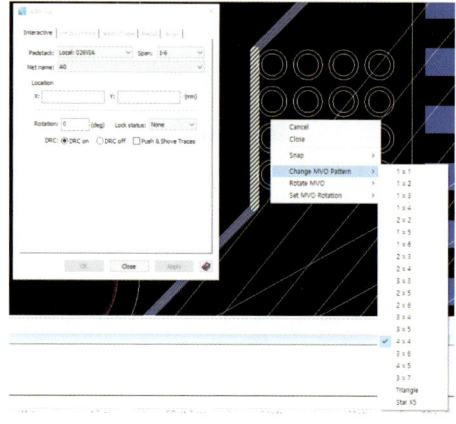

[Route] - [Add Via]나 Route Toolbar의 Add Via 는 모든 탭이 활성화됩니다. 이중 Stitch Contour는 Trace나 Plane의 감싸는 Via들을 발생합니다.

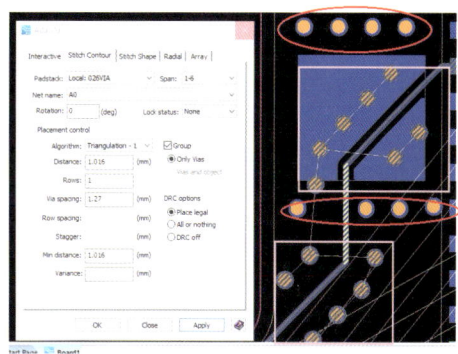

Stitch Shape는 내부에 Via들을 발생합니다. Plane에 발생시 Width가 허용되면 Trace에도 입력 가능합니다.

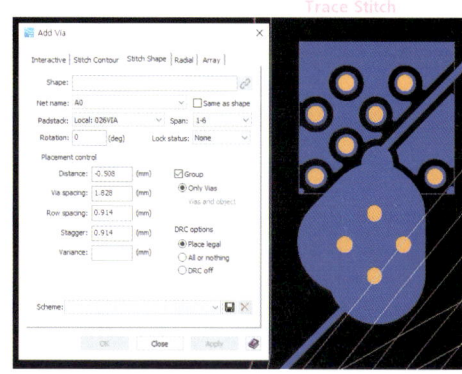

Radial은 Via를 방사형으로 발생합니다.

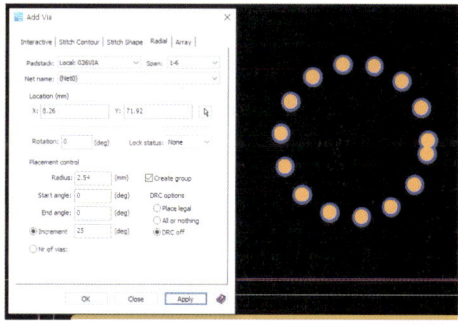

Array는 위의 MVO를 원하는 값으로 입력해서 발생합니다.

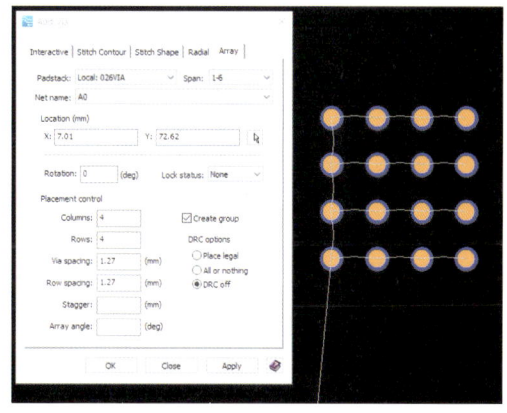

[Setup] - [Advanced Setup] - [Multi Via Objects]를 이용하여 Multi Via Object에 대한 Rule을 지정 가능합니다.

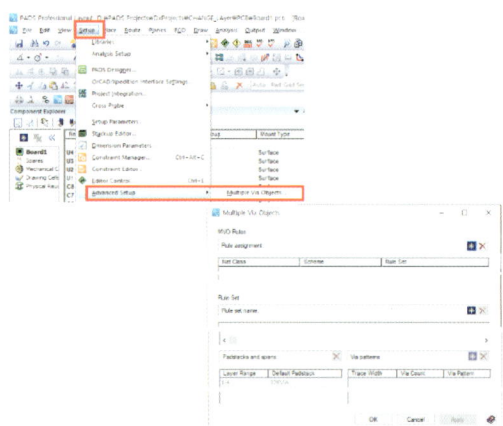

Gloss는 Trace들의 경로를 최소화하는 명령어입니다.

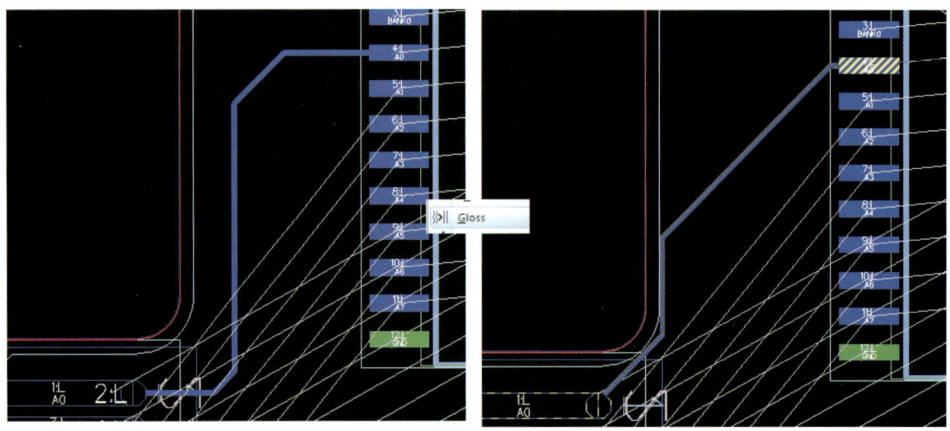

Align Trace는 3가지 방법으로 Trace들을 정렬시킵니다. Range는 설정한 다음 Apply를 선택하고 Trace들을 선택하면 마우스에 +표시가 따라옵니다. 화면에 포인트들을 2개 Drag하면 정렬됩니다.

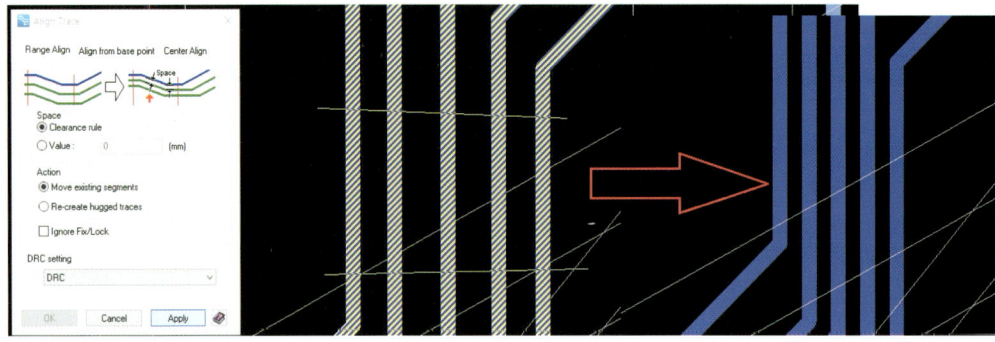

Base Point는 특정 포인트를 지정하고 Drag하면 정렬됩니다.

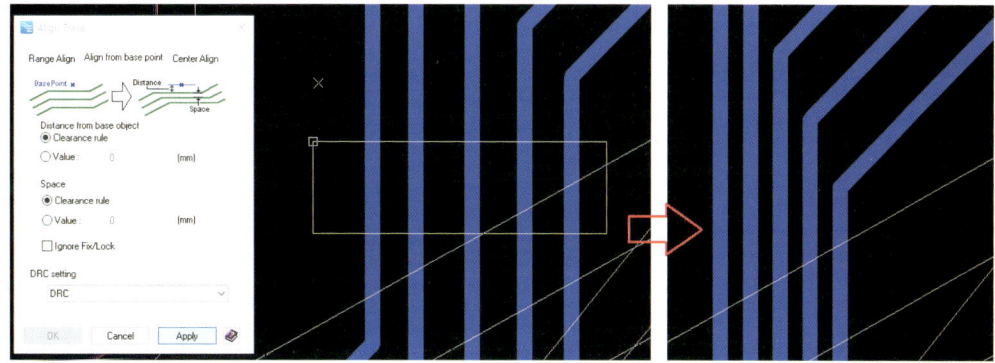

Center는 특정 두 포인트를 지정하고 원하는 Trace들을 Drag로 선택하면 두 포인트 사이의 Center로 Align합니다.

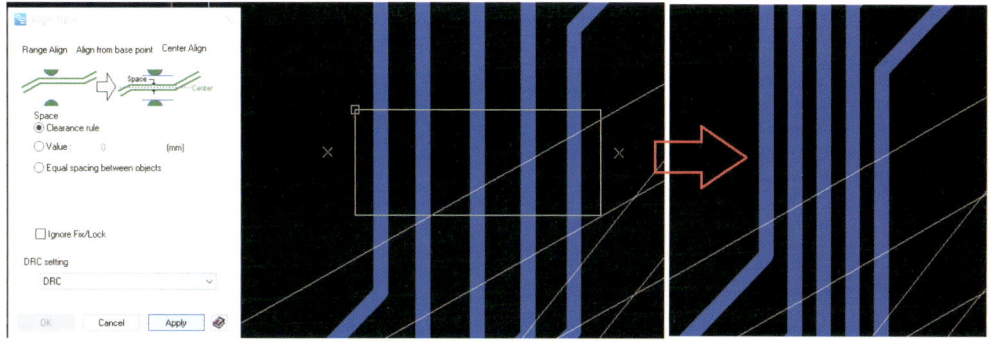

Modify Corners는 코너의 각도를 변경하기 위한 명령어입니다. Angle를 Arc로 (또는 Arc를 Angle로) 변경하고 필요한 경우 Fixed 나 Locked Corner 포함을 활성화합니다.

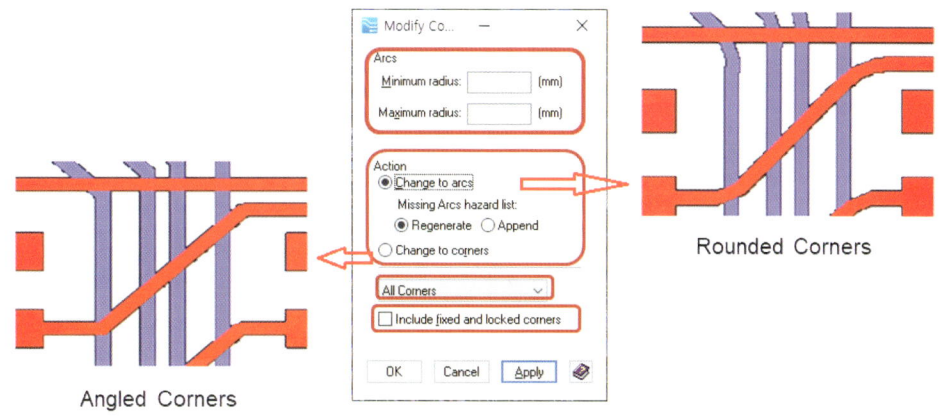

배선의 임피던스 제어나 Flight Time을 유지, Crosstalk 완화 같은 특별한 목적에 사용되는 배선에 Tab이 달린, Tab Routing으로 배선 변경이 가능합니다. (Trapezoidal Shapes: 사다리꼴 모양)

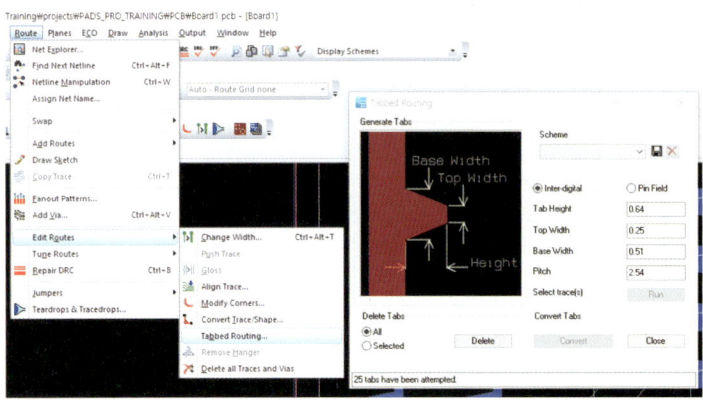

Inter Digital이나 Pin Field 중에 선택이 가능합니다.

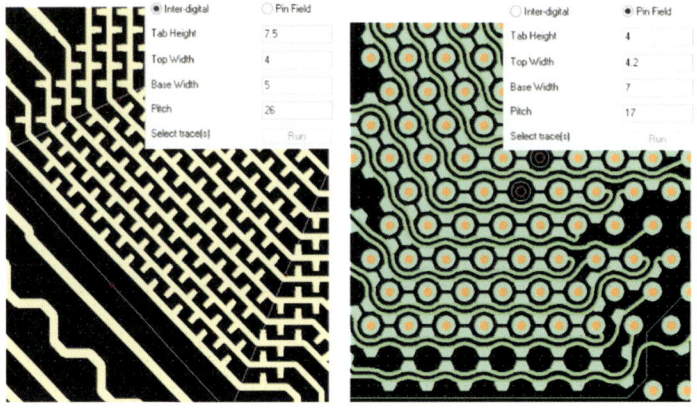

Tab Routing으로 배선이 되면 Select Mode나 Route Mode에서 Tab만을 선택이 가능하고 Drag 하면 원래 Trace나 인접하는 Trace를 따라서 양쪽 방향으로 움직일 수 있습니다. Trace를 삭제하면 Tab도 삭제됩니다.

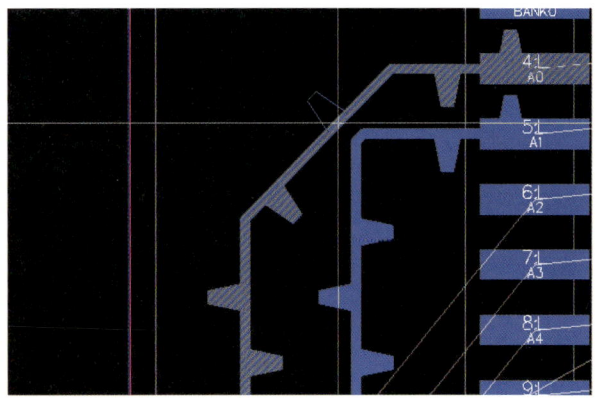

배선을 진행하다 보면 불필요한 Stub이 생길 수 있습니다. 이 Stub은 Trace와 Plane 어느 것에도 생길 수 있으며 배선에 불필요한 가지 정도로 해석될 수 있습니다. 이 Stub은 배선의 안테나 역할이나 Return Path가 길어질 수 있기 때문에 배선의 성능에 영향을 줄 수 있습니다. Remove Hanger는 이런 Stub Trace들을 삭제해주는 기능입니다. Trace들을 선택하면 활성화됩니다.

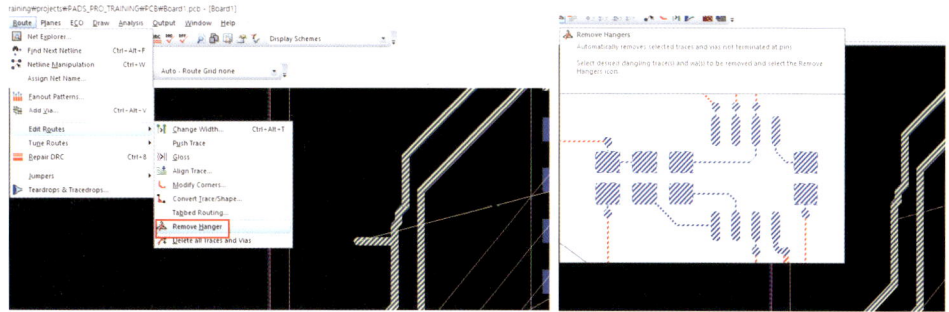

Delete all Trace and Vias는 전체 Trace와 Via를 지우는 명령어 입니다.

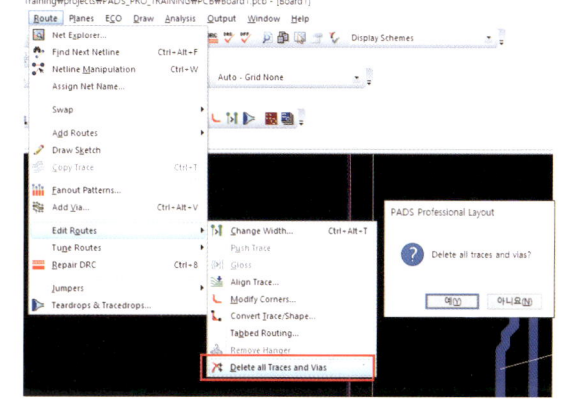

Online DRC를 On하거나, Off하는 것은 PCB Designer의 선택입니다. Online DRC를 키면 정해진 Rule을 자동으로 적용하는 것이고, 끄면 설계 이후에 Batch DRC로 검증하는 것입니다. 이중에 Online DRC를 On 중에서 RMB에서 Prohibit Violations를 선택 해제하면 Plow 관련 DRC가 꺼지고 Prohibit Violation가 비활성화 되었음을 나타내는 마우스 커서 아이콘이 빨간색으로 바뀝니다.

Push & Shove가 Violation을 작성하지 않고 Trace을 삽입하지 못한 경우에만 위반이 작성되며 기존 Clearance Rules을 사용하여 Trace를 라우팅 할 수 없는 경우 Trace 또는 Trace Segment가 위반됩니다.

배선의 위반을 좀더 유리하게 확인하려면 Active Clearances를 사용합니다. Active Clearances는 interactive Routing동안 Actual Clearances를 그래픽으로 표시합니다. 디자이너는 Display Control 을 사용하여 활성 클리어런스 반경 크기, 색상 및 투명도 설정을 제어하며 RMB로 Toggle on/off 가능합니다.

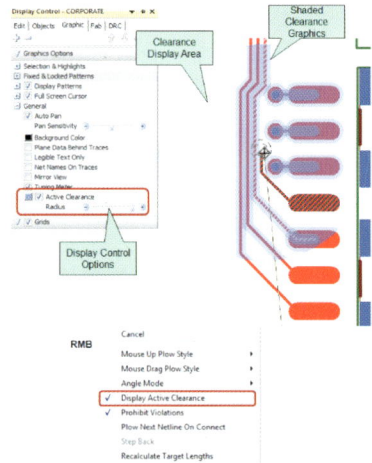

Trace는 필요에 따라 도형으로 변경 가능합니다. 일반 도체인 Conductive Shape나 Plane Shape로 변경이 가능하고 다시 Trace로 변경 가능합니다.

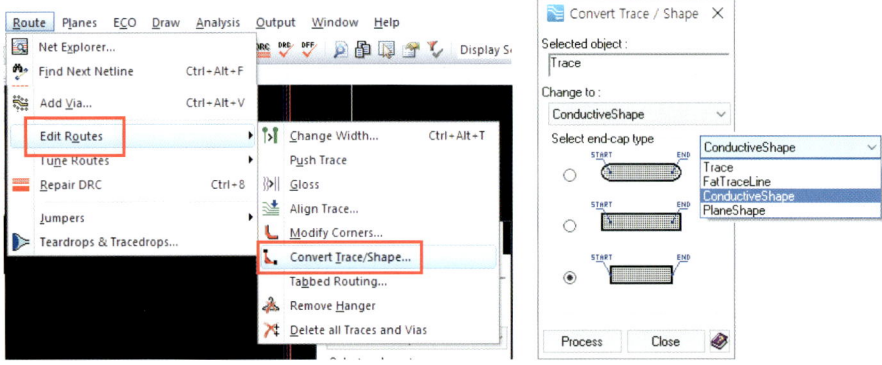

Trace를 대체하는 역할로 Line 대신에 Area 데이터 사용이 가능합니다. Conductive Shape는 형상으로 연결할 수 있는 Coppered Area이고 Trace들을 대체하는 Connectivity입니다. Trace와 Plane의 중간 개념이며 Plane처럼 보이지만 Plane처럼 되지는 않고 DRC는 Trace처럼 됩니다. Conductive Shape들은 Online DRC에서는 적용 안됩니다. Batch DRC만 적용하며 Draw Mode에서 Type - Conductive Shape로 작성하며 Closed Element이어야 합니다. Conductive Shape의 사용 사례는 안전한 High Current Path(Plane은 Copper가 덮여질지를 보장 안함)나 RF Shapes, Onboard Heat Sinks, Edge Metallization, Board의 Edge의 Pour Copper(Outside Route Border)등입니다.

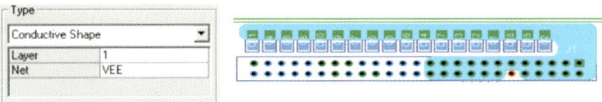

배선 Width는 Net의 특성에 따라 두꺼워지고, 밀집도에 따라 얇아질 수 있습니다. 그런데 Pad에서 시작되는 Line은 Width가 Pad의 크기와 같거나 크지 않으면 Pad의 면적보다 작은 Width로 배선이 시작됩니다. 이런 Width는 유지하면서 Pad에서 Trace들로 보강한 Pattern을 Teardrop 혹은 Tracedrop이라고 합니다.

[Route] - [Teardrops And Tracedrops]
이나 Route Toolbar의 로 실행하며 다른 GUI와 달리 Window에 Dock하여 항상 참조하면서 실행 가능합니다.

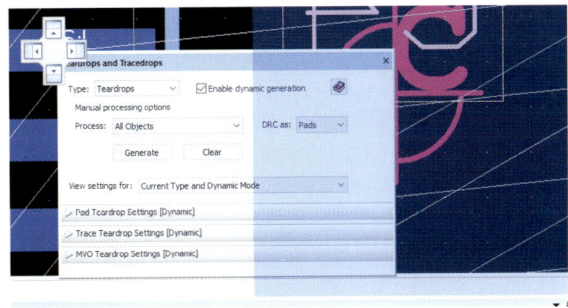

Teardrops And Tracedrops은 Teardrops/Tracedrops/Curved Teardrops의 3가지 Type을 Dynamic과 Manual의 방식으로 나뉘며 양쪽 Mode를 호환하거나 모두 사용이 가능합니다. Dynamic은 배선이 진행되면서 생성되는 것이고 Manual은 배선이 진행된 Trace들을 선택하거나 전체를 Generate 로 작성하는 것입니다.

Dynamic과 Manual을 선택하는 것에 따라 다음의 설정들이 자동으로 변경됩니다.

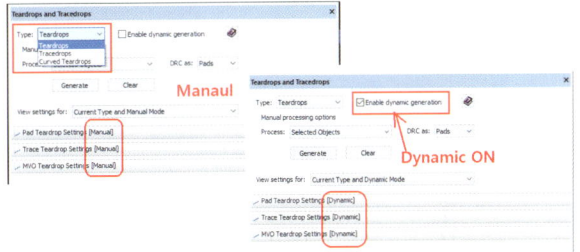

먼저 Teardrop은 Pad에서 배선한 Trace까지 사다리 형태로 줄어들면서 보강하는 방식입니다.

Pad-to-Trace의 길이나 배율 값으로 설정이 가능하고, Trace Teardrop은 배선이 교차하는 T-Junction이나 Neckdown 비율, MVO와의 설정이 가능합니다.

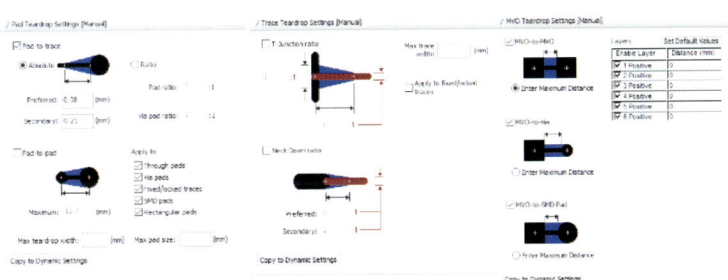

501

Tracedrop은 계단식으로 Trace들이 줄어들면서 보강하는 방식입니다. 비율과 Width/Length값으로 Pad들을 지정하는 설정이 가능합니다.

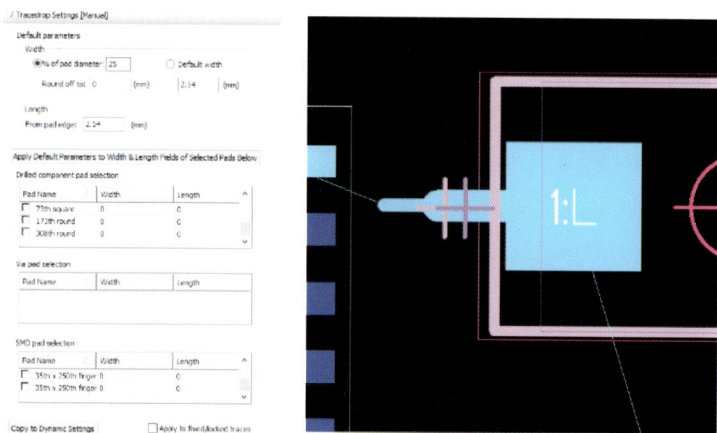

Curved Teardrop은 비율로 Object의 설정이 가능합니다.

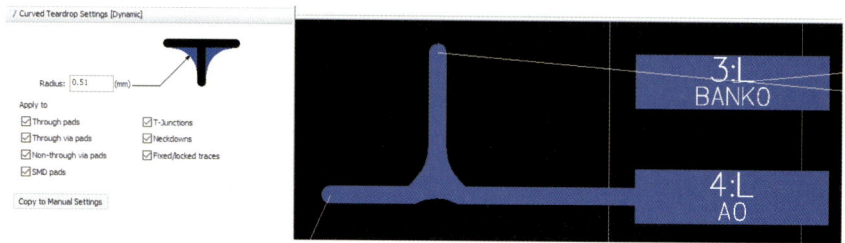

View settings for는 Mode에 따라 설정을 보여줍니다.

Teardrop일때의 설정 보기

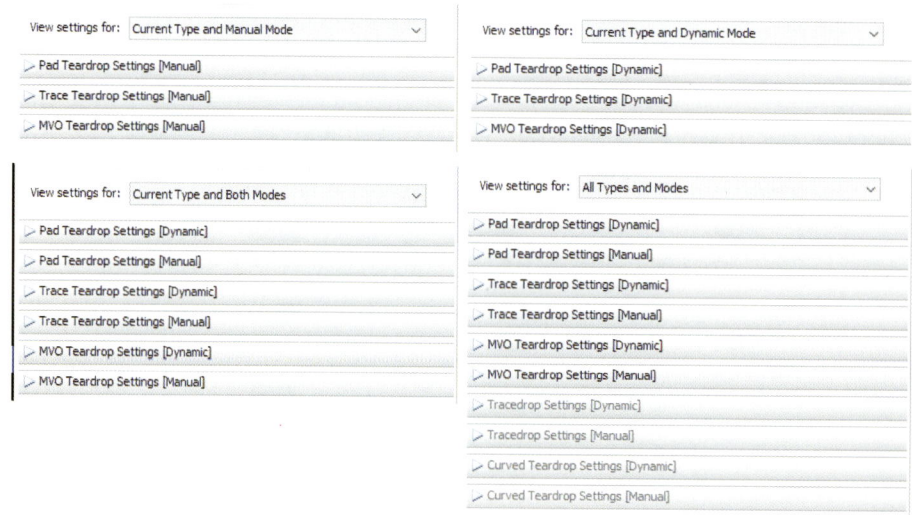

10 PADS Professional Layout의 Sketch Router와 반자동 배선

PADS Professional Layout의 Interactive 배선에는 이미 반자동 배선의 의미를 갖고 있는 배선 기능이 있습니다. 바로 Dynamic Router로 설정한 배선입니다. 추가로 반자동 기능에는 Fanout, Sketch Router, Gloss, Hug Router와 Tune 등입니다. Tune은 다음 장에서 독립적으로 다루게 됩니다.

먼저 Fanout은 Via 작성 기능입니다. 배선의 Add Via와 다른 점은 Fanout은 Pin에서 배선을 끌고 나와서 Via가 작성된다는 것입니다. SMD 부품의 밀도가 좁은 공간에서는 Via를 이용하여 다른 Layer로 빠져나오는 배선이 되어야 하는데, 이때 부품이나 Pin에서 일괄적으로 Trace가 배선되고 적절한 위치에 Via가 자동으로 작성되는 기능입니다. [Route] - [Add Routes] - [Fanout]이나 Route Toolbar의 , Route Mode의 F2번 2 Fanout 으로 작성합니다.

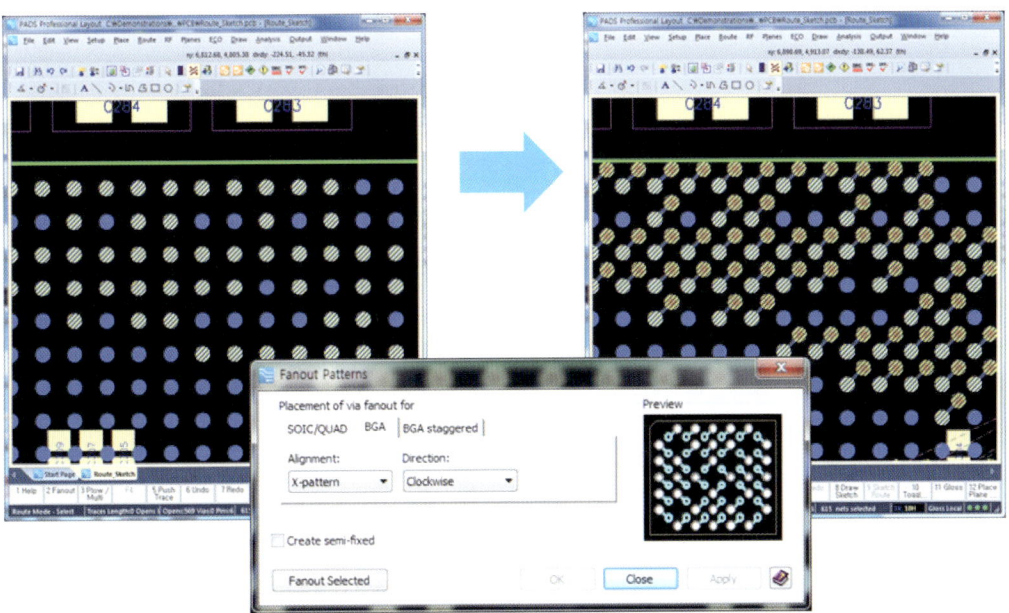

부품의 전체에 Fanout을 하려면 Place Mode에서 부품을 선택한 다음 Route Mode로 변경하여 선택한 부품의 모든 Pin이 선택된 상태에서 나 2 Fanout 을 선택하면 됩니다.

Fanout은 부품의 여러 Pin을 Via로 빼는 목적이기 때문에 어떤 방향으로 진행할 것인지 설정해야 합니다. [Route] - [Fanout Pattern]에서 설정합니다. SOIC/QUAD 및 BGA의 Component 유형에 대해 Fanout Pattern 구성을 정의한 후 Fanout 선택 단추 또는 RMB 메뉴를 사용하여 선택한 Component에 Fanout 패턴을 적용할 수 있습니다.

PCB에서 Auto Router 즉, 자동 배선은 Net를 자동 연결해주는 기능입니다. PADS Pro Layout에서는 아쉽게도 자동 배선을 지원하지 않습니다. 하지만 반자동 배선인 Sketch Router와 Gloss, Hug Router를 잘 활용하면 자동 배선 못지않는 결과를 얻으실 수 있습니다.

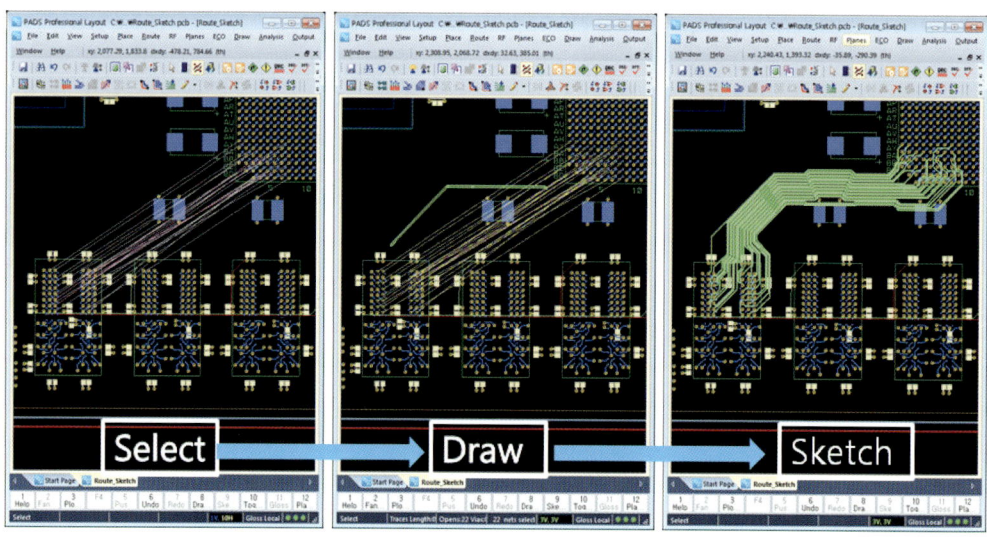

Sketch Router는 부품들의 연결이 묶여져 있는 Netlines 그룹들의 반자동 배선 방법입니다. Multiple Netline의 배선 의도를 Sketch Path 경로로 정의한 다음 아주 짧은 시간에 고품질로 자동 배선합니다. 한개부터 여러 개의 배선의 경로를 지정할 때 Fanout과 경로 단축이 자동으로 정의 됩니다. Sketch Router는 Active Layer에서 배선되고, 경로에 Add Via Pattern을 추가하여 Multiple Layer에 사용 가능합니다. Sketch Router는 배선 중에 Push & Shove가 되지 않기 때문에 배선 초기에는 번들 배선을 빠르게 배선해보는 작업으로 진행합니다.

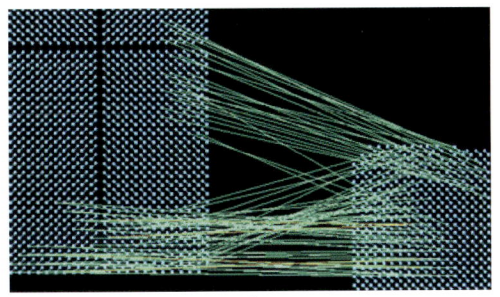

smaller group의 Netline

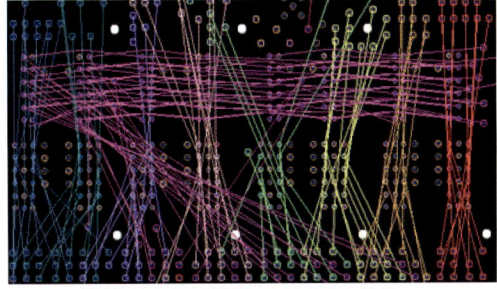

동일한 일반 영역에서 시작하고 끝나는 Netline에 유효 함

Sketch Router의 결과는 자동 배선이기 때문에 Message Window에서 배선 여부 확인이 가능합니다. Sketch Router의 기능을 확인하려면 Dock 해서 사용하고 [View] - [Message]의 Message Window에서 확인합니다.

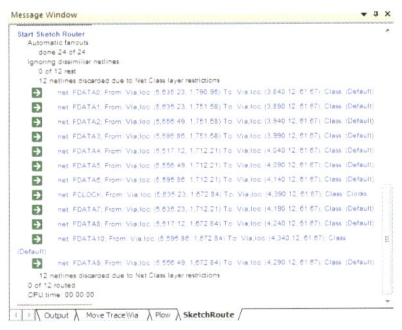

Sketch Router의 진행 방법은 선택, 경로 지정, 배선의 3가지 순서로 진행합니다. 먼저 선택은 Netline을 지정하는 것입니다. Netline 선택은 화면에서 직접 선택도 가능하지만 Net Explorer에서 검색과 Mark를 이용하면 더욱 편리합니다. Net Explorer에서 Toggle Cross Probe를 선택하고 모든 Net의 표시를 Unmark한 다음 Navigator에서 Net Class를 선택하거나 Filter를 사용하여 Net을 선택하고 Mark합니다. Display Control에서 [Netlines] - [From Marked Nets]를 활성화하면 선택한 Netline만 Editor 창에 표시할 수 있습니다.

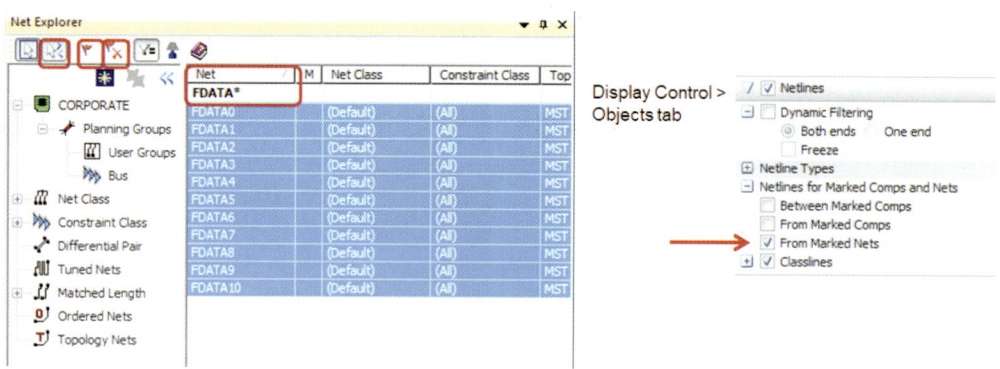

Sketch Router의 배선할 Netlines을 선택했다면 다음은 배선될 경로를 그려야 합니다. Net를 선택하고 [Route] - [Draw Sketch]나 F8 로 Sketch Path를 작성합니다. Sketch Path는 2가지 Style로 작성할 수 있습니다. Free-Form(Default) 스타일을 사용하면 Designer가 설계 내에서 Free-Form의 선을 그려 Designer의 배선 의도를 빠르게 정의할 수 있습니다.

Angled 스타일을 사용하면 Designer가 각도를 사용하여 보다 정확한 선을 그릴 수 있으므로 Designer의 배선 의도를 보다 효과적으로 제어할 수 있습니다. RMB 옵션이나 F10 을 사용하여 스타일간 전환이 가능합니다.

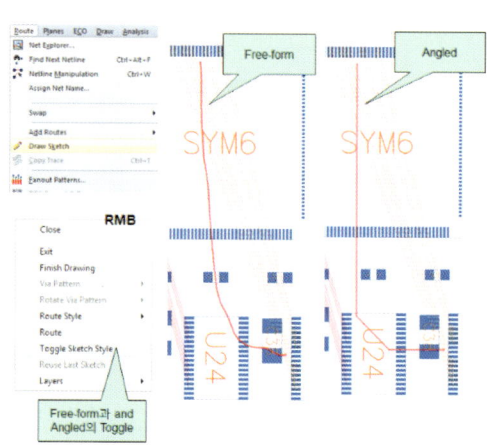

Sketch Path는 영구적이지 않고 설계와 함께 저장되지 않으며 한 번에 하나만 존재합니다. 지우려면, 선택하고 삭제합니다. Sketch Path가 이미 존재하는 경우 새 Sketch를 시작하면 이전 Sketch가 삭제됩니다. 전체 Sketch Path를 그릴 필요는 없으며 배선할 방향 또는 일반 영역을 나타내는 최소한의 경로로 충분합니다.

경로를 그릴때에는 RMB로 끝마치거나 경로에 대한 설정이 가능하고 경로를 종료하고 난 후에도 RMB로 경로에 대한 추가 작업이 가능합니다.

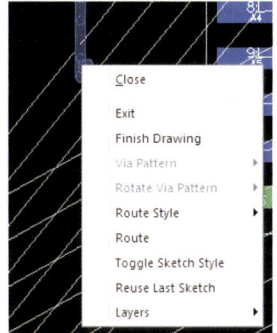
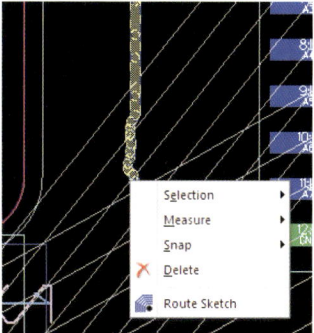

끝점을 간단히 Drag하여 Sketch Path를 확장할 수 있고 기존에 경로로 돌아가면 기존 경로를 축소하는 것도 가능합니다.

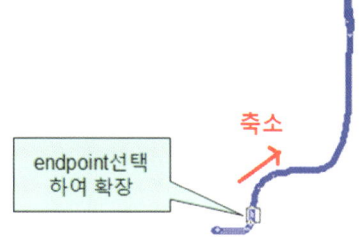

경로를 그릴 때 Active Layer를 화살표 위아래나 번호 키로 경로의 Layer 이동이 가능하며 팔각형의 Via가 추가될 위치가 표시됩니다.

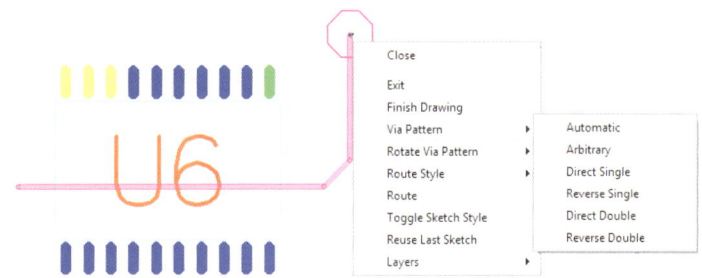

다음과 같은 Via Pattern Options을 사용할 수 있으며 심볼의 색상은 Starting Layer의 색상입니다.

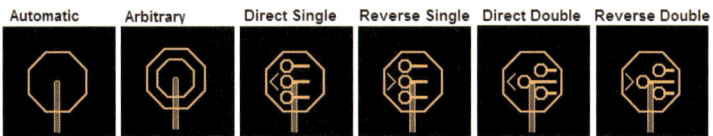

각 방향에 따라서 발생되는 Via들과 배선은 다음과 같이 됩니다. Single과 Double은 다음과 같이 각도 지정이 가능합니다.

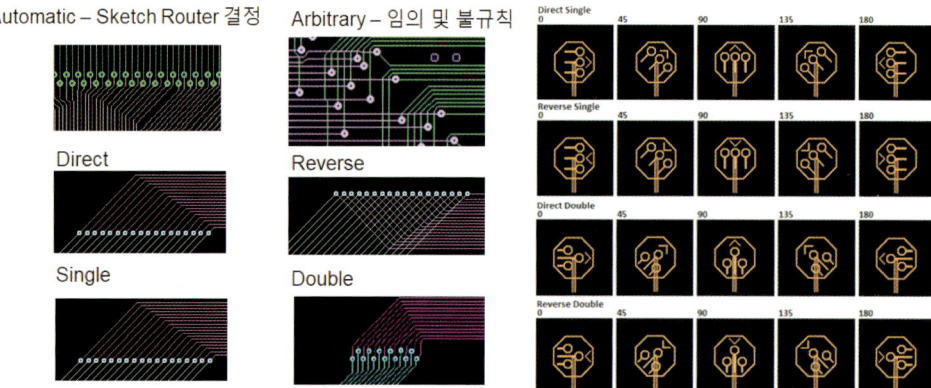

여러 Netline의 경로를 결정했으면 배선을 진행해야 하는데 2가지 방법으로 배선합니다. 최대한 묶어서 배선하는 Pack과 최대한 적은 Segment로 배선하는 Unpack입니다. Route Toolbar의

에서 설정하거나 F11 에서 설정 가능합니다.

Packed Style은 Sketch Path를 따라 경로를 함께 묶고 Glossing Algorithm을 사용하여 불필요한 형상을 쉽게 제거합니다. Packed Style은 Trace to Trace Clearances을 기반으로 합니다.

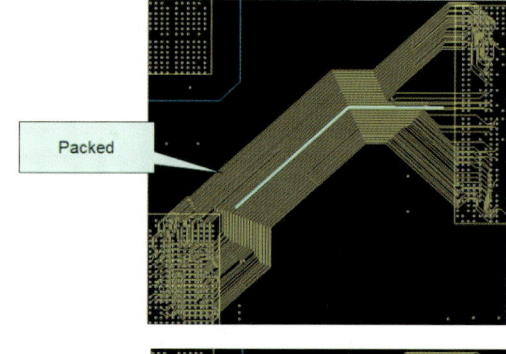

Unpacked Style은 경로를 함께 묶지 않으며 경로의 Segment 수를 최소화하도록 Gloss 처리됩니다. 배선을 함께 Pack하는 것을 원하지 않는 경우나 수동 Tuning 계획이 있을 때 선택합니다.

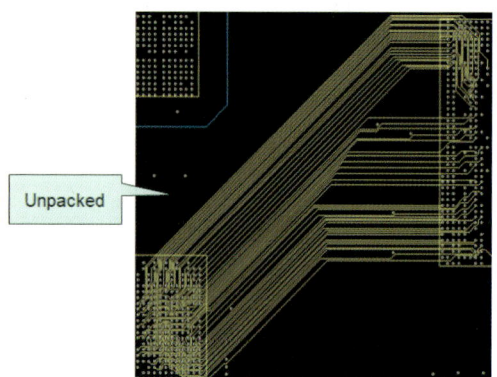

4장 PADS Professional Layout

선택과 경로지정이 끝났으면 배선합니다. 지정한 Net나 그린 경로가 선택된 상태에서 Route Toolbar의 [아이콘]나 RMB의 [Route Sketch] 혹은 F9 [9 Sketch Route]입니다.

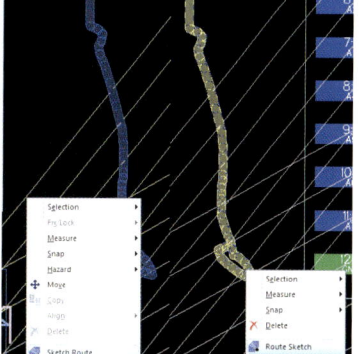

배선 과정은 자동으로 진행됩니다.

Sketch Router는 자동 배선 결과이기 때문에 디자이너의 의도와 다르게 배선될 수도 있습니다. Sketch Router의 결과를 보충해줄 수 있는 것이 Gloss와 Hug Router입니다.

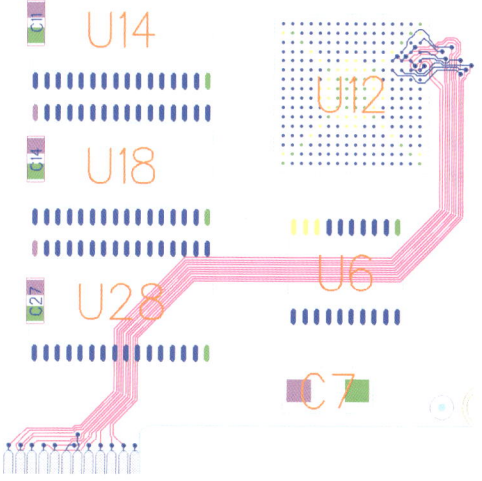

Trace를 선택하고 Route Toolbar에 [아이콘]나 F11 [11 Gloss]을 선택하거나 Trace를 이동할 때 Gloss Option을 Local이나 On으로 선택하고 Via or Pad Jumping를 Check합니다.

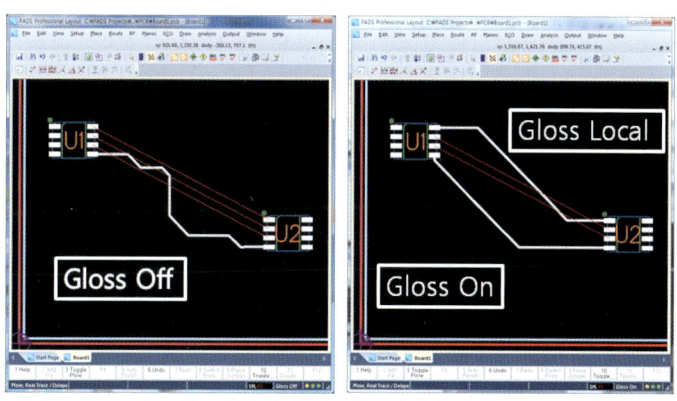

Hug Router도 마찬가지로 Sketch Router와 겸용해서 사용할 수 있습니다. Hug Router는 Traces 와 Vias를 Push & Shove할 수 있으므로 Sketch Router가 남길 수 있는 배선되지 않은 Netline을 배선 완료할 수 있는 좋은 기회가 있을 수 있습니다. Hug Router는 Sketch Router가 입력한 기존 경로를 Hug하고 배선 외에 Route Border도 가능합니다. Hug Router는 Active Layer에서 배선을 시도하지만, 가능하지 않으면 다른 Layer를 사용할 수 있습니다. Hug Router는 필요한 경우 Via를 추가하지만 바람직하지 않고 Sketch Routing 후 Hug Router를 적용하면 일반적으로 배선완료율이 올라갑니다. Hug Trace된 Trace는 Semi-fix상 태로 작성됩니다.

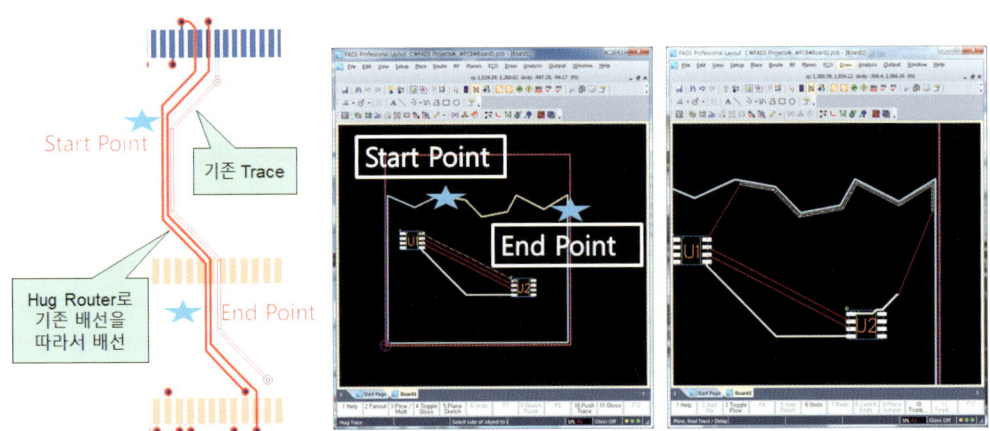

[Route] - [Add Route]의 Hug Trace나 Route Toolbar의 ▣ 를 선택한 다음 Net를 선택합니다. 혹은 반대로 Net 먼저 선택해도 가능합니다. Hug할 Trace의 2곳을 지정한 다음 빈 곳을 클릭하면 작성됩니다.

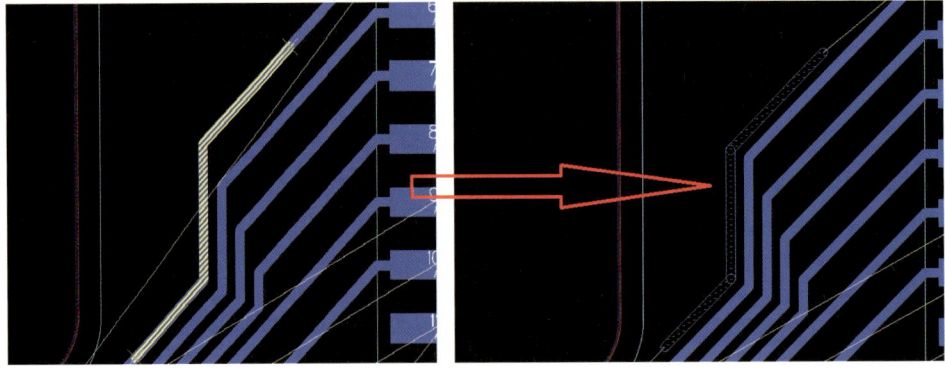

Hug Trace는 한 개의 Net에 적용할 수 있는 명령어라 여러 개의 Net에 적용하고 싶으면 Multiple Hug Trace를 이용합니다. [Route] - [Add Route]의 Multiple Hug Trace나 Route Toolbar의 로 가능합니다.

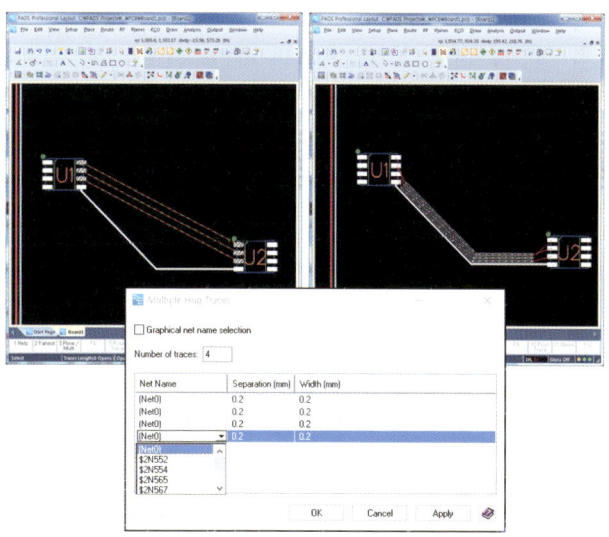

Trace의 수를 지정하고 Net를 입력하게 되어 있지만 Graphical Net Name Selection을 사용하여 Net의 Pin을 선택하면 자동으로 Net를 가져옵니다.

이후 Apply 후에 Hug Trace처럼 Trace의 2곳을 지정한 다음 빈 곳을 클릭하면 작성됩니다.

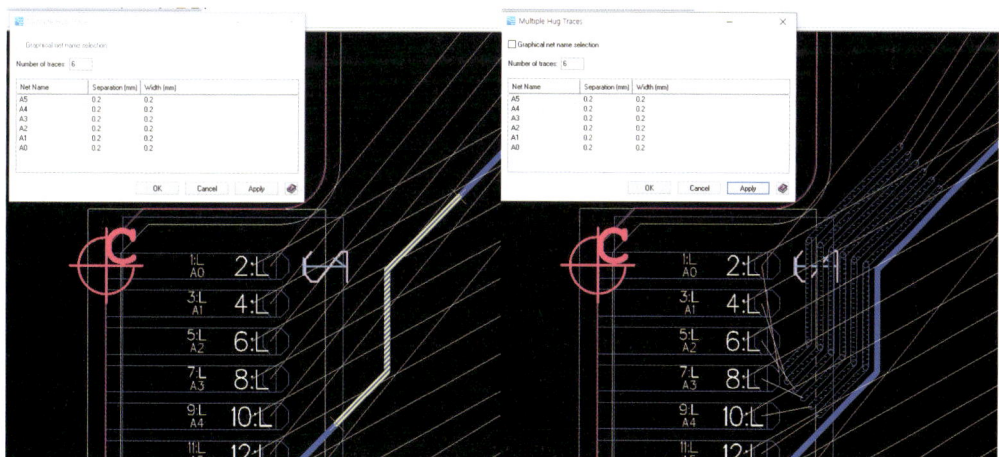

11 PADS Professional Layout의 배선 Tuning

PCB 배선 중에 길이를 맞추어야 하는 배선들이 있습니다. 예를들어 컨트롤러와 메모리 사이 고속신호 라인의 경우 정확한 동작을 위해 길이를 맞추어 배선해야 합니다. 이러한 작업을 HSD(High Speed Design)배선이라고도 합니다.

이 배선들은 타이밍이 중요하므로 배선 길이를 늘리거나 줄여서 배선해야 합니다. 일반적으로 모든 부품들의 연결은 짧은 Trace로 배선하는 것이 기본입니다. 하지만 배선 길이를 맞춘다는 것은 보통 주어진 길이에 맞추어서 배선 길이를 Accordion이나 Trombone 형상으로 늘리는 것을 의미하며, 이러한 작업을 Tuning이라고 말합니다.

Tuning은 3가지 방법으로 진행합니다. 수동으로 진행하는 것을 Manual Tuning, 설정 값에 따른 Interactive Tuning, 그리고 자동 Tuning입니다. 모두 [Route] - [Tune Route]나 Route Toolbar에서 실행합니다.

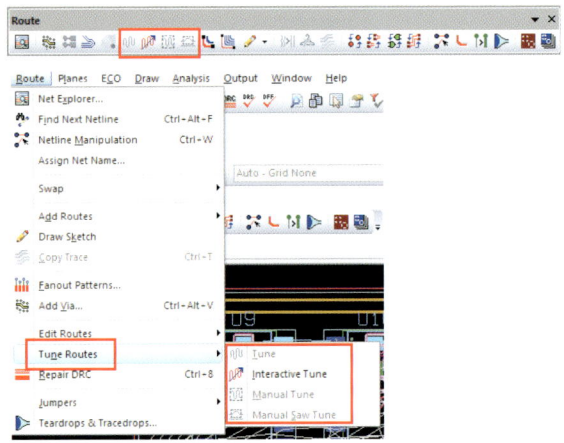

Tuning의 설정은 Editor Control - Route Tab - Dialogs - Tuning을 이용하고 Gloss와 Push & Shove Option들 설정은 Editor Control - Route Tab - Edit & Route Controls를 이용합니다.

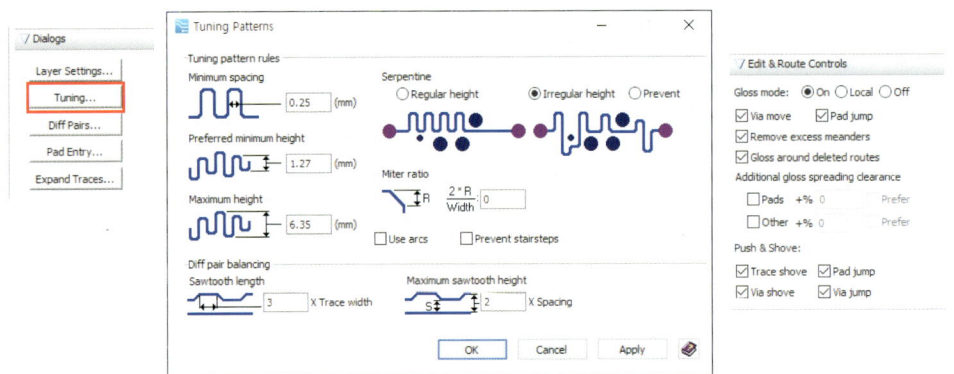

512

Manual Tune은 45도나 특수 각도에서 Trace Segment를 따라 Tuning Pattern을 쉽게 Drag하며 Tuning 중 Push/Shove를 지원합니다. Manual Tune은 설정한 길이가 없어도 되며 Constraint Manager에 최소 길이와 최대 길이를 설정했다면 Tuning Meter가 나타나게 됩니다.

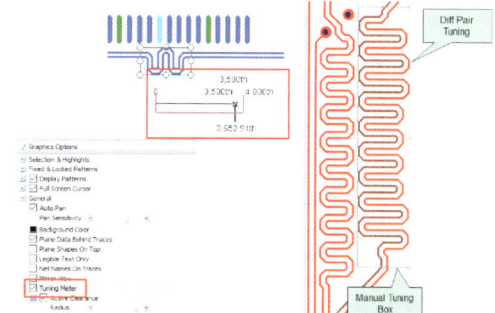

Tune된 곳에 마우스를 갖다 대면 Tune 된 곳만 선택되며 Click하면 편집 상태로 변경됩니다.

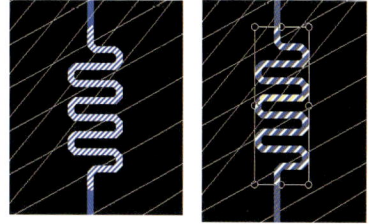

Manual Tune 중에 [Analysis] - [Target Length] 기능으로 설계자는 Max/Min, Match 등의 Target Value 값으로 현재 Length를 실시간으로 확인하면서 Tuning이 가능합니다.

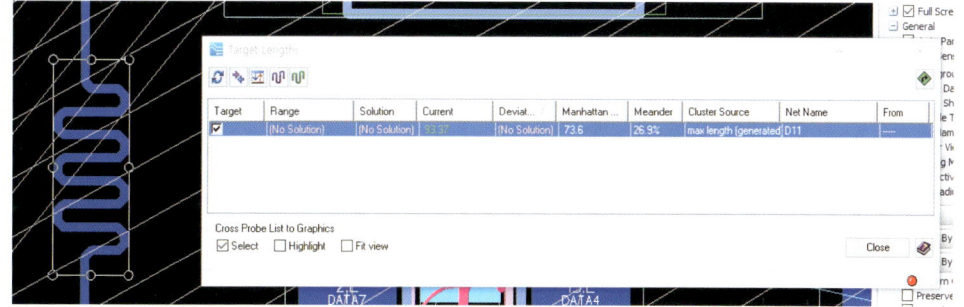

Manual Tune 중에 Differential Pair 배선이 필요한 경우가 있습니다. Manual Saw Tune은 Differential Pair를 Tuning하여 각 Net를 전체 길이로 Match 시킬 수 있습니다. 설계자가 Decoupled saw tooth pattern으로 Constraint을 맞추고 Signal Integrity 문제를 최소화하며 Sawtooth Pattern은 Editor Control의 Tuning Patterns Dialog에서 정의합니다.

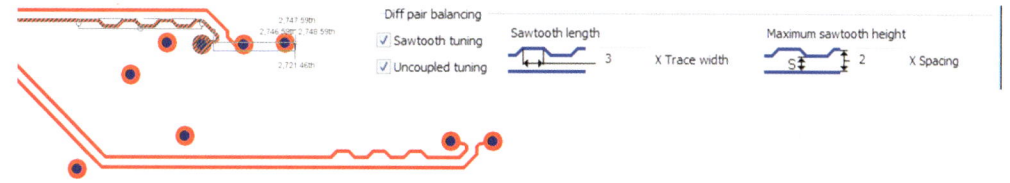

Interactive Tuning은 [Route] - [Tune Route] - [Interactive Tuning]이나 Route Toolbar의 아이콘으로 진행합니다. Manual과 Drag로 입력하는 방법은 동일하나 값은 Constraint Editor에서 입력한 값과 임의로 입력한 값 2가지를 사용할 수 있는 점이 다릅니다.

그리고 Manual 배선은 Accordion만 가능한 것에 비해서 Interactive Tuning은 Accordion, Trombone, Notched의 3가지 모든 사용이 가능합니다.

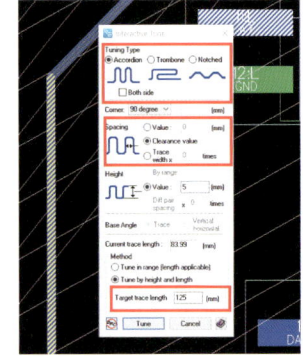

3가지 Type으로 Tune가능합니다.

Tune하는 간격설정 입니다. Constraint Editor나 Value값으로 지정 가능합니다

Target Trace length는 입력이 가능하나 Trace를 선택하면 net의 Constraint Editor Maximun값이 자동으로 입력됩니다.

Tune을 누르고 각 Type 설정 후에 Method 방법에 따라 Trace를 선택하면 됩니다. Tune in Range는 Trace들의 특정 Range(Segment중의 일부)를 선택해서 배선하는 것이고, Tune by Height and Length는 Trace의 방향을 지정해서 Length가 입력되는 것입니다.

두 방법 모두 다 Trace를 선택해서 Drag하는 방법으로 Tune됩니다.

Tune in Range

Tune by Height and length

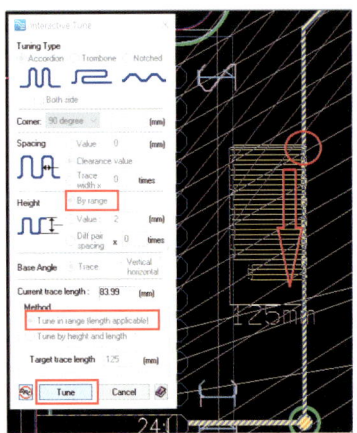
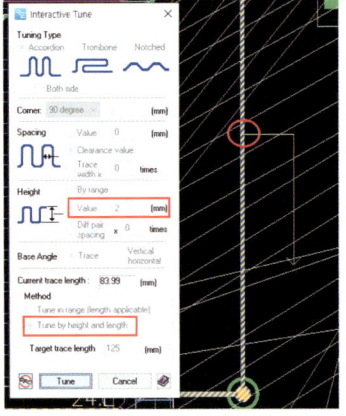
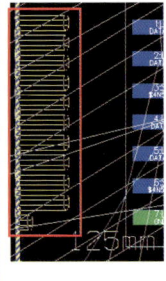

Accordion, Trombone, Notched의 3가지 배선은 다음의 형상처럼 됩니다.

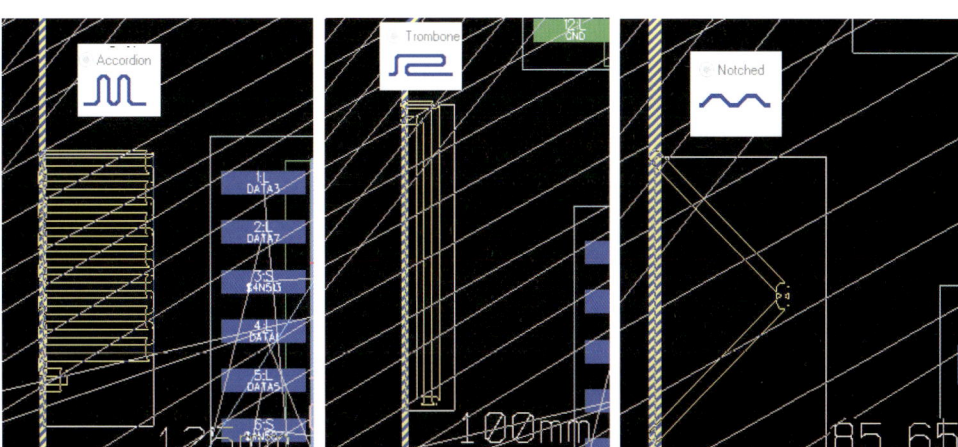

자동 Tune은 Constraint Editor에서 입력한 값으로 자동 Tune이 되며 [Route] - [Tune Route]의 [Tune]이나 Route Toolbar의 Tune 혹은 F4 입니다. Tune은 PADS Professional High Speed Routing license가 있어야 활성화됩니다.

Tune이 실행된 위치만을 선택하려면 Tune Pattern 일부를 선택하고 RMB - [Flatten Tuning Pattern]을 선택하면 Tune된 곳만 선택이 됩니다.

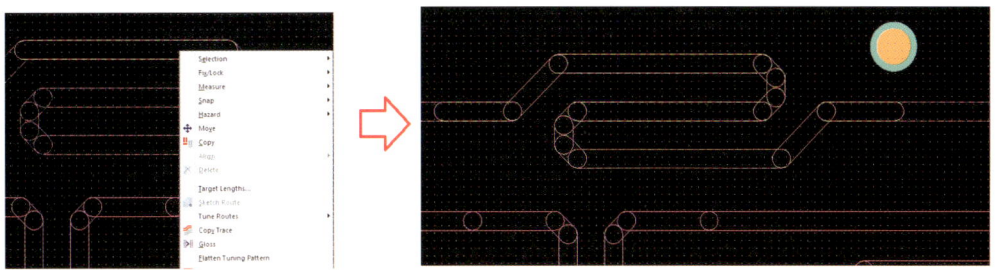

일정한 배선이 반복되는 공간에는 Trace들을 복사합니다. Net를 포함해서 복사하는 것이 아니고 복사가 되면 기존에 있는 Netline으로 배선되는 것입니다.

복사는 복사할 Trace나 Trace들을 선택하고 나서 [Route] - [Copy Trace]나 Route Toolbar의 로 복사합니다.

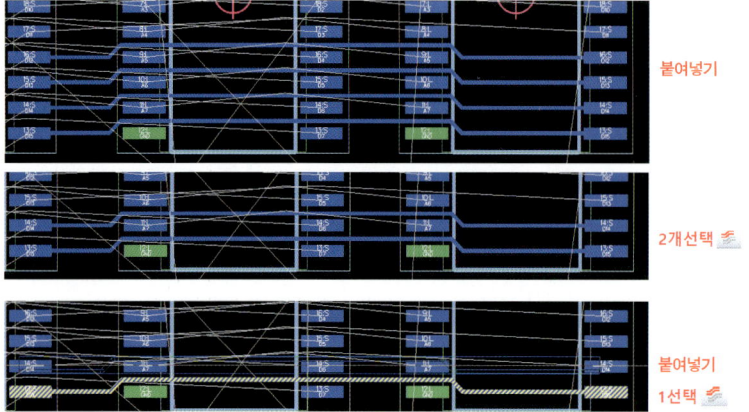

배선 전 Constraint Manager에서의 Constraint Class는 Topology 설정이 가능했습니다. PADS Pro Layout에서도 Topology 설정이 수동으로 가능하며 별도로 Topology 설정 메뉴가 있습니다.

Topology 설정을 수동으로 하려면 Select Mode 나 Route Mode에서 Pin Pair의 Net를 선택하면 Pin에 사각형이 표시되는 경우가 있습니다. 이 사각형의 의미는 Net 연결을 다른 곳으로 변경 가능하다는 것입니다. 이 사각형을 마우스로 갖다 대면 이동할 수 있다는 화살표모양이 나타납니다.

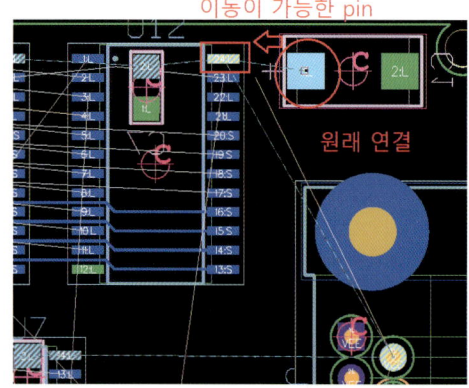

Topology 설정은 [Route] - [Netline Manipulation] 이나 Route Toolbar의 입니다. 를 선택하면 모든 Net가 Lowlight되고 Net를 선택하면 선택한 Net만 Highlight됩니다. 혹은 Net를 먼저 선택하고 를 눌러도 동일합니다.

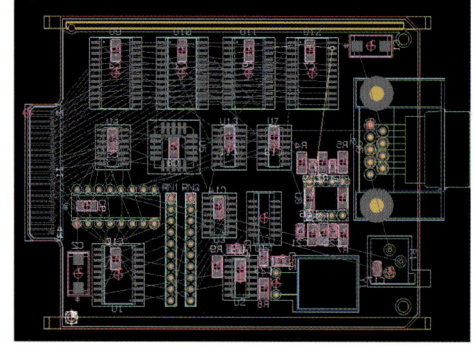

Net를 선택하면 Function Key가 다음처럼 변경됩니다.

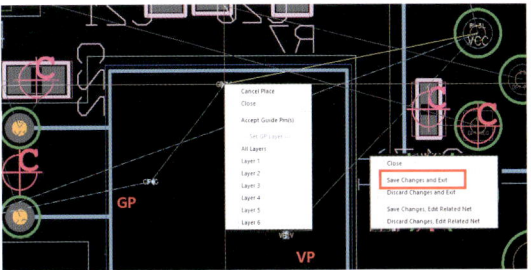

F5 Toggle Topology로 Topology 변경이 가능하며 Custom으로 변경되면 F3 Virtual Pin 배치가 가능합니다. 그리고 Net를 선택하면 Guide Pin 배치가 가능하고 저장하려면 RMB - [Save Changes and Exit]입니다.

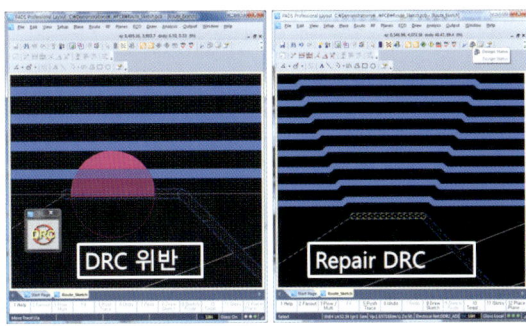

DRC를 끄고 배선하다가 보면 Clearance간격을 위반하는 배선이 있을 수 있습니다. 그러한 배선은 다음처럼 Pattern이 달라지게 됩니다. 이런 경우 하나의 배선이나 여러 배선을 선택하고 [Route] - [Repair DRC]나 Route Toolbar의 ≡로 자동 회피하게 됩니다.

모든 배선은 기본적으로 회로에서 작성한 Net에만 가능하지만 회로 이외에 작성한 Object에 Net를 할당할 경우도 있습니다. 이때 사용할 수 있는 명령어가 [Route] - [Assign Net Name]입니다.

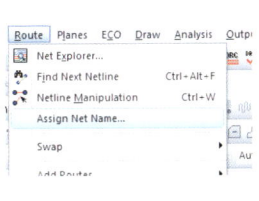

Assign Net Name은 일반적인 회로에서 넘어온 Net를 변경하는 것이 아닙니다. 할당되지 않은 Net인 (Net0)는 적격 Net이고 적용이 가능한 Object이어야 OK나 Apply가 활성화됩니다. 다음은 변경을 할 수 없는 Object입니다.

- Mounting Holes (Pin 혹은 Plane으로 Route되고 Plated됨)
- Vias (Pin 혹은 Plane으로 Route됨)
- Traces (Pin 혹은 Plane으로 Route)
- Test Points (Pin 혹은 Plane으로 Route)
- Spare부품의 Pin/Pin과 Schematic과 Netload에서 Net Name을 가져오는 다른 Object

다음은 변경을 할 수 있는 Object입니다.

- Mounting Hole: 도금되어야 하며 핀에 연결되지 않아야 합니다.
- Test Point: Netname을 변경하고 Via 또는 Trace에 연결되면 모든 Object의 Name이 변경 됩니다
- Trace: Net0인 Trace의 Netname을 변경하고 Via 또는 Testpoint에 연결되면 모든 Object의 Netname이 변경됩니다.
- Via: Net0인 Via의 Netname을 변경하고 Trace 또는 Testpoint에 연결되면 모든 Object의 Netname이 변경됩니다.

Netline을 가지지 않는 Net는 [Draw] - [Trace]로 작성하거나 Draw Create의 속 성에서 Trace로 선택하면 됩니다.

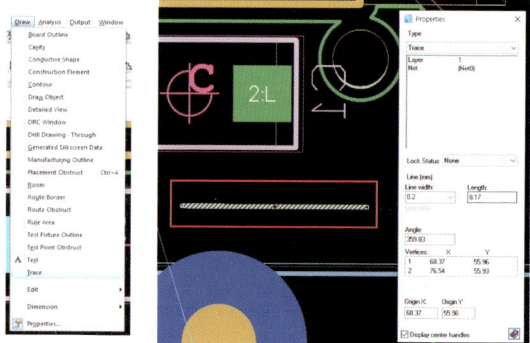

이 Trace는 Net0이 할당되고 Assign Net Name이 가능합니다. 이 Trace를 선택하고 원하는 Net 를 선택하면 할당됩니다.

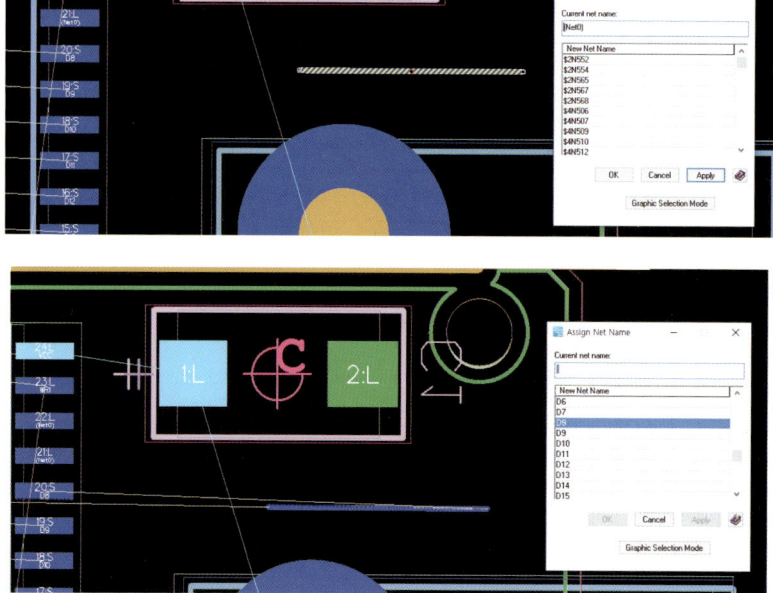

실습 07   PADS Professional Layout의 배선

1️⃣ 실습은 회로도에서 부여한 Ref Des에 따라 배치와 배선이 변경될 수도 있습니다. 배선을 위해 Display Scheme을 Routing으로 변경합니다.

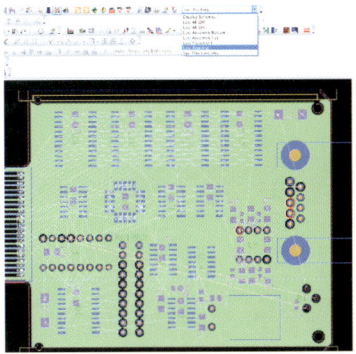

2️⃣ 3층과 4층은 Plane이 Route Border 영역에 입력되어 있는 것입니다. 배선을 위해 Plane을 끄겠습니다.

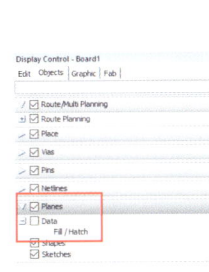 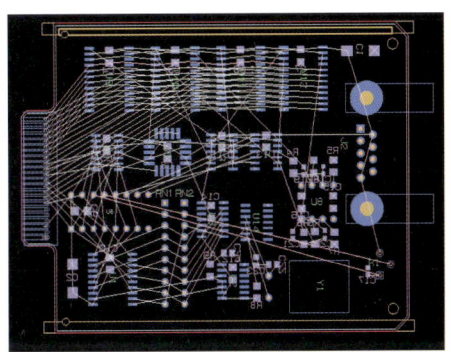

3️⃣ Diff Pair 배선부터 진행합니다. Display Control의 Object - Netlines - Netlines Type에 Ordered Open Netline은 특정한 설정이 있는 Net들을 지정한 색으로 보이게 표시합니다. Ordered All도 지정한 색으로 보이게 됩니다.

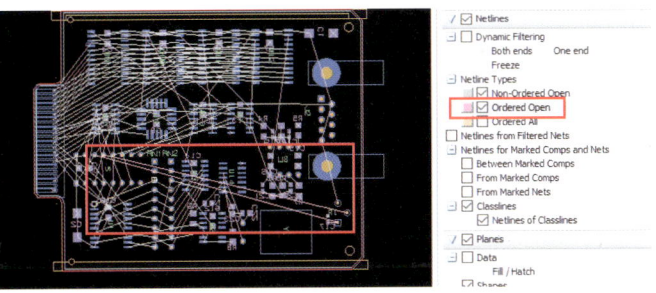

519

4 배선을 위해 Filter를 사용해 보겠습니다. Net Explorer에서 Net Class의 DiffPair를 선택한 다음 Filter/Unfilter Group or Individual 을 선택하고 Filtering for Net Selection On/Off를 선택합니다. Filtering for Net Selection On/Off은 화면에 대각선으로 FILTERED가 표시됩니다. 그리고 Display Control에서 Netline from Filtered Nets를 선택하면 화면에는 Diff Pair 배선만 보이게 됩니다.

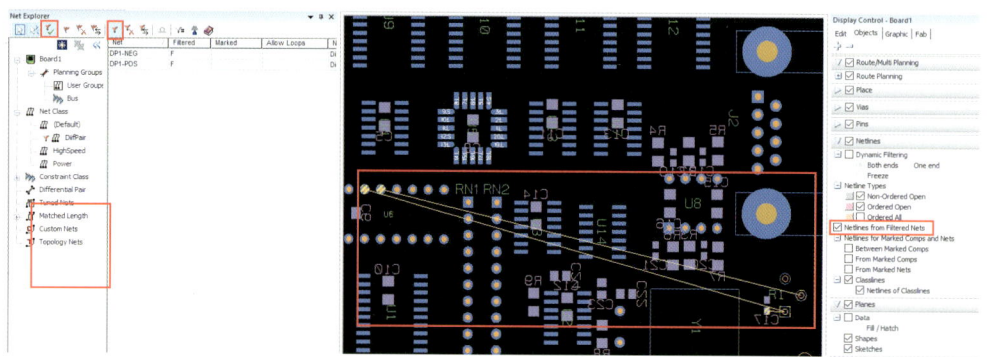

5 추가로 Display Control에서 Dim Mode를 조절하여 선택한 Object가 잘 보이게 설정합니다.

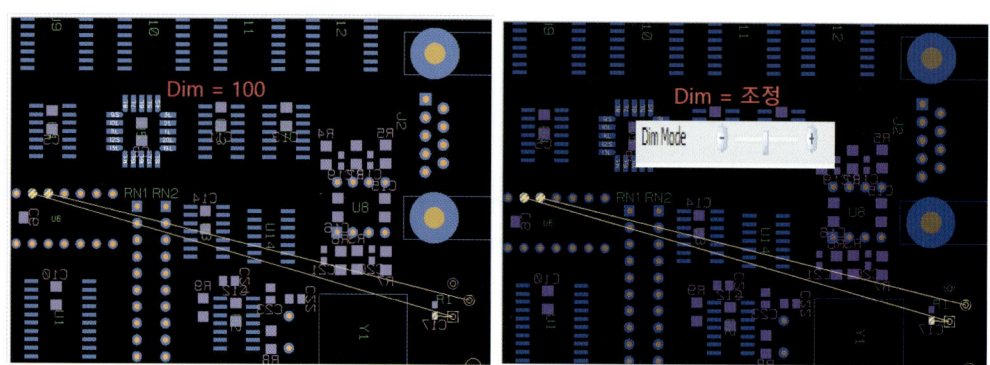

6 Plow/Multi(F3)을 선택하면 배선이 시작됩니다. 배선이 시작되면 화살표나 숫자키를 이용해서 현재 Active Layer를 5층으로 맞춘 다음 5H, 2V 배선을 진행합니다.

Note 만약에 배선이 5층에서 되지 않는다면 Editor Control - Route - Dialog - Layer Setting을 확인합니다.

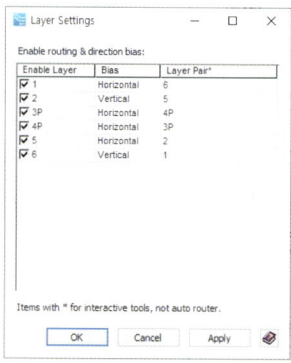

7 다음과 같이 배선을 진행합니다. 배선은 Net Explorer에서 두개를 선택해도 되고, Ctrl 키를 이용해서 화면 상에서 선택해도 됩니다. 혹은 Diff Pair로 설정되어진 Net들은 2개 중에 하나의 Pin이나 Net를 배선해도 2개의 배선이 동시에 시작됩니다. 선택 후에 ≫ 나 F3 `3 Plow / Multi` 을 선택하고 배선을 시작하려는 Pin이나 Net의 지역에 마우스를 갖다대고 선택하면 배선이 시작됩니다. Plow/Multi 명령어 중에는 마우스에 ◇ 표시가 나타납니다.

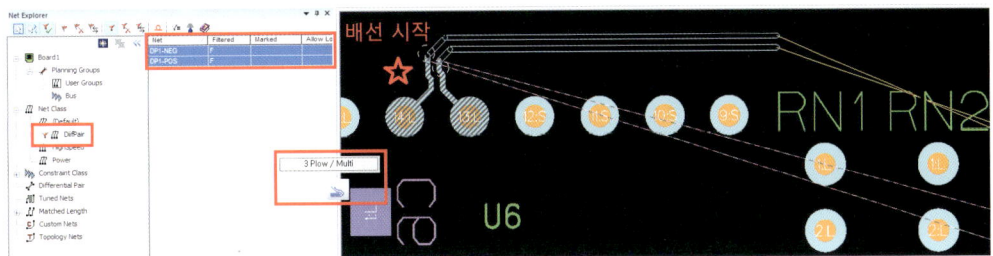

8 배선을 종료할 때는 Dynamic의 경우에는 Pin으로 Drag만으로 자동으로 종료되며 On Click같은 경우에 종료되는 Pin에서 Click하면 배선됩니다.

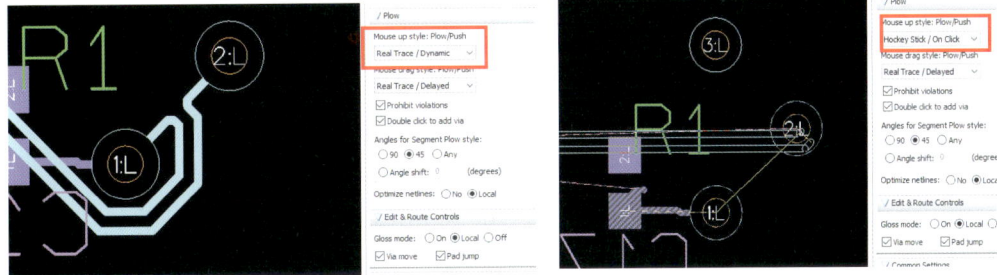

9 배선이 완료되면 Fix아이콘 📌 을 눌러 배선을 고정합니다. 배선의 Pattern이 변경됩니다.

10 다음은 HighSpeed 배선을 진행합니다. 이번엔 Net Explorer에서 Net Class의 HighSpeed를 선택하고 Mark ▼를 선택합니다. Net Explorer에서 다음같이 나타납니다.

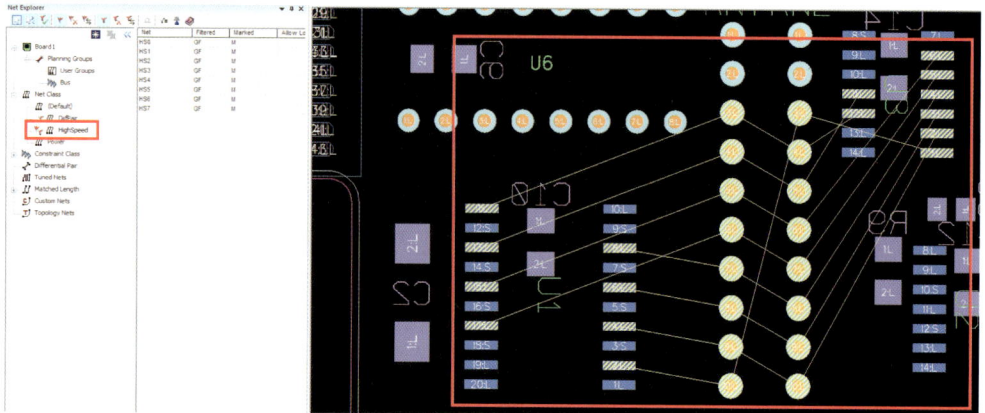

11 길이를 입력한 Net이기 때문에 Tuning Meter를 볼 수가 있습니다. Display Control의 Graphic - Graphic Options - Tuning Meter를 선택합니다.

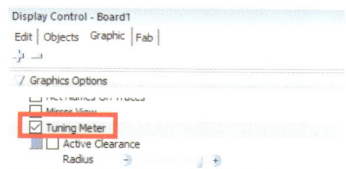

12 HighSpeed 배선들을 하나씩 Via로 연결해서 2층과 5층에 배선하기 위해 두개의 IC를 Fanout 합니다. 양쪽의 IC를 Place Mode에서 선택합니다.

Note Display Control의 Objects - Place Outline - Fill On Hover & Selection을 선택하면 부품선택의 시각화에 도움을 줍니다.

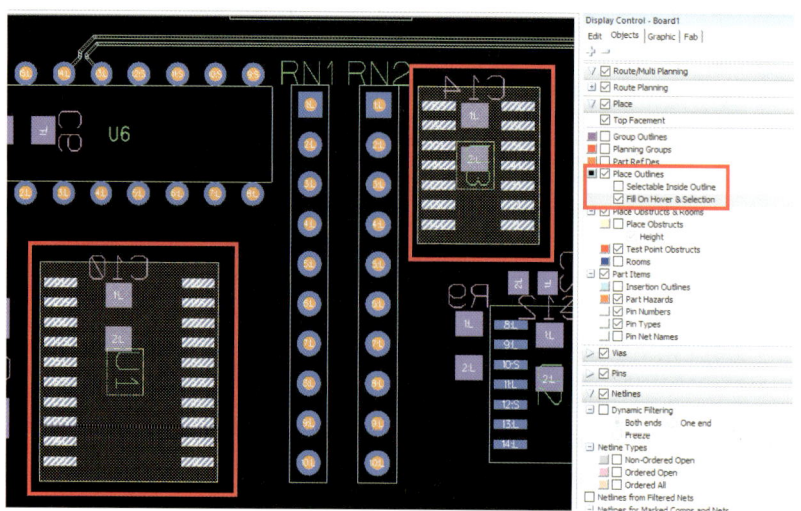

13 Route Mode로 변경하여 Net가 있는 해당하는 Pin만 선택합니다.

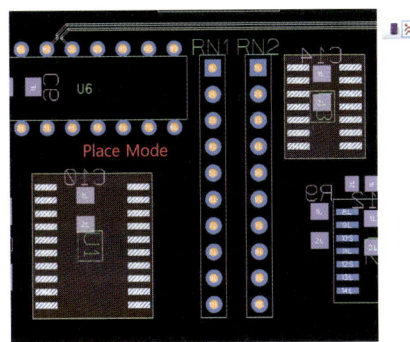
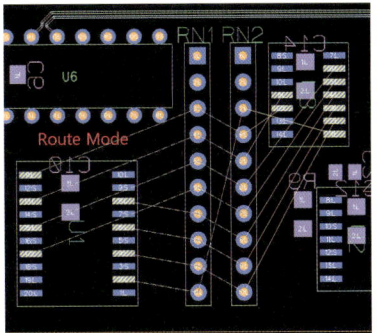

14 [Route] - [Fanout Pattern]을 실행한 다음, SOIC의 설정을 하고 Apply합니다. Fanout Selected를 선택하면 선택된 Pin에서 다음처럼 Fanout이 됩니다.

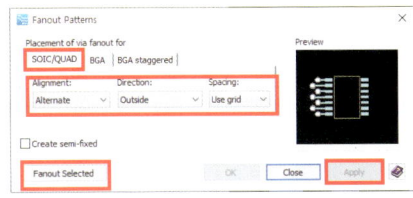

Note 혹은 F2 2 Fanout 이나 [Route] - [Add Route]나 Route Tollbar의 아이콘을 눌러도 동일하게 Fanout 됩니다.

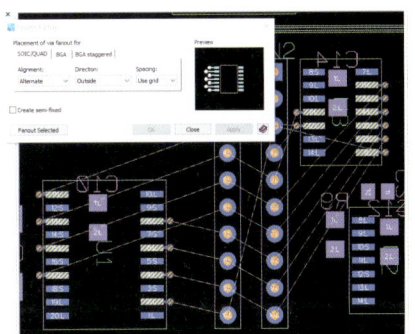

15 Sketch Router를 이용하여 다음의 Layer에 각각 배선해 보겠습니다.

16 먼저 Active Layer를 5층으로 변경한 후 Net Explorer에서 HighSpeed를 선택한 다음 F8 8 Draw Sketch 를 선택하고 F10과 F11을 선택하여 10 Toggle Sketch Style 11 Toggle Route Style 왼쪽 다음에 Style들이 Line와 Unpacked Draw Sketch Path: Line, Unpacked 로 되어 있는 것을 확인한 후에 경로를 클릭 한번 하고 Drag하여 종료 지점에서 클릭합니다.

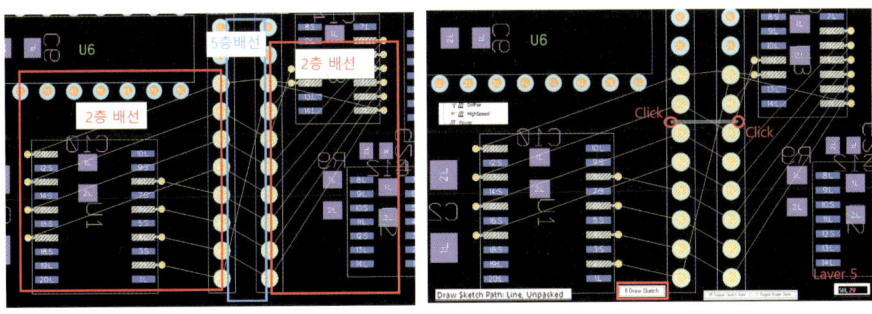

17 이후에 F9 `9 Sketch Route` 를 누르면 다음처럼 자동 배선됩니다.

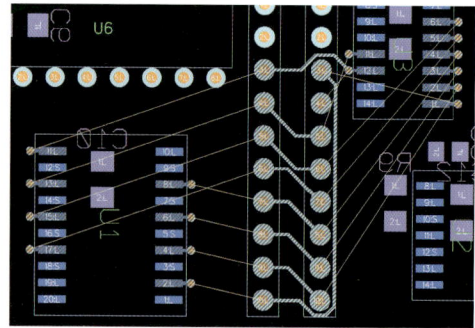

18 다음은 Layer를 2층으로 변경하고 Net Explorer에서 HighSpeed를 선택한 후 다음처럼 경로를 작성합니다.

19 이후에 F9 `9 Sketch Route` 를 누르면 다음처럼 자동 배선됩니다.

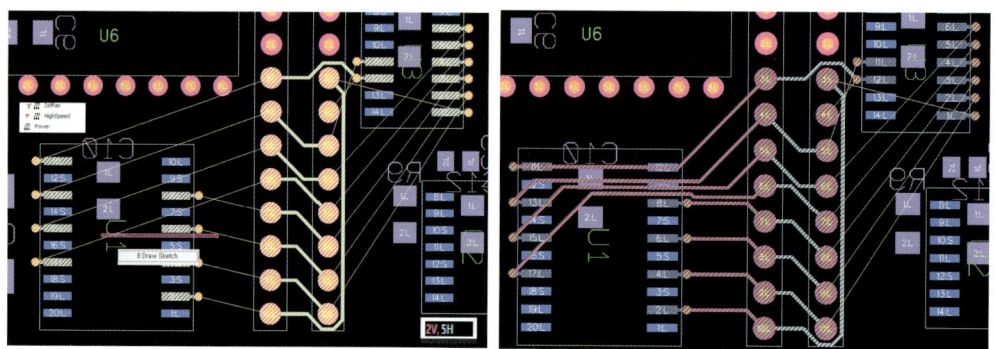

20 동일하게 Net Explorer에서 HighSpeed를 선택한 후 다음처럼 2층에서 경로를 그림과 같이 작성합니다.

21 이후에 F9 `9 Sketch Route` 를 누르면 다음처럼 자동 배선됩니다.

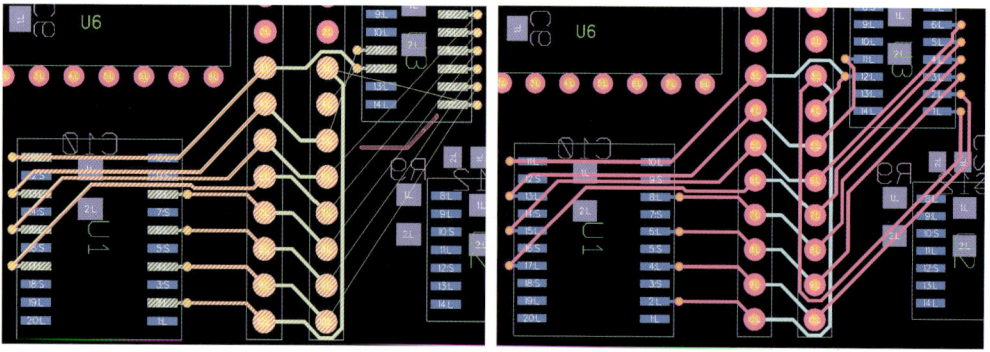

Note 경로에 따라 다양하게 배선될 수 있습니다. 원하는 결과를 얻을 때까지 F10과 F11을 선택하여 `10 Toggle Sketch Style` `11 Toggle Route Style` 왼쪽 다음에 Style들과 경로를 바꾸어 가면서 배선합니다.

㉒ HS0같은 배선은 다음처럼 Dim Mode를 조정해보면 배선이 불필요하게 돌아갑니다. 다음과 같이 Layer를 변경해서 정리했습니다.

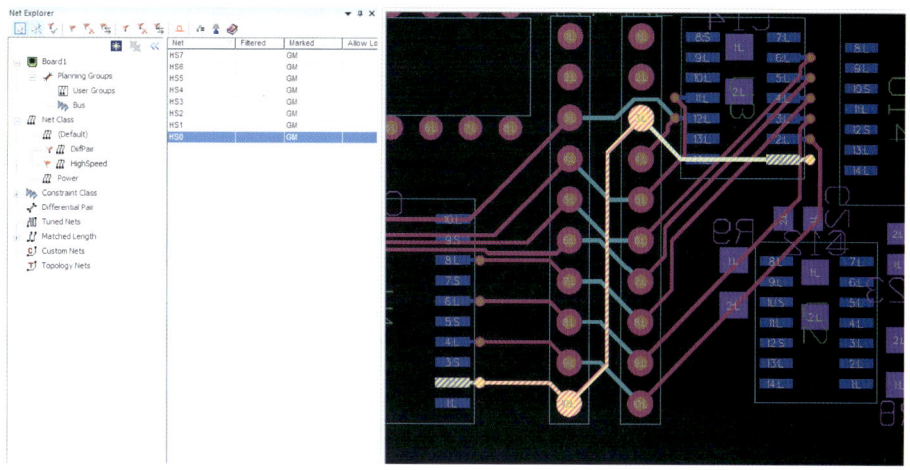

㉓ 길이를 넘어서 배선하려고 하면 오른쪽 다음에 배선 길이 때문에 더 배선할 수 없다고 메시지가 나옵니다. `Cannot plow, maximum length exceeded` Editor Control - Route - Net Rules On/Off에서 Max Lengths를 꺼주면 배선이 가능합니다.

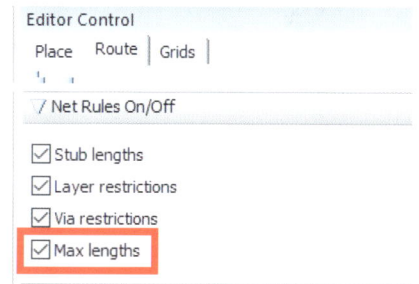

㉔ HighSpeed 배선들을 정리하기 위해 Net Explorer에서 선택하고 F11 `11 Gloss` 를 선택하면 최단 거리로 Stretch됩니다.

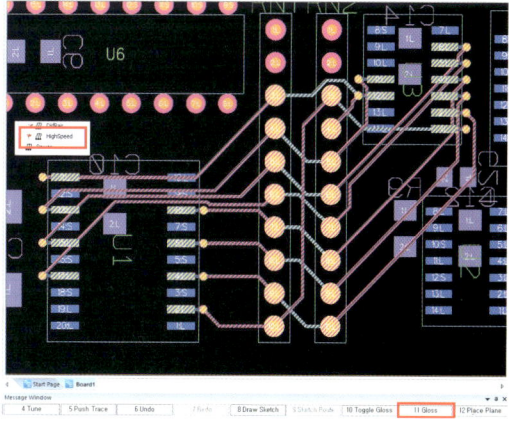

25. HighSpeed 배선들은 Constraint Manager에서 길이를 입력한 Net들입니다. 길이를 맞추기 위해 Net Explorer에서 HighSpeed 배선들을 선택하고 F4 `4 Tune`를 선택합니다. Tune은 PADS Professional High Speed Routing License가 있어야 활성화됩니다.

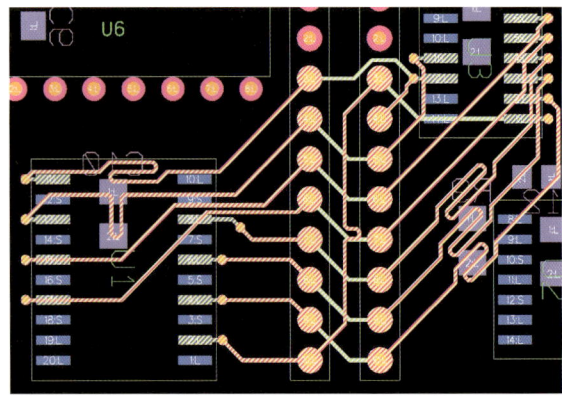

Note High Speed Routing License가 없다면 Manual Tune/Interactive Tune으로 진행합니다.

- [Analysis] - [Target Length]를 실행하고 Route Toolbar의 Manual Tune 을 선택하고 HS7을 선택합니다. 변경되는 값과 Tuning Meter를 보면서 수동으로 맞추어야 합니다.

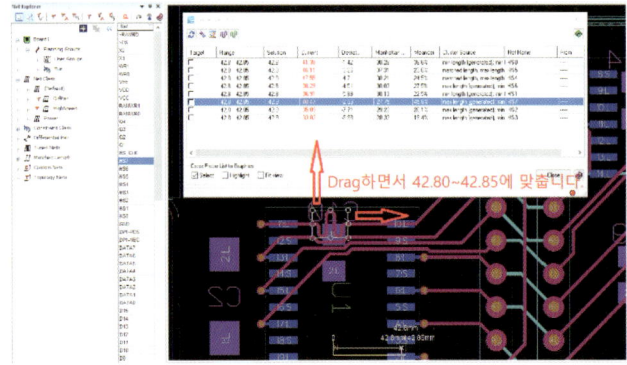

26. Interactive Tune은 [Analysis] - [Target Length]를 실행하고 Route Toolbar의 Interactive Tune 을 선택합니다. Trombone을 선택하고 Target Trace Length에 42.85를 입력합니다. HS7을 선택하고 Drag하면 42.85이상의 배선이 되지 않습니다.

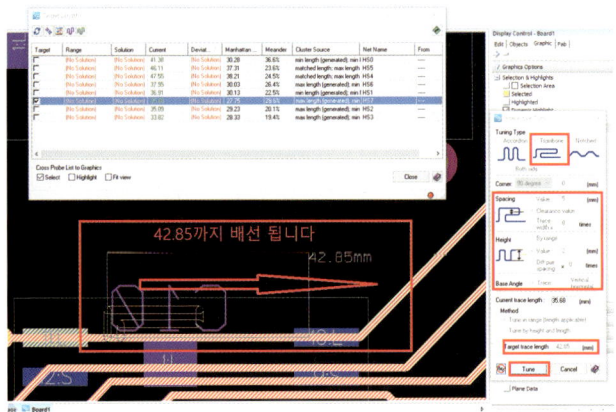

27 더블 클릭하면 배선이 Tune됩니다. 42.85는 [Analysis] - [Target Length]에서 확인 가능합니다.

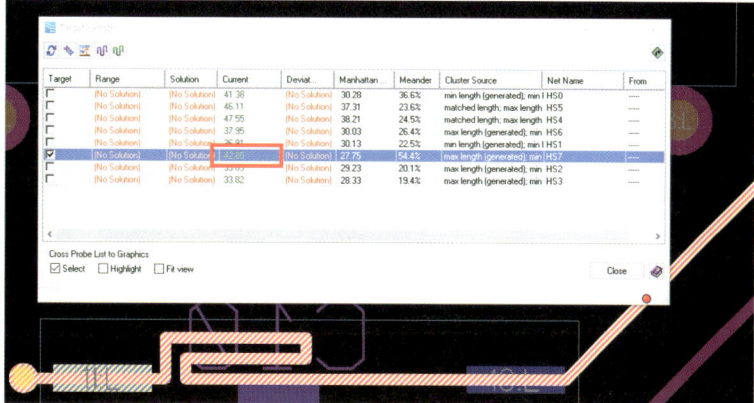

> Note Constraint Manager의 Constraint Class의 HiSpeed의 Delays and Lengths의 Length or TOF Delay에서도 확인 가능합니다. 실제 값을 Update하려면 [Data] - [Actuals] - [Upate All] 합니다.

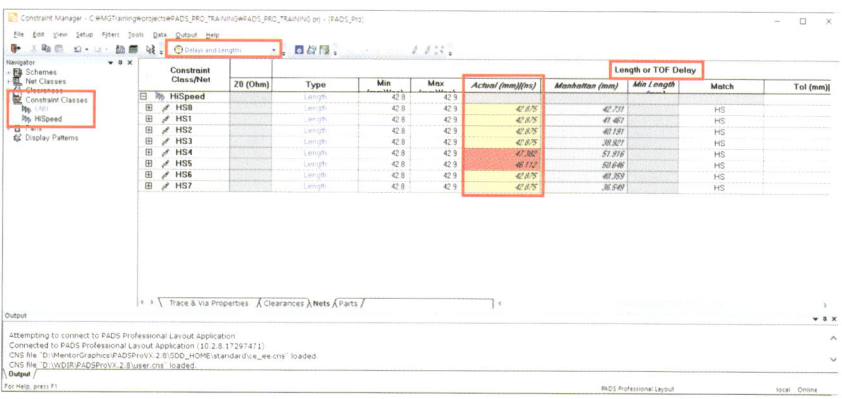

28 HS4와 HS5같은 배선은 목표 배선보다 길어진 배선입니다. Via를 움직여서 길이를 확보합니다. 다음처럼 길이가 확보되었습니다.

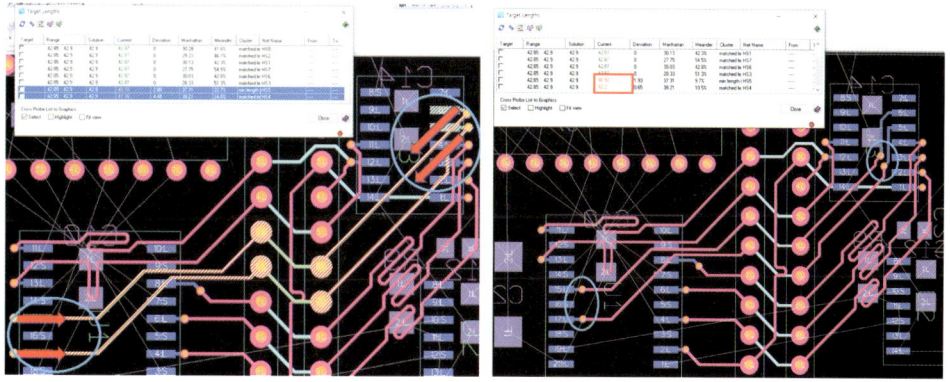

㉙ 이번에는 Target Length에서 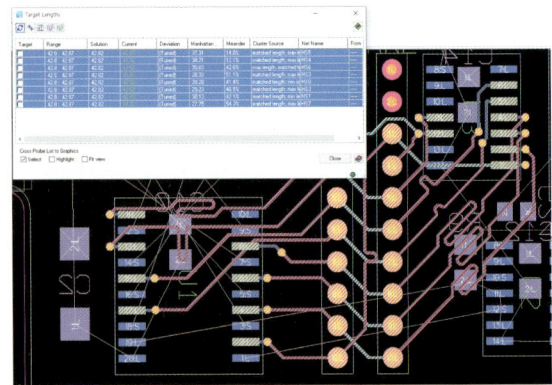 을 선택하면 다음처럼 진행됩니다.

㉚ Tune이 완료되면 배선 고정을 위해 Net Explorer에서 HighSpeed 배선들을 선택하고 이번에는 Lock 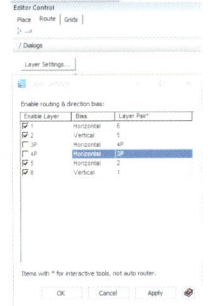 으로 Trace와 Via를 고정하면 다음처럼 Pattern이 변경됩니다.

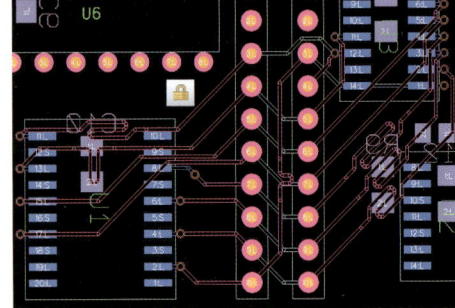

㉛ 위쪽의 IC들에 대해서 배선을 합니다. 배선은 1, 2, 5, 6에만 배선을 진행하기 위해 Editor Control - Route - Layer Setting에서 3, 4층을 제외합니다.

㉜ 다음의 IC에 연결된 커넥터는 Top과 Bottom면에 PAD가 있는 양면 커넥터입니다. Layer를 주의해서 배선해야 합니다.

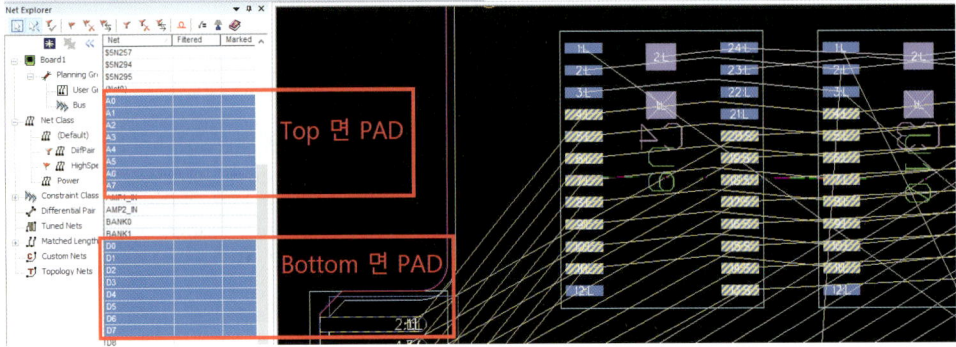

33 Net Explorer에서 A0부터 A7까지 선택합니다. Toggle Cross Probe 가 Check되어 있어야 화면에서도 동일하게 선택됩니다.

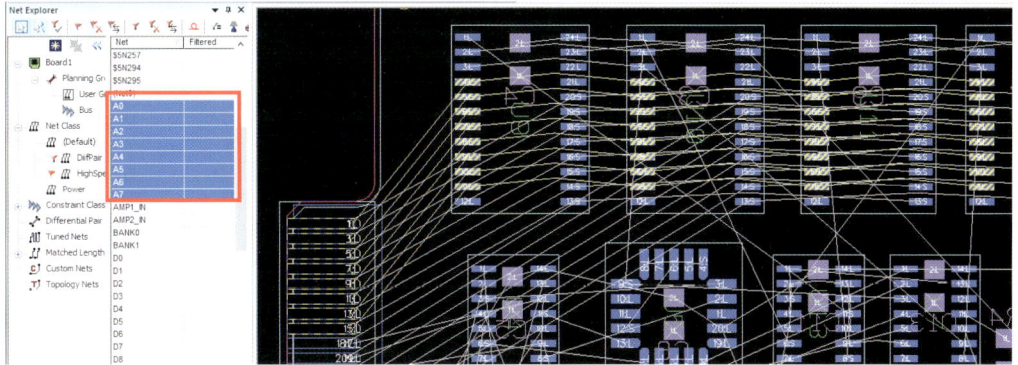

34 Active Layer를 1로 한 다음 화면에서 Connector에서 IC 쪽으로 연결된 Net 8개에 Connector 쪽의 Pin에 마우스를 가져가 8개 Pin을 Ctrl로 연속해서 선택합니다.

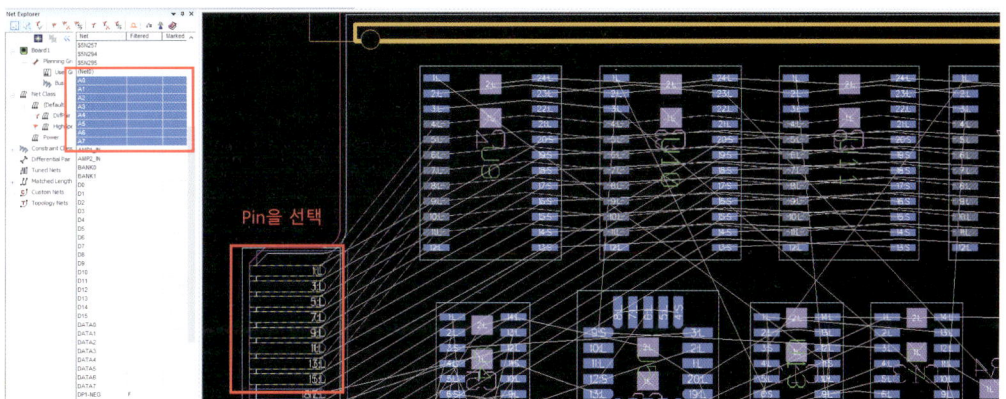

35 선택 후에 F3 `3 Plow / Multi` 를 선택하면 커넥터에서 Bundle 배선이 시작됩니다.

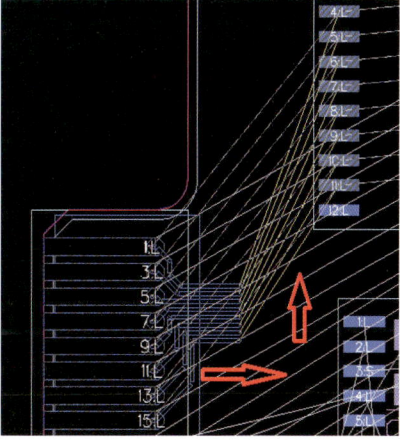

36 Bundle로 배선하는 폭들이 너무 작으면 F7(Converge Out)으로 폭을 넓힐 수 있고 폭을 줄이는 Command는 F6(Converge In) 입니다. 첫번째 만나는 Pin에 마우스를 대고 클릭하면 배선이 완료되고 연속으로 배선이 가능합니다.

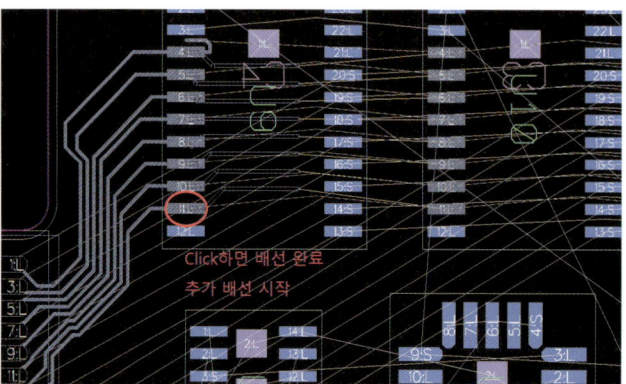

37 연속으로 마우스를 Pin에 Click하며 배선을 다음처럼 완성합니다.

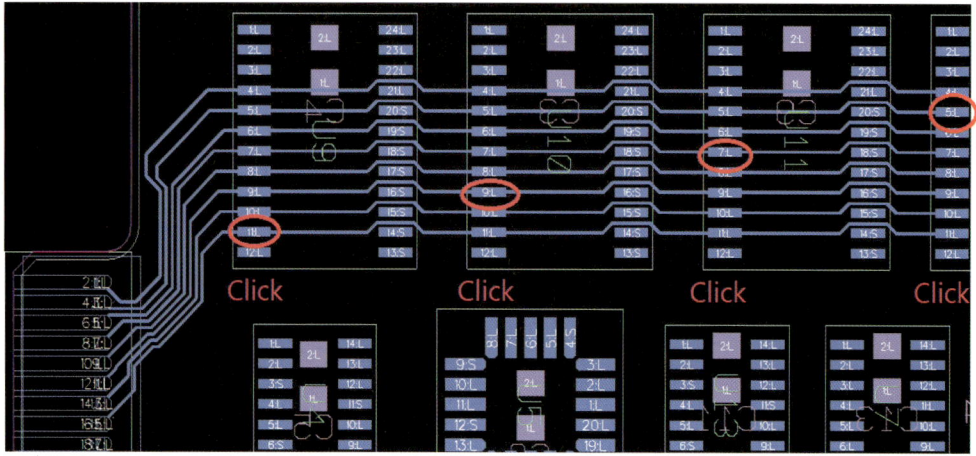

38 Net Explorer에서 D0부터 D7까지 선택하면 다음처럼 선택됩니다.

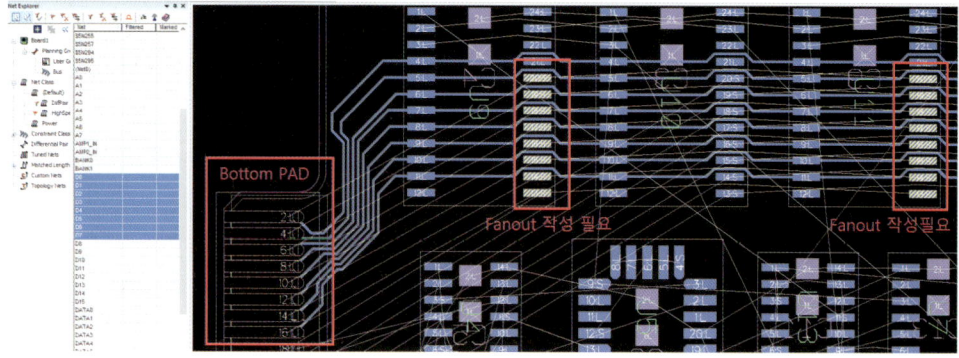

4장 PADS Professional Layout

39 다음의 Bottom PAD를 Ctrl을 이용해서 선택 해제합니다. 혹은 RMB - [Selection] - [Selection List]에서 J1에 해당하는 Pin과 J1에 연결된 Netline들을 선택하고 Remove From Selection을 선택합니다.

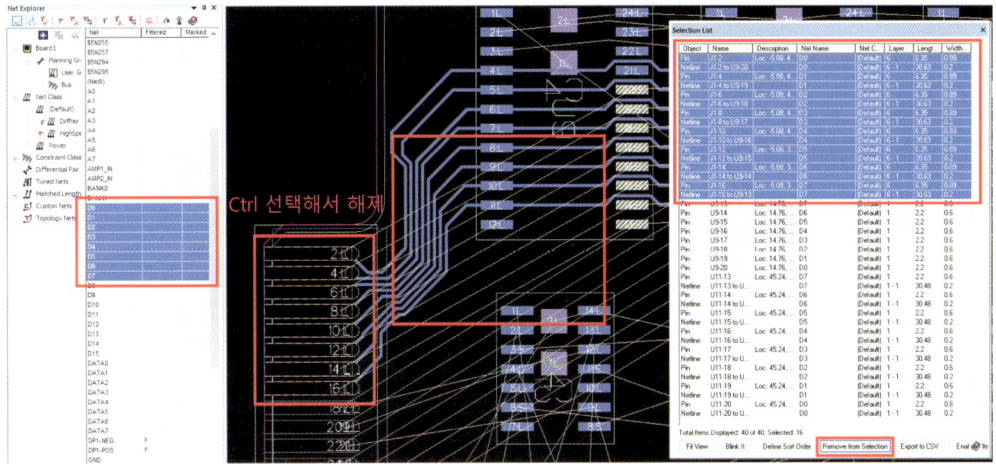

40 선택에서 제외된 Pin 말고 다음 쪽의 Pin들에서 Fanout을 진행합니다. 이번에는 다음처럼 설정하고 진행합니다.

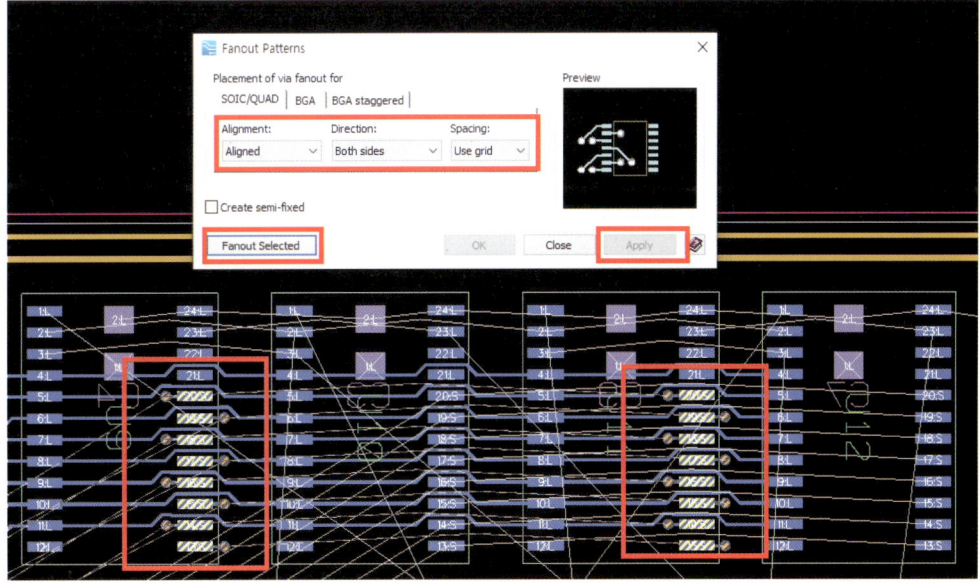

531

41 현재 선택된 것을 유지하고 Active Layer를 5층으로 선택한 다음 F8 `8 Draw Sketch` 를 Unpack으로 진행합니다.

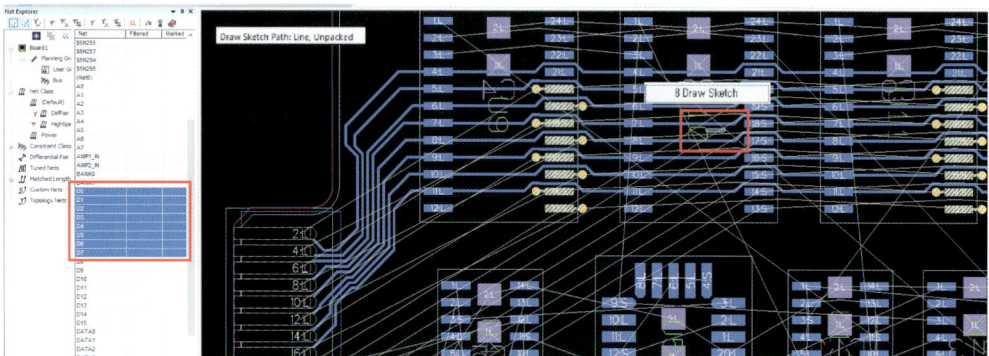

42 F9 `9 Sketch Route` 를 진행하면 다음처럼 배선됩니다.

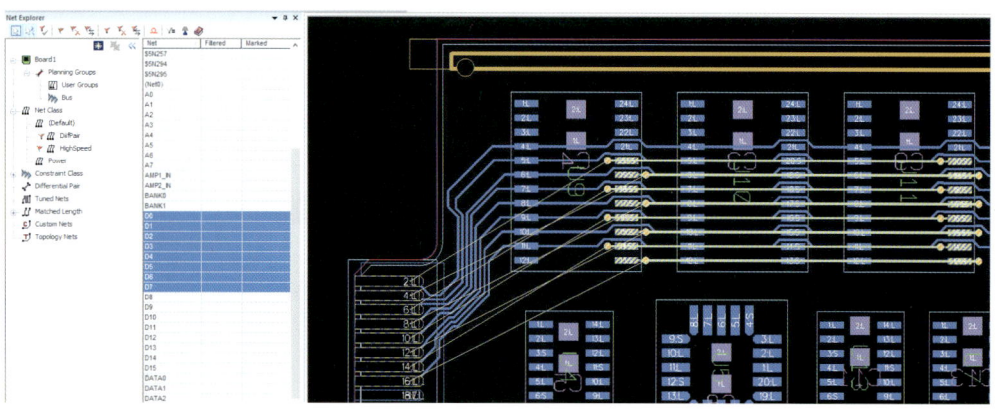

43 Active Layer를 6층으로 선택하여 다음의 Net들의 Sketch 경로를 6층으로 Pack으로 작성합니다.

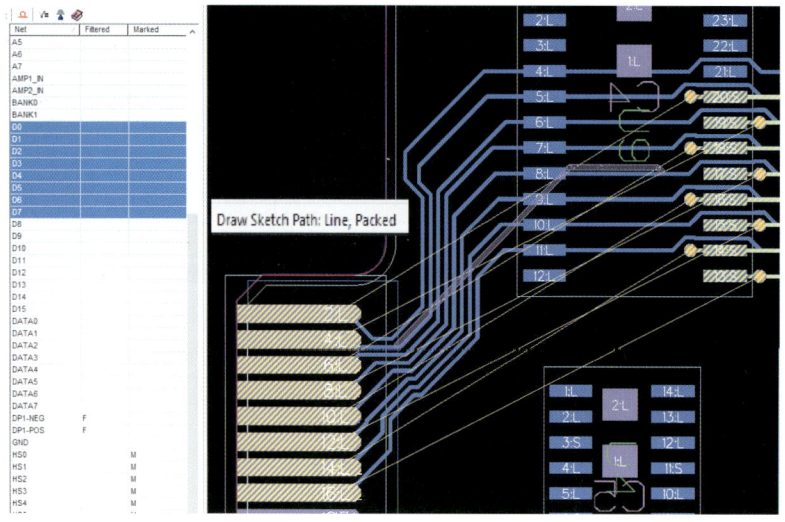

44 F9 `9 Sketch Route` 를 진행하면 다음처럼 배선됩니다.

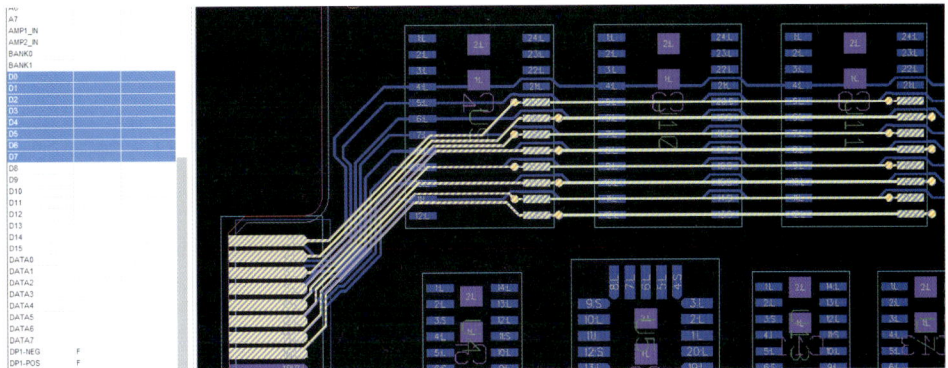

45 Net Explorer에서 다음은 D8~D15까지 선택합니다. 다음 부분의 Pin이 배선이 되어야 합니다.

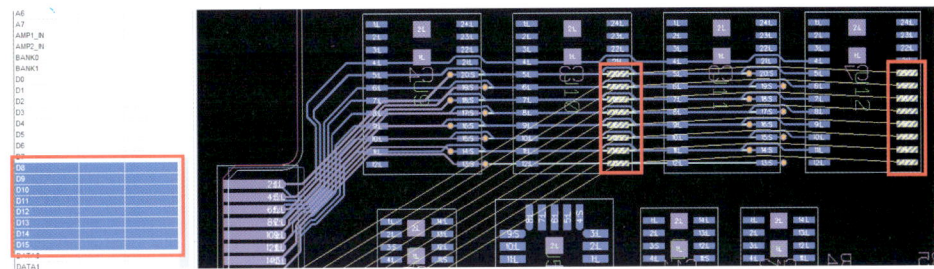

46 다음 부분을 먼저 배선합니다. 오른쪽 위에 해당하는 Pin만 Ctrl로 선택합니다. 배선이 왼쪽이니 부품의 안쪽에 Fanout을 합니다.

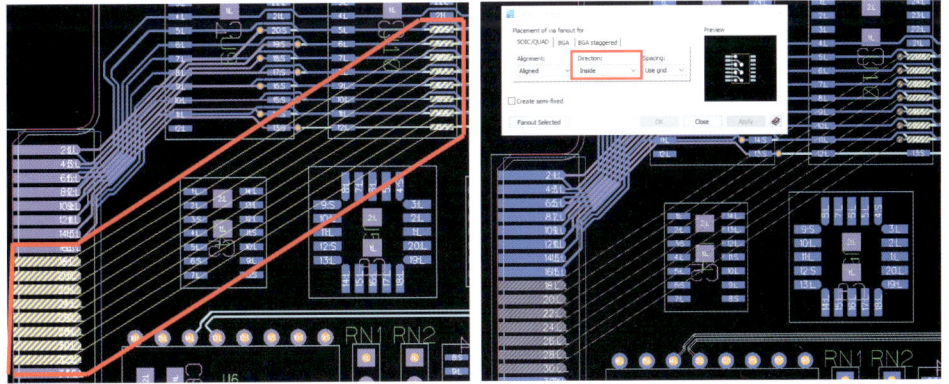

47 Active Layer를 2층으로 선택하여 다음의 Net들의 Sketch 경로를 2층에 작성합니다.

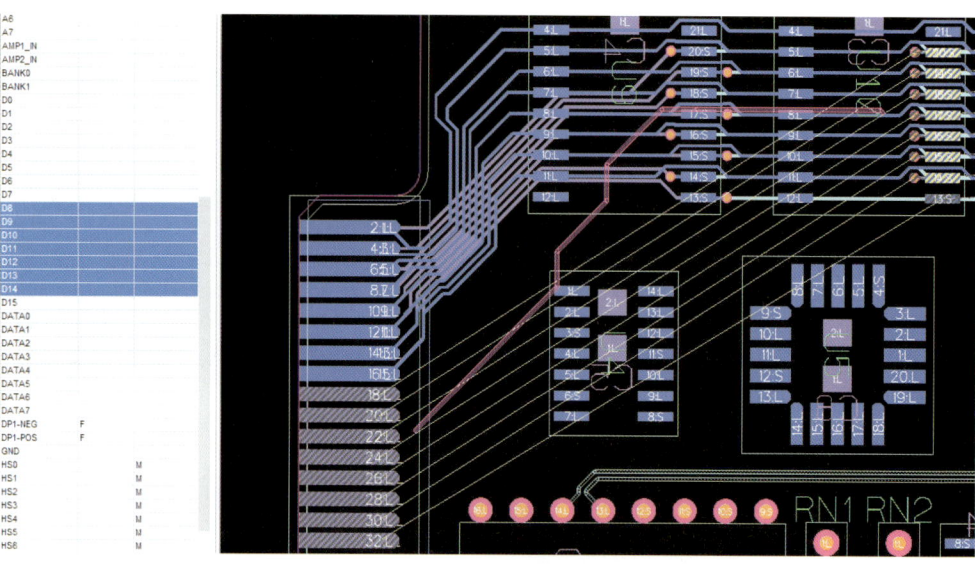

48 F9 [9 Sketch Route]를 진행하면 다음처럼 배선됩니다.

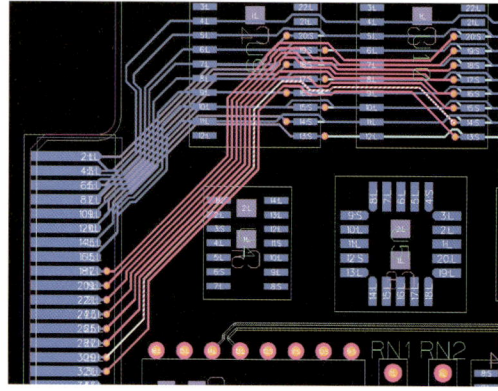

49 오른쪽 배선은 2층에 다음처럼 Sketch 경로를 작성합니다.

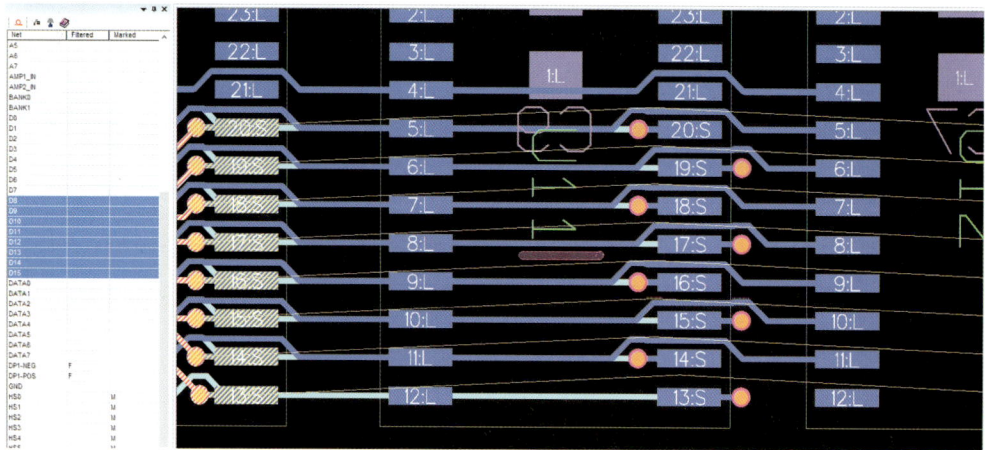

50 F9  를 진행하면 다음처럼 배선됩니다.

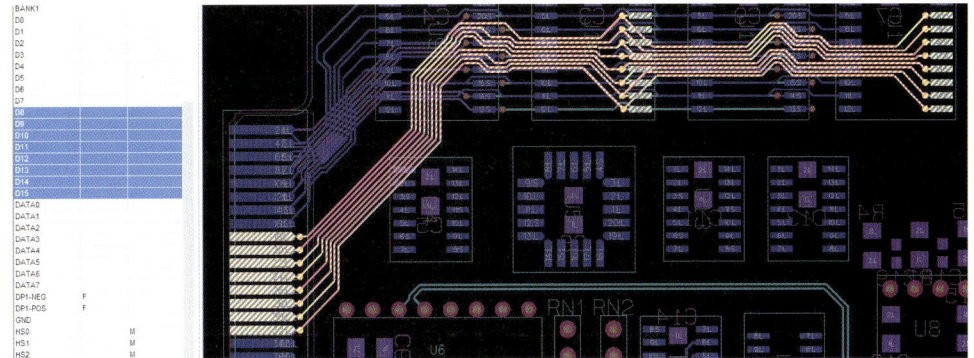

51 DATA0~DATA2를 선택해서 다음처럼 커넥터의 1층에 Sketch Router합니다.

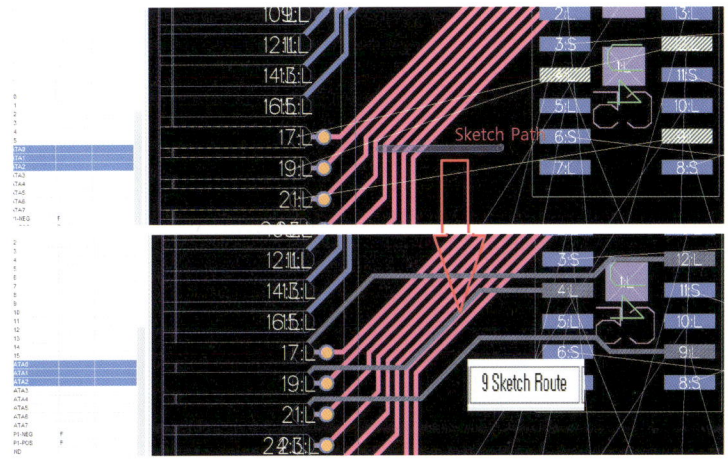

52 DATA3~DATA7의 다음처럼 Pin Pair만 선택해서 다음처럼 커넥터의 1층에 Sketch Router합니다.

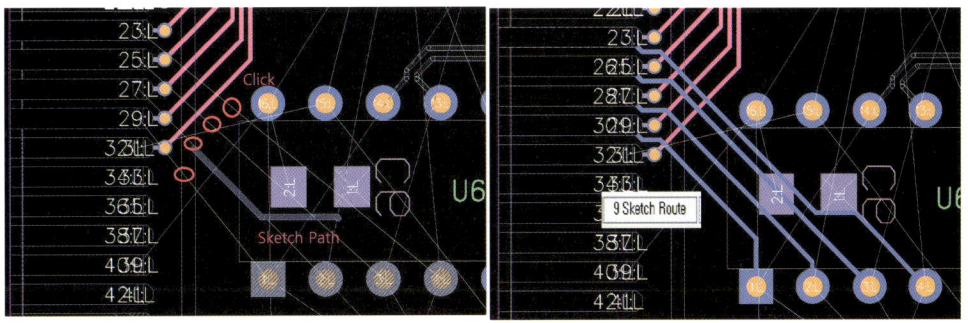

53 DATA0~DATA7의 다음위치에 Pin Pair만 선택해서 다음처럼 커넥터의 1층에 수직으로 Sketch Router합니다.

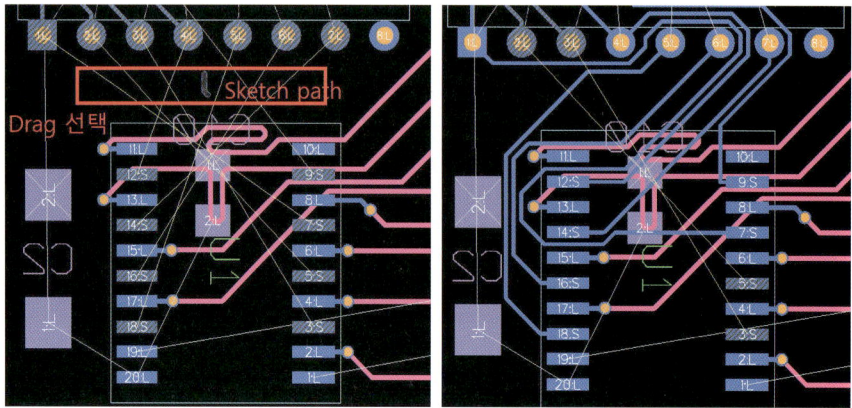

54 DATA0~DATA7의 위의 위치에 Pin Pair만 선택해서 다음처럼 커넥터의 6층에 수직으로 Sketch Router합니다.

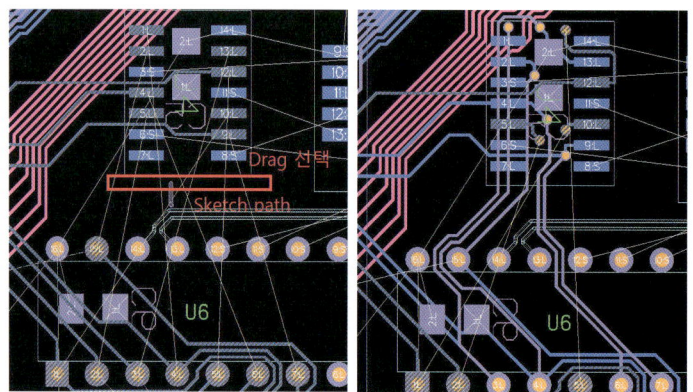

55 어느정도 Bundle로 배선이 되었으면 Net Color를 보이게 설정합니다. Display Control - Graphic - Color by Net or Class의 Apply To: 의 Net를 선택하면 지정된 Net Color로 보이게 됩니다.

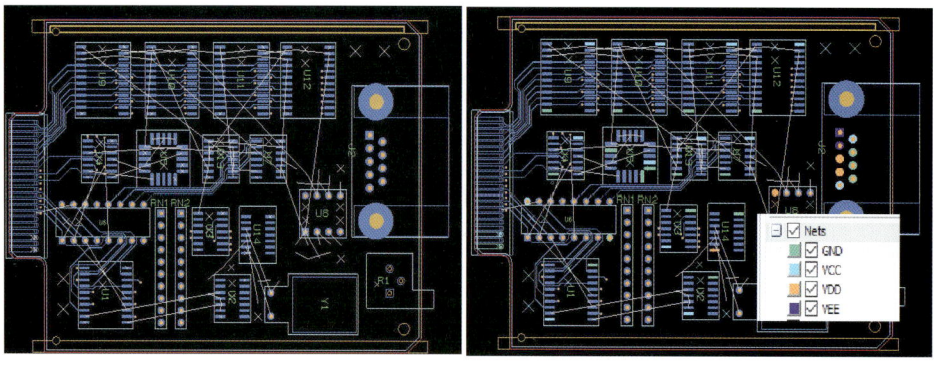

56 Q1~Q4는 Hug Trace로 배선하겠습니다. 기준점이 되어야 하는 배선이 있어야 해서 Q1을 수동 배선합니다.

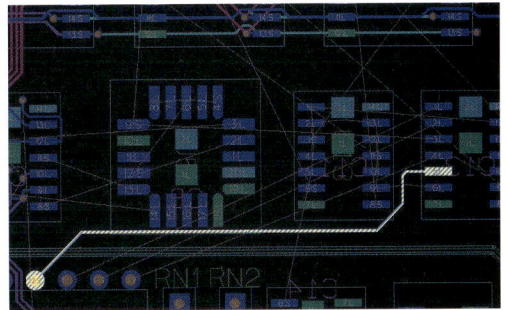

57 Q1~Q4는 Hug Trace로 배 Q2를 Hug Trace 로 배선합니다. Q2을 선택한 상태에서 Hug Trace를 실행하고 따리갈 포인트 2지점을 선택한 다음 배선할 영역으로 클릭합니다.

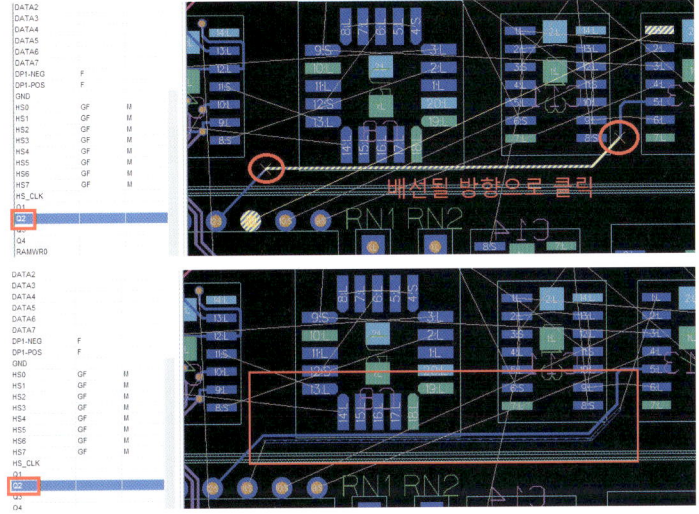

58 Hug Trace도 Semi-Fix로 배선됩니다. Q3와 Q4는 Multiple Hug Trace 로 배선합니다. Multiple Hug Trace는 Net를 선택하지 않으면 임의의 숫자를 입력하고 배선하게 되어 있습니다.

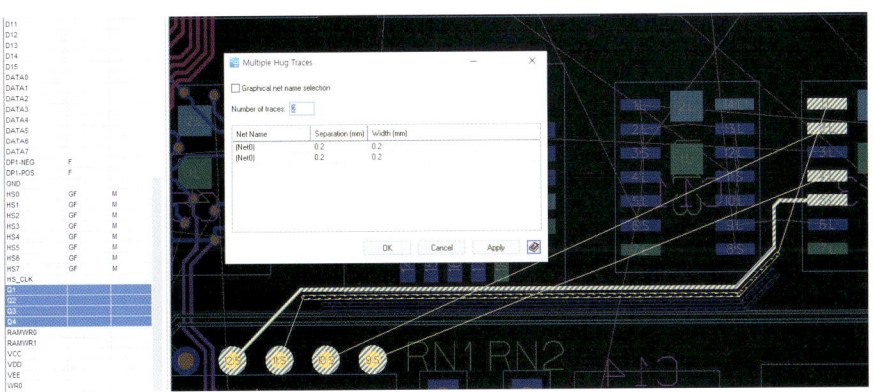

59 임의로 배선 된 Net0의 Trace들을 Net 할당이 가능합니다. [Route] - [Assign Net Name]에 Trace를 선택하고 배선할 Q3을 선택하면 Net가 변경됩니다.

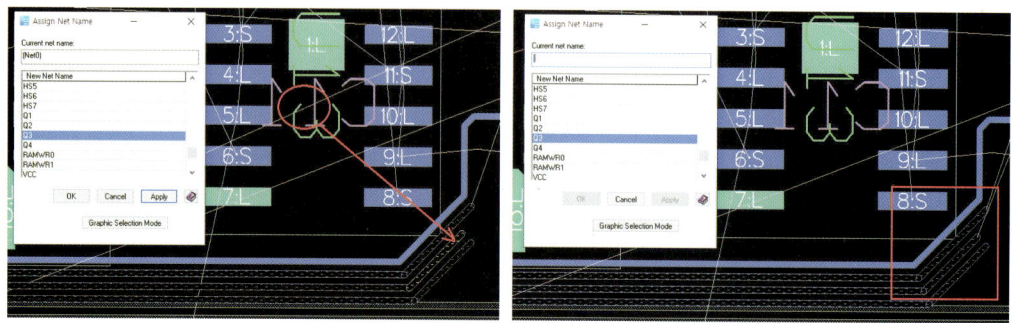

60 Multiple Hug Trace 의 다른 방법으로 Graphical Net Name Selection을 클릭하고 배선한 Pin을 선택하면 됩니다. Ctrl 키로 Q2~ Q4 선택하면 해당하는 Net이름이 작성됩니다.

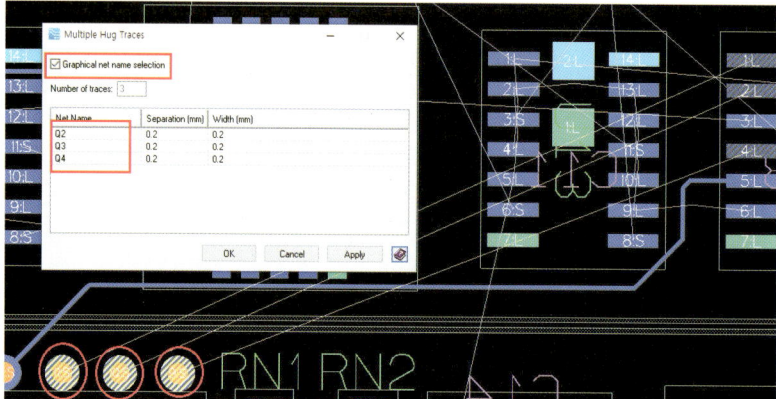

61 Apply를 누르고 Q1의 배선을 따라갈 2개의 포인트를 지정합니다.

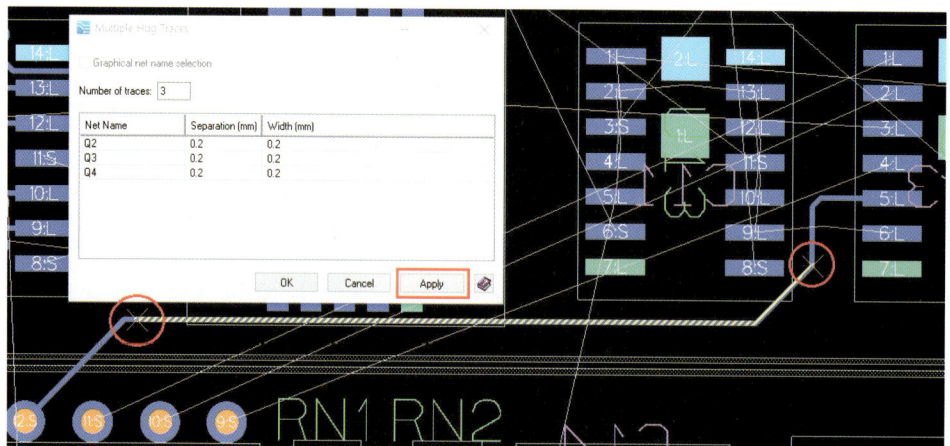

62 배선할 방향에 클릭하면 다음처럼 배선됩니다.

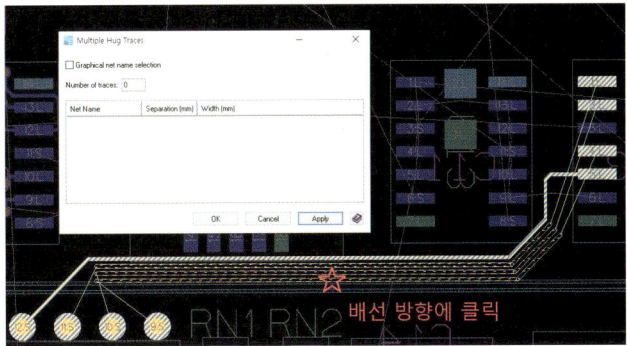

63 Q1~Q4의 나머지 부분을 배선 완료합니다.

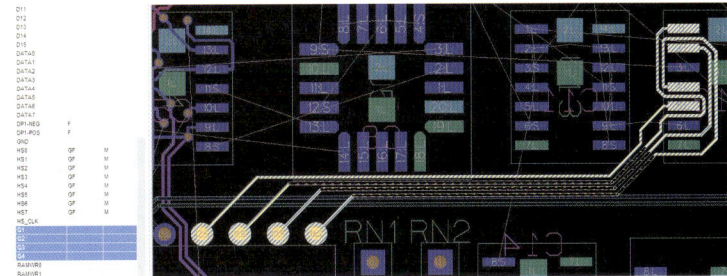

64 설정한 전원과 GND를 빼고 남은 배선들은 하나씩 완성합니다. 필요에 따라 Display Active Routing Layer Only를 Check하면 현재 Layer만 보이게 됩니다.

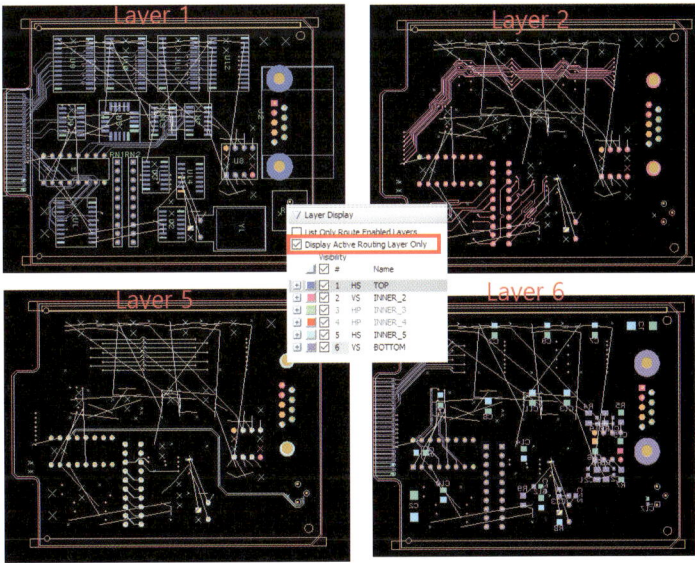

65 BANK0의 왼쪽은 다음처럼 배선하는데 필요에 따라 복사가 가능합니다.

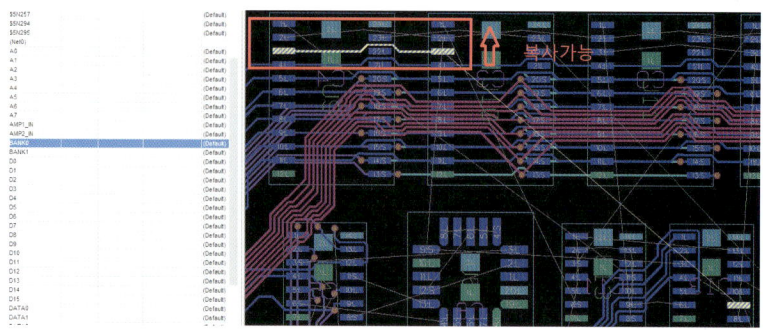

66 배선된 Pin Pair를 선택하고 ![icon]를 눌러 복사한 후에 위에 붙여넣기 합니다.

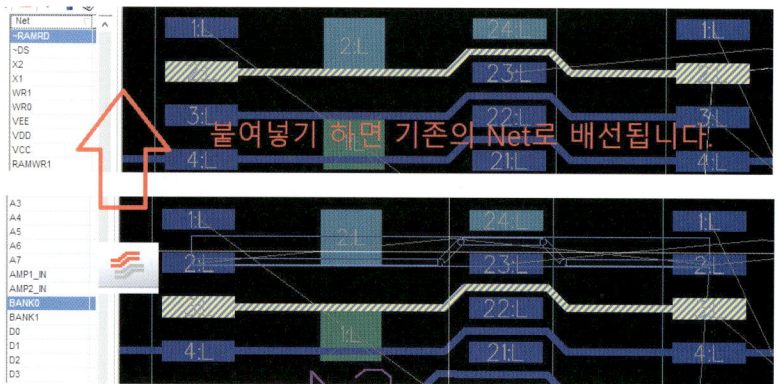

67 복사는 오른쪽에 같은 Net끼리도 가능합니다.

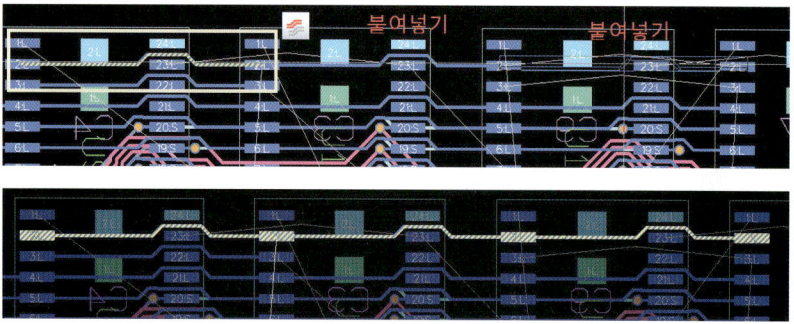

68 다음의 배선은 붙여넣기 하기엔 공간의 제약이 있습니다.

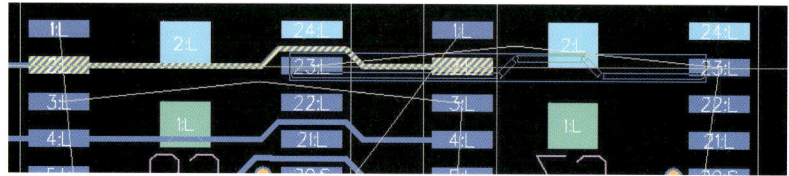

69 필요 하다면 F4 [4 Mirror Hor] 와 F6 [6 Mirror Vert]를 눌러 Mirror합니다.

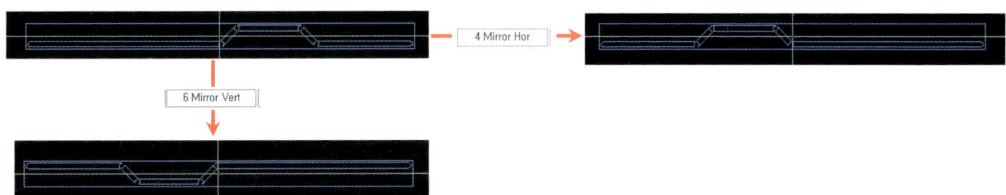

70 비슷한 Trace들을 찾아 다음처럼 붙여넣기 하고 안되는 곳은 수동으로 수직으로 배선합니다.

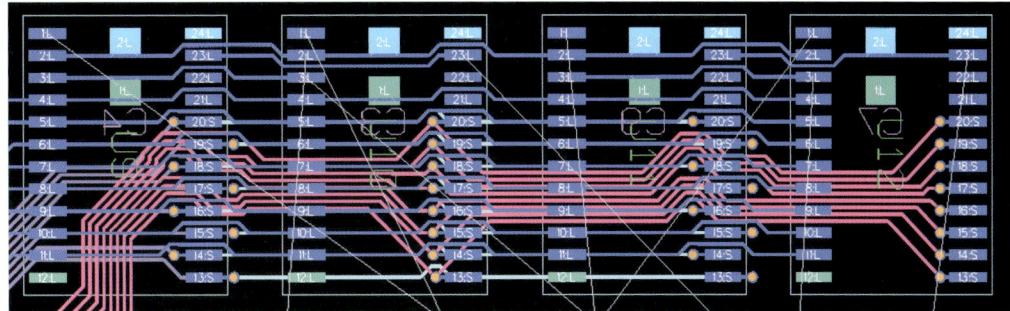

71 다음의 OP215A주위의 배선을 Bottom에서 수동으로 진행합니다.

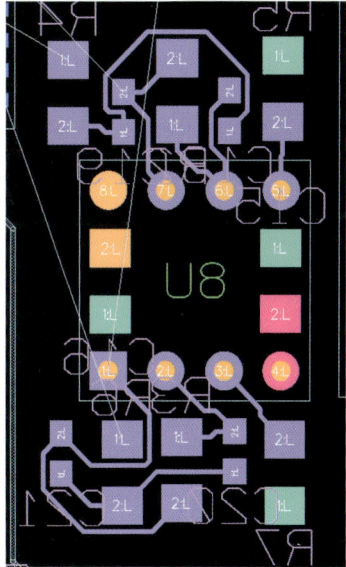

72 다음 남은 배선들입니다. 수동으로 배선하고 필요하면 기존 배선도 수정하면서 완성합니다.

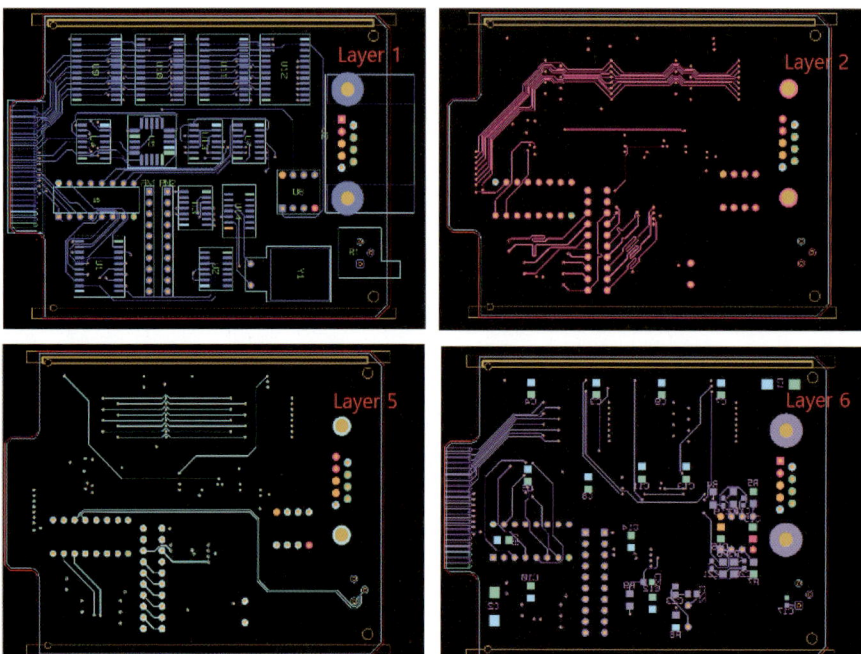

73 전체를 Stretch하기 위해서 Gloss를 진행합니다. Route Mode에서 Ctrl+A를 누르면 전체 Trace와 Pin이 선택됩니다.

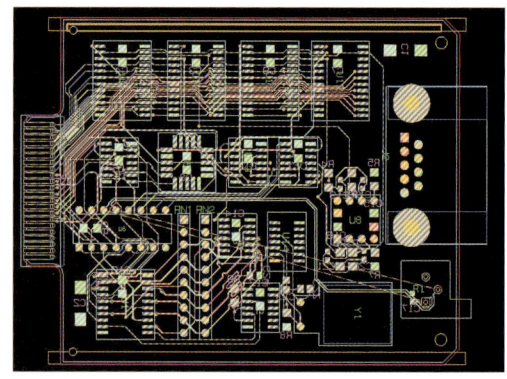

74 Route Toolbar의 Gloss 나 F11 (11 Gloss)을 누르면 다음처럼 Gloss됩니다.

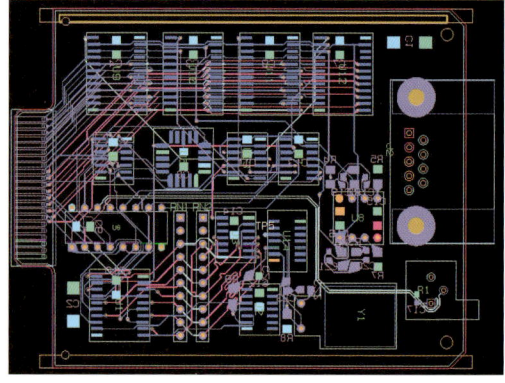

75 위쪽의 IC들만 Teardrop을 발생해 보겠습니다. Place Mode에서 IC 4개를 선택한다음 Route Mode로 변경하면 Pin만 선택이 가능합니다. 이 상태에서 Route Toolbar의 ▶ 이나 Route의 ▶ Teardrops & Tracedrops… 를 선택합니다.

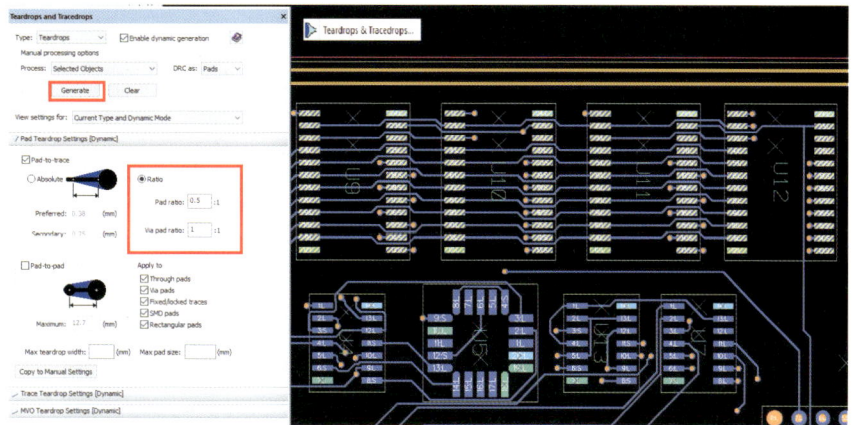

76 PAD Teardrop으로 Generate하면 다음처럼 발생합니다.

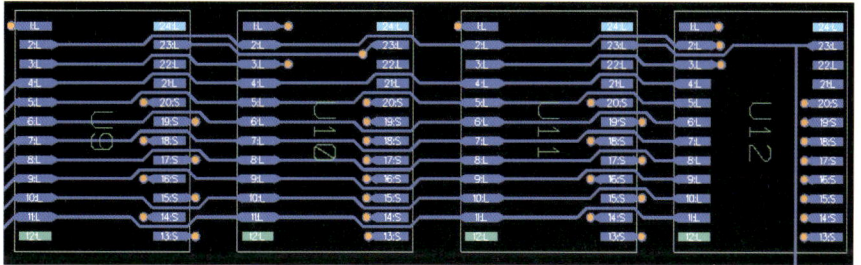

77 배선 완료는 했지만 전원 부분은 배선된 상태가 아닙니다. 전원은 나중에 Plane에서 연결하겠습니다. 배선 %를 보고 싶으면 [Output] - [Design Status]에서 확인 가능하고 출력한 파일은 [File] - [File Viewer]에서 다시 확인 가능합니다.

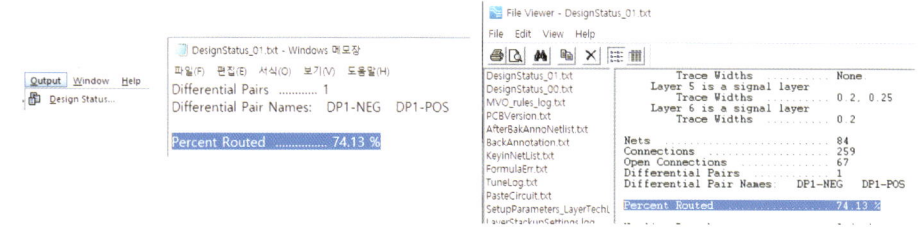

78 배선을 완료했습니다. 다음은 배선 후처리를 해보 겠습니다. 처음 Width 변경을 진행합니다. 6층의 다음 부분의 Width를 변경해 보겠습니다.

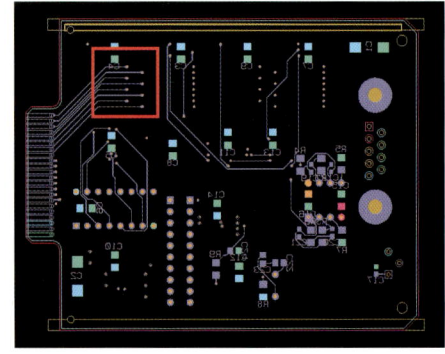

79 Route Mode에서 Drag로 선택한 다음 RMB - [Selection] - [Selection List]를 키고 [View] - [Toolbars] - [Selection By Area]를 선택합니다.

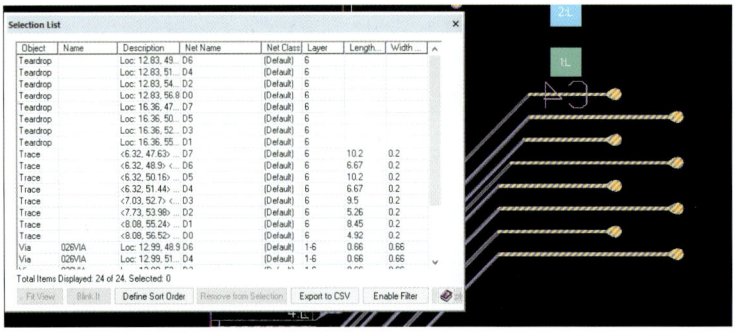

80 Selection By Area에서 Segment Based Selection 를 선택합니다. 필요에 따라 Selection Area를 변경 가능합니다.

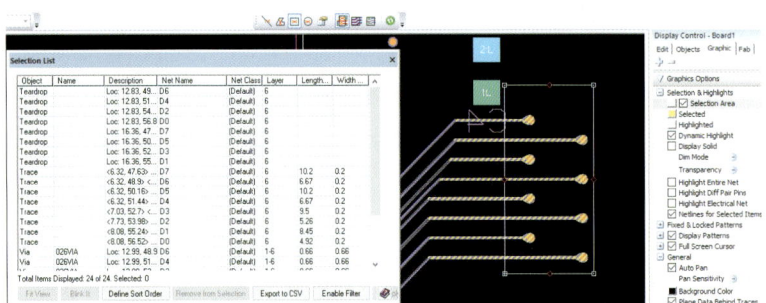

81 Route Toolbar의 Change Width 로 0.3로 입력하면 다음처럼 Width가 변경되고, DRC에 위반되는 Trace들은 진행이 안됩니다.

82 Display Control의 Graphic - Graphic Options - Selection & Highlights의 Selection Area를 해제하면 선택영역이 다시 안보이게 됩니다.

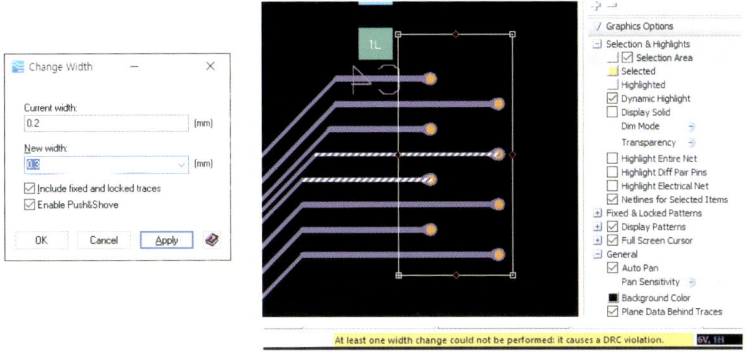

83 진행이 안된 2개의 Trace는 Highlight된 것입니다. View나 Standard Toolbar에서 Unhighlight 면 됩니다.

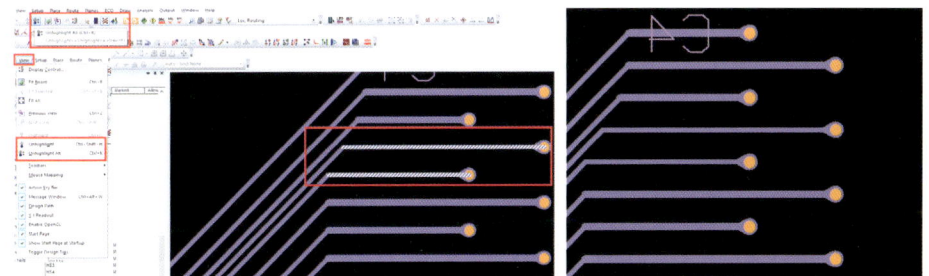

84 다음은 2층에서 Arc처리를 해보겠습니다. 위쪽의 부분을 Drag해서 영역을 선택하고 [Route] - [Edit Routes] - [Modify Corner]나 Route Toolbar의 Modify Corner 를 실행하고 다음처럼 설정한 뒤에 Apply를 클릭합니다.

545

85 Drag 후에는 다음처럼 입력됩니다.

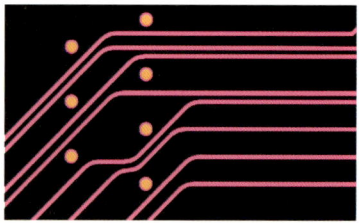

86 배선을 마무리했으면 전원과 GND 연결을 해야 합니다. Layer 설정에서 3층은 GND로 되어 있고, 4층은 VCC, VEE, VDD를 정의했고 현재 Plane은 3층은 GND, 4층은 VCC가 입력이 되어 있는 설정입니다. 그래서 Through 부품 중에서 GND와 VCC는 이미 연결이 되어 있는 것입니다. SMD 부품의 경우에는 GND와 VCC는 내층에 Via로 연결만 해주면 연결이 끝납니다.

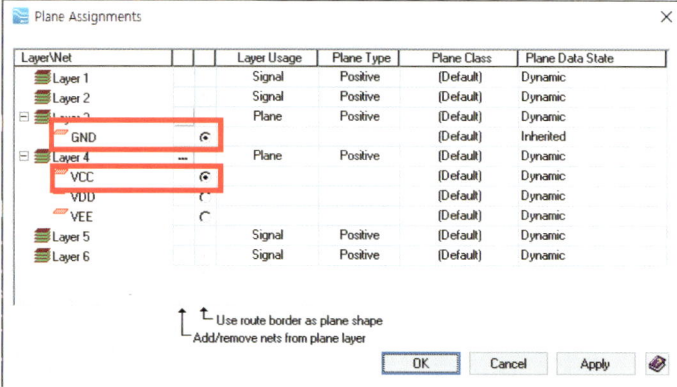

87 Top면만 보이게 하기 위해 Display Control - Layer Display의 Top과 Bottom만 나오게 설정합니다.

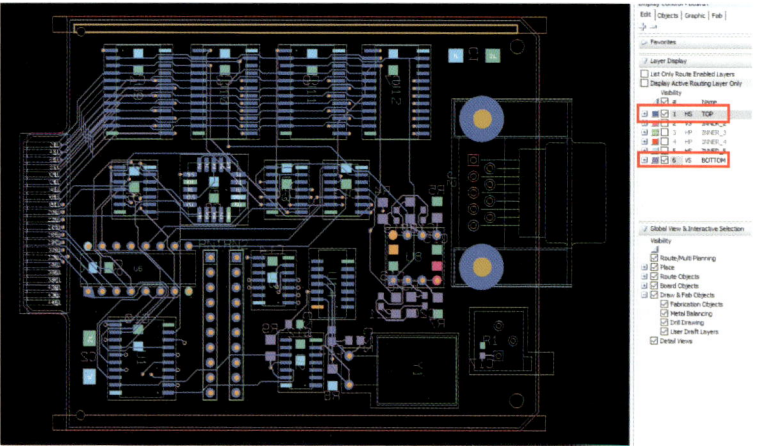

88 Net Explorer에서 GND와 VCC를 선택한 다음 RMB - [Selection List]를 선택합니다.

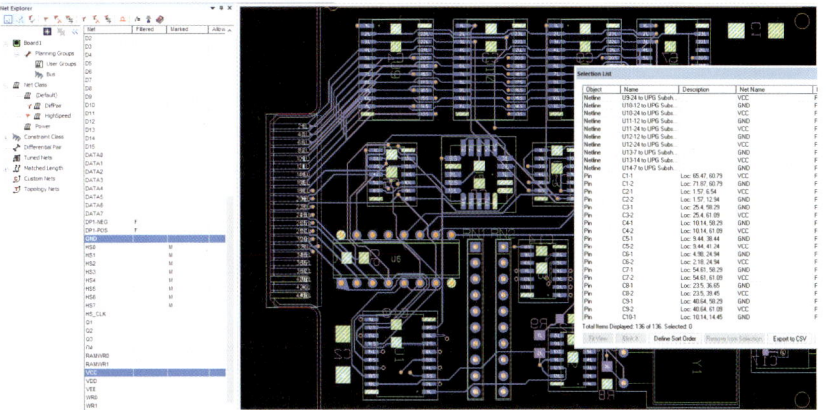

89 Selection List에서 선택된 Netline을 선택하고 Remove from Selection을 선택하면 Pin만 남게 됩니다.

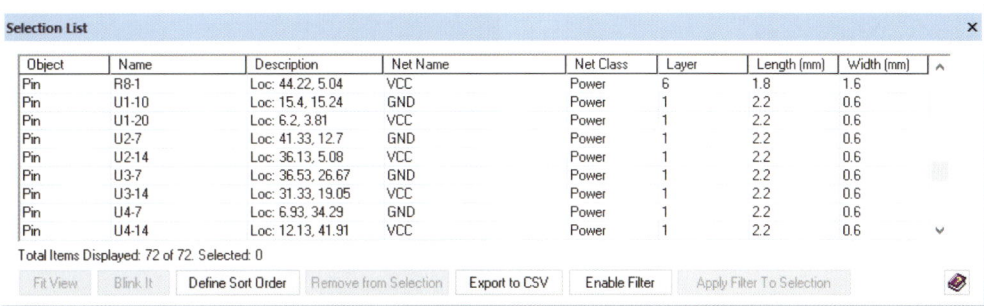

90 Layer에 1-6도 Remove from Selection을하면 Top과 Bottom의 Pin만 남게 됩니다.

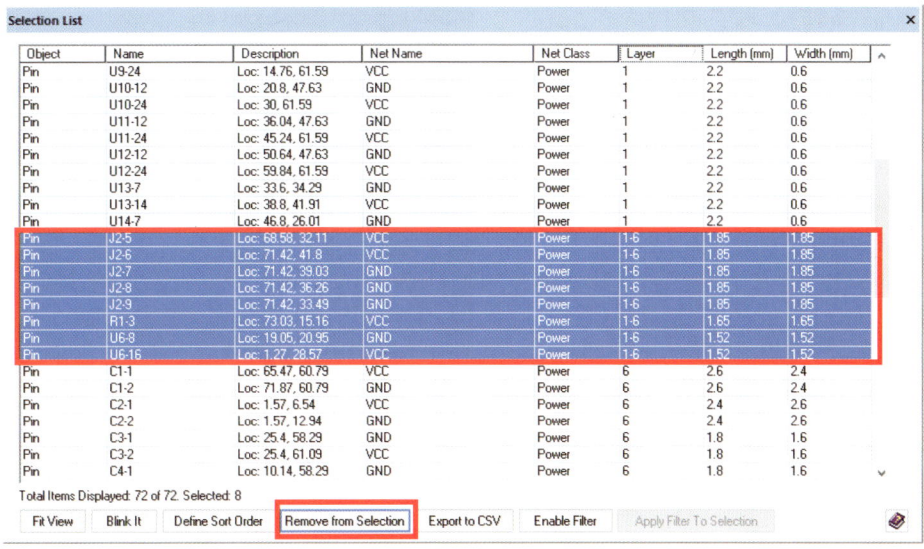

91 다음 Fanout을 위해 [Route] - [Fanout Pattern]을 선택하여 Single row/Both sides로 설정하고 Fanout Selected를 선택합니다.

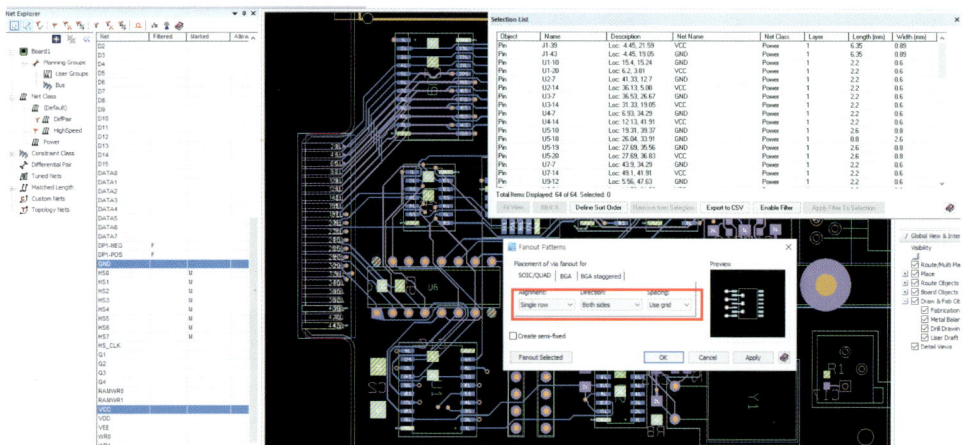

92 다음처럼 Fanout이 발생되었습니다.

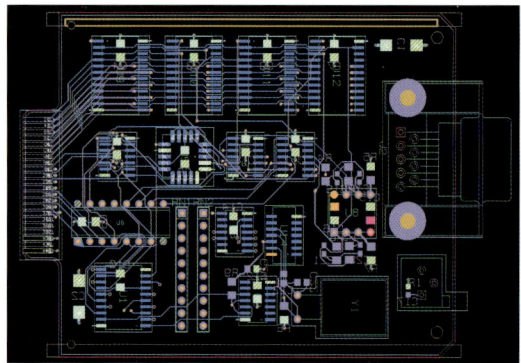

93 GND와 VCC의 SMD Pin중에 발생이 안된 Fanout을 확인하여 배선하고 Via를 연결합니다.

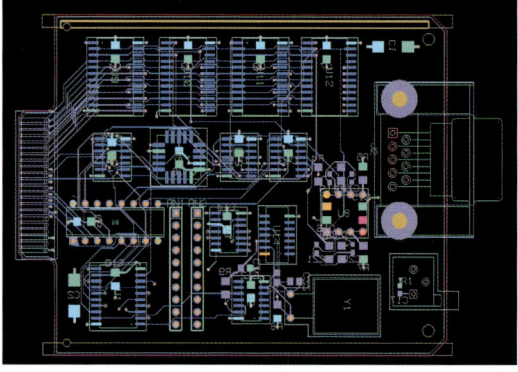

4장 PADS Professional Layout

94 Net Explorer에서 VDD를 선택하고 SMD Pin을 배선하고 Via로 연결합니다.

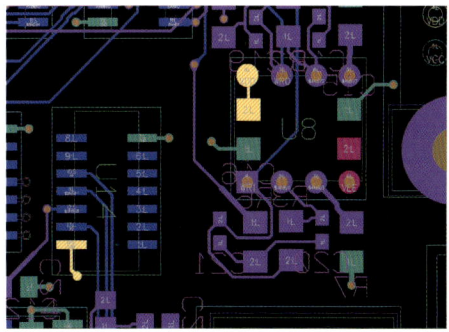

95 Net Explorer에서 VEE를 선택하고 SMD Pin을 배신하고 Via로 연결합니다.

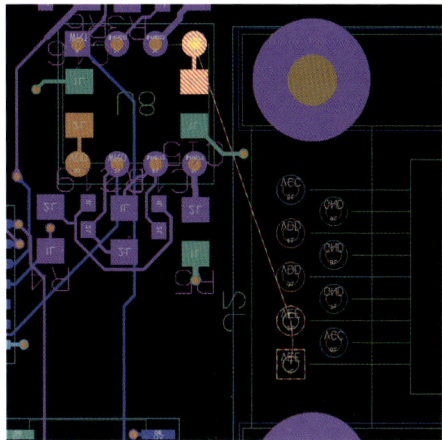

> **Note** 배선을 진행할 때는 Batch DRC 진행 이후 Hazard Explorer의 Unrouted & Partial Nets 항목을 보면서 배선하면 좀더 편하게 연결 가능합니다.

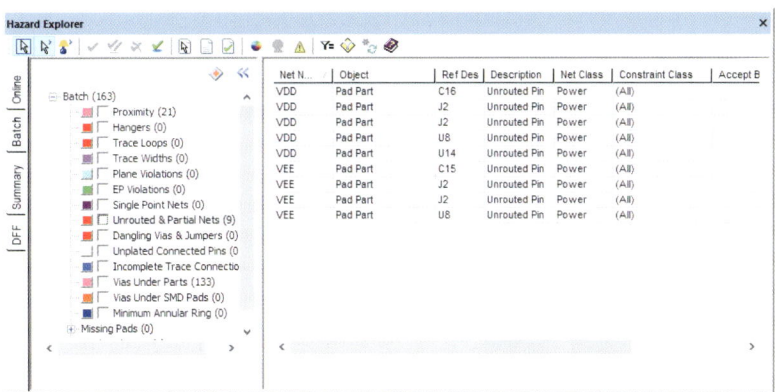

549

12 PADS Professional Layout의 Test Point 작성

회로나 PCB의 디자인은 전원을 인가했을 때 동작 여부가 중요합니다. 설계적으로 아무 문제가 없다고 판단했더라도 PCB가 동작을 하지 않아 원하는 성능이 안 나온다면 PCB를 폐기해야 합니다. 양산 단계에서 폐기는 큰 손해를 일으키므로 샘플 PCB에서 동작 여부를 확인해야 합니다. 샘플 PCB에서 동작 여부나 PCB의 특정한 측정을 위해서 필요한 것이 Test Point입니다. 보통 PAD로 되어 있고 Through Via나 SMD Via의 형태로 배선과는 별도로 배치합니다. PADS Pro Layout에서는 2가지 방식으로 Test Point를 배치할 수 있습니다.

첫 번째는 Test Point를 부품으로 등록하는 것입니다. Central Library에서 Part로 등록하고 Schematic에서 Symbol로 배치하여 PCB로 넘긴 다음 Layout에서 Component로 배치하는 것입니다. 이 방법은 따로 Tool에서 Test Point의 Object가 아니고 부품으로 판단해야 합니다.

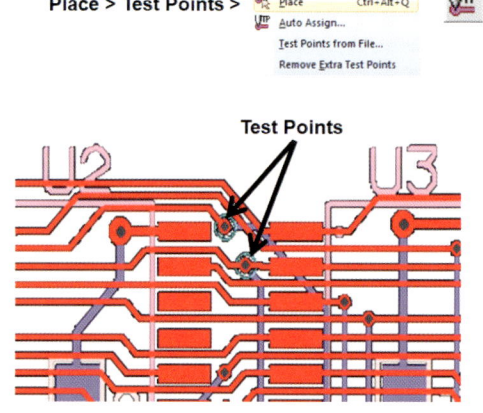

두 번째는 PADS Pro Layout의 기능을 사용하는 것입니다. Schematic에 없고 Layout에서 Cell로만 정의하며 Test Point 명령을 사용하여 배치하는 것입니다. Test Point는 Schematic으로 Back Annotate되지 않습니다. [Place] - [Test Point]에서 배치합니다.

Test Point는 Central Library의 Cell Editor에서 Surface Mount혹은 Through Hole로 정의됩니다. Surface Mount의 Test Point는 Pin과 Via에 배치하는 데 유용하며, Through Hole Test Point는 Test Point Hole이 필요한 Trace에 배치될 수 있습니다.

Test Point는 Cell Pad를 Test Probe가 가능하게 충분히 크게 만들어 적절한 Probe Location를 보장하며, User Defined Layers에 Graphic을 추가하여 쉽게 찾을 수 있습니다.

User layer 형상

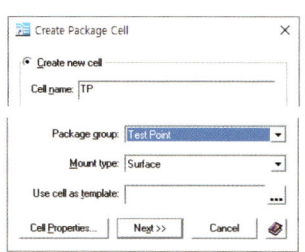

Central Library에서 등록한 Test Point는 Setup Parameter에 정의합니다. Test Point Cell Name을 선택하고 Grid와 Placement를 위해 Top, Bottom or Both를 선택하며 Reference Designator Prefix를 입력합니다. 필요하면 Draw Mode에서 Test Point Obstruct를 추가할 수 있고 Constraint Manager에서 Test Point Clearances를 설정하며 Clearance는 수동 및 자동 라우팅에 사용됩니다. Constraint Manager의 [Edit] - [Clearances] - [General Clearances]에서 설정합니다.

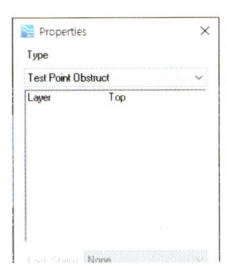
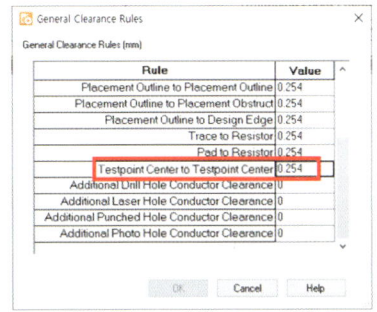

Test Point들은 수동 또는 자동으로 배치할 수 있습니다. Test Point가 배치되면 보고서 파일 (testptsumXX.txt 및 TestptecoXX.txt)이 생성됩니다. Test Point 위치에 대한 우선 순위 설정이 가능하며 Test Point는 원하는 위치에 추가/고정할 수 있습니다. [Place] - [Test Points] - [Auto Assign]으로 필요한 TP 설정이 가능합니다. Net 혹은 Net Class에 Multiple Test Point를 할당하고 배치된 Test Point는 Placed Column에 표시됩니다.

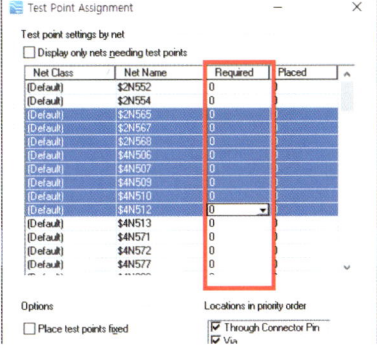

Auto Assign에서 Place [Place]를 누르면 Board Outline에 Test Point를 자동으로 분산해 배치하려고 시도해서 자동 배치됩니다. Through Hole Test Points를 사용하는 경우에는 Via와 Through Hole Pin이 같은 위치로 설정되면 Test Point가 동일한 위치에 배치되어 Drill 데이터가 2개인 문제가 발생합니다.

Trace만을 배치 위치로 설정하면 Test Point를 Trace에 직접 배치할 수 있고, Via는 Test Point Cell로 대체 가능합니다.

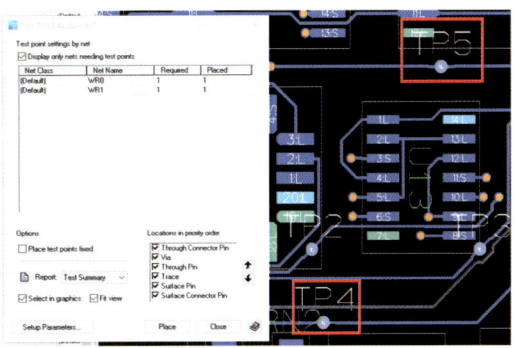

수동으로 배치하려면 Route Toolbar의 [TP]를 선택하고 Net(Trace, Via, 또는 Pin)에 배치되면 Test Point가 Net에 연결됩니다.

떨어진 곳에 있으면 Test Point에도 Net 배선이 가능합니다. Test Point를 Interactively하게 배치하려면 Test Point Parameters를 설정 후에 Net을 선택하고 [Place] - [Test Points] - [Place] 명령으로 Test Point를 배치하고 필요한 경우 Net를 Test Point에 연결합니다.

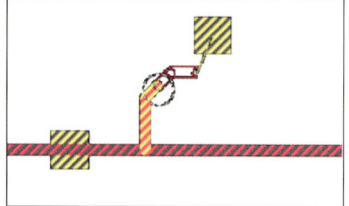

Select Mode에서 Test Points를 이동할 수 있습니다. 선택하고 드래그하여 Test Points가 이동하면 Auto-Active Routing에서 연결된 네트를 Re-route하여 연결합니다.

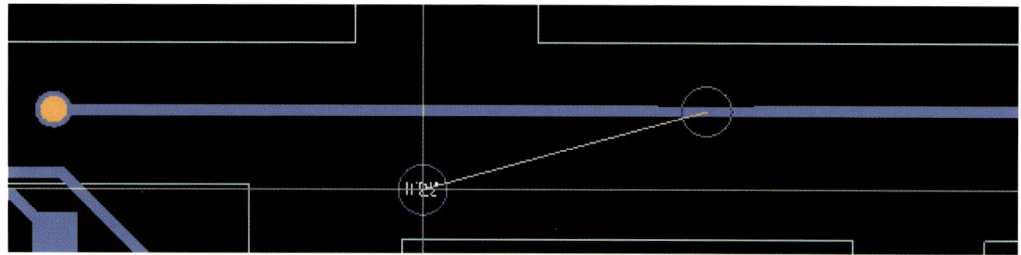

Test Point Assign에서 Place [Place]를 누르지 않고서도 Net 행을 Double-Click하면 Test Point가 커서에 연결됩니다. 그래픽에서 Net를 선택하고 Test Point를 배치합니다.(필요한 경우 Route)

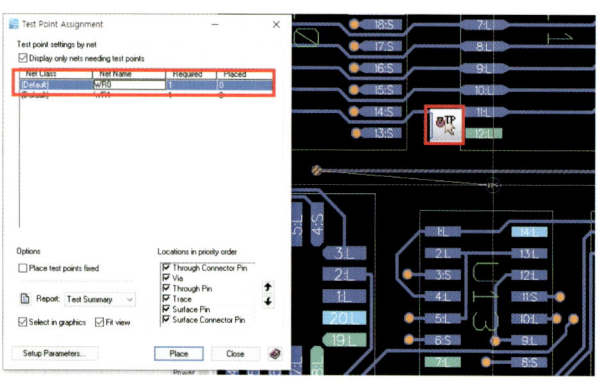

Test Point Assign에서 Test Summary에는 현재 배치된 모든 Test Point에 대한 정보가 표시되며 ECO Report는 마지막 세션에서 배치, 변경 또는 삭제된 Test Point 목록입니다.

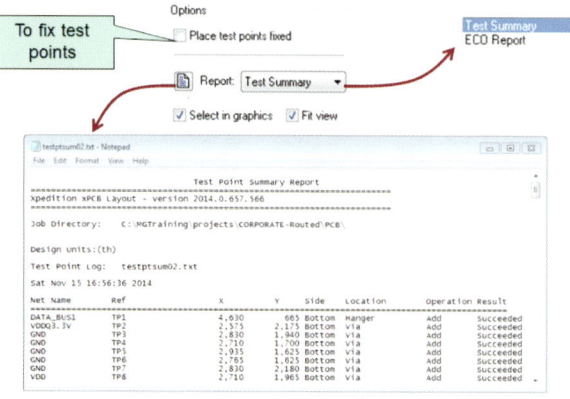

[Edit] - [Add to Select Set]에 추가 명령을 사용하여 Fixed Test Points/Unfixed Test Points/Locked Test Points를 선택 가능합니다.

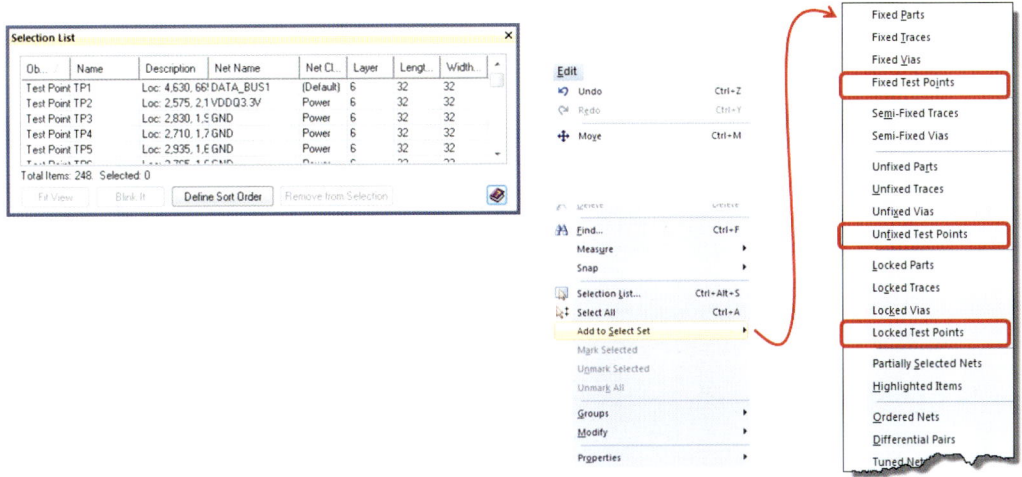

Test Point Clearance는 Batch DRC, Advanced Elements에서 확인됩니다.

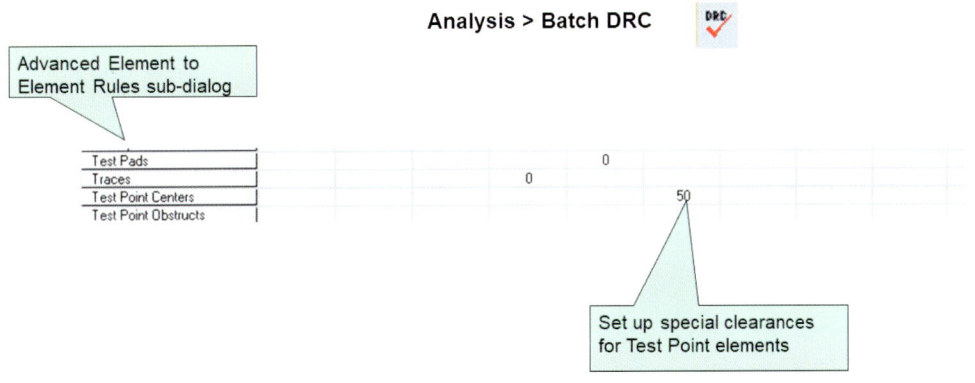

실습 08   PADS Professional Layout의 Test Point작성

1 Test Point를 작성합니다. 〈4장 실습 03〉 PADS Professional Layout의 설정에서 다음처럼 설정을 했습니다.

2 Test Point를 Assign 하기 위해 Route Toolbar의 Automatic Test Point Assignment 를 실행합니다.

3 Net Name 중에 WR0과 WR1을 선택하여 Required를 1로 설정하여 Place를 클릭하면 다음처럼 배치됩니다. 여러 개를 선택하려면 Ctrl이나 Shift키를 누른 상태로 선택하면 됩니다.

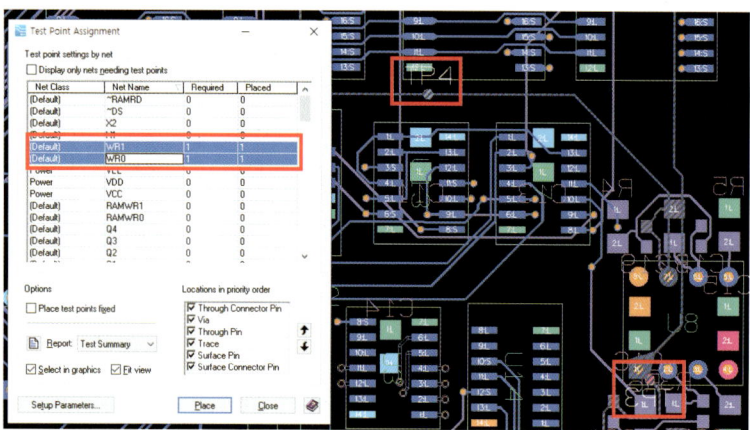

4 수동으로 X1의 TestPoint를 배치하겠습니다. Net Explorer에서 X1을 선택하고 Place Test Point 를 선택하거나 Automatic Test Point Assignment에서 X1을 Double Click하면 마우스에 Test Point가 따라옵니다.

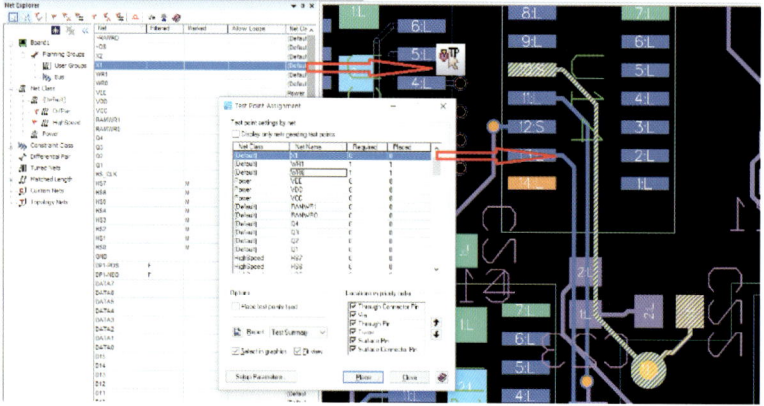

5 다음에 빈 공간에 배치하면 Net가 발생됩니다. 배치하고 배선합니다.

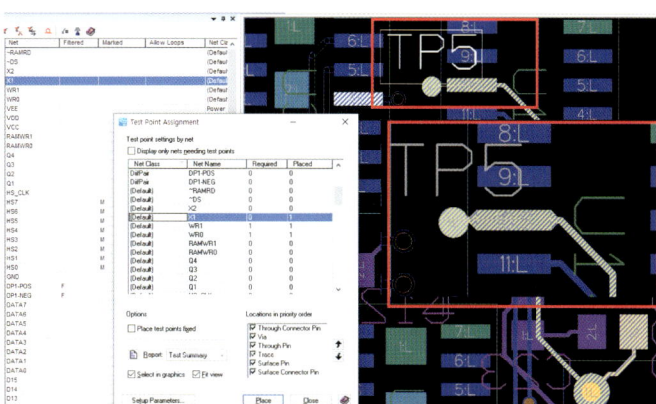

13 PADS Professional Layout의 Planes 작성

Plane은 일반적으로 Power 또는 Ground에 연결된 Metal Fill이며 Plane Layer는 Single Plane 또는 다른 Net에 지정된 Multiple Plane Shapes로 구성될 수 있습니다. Signal Layer에 Plane Shape 전체 지정이 가능하며, 동일한 Net에 연결된 Pad와 Via는 Thermal Tie로 자동으로 연결되고 관련되지 않은 Pad와 Via는 Plane에서 자동으로 고립됩니다.

Negative Plane을 사용하는 경우에는 배치 및 배선이 완료된 후 Negative Planes을 진행해야 하고 ECO를 적용한 후에는 Negative Plane을 재진행해야 합니다. Plane의 내부도 편집 과정에서 자동으로 채워지고 자동으로 간격 설정이 됩니다.

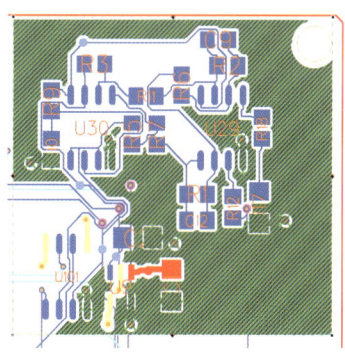

Plane은 [Planes] - [Plane Assignments]에서 설정하거나 수동으로 입력하면 Plane Assignments 에 자동으로 입력됩니다.

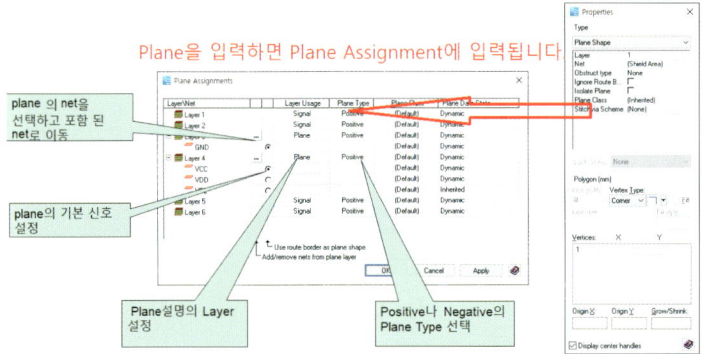

Plane의 Clearance Rule은 CES의 Clearance Spreadsheet에서 정의합니다. 개별 Layer나 Traces, Pads, Vias, 혹은 Plane의 Clearance를 설정할 수 있습니다

Scheme/Clearance Rule/Layer	Index	Type	Trace To (th)					Pad To (th)			Via To (th)			Plane To (th)
			Trace	Pad	Via	Plane	SMD	Pad	Via	Plane	Via	Plane	SMD	Plane (th)
(Master)														
(Default Rule)			5	5	5	8	5	8	8	8	8	8	8	10
SIGNAL_1	1	Signal	5	5	5	8	5	8	8	8	8	8	8	10
SIGNAL_2	2	Signal	5	5	5	8	5	8	8	8	8	8	8	10
SIGNAL_3	3	Plane	5	5	5	8	5	8	8	8	8	8	8	10
SIGNAL_5	4	Plane	5	5	5	8	5	8	8	8	8	8	8	10
SIGNAL_6	5	Signal	5	5	5	8	5	8	8	8	8	8	8	10
SIGNAL_4	6	Signal	5	5	5	8	5	8	8	8	8	8	8	10
(Minimum)														

Plane Shape는 Plane Data를 처리할 때 사용되는 외각 영역으로, 특정 Net에 할당하며 Draw Mode에서 작성합니다. Route Borders는 Plane Layer에서 하나의 Net에 대한 Plane Shapes으로 사용할 수 있고 Layer에 여러 Plane Shapes을 그릴 수 있습니다.

Plane Editing Sketch를 사용하면 Plane Data에서 영역을 제외할 수 있어 부적절하게 연결된 Plane Data 영역을 제거하기 위해 영역입니다.

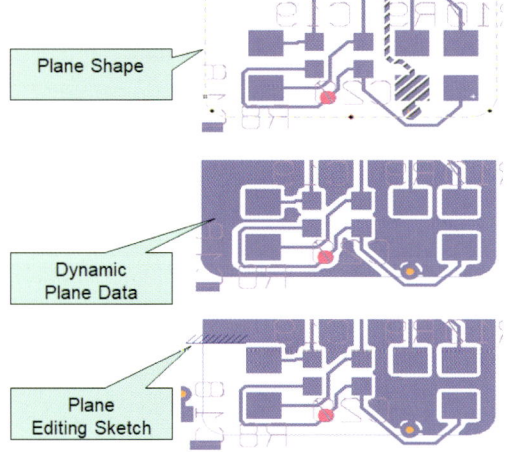

Plane은 [Planes] - [Plane Shape]에서 입력하거나 Draw의 Properties에서 Plane Shape를 선택하여 입력합니다.

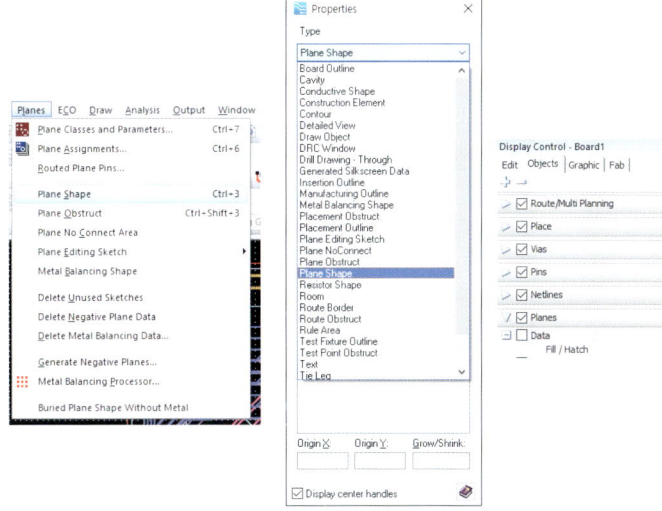

Electric Layer에만 입력할 수 있으며 Net를 입력하지 않으면 Shield Area로 입력됩니다.

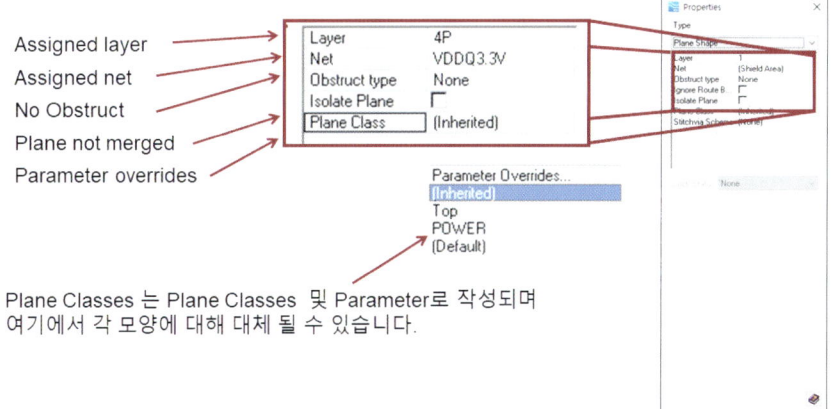

Isolate Plane은 서로 접촉하는 동일한 Net의 Plane Shapes에만 설정할 수 있습니다. 설정하면 Plane이 병합되지 않고 Plane-to Plane Clearance가 Plane간 간격에 적용됩니다. 설정하지 않으면 Plane Copper는 병합되지만 Plane Copper 자체는 두 개의 개별 Object로 유지됩니다.

이동이나 수정되면 Plane이 다시 분리되므로 병합을 유지하려면 물리적으로 병합해야 합니다.

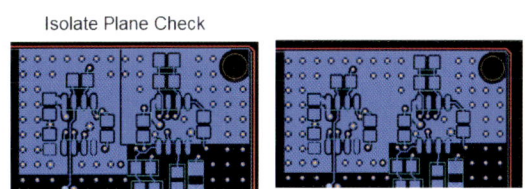

Plane Shape 편집은 일반 도형과 동일합니다. 도형을 수정하려면 Vertex을 선택하고 새 위치로 Drag하여 Vertex을 추가하거나 삭제할 수 있습니다. 두 Plane Shape이 겹치면 평면상으로 뒤에 있는 Plane Shape가 없어지며 Clearance가 유지됩니다. Plane Shape의 Net 또는 Custom Hatch를 변경하려면 선택하여 Properties Dialog Box에서 설정합니다.

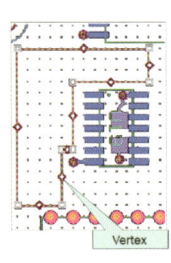
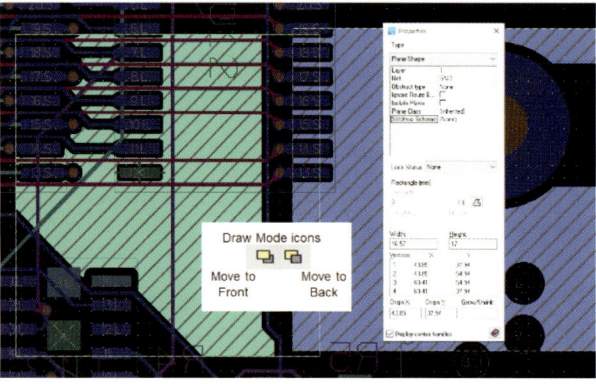

내층의 경우에는 필요에 따라서 여러 Plane을 입력할 수 있습니다. 예들어 전원을 입력할 때 특정 Layer를 나누어서 입력합니다. 필요한 Layer 만 보이도록 Display를 설정하고 Color by Net을 사용하여 Plane에서 Net을 구별해서 Plane Shape을 그려 포함된 Net의 Pin과 Via를 통해 분리합니다.

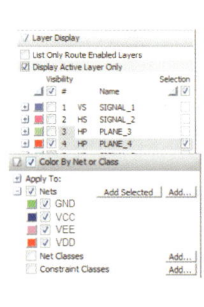
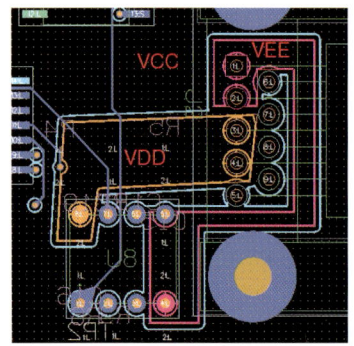
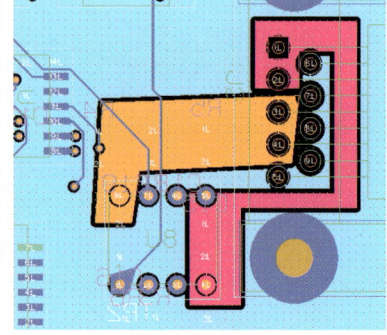

plane 간 Clearance는 Constraint Manager의 Constraint Values을 사용합니다.

Scheme/Clearance Rule/Layer	Index	Type	Plane To (th) Plane
⊟ 🗋 (Master)			
⊟ (Default Rule)			10
SIGNAL_1	1	Signal	10
SIGNAL_2	2	Signal	10
SIGNAL_3	3	Plane	10
SIGNAL_5	4	Plane	10
SIGNAL_6	5	Signal	10
SIGNAL_4	6	Signal	10
⊞ 🗋 (Minimum)			

Plane Assignments에서 설정한 Plane Data State에 의해 Generated Plane Shape의 그래픽이 표현됩니다. Trace나 Via를 움직이면 Fill Data가 자동으로 다시 업데이트됩니다. 입력 Plane Shape이 경로 방해물이 아닌 경우에는 Non-plane Data를 편집하면 Generated Plane Shape Graphic이 실시간으로 업데이트됩니다.

Filled Copper를 보려면 Plane Data 및 Fill/Hatch 부분을 활성화해야 합니다. Plane Assignments를 이용하여 설계에서 Plane Data가 표시되는 방식을 설정합니다. Positive에서는 다음 4가지의 설정이 가능합니다.

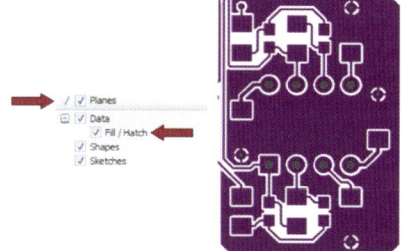

- Inherited: Net에 대해 Layer 전체에 할당된 상위 Layer의 특성을 상속합니다.
- Draft: Plane Shape 경계, Cutout 및 Plane-to-Plane 분할을 표시하지만 Plane Data는 표시하지 않으며 제한된 Connectivity Checking을 제공합니다.
- Dynamic: Plane Sketch Line 및 Thermal Tie가 포함된 Plane Data를 채워서 실시간으로 표시합니다.
- Static: Plane Data를 고정하고 이전에 생성하여 and/or 편집된 Plane Data를 유지합니다.

Negative로 설정하면 Batch 되어 설정된 Plane Type이 표시됩니다.

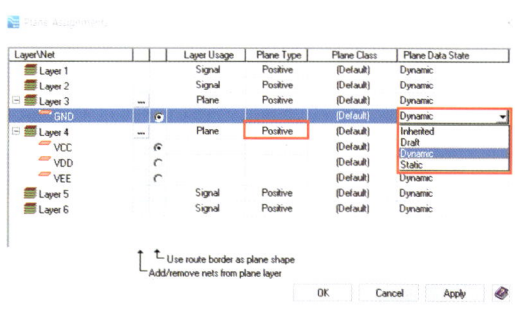

Plane은 Clearance로 입력되기 때문에 원치 않는 영역이 있으면 [Planes] - [Plane Editing Sketch]나 Draw Mode의 Properties에서 Plane Editing Sketch를 선택하여 입력 가능합니다. Sketch를 그리면 빗변 모양의 Line이 추가되며, 이를 기준으로 Plane이 제외됩니다.

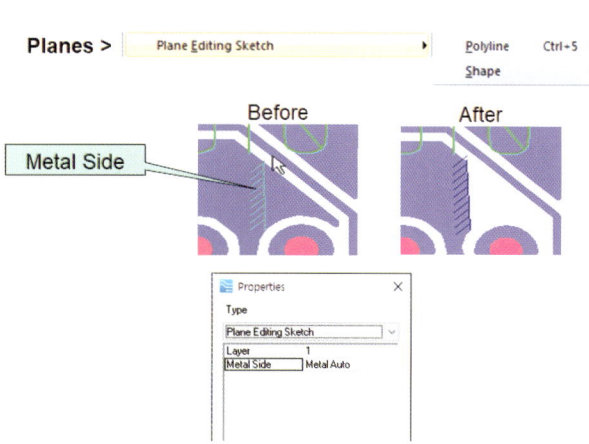

Draw Mode에서 작성하는 Plane Obstruct는 Plane의 금지 영역이며, Plane No Connect Area는 Thermal Connection이 이루어지지 않는 영역입니다.

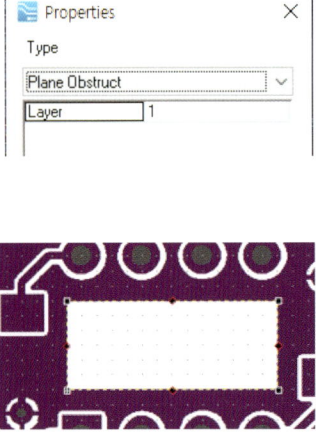
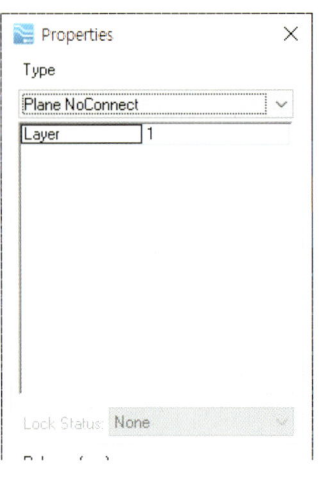

Plane의 Thermal이나 Hatch설정은 [Planes] - [Plane Classes Parameters]에서 설정이 가능합니다.

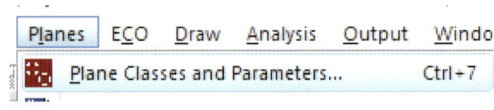

Plane Classes Parameters는 전체 Plane 설정과 선택한 Plane 설정으로 구분할 수 있습니다. 전체 Plane 설정은 [Planes] - [Plane Classes Parameters]에서 설정하고, 특정 Plane의 설정은 Plane 선택 후에 RMB - [Plane Classes Parameters]에서 설정합니다.

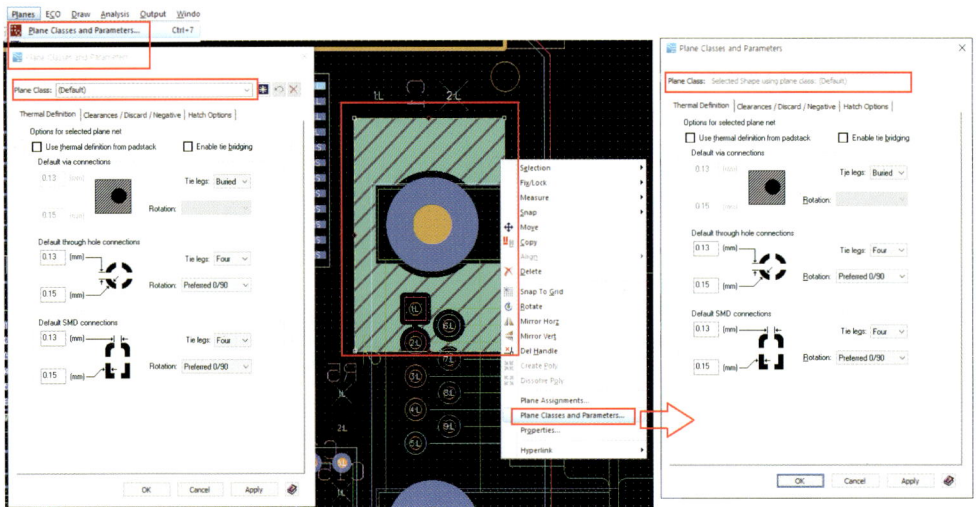

전체나 특정 Plane의 설정 이외에도 특정 Object를 지정하여 Thermal 설정이 가능합니다. Pin 또는 Via를 선택 후 RMB - [Place Thermal Override]를 선택하면 별도의 GUI가 실행되며, 이를 통해 설정합니다.

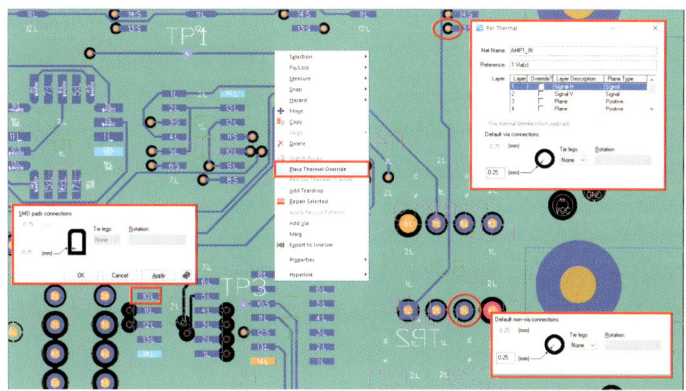

Plane Classes Parameters는 Thermal Definition, Clearance, Hatch 3가지로 나눌 수 있습니다.

Thermal Definition에는 특정 Class 별로 설정을 만들어 지정 가능합니다.

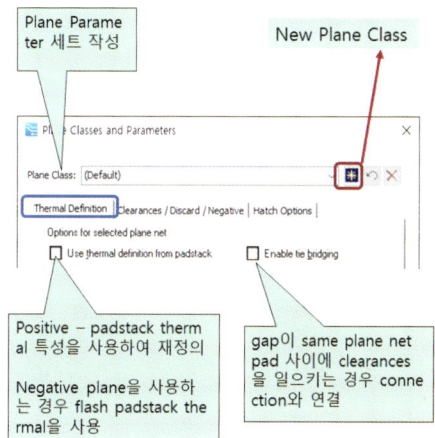

Via, Through Pin, SMD Pin 각각의 Thermal Tie 개수와 각도를 형상에 따라 정의합니다.

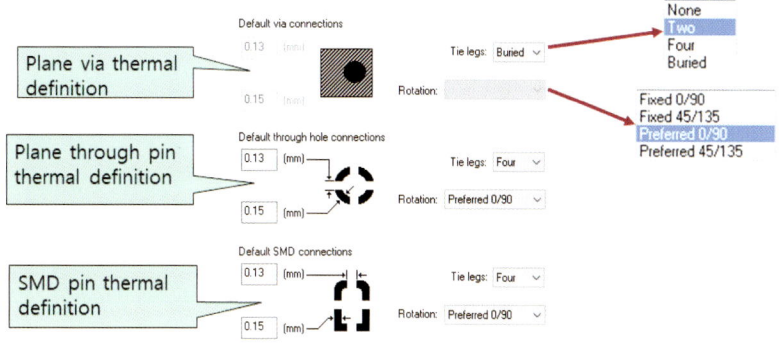

Clearance/Discard/Negative에서는 Clearance와 고립영역, Negative Plane 관련 설정입니다.

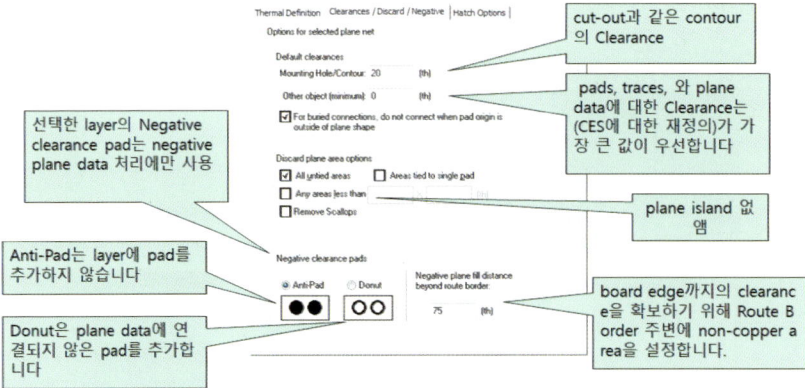

Hatch Option은 Positive Plane Data에만 사용할 수 있습니다.

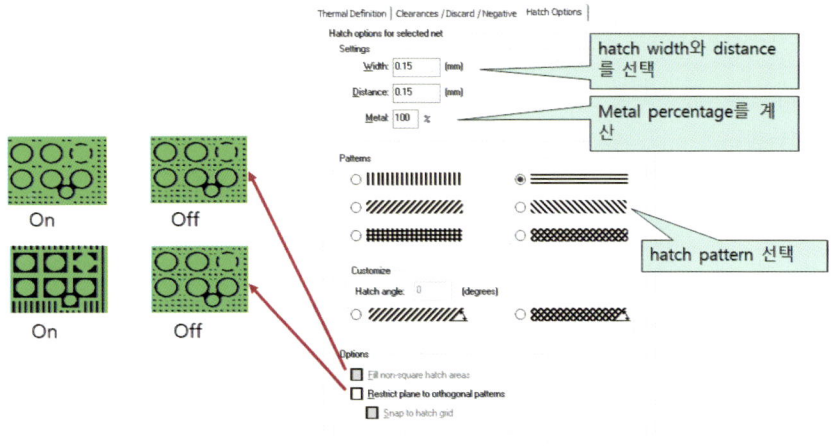

필요에 따라 Negative Plane을 작성이 가능합니다. Positive Plane은 자동 생성되지만 Negative Plane은 별도로 작성해야 합니다.

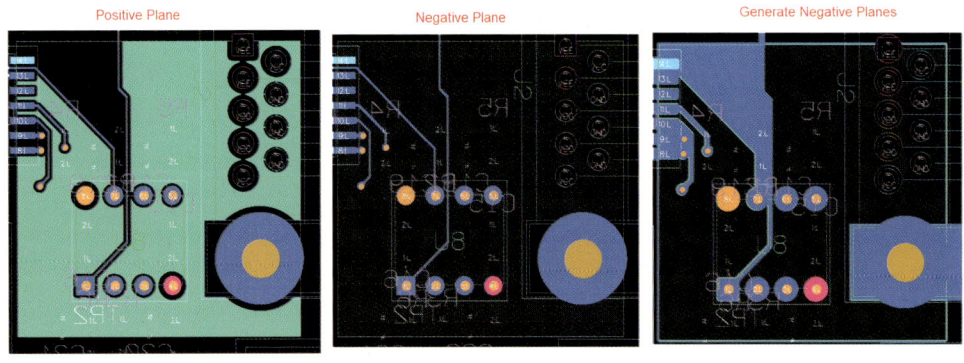

Plane Assignment에서 Plane Type을 Negative로 설정한 후에 [Planes] - [Generate Negative Planes]으로 진행합니다.

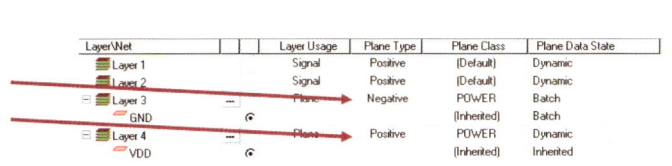
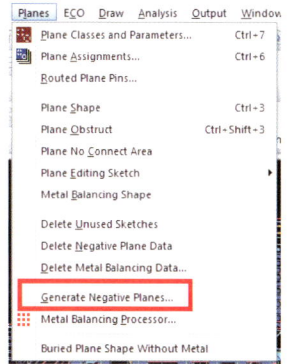

Negative Plane Data를 삭제하려면, [Planes] - [Delete Negative Plane Data]로 삭제합니다.

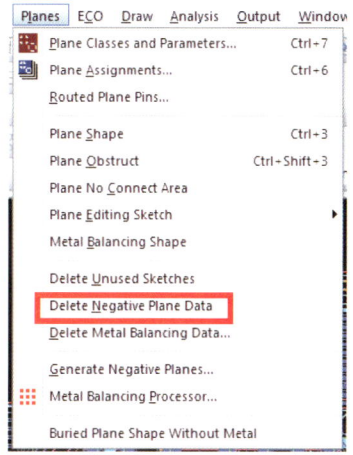

Plane에 전원이나 GND를 할당하면 배선을 하지 않고도 Plane으로 연결이 가능합니다. 하지만 연결된 Pin이나 배선을 위해서 [Plane] - [Routed Plane Pins]으로 배선여부나 Net 확인이 가능합니다.

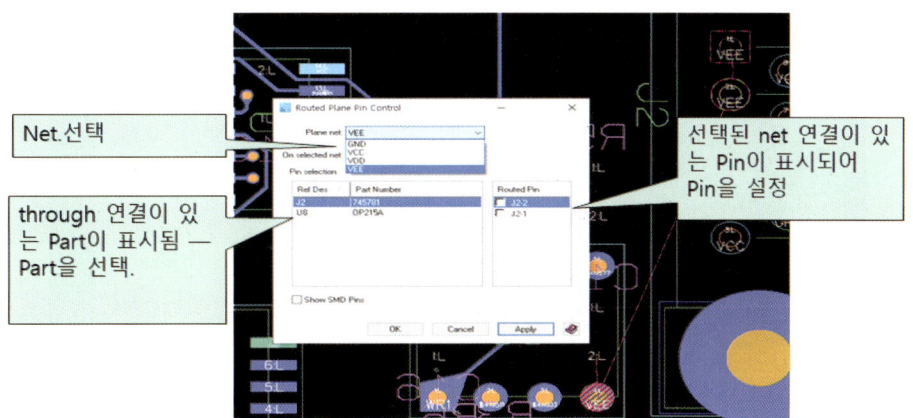

563

Plane이 처리된 후에 Batch DRC를 사용하여 전체 Layout을 검증할 수 있습니다. 연결되지 않은 Plane Net나 Net에 Tie된 All Pins을 포함하지 않거나 고립되거나 하는 Plane Shape 문제를 검증합니다. 가장 중요한 것은 Unrouted된 Partial Plane을 확인해야합니다.

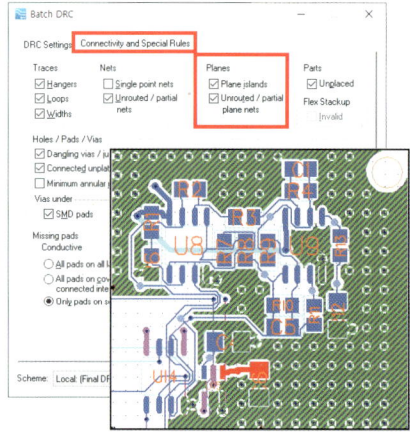

실습 09 PADS Professional Layout의 Plane 작성

1. 배선에서 3층과 4층의 내층은 이미 정의가 되어 있기 때문에 먼저 Bottom에 Plane을 다음과 같이 입력합니다.

2. Draw Mode로 변경합니다. Planes - Place Plane Shape로 Rectangle로 선택하고, Layer는 6으로 Net는 GND로 설정합니다.

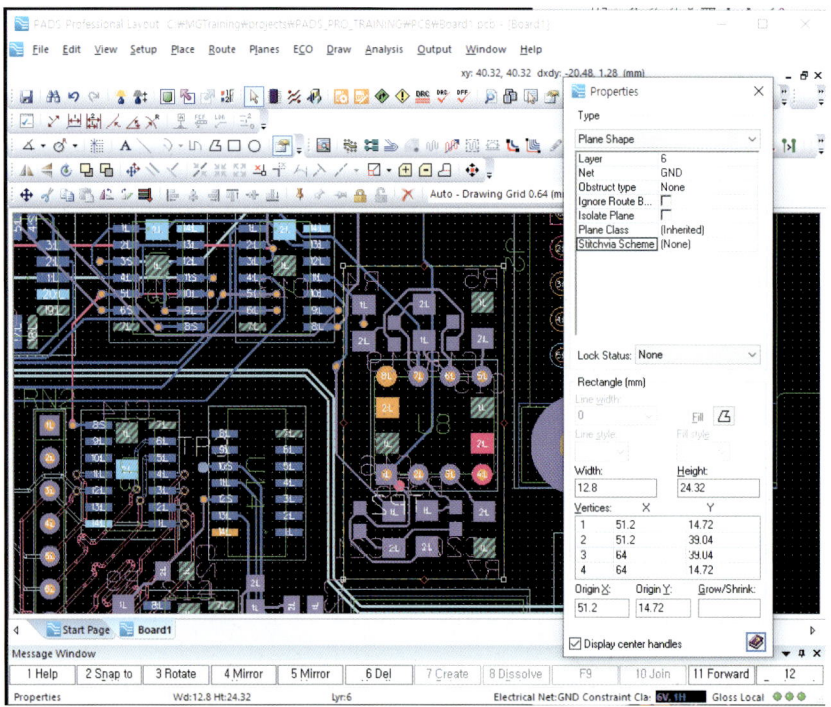

> **Note** Plane은 Planes - Plane Assignment에서 지정할 수 있으며, 꼭 Layer Usage를 Signal에서 Plane으로 변경할 필요는 없습니다. Layer Usage가 Signal일 때에도 Plane은 입력 가능합니다.

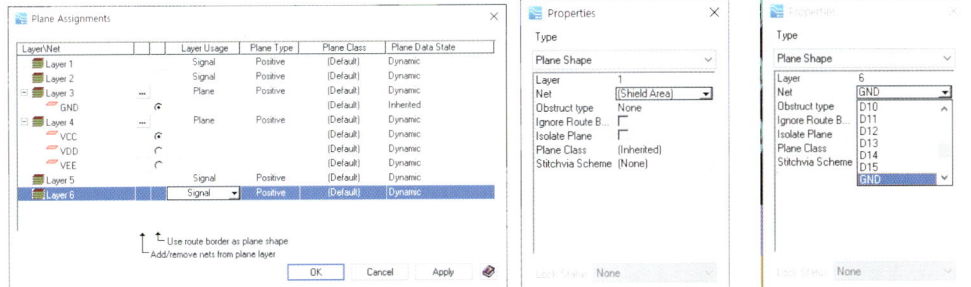

3. 작성하고 나서 [Planes] - [Plane Assignment]를 클릭하며 Layer Usage가 Signal이면서 Plane이 할당되어 있는 것을 확인합니다.

4. Layer 6 GND에 Plane Class는 Default로, Plane Data Status를 Dynamic으로 변경합니다.

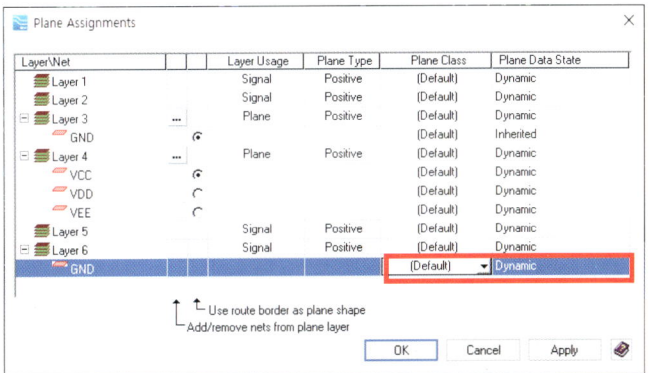

5. Display Control의 Layer의 3층과 4층을 끄고 Objects - Plane의 Data와 Fill/Hatch를 키면 다음처럼 됩니다. Graphic - Graphic Options의 Plane Data Behind Trace는 Trace가 Plane 위에 보이게 합니다.

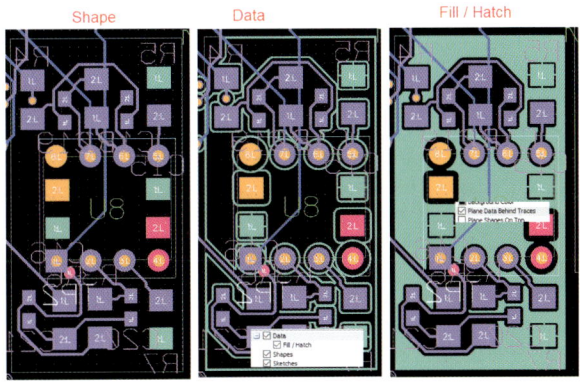

565

6️⃣ 다음 부분을 Plane이 없는 영역으로 만들기 위해 [Plane] - [Plane Editing Sketch] - [Shape]로 사각형을 작성합니다. Draw Mode에서 Sketch는 선택하면 편집이 가능합니다.

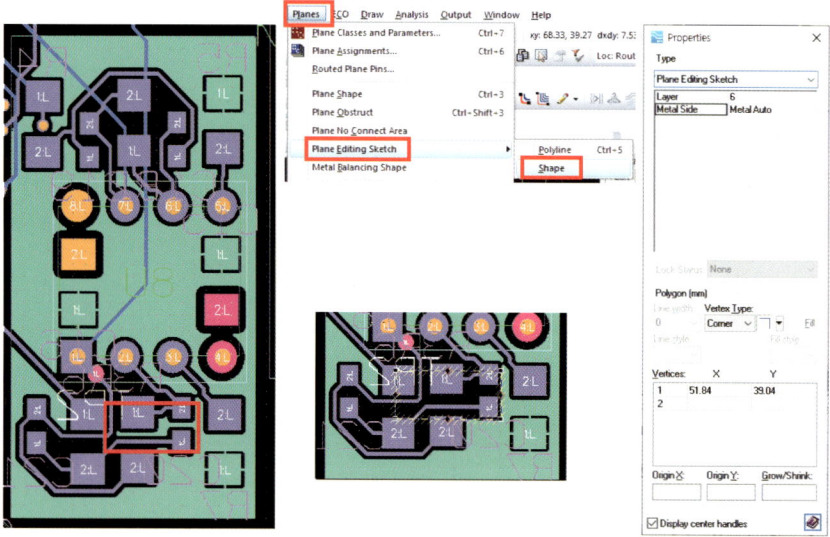

7️⃣ 다음은 4층으로 이동하여 전원 Plane을 입력하겠습니다. 이동하기전에 입력을 위해 Editor Control - Route - Dialogs - Layer Setting에서 해제했던 3층과 4층을 다시 설정합니다.

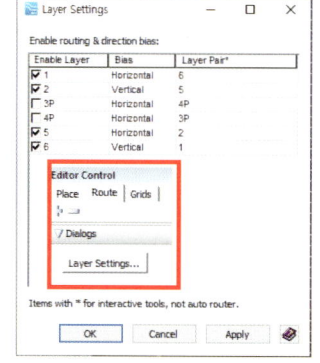 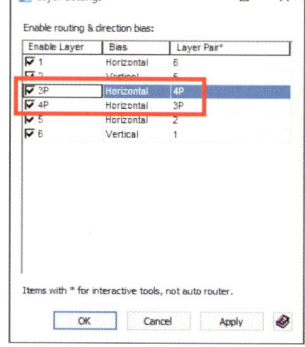

8️⃣ Display Control의 Layer Display에 Top, 4층, Bottom만 표시되게 하고 Net Explorer에서 VDD를 선택합니다.

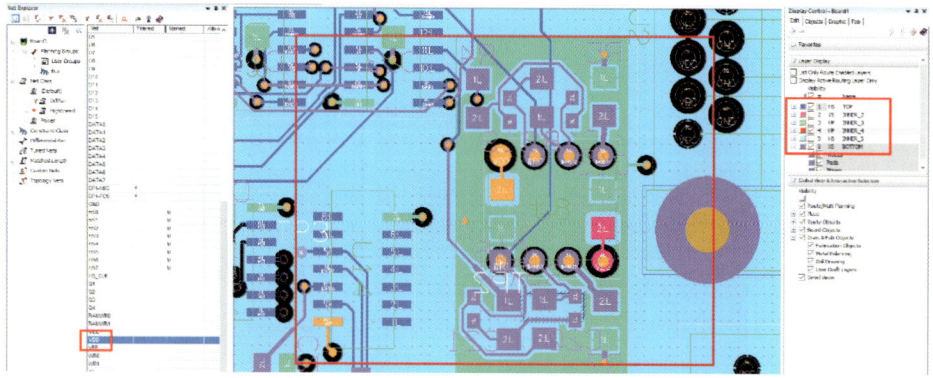

⑨ 4층에서 다음처럼 VDD의 영역을 Polygon의 Plane으로 작성합니다.

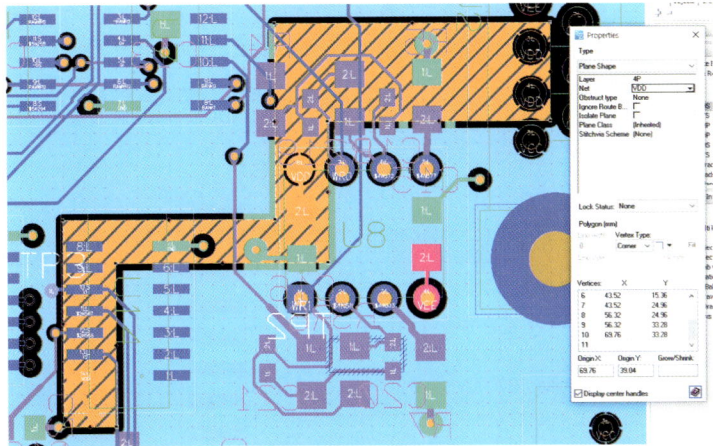

⑩ 마찬가지로 4층에서 다음처럼 VEE의 영역을 Polygon의 Plane으로 작성합니다.

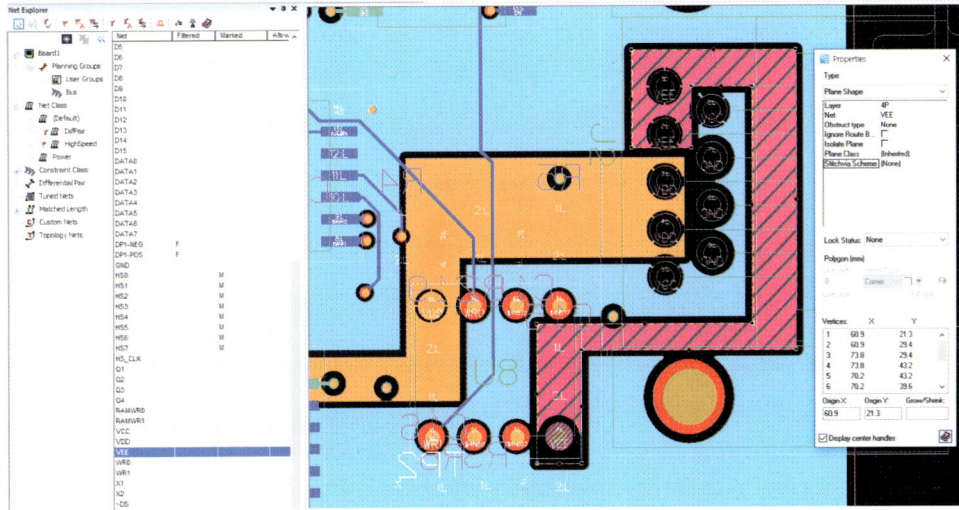

14 PADS Professional Layout의 Silkscreen 작성

PCB의 Top면과 Bottom면에는 회로와 더불어 도형과 Text가 있습니다. 이를 Silkscreen이라고 합니다. 도로에 자동차들의 차선과 방향을 Text로 표시하듯이 부품의 외형과 회로 기호를 표시하는 것입니다. 일반적으로는 부품을 작성할 때 부품의 외형을 그리고, 회로에서 부여되는 회로 기호가 PCB에서는 실제 번호로 부여되어서 부품을 배치할 때 같이 배치되는 방식입니다. 그런데 부품을 배치하고 배선하다가 보면 부품의 Object들과 겹치는 부분들이 있어 나중에 부품을 실장 하게 되면 Text들이 안보이게 되는 경우가 있습니다. 이를 방지하고자 부품 번호를 잘 보이는 위치로 이동하는 작업이 필요합니다. 수동 이동도 가능하지만 PADS Pro Layout에서는 부품에서 가지고 온 Silkscreen과는 별개로 PCB에서 간격을 설정해 자동으로 Silkscreen을 작성하는 기능이 있습니다.

Silkscreen은 PCB 디자인의 마지막 단계 중 하나로 Component Outlines, Reference Designators, Company Logo 등을 보여줍니다. 가독성을 위해 Reference Designator의 번호를 변경하고 이동할 수 있으며 Silkscreen는 제작을 위한 Gerber Data로 처리됩니다.

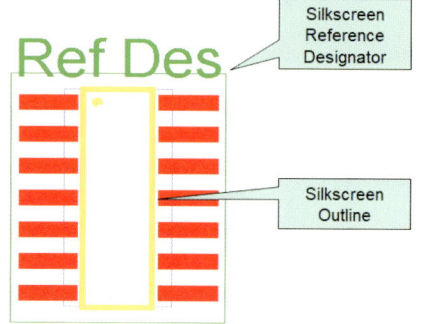

회로 번호인 Reference Designator는 수동이나 자동이라 회로에서 부여된 것입니다. 그런데 회로에서 부여한 번호가 PCB에서 설계를 하다 보면 일괄적이지 않은 위치에 부품들이 배치가 되면서 부품이 어디에 있는지 디자인에서는 찾기 기능을 사용할 수 있지만, 실물 PCB에서는 찾기가 어렵게 됩니다.

그래서 실물 PCB에서 부품을 찾기 쉽게 하기 위해서 PCB의 방향에 따라서 순서대로 Reference Designator를 재부여하는 기능인 [ECO] - [Renumber Ref Des]를 사용합니다.

실행하면 화면에서 Top과 Bottom의 부품을 쉽게 찾을 수 있습니다. Filter에서는 Side을 설정하거나 TP, Jumper 등 Renumbering 할 추가 객체를 선택할 수 있습니다. Prefix에는 Bottom Side의 커패시터(C)와 같은 접두사를 입력하여 특정 Component를 포함하거나 제외할 수 있고 Process List는 기존부품 번호와 새로 부여될 번호, 부품 배치면이 표시됩니다. Auto Renumber는 Process List의 모든 부분에서 작동합니다. 필터를 먼저 설정해야 합니다.

Filter가 Both로 에 설정되어 있으면 Top에서 Bottom 순으로 Prefix가 변경됩니다. 여러 Prefix를 동시에 Renumber 하려면 Renumber 창의 Prefix 필드를 비워둡니다. 비워둘 시 각 부품의 기존 prefix가 사용됩니다.

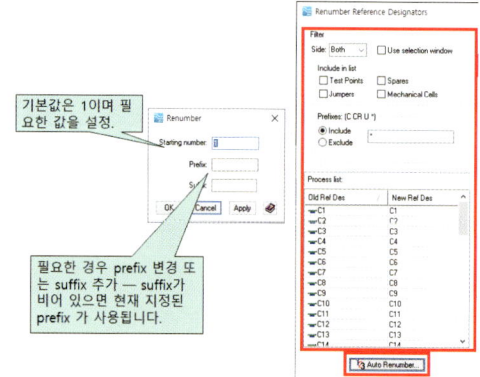

Top과 Bottom을 따로 보고 번호가 부여될 방향과 지역을 나누어서 Renumber합니다.

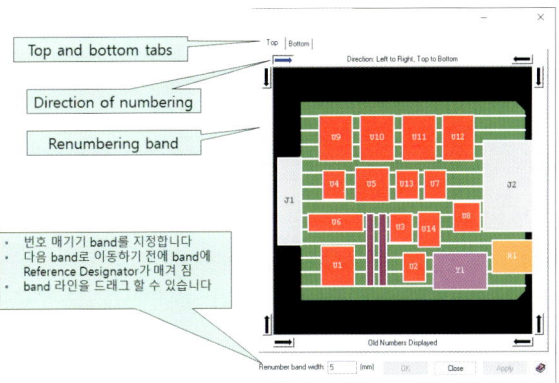

수동으로 위치를 변경하려면 [Draw] - [Edit] - [Move Cell Text]을 사용하여 실크 스크린 또는 어셈블리 텍스트를 Move, Scale, Rotate할 수 있습니다.

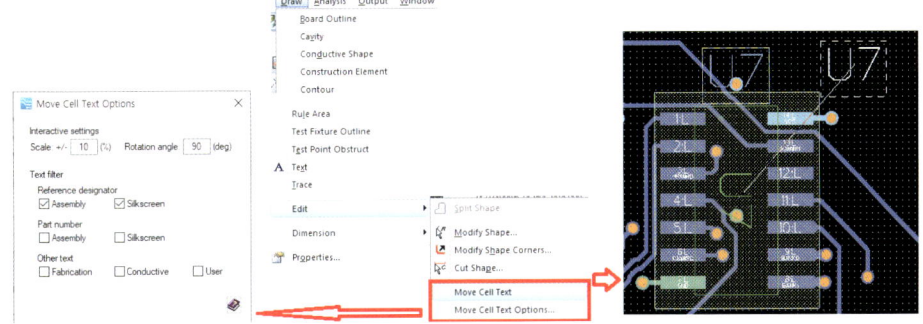

Select Mode나 Draw Mode에서 Silkscreen Item이나 Assembly Item을 선택하면 부품이 같이 선택이 되고 이동이 가능합니다.

이동하려면 Editor Control의 Place - Allow Cell Text Edits가 Check되어 있어야 합니다.

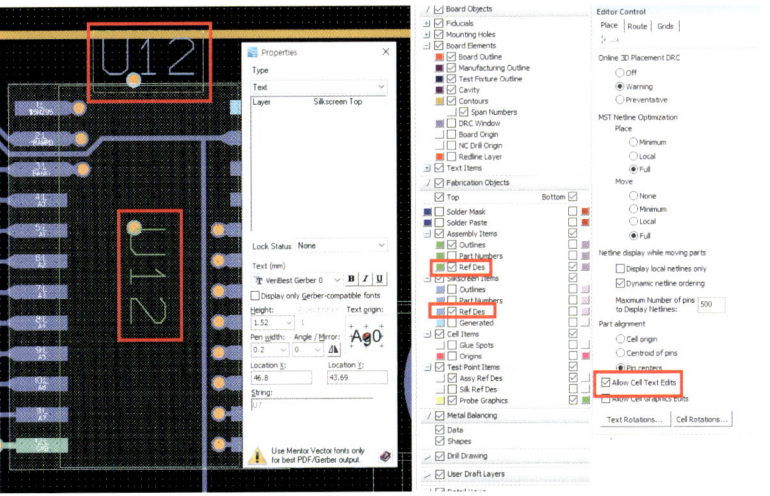

PCB에 추가적으로 Text를 입력하려면 [Draw] - [Text]로 입력합니다.

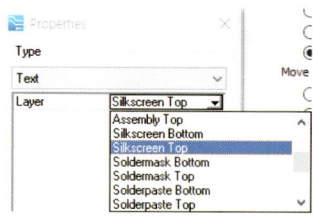

움직였던 Silkscreen Item이나 Assembly Item은 회로에서 부여된 이름으로 PCB 부품에서 정의한 위치에 자리합니다. 필요에 따라 PCB에서 모든 부품의 Silkscreen을 작성하려면 [Output] - [Silkscreen Generator]에서 가능합니다.

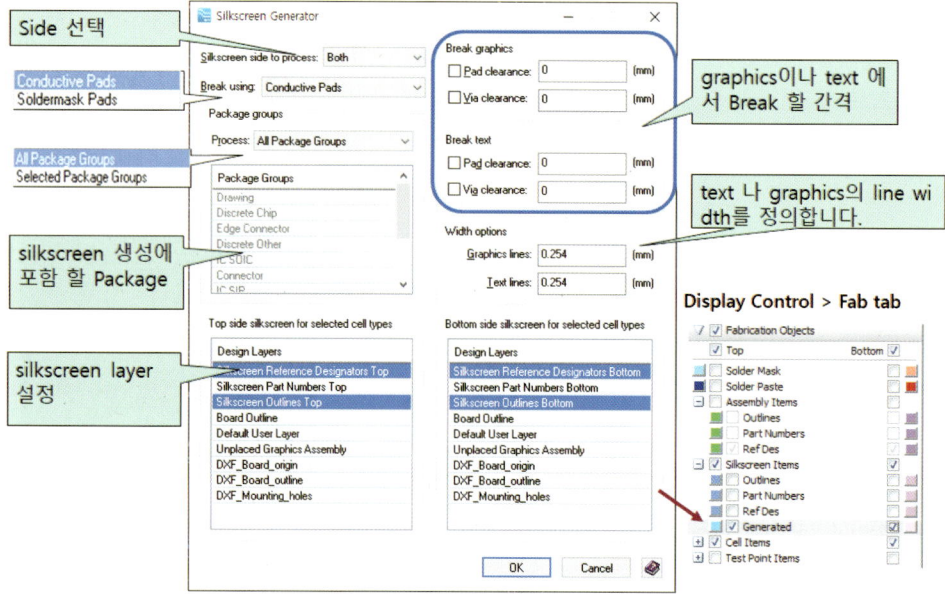

Silkscreen Generator의 출력은 Silkscreen Layer의 Static Graphics이고 Draw Mode에서 이 그래픽 데이터를 편집할 수 있습니다.

부품의 Silkscreen을 이동 및 편집한 다음 Silkscreen Generator를 다시 실행하는 것이 좋습니다. Silkscreen을 Gerber로 출력할 때에 특정 Layer와 Object를 선택해 주어야합니다.

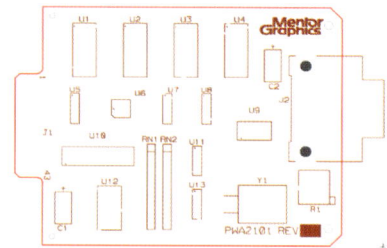

4장 PADS Professional Layout

실습 10   PADS Professional Layout의 Silkscreen 작성

1 PCB의 위치대로 Renumber를 진행하겠습니다. [ECO] - [Renumber Ref Des]를 선택합니다.

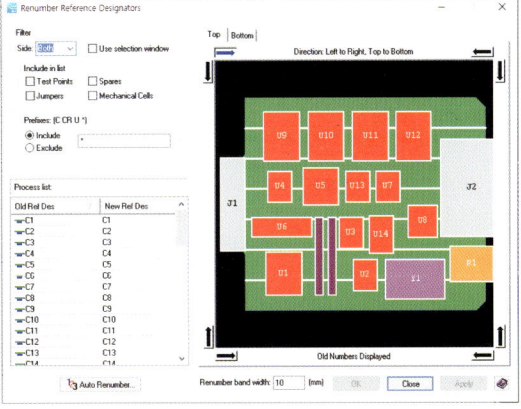

2 Top과 Bottom의 방향을 따로 지정하기 위해 Filter의 Side는 Top, 방향은 왼쪽에서 오른쪽으로 지정합니다.

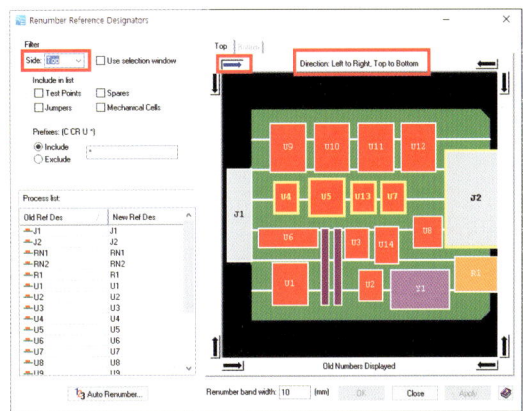

3 Auto Renumber에서 시작 번호를 1로 설정 후 OK하면 New Ref Des가 변경됩니다. Apply로 적용합니다.

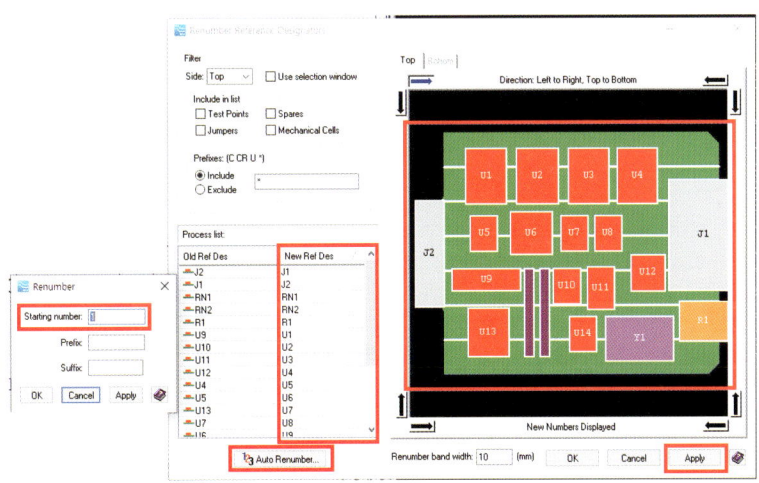

4 Bottom은 오른쪽에서 왼쪽으로 지정해서 변경합니다.

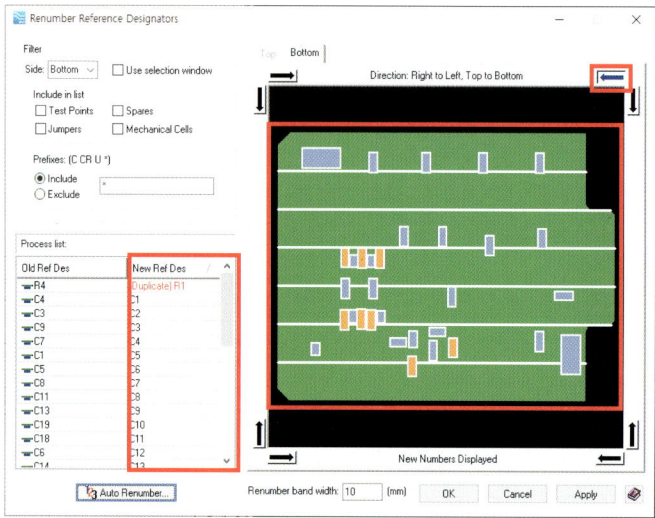

5 중복되면 다음처럼 진행이 안됩니다. 다른 시작 번호를 부여합니다.

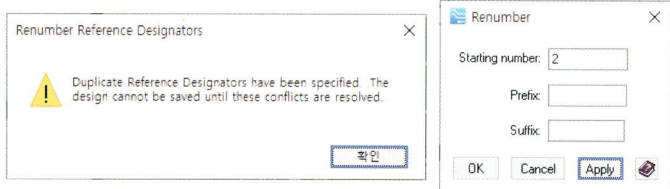

6 PCB기준으로 변경되면 회로도와 맞지 않기 때문에 Back Annotation이 필요하게 됩니다. 완료되면 회로도도 PCB기준으로 변경됩니다.

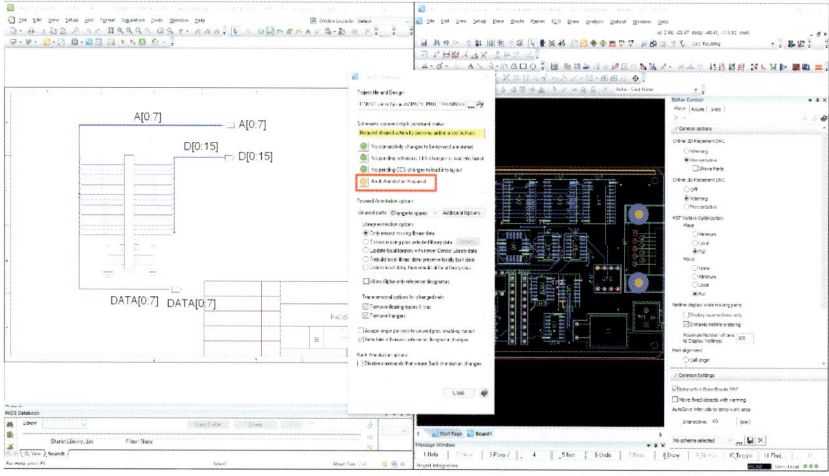

7 다음은 PCB배치된 부품기준으로 Silkscreen을 자동 생성합니다. [Output] - [Silkscreen Generator]로 다음처럼 설정하고 OK를 선택합니다.

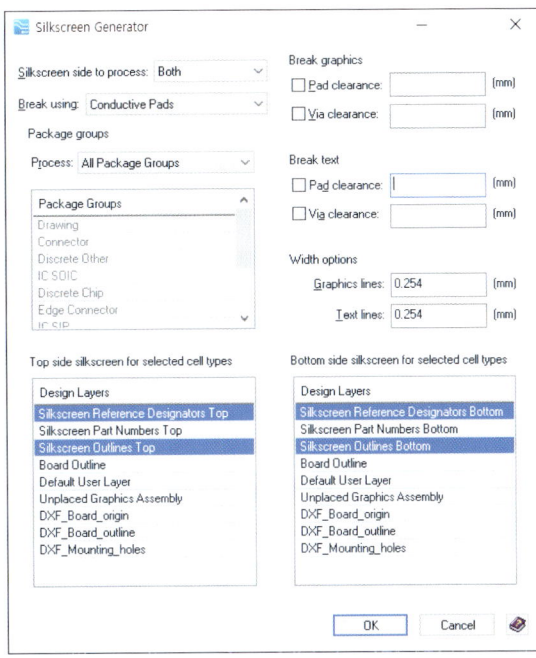

8 다음처럼 Generate Silkscreen으로만 확인 가능합니다.

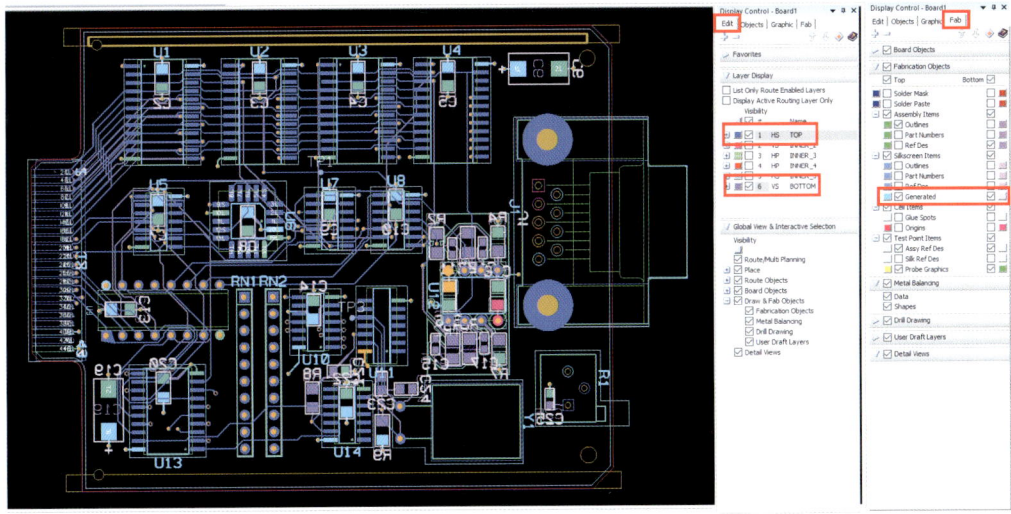

15 PADS Professional Layout의 Layout 검증

부품배치와 배선, Plane Data와 Silkscreen까지 입력이 끝나면 PCB의 디자인이 종료되는 것입니다. 이제 생산을 위한 데이터를 출력하면 됩니다. 생산을 위한 Data 작성 전에 Design이 문제가 없는지 검증을 진행해야 합니다. 회로도에서 Verify Design으로 회로에 문제가 없는지를 Check했다면 PCB에서의 검증은 PCB Design이 문제가 없는지 Check합니다. 검증은 DRC(Design Rule Check)로 진행합니다. DRC는 Design을 작성할 때 설정한 것처럼 Online DRC가 있고, Design이 완료된 이후에 진행하는 Batch DRC가 있습니다. Online DRC를 항상 켜고 Design을 진행하더라도 Batch DRC는 무시하지 말고 Data 출력 전에 무조건 진행해야 합니다. Online DRC와 Batch DRC의 결과는 Analysis의 Hazard Explorer에서 확인합니다.

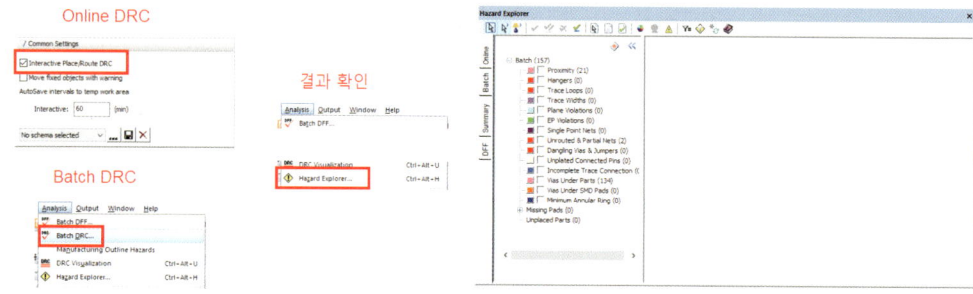

Online에서 항목별로 Check를 하면 각각의 세부항목이 나타나고 왜 DRC에 걸렸는지 Description에 설명이 표시됩니다.

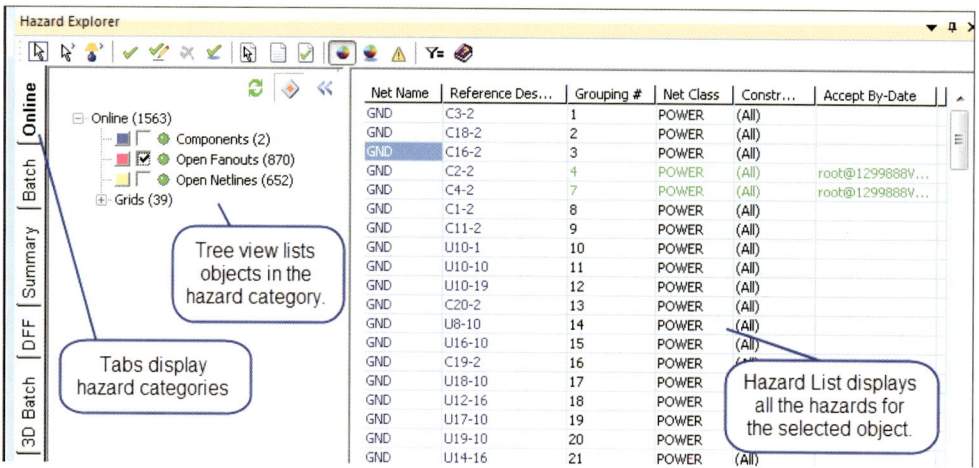

은 Fit Selected, Toggle Select, Highlight를 실행합니다.

다음처럼 부품이 Board Outline에 걸리는 것은 구조상 무시해야 되는 Error입니다. 이 에러들은 을 이용하여 유사 에러로 처리할 수 있습니다.

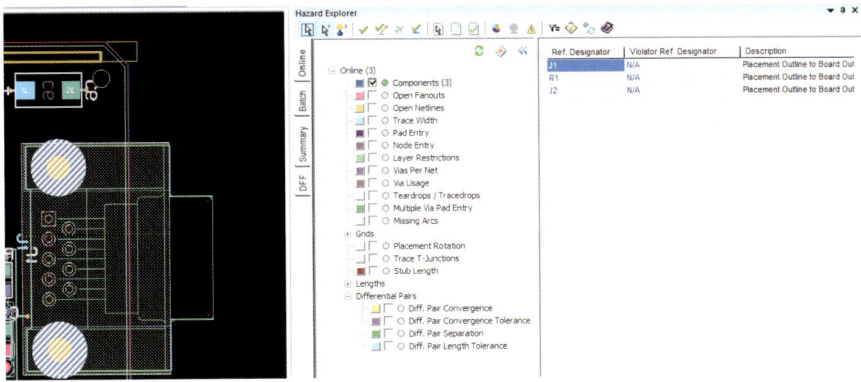

유사 에러는 Design에서 에러로 표현하지만 설계자는 무시해도 되는 Error입니다. 유사 에러로 처리하면 DRC에서 Count가 되지 않으며 상태는 녹색으로 표시되고 숨기거나 보이게 설정 가능합니다.

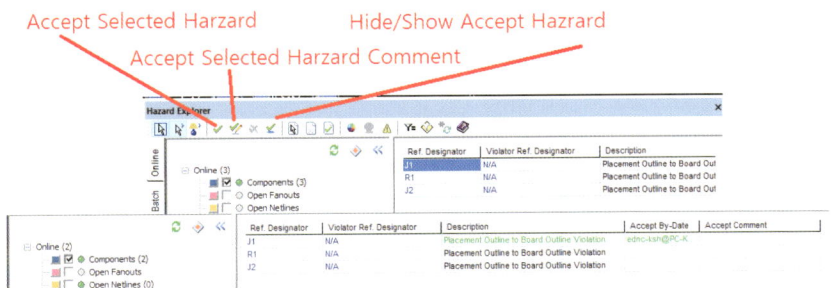

는 해당 항목이나 전체 항목에 대한 Report를 출력합니다.

는 위반에 관한 항목의 표시 색상 설정과 위한 위치에 X마크 표시 여부를 설정합니다.

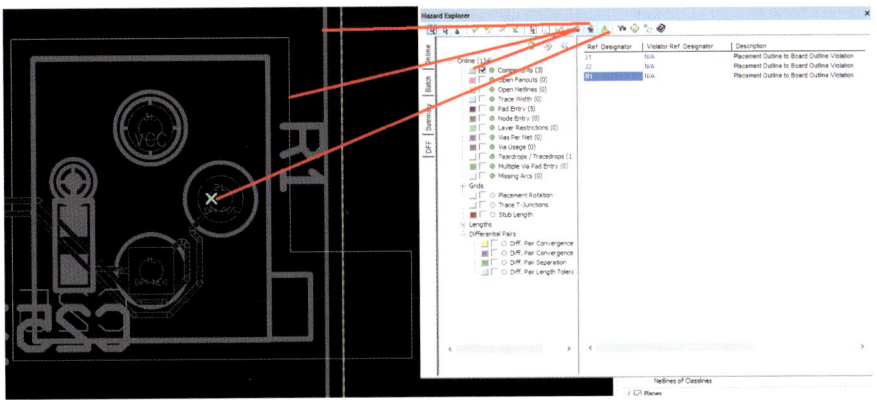

575

는 필터, 필터 적용, Manual Mode 설정입니다.

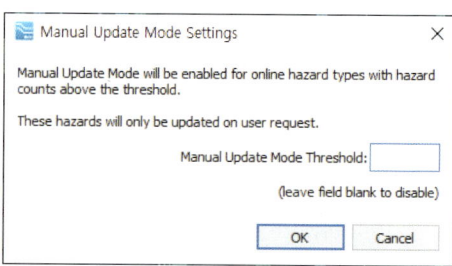

는 Update와 Count 0을 표시 여부, 상세항목 표시입니다.

다음은 Hazard Explorer에서 Online 탭의 항목 내용입니다.

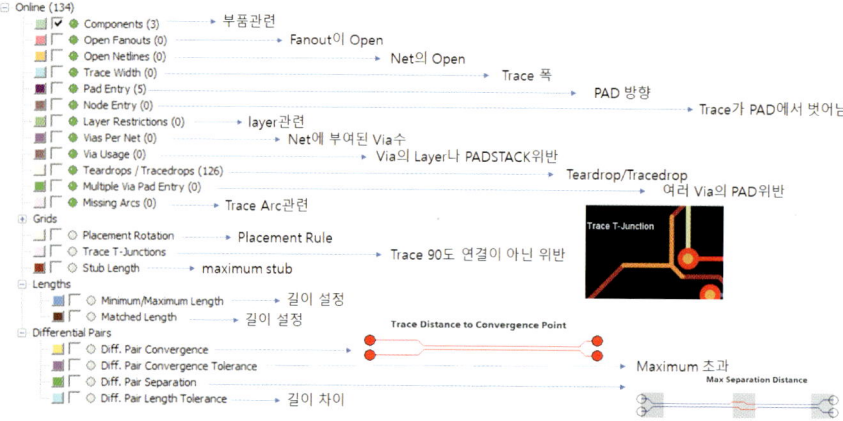

Batch DRC는 [Analysis] - [Batch DRC]에서 실행하거나 Standard Toolbar의 에서 실행합니다.

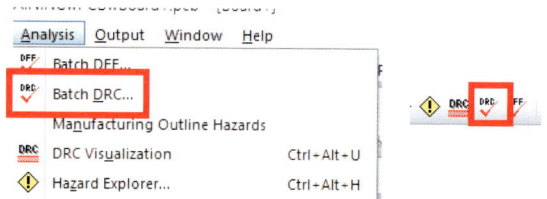

실행하면 DRC를 설정할 다음과 같은 항목이 나타나며, 설정 후 OK를 눌러 Hazard Explorer에서 내용을 확인합니다.

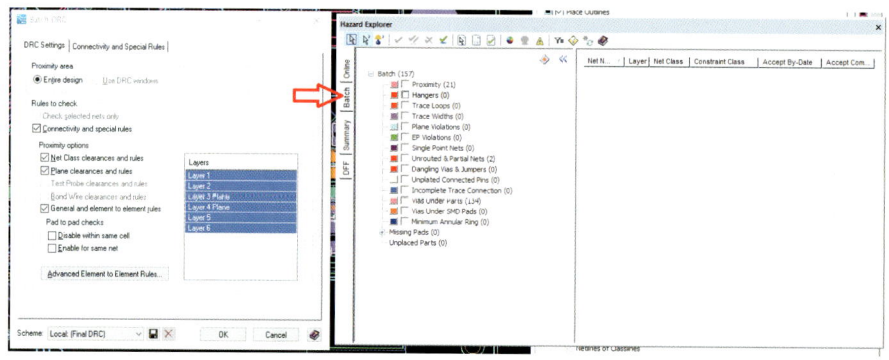

576

DRC Settings의 Batch DRC는 특정 영역을 설정하여 Check도 가능합니다. [Draw] - [DRC Window]를 입력하면 특정 영역만 선택할 수 있는 항목이 활성화됩니다. Display Control에서 Fab 의 Board Objects에서 Check 가능합니다.

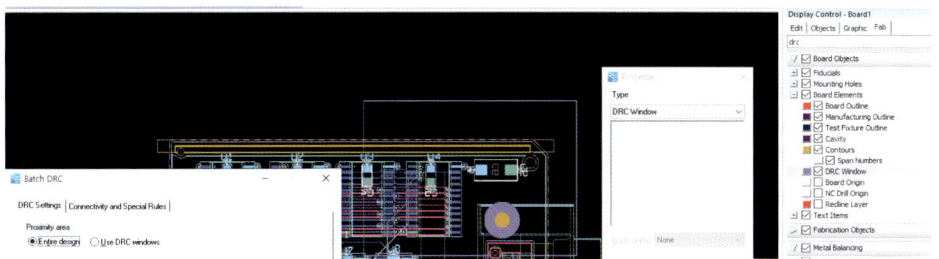

Rule to Check는 선택한 Net만을 Check할지 설정하는 것입니다.

Proximity Options에서는 기본적인 Clearance를 Check 할 항목들과 Layer 설정이 가능합니다.

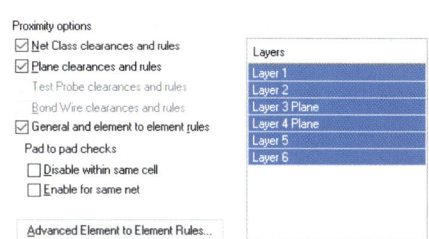

Advanced Element to Element Rules는 설정된 Clearance를 항목별로 보여주면서 Constraint Manager에서 Rule을 변경하지 않고 해당 창에서 임의로 검사 항목을 추가하거나 바꾸어 Check가 가능하게 만들어 줍니다. Constraint Manager에 설정된 값은 검은색, 빨간색은 검은 색을 변경한 값, 파란색은 새로 추가된 값입니다.

Add Element to Matrix를 이용하면 특정 Layer와 특정 Object에 대한 조건 추가가 가능합니다.

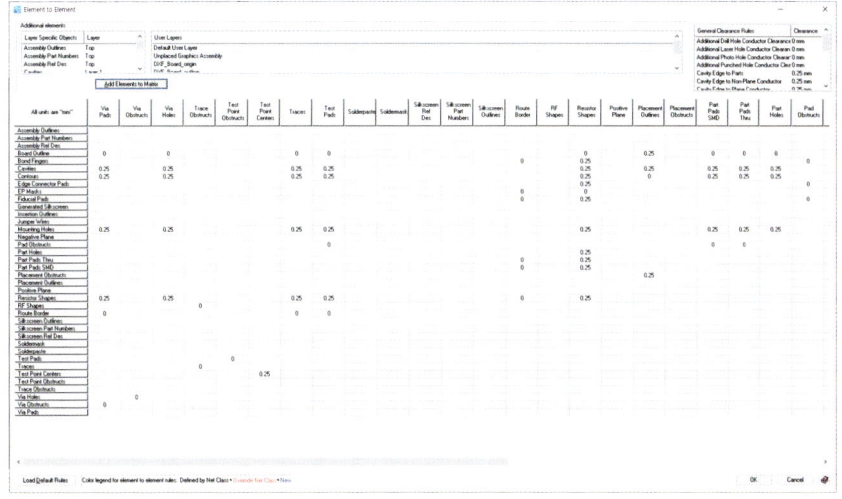

Connectivity and Special Rules는 각 Object의 연결을 Check하는 것입니다. Trace, Net, Plane의 연결과 배치 안된 부품이 있는지 설정합니다.

Holes/Pads/Vias들이 연결이 잘 되었는지를 항목 별로 선택 가능합니다.

Pad들이 각 Layer들에 존재하는 지와 Solder 여부를 설정 가능합니다.

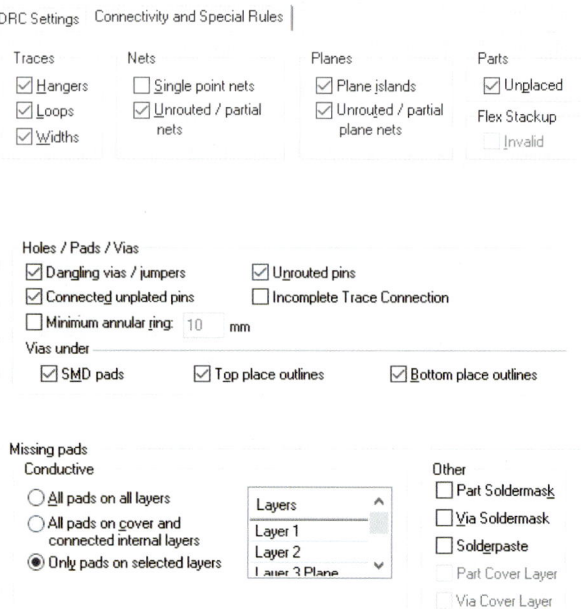

다음은 Hazard Explorer에서 Batch 탭의 항목 내용입니다.

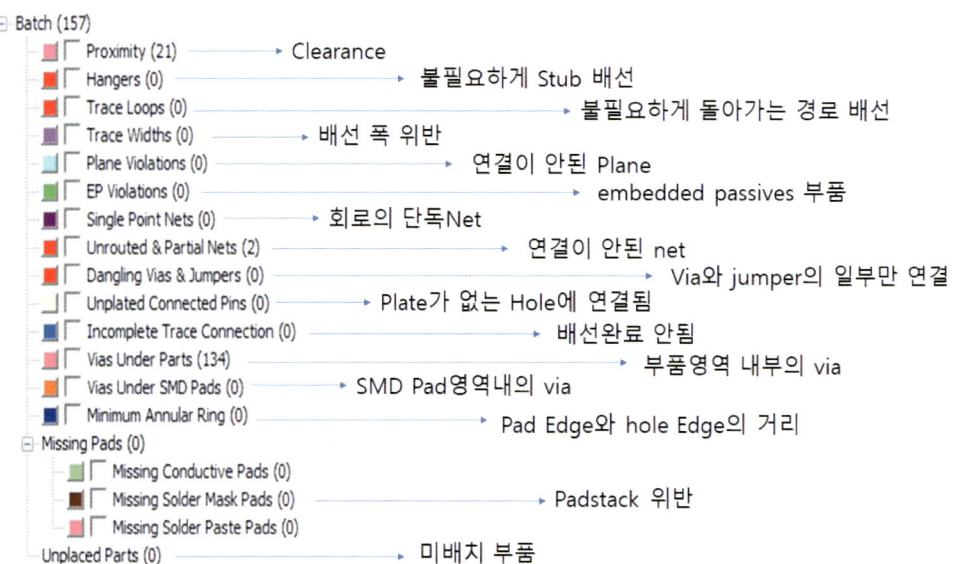

Online DRC와 Batch DRC는 회로와 PCB의 설계에 관한 검증입니다. 비록 디자인의 영역은 아니지만 필요에 따라서 검증해야 하는 기능이 하나 더 있습니다. 바로 DFF(Design For Fabrication)입니다. 디자인에서는 Error가 아니지만 제조 과정에서의 Error여부를 확인할 수 있는 Rule입니다.

4장 PADS Professional Layout

Batch DFF는 [Analysis] - [Batch DFF]에서 실행하거나 Standard Toolbar의 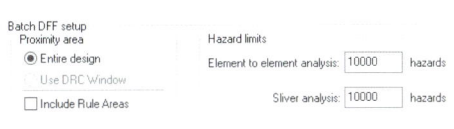에서 실행합니다.

실행하면 다음과 같이 설정항목이 나타나게 됩니다.

다음에서는 DFF의 전체와 영역설정과 Hazard 수의 제한을 지정할 수 있습니다. Default이면서 Maximum이 10000입니다. Sliver는 각도나 간격이 너무 가까워서 들뜨는 현상입니다.

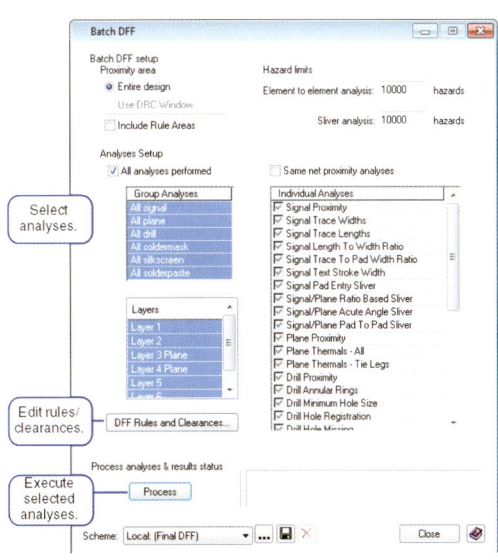

Analysis의 왼쪽은 검사할 Object와 Layer를 설정합니다.

Analysis의 오른쪽은 Same Net 간격 설정과 Check 항목을 지정합니다.

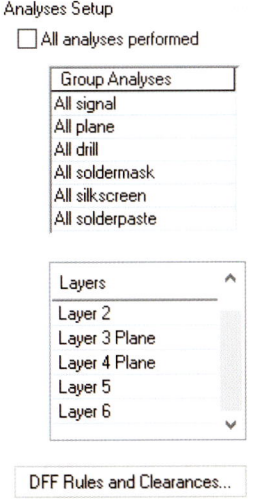
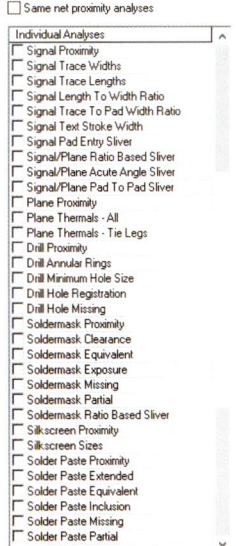

579

DFF Rules and Clearances에서는 Rule 설정을 할 수 있습니다.

각 Rule을 선택하면 Show DFF Example의 Check로 설명 그림이 나타나며 Severe(엄격하게), Moderate(보통의), Warning(경고)의 3가지 수준으로 나누어 값 설정이 가능합니다. Color by Severity는 Rule의 강도를 색상으로 표시합니다.

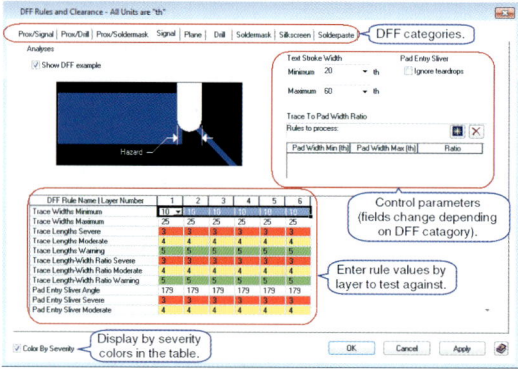

Proximity/Signal은 Net와 관련 있는 Object들의 간격 설정입니다.

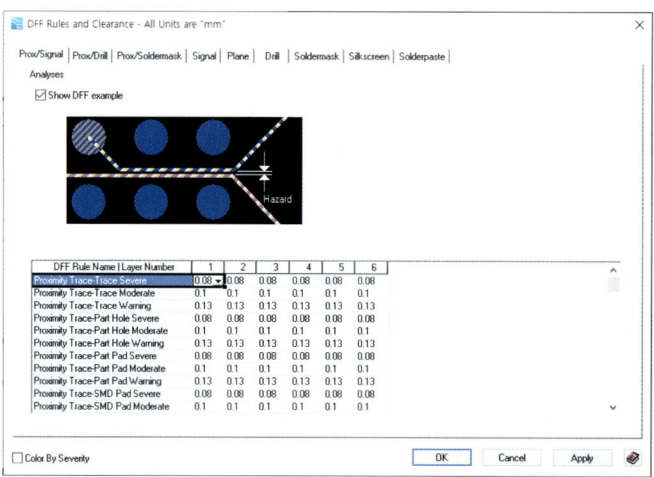

Proximity/Drill은 Hole과 관련 있는 Object들의 간격 설정입니다.

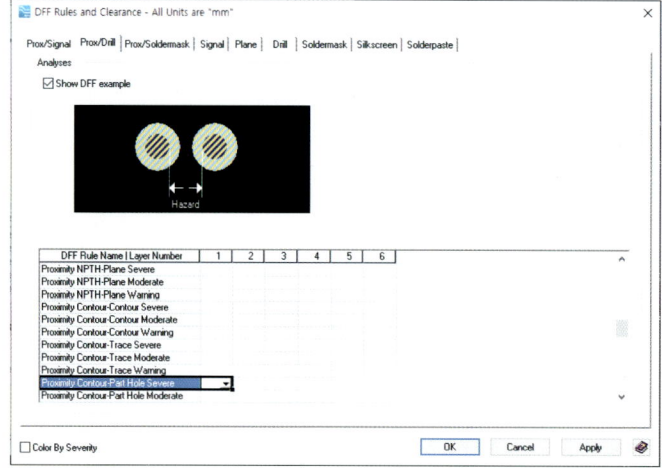

Proximity/Soldermask는 Soldermask와 관련 있는 Object들의 간격 설정입니다.

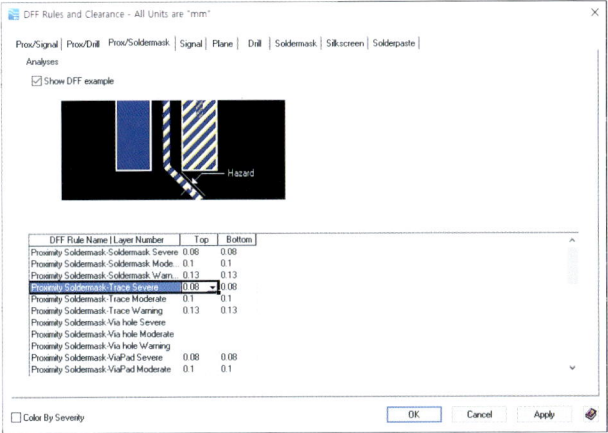

Signal은 Trace의 Width와 Length, Pad Entry, 각도와 Sliver의 설정입니다.

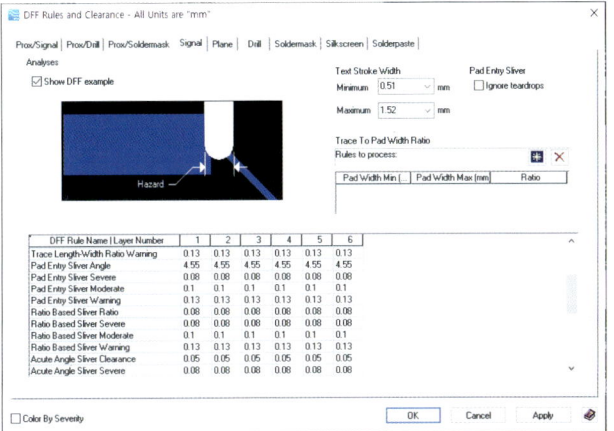

Plane은 Plane과 Object간의 Clearance 설정입니다.

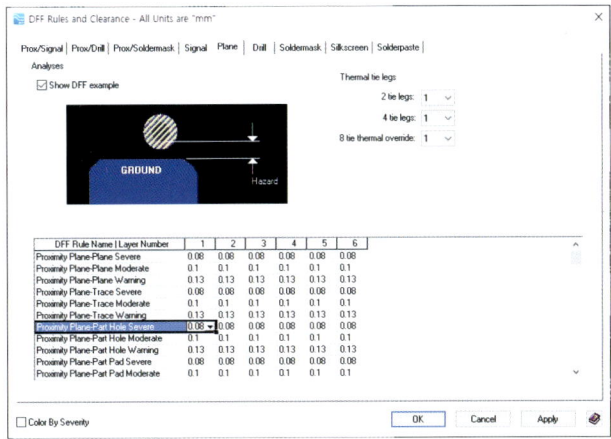

Drill은 Annular Ring과 Hole의 Check설정입니다.

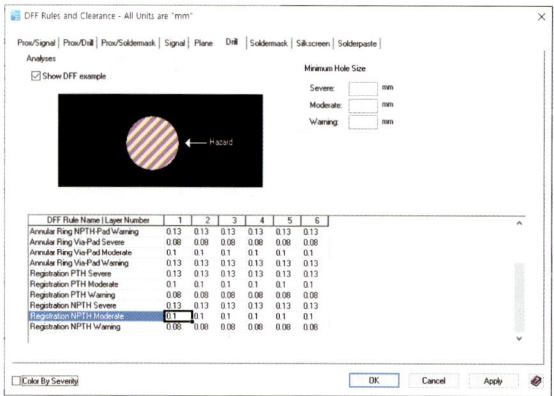

Soldermask는 Soldermask의 간격과 노출, Sliver 설정입니다. 오른쪽에서 Soldermask 여부도 설정 가능합니다.

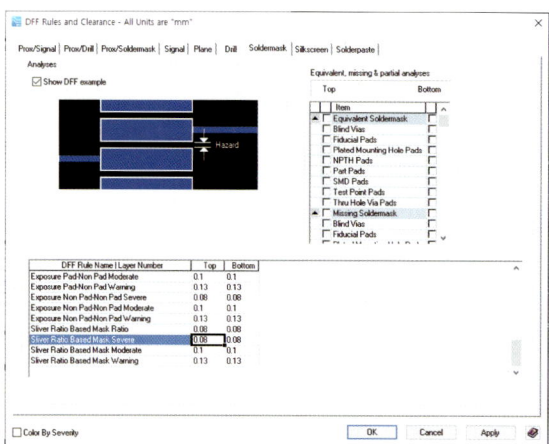

Silkscreen은 Silkscreen과 Object 간의 Clearance 설정입니다.

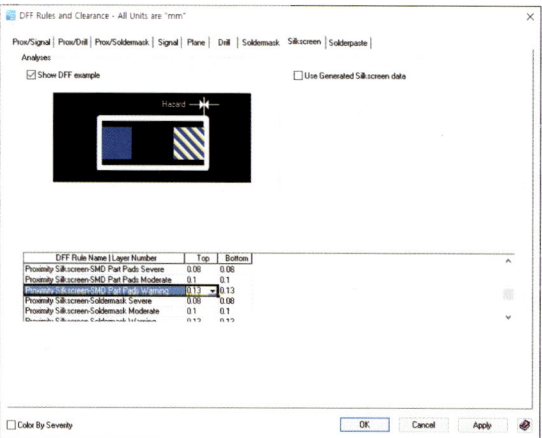

Solderpaste는 Solderpaste와 Object 간의 Clearance 설정입니다.

오른쪽에서 Solderpaste 여부도 설정 가능합니다.

Process를 누르면 Check가 되고 결과는 Hazard Explorer에서 확인 가능합니다.

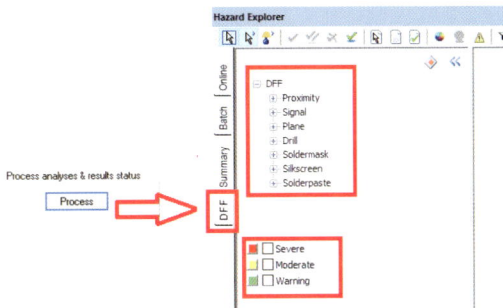

각 설정의 값으로 Check한 결과가 다음처럼 나타나게 됩니다.

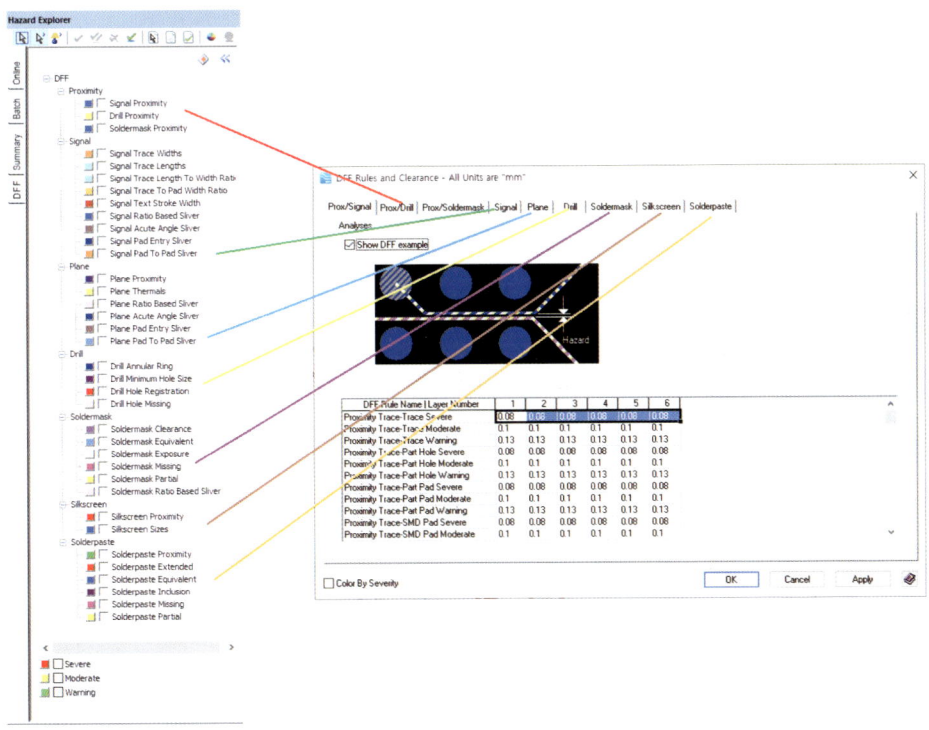

Hazard Explorer의 Summary는 Length에 관련한 각 Net의 Report를 보여줍니다.

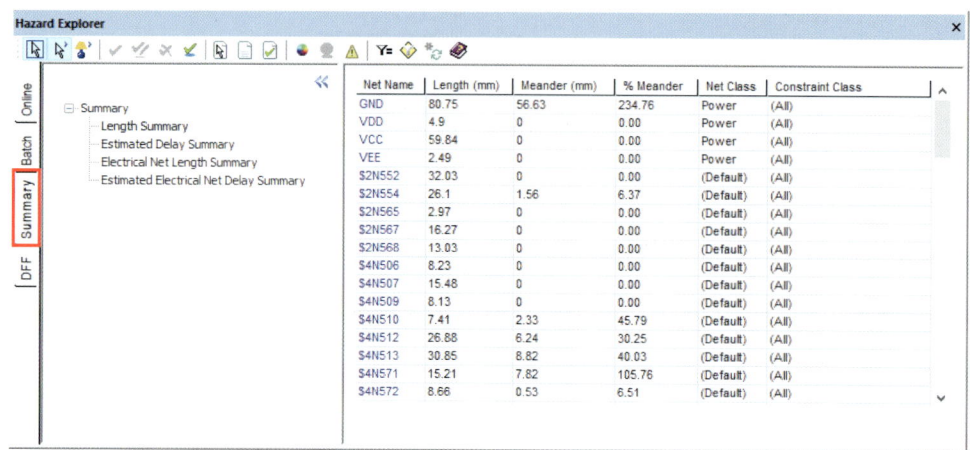

다른 검증으로 [Analysis] - [Manufacturing Outline Hazards]가 있습니다. 실행 후에 Hazard Explorer에서 확인 가능하며 Manufacturing Outline이 겹쳐진 형상이나 바깥쪽으로 나간 그래픽들을 Object 별로 Check해서 보여줍니다.

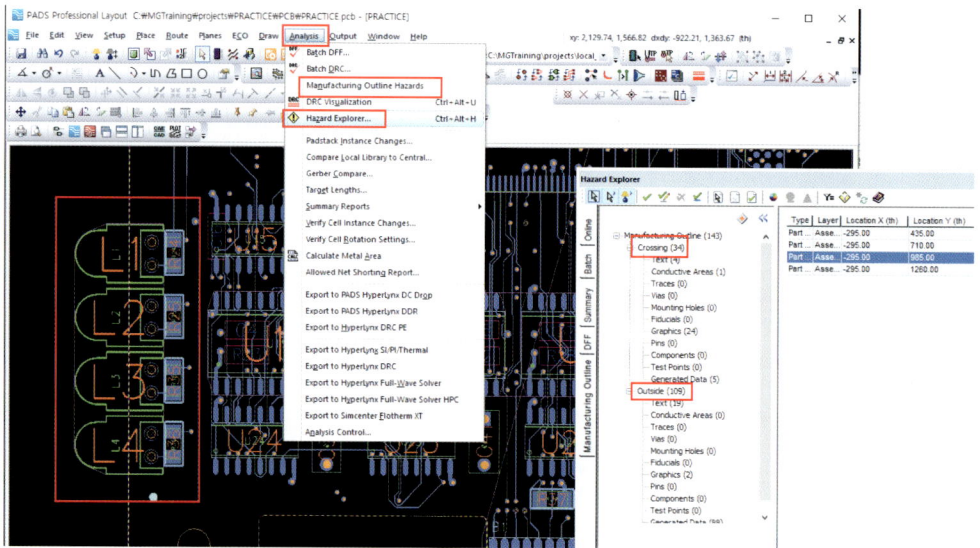

Online DRC를 끄고 설계를 하는 경우에는 Data 출력 전에 Batch DRC를 항상 확인해야 합니다.

Online DRC가 꺼져 있는 상태는 항상 프로그램에 마크가 사라지지 않고 있습니다. Online DRC가 꺼져 있는 상태의 Design을 Open하거나 CES 변경이 있을 경우에 위반 사항을 Pattern으로 표시해주는 기능이 [Analysis] - [DRC Visualization]이나 Standard Toolbar의 입니다. Display Control의 Graphic - Display Pattern이 활성화되어 있어야 합니다.

4장 PADS Professional Layout

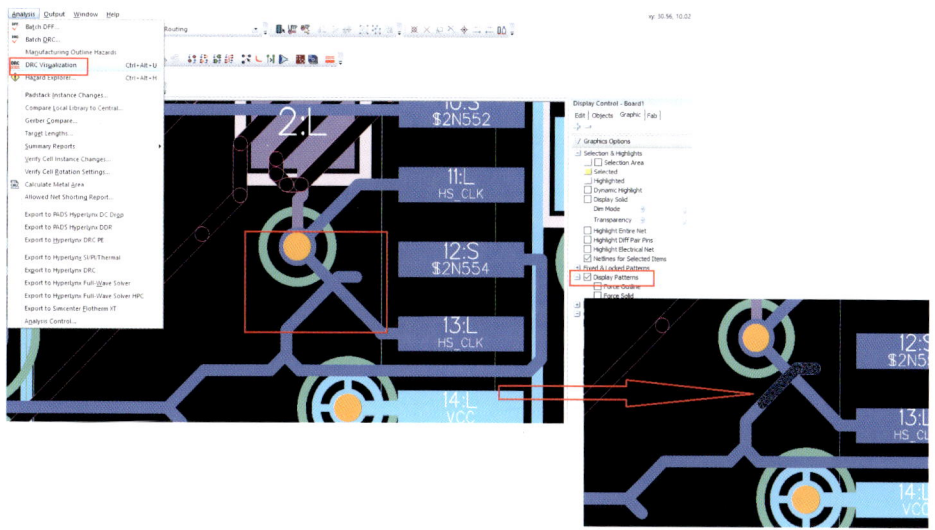

Online DRC가 꺼져 있는 상태에서 다시 Online DRC를 키면 Batch DRC를 실행하라는 주의 메시지가 나타나게 됩니다. 이 메시지는 Batch DRC를 실행하기 전까지 저장할 때마다 계속 나타납니다.

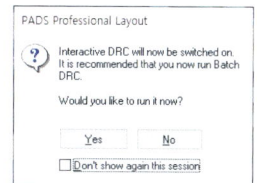

실습 11   PADS Professional Layout의 검증

1. PCB의 검증을 위해 Batch DRC를 실행합니다. [Analysis] - [Batch DRC]로 다음처럼 설정한 후에 OK를 누릅니다.

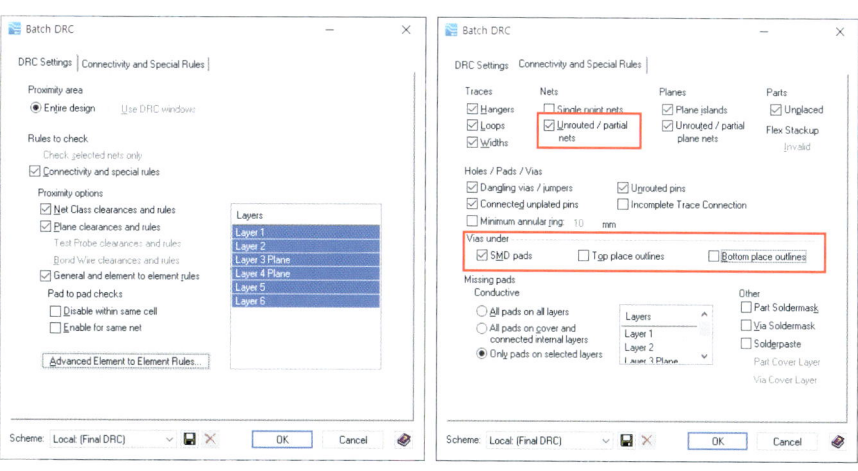

585

2 [Analysis] - [Hazard Explorer]로 결과를 확인합니다. Online DRC부터 확인하면 흑백으로 되어 있는 항목을 클릭해야 초록색으로 변경되고 확인이 가능합니다.

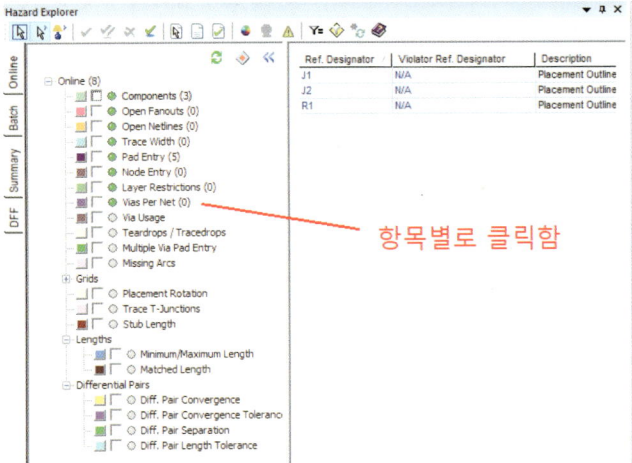

3 부품 3개는 Board Outline에 걸쳐 있는 부품입니다. ✅를 선택하여 처리하고 Comment를 "Lock Component"라고 입력합니다.

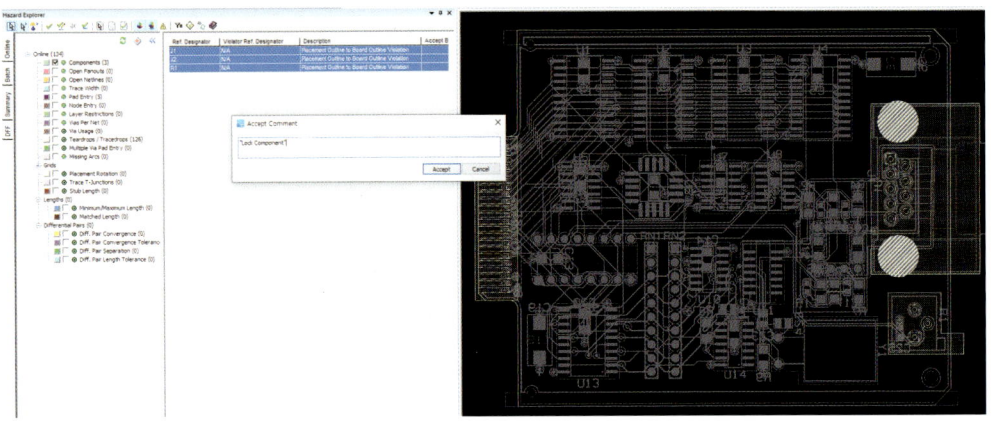

4 입력하면 Count에서 없어지고 설명도 초록색으로 변경됩니다. 항목을 안보이게 하기위해 ✅를 클릭하면 내용에서 안보이게 됩니다.

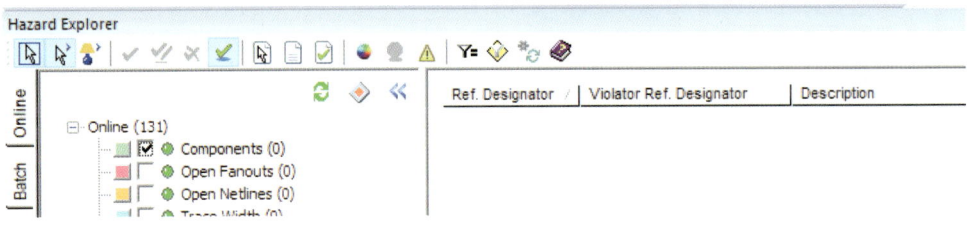

5 Teardrop 항목에서는 발생이 안되었거나 Clearance 위반 항목을 확인합니다.

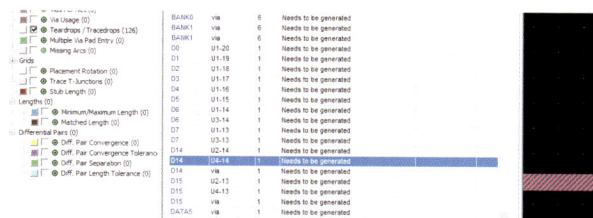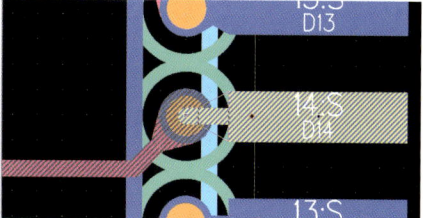

6 Batch DRC 항목을 확인합니다. Check마다 Count 수의 증감이 표시됩니다.

7 아래 위반 사항은 Teardrop의 위반입니다.

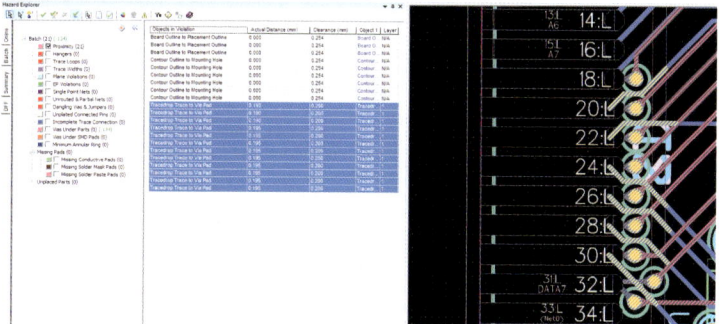

8 Teardrop으로 생성된 Via들의 간격이 너무 촘촘합니다. 다음처럼 지그재그로 Via들을 정리 후에 Check하면 Error가 해결됩니다.

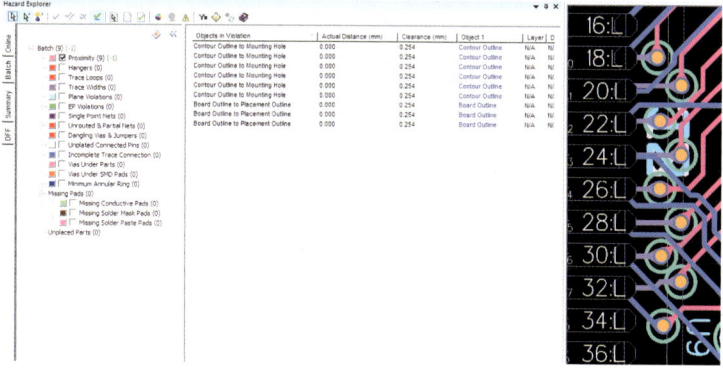

9️⃣ Board Outline에 걸린 부품은 ✅ 에서 Online DRC에서 작성한 Comment가 보이게 됩니다.

✅ 를 눌러 Accept하면 초록색으로 변경됩니다.

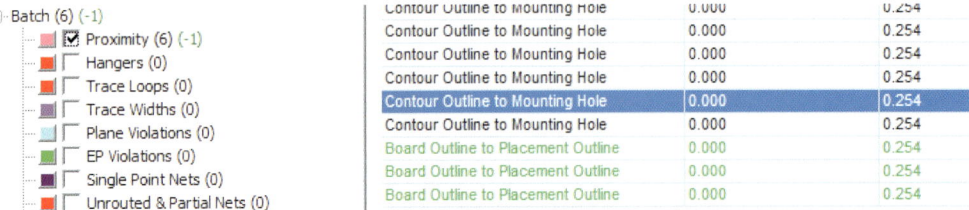

🔟 나머지는 부품의 Contour의 Mounting Hole 위반입니다.

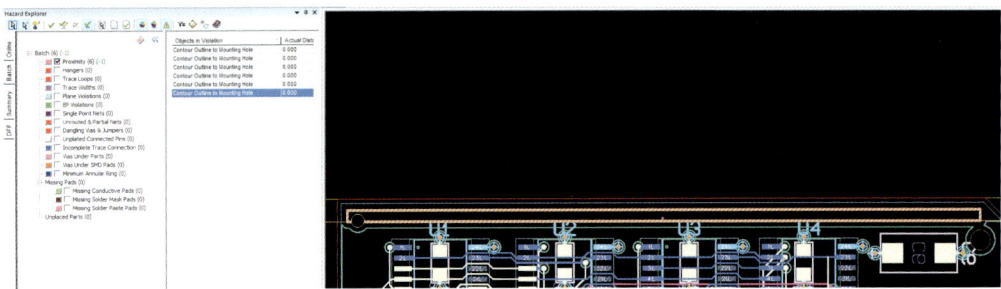

1️⃣1️⃣ Contour의 형상을 다음처럼 움직입니다. Draw Grid 0.3으로 한 두 칸 정도입니다.

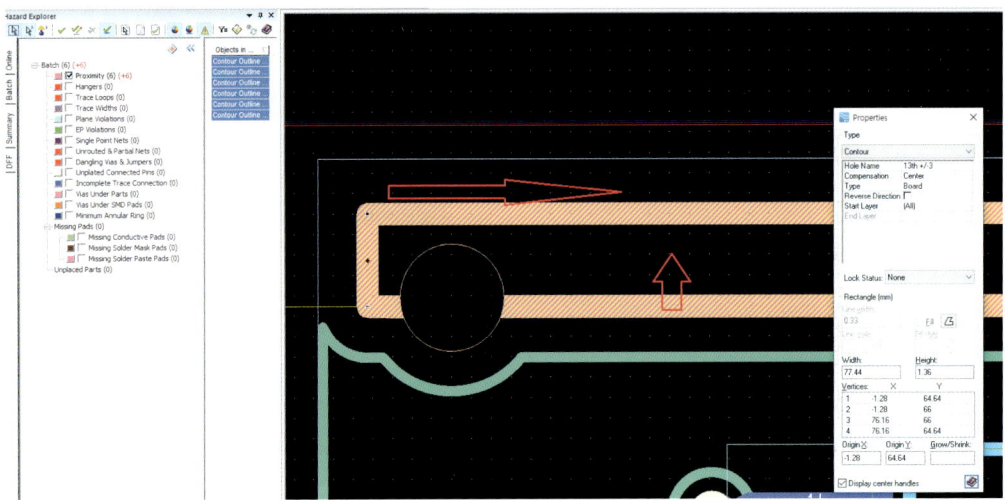

12 다음처럼 사라지게 됩니다.

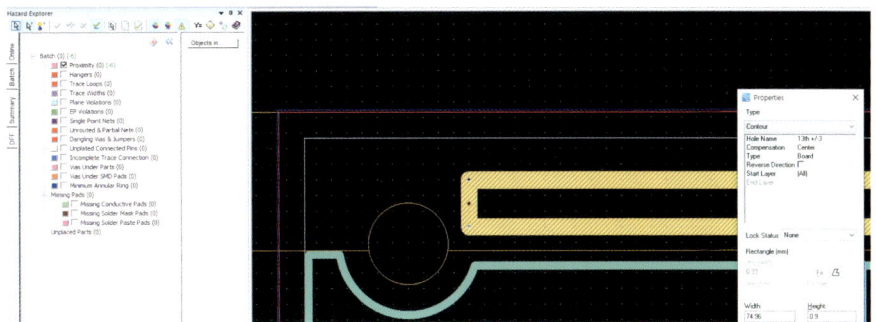

13 Proximity와 Hangers, Plane Violations, Unrouted & Partial Nets, Incomplete Trace Connection등은 확인해서 완료를 해보시기 바랍니다.

16 PADS Professional Layout의 Dimension과 Documentation

Design은 생산을 위한 목적도 있지만, Design의 문서화도 필요합니다. Dimension는 Design 문서화에 도움이 되도록 치수를 입력하는 것입니다. Dimension는 Assembly, Silkscreen, User Defined Layers에 배치하고, 일반적으로 필요한 Dimension의 Object는 Board Outline, Mounting Holes, Component Location, Fiducials, Contours and Cutouts입니다. 혹은 PCB 상에서 작성하지 않고 나중의 Drawing Editor에서 작성할 수도 있습니다.

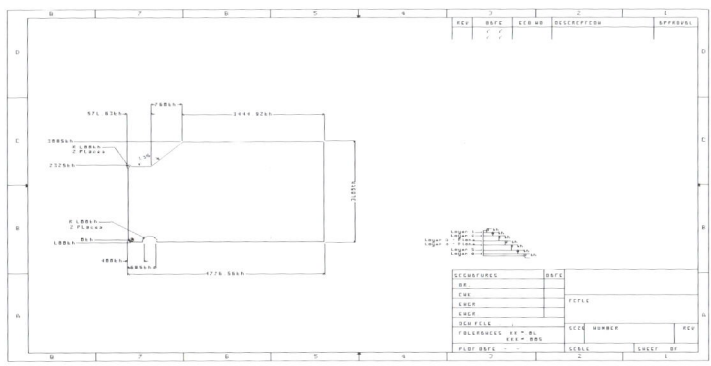

Setup Parameters에서 Dimension을 위한 User-Defined Layer 설정이 가능하고 Dimensioning Mode는 [View] - [Toolbars] - [Dimension]이나 [Draw] - [Dimension]에서 입력할 수 있습니다. Dimension를 그릴 Layer를 선택하여 입력합니다.

Dimension 옵션은 Dimension 옵션 아이콘을 클릭하여 설정할 수 있고, Dimension 를 취소하려면 RMB을 클릭합니다.

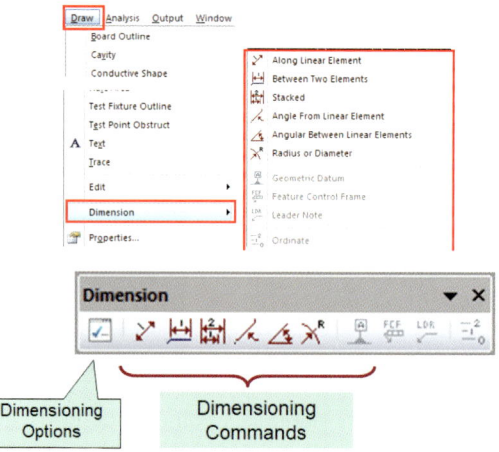

[Setup] - [Dimension Parameters]나 Dimension Option 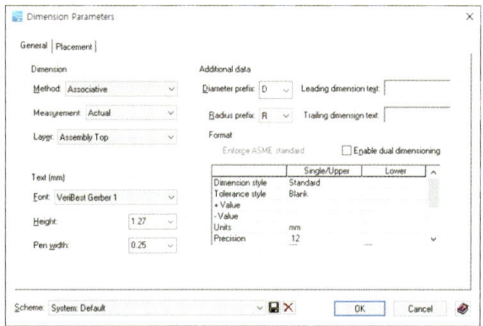을 선택해서 설정합니다. General 은 다음처럼 설정이 가능합니다.

- **Dimension**
  Associative or Ordinate 선택
  측정 type and Layer
- **Text**
  폰트 특성 설정
- **Format**
  units, tolerance and precision정의
  dimension value format을 결정합니다
- **추가 데이터**
  Prefix, leading과 trailing text

회사 표준을 준수하기 위해 각 dimension type 에 대한 scheme를 저장할 수 있습니다.

Placement는 다음처럼 치수선의 형상을 설정합니다.

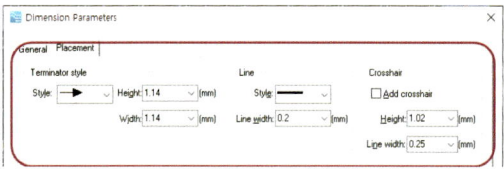

- **Terminator style**
  터미네이터의 Height, style, and width
- **Line**
  Style과 line width
- **Crosshair**
  padstack center에 추가 된 십자선의 크기를 정의합니다

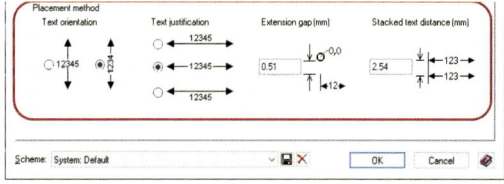

- **Text orientation**
  Vertical or horizontal 텍스트
- **Text justification**
  Dimension line의 문자 위치
- **Extension Gap**
  element 와 extension line시작 사이의 거리
- **Stacked Text Distance**
  누적 Dimension 사이의 거리

의 ↗는 Linear Element를 선택하여 배치됩니다. 그래픽에 Snap 하는 것이 자동입니다. Stacked Text Distance와 Extension Gap의 설정이 적용됩니다.

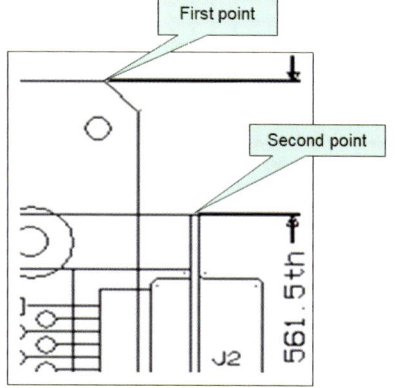

의 ⊢⊣는 Point to Point Dimension는 두 점 사이의 거리를 지정합니다.

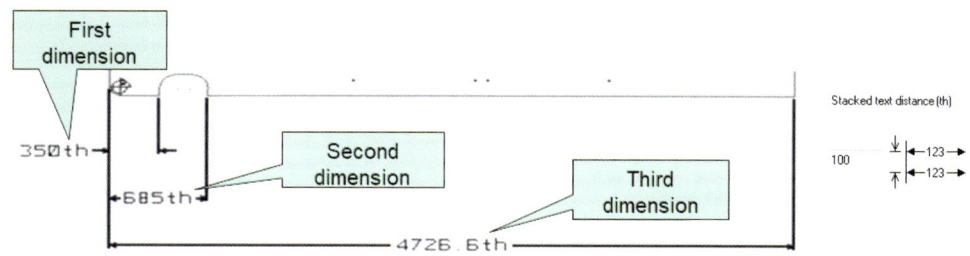

의 ⊢⊢는 Place Stacked Dimension으로 연속한 거리를 지정합니다. Stacked Text Distance의 설정이 적용됩니다.

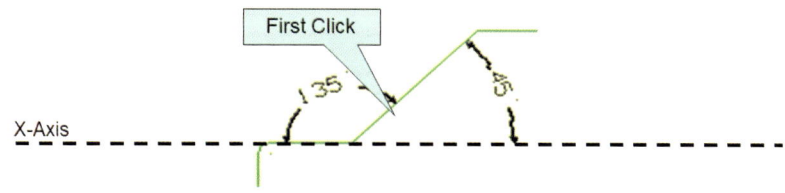

의 ∠는 Angle From X-Axis of Linear Element입니다. 지정된 각도는 선택에 가장 가까운 종점을 통해 X축이됩니다

의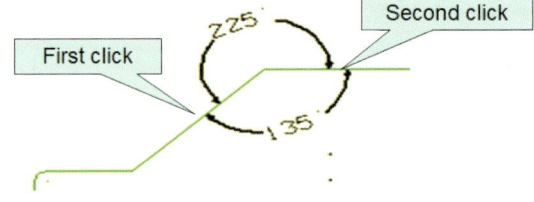

는 Angular Dimension Between Two Linear Elements입니다.

의

는 Place a Radius or Diameter Dimension입니다. Circle은 지름을 가지며 (기본적으로) Arc는 반지름입니다.

Prefix를 설정가능하고 F11 Action Key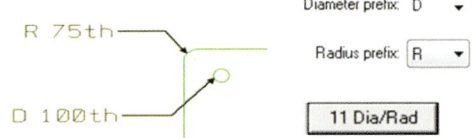
를 사용하여 반지름과 지름 사이를 전환할 수 있습니다

Method를 Ordinate로 변경해야 활성화 됩니다.

의 는 Place Datum 으로 Text입력입니다.

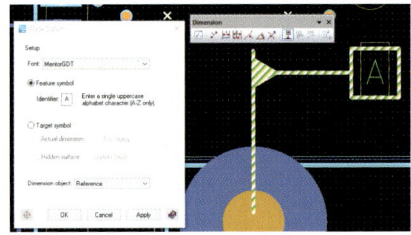

의 는 Feature Control Frame입니다.

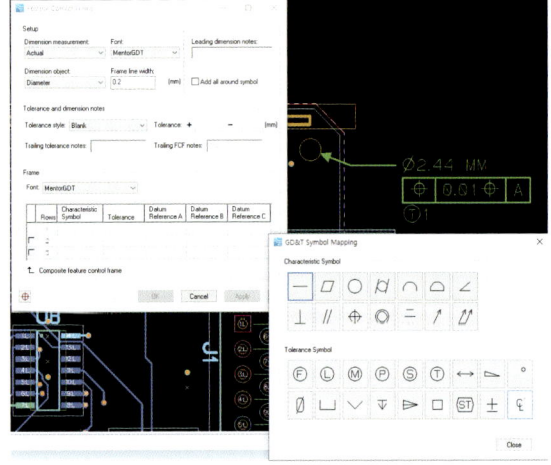

의

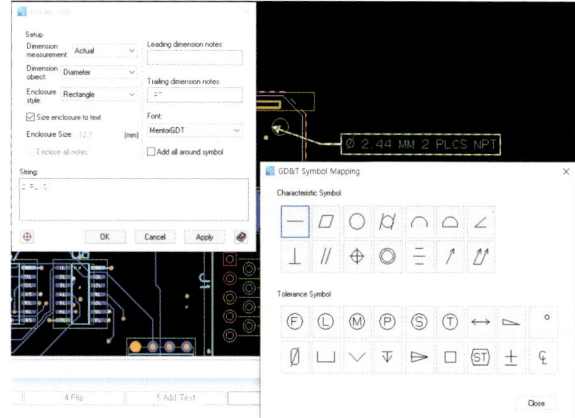

는 Leader Note입니다.

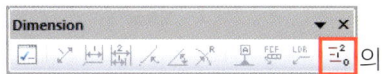의 는 Place an Ordinate Dimension으로 Dimension Option의 Method를 Ordinate로 변경해야 활성화 됩니다. Ordinate Dimension는 Board Origin 기준으로 측정됩니다.

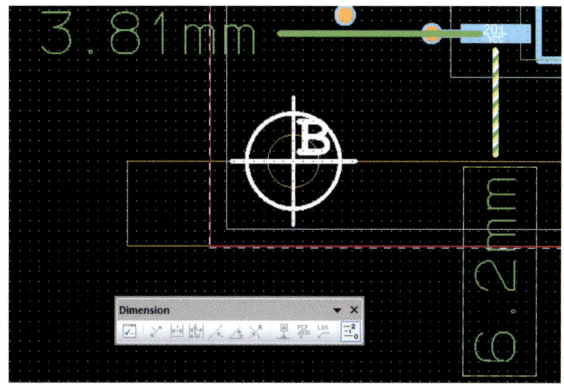

Dimension을 입력할 때나 혹은 다른 목적으로 Snap을 사용 가능합니다.

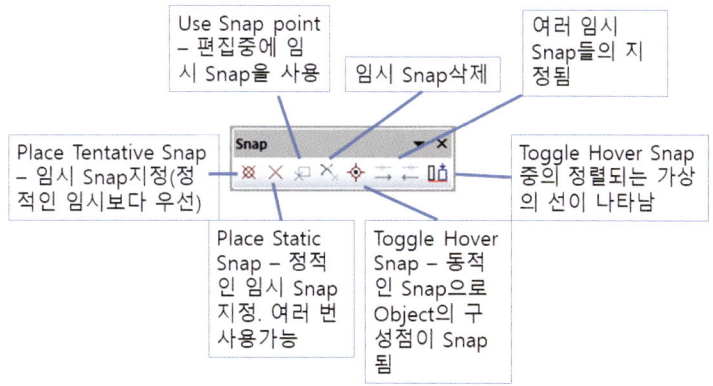

Dimension은 Dimension Text가 이동하면 Dimension Line이 자동으로 이동되고, 선택하면 Action Keys가 활성화됩니다. Dimension를 편집하려면 Dimension Mode에 있어야 하고 재배치하려면 새 위치로 Drag 합니다.

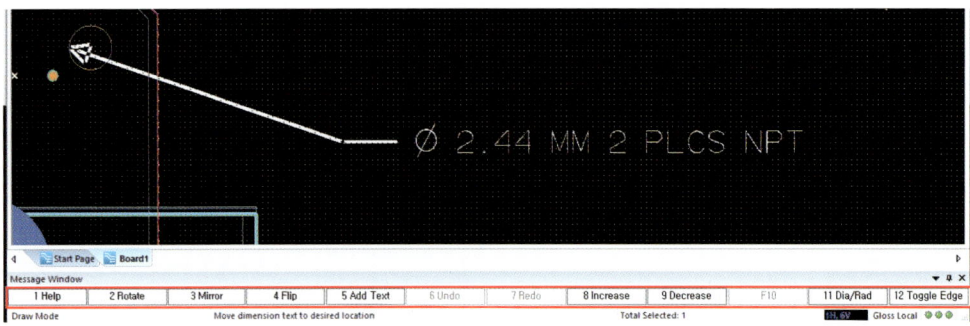

Design의 문서를 위해 부품이 필요하다면 Central Library에서 Drawing Cells로 작성하고 Library Services를 사용하여 Central Library에서 Local Library로 가져와서 Component Explorer의 Drawing Cells로 배치 가능합니다.

Page Format 또는 Sheet Borders, Layer Stackup Cross Section, Standard Notes, Commonly-used Dimensions 등을 작성합니다.

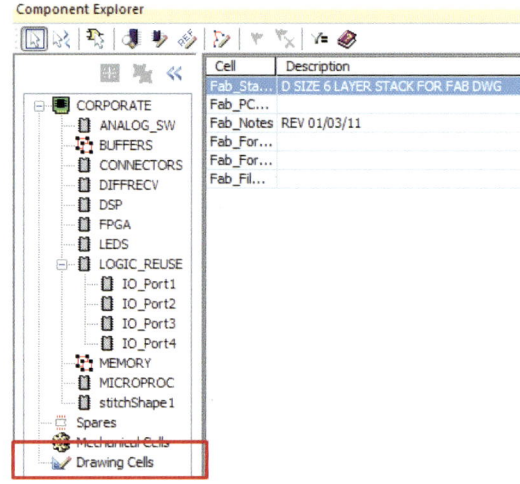

실습 12 PADS Professional Layout의 Dimension과 Documentation

1. Dimension입력은 Dimension Toolbar 에서 입력합니다.

2. User Layer에 Dimension Data를 입력하기 위해 Dimension의 User Layer를 작성합니다.

[Setup] - [Setup parameter]로 가서 Dimension을 추가합니다.

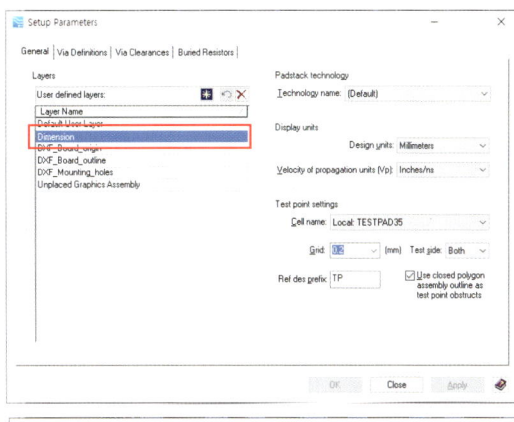

3 를 선택해 Option을 설정합니다. Method에 Ordinate, Measurement를 Actual, Layer를 Dimension으로 선택합니다. Ordinate는 원점에서 얼마나 떨어져 있다는 표시입니다.

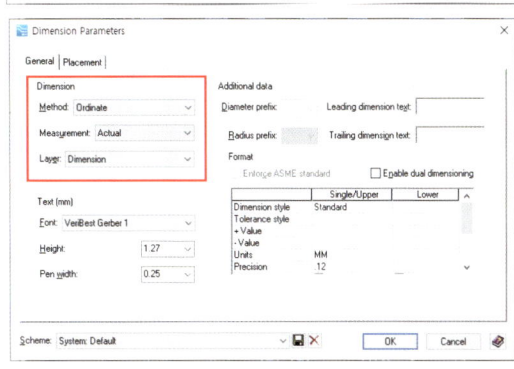

4 로 다음처럼 Board의 다음의 위쪽에 가서 다음과 같이 입력합니다.

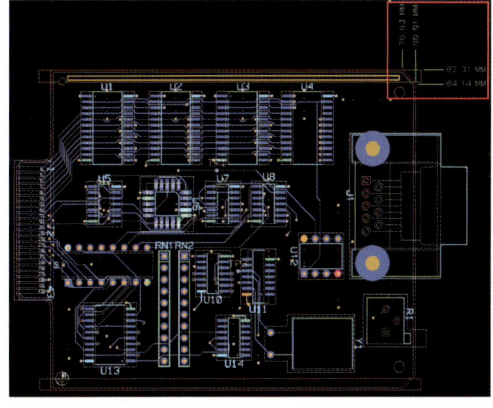

5 다음은 Option에서 Associate로 변경합니다.

Note Associate는 과 같은 항목을 사용 가능합니다.

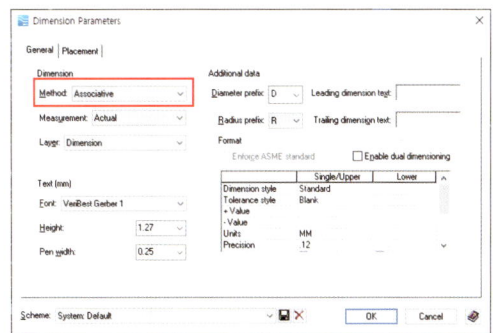

6 ↗을 눌러 다음 변을 선택하면 다음처럼 입력됩니다. 입력시에 Hover Snap ⊕을 키면 유리합니다.

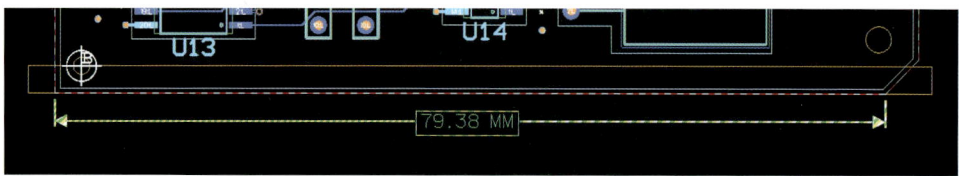

7 ⊢⊣를 눌러 위의 두 Point를 선택하면 다음 같이 입력됩니다.

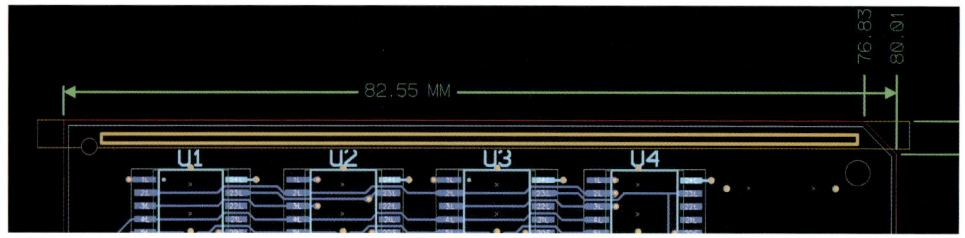

8 는 연속으로 입력이 가능합니다. 왼쪽에 연속으로 입력하면 다음과 같이 입력됩니다.

9 는 특정한 하나의 변을 지정합니다. 다음처럼 다음의 한 변을 지정합니다.

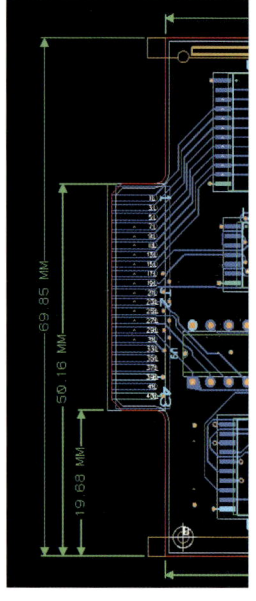
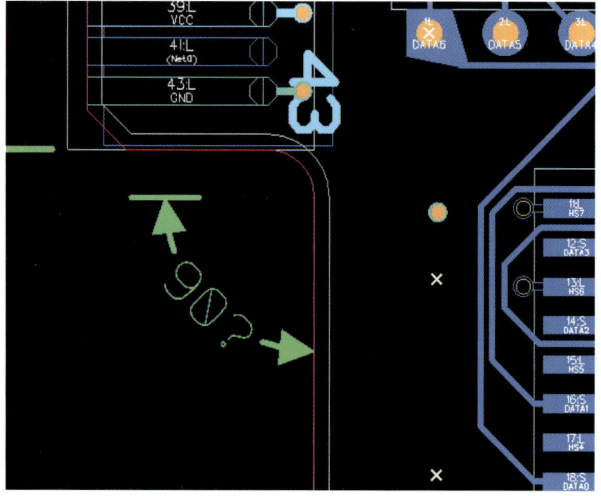

10. ⌃ 는 두 변을 지정합니다. 다음처럼 다음의 두 변을 지정합니다.

11. ⌃ 는 특정한 Radius를 지정합니다. Mounting Hole에 다음처럼 입력합니다.

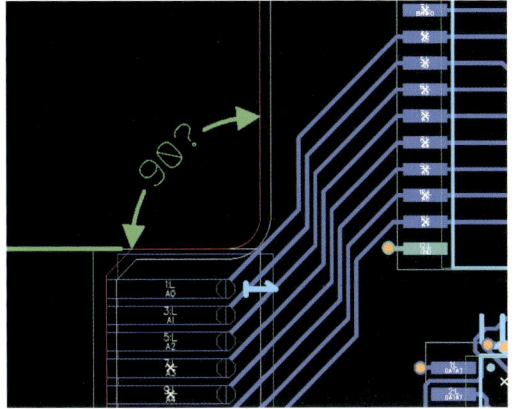 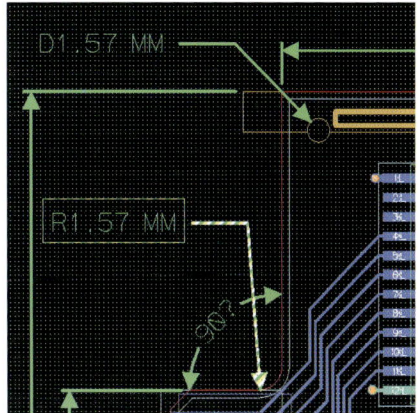

12. 최종 입력 후에는 다음과 같습니다.

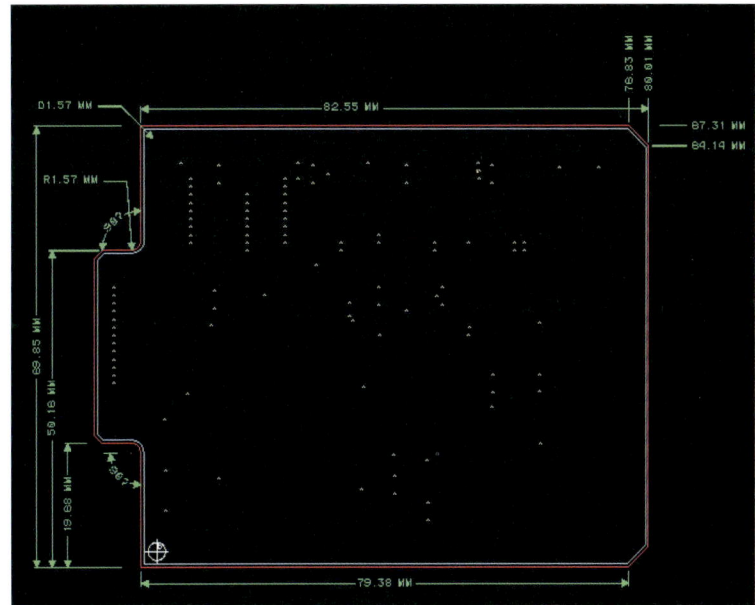

17 PADS Professional Layout의 출력

모든 PCB Design이 완성되면 제조데이터를 작성해야 합니다. 제조데이터는 부품 실장을 위한 BOM(Bill Of Material)과 PCB 제작을 위한 데이터로 나누어지게 됩니다. 먼저 광범위하게 보는 BOM은 나사 하나까지 포함하는 제조에 관한 모든 자재 리스트입니다. 그리고 우리가 Design한 PCB도 BOM에서 보면 부품의 하나일 뿐입니다. 그래서 PCB에서 부품 실장용으로 출력하는 것은 Partlist라고 합니다. 회로에서는 PartLister에서 출력했지만 회로에는 좌표 정보가 없기 때문에 목적이 다릅니다. PCB에서는 [Output] - [Bill of Material]에서 출력합니다.

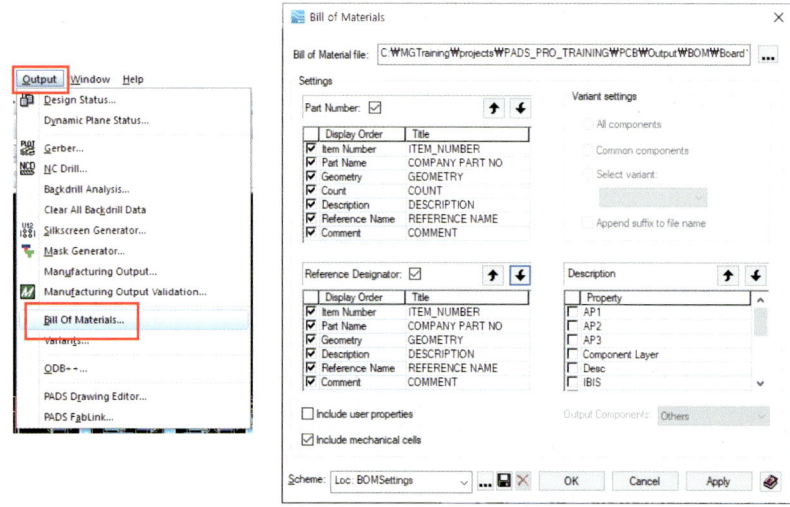

다음과 같이 항목을 설정하여 출력 가능합니다.

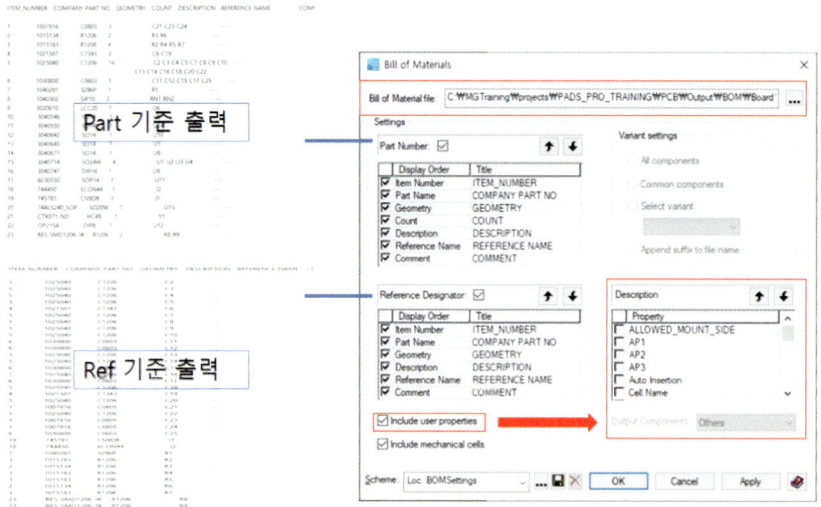

PCB 제작을 위한 데이터는 Gerber와 ODB++데이터로 작성이 가능합니다. Gerber는 각 Layer들을 Film으로 만들기 위한 Photo Data와 Hole을 만들기 위한 NC Drill Data로 나누어서 출력합니다. Gerber Data를 출력하기 위한 설정은 Setup의 Gerber Machine Format에서 설정합니다.

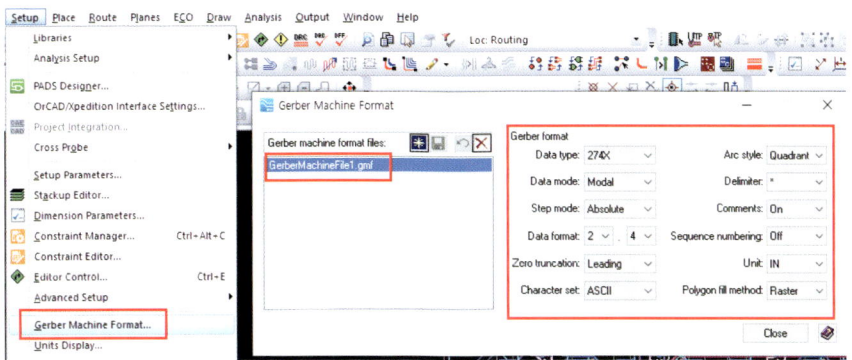

출력은 Output의 Gerber와 NC Drill입니다.

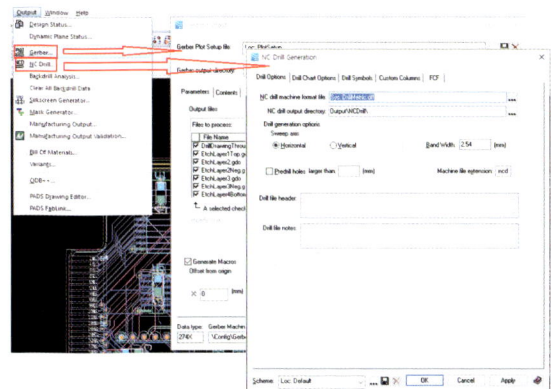

Gerber는 PCB에서 Design하는 Layer와 출력할 Object를 지정해서 설정합니다. 먼저 Parameter는 다음처럼 설정 파일과 출력 위치, Offset, Layer 설정입니다. Layer를 변경하면 자동으로 변경되지 않으므로 현재 PCB의 설정에 따라 추가 혹은 편집해야 합니다.

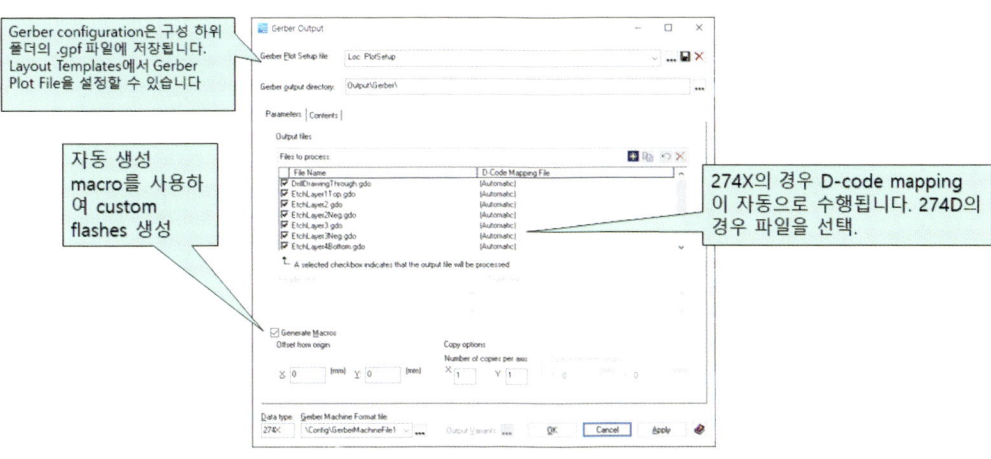

Contents의 경우 Layer 별로 출력할 Object를 설정합니다.

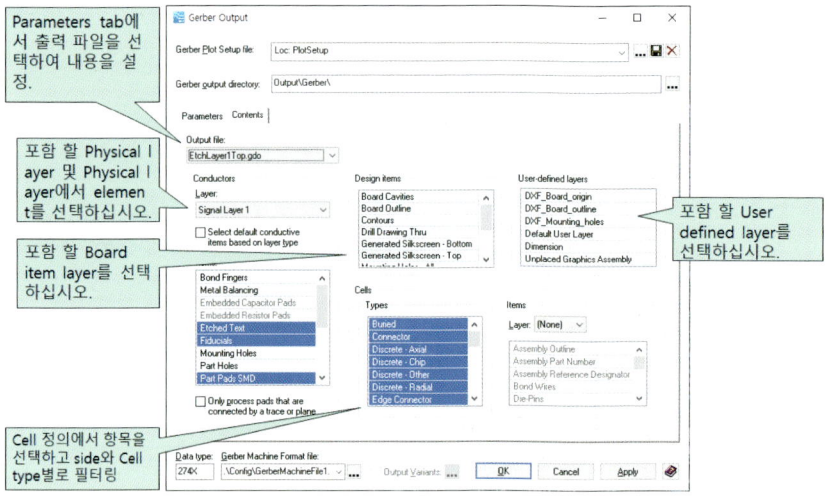

NC Drill의 Drill Option의 경우 다음처럼 설정합니다.

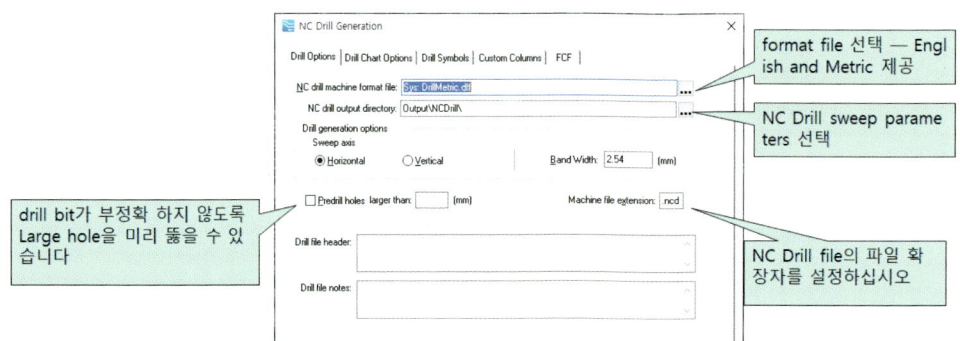

NC Drill의 Drill Chart Option의 경우 다음처럼 설정합니다.

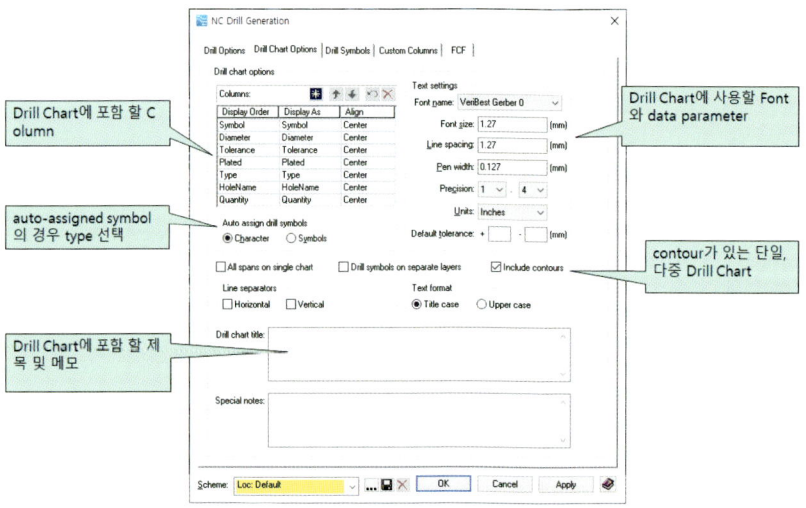

NC Drill의 Drill Symbol의 경우 다음처럼 설정합니다.

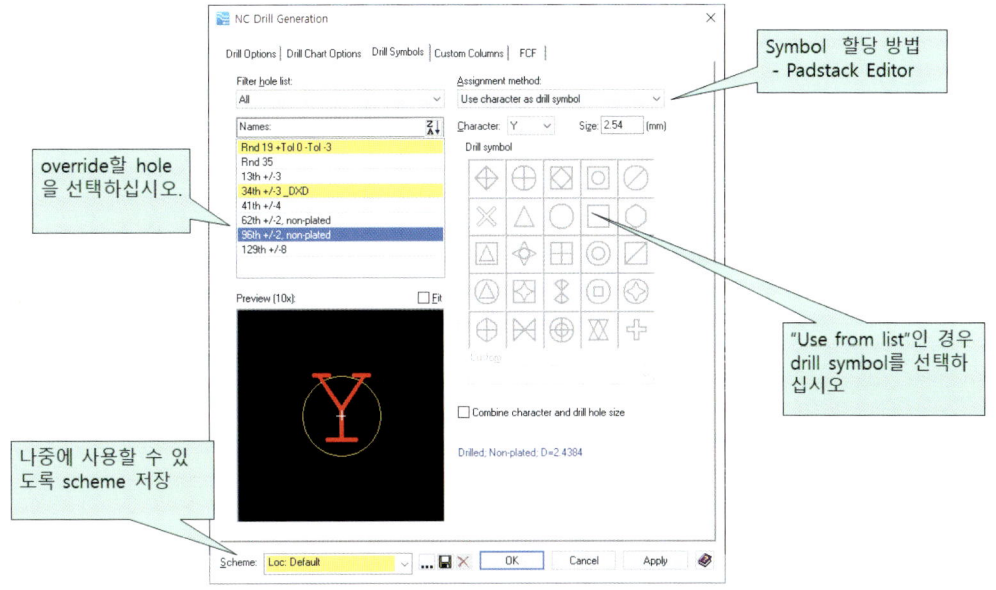

Custom Colum과 FCF(Feature Control Frame)은 설정 확인이 가능합니다.

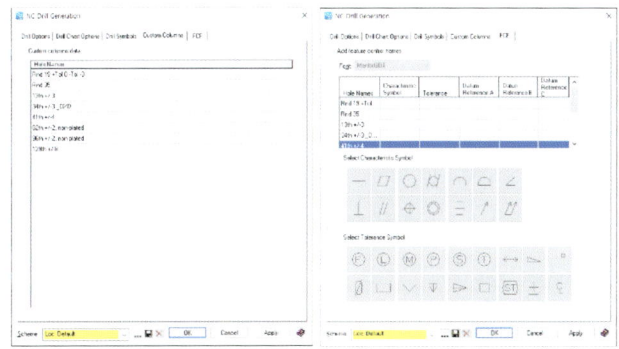

Drill Chart는 Drawing Cell로 만들어지고, Drill Chart를 Place Mode에서 Drawing Cell로 이동 가능합니다.

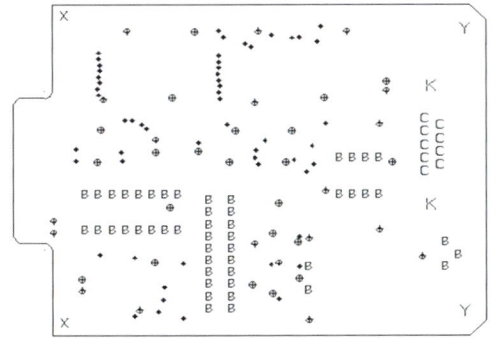

Gerber는 회로적인 정보가 없는 그림을 Text로 표현한 파일입니다. 제조만을 위한 파일이며 회로적인 내용이 담긴 제조 파일이 필요할 때는 ODB++ Data를 출력합니다. Output에 ODB++로 출력합니다.

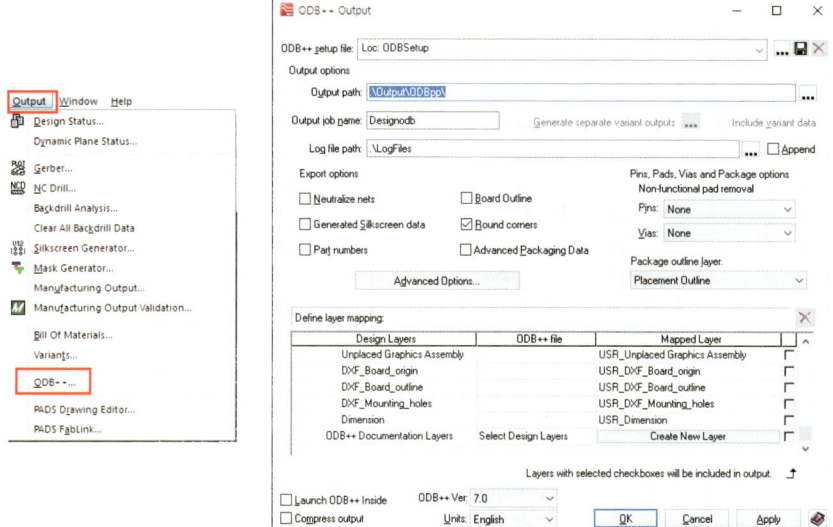

Export Option은 다음과 같습니다.

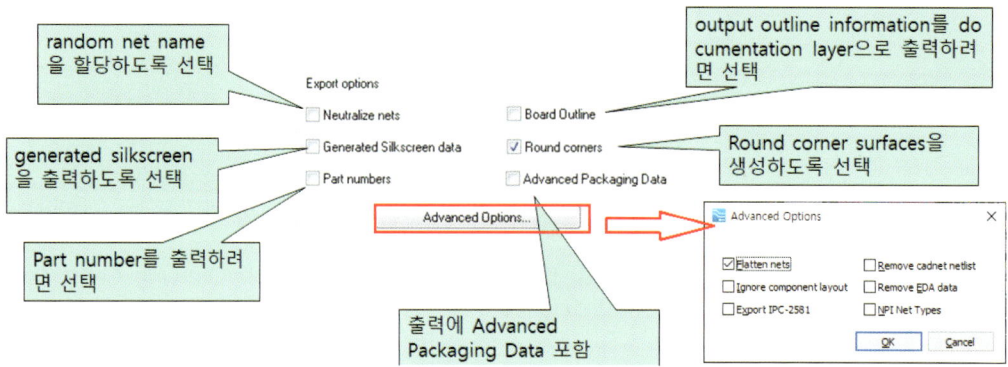

Define Pins, Pads, Vias, Package Options은 다음과 같습니다.

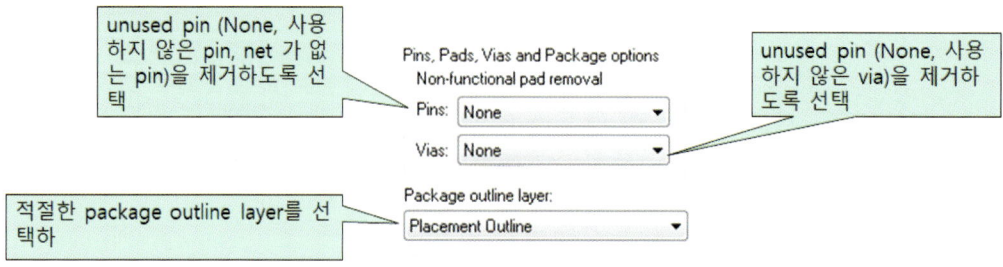

User Layer Mapping은 다음과 같습니다.

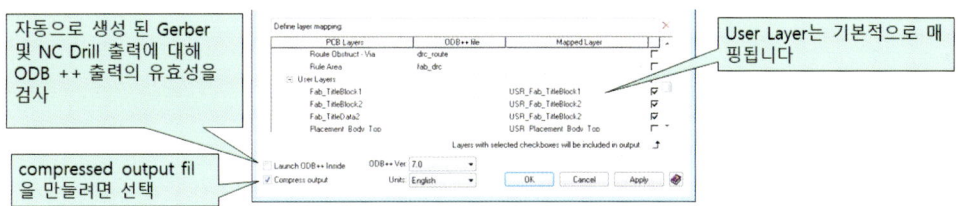

실제 PCB를 종이나 파일로 출력하려면 [File] - [Print]를 사용합니다.

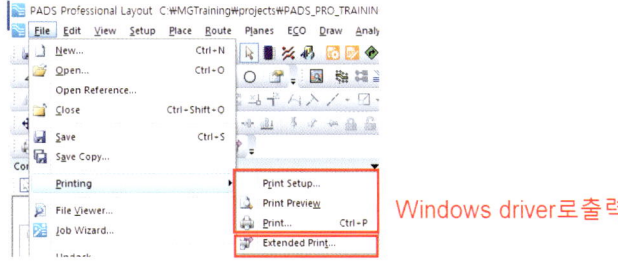

Window에 설정된 Print Driver로 프린트 가능하며 미리보기 화면은 PCB 그래픽 화면에 표시됩니다.

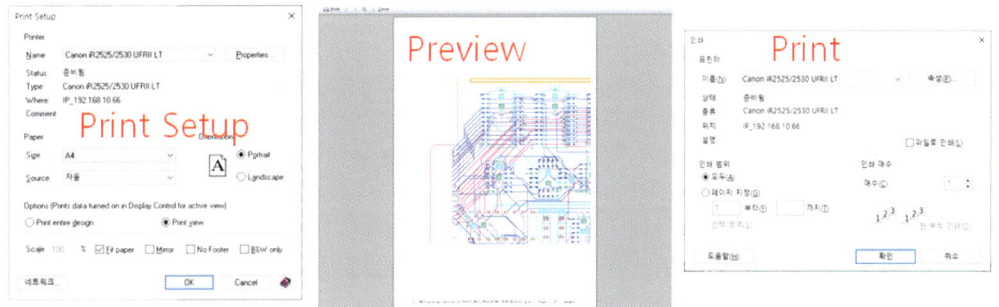

Extended Print는 PDF출력이 가능합니다. Gerber처럼 Layer와 Object를 설정하여 PDF를 출력합니다.

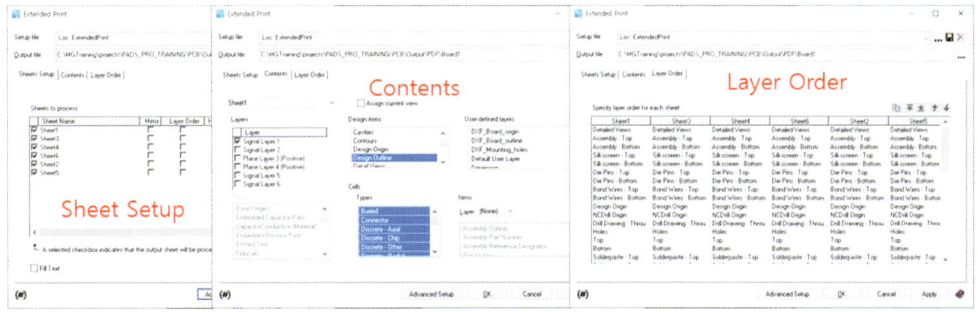

Advanced에서는 좀더 자세한 설정이 가능합니다.

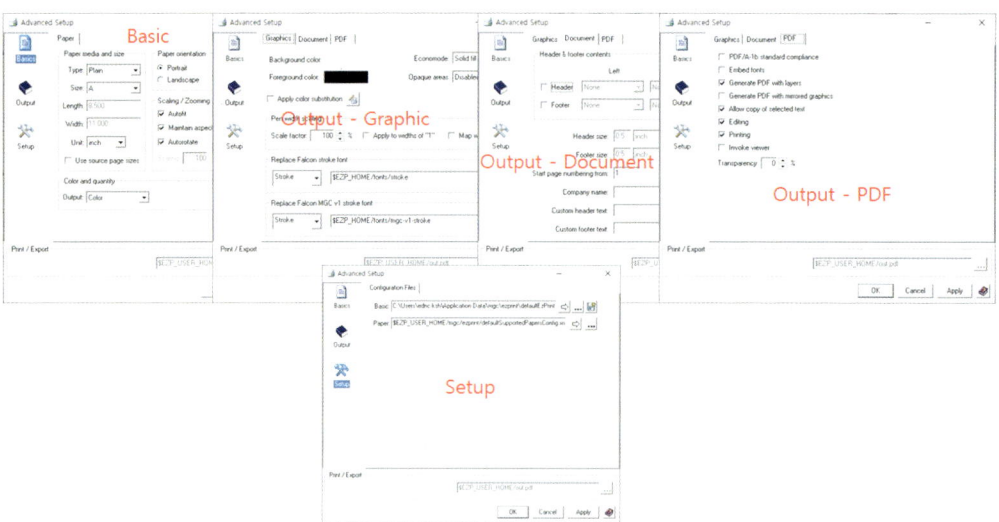

￦PCB￦Output￦PDF에 출력됩니다.

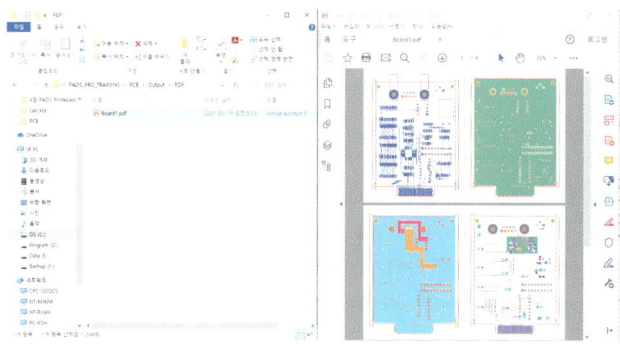

실습 13 PADS Professional Layout의 출력

1 먼저 Partlist출력을 위해 [Output] - [Bill Of Material]을 실행하여 다음처럼 Description을 Settings 의 Description 부분을 Layer로, Description의 Component Layer 를 선택한 후에 OK를 눌러 출력합니다.

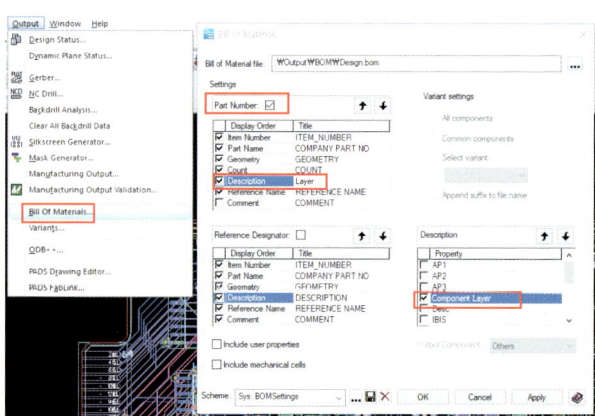

604

4장 PADS Professional Layout

2 ₩PCB₩Output₩BOM에 다음처럼 출력됩니다.

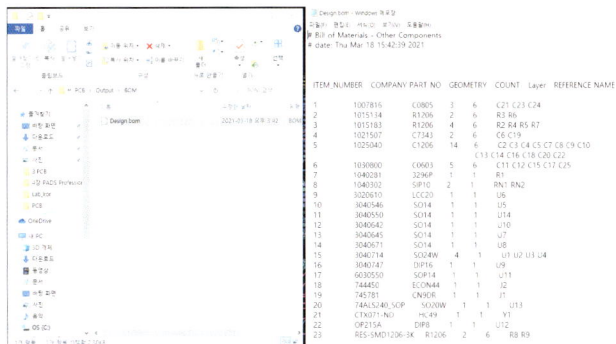

3 좌표를 출력하기 위해 [File] - [Export] - [General Interfaces] - Generic AIS를 출력합니다.

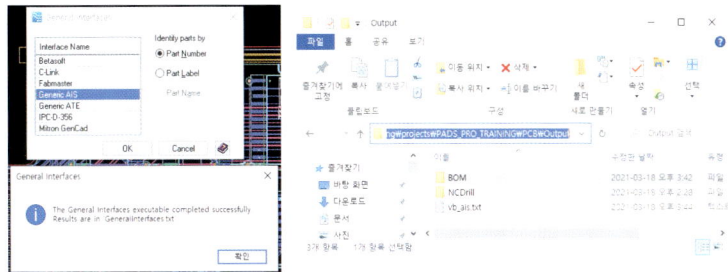

4 ₩PCB₩Output에 다음과 같이 출력됩니다.

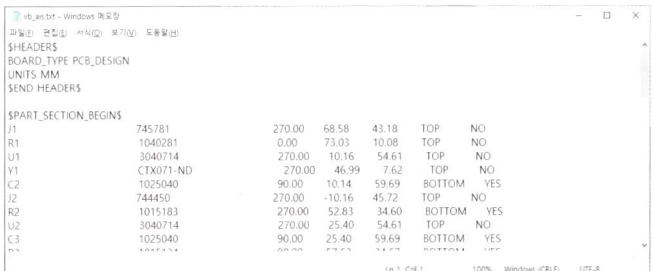

5 다음은 Gerber 출력을 진행합니다. [Output] - [Gerber]에서 다음처럼 Layer 이름을 변경합니다.

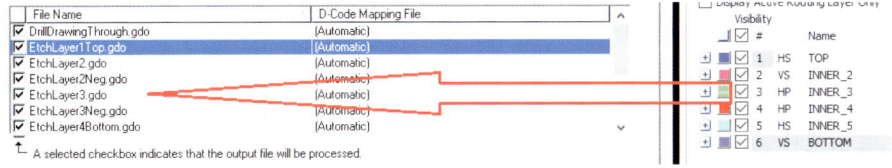

6 변경하면 다음처럼 됩니다. Layer를 변경했기 때문에 6층에 맞게 설정합니다.

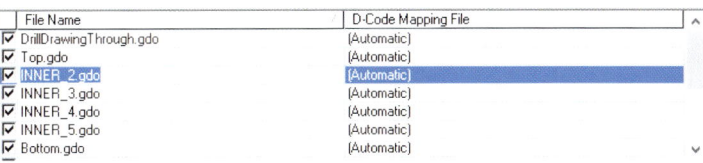

605

7 Contents에서 Layer 설정이 맞는지 확인/변경합니다. OK를 누르면 다음처럼 출력됩니다.

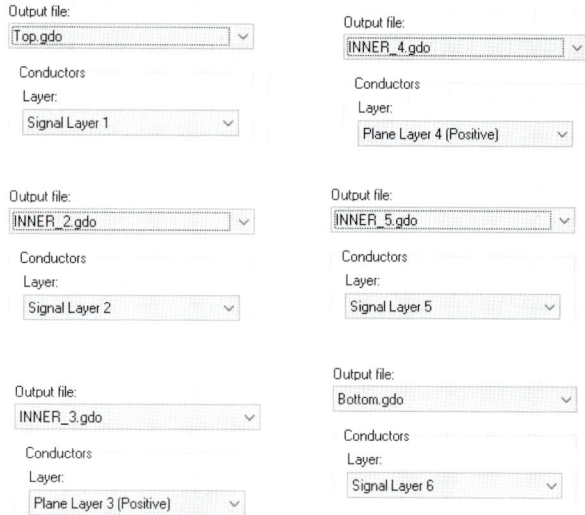

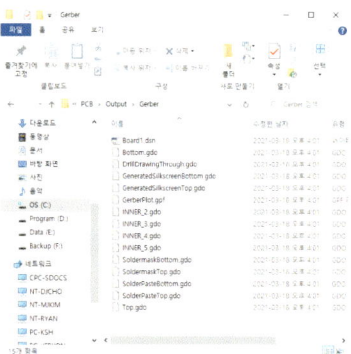

8 [Output[- [NC Drill]을 그냥 출력하면 다음처럼 출력됩니다.

9 다음은 ODB++을 출력합니다. [Output] - [ODB++]에서 다음 설정으로 OK합니다.

10 ₩Output₩ODBpp에 다음처럼 출력됩니다.

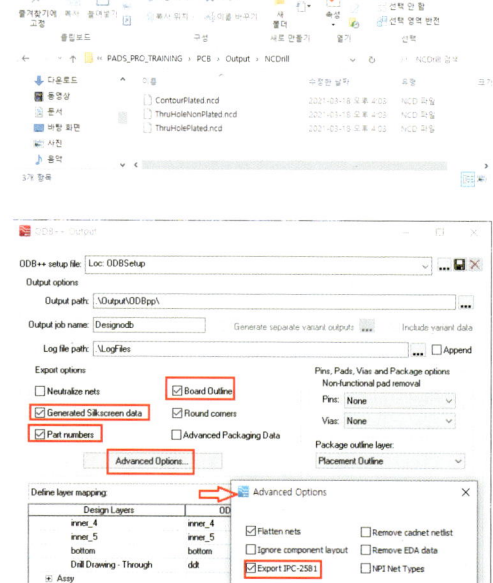

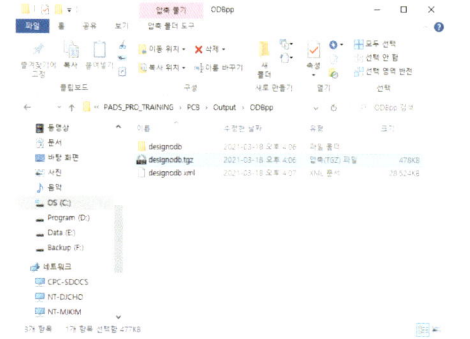

18 PADS Professional Layout의 추가 기능

A. Job Wizard

[File] - [Save Copy] 기능은 Save As기능입니다. 파일을 새로 작성하고 복사와 삭제 등은 사실 OS의 기능을 이용하지만, PADS Pro Layout의 내부 기능을 이용할 수도 있습니다. [File] - [Job Wizard]입니다.

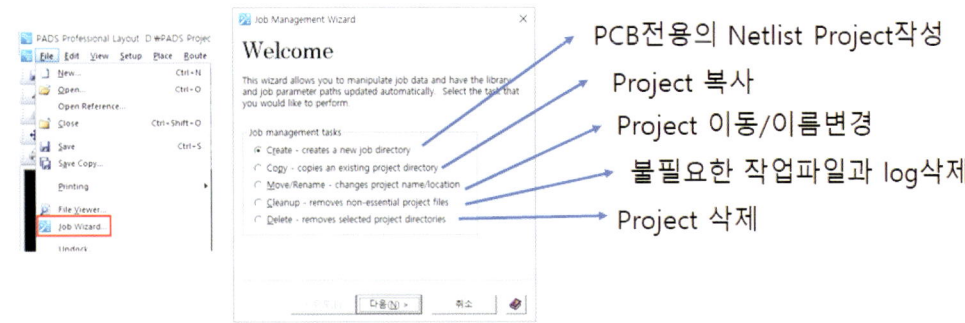

B. Dock/Undock

외주 설계용의 특별한 목적으로 PCB의 기능 제한을 두고 내보내야 할 때 사용할 수 있는 기능이 Undock이고 설계가 종료한 후에 다시 가져오는 기능이 Dock입니다.

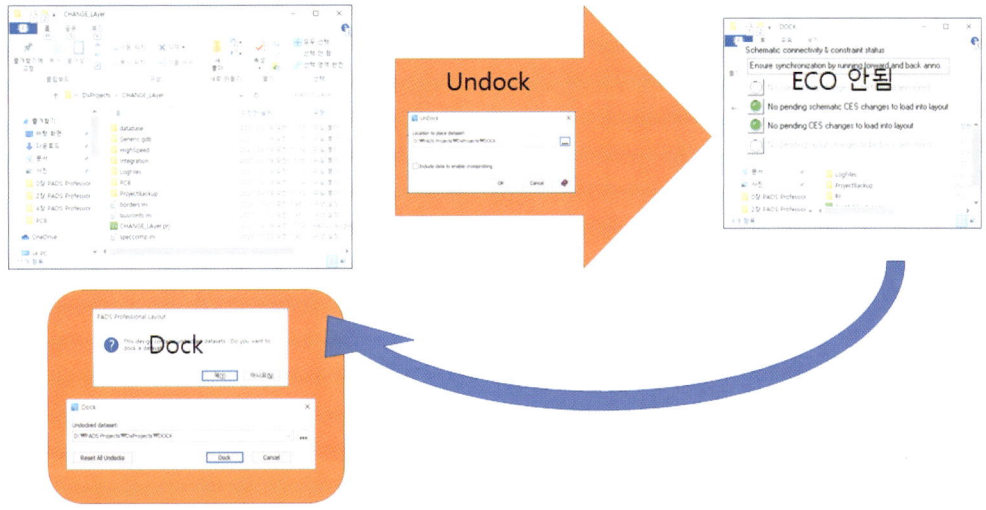

C. Import

[File] - [Import]에서는 Board Outline 등을 Import 할 수 있는 DXF/IDF와 기능과 User Layer에 Gerber Data를 Import 할 수 있는 기능을 제공합니다.

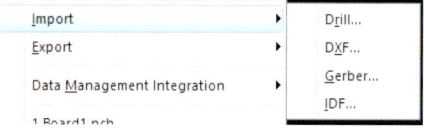

D. Gerber Import/Compare

동일한 형상의 Gerber Data와 NC Drill Data가 있다면 User Layer에 Import 가능합니다. Import 가능한 출력의 프로그램은 Board Station, PADS Professional, Xpedition입니다.

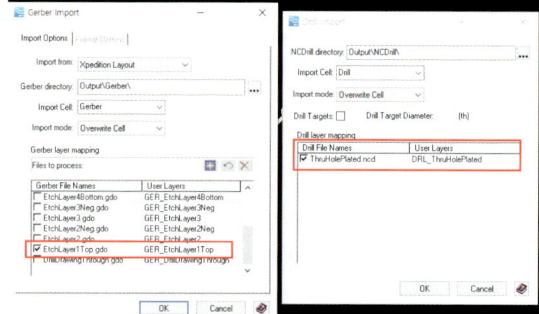

Import 하면 다음처럼 Import한 형상이 User Layer에 입력되고 DXF Cell처럼 Gerber Cell로 인식되어 형상 복사가 가능합니다.

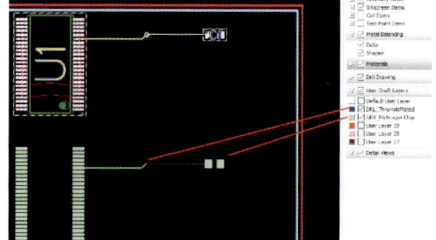

다른 목적으로는 출력한 Gerber의 비교 목적으로 사용할 수 있습니다. Analysis 의 Geber Compare를 사용하면 User Layer끼리의 비교가 가능합니다.

비교할 Layer들을 선택하고 출력할 Layer를 지정하여 Process를 누르면 출력 Layer가 입력됩니다.

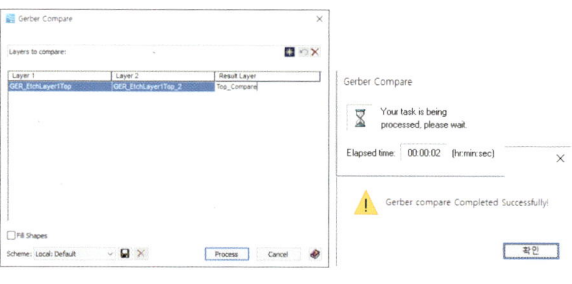

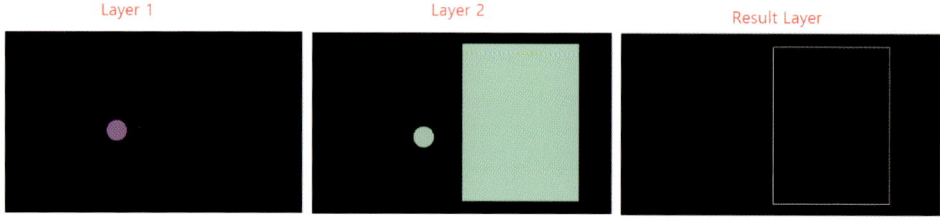

E. Export

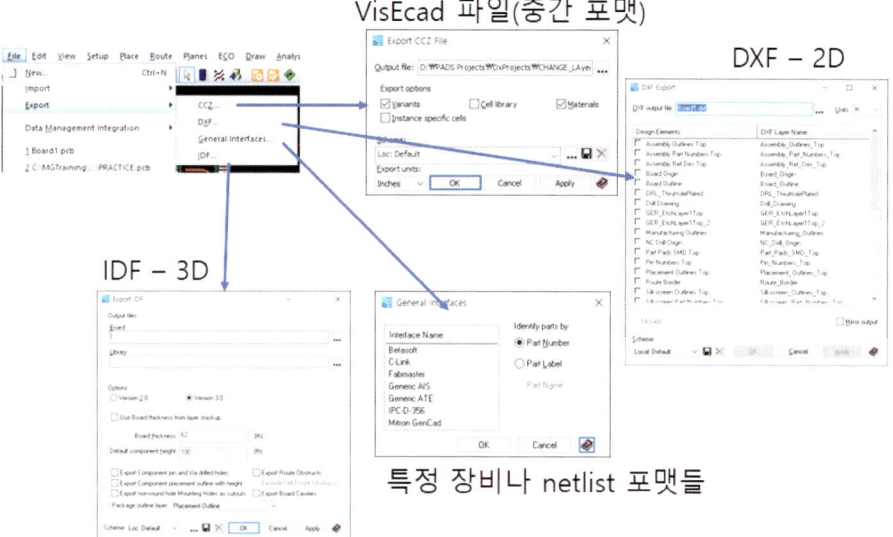

F. Change Layer

설계를 하다 보면 Layer 변경이 필요할 때가 있습니다. 배선 같은 경우에는 Segment를 선택하고 RMB - [Layer]를 변경하면 자동으로 변경되어서 Via가 작성됩니다.

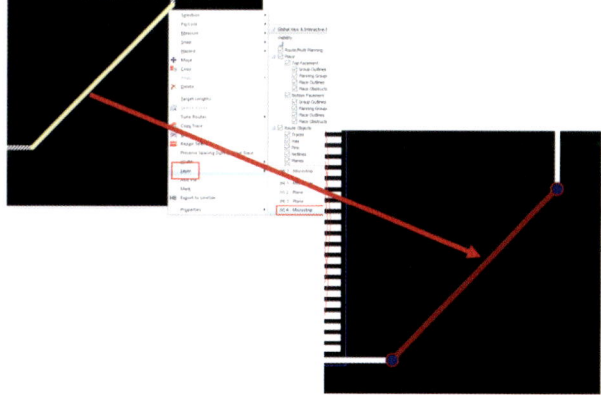

부품과 Trace들이 Layer를 변경하려면 [Edit] - [Change Layer]와 [Push]를 조합해서 이동합니다.

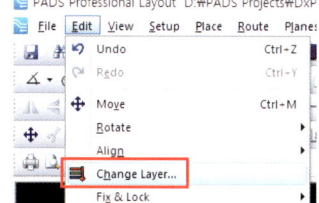 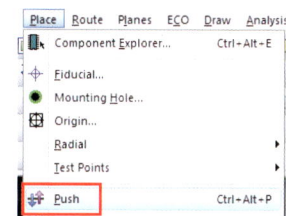

이 명령어들은 회로를 선택해서 Move 시에 RMB로 선택이 가능합니다.

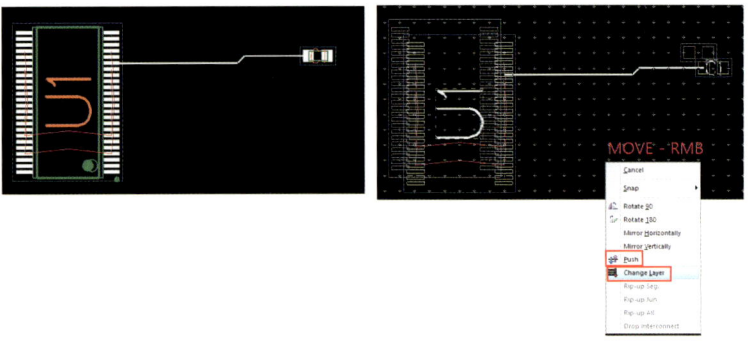

Push는 부품을 포함한 모든 Object가 원하는 Layer로 변경되고, Change Layer는 부품을 제외한 Object만 원하는 Layer로 변경됩니다.

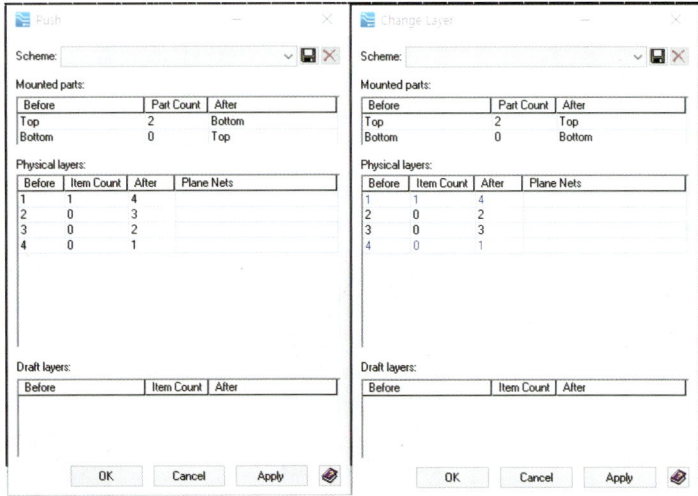

G. Circuit Copy (Reused Design)

회로의 반복되는 부분을 PCB에서 반복 설계하기엔 매우 지루한 작업입니다. 이러한 부분은 재사용해서 설계 가능합니다.

PCB 설계가 완료된 회로를 복사합니다.

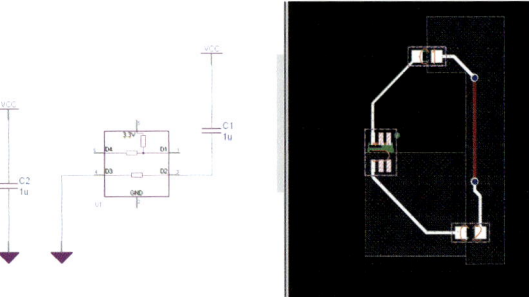

4장 PADS Professional Layout

동일한 회로 부분을 4개 복사하여 PCB 로 넘깁니다.

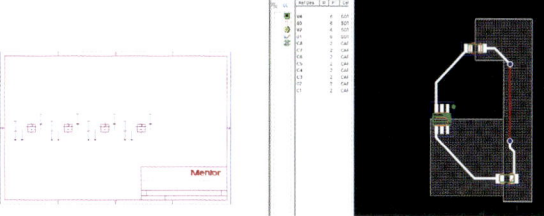

PCB에 미 배치 부품이 있는 상태에서 PCB 부분을 선택하고 아래 표시한 Edit의 기능을 이용하여 복사를 할 수 있습니다.

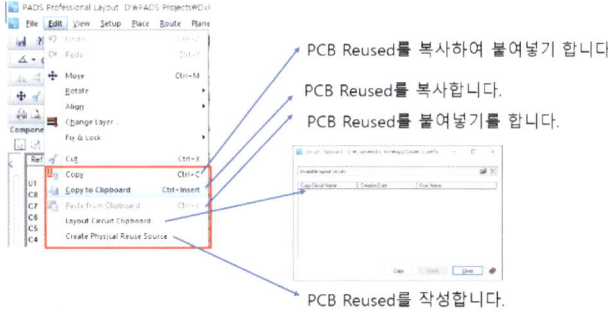

단순한 복사 후에 붙여넣기라면 Copy, Copy to Clipboard, Paste from Clipboard를 사용합니다.

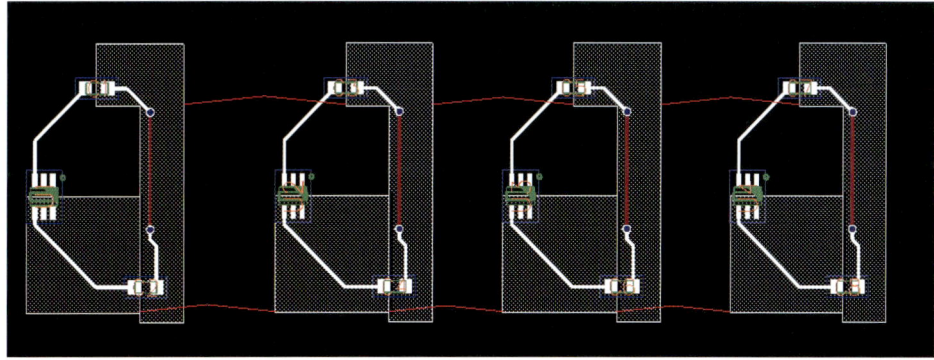

Create Physical Reuse Source를 작성하면 Component Explorer에 Reused Source가 작성됩니다.

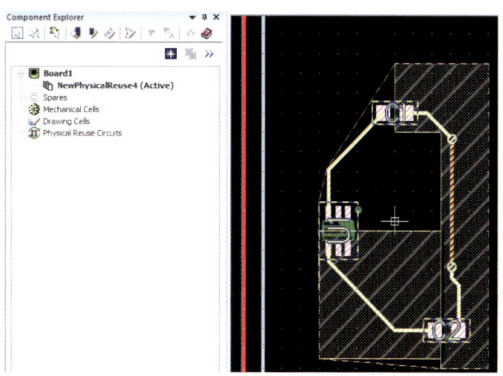

611

RMB - [Publish]는 Reused 내용을 고정하고 Freeze 합니다.

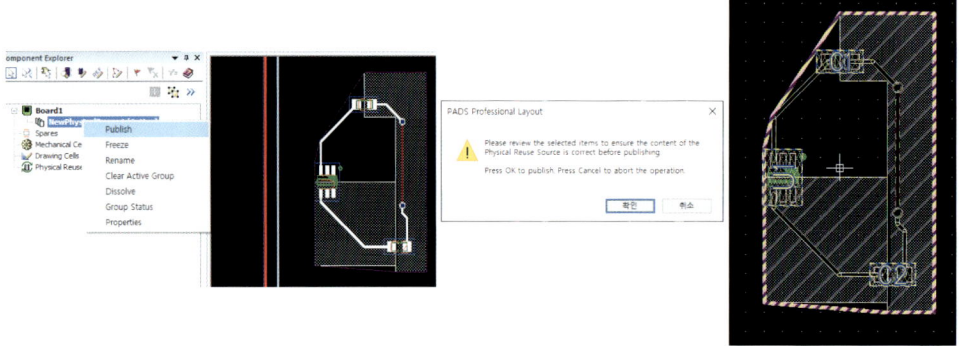

Reuse Source 상태에서도 복사가 가능합니다.

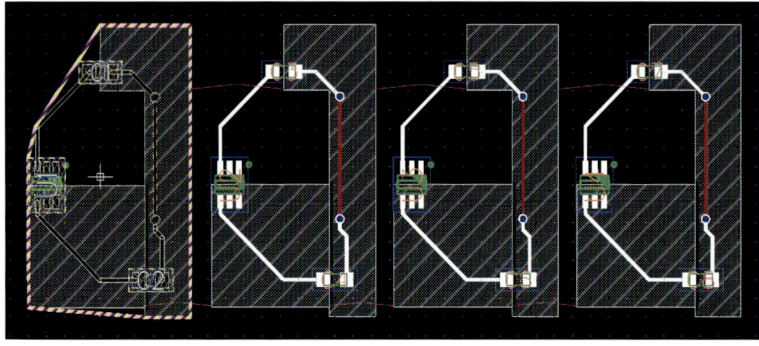

해제는 선택한 상태에서 RMB - [Unfreeze]와 Dissolve Group 으로 해제 가능합니다.

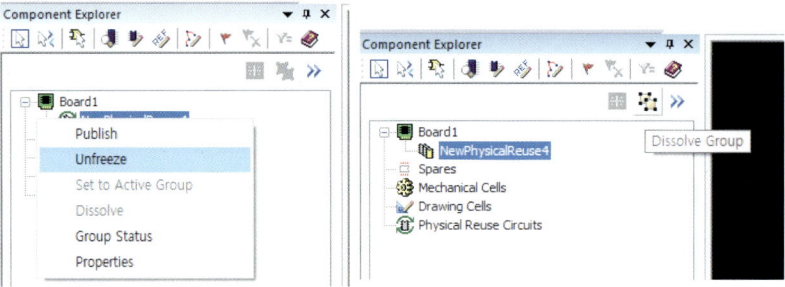

H. Copy Bitmap to Clipboard

[Edit] - [Copy Bitmap to Clipboard]는 PCB Design을 그림으로 복사하고 싶은 경우에 사용합니다.

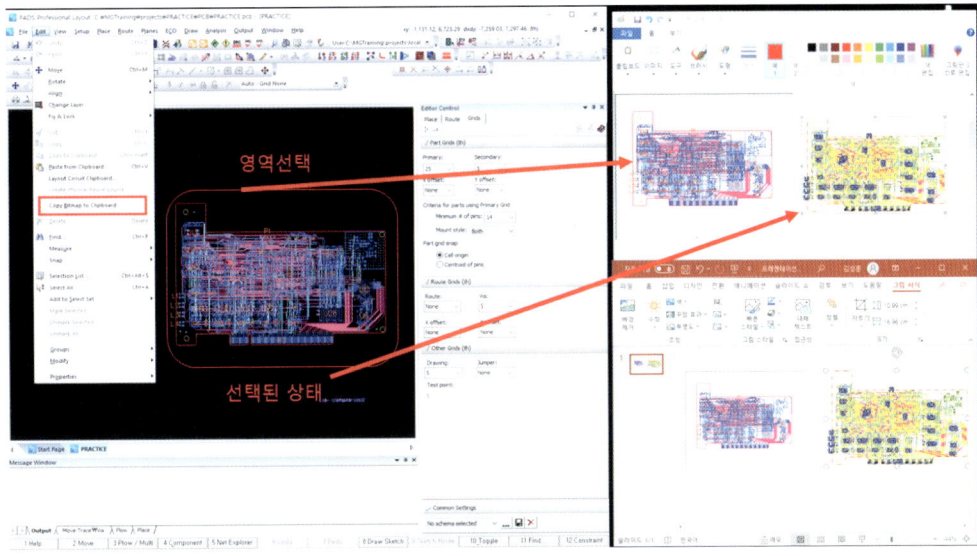

I. Edit Selected Cell

PCB가 작성되어서 복사된 Local 부품은 임시로 편집이 가능합니다.

부품을 선택하고 [Edit] - [Modify]의 [Edit Selected Cell]이나 RMB - [Edit Selected Cell] 하면 Cell Editor가 열리게 됩니다.

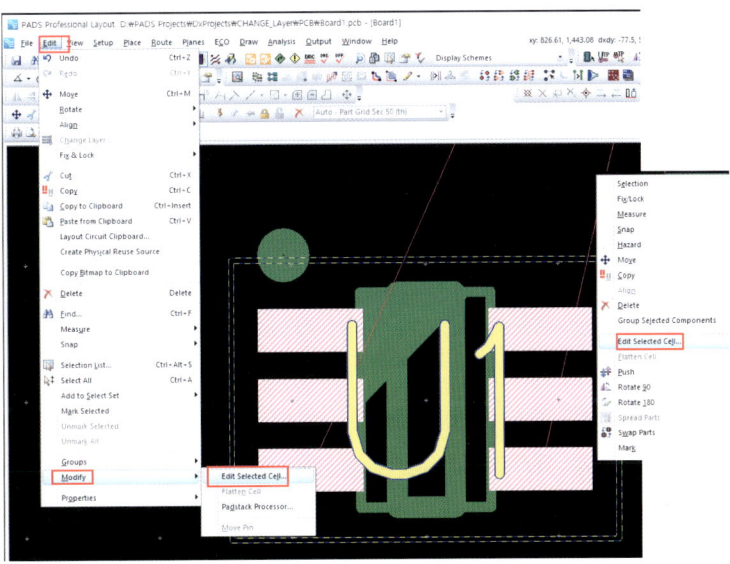

Local로 열린 Cell Editor에서 편집한 내용은 PCB에 바로 반영됩니다.

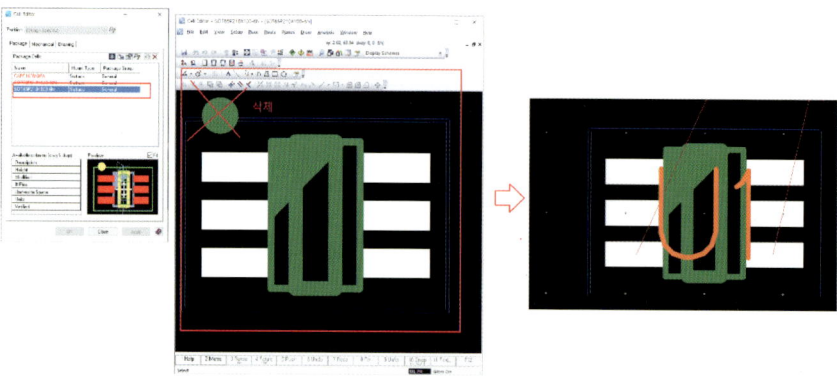

원래 부품으로 돌아가고 싶으면 [Setup] - [Libraries] - [Library Services]에서 부품을 선택하고 가져오거나 ECO의 Replace Cell의 Reset을 사용합니다.

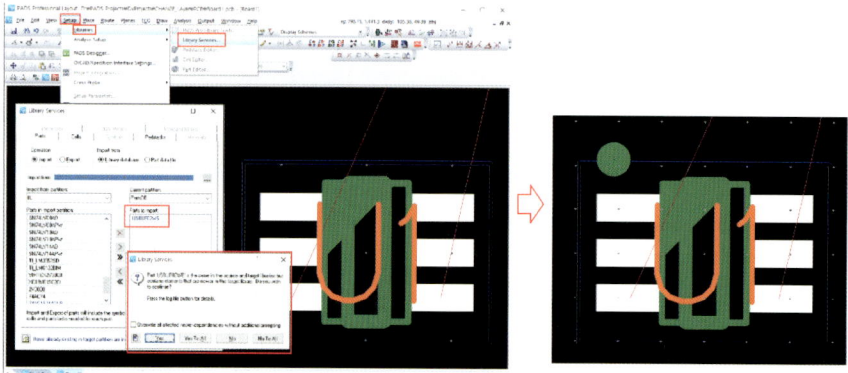

J. Flatten Cell

Cell에서도 Trace나 Via가 포함된 부품을 만들 수 있고, Fanout을 미리 부품에서 생성하는 것도 가능합니다.

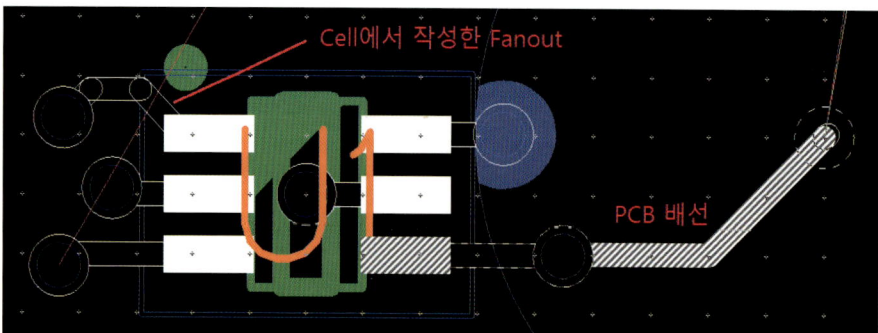

Flatten Cell이란 Cell에서 작성한 Fanout 등을 PCB 레벨의 Object로 변경해주는 것으로 [Edit] - [Modify]나 RMB에서 실행합니다.

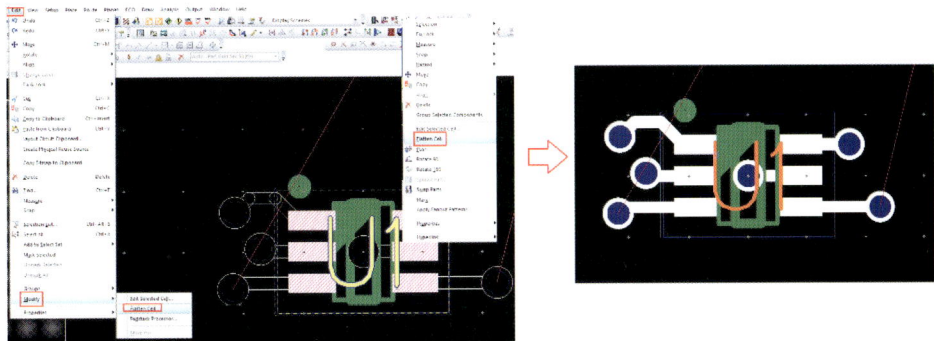

K. Padstack Processor

임시로 Pad나 Padstack을 변경하고 싶으면 [Edit] - [Modify] - [Padstack Processor]로 변경 가능합니다.

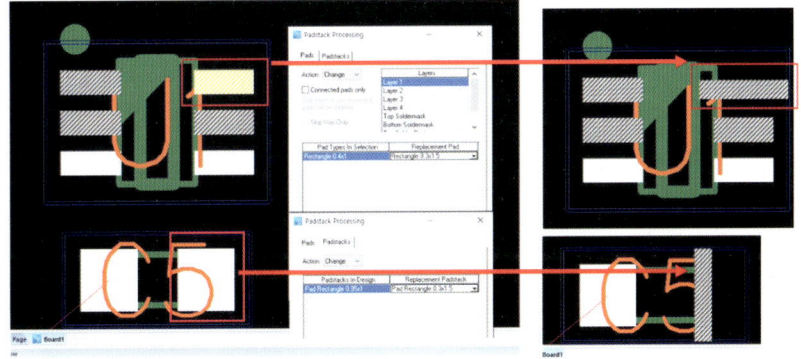

L. Move Pins

Pin을 PCB에서 움직이려면 설정이 필요합니다. Library Manager에서 Cell의 Properties에서 설정합니다.

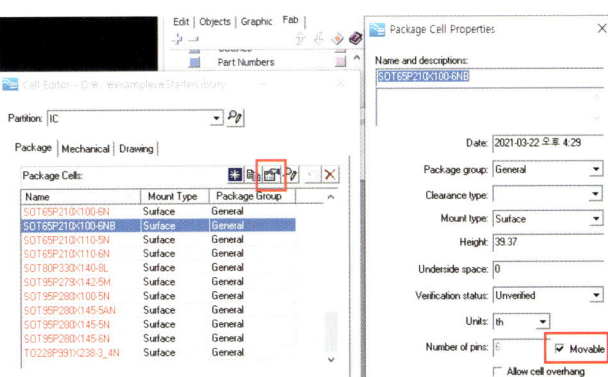

설정된 Cell은 [Edit] - [Modify] - [Move Pin]이 가능합니다.

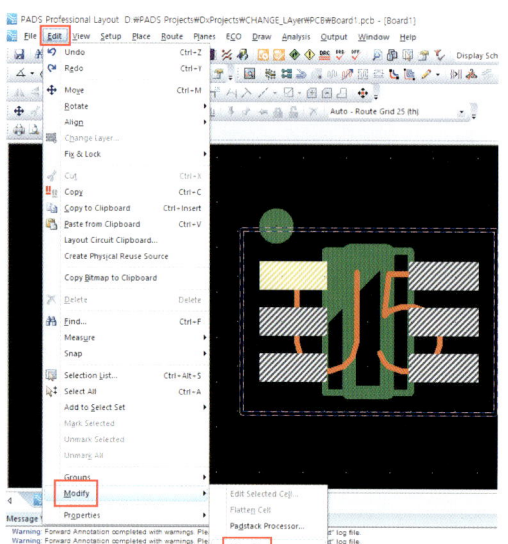
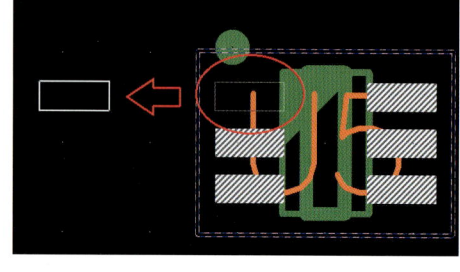

M. Place Layer Stackup

Stackup 정보를 PCB의 Layer에 입력 가능합니다. [Place] - [Layer Stackup]으로 User Layer에 입력할 수 있습니다.

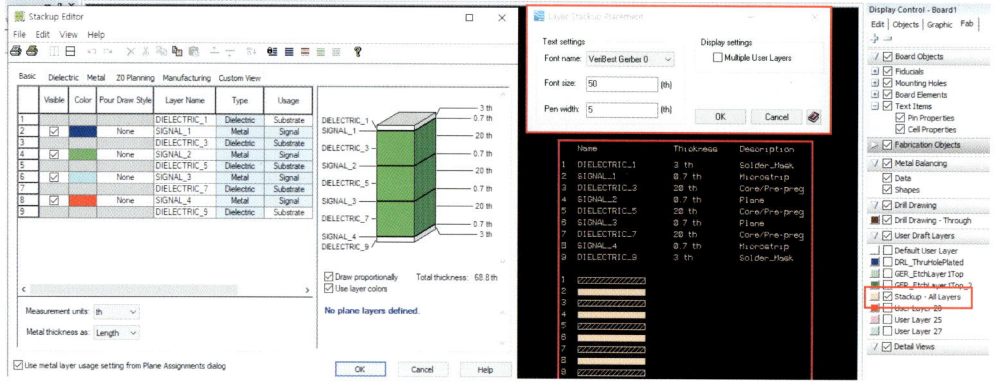

N. Radial Placement

PCB가 원형의 형상을 가지면 부품도 일정한 각도와 반경으로 배치해야 하는 경우가 있습니다. [Place] - [Radial]은 방사형 배치가 가능합니다.

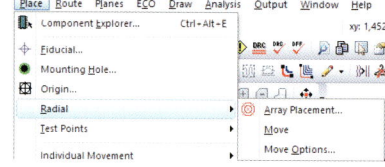

Array Placement ![Array Placement] 는 다음처럼 원점을 설정하여 선택한 부품을 반경과, 각도나 숫자로 나누어서 배치합니다.

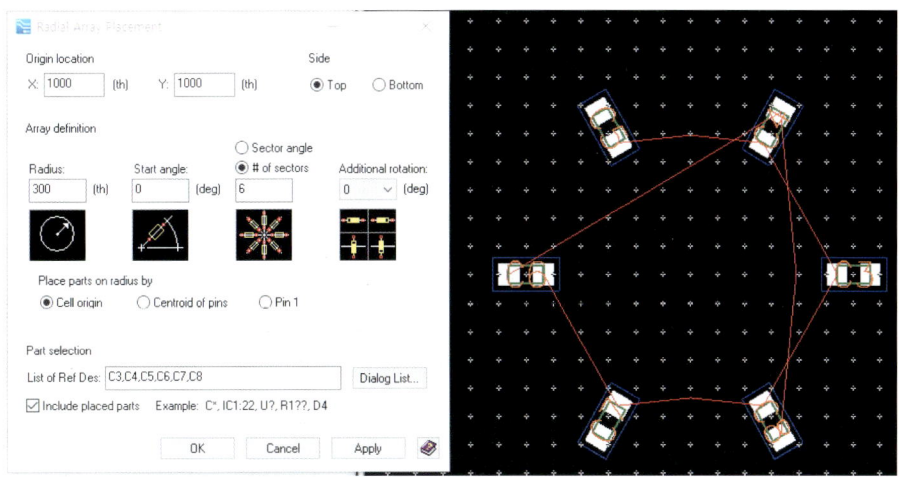

Move는 선택한 부품을 기준으로 Move Option에 따라 Drag하면서 배치할 수 있습니다.

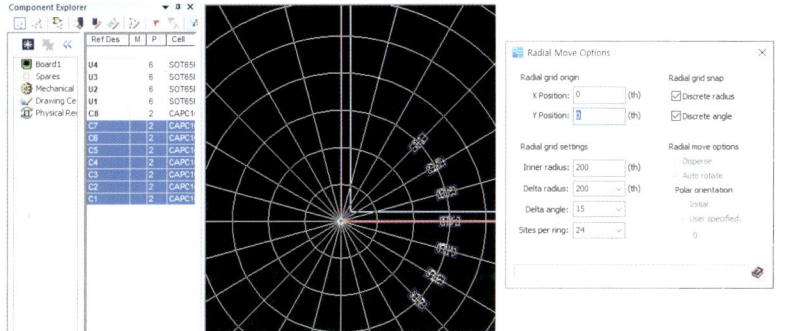

Move Option은 Radial의 Move의 원점, 반경, 각도 등을 지정할 수 있습니다.

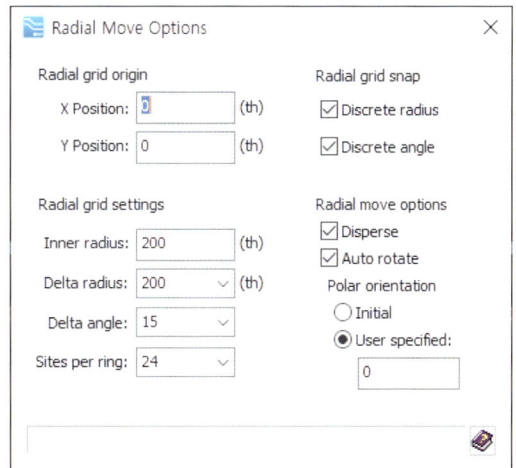

O. Spread Part

부품을 정렬과 동시에 등간격으로 배치하고 싶으면 부품을 선택하고 [Place] - [Spread Part]를 사용합니다. 선택한 부품들은 간격을 유하면서 펼쳐지거나 축소되어 배치됩니다.

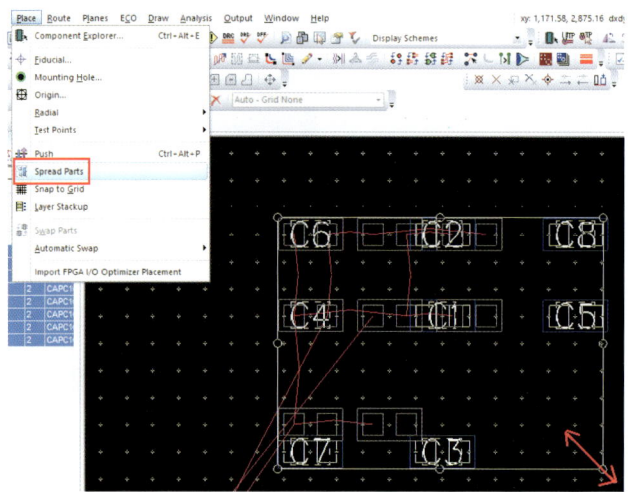

P. Snap to Grid

[Place] - [Snap to Grid]는 부품을 Grid없이 배치한 이후에 Grid 설정을 했다면, 설정한 Grid로 자동으로 이동할 수 있는 기능입니다.

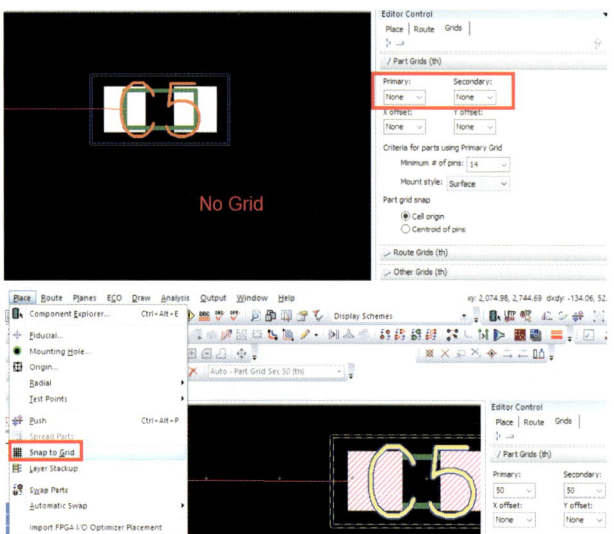

Q. ECO – Forward Annotate & Back Annotate

Project Integration의 Forward Annotate & Back Annotate를 빠르게 진행하려면 ECO 메뉴에서 진행 가능합니다. Forward Annotate는 화면 하단의 Indicator를 눌러도 동일합니다.

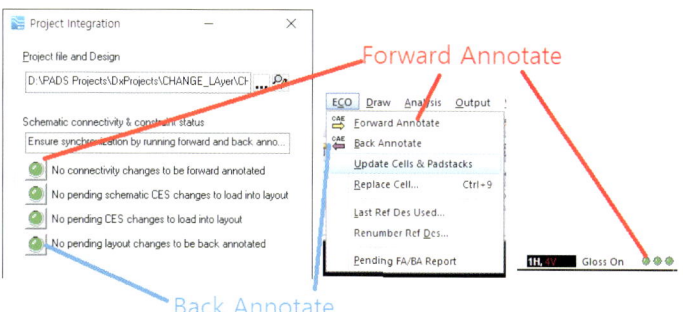

R. Update Cell & Padstack

PCB Design의 부품은 Local Library의 부품들입니다. 특정한 부품은 단종되어 대체 부품으로 변경되기도하고, Package 형상이 달라져야 하는 경우도 있습니다.

Local 부품의 편집은 임시 방편이고 Central Library의 부품을 Local로 Update하려면 [ECO] - [Update Cell & Padstack]을 실행합니다.

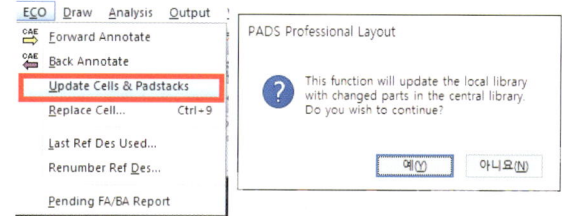

S. Replace Cell

PCB Design의 Cell들 중에는 여러가지 Size를 등록 해놓고 필요에 따라 변경해서 사용하여야 하는 경우가 있습니다. Central Library의 Alternate로 등록합니다.

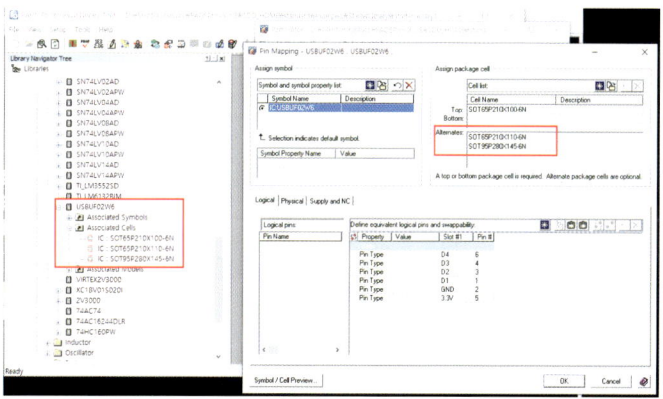

이런 Cell들을 필요에 따라서 변경해서 사용하려면 [ECO] - [Replaced Cell]을 실행하여 변경합니다.

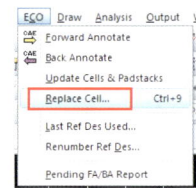

Replacement Cell에서 선택하면 Cell이 변경됩니다.

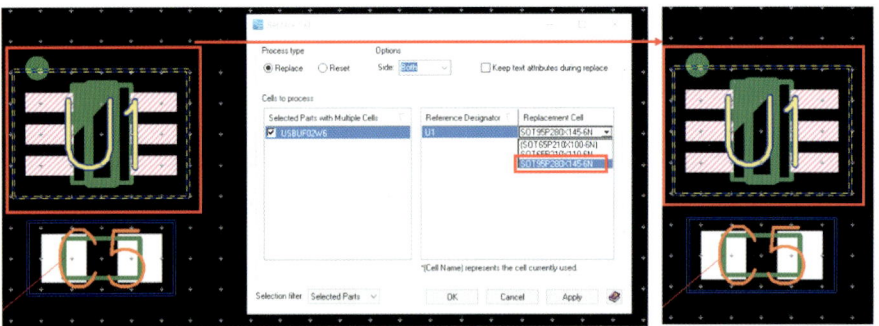

Edit Selected Cell에서 부품을 편집한 경우에는 Process Type에서 Reset을 누르면 원복됩니다.

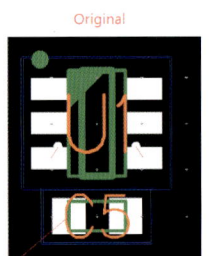
Original

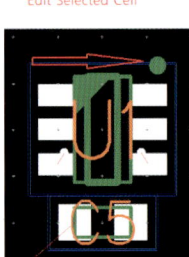
Edit Selected Cell

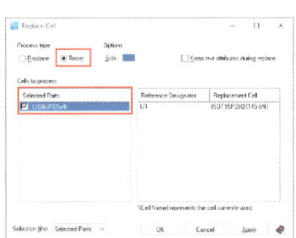

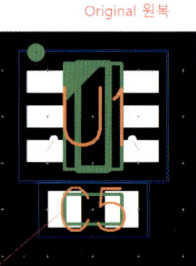
Original 원복

T. Analysis

Analysis는 다음과 같은 정보 출력이 가능합니다.

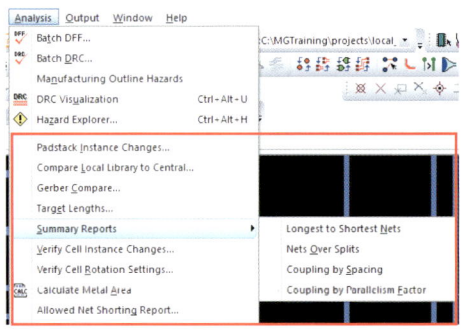

Padstack Instance Change는 Design과 Local Library와의 Padstack Verification입니다.

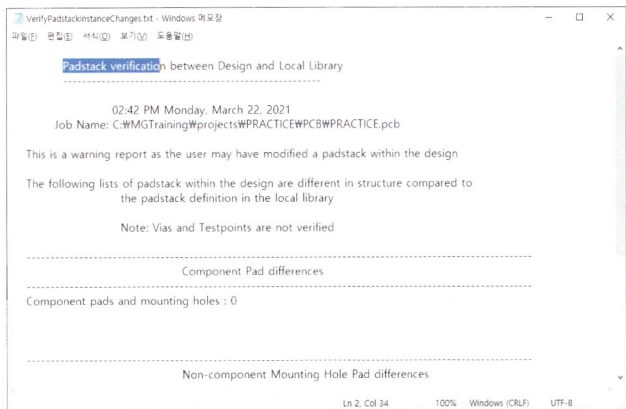

Compare Local Library to Central은 Central Library와 Local Library의 비교입니다.

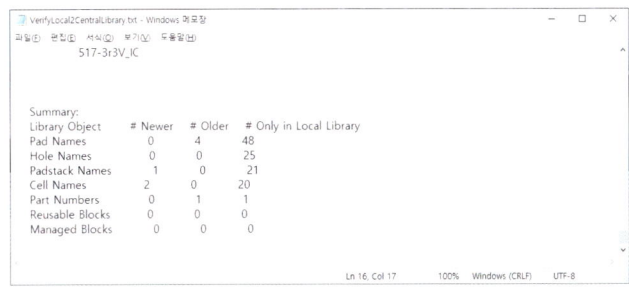

Summary Report는 High-Speed Design의 Option이 있어야 활성화됩니다.

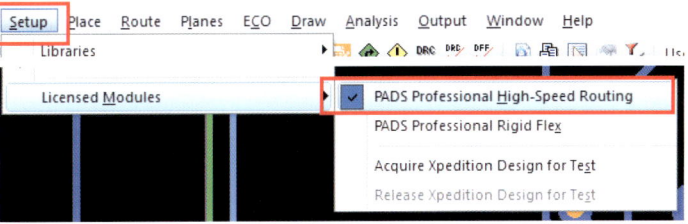

Longest to Shortest Net는 Net의 Total Length입니다.

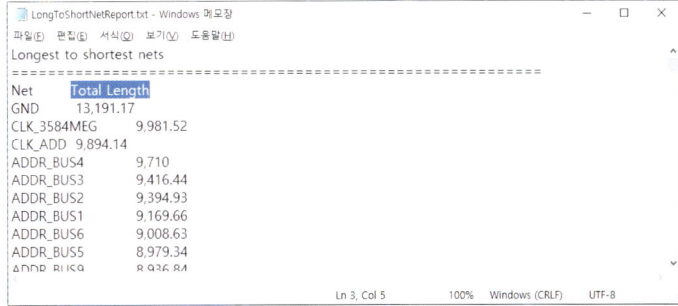

Nets Over Splits는 배선이 다른 층의 Plane이 비어 있는 영역의 영향을 받을 수 있는 지점을 보여줍니다.

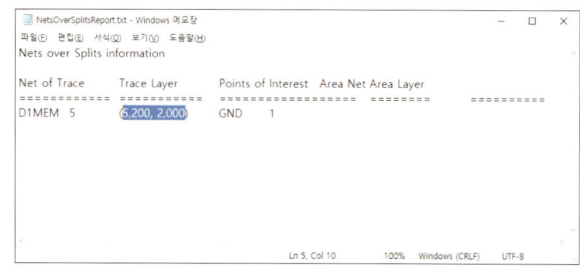

Coupling By Spacing은 Parallelism Rules에 위반한 내용을 ReportbySpacingReport.txt에 출력하고 Error가 없으면 리포트가 나타나지 않습니다.

Coupling by Parallelism Factor는 Parallelism Factor에 위반한 내용을 ReportbyParallelismFactorReport.txt에 출력하고 Error가 없으면 리포트가 나타나지 않습니다.

Verify Cell Instance Change는 Cell 별로 선택하여 Object들 PCB에서 변경된 것을 찾아서 보여줍니다. 선택은 Drag나 Ctrl, Shift 등으로 한꺼번에 선택하여 Apply를 누르면 Message Window에 변경된 내용을 보여줍니다.

Verify Cell Rotation Settings는 Design과 Library에서 설정한 Cell Rotation Mount Differences를 보여줍니다.

Calculate Meta Area는 각 Layer별로 동박율을 보여줍니다. 전체 영역에 %로 나타납니다.

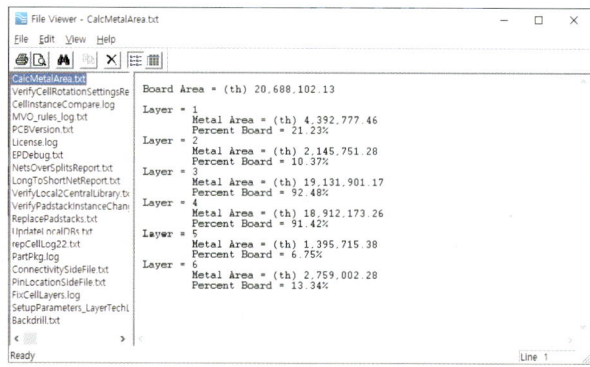

Allowed Nets Shorting Report는 의도적으로 Short를 시킨 Net를 보여줍니다.

```
Message Window

Total Allowed Net Shorts: 0
Allowed Net Shorting Report completed successfully. This report has also been written to AllowedNetShorting.txt.
```

Padstack의 Shorted Net Setting에서 설정합니다.

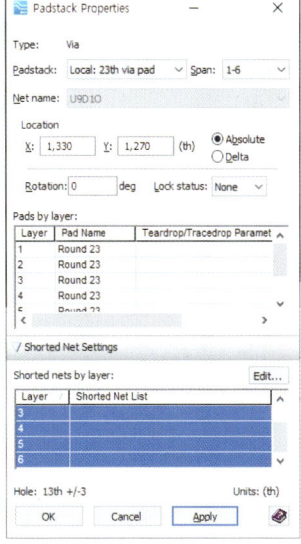

U. Analysis – Output

[Analysis] - [Output]은 Siemens의 해석 프로그램으로 내보내기입니다. 상황에 따라 별도로 프로그램이 설치되어 있어야 합니다.

Analysis Control은 HyperLynx DRC의 GUI를 이용하는 것이 아니라 Check만 HyperLynx DRC로 하고 화면은 PADS Pro Layout에서 확인 가능합니다.

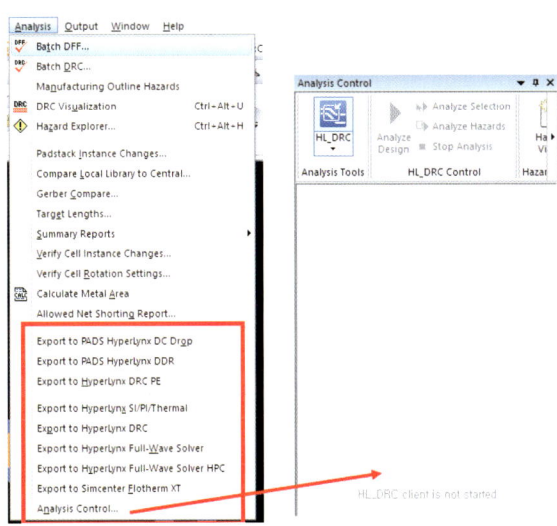

V. Output

Output에서는 다음과 같은 정보를 출력 가능합니다.

Design Status는 PCB 작업을 항목 별로 표시 합니다.

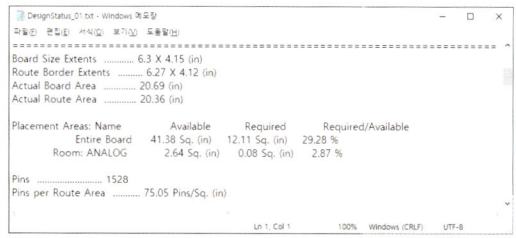

Dynamic Plane Status는 Plane 정보를 Layer 별로 표시합니다.

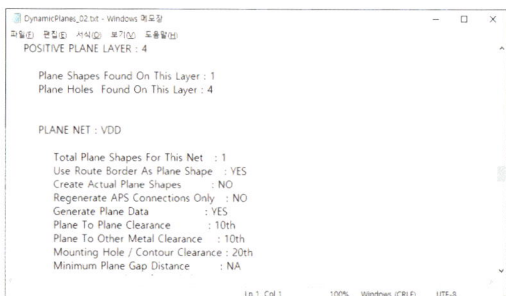

Bcakdrill Analysis는 Bcakdrill 데이터 출력입니다. Bcakdrill은 PCB에 안테나 Via의 역할이 될 수도 있는 Via를 Drill로 없애 주는 공정입니다. 먼저 Constraint Manager의 Clearance - Net - Backdrill의 항목을 지정해야 합니다.

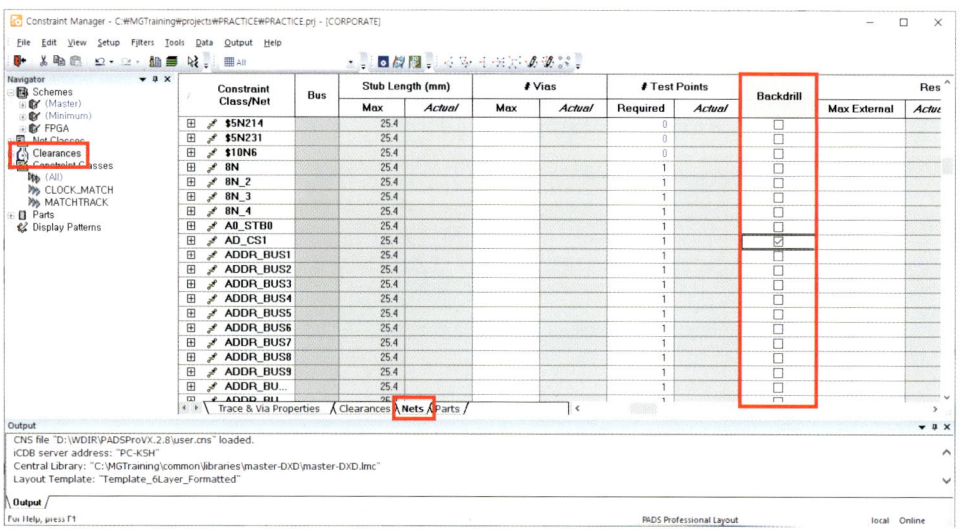

Net의 Layer Range와 Size로 Analyze를 하면 User Layer에 형상을 만들고 좌표와 Layer 정보를 출력합니다. Clear All Backdrill Data는 User Layer의 형상과 Layer 자체를 삭제합니다.

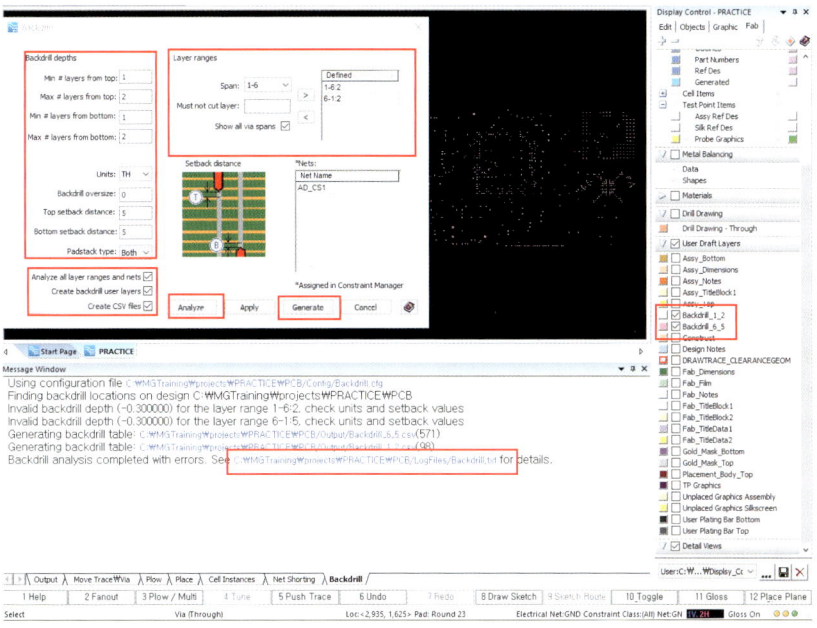

Report는 클릭해서 볼 수 있고 출력물은 csv로 출력됩니다.

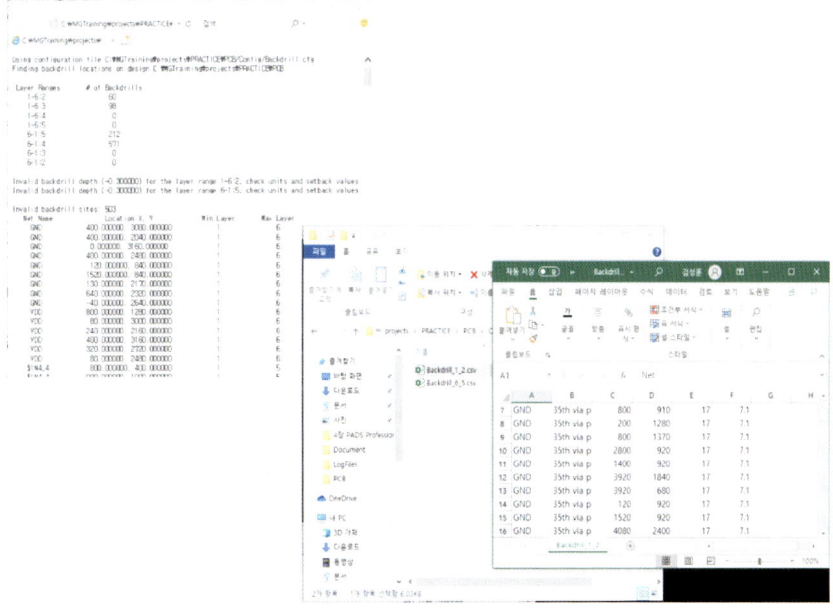

Mask Generator는 Library에서 정의한 Solder나 Paste 이외에 특별한 목적으로 사용되는 Mask를 User Layer에 생성하는 프로그램입니다. [Output] - [Mask Generator]를 실행합니다. 왼쪽에는 Element A 선택 목록이 있습니다.

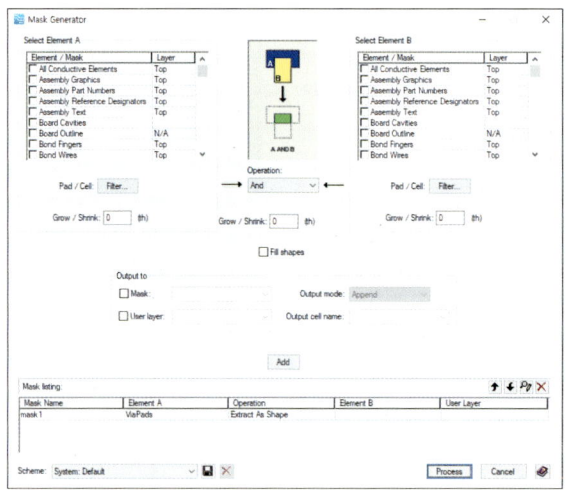

이 목록에서 Mask 작업의 첫 번째 Element와 Layer를 선택할 수 있습니다. Element는 Padstack 이름 또는 Cell Type (Cell 이름 아님)을 기반으로 필터링 할 수 있습니다. Element A 선택은 "Grow/Shrink"키 입력 필드를 사용하여 확장 또는 축소할 수 있습니다. 기본 값은 0 단위입니다.

중앙 상단에는 마스크 결과를 확장하거나 축소하는 옵션도 제공하는 작업 선택 목록이 있습니다.

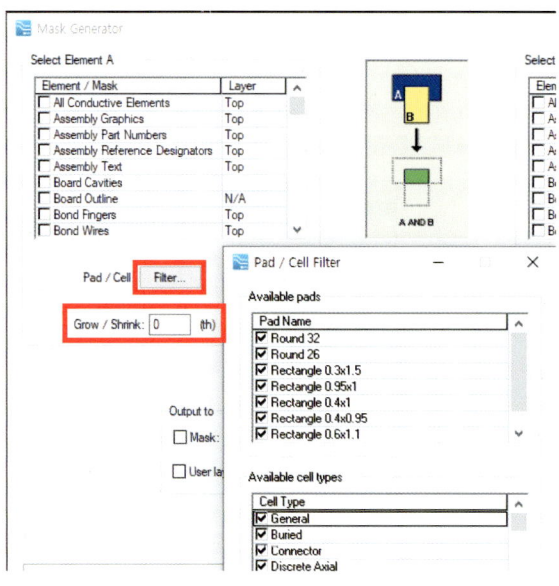

오른쪽에는 Element B 선택 목록이 있습니다. Element B 선택을 필터링할 수 있습니다. "Grow/Shrink" 키 입력 필드를 사용하여 Element B 선택을 확장하거나 축소할 수도 있습니다. 기본값은 0 단위입니다. Element A 및 Element B 목록에서 개체를 선택하고 작업 드롭 다운에서 원하는 작업을 선택합니다. 수행할 수 있는 논리 연산은 AND, Crossing, Enclosed By, Extract As Is, Extract As Shape, Minus, Not Crossing, Not Enclosed By, Not Touching, OR, Touching, XOR (배타적 OR) 입니다.

Element에 대한 작업 결과는 Mask 이름에 기록됩니다. Mask 출력은 User Layer 또는 Cell Name에 기록될 수 있습니다. 사용자 레이어 또는 셀에 쓸 때 옵션에는 Append, Overwrite Cells 및 OverwriteLayers Only가 있습니다. Mask는 작동하기 위해 사용자 레이어나 셀에 쓸 필요가 없습니다. Mask 결과가 User Layer 또는 Cell에 기록되지 않으면 Mask Generator가 실행되는 동안 다음 마스크 작업이 수행될 수 있도록 Mask 결과가 메모리에 저장됩니다. Mask 이름이 생성되어 Mask Generator의 Mask 목록 섹션에 추가되면 필요한 경우 추가 처리를 위해 Element A 및 Element B 선택 목록에 추가됩니다.

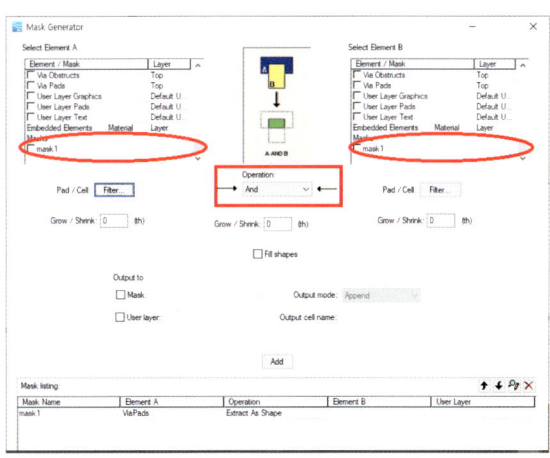

Manufacturing Output은 제조에 관련된 파일들을 일괄 출력하는 기능입니다. 항목을 선택하여 출력하면 ₩PCB₩Output 경로에 출력됩니다.

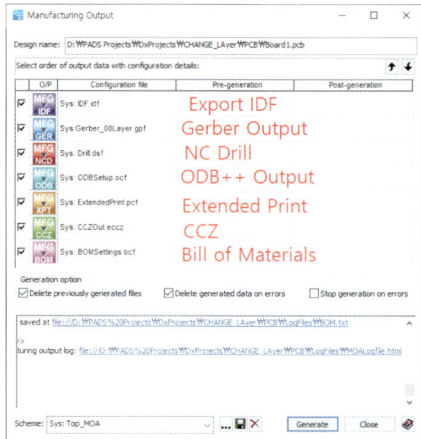

Manufacturing Output Validation은 Gerber와 Driil의 확인기능으로 ₩PCB₩Output₩Validation에 다음 파일을 출력합니다.

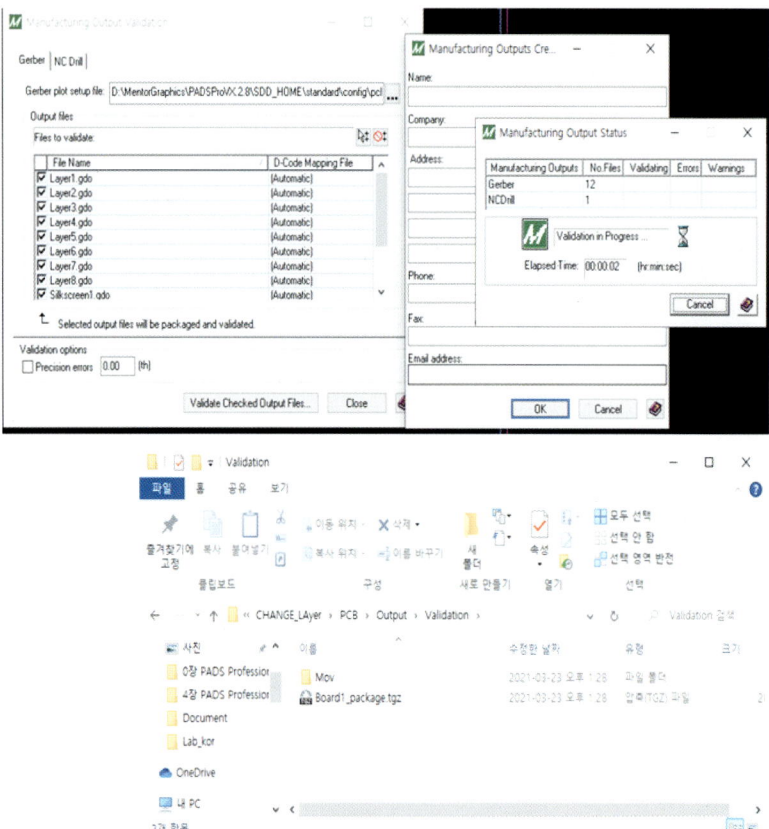

W. Variant

회로도에서 작성한 Variant는 ECO로 PCB에 설정 정보가 넘어옵니다.

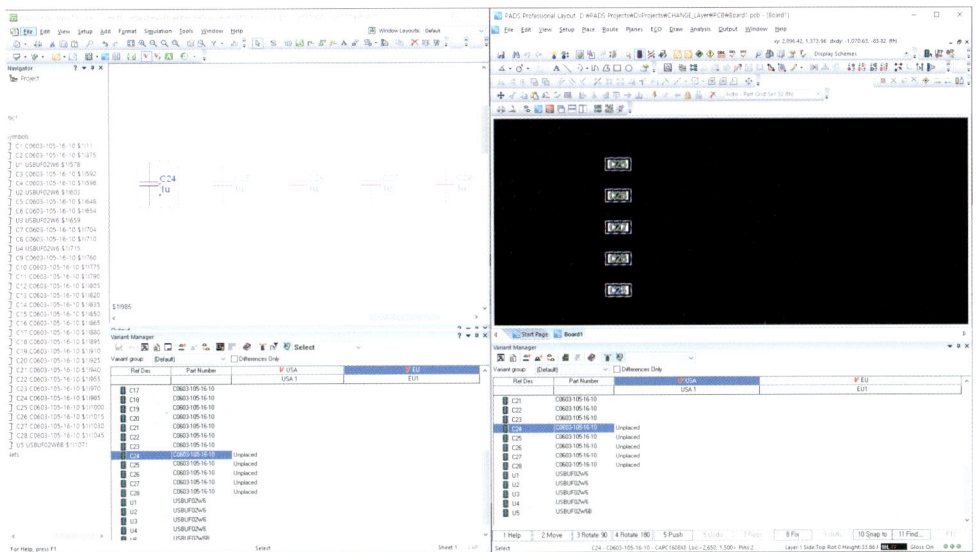

회로도에서는 부품을 X같은 기호로 표시했다면 PCB에서는 Unplace 같은 문자를 입력해줄 수 있습니다. PCB Variant View로 다음처럼 표시되며 Master로 원복합니다.

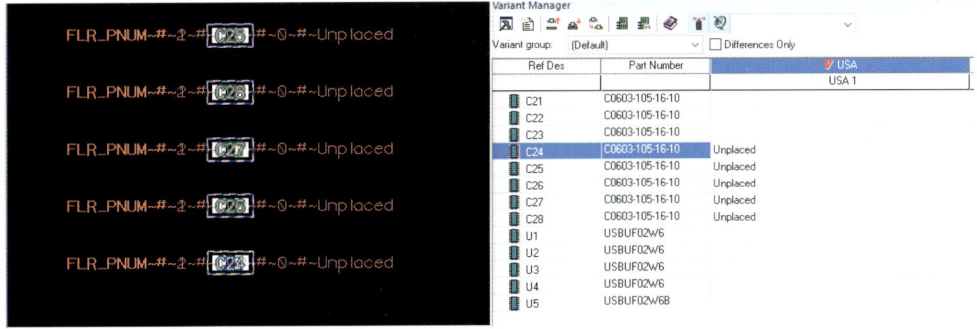

Text나 Item등의 항목을 설정이 가능합니다.

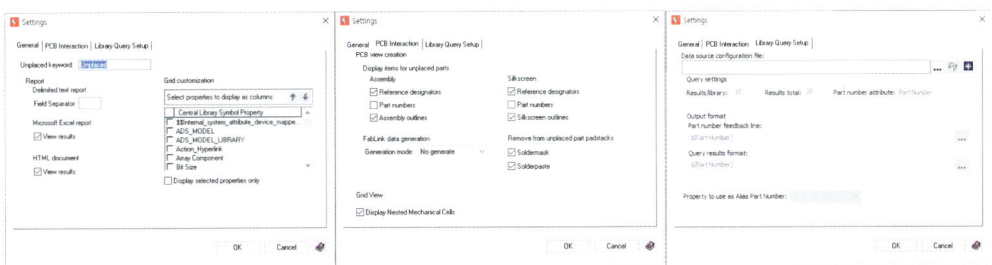

회로도와 같이 Variant와 Group 설정이 가능합니다.

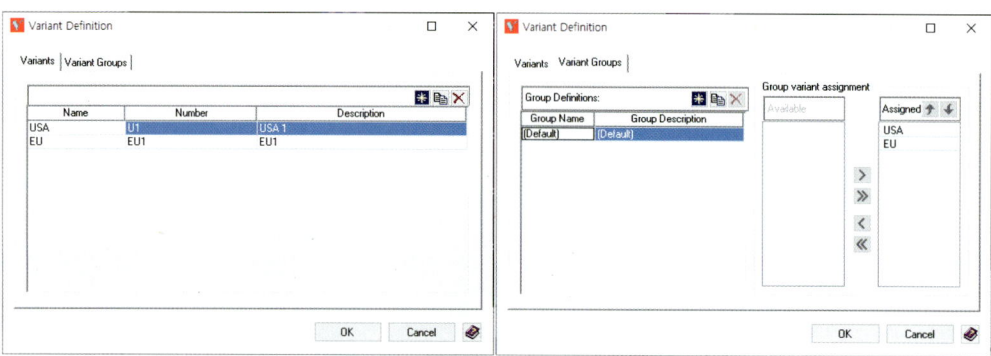

PADS FabLink

01 PCB의 Panel Array기능
02 PADS Fablink Panel Template
03 PADS Fablink 기능

01 PCB의 Panel Array기능

PCB의 외각 사이즈 결정은 기구 데이터의 장착에 의하여 결정이 되는데 우리가 알고 있는 것처럼 전자 제품은 조금씩 형태가 달라서 생산할 때 큰 원판에 한꺼번에 여러 PCB를 제작합니다.

그런데 형태가 일정하지 않으면 남는 부분이 있어서 회전해가면서 최적의 개수를 늘리는 작업을 해야 생산성을 올릴 수가 있습니다. 이런 작업을 선박 등에서는 Nesting 작업이라고 하는데 PCB에서는 Panel Array라고 합니다.

일반 Nesting

PCB Panel

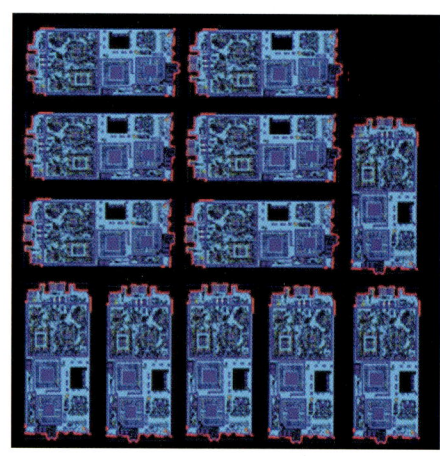

Panel의 원판에 PCB들이 배치되어 있는 형태입니다. Panel에 배치되는 PCB는 하나여서 수정이 되면 Panel의 모든 것이 수정되는 형태입니다.

PCB Panel

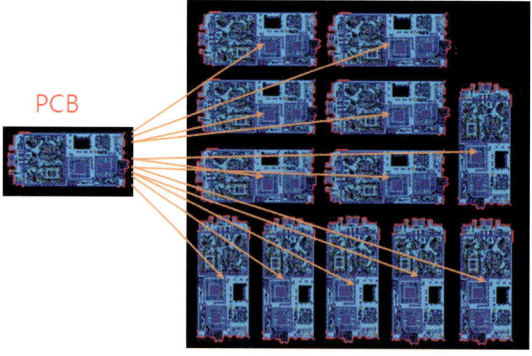

수정되면 Panel의 모든 부분에 반영됨

Panel은 PADS Pro Layout의 [Output] – [PADS FabLink]의 프로그램에서 작성합니다.

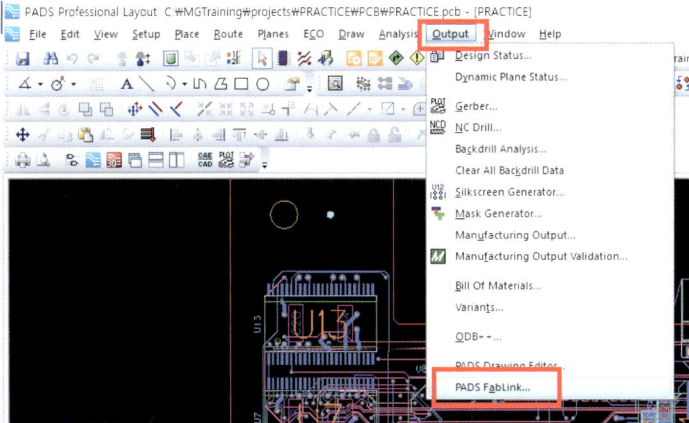

처음 실행하게 되면 작성을 위한 Panel Design Wizard가 생성됩니다.

PADS Pro Layout을 처음 작성할 때처럼 Central Library와 Panel Template를 지정하게 되어 있고 기존에 작성했다면 작성된 Panel이 PADS Fablink로 Open됩니다.

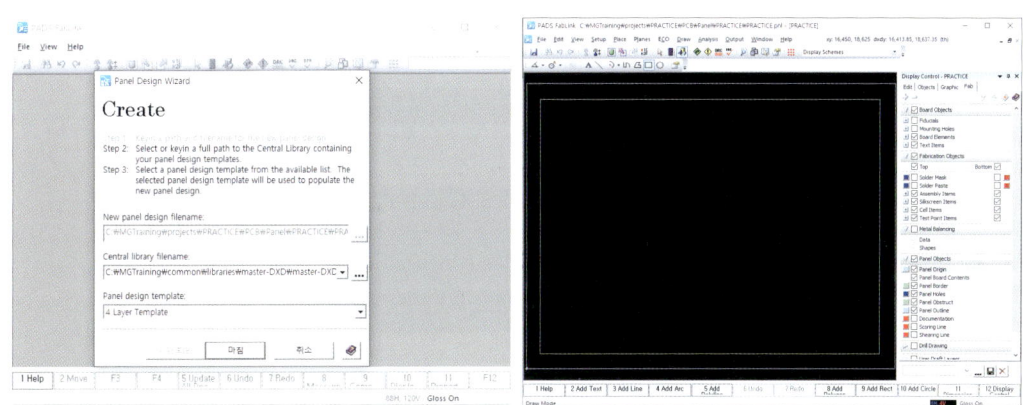

PADS Fablink는 Panel Object들을 빼고는 PADS Pro Layout과 동일한 GUI를 사용합니다. Panel Object에 관련된 내용만 빼고는 동일한 작업을 진행하면 됩니다.

633

02 PADS Fablink Panel Template

Panel Template는 Central Library에서 설정하게 되어있습니다. Template Type을 Panel로 변경하면 리스트들이 나타납니다.

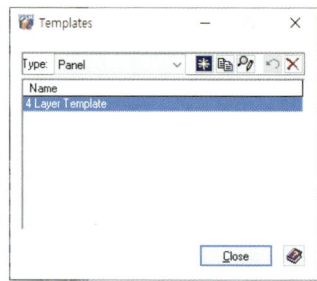

Template 내부로 들어가면 Route Mode가 없는 PCB에 Panel 관련된 명령어들이 추가된 화면이 나타납니다.

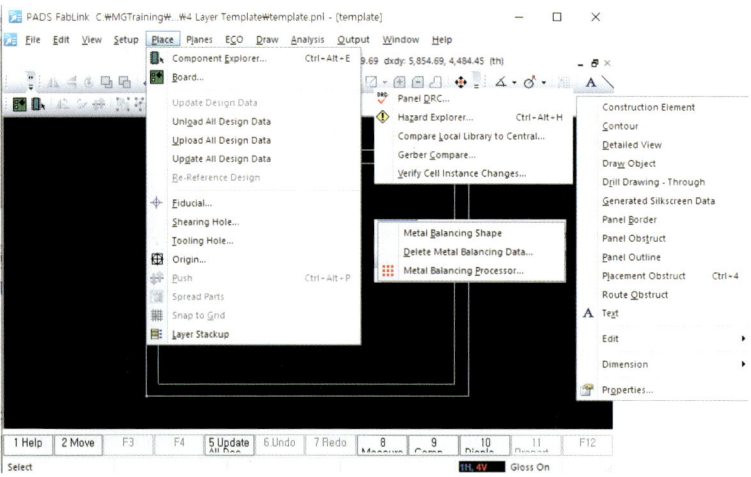

4Layer로 Panel을 작성하더라도 PCB를 배치하는 순간 PCB의 Layer를 따라서 Panel의 Layer도 4Layer로 변경됩니다.

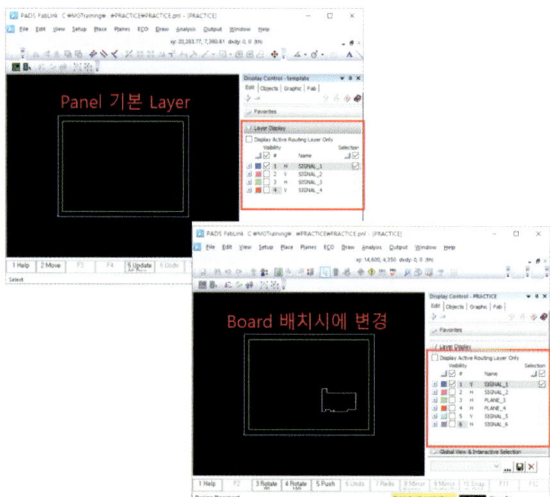

03 PADS Fablink 기능

Panel작성을 위한 순서는 다음과 같습니다.

1. Panel Data 작성
2. Panel Outline 정의
3. Board 배치
4. 추가 부품과 도형배치
5. Metal Balance Processor
6. Panel 검증

첫 번째, Panel Data 작성은 Template를 선택하여 Panel Data를 만드는 것입니다. Panel은 ₩PCB₩Panel에 작성됩니다.

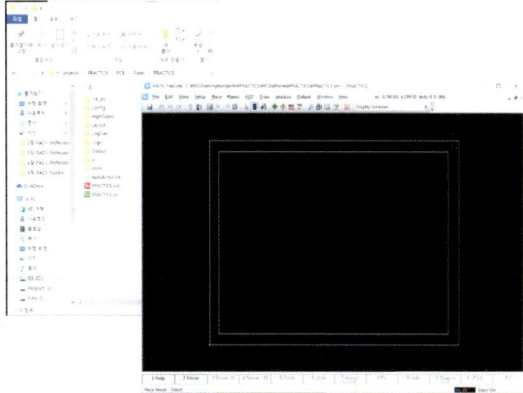

두 번째, Panel Outline 정의는 작성된 Panel에 보면 Panel Outline과 Panel Border가 작성되어 있습니다. 이 형상을 원본의 Size에 맞게 설정합니다.

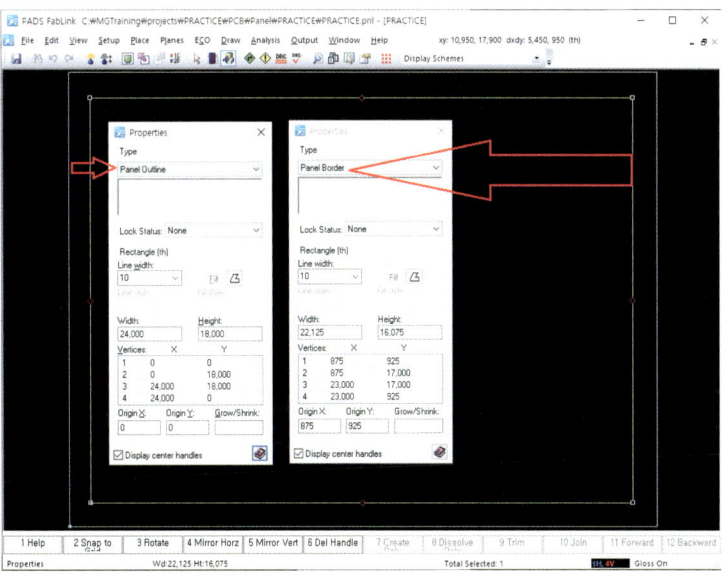

PADS Fablink의 Display Control의 Fab에는 PADS Pro Layout에 없는 Panel Object가 존재합니다. 여기서 Panel Origin을 보이게 할 수 있습니다.

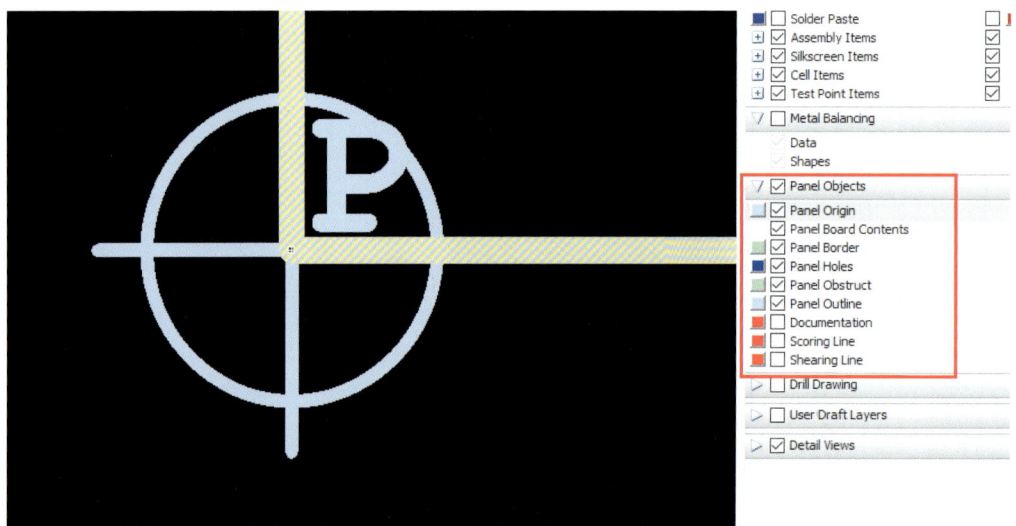

변경이 필요하면 [Place] - [Origin]으로 변경 가능합니다.

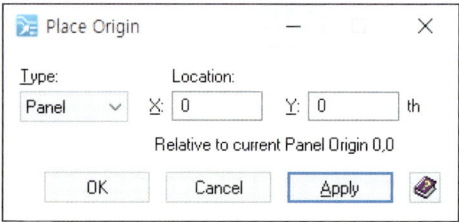

PCB처럼 금지영역을 설정하고 싶으면 [Draw] - [Panel Obstruct]로 입력합니다.

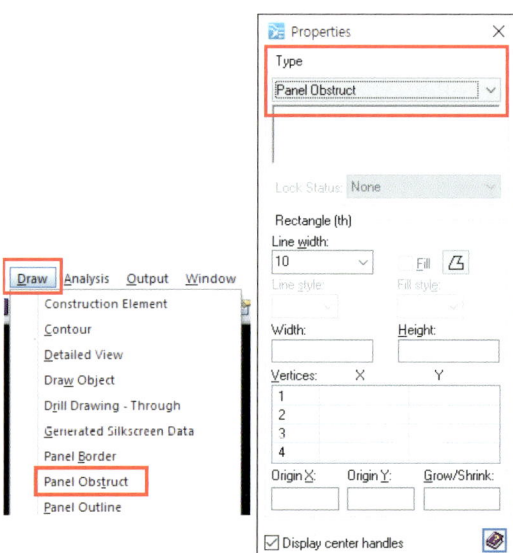

Panel Design은 Single Board Panel과 Flip-Flop Panel의 2개로 나눌 수 있습니다. Single Board Panel은 일반적으로 사용되는 Layer가 PCB와 동일하게 배치되는 방식이고, Flip-Flop Panel은 Top 배치와 Bottom 배치가 섞여서 사용되는 방식입니다. Flip-Flop Panel은 원하는 Board를 Flip해서 배치합니다.

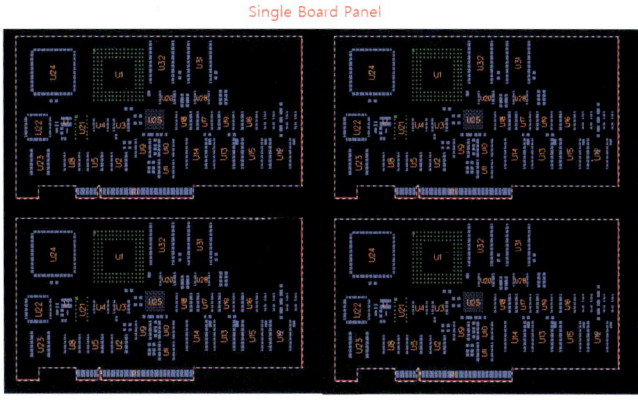

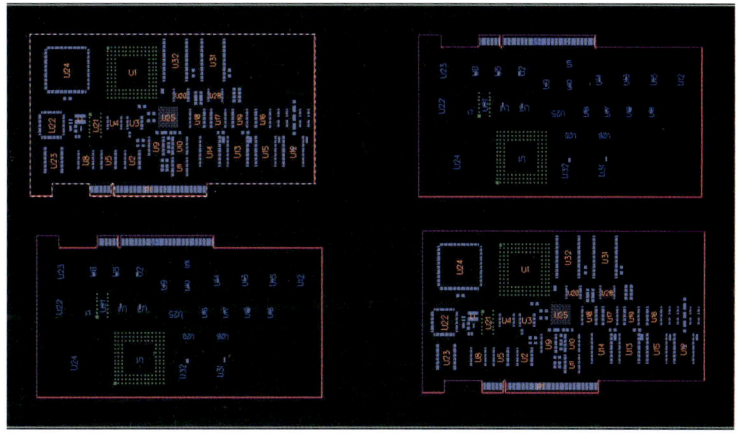

세 번째, Board 배치는 Panel에 PCB 데이터를 Upload하는 것입니다. [Place] - [Board]나 Place Toolbar의 🔲로 진행합니다.

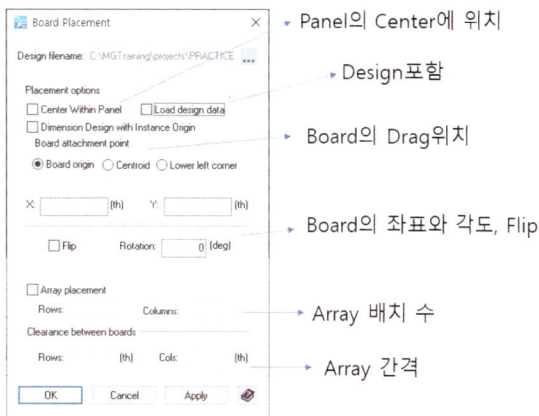

OK를 누르면 PCB의 형상을 Panel에 배치 가능합니다.

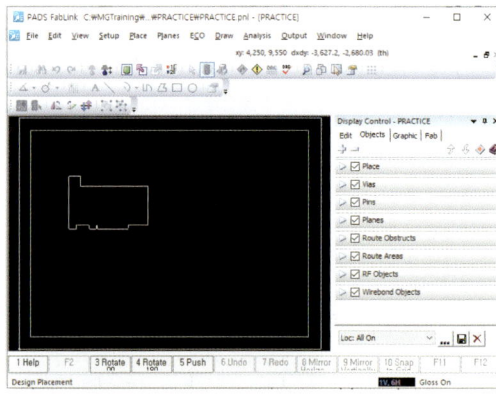

Flip을 선택하면 PCB의 Layer가 Panel의 Layer에 반전 형태로 나타납니다. 입력 후엔 Place나 RMB의 Push ⊕ Push 로 가능합니다.

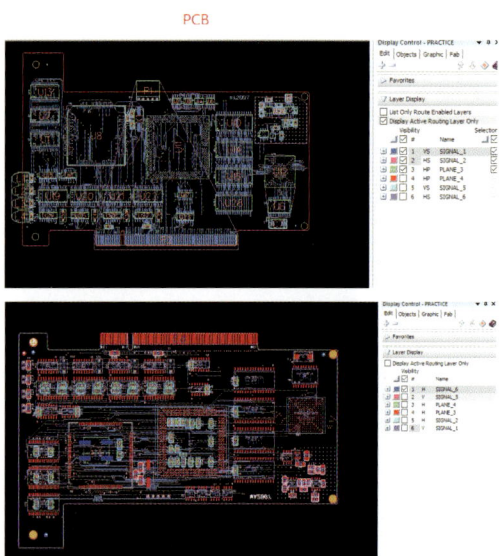

Array는 PCB를 연 배열 형태로 배치합니다.

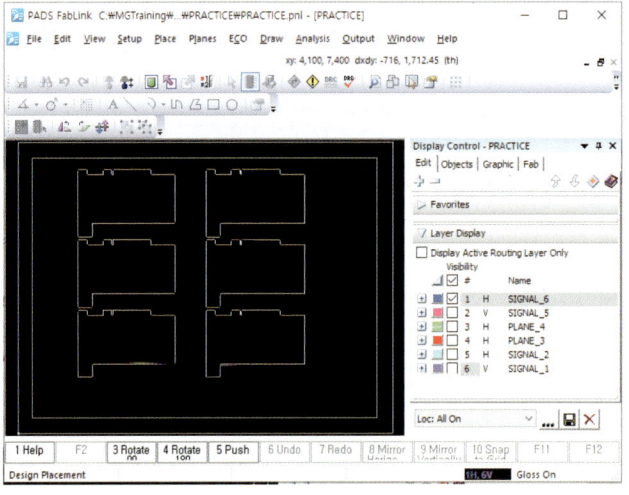

PCB가 배치될 때 Generate FXE Data가 없다고 하는 메시지가 나오는 경우가 있습니다. 이것은 Variant 내용이 설정되어 있지 않아 나오는 메시지입니다. PADS Pro Layout의 [Output] - [Variant]에서 다음을 설정하고 Save해주면 됩니다.

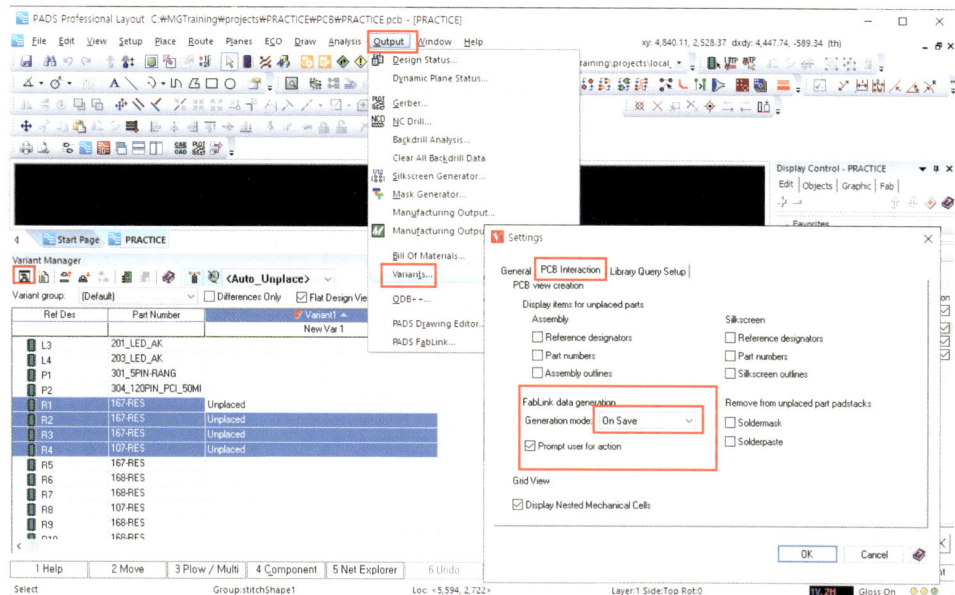

PCB가 배열되면 PCB의 변경을 반영하는 메뉴가 Place와 RMB에 준비되어 있습니다.

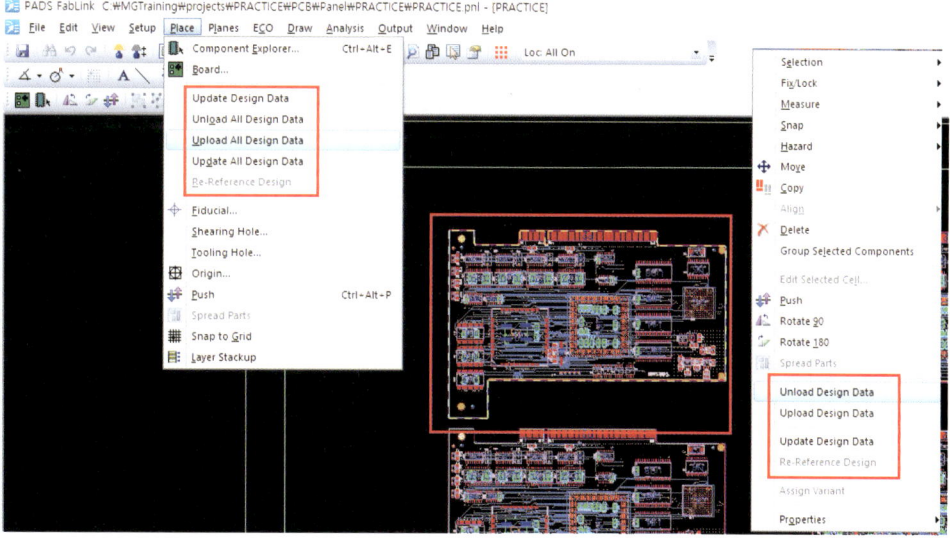

Unload는 PCB 내부를 비우는 것이고 Upload는 다시 불러오는 것입니다. Update Design Data는 배치된 PCB를 선택해야 활성화됩니다. Update 내용은 다음과 같습니다. Placement, Routing, Variant Data의 변경은 Update All Design Data입니다. Layer Stackup Data와 Path와 Reference Data는 Re-Reference Design입니다.

네 번째, Panel 상에서 필요한 부품을 배치하고 도형들을 작성합니다.

부품들은 Component Explorer에서 입력하는 Mechanical Cells, Drawing Cells, Panel Cells입니다. Central Library의 Cell Editor에서 항목별로 작성한 부품을 입력 가능합니다.

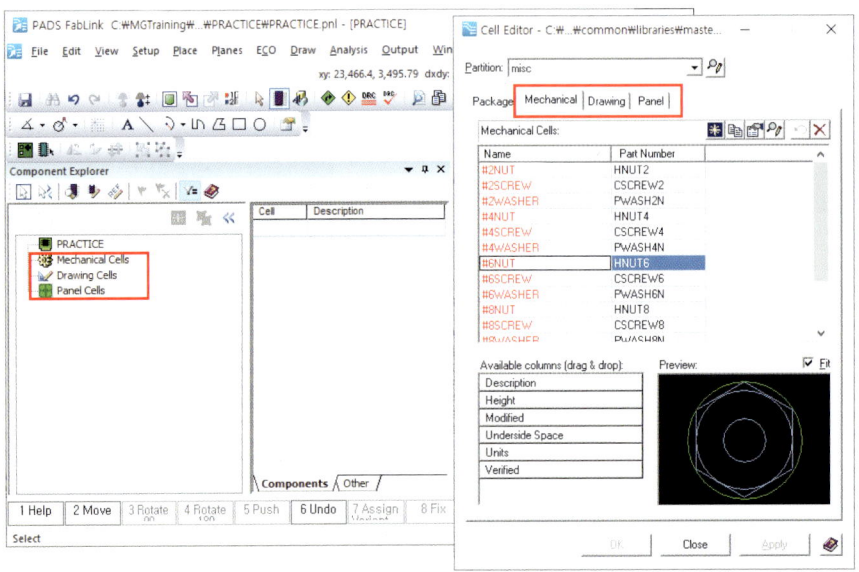

Place에서는 Fiducial과 Shearing Hole과 Tooling Hole을 입력 가능합니다.

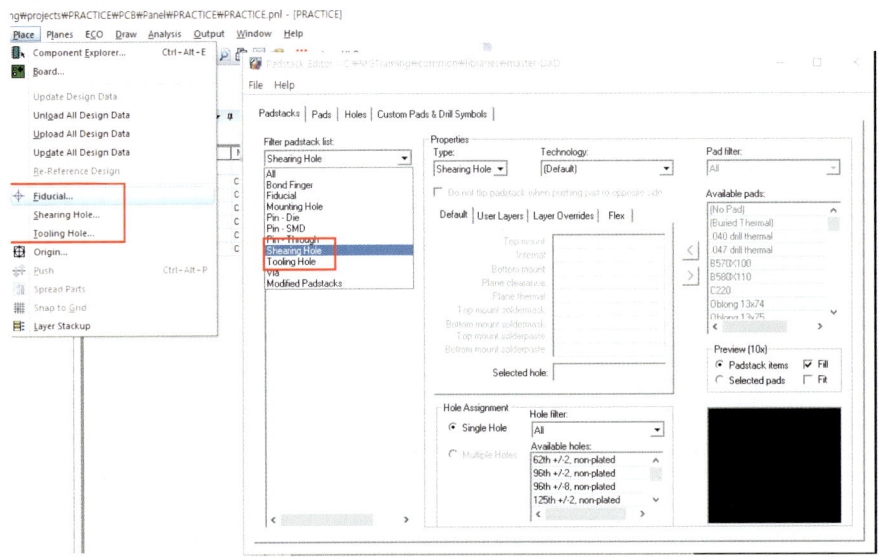

Shearing Hole과 Tooling Hole은 Central Library의 Padstack Editor에서 작성합니다. Shearing Hole은 V-Cut처럼 자를 수 있는 Hole이고 Tooling Hole은 밀링 가공의 Hole입니다. Fablink에서만 사용할 수 있으며 Shearing Hole은 PCB 제작 중에 Shearing Blade의 위치 지정 역할을 하는 Hole입니다. Tooling Hole은 PCB 제작 중 밀링을 위한 기준점 위치지정으로 사용됩니다. 둘 사이

에는 물리적인 차이가 없으며, Hole의 목적을 제조에 도움이 되도록 표시하기 위해 이름을 구별하기만 하면 됩니다. Shearing Blade는 PCB가 직사각형이고 Panel에 하나의 행 또는 하나의 열만 PCB의 경우 Panel에서 PCB를 밀링 (라우팅)하는 대체 수단으로 사용할 수 있는 Cutting Blade입니다.

부품 이외에도 Draw의 항목을 PCB와 동일하게 입력과 편집이 가능합니다.

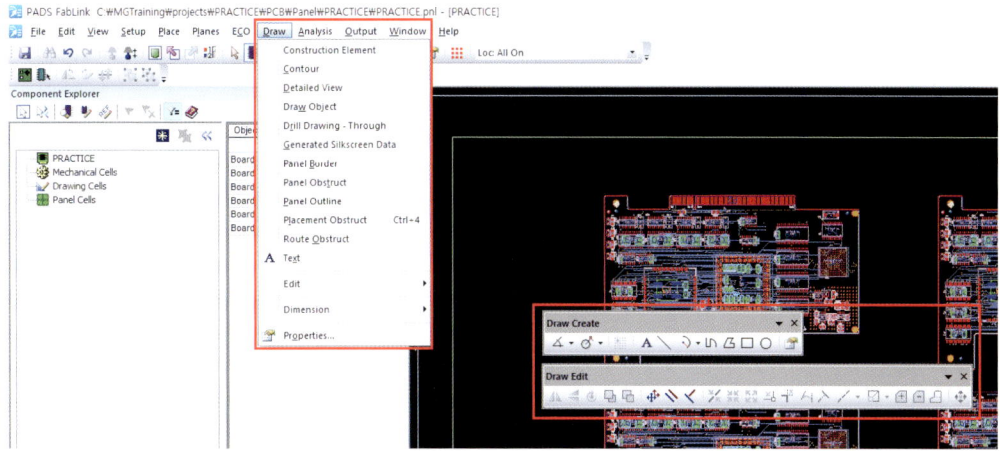

[Draw] - [Detail View]는 특정 영역의 확대 기능입니다. User Layer에 도형을 작성합니다.

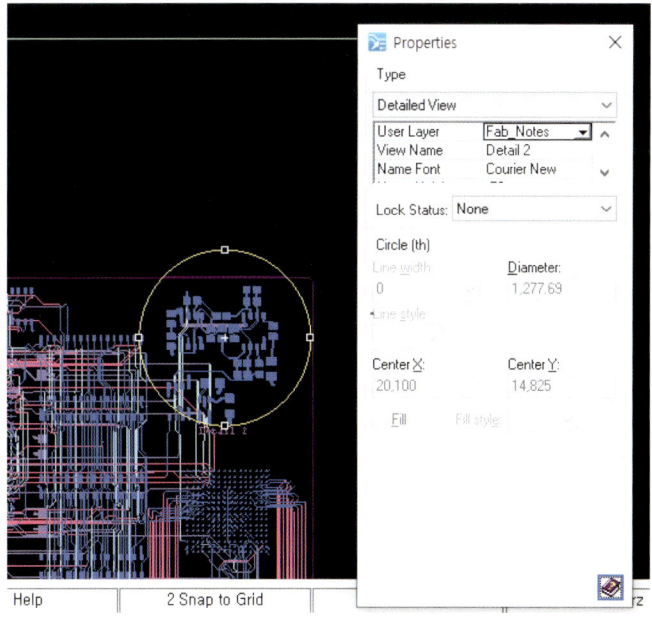

Drag하면 확대된 영역이 분리되어 나타납니다.

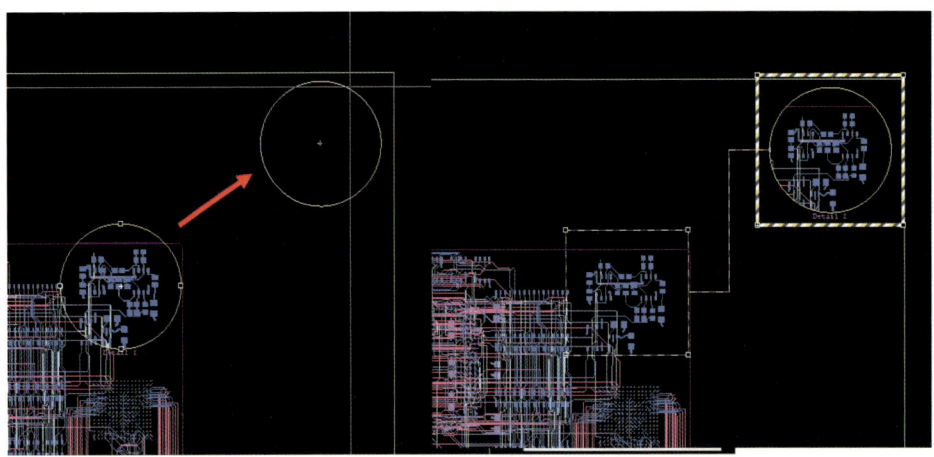

분리된 영역을 선택하여 배율을 지정하면 커지게 됩니다.

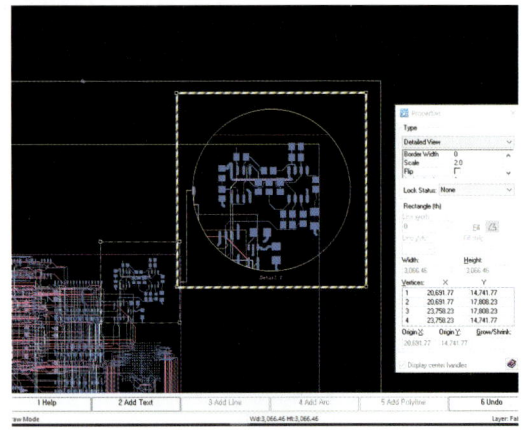

다섯 번째는 Panel에서 PCB의 나머지 공간에 Plane을 자동 입력하는 Metal Balance Processor입니다. Panel 부분 Plane의 메뉴는 PCB와는 다릅니다.

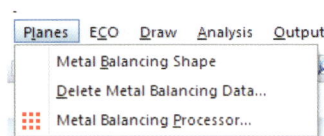

Metal Balancing Shape는 빈공간의 채울 영역을 설정하는 것입니다. Layer 별로나 전체 Layer를 지정합니다.

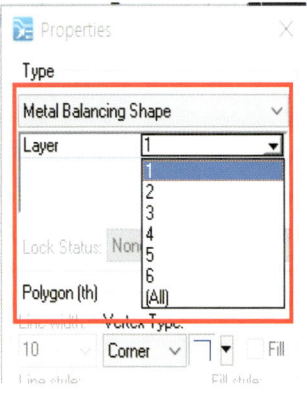

다음처럼 원하는 형상으로 입력합니다.

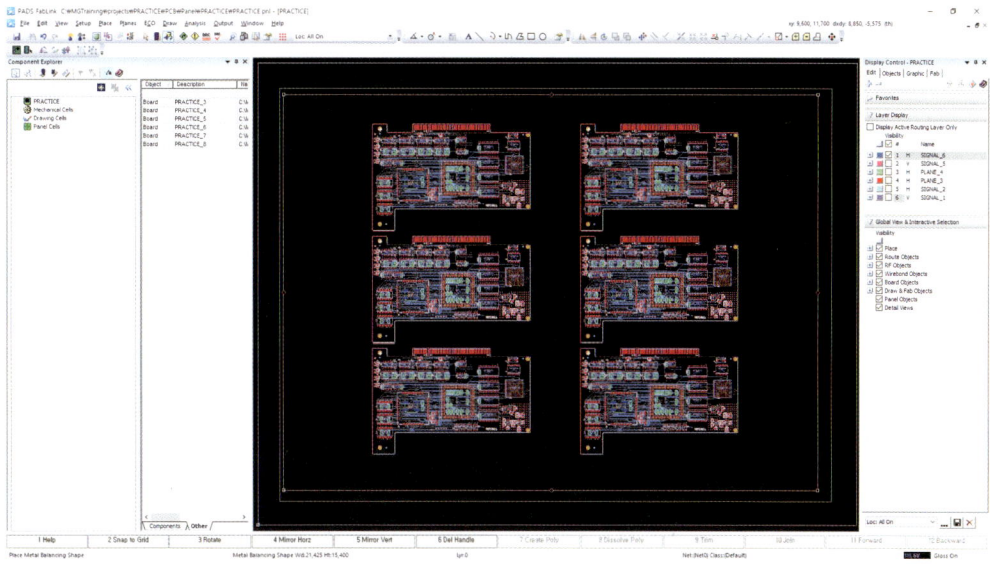

Delete Metal Balancing Data는 입력한 데이터를 삭제합니다.

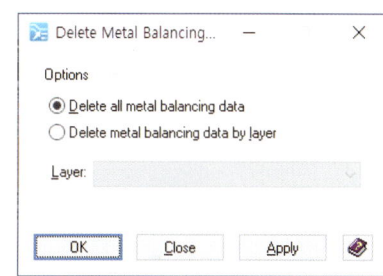

Metal Balance Processor를 실행하면 Layer 별로 설정이 가능합니다.

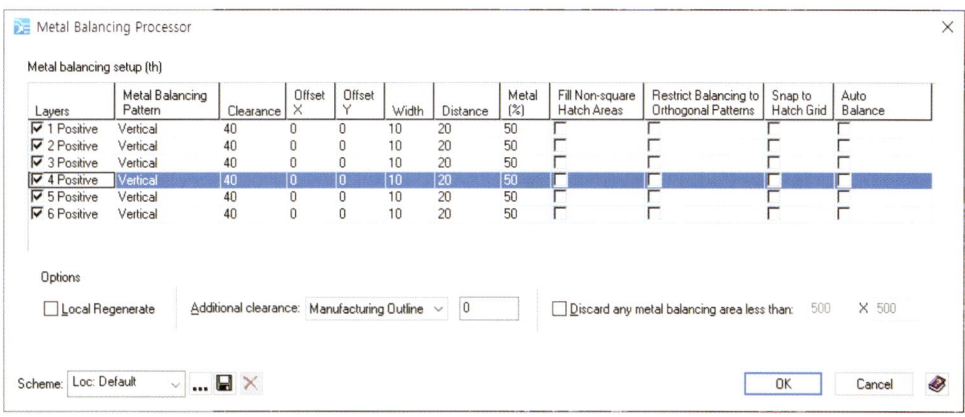

입력하면 Plane이 채워진 형상으로 입력됩니다.

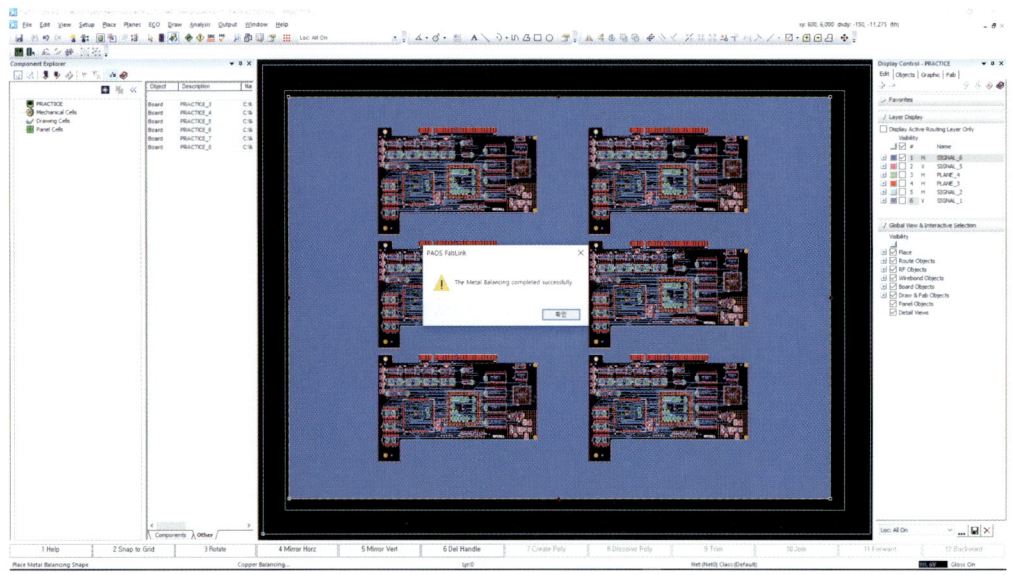

여섯 번째, Panel 검증은 PCB와 마찬가지로 Online DRC와 Batch DRC로 가능합니다. Online DRC는 Editor Control의 Common Settings에서 설정 가능하고 검증은 Hazard Explorer에서 확인합니다.

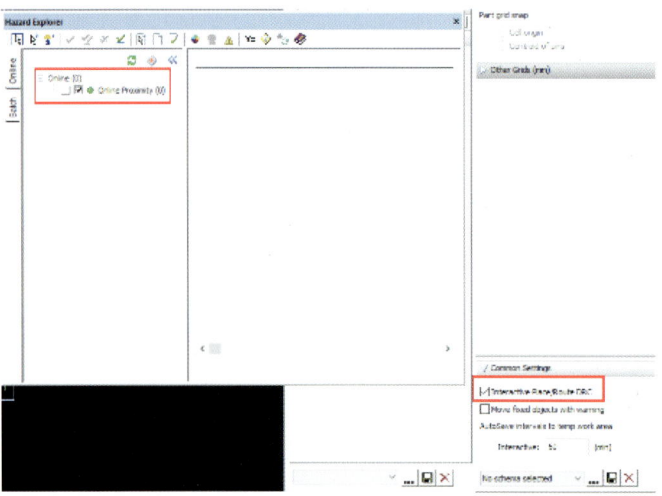

Batch DRC는 [Analysis] - [Panel DRC]를 실행합니다.

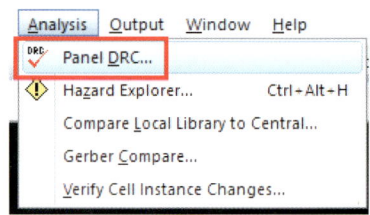

Panel DRC에서 각 Object의 간격을 설정해 Check합니다. 파란색으로 나오는 Text는 Online DRC Check전용으로 인식하며 금지, 경고, 해제의 Mode 설정이 가능하고 결과는 Hazard Explorer에서 확인합니다.

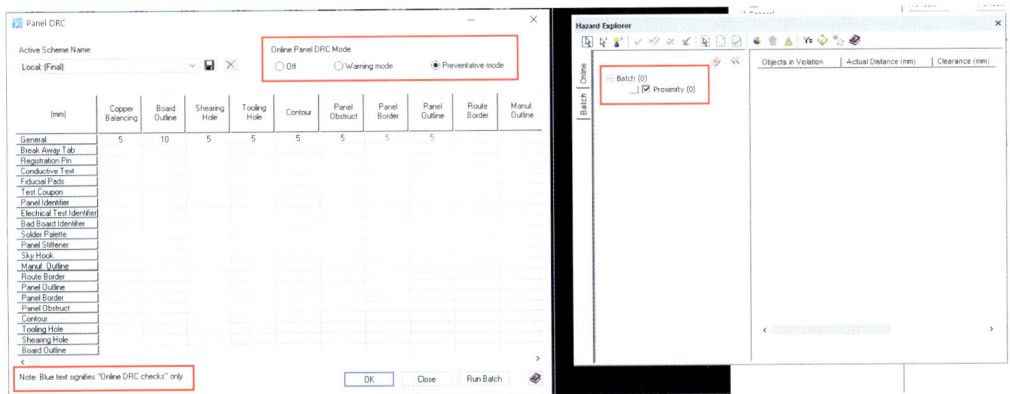

제조데이터는 PCB와 동일하게 출력 가능합니다. Panel Design의 주의할 점은 다음과 같습니다.

❶ 첫 번째 Board의 Layer Stackup에는 제한이 없습니다. 새 Panel 파일은 처음 배치된 Board의 Layer Stackup을 가정합니다.

❷ Panel에 배치된 모든 후속 Board는 Layer 수, Layer 유형 및 Layer 너비를 포함하여 첫 번째 Board와 동일한 Layer Stackup을 가져야합니다.

❸ Via Span에는 Layer 제한이 없습니다. 새로 배치된 Board의 Via Span은 이전에 배치된 Board의 Via Span과 일치하지 않아도 됩니다.

❹ Board 또는 Board Array의 크기는 Panel Outline보다 클 수 없습니다.

❺ Board 배치 Dialog Box를 사용하여 Panel에 Board를 배치하는 데는 Scaling Factor가 없습니다.

❻ Sky Hook, Panel Identifier 및 Test Coupons과 같은 특수 요소를 위한 Panel에 공간이 남아 있어야합니다.

❼ Multi Design Panel을 만들 때 두 번째 디자인을 배치하는 동안 Via Span을 확인합니다. 두 번째 Board의 배치는 Panel에 새 Via Span을 추가하는 경우 제한됩니다.

❽ Push 명령을 사용하여 Panel에서 Board를 뒤집을 수 있지만 Panel의 Layer 방향은 변경되지 않습니다.

❾ FabLink 또는 Drawing Editor에서 rigid flex Bboard를 push 할 수 없습니다.

실습 PADS Professional Layout의 FabLink 작성

1 Panel Template를 먼저 작성합니다. PADS Professional Library Tools를 실행하여 C:₩MGTraining ₩common₩libraries₩master-DXD₩master-DXD.lmc를 Open합니다.

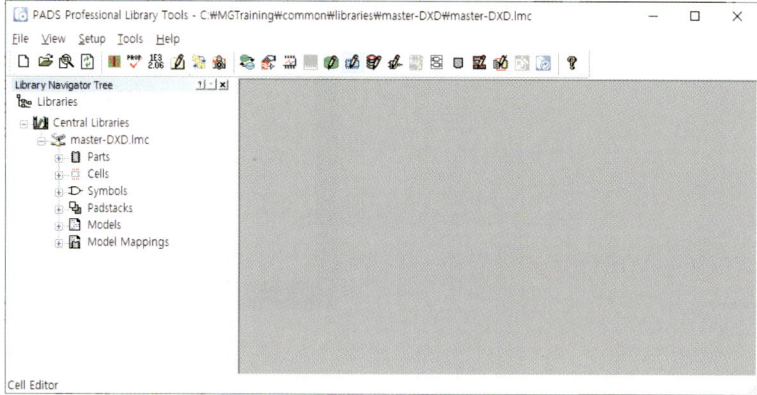

2 [Tools] - [Layout Template Editor]나 ▣ 를 실행합니다.

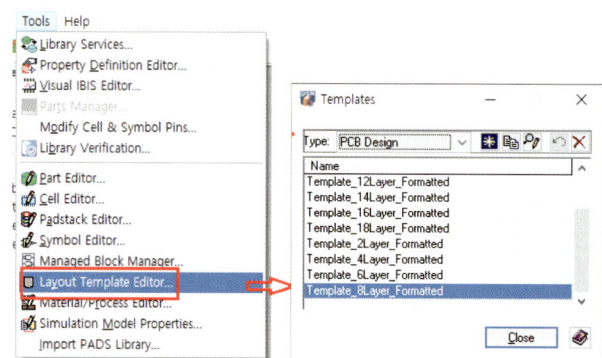

3 Type을 Panel로 변경한 후에 4 Layer Template를 ▣로 복사하면 4 Layer Template_1의 이름으로 복사됩니다. PADS_PRO_TRAINING으로 변경합니다.

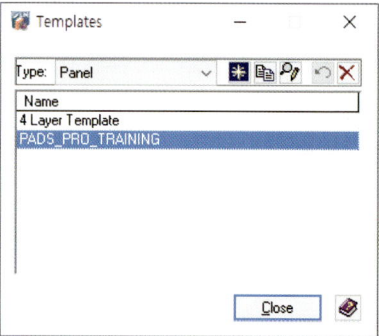

4 이름만 변경한 것이지 실제 Template에 변경된 것은 아닙니다. 편집 을 선택합니다.

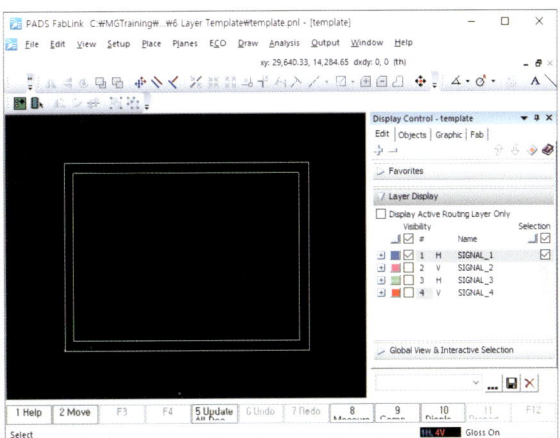

5 Layout은 Template 별로 Layer를 변경 가능했습니다. Panel은 Template에서 Layer를 변경하는 것이 불가능합니다. PCB의 Layer로 Panel Layer가 자동 변경되므로 Layer 설정은 필요 없습니다.

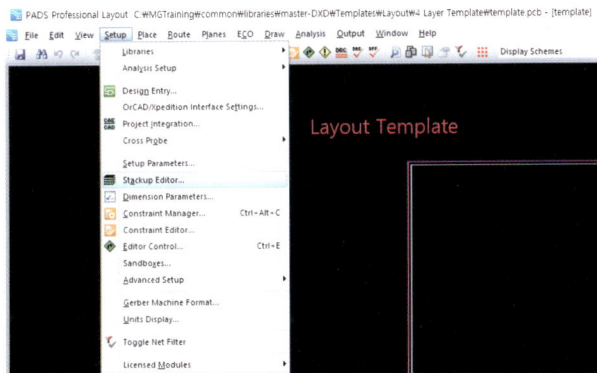

Layout Template

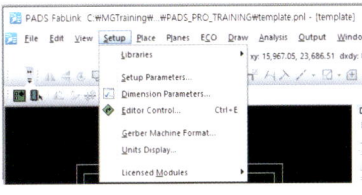

Panel Template

6 단위를 먼저 변경하겠습니다. [Setup] - [Setup Parameter]에서 Design Units를 Millimeters로 변경합니다.

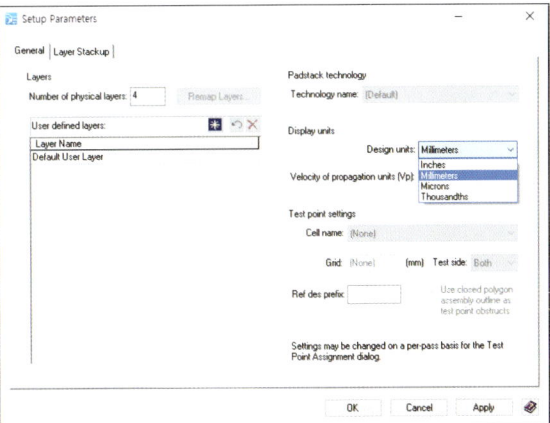

7 Panel의 사이즈를 변경하겠습니다. 원판 사이즈인 1m x 1m로 변경하기 위해 Panel Outline을 선택하고 Properties를 선택합니다.

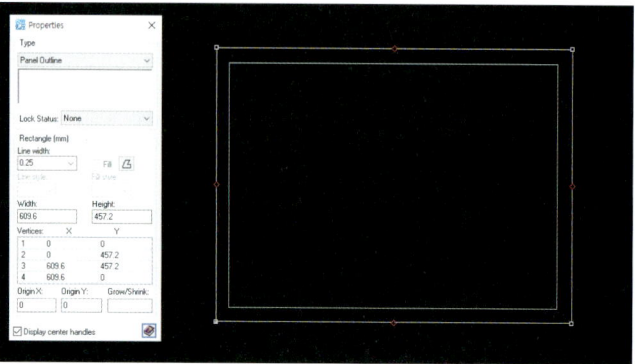

8 3번 좌표를 1000으로 각각 변경합니다. 변경후에 다음처럼 변경됩니다.

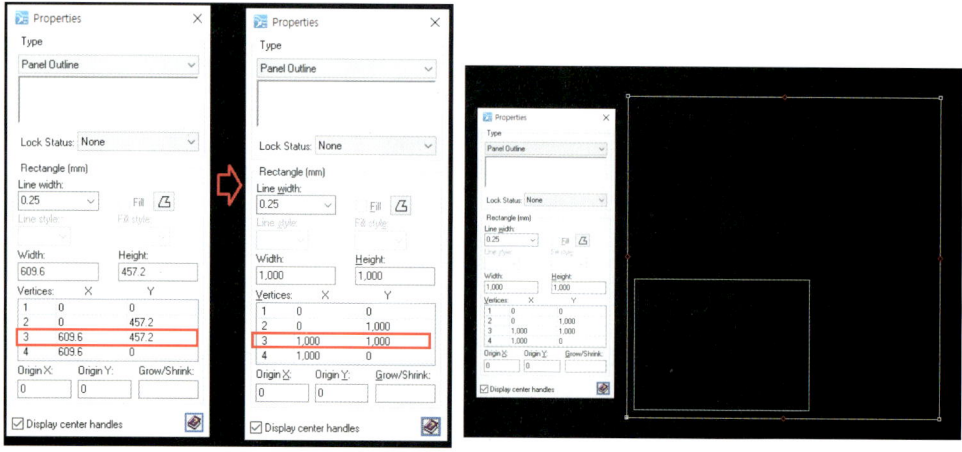

9 Panel Border를 변경합니다. Panel Outline을 선택하고 Draw Object를 하나 복사합니다. Ctrl+더블 클릭하여 Panel Border로 변경한 후에 Grow/Shrink에 -20을 입력합니다.

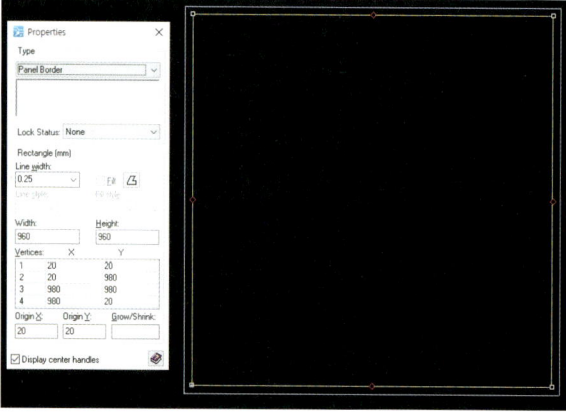

10 💾 Save 저장하고 Close 📁 Close 합니다.

11 PADS Pro Layout에서 C:₩MGTraining ₩projects₩PADS_PRO_TRAINING₩PCB ₩Board1.pcb을 Open합니다.

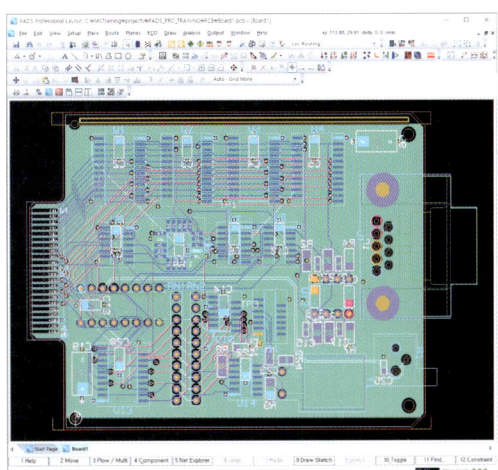

12 [Output] - [PADS Fablink]를 실행합니다.

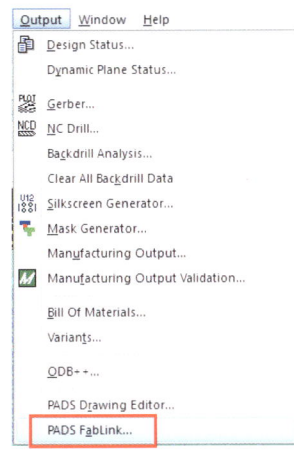

13 PADS FabLink가 시작되고 Panel Design Wizard가 실행됩니다. PADS_PRO_TRAINING의 Template를 지정합니다.

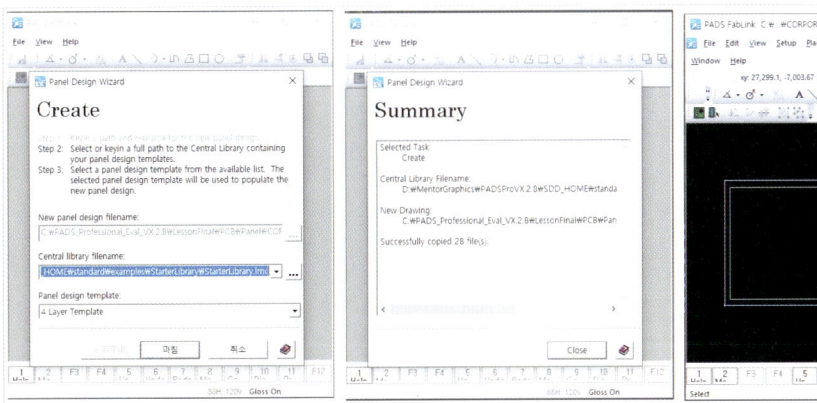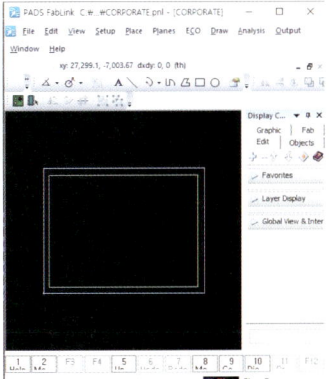

14 먼저 PCB를 배치합니다. [Place] - [Board]나 를 실행하여 다음처럼 입력하면 메시지가 출력되고 입력됩니다.

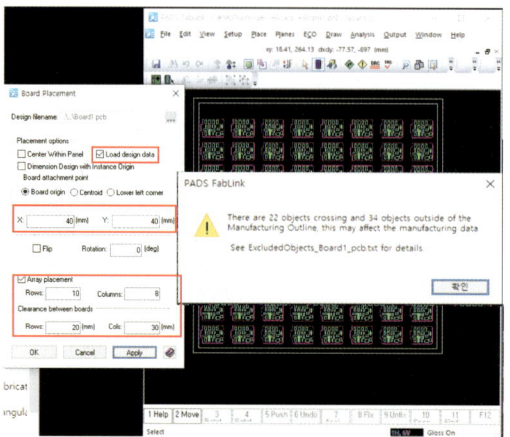

15 X와 Y좌표를 입력하면 Board들이 배치되며, 입력하지 않으면 마우스에 Board가 따라오게 됩니다.

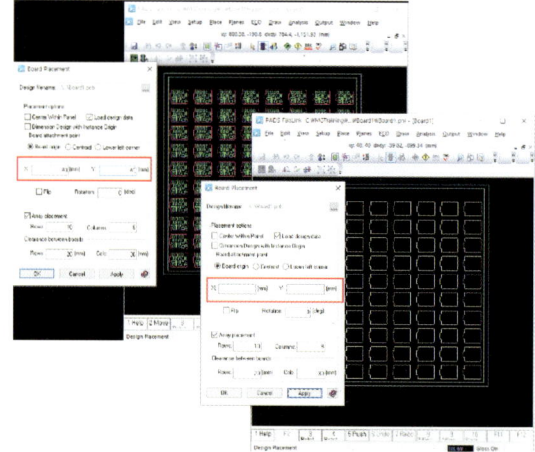

16 80개의 Board가 배치되었지만 위쪽의 공간이 남습니다. 제조가 가능한 환경에서 Board를 갯수를 얼마나 더 배치하느냐가 비용적으로 많은 차이가 날 수 있습니다.

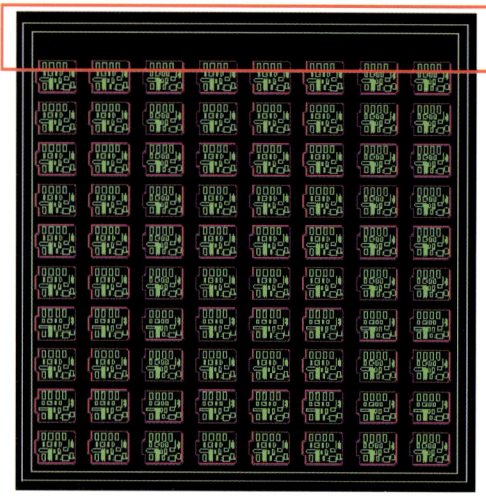

17 Board를 선택하고 삭제한 뒤에 다음처럼 다시 설정하여 배치합니다.

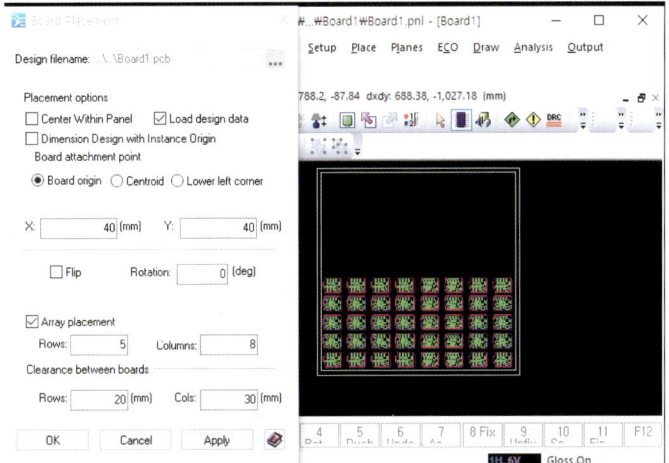

18 위쪽은 다음처럼 설정하여 적당한 위치에 배치합니다.

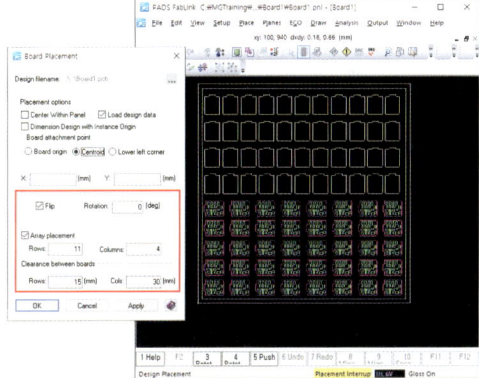

19 배치하면 84개로 이전에 80개의 Board보다 4개의 Board가 더 배치되었습니다.

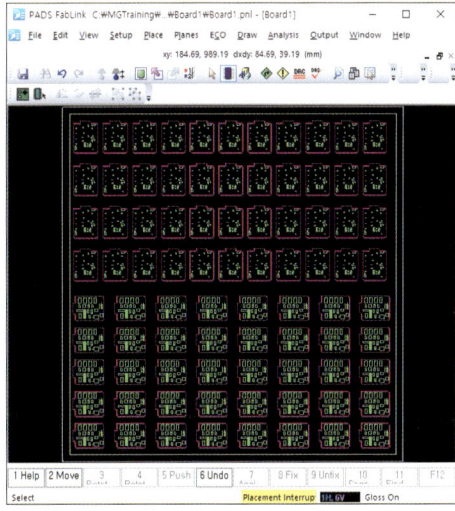

⑳ Display Control로 Object들을 켜보면 PCB의 Trace, Via등이 동일하게 확인 가능합니다.

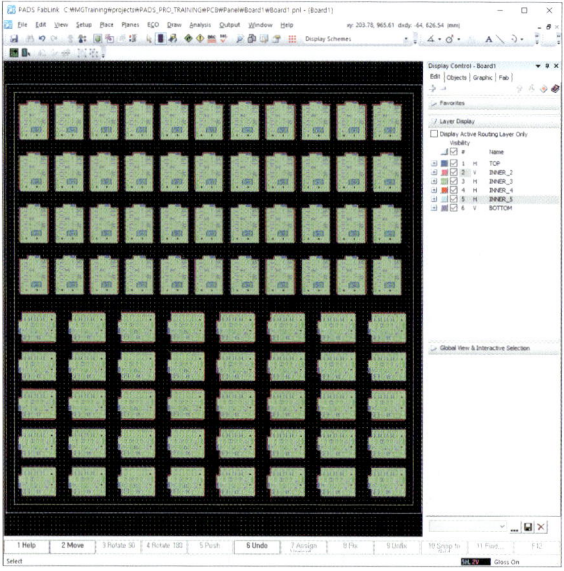

㉑ 가운에 Tooling Hole을 입력하기 위해 Central Library의 Padstack Editor에서 다음처럼 등록합니다.

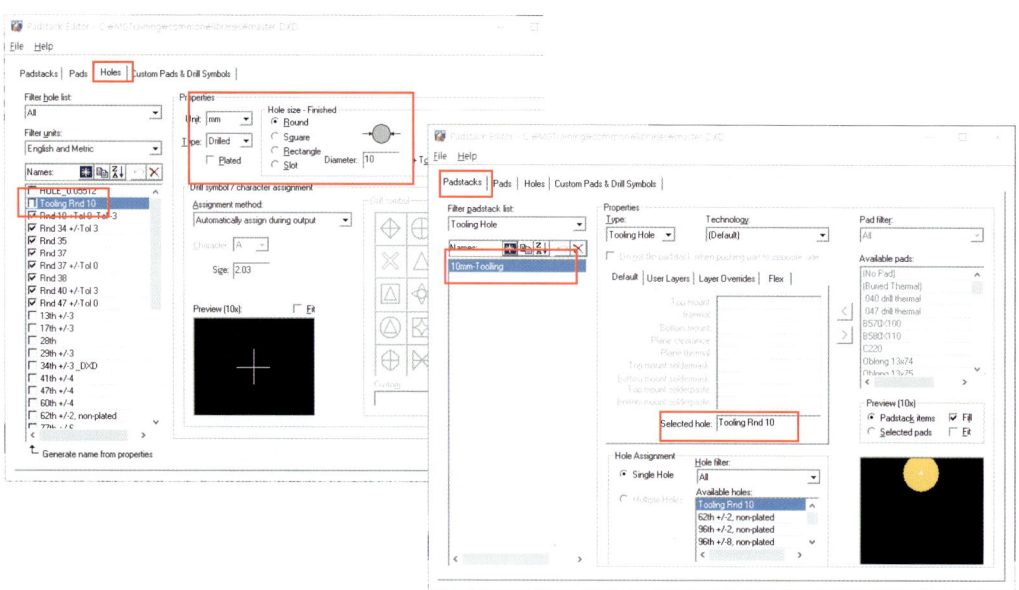

㉒ Tooling Hole 연결 현상을 위해 다음처럼 Hole을 등록합니다.

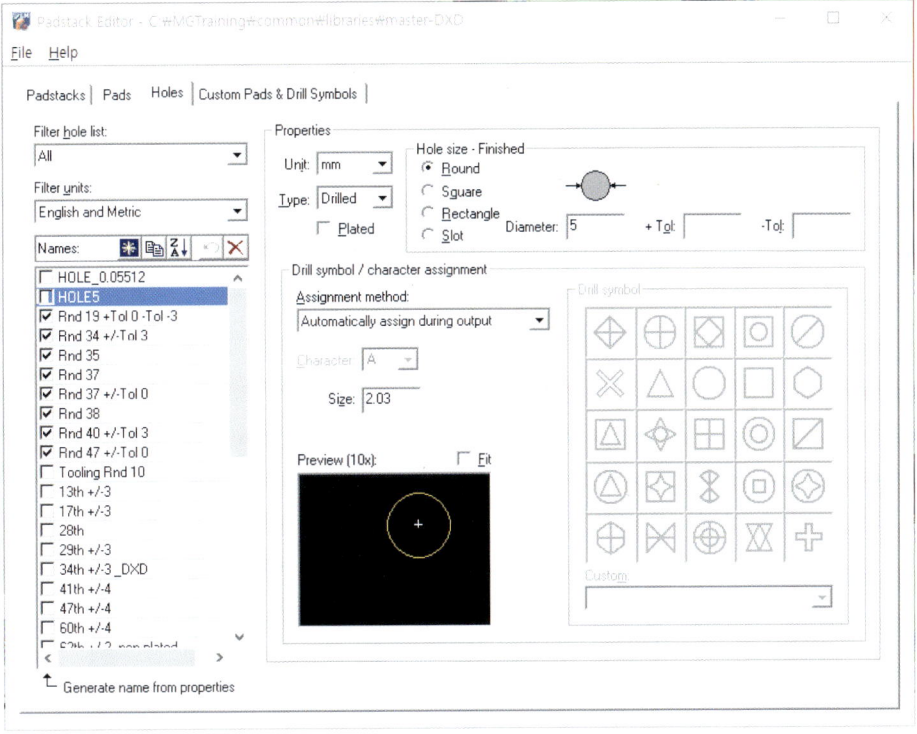

㉓ [Place] - [Tooling Hole]을 선택하여 다음처럼 2개 입력합니다.

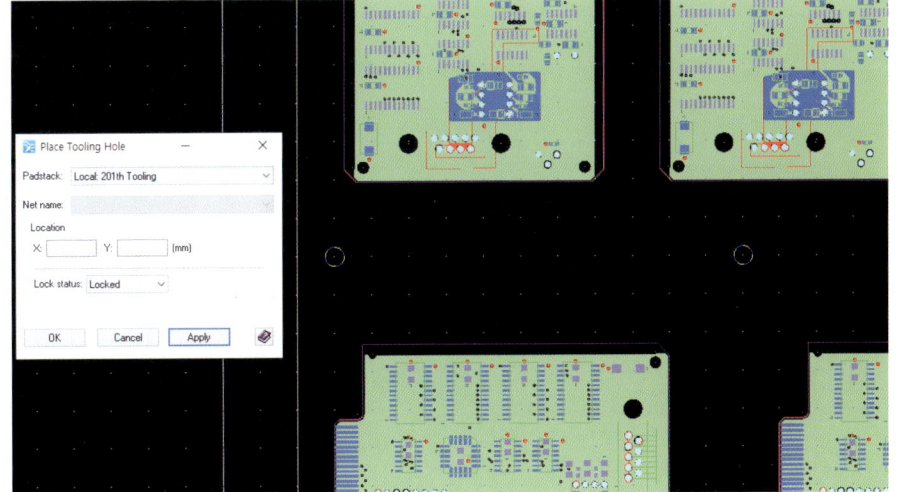

24 [Draw] - [Contour]로 다음처럼 사각형으로 입력합니다.

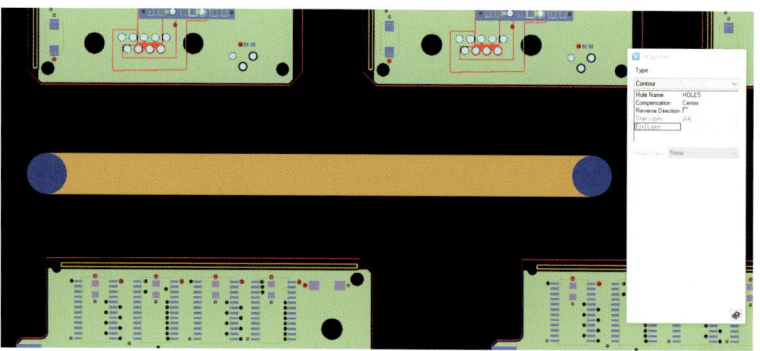

25 오른쪽으로 복사합니다.

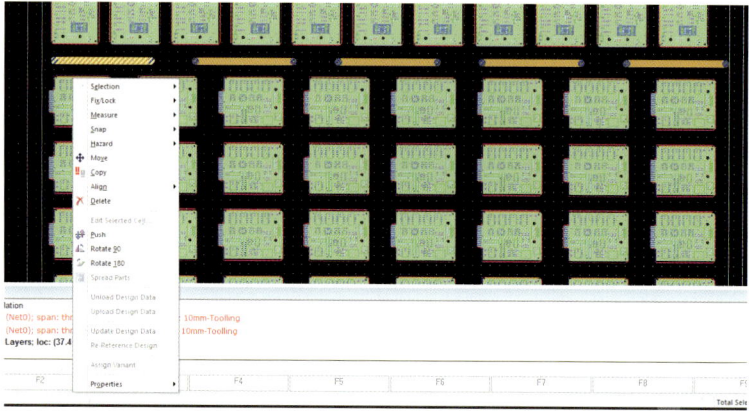

26 [Setup] - [Setup Parameter] - User Layer에 V-Cut을 Top용과 Bottom용으로 작성합니다.

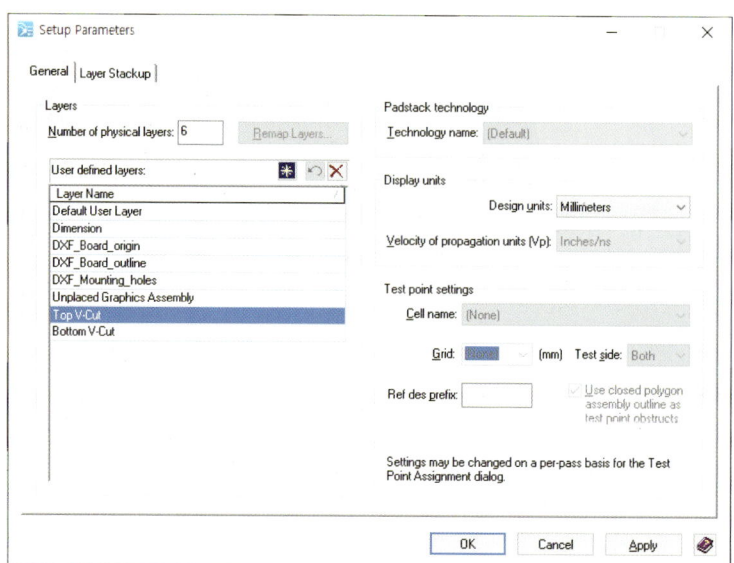

㉗ User Layer로 도형을 추가하거나 사전에 Library에 Mechanical Cell이나 Panel Cell로 등록해서 배치도 가능합니다.

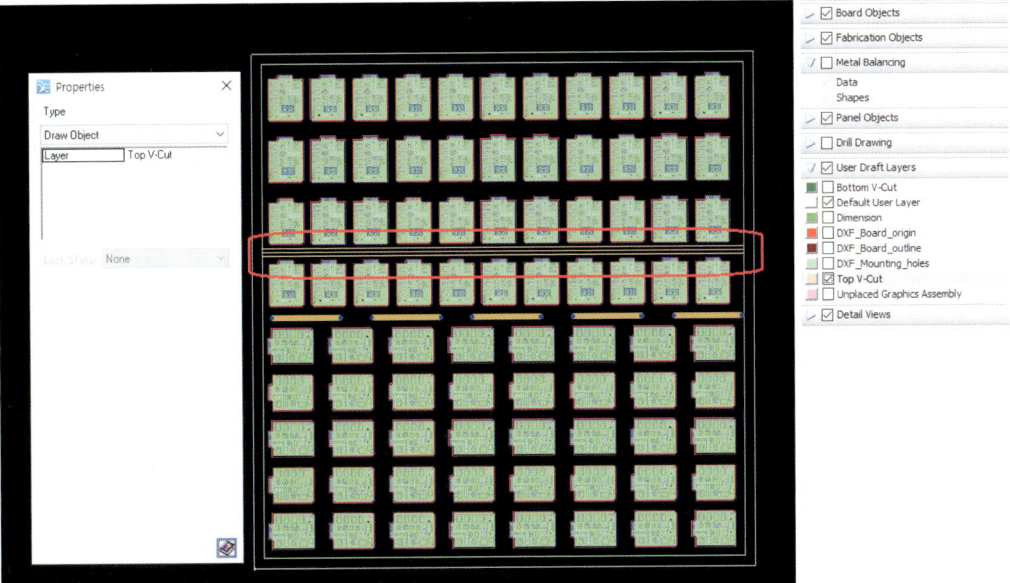

㉘ 다음은 [Plane] - [Metal Balance Shape]를 입력합니다. 입력을 하지 않으면 나중에 Metal Balance Processor는 전체를 진행합니다. 확인을 위해 다음정도만 입력합니다.

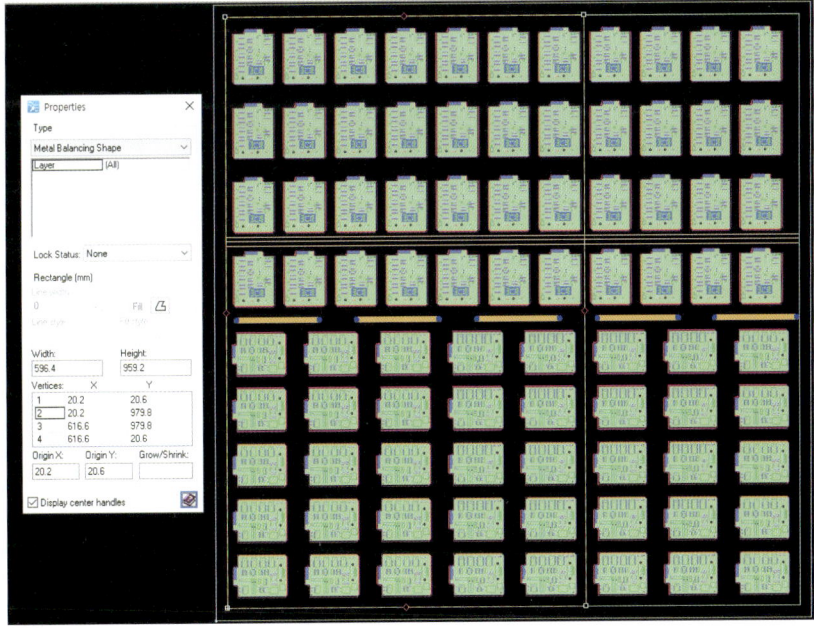

㉙ 입력을 위해 [Plane] - [Metal Balance Processor]나 를 선택합니다.

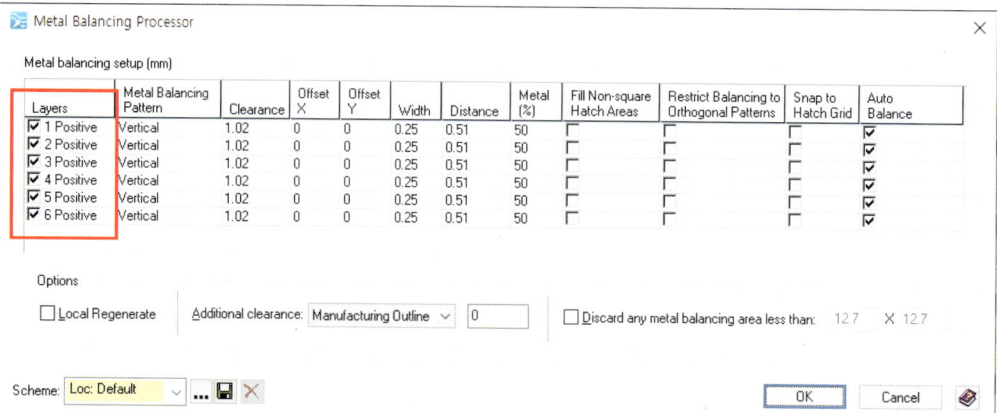

㉚ OK를 누르면 Metal Balance가 채워집니다.

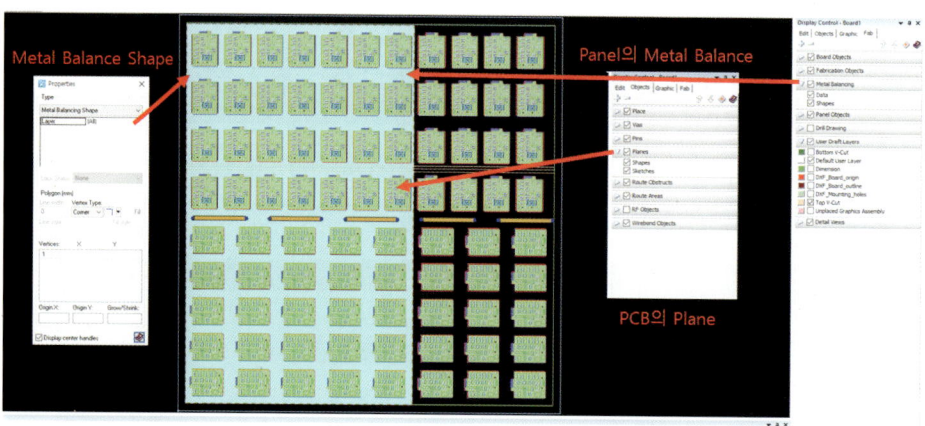

㉛ Auto Balance를 Check하면 Shape가 있으면 메시지가 나타나고, 없으면 그냥 전체가 자동으로 채워집니다.

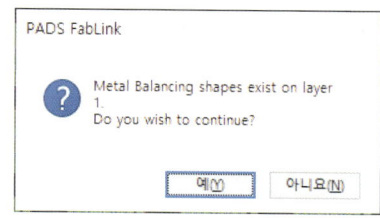

32 PADS FabLink를 저장하고 PADS Pro Layout에서 다시 [Output] - [PADS FabLink]를 실행하면 다음처럼 Unload 상태로 올라오게 됩니다.

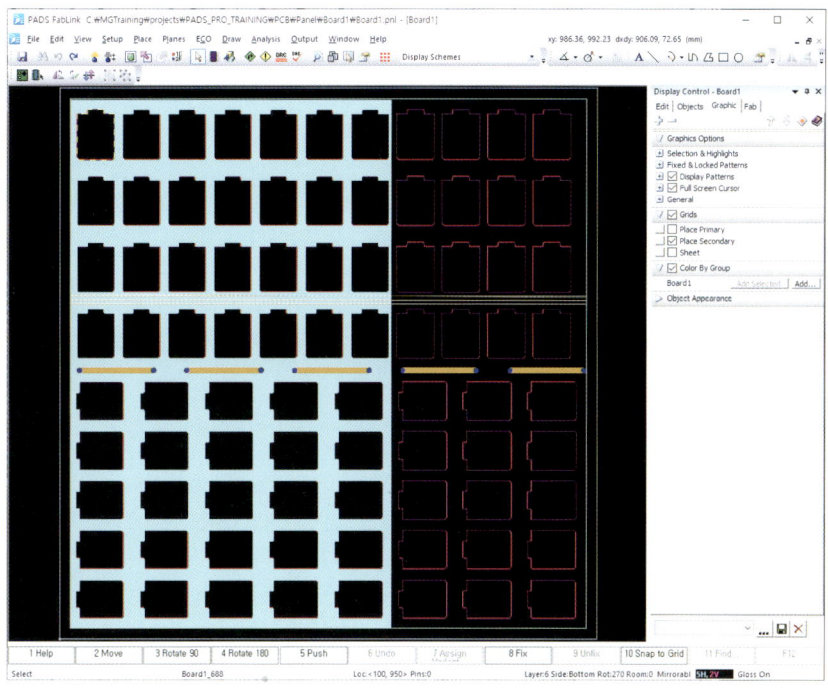

33 [Place] - [Upload All Design Data]로 불러온 후에 출력 작업을 진행해야 합니다.

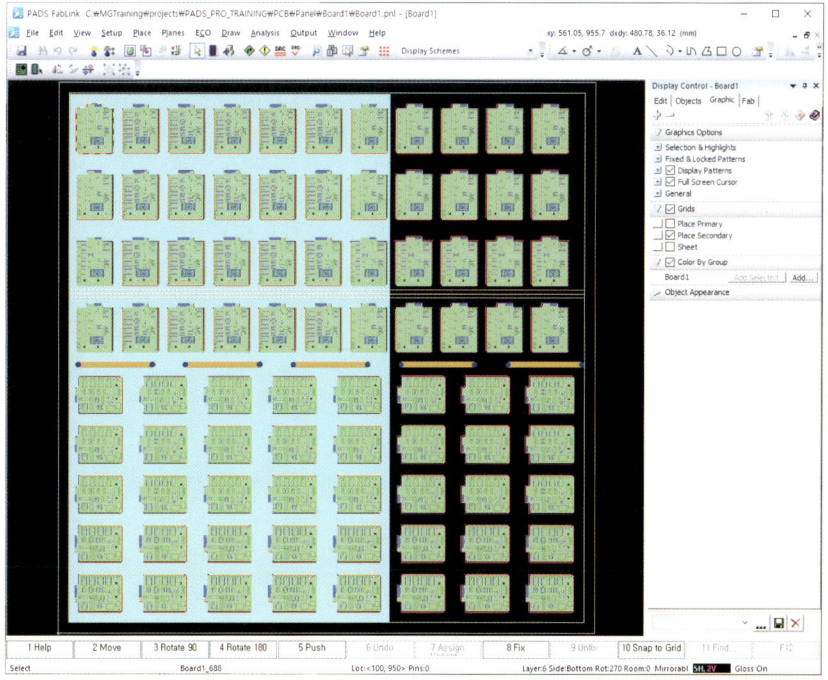

PADS Drawing Editor

01 PCB의 도면 출력기능
02 PADS Drawing Template
03 PADS Drawing Editor 기능

01 PCB의 도면 출력기능

종이보다 전자 파일로 Design을 하면 수명이나 재사용, 편집 등 많은 장점이 있습니다. 그런데 프로그램으로 치수나 형상 파악이 가능하지만 프로그램이 모든 관련자에 설치되기 어려운 현실적인 문제로 인해 종이로 된 도면 혹은 PDF 등의 파일로 출력해야 하는 경우가 있습니다. PADS Pro Layout의 [File] - [Print]로, PDF는 [Extend Print]로 할 수 있습니다. 그런데 PCB Design은 실물을 위한 생산 데이터이고 도면 출력을 위해 Dimension같은 Data를 출력하는 실물 데이터는 아닙니다. 그래서 PCB Data를 작성할 때 생산 데이터와 도면 데이터를 혼용해서 작성해야 하고 출력도 혼용해야 합니다.

이런 혼용을 구분하기 위해 PADS Pro에서는 도면용의 PADS Drawing Editor 프로그램을 별도로 제공하고 있습니다. PADS Drawing Editor는 PADS Pro Layout의 [Output] - [PADS Drawing Editor]에서 실행합니다.

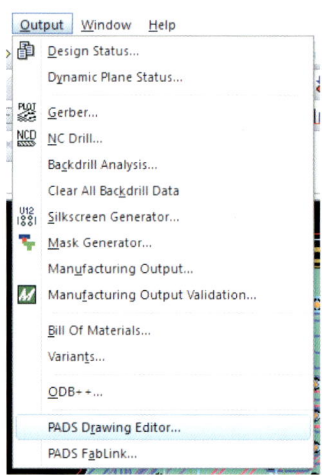

PADS Drawing Editor를 실행하면 작성을 위한 Drawing Wizard가 생성됩니다.

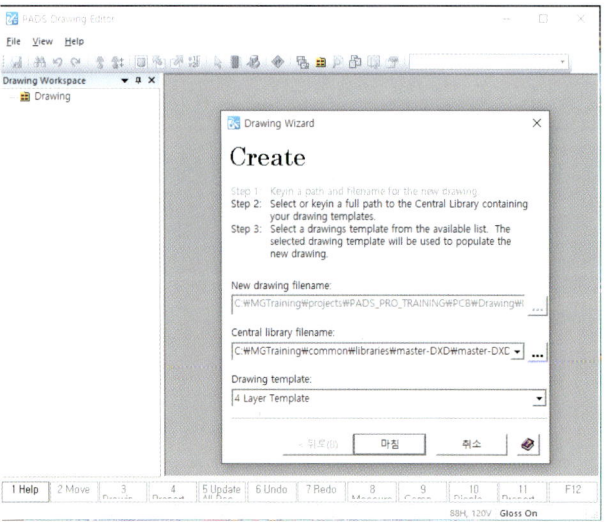

PADS Pro Layout을 처음 작성할 때 처럼 Central Library와 Drawing Template를 지정하게 되어 있고 기존에 작성했다면 작성된 Drawing이 PADS Drawing Editor로 Open됩니다.

PADS Drawing Editor는 Drawing Object들을 빼고는 PADS Pro Layout/Panel과 동일한 GUI를 사용합니다. Drawing Editor에 관련된 내용만 빼고는 동일한 작업을 진행하면 됩니다.

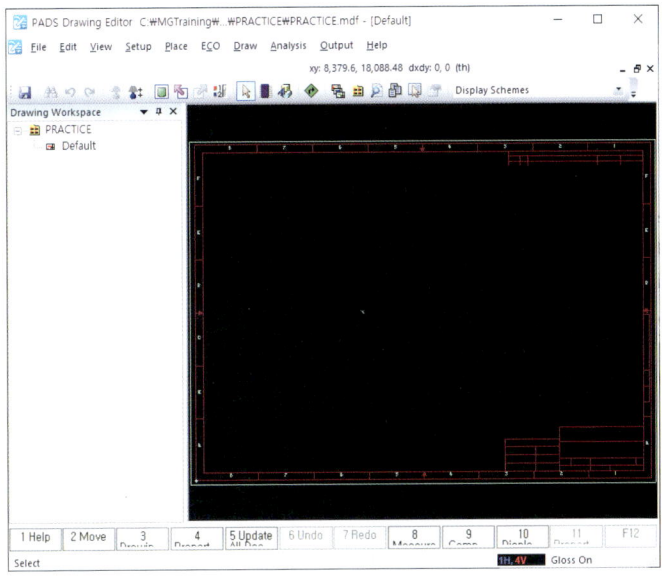

02 PADS Drawing Template

Drawing Template는 Central Library에서 설정하게 되어있습니다. Template Type을 Drawing으로 변경하면 리스트들이 나타납니다.

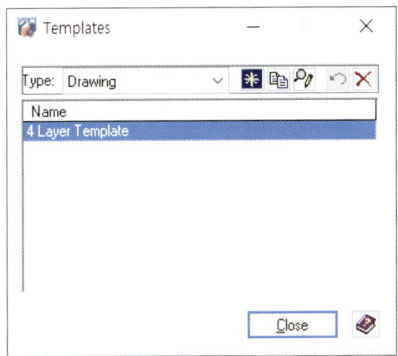

Template 내부로 들어가면 Route Mode가 없이 PCB Drawing에 관련된 명령어들이 추가된 화면이 나타납니다.

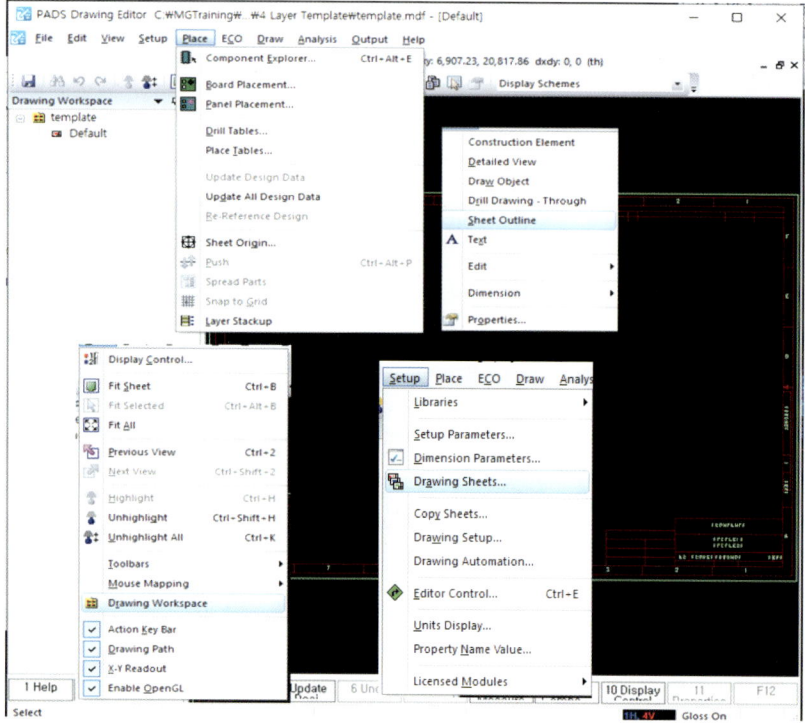

Template에서 Sheet 형상을 지정하려면 Library Manger에서 등록된 Drawing Cell이나 Panel Template에서 직접 파일을 Import해서 지정합니다.

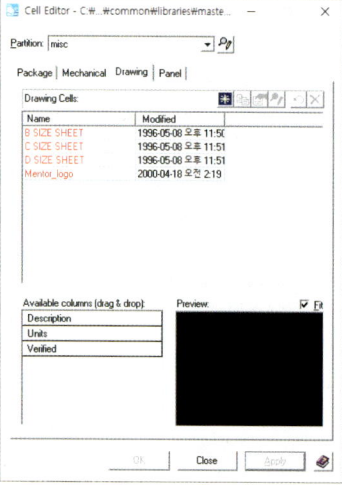
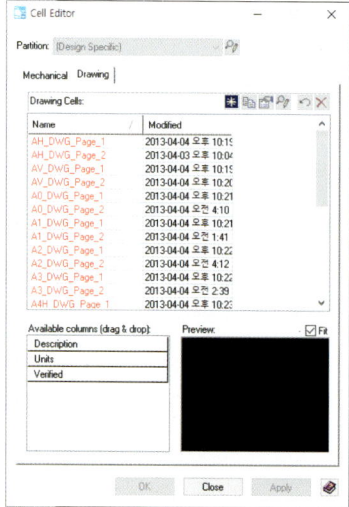

03 PADS Drawing Editor 기능

Drawing 작성을 위한 순서는 다음과 같습니다.

❶ Drawing Data 작성
❷ Drawing Sheet 정의
❸ Board 배치
❹ 추가 부품과 도형배치
❺ Documentation 입력
❻ Report와 출력

첫 번째, Drawing Data 작성은 Template를 선택하여 Drawing Data를 만드는 것입니다. Drawing은 ￦PCB￦Drawing에 작성됩니다.

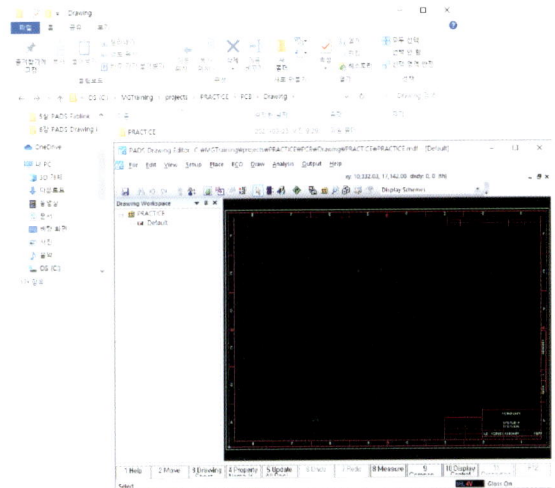

두 번째, Drawing Sheet 정의는 작성된 Drawing에 Sheet Outline과 Sheet 모양의 Draw Object가 작성되어 있습니다. 이 형상을 도면 사이즈에 맞추어 작성하고 편집하는 것입니다.

PADS Drawing Editor의 Display Control Fab에는 Panel Object와 Drawing Object가 존재합니다. 여기서 Drawing Origin을 보이게 할 수 있습니다.

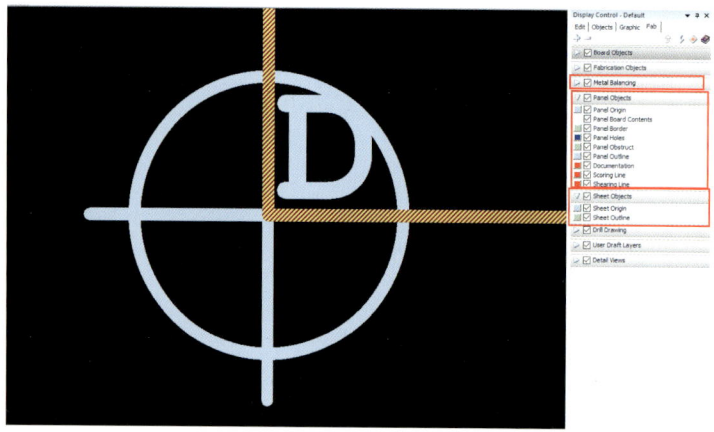

변경이 필요하면 [Place] - [Sheet Origin]으로 변경 가능합니다.

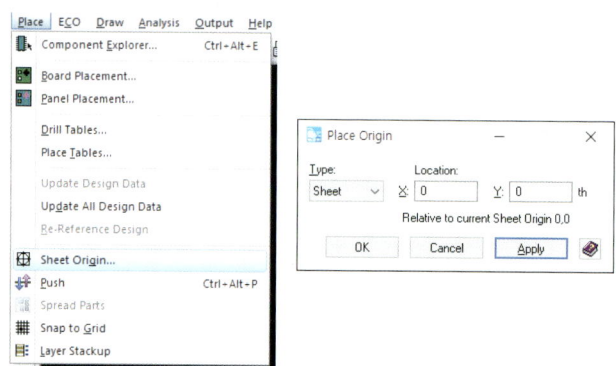

회로도의 Sheet 작성이 가능합니다. 회로도의 Sheet가 회로를 나누는 목적이라면 Drawing의 Sheet는 Layer 별로 문서를 작성하기 위해서 입니다.

왼쪽의 Drawing Workspace에서 Sheet들이 보이게 되고 작성은 [Setup] - [Drawing Sheet]에서 작성합니다.

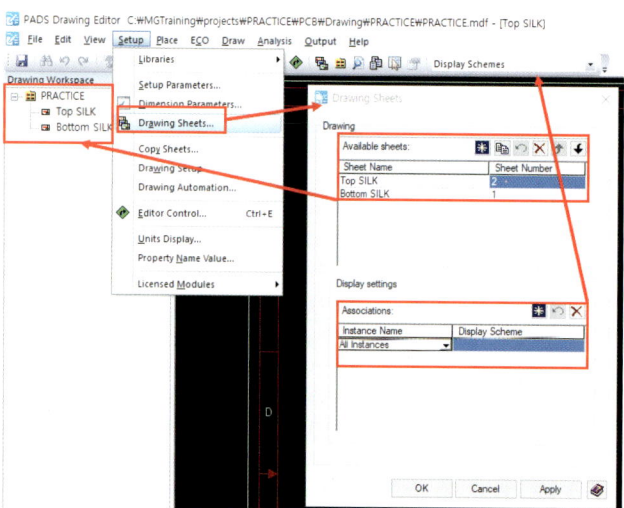

Sheet에는 회로도처럼 Border 형상 입력이 가능하고 추가로 문서와 이미지도 가능합니다.
Sheet는 Copy와 Rename이 가능합니다.

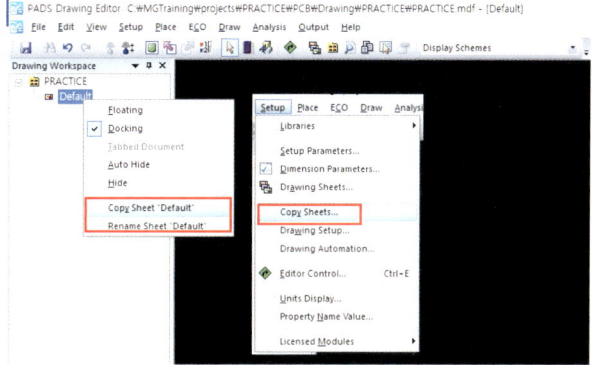

세 번째, Board 배치입니다. Panel에서처럼 Board 입력이 가능하며, Panel도 Board 입력하듯이 가능합니다. Fablink와 다른 점은 Load Data가 제외되고 Scale 선택이 가능합니다. 배치된 이후에 부품의 속성에서도 Scale 설정이 가능합니다.

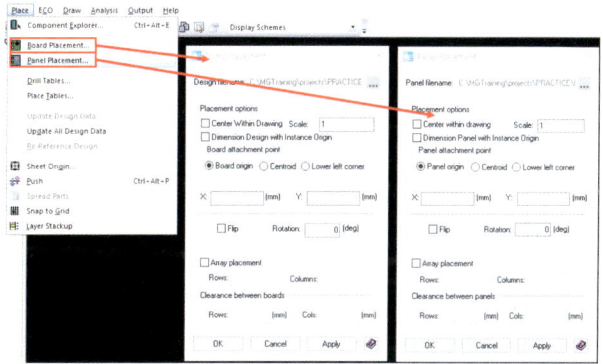

Drawing Editor는 PCB, Panel과 다른 Display Control을 운영 가능합니다. Default는 Board 이외의 영역이고 Board를 선택하면 해당되는 Board만 Display를 따로 설정할 수 있습니다.

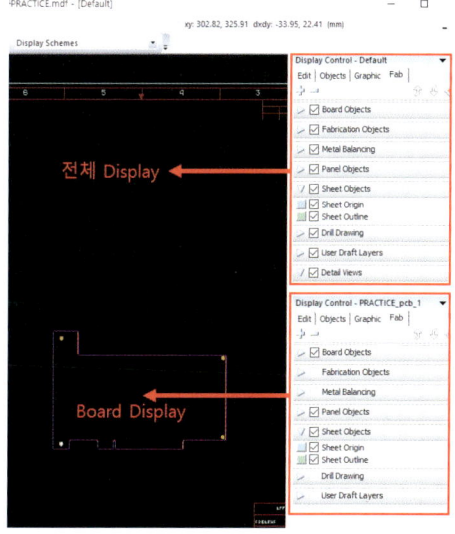

네 번째, Drawing Editor상에서 필요한 부품을 배치하고 도형을 작성합니다.

부품들은 Component Explorer에서 입력하는 Mechanical Cells, Drawing Cells 입니다. Central Library의 Cell Editor에서 항목 별로 작성한 부품 입력이 가능합니다.

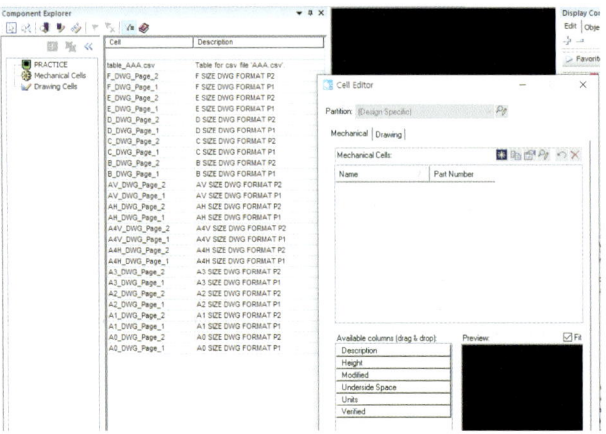

부품 이외에도 Draw의 항목의 입력과 편집이 가능합니다.

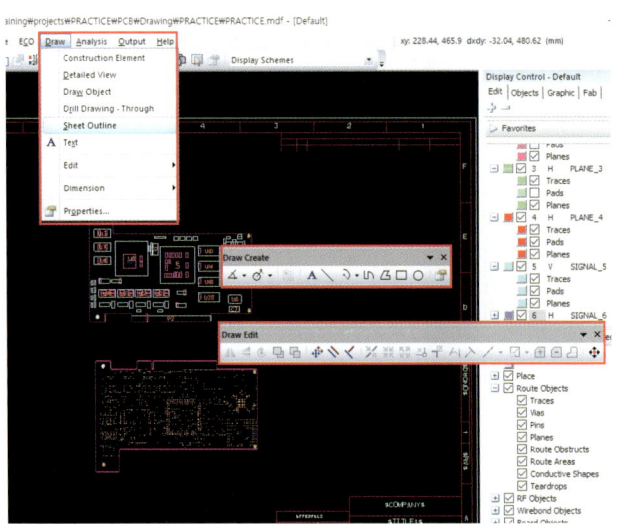

다섯 번째, Documentation 입력입니다. [File] - [Import]의 ASCII, DXF, Image 파일 입력이 가능합니다.

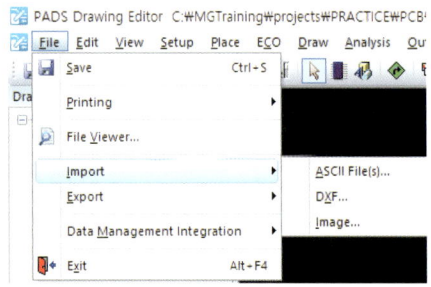

ASCII 파일에서는 Text 파일 입력이 가능합니다. 로 Text를 지정한 Layer에 Import합니다.

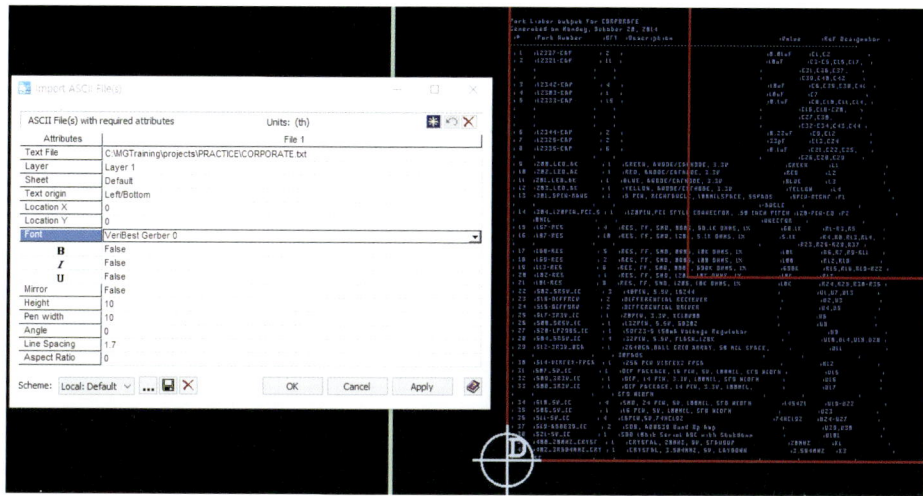

DXF는 PCB의 기능과 동일합니다. 주로 Border를 Import합니다.

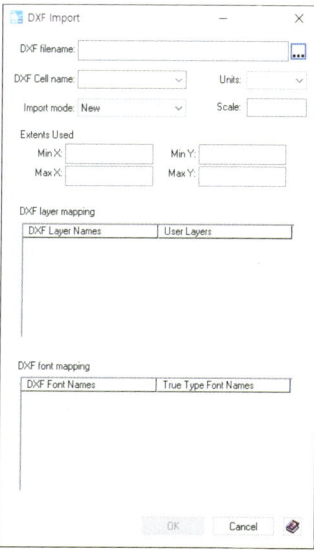

Image에서는 그림 파일 Import가 가능합니다.

Place에는 Drill Table과 Place Table 입력이 가능합니다.

Drill Table은 입력한 Board가 NC Drill을 출력한 이후에 가능하며 다음처럼 입력 가능합니다.

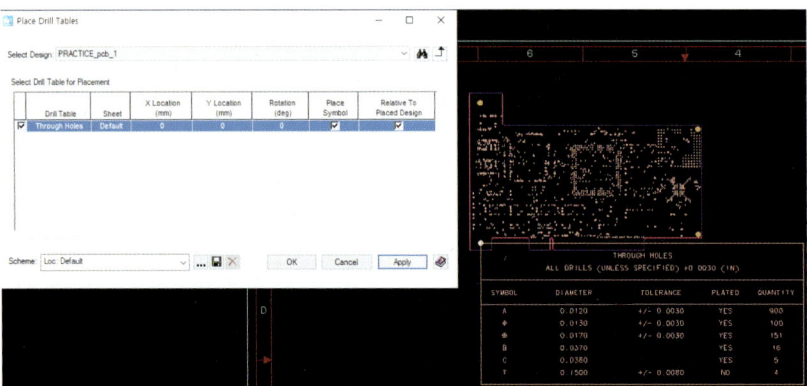

Place Table은 CSV 파일을 배치 가능합니다.

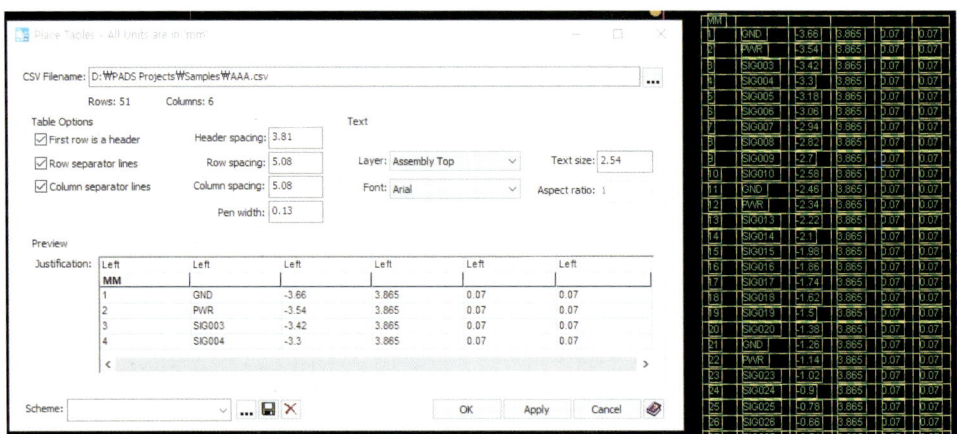

[Setup] - [License Modules] - [Variant Manger]를 활성화하면 Variant 메뉴 사용이 가능합니다.

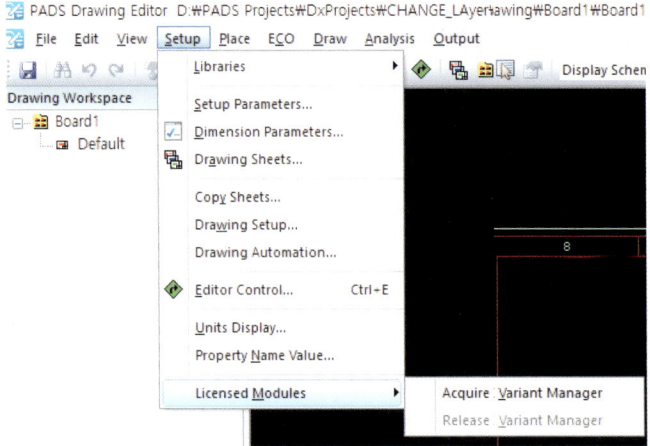

[Place] - [Variant Table] 또는 Board를 선택하고 RMB - [Assign Variant] 메뉴를 사용 가능합니다.

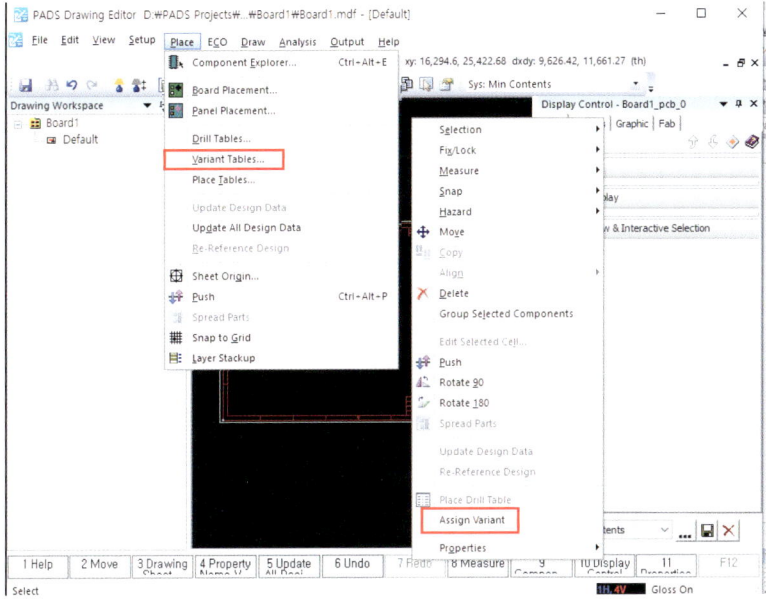

[Place] - [Variant Table]은 다음의 Table을 원하는 Layer에 배치합니다.

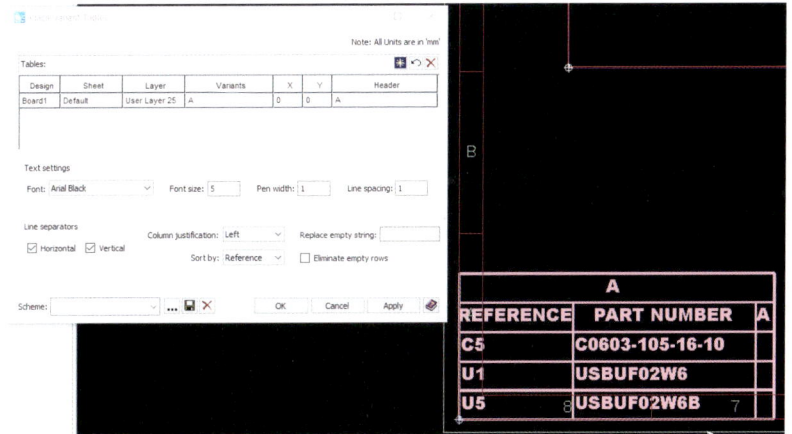

Board를 선택하고 RMB - [Assign Variant]는 해당 Board에 Variant를 설정합니다.

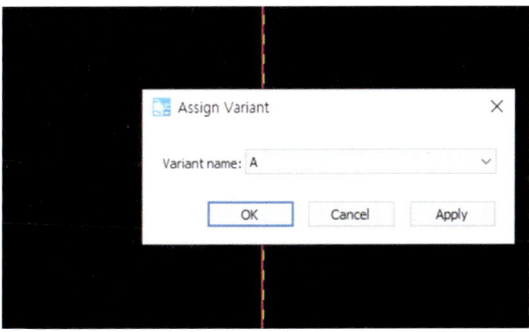

[Setup] - [Drawing Setup]은 Sheet 설정과 Border 배치, Board/Panel을 한꺼번에 지정할 수 있습니다.

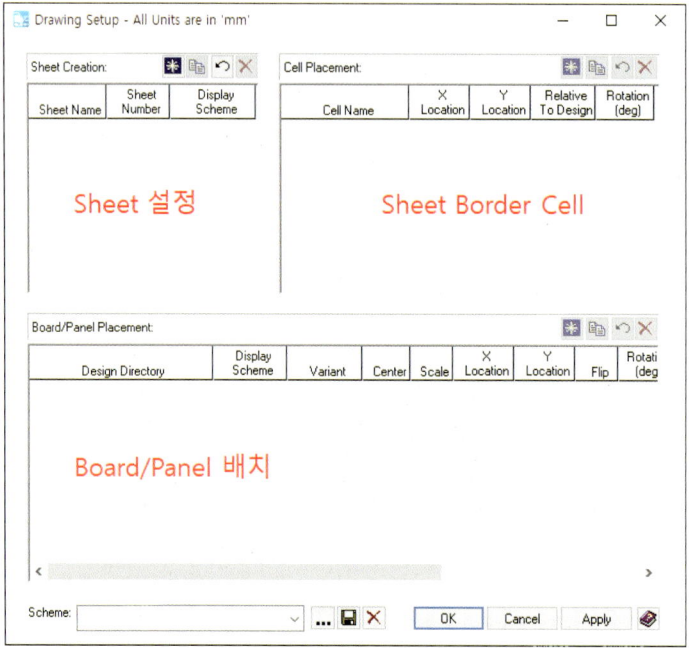

Sheet Creation을 설정하고 Ok를 선택합니다.

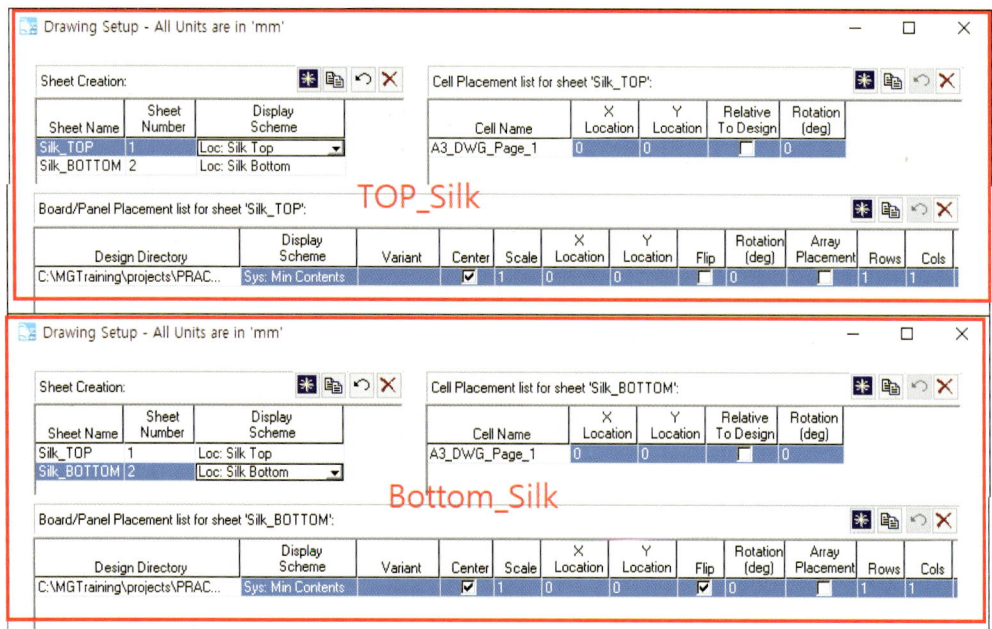

다음처럼 자동으로 작성됩니다. Window의 분할은 아직 안되어 연출한 것입니다.

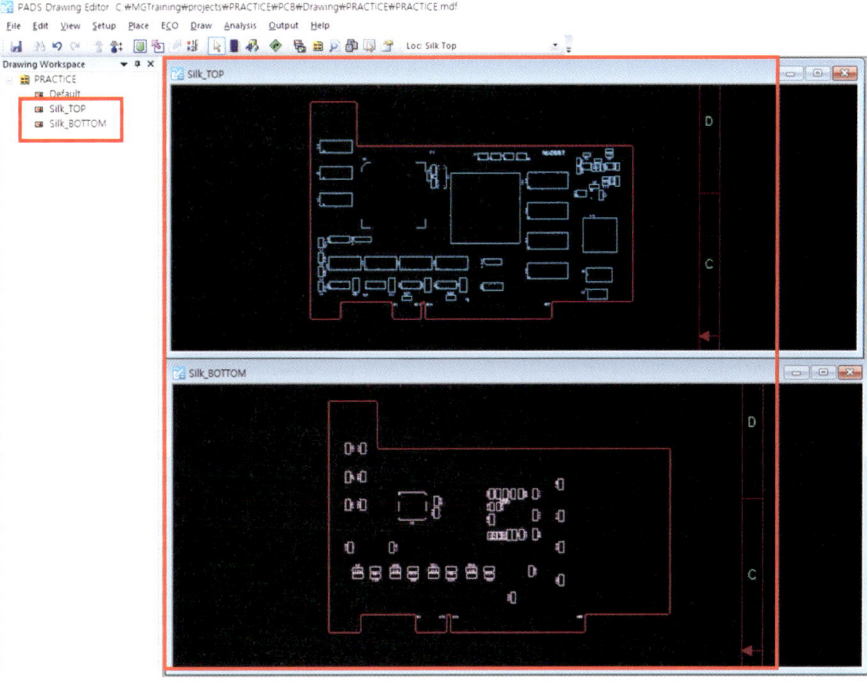

여섯 번째, Report와 출력입니다. [Output] - [Drawing Status]는 Drawing의 상태를 확인하는 것입니다.

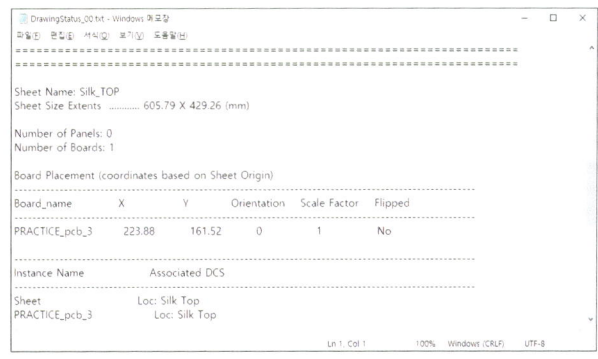

[File] - [Print]는 PCB와 동일하게 사용 가능합니다.

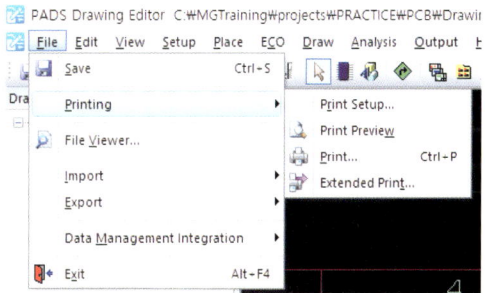

[File] - [Export]는 현재 Data를 DXF로 출력합니다.

실습   PADS Professional Layout의 Drawing Editor 작성

1. Drawing Template를 먼저 작성합니다. PADS Professional Tools를 실행하여 C:₩MGTraining₩common₩libraries₩master-DXD₩master-DXD.lmc를 Open합니다.

2. [Tools] - [Layout Template Editor] 나 ▣ 를 실행합니다.

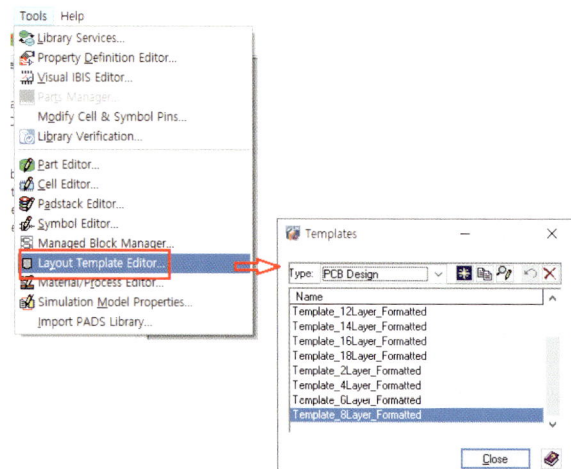

③ Type을 Drawing으로 변경한 후에 4 Layer Template를 로 복사하면 4 Layer Template_1의 이름으로 복사됩니다. PADS_PRO_TRAINING으로 변경합니다.

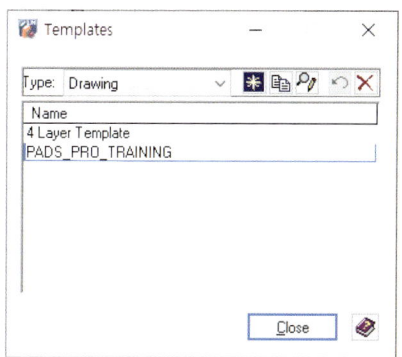

④ 이름만 변경한 것이지 실제 Template이 변경된 것은 아닙니다. 편집 을 선택합니다.

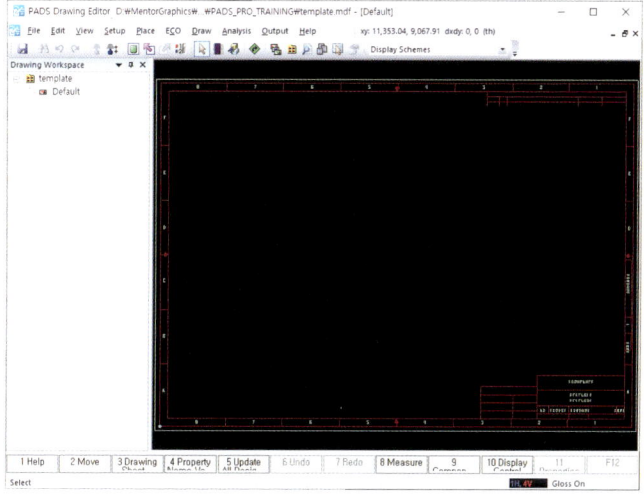

⑤ PCB의 Layer로 Drawing Layer가 자동 변경되므로 Layer 설정은 필요 없습니다. 단위를 변경하겠습니다. [Setup] - [Setup Parameter]에서 Design Units를 Millimeters로 변경합니다.

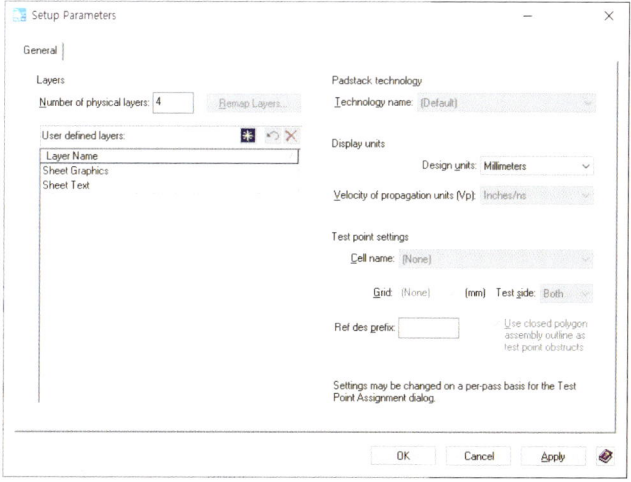

6 Drawing의 사이즈를 변경하겠습니다. A3 Size인 420x297로 변경을 하기위해 Sheet Outline 을 선택합니다.

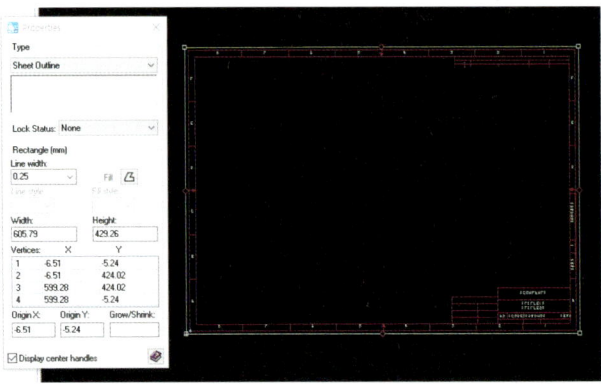

7 1번의 좌표는 0,0으로, 3번의 좌표는 420,297로 변경하고 원래 Border는 삭제합니다.

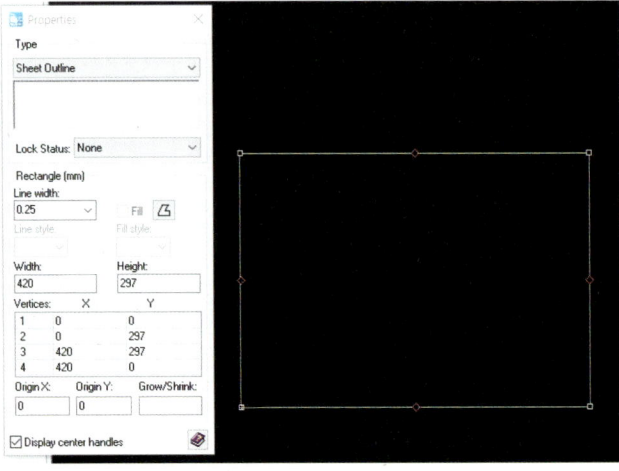

8 Component Explorer의 Drawing Cells에서 A3_DWG_PAGE1을 선택하여 Drag 한뒤 원점에 맞추어 배치한 후 저장하고 종료합니다.

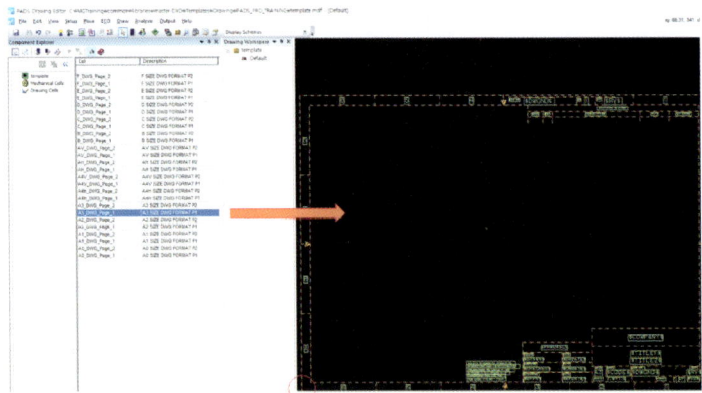

⑩ PADS Pro Layout에서 C:₩MGTraining₩projects₩PADS_PRO_TRAINING₩PCB₩Board1.pcb을 Open합니다.

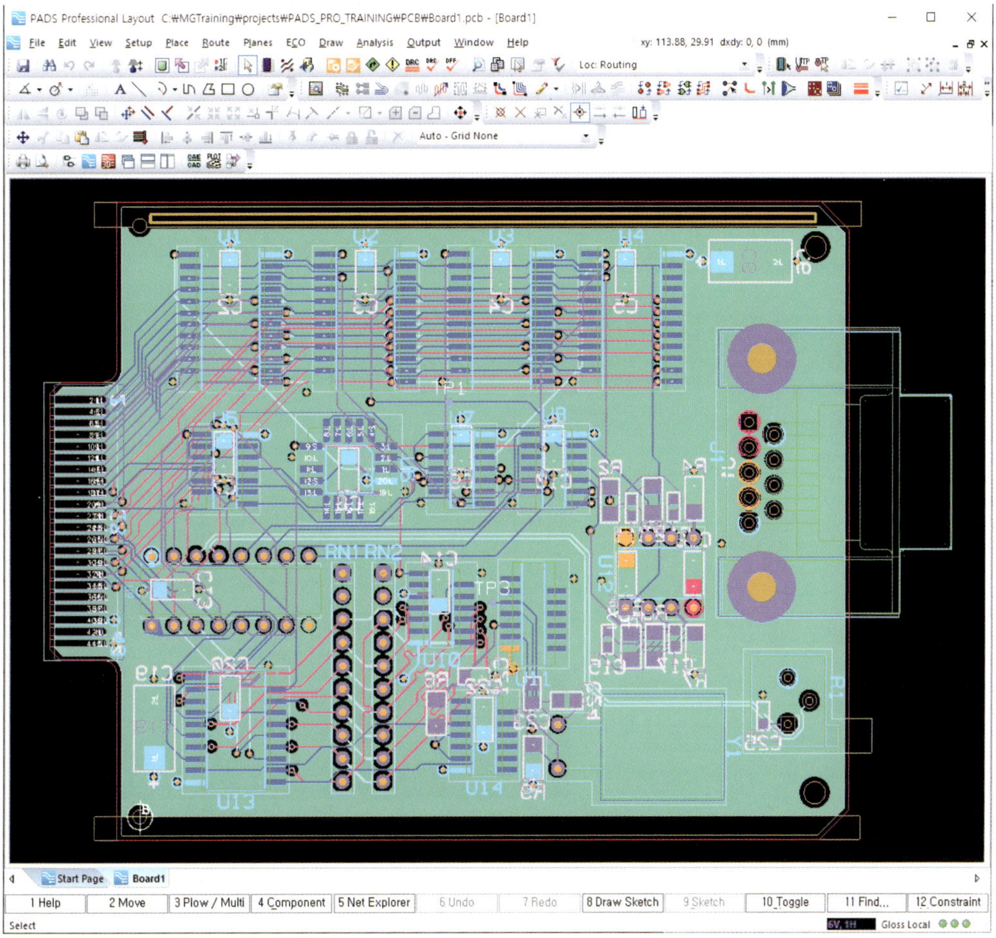

⑪ [Output] - [PADS Drawing Editor]를 실행합니다.

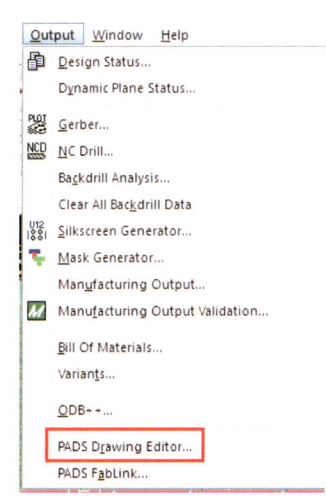

⑪ Drawing Wizard가 실행됩니다. PADS_PRO_TRAINING의 Template를 지정합니다.

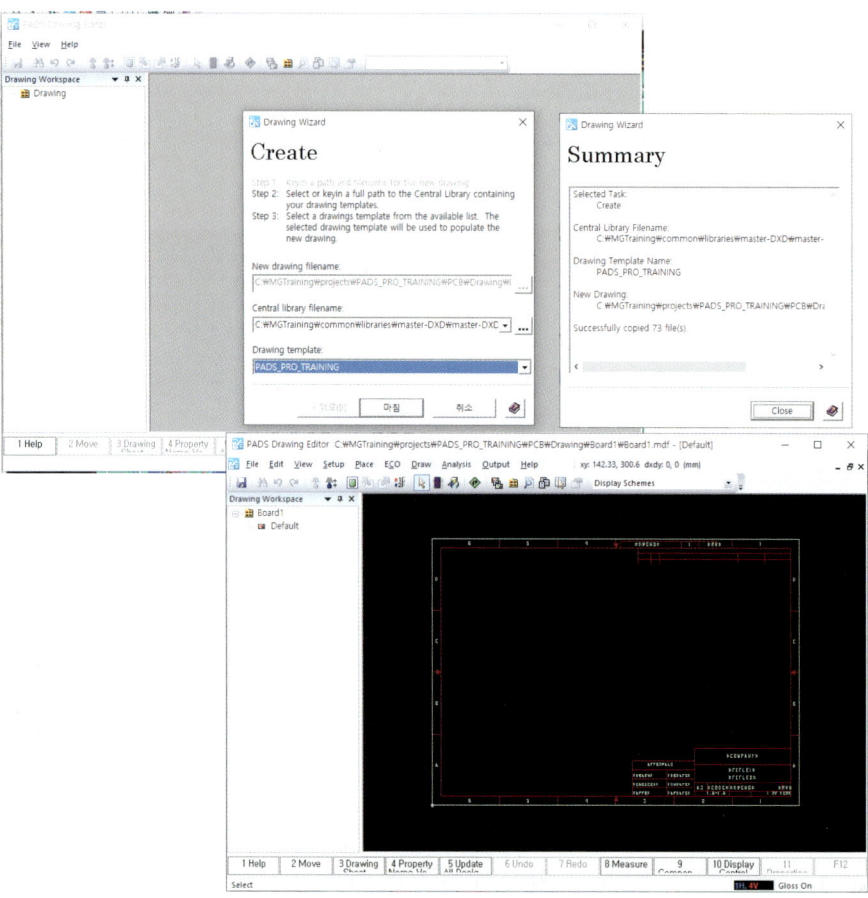

⑫ [Setup] - [Drawing Setup]으로 다음처럼 설정합니다. 첫번째 Sheet는 Top을 배치합니다. Sheet에는 Min Contents, Sheet Cell은 A3_DWG_PAGE1, BOARD는 Assembly Top의 Center로 Scale은 2로 설정합니다.

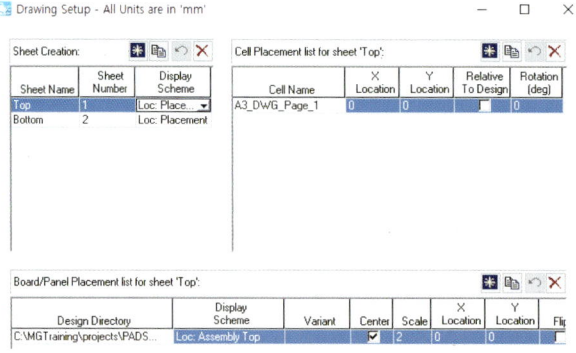

13 두 번째 Sheet에는 Bottom을 Flip으로 배치합니다.

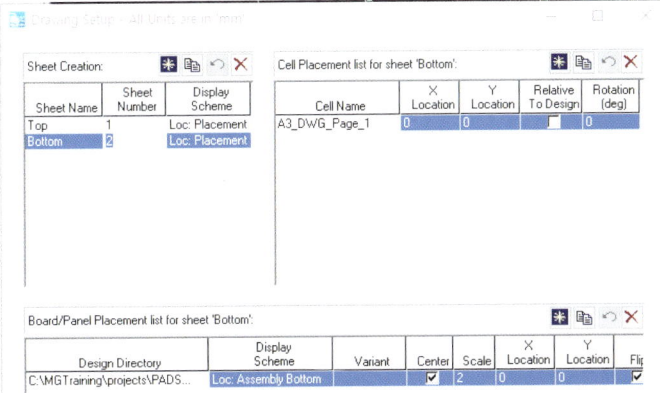

14 Top Sheet는 다음처럼 입력됩니다.

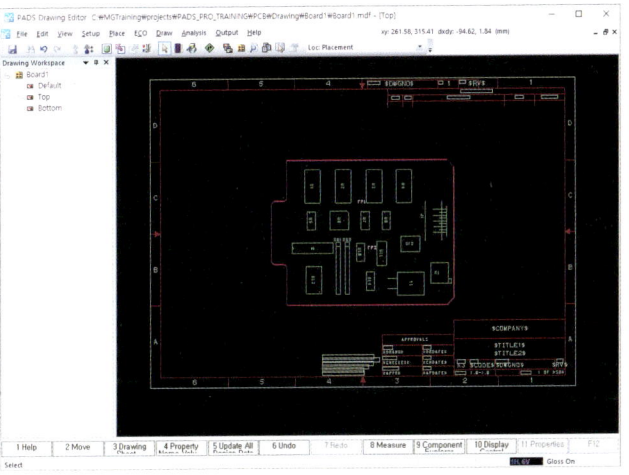

15 Bottom Sheet는 다음처럼 입력됩니다.

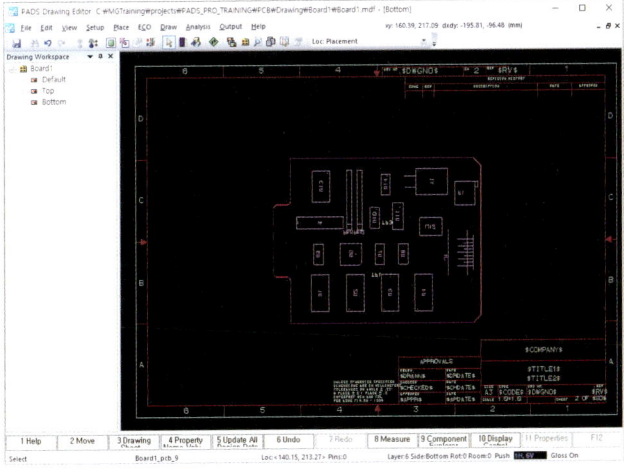

16 [Setup] - [Drawing Sheet]에서 Drill Sheet를 추가합니다.

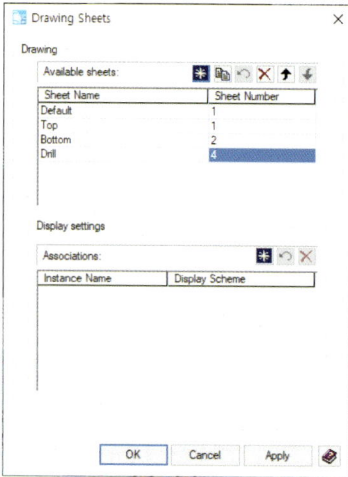

17 [Place] - [Board Placement]를 이용하여 추가한 Drill Sheet에 PCB를 100, 100 좌표에 Scale을 2로 추가합니다.

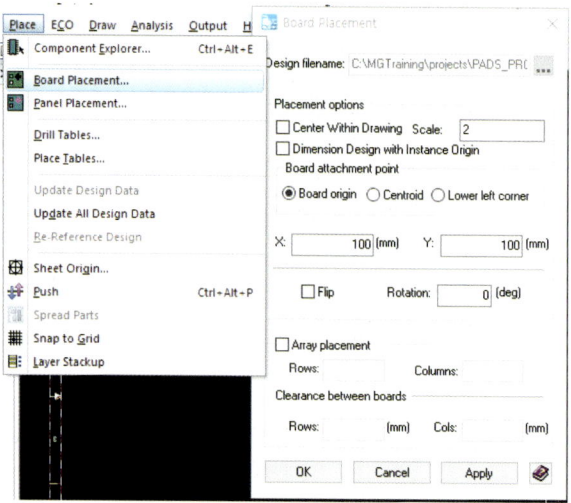

18 [Place] - [Drill Table]을 다음처럼 입력합니다.

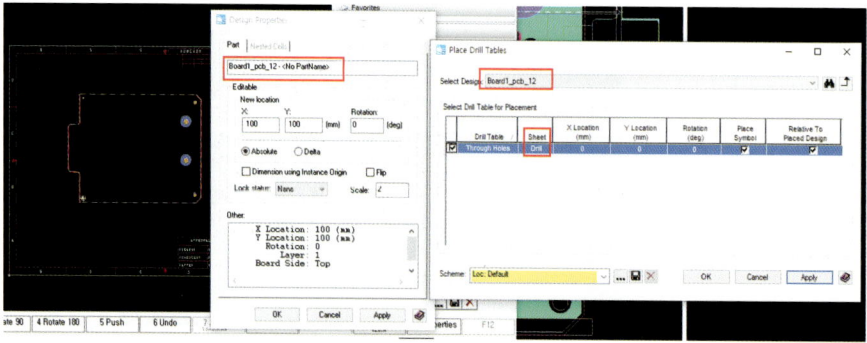

6장 PADS Drawing Editor

19 다음처럼 입력됩니다.

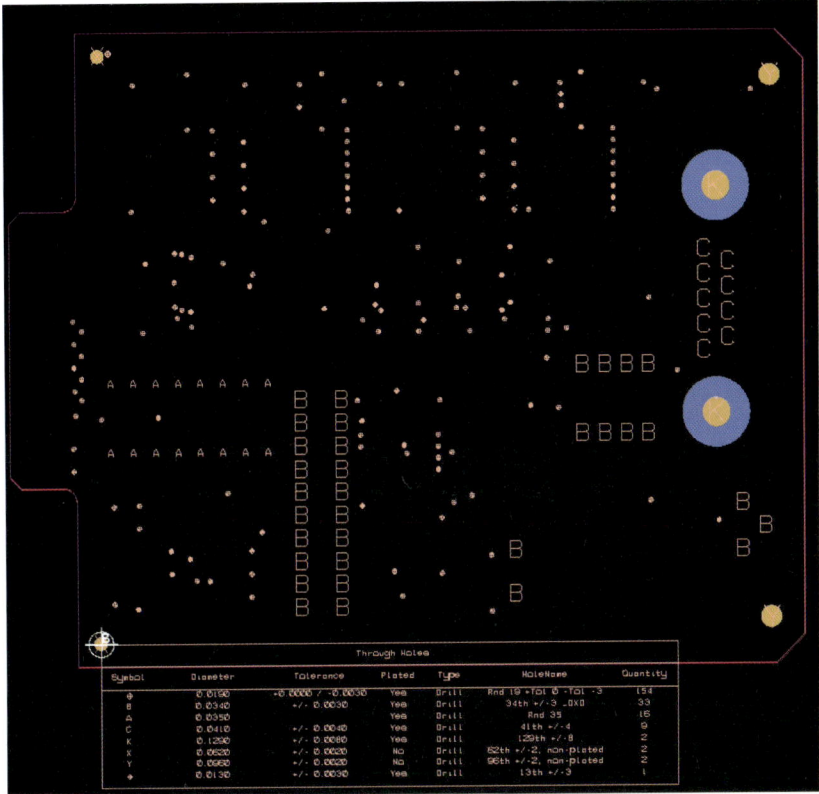

20 Default Sheet의 이름을 Stackup으로 변경하고 PCB를 150, 100으로 추가합니다.

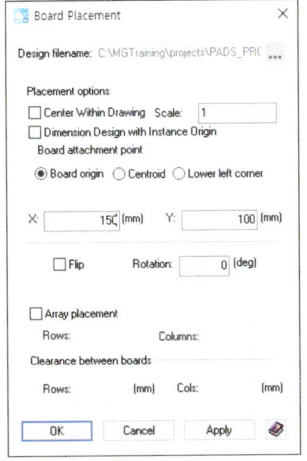

21 추가한 Sheet의 Display를 변경하기 위해 [Setup] - [Drawing Sheet]에서 Sheet는 Placement, 추가한 Board는 All On으로 변경합니다.

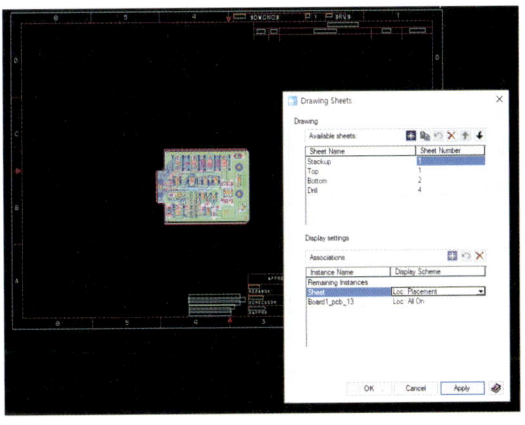

679

22 [Place] - [Layer Stackup]을 좌측에 배치합니다.

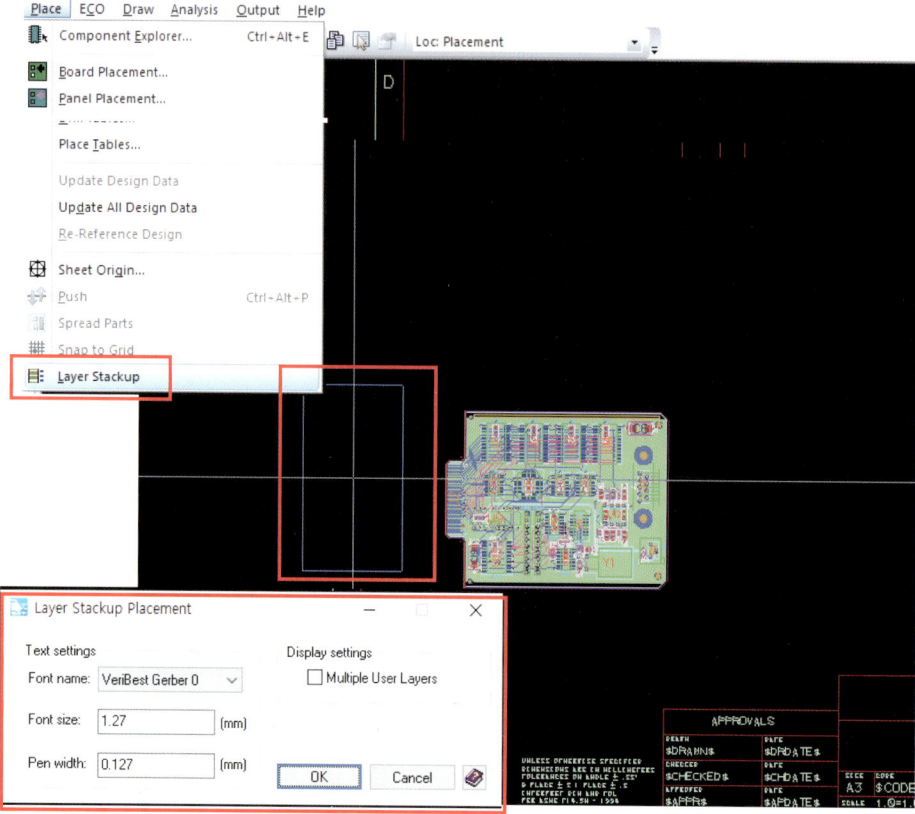

23 다음처럼 입력됩니다.

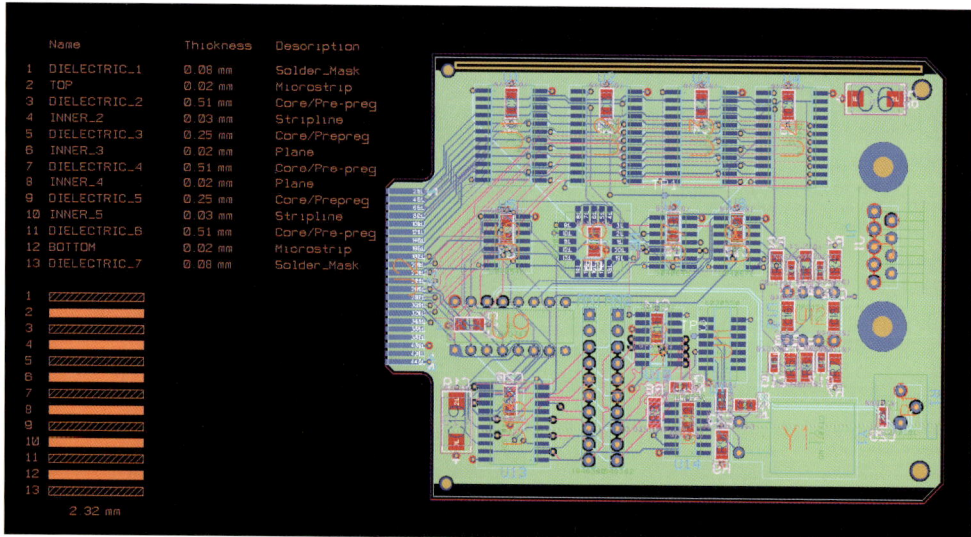

PADS Professional 추가 기능

01 Land Pattern Creator
02 PartQuest
03 PADS Pro 3D
04 Schematic View / PCB View
05 PCB Viewer
06 Design Archive
07 Translator & Feature
08 Migration
09 AMS
10 HyperLynx SI
11 HyperLynx Thermal

01 Land Pattern Creator

Central Library를 처음 사용할 때 [File] - [New]를 통해서 작성하고 Central Library의 Sample Library는 다음에서 확인 가능합니다.

- C:₩MentorGraphics₩PADSProVX.2.8₩SDD_HOME₩standard₩examples₩PADS_Pro_Library
- C:₩MentorGraphics₩PADSProVX.2.8₩SDD_HOME₩standard₩examples₩StarterLibrary

위와 동일한 Sample 라이브러리입니다.

- C:₩PADS_Professional_Eval_VX.2.8₩Library
- C:₩MentorGraphics₩PADSProVX.2.8₩SDD_HOME₩Documentation₩PADS_Professional_Eval₩Library

이런 Library를 참조하여 구축이 가능하지만 부품 등록을 기본 기능만으로 부족할 때 사용할 수 있는 프로그램이 Land Pattern Creator입니다. 아래 경로에서 직접 실행합니다.

- C:₩MentorGraphics₩PADSProVX.2.8₩SDD_HOME₩LPWizard₩LPW.exe

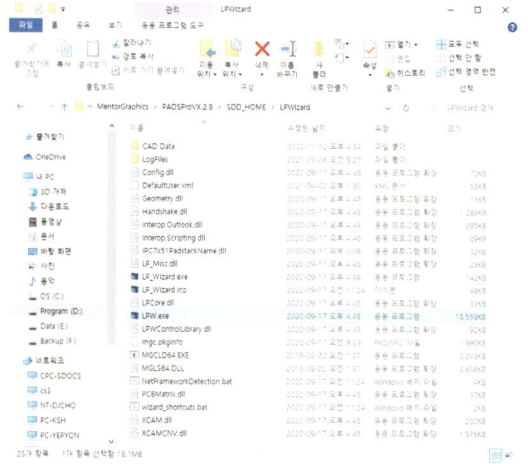

Land Pattern Creator에는 기본 라이브러리를 확인해서 수정하는 방법과 새로운 부품을 작성하는 방법 2가지가 있습니다. 먼저 기본 라이브러리를 확인하려면 Library에서 Search를 선택합니다.

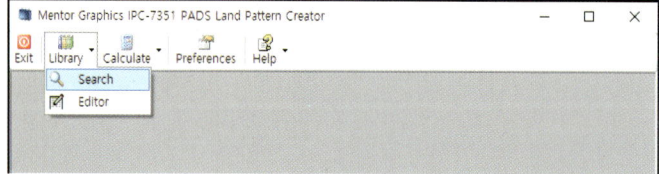

Search에는 Library를 선택하여 부품 확인이 가능하고, Add Lib로 새로운 Library 추가도 가능합니다.

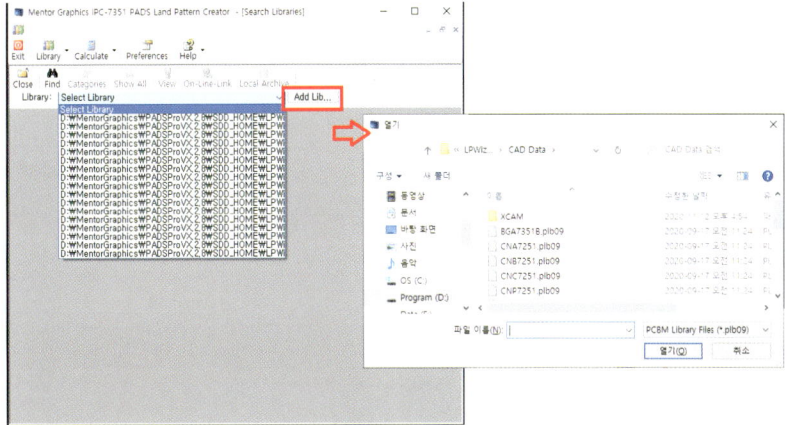

Library를 선택하면 부품의 리스트가 다음에 나타나게 됩니다.

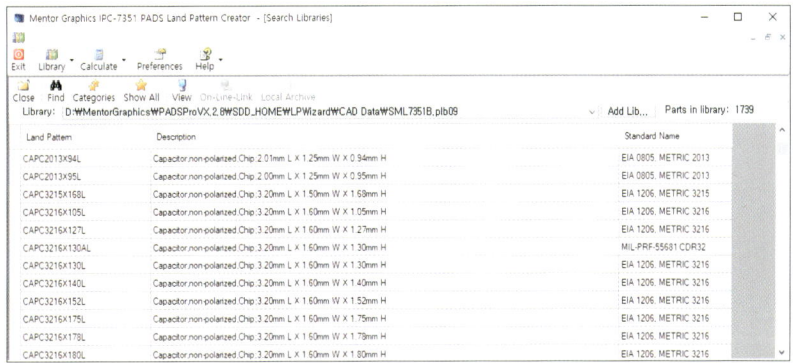

부품을 더블 클릭하거나 View 로 형상 확인이 가능하고 이후는 새로운 부품 작성방법과 동일합니다.

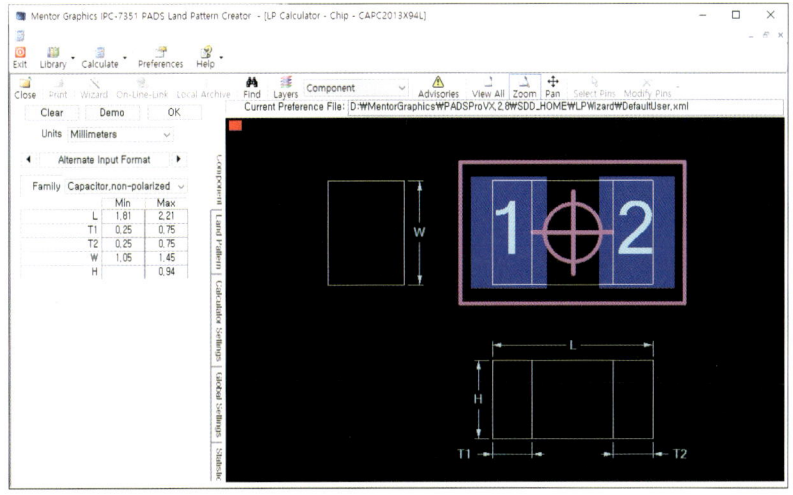

새로운 부품 작성은 Library 오른쪽의 Calculate 에서 작성 가능합니다. Calculate는 다음과 같은 부품 종류 별로 작성 가능합니다.

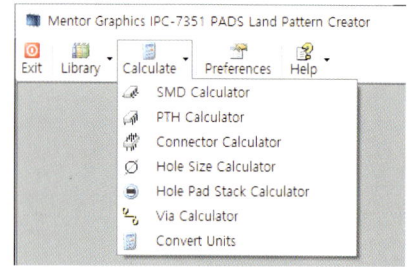

예를 들어 SMD Calculator를 실행하면 SMD의 Package별로 부품 형상을 선택할 수 있습니다.

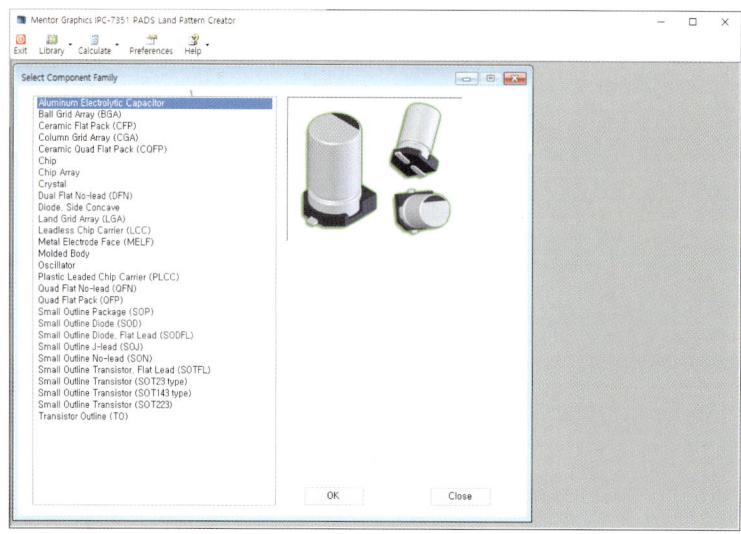

예를 들어 SOP 부품을 선택하고 OK를 누르면 Search의 View화면이 부품의 종류에 따라 나타자고 Component에서 입력이 가능합니다.

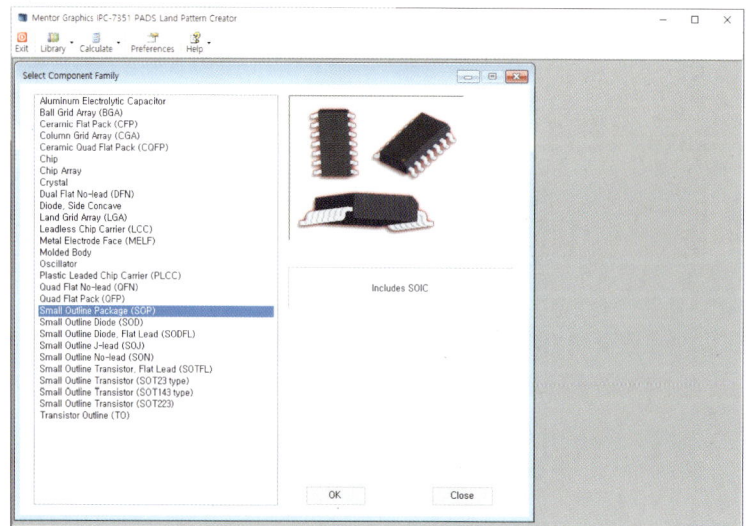

OK 왼쪽 Demo를 누르면 값이 자동으로 입력되고 Clear를 누르면 지워집니다.

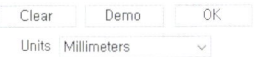

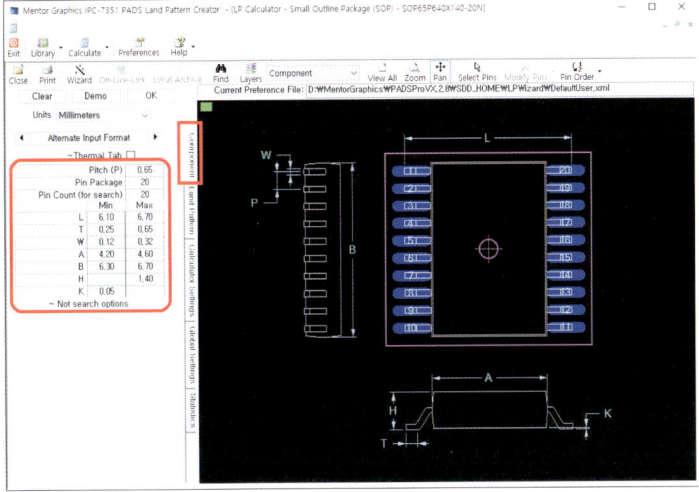

Find는 같은 Size 부품을 찾아줍니다.

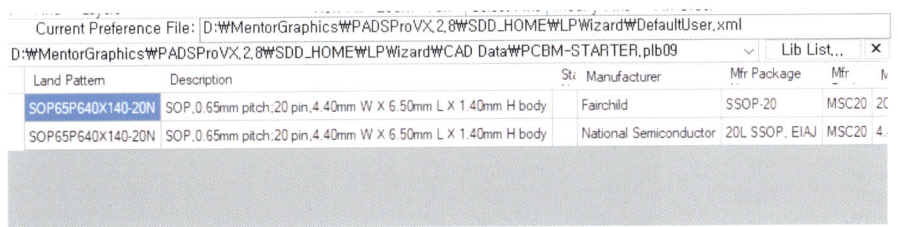

Layer는 Display 설정입니다.

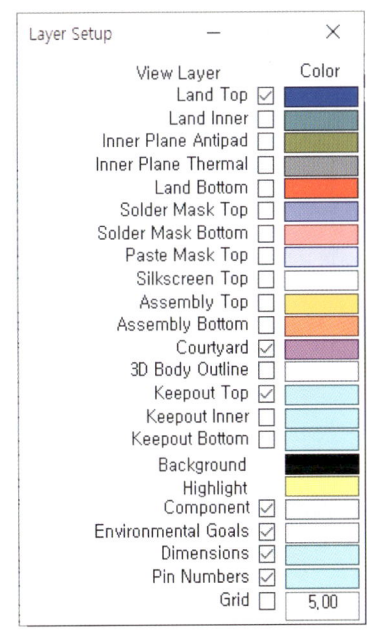

는 화면 이동입니다.

Select Pin, Modify Pins, Pin Order는 Pin을 선택해서 다음 같이 활용 가능합니다.

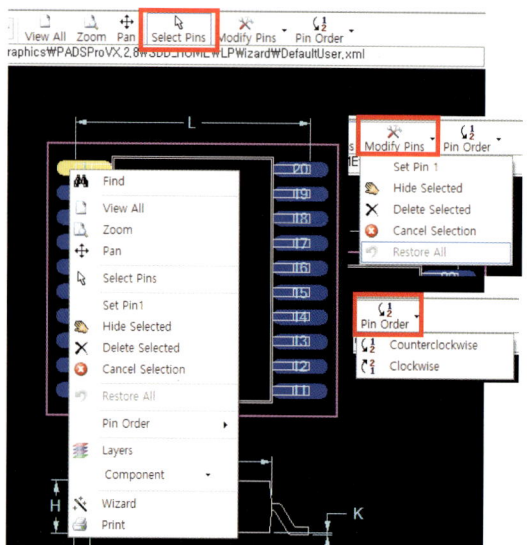

두 번째 Land Pattern에는 Component 기준으로 입력된 값을 Land 값으로 보여줍니다.

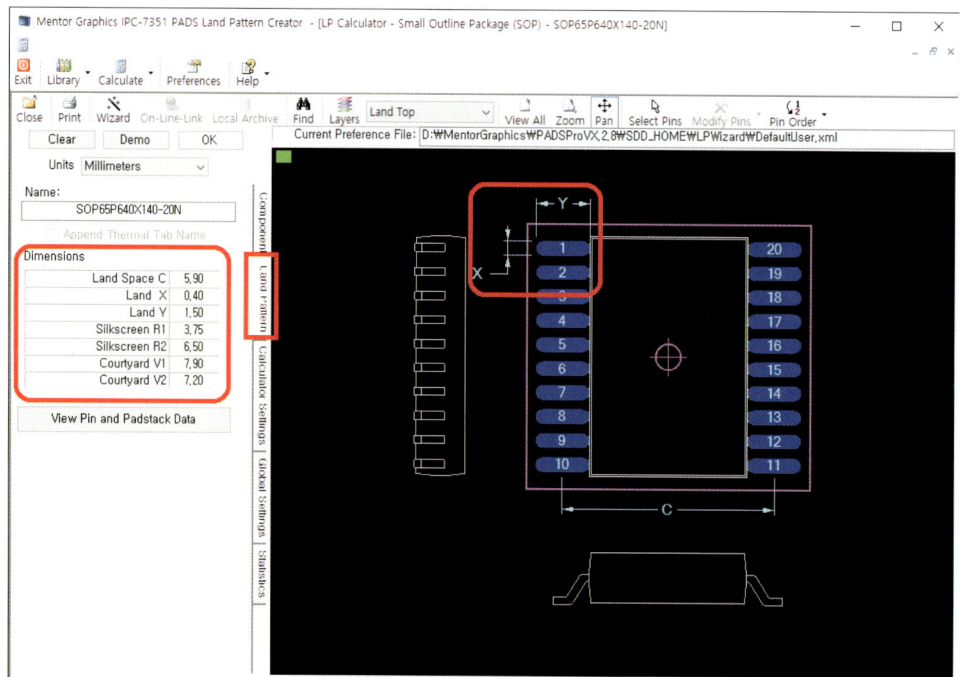

View Pin and Padstack Data는 Pin 정보를 볼 수 있습니다.

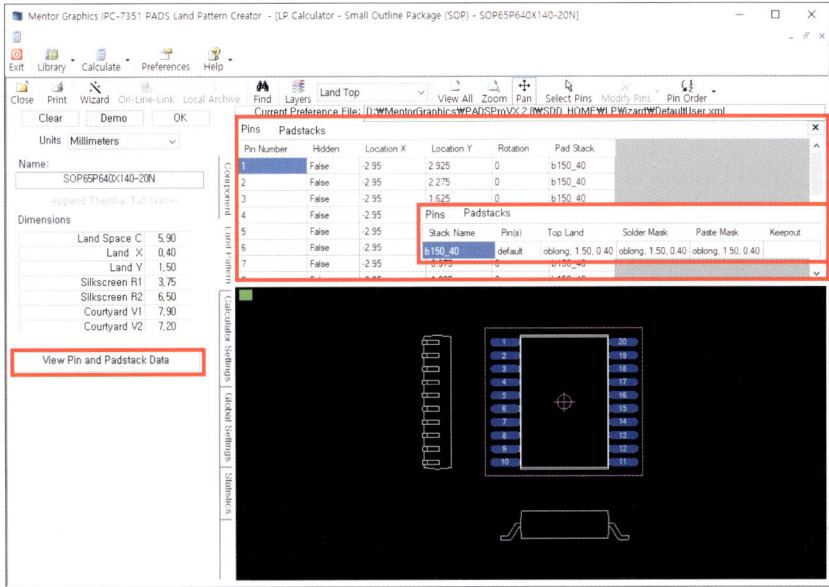

Calculator Settings에서는 각 부품의 설정에 대해 기본 설정 값으로 적용할지 User 설정 값을 사용할 것인지 선택합니다. Global 설정에서는 Drafting, Rule 관련 사항을 설정합니다. Statistics는 IPC 규격을 표시합니다.

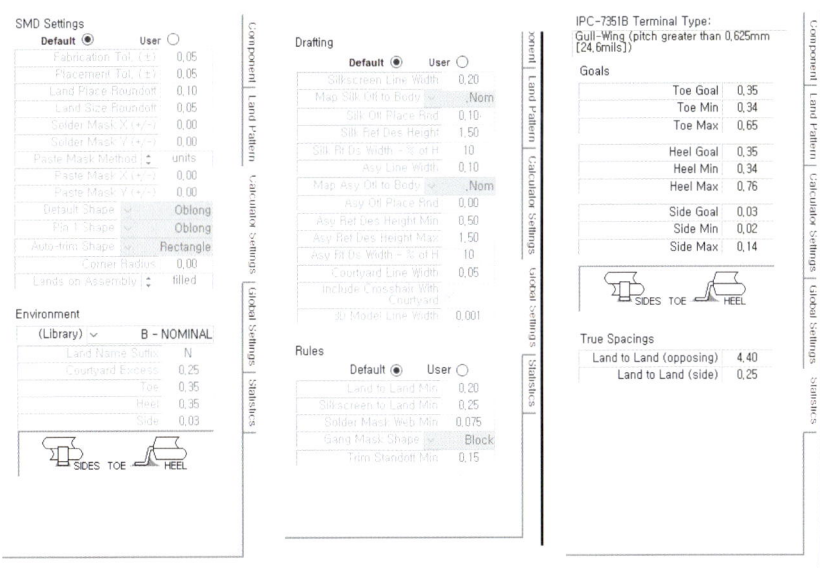

부품 작성이 끝나면 Central Library로 입력할 중간 파일로 Wizard 를 통해서 출력 가능합니다.

CAD Tool을 Xpedition으로 하고 Save to Directory를 C:\MGTraining\common\LPC로 작성합니다. Land Pattern Creator의 자체 라이브러리에 저장하려면 PLB09로 저장할 수도 있습니다.

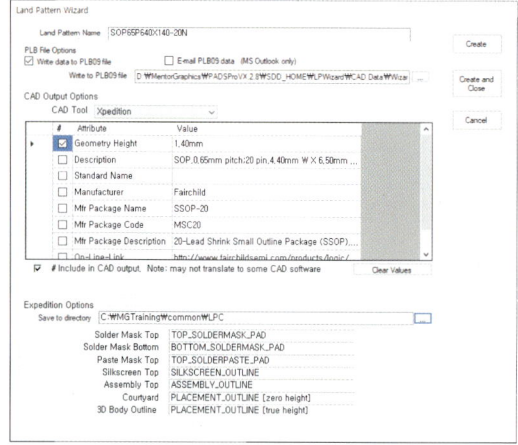

Create하면 출력 경로에 Cell와 Padstack의 hkp 파일이 작성됩니다.

Central Library에서 Library Service를 실행합니다.

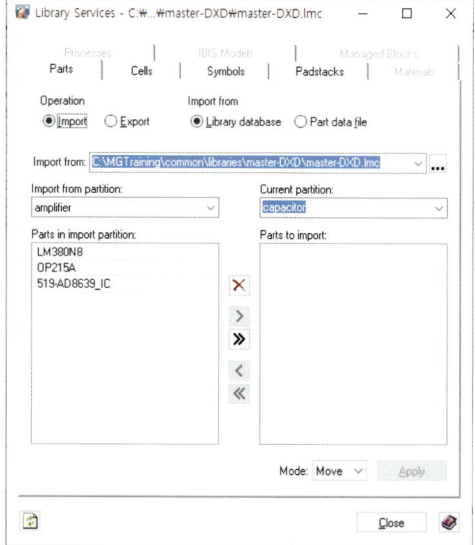

먼저 Padstack에서 Import의 Padstack Data File에서 출력한 Padstack hkp 파일을 지정하여 > 로 복사합니다.

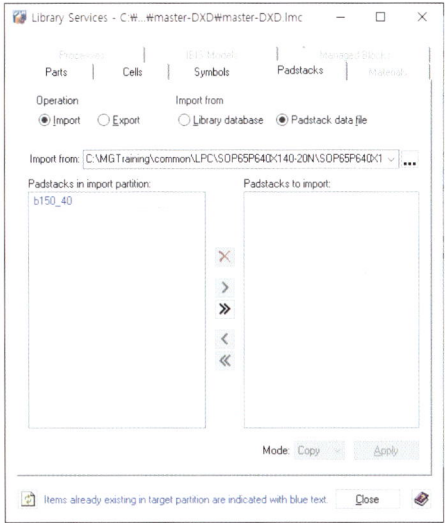

그 다음에 Cell 탭의 Cell in import file에서 출력한 Cell hkp 파일을 지정하여 원하는 Partition에 지정하여 > 로 복사합니다.

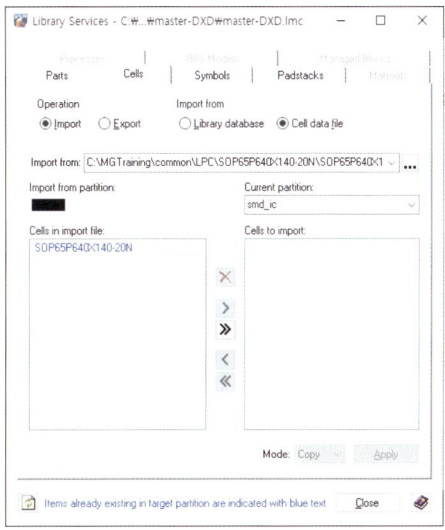

다음처럼 확인됩니다.

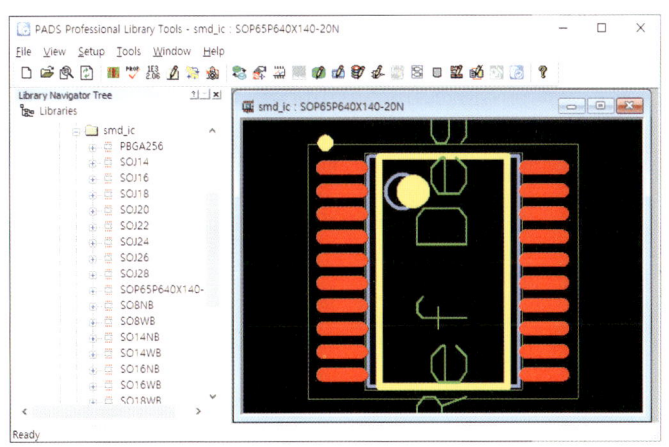

02 PartQuest

PartQuest란 지멘스 EDA의 PCB 제품군에서 사용할 수 있는 부품 다운로드 사이트입니다. PartQuest.com이고 Digikey 사이트와 연동하여 부품을 검색하고, 다운로드가 가능한 부품을 PADS Pro Designer와 PADS Pro Layout에서 사용할 수 있는 솔루션입니다. PartQuest는 8M 이상의 부품 카탈로그에서 전자 부품을 Search/Find합니다. 미리 만들어진 ECAD 라이브러리 모델(symbols, footprints, etc.)를 다운로드합니다. Wizard-Based의 Part Builder Template를 사용하여 Custom Symbol과 Footprints을 생성할 수 있습니다. ECAD 모델을 찾을 수 없는 경우 PartQuest의 Free Concierge Service를 통해 요청할 수 있습니다. 드래그 앤 드롭 기능 (VX2.7 이상)을 포함하여 PADS Pro와 통합 운용할 수 있습니다.

먼저 PartQuest.com으로 이동하여 로그인 합니다.

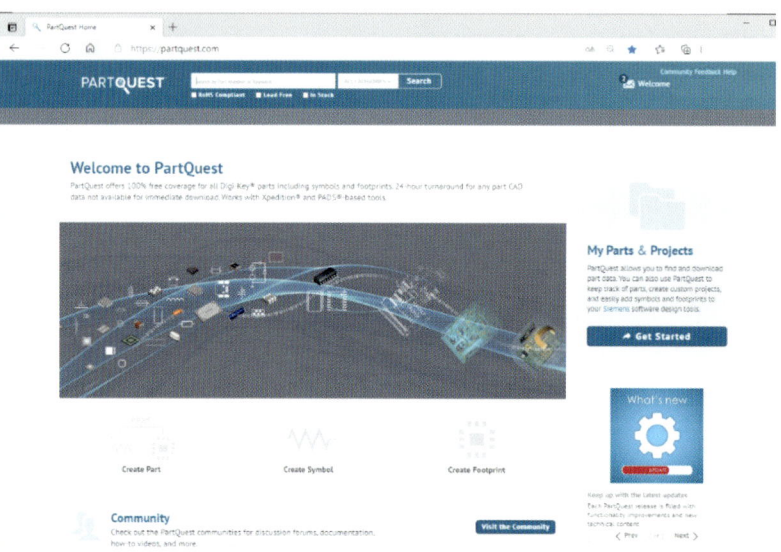

PADS Pro 사용을 위해 우측 상단 계정의 My Profile로 이동합니다.

Desktop Integration에서는 Dropbox를 이용할 지와 바로 다운로드 할지 설정합니다.

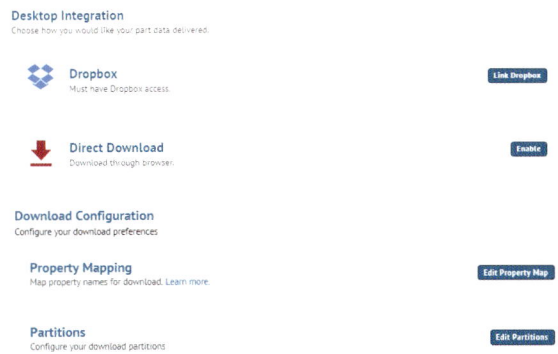

Download Configuration은 사용할 속성 설정과 다운로드할 Partition (부품의 경로)의 설정입니다.

Edit Partition으로 편집이 가능합니다.

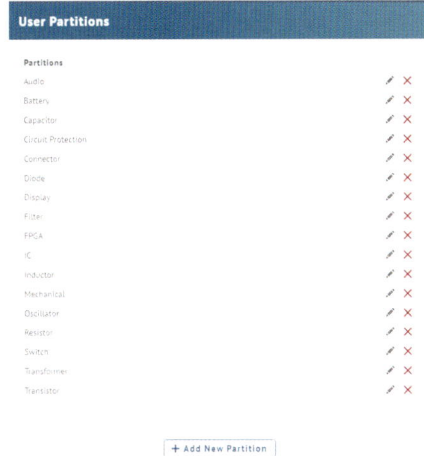

Custom Symbols은 심볼 작성의 설정입니다.

Setting에서 단위와 Grid, Property Texts와 Pin Display 설정이 가능합니다.

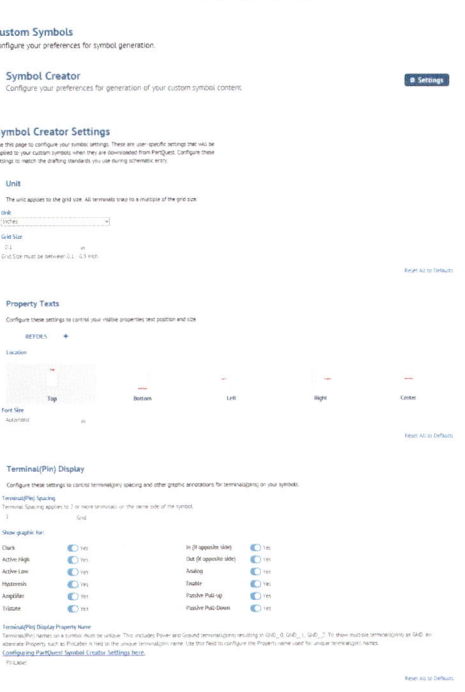

Footprints는 PCB 부품들의 표준규격들의 Link입니다.

Default Flow에 현재 사용하는 PCB 프로그램을 지정합니다. PADS Professional로 설정합니다.

홈페이지에 있는 검색창을 이용하여 부품을 검색합니다.

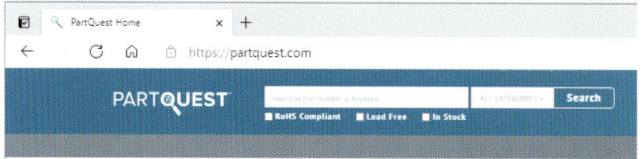

Categories에서는 부품 종류를 선택할 수 있습니다.

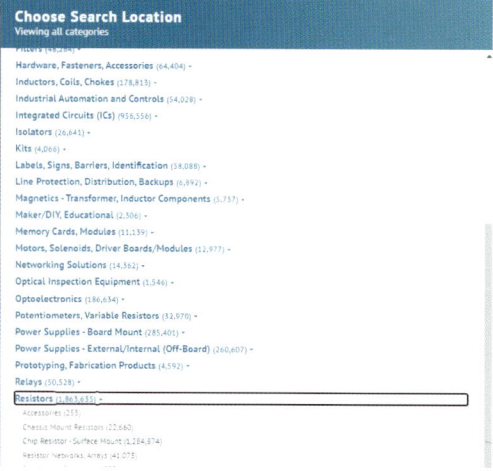

부품이 선택되면 라이브러리를 사용할 수 있는 부품들은 오른쪽에 부품을 사용할 수 있다는 그림들이 나타납니다. 는 이미지이고 는 ECAD 부품과 3D부품입니다. 는 Drag & Drop이 가능합니다.

오른쪽의 는 PDF인 Datasheet입니다.

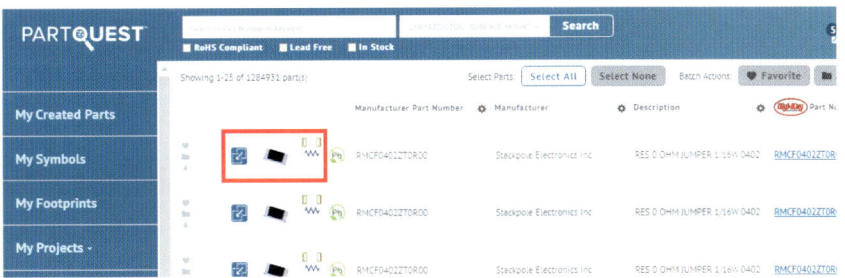

Drag & Drop을 위해 회로도인 PADS Pro Designer에서 Project를 생성합니다.

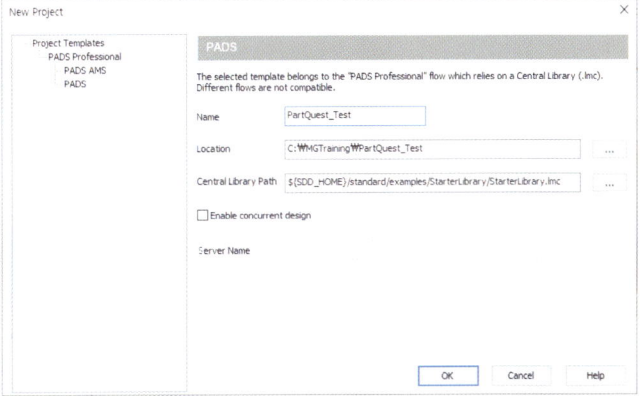

PADS Pro Designer의 Search에는 PADS Databook과 동일한 Library - Parts가 있습니다.

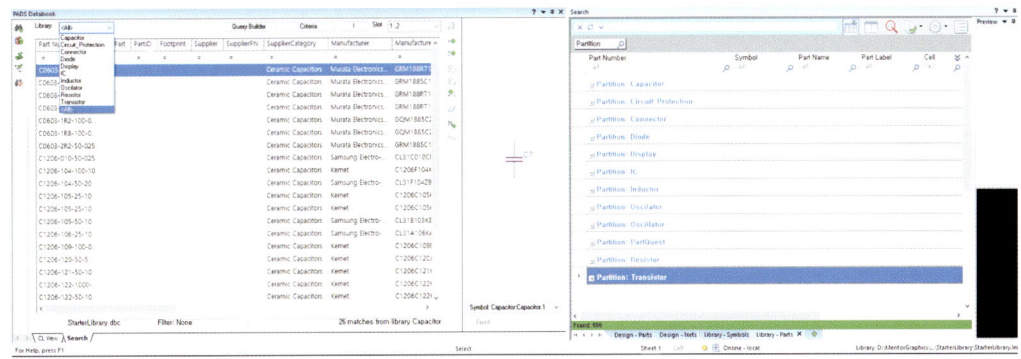

693

Library - Parts에는 Databook의 부품은 ⊞으로 표기되고 Central Library부품은 ⌂로 표기됩니다.

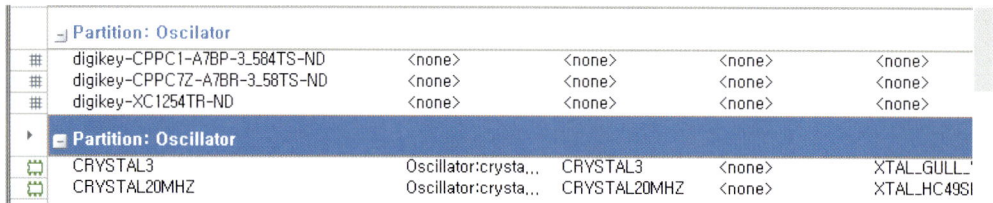

혹은 PartQuest라는 Download 전용의 Partition도 사용 가능합니다.

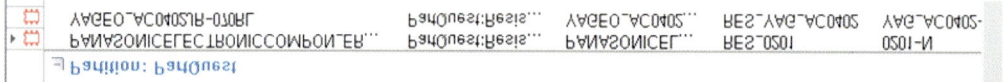

Project에서 부품을 찾기 전에 My Profile의 Partition을 자신의 Databook이나 Central Library의 Partition과 맞추어서 운용합니다.

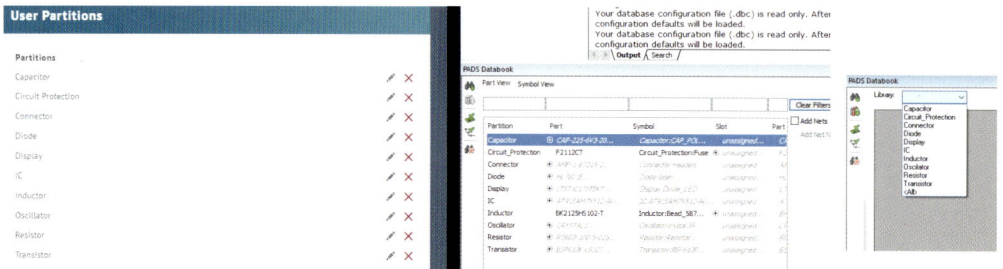

PartQuest의 부품을 검색하여 맨 오른쪽에 보면 More가 있습니다. 누르면 Less로 변경되고 자세한 내용이 나타납니다. Choose Partition Downloads to Choose Partition ↓ Download 이라고 되어 있으면 Drag시에 Partition을 선택 가능합니다.

Download는 예전 방식입니다. 부품을 다운로드 하여 다시 실행하여 부품안에 입력되었지만 VX.2.7 이후에는 Drag & Drop 방식으로 부품을 쉽게 가져올 수 있습니다.

7장 PADS Professional 추가 기능

Search Window로 PartQuest의 부품을 Drag & Drop합니다.

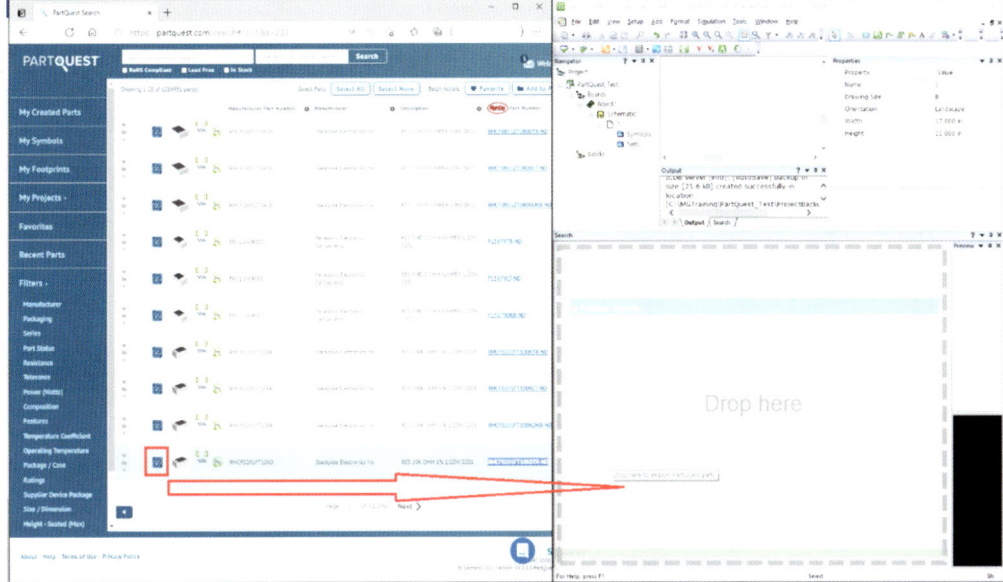

Partition이 정해져 있지 않으면 다음처럼 Partition을 지정하는 메뉴가 나타납니다.

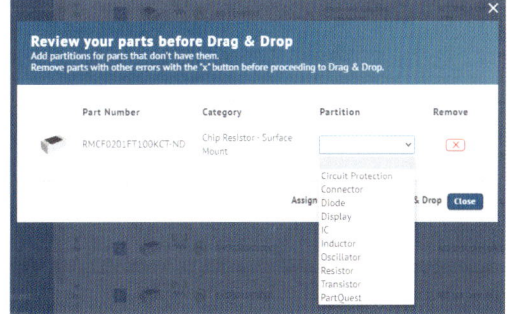

이후에는 Partition의 위치가 다음처럼 지정됩니다. 변경하고 싶으면 Partition 설정을 다시 하면 됩니다.

695

부품이 Drag & Drop이 되면 다음처럼 log에 나타납니다.

Drag & Drop한 부품을 Library - Parts에서 찾아보면 다음처럼 사용이 가능합니다.

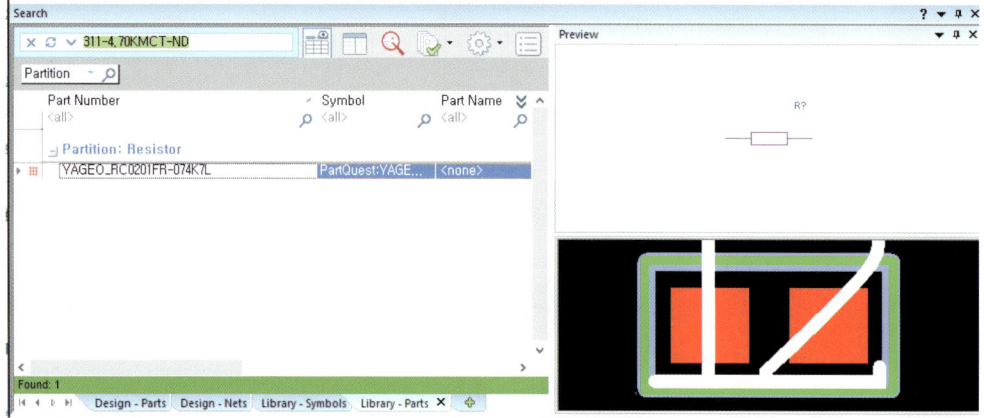

PCB로 넘겨보면 다음과 같이 진행됩니다.

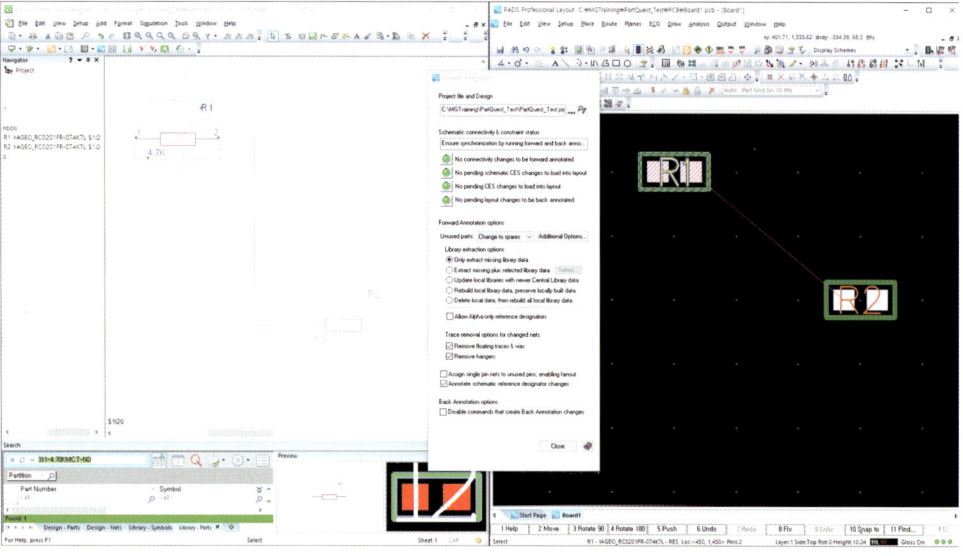

7장 PADS Professional 추가 기능

Download 말고도 홈페이지에서 다음과 같은 기능으로 사용자가 직접 부품을 작성할 수 있습니다.

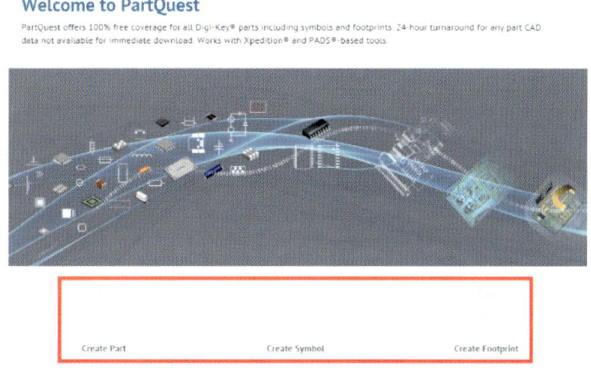

먼저 Part를 작성해야 합니다.

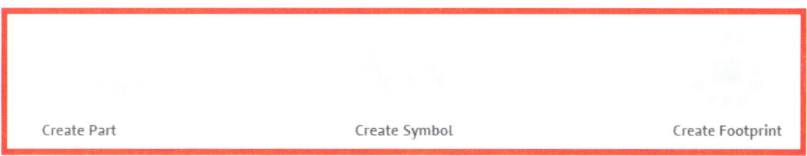

Home 화면에서 Create Part를 선택합니다.

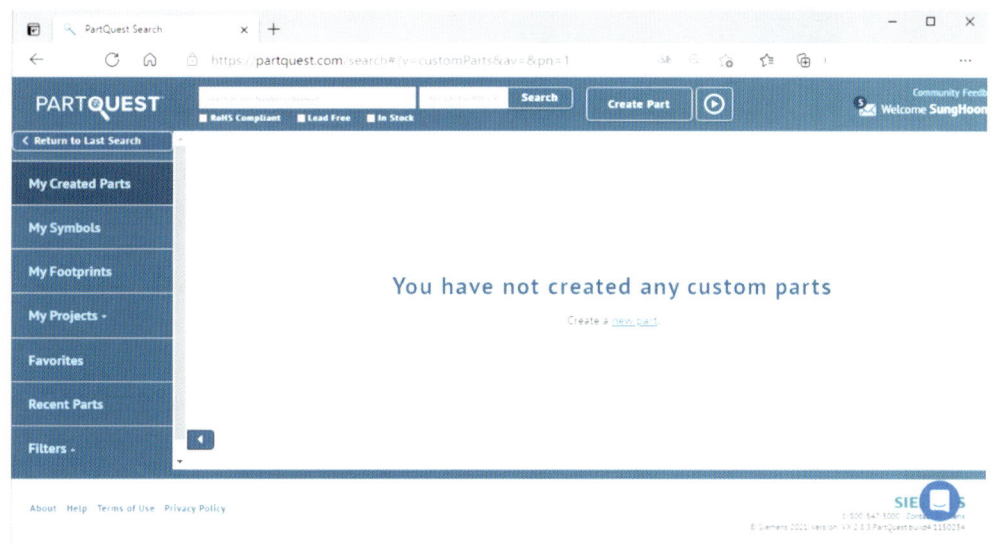

New Part를 선택하여 다음처럼 입력합니다.

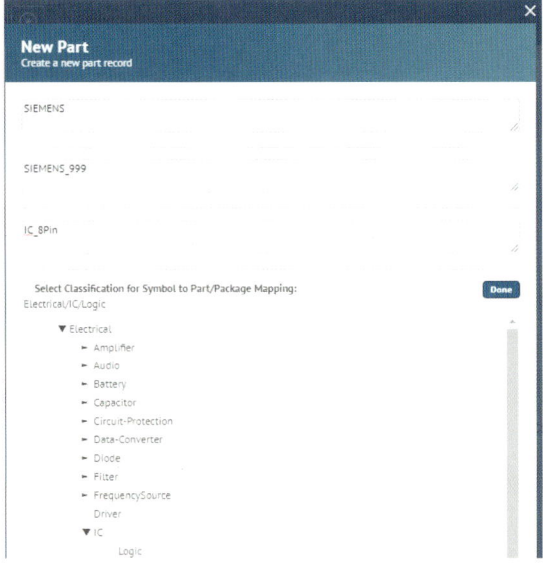

다음처럼 작성됩니다.

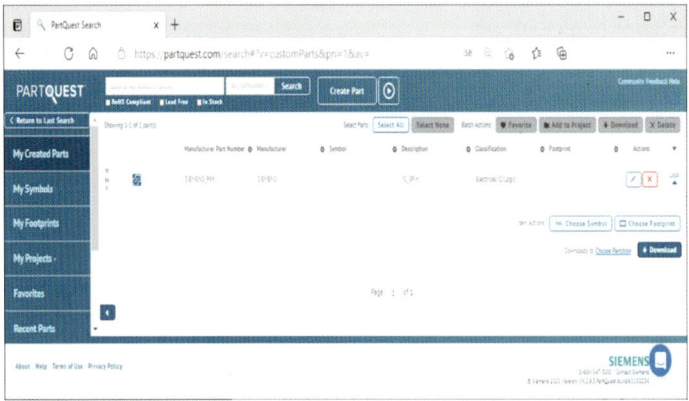

More의 Choose Symbol로 Standard Symbol을 지정하거나 Create Symbol로 새로운 Symbol 작성이 가능합니다.

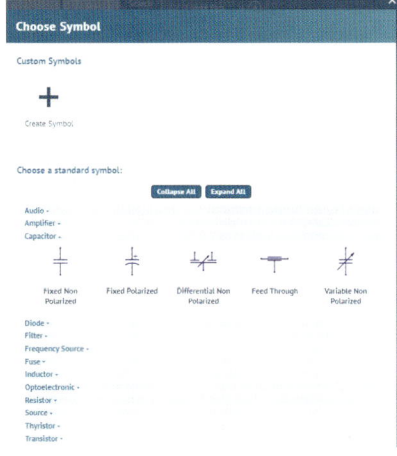

Standard Symbol을 선택하면 다음처럼 미리보기로 화면이 변경됩니다.

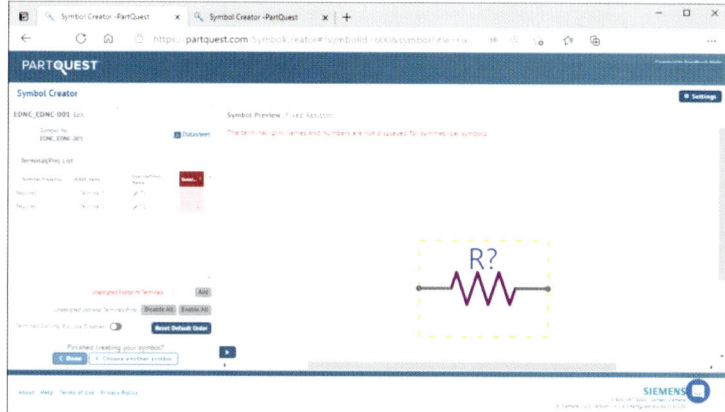

Pin의 편집이 가능하며 Done을 누르면 작성이 완료됩니다.

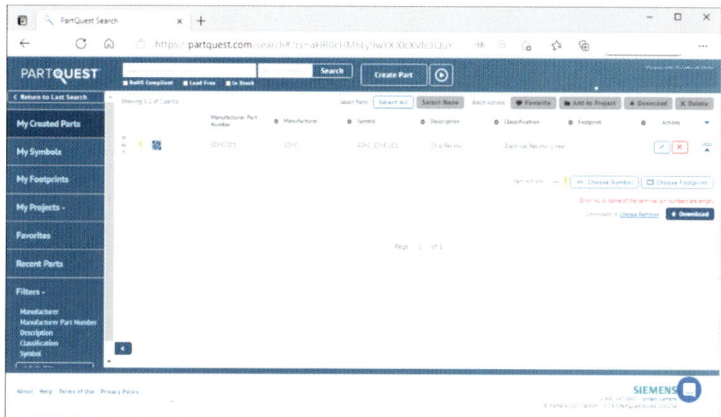

Choose Symbol에서 Create Symbol로 Symbol을 작성하면 다음과 같은 화면으로 변경됩니다.

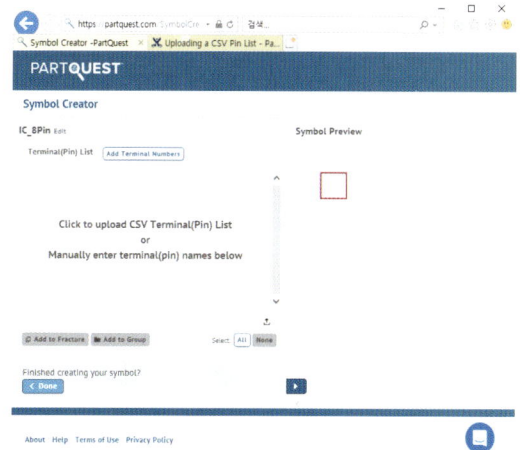

왼쪽을 클릭하면 Import 메뉴가 나오고 Learn More를 누르면 Template파일을 다운로드 가능합니다.

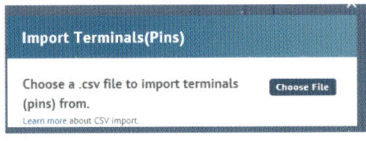

다음과 같은 형식입니다.

Column Header	Accepted Values	Default Value (when not provided)
Name (required)	Up to 64 character alphanumeric string	N/A
Pin #	Up to 32 character alphanumeric string	Unpopulated
Inverted	Yes, No	No
Direction	In, Out, In/Out, N/A	Unpopulated
Elec. Function	Signal, Ground, Power, No-Connect	Unpopulated
Elec. Type	Digital, Analog	Unpopulated
Output Type	Open Collector, Open Emitter, Tristate, Open Drain, N/A	Unpopulated
Connect. Type	Load, Source, Terminator	Unpopulated
Implicit	Yes, No	No
Clock	Yes, No	No
Active High	Yes, No	No
Active Low	Yes, No	No
Hysteresis	Yes, No	No
Enable	Yes, No	No
Amplifier	Yes, No	No
Passive Pull-up	Yes, No	No
Passive Pull-down	Yes, No	No
Rated Voltage	Number in volts	Unpopulated
Power Dissipation	Number in watts	Unpopulated
Side	Left, Right, Top, Bottom	Left
Order	Integer (1, 2, 3...)	Order of CSV entry

형식에 맞게 다음처럼 입력합니다.

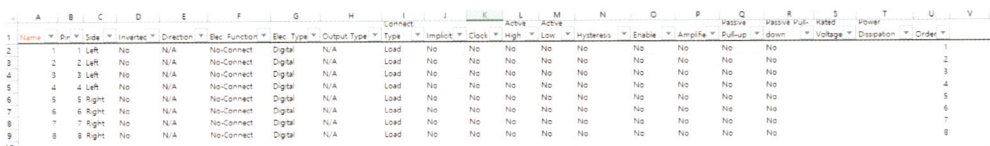

완성한 파일은 Save As로 저장한 다음 Import합니다.

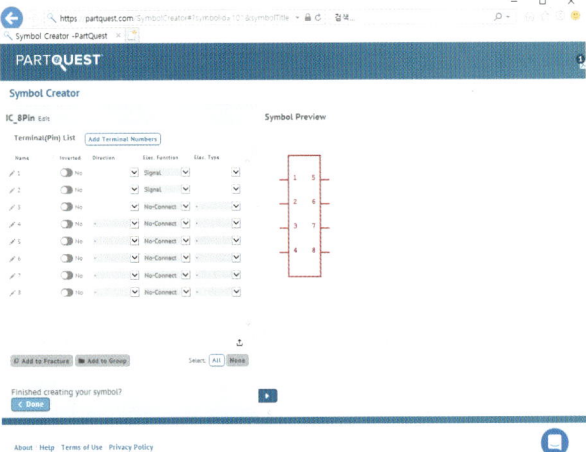

Done을 클릭하면 심볼이 작성됩니다.

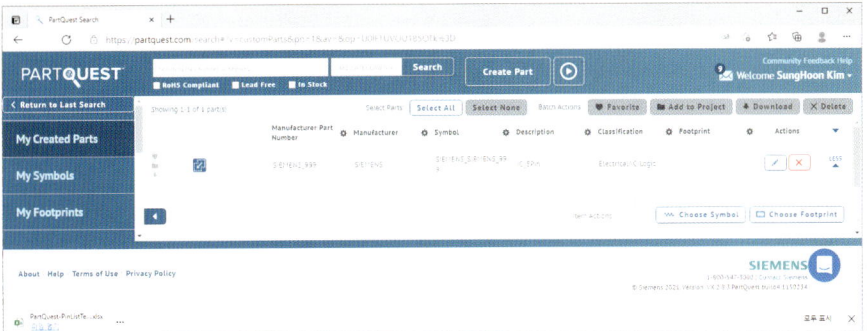

다음은 Choose Footprint를 선택하고 Custom Footprints를 선택합니다.

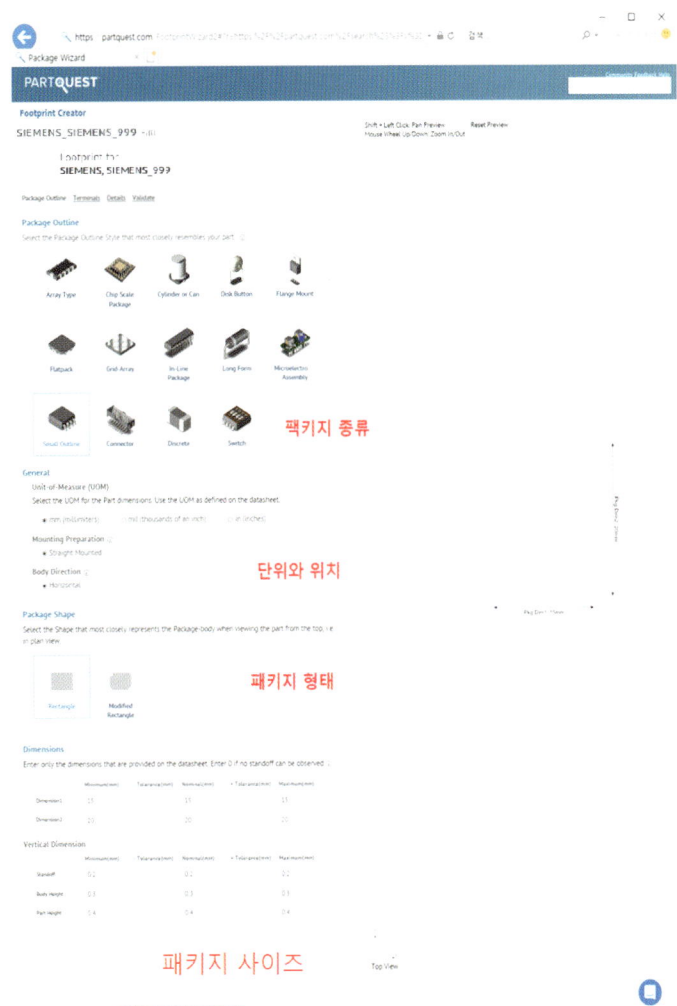

Continue to Terminals을 선택합니다. Vertical Dimension의 Part Height는 Body Height + Stanoff입니다.

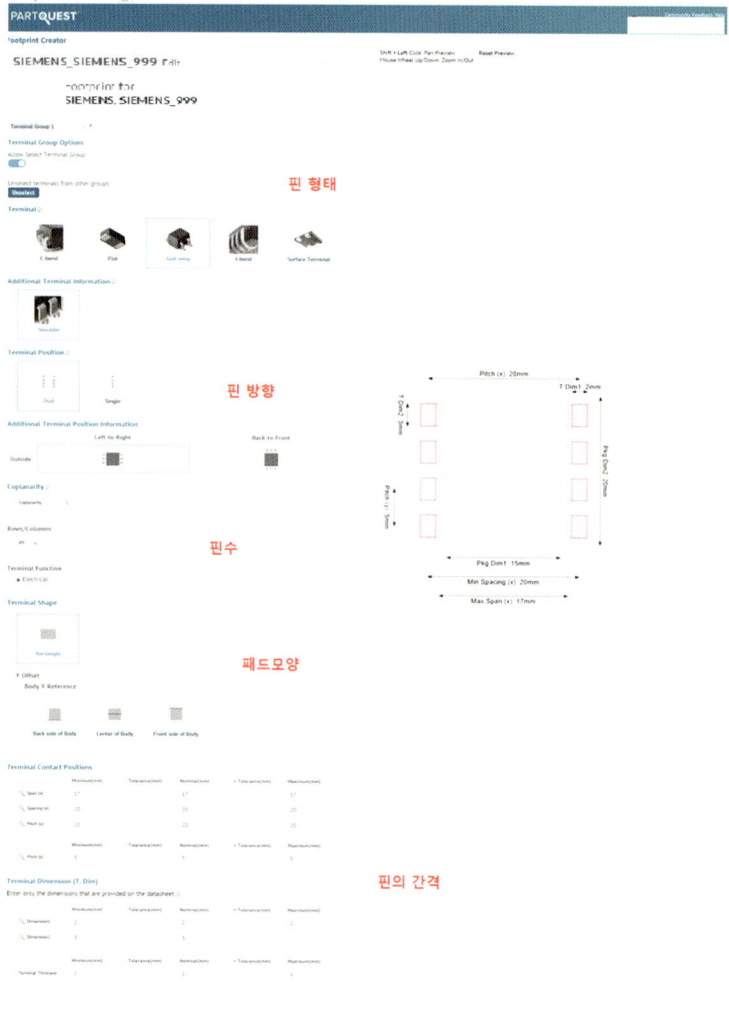

Continue to Details를 선택합니다. 입력 시에 잘못된 값이 있으면 다음처럼 알려 줍니다. 안내에 따라 수정합니다.

7장 PADS Professional 추가 기능

Continue to Validate를 클릭하면 Footprint Summary가 나오게 됩니다. Return to Search를 클릭합니다.

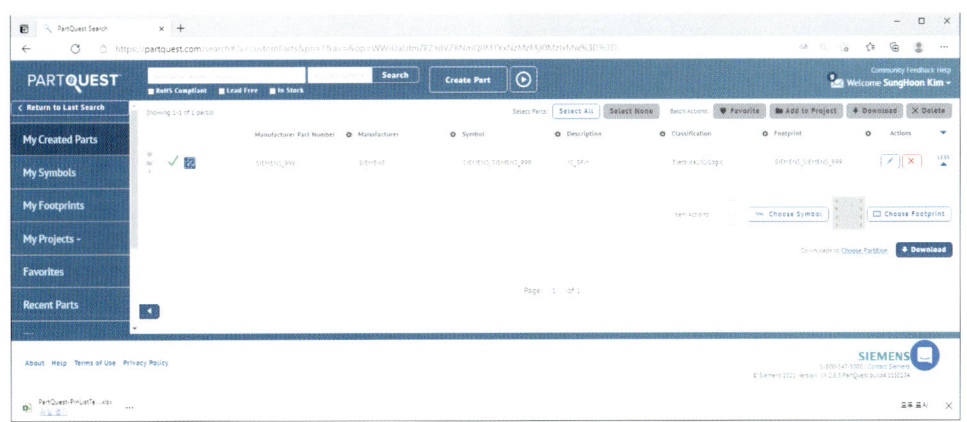

홈페이지의 Create Symbol과 Create Footprint는 Part에서 Symbol, Footprint 작성하는 방법과 동일한 방법으로 작성 가능합니다.

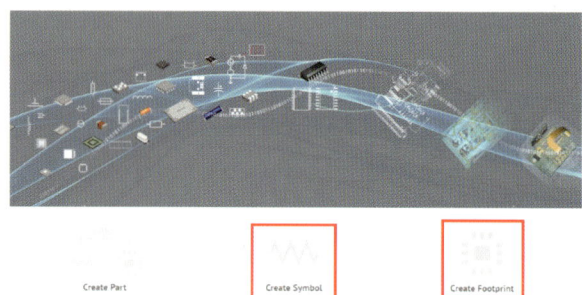

03 PADS Pro 3D

PCB는 2D 디자인이며 전자 제품의 일부분으로, 하나의 외형 기구물 내부에 조립됩니다.

이런 외형 기구물은 3D 디자인이므로 원만한 데이터 정합이 요구됩니다. PAD Pro Layout의 [Window] - [Add 3D View]로 3D 형상 확인이 가능합니다.

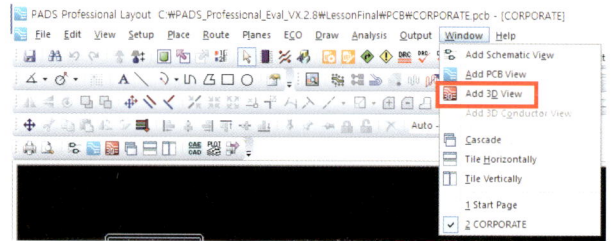

3D View는 PCB와는 별도의 Window로 실행됩니다.

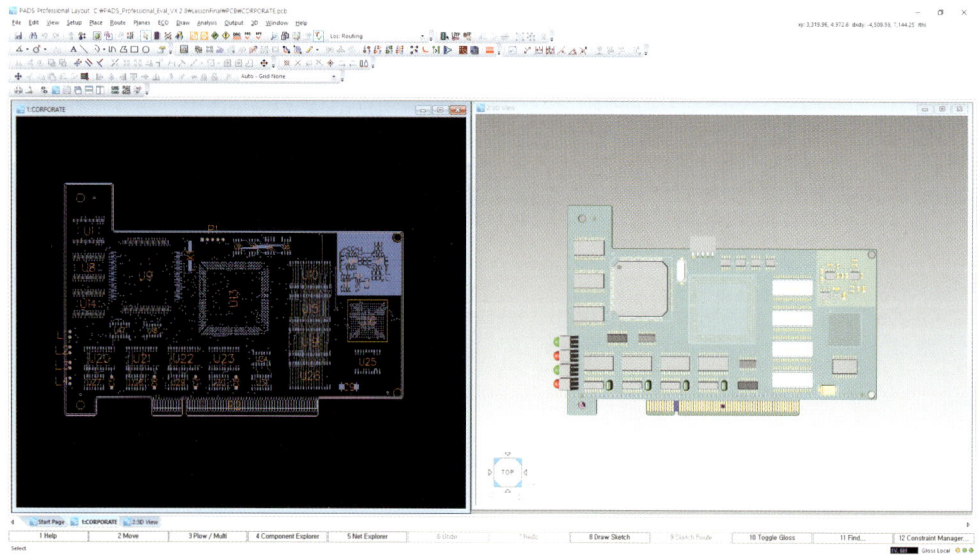

3D View는 3D 메뉴와 Toolbar로 구성되고 3D View에서는 Display Control에 3D가 보이게 됩니다.

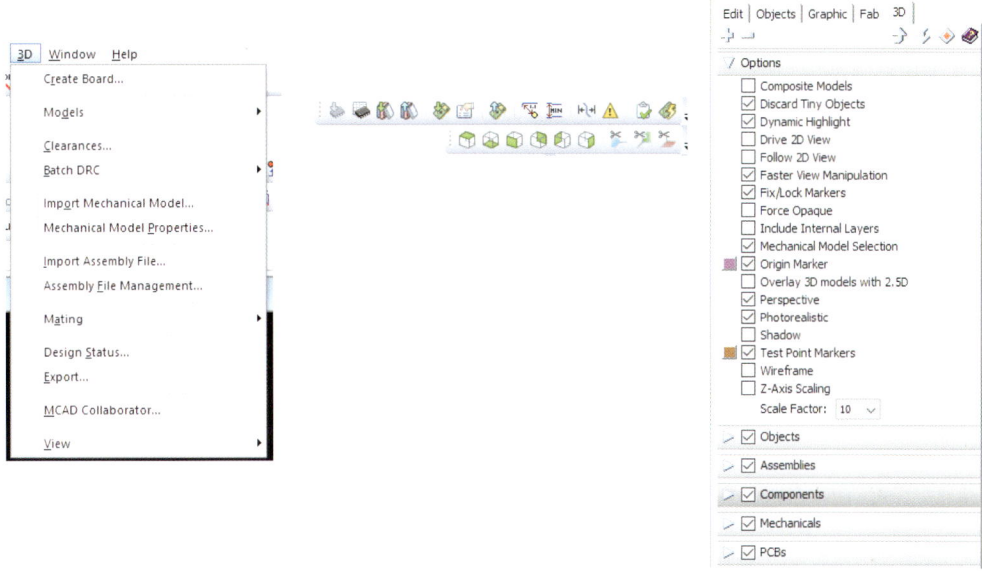

3D View는 크게 다음의 기능을 지원합니다.

- PCB 3D View
- PCB 3D 부품 Import와 Mapping
- 3D 조립 품/기구물/PCB Import
- PCB 3D 배치
- PCB 3D 측정
- PCB 3D 간격 Check
- PCB 3D 출력
- MCAD Collaborator

첫 번째 PCB 3D View는 왼쪽아래 Cube와 3D View Icon을 이용하여 회전 가능합니다.

오른쪽의 가위 아이콘으로 절단면의 View가 가능합니다.

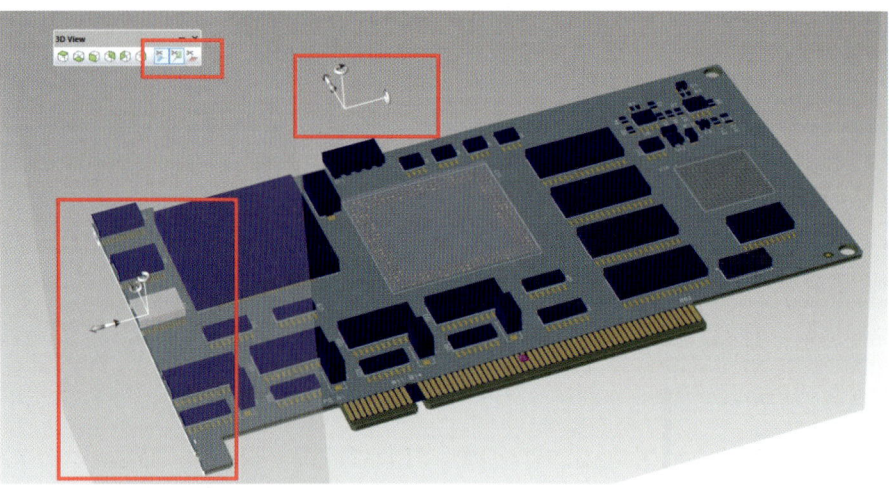

3D Display Control의 설명은 아래와 같습니다.

- Option: Graphic에 대한 내용입니다.
- Object: PCB Object에 대한 내용입니다.
- Assemblies: Import할 조립품에 대한 내용입니다.
- Component: 특정 부품에 대한 내용입니다.
- Mechanical: 조립품 이외의 기구물에 대한 내용입니다.
- PCB: 3D 작업 후 출력한 Data를 재 Import한 PCB에 대한 내용입니다.

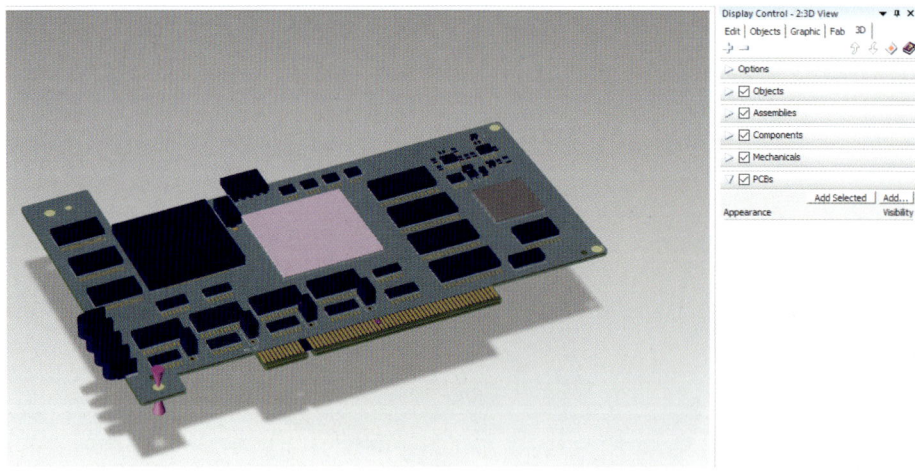

7장 PADS Professional 추가 기능

두번째 PCB 3D 부품 Import와 Mapping을 통해 PCB에 배치했던 부품에 3D 부품 파일을 적용할 수 있습니다. 부품은 최초에 영역에 높이가 있는 형상으로 Load되는데 이 부품을 선택하여 3D 파일을 Import하면 3D 파일 형상으로 변경되게 됩니다.

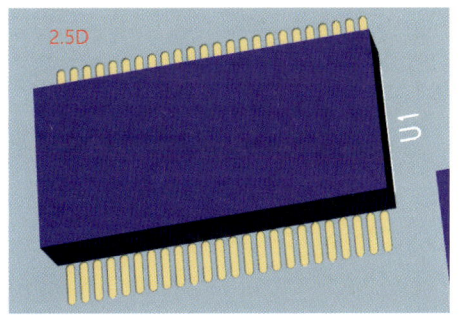

부품을 선택하고 3D General Toolbar의 Import Model에서 3D 파일을 지정하면 됩니다.

파일이 지정되면 3D 형상이 올라오게 됩니다.

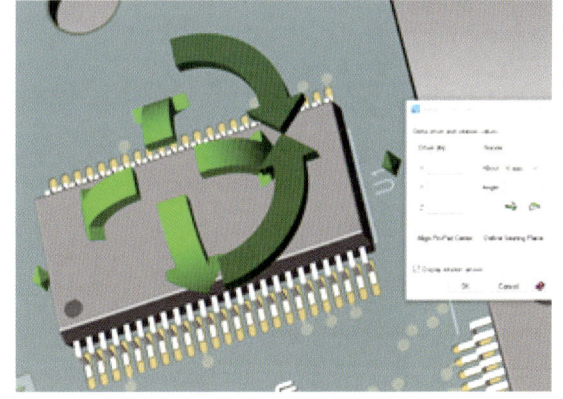

Import된 Model은 3D General Toolbar의 Manage Mappings에서 해제 등의 관리가 가능합니다.

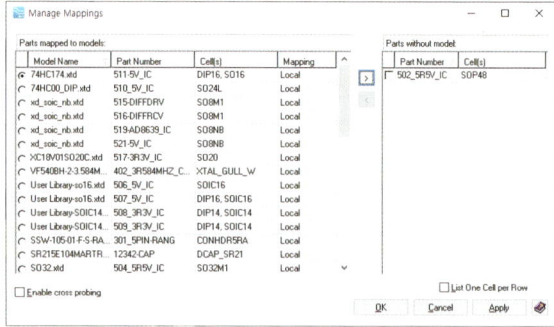

Import된 Model은 2가지 방법 으로 Update 가능합니다. Update Model은 Model 파일의 변경을 Update하고 Update Library는 다음에 Mapping한 부품이 배치될 때 3D 부품이 나오게 Update 해주는 명령어입니다.

세번째 3D 조립품/기구물/PCB Import는 3D General Toolbar의 Import Mechanical Model과 Mechanical Model Properties에서 Import합니다.

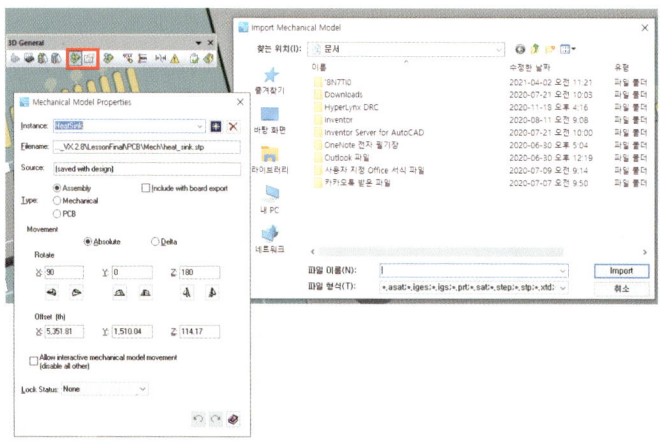

네번째 PCB 3D 배치는 2D와 3D 상에서 부품을 서로 이동해 가면서 배치해보는 것입니다.

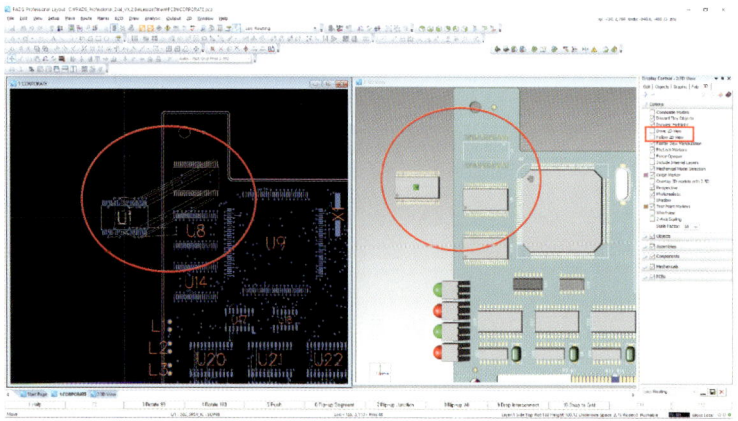

다섯 번째 PCB 3D 측정은 3D 상에서 Object 간의 간격을 측정합니다.

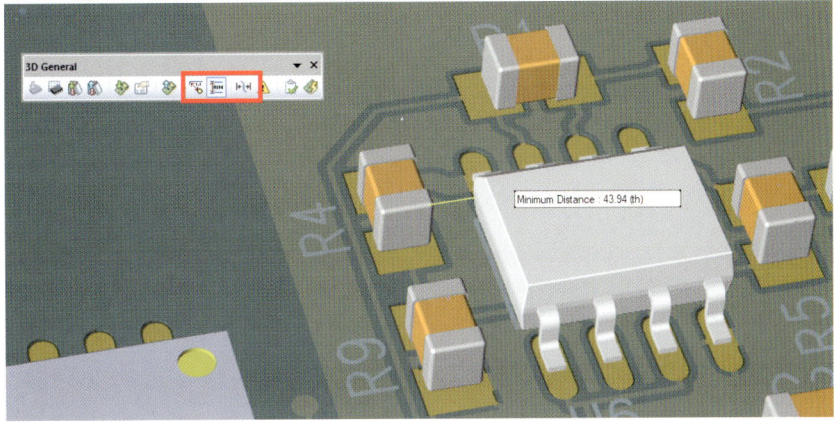

여섯 번째 PCB 3D 간격 Check는 3D의 Clearance를 설정하여 3D Batch DRC Check를 진행합니다.

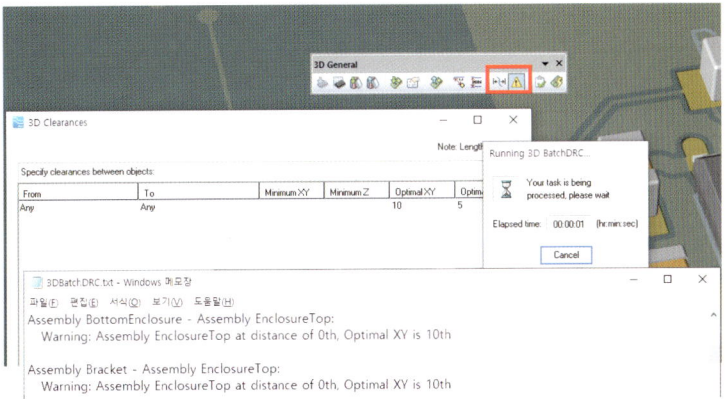

일곱 번째 PCB 3D 출력은 작업된 3D 내용을 STEP/PDF/JPG 등의 형식으로 출력합니다.

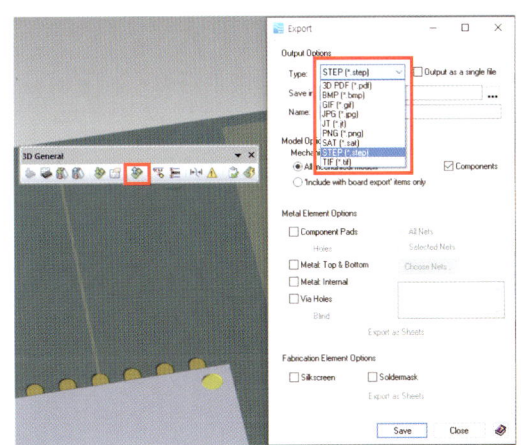

여덟 번째 MCAD Collaborator는 단독으로 사용되는 Solution은 아니며, 3D 캐드와 동시에 연동되어 Data로 의견을 주고받아서 서로 반영하게 해주는 기능입니다.

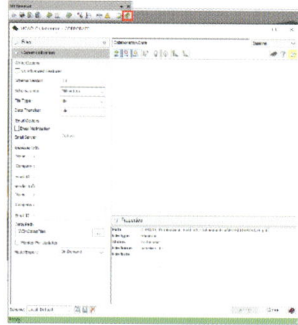

04 Schematic View / PCB View

PADS Pro Designer와 PADS Pro Layout은 각각의 프로그램에서 PADS Pro Designer는 PADS Pro Layout을, PADS Pro Layout에서는 PADS Pro Designer를 실행 가능합니다.

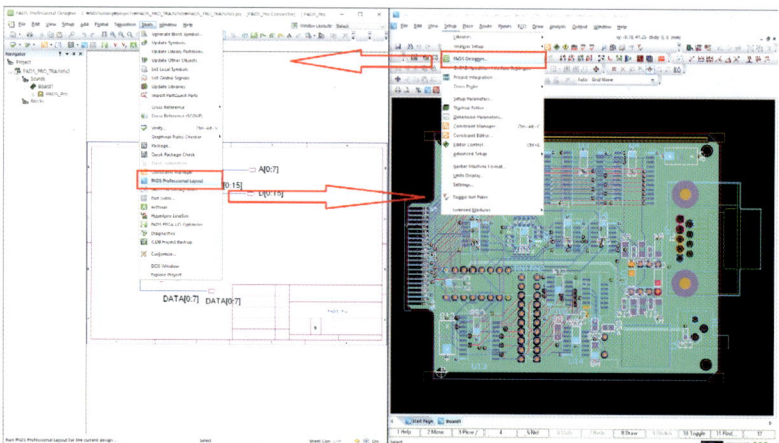

Viewer 상태로도 각각 실행이 가능합니다. Viewer 상태로 만들려면 먼저 Project Integration의 Additional Option에서 다음과 같이 설정해야 합니다.

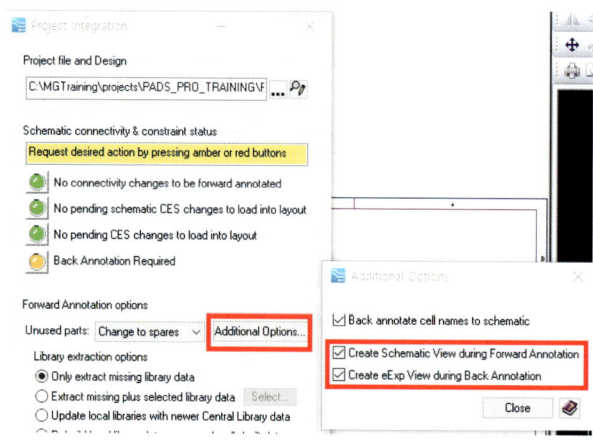

작성을 하면 회로에서는 [View] - [PADS PCB Viewer], PCB에서는 [Window] - [Add Schematic View]로 가능합니다.

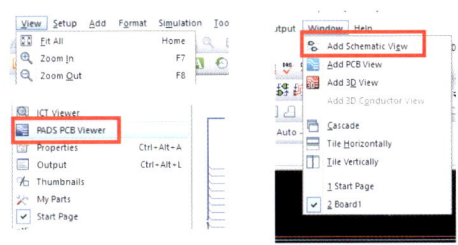

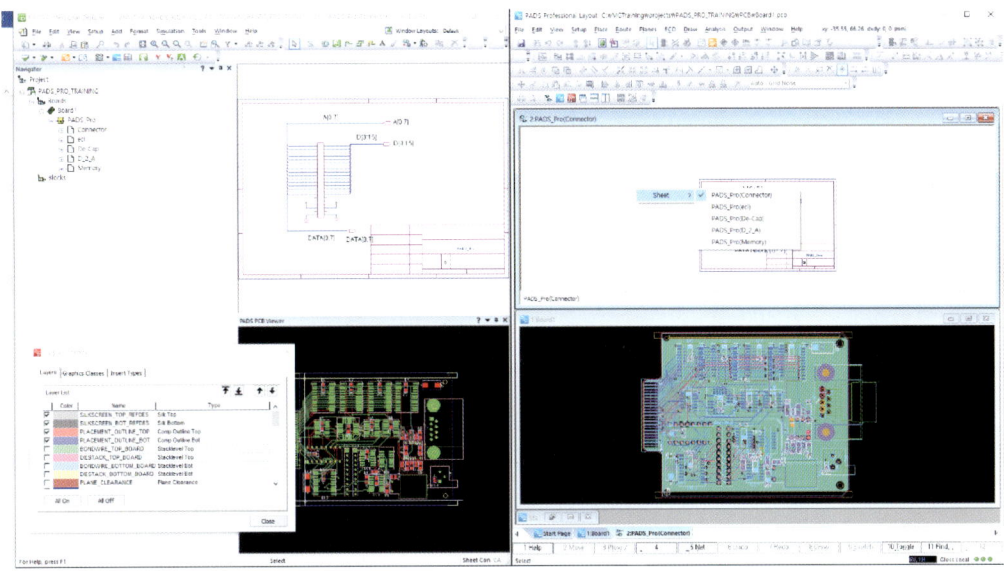

05 PCB Viewer

PADS Pro Layout은 편집 기능이 제한된 PCB Viewer를 제공합니다. 프로그램의 이름은 PADS Professional Layout Browser입니다. 프리웨어이며 시간 제한 없고, 각 버전마다 제공됩니다. PADS Professional Layout Browser는 PADS Professional Layout을 Open하여 PADS Pro Designer에 대한 PCB Pro Layout과 회로도의 Cross Probe를 보는 데 사용하거나 PC에 PADS Professional을 설치하지 않은 인원과 디자인 공유하며 배치 및 배선 등을 검토하는 용으로 사용할 수 있습니다.

설치는 PADS Pro 설치 중 제품 선택 부분에서 Layout Browser를 선택하거나 아래 링크에 접속하여 단독 설치프로그램을 다운 받아 진행합니다.

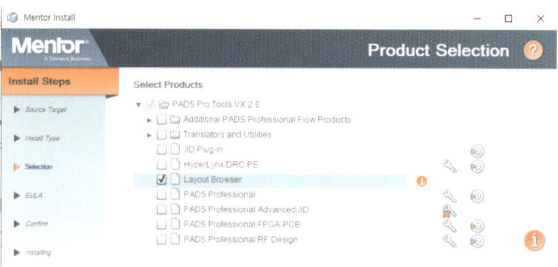

- https://support.sw.siemens.com/en-US/product/852852098/downloads/related/6rp1BekcjimYY4V72LryZt

설치가 완료되면 실행은 PADS Pro Tools VX.2.8 - MGC EBS CMD VX.2.8에서 PCBBrowser.exe로 실행합니다.

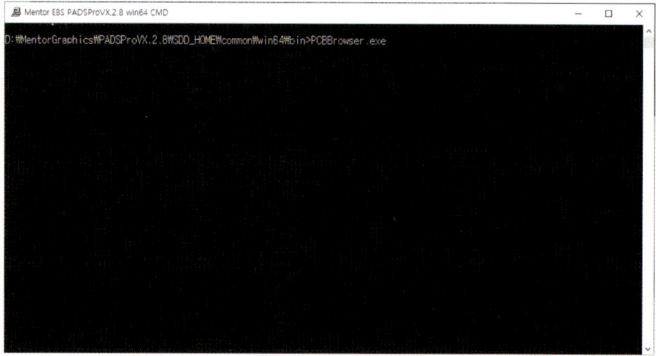

혹은 다음 경로에서 바로 실행해도 됩니다.

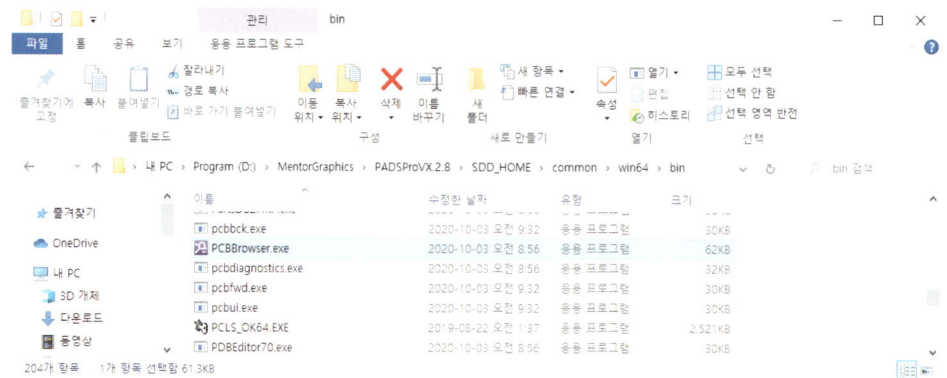

Read Only로 실행되며, 회로와 Cross Probe가 가능합니다.

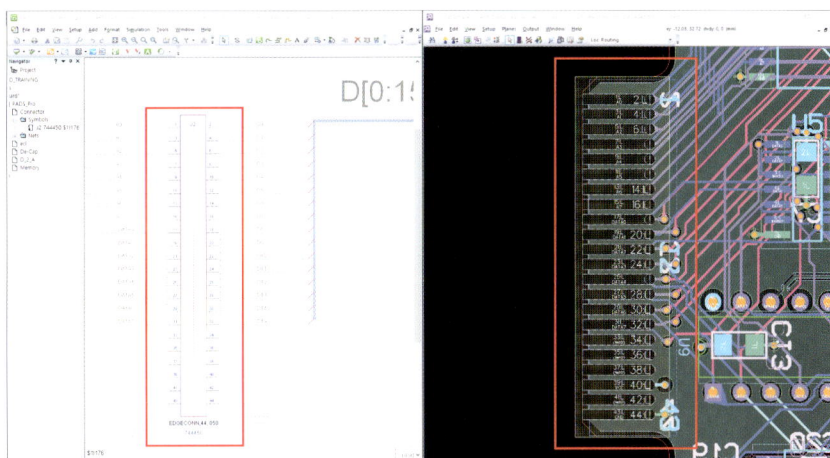

06 Design Archive

디자인 데이터는 별도로 OS 안의 장소에 보관됩니다. 그리고 각 회사의 PLM에 따라서 데이터 서버에 보관하기도 하고, Database 형태로 보관되기도 합니다. 이런 PLM의 PCB관련 데이터는 크게 2가지로 생각해 볼 수 있습니다. 첫 번째는 부품 관련입니다. 부품은 회로와 PCB에서 구축하는 부품 데이터와 사용하는 부품의 관계로 구축이 되어야 합니다. 두 번째는 회로도와 PCB 데이터입니다. 회로와 PCB가 각 Revision 별로 관리되고, 열람이 가능해야 합니다. PADS Pro에서는 PADS Design Archive로 디자인의 저장소 보관과 Viewer 기능을 구현할 수 있습니다.

시작 메뉴로 실행합니다. PADS Pro Tools VX.2.8 - PADS Pro Design Archive VX.2.8을 실행합니다.

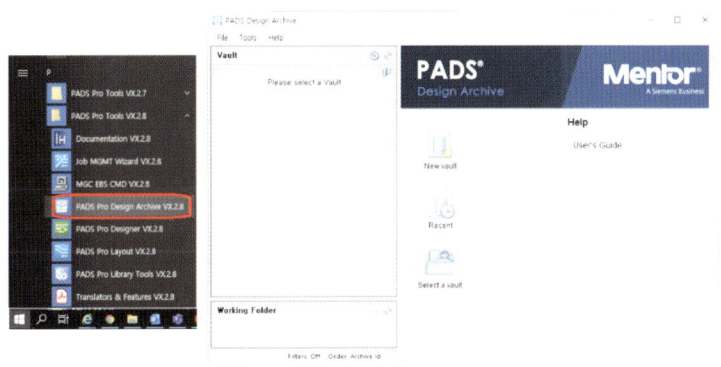

Design Archive는 Working Folder의 PADS Pro Design들을 Vault라는 별도의 저장 공간에 Design Archive된 별도 포맷으로 보관하는 것입니다. 저장 공간에 Design Archive로 보관하여 저장하는 형식은 나중에 PADS Pro의 데이터로 다시 만들 수 있습니다.

예를 들어 다음과 같은 A_Project_Rev.1과 A_Project_Rev.1.1의 Project 2개를 작성했습니다.

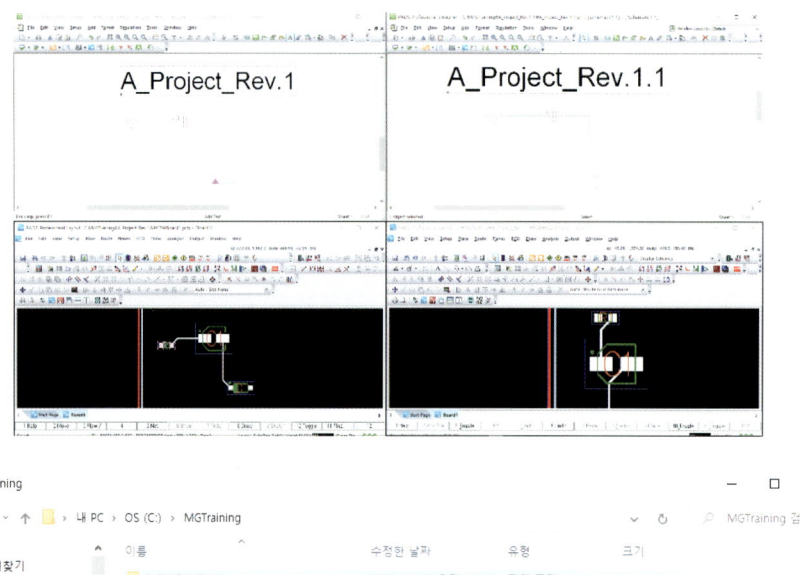

PADS Pro Design Archive에서 [File] - [New Vault]로 새로운 Vault를 작성합니다.

다음처럼 작성합니다.

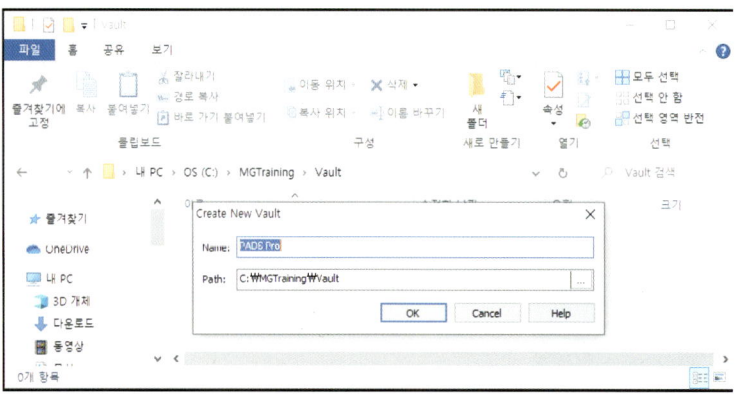

Vault가 작성되고 사용을 물어보는 메시지입니다.

다음처럼 빈 Vault가 만들어집니다.

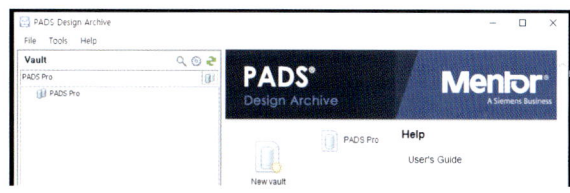

Vault를 선택하고 RMB하여 빈 Project나 폴더를 작성 가능합니다.

A_Project의 폴더를 만들어서 A_Project를 작성 가능하며 작성하면 Working folder 설정이 안되어 있다고 나타납니다.

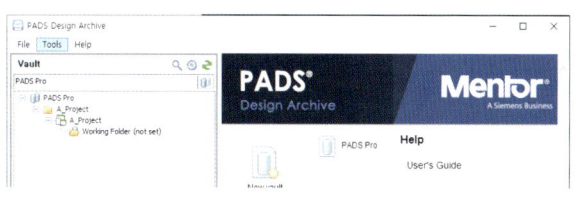

RMB - [Set Working Folder]로 프로젝트가 있는 폴더를 지정합니다.

다음처럼 지정됩니다.

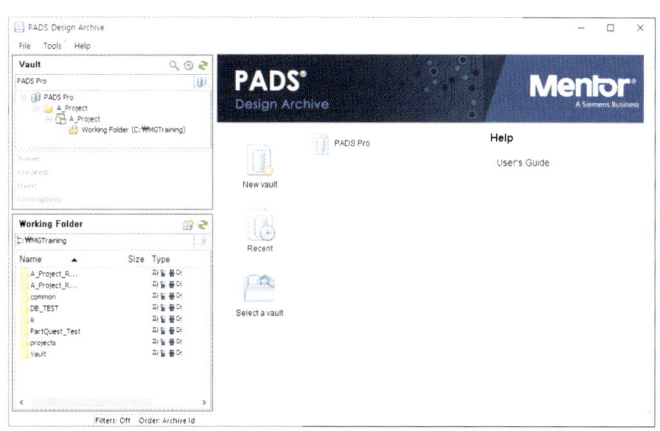

Working Folder의 프로젝트를 선택하고 Add Archive to Vault 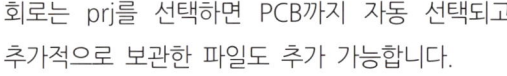를 선택합니다.

회로는 prj를 선택하면 PCB까지 자동 선택되고 추가적으로 보관한 파일도 추가 가능합니다.

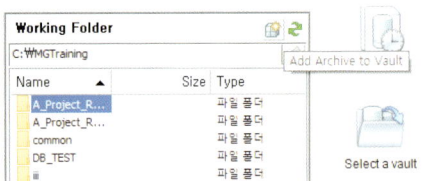

OK를 누르면 다음처럼 추가됩니다.

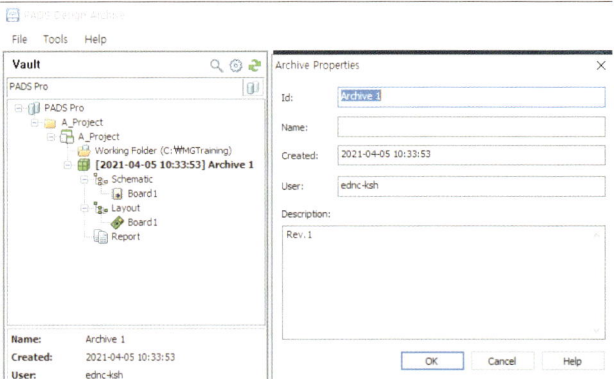

Schematic과 Layout은 RMB - [View]로 데이터 확인 가능합니다.

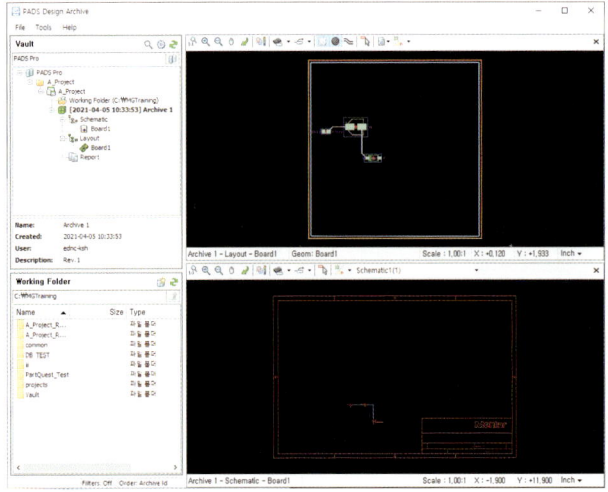

7장 PADS Professional 추가 기능

회로도와 PCB끼리는 Ctrl로 동시에 선택하여 비교가 가능합니다.

다음은 View화면입니다.

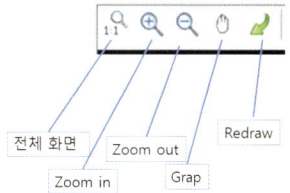

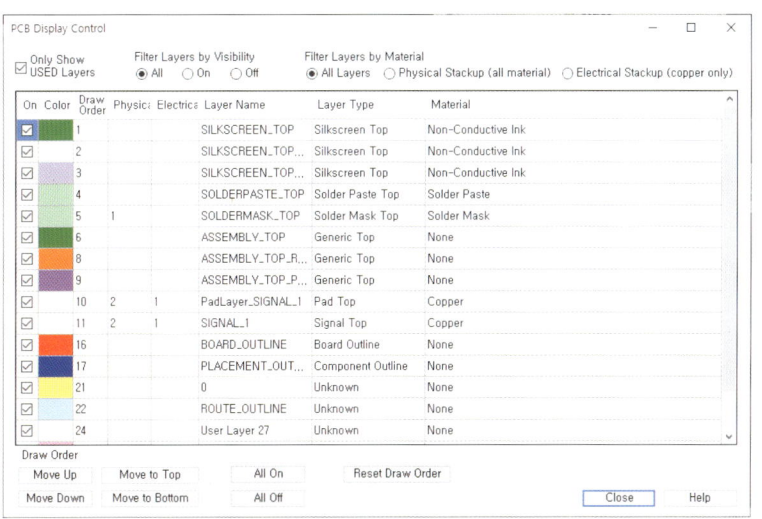 는 각 화면의 Display Control입니다.

다음은 표현에 관한 설정입니다.

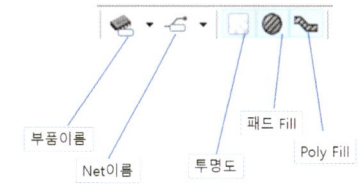

다음은 Mark 입력과 Report입니다.

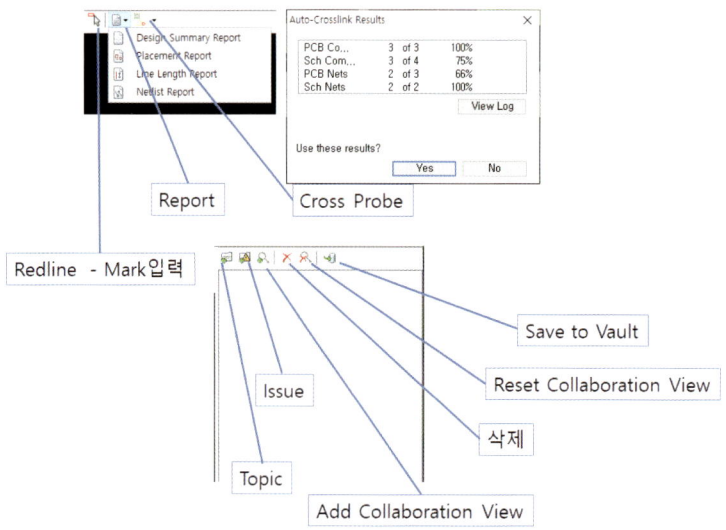

Redline은 다음의 형태로 Mark 등을 입력 가능하고 Add Collaboration View를 누르고 저장 가능합니다.

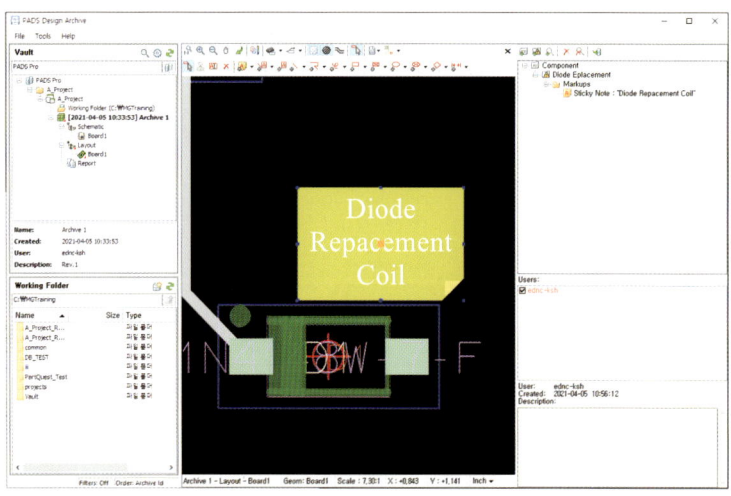

2번째 Project를 Vault로 작성하면 다른 Project끼리도 비교가 가능합니다. 필요에 따라서 상위 폴더를 만들어서 운용합니다.

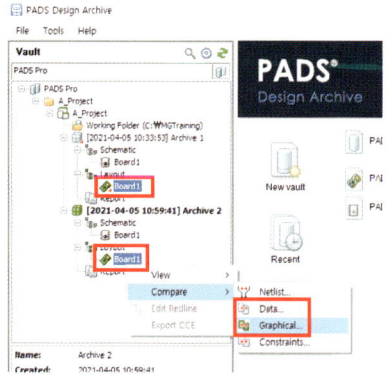

7장 PADS Professional 추가 기능

Data Compare에서 비교할 비교는 항목을 선택합니다.

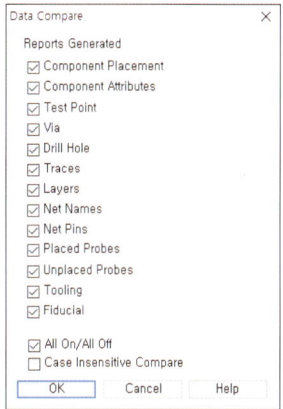

비교하면 Report가 나타나고 항목을 View하면 상세 내용이 나타납니다.

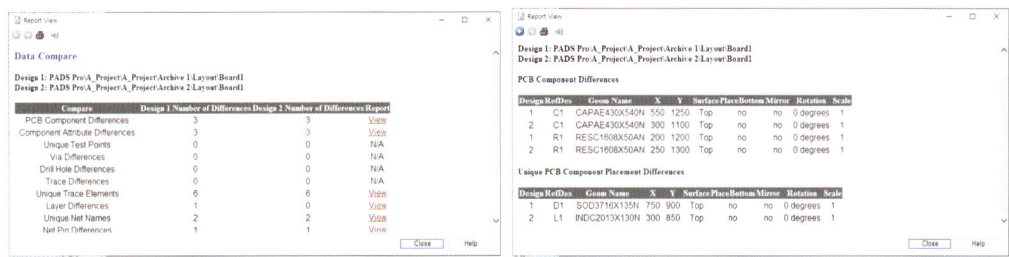

그래픽 비교는 Layer와 Bitmap 영역을 나누어서 비교합니다.

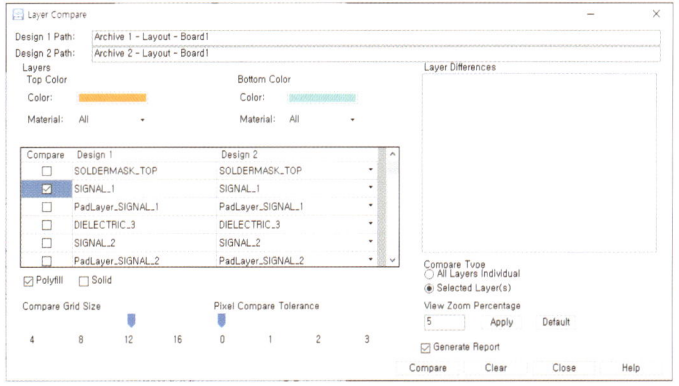

비교하면 Report가 나타나고 클릭하면 비교내용이 나타납니다.

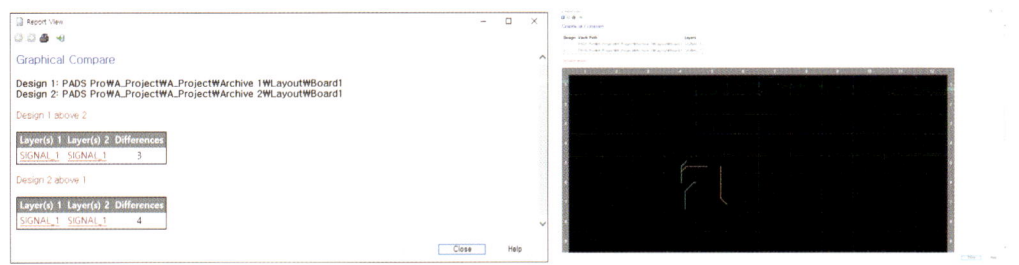

719

이전에 작성한 Vault를 지정하려면 첫 화면에서 Select vault를 선택하면 됩니다.

Vault의 Data는 독립적인 데이터를 가지고 있고, Archive를 한 원본이 없어도 PADS Pro로 복구 가능합니다.

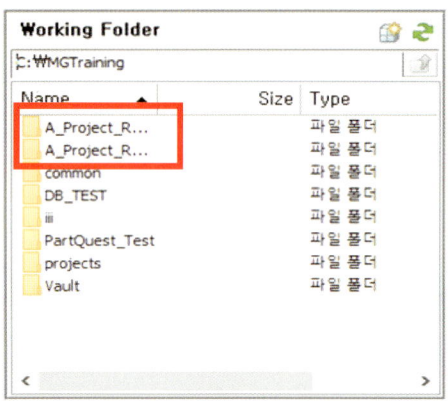 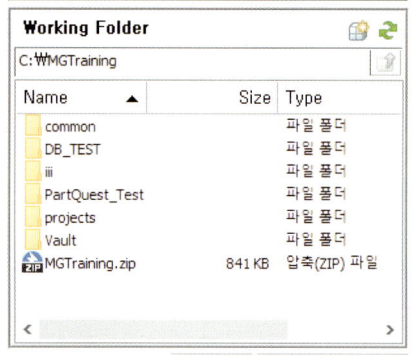

위처럼 원본이 없는 경우 Vault를 선택하고 RMB - [Restore] 합니다.

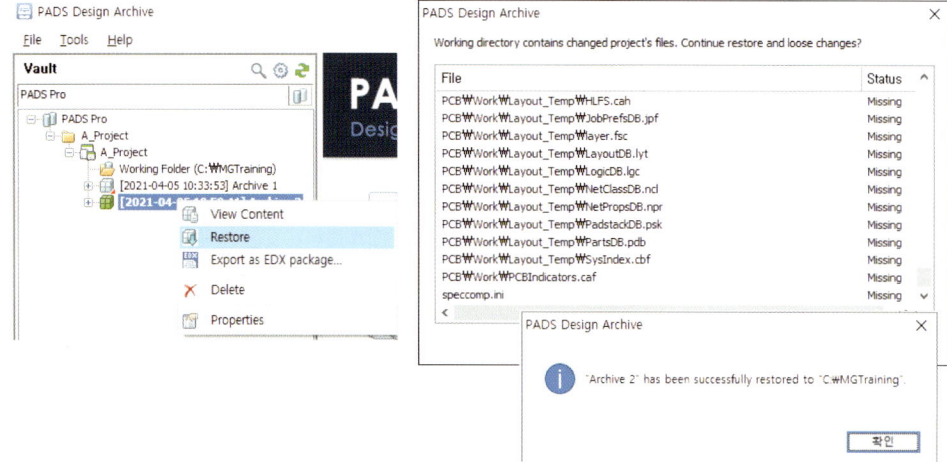

다음처럼 복구됩니다.

[Tools] - [Option]에서 다음처럼 설정 가능합니다.

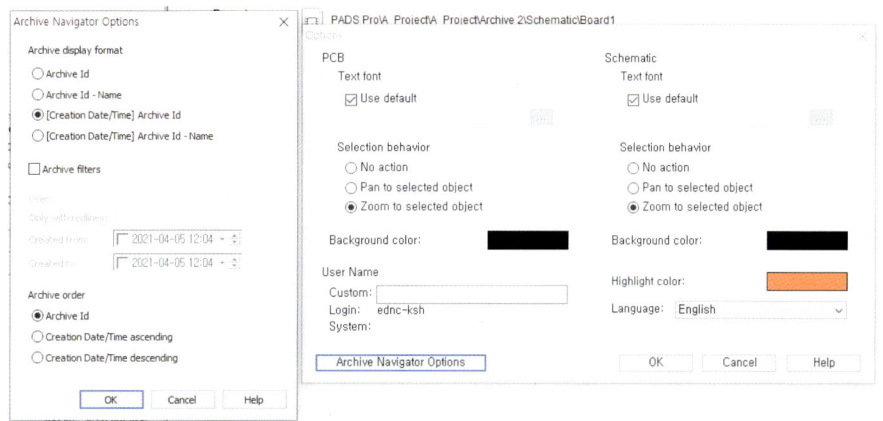

07 Translator & Feature

PADS Pro의 기본은 라이브러리, 회로도, PCB들이지만 필요에 따라 변환 프로그램과 여러 가지 실행 파일이 존재합니다. 프로그램의 실행 파일과 설명은 시작메뉴에 다음처럼 표시됩니다. 시작은 PADS Pro Tools VX.2.8 - MGC EBS CMD VX.2.8에서 실행 가능합니다.

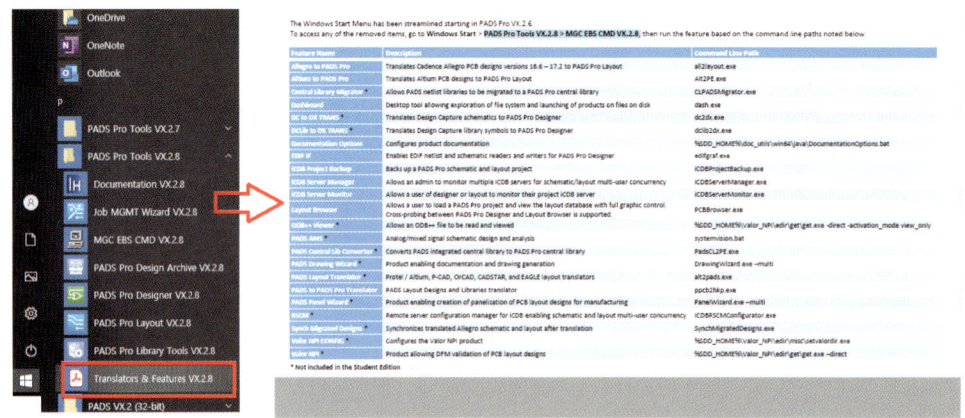

설명은 다음과 같습니다.

Allegro to PADS Pro	Cadence Allegro PCB 설계 버전 16.6 –17.2를 PADS Pro Layout으로 변환
Altium to PADS Pro	Altium PCB Design을 PADS Pro Layout으로 변환
Central Library Migrator *	PADS netlist library를 PADS Pro central library로 마이그레이션
Dashboard	파일 시스템을 탐색하고 디스크의 파일에서 제품을 실행할 수 있는 Desktop tool
DC to DX TRANS *	Design Capture 회로도를 PADS Pro Designer로 변환
DCLib to DX TRANS *	Design Capture Library 심볼을 PADS Pro Designer로 변환
Documentation Options	product documentation 구성
EDIF IF	PADS Pro Designer 용 EDIF netlist 및 회로도 reader와 writer를 활성화
iCDB Project Backup	PADS Pro 회로도 및 Layout Project 백업
iCDB Server Manager	admin이 회로도 / Layout multi-user concurrency을 위해 여러 iCDB 서버를 모니터링
iCDB Server Monitor	designer 또는 Layout 사용자가 Project iCDB 서버를 모니터링
Layout Browser	사용자가 PADS Pro Project를 로드하고 완벽한 그래픽 제어로 Layout 데이터베이스를 보고 PADS Pro Designer와 Layout Browser 간의 Cross-probing이 지원
ODB++ Viewer *	ODB ++ 파일을 read와 view
PADS AMS *	Analog/mixed signal 회로도 설계 및 분석
PADS Central Lib Converter *	PADS integrated central library를 PADS Pro central library로 변환
PADS Drawing Wizard *	documentation 및 drawing 생성이 가능한 제품
PADS Layout Translator *	Protel / Altium, P-CAD, OrCAD, CADSTAR 및 EAGLE Layout translator
PADS to PADS Pro Translator	PADSLayout Design 및 Library translator
PADS Panel Wizard *	manufacturing를 위한 PCB Layout 설계의 panelization을 생성 할 수 있는 제품
RSCM *	iCDB 용 Remote server configuration manager(RSCM)를 통해 회로도 및 Layout의 multi-user concurrency을 지원
Synch Migrated Designs *	translation 후 translation 된 Allegro 회로도와 Layout Synchronizes
Valor NPI CONFIG *	Valor NPI product 구성
Valor NPI *	PCB Layout 설계의 DFM validation이 가능한 제품

08 Migration

A. PADS Classic

PADS Pro에는 PADS에서 작성한 설계 데이터를 변환하는 기능이 있습니다. 앞의 Translator & Feature에서 3가지로 변환합니다.

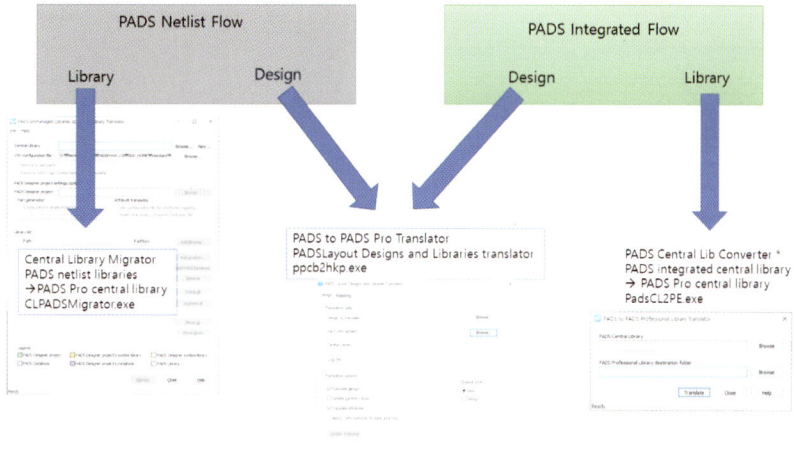

혹은 시작 메뉴의 Library Migration Wizard VX.2.8로 라이브러리를 Import 가능합니다.

처음엔 Central Library를 신규 작성하거나 기존의 라이브러리를 지정합니다.

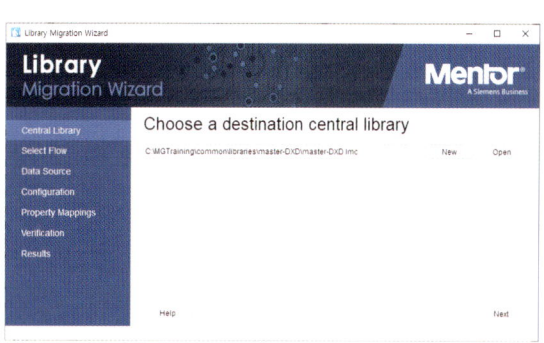

라이브러리의 Type을 지정합니다.

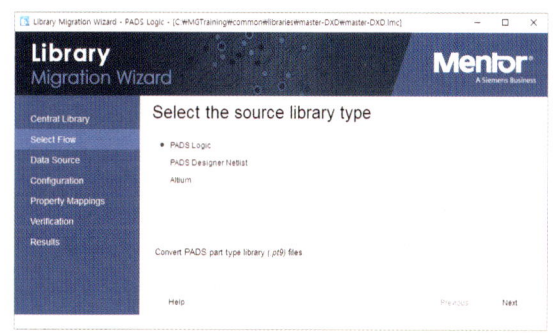

변환할 라이브러리 파일을 지정합니다.

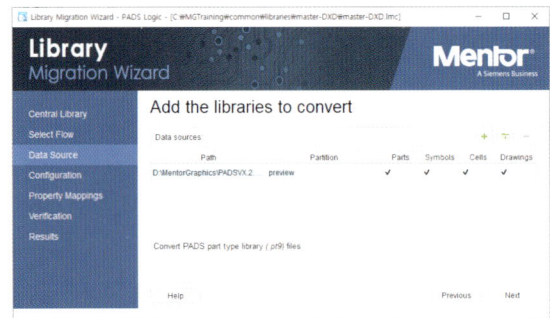

Attributes Mapping 설정/확인 후 Convert를 선택하면 데이터 변환이 진행됩니다.

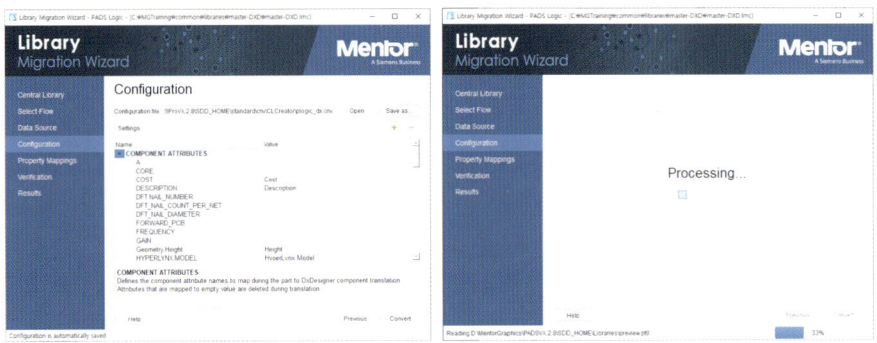

변환된 Attribute와 부품 정보 확인 후 Save합니다.

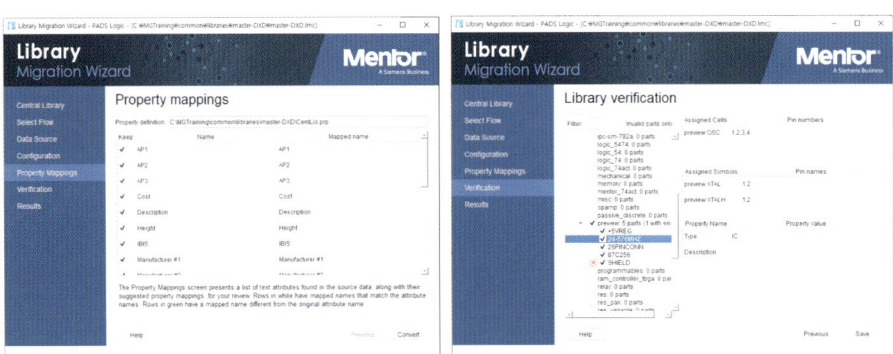

데이터 변환 결과를 확인합니다.

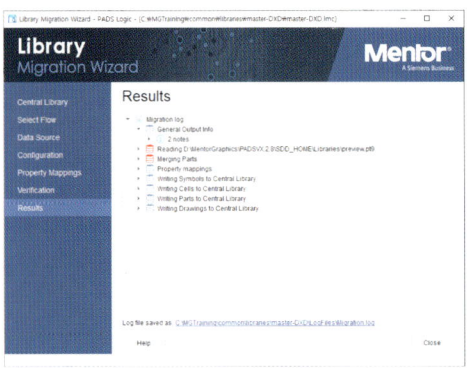

PADS Designer, PADS Layout의 Netlist Flow로 작성된 Project를 PADS Pro의 Project로 변환해 보겠습니다.

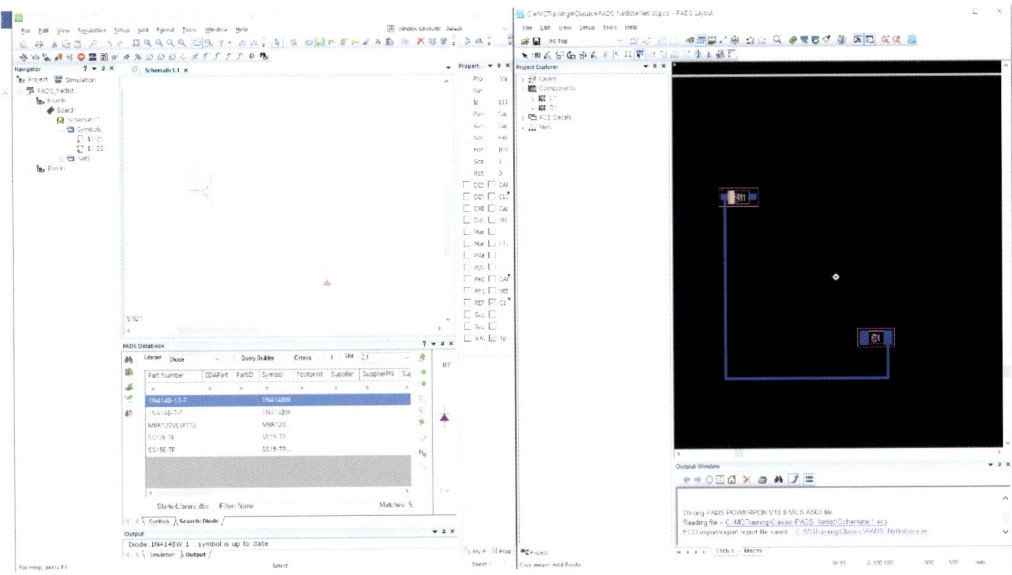

PADS Pro Designer에서 [File] - [Open]으로 PADS Designer, PADS Layout의 Project를 Open하면 다음과 같은 메시지가 나타납니다.

변환하려면 예를 누르고 Central Library 경로와 PCB 경로를 지정합니다.

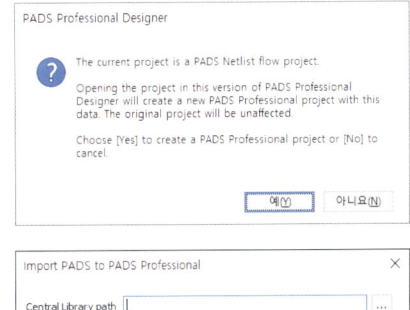

Central Library 부분에는 미리 변환한 파일을 지정하거나 없으면 Sample Library를 지정합니다. Sample Library를 지정하는 경우에는 회로도, PCB 변환은 가능하나 해당 프로젝트의 라이브러리가 아니기 때문에 추후 ECO 시 진행이 되지 않습니다.

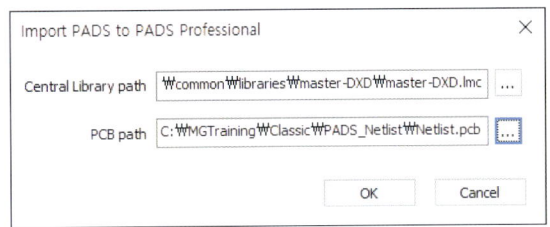

변환하면 다음처럼 폴더에 동일한 이름 + Professional이라는 이름의 Project가 생성됩니다.

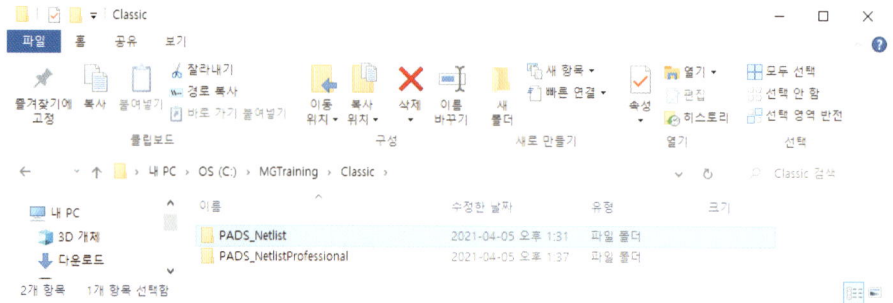

변환 과정이 완료되면 PADS Pro에서 Open 가능합니다.

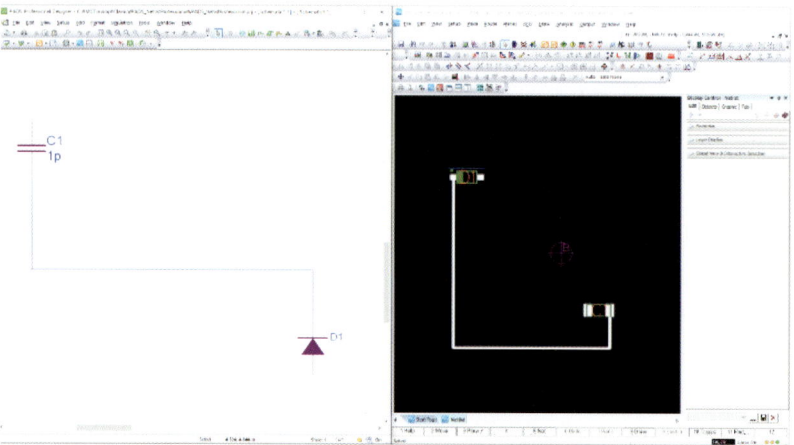

다음처럼 Integrated Flow로 작성된 PADS Project도 앞선 방법과 동일하게 PADS Pro Project로 변환 가능합니다.

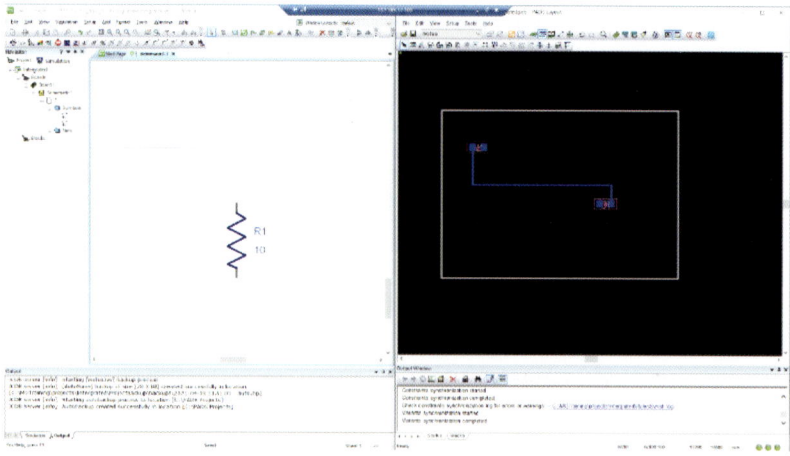

다음처럼 변환됩니다.

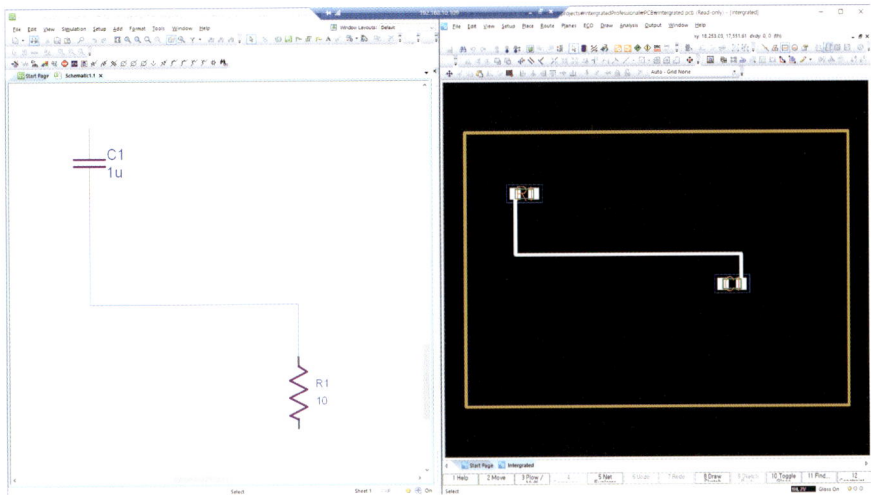

B. Xpedition

Xpedition의 Data도 변환 가능합니다. Xpedition의 Project를 변환해 보겠습니다.

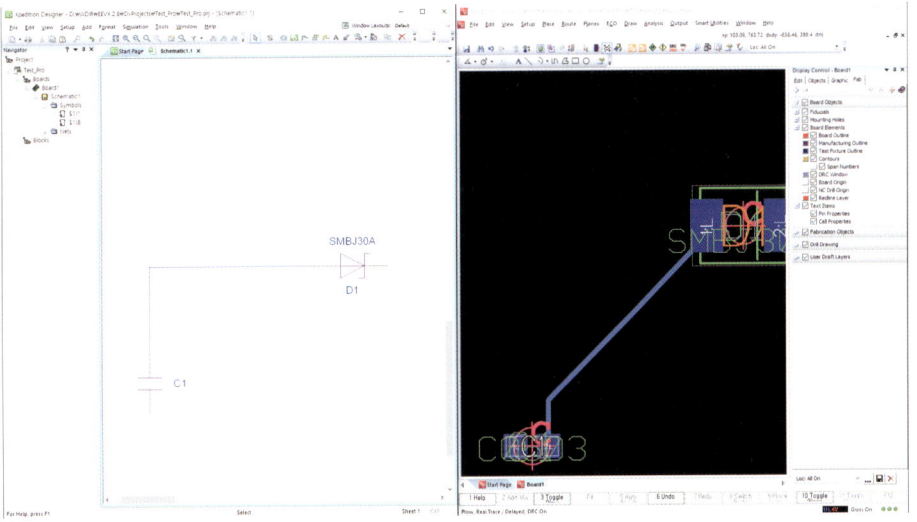

PADS Pro Designer의 Project를 작성한 상태에서 [File] - [Import] - [Xpedition Enterprise]로 작성한 Xpedition의 prj파일을 지정합니다.

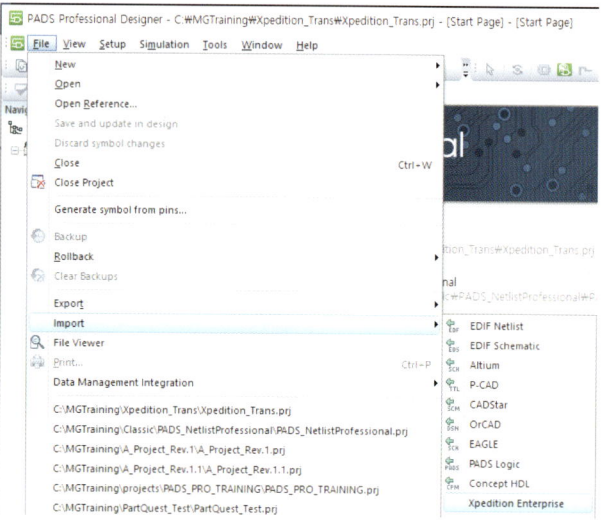

Project의 Overwrite메시지가 나타납니다.

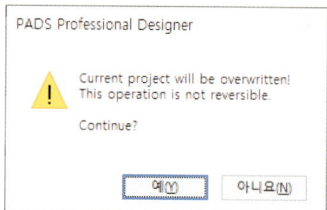

다음처럼 변환됩니다. 변환 과정에서 실제 반영 여부와 상관없이 ECO의 Project Integration을 진행해야 Design 편집이 가능합니다. Project Integration이 안되면 Read Only로 오픈됩니다.

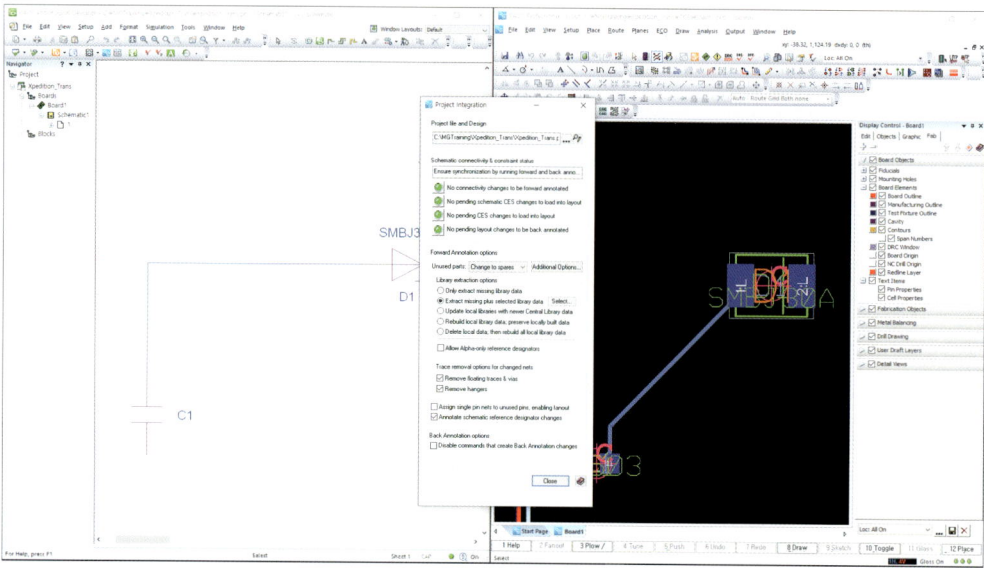

 **AMS**

AMS는 PADS Pro Designer에서 실행할 수 있는 SPICE 해석 프로그램입니다. SPICE는 Simulation Program with Integrated Circuit Emphasis의 약자로 SPICE는 캘리포니아 대학교 버클리의 전자공학 연구실에서 1973년에 처음 소개되었고 현재는 BSD (Berkeley Software Distribution) 허가서에 따라 자유롭게 사용이 가능합니다. SPICE는 일반적인 SPICE와 상업적인 SPICE로 나누어지게 됩니다. 상업적인 SPICE는 일반적인 SPICE에 추가된 기능과 암호화 모델이 들어갈 수 있습니다.

PADS Pro에서 AMS의 위치는 다음과 같습니다.

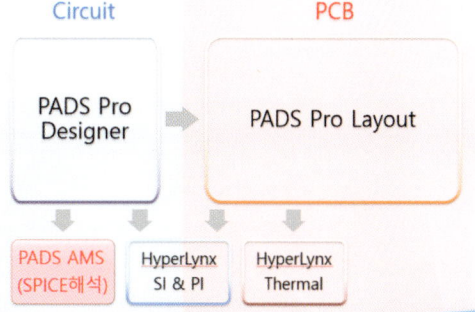

AMS는 Analog Mixed-Signal Simulation 약자로 Analog, Digital, Mixed Signal 시뮬레이션을 지원합니다. PADS Designer를 기반으로 하는 SPICE Simulator로 회로도 모든 기능을 사용하면서 UI 내에 Simulation Toolbar를 확장하여 사용합니다. 작업한 회로도를 가지고 시뮬레이션 가능하며 업계 표준 언어인 SPICE, VHDL-AMS 모델을 사용합니다. PSpice Simulation Model 변환 기능을 제공합니다. (암호화가 되어 있거나 모델의 일부가 누락되면 변환이 되어도 사용 못할 수도 있습니다.)

AMS는 Translator & Feature에서 실행하거나 PADS Pro Designer에서 Simulation 메뉴를 활성화해서 사용합니다.

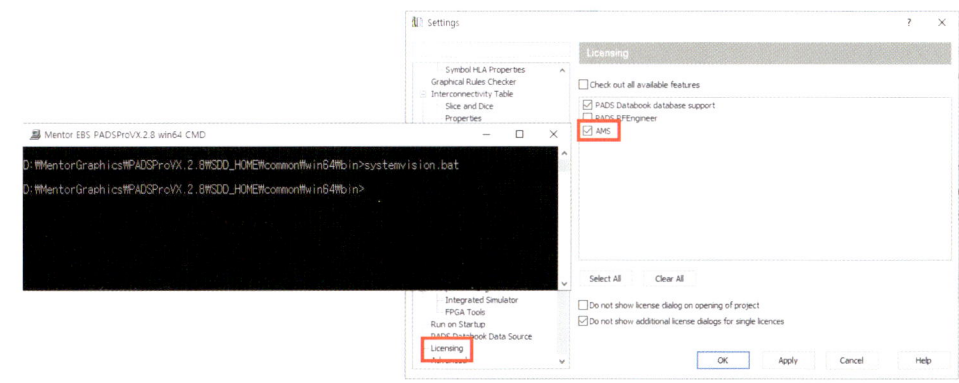

실행되면 다음과 같은 메뉴 사용이 가능합니다.

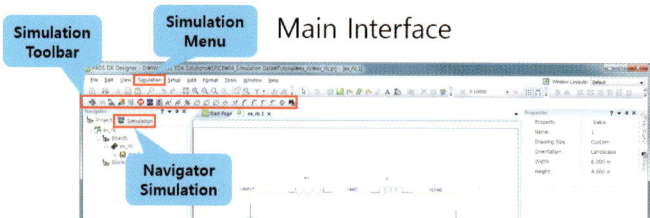

Simulation Toolbar의 내용은 다음과 같습니다.

 • Model and Symbol Wizard
  – 시뮬레이션에 필요한 모델이 없는 경우 SPICE, VHDL 작성된 Data Source를 이용하여 회로도의 심볼과 시뮬레이션 Model을 맵핑

 • Edit Model Properties
  – 배치되어진 부품의 시뮬레이션 모델을 변경하거나 Parameters를 수정

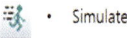 • Simulate Design
  – Simulation Control 메뉴 Open 및 Simulation 실행

• Stop Simulation
  – 현재 시뮬레이션을 종료

• Waveform Analyzer
  – 시뮬레이션 결과를 확인 할 수 있는 Waveform을 실행
  (Simulate Design 완료 후 자동 실행)

 • Netlist Design
  – 현재 시트에 대해 시뮬레이션 진행 없이 SPICE Netlist 생성

 • Compile Design
  – 현재 프로젝트의 VHDL Model을 컴파일

 • Show/Hide BackAnnotation
  – 각 Net에 DC(작동 시점) 값을 표시

 • Add
  – R, L, C, Source, TR 등의 부품 부품을 배치

• Search/Place Symbol
  – PADS AMS에서 기본으로 제공하는 Symbol 검색 및 배치
  (시뮬레이션 모델 포함)

Simulation Manu의 내용은 다음과 같습니다.

• Setting
  – Testbench 및 Netlist Header 설정

• Convert
  – Pspice Library를 SPICE Library 변환

• VHDL Model
  – VHDL Model 생성 및 편집

• Add Sources
  – 회로에 **영향을 미치지 않고 특정 Net에 Pulse, DC, AC 값을 입력**(회로도 상에 표시 되지 않음)

Navigator Simulation의 내용은 다음과 같습니다.

- Schematic에 배치된 VHDL, Spice Models 확인 및 편집
- Waveform 결과 확인(시뮬레이션 완료 후)
- Model Library 확인
- SPICE Library 추가 및 편집

해석을 위해서는 SPICE Model이 필요합니다.

배치된 부품 선택 후 RMB - [Edit Model Properties]하여 Model의 정보 확인 및 변경 가능합니다.

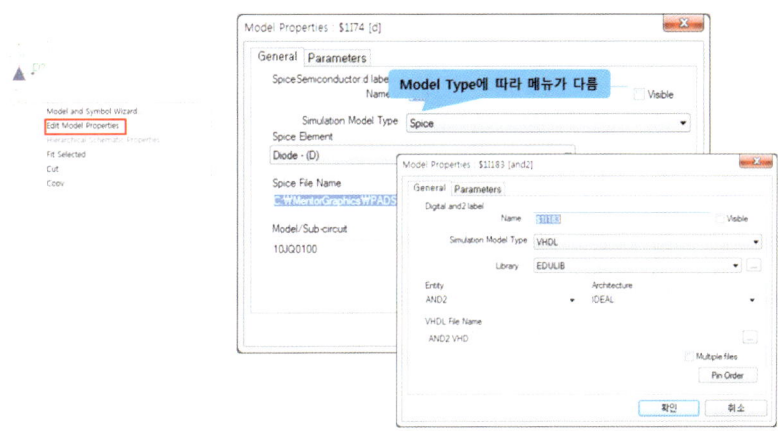

Simulation Model 확인은 부품에 입력된 Simulation Model에 따라 다르게 표시됩니다. Push VHDL, Push Spice를 선택하면 입력된 Model 확인이 가능합니다.

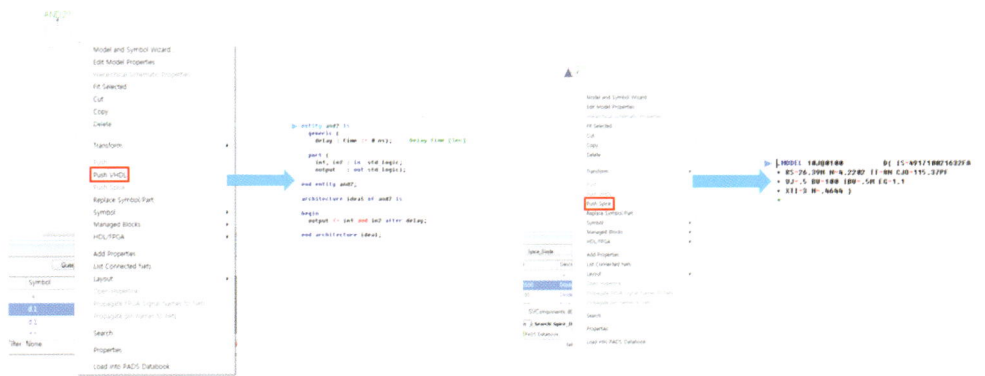

[Simulation] - [Convert] - [PSpice To Spice Libraries]에서 PSpice Model을 Spice Model로 변환합니다.

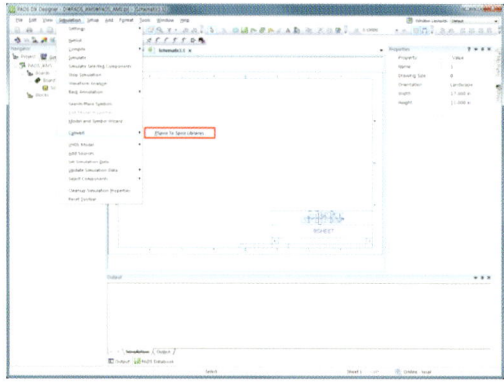

Sources는 회로도 상에서 입력을 위해 Symbol을 사용하지 않고 Node(Net) 사이에 Voltage, Current를 공급하는 기능입니다. 이 기능은 회로 정보를 PCB로 보낼 때 Voltage 혹은 Current 공급기를 위한 물리적인 부품의 Reference 부여를 방지할 수 있고, 회로를 간소화할 수 있습니다.

Simulation Toolbar - Add Sources를 클릭합니다.

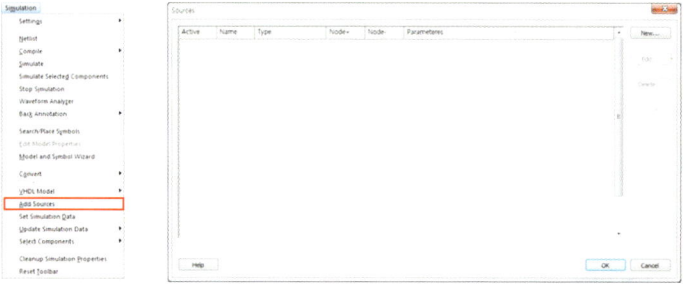

Sources 창에서 New 버튼 클릭하여 추가한 다음 Source Name을 입력하고, Positive Node, Negative Node는 Browse 버튼을 클릭하여 Source가 연결될 Net을 각각 선택합니다.

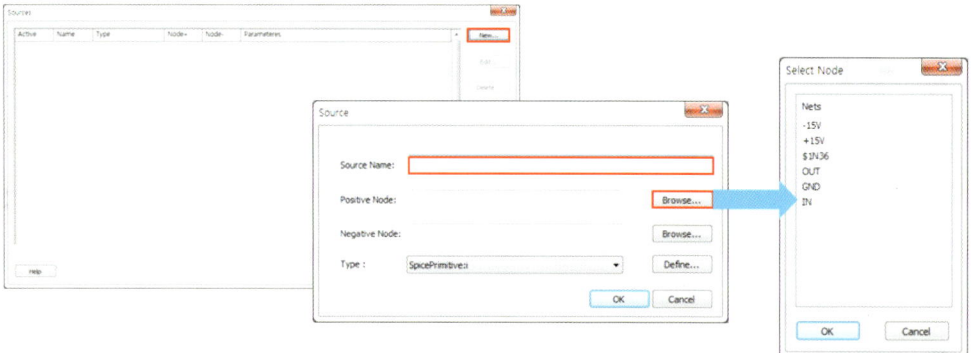

Type은 해당 Node에 입력할 신호를 선택 후 Define을 클릭하여 신호의 특성을 입력하고 Type에 따라 Define 클릭 시 입력해야 할 값이 다릅니다.

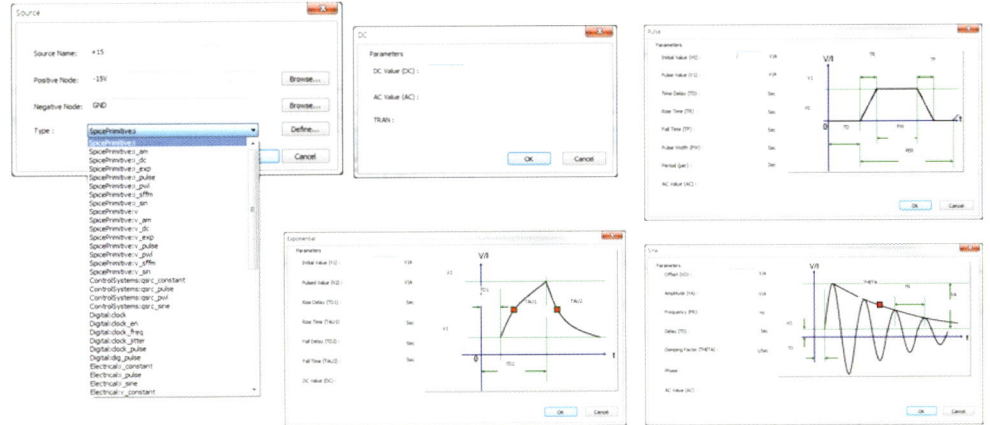

Type 설정까지 완료되면 Source 창에 입력됩니다.

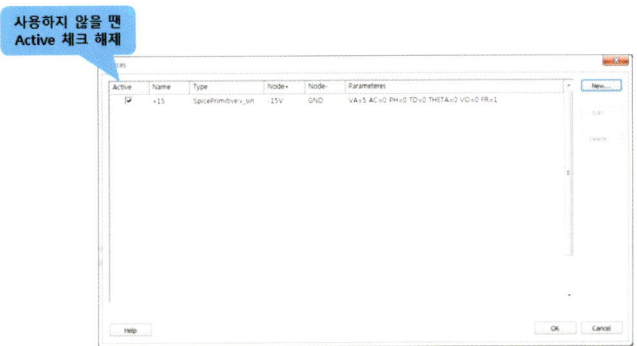

먼저 측정 항목 중 Operating Point(DC)는 회로도에 DC 동작 지점 값을 표시하는 것입니다.

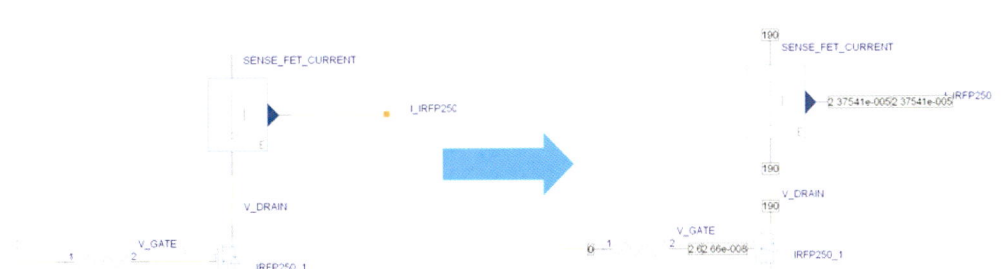

Time-Domain(Transient)는 시간 변화에 따른 Voltage, Current값 분석입니다. X축은 Time, Y축은 Voltage, Current입니다.

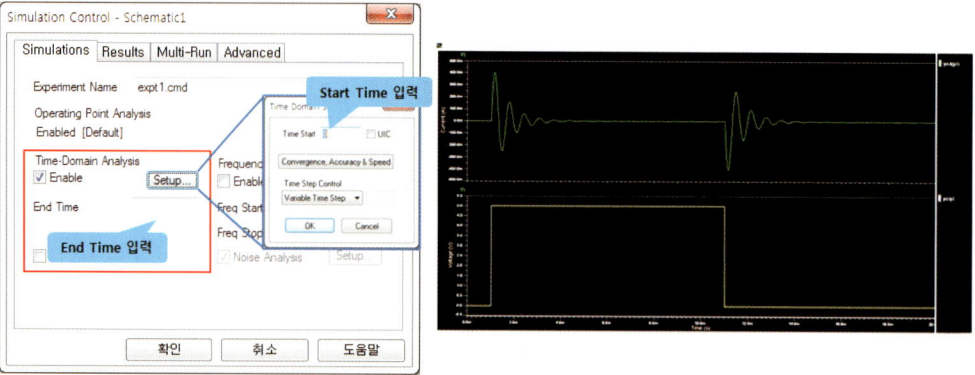

Frequency(AC)는 주파수 변화에 회로의 Small-Signal 반응을 계산합니다.

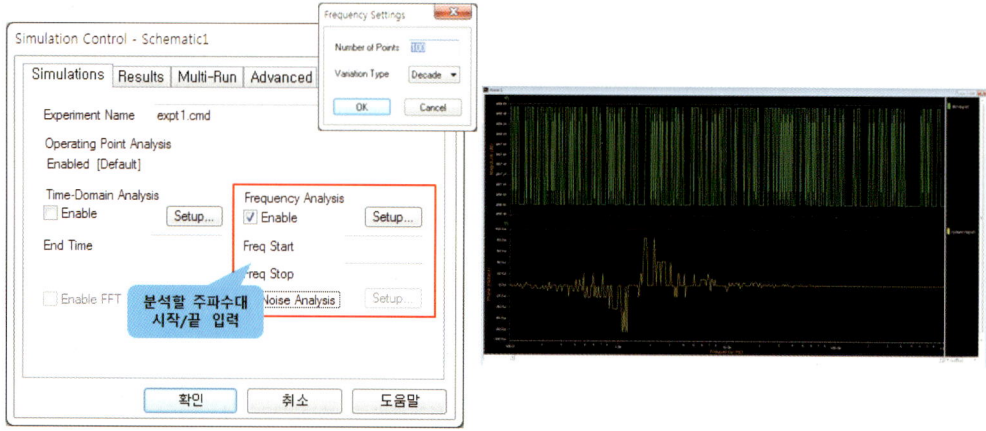

Parametric Sweeps은 소자의 값을 정해진 조건에 따라 변화시키면서 회로의 응답을 분석합니다.

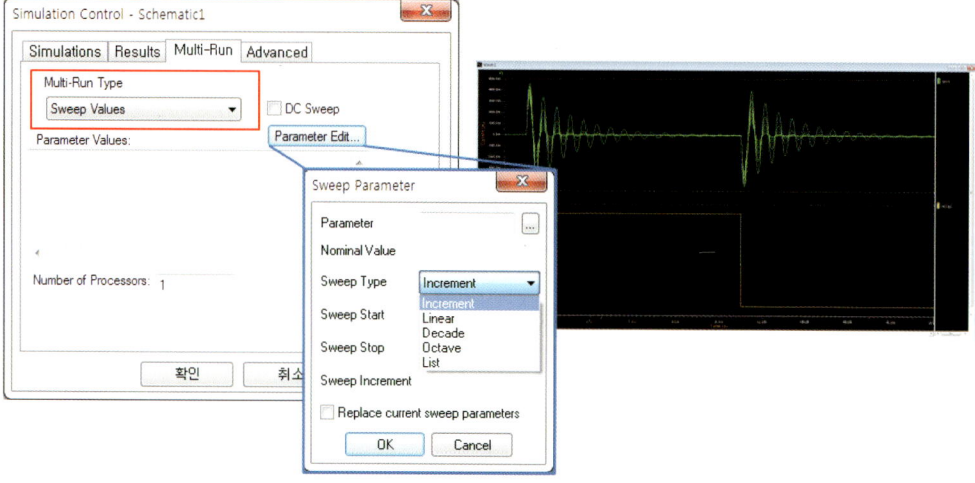

7장 PADS Professional 추가 기능

Monte Carlo/Worst Case는 소자의 값을 불규칙하게 변화시키면서 회로의 응답을 분석합니다.

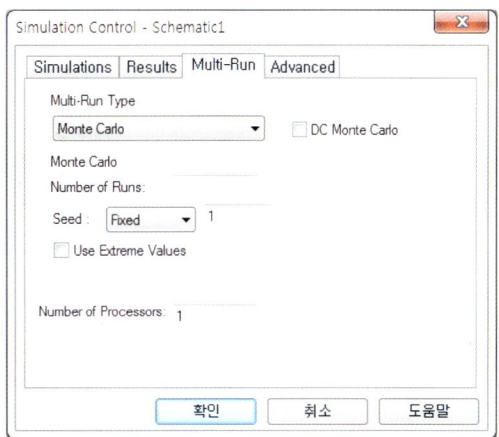

Simulation이 완료된 후엔 Waveform Analyzer 결과를 확인할 수 있습니다. Simulate Design이 에러 없이 완료되면 자동으로 실행됩니다.

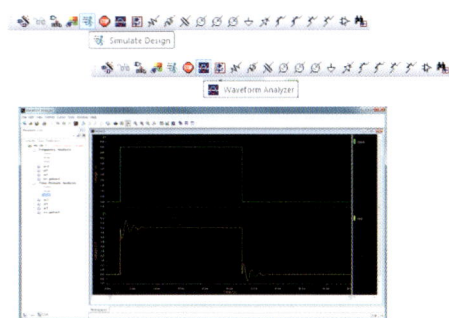

Waveform Analyzer의 각 항목의 Interface는 다음과 같습니다.

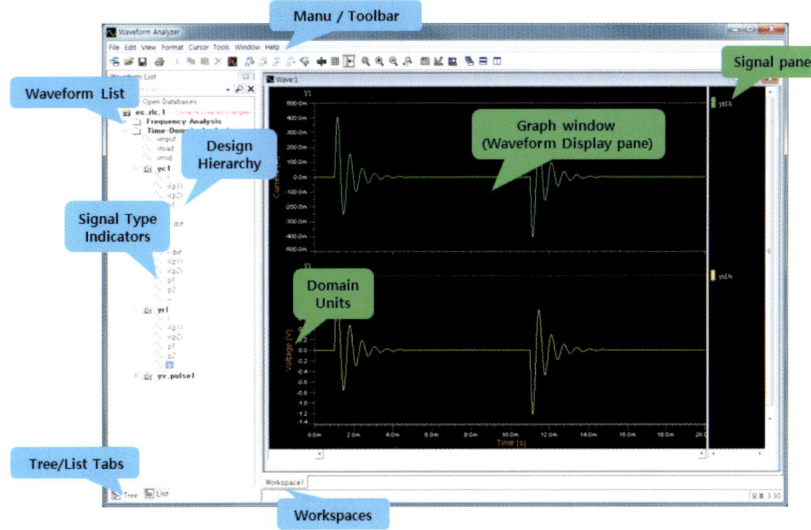

735

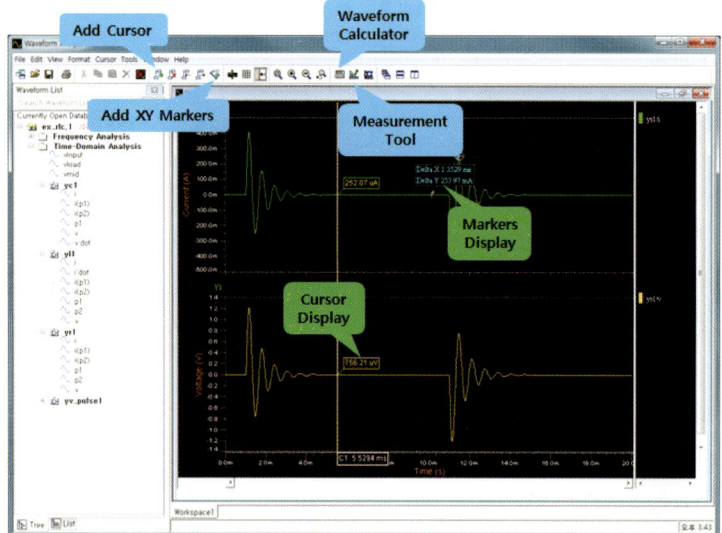

파형이 출력되면 Measurement Tool로 측정하고 Waveform Calculator로 계산이 가능합니다.

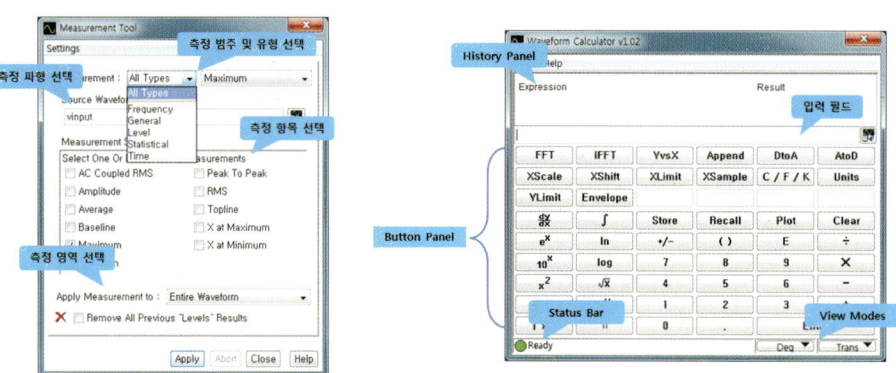

10 HyperLynx SI

AMS는 PCB가 작성되기 전에 회로의 영역에서만 해석하는 것입니다. 실제로 Board가 만들어지면 동작 오류나 전자파 장해 여부는 알 수가 없습니다. 그래서 PCB 작성 전후에 PCB Data Trace의 디지털 해석을 소프트웨어로 해보는 것이 HyperLynx SI(Signal Integrity)이고 PCB Data Power 해석을 하는 것이 HyperLynx PI(Power Integrity)입니다. 이중에 PADS Pro에서는 HyperLynx SI의 일부 기능(ESX기능)을 HyperLynx LineSim과 HyperLynx BoardSim에서 HyperLynx SI의 일부 기능(ESX기능) 사용이 가능합니다. LineSim은 회로도의 Net를 전송선로 회로도로 보내는 것이고, BoardSim은 PCB 데이터를 받아서 해석을 하는 것입니다. 모두 Oscilloscope와 Spectrum Analyzer를 소프트웨어적으로 확인할 수 있습니다. (Spectrum Analyzer는 PADS Pro의 HyperLynx SI 라이선스로는 실행이 안 됩니다.)

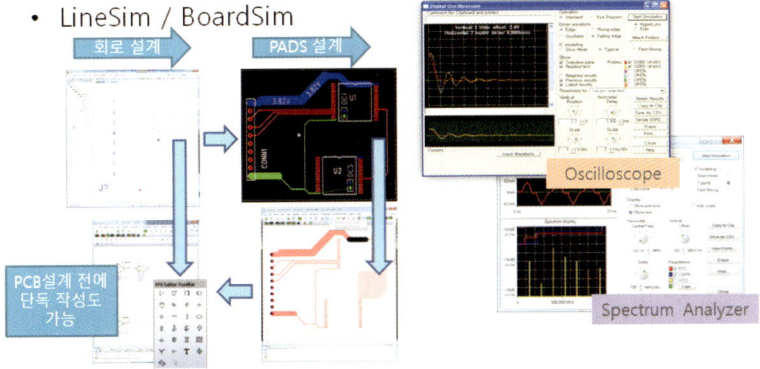

LineSim을 실행하기 위해서는 PADS Pro Designer에서 Net를 선택후 RMB - [HyperLynx LineSim]이나 [Tools] - [HyperLynx LineSim]을 클릭합니다. BoardSim을 실행하기 위해서 PADS Pro Layout에서는 [Analysis] - [Export to HyperLynx SI/PI/Thermal]를 클릭합니다.

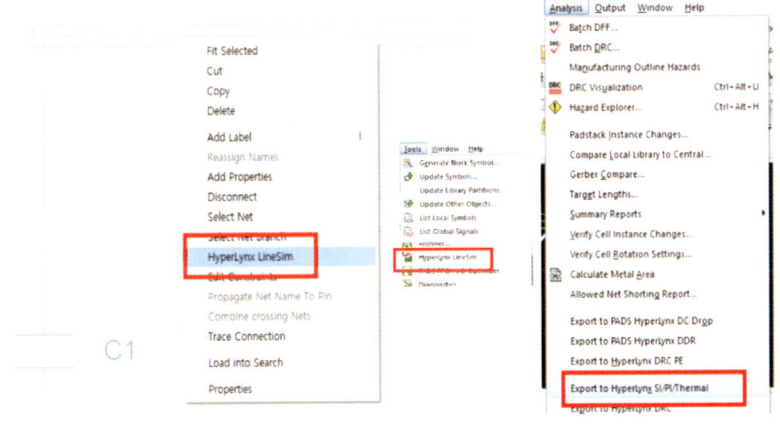

SPICE가 각 부품의 Model이 필요한 것처럼 SI도 Model이 필요합니다. 모델은 IBIS(I/O Buffer Information Specification)으로 I-V Table, V-t Table같은 정보를 IC회사에서 만들어 놓은 값이 있습니다. 이 정보를 가지고 Signal이 어떻게 변화하는지 Oscilloscope로 확인합니다.

IC에 IBIS 모델을 지정한 후에, Digital Oscilloscope에서 IC에 IBIS를 지정하여 전송선로를 지난 Signal의 품질을 확인합니다.

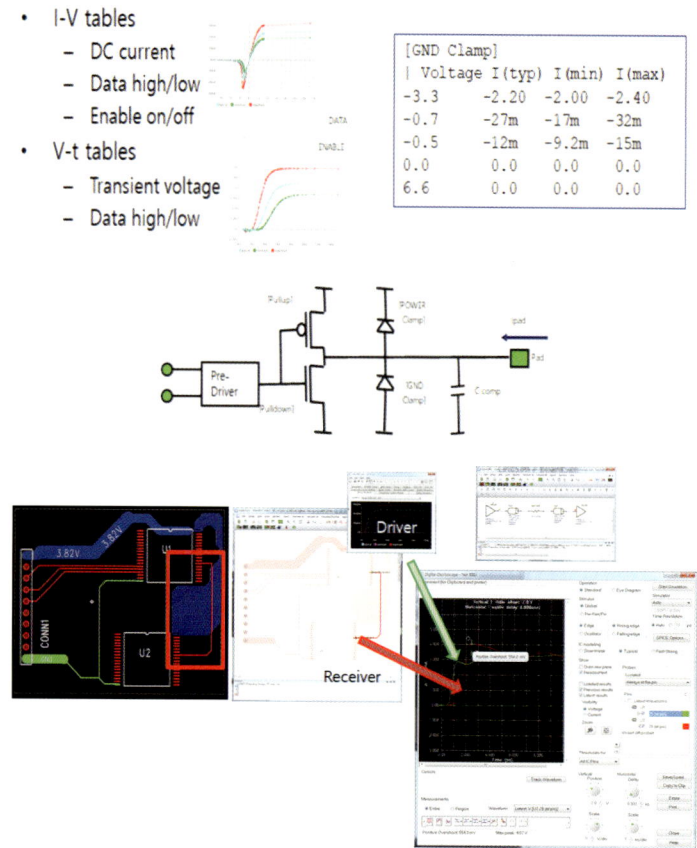

Crosstalk를 Enable하면 Signal 간섭 여부를 같이 확인할 수 있습니다.

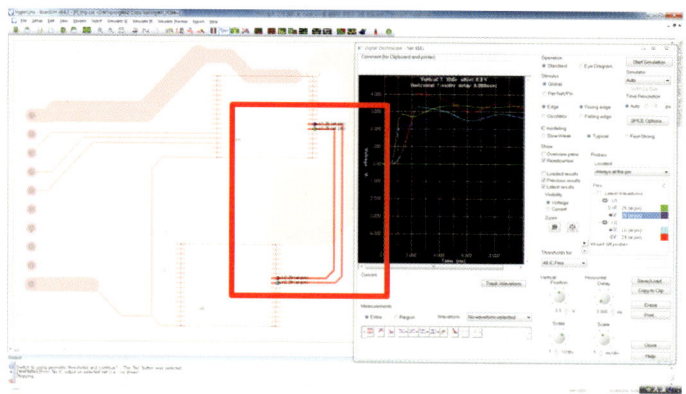

Termination Wizard는 Signal 품질을 개선할 수 있는 Termination의 값을 제안해 주며, Termination 적용 전/후 파형 비교가 가능합니다.

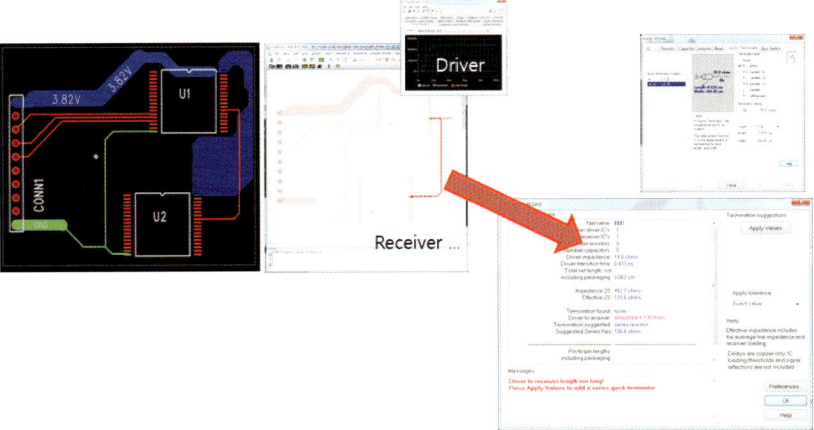

Sweep Simulation은 여러 조건을 한꺼번에 범위를 지정하여 비교할 수 있습니다.

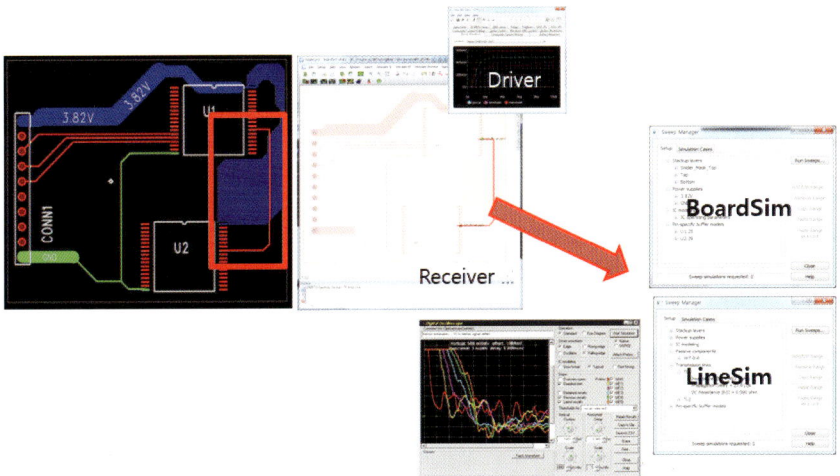

11 HyperLynx Thermal

전자 부품은 성능과 동시에 고려해야 할 부분이 2가지가 있습니다. 첫번째는 전자파 적합성입니다. 그리고 두번째는 열입니다. 전자 제품은 전기를 지속적으로 소모하며 소모되는 전기는 각 부품에 열을 올리게 됩니다. 열은 부품의 수명과 동작에 영향을 끼치며 많은 전자 제품은 열을 낮추거나 아니면 열을 잘 흐르게 하기 위해 수많은 설계변경과 Test를 진행합니다. PADS Pro에서는 간단한 부품의 전력 중심값의 입력만으로 Thermal Map을 확인이 가능한 HyperLynx Thermal의 제한된 버전이 포함되어 있습니다.

실행한 HyperLynx에서 [Simulation Thermal] - [Run Thermal Simulation]으로 실행합니다.

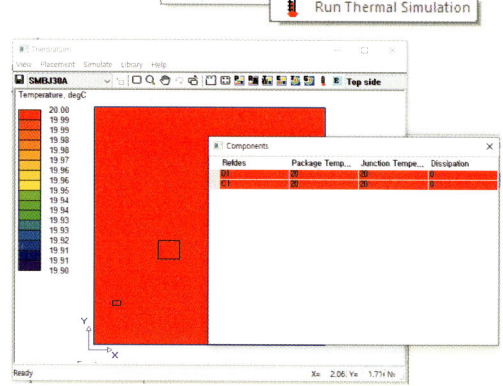

다음처럼 실행됩니다.

Thermal Parameter 값으로부터 부품의 온도가 결정되고 Power Dissipation의 default 값이 면적을 기준으로 자동 계산됩니다. 더 정확한 해석을 위해 각각 부품 데이터 시트에서 취득한 정확한 값을 입력해야 합니다.

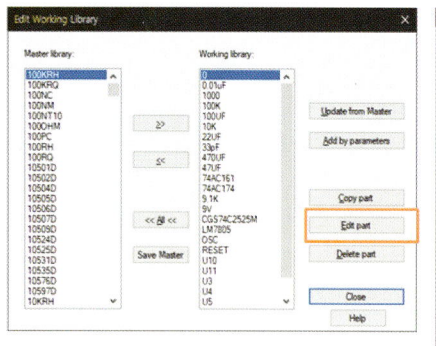
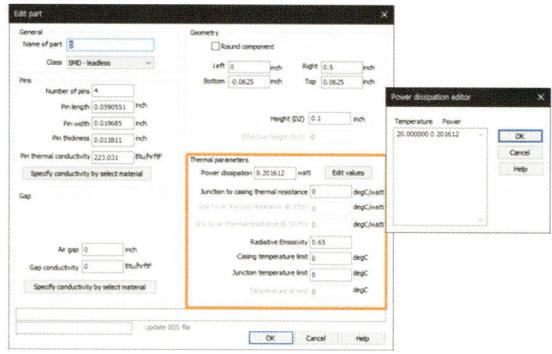

부품의 높이가 입력되어 있으면 그 면적으로 Thermal의 값이 달라지게 되어 있습니다.

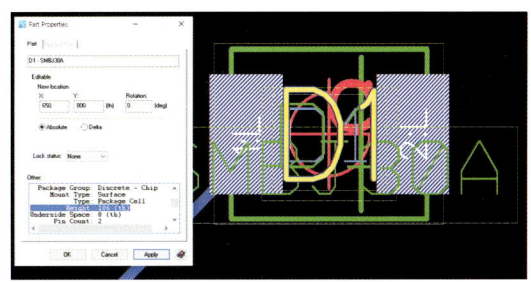

기류속도와 방향, PCB의 케이스 여부와 위치, 파워 등을 설정합니다.

- **Note** PADS Pro License로는 일부 설정이 비활성화 됩니다. HyperLynx PI License를 구매해야 설정에 제한없이 사용가능하며 PI와 Co-Sim이 가능합니다.

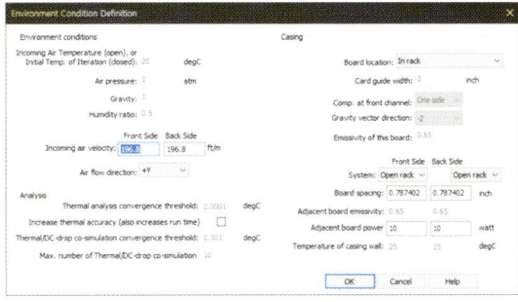

Board를 2D와 3D로 Display가 가능합니다.

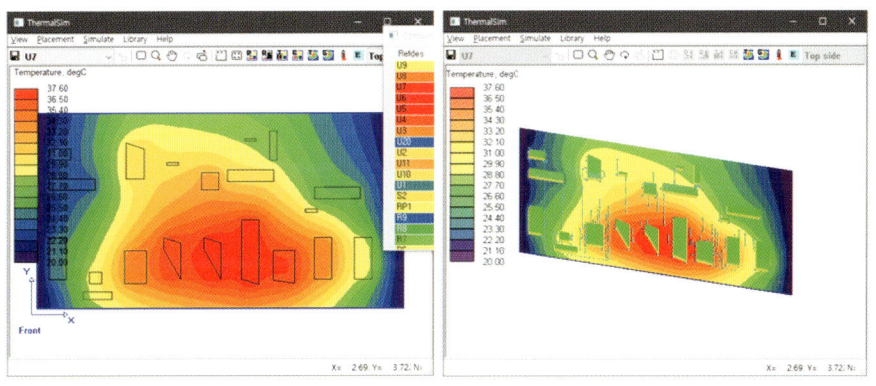

결과를 다양한 형태로 볼 수 있습니다.

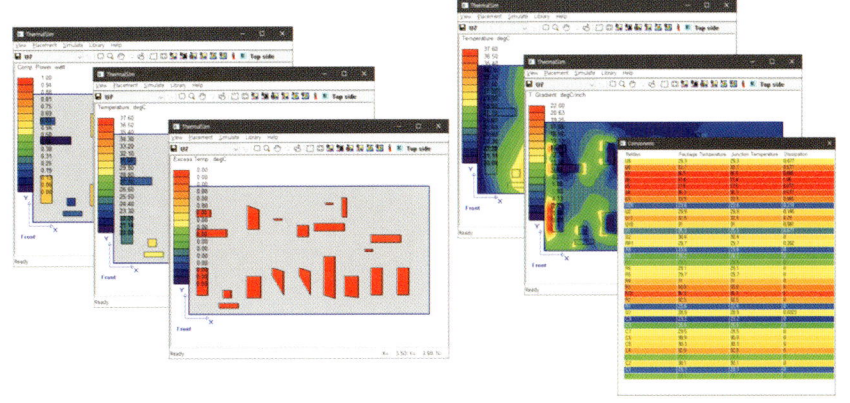

PADS Professional Option 기능

01 PADS Professional
02 Analysis

01 PADS Professional

A. Advanced 3D

Advanced 3D는 PADS Pro 3D기능에 M3DL(Mentor 3D Library)를 검색해서 배치할 수 있었던 Option입니다. VX.2.8 기준으로 현재는 단종되었고 Xpedition의 EDM 기능으로 사용됩니다.

설치 파일에서 PADS Professional Advanced 3D를 설치합니다. 실행을 위해서는 Postgre SQL도 설치되어야 합니다.

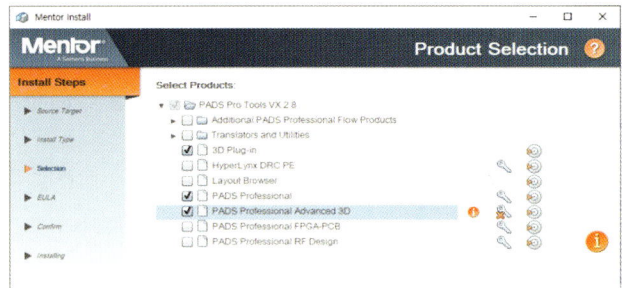

회로도의 Project를 Open할 때 Option을 Check해야 하며 실행은 PADS Pro Layout이나 Cell Editor의 3D Window에서 가능합니다.

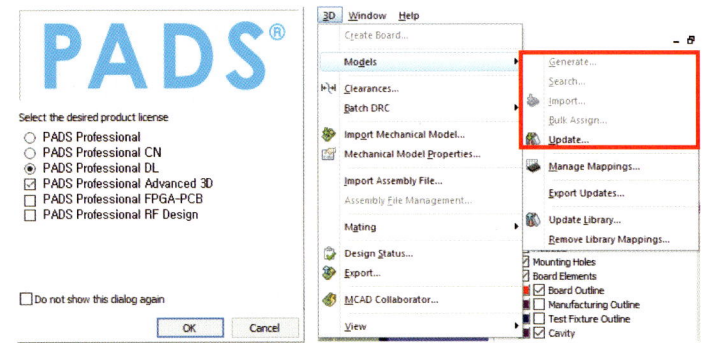

4000개 이상의 Package를 포함한 3D 라이브러리 Data입니다.

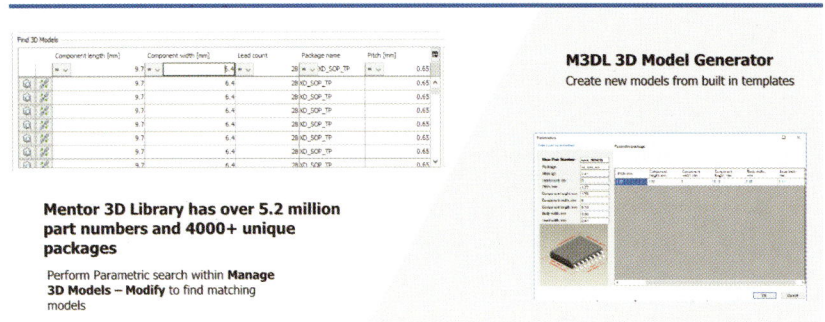

B. FPGA-PCB

FPGA(Field Programmable Gate Array)는 PCB에 배치되는 IC 중에 설계 가능 논리 소자와 프로그래밍 가능한 내부 회로가 포함된 부품으로 FPGA는 일반적으로 주문형 반도체(ASIC) 대용품 보다 느리고, 복잡한 설계에 적용할 수 없으며, 소비 전력이 큽니다. 그러나 개발 시간이 짧고, 오류를 현장에서 재수정할 수 있고, 초기 개발비가 저렴하다는 장점이 있습니다. 이런 부품이 PCB에 배치 되는 경우에는 칩 설계의 일정과 PCB 제품 개발의 일정이 적절하게 맞춰져야 제품 출시일에 맞게 출시가 가능합니다. 그렇지 않은 경우 많은 설계 변경의 이유로 설계 시간의 예측이 매우 어렵습니다. FPGA-PCB의 Option은 FPGA 설계의 IO를 PCB의 Pin과 동기화하여 설계하는 Option입니다.

회로도의 Project나 PCB를 Open할 때 Option을 Check해야 합니다.

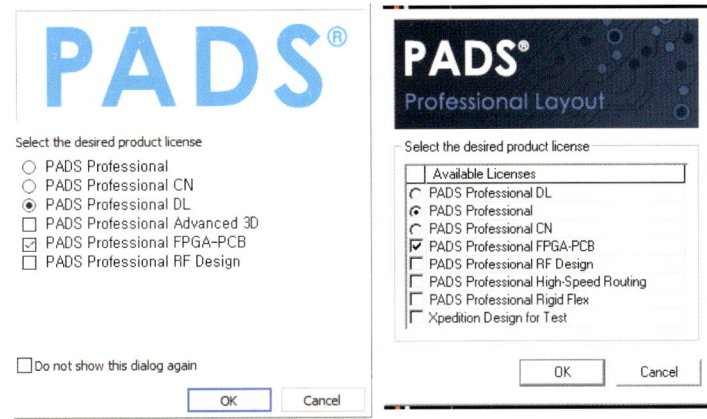

다음처럼 회로도와 PCB, 라이브러리가 작성되어 있는 설계에서 해당되는 FPGA에서 RMB - [FPGA/HDL] - [Optimize FPGA]를 실행합니다.

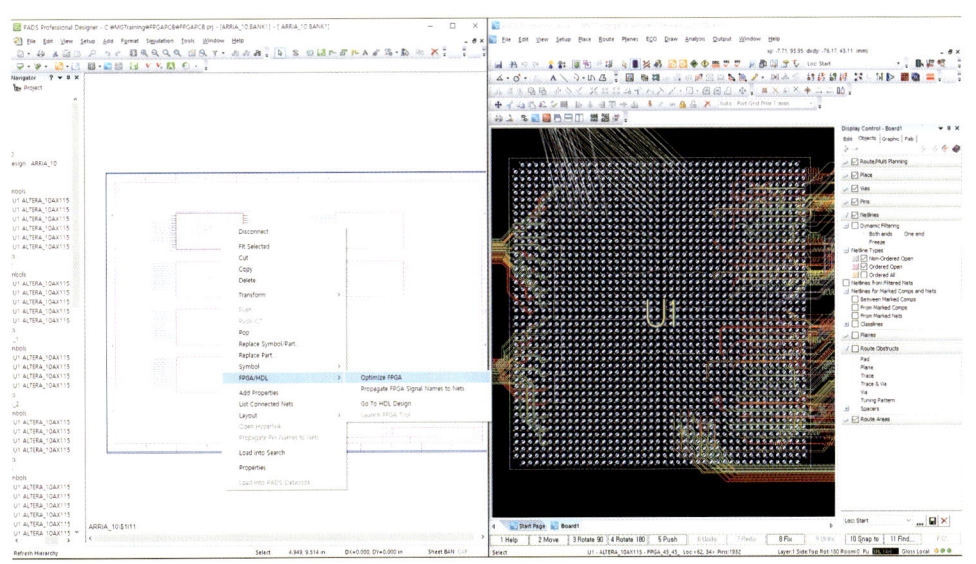

745

Pin I/O를 설계하는 별도의 GUI로 PADS FPGA I/O Optimizer가 실행됩니다.

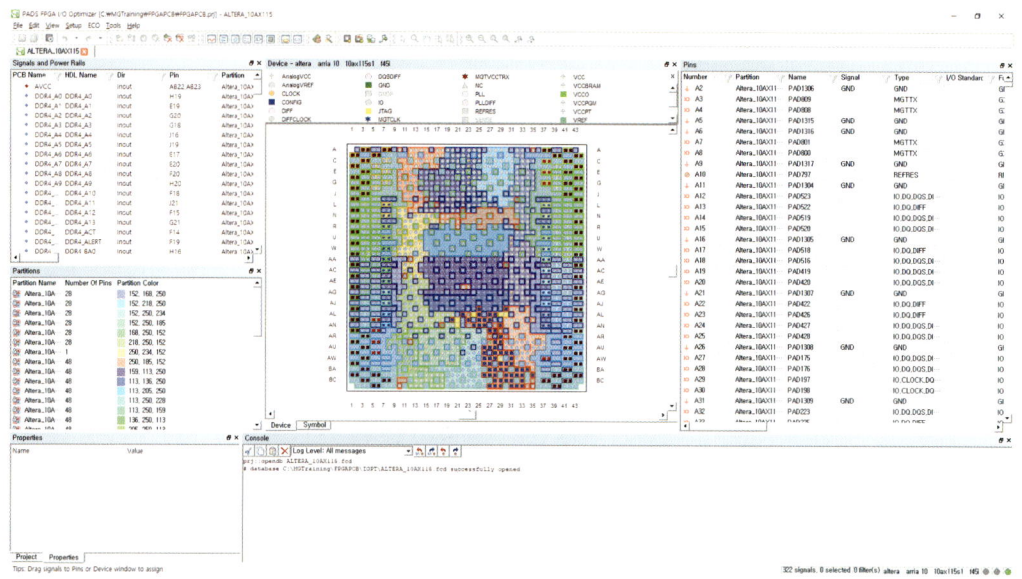

만약 신규로 FPGA I/O를 설계하려는 경우 PADS Pro Designer의 [Tools] - [PADS FPGA I/O Optimizer]를 실행하면 기존의 FPGA를 편집할 수도 있고 신규로 작성도 가능합니다.

여기서 기존 FPGA를 선택, 신규로 Finish 하면 PADS FPGA I/O Optimizer가 다시 실행됩니다.

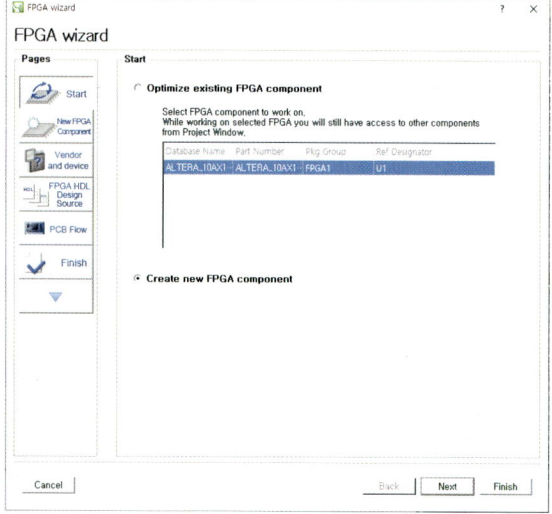

Create New FPGA Component는 Wizard 형식으로 작성 가능하며 16400의 FPGA Device가 제공됩니다.

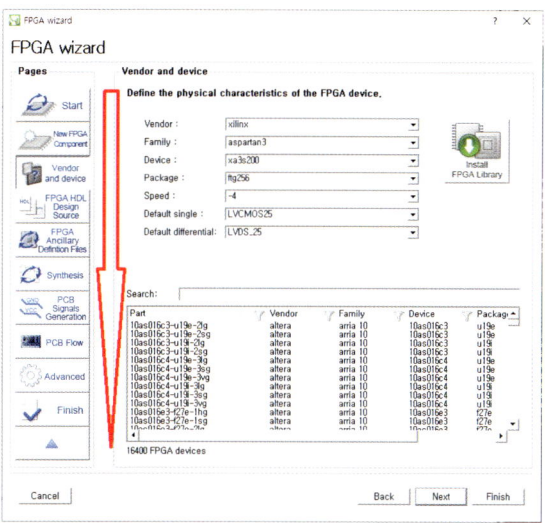

Install FPGA Library는 추가 FPGA를 Download합니다.

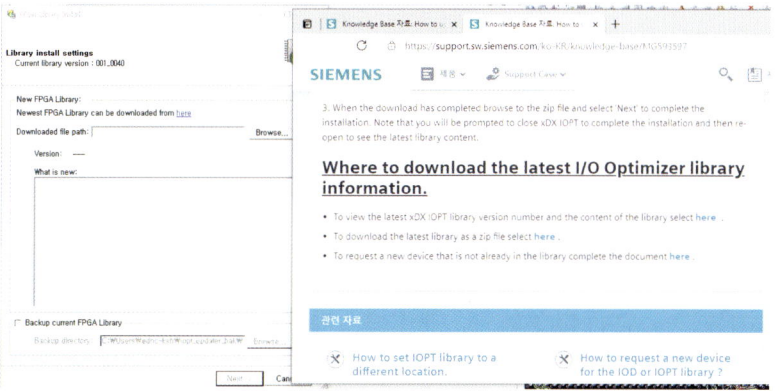

Chip의 Pin을 나누어 Partition으로 분할이 가능합니다.

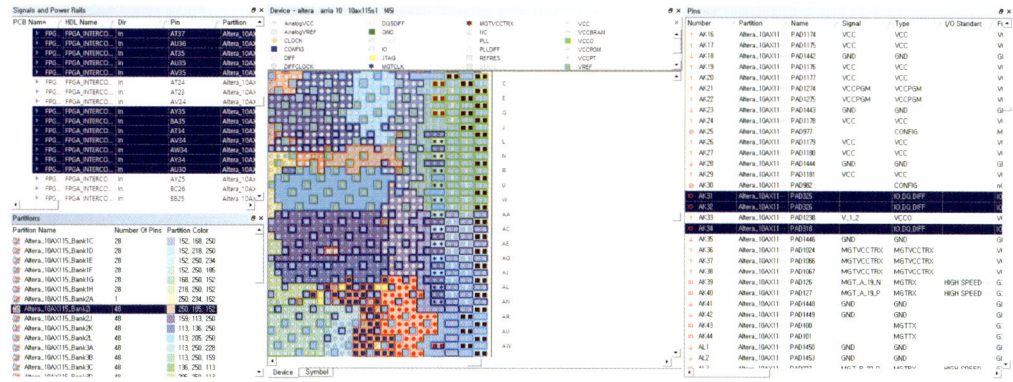

각 Pin이나 그래픽에서 RMB로 Net의 Assign 등이 가능합니다.

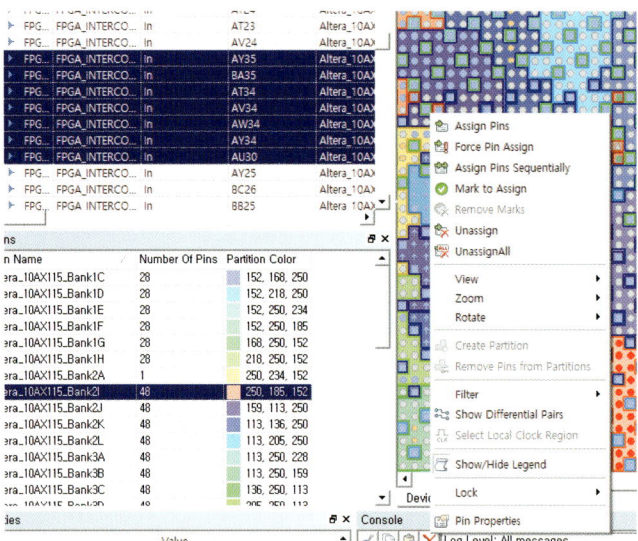

Tools에는 Optimize나 DRC가 가능합니다.

I/O 설계가 진행되면 ECO Menu에서 회로도 Design으로 반영이 가능합니다.

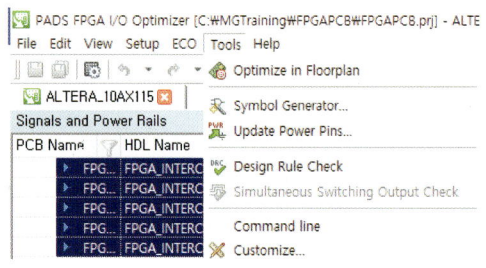

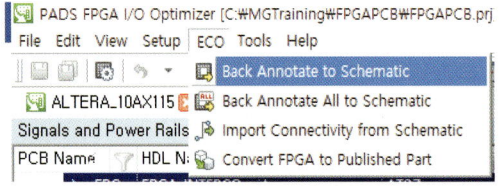

회로도에는 FPGA 선택하고 RMB - [Propagate FPGA Signal Names to Nets]로 반영합니다.

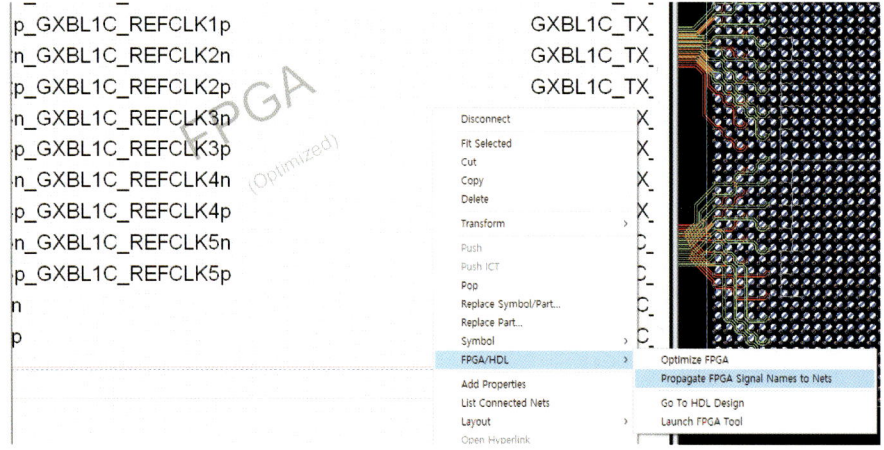

번외로 [Setup] - [Setting]의 HDL 관련해서 설정이 되어 있으면 다음의 HDL 메뉴도 같이 사용 가능합니다.

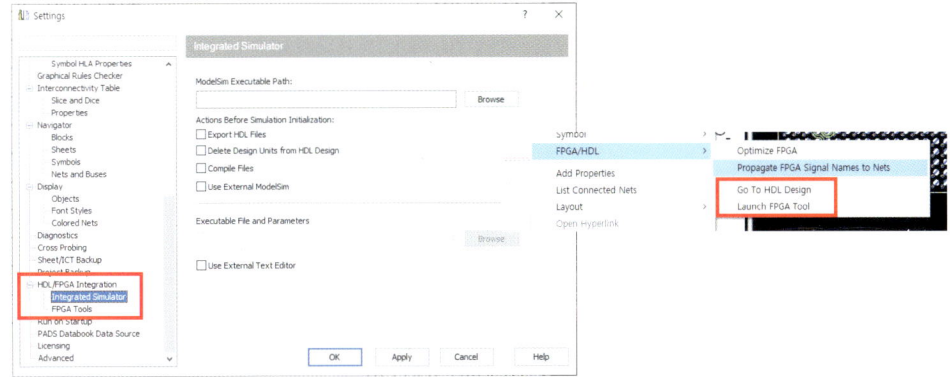

C. RF Design

RF Design Option은 Radio Frequency Design의 약자이며 RF Pattern을 설계하고, RF 해석 프로그램과 연동하는 Option입니다. 회로도의 Project나 PCB를 Open할 때 Option을 Check해야 합니다.

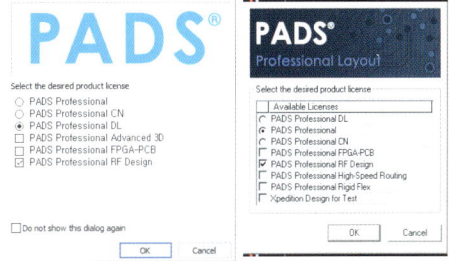

예를 들어 다음과 같은 회로가 있습니다. 실제 부품은 다음의 Capacitor 2개입니다.

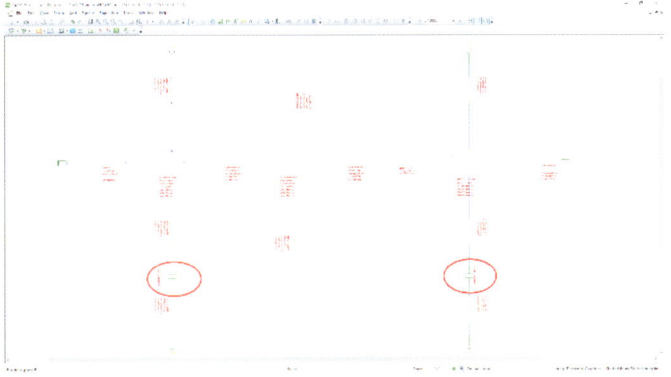

749

나머지 부품들은 다음처럼 RF Part로 정의됩니다.

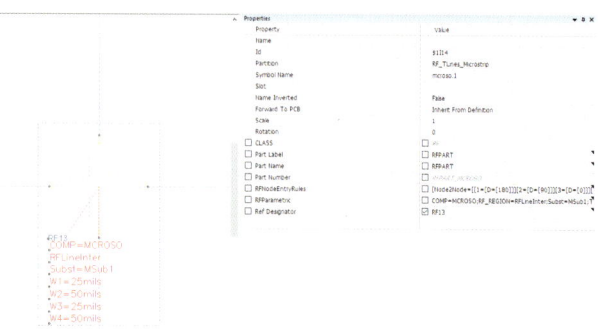

RFPART_MLIN, RFPART_MCROSO, RFPART_MLOC 등의 Part Number를 가지고 있고 RF에 관련한 속성도 정의되어 있습니다. 회로에서는 RF Toolbar로 RF의 기능을 이용합니다.

RG Group과 Parameter, Project 설정이 가능합니다.

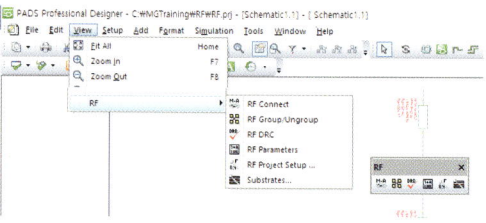

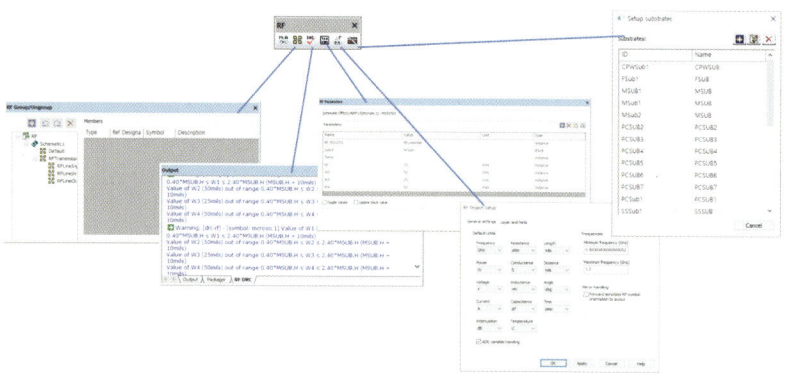

PCB로 넘어오면 일반 Package 부품은 2개 Capacitor가 존재하고 나머지는 Component Explorer 에서 RF 부품으로 존재합니다.

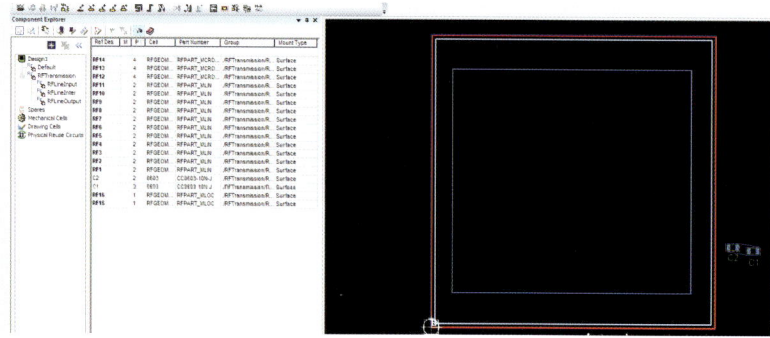

8장 PADS Professional Option 기능

RF 부품도 일반 부품처럼 배치 가능하고, Display Control의 Object의 RF Object에서 View를 설정합니다.

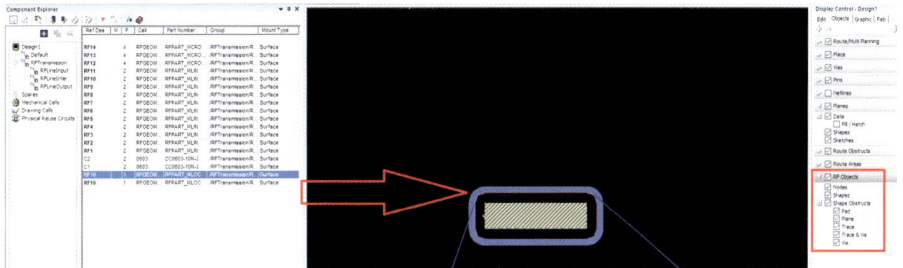

Component Explorer에서 회로도에서 넘어온 RF 부품의 Group으로 설정이 가능합니다. Seed는 자동 배치에 기준으로 사용됩니다.

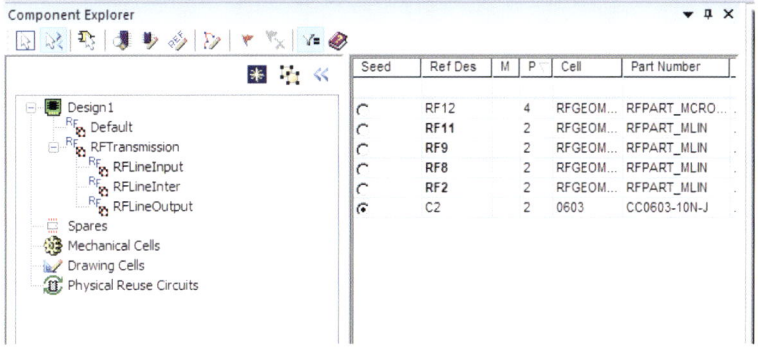

일반적인 부품처럼 RMB - [Auto Arrange Parts] 하면 다음처럼 배치됩니다.

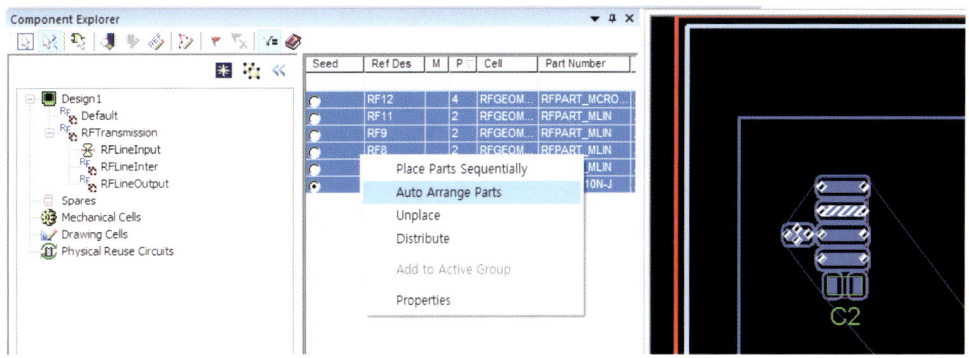

Group을 선택하고 RMB - [Auto Arranger]를 하면 다음처럼 배치됩니다.

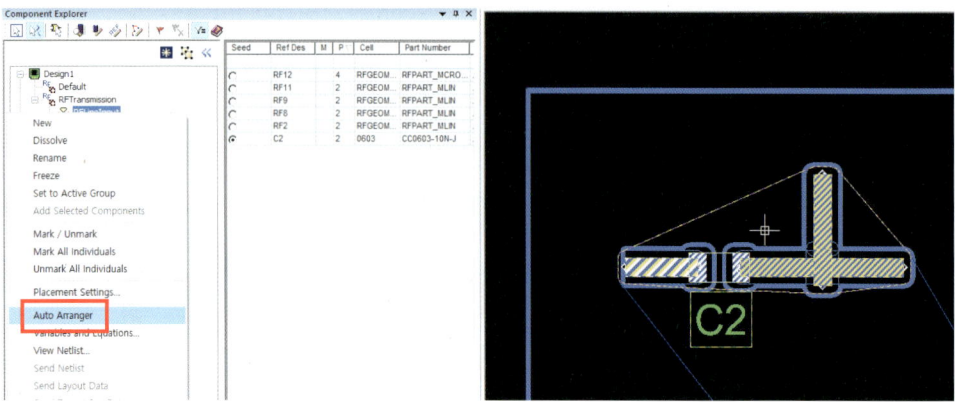

Group을 선택하고 RMB - [Variable & Equations]로 방정식을 구현합니다.

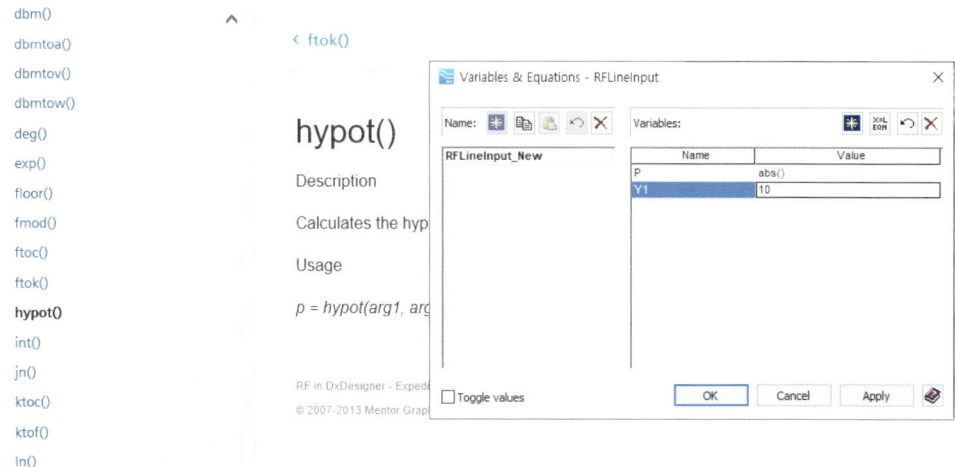

Group을 선택하고 RMB - [Generate Library Shape]로 라이브러리에 저장합니다.

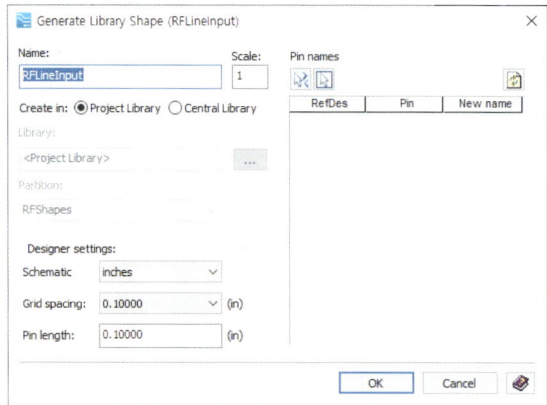

배치한 RF 부품으로 Toolbar – RF로 편집이 가능합니다.

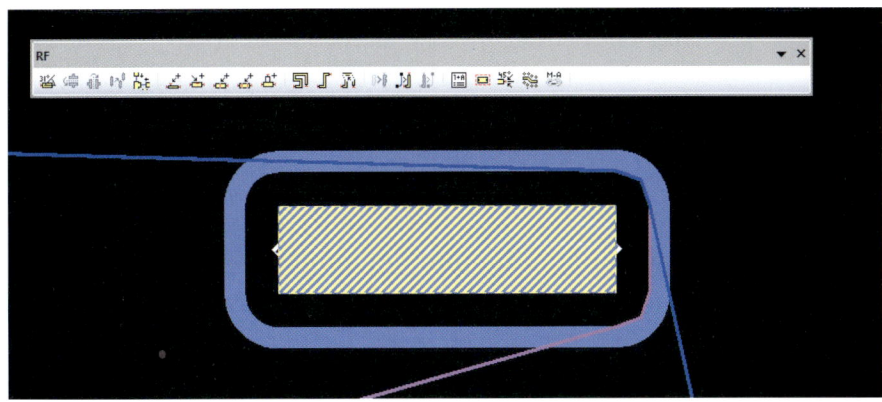

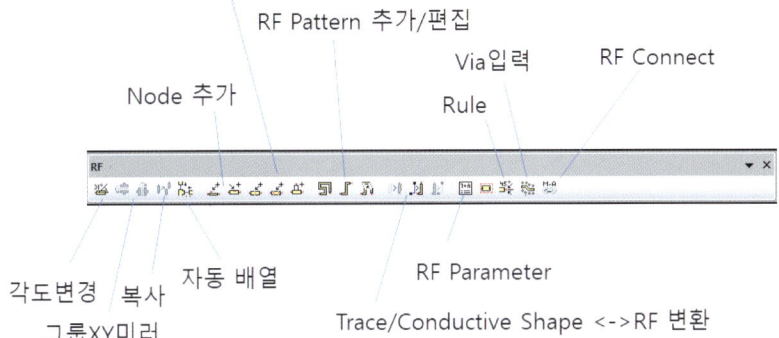

형상을 완성하면 해석을 위해서는 Keysight ADS 프로그램이 필요합니다. 설계는 PADS Pro로 진행하고 해석은 ADS로 진행하려면 수많은 Data가 Revision 될 때마다 반복된 작업을 해야만 합니다.

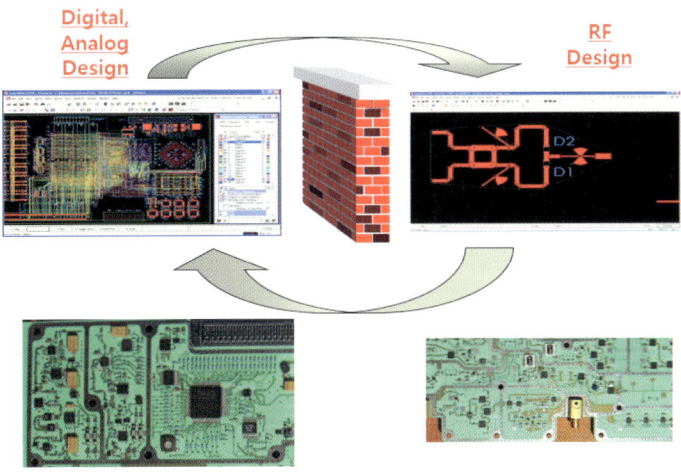

회로와 PCB의 메뉴에는 RF Connect 버튼으로 ADS가 설치되어 있으면 이동하여 시뮬레이션을 진행한 다음 다시 PADS Pro로 돌아오게 됩니다.

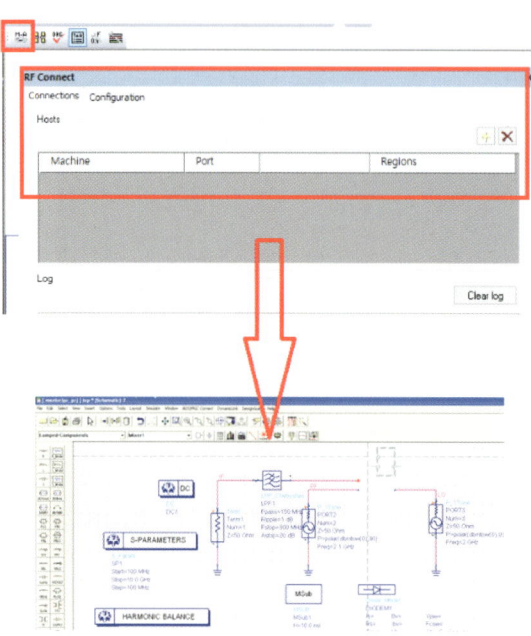
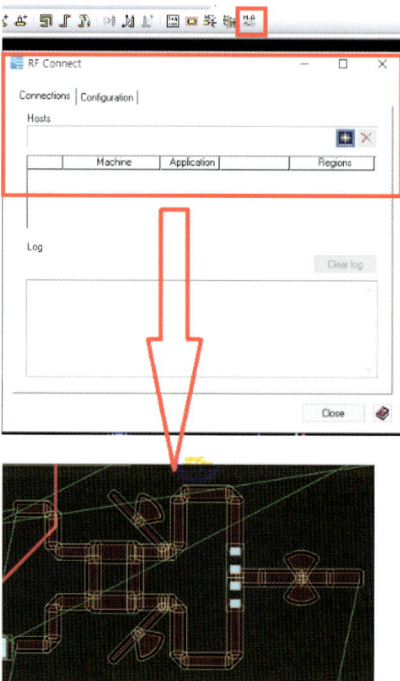

D. High-Speed Routing

PADS Pro Layout의 High-Speed 기능은 기본적으로 언급한 것처럼 Manual Tune과 Interactive Tuning으로 실행 가능하며 자동 Tune은 Constraint Editor에서 입력한 값으로 자동 Tune 되며 PADS Professional High Speed Routing License가 있어야 활성화됩니다.

PCB를 Open할 때 Option을 Check해야 합니다. 혹은 Open이후에 [Setup] - [Licensed Modules]에서 활성화해도 됩니다.

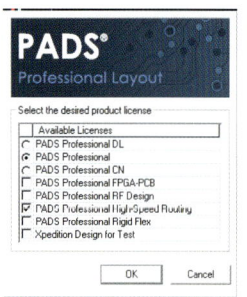
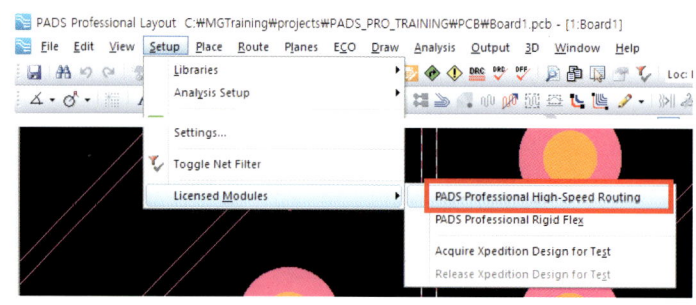

High Speed Routing License가 활성화되면 Trace의 선택에서 다음처럼 메뉴 선택이 가능합니다.

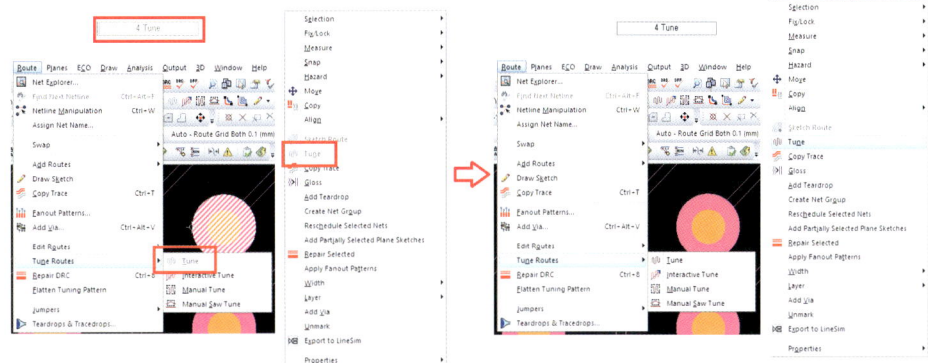

High Speed Routing은 여러 개의 Net를 한꺼번에 Tune하면 다음처럼 배선됩니다.

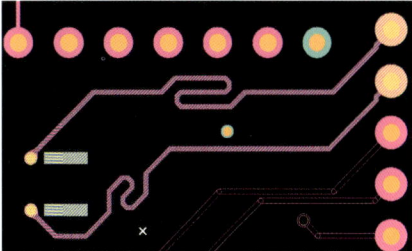

Tune은 Editor Control의 Route - Tuning에서 설정 값으로 입력됩니다.

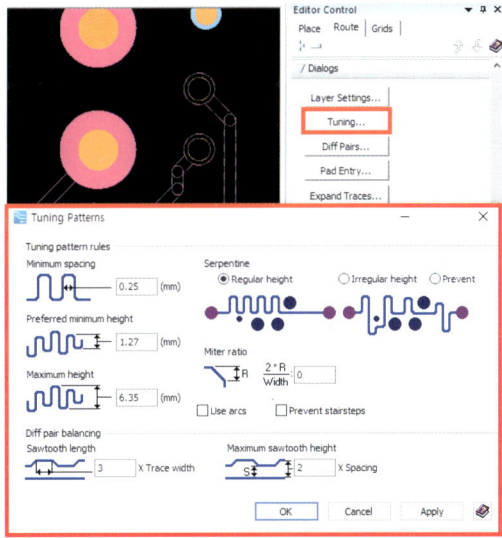

E. Rigid Flex

PCB는 재질에 따라 Rigid와 Flexible로 나뉘게 됩니다. Rigid PCB는 일반적으로 연성은 조금 있지만 딱딱한 PCB이고 Flexible는 말그대로 구부러지는게 가능하여 제품이나 PCB를 연결할 때 사용되게 됩니다. 그런데 전체적으로 보면 PCB가 한 개 이상 들어가는 제품들은 Rigid와 Flexible이 연결되어 있고 Rigid와 Flexible PCB는 서로 Layer가 다르게 됩니다. Layer가 다르면 PCB Design 프로그램은 한 번에 설계를 하지 못하는 것이 일반적이었습니다.

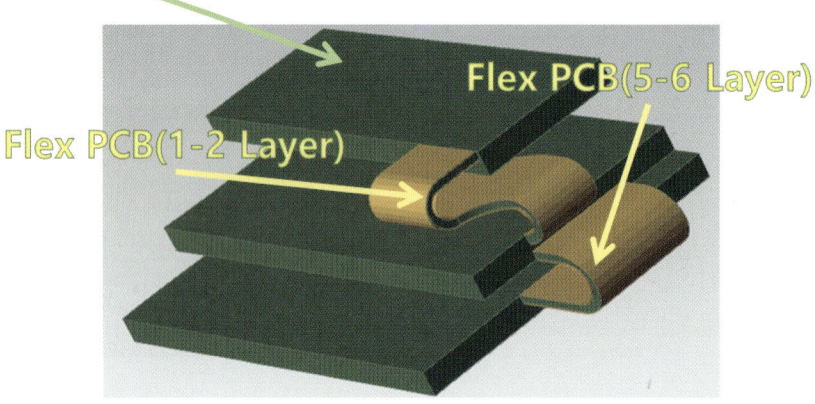

PADS Pro Layout의 Rigid-Flex Option은 이런 Multiple Board Outline과 Multiple Routing Outline를 각각의 PCB에 지원하고 Flex 부분은 Bend Area로 구부러지는 형상을 3D로 구현 가능합니다.

각각의 PCB들의 Multi Stackup 설정이 가능하고 3D로 기구 데이터와 협업하여 빠른 개발 사이클 조정이 가능합니다.

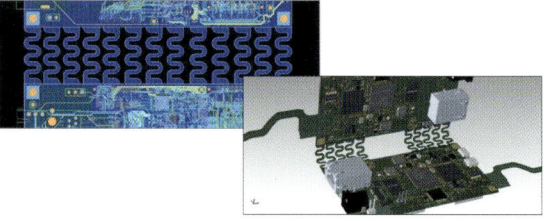

Rigid-Flex Option은 Open할 때 Option을 Check해야 하여 Open 이후에 [Setup] - [Licensed Modules]에서 활성화해도 됩니다.

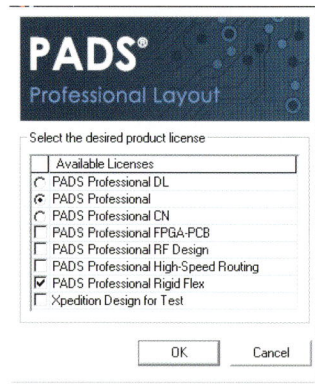

Option을 활성화하면 다음과 같은 Board들 설계가 가능합니다.

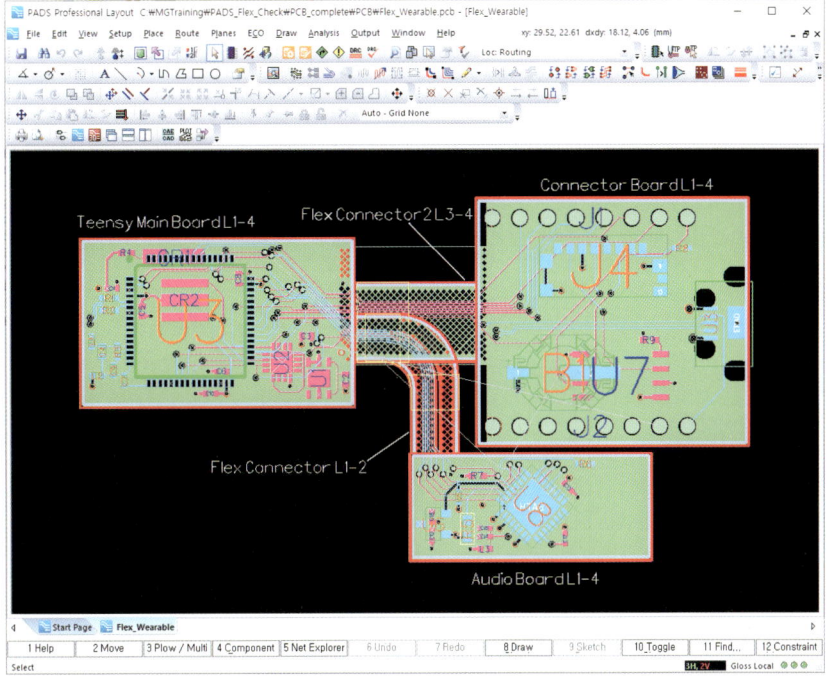

Rigid PCB는 3개가 있고 각 Board를 연결하는 Flexible PCB들은 각각 1-2층과 3-4층만 있는 상태의 PCB들입니다. 그리고 일반적으로 1개만 입력할 수 있었던 Board Outline을 여러 개 입력이 가능하며, 입력된 Board Outline의 Stackup 정보를 각각 다르게 설정이 가능합니다.

Setup의 Stackup Editor 아래 Stackup Schemes라는 추가 메뉴가 활성화됩니다.

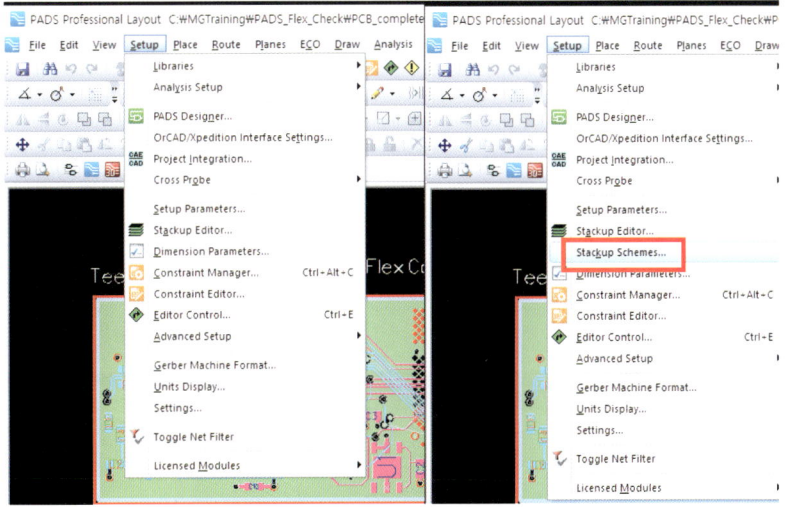

Stackup Schemes은 작성할 Board 들의 Stackup을 미리 작성하고 할당 하는 목적으로 작성됩니다.

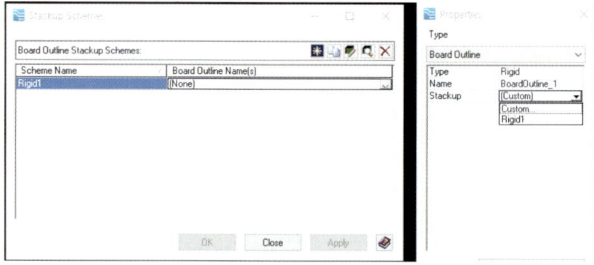

Rigid-Flex Option은 Draw에 다음과 같은 내용이 추가됩니다.

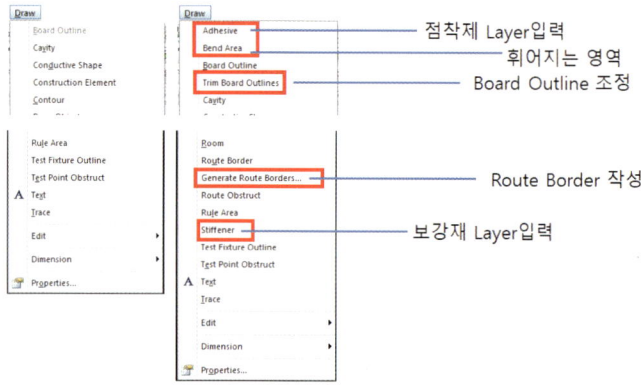

Setup의 Stackup Editor에서 Layer에 다음과 같은 내용이 추가됩니다.

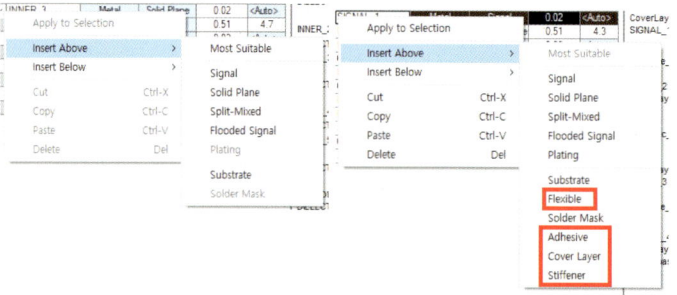

다음처럼 Flexible에 관한 Layer를 설정하며 그림과 같이 Type들로 입력이 가능합니다.

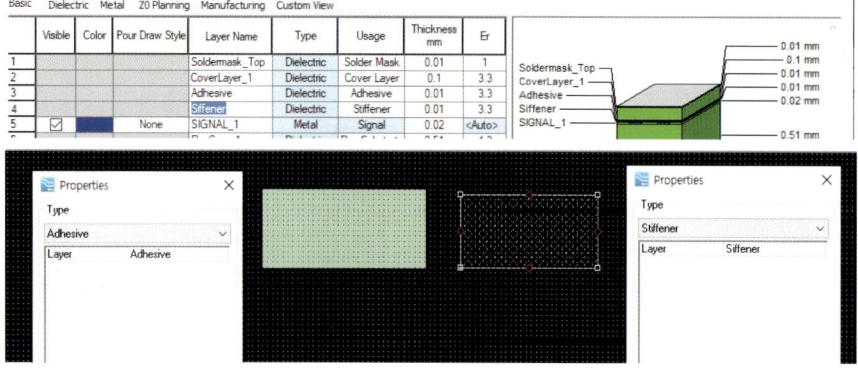

Rigid-Flex Option은 Board Outline이 여러 개의 입력이 가능하며 입력할 때 Type과 Stackup을 설정합니다.

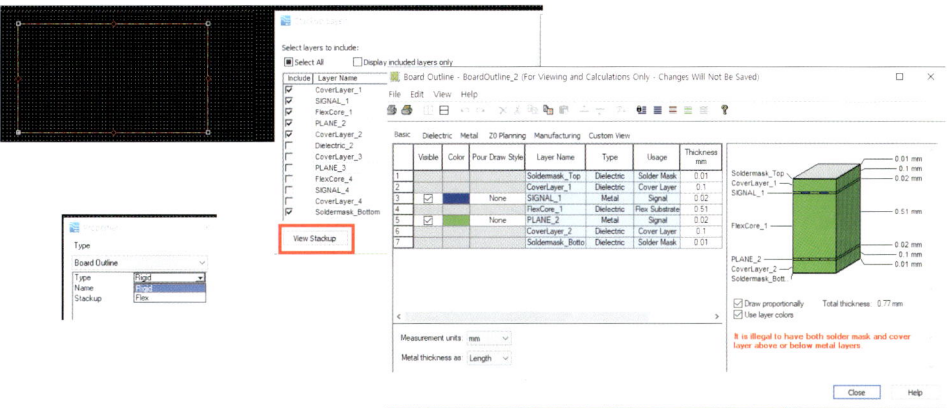

각각의 Board를 선택하고 RMB하여 Properties에서 Type과 Stackup 확인이 가능합니다.

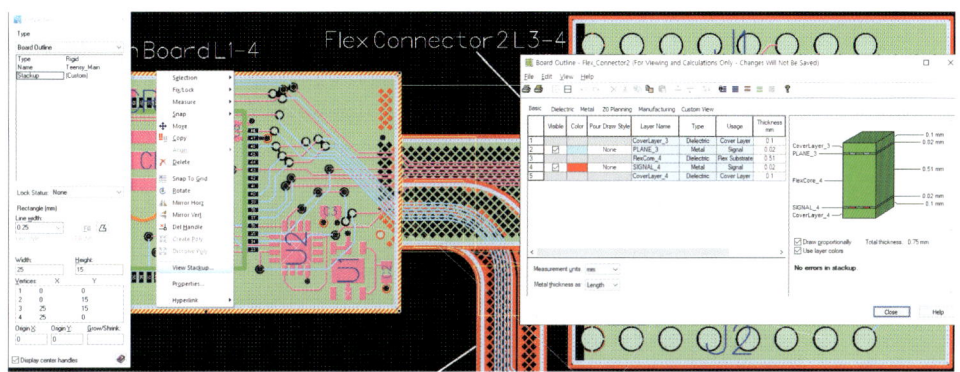

Generate Router Border는 Router Border를 각각 만들지, 전체적으로 만들지 설정하면 자동으로 작성됩니다.

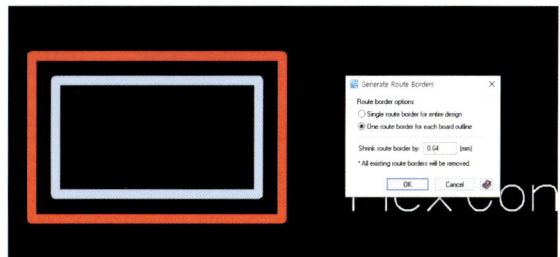

Board Outline이 여러 개여서 각각의 Board Outline 사이에 배선될 때는 경계선이 모호하게 되어있으면 안 되므로 형상을 Board Outline 경계에 자동으로 맞추려면 Trim Board Outline을 실행하면 자동으로 변경이 가능합니다.

Bend Area는 Flexible PCB의 구부러지는 각도를 지정합니다. Radius, Angle, Origin 등을 설정합니다.

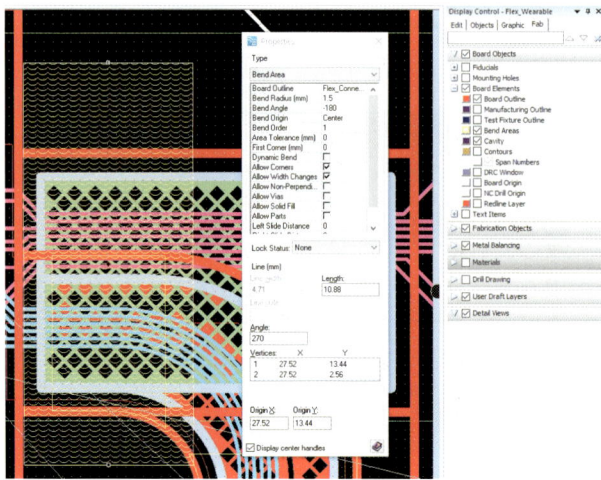

3D Window에서 펼쳐진 상태로 표시됩니다.

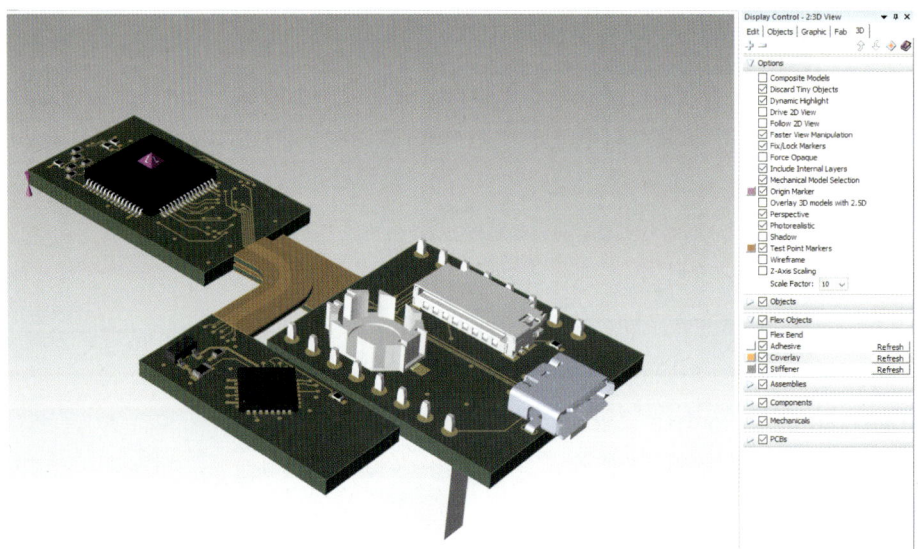

3D Display에서 Flex Bend를 선택하면 Bend의 속성에 따라 형상이 표시됩니다.

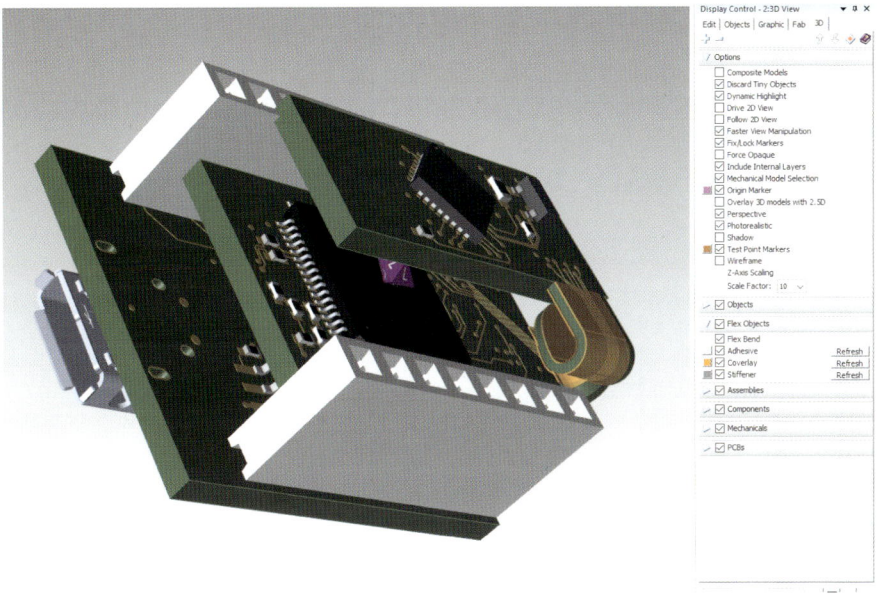

F. Design Review

Design Archive는 다지인의 Revision 비교와 데이터 보관, View의 목적으로 사용됩니다. Design Archive와 비슷한 GUI를 사용하는 Design Review는 ECAD 중립적인 CCE 형식으로 PCB 또는 회로도를 조직간에 공유하기 위해서 사용되었지만 현재는 단종되었습니다.

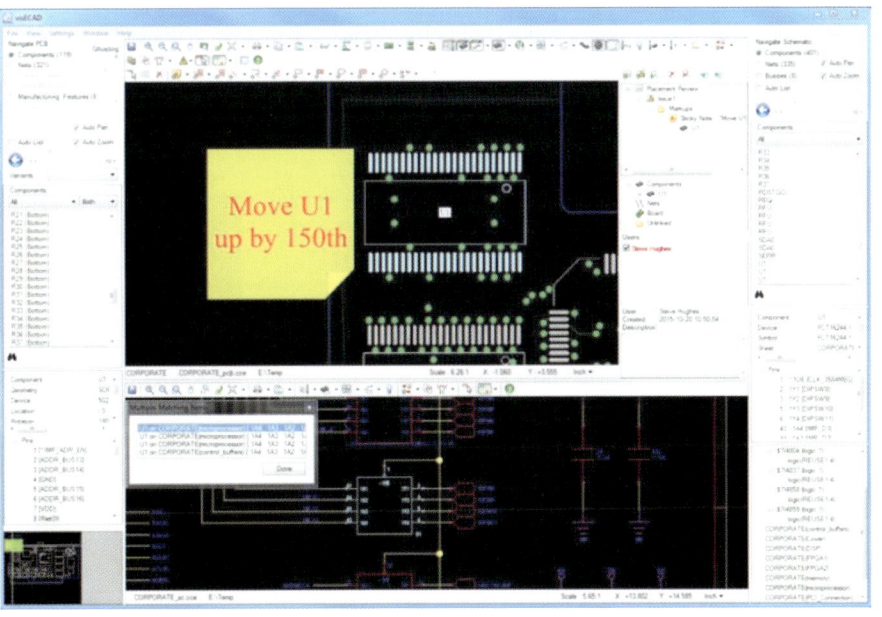

02 Analysis

PADS Pro Layout에서 설계가 종료되고 검증이 완료되면 제품 출시 전에 시뮬레이션이 가능합니다. 시뮬레이션은 단독 제품으로 실행하는 것이 있고, Option으로 사용 가능한 것이 있습니다. [Tools] - [Analysis]에서 실행하고 보유하고 있는 라이선스에 따라 사용 가능한 부분에 차이가 있을 수 있습니다.

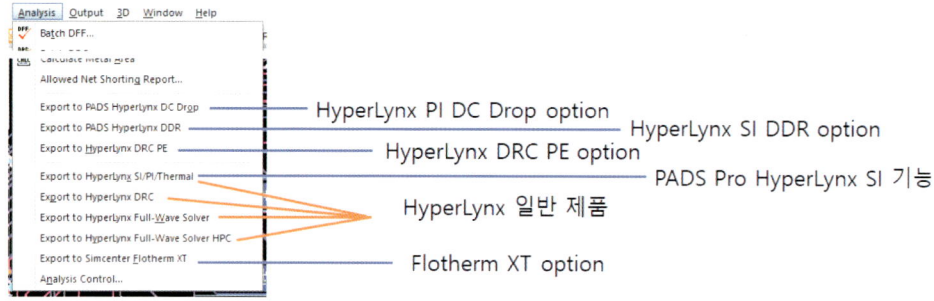

A. HyperLynx DRC PE

DRC(Design Rule Check)는 설계 검증이고 DFF/DFM은 제조 검증입니다. 그런데 이 검증들은 기본적인 간격에 기준을 두고 검증하는 것입니다. 간격에 검증 초점을 맞추기 위한 것은 절연에 목표를 하기 때문에 회로 안정과 제품 동작의 목표에는 맞지만 좀더 자세한 항목의 검증으로는 한계가 있습니다. HyperLynx 제품군은 PCB Design을 제품으로 만들기 전에 데이터로 소프트웨어적인 검증을 하는 것입니다. Net의 Trace나 Plane의 모든 Object를 한꺼번에 시뮬레이션을 하는 것은 효율이 떨어지고 시간도 너무 많이 걸리기 때문에 해석을 위해서는 선정이 필요합니다.

HyperLynx DRC는 상세 해석을 진행하기 전에 각 항목 별로 빠르게 Rule Check로 Pass와 Fail을 판단합니다. PADS Pro Layout에서 [Tools] - [Analysis] - [HyperLynx DRC PE]로 실행합니다.

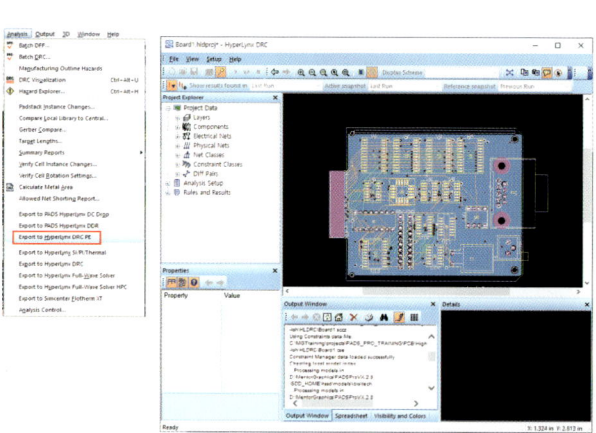

8장 PADS Professional Option 기능

가장 처음에는 설정 Wizard가 실행됩니다.

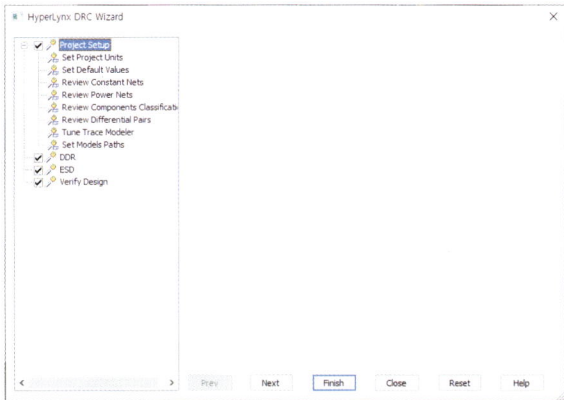

Project Explorer에서 Object 설정을 할 수 있습니다.

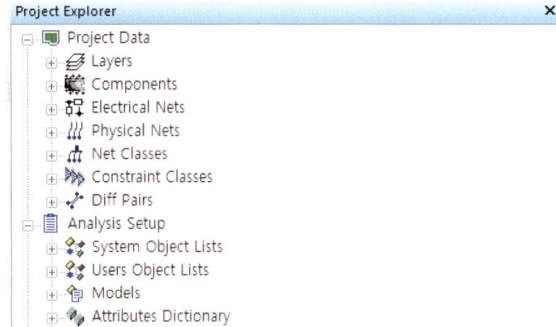

각 Rule마다 설명을 보고 Parameter를 설정합니다.

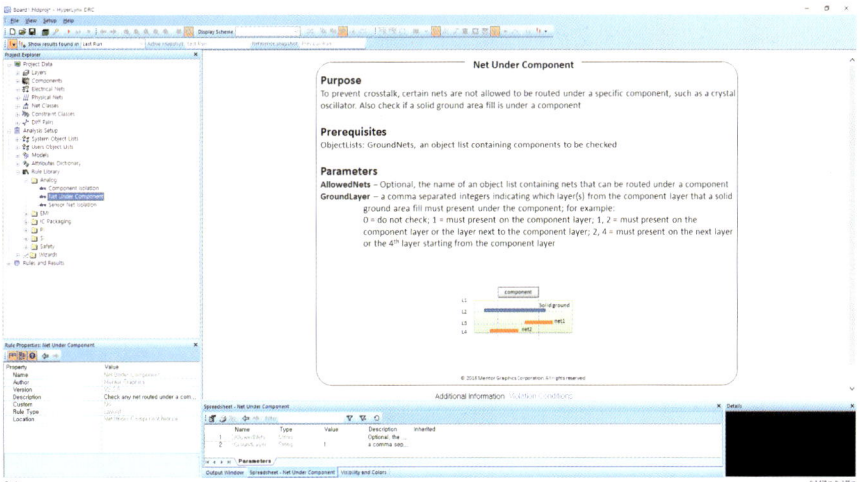

HyperLynx DRC PE에서 사용 가능한 Rule은 다음과 같이 40개가 가능합니다.

Rules		PE	Rules		PE
Analog	Component isolation		SI	AC Coupling Capacitor Value	
	Nets under a component			Acute Angle	
	Sensor net isolation			Breakout and Trace Integrity	◆
Custom	Create custom rules			C-Phy Impedance	
	Execute custom rules			C-Phy Length and Via Count Match	
EMI	Component Alignment	◆		C-Phy Spacing	
	Edge Rate To Period	◆		C-Phy Symmetry	
	Edge Shield			Clamshell Topology Diff Pair Impedance	◆
	Exposed Length	◆		Clamshell Topology Impedance	◆
	Filter Placement			Clamshell Topology Length	◆
	ICs Over Split	◆		Crosstalk Coupling	◆
	IO Coupling	◆		Delay and Length Matching	◆
	Metal Island	◆		Diff Impedance	◆
	Nets Crossing Gaps	◆		Diff Pair	◆
	Net Crossing Gaps Quick Check	◆		Diff Pair Inner Spacing	
	Net Near Plane Edge			Diff Pair Pad Parasitic Capacitance	
	PDN Overlap			Diff Pair Spacing	
	Return Path			Diff Pair Via Check	
	Shield Can Location			Differential Pair Phase Matching	◆
	Signal Supply	◆		Differential Pair Symmetry	
	Trace Proximity	◆		Edge Rate	◆
	Vertical Reference Plane Change	◆		Fly-By Topology	◆
	Via Stub Length	◆		Group To Group Spacing	
PI	Decoupling Capacitor Coverage			Guard Trace	◆
	Decoupling Capacitor Placement	◆		Impedance	◆
	Dfecoupling Via Location			In-Group Spacing	
	Decoupling Capacitor Order	◆		Long Nets	◆
	Grounding Layer			Long Stub	◆
	PDN Isolation			Many Vias	◆
	PDN Via Count			Net Length	◆
	PDN Width and Resistance			Reference Plane	◆
	Power/Ground Width	◆		Relative Delay and Length Matching	◆
	Stitching Via Spacing			Routing Layer	
Package	Acute Angles			Setup - Add pin package delay and length	
	Copper Density Adjacent Blocks			Star Topology	◆
	Copper Density Walking Blocks			T-Fork Topology	◆
	Max Solid Copper Area			Termination Check	◆
	Offset Outgassing Void Checks			Test Point Stub Length	◆
				Trace Shielding	
				Trace Width	
				Vertical Plane Routing	◆
				Via to Via Isolation	
			Safety	3D Clearance	◆
				3D Voltage Clearance	
				Multi-Layers Creepage Distance	
				Multi-Layers Creepage for Safety Standards	
				Same Layer Creepage Distance	
				Same Layer Creepage for Safety Standards	
				Silk Clearance	
				Solder Mask Clearance	

결과는 Tool에서 다음처럼 위반 여부를 판단해서 Report로 출력 가능하거나 HyperLynx DRC내에서도 확인 가능합니다.

HyperLynx DRC에서는 Check만 하고 결과를 PADS Pro Layout에서 확인하고 싶은 경우에는 [Analysis] - [Analysis Control]로 진행합니다.

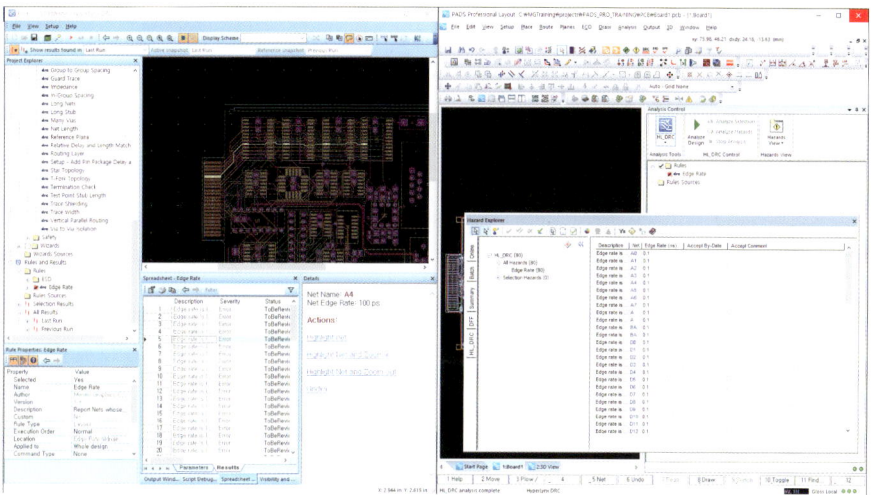

B. HyperLynx DC Drop

HyperLynx SI가 PCB의 IC 사이 Trace들의 전송 선로 정합성을 본다면 PI는 Plane의 정합성을 판단합니다. [Tools] - [Analysis] - [HyperLynx DC Drop]으로 실행합니다.

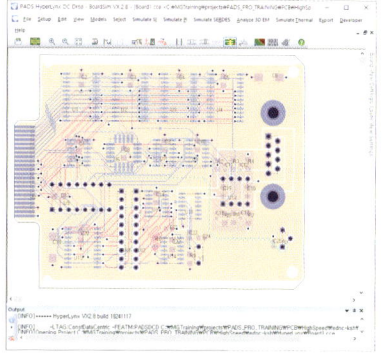

먼저 해석을 위해서는 먼저 [Setup] - [Power Supplies]로 설정을 확인합니다.

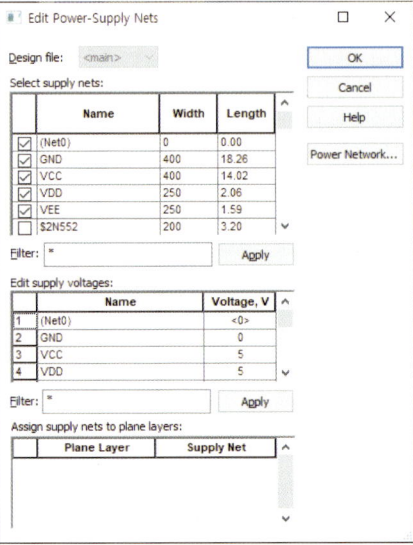

PI 해석을 위해 [Simulate PI] - [Run DC Drop Simulation]하여 해석할 전원을 선택합니다.

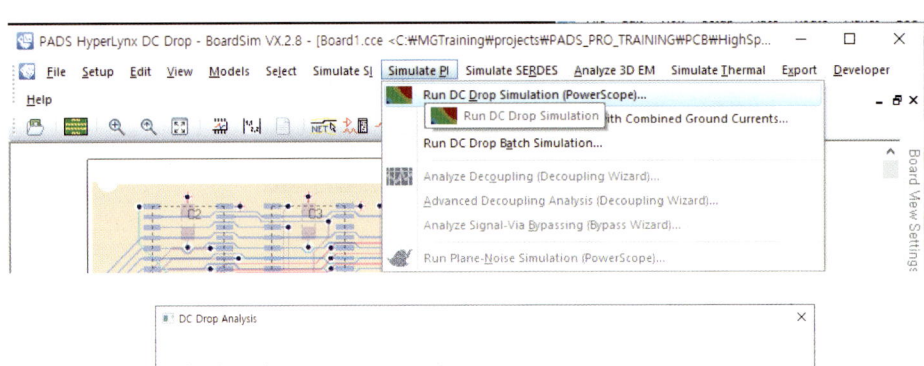

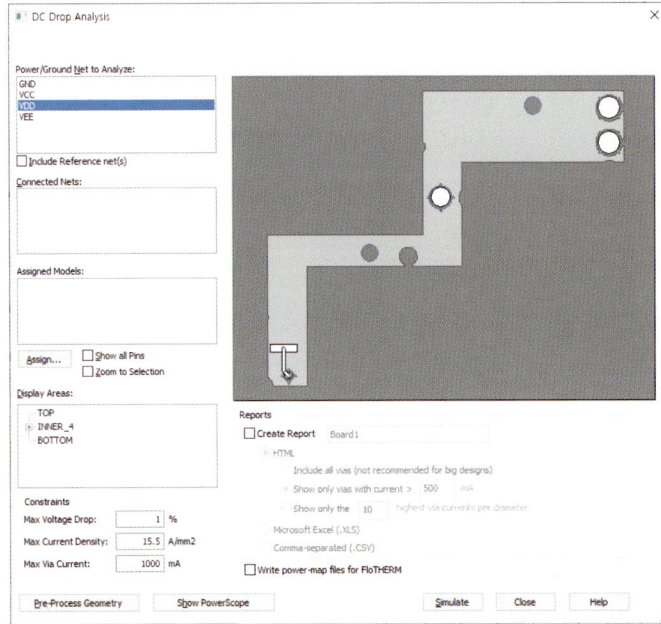

해석을 위해 Model을 지정합니다. Model은 입력전압과 소모 전류를 입력하고 Simulate합니다.

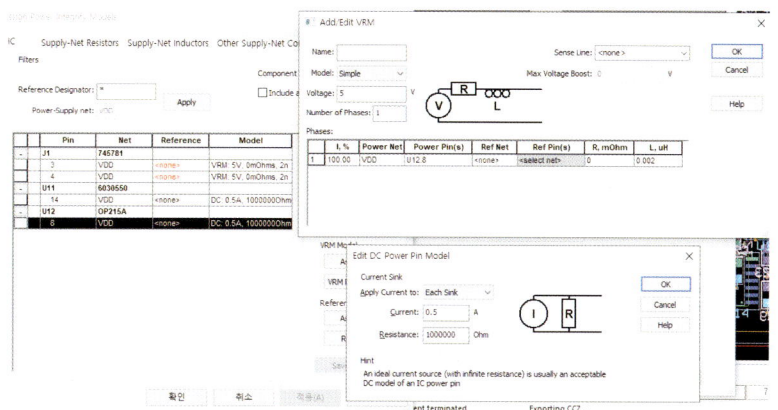

DC Drop과 전류밀집도 등을 볼 수 있습니다.

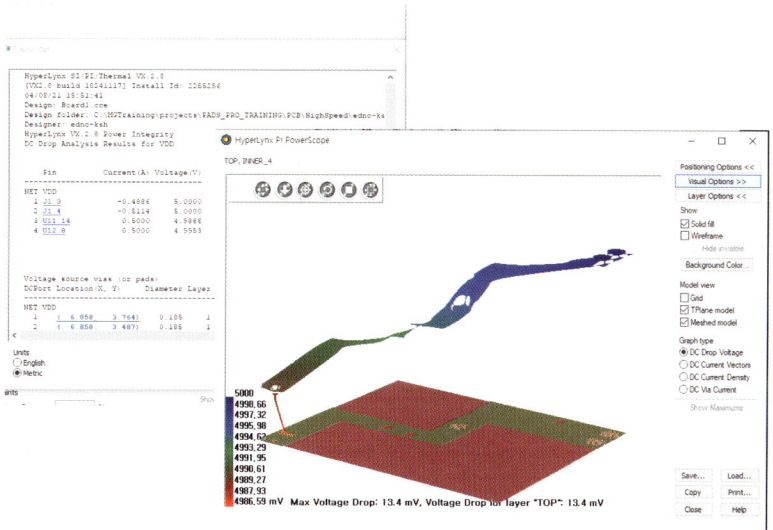

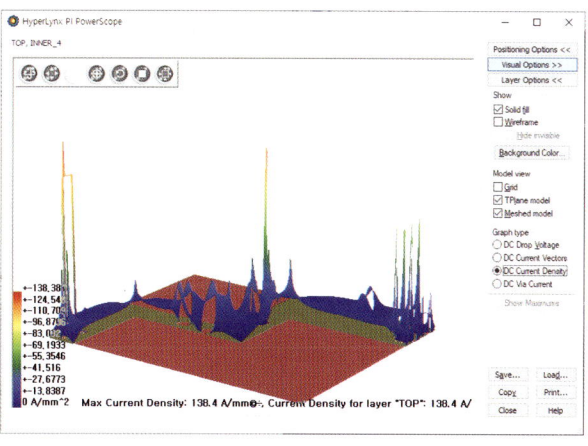

C. HyperLynx DDR

HyperLynx SI는 Oscilloscope에서 시간에 따른 신호를 분석합니다. 시간에 따른 신호 중에 타이밍이 맞아야 하는 DDR메 모리의 해석은 단순히 파형으로 판단하기에는 시간과 노력이 많이 걸리는데 HyperLynx SI 중에 DDR Option은 DDR 메모리의 타이밍이 Pass인지 Fail인지 프로그램 안에서 DDR의 Spec을 기준으로 PCB 데이터를 해석할 수 있습니다.

[Tools] - [Analysis] - [HyperLynx DDR]으로 실행합니다.

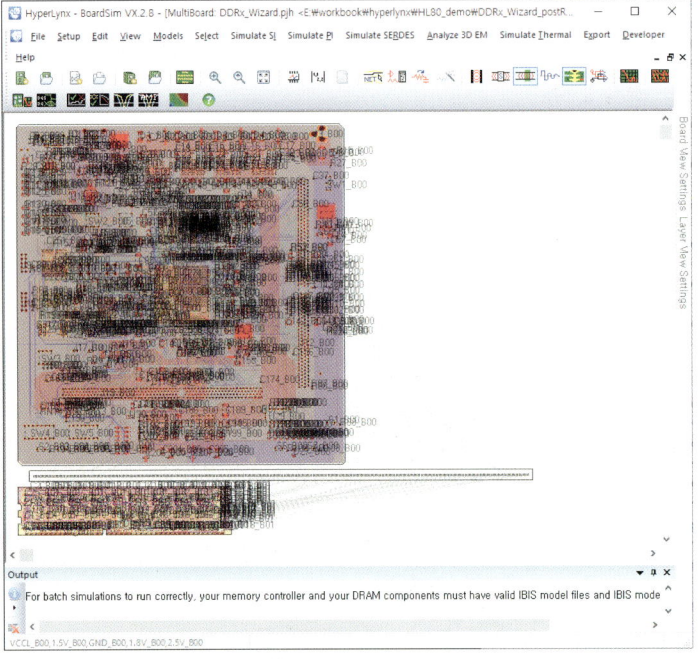

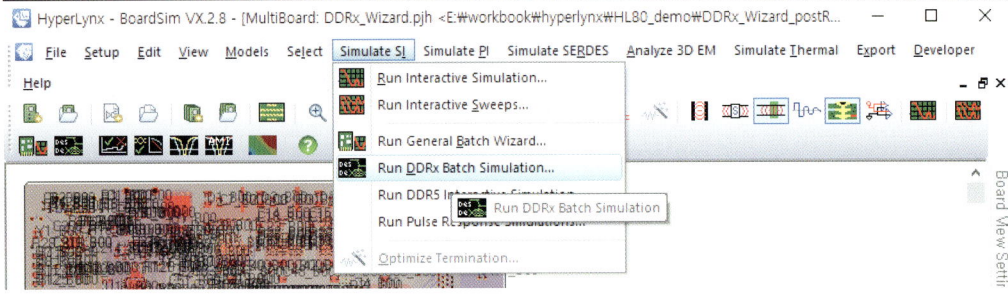

해석을 위해 [Simulate SI] - [Run DDRx Simulation] 하여 Controller와 Memory, Net들 설정을 순서에 따라 지정합니다.

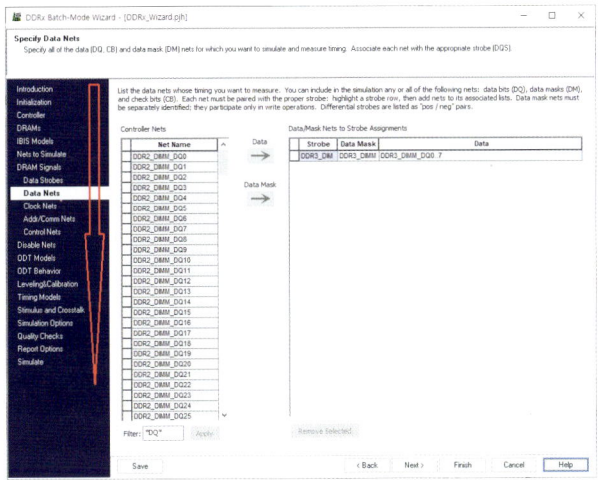

Timing Model도 지정하거나 변경 가능합니다.

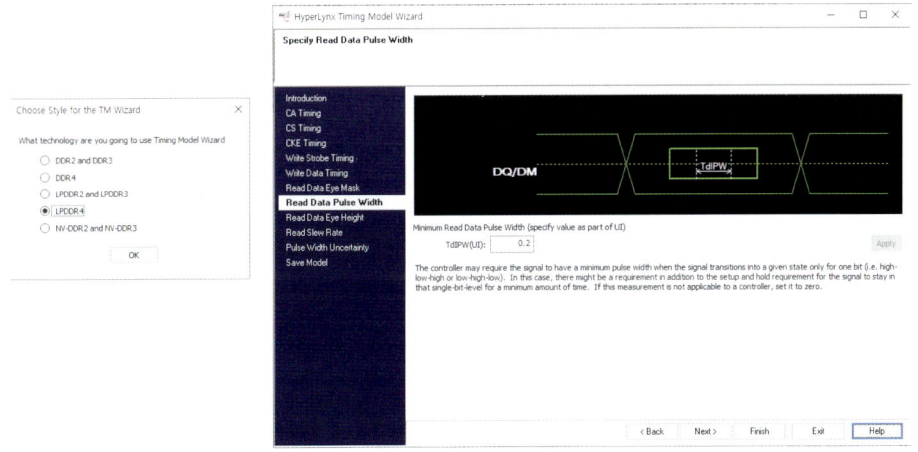

HTML Report로 결과를 확인합니다.

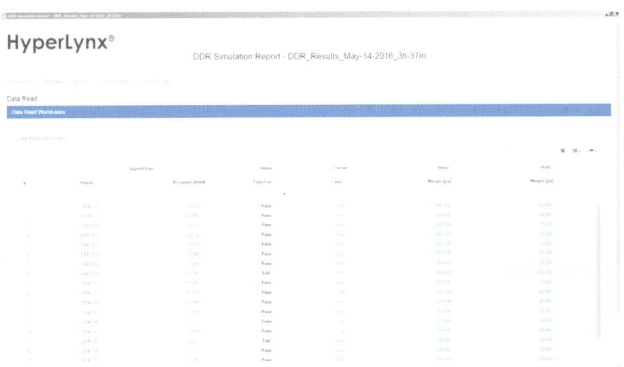

해석 결과를 클릭하면 파형 확인이 가능합니다.

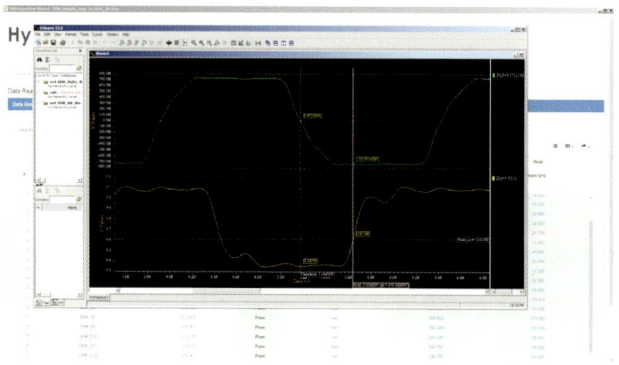

D. PADS Florherm XT

Thermal에 관한 해석은 PADS HyperLynx Thermal처럼 소프트웨어적인 것이 있고 열화상 카메라 같은 하드웨어적인 것이 있습니다. 하드웨어는 정확한 열측정이 가능하지만 순간 열을 반복해서 측정해야 하는 어려움이 있습니다. 소프트웨어는 반복하여 다양한 조건으로 측정 가능하지만 PADS HyperLynx Thermal은 설정 값이 제한적이고 일반 HyperLynx Thermal도 마찬가지입니다. PADS Pro에서 열 해석을 할 수 있는 내용은 다음처럼 정리 가능합니다.

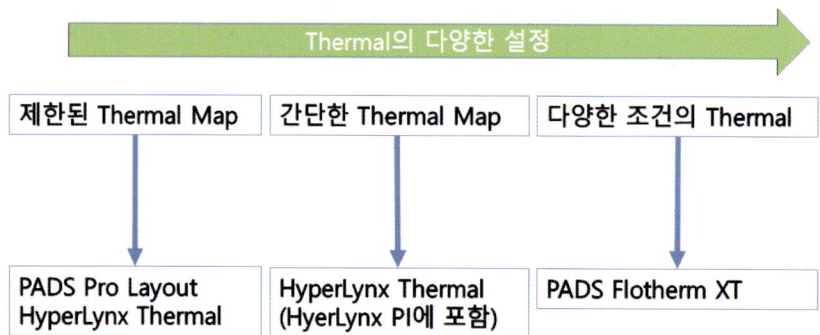

PADS Pro에서 열 해석은 부품만을 해석 가능하며 추가적인 Trace의 Joule heating을 포함한 다양한 해석은 별도의 Siemens의 전문 열 해석 전문 프로그램으로 가능합니다. PADS Flotherm XT는 HyperLynx Thermal보다 더 많은 열 해석 파라미터 설정이 가능합니다. Flotherm XT가 설치되어 있는 상태에서 PADS Pro Layout의 [Analysis] - [Export to Simcenter Flotherm XT]로 진행합니다.

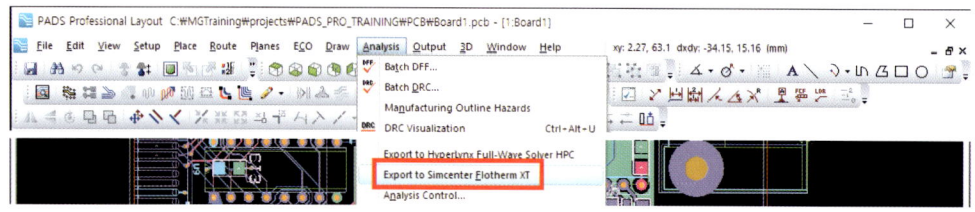

8장 PADS Professional Option 기능

처음은 해석의 Project를 지정하고 단위와 Type을 지정합니다.

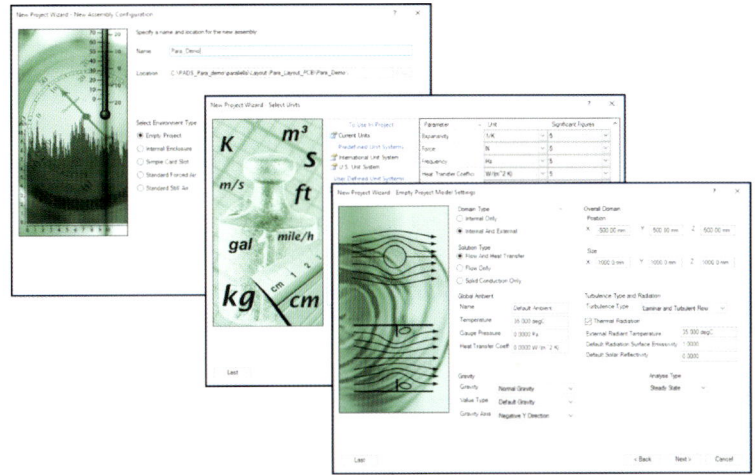

환경과 재질, 규격을 지정합니다.

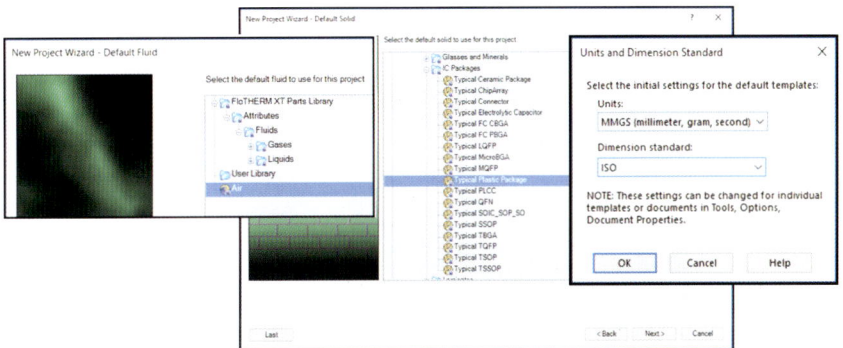

FloEDA Bridge가 실행됩니다. PCB를 가져와서 설정하는 프로그램입니다. 라이브러리에 모델이 있으면 지정됩니다.

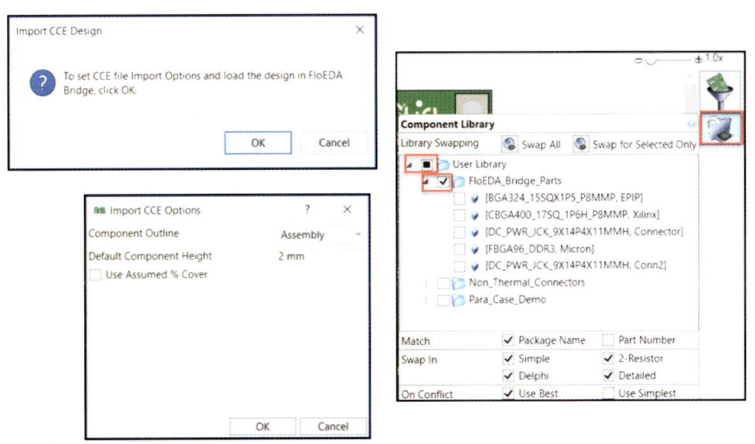

771

부품의 설정이 가능합니다.

전원을 설정하고 특정 부품은 필터로 제외가 가능합니다. 필터는 해석시간과 해석의 용이함을 위해 열결과에 미미한 영향을 미치는 작은 부품들을 제외 가능합니다.

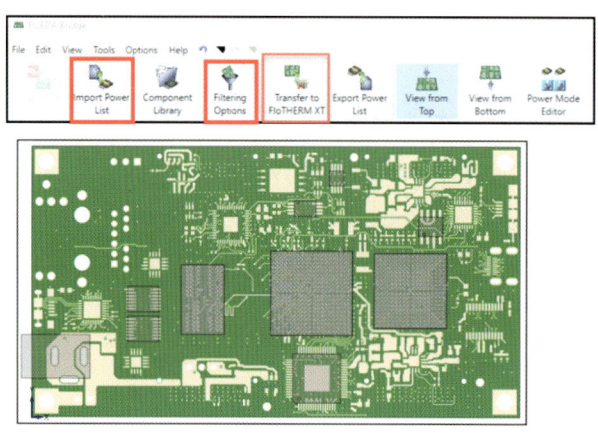

Flotherm XT가 실행됩니다.

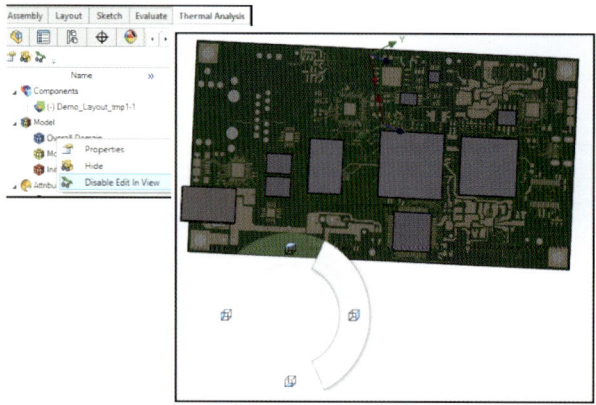

8장 PADS Professional Option 기능

열해석을 위해 방열 판 같은 열 관련 소재를 배치해서 시뮬레이션 가능합니다.

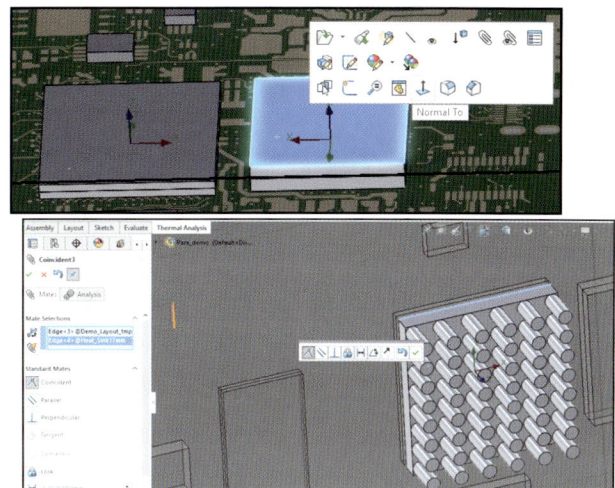

다음과 같이 다양한 열 해석이 가능합니다.

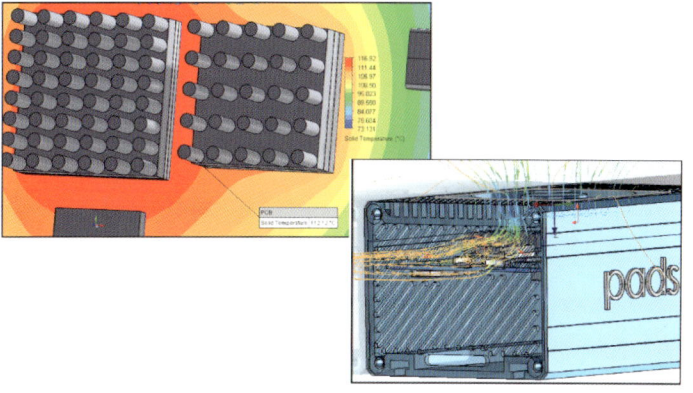